中国装备制造业发展报告
（2006—2008 年）

主　编　张相木
副主编　李　东　屈贤明

机械工业出版社

本书对近三年来我国装备制造业发展进行了全面客观评价，从产业发展、自主创新、体制改革、产业集聚、政策环境等多角度，深入分析了装备制造业的成绩和不足，对省（区、市）和18个重点装备制造行业发展进行了较全面的总结，并编辑了地方政府、用户单位以及重大工程建设在推进装备制造业发展中的经验案例，为中央和地方各级政府、各装备制造单位和用户单位、相关金融机构、学术界等沟通了解信息、研究装备制造业发展、制定相关规划与政策提供重要的参考资料。

图书在版编目（CIP）数据

中国装备制造业发展报告. 2006—2008年/张相木主编. —北京：机械工业出版社，2009.12

ISBN 978-7-111-29369-9

Ⅰ. 中… Ⅱ. 张… Ⅲ. 制造工业—经济发展—研究报告—中国—2006—2008 Ⅳ. F426.4

中国版本图书馆CIP数据核字（2009）第233312号

机械工业出版社（北京市百万庄大街22号 邮政编码100037）

责任编辑：赵奉杰

北京双青印刷厂印刷·机械工业出版社发行

2009年12月第1版·第1次印刷

210mm×285mm·39印张·1290千字

定价：232.00元

编委会成员

主 任 委 员：苗 圩
副主任委员：张相木

委　　员：（按姓氏笔画排序）

王永耀　王志升　王来祥　王进国　王学军　王建增　王海峰
王基铭　王富昌　王雁伶　田　力　刘元杰　刘　伟　刘恩时
许　云　许　淼　吴生富　吴柏林　吴晓森　宋景涛　李万富
李　东　李祠金　李家寿　李　莎　李朝兴　李新亚　李　巍
杨自力　汪力成　沙宝森　邱　城　周永泽　尚玉英　屈贤明
郑一方　侯福深　姜　峰　胡渡南　涂勤华　郭大春　郭树峰
高元恩　高建军　高金浩　高　勇　曹　钢　隋永滨　焦桐善
董　扬　韩　勇　蔡永生　蔡　勇　谭成旭　戴跃强

主　　编：张相木
副 主 编：李 东　屈贤明

编写组成员：

杨拴昌　王瑞华　叶　猛　许承凯　董必钦　张荣瀚　刘胜鹏

参与编写人员：（按姓氏笔画排序）

丁　亚　方　杰　王万生　王卫明　王　云　王灯明　王建宇
王俊彪　王　斌　王　蓉　王　德　冯宝珊　古依莎娜　史　扬
叶大蓉　叶玉律　宁亚楼　由淑敏　白　华　白晓威　刘仕凯
刘　平　刘亚和　孙凤鸣　朱大勇　朱学军　朱　珍　何加群
何建国　何明雄　吴　筠　宋嘉斗　张国洪　张昌柱　张勇慧
李本建　李学东　李金生　李继运　李章万　李耀文　杜林荣
杞耀光　邱　城　杨冬梅　苏怀山　邹广子　陆　军　陈守群
陈杰辉　呼淑清　郑生成　金存忠　姚　皓　柯　梅　段晋兰
祝宪民　赵志明　赵　键　郜　义　徐志明　徐铎善　徐善继
晏一平　钱明华　钱家祥　陶红兵　高合川　高毓才　崔益群
康　萍　隋永滨　傅树利　蒋思齐　韩　行　韩西儒　臧公玉
樊春艳　潘凤湖　黎扬刚　戴竞舸

参与编写单位

工业和信息化部装备工业司
北京市经济和信息化委员会
河北省发展和改革委员会
内蒙古自治区经济和信息化委员会
吉林省工业和信息化厅
上海市经济和信息化委员会
浙江省经济和信息化委员会
福建省经济贸易委员会
山东省经济和信息化委员会
湖北省经济和信息化委员会
广东省经济和信息化委员会
海南省工业和信息化厅
四川省经济委员会
云南省工业和信息化委员会
甘肃省工业和信息化委员会
宁夏回族自治区经济和信息化委员会

铁道部发展计划司
天津市经济和信息化委员会
山西省经济和信息化委员会
辽宁省经济和信息化委员会
黑龙江省工业和信息化委员会
江苏省经济和信息化委员会
安徽省经济和信息化委员会
江西省工业和信息化委员会
河南省发展和改革委员会
湖南省经济和信息化委员会
广西壮族自治区工业和信息化厅
重庆市经济和信息化委员会
贵州省经济和信息化委员会
陕西省工业和信息化厅
青海省经济委员会
新疆维吾尔自治区机械电子工业行业管理办公室

中国机械工业联合会
中国铁道科学研究院
中国航空工业发展研究中心
中国石油和石油化工设备工业协会
中国资源综合利用协会
中国机床工具工业协会
中国农业机械工业协会
中国医疗器械行业协会
中国机械通用零部件工业协会
中国轴承工业协会

机械科学研究总院中机生产力促进中心
中国船舶工业综合技术经济研究院
中国汽车技术研究中心
中国重型机械工业协会
中国交通运输协会
中国仪器仪表行业协会
中国纺织机械器材工业协会
中国电子专用设备工业协会
中国液压气动密封件工业协会

序　言

装备制造业是为国民经济各行业和国防建设提供技术装备的基础性、战略性产业，是产业升级和技术进步的重要保障，是国家综合实力和技术水平的集中体现。新中国成立60年特别是改革开放30年以来，我国装备制造业取得了令人瞩目的成就，形成了门类齐全、具有相当规模和技术水平的产业体系，经济总量已跃居世界前列，已成为推动我国经济增长的重要力量。

我国已成为世界装备制造大国，但还不是强国，整体水平和国际竞争力与先进国家相比还有较大差距。目前，我国装备制造业自主创新能力不强，产业基础薄弱，产业结构不合理，发展方式粗放等问题仍然突出，这些长期积累的深层次矛盾和问题制约着我国装备制造业由大变强。

2009年以来，面对严峻复杂的国内外环境，全国上下实施应对国际金融危机的一揽子计划，经济增长下滑态势得到遏止，国民经济呈现企稳回升的良好势头。在中央一系列宏观调控政策积极作用下，我国装备制造业总体实现了平稳较快增长。历史经验表明，每次重大经济危机的发生，必然带来经济结构的重大调整，往往催生出新的技术、新的产业和新的发展方式，使经济和社会在新的起点上获得新的进步。我国装备制造业应抓住历史机遇，面对世界经济发展变化的新趋势，加快进行战略布局，使我国装备制造业在世界经济结构调整中占领先机。

党的十六大、十七大明确提出要大力振兴装备制造业，温家宝总理在十一届全国人大第二次会议上所做的《政府工作报告》中进一步提出要“做强做大装备制造业”，为我国装备制造业未来发展指明了方向，明确了目标。我们要站在国民经济发展全局，加强对危机后全球经济新格局和世界装备制造业发展变化新趋势的研究，探索今后一个时期我国装备制造业发展新的战略和思路，在继续保增长的同时，把调整结构作为应对危机、抢抓下一轮全球经济发展机遇的重大举措，把加快提升装备制造业企业自主创新能力作为一项战略任务，把培育和发展新兴支柱产业、推进信息化与工业化融合作为走中国特色新型工业化道路的重要抓手，从根本上解决制约发展的体制性、结构性矛盾，全面推动我国装备制造业转型升级，实现装备制造业由大变强。

为了总结经验，发现问题，研究新情况，制订新措施，工业和信息化部组织机械科学研究总院、各省（区、市）装备工业管理部门、相关行业协会和有关单位共同编撰了《中国装备制造业发展报告（2006—2008年）》。该报告对近三年来我国装备制造业发展作了全面客观评价，从产业发展、自主创新、体制改革、产业集聚、政策环境等多角度，深入分析了装备制造业的成绩和不足，对省（区、市）和18个重点装备制造行业发展进行了较全面的总结，并编辑了地方政府、用户单位以及重大工程建设在推进装备制造业发展中的经验案例。希望这部报告的出版发行能给中央和地方各级政府、各装备制造单位和用户单位、相关金融机构、学术界等在沟通了解信息、研究装备制造业发展、制订相关规划与政策中提供有益的参考。

李毅中

2009年11月15日

目　录

第一部分　综合篇

第二部分　行业篇

第三部分 地方篇

第四部分 案例篇

附录　装备制造业取得的重大成就（图片）

第一部分　综合篇

第一章 装备制造业迅猛发展

党中央、国务院高度重视装备制造业的发展。2006 年 2 月，《国务院关于加快振兴装备制造业若干意见》（以下简称“若干意见”）正式发布后，营造形成了有利于装备制造业振兴的政策环境，推动了装备制造业的迅猛发展。

本章将对“若干意见”发布三年来我国装备制造业发展的态势进行分析，对装备研制、产业化取得的重大进展进行评述。

第一节 支柱产业的地位进一步突出

2006—2008 年，在国内需求和出口的拉动下，我国装备制造业迅猛发展，成为拉动国民经济快速增长的主要动力，在国民经济中支柱产业的地位更加显现。

1. 装备制造业主要经济指标

我国装备制造业经过多年的发展，尤其是“十一五”前三年的快速增长，已具备相当规模。2008 年装备制造业主要经济指标如下：

（1）装备制造业完成工业总产值 140061.05 亿元，占全国工业总产值 507284.89 亿元的 27.61%；

（2）装备制造业销售产值 136657.29 亿元，占全国工业销售产值 494733.65 亿元的 27.62%；

（3）装备制造业工业增加值同比增速 15.70%，占全国工业增加值比重 23.40%；

（4）装备制造业出口交货值 43899.37 亿元，占全国工业出口交货值 82498.38 亿元的 53.21%，占装备制造业工业总产值的 31.3%；

（5）规模以上企业 111842 个，占规模以上工业企业数 426113 个的 26.25%；

（6）从业人员 2333.63 万人，占工业从业人员 8837.63 万人的 26.41%。

2. 装备制造业的构成

按照国民经济行业分类，装备制造业包括金属制品业，通用设备制造业，专用设备制造业，交通运输设备制造业，电气机械及器材制造业，仪器仪表及文化、办公用机械制造业，通信设备、计算机及其他电子设备制造业等七大类 41 个中类。2008 年装备制造业分行业主要经济指标见表 1。

表 1 2008 年装备制造业分行业主要经济指标 （单位：亿元）

	企业数/个	工业总产值（当年价）	出口交货值	主营业务收入	利润总额	从业人数/万人
金属制品业	3858	2779.01	701.11	2703.24	137.02	52.23
通用设备制造业	36919	24687.56	3450.11	23837.78	1587.84	493.21
专用设备制造业	17485	13688.91	1631.45	13321.08	928.47	286.12
交通运输设备制造业	17557	32653.22	4801.14	32181.05	2098.68	452.66
电气机械及器材制造业	17308	18285.82	2530.59	17544.76	1186.91	293.31
通信设备、计算机及其他电子设备	14347	43902.82	29179.46	43177.95	1542.67	677.31
仪器仪表及文化、办公用机械制造	4368	4063.70	1605.51	3971.16	288.60	78.79
装备制造业总计	111842	140061.05	43899.37	136737.01	7770.18	2333.63

数据来源：2008 年《工业统计年报》。

按工业总产值（当年价格）计算，2008 年装备制造业各行业构成见图 1。

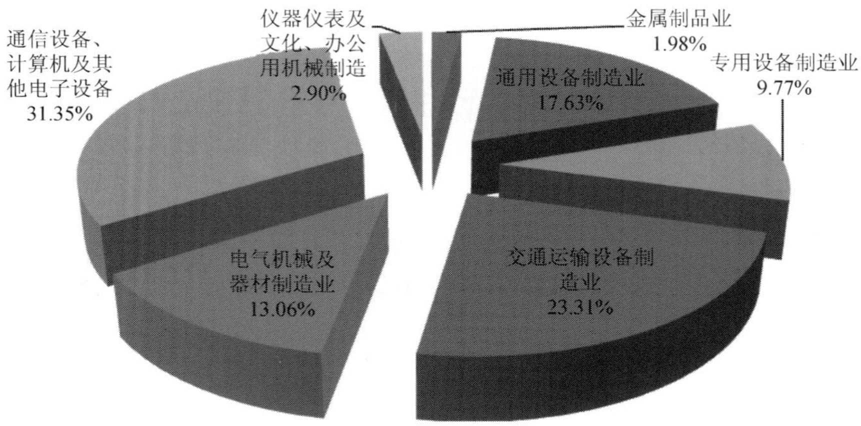

图 1　按工业总产值计算 2008 年装备制造业各行业构成图

3. 主要经济指标增长情况

近年来，我国装备制造业迅猛发展，各项经济指标取得较快速度的增长，见表 2 和图 2、图 3。

表 2　2001—2008 年装备制造业主要经济指标　（单位：亿元）

年份	工业总产值	工业增加值	资产合计	主营业务收入	利润总额
2001 年	26860. 29	6185. 36	29415. 35	23007. 34	1175. 43
2002 年	33686. 33	7643. 53	33224. 63	28810. 88	1519. 28
2003 年	47159. 60	10762. 70	41437. 43	41674. 13	2266. 72
2004 年	56760. 62	13776. 70	52060. 13	55823. 10	2935. 82
2005 年	68944. 07	17119. 91	59063. 54	67680. 29	3199. 16
2006 年	89258. 00	21795. 00	70001. 00	88040. 95	4241. 18
2007 年	114227. 49	27939. 12	87536. 85	112022. 98	6182. 47
2008 年	140061. 05	—	107761. 28	136737. 01	7770. 18

数据来源：历年《工业统计年报》，2008 年无工业增加值指标统计。

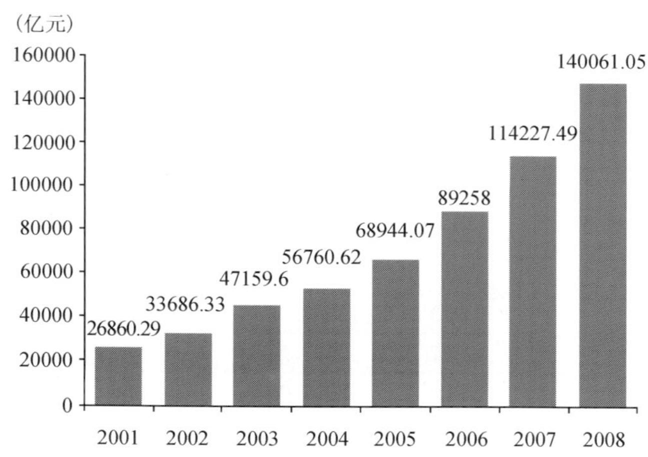

图 2　历年我国装备制造业总产值增长图

从表 2 可以看出，2001—2008 年我国装备制造业各项经济指标以较快速度增长，其中，2001—2008 年装备

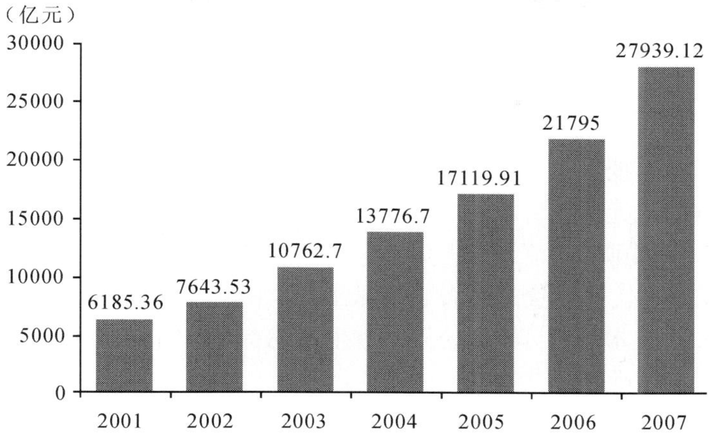

图3　历年我国装备制造业增加值增长图

制造业总产值年均增速26.61%，2001—2007年装备制造业增加值年均增速28.57%。[㊀]

4. 进出口情况

2001—2008年，我国装备制造业进出口总额取得较快增长，从2001年的2224.74亿美元增长到2008年的12290.46亿美元，年均增速达到27.66%。

2008年，我国装备制造业实现进出口[㊁]总额12290.46亿美元，占外贸进出口总额25616.32亿美元的47.98%。其中，出口7631.30亿美元，占全国外贸出口总额14285.46亿美元的53.42%；进口4659.16亿美元，占全国外贸进口总额11330.86亿美元的41.12%。

5. 我国装备制造业与工业发达国家的比较

2006—2008年我国装备制造业总产值与工业发达国家的比较见表3所示。其中2008年我国装备制造业总产值达到140061.05亿元人民币，约合20167亿美元，略高于美国（19800亿美元），远远超过日本（15600亿美元）和德国（13251亿美元），产业规模位居世界第一。

表3　2006—2008年中美德日四国装备制造业总产值　（单位：亿美元）

国别	2006年	2007年	2008年
中国	11197	15186	20167
美国	20200	20300	19800
日本	13900	15000	15600
德国	10300	13100	13251

数据来源：1. 中国国家统计局工业统计年报；2. 日本统计局；3. 美国统计局；4. 欧盟统计局。

注：2008年《中国工业统计年报》数据为2008年快报数。

第二节　省（区、市）装备制造业发展形势喜人

2006—2008年，各地装备制造业发展的活力和动力明显增长，呈现出良好的发展态势。

1. 广东省

广东省装备制造业以通信设备、计算机及其他电子设备制造、汽车、输配电、船舶制造业为主导，是我国第一装备制造大省。2008年广东省装备制造业总产值达33000亿元，增加值达6806亿元。其中，通信设备、计算机及其他电子设备制造业增加值占广东省装备制造业增加值的41.30%。为加快广东省装备制造业的发展，省政

㊀考虑到比较的简洁性，本文装备制造业、工业各项指标的增长率比较，均以当年价格（现价）为基数，使其在同一口径下反映各自增长情况。

㊁2008年装备制造业进出口是以海关进出口商品编码相关的商品进口额、出口额的汇总。数据来源：《海关统计》12月。

府采取了一系列有力的政策：每年省财政新增拨款 2 亿元，作为装备制造业专项资金，可带动企业和社会投资 54.4 倍；认定了 20 家装备制造重点企业，着力加大财政扶持力度，2007 年这 20 家企业实现销售收入 2741.76 亿元，实现利润 214.7 亿元，这些企业中 70% 的主导产品国内市场占有率处于行业前三位。

2. 江苏省

江苏省装备制造业以汽车、船舶与海洋工程装备、工程机械、输变电、轨道交通装备为主导。2008 年全省装备制造业实现总产值 24648 亿元、销售收入 23771 亿元。为振兴江苏省装备制造业的发展，江苏省确定了重点发展可以赶超世界水平、达到国内一流、可形成千亿元产业链、建成产业基地的“六条龙”：工程机械、船舶与海洋工程装备、新型电力装备、轨道交通装备、机床工具与附件、新能源装备；设立了振兴装备制造业专项资金，支持自主开发重大核心技术；对订购和使用本省生产的首台（套）重大装备的用户，由省财政提供资金进行补贴和全额保险，对生产企业予以奖励。

3. 山东省

山东省装备制造业以电工电器、石化通用机械、机械基础件、农业机械、工程机械等为主导。2008 年全省装备制造业实现销售收入 16225 亿元、增加值 4357 亿元、利润总额 917 亿元。山东省十分重视培养产业集群，2006 年组织了建设山东省机械制造业基地活动，命名 10 个产业特色突出的基地；2007 年又增强了 2 个基地。2009 年初提出，到 2011 年要重点建设潍坊内燃机、潍坊农业装备、济南数控机床、济南发电设备、高唐农业装备、济宁工程机械、滕州中小机床、日照农业装备等 8 个装备制造基地。

4. 浙江省

浙江省充分发挥区域特色优势，依托块状经济，以开发区、工业区和工业功能区为载体，重点培育汽车及关键零部件、船舶修造、电气机械、仪器仪表、纺织机械、环保设备、塑料机械、服装机械、电子及通信设备、电机、轴承、阀门等 12 个产业集群，取得稳步、健康的发展。2008 年浙江省装备制造业实现总产值 14353 亿元、增加值 2789 亿元、出口交货值 4597 亿元。为促进浙江省装备制造业发展，省政府制定了一系列有力的政策措施：省财政在年度投资中设立装备制造业专项资金；制定了鼓励研发、使用重点装备领域首台（套）产品的办法；推进应用嵌入式系统等技术改造提升传统产品，促进信息技术与装备制造业的融合。

5. 上海市

上海市装备制造业以计算机及电子设备、汽车、起重运输重型机械、船舶、电工电器为主导。2008 年上海市装备制造业完成总产值 12247 亿元、增加值 2572 亿元、利润总额 576 亿元。作为中国装备制造业的发祥地之一，上海市提出了五大战略，即：聚焦国家战略、推动自主创新、加强资源整合、打造产业集群、拓展服务经济。通过推动大项目、建设大基地、培育大产业，完成新一轮产业升级和布局调整，力争成为上海制造业高端发展的典范。近年来上海制定了一系列配套政策，如发布了《上海市重大技术装备首台业绩突破实施办法》和《上海市重大技术装备首台业绩突破项目认定办法》，重点从研制、使用两个核心环节加大对装备制造业发展的支持力度。一是鼓励和引导上海市企业开展重大技术装备的自主创新和集成创新，对列入重大技术装备研制专项的项目，资助额度不超过该项目研发总投入的 20%，总支持金额原则上不超过 500 万元；二是鼓励和引导上海市制造企业和用户单位共同推进重大技术装备首台业绩突破，对上海市用户订购使用本市企业首次自主研制或国产化制造的首台（套）重大装备的，给予不超过首台设备价格 10% 或保费额 50% 的风险补贴，总额不超过 800 万元。

6. 辽宁省

辽宁省装备制造业以沈阳铁西区、大连沿海经济带为发展基地，以电工电器、汽车、石化通用机械、重型矿山机械、通用基础件为主导。2008 年辽宁省装备制造业实现总产值 7065 亿元、增加值 1894 亿元，实现利润占全省工业利润的 57.6%。在国家振兴东北老工业基地的各项政策推动下，辽宁省装备制造业取得重大突破，2006、2007、2008 年三年增加值均超过省内冶金、石化行业，成为全省第一支柱产业。数控机床产业是辽宁优势产业，全国两家年销售额超过百亿元的企业沈阳机床、大连机床均在该省。为推进该产业的发展，省政府专门成立了数控机床产业发展协调领导小组，设立了数控配套产业化专项资金。

7. 天津市

天津市装备制造业以通信设备、计算机及其他电子设备制造业、交通运输设备制造业为主导。2008 年全市装备制造业实现总产值5457亿元、增加值1321亿元。其中，主导装备制造业总产值占全市装备制造业的56.2%。自滨海新区开发纳入国家总体发展战略以来，空客A320飞机、新一代大推力运载火箭、中兴通讯基地、临港工业区造修船基地、海上油田开采装备、集疏港设备等一批重大项目落户天津，使天津装备制造产品领域进一步拓宽，并不断向大型成套化方向拓展，逐步形成了以航空航天设备、石油钻采设备、超高压输变电设备、工程机械、水泥设备等为核心的系列成套装备和以重型起重设备、兆瓦级风力发电设备等为代表的优势产品，产业整体水平和竞争力显著增强。

8. 北京市

北京市装备制造业以计算机及电子设备、汽车、电工电器、数控机床为主导。2008年北京市装备制造业实现总产值4996亿元、增加值877亿元，分别占北京市工业总产值、工业增加值的50.5%和40.7%。北京市装备制造业突出特点是以产业结构调整为主线，加快经济发展方式的转变，坚持走“高端、高效、高辐射力”发展道路，按照“布局合理、产业集聚、突出重点、龙头带动”的发展战略和“扶优引强、盘活存量、调整结构、淘汰落后、注重创新”的工作方针，加大技术创新力度，传统产业高技术化和高新技术产业化齐头并进，装备制造业发展取得显著成就。

9. 湖北省

湖北省装备制造业以汽车、船舶制造为主导。2008年全省装备制造业实现总产值3660亿元、增加值1340亿元。湖北省以抢抓促进中部地区崛起的战略机遇为契机，提出了装备制造业“整合集成、重点突破、发展成套、结构升级”的战略方针，设立了装备制造业专项资金、汽车零部件专项发展资金，重点发展交通运输装备、通信设备、通用设备、电气机械等装备产品，取得了较大成绩。

10. 四川省

四川省大力推进重大装备“1+8”工程建设，即一个德阳重装基地，大型清洁发电成套设备、大型冶金石化成套设备、大型工程施工成套设备、机车车辆、大型石油钻采成套设备、航空航天和空管成套设备、数控技术与设备、大型节能环保成套设备等八大重点产品链，取得了令人瞩目的成就。2008年四川省装备制造业实现总产值3438亿元、增加值1049亿元。省政府设立了重大技术装备创新研制和技术改造专项资金，并安排一定资金支持装备制造企业分离办社会功能。

2008年全国30个省（区、市）装备制造业主要经济指标见表4。

表4 2008年各省市自治区装备制造业主要经济指标汇总表 （单位：亿元）

排序	省（区、市）名称	工业总产值	销售收入	工业增加值
1	广东省	33000	33000	6806.2
2	江苏省	24648.40	23771.40	—
3	山东省	—	16224.91	4356.79
4	浙江省	14353.43	13900.61	2788.80
5	上海市	12247.40	12756.59	2571.63
6	辽宁省	7065.00	6736.85	1893.99
7	天津市	5456.95	5204.09	1320.72
8	北京市	4996.00	5350.50	876.80
9	湖北省	3660.00	3338.00	1340.00
10	四川省	3438.32	3108.11	1048.69
11	河北省	3358.00	3271.26	883.34
12	安徽省	3158.40	2793.00	896.60
13	吉林省	3033.00	2627.00	—
14	河南省	—	—	856.15

（续）

排序	省（区、市）名称	工业总产值	销售收入	工业增加值
15	福建省	2592.41	2485.28	682.18
16	重庆市	2162.60	2155.60	625.50
17	湖南省	2114.93	1980.89	635.22
18	陕西省	1561.03	1489.04	390.26
19	广西壮族自治区	1369.59	1201.67	432.21
20	黑龙江省	1157.67	1130.45	307.00
21	江西省	994.01	851.20	234.10
22	山西省	700.00	670.00	190.00
23	内蒙古自治区	413.02	351.39	136.00
24	贵州省	304.05	302.37	81.60
25	云南省	290.00	300.00	75.00
26	甘肃省	218.81	164.56	81.06
27	新疆维吾尔自治区	115.60	124.10	26.50
28	海南省	98.87	102.46	12.937
29	宁夏回族自治区	105.00	100.00	31.00
30	青海省	15.33	14.48	5.18

数据来源：各地区统计快报，数据统计口径为规模以上企业。

第三节　企业重组步伐加快

近年来，在国家和企业的共同努力下，企业重组步伐明显加快。

新疆特变电工与行业优势企业强强联合，盘活存量资产和优秀的人力资源，实现跨越式发展。从 1998 年开始，公司先后与新疆、四川、湖南、天津、山东、沈阳 10 余家输变电企业进行强强联合和重组兼并，构建了输变电、新能源、新材料协同发展的三大产业。从重组前的 2003 年销售收入 2.8 亿元、亏损高达 1.1 亿元、人均劳动生产率仅为 6 万元左右，到 2008 年实现销售收入 34 亿元、利润总额 3.6 亿元、人均劳动生产率达到 165 万元。

中国兵器装备集团重组天威集团，正在建设中国兵器装备集团保定·中国电谷天威产业园，包括光伏发电产业区、风力发电产业区和输变电产业区，总投资达到 300 亿元，项目全部达产后将形成每年 400 亿元的销售收入。重组后的天威集团将从过去一个单一的变压器制造企业转变成为输变电和新能源“双主业”集团。

中联重科相继收购湖南机床厂、中标实业公司、湖南车桥厂、华泰重工、陕西新黄工，重组并购浦沅集团，特别是 2008 年又成功收购意大利 CIFA 公司，仅用了五年时间就实现了从年主营收入 10 亿元到 100 亿元的跨越，2009 年主营收入达到 242 亿元。

浙江天马轴承股份有限公司先后兼并了成都轴承集团、贵州虹山轴承厂、北京时代新人轴承公司、齐重数控公司，用 5、6 年的时间，从创业之初的民营小企业，发展到市值超过 150 亿元的大型上市公司，在杭州、成都、北京、齐齐哈尔等地拥有六大生产基地，总资产 50 亿元、员工 1 万余名、年销售收入 30 多亿元，构筑起了材料、轴承、装备三位一体的产业链。

安阳鑫盛机床有限公司联合十二家协作企业，组建了安阳鑫盛机械装备集团。

浙江著名民营企业万向集团通过控股汉川机床厂进入了机床制造领域，并投巨资在汉中建设机床和机床功能部件产业园。

总结近年来企业重组的案例，可归纳为以下五种类型：

一是同行之间的重组，扩大产品和服务领域及企业规模。有的企业将收购的目标对准营销网络、维修企业和工程承包公司，以便迅速形成系统集成和服务能力。

二是主机制造企业兼并配套企业，提高配套能力。

三是用户企业兼并装备制造企业，满足主业发展的需要。

四是财团或贸易性公司兼并装备制造企业，扩大业务领域和盈利能力，提高竞争力。

五是央企兼并重组地方国资企业，拓展业务领域。

第四节 自主创新能力明显增强

近年来，结合重大工程建设和重点行业的发展需要，确立国产化依托工程，开发出了一批具有自主知识产权的装备，加快了重大技术装备的自主化进程。同时，在创新平台建设、发明专利拥有数量等方面获得了长足进步。

1. 重大技术装备有所突破

围绕能源工业、材料工业、交通运输业、农业及航空航天工业等产业发展的迫切要求，扎实推进装备自主化工作，取得一大批新成果。

发电设备。随着百万千瓦超超临界火电机组并网发电，我国电力工业已进入“超超临界”时代。300MW 循环流化床锅炉、600MW 空冷火电机组及大型空调设备、700MW 水电机组、1.5MW 风电机组已批量生产、3MW 风电机组研制成功。

特高压输变电设备。为了适应特高压输电示范工程建设的需要，研制成功了一批世界领先水平的输变电设备，如 110kVGIS、双百万单体式电力变压器、换流变压器、电触发 6in 晶闸管，建成世界第一条 1000kV 特高压交流试验示范线，于 2008 年 12 月 30 日投入商业化运行。

乙烯装备。相继研制成功大型空分装置、乙烯“三机”、乙烯冷箱、大型乙烯球罐等重大产品。如世界最大的 2020t 加氢反应器、百万吨级乙烯工程三大离心压缩机组、百万吨级乙烯冷箱。

煤化工设备。依托国内重点工程建设，实现了 2000 ~ 4000 吨级日投煤量气化炉及配套工业示范装置、100 万吨/年甲醇装置、100 万吨/年二甲醚技术装备、煤制烯烃关键设备、30 万吨/年以上的煤制醋酸国产化装置、煤液化关键设备、以煤气化为基础的多联产系统等煤化工装备的国产化，打破了该设备长期依赖进口的局面。

石油钻采设备。研制成功了 9000m 钻机、12000m 交流变频电驱动钻机、人工岛 7000m 环轨移动模块钻机等石油钻采设备。

冶金设备。成功研制出我国第一套拥有自主知识产权、具备世界一流水平的超大型 2130mm 酸洗—冷连轧联合机组和 1700mm 连铸连轧成套设备，打破国外技术垄断，使我国成为掌握此类核心技术的少数国家之一。实现了 5m 厚板轧机、2500mm 以上大型板坯连铸设备、4000m^3 以上高炉煤气余压发电透平装置（TRT）等冶金设备的自主化。

大型煤炭综合采掘设备。研制成功了一批大型煤矿急需、长期依赖进口的大型装备，如 2040kW 大功率厚煤层电牵引采煤机、EBZ300 型大功率硬岩悬臂掘进机、3 × 1000kW 的重型刮板输送机、高度为 5.5 ~ 6.3m 的两柱式液压支架。国内已能提供年产 800 万 ~ 1000 万吨的高产高效综采综掘工作面成套设备。

船舶。相继开发成功 VLCC 超大型油轮、大型集装箱船、大型滚装船等高技术船舶，建造出了具有国际先进水平、作业水深达 400 英尺的自升式钻井平台。成功研制出具有国际先进水平的147210m^3 大型薄膜型液化天然气船，为我国液化天然气海上运输提供了重要的工具。

轨道交通设备。相继开发成功 CRH3 时速 350km 动车组、CRH1 和 CRH2 时速 200 ~ 250km 长编组动车组、CHR2 时速 300km 动车组，HDX3 型大功率交流传动电力机车、HXN3 型大功率交流传动内燃机车，基本掌握了动车组技术、重载技术、交流传动技术等核心技术。

环保装备。研制成功了几十种环保和资源综合利用设备，如电—袋复合式除尘器、中水工程成套设备、循环流化床垃圾焚烧炉系统、大型膜法海水淡化成套设备、废旧家电及电子产品回收处理成套设备等。

大型施工机械。成功研制出国产 ϕ6.3m 土压平衡盾构机、ϕ11.9m 泥水平衡盾构机和 ϕ6m 双护盾硬岩掘进机，从根本上扭转了过去由外国企业垄断和瓜分的局面。围绕京津客运专线建设，开发的900t架桥机、900t运梁台车、沥青砂浆车、大直径旋挖钻机等设备，其技术水平已达到或超过国外产品。结合国家大型水利、水电重点工程建设项目，开发了大型渠道混凝土衬砌成套装备、三级配混凝土输送泵等一批大型混凝土施工机械；根据市场需求开发出了420hp履带推土机、QAY300全地面起重机、大型履带起重机、13m口径竖井钻机等新型施工机械。

工业自动化控制系统。自主研发的自动控制系统（DCS）取得重大突破，并先后用于600MW超临界火电机组、1000MW超超临界火电机组、1000MW核电机组、500万吨/年炼油厂、年产30万吨合成氨/52万吨尿素成套设备。

数控机床。近三年每年开发出国家急需的数控机床约100多种，如多（五）轴联动车铣复合加工中心、五轴五面加工中心、数控动梁龙门加工中心、数控落地铣镗床、大型数控滚齿机、双主轴车削中心、纳米精密磨床、超重型曲轴加工机床、1.65万吨自由锻造压机及操作机、4000t螺旋压力机，1.6万吨自动化精密铸造生产线等。

纺织机械。日产200t大容量涤纶短纤维生产线成套装置中纺丝设备关键装置、大容量的卷曲机、切断机已研制成功，并上机使用；粘胶长丝连续纺丝机研制成功，实现了流程短、节能、减排，现已小批量投放市场；高效现代化棉纺生产线中的新型精梳联合机、多电机传动的悬锭粗纱机、自动络筒机等都已批量生产。

农业机械。成功研制出160~180hp拖拉机、125~265hp拖拉机、3~4行自走式玉米联合收割机、4~6行半喂入水稻联合收割机等农机装备。

大规模集成电路关键设备。研制出一批关键的电子专用设备，如集成电路高密度等离子刻蚀机、大角度离子注入机、化学气相淀积设备、匀胶显影设备、硅片多工位清洗腐蚀机，TFT-LCD生产线制造设备和太阳能电池制造设备等，有力地促进了电子信息产品制造业的持续发展。刻蚀机和注入机是集成电路制造的核心设备，国外对我国实施技术封锁和禁运。2006年研制成功100nm刻蚀机和离子注入机，实现了我国高端集成电路核心设备零的突破，技术水平跨越5代，现已进入8in生产线、12in生产线应用。

民用飞机。新支线飞机ARJ21实现了成功首飞，新舟60支线飞机、运八F400中型运输机取得中国民航型号合格证，研制出具有自主知识产权的200kW级水平对置式活塞航空发动机，填补了国内空白。

2. 新建了一批创新平台

近三年来，在装备制造领域新增了一批国家工程研究中心、国家工程技术研究中心、国家工程实验室。截至2008年底，全国共有国家工程研究中心47家、国家工程技术研究中心54家、国家工程实验室13家。

截至2008年装备制造领域创新平台建设情况见表5、表6、表7。

表5 截至2008年装备制造领域国家工程研究中心名单

序号	名称	依托单位
1	光纤通信技术	武汉邮电科学研究院
2	工业自动化	浙江大学
3	大规模集成电路CAD	机电部北京集成电路设计中心
4	光电子器件	中科院半导体研究所
5	高档数控	中科院沈阳计算技术研究所
6	机器人	中科院沈阳自动化研究所
7	电气传动	天津电气传动设计研究所
8	火电机组振动	东南大学
9	电站锅炉煤的清洁燃烧	国电热工研究院
10	制造业自动化	北京机械工业自动化研究所
11	精密成形	北京机电研究所
12	船舶运输与控制	上海船舶运输科学研究所

（续）

序号	名称	依托单位
13	激光加工	华中科技大学
14	流体机械及压缩机	西安交通大学
15	变流技术	株洲电力机车研究所
16	传感器	沈阳仪表科学研究院
17	油气勘探计算机软件	中国石油天然气总公司地球物理勘探局
18	船舶设计技术	中国船舶及海洋工程设计研究院
19	工业锅炉及民用煤清洁燃烧技术	清华大学
20	数字无绳电话系统	电信科学技术第4研究所
21	新型电源	信息产业部电子第18研究所
22	移动通信	信息产业部电子第7研究所
23	电力系统自动化－系统控制和经济运行	南京电力自动化研究院
24	通信软件与专用集成电路设计	电子科技集团公司第54研究所
25	输配电及节电技术	中国电力科学研究院
26	工业过程自动化	上海工业过程自动化仪表研究所
27	高效焊接新技术	哈尔滨焊接研究所
28	橡塑模具计算机辅助工程	郑州工学院
29	电力电子	西安电力电子研究所
30	模具计算机辅助设计	上海交通大学
31	电力电子应用技术	浙江大学
32	高效轧制	北京科技大学
33	聚合物新型成型装备	华南理工大学
34	稀土冶金及功能材料	包头稀土研究院
35	发电设备	哈尔滨动力设备股份有限公司
36	轻合金精密成型	上海交通大学
37	小卫星及其应用	航天东方红卫星有限公司
38	卫星导航应用	天合导航通信技术有限公司
39	重型技术装备	天津重型装备工程研究有限公司
40	快速制造	西安交通大学、长安汽车（集团）有限责任公司等
41	制造装备数字化	华中科技大学、武汉重型机床股份有限公司等
42	船舶导航系统	大连海事大学
43	船舶制造	大连理工大学、渤海船舶重工有限责任公司等
44	精密超精密加工	北京机床研究所、北京机床所精密机电有限公司等
45	燃气轮机与煤气化联合循环	清华大学
46	轨道交通运行控制系统	北京交通大学
47	清洁高效煤电成套设备	上海发电设备成套设计研究院

表 6　截至 2008 年装备制造领域国家工程实验室名单

序号	项目名称	依托单位
1	数字化造船	中国船舶工业集团公司
2	高速轨道系统试验	中国铁路科学院
3	高压电气	西安电力机械制造公司
4	大型铸锻件数值模拟	中国第二重型机械集团公司
5	汽车节能环保	奇瑞公司
6	特高压工程技术	南方电网公司
7	电力系统仿真	中国电力科学研究院
8	特高压变电技术国家工程实验室	特变电工沈阳公司、沈阳变压器研究所
9	高速列车系统集成国家工程实验室（北方）	长客股份公司
10	高速列车系统集成国家工程实验室（南方）	四方股份公司
11	煤矿采掘机械装备国家工程实验室	煤炭科学研究总院太原研究院等
12	真空技术装备国家工程实验室	中科院沈阳科学仪器研制中心有限公司
13	TFT－LCD 工艺技术国家工程实验室	京东方科技集团股份有限公司

表 7　截至 2008 年装备制造领域国家工程技术研究中心名单

序号	中心名称	依托单位
1	国家草原畜牧业装备工程技术研究中心	中国农业机械化科学研究院呼和浩特分院
2	国家节水灌溉工程技术研究中心（新疆）	新疆天业（集团）有限公司，新疆农垦科学院，石河子大学
3	国家农业机械工程技术研究中心	中国农业机械化科学研究院、广东省农业机械研究所
4	国家农业机械工程技术研究中心（南方分中心）	广东省农业机械研究所
5	国家超硬材料及制品工程技术研究中心	郑州磨料磨具磨削研究所
6	国家光刻设备工程技术研究中心	上海微电子装备有限公司
7	国家稀土永磁电机工程技术研究中心	沈阳工业大学
8	国家新型电子元器件工程技术研究中心	广东风华高科技集团有限公司
9	国家磁浮交通工程技术研究中心	上海磁悬浮交通发展有限公司
10	国家电站燃烧工程技术研究中心	辽宁省燃烧工程中心
11	国家风力发电工程技术研究中心	新疆金风科技股份有限公司
12	国家核技术工业应用工程中心	中国工程物理研究院
13	国家节能环保汽车工程技术研究中心	奇瑞汽车工程研究院
14	国家水力发电工程技术研究中心	哈尔滨大电机研究所
15	国家新能源工程技术研究中心	北京市太阳能研究所
16	国家超精密机床工程技术研究中心	北京市机床研究所
17	国家电力自动化工程技术研究中心	国家电力公司电力自动化研究院
18	国家电液控制工程技术研究中心	浙江大学
19	国家仿真控制工程技术研究中心	亚仿科技股份有限公司
20	国家高效磨削工程技术研究中心	湖南大学
21	国家工业控制机及系统工程技术研究中心	中国航天科技集团公司五院五〇二研究所

（续）

序号	中心名称	依托单位
22	国家固体激光工程技术研究中心	中国电子科技集团公司第十一研究所
23	国家光学仪器工程技术研究中心	浙江大学
24	国家计算机集成制造系统工程技术研究中心	清华大学
25	国家精密工具工程技术研究中心	成都工具研究所
26	国家燃气汽车工程技术研究中心	重庆汽车研究所
27	国家数控系统工程技术研究中心	华中科技大学
28	国家特种泵、阀工程技术研究中心	中国航天科技集团公司第十一研究所（京）
29	国家微检测工程技术研究中心	西北大学，陕西西大北美基因股份有限公司
30	国家压力容器与管道安全工程技术研究中心	合肥通用机械研究所
31	国家冶金自动化工程技术研究中心	冶金自动化研究设计院，东北大学
32	国家真空仪器装置工程技术研究中心	中国科学院沈阳科学仪器研制中心有限公司
33	国家并行计算机工程技术研究中心	中科院计算技术研究所，江南计算技术研究所
34	国家高性能计算机工程技术研究中心	中科院计算所、曙光天演信息技术有限公司
35	国家平板显示工程技术研究中心	中国电子科技集团公司第五十五研究所
36	国家企业信息化应用支撑软件工程技术研究中心	清华大学，华中科技大学
37	国家卫星定位系统工程技术研究中心	武汉市工程科学技术研究院、武汉大学、中国地震局地震研究所、中国科学院测量与地球物理研究所
38	国家移动卫星通信工程技术研究中心	熊猫电子集团有限公司
39	国家专用集成电路设计工程技术研究中心	中国科学院自动化研究所
40	国家专用集成电路系统工程技术研究中心	东南大学
41	国家生物防护装备工程技术研究中心	解放军军事医学科学院
42	国家数字化医学影像设备工程技术研究中心	东方软件有限公司
43	国家医疗保健器具工程技术研究中心	广东省医疗器械研究所
44	国家医用加速器工程技术研究中心	北京医疗器械研究所
45	国家医用诊断仪器工程技术研究中心	深圳迈瑞生物医疗电子股份有限公司
46	国家烟气脱硫工程技术研究中心	中国工程物理研究院环保工程研究中心四川大学
47	国家绝缘材料工程技术研究中心	四川东材集团公司
48	国家光栅制造与应用工程技术研究中心	长春光学精密机械与物理研究所
49	国家绿色镀膜技术与装备工程技术研究中心	兰州交通大学 兰州大成自动化工程有限公司
50	国家燃料电池汽车及动力系统工程技术研究中心	同济大学
51	国家环境光学监测仪器工程技术研究中心	中国科学院合肥物质科学研究院
52	国家干燥技术及装备工程技术研究中心	天华化工机械及自动化研究设计院
53	国家板带生产先进装备工程技术研究中心	北京科技大学
54	国家钢铁冶炼装备系统集成工程技术研究中心	中国冶金科工集团赛迪公司

3. 自主知识产权取得重要成效

我国装备制造业拥有自主知识产权的数量持续快速增长，1985—2008 年，我国单位或个人拥有的装备制造业九大重点领域㊀发明专利授权总量、发明专利申请总量和实用新型专利总量分别为 17417 项、61710 项和 128220 项，年均增速分别达到 37. 24%、39. 75% 和 41. 19%。特别是自 2006 年以来我国装备制造业自主知识产权数量增速最快，2006—2008 年 3 年中，发明专利授权数量、发明专利申请数量和实用新型专利数量分别为 9345 项、34542 项和 52080 项，占 1985—2008 年 24 年各相应专利数量的 53. 65%、55. 97% 和 40. 62%。

第五节　国际竞争力进一步提高

近年来，我国装备制造业在保持价格优势的同时，质量、技术水平也有较大改观。一批重大装备已占领国外市场，在国际上树立起了良好的信誉，国际竞争力得到进一步提高。

1. 进出口由逆差变成顺差

尽管我国装备制造业进出口占全国进出口总额将近一半，但多年来进口远高于出口，形成了巨大的逆差。重大成套装备和高技术装备长期依赖进口是反映我国装备制造业发展滞后、竞争力不强的重要表现。

表 8 给出了 2003—2008 年期间我国装备制造业进口额、出口额、进出口总额以及进出口逆差变化情况。由表可见，2003—2005 年，我国装备制造业一直处于进出口逆差的状况。虽然 2006 年装备的进口仍保持了较高的增幅，但出口增长的更快，出口首次大于进口，进出口顺差达到 157. 33 亿美元，我国装备制造业实现了历史性的转折。

表 8　2003—2008 年我国装备制造业进出口变化汇总表　（单位：亿美元）

年份	2003 年	2004 年	2005 年	2006 年	2007 年	2008 年
进出口总额	3581. 40	5024. 01	6277. 07	7989. 65	11352. 31	12290. 46
其中：出口额	1575. 20	2307. 13	3090. 02	4073. 49	6534. 11	7631. 30
进口额	2006. 20	2716. 88	3187. 05	3916. 16	4818. 19	4659. 16
进出口顺逆差	-431. 00	-409. 75	-97. 03	157. 33	1715. 92	2972. 14

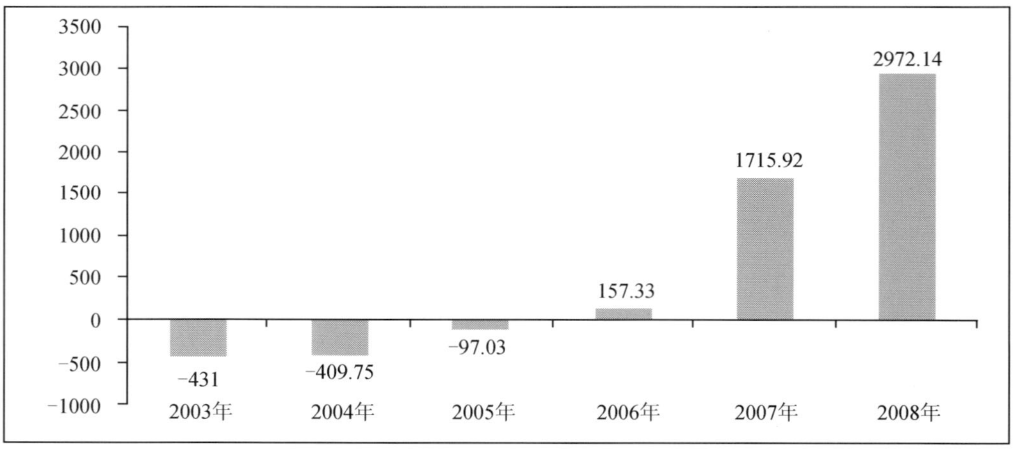

图 4　2003—2008 年我国装备制造业贸易顺逆差变化图（亿美元）

2. 涌现出一批具有国际竞争力的大型企业

中国装备制造业的振兴、中国装备制造业国际竞争力的提升，必须要有一批能与国际跨国大公司同台共舞、具有国际竞争力的大型企业作脊梁。

上海电气（集团）总公司作为国内最大的重型装备制造企业，形成了电力设备、机电一体化设备、交通设备、环保设备和重工设备等五大业务板块，2008 年销售收入首次突破 1000 亿元。近几年，围绕提高国际竞争力

㊀本报告选择的九大重点领域分别为：电力设备、石化设备、冶金设备、仪器仪表、机床、工程机械、煤炭机械、农用机械和环保机械。数据引自《装备工业经济参考》第 2 期。

和国际化程度，一是发展海外工程总承包（EPC）。上海电气利用其在电站设备技术、产能和价格方面的优势，在国际电站工程招标中连连取胜，在手国外 EPC 工程合同达 500 亿元。二是塑造企业、商标、产品三位一体的国际知名品牌。2007 年"上海电气"品牌已进入亚洲品牌 500 强，为亚洲机械类品牌第 5 名、中国机械类品牌第 1 名。三是实施跨国并购。收购日本秋山国际，获得了世界领先的单张双面多色胶印机设计和制造技术；收购德国沃伦贝克、控股日本池贝，取得了世界一流的 14 项大型数控机床关键专利技术。

西安电力机械制造公司抓住国家建设 750kV、1000kV 交流和 ±800kV 直流特高压电网及建设大型电站的机遇，通过技术创新、技术改造和企业重组，使企业发生了巨大变化。2008 年完成工业总产值 156 亿元，同比增长 35%，出口创汇 2.57 亿美元，同比增长 26%。近三年来，收购了常州变压器厂，出资组建常州西电帕威尔电气有限公司，组建了自动化控制公司，正在建设西电集团广州输变电制造基地、宝鸡制造基地和咸阳制造基地。

沈阳机床（集团）有限责任公司由 2006 年机床销售额占世界第九位，再到 2008 年第七位，战略经营格局也从立足沈阳到立足全球。2006 年在沈阳经济技术开发区投资 18 亿元的沈阳机床集团数控机床产业园建设完工并投入运营，整个园区占地 74 万平方米，建筑面积 50 万平方米，是世界单体规模最大的数控机床制造基地。2008 年，沈阳机床集团销售收入已突破 115 亿元，年产数控机床超过 2 万台。沈阳机床集团通过实施海内外并购重组，优化了市场结构，建立了人才培训、提升新平台，形成了进入欧洲市场的通道和出口基地，标志着沈阳机床开始实现由本土经营向跨国经营的战略性转变。

上海振华港机集团公司（ZPMC）集装箱机械已进入世界 73 个国家和地区，占据世界集装箱机械市场 78% 的份额。近 7 年来，居世界同行首位。ZPMC 品牌遍及世界主要港口近 1600 台岸桥和 3000 台场桥。2008 年公司产值超过了 280 亿元。

三一集团有限公司是我国装备制造业知名的民营企业，在进入工程机械行业的 13 年里，从年销售收入不到 1 亿元发展到 2007 年销售收入 135 亿元，利润 22 亿元；2008 年在十分严峻的形势下，实现了销售收入 209 亿元，利润 27 亿元。近几年来，结合国内外市场需求，加速、加大自主创新，在发展专用工程机械和煤机领域成效显著，充分体现了推行"自主创新"、"品质改变世界"方针的威力。截至 2009 年 3 月，三一集团共申请专利 1057 件，授权专利 582 件，其中授权发明专利 50 件，在国内同行业中排名第一。

表 9 给出了 2008 年营业收入超过 150 亿元的装备制造企业。

表 9　2008 年营业收入超过 150 亿元的装备制造企业汇总表　（单位：万元）

序号	中国企业 500 强名次	企业名称	2008 年营业收入
1	23	上海汽车工业（集团）总公司	17293017
2	28	中国第一汽车集团公司	16446614
3	30	东风汽车公司	15271295
4	32	中国航空工业集团公司	15107492
5	33	中国兵器装备集团公司	15064335
6	34	中国兵器工业集团公司	14758414
7	44	华为技术有限公司	12274138
8	49	广州汽车工业集团有限公司	11554891
9	50	联想控股有限公司	11521069
10	53	中国船舶重工集团公司	10348275
11	59	中国机械工业集团有限公司	9741658
12	60	天津市中环电子信息集团有限公司	9664804
13	61	上海电气（集团）总公司	9622213
14	74	天津汽车工业（集团）有限公司	7277530

（续）

序号	中国企业 500 强名次	企业名称	2008 年营业收入
15	78	中国电子信息产业集团公司	6856204
16	83	北京汽车工业控股有限责任公司	6723605
17	88	中国航天科工集团公司	6101977
18	106	江苏悦达集团有限公司	5105837
19	112	中国重型汽车集团有限公司	5006037
20	113	潍柴控股集团有限公司	4912430
21	119	中国国际海运集装箱（集团）股份有限公司	4732728
22	128	万向集团公司	4550167
23	133	中兴通讯股份有限公司	4429340
24	141	北大方正集团有限公司	4229497
25	148	华晨汽车集团控股有限公司	4135595
26	151	徐州工程机械集团有限公司	4081302
27	159	中国南方机车车辆工业集团公司	3801986
28	167	中国北方机车车辆工业集团公司	3689066
29	181	中国东方电气集团有限公司	3394320
30	184	哈尔滨电气集团公司	3299242
31	191	中国通用技术（集团）控股有限责任公司	3071025
32	195	天津百利机电控股集团有限公司	3038490
33	216	比亚迪股份有限公司	2678825
34	224	厦门机电集团有限公司	2573290
35	236	长沙中联重工科技发展股份有限公司	2428556
36	240	正泰集团有限公司	2395160
37	265	广西玉柴机器集团有限公司	2098819
38	266	三一集团有限公司	2093618
39	272	陕西汽车集团有限责任公司	2041596
40	283	人民电器集团有限公司	1917625
41	287	上海外高桥造船有限公司	1893736
42	298	奇瑞汽车股份有限公司	1841568
43	300	山东时风（集团）有限责任公司	1827457
44	306	沈阳远大企业集团有限公司	1802760
45	307	安徽江淮汽车集团有限公司	1801311
46	308	上海人民企业（集团）有限公司	1781021
47	318	德力西集团有限公司	1730428
48	331	天正集团有限公司	1630011
49	351	江铃汽车集团公司	1538709

资料来源：中国企业联合会和中国企业家协会评选的 2009 中国企业 500 强名单。

美国《财富》杂志公布了 2009 年世界 500 强排行榜，中国大陆入榜的装备制造企业有 4 家，见表 10。

表 10　世界 500 强排行榜中中国大陆装备制造企业　（单位：百万美元）

2008 排名	公司名称	营业收入	利润
359	上海汽车工业（集团）总公司	24882.2	52.9
385	中国第一汽车集团公司	23664.4	555.8
426	中国航空工业集团公司	21737.5	568.4
428	中国南方工业集团公司	21675.4	296.9

英国《金融时报》最新公布 2009 年度全球 500 强企业排行榜中，上海电气上榜，名列第 427 位。

3. 重点行业国际竞争力已有质的跃升

发电设备制造业是我国装备制造业中竞争力较强的一个产业。近几年来在国内电力需求井喷式增长的拉动下，通过引进技术消化吸收再创新、高水平的技术改造及改制重组，上海电气、哈尔滨电气、东方电气三大发电设备集团公司竞争力有了显著提高。据机械科学研究总院采用对标法和加权综合指数评价法对这 3 家企业及国际上 9 家著名发电设备制造企业综合竞争力的评价，上述 12 家企业的传统格局发生了变化，我国 3 家企业的综合竞争力已由过去的下游跃居中游，处于第 5 ~7 位，特别是实物市场占有率、利润率、产品价格等都已处于国际领先地位。目前差距较大的主要是在研发经费投入、服务收入、国际化程度等方面。表 11 给出我国 3 家企业与国际上 9 家著名企业竞争力的评价结果。

表 11　我国发电设备企业国际竞争力比较

公司名称	综合评价指数	综合排序
通用（GE）	86.4	1
西门子（SIEMENS）	83.3	2
阿尔斯通（ALSTOM）	76.8	3
三菱重工（MHI）	60.8	4
上气、哈电、东方	55.4 ~57.0	5 ~7
巴拉特（BHEL）	54.1	8
东芝（TOSHIBA）	51.9	9
日立（HITACHI）	48.3	10
斗山重工（DOOSAN）	42.2	11
罗斯动力机械公司（PM）	35.8	12

机床制造业 2008 年国内市场占有率已由“十五”期间的 39% 左右上升到 61%，其中数控机床国内市场占有率已由不足 30% 上升到 53.6%。2008 年数控金切机床产量达到 12.22 万台，位居世界第一位。

冶金设备制造业 2006—2007 年研制成功具有世界先进水平的焦化、连铸、热连轧、冷连轧等一批大型冶金设备，并成功应用于生产，自主化的冶金设备国内市场占有率已由 2002 年的 60.66% 提高到 2007 年的 82.9%，冷热连轧机组还相继出口非洲、印度、波兰、意大利等国家和地区。

第六节　产业集聚区建设取得初步成绩

近几年，各地根据自身的基础和优势，建设多个起点高、规模大、专业化程度高、配套体系健全的装备制造产业园区或产业带，作为实施强省战略的新支点，取得了明显的产业集聚效应。

1. 改造老工业基地

辽宁省铁西区是我国著名的老工业基地，在由计划经济向市场经济转变的过程中，曾经陷入困境，一度 90% 的国有企业处于停产或半停产状态。2003 年，国家实施振兴东北老工业基地战略以来，经过 7 年的探索实践，铁西区的改造振兴取得了显著成果，经济建设全面突围，工业企业重获新生。以沈阳机床、沈阳鼓风机、北方重工、特变电工等为代表的一批装备制造企业发展势头强劲，已成为国内行业的领军企业。一批民营高技术装备制造企业，以多种方式实现了对过去所有制结构单一的国有企业的改革重组。目前民营装备制造企业已占铁西区装备制造业的 20%。例如：三一重工以“用品质改变世界”的理念，建立中国煤炭综采设备生产基地。北方交通重工瞄准国际先进企业，开发了具有自主知识产权的道路铣刨机、衡浆封层车、路面综合养护车、道路清障车、高空作业车等十大系列产品。2008 年铁西区装备制造业完成工业总产值 1037 亿元、工业增加值 271 亿元。

2. 新建装备制造基地

上海按照高起点、高标准、高质量的原则，建设临港装备制造基地取得重大进展。在 3 年内初步建立了以清洁高效发电和输配电设备、大型船舶关键设备、海洋工程设备、自主品牌汽车、轨道交通和磁悬浮设备、大型工程机械和物流设备等核心装备产业集群的发展格局。上海电气集团、中船集团、中船重工集团、上汽集团、中集集团、卡特彼勒、西门子等一批国内外知名企业的建设项目相继落户，截至 2008 年底，累计引进各类招商项目总投资超过 400 亿元。此外，上海长兴岛基地已成为世界级的船舶制造基地、重要的海洋工程装备制造基地、领先的港口装卸设备制造基地。大连充分发挥临港临海优势，正在建设大连港北岸深水岸线大型装备制造聚集区和大窑湾港口汽车配套产品制造聚集区。

3. 建设专业化产业集聚区

陕西省以西安飞机公司为核心，吸引众多国内外有关飞机制造的企业、高校、科研单位，经过近 3 年的建设，初步形成集航空技术研发、航空设备生产及整机制造、零部件加工、转包生产、航空人才培养、航空服务为一体的国家航空高技术产业基地。该基地以支线飞机为主线，以通用飞机为突破口，带动零部件、航空材料、机载设备、机场和空管导航设备制造产业协调发展。湖南长沙重点发展工程机械，以中联重科、三一重工、三河智能为核心，集聚 30 家工程机械及配套企业，形成了完整的产业链，工程机械产值居国内前列。大连机床集团利用搬迁改造的机会，在新区建设主机制造基地的同时，建设了功能部件制造园区，既为本集团配套，也面向全社会，成为社会化的功能部件供应商。此外，近几年由众多中小企业集聚，或众多中小企业围绕几个大型企业建设形成了一批专业化产业集群，如黄石的模具集聚地、滕州的机床与机床功能部件产业园等。

第七节　企业“走出去”取得实质性进展

近年来，装备制造企业结合实际情况，采取多种方式实施“走出去”战略，在开拓国际市场和利用国外资源，增加企业竞争实力和发展后劲等方面取得了明显成效。

1. 跨国并购

国内一些企业通过兼并国外知名企业，拥有了一批国际知名品牌的知识产权、核心技术和优秀人才，大大提高了发展的起点。例如，北方重工集团公司以绝对控股方式并购德国维尔特控股集团公司/法国 NFM 公司，拥有了世界先进的全系列隧道掘进设备核心技术和知名品牌，并以此为契机，在德国和沈阳建立两个研发中心，在沈阳建设中试基地和国家盾构机试验中心。近三年，北方重工在国内隧道盾构机市场已先后中标 33 台。2008 年北方重工完成了 15 台盾构机的制造，手持合同 18 台，其中海外订货额达 3.76 亿美元。南车集团时代电气公司成功收购美国 Dynex 公司，使时代电气核心技术链得以延伸，形成进军全球电力电子产业的平台。上海电气收购了处于世界印刷包装机械技术领先地位的日本秋山，当年实现利润 300 万元。国内机床行业现已并购了 11 家海外著名机床工具企业。其中，北京第一机床厂成功收购具有世界领先水平的重型机床制造商—德国科堡公司，获得了世界级的重型机床核心技术、品牌和覆盖全球的营销网络。大连机床集团先后跨国并购了英格索尔生产系统有限公司、英格索尔曲轴制造系统有限公司、德国兹默曼有限公司等 3 家国际知名的机床生产商，在国外设立了研发中心，使主导产品达到了国际先进水平。哈尔滨量具刃具集团公司以 950 万欧元成功并购了刀具预调仪、热套装、HSK 刀柄等产品居世界前列的德国凯狮公司，突破了技术封锁，获得了其原创核心技术及品牌、销售渠道、重要用户。秦川机械发展公司并购联合美国工业公司，杭州机床集团并购德国 abaz&b 磨床有限公司，天水星火机床有限责任公司收购法国 SOMAB 公司 81% 的股权，均取得了较好的效果。

2. 境外投资建厂

随着装备出口额的迅速增长，一些龙头企业已开始从单一的产品输出转向资本和技术输出，在境外投资建厂。如北汽福田公司在巴基斯坦、智利、埃及、伊朗、俄罗斯等地合资组建了5家海外组装工厂，三一重工先后在法国、印度、美国建立了工程机械制造基地；西电集团在埃及投资建设输变电设备制造园。

3. 境外设立研发机构

许多装备制造企业在国外设立研发机构取得了较大的成功。例如，华为、中兴、联想集团、南车集团、北汽福田分别在印度、日本、美国设立了研发机构，使国外的人才优势、产品和技术为我所用。

4. 承接外包加工业务

近几年，西飞、沈飞、成飞、黎明公司等一批中国航空制造企业先后承接了波音、空客、GE等国际著名公司的外包加工业务，不仅提高了企业的技术水平和管理水平，而且获得了较为显著的经济效益。

第八节 现代制造服务业日趋受到重视

当今的装备制造业正在向装备制造服务业转变，装备制造应包括从市场调研开始到售后服务直到产品报废回收全过程，体现全方位为用户服务、为社会服务的精神。近几年来，不少企业已经认识到发展现代制造服务业的重要性，并进行了大胆的探索和实践。

陕鼓集团近年来紧跟市场，转变发展方式，主要依靠技术+管理+服务，从产品制造商向系统集成和服务商转变，实现了产品制造和服务相融合。陕鼓集团发展现代制造服务主要体现在工程成套、备件零库存服务、维修服务和金融服务四个方面。经营方式的转变取得显著成果，2001—2007年，企业产值从4亿元迅速增长到40亿元，增长了9倍，销售收入、利税、利润也同比增长。目前陕鼓销售收入构成中，42%是自产产品销售，58%是工程承包和服务。

上海电气在坚持发展装备制造的同时，努力加快发展现代制造服务。他们选择的发展重点是：研发技术服务、工程总承包、系统集成与设备成套、专业售后服务、现代物流、金融服务。2008年，上海电气现代制造服务的收入约占集团销售收入的22%，预计到2010年经过努力将达到25%。

上海标准件五公司是著名的紧固件制造企业，近年来，公司果断进行了战略调整，以贸易为龙头，把贸易与工业结合起来，构建物流中心，从制造业向物流产业发展。目前在公司经营的产品中，25%是自已生产，40%是对收购来的半成品进行高附加值的热处理和表面处理；35%是收购成品进来组合配套。通过走贸工结合之路，公司建成紧固件的四大中心：订货中心—拥有570多家客户，外销占90%以上；采购中心—与150多家紧固件制造厂合作，由它们提供半成品或成品；加工中心—进行后处理加工，提高附加值；配货中心—年销20多万吨、3万多品种，取得了良好的经济效益。

新疆金风科技股份有限公司在大力发展风力发电设备制造的同时，积极拓展现代制造服务领域，在风力发电设备的研发设计、风场设计、工程成套、运行维护、故障诊断与系统监控等领域取得可喜成绩。成功收购德国VENSYS能源有限公司，使公司处于风电产业链上游的研发设计能力及自主创新能力得到明显提升。成立投资公司，通过资本的运作，为公司创造效益，例如投资建设风电厂，通过卖电收回投入并盈利。成立北京天源科创风电技术有限责任公司，致力于为我国风电产业提供服务，是国内第一家专业的风电服务商。公司业务包括风资源评估及选址、工程建设及咨询、运行维护、风机检测、数字化风电场系统软件开发、风机备件供应及销售。

第九节 配套政策逐步落实

为了加快落实“若干意见”提出的政策措施，三年来中央各部委相继出台了一系列配套政策。

1. 2007年1月29日，财政部、国家发展改革委、海关总署、国家税务总局四部门正式发布《关于落实国务院加快振兴装备制造业的若干意见有关进口税收政策的通知》（财关税［2007］11号）。

《通知》指出：“在国务院确定的对促进国民经济可持续发展有显著效果，对结构调整、产业升级、企业创新有积极带动作用的重大技术装备关键领域内，由财政部会同发展改革委、海关总署、税务总局制定专项进口税收政策，对国内企业为开发、制造这些装备而进口的部分关键零部件和国内不能生产的原材料所缴纳的进口关税和进口环节增值税实行先征后退。所退税款一般作为国家投资处理，转作国家资本金，主要用于企业新产品的研制生产以及自主创新能力建设。”一年来，财政部会同国家发展改革委、海关总署、税务总局等部门及相关行业协会在详细了解各类重大技术装备的国内外开发制造情况、供需状况、关键零部件和原材料国内生产水平的基础上，积极落实调整 16 个重大技术装备领域进口税收政策的实施方案，相继出台了 11 项专项政策。这些专项政策是：《财政部关于调整喷气织机和自动络筒机及其零部件进口税收政策的通知》；《财政部关于调整大型煤炭采掘设备及其关键零部件原材料进口税收政策的通知》；《财政部关于调整大型露天矿用机械正铲式挖掘机及其关键零部件原材料进口税收政策的通知》；《财政部关于调整新型大马力农业装备及其关键零部件进口税收政策的通知》；《财政部关于调整大型非公路矿用自卸车及其关键零部件原材料进口税收政策的通知》；《财政部关于调整大型精密高速数控设备及其关键零部件进口税收政策的通知》；《财政部关于调整大功率风力发电机组及其关键零部件原材料进口税收政策的通知》；《财政部关于大型全断面隧道掘进机零部件进口税收政策的通知》；《财政部关于调整超特高压输变电设备及其关键零部件进口税收政策的通知》；《财政部关于调整大型煤化工设备及其关键零部件原材料进口税收政策的通知》；《财政部关于调整大型石化设备及其关键零部件原材料进口税收政策的通知》。

2009 年 8 月，此项政策已由先征后退调整为免征进口关税和进口环节增值税。

2. 2007 年 4 月，财政部下发了《自主创新产品政府采购预算管理办法》（财库［2007］29 号）、《自主创新产品政府采购评审办法》（财库［2007］30 号）、《自主创新产品政府采购合同管理办法》（财库［2007］31 号）。

3. 2007 年 6 月，国防科工委印发《军工建设项目鼓励采购国产设备的若干意见》。

4. 2008 年 1 月，国家发展改革委、财政部、科技部、国防科工委等部门联合下发了《首台（套）重大技术装备试验、示范项目管理办法》（发改工业［2008］224 号），鼓励支持重大技术装备自主创新，为首台（套）重大技术装备应用营造必要的政策环境。

目前该项政策的经费尚未落实，但一些地方政府如上海、浙江、江苏、辽宁等省市已出台了相应的管理办法，取得了很好的效果。

5. 《国家中长期科技和技术发展规划纲要（2006—2020）》提出围绕国家目标，筛选出若干重大战略产品、关键共性技术或重大工程作为重大专项重点突破。

5.1 “高档数控机床与基础制造装备”科技重大专项

2008 年 12 月 24 日，温家宝总理主持国务院常务会议，审议并原则通过了《高档数控机床与基础制造装备科技重大专项实施方案》。会议认为，实施高档数控机床与基础制造装备科技重大专项，对于提升我国数控机床和基础制造装备产业的自主创新能力和核心竞争力，带动装备制造业结构调整和相关产业发展，扩大内需，具有重要意义。专项的实施方案经过科学、民主、严格论证，已基本成熟，具备启动实施的条件，有关部门要根据会议提出的意见进一步完善方案，抓紧组织实施。

5.2 “大型飞机”科技重大专项

根据国务院第 211 次常务会议决议，分别完成了中国商用飞机有限责任公司和中国航空工业集团公司组建审批工作。结合国务院机构改革情况和工作需要，及时调整大型飞机重大专项专家咨询委员会；会同财政部等有关部门和单位制订了国防领域科技重大专项经费管理办法，特别明确了大型客机研制经费管理办法；筹备召开了大型飞机重大专项领导小组第五次会议，完成了大型飞机重大专项的组织协调工作；落实了 2008 年专项经费安排，初步确定了 2009 年经费预算，使大型飞机研制步入正常轨道。

小结

从以上评述中，可以总结出“若干意见”实施三年来 8 条成功的经验：

——实施重大装备的自主化和国产化，是国家目标、政府行为。

——装备制造企业和用户企业，都是振兴装备制造业的主力军。

——提高自主创新能力，是发展装备制造业的关键。

——对老工业基地进行改造，是振兴装备制造业的一条战略路线。
——发挥临港、临江、沿线的交通优势，是规划重大装备制造集聚区空间布局的优先选择。
——实施应用示范工程，是突破重大装备首台套应用难瓶颈的重要举措。
——境外并购，是提高自主创新能力的有效途径。
——发展现代制造服务业，是实现企业发展方式转变和战略转型的重点。

第二章　存在的问题

我国虽然已成为世界装备制造业大国，但还不是强国。总体来言，装备制造业粗放的发展方式还没有根本转变，片面追求发展规模和速度，尚未走出传统工业化大量消耗资源的老路，整体水平和国际竞争力与先进国家相比差距较大。

1. 结构不合理

主要体现在产品结构、产业组织结构、地区产业结构三个方面。

产品结构不合理。一是工业增加值率低，附加值不高。我国装备制造业全行业增加值率仅为 24.8%，而工业发达国家在 37% ~48% 之间。我国装备产品总体上处于中低端，高技术、优质、个性化的高档产品少，拥有自主知识产权的名牌产品更是寥寥无几。二是产品能耗高、对环境污染大。装备产品生产过程单位工业增加值消耗的能源是日本的 6 倍，韩国的 4.5 倍，美国的 3 倍；钢材、木材、水泥的消耗强度分别为上述发达国家的 5 ~8 倍、4 ~10 倍和 10 ~30 倍；能源利用效益仅为 30%，比发达国家低 20%。据统计数据测算，2006 年机械装备制造业行业总能耗约 8134.2 万吨标煤，占工业能源消耗的 4.64%，占全国能源消耗总量的 3.31%。目前我国出口的机械产品中，劳动密集型产品（如普通标准紧固件、普通阀门、电器插头插座）、附加值较低的产品（如普通轴承、普通机床、手提式电动工具、手提式风动工具、煤气表、水表、电度表）和资源消耗型产品（如铸件、锻件、磨具、磨料）占有很大比重。在国内市场上，一方面一般产品生产能力过剩的问题日趋严重，并使机械行业内过度竞争加剧；另一方面，高附加值装备研发能力薄弱，以致国内高端市场几乎为外商所占领。

产业组织结构不合理。一是缺乏与国际大型跨国公司相抗衡的大型企业集团。近年来，尽管装备制造领域，如电力设备、重型矿山机械、轨道交通设备、工程机械、机床工具等，已形成一批大型企业集团，但普遍存在生产规模大，经济效益低；制造能力强，研发能力弱；引进技术多，自主知识产权少；生产产值高，服务收入低；单机制造能力强，系统集成能力弱等问题，尚不具备与大型跨国公司竞争的实力。二是缺乏“专、精、特、新”的中小企业。我国零部件生产企业多为中小企业，规模小、利润低、研发能力不足、配套体系不完善。据统计，在机械工业 500 强企业中，零部件企业共有 57 家，其中能从事产品开发的 23 家，能进行部分开发的 18 家，无开发能力的 16 家。由于零部件企业研发投入小、研发能力弱，往往需要从整机制造厂获取技术与加工图纸，只能满足整机企业眼前生产的要求，难以做到与主机研发进行同步开发。此外，目前国内针对中小企业的发展缺乏相应的配套服务体系，企业技术来源不足、技术和管理人才匮乏、发展资金短缺等问题没有得到很好解决，使得企业发展后劲不足。

地区产业结构不合理。地区产业结构趋同化、出现低水平重复建设。各地在制定产业政策时所确定的主导产业或支柱产业有很大的相似性。在全国 30 个省（区、市）的“十一五”发展规划中，将化工设备、电子、汽车列为支柱产业的分别有 24、18、15 个省（区、市）。各地为保证 GDP 的增长，都在把拉动 GDP 较快的装备制造业作为发展重点，船舶、风电设备、太阳能设备、大型盾构机、公路施工机械、经济型数控机床、基础件等产品存在一哄而上、过度投资、产能过剩的趋势。企业改扩建中，相互攀比，竞相添置同类大型设备，导致设备利用率不高、资源浪费。产业结构的趋同化，不仅造成地区间的过度竞争，同时也造成了资源（包括科技资源）配置的不协调及浪费。

2. 自主创新能力不强

主要体现在拥有自主知识产权和自主品牌的技术和产品少，核心关键技术缺乏，对外依存度较高。在国家确定重点发展的 16 项关键装备领域中，有相当部分产品尚属空白，如大型民用飞机、深水海洋石油装备等。一些成套装备的核心主机，如百万吨乙烯、对苯二甲酸（PTA）装置中的大型压缩机组，国内还没有制造业绩。

一些装备，如百万千瓦超超临界火电机组、大型抽水蓄能机组、重型燃气轮机等，虽然实现了国内制造，尚未全面掌握核心技术。多数装备虽然国内已经基本实现设计制造自主化，但可靠性等技术指标与国外先进水平相比仍有明显代差。国内生产装备的自动控制系统主要依靠进口，高端自动控制系统基本由国外垄断。

3. 产业基础薄弱

我国基础件产业发展远不能满足主机和成套设备发展的要求，质量不稳定、故障率高、可靠性差是基础件的致命弱点。目前在16项重大技术装备重点领域中，几乎全部领域的关键基础零部件、元器件及关键原材料依靠国外。如高档数控机床配套关键功能部件和数控系统发展滞后，各类中高档功能部件70%需要进口，高档数控系统市场基本被日本法纳克、德国西门子垄断；工程机械所需30MPa以上液压件全部依赖进口，大型装载机进口部件占整机价值量的50%～60%；约占核电机组设备投资额1/4的泵阀主要依赖进口，如在岭澳核电二期中，进口泵、阀高达2.2亿美元，而国内采购量不足4%；对发电设备、冶金设备、石化设备和船舶等重大技术装备具有重要影响的大型铸锻件，国内的生产水平、生产能力与发达国家相比存在较大差距；重大装备所需关键材料的品种、规格、性能、质量问题长期得不到解决，如超超临界锅炉用不锈钢管、高牌号取向硅钢、抗海水腐蚀双相钢等产品国内还不能生产，大口径厚壁碳钢和部分合金钢管等产品生产能力严重不足。

4. 系统成套能力和现代制造服务业发展滞后

长期以来，装备制造业单机生产能力强，系统成套能力弱。行业高速发展过度依赖单机、实物产量的增长，大量的工程承包市场由外商控制。由于装备制造业主机和辅机、软件（工艺）和硬件（设备）发展不同步，成套技术发展滞后，缺乏一批具有系统设计、系统成套和工程总承包能力的供应商，因此，难以在国内外重大工程中中标，只能在国外企业中标后分包部分硬件产品，常常是大部分，甚至90%的单机由国内企业制造，而技术开发、工程成套、维修及服务等高附加值环节的高利润被外商拿走。目前我国现代制造服务业刚刚起步，除个别企业外，绝大多数企业的服务业收入在其销售收入中所占比重很小，而全球航空国防、汽车、电子、生物医疗设备以及全球制造公司（不含中国）的服务业收入在其销售收入中所占比重分别达到47%、37%、19%、21%、26%。

5. 装备制造业信息化建设急待加强

大部分装备制造企业信息化基础薄弱，管理信息化的应用普遍落后于数字化设计系统的应用，信息"孤岛"现象较为突出，信息化各个环节间的集成仍是难点，如计算机辅助设计（CAD）、计算机辅助制造（CAM）计算机辅助工艺设计（CAPP）、产品数据管理（PDM）以及计算机管理信息系统（MIS）之间的信息集成还没有完全实现。

6. 配套政策措施不到位

市场环境不完善，促进装备制造业发展的配套政策法规还不健全。主要表现在：一是相当一部分政策"不落地"。如在重大技术装备财税政策方面，国家出台了关键零部件和原材料关税和进口环节增值税先征后退（2009年8月已调整为免征），但由于税则目录没完全细化等原因，很多承研单位并未享受到相应的优惠政策。又如鼓励使用首台（套）重大技术装备的实施细则没有出台，巨大的国内市场资源未能有效利用，用户对国产设备的认可度不够，首台首套产品进入市场难的问题尚待解决。二是限制盲目、重复引进政策不到位。某些重大工程即使采购国产装备，但在合同中却限定国内已经具备研发能力的关键系统或零部件必须采用国外指定厂商产品，造成变相重复进口。三是组织协调机制尚未建立。在统筹研究制定装备制造业相关政策，跨地域、跨行业、跨部门组织多方力量联合攻关和在国家重点工程中推广应用重大技术装备等方面缺乏有效统筹协调。

第三章　发展展望和建议

2008 年下半年以来，国际金融危机对我国装备制造业造成了严重影响。在中央实施应对国际金融危机的一揽子计划的作用下，经济增长下滑态势得到遏制，我国装备制造业总体实现平稳较快增长。但是，在全球经济衰退、国际需求减少的情况下，外部环境依然严峻。

第一节　装备制造业面临的新形势

1. 世界经济复苏脆弱而不稳定，外需萎缩对我国装备制造业的不利影响短期内难有根本改观

从 2009 年二季度开始，全球金融市场趋稳，发达国家经济萎缩幅度有所放缓，一些经济指标也显示世界经济正在触底。但各主要经济体复苏主要靠政府投入和政策刺激，政策效果能否持续还有待观察。由于各主要经济体下滑的态势没有根本性改观，就业形势仍在恶化，产能利用率仍然低下，短期内出现强劲复苏的可能性不大。

另外，国际贸易保护主义势头有所抬头，特别是针对中国的贸易保护措施不断加强。2009 年 9 月初，美国对我出口轮胎启动特保措施，之后，阿根廷、印度等国开始效法。此外，主要发达国家利用知识产权保护、技术壁垒、绿色壁垒等手段变相推行贸易保护主义。上述情况表明，我国产品出口面临的难度可能进一步加大。

2. 经济企稳回升主要靠政策支撑和投资拉动，经济发展内生动力和活力不足

当前，国家一系列政策措施已见到较好效果。但随着时间的推移，政策效应会逐步减弱。由于前期投资大幅增长主要靠政府投入和银行信贷资金快速增长的支撑，装备工业增速回升也主要依靠汽车行业和工程机械等投资类产品的拉动，而受多数行业产能过剩和市场需求不足的影响，民间投资意愿不强。如果民间投资不能充分启动，单靠政府大幅度增加投入拉动经济增长的局面难以持续。

从 2009 年前三季度统计数据看，规模以上工业增加值同比增长 8.7%，仅为近年来增长水平的六成左右，回升的基础并不牢固。在当前国内需求不足、出口继续下降的情况下，部分企业特别是中小企业和外向型企业效益下滑状况短期内难以扭转。一些行业、企业生产经营仍然比较困难，在调整结构、转变发展方式、淘汰落后产能等方面解决深层次矛盾的力度还不够，应对危机、攻坚克难的动力和活力还不足。

3. 产能过剩问题凸显，加快推进结构调整和发展方式转变任务艰巨

在国际金融危机的冲击影响下，产能严重过剩表现得更为突出。以钢铁行业为例，2008 年底产能已达到 6.6 亿吨，需求不过 4.7 亿吨左右，过剩产能近 2 亿吨，在建的还有 5800 万吨。太阳能设备、风电设备等产业也存在重复建设倾向。例如风电设备，专家测算到 2010 年后，按目前统计 80 余家整机企业的计划产能建设完成后，要超过我国年度装机需求约一倍以上，其中这 80 余家基本上都是从引进国外 5 ~ 6 家企业技术和产品发展而来，重复引进、同质竞争非常突出。

当前，世界经济发生重大变革：一是全球总需求对世界经济增长的贡献将有所下降。近来美国储蓄率有所上升，欧盟一些国家也出现类似征兆，消费方式的变化导致总需求对世界经济增长的拉动会有所减弱。二是出口导向型模式面临严峻考验，国际市场萎缩难以在短期内改变，提高内需比重将成为未来出口导向型国家拉动经济增长的重要战略。三是金融危机可能会使发达国家实体经济相对弱化的格局得到一定回调。新兴产业发展将带动传统产业优化升级，推动形成新一轮经济增长。四是国际产业分工加速细化，表现为产业分工向产品内分工发展。发达国家主要控制核心技术和品牌，加速将产品生产的低端环节转移外包。如何在这次世界产业格局调整中参与更多的产业再分工，加快结构调整和发展方式转变，是抓住这千载难逢的历史性机遇的重要前提。

4. 我国经济发展还面临着发达国家抢占世界经济发展制高点的压力和挑战

金融危机后，绿色经济、循环经济和低碳经济发展受到各国的空前重视。美国等发达国家为应对经济衰退和培育新的经济增长点，提出了一些新的思路和措施，如：重视发展制造业，谋求结构调整，试图在新能源、新材料、电子信息、生态环保等新兴产业领域保持竞争优势；重视信息通信技术的广泛应用及与经济社会的结合，提出发展“智慧地球”的概念，促进新一代网络和信息技术的深度应用，推动信息化与工业化的深度融合，抢占未来科技进步和产业发展的战略制高点；重视发展节能和新能源技术，研究制定低碳产业的技术标准，凭借其技术领先优势，推动形成“碳交易”、“碳关税”等规则或准则。

新兴产业发展将带动传统产业的优化升级，引发全球产业结构性的调整重组，推动形成新一轮经济增长。前几年我国装备制造业的高速增长固然可喜，但这种增长基本上是建立在过度消耗资源的基础之上，发展方式失之粗放。如果我国工业依然保持粗放式增长模式不变，即使现在率先回升，到时还将落后于别人，并将面临更为严峻的挑战。

第二节 装备制造业的发展思路和重点

为适应装备制造业的发展形势，下一步总的发展思路是：按照中国新型工业化总体要求，坚持“调整转型、创新升级”战略方针，着力调整产业结构，大力提升产业集中度，培育战略性新兴产业，推进集聚区建设，鼓励企业兼并重组；着力推进自主创新，完善技术创新体系，大力发展重大成套装备、高技术装备和高技术产业所需装备，夯实产业发展基础；着力转变发展方式，大力发展现代制造服务业，推行绿色制造技术，加快装备制造业信息化建设，促进装备制造业做强做大。

1. 加快实施科技重大专项，掌握重大装备关键核心技术

加快实施高档数控机床和基础制造装备科技重大专项，重点开发航空航天、船舶、汽车、发电设备制造需要的高档数控机床与基础制造装备，提高主机、数控系统、功能部件自主创新能力和市场占有率。加快实施大型飞机科技重大专项，突破核心关键技术，研制大型客机及其配套的航空发动机、机载系统和设备、原材料，逐步实现大型飞机产业化。加快实施极大规模集成电路制造装备及成套工艺科技重大专项，开发集成电路关键制造装备，掌握具有自主知识产权的成套先进工艺及相关新材料技术，改变我国高端集成电路制造装备与工艺完全依赖进口的局面。

2. 大力推进装备自主化，完善自主创新体系

围绕清洁高效发电设备、超特高压输变电成套设备、大型石油及石化装备、大型煤化工成套设备、大型高精度冶金成套设备、大型煤炭及大型露天矿设备、轨道交通装备、大型环保装备及资源综合利用设备、大型施工机械、新型/大马力农业装备、高档印刷机械、机场专用装备及港口机械等领域，制定并发布《重大技术装备自主创新指导目录》，全面提高装备制造业自主创新水平。支持装备制造“产、学、研、用”相结合，开发关键共性技术。建立健全装备制造国家重点实验室、国家工程实验室、国家工程研究中心、国家工程技术研究中心和国家级企业技术中心。

3. 积极推进关键基础件发展，夯实产业发展基础

重点发展大型清洁高效发电设备、大型冶金、石化等成套装备及大型船舶等所需高端大型铸锻件。重点发展风电设备、高速动车组、精密机械等所需精密轴承、高精度齿轮传动装置，工程机械用高压柱塞泵/电动机、密封件等基础零部件。加快发展工业自动化控制系统及仪器仪表、中高档传感器等。通过关键技术攻关、基础共性技术突破、检验检测中心建设等手段，提升配套基础产品水平，夯实产业发展基础。

4. 大力实施技术改造，实现制造水平的整体提升

针对机械装备、船舶及海洋工程装备、汽车、民用飞机等重点产业发展需求，实施装备制造业技术改造专项。重点支持企业调整产品结构，淘汰落后生产能力，提升产品档次、质量和可靠性，提高设计、制造水平和质量检测条件，完成产业结构优化和能力升级；推广先进绿色制造技术和清洁生产方式，提高材料利用率和生产效率，降低能耗和污染物排放；整合区域（市、省以及省际间）内铸造、锻造、热处理、表面处理四大基础工艺能力，建设专业化基础工艺中心。

5. 推进企业兼并重组，提高产业集中度

鼓励具有经济和技术优势的大型龙头企业实施跨地区、跨所有制、跨行业的兼并重组，逐步形成具有工程总承包、系统集成、国际贸易、融资能力的大型企业集团，提高产业集中度。支持有条件的地区推进区域内企业兼并重组，实现较大范围的资源优化配置和专业化分工，形成具有竞争优势的“专、精、特、新”专业化生产企业。重点发展主导产业特色鲜明、水平和规模居全国领先地位的工业园区，建设国家新型工业化产业示范基地，引导装备制造业集聚、集约发展。

6. 积极培育新兴产业，催生新的经济增长点

综合考虑市场需求和基础条件，选择节能和新能源汽车、海洋工程装备、高性能船舶、通用飞机和新支线客机、高速轨道交通设备作为装备制造业新兴支柱产业培育的重点领域，制定并发布《节能和新能源汽车行动计划》、《海洋工程装备科研项目指南》、《新船型开发科研项目指南》，指导规范新兴产业健康有序发展。通过制定发展政策，依靠技术进步，创造新的市场需求，培育新的增长点。

7. 发展现代制造服务业，推进企业的调整转型

实施装备制造现代服务业示范工程，鼓励企业实现由生产型向生产服务型转变。发展从事系统集成和设备成套的集成服务商，培育具有工程总承包能力的工程承包商。实施供应链管理优化，建设区域物流中心；发展设备的维修、改造服务，培育再制造产业。

8. 推动信息化建设，实现与信息技术的深度融合

综合运用信息技术提升装备制造的质量、附加值及其智能化水平，促进装备制造业的柔性化、精益化生产。大力支持企业管理信息化建设，实现信息流、物流、资金流的高度集成，实现在线监控和远程服务，加快由制造环节向服务环节的增值转型。积极推行以信息技术为基础的节能环保技术，实现装备制造业的绿色增长。

第三节　建议

针对装备制造业发展中存在的问题，围绕做强做大装备制造业战略的实施，建议如下：

1. 制定推进做强做大装备制造业行动纲要

进入 21 世纪，装备制造业得到党中央和全社会的高度重视，奠定了装备制造业在国民经济中的支柱地位，实现了由发展滞后到成为装备制造大国的跨越。但是应该看到，我国装备制造业在完成了数量的迅速扩张、一大批主要装备产品的产量居世界前列之后，出现了成熟经济带来的一些新特征和新问题：生产成本和价格降低，利润趋于下降；企业间的竞争加剧，越来越多的产业出现了生产能力过剩的现象；对能源、资源的消耗越来越大，对环境和生态的破坏越来越严重，可持续发展问题已成为全社会公众关注的焦点。建议国家研究制定推进做强做大装备制造业行动纲要，按照中国特色新型工业化道路的要求，明确发展目标和重点任务，持续提高我国装备制造业的总体水平和国际竞争力。

2. 建立重大技术装备协调机制

建议建立重大技术装备跨地域、跨行业、跨部门的协调机制，统筹研究制定装备制造业相关政策，组织协调跨地域、跨行业、跨部门重大技术装备的联合攻关和在国家重点工程中的推广应用，推进重大技术装备自主化的落实。

第二部分　行业篇

第一章　大型清洁高效发电设备发展报告

发电设备产业具有技术密集、资金占用量大、生产周期长、涉及种类广泛等特征，其产品装备了我国的电力工业，支撑国民经济持续健康发展。随着我国经济持续快速增长，尤其是进入21世纪后，面对电力的旺盛需求形势，发电设备产业进入快速发展期。据初步统计，截至2008年底我国发电设备装机拥有量为79251万kW，其中80%的为国产机组。装机容量仅次于美国位居世界第二。

从1952年我国开始制造第一台800kW发电机组，1954年生产第一台6000kW火电机组起，到2008年累计制造各类发电设备约85865万kW（含出口机组）。其中，2006—2008年期间共制造37514万kW，占我国56年来全部产量的44%，并连续三年产量超过1亿kW（见表1），2008年创纪录达到13314万kW，继续成为世界制造发电设备第一大国。

表1　2006—2008年发电设备年产量　（单位：万kW）

设备名称	2006年	2007年	2008年
水力发电设备	1436	2239	2298
汽轮发电机	9568	9849	10421
电站汽轮机	9658	9877	9089
电站锅炉	9554	9202	10015
燃气轮机	492	213	348
风力发电机	134	330	595

注：风力发电机组年产量按当年新增装机容量统计。

水力发电设备

水力资源是清洁的可再生能源，我国水力资源丰富，据2003年全国水力资源复查结果，我国大陆水力资源蕴藏量为6.944亿kW，居世界首位，其中技术可开发容量为5.416亿kW。到2008年底全国水电站装机容量为1.65亿kW，仅占蕴藏量的23%，占技术可开发容量的30%，还有很大的开发前景。水电设备一直是出口到东南亚、非洲、南美、东欧等国家的重要产品。因此水电设备制造业的发展前景十分广阔。

第一节　发展综述

1. “十一五”的发展目标和任务

根据国家发改委编制的《可再生能源发展“十一五”规划》，“十一五”时期全国新增水电装机容量7300万kW，重点是金沙江、雅砻江、大渡河、澜沧江、怒江和黄河上游等重点领域电站建设，并加快开发小水电资源，计划到2010年全国水电装机容量达到1.9亿kW，其中大型常规水电1.2亿kW，小水电5000万kW，抽水蓄能电站2000万kW。计划到2020年全国水电装机容量达到3亿kW。

2. 2006—2008年主要经济指标

2006—2008年水力发电设备领域主要经济指标见表2。从表中可以看出，水电设备制造业的各项经济指标均以较快速度增长。

表 2　2006—2008 年水力发电设备领域主要经济指标

主要经济指标	2006 年	2007 年	2008 年
新装机/万 kW	1205	1669	2010
总装机/亿 kW	1.28	1.45	1.65
生产总量/万 kW	1493	2188	2349.3
工业总产值/亿元	162.5	212.5	237.7
利润总额/亿元	15.7	26	27.3
出口交货总值/亿元	11	13.82	17.09
全民劳动生产率/（万元/人）	11.7	13.9	16.39

资料来源：中国电器工业协会水电分会统计资料。

近年来，水电设备制造企业的技术水平和竞争能力提升较快，水电设备的国产化率和市场占有率也在持续提高。其中：

混流式机组已实现国产化，国产化率为 100%。在市场占有率方面，据对近年投运及建设中的 14 座大型水电站 80 台 60 万 kW 及以上的机组统计，国产机组市场占有率为 62%，其中三峡电站 70 万 kW 机组占有率为 50%。“十一五”期间，溪洛渡电站 77 万 kW 机组、向家坝 80 万 kW 机组国产机组占有率为 73%。

抽水蓄能机组，据对已投运及建设中的 32 座抽水蓄能电站机组的统计，总装机容量为 2600 万 kW，由国内企业制造的为 520 万 kW，其中，有 420 万 kW 为采用国外水泵水轮机转轮模型技术，只有 100 万 kW 为自主研发的抽水蓄能机组；市场占有率为 20%。

轴流式机组，已实现国产化，国产化率为 90%，市场占有率为 90%。

冲击式机组，已实现国产化，高水头机组多采用国外转轮技术，国产化率为 70%，市场占有率为 90%。

贯流式机组，已实现国产化，大容量机组多采用国外转轮技术，国产化率为 70%，市场占有率为 80%。

从水电机组的容量来说，混流式机组 60 万 kW 以上大型机组是国内大型水电制造企业与外商竞争的重点；20 万 ~50 万 kW 的机组基本上由外商承担。10 万 kW 及以下的机组主要依靠低价竞争。由国内中小水电制造企业承担。

总体而言，水电机组已基本实现国产化，国产化率达到 80%，市场占有率达到 80%。

3. 自主创新产品开发和技术攻关

3.1　三峡机组已完成国产化研制任务

三峡电站有左右岸两个电厂，安装 70 万 kW 混流式水电机组共 26 台，其中左岸电厂 14 台，右岸电厂 12 台。三峡左岸电厂 14 台由外商负责，并转让技术合作制造，右岸电厂 12 台由国内制造。

目前左岸电厂合作制造的 14 台机组在 2005 年已投产发电，运行正常，右岸电厂自行研制的 8 台机组和外国承担的 4 台机组也在 2008 年投入正常运行。

三峡机组是国家“六五”、“七五”、“八五”、“九五”、“十五”期间的重大技术装备项目。国内制造企业由前期科研、引进技术、消化吸收、合作制造左岸机组到自主创新独立设计、制造右岸机组，性能和质量达到世界先进水平，很多的重大技术关键取得了突破和创新。主要内容有：

（1）水力设计技术达到世界先进水平。水轮机的水力设计技术是水轮机的核心技术，自行开发的水轮机转轮模型的水力性能，经过与国外水轮机水力性能同台对比实验和真机实测，自行研制的三峡右岸机组转轮模型，最高效率为 94.5% 以上，消除了高负荷区域水压力脉动，提高了稳定性，优于三峡左岸电站国外负责的机组，达到了世界先进水平。

（2）发电机冷却方式取得重大突破。国外厂商对 70 万 kW 机组都采用定子绕组水内冷技术进行冷却。它的结构、工艺、安装和运行维护都较复杂。哈尔滨电机厂有限责任公司在三峡右岸电厂 70 万 kW 机组中，经过自主创新，采用定子绕组空冷技术，代替水内冷技术，并已在电厂安全运行，在技术上取得重大突破，获机械工业科技进步特等奖。东方电机股份有限公司在三峡地下电厂70万kW机组采用自主知识产权的蒸发冷却技术代替水内冷技术。

（3）发电机推力轴承承载能力已达到5500t，是世界上承载能力最大的发电机推力轴承。目前运行稳定。国外电站机组最大承载能力为4700t。

（4）直径10m、重500t的水轮机转轮是目前世界上最大的转轮。通过科技攻关和技术改造，解决了其超低碳纯净不锈钢铸件质量、组焊工艺、数控叶型加工、整体运输等重大技术。目前，国内制造厂的制造能力优于国外。

（5）采用具有自主知识产权的电渣熔铸新技术代替砂型铸造工艺，研制三峡水轮机导叶的铸件毛坯，提高了铸件质量、受到国内外厂商的青睐。

3.2　通过对三峡机组的科技攻关，提升了国内制造企业的研发能力和竞争能力。“十一五”期间，在招标竞争中对国内60万kW及以上的大型混流式机组，国内制造企业已由独立承担水轮机或发电机发展到独立承担水电机组（水轮机和发电机）。

自主研制水轮机或发电机的有：

（1）龙滩电站7×70万kW混流式机组（水头179m）

其中：水轮机由上海伏依特西门子公司承担4台、东方电机股份有限公司承担3台；发电机由哈尔滨电机厂有限责任公司承担5台，东方电机股份有限公司承担2台。

（2）构皮滩电站5×60万kW混流式机组（水头200m）

其中：水轮机由哈尔滨电机厂有限责任公司承担5台；发电机由天津阿尔斯通水电设备有限公司承担3台，东方电机股份有限公司承担2台。

（3）拉西瓦电站6×70万kW混流式机组（水头220m）

其中：水轮机由上海伏依特西门子公司承担，发电机由哈尔滨电机厂有限责任公司承担。

（4）小湾电站6×70万kW混流式机组（水头250m）

其中：水轮机由上海伏依特西门子公司承担3台、东方电机股份有限公司承担3台；发电机由哈尔滨电机厂有限责任公司承担6台。

（5）锦屏1级电站6×60万kW混流式机组（水头240m）

其中：水轮机由东方电机股份有限公司承担，发电机由哈尔滨电机厂有限责任公司承担。

（6）糯扎渡电站9×65万kW混流式机组（水头215m）

其中：水轮机由哈尔滨电机厂有限责任公司承担6台，上海伏依特西门子公司承担3台；发电机由东方电机股份有限公司承担6台，天津阿尔斯通水电设备有限公司承担3台。

（7）瀑布沟电站6×60万kW混流式机组（水头181.7m）

其中：水轮机由东方电机股份有限公司承担3台，加拿大通用电器公司承担3台；发电机由东方电机股份有限公司承担6台。

（8）官地电站4×60万kW混流式机组（水头128m）

其中：水轮机由东方电机股份有限公司承担，发电机由哈尔滨电机厂有限责任公司承担。

自主研制主机设备的有：

（1）金安桥电站4×60万kW混流式机组（水头126m）

主机全部由东方电机股份有限公司承担。

（2）长河坝电站4×65万kW混流式机组（水头216m）

主机全部由哈尔滨电机厂有限责任公司承担。

（3）溪洛渡电站18×77万kW混流式机组（水头230m）

主机由东方电机股份有限公司承担9台，哈尔滨电机厂有限责任公司承担6台，上海伏依特西门子公司3台。

（4）向家坝电站10×80万kW混流式机组（水头114m）

主机由哈尔滨电机厂有限责任公司4台，天津阿尔斯通水电设备有限公司4台。

4. 技术创新体系建设

科学技术部于2005年以哈尔滨大电机研究所为依托组建了“国家水力发电设备工程技术研究中心”，2007年又以哈尔滨电机厂有限责任公司为依托组建了“水力发电设备企业国家重点实验室”。

5. 大企业集团崛起

哈电集团哈尔滨电机厂有限责任公司、东电集团东方电机有限公司为国家重点扶植的大型水电机组制造企业，是国家重大技术装备的承担单位。这两个单位已掌握了水电机组的核心技术，装备了先进的试验条件和设备制造能力，能进行水电机组主机及辅机成套设备的系统集成设计，具有一定的自主研发和试验能力。目前研制的大型水电机组的性能和质量已达到国际先进水平，全年产值约占全行业总产值的60%。

6. 企业走出去

国内水电设备制造企业还缺乏国际管理经验和战略规划，目前主要依靠外贸公司组织国际市场营销，据近三年水电设备出口情况统计结果，2006年为110109万元，2007年104965万元，2008年为143469万元，仅占水电设备总产值的7%，对外发展的潜力较大。

7. 存在的问题

（1）缺乏对水电机组研制的整体规划。为使水电机组能健康有序的发展，应根据水电站建设的规划要求，执订各种不同机型水电机组的发展规划，从而对科研和技改等做出相应的安排。目前，虽然有关部门已执订了水电站建设的发展规划，包括中长期发展规划和“十一五”发展规划，由于科研体制的改变，哈尔滨大电机研究所和天津电气传动设计研究所原科技归口职能已被撤销，新建立的“国家水力发电设备工程技术研究中心”，尚未承接水电机组科技规划的任务，因此各有关制造厂只能依靠市场信息进行有关准备工作，形成滞后和被动局面。

（2）水电机组的科研工作未受到应有的重视。从“九五”开始只将三峡机组列入重大技术装备科技攻关项目，一直没有安排其他水电机组的科技攻关工作。

三峡机组是100m水头段混流式的水电机组，对于其他水头段的混流式机组，以及轴流式、冲击式，贯流式及蓄能机组仍需要做大量的科技攻关工作，有的新机型，如全贯流式机组、双向潮汐机组等都有待开发研究。它的技术难度、工作量、科研经费都较大，需要国家给予支持。

（3）水电机组包括水轮机及附属调速装置、发电机及附属励磁装置等组成，主辅机技术性能和结构是相互关联系统集成的整体，国外厂商都是成套设计和供货的。国内制造厂以前生产的机组和出口的机组，基本上也是成套设计和供货的。目前用户部门将水电机组分割后单独分项采购，甚至采购自己企业的设备，不考虑重大设备技术关联性，存在隐患较多，严重影响了制造企业对机组整体技术的研发，也不利于国内制造企业做大做强。

第二节　关键设备自主化进展情况

三峡电站左岸电厂14台70万kW机组。其中8台由法国ALSTOM、挪威KB、瑞士ABB联合体负责供货和转让技术，哈尔滨电机厂有限责任公司负责消化吸收和分包2台机组制造。6台由加拿大GE、德国VoiTH、SMS联合体负责供货和转让技术，东方电机股份有限公司负责消化吸收和分包2台机组制造。已于2005年全部投运发电。右岸电厂安装12台70万kW机组，经过招标评定法国ALSTOM公司、哈尔滨电机厂有限责任公司、东方电机股份有限公司各自独立设计制造4台，已于2008年全部投运发电。

三峡电站70万kW机组是目前世界上单机容量最大的机组，水轮机转轮最大外径10.6m、重500t，发电机最大容量84万KVA；推力轴承承载5500t，都是世界之最，它的技术性能代表着当今世界先进水平。哈尔滨电机厂有限责任公司采用的全空冷技术，突破了国外60万kW以上机组采用水内冷却的历史（主要参数与国外水平对比见表3）。

表3 三峡水电机组及国外70万kW水电机组的主要技术参数对比

电站情况	中国		中国			美国	巴拉圭	巴西
	三峡左岸		三峡右岸			大古力	伊泰普	
机组台数	8	6	4	4	4	3	9+1	9+1
首台机投产年份	2003年	2003年	2007年	2007年	2007年	1978年	1984年	1984年
机组编号	2、4、6、8、10、12、13、14	1、3、5、7、9、11	15~18	19~22	23~26	22~24	1~9+1	10~18+1
最大水头 h_{ax}/m	113	113	113	113	113	108.2	126.7	126.7
最小水头 h_{miu}/m	61	61	61	61	61	67.1	82.9	82.9
额定水头 hr/m	80.6	80.6	85	84	85	86.87	118.4	118.4
额定转速/（r/min）	75	75	75	71.4	75	85.7	90.9	92.3
飞逸转速/（r/min）	150	150	146	143	151	158	170	170
水轮机额定出力/MW	710	710	710	710	710	713	715	715
水轮机最高效率（%）	96.27	96.79	96.2	96.52	96.34	94.50	95.30	95.30
转轮公称直径 D_1/m	10.428	9.95	9.88	10.715	10.44	9.223	8.45	8.45
转轮重量/t	445	407	473.3	460	440	460	315	315
比转速 n_s/m—kW	261.7	261.7	244.86	236.58	244.9	273.43	196.8	199.83
发电机额定出力/MW	700	700	700	700	700	700	700	700
发电机最大容/MVA	840	840	840	840	840	825.6	823.6	766
发电机额定效率（%）	98.77	98.75	98.74	98.83	98.74	98.60	98.60	98.60
频率/Hz	50	50	50	50	50	60	50	60
发电机额定电压/kV	20	20	20	20	20	15	18	18
功率因数	0.9	0.9	0.9	0.9	0.9	0.975	0.85	0.95
短路比	1.2	1.2	1.2	1.2	1.2	1.35	1.18	1.18
瞬变电抗 X′d	0.315	0.32	0.32	0.32	0.31	0.29	0.30	0.30
发电机冷却方式	定子水内冷	定子水内冷	定子水内冷	定子水内冷	定子水内冷	定子水内冷	定子水内冷	定子水内冷
定子铁心内径/m	18.8	18.5	18.5	18.8	18.766	18.87	16	16
定子铁心高度/m	2.95	3.13	3.13	3.15	3.2	2.13	3.5	3.26
推力轴承负荷/t	5520	4850	4050	5290	4890	4700	4100	4000
设备制造企业	法国ALstom、挪威KEN、瑞士ABB、中国哈尔滨电机厂有限责任公司	加拿大GE、德国Voith、Siemens、中国东方电机股份有限公司	中国东方电机股份有限公司	法国Alstom	中国哈尔滨电机厂有限责任公司	美国Allis—Chalmers、加拿大CGE	法国Neyrpic、德国Voith、瑞士BBC	法国Neyrpic、德国Siemens

三峡电站总装机容量为 1820 万 kW，多年平均发电量 846 亿度，每年可减少煤耗 5000 万 t，少排放 SO_2 200 万 t、CO_2 1 万 t。节能减排效果显著。到 2008 年 12 月底，已发电 2926 亿度，实现发电收入 700 多亿元，取得巨大的经济效益和社会效益。

目前已批准三峡电站增设地下电厂安装 6 台 70 万 kW 机组，由哈尔滨电机厂有限责任公司、东方电机有限公司、天津 ALSTOM 水电设备有限公司各承担 2 台，正在制造中。

火力发电设备

第一节　发展综述

1. 概况

我国是一个发展中的大国，又是能源资源消耗大国，能源供应的短缺，将是制约我国国民经济可持续发展重要因素，在积极利用开发可再生能源的同时，如何节约能源减少污染排放是一项十分紧迫的任务。近几年发电设备制造部门紧密配合电力市场的需求，火电设备向大型高效、清洁能源设备制造迈入一个快速发展期，无论从单机容量、技术性能参数均已进入世界前列。

1.1　火电机组制造技术已进入世界前列

（1）超临界、超超临界火电机组已成为装备电力工业的主力机型。根据电力市场和节能减排的需求，进入本世纪后，我国火电机组迅速从亚临界向超临界、超超临界高蒸气参数发展，2004 年我国自主制造的 60 万 kW 超临界参数的河南沁北电厂机组投入运行，2006 年国产 100 万 kW 级超超临界的浙江玉环和山东邹县电厂大型火电机组并网发电，运行性能良好，供电标准煤耗仅为 279g/kWh，优于设计值，表明了我国火电设备的制造技术已进入世界前列。

2006—2008 年三年期间我国火电设备制造向大型、高效发展十分明显，60 万 kW 及以上大型、高效火电机组已占据火电设备的 50% 以上，而超临界、超超临界高效节能参数机组已占 60 万 kW 及以上大型火电机组的 77%（见表 4）。

表 4　2006—2008 年大型、高效汽轮机产量　（单位：台）

产品名称	2006 年	2007 年	2008 年
汽轮机总产量/万 kW	9658	9877	9089
其中大型高效 60 万 kW 及以上汽轮机产量/（台/万 kW）	80/4960	79/4990	69/4500
占总产量百分比（%）	51	50	50
60 万 kW 亚临界汽轮机	36	27	16
60 万 kW 超临界汽轮机	40	38	36
60 万 kW 超超临界汽轮机	—	8	8
100 万 kW 超超临界汽轮机	4	6	9
超临界和超超临界汽轮机占总产量之比（%）	55	65	77

（2）大型空冷机组制造技术已步入世界先进行业。自 2004 年哈尔滨汽轮机有限责任公司以大冈电厂为依托工程、自行设计、制造完成 60 万 kW 直接空冷机组以来，东方电气集团公司、上海电站集团公司为适应坑口电站建设需要，相继成功设计制造 60 万 kW 直接空冷机组，目前东方电气集团公司获得了世界容量最大的灵武电厂项目 100 万 kW 空冷机组合同。届时，我国大型空冷机组的设计制造技术将领先于世界。

（3）大型循环流化床锅炉设计制造技术，也是近年发展快的环保节能型产品，四川东方电气集团公司、哈尔滨电站设备集团公司、上海电气集团公司的三家锅炉制造公司 2003 年联合引进法国阿尔斯通公司设计、制造技术，在消化吸收引进技术的基础上创新，均已开发出拥有自主知识产权的 30 万 kW 循环流化床锅炉，现已能批量生产，2006—2008 年累计制造 30 万 kW 大型循环流床锅炉共 23 台（见表 5），这对于减少二氧化硫、氮氧化物有害气体排放，减少环境污染、有效利用各种低热值的石化燃料开辟了广阔前景。其年产量和设备拥有量已居世界第一。目前东方电气集团公司承接了目前世界上容量最大、参数最高国家示范工程“四川 60 万 kW 超临界循环流化床锅炉”项目，计划 2011 年投产发电。届时，在大型循环硫化床锅炉不仅在产量上居世界第一，在设计制造技术上将处于国际领先地位。

表 5　2006—2008 年 30 万 kW 循环流化床锅炉产量　（单位：台）

设备制造公司	三年产量	2006 年	2007 年	2008 年
哈尔滨锅炉厂有限责任公司	5	1	1	3
东方锅炉（集团）股份有限公司	11	1	3	7
上海锅炉有限公司	7	3	2	2
小计	23	5	6	12

哈尔滨电站设备集团公司、四川东方电气集团公司、上海电气集团公司三个电气集团公司都是在原来汽机、锅炉、电机老企业基础上组建的大型电气集团公司。在大型火电设备的设计、制造技术、引进消化吸收技术方面有一定的基础，但在前瞻性技术、共性技术、系统集成技术方面尚不足，为集中各制造企业分散的技术创新体系，形成集团的整体的创新平台，各集团公司正在进行新的技术创新体系的建设工作。

哈尔滨电站设备集团公司于 2001 年 1 月原国家计委批准成立了“发电设备国家工程研究中心”，会同汽轮、锅炉、电机制造企业进行大型清洁高效能源设备的研究、开发，建立以设备设计、工艺为核心，博士后工作站和产、学、研相结合的技术体系。但各制造企业的独立性较强，系统集成技术较弱。仍需在技术创新体系管理方面进一步完善和调整。

东方电气集团公司在 1994 年成立“技术中心”，2001 年被认定为“国家级企业技术中心”，下设透平、电机、锅炉、电站辅机等研究所，在各企业进行开发研究。为提升东方电气集团技术的创新能力，2008 年又组织了“东方电气中央研究院”，下设系统集成研究所、信息化研究所、智能装备研究所等开始开展工作。

2008 年 8 月上海电气集团公司将上海汽轮发电有限公司（1995 年与 SMS 合资组建，上海汽轮发电有限公司 60%、SMS 占 40%）、上海汽轮机有限公司（1999 年与 SMS 合资组建，上海汽轮机有限公司占 68%、SMS 占 32%）、上海动力设备有限公司（1999 年与 SMS 合资组建，上海动力设备有限公司占 70%、SMS 占 30%）合并重组为上海电气电站设备有限公司，原来三家合资公司的技术中心，重新组建新的研发中心。2009 年 1 月又组建了“上海电气电站技术研究所与发展中心”，下设四个核心技术研究所和华能上海电气温室气体减排研究中心，开始进行技术创新体系的建设工作。

1.2　联合循环第三代重型燃气轮机

1983 年南京汽轮电机厂与美国 GE 公司合作开始制造 MS6001B，单机容量 36MW。至今已生产数十台，但燃烧室、透平转子、叶片等关键部件仍由美国 GE 公司提供，不转让技术。

进入本世纪以来，随着“西气东输“工程建设开展，沿线要建设一批大型燃气轮机联合循环发电装置。第一批 10 个电站 23 台，第二批 12 个电站 24 台，大部分采用 9F 系列产品。国家通过实行“打捆”招投标方式，由哈尔滨汽轮机厂有限责任公司联合美国 GE 公司、东方汽轮机有限公司联合日本三菱公司在第一批“打捆”招标中标。并于 2003 年制造出首台机组，全部 23 台机组已在 2006 年全部完成制造；上海汽轮机有限公司与西门子公司联合在第二批“打捆”招标中标，合作制造 V94.3A，即相当于美国 GE 公司 9F 等级的第三代燃气轮机产品。上述产品的主要性能是：

美国 GE 公司采用 MS9001G 型燃气轮机，初始温度 1430℃，单循环功率 282MW，热效率 39.5%，联合循环功率 460MW，热效率 58%。

日本三菱公司采用 701G 型燃气轮机，初始温度 1415℃，单循环功率 310MW，热效率 39%，联合循环功率 460MW，热效率 59%。

西门子公司采用 V94.3A 型燃气轮机，初始温度 1190℃，单循环功率 240MW，热效率 38%，联合循环功率 385MW，热功率 57.1%。

这些燃气轮机的一些关键部件，如燃烧室、透平的高温部件等外国公司不转让技术，整机国产化率 70%，其配套用于热锅炉全部由国内设计制造。

2. 大企业集团崛起

目前哈尔滨电站设备集团公司、四川东方电气集团公司、上海电气集团公司都已形成一定规模，在生产能力方面进入发电设备制造大国行列，但在国际竞争能力上属于第二集团。

3. 企业走出去

哈尔滨电站设备集团公司、四川东方电气集团公司、上海电气集团公司为扩大出口，都成立了工程公司，取得出口资质，并对外承包工程项目和机电设备，目前已积累了一定成套工程管理经验，取得一定成果。

2008 年，出口到国外火电机组有 1400 万 kW，约占发电设备产量的 11%；其中亚临界 30 万 kW 火电机组 19 套（570 万 kW）、60 万 kW 火电机组 8 套（480 万 kW），占出口的 77%；产品主要出口到美国、印度、印尼、巴西、越南、土耳其、苏丹、日本、德国、巴基斯坦等国，以中低端产品为主，多以低价取胜为主。企业由于工程系统集成能力和国际贸易管理经验较弱，因而影响出口，因此对外发展的潜力较大。

4. 存在的问题

我国发电设备制造行业大都是从事单一主机产品的制造型企业，成套能力差。要进一步做大做强，国家没有强有力的推动措施是难以实现的。首先要解决的是火电机组的成套问题，即汽轮机、发电机、锅炉三大主机及其附属设备的成套设计、成套供货，需要完善企业内部机构设置，特别是用户部门的认可，才有实现的可能，再进一步推动与工程设计院、金融机构联合；通过上下游产业链延伸，逐步发展具有工程总承包系统集成、国际贸易和融资能力的企业集团。

我国企业技术大都走引进国外先进技术和合作制造产品的道路，利用国外成熟技术快速形成生产能力，但自主创新能力较弱。虽然超超临界火电机组、燃气机、大型循环流化床锅炉在国发［2006］8 号文《国务院关于加快振兴装备制造业的若干意见》确定为突破项目，但并没有列入“国家重大技术装备研制”项目中，只有国家科技部将部分科研项目列入“863”科技支撑计划中，目前主要靠企业自身的力量，进行引进技术的消化吸收。由于投入较少，很多科研工作尚需进一步的展开。如核心技术、共性技术的进一步研究，改变材料、高性能绝缘材料、很多配套部件等仍需要依赖进口的状况，提高国产化水平。

第二节　关键设备自主化进展情况

1. 哈尔滨电站设备集团

哈尔滨锅炉厂有限责任公司于 2003 年从日本三菱公司引进了 60 万～100 万 kW 超超临界参数锅炉的设计技术，以玉环电厂 4 台 100 万 kW 燃煤锅炉为国产化依托工程，并列为国家 863 计划“超超临界燃烧发电技术研究”项目进行科研工作。首台超超临界参数 100 万 kW 燃烧锅炉已于 2006 年 11 月投运。玉环电厂 1#机锅炉主要性能都达到国外先进水平（见表 6）。

表 6　玉环电厂 1#机锅炉主要性能

性能指标	保证值	实测值
锅炉效率（%）	93.65	93.88
NO_X/（mg/Nm^3）	360	235.7
预热器漏风率	—	4.86% / 5.2%

经过引进技术的消化吸收和完善，并自主设计、制造、完成潮州电厂、金陵电厂 100 万 kW 超超临界锅炉等设备。

哈尔滨汽轮机厂有限责任公司目前有两种 60 万 kW 级超超临界参数的汽轮机，开始是与日本三菱公司合作设计、制造了两缸两排汽 60 万 kW 汽轮机。目前已实现国产化；并自主研发了三缸四排汽气轮机。已具备研制 100 万 kW 超超临界汽轮机的能力，与国外同类产品相比较哈汽热耗值最低（见表 7）。

表 7 100 万 kW 超超临界汽轮机经济性能对比

电厂名称	功率/万 kW	汽轮机进汽参数（MPa/℃/℃）	热耗值（kJ/kWh）	制造厂
广野	60	24.6 / 600 / 600	7394	三菱
石洞口	60	24.2 / 538 / 566	7595	ABB
沁北	60	24.2 / 566 / 566	7522	哈汽
阀山	60	25 / 600 / 600	7424	哈汽

哈尔滨电机厂有限责任公司从 2003 年开始与日本东芝公司合作进行国电泰州电厂 2×100 万 kW 汽轮机发电机研制，并于 2005 年月与日本东芝公司签订 100 万 kW 超超临界汽轮发电机技术转让协议。首台由日本东芝公司制造的机组于 2009 年投入运行。哈尔滨电机厂有限责任公司按东芝技术和标准，其中关键部件如 24kV 定子线棒等向东芝采购、自行制造了第二台机组于 2008 年 3 月投入运行良好。目前国产化水平达 90%，自主研制的三百门电厂 2 台 100 万 kW 汽轮发电机已经完成。

哈尔滨电站设备集团已完成 100 万 kW 超超临界机组的 8 台锅炉、4 台汽轮发电机组。

2. 东方电气集团

从 2003 年起引进日立公司的超超临界火电机组技术，并列入国家科技部“超超临界燃气发电技术的“863”计划项目，以玉环 100 万 kW 超超临界机组为消化吸收的依托项目开始研究工作，基本掌握了锅炉、汽轮机关键技术，形成自主制造能力。自 2006 年 12 月以来自行制造的超超临界 100 万 kW 超超临界参数的锅炉和三种种汽轮机机型参数见表 8 和表 9。

表 8 三种超超临界参数的炉锅

主要参数	锅炉 1	锅炉 2	锅炉 3
最大连续蒸发量/（t/h）	3033	2996	3110
过热蒸汽压力/MPa	26.25	27.56	26.25
过热蒸汽温度/℃	605	605	605
再过热气流量/（t/h）	2469.7	2479.78	2465
再热蒸汽入口压力/MPa	4.99	6.24	5.52
再热蒸汽出口压力/MPa	4.79	5.92	5.32
再热蒸汽入口温度/℃	356.3	378	360
再热蒸汽出口温度/℃	603	603	603
给水温度/℃	302.4	297	300

表 9 三种超超临界参数的凝汽式汽轮机

主要参数	产品型号		
	N1000—25.0/600/600	N1000—25.0/566/600	
性能	超超临界中间再热、单轴四缸四排汽	超超临界中间再热、单轴四缸四排汽	超超临界中间再热、单轴三缸四排汽
额定/最大功率/MW	1000/1083	1000/1076	660/742
主蒸汽参数/再热温度/（MPa/℃/℃）	25/600/600	25/566/600	25/600/600
背压/kPa	5.1	6.2	5.8

目前东方电气集团已签约的 60 万 kW 和 100 万 kW 超超临界机组已达 50 套。

3. 上海电气集团

2003 年与 SMS 合资方合作投标获得玉环 4×100 万 kW 我国首个超超临界汽轮机供货合同，并全面引进 SMS 公司超超临界汽轮机技术，被列入国家科技部“超超临界燃烧发电技术”的 863 技术支撑项目。

经过消化吸收、研制的 100 万 kW 超超临界汽轮机于 2006 年 11 月在华能玉环电厂投运。在研制玉环电厂 100 万 kW 超超临界汽轮机的基础上，自行研制了高桥电厂三期 100 万 kW 汽轮机（主蒸汽参数 27MPa/600℃/600℃）和北疆电厂 100 万 kW 汽轮机（最大非调整抽气 600t/h），目前研制的超超临界 100 万 kW 汽轮机已投运 8 台。

风力发电设备

1. 概况

1.1 风力发电产业发展迅猛

近年来，在国家大力发展可再生能源的历史机遇下，风电产业得到了快速的发展。截至 2008 年底，全国建成了 239 个风电场，累计装机 11638 台，累计装机容量 1217 万 kW，累计并网容量 894 万 kW。其中 2008 年新增风电机组约 5130 多台，新增装机容量 624.6 万 kW，与 2007 年相比增长 107%。2008 年当年新增风电装机容量位列全球第二名。

1.2 国内大型风力发电设备制造业快速成长

2008 年在全国累计风电机组装机市场份额中，中国内资与合资企业产品占 61.6%，外资企业产品占 38.4%，中国内资与合资企业的累计市场份额首次超过外资企业。金风、华锐、东汽三家企业累计装机均超过百万千瓦（见表 10，表 11）。

表 10 2008 年累计中国内资与中外合资制造商的市场份额

品牌（制造商）	容量/kW	占累计内资与合资制造商比例（%）	占累计总装机比例（%）
新疆金风科技股份有限公司	2629050	35.09	21.63
中国华锐风电科技有限公司	2157000	28.79	17.75
东方汽轮机有限公司	1290000	17.22	10.61
浙江运达风电有限公司	330250	4.41	2.72
航天安迅能风电公司	250500	3.34	2.06
上海电气风电设备公司	201250	2.69	1.66
明阳风电技术有限公司	175500	2.34	1.44
湘电风能有限公司	128000	1.71	1.05
江苏新誉风电设备公司	82500	1.10	0.68
北重汽轮电机有限责任公司	60000	0.80	0.49
其他	188670	2.52	1.55
合计	7492720	100	61.65

表 11　2008 年累计外资制造商的市场份额

品牌（制造商）	容量/kW	占外资制造商比例（%）	占总装机比例（%）
Gamesa	1552500	33.31	12.77
Vestas	1455200	31.23	11.97
GE	637500	13.68	5.25
Suzlon	347250	7.45	2.86
Nordex	328750	7.05	2.71
其他	338870	7.27	2.79
合计	4660070	100.00	38.35

2008 年中国新增风电机组装机市场份额中，中国内资与合资企业产品占 75.4%。其中中国华锐风电科技有限公司的份额最大，占新增总装机的 22.5%，占内资与合资企业产品的 29.8%。外资企业产品占市场总额的 24.6%，其中丹麦 Vestas 的份额最大，占新增总装机的 9.6%，与外资企业产品的 39.0%。

随着中国风力发电设备制造业的快速发展，内资风电制造企业生产的兆瓦级风电产品实现了大批量的生产和安装，2008 年新增装机市场份额明显超过了外资企业。中国华锐风电科技有限公司、新疆金风科技股份有限公司两家企业进入 2008 年全球大型风电机组制造商前十名。

2. 风电机组技术水平有了很大的提高

2.1　水平轴风电机组技术成为主流

水平轴风电机组技术，因其具有风能转换效率高、转轴较短，在大型风电机组上更显出经济性等优点，使水平轴风电机组成为我国大型风电设备的主流机型，并占到 100% 的市场份额。同期发展的垂直轴风电机组因转轴过长、风能转换效率不高，启动、停机和变桨困难等问题，目前在国内还没有应用。

2.2　兆瓦级风电机组已成为国内主力机型

近年来，国内风电市场中风电机组的单机容量持续增大。2005 年新安装的机组平均单机容量 849.7kW，2006 年新安装的机组平均单机容量 919.5kW，2007 年新安装的机组平均单机容量 1.05MW，2008 年新安装的机组平均单机容量 1.22MW。当前，随着单机容量不断增大和利用效率提高，我国主流机型已经从 2005 年的 600～1000kW 增加到 2008 年的 750～1500kW，2008 年我国陆地风电场安装的最大风电机组为 2MW。近年来，海上示范风电场的开发进一步加快了大容量风电机组的发展，2008 年底我国已运行的最大风电机组单机容量已达到 3MW。

2.3　变桨变速功率调节技术得到广泛采用

由于变桨距功率调节方式具有载荷控制平稳、安全和高效等优点，近年在大型风电机组上得到了广泛采用。结合变桨距技术的应用以及电力电子技术的发展，大多风电机组开发制造厂商使用变速恒频技术，并开发出了变桨变速风电机组，使得在风能转换上有了进一步完善和提高。2008 年，在全国所安装的风电机组中有 90% 的风电机组采用了变桨变速方式，而且比例还在逐渐上升。我国 2008 年安装的兆瓦级风电机组中，全部是变桨距机组。2MW 以上的风电机组大多采用三个独立的电控调桨机构，通过三组变速电机和减速箱对桨叶分别进行闭环控制。

2.4　双馈异步发电技术仍占主导地位

在我国建立的外资公司都在生产双馈异步发电型变速风电机组，我国内资企业中国华锐风电科技有限公司、东方气轮机有限公司等企业也在生产双馈异步发电型变速风电机组。在 2008 年新增风电机组中，双馈异步发电型变速风电机组仍然占 80% 以上。目前，我国中国华锐风电科技有限公司研发的 3MW 的双馈异步发电型变速恒频风电机组已经投入运行。

2.5　直驱式、全功率变流技术得到迅速发展

无齿轮箱的直驱方式能有效地减少由于齿轮箱问题而造成的机组故障，可有效提高系统的运行可靠性和寿命，减少维护成本，因而得到了市场的青睐。我国新疆金风科技有限公司与德国 Vensys 公司合作研制的 1.5MW

直驱式风电机组已有二百多台安装在风电场。新疆金风科技有限公司在 2008 年是我国风电产业的第二大供应商。同时，湘潭电机公司也研制出了 2MW 直驱永磁风电机组安装在风电场投入运行，其他如江西麦德风能股份有限公司等制造企业也在积极了开发研制直驱风电机组。在 2008 年新增大型风电机组中，直驱式风电机组已占 9% 以上。

伴随着直驱式风电系统的出现，全功率变流技术得到了发展和应用。应用全功率变流的并网技术，使风轮和发电机的调速范围扩展到 0 ~ 150% 的额定转速，提高了风能的利用范围。由于全功率变流技术对低电压穿越技术有很好且简单的解决方案，对下一步发展占据了优势。与此同时，半直驱式风电机组也开始出现在世界风电市场上。

2.6　大型风电机组关键部件的性能日益提高

随着风电机组的单机容量不断增大，各部件的性能指标都有了提高，如南京高速齿轮箱厂生产的大型风电机组齿轮箱，中航惠腾风电设备股份有限公司和连云港中复连众复合材料集团有限公司生产的大尺寸叶片，兰州电机有限责任公司生产的发电机等产品质量都有很大提高。我国风电设备的产业链已经形成，为今后的快速发展奠定了基础。我国在某些基础结构件、铸锻件等领域已经具有优势，不仅满足国内市场需求，而且正在向国际市场转移。

2.7　智能化控制技术的应用加速提高了风电机组的可靠性和寿命

鉴于风电机组的极限载荷和疲劳载荷是影响风电机组及部件可靠性和寿命的主要因素之一，近年来，风电机组制造厂家与有关控制系统研究院所积极合作研究风电机组的最优运行和控制规律，通过采用智能化控制技术，与整机设计技术结合，努力减少和避免风电机组运行在极限载荷和疲劳载荷，并逐步成为风电控制技术的主要发展方向。

3. 大型风力发电设备制造企业情况

我国风电设备制造企业主要技术来源大致可分为以下五类：

第一类：引进国外的设计图纸和技术，或者是与国外设计技术公司联合设计，在国内进行制造和生产。象新疆金风科技股份有限公司引进的 1.2MW、1.5MW 直驱风电机组，现在已在国内批量生产和供货。还有浙江华仪风能开发有限公司、广东明阳风电设备公司、国电联合动力技术有限公司的 1.5MW 双馈风电机组，重庆海装风电设备有限公司、上海电气风电设备公司的 2MW 双馈风电机组等都是采取这种方式引进的，现在这些公司的产品有的已经样机下线，有的正在进行样机试制。

第二类：购买国外成熟的风电技术，在国内进行许可证生产。象新疆金风科技股份有限公司和浙江运达风电有限公司的 750kW 定桨距风电机组，中国华锐风电科技有限公司、东方汽轮机有限公司的 1.5MW 的双馈风电机组，都在国内成功生产并实现产业化，这些机组是国内的主力机型。还有重庆海装风电设备有限公司的 850kW，保定惠德风电工程有限公司、武汉国测诺德新能源有限公司、吴忠仪表股份有限公司的 1MW，上海电气风电设备公司的 1.25MW，北重汽轮电机有限责任公司的 2MW 等都是采取这种方式引进的，现在这些公司正在进行样机试制过程中。其中保定惠德风电工程有限公司已经小批量生产 1MW 定桨距风电机组，并出口美国 10 台。

第三类：与国外公司合资，引进国外的成熟技术在国内进行生产。象新疆金风科技股份有限公司的 1500kW 直驱永磁风电机组，航天安迅能风电公司、恩德（银川）风电设备制造有限公司的 1500kW 双馈风电机组，在国内已成功生产并实现产业化。还有湘电风电设备公司、瑞能北方风电设备有限公司的 2000kW 等公司都是采取这种方式引进的，现在这些公司正在进行样机试制过程中。

第四类：国外的风电机组制造公司在国内建立独资企业，将其成熟的设计制造技术，在国内进行生产。象歌美飒风电（天津）有限公司的 850kW、苏司兰能源（天津）有限公司的 1250kW、通用电气能源（沈阳）有限公司的 1500kW、维斯塔斯风力系统（中国）有限公司的 2000kW 机组都是采取这种方式进行生产的，目前已逐渐开始批量生产。

第五类：采用国内大学和科技公司自行开发的设计制造技术，在国内进行生产的风电机组。例如：沈阳华创风能有限公司、江苏新誉风电设备公司、浙江运达风电有限公司、三一重工集团开发的 1.5MW 机组，上海万德风力发电设备有限公司的 1.2MW 机组、南通锴炼风电设备有限公司的 2MW 机组都是采取这种方式进行生产的。目前，沈阳华创风能有限公司、江苏新誉风电设备公司、浙江运达风电有限公司开发的1.5MW双馈风电机组都已经投入小批试制，并在风电场进行试运行。

近年来，我国大型风力发电机组设计制造能力取得了很大进步，形成了以风电机组总装企业为龙头，零部件制造厂相配套的格局。

3.1　整机制造企业

目前，81家企业进入并网风力发电机组整机制造行业。其中国有、国有控股公司39家，民营制造企业23家，合资企业9家，外商独资企业10家。

（1）产业化落实程度比较好，已基本具备大批量生产能力的风电机组制造企业：新疆金风科技股份有限公司、中国华锐风电科技有限公司、东方汽轮机有限公司、上海电气风电设备有限公司、湖南湘电风能有限公司、广东明阳风电技术有限公司、江苏新誉风力发电设备有限公司、浙江运达风力发电工程有限公司、南通航天万源安讯能风电设备制造有限公司、宁夏恩德（银川）风电公司。

（2）已具备小批量生产能力的风电机组制造企业：沈阳华创风能有限责任公司、浙江华仪风电有限公司、重庆海装科技发展有限公司、国电联合动力技术有限公司、保定惠德风电工程有限公司、汉维（原大庆瑞好）风电公司等。

（3）正在进行样机试制或整机设计工作，产业化工作有待进一步落实的风电机组制造企业，包括上海万德风力发电股份有限公司、无锡宝南机器制造有限公司、瑞能北方风电设备有限公司、保定天威风电科技有限公司等19家。

（4）已有成熟的设计制造技术，已能在国内批量制造风力机总机或部件的国外独资企业，包括：通用电气能源（沈阳）有限公司、歌美飒风电（天津）有限公司、维斯塔斯风力发电设备（中国）有限公司、苏司兰能源（天津）有限公司等。

3.2　配套部件制造企业

随着国内风电市场需求的扩大，风力机关键部件配套生产企业有了较快的发展，风电设备制造和配套部件专业化产业链正逐步形成。其中发电机制造企业有永济电机厂有限公司、兰州电机有限责任公司、上海电机厂有限公司、株洲南车电机股份有限公司、湘潭电机有限公司、大连天元电机公司等，基本能够满足国内风电产业发展的需要。

齿轮箱制造企业有南京高精齿轮股份有限公司、重庆齿轮箱有限责任公司、杭州前进风电齿轮箱有限公司、大连重工起重集团、中国第二重型机械集团公司等，本地化落实情况比较好，目前基本能满足国内风电产业发展的需要。但由于齿轮箱轴承质量要求较高，目前国内尚无法提供合格的产品，齿轮箱产能受国外轴承供应的影响较大。另外齿轮箱制造工艺、质量和产能的提高，需要一些高精设备来保证，这些设备订购周期将对产能有一定影响。

生产叶片的企业在国内已有50多家，其中已经批量生产的企业有中航（保定）惠腾风电设备有限公司、连云港中复连众复合材料集团、天津LM公司、中能风电设备有限公司、上海玻璃钢研究院、北京玻璃钢研究院等企业。目前，国产风电机组叶片已经能够满足国内风电产业发展的需要。

国内生产变桨和偏航轴承的企业有洛阳轴承集团技术中心有限公司、瓦房店轴承集团有限责任公司、浙江天马轴承厂和徐州罗特艾德回转支承有限公司等。这些公司也在试制主轴轴承，但还没有经过长期运行的考验。目前，中国大部分风电机组制造公司还在采用国外SKF和FAG的产品，但供货周期长，暂时成为制约中国风电机组产能发展的瓶颈之一。

4. 存在的问题

4.1　国产风电机组设备质量有待提高

由于部分国产风电机组设备质量欠佳，造成风电场可利用率不高。采用国产机组的风电场，其机组可利用率明显低于采用国际先进品牌的机组，粗略估算整体上要低7%左右。2007年、2008年两年间，一些风电场业主受到国产设备交货不按时、不配套，机组调试时间长，调试出来的机组通不过运行考核，风力机和风电场项目不能按时投产的困扰。投入运行的国产机组也曾多次出现大的质量和技术故障，如轮毂裂纹、主轴问题、轴承问题、齿轮箱故障、电机故障等等。

4.2 风电设备制造企业重复建设凸显

目前国内风电整机制造企业已经超过 81 家。风电整机产能的扩大虽然缓解了近两年中国风电机组供不应求的局面，但也预示着我国风电整机制造企业之间白热化竞争的来临。未来几年，风电设备需求会趋于稳定或增速减缓，市场容量有限。即使风电累计装机容量 2020 年达到 1.2 亿 kW，平均每年也只需新增 1000 万 kW。

目前，风电整机制造业的生产能力仅新疆金风科技股份有限公司、华锐风电科技有限公司、东方汽轮机有限公司三家领军企业的年产量就已经达到 500 万 kW。预计到 2010 年，我国风电设备的生产能力将超过 2000 万 kW，大大超过国内市场需求。

4.3 风电上网难

我国的风能资源大部分分布在三北偏远地区和海上，离大城市密集区和负荷中心远，存在风电的送出问题。如甘肃要建特大型的风电基地，由于电网规划和建设时就没有考虑到风电网建设，风电送出非常明显地受到制约。有些地方风电场已经建成，机组已经调试完成，由于电送不出来，只好停机或部分停机。

核电装备

第一节　发展综述

1. 概况

核电作为一种清洁、经济、安全、规模化的一次能源，一直受到全世界的关注。自 1957 年世界第一座核电站商业化运行以来，已有五十年的发展历史。截至 2008 年底，全世界有 30 余个国家建有核电站，正在运行的商用核反应堆 439 座，总装机容量 3.72 亿 kW；在建核反应堆 44 座，装机容量达 4000 万 kW。

核电发展历经 50 年，提高其固有安全性一直是技术发展关注的重点。20 世纪 50～60 年代建设的大都是原型堆或实验堆，属第一代；第二代反应堆始于 70 年代至 90 年代末；20 世纪 90 年代开始建设改进的第二代核电站，安全性和自动化水平等技术性能有了较大改进；20 世纪 80 年代末，开始研制第三代核电站，其中以法国法玛通公司和美国西屋公司为代表的压水堆核电站更具市场化条件；第四代核电站形成于 2000 年，以气冷堆和快堆为代表。

我国自 20 世纪 80 年代自主研制建设第一座核电站——秦山一期 300MW 核电站、引进法国设备建设大亚湾 2×900MW 核电站以来，已经历了 20 多年的发展历程。截至目前，我国已投运 11 个反应堆，总装机 910 万 kW。

我国电力工业到 2008 年底总装机 7.92 亿 kW，其中煤电占 75.6%，环境污染和 CO_2 减排的压力越来越大。党中央、国务院高度重视核电发展，审时度势，对我国的能源发展做出重大调整，把“积极发展核电”作为调整能源结构、改善环境、减少 CO_2 排放的重要能源战略。

根据国内外核电发展新形势，国家在 2005 年核准建设秦山二期扩建（2×650MW）、岭澳二期（2×1080MW）的基础上，又陆续核准、开工建设辽宁红沿河（4×1080MW）、福建宁德（4×1080MW）、福建福清（2×1080MW）、浙江方家山（2×1080MW）等二代改进型压水堆核电站以及浙江三门和山东海阳各两套引进美国西屋公司 AP1000 三代压水堆核电站，山东石岛湾高温气冷堆（1×200MW）示范工程也于 2008 年开工建设。

关于国家核电发展中长期规划的调整方案，目前正在研究中。在国家中长期科技发展规划中，已将大型先进压水堆和高温气冷堆核电站列为国家 10 个重大专项之一，其中大型先进压水堆核电站将在消化吸收引进 AP1000 技术基础上，通过自主创新形成自主知识产权；高温气冷堆将由清华大学联合有关单位进行自主开发。

到 2008 年底，我国已运行核电机组 11 个，总额定功率 910 万 kW；正在建设核电机组 11 个，总额定功率 1100 万 kW；已核准和拟建设核电机组 22 个，总额定功率 2400 万 kW。

2. 核电装备国产化取得重大进展，初步形成核电装备制造体系

国家积极发展核电的能源战略为装备制造业带来前所未有的发展机遇，但同时对国内装备制造业的研发能

力、工艺装备和质量管理水平也是严峻考验。核电装备在一定程度上代表了装备制造业的最高水平，产品的安全性和可靠性要求极高，核安全级和重要非核级设备都要通过各种特定功能考核。

“八五”和“九五”期间，国家将压水堆核电站关键设备研制继续列入重大技术装备攻关项目，开展了核岛、常规岛、BOP（辅助）系统关键设备及材料的科技攻关；同时结合自主建设的秦山一期、秦山二期、秦山二期扩建、岭澳二期核电项目，通过自主攻关、消化吸收引进技术和合作制造，逐步掌握了大多数关键设备的设计制造技术，为实现百万千瓦压水堆核电站装备国产化创造了条件。

党中央、国务院十分关注核电装备国产化，提出了“自主设计、自主制造、自主建设、自主运营”自主发展核电的重要方针。通过多年努力，我国核电装备制造业的研发和制造能力有了很大提高，初步形成了具有相当规模的核电装备制造体系。二代改进型百万千瓦压水堆核电站核岛、常规岛及 BOP（辅助）系统中，除核主泵等少数关键设备尚需引进技术外，压力容器、蒸汽发生器、堆内构件、控制棒驱动机构、主管道、环吊、核级泵阀等已基本可以立足国内提供。并且在秦山二期扩建、岭澳二期、大连红沿河、宁德、福清及方家山等项目中应用。其中国产化难度很大的大型铸锻件关键技术已取得突破；核二、三级泵阀国产化也取得重大进展，国产化率已从岭澳二期、秦山二期扩建项目的 4% ~6% 提高到 40%。

第二节　关键设备自主化进展情况

百万千瓦压水堆核电站主要设备包括核岛压力容器、蒸汽发生器、堆内构件、控制棒驱动机构、核主泵、稳压器、主管道、环吊及核级泵阀等，常规岛汽轮发电机组，数字化控制系统，核燃料贮存运输系统和应急柴油发电机组等。通过自主攻关、消化吸收引进技术或合作制造，国内装备制造企业基本掌握了二代改进型核电站关键设备设计制造技术；引进 AP1000 三代核电站关键设备则主要通过消化吸收引进技术或合作制造逐步掌握设计制造技术。

1. 反应堆压力容器

反应堆压力容器主要技术难点包括一体化顶盖、接管段、过渡段、堆芯筒体等大型锻件（钢水纯净度、钢锭质量、锻造工艺及热处理），各筒节对接焊，内壁不锈钢堆焊和接管段异种钢焊接等技术。

中国第一重型机械集团公司已掌握二代改进型大型锻件钢水熔炼及锻造技术和压力容器制造技术（三代锻件正在研制中），具备批量生产二代改进型压水堆核电站反应堆压力容器能力，已承接红沿河、宁德、福清、方家山等项目 19 台压力容器制造任务。

中国东方电气集团有限公司已基本掌握二代改进型核电站反应堆压力容器制造技术，已承接岭澳二期等核电站 4 台压力容器制造任务。

上海电气集团股份有限公司已基本掌握二代型改进压水堆核电站反应堆压力容器制造技术，已承接宁德等项目 3 台压力容器制造任务。

2. 蒸汽发生器

蒸汽发生器是连接核电站一回路和二回路的关键设备，主要技术难点包括锥形筒体、管板和水室封头大型锻件，管板加工与焊接和传热管系制造技术等。

中国东方电气集团有限公司已掌握二代改进核电站蒸汽发生器制造技术，为岭澳二期提供的 2 台蒸汽发生器正在制造中，将于 2009 年交货。目前已承接红沿河、宁德、福清等项目 18 台订货任务。

上海电气集团股份有限公司已分别提供过秦山一期 2 台 30 万 kW、出口项目 2 台 30 万 kW、秦山二期 1 台 60 万 kW 和秦山二期扩建 4 台 60 万 kW 蒸汽发生器，目前已承接红沿河、宁德、方家山等项目 18 台蒸汽发生器订货任务。

哈尔滨电气集团公司已具备生产二代改进型和三代核电站蒸汽发生器能力，目前已承接阳江、三门、石岛湾等项目 6 台蒸汽发生器订货任务。

3. 核主泵

核主泵（反应堆冷却剂泵）是压水堆核电站关键设备，其泵水力性能、电机屏蔽、泵的结构设计都有特殊要求，技术难度很高。世界上只有美国 EMD 公司、法国日蒙公司、德国 KSB 公司、奥地利安德烈斯公司、美国福斯公司、日本三菱等少数公司能够设计制造；而 AP1000 三代核电站主泵为屏蔽泵，只有美国 EMD 公司能够设计制造。我国目前尚缺乏自主开发条件，已建核电站核主泵均为从国外进口。沈阳鼓风机集团有限公司、哈尔滨电气集团公司曾在出口项目上与国外公司合作制造过。

为推进核主泵国产化，中国东方电气集团有限公司、上海电气集团股份有限公司、哈尔滨电气集团公司和沈阳鼓风机集团有限公司均采取合资或引进技术的方式与国外合作。其中东电集团东方电机有限公司与法国阿海珐成立合资企业，目前已承接岭澳二期、红沿河、宁德项目二代改进核电站主泵生产任务；上海电气集团股份有限公司与德国 KSB 成立合资企业（中方控股），外方向合资企业转让二代改进型和三代核电主泵技术，目前正在建设新厂区；哈尔滨电气集团公司集团引进奥地利安德烈斯技术，已承接福清、方家山 12 台二代改进核电站主泵任务，通过消化吸收引进技术和合作制造掌握技术，其后两台争取由国内制造。

此外沈阳鼓风机集团有限公司和哈尔滨电气集团公司根据引进 AP1000 三代核电总体安排，联合引进美国 EMD 公司三代主泵和屏蔽电机制造技术，并且承接三门和海阳三代核电站 16 台主泵合作制造中的部分分包任务。目前美国 EMD AP1000 主泵正在研制中，沈阳鼓风机集团有限公司和哈尔滨电气集团公司正处于消化吸收和人员培训阶段，同时承担了中方独立制造 2 台（第 17、18 台）的任务。沈阳鼓风机集团有限公司利用已有条件还正在研究与国内外合作，生产二代核电主泵。

4. 堆内构件

堆内构件是核反应堆核心部件之一，结构复杂，加工制造难度高。其主要作用是承载核燃料，提供冷却剂水流分配，为控制棒提供通道以控制反应堆启动、调整功率和停堆。上海电气第一机床厂有限公司通过自主开发和消化吸收，已具备了设计制造二代改进型核电站堆内构件能力，目前已承接岭澳二期、秦山二期扩建、红沿河、宁德及福清等核电项目的十几套堆内构件订货任务。

5. 控制棒驱动机构

控制棒驱动机构的主要作用是控制反应堆启动、停堆、功率调节和故障状态下执行紧急停堆，是确保反应堆安全运行的重要设备。

控制棒驱动机构主要技术难点是结构设计、加工制造及特殊材料和关键配套件的制造。目前已具备设计、制造二代改进型核电控制棒驱动机构条件，但钩爪等关键部件仍需进口。

上海电机（集团）公司先锋电机厂在“八五”、“九五”期间开始研制，先后为秦山一期和出口项目提供了控制棒驱动机构。目前上海电机（集团）公司先锋电机厂已掌握设计制造技术，部件国产化率可达 80%。除为秦山二期、秦山二期扩建 3 号机组，岭澳二期 3 号机组提供部分部件外，已承接岭澳二期和秦山二期 4 号机组、红沿河 3、4 号机组，宁德和方家山 1、2 号机组制造任务。

6. 燃料运输和贮存系统（PMC）

燃料运输和贮存系统作用主要是在停堆期间完成反应堆装料和卸料操作以及日常乏燃料的临时贮存。关键技术是结构设计、控制精度、材料和关键零部件的制造。目前国内核电站的燃料运输和贮存系统都是进口或外方为主、国内企业向国外企业分包部分部件合作制造的。大连重工 · 起重集团与国外合作和自主攻关，已掌握设计制造技术，逐步实现环吊国产化。中广核集团中科华核电技术研究院已自主开发成功燃料运输和贮存系统，目前已通过鉴定，部分性能和控制精度优于国外产品，有望在后续建设项目中得到应用。

7. 环吊

环行起重机（环吊）是反应堆厂房重要设备，主要作用是在核电站建设期间完成设备吊装，在核电站运行后完成设备维修吊装。大连重工 · 起重集团经过“八五”、“九五”科技攻关，已掌握设计制造技术，除已向出口项目和岭澳二期分别提供了 250t 和 400t 环吊外，又承接红沿河、宁德、方家山等项目 20 余台订货任务；目前正在研制三代核电 450t 环吊，已承接三门和台山 3 台三代核电环吊任务。此外上海电气集团股份有限公司、太原重型机械集团有限公司也都具备设计制造环吊能力，并且签订了部分订货合同。

8. 主管道

在核反应堆中由主管道连接压力容器、蒸汽发生器和主泵，承受高温高压，属核安全一级、质保一级设备。其主要技术难点是铸锻件毛坯质量和弯管成型技术。

二代改进型核电站采用铸钢管离心浇注工艺，四川化机厂经过“八五”、“九五”技术攻关，已掌握关键技术，并承接了红沿河、宁德等项目任务。此外山东烟台玛努尔高温合金有限公司正在进行铸钢主管道研制，中国第二重型机械集团公司正在进行锻造主管道研制。

三代核电主管道要求采用整体锻造，锻件毛坯、弯制成型工艺和机械加工都有更高的要求，目前中国第一重型机械集团公司、中国第二重型机械集团公司、上海重型机械器厂有限公司和中国船舶重工股份有限公司都处于研制阶段，吉林昊宇石化电力设备制造有限公司采取与国外合作方式，用进口锻件毛坯进行弯制。

9. 核级泵及重要非核级泵

核级泵对安全性、可靠性要求很高，是保证核反应堆安全运行和事故状态紧急启动冷却水系统的关键设备。一座百万千瓦核电站有核二、三级泵 80 余台，其主要技术难点除要求高效、多工况点运行和高可靠性外，还要满足无润滑启动、抗地震、抗冷热交变冲击、抗辐照、抗磨损等各种特定性能要求。

在用户部门的支持下，中国机械工业联合会组织沈阳鼓风机集团有限公司、大连深兰泵业有限公司、重庆水泵厂有限责任公司、上海阿波罗机械制造有限公司等单位进行攻关，目前已完成核三级泵研制并且全部实现国产化；核二级泵中喷淋泵、低压安注泵、余热导出泵、辅助给水泵等已完成研制任务并承接订货；核二级泵中难度最大的上充泵已由沈阳鼓风机集团有限公司和重庆水泵厂有限责任公司完成样机设计制造和相关试验，准备进行鉴定。

BOP 系统中的海水循环泵，沈阳鼓风机集团有限公司引进英国克莱德公司技术；长沙水泵厂有限公司与美国福斯合作制造；上海阿波罗机械制造有限公司在完成自行研制的同时，又与奥地利安德烈斯进行合作。三个企业都已分别承接岭澳、福清、方家山、大连红沿河二期订货任务。

目前核级泵的国产化率已有岭澳二期、秦山二期扩建项目的 4% 提高到 40%；在红沿河二期、阳江等后续项目可提高到 60%。

10. 核级阀门

在核电站所有系统中，都要通过各种阀门进行启动、调节和安全保护及安全停堆。一座核电站有各种阀门 23000 多台，其中核一、二、三级阀门 12000 多台，价值量占核电站设备投资的 10% 以上。

核级阀门主要技术难点是高可靠性，满足抗地震、抗辐射及抗杂质磨损等特定功能要求。

在用户部门支持下，中国机械工业联合会组织中核苏阀科技实业有限公司、大连大高阀门有限公司、江苏神通阀门股份有限公司等企业进行攻关，到目前部分核一级阀门和核二级阀门、大部分核三级阀门已研制成功并承接红沿河、宁德、福清、方家山等项目订货任务。核级阀门国产化率由岭澳二期和秦山二期扩建的 6% 提高到 40%，预期红沿河二期、阳江项目可达到 60%。

11. 数字化控制系统

核电站全厂数字化控制系统分核级控制系统及关键核级仪表和非核级控制系统及关键仪表。核级控制系统技术要求高、国产化难度很大。

中国广东核电集团有限公司与北京和利时系统工程股份有限公司组建，依托红沿河和宁德项目，与日本三菱合作，在红沿河 1、2 号机组非核级系统实现国产化；核级系统三菱为主设计、广利核系统工程公司与设计，设备由三菱提供。宁德项目 1、2 号机核级系统共同设计、国内提供部分设备。红沿河、宁德项目 3、4 号机组国内为主设计，三菱提供技术支持，设备国产化率争取达到 75%。

此外，中国核工业集团公司组建中核东方控制系统公司（由中国核电工程公司、北京核仪器厂、上海浦原总公司组成）依托福清、方家山工程，参与外方设计，争取逐步掌握系统集成技术；上海 728 院与上海自动化仪表股份有限公司合作依托 AP1000 三代核电项目，消化吸收引进技术。

12. 汽轮发电机组

中国东方电气集团有限公司通过岭澳、岭澳二期工程，与国外合作已基本掌握二代改进百万千瓦核电半转速汽轮发电机组的设计和大部分制造技术，目前已完成了汽轮机缸体、空心叶片加工，转子焊接与加工及总装技术攻关；发电机定子线圈和铁芯制造工艺攻关。已承接红沿河、宁德等项目汽轮发电机组订货。

哈尔滨电气集团公司与日本三菱公司合作，依托三门、阳江三代核电项目，通过消化吸收和自主攻关，逐步掌握技术实现国产化。

上海电气集团股份有限公司与西门子合作，依托阳江项目，通过消化吸收和自主攻关，逐步掌握技术实现国产化。

13. 应急柴油发电机

应急柴油发电机要保证在故障状态下，为全厂安全供电。主要技术难度是大容量（5000kW）、高可靠性（启动成功率不小于 99%）和快速起动（10s 内建立合格电压和功率）。“八五”、“九五”期间国家即组织陕柴重工有限公司、沪东重机股份有限公司、上海电气集团股份有限公司、湘电集团有限公司等国内企业结合秦山二期项目开展科技攻关。

目前陕柴重工有限公司与 ALSTOM/MAN 组成联合体，承接了红沿河、宁德项目应急柴油机订货任务；山西柴油机工业有限责任公司与 MTU/AREVA 组成联合体，承接阳江项目应急柴油发电机组订货任务。两企业都拟通过合作生产逐步掌握技术。此外山西柴油机工业有限责任公司已与 MTU 组建山西北方安特优发动机公司合资企业（中方 51%），已承接福清、方家山项目。

14. 电气贯穿件

电气贯穿件是核岛防止放射性泄漏的最后一道安全屏障，是安全壳内外电缆汇集地和电气、仪控穿越安全壳的通道。目前在世界上得到广泛应用的只有美国 IST&AUXITROL 公司产品。国内科研设计单位通过自主攻关，已掌握其关键技术，国产化工作已取得重大进展。

上海发电设备成套设计研究院自 2003 年开始研发，2006 年和 2008 年分别按美国 ASME 标准和法国 RCC 标准完成试验鉴定。目前已得到秦一部分改造任务和秦二扩项目订货，2008 年末又与中广核签订宁德项目供货合同。

中国核动力研究设计院近两年也开展研发工作，已签订福清、方家山和红沿河 3、4 号机组供货合同。

第二章　特高压输变电设备发展报告

第一节　发展综述

1. “十一五”的发展目标和任务

遵照《国务院关于加快振兴装备制造业的若干意见》的精神，依托重点工程，开展 1000kV 特高压交流和 ±800kV 直流输变电成套设备的研制，全面掌握 500kV 交直流和 750kV 交流输变电关键设备制造技术。国家发展和改革委员会《关于开展百万伏级交流、±80 万伏级直流输电技术前期研究工作的通知》和国务院《关于发展特高压电网工作汇报的会议纪要》文件的要求，为提升我国输变电装备制造业的整体水平和自主创新能力，确定了更加明确的奋斗目标。

自主开发百万伏级交流、±80 万伏级直流输变电设备的成功，全面提升了国内输变电设备制造业的水平，使国内超高压输变电设备制造技术更加成熟，实现了我国交、直流输变电设备制造技术的升级，提高了行业的国际竞争力。

2. 2006—2008 年主要经济指标

2008 年输变电行业连续 3 年实现 20% 以上的高速增长。主要产品经济指标见表 1 和表 2。

表 1　2006 年输变电行业主要产品经济指标　（单位：万元）

产品名称	产品产量		工业总产值		出口交货值		利润总额	
	2006 年	比上年增长（%）	2006 年	比上年增长（%）	2006 年	比上年增长（%）	2006 年	比上年增长（%）
变压器/万 kVA	44452	6.9	2367827	20.4	95816	12.1	168390	48.5
电线电缆/t	—	—	39666957	—	—	—	1597939	—
开关类	—	—	8086665	22.22	253961	19.4	560669	17.77
电容器/Mvar	142735	13.1	274104	19.3	—	—	26235	16.6
绝缘子避雷器/t	—	—	914586	31.85	90423	42.23	77926	40.27
绝缘材料/t	279267	—	748417	—	236589	25.00	—	—

表 2　2007 年输变电行业主要产品经济指标　（单位：万元）

产品名称	产品产量		工业总产值		出口交货值		利润总额	
	2007 年	比上年增长（%）	2007 年	比上年增长（%）	2007 年	比上年增长（%）	2007 年	比上年增长（%）
变压器/万 kVA	53903	21.26	2585004	9.17	379768	296.35	170335	1.16
电线电缆/t	—	—	56671998	42.87	—	—	2565485	60.55
开关类	—	—	9609400	18.83	349600	37.66	716800	27.85
电容器/Mvar	177589	24.42	336696	22.84	—	—	28905	10.18
绝缘子避雷器/t	—	—	1200000	31.21	127000	40.45	8961	11.50
绝缘材料/t	286567	2.61	954121	27.49	264543	11.82	—	—

资料来源：2006、2007 年输变电行业主要产品经济指标来源于中国电器工业年鉴。

目前已投运的特高压交流试验示范工程输变电设备国产化率达到 91%；1000kV 特高压输变电设备的成功研制，提升了超高压输变电设备设计、制造、试验能力，使超高压输变电主设备国产化达到 95%，市场占有率约在 80% 左右。其中，电力变压器由 2005 年的 40% 提高到 2008 年的 65% 左右；全封闭组合电器（GIS）开关设备由 2005 年的 8% 提高到 2008 年的 40% 以上。

预计 2009 年底投运的 ±800kV 特高压直流示范工程输变电设备国产化率将在 70% 以上；±500kV 直流输电设备国产化率由 2005 年的 30% 提升到 2008 年的 80% 以上。

3. 自主创新产品开发和技术攻关

我国能源资源与生产能力布局很不平衡。我国可开发的水能资源经济 80% 以上分布在西部的四川、云南、西藏等地区；全国煤炭资源保有储量的 2/3 以上分布在晋陕蒙三省（区）；而 2/3 以上的能源需求集中在中东部地区。随着电网送电容量、送电距离的增加，现有交流 500kV 电压及直流 ±500kV 电压已经不能适应发展需求，需要出现更高电压等级输变电线路。

特高压电网由百万伏级交流和 80 万伏级直流输电组成。一回特高压交流线路可输送电 500 万 kW 左右，是 500kV 交流线路输送能力的 5 倍；一回特高压直流线路可输送电力 640 万 kW，是 ±500kV级直流线路输送能力的 2 倍，输电距离可达 2500km。

3.1　公伯峡—官亭—兰州交流 750kV 输变电示范工程

随着西北地区的发展，西北电网网内的西电东送容量将逐步增大，根据原国家计委《印发国家计委“关于审批西北电网公伯峡水电站送出及青海官亭至兰州东 750kV 输变电示范工程可行性研究报告的请示的通知”》的精神，由中国机械工业联合会组织，西安电力机械设备总公司、东北（沈阳）输变电集团公司和保定变压器厂、平顶山高压开关厂等有关企业参加，对 750kV 主要设备包括，500MVA/750kV 单相自藕变压器、100Mvar/750kV 并联电抗器、电流互感器、电压互感器、简化 GIS、绝缘产品、避雷器、扩径导线、杆塔、金具及二次控制保护等产品进行了研制，并逐步形成 750kV 电网。

750kV 输变电示范工程起于青海官亭，至甘肃兰州东，线路总长 141km，穿越高寒、高海拔山区和重污秽地区。该工程 2005 年 9 月 26 日竣工投运，2006 年 9 月 1 日成功完成 150 万 kVA 满负荷试验。工程投运后，实现“零事故、无障碍”安全生产，始终保持良好运行状态。累计输送电量 24.23 亿 kW/h（其中官亭送兰州东 13.28 亿 kW/h，兰州东送官亭 10.95 亿 kW/h），在西北电网迎峰度夏、黄河梯级水电外送、负荷连创历史新高期间，发挥了重要的跨省互供电作用，为特高压输电设备研制打下良好基础。

该工程至今安全投运，使我国成为世界上掌握高海拔下 750kV 工程设计、制造、施工、调试、运行技术及工程建设管理的国家，跻身于世界最高输电电压的国家行列。

官亭—兰州东输变电示范工程是我国首次自主建设和运行管理的 750kV 输变电工程，拥有完全自主知识产权，获国家专利 25 项，形成相关技术标准 20 个，采用的设备 90% 以上实现国产化。2007 年，该工程关键技术研究及应用项目荣获国家科技进步奖一等奖。

3.2　特高压输电示范工程

经国家发改委批准的特高压示范工程包括一条 1000kV 交流和两条 ±800kV 直流特高压工程。即晋东南—南阳—荆门特高压交流试验示范工程、云南—广东 ±800kV 直流示范工程和向家坝—上海 ±800kV 直流示范工程。

（1）特点

一是技术水平高。双百万单体式电力变压器的研制属世界首次；单台高抗 320 兆乏的额定容量世界最高；开关设备全部采用气体绝缘全封闭组合电器，是高压开关技术的制高点；环境污秽严重对设备外绝缘要求极高，国外尚无先例。

二是国产化水平高。综合国产化率 70% 以上；直接开发特高压设备，技术跨度大，极具挑战性。

三是研制时间短。前苏联于 1970 年始，先后组织基础研究、概念设计、模型试验，并建立特工业试验场，进行实际带电考核，到 1985 年建成艾基巴斯图兹；日本也用 15 年时间开展基础研究、应用研究和设备考核，最终建成新榛名设备实证试场；意大利 1985 年开始启动特高压设备研制，1996 年建成 Suvereto 设备试验站。

四是商业化运行。我国特高压试验示范工程，建成后将投入商业化运行，需要在全电压、大功率下长时间可靠运行，需要送电发挥投资效益，与试验场相比，显著加大了设备研制工作的压力。1000kV 特高压交流试验示范工程建设已于2006年8月开工，2008年12月30投入试运行；2009年1月6日，工程顺利通过168h试运行，正式投入生产。

（2）关键技术

——1000kV、1000MVA单体式特大容量变压器：采用线圈三柱并联结构；为简化本体、提高可靠性，中性点调压变独立于本体设计；为抑制油流带电，采用强油循环非导向冷却设计；攻克无局放绝缘结构设计、地/低电位高场强区设计、温升控制、漏磁通导屏蔽、三柱并联磁路平衡、第三绕组电压波动、抗短路强度、噪声控制、试验验证和大件运输等核心技术难题。

——320Mvar、240Mvar、200Mvar特大容量特高压并联电抗器：攻克无局放绝缘结构设计、减振降噪、漏磁导通向评比、地/低电位高场强区设计等核心技术难题，成功研制1700kV试验变压器，解决试验难题。320Mvar高压并联电抗器采用了创新设计的全封闭隔音室，降噪水平国际领先。

——特高压气体绝缘金属封闭组合电器（GIS和HGIS）：技术先进，运行可靠，占地面积约为敞开式开关的一半，抗震水平高，环境影响小，社会效益突出，代表了特高压开关的发展方向。攻克绝缘结构设计、双/四断口灭弧室设计、大功率液压操动机构设计、复合套管研制、分合闸电阻设计、温升控制、高机械强度保证等核心难题。

——多分裂大截面（8mm×500mm）导线：合理控制导线对地距离，有效控制了工程全线的电磁环境水平。

——首次进行了通信通道、保护装置、模拟系统联合的1000kV系统继电保护装置动态模拟试验。

3.3 ±800kV直流示范工程

±800kV直流示范工程是世界上电压等级最高、输送功率最大的输电工程：±800kV、额定输送功率6400MW，输送功率6400MW，最大输送功率7000MW，其技术特点是：

——世界上首次使用电触发6in晶闸管（4000A）；

——世界上电压等级最高，单台容量最大的换流变压器（800kV、312MVA）；

——世界上输送距离最远的直流输电工程（约2000km）。

4. 技术创新体系建设

截至2007年底，输变电行业已建有2个国家重点工程实验室（科技部）、2个国家工程研究中心（发改委）、13个国家认定的企业技术中心（五部委）和3个机械工业重点实验室、5个机械工业重点工程研究中心（机械工业联合会）组成的内部研发体系，并设有10余个博士后工作流动站（见表3～表7）。

表3 国家重点（工程）实验室（科技部）

序号	实验室名称	依托单位
1	高压电气国家工程实验室	西安电力机械制造公司
2	特高压变电技术国家工程实验室	沈阳变压器研究所、特变电工股份有限公司

表4 国家工程研究中心（发改委）

序号	国家工程研究中心名称	依托单位
1	电气传动国家工程研究中心	天津电气传动设计研究所
2	电力电子国家工程研究中心	西安电力电子研究所

表5 国家认定的企业技术中心（五部委）

序号	企业技术中心名称	依托企业
1	北京北开电气股份有限公司技术中心	北京北开电气股份有限公司
2	保定天威集团有限公司技术中心	保定天威集团有限公司
3	宝丰电缆有限公司技术中心	宝丰电缆有限公司
4	德力西集团有限公司技术中心	德力西集团有限公司

（续）

序号	国家工程研究中心名称	依托单位
5	正泰集团股份有限公司技术中心	正泰集团股份有限公司
6	鲁能泰山电缆电器有限责任公司技术中心	鲁能泰山电缆电器有限责任公司
7	山东达驰电器股份有限公司技术中心	山东达驰电器股份有限公司
8	郑州电缆（集团）股份有限公司技术中心	郑州电缆（集团）股份有限公司
9	许继集团有限公司技术中心	河南许继集团有限公司
10	平高集团有限公司技术中心	河南平高集团有限公司
11	西安电力机械制造公司技术中心	西安电力机械制造公司
12	特变电工股份有限公司技术中心	特变电工股份有限公司
13	特变电工沈阳变压器集团有限公司技术中心	特变电工沈阳变压器集团有限公司

表 6　机械工业重点实验室（机械工业联合会）

序号	重点实验室名称	依托单位
1	特高压变电技术工程实验室	西安西电变压器有限责任公司
2	机械工业特高压 GIS 工程实验室	河南平高电气股份有限公司
3	电力系统特高压控制保护工程实验室	许继集团

表 7　机械工业重点工程研究中心（机械工业联合会）

序号	重点实验室名称	依托单位
1	变压器工程研究中心	沈阳变压器研究所股份有限公司
2	电线电缆工程技术研究中心	上海电缆研究所
3	继电保护及自动化工程研究中心	许继集团有限公司
4	交流高压开关设备工程研究中心	河南平高电气股份有限公司
5	高压输变电成套装备工程研究中心	西安电力机械制造公司

西电集团拥有经国家发改委、财政部、国家税务总局和海关总署联合确认的国家级企业技术中心，科技创新体系不断发展并持续完善，已形成由 1 个研究院、3 个研究所和 10 个企业研发分中心组成的内部研发体系，并设有博士后工作流动站。自从 2000 年企业技术中心设立以来，西电集团企业技术中心高度重视技术创新能力建设，技术中心的科技投入从技术中心成立时年度投入的 6029 万元逐年提高，近三年科技投入分别为 4.29 亿元、6.32 亿元和 8.01 亿元，科技投入占销售收入的比重保持在 5% 以上（2006 年 5.6%；2007 年 5.9%；2008 年 5.94%），处于行业领先水平，为不断创新提供了保证。

5. 各类政策落实情况

（1）西部地区输变电主业企业享受国家西部大开发的各项优惠政策。

（2）享受国家技术研究与开发费 150% 税前加计扣除政策《财政部国家税务总局关于企业技术创新有关企业所得税优惠政策的通知》。

（3）享受国产设备投资抵免政策《技术改造国产设备投资抵免企业所得税暂行办法》。

（4）享受财政部《关于调整超、特高压输变电设备及其关键零部件进口税收政策》等。

（5）在创新能力建设方面，国家工程研究中心、国家工程实验室、国家认定的企业技术中心均获得国家创新能力建设专项资金支持。

（6）在设备科研开发方面获得国家专项资金的支持。

（7）在生产能力、试验条件建设方面得到国家的支持。

为了满足电网建设的需求，国家发展和改革委员会对输变电行业超、特高压输变电制造企业的科研攻关和生产、试验条件的建设等方面都给予了资金和政策方面的扶持。

6. 企业兼并重组、大企业集团崛起

输变电行业经过几十年发展和近几年的重组，基本形成一个基地，三大集群格局。

6.1 一个输变电制造基地：西电集团

西电集团不仅是目前我国高压、超高压及特高压交直流成套输配电生产制造企业中，产品电压等级最高、产品品种最多、工程成套能力最强的企业集团，同时也是国内唯一一家具有输配电一次设备成套生产制造能力的企业集团。2008 年西电集团完成工业总产值 155.9 亿元，同比增长 35.3%；出口创汇 25729 万美元，同比增长 25.6%；实现利润 11.4 亿元，同比增长 25.1%。继续保持行业龙头地位，西电集团连续第四年位居中国电气百强之首和中国电气竞争力十强之首。

西电集团围绕输变电成套设备研发和产业化，引导企业集聚式发展，形成西安、常州、广州、宝鸡、咸阳等产业集中区，在陕西打造“一基地四园区”的产业格局。

一基地：西安市大庆路建设成为高压、特高压输变电设备制造和试验检测基地；

四园区：西安高新区输变电产业园重点发展二次设备制造业；西安经开区输变电产业园重点发展直流输电、开关以及中压配电设备制造；宝鸡市电真空设备产业园重点发展真空灭弧室和中高压开关设备制造；咸阳沣河新区输变电产业园重点发展输变电设备配套件和辅业制造以及人才培训。

西电集团以西安为根基，在常州、广州等地投资建厂，加快国内区域的产业布局。2006 年在成功收购常州变压器厂后，投资新建常州西电巨型变压器生产基地，出资组建常州西电帕威尔电气有限公司，还将在常州增设高压电器产品检测分站。此外在广州投资设立了广州输配电设备制造基地，使西电集团具备产业整合扩张的能力。

6.2 三个输变电行业集群

（1）特变电工股份有限公司

根据我国经济社会发展的需要，特变电工与行业优势企业强强联合，走“盘活存量资产和优秀的人力资源，实现跨越式发展”的兼并重组之路。从 1998 年开始，公司先后与新疆、四川、湖南、天津、山东、沈阳等十余家输变电产品研制企业进行强强联合和重组兼并，构建了输变电、新能源、新材料协同发展的三大产业，建立了遍布祖国东西南北中的九大工业基地。

尽管特变电工创业发展仅有 20 余年，通过成功实施重组，拥有了具有 70 年历史的沈阳变压器厂、60 年历史的衡变变压器厂、50 年历史的新缆及众和、40 年历史的鲁缆、20 年历史的德缆，特变电工 5 年的发展形成一个输变电设备制造的集群。

沈阳变压器厂重组后，特变电工先后投资 20 多亿元，对其实施产业升级和产品更新换代的技术改造。新沈变坚持走改组、改制、改造及加强企业管理的“三改一加强”之路，注重自主创新技术体系建设和优秀的员工团队建设，重组后员工和企业的风貌发生了巨大的转变。重组前的 2003 年，沈变销售收入为 2.8 亿元，亏损高达 1.1 亿元，人均劳动生产率仅为 6 万元左右。2008 年沈变公司实现销售收入 34 亿元，实现利润 3.6 亿元，人均劳动生产率达到 165 万元，销售收入和人均劳动生产率同比重组前增长了 12 倍和 28 倍，并跨上了世界一流企业的发展平台，实现了员工安心、客户称心、股东放心的和谐发展局面。更为可喜的是，新沈变重视体制创新和科研投入，企业的自主创新能力和核心竞争力明显增强，拥有特高压、交直流、可调电抗器等拥有自主知识产权的核心技术 210 项。

特变电工与沈变公司的成功重组，不但实现了特变电工与沈变公司的优势互补和强强联合，而且确保了中国变压器在事关国计民生的重大装备制造领域的主导地位、民族品牌和自主创新的平台，提升了我国变压器行业国际竞争能力和抵御风险能力，对我国经济建设不受制于人，维护国家经济安全和可持续发展具有十分重要的意义。

（2）华北、东北为中心输变电集群

华北、东北为中心输变电集群以天威保变、新东北电气、锦州电容器、北京电力设备厂为核心。为了优化产业布局及扩大企业的生产规模，天威保变兼并重组了原合肥金环变压器厂，并通过土地置换在合肥卢阳开发区新建了一个年产大型变压器2500万kVA的制造工厂，2007年已完成变压器产量1050万kVA，实现销售收入6.2亿元。

另外，为解决超大型变压器的运输问题，天威保变投资在秦皇岛建设了超大型变压器制造基地，该基地设计年产变压器2500万KVA，2007年完成变压器产量1950万KVA，实现销售收入8亿元。

为寻求资金等各方面的支持把天威保变做大做强，经河北省、保定市人民政府与中国兵器装备集团公司协商，从2008年1月保定天威集团有限公司正式划归中国兵装集团，中国兵装集团是国务院国资委直属的中央企业，2008年中兵装集团给予天威保变巨大的资金支持，特别是其新能源产业，使天威集团大大增强了发展的后劲，2008年实现营业收入113亿元，2009年计划实现营业收入150亿元。

（3）平高集团、许继集团为核心的中原地区集群

20世纪70年代，为了在我国的中南地区建立电力装备制造基地，结合当时“备战备荒为人民”的政治形势，原平顶山高压开关厂和许昌继电器厂分别从沈阳高压开关厂和阿城继电器厂迁至平顶山和许昌，经过40年的建设与发展，平高集团和许继集团都已成为我国办理变电设备制造大型骨干企业。

平高集团有限公司（始建于1970，前身为平顶山高压开关厂）是我国高压、超高压及特高压开关重大装备研发制造基地，是通过中科院、科技部“双高”认证的高新技术企业，拥有国家级技术中心，是国家级科技创新型企业。平高集团是我国最专业的高压开关生产企业，公司产品覆盖所有电压等级，全部拥有自主知识产权，全部掌握核心技术，其中550kV、800kV、1100kV高电压等级GIS（全封闭组合电器）、高压隔离开关和GCB（断路器）开关设备代表我国高压开关制造水平，1100kV级特高压开关设备代表世界高压开关先进水平。我国三峡办理变电工程、西电东送工程、全国联网工程和西北750kV输变电工程及1000kV高压交流试验示范工程等都采用了平高集团的设备。2001年，平高集团控股的河南平高电气股份有限公司在上海证交所上市，是我国第一家研发制造高压、超高压、特高压开关设备的上市公司。2008年，平高集团拥有总资产814122万元，实现销售收入502188万元，利税总额60982万元。

经过40年的发展，平高集团形成以集团本部厂区为高新产业城、配套产业为六个卫星园区、上海平高和威海平高两个外地公司为触角的“一城六园两海”产业布局。

许继集团是我国电力装备行业的大型骨干和龙头企业，产品覆盖发电、输电、配用电等电力系统环节，横跨一次及二次装备、交流及直流装备领域，是国内综合配套能力最强、最具竞争力的电力装备制造商及系统解决方案提供商。公司前身是1946年“四野”生产军用步话机的兵工厂，“一五”期间为苏联援建的156个重点项目之一，1970年从黑龙江阿城搬迁至河南许昌，至今已有60多年的发展历史。目前，集团公司拥有1家上市公司、2家行业归口研究所、2家国家级产品检测中心、2家金融机构、8家中外合资公司。2008年实现销售收入81.02亿元（含税）、利润6.11亿元，分别比上年增长了11.1%和21.8%，创历史最好水平。

7. 存在的问题

7.1 产品结构

我国国内输变电企业在输变电主设备技术水平、制造、试验等方面达到国外先进水平，有较强竞争优势，但与国外公司相比在系统设计、系统集成、工程成套和为电力公司提供整体解决方案等方面比较弱。

西门子、ABB等跨国公司不仅是全球输配电设备的龙头企业，而且是国际自动化技术的老大，因此在输配电设备与自动化技术的系统集成方面，国内企业难以与其竞争。西门子、ABB等跨国公司在中国开展的业务，不仅能够提供成套设备，而且把成套设备的工程设计与整个电网系统集成，提供完全解决方案。

7.2 体制

我国电网公司属于垄断行业，装备制造业处于弱势，这在一定程度上制约国产化推进和装备制造业的发展。如我国仅有两个电网公司，其中国家电网公司管理90%国内电网建设（在国外都是由几个电网公司管理，如日本4~5个，美国8~9个等）。另外电网公司有自己的制造企业，这在国外也是没有的。

第二节　关键设备自主化进展情况

1. 设备自主化情况

国家发展和改革委员会在三项特高压试验示范工程的核准批复中要求国家电网公司制定专门的设备开发研

制和采购方案，并在其后对三项工程设备国产化方案及招标采购方式的批复中进一步明确了要求。在国家发展和改革委员会的组织协调下，业主和各生产研制单位密切配合，到目前为止1000kV特高压交流试验示范工程成套设备的研制已全部完成；±800kV直流示范工程成套设备，按照工程的进度已陆续交货。

1.1　1000kV特高压交流试验工程关键设备

除开关设备与国外联合开发外，其余主设备全部由国内自主设计、制造。

（1）变压器及电抗器

1000kV变压器及并联电抗器全部由国内自主设计、制造，于2008年底安装在特高压交流试验示范工程晋东南和荆门变电站，运行情况良好，产品技术指标达到世界领先水平。但是1000kV变压器和电抗器的套管、出线装置全部进口（国内套管已研制、试验完成，但是此工程尚未采用）。

（2）开关设备

试验示范工程所需的开关设备，西开、平高、沈高分别与ABB、日本东芝、AE公司联合开发，国产化率均在70%以上。于2008年底安装在特高压交流试验示范工程晋东南、南阳、荆门变电站，运行情况良好，产品技术指标达到世界领先水平。

开关设备有两种核心部件不能实现国产化，尚需进口解决。

灭弧室：灭弧室是特高压开关设备非常重要的部件，由于ABB、日东东芝、AE公司具有丰富的灭弧室的制造经验，为确保试验示范工程安全可靠，本次试验示范工程灭弧室由外方提供；与此同时三大开关厂将按照引进技术或联合开发的图纸，在2009年完成灭弧室国产化生产和试验验证工作，为后续工程做好准备。

操动机构：操动机构采用液压机构，由于该机构制造难度较大，自主研发的大功率液压机构难以在较短的时间内达到与外方合作制造的开关匹配的要求，因此试验示范工程仍由外方提供；与此同时三大开关厂将按照引进技术或联合开发的图纸在2009年完成操动机构国产化生产和试验验证工作，为后续工程做好准备。

开关设备的其他核心部件，如隔离开关、接地开关、开关壳体等均由国内制造；三大开关厂已经掌握了出线套管相关设计技术，如电场套管设计、屏蔽设计、载流设计等，可以自主研制GIS用出线套管。

为了提高特高压开关设备自主创新水平，三大开关厂在与外方进行技术合作的同时，也都在积极研发自主技术的特高压开关设备，即1000kV双断口GIS，其灭弧室、操动机构均系完全自主设计和生产，国产化率达90%，计划于2008年6月完成样机试验，2009年6月可以提供产品，届时要求国家电网公司能在试验示范工程中挂网运行考核。

（3）其他产品

自主开发的电容式电压互感器、电容器装置、支柱绝缘子、悬式绝缘子、控制与保护装置等设备全部国内设计制造，并应用于特高压交流试验示范工程，运行情况良好，产品技术性能指标达到世界领先水平。

晋东南—南阳—荆门1000kV特高压交流试验工程的实施，将使我国特高压设备设计、试验、制造等领域取得重大突破，试验工程全部由国内自主设计、自主成套、自主建设和自主运营，主要设备全部立足国内制造，有力推动国内装备制造业跨越式发展，掌握一批具有自主知识产权的核心技术，实现自主创新的目标。同时，也推动企业创新能力、研发能力、制造水平和管理水平的全面提升。1000kV输变电设备自主制造比例可达90%以上。超高压、特高压变压器、全封闭组合电器（GIS）、避雷器与绝缘子、并联电抗器、互感器、继电保护等设备的制造能力均处于世界先进水平。

1.2　特高压±800kV直流示范工程关键设备

（1）换流变压器

±800kV换流变压器的低端400kV换流变压器全部由国内制造；而高端400kV换流变压器采取以我为主、与外方联合开发、技术共享、设备联合供货的技术路线，综合国产化率大于70%。目前低端换流变压器已陆续交货。

（2）±800kV平波电抗器

干式平波电抗器：国内自主研发的±800kV平波电抗器，产品技术指标处于世界领先水平。

（3）晶闸管

目前世界上用于直流工程的大功率晶闸管最高水平是：电流3000A，电压7200V，芯片直径5in。

为满足云广特高压直流示范工程的需要，采用5in光控晶闸管优化方案（800kV/3125A）。在现有5in光控晶闸管基础上，对芯片直径适当扩大，需改造和添置部分工艺设备、工装模具及部分封装、测试及试验设备，新制光刻版图，开发工艺及结构参数匹配等优化设计与协调性研究。一条线约7000只晶闸管，已完成制造。

为满足特高压直流输出工程需要，800kV/3125A换流阀采取以我为主、与西门子公司联合开发、技术共享、设备由国内制造的技术路线。产品的研发已完成，国产化率70%。

（4）其他产品

控制保护、线路绝缘子、避雷器及电容器等产品，在现有技术的基础上，进行攻关、补充必要的试验条件可以满足±800kV直流输电示范工程建设要求。

2. 特高压交直流试验示范工程的落实情况

2.1 特高压交流试验示范工程

1000kV晋东南—南阳—荆门特高压交流试验示范工程包括三站两线，起自山西省长治市晋东南变电站，经河南省南阳市南阳开关站，止于湖北省荆门市荆门变电站，线路全长645km，自然功率5000MW，工程静态投资56.88亿元，总投资58.57亿元。计划2008年底建成，经过168小时试运行，于2009年1月6日投入运行。

2.2 ±800kV特高压直流示范工程

我国高压直流输电工程的起步虽然较晚，但进展较快，在近几年间，中国已成为高压直流输电的大国和强国，拥有最先进的直流输电技术，最多的直流输电容量。

国家发改委已批准两条特高压±800kV直流输电示范工程：

（1）云南—广东±800kV特高压直流输电示范工程是汇集云南小湾、金安桥等水电站的电力输送广东。额定电压±800kV，双极额定输电容量500万kW，输电距离1438km。送端换流站选定在云南楚雄州禄丰县，受端选定在广州市增城市，线路经云南、广西至广东。工程静态总投资计划132.38亿元，动态总投资计划137.13亿元。预计2009年单极建成投产，2010年双极投产。

（2）向家坝—上海±800kV特高压直流输电示范工程起点四川复龙换流站，落点上海奉贤换流站。额定输送功率640万kW，最大输送功率700kW；新建±800kV直流输电线路一回，途经四川、重庆、湖南、湖北、安徽、浙江、江苏、上海等八省市，全长约1905km，工程估算静态投资174.07亿元，动态投资179.98亿元。预计2011年单极投产，2012年双极投产。

3. 综合经济效益

特高压输电技术在大容量、远距离、低损耗、少占地方面的优势已通过特高压交流示范工程得到验证。

发展特高压电网将取得更大经济和社会效益。主要表现在三个方面：一是实现大范围坚强联网，获得减少备用、水火互济等联网效益；二是推动大煤电、大水电、大核电及大可再生能源基地的集约开发，实现大范围优化配置资源，降低发电成本尤其是燃煤发电的总体成本；三是保证经济发达、人口密集地区电力需求增长需要，减少燃煤发电压力和环保压力，促进资源密集、经济欠发达地区的经济社会和谐发展。

4. 存在的问题

特高压输电技术，国内外没有商业运行经验和成熟技术。国家建设特高压交流试验示范工程，是有风险的，对国内基本成熟的技术，应积极推进自主化。但是工程批复后，国家发改委与国网公司沟通较少，因此，对设备自主化的理解在某些方面存在一些偏差。

4.1 套管

国内企业虽然具备生产条件，但至今尚未签订合同。西安电瓷厂为武汉高压研究所特高压试验基地研制的变压器使用良好，但是业主仍全部订购意大利P&V和瑞典ABB套管，国内设备缺乏竞争机会。

4.2 开关设备

特高压交流输电试验示范工程所选用的开关设备均由国内三大开关厂分别引进技术或与国外联合开发制造，自主化率60%。而国内西安高压开关厂自主设计自主制造双断口GIS目前已全部通过试验，但是没有运行的机会。

4.3 直流场设备

按照国家发改委的要求“直流场设备应保证中方企业承担不少于25%的份额”。但是由于我国直流场设备技术较弱，自主化率只有5%左右。

4.4　其他

为满足向家坝—上海直流示范工程要求，西安电力电子研究所研制的6in晶闸管取得了阶段性进展，已投入2000片做前期研究、试验工作，并做200余只6in晶闸管，按业主要求将50只送瑞典ABB做阀试验，该所已投入6000万元进行研制，投入2.3亿元建试验、生产线。

2006—2008年研制成功的特高压输变电设备及特高压输变电设备关键设备自主化进展评估情况见表8和表9。

表8　2006—2008年研制成功的特高压输变电设备一览表

序号	装备名称	研制单位	主要技术参数	与国外水平对比	工程应用效果	产业化情况
1	DZ—40000/1000单相特高压双绕组有载调压电力变压器	保定天威保变电气股份有限公司、特变电工沈阳变压器集团有限公司、西安西电变压器有限责任公司	额定容量：1000MVA；额定电压：（$1050/\sqrt{3}\pm16\times0.625\%$）/35kV；额定电流：66.0/1142.9A；相数：单相；频率：50Hz；冷却方式：ONAN；联结组标号：Ii0；噪声水平：76dB（A）；海拔高度：≤1000m；使用条件：户外式	国际先进水平	该产品安全运行在国网武汉高压研究院交流特高压试验基地。自2007年2月投入运行，至今运行状况良好	保变、沈变、西变已具备批量生产能力
2	ODSP—610000/1700单相自耦特高压电力变压器	西安西电变压器有限责任公司	产品型号：ODSP—610000/1700；额定容量：610/610MVA；额定电压：$1700/\sqrt{3}$kV；相数：单相；冷却方式：OFWF	产品综合性能指标达到国际先进水平	用于1000kV/320Mvar等多台特高压和超高压并联电抗器产品试验，性能稳定，运行良好	为设计制造1000kV级变压器、电抗器产品打下了良好的基础
3	BKD—320000、240000、200000/1000特高压单相并联电抗器	西安西电变压器有限责任公司、特变电工沈阳变压器有限公司	产品型号：BKDF—320000/1000；额定容量：320000kvar；额定电压：$1100/\sqrt{3}$ kV；额定电抗：1260Ω；额定电流：504A；额定频率：50Hz；相数：单相；冷却方式：ONAF；噪声水平：满载运行时在2m处的噪声应不大于78dB（A），加装隔音房后噪声不大于75dB（A）	国际领先水平	西变公司、衡变公司相继研制成功1000kV320Mvar/240Mvar/200Mvar特高压并联电抗器，为特高压工程国产化建设提供了有力的设备支持	2008年9月，11台百万伏产品全部生产完成，国家正在规划1000kV后续工程（例如淮南至上海等）建设项目的应用

（续）

序号	装备名称	研制单位	主要技术参数	与国外水平对比	工程应用效果	产业化情况
4	ZF17—1100（L）/Y4000—50 气体绝缘金属封闭开关设备	西安西开电气股份有限公司、平高集团、新东北电气（沈阳）高压开关有限公司	额定电压：1100kV；额定电流：5000A； 额定短路开断电流：50kA；额定短时耐受电流：50kA；额定峰值耐受电流：135kA； 额定短时工频耐受电压：对地 1100kV，断口 1100（+635）kV；额定操作冲击耐受电压：对地 1800kV，断口 1675（+900）kV；额定雷电冲击耐受电压：对地 2400kV，断口 2400（+900）kV	国际领先水平	产品已在特高压试验示范工程投入运行，情况良好	市场前景广阔，目前国内已具备产能 10 间隔/年的能力
5	LW13—800（G）/5000—50 型户外高压交流六氟化硫断路器	西安西开高压电气股份有限公司、平高集团、新东北电气（沈阳）高压开关有限公司	额定电压：800kV；额定电流：5000A； 额定短路开断电流：50kA；额定短时耐受电流：50kA；额定峰值耐受电流：135kA；额定短时工频耐受电压：对地 960kV，断口 960（+460）kV；额定操作冲击耐受电压：对地 1550kV，断口 1300（+650）kV；额定雷电冲击耐受电压：对地 2100kV，断口 2100（+635）kV；断口数：2 个	其结构和主要技术参数达到了国际同类产品的领先水平	2008 年 8 月正式带电投运。截至 2009 年初所有交付用户的 14 台产品使用情况看，效果良好	已形成批量生产能力，总计已有订货 41 台
6	ZFW8A—800（L）（G）/Y5000—50 气体绝缘金属封闭开关设备	西安西开高压电气股份有限公司平高集团、新东北电气（沈阳）高压开关有限公司	额定电压：800kV；额定电流：5000A； 额定短路开断电流：50kA；额定短时耐受电流：50kA；额定峰值耐受电流：135kA； 额定短时工频耐受电压：对地 960kV，断口 960（+460）kV；额定操作冲击耐受电压：对地 1550kV，断口 1300（+650）kV；额定雷电冲击耐受电压：对地 2100kV，断口 2100（+460）kV	国际先进水平	2008 年 8 月初首间隔产品在兰州东二期工程（2U）正式投运，效果良好	已形成批量生产能力，总计订货量为 22 间隔

（续）

序号	装备名称	研制单位	主要技术参数	与国外水平对比	工程应用效果	产业化情况
7	云南—广东特高压直流输电晶闸管换流阀	西安西电电力整流器有限责任公司、许继集团	5in 晶闸管主要参数：额定直流电压 ±7.5kV；额定直流电流 3125A；采用光触发。换流阀主要技术参数：额定直流电压 ±800kV；额定直流电流 3125A；双 12 脉动换流阀串联	国际先进水平	应用于云南—广东特高压直流输电工程，正在生产安装阶段	可以产业化生产
8	控制与保护	许继集团、南瑞继保	系统控制与保护， 人机自动化控制， 变压器、电抗器、线路保护	国际先进水平	应用于晋东南—南阳—荆门和云南—广东特高压直流输电工程	可以产业化生产
9	向家坝—上海特高压直流输电晶闸管换流阀	西安西电电力整流器有限责任公司、许继集团	额定容量：64000MW；6in 晶闸管主要参数：额定直流电压 ±8000V，额定直流电流 4000A，采用电触发。换流阀主要技术参数：额定直流电压 ±800kV，额定直流电流 4000A	国际先进水平	应用于向家坝—上海特高压直流输电工程，正在生产安装阶段	可以产业化生产
10	大功率晶闸管	西安电力电子研究所	通态电流：4500A；阻断电压：8500V； 芯片直径：6in；电控晶闸管	国际领先水平	应用于向家坝—上海特高压直流输电工程，正在生产阶段	可以产业化生产
11	特高压高压用 1000kV 避雷器	西安西电避雷器有限责任公司	额定电压 U_r：828$kV_{r.m.s}$；持续运行电压 U_c：638$kV_{r.m.s}$；标称放电电流：20kA_{peak}；直流 8mA 参考电压：≥1114kV；工频参考电压：≥828kV； 20kA 下雷电冲击残压：≤1620kV_{peak}； 2ms 方波耐受电流：8000A； 4/10μs 冲击通流能力：4×100kA	国际领先水平	在晋东南 1000kV 变电站已投入运行	实现了产业化生产
12	±800kV 直流工程用避雷器	西安西电避雷器有限责任公司	额定电压（U_r）：975kV（DC）， CCOV824kV（DC）； 直流参考电流：2mA（DC）； 直流参考电压：≥975kV（crest）； 额定能量吸收：单片能量 16.5KJ，避雷器整体 9MJ； 2ms 方波耐受 2200A	国际先进水平	为云广 ±800kV 直流工程提供了交流和直流滤波器用成套避雷器产品	实现了产业化生产

（续）

序号	装备名称	研制单位	主要技术参数	与国外水平对比	工程应用效果	产业化情况
13	800kV GIS 用避雷器	西安西电避雷器有限责任公司	系统最高工作电压（有效值）：800kV； 避雷器额定电压（有效值）：648kV；标称放电电流：20kA； 避雷器持续运行电压（有效值）：498kV； 工频参考电压：648kV； 直流 1mA 参考电压：≥875kV； 陡波冲击电流残压（峰值）（1/5μs、20kA）：≤1639kV；雷电冲击电流残压（峰值）（8/20μs、20kA）：≤1491kV；操作冲击电流残压（峰值）(30/60μs、2kA)：≤1226kV； 2ms 方波冲击耐受电流 20 次（峰值）：2500A； 零表压工频 5min 耐受（有效值）：485kV； SF_6 气体年泄漏率：≤0.5%	国际先进水平	800kV 永登变电站工程	实现了产业化生产
14	特高压 1000kV 电容式电压互感器	西安西电电力电容器有限责任公司、桂林电力电容器有限公司	设备最高电压：1100kV； 额定电压（一次）：$1000/\sqrt{3}$kV； 额定电压（二次）：$0.1/\sqrt{3}$kV； 电容分压器的额定电容值 C_N：0.005μF； 高压电容的额定值 C_{1N}：0.00507μF； 中压电容的额定值 C_{2N}：0.3608μF； 电容分压器额定分压比 K72.17	国际先进水平	已应用在晋东南—南阳—荆门 1000kV 交流特高压试验示范工程南阳开关站	已完全国产化
15	±800kV 输电工程用高压滤波电容器	西安西电电力电容器有限责任公司	—	国际先进水平	正在“云南—广东”±800kV 高压直流输电工程上安装	已完全国产化
16	±800kV 输电工程用高压并联电容器	西安西电电力电容器有限责任公司	—	国际先进水平	正在“向家坝－上海”±800kV 特高压直流输电工程上安装	已完全国产化

（续）

序号	装备名称	研制单位	主要技术参数	与国外水平对比	工程应用效果	产业化情况
17	1000kV/16kN 户外棒形支柱绝缘子	西安西电高压电瓷有限责任公司	16kN，总高 10m，元件高度 2m，五节元件，杆径为 300mm，弯矩为 160kN·m	国际领先水平	特高压工程荆门变电站	已完全国产化
18	1100kV 变压器/电抗器套管	西安高压电瓷有限责任公司、南京电瓷厂	系统标称电压：1000kV；额定电压：1100kV； 最高运行相电压：635kV；额定电流：2000A； 雷电全波/截波冲击耐受电压：2400/2760kVp； 操作冲击耐受电压（干/湿）：1960/1800kVp； 工频耐受电压（干/湿）：1200kV/5min； 弯曲耐受负荷：5000N； 在 1.5 最高运行相电压下，局部放电量≤10pC，介质损耗因数 tanδ≤0.004； 其余性能符合《交流 1000kV 系统变压器用高压套管订货技术条件》	国际先进水平	武汉特高压试验基地	已具备国产化条件和能力
19	1100kV 接地开关	西安西电开关有限责任公司	额定电压：1100kV；额定频率：50Hz； 额定短时耐受电流：50kA；额定短路持续时间：2s；额定峰值耐受电流：135kA； 额定雷电冲击耐受电压：2400kV； 额定 1min 工频耐受电压：1100kV； 额定操作冲击耐受电压：1800kV	国际先进水平	特高压示范工程已应用	已完全国产化

表 9　特高压输变电设备关键设备自主化进展评估一览表

序号	关键装备名称	研制单位	合同完成情况	技术水平及成果应用情况	依托工程落实情况	存在的主要问题
1	1000kV 交流输变电工程电抗器	西安西电变压器有限责任公司、衡阳变压器厂	按计划完成任务书规定的全部内容，正在编制研究报告，满足国家按计划验收，并完成工程产品交货	国际领先水平	依托晋东南—南阳—荆门特高压交流试验示范工程	绝缘成型件等主要材料以及套管等组件采购较困难

（续）

序号	关键装备名称	研制单位	合同完成情况	技术水平及成果应用情况	依托工程落实情况	存在的主要问题
2	1000kV 交流输变电工程变压器	西安西电变压器有限责任公司、天威保变特变电工、沈变集团	按计划完成规定的全部内容，正在编制研究报告，满足国家按计划验收	科研成果用于产品研制，完成产品的方案设计	依托晋东南—南阳—荆门特高压交流试验示范工程	绝缘成型件等主要材料以及套管和开关等组件采购较困难
3	± 800kV 干式平波电抗器	西安西电变压器有限责任公司、特变电工沈变集团、北京电力设备厂	按计划完成规定的内容，正在根据任务书要求研制样机，满足国家按计划验收	科研成果已经应用于正在研制的样机之中	依托云广 ±800kV 直流输电工程干式平波电抗器样机制造	该产品所用的导线要求特殊，质量不稳定
4	± 800 换流变压器	西安西电变压器有限责任公司、保变特变电工沈阳变压器厂	按计划完成规定的内容，正在根据任务书要求研制样机，满足国家按计划验收；完成工程产品交货	国际先进水平	依托云广 ±800kV 直流输电工程，完成 ± 800kV 换流变压器样机制造	绝缘成型件等主要材料以及套管和开关等组件采购较困难
5	ZF17—1100（L）/Y4000—50 气体绝缘金属封闭开关设备	西安西开高压电气股份有限公司、平高集团、新东北电气（沈阳）高压开关有限公司	2006 年年底中标特高压 1100kV 示范工程的荆门变 1100kVH—GIS 项目；2007 年开始联合设计、样机制造；2008 年完成试验和安装，目前带电运行良好	国际先进水平。目前已申请 1 项专利	产品样机 2008 年 12 月通过鉴定验收；进行了首次带电试运行；目前运行良好	—
6	± 800kV 特高压直流输电晶闸管换流阀	西安西电电力整流器有限责任公司	按合同计划实施。完成工程产品交货	国际先进水平	依托“云南—广东”、“向家坝—上海”两个 ± 800kV 特高压直流输电工程	目前国产材料、关键零部件制造水平有待提高；许多重要零部件还需加快实现国产化
7	控制与保护	许继集团、南京南瑞继保电气有限公司	按合同计划实施，完成产品交货	国际先进水平	特高压工程荆门变电站	—
8	1000kV/16kN 户外棒形支柱绝缘子	西安西电西瓷有限责任公司	按合同计划实施，完成 40 柱产品交货	国际领先水平	特高压工程荆门变电站	—
9	1000kV 瓷套式避雷器	西安西电避雷器有限责任公司	按时完成特高压工程产品交货和科技支撑计划研究内容	国际先进水平	特高压工程晋东南变电站	1. 扩大产品挂网运行数量，积累运行经验；2. 降低产品成本和规模化生产
10	800kVGIS 用避雷器	西安西电避雷器有限责任公司	已签订供货合同	国际先进水平	800kV 永登变电站工程	
11	± 800kV 直流工程用避雷器	西安西电避雷器有限责任公司	向云南—广东 ± 800kV 直流工程提供交流和直流滤波器用成套避雷器产品，并已安装到位	国际先进水平	为云南—广东 ± 800kV 直流工程提供交流和直流滤波器用成套避雷器产品	

（续）

序号	关键装备名称	研制单位	合同完成情况	技术水平及成果应用情况	依托工程落实情况	存在的主要问题
12	1100kV 变压器/电抗器套管	西安西电高压电瓷有限责任公司	完成科技支撑计划工程用特高压套管研制任务	国际先进水平	武汉特高压试验基地	规模化生产条件正在建设；缺乏挂网运行机会
13	特高压 1000kV 电容式电压互感器	西安西电电力电容器有限责任公司、桂林电力电容器厂	2008 年 10 月在南阳开关站安装验收完成。目前一直带电运行，设备状态良好	国际先进水平	晋东南—南阳—荆门 1000kV 交流特高压试验示范工程	—
14	云南—广东 ±800kV 特高压直流输电工程用高压滤波电容器	西安西电电力电容器有限责任公司、桂林电力电容器厂	已完成生产制造，现正处于安装阶段，安装顺利	国际先进水平	云南—广东 ±800kV 高压直流输电工程	
15	向家坝—上海 ±800kV 特高压直流输电工程用高压并联电容器	西安西电电力电容器有限责任公司			向家坝—上海 ±800kV 特高压直流输电工程	
16	1100kV 接地开关	西安西电高压开关有限责任公司	已成功完成产品开发	国际先进水平	武汉特高压试验基地	—
17	±800kV 直流套管	西安西电高压套管有限责任公司	正在按计划进行产品开发，且已开发出了 ±200kV 直流套管			条件和手段还需要完善

第三章　大型石化装备和石油钻采装备发展报告

大型石化装备

第一节　发展综述

1. 概况

石油化工装备制造业是机械工业重要的基础性行业，在国民经济中起着十分重要的作用，担负着为石化和乙烯工业等化工原料提供系统成套设备的重任，同时为电力、冶金、船舶等行业提供辅机。石油化工装备主要包括动设备、静设备和各种专用设备。其中，动设备主要包括：压缩机、风机、制冷机、分离机、工业泵、阀门等，静设备主要包括：容器、换热器、反应器、塔器。

“十一五”以来，我国在不断加大石化工艺开发的同时，积极组织石化行业与石化装备制造企业采取科研、设计、制造和用户相结合的方式，在努力提高自主创新的同时，对于引进石化装备技术进行消化吸收和再创新，取得了一系列重大技术装备研究成果，我国石油化工装备制造业的生产能力、制造水平、产品质量、可靠性等均已取得长足进步。目前，已可以制造 500 万 t/年以上炼油厂成套设备、800 万～1000 万 t/年常减压蒸馏装置、350 万 t/年催化裂化装置、200 万～300 万 t/年加氢精制和加氢裂化装置、200 万 t/年渣油加氢脱硫装置、100 万 t/年延迟焦化装置和 100 万 t/年连续重整装置、以及年产 30 万 t 合成氨和年产 52 万 t 尿素装置等装备，国产率已达 90%。

一些高难度设备，如乙烯装置中的“三机”、冷箱；大化肥装置中的“四大压缩机组、合成塔；加氢裂化和加氢精制装置用的加氢反应器、高压换热器、高压空冷器；加氢和重整装置用的离心式循环氢压缩机、80t 及 100t 活塞力的往复式新氢压缩机；催化裂化和延迟焦化装置用的主风机、富氧压缩机、高效旋风分离器、外加热器、烟气加收透平以及重要的流程泵等都能制造。

中国第一重型集团引进了日本日立制钢所临氢设备的冶炼、锻造、焊接和检验技术，制造的各种类型的加氢反应器，产品质量好，在国际上有较高的竞争力，目前已制造出世界最大的加氢反应器 2020t。沈阳鼓风机（集团）有限公司引进意大利新比隆公司、日本日立公司和德国德马格公司技术，研制了石化生产装置大型离心压缩机系列；引进德国勃西格公司和瑞士阿克公司技术，研制了大型石化往复式压缩机系列等。陕西鼓风机集团公司引进瑞士苏尔寿公司技术，研制了大型石化轴流压缩机系列。杭州汽轮机动力股份有限公司引进德国西门子公司技术，研制了工业驱动汽轮机系列。杭州制氧机股份有限公司引进德国林德公司和美国 S—W 公司技术，研制了大型空分设备和板翅式换热器（冷箱）系列等。这些成果，大大加快了我国石化装备的产品升级换代速度，提高了国产化水平，降低了我国石化工程建设的投资，有力地增强了我国石化装备制造业的自主创新能力和国际竞争能力。

通过重大技术装备国产化，扶持了一批装备加工手段齐全、制造技术水平较高的大型石化装备制造企业，已形成了中国第一重型集团、南京化学工业有限公司化工机械厂、金州重型机器公司、兰州石油机械设备有限公司、沈阳鼓风机（集团）有限公司、陕西鼓风机集团有限公司、杭州汽轮机动力集团有限公司、杭州制氧机股份有限公司、上海泵和压缩机集团公司、大连大耐泵业公司、自贡高中压阀门公司等一批石油化工装备制造业骨干企业集团。同时一些民营企业、合资企业及外资企业，如上海 KSB 泵业公司、浙江嘉利特荏原泵业有限公司、大连苏尔寿泵及压缩机公司等，凭借其先进的理念、机制和技术，在促进我国石化装备自主创新和国产化方面也发挥了重要作用。

2. 2006—2008 年主要经济指标

石化装备各分行业 2006—2008 年主要经济指标见表 1，表 2 和表 3。

表 1　2006 年各分行业主要指标　（单位：亿元）

行业	工业总产值		新产品产值		工业销售产值		出口交货值		企业数/个
	本年累计	同比增长（%）	本年累计	同比增长（%）	本年累计	同比增长（%）	本年累计	同比增长（%）	
全行业合计	2307.80	27.59	313.35	33.35	2249.28	28.28	415.02	44.72	4074
泵及真空设备制造	467.80	26.75	53.44	51.43	452.49	27.43	70.11	31.61	992
风机、风扇制造	247.95	24.42	40.60	-2.56	237.01	24.00	34.52	24.62	406
气体压缩机械制造	412.84	15.49	97.15	21.82	409.38	17.06	50.56	46.95	285
阀门和旋塞的制造	725.10	35.56	68.69	70.34	708.59	36.04	229.17	49.10	1438
气体、液体分离及纯净设备制造	177.49	26.20	24.51	21.16	171.41	27.86	13.49	36.21	361
其他通用设备制造	276.62	33.40	28.95	63.45	270.40	33.48	17.18	12.38	592

表 2　2007 年各分行业主要指标　（单位：亿元）

行业	工业总产值		新产品产值		工业销售产值		出口交货值		企业数/个
	本年累计	同比增长（%）	本年累计	同比增长（%）	本年累计	同比增长（%）	本年累计	同比增长（%）	
全行业合计	3133.70	32.21	405.80	29.02	3034.78	30.9	544.95	36.14	4844
泵及真空设备制造	630.24	29.76	75.16	46.79	608.49	29.36	99.18	32.20	1184
风机、风扇制造	344.34	31.03	63.51	23.51	325.67	30.05	52.72	40.85	457
气体压缩机械制造	569.28	30.15	111.53	19.85	554.46	28.01	84.38	44.27	355
阀门和旋塞的制造	927.15	31.11	87.73	37.54	900.94	30.65	264.25	31.94	1721
气体、液体分离及纯净设备制造	261.60	35.11	29.89	23.67	253.63	36.69	20.56	63.28	397
其他通用设备制造	401.09	41.43	37.99	23.02	391.59	35.98	23.87	44.81	730

表 3　2008 年各分行业主要指标完成情况表　（单位：亿元）

行业	工业总产值		新产品产值		工业销售产值		出口交货值		企业数/个
	本年累计	同比增长（%）	本年累计	同比增长（%）	本年累计	同比增长（%）	本年累计	同比增长（%）	
全行业合计	4079.88	28.68	515.60	28.63	3933.57	27.09	620.56	12.65	5521
泵及真空设备制造	936.95	39.40	112.46	43.54	902.75	38.72	119.32	19.58	1478
风机、风扇制造	486.06	36.40	90.45	23.00	448.77	32.58	66.46	19.53	505
气体压缩机械制造	626.28	10.19	132.38	12.42	612.94	10.51	96.07	15.39	389
阀门和旋塞的制造	1147.43	25.03	87.74	41.91	1117.74	25.41	277.77	3.89	1836
气体、液体分离及纯净设备制造	352.75	33.73	41.56	33.52	333.07	30.82	25.35	16.42	458
其他通用设备制造	530.41	35.20	51.01	33.39	518.31	27.91	35.59	54.03	855

在静设备方面，如加氢反应器、高压换热器、高压空冷器等，我国的研发能力较强，已达到国际先进水平（中国一重集团已制造出世界上最大吨位的加氢反应器 2020t）。对于一些工艺性强的反应设备，设计、研发能力比较弱，与国外先进国家相比有较大差距。

在动设备方面：离心式压缩机和轴流式压缩机设计制造技术已接近或达到国际同类产品先进水平，但部分高技术、高参数、高质量的特殊产品还不能满足国内需要，有 20% 左右的产品需要进口。80 吨级往复式活塞压缩机达到国际同类产品水平，100 吨级以上的往复式活塞压缩机还有一定差距。

石油化工用泵中，有 35% 的产品处于 20 世纪 80 年代的国际水平，20% 的产品达到或接近 20 世纪 90 年代国际水平。一般耐腐蚀泵、高速泵、计量泵等都能满足要求，但特殊高速泵、小流量高扬程化工泵、强腐蚀耐固体颗粒冲刷的料浆泵等与国际先进水平还有较大差距。

石化装置中应用的一般阀门，与国外水平相当，其品种规格基本可满足需要。但高精度调节阀、安全阀和一些特殊材料、特殊结构的阀门，国内目前设计、制造还有困难。

石化装置中常用的过滤机、离心机与国外相比，大型立式、卧式螺旋卸料离心机品种规格少，还不能完全满足石油化工生产的需求。

我国生产的烟气回收透平的使用寿命、震动、噪音等关键性能指标均与国外机组相当，达到国际先进水平。

大型密炼挤压造粒机组我国目前处于研发阶段。

石化装备设计技术的 70% 以上来自国外，对于引进技术的消化吸收基本停留在实现国产化的较低层次上。我国石化装备制造业的整体水平与发达国家相比落后 10 ~ 15 年。

3. 自主创新产品开发和技术攻关

大型乙烯关键装备主要包括裂解炉、乙烯三机（裂解气压缩机、乙烯压缩机、丙烯压缩机）、造粒机、大型低温乙烯贮罐、各种反应设备、大型高压乙烯冷箱、特殊泵和特殊阀等设备及各种流程设备。

3.1 裂解炉

20 世纪 60 年代以来，新炉型不断涌现，其总趋势是向高温、短停留时间、低烃分压的方向发展，以提高裂解选择性、降低能耗和造价，方便管理。随着乙烯装置规模的不断扩大，乙烯装置的龙头——裂解炉的规模也相应扩大。乙烯装置大型化是世界乙烯发展的趋势。目前世界上与 60 万 t/年以上规模的乙烯装置相配套的单台裂解炉一般生产能力为 8 万 ~ 12 万 t/年，最大达 18 万 t/年。

目前我国的大型乙烯装置所采用的裂解技术都是从国外成套引进的技术，包括鲁姆斯公司、斯通—韦勃斯特公司、IFP 公司、林德公司、KTI 公司和凯洛格公司等。

中石化南化公司从 20 世纪 80 年代就开始了对裂解炉的开发攻关，使我国裂解炉的装置能力依次从年产 2 万吨扩大到 4 万吨、6 万吨至 10 万吨规模，改变了我国乙烯工业炉完全依靠进口的局面，基本适应了大型乙烯装置的整体水平。

目前国外最大单台裂解能力已达 18 万 t/年。裂解炉能力的扩大，一方面减少了整个装置的投资，另一方面有利于管理和实现现代化控制。因此，国内需开发单台生产能力达 15 万 ~ 18 万 t/年或更大的新型裂解炉，以适应乙烯国际水平发展的需要。

3.2 乙烯三机

裂解气压缩机、乙烯压缩机、丙烯压缩机因其处于生产乙烯原料的头部，而成为乙烯装置中的核心设备，其可靠性直接影响投资巨大的后续成套装置是否安全运行，长期被视为禁区。1998 年以前，国内 18 套乙烯装置中 50 多台离心压缩机组均为国外引进，国产机组在这一领域是一个空白。之后，沈鼓集团在中石化总公司的支持下，首先在大庆 48 万 t/年乙烯改造项目上取得了裂解气压缩机的突破。在此基础上又为上海金山 40 万 t 改 70 万 t/年乙烯工程提供了裂解气压缩机和合作制造的丙烯压缩机，一次开车成功；为茂名石化 38 万 t 改 100 万 t/年乙烯工程提供了裂解气压缩机。

大型乙烯三机的主要技术指标体现为优化、高效、节能、安全、可靠。世界上最大规模的乙烯装置，三机是由意大利新比隆公司制造，因其采用了高效率的三元流动叶轮及与其匹配良好的固定元件，使压缩机组运行平稳可靠，效率比原来提高 5% 以上。而国内研制的产品在运行稳定性、可靠性方面与国外产品相比仍然存在较大差距。

目前国内新建的100万t/年大型乙烯装置，其“三机”中的裂解气压缩机进口流量达到403000kg/h，出口压力达到3.89MPa，轴功率达到45770kW，国内在设计制造如此大型气体压缩机上还没有成熟的经验。

3.3 造粒机

大型混炼挤压造粒机是大型乙烯装置中后处理的重要设备，是物料从单体到聚合进而挤出造粒的整个生产流程中最基本也是最重要的环节之一。混炼挤压造粒机是设计、制造难度都很高的设备。7万~10万t/年规模的聚烯烃装置中的混炼挤压造粒机，一台价格在400万~500万美元。设备的可靠性要求高，技术难度大。

目前世界上只有德国的WP公司、美国的法雷尔公司、日本的日本制钢所、神户制钢所等少数几家公司拥有设计、制造和安装调试这类装置的技术。我国自大型乙烯工程开建之日起就开始引进大型混炼挤压造粒机组，到“七五”结束时，全国各地引进该类机组60余套，“八五”、“九五”期间，随着石化乙烯装置的改建扩建，又进行了新一轮的大型挤压造粒机的引进。

我国大连橡塑机械股份有限公司经过十几年的攻关和合作制造，已积累一定的经验。为此还增加了螺杆、机筒、齿轮等加工设备和物料试验台位，具备一定的研发能力。目前开发研制的混炼挤压造粒机，多为小型。大型混炼挤压造粒机的设计、制造技术与国外存在较大差距。

3.4 大型低温乙烯贮罐

目前，国际上常用双壁绝热平底圆筒形储罐，与球形储罐相比，大大提高了贮量。目前该类设备容积一般在2万m^3左右，内壳体采用9% Ni钢，外壳体常用16MnR和预应力混凝土壳复合结构，内外壳体之间采取绝热保冷措施，与常温高压储存相比，低温常压贮存更适合于大型乙烯装置，更有利于保证运行的安全性。与常规液体储罐的主要差异是对材质与绝热的要求更加苛刻。

我国已着手研制双层绝热平底圆筒形地面罐，内外壳体之间绝热保冷，设计温度-110℃，常压运行，主要问题是低温材料的设计制造工艺。

3.5 大型高压乙烯冷箱

乙烯冷箱是乙烯装置的关键设备，是由多台板翅式换热器组成的低温换热设备。多股流低温冷箱操作压力高、换热过程带有相变，过去长期依靠进口，进口一台要300万~400万美元。国外板翅式换热器的生产厂家有英国马尔斯顿，德国林德，美国空气动力公司，日本神户制钢等。

国内对乙烯冷箱的研制攻关始于“七五”。杭州制氧机厂与开封空分厂于20世纪80年代，曾分别与德国林德和美国空气动力公司开展合作生产，为国内宝钢、鞍钢等工程的大型空分装置提供配套冷箱。杭州制氧机厂于1992年引进了美国SW公司大型真空钎焊炉，同时也引进了板翅式换热器设计计算软件，并与浙江大学共同开发了物性计算软件。2000年，杭州制氧机厂为燕山石化提供了66万t/年乙烯改造项目的成套冷箱，之后又承接了天津联化、中原石化、辽阳化纤20万t/年乙烯改造和扬子石化65万t/年、上海石化70万t/年乙烯改造项目的冷箱，以及为齐鲁石化、茂名石化的乙烯改造工程提供了乙烯冷箱。乙烯冷箱国产化取得重大突破，为此节约设备投资6800万元。杭州制氧机厂已成为乙烯冷箱国产化的基地。

3.6 特殊泵

特殊泵包括高速泵和屏蔽泵。

高速泵是采用开式直叶片叶轮在比它稍大的环形涡室内旋转、利用扩散器转换器转换速度能为压（动）力能并控制流量的一种泵。这种泵单级扬程高，低比转数范围内效率比较高；叶轮采用开式直叶片，不存在轴向力，没有前后密封环，易损件少，气蚀性能好，但加工复杂，精度要求高。国内石化企业用高速泵主要是美国SUNDSTRAND公司和日本日机装株式会社生产的产品。

该泵的技术参数较为苛刻，大型乙烯装置使用的高速泵属于高（大）性能参数泵，已经超出了美国SUNDSTRAND型谱；并且在大流量（225m^3/h）、高转速下汽蚀性能更加恶化，尤其在输送烃类产品，本身就是在饱和蒸汽压下，有效汽蚀余量仅靠进口贮液罐静液位，高汽蚀性能是该类泵要解决的主要问题；功率400kW，高速齿轮箱也属于研制难点。国内将对大型高速泵进行开发攻关。

氢烃类输送泵由于易汽化性能，比较适合采用无泄漏泵来输送。由于泵入口具有一定的压力，机械密封流程泵不能对轴向力进行有效的平衡，而屏蔽泵转子全部浸泡在输送液体内，具有平衡进口压力的特性。所以，对于轻烃类介质的输送，无泄漏的屏蔽泵是最佳选择。

国内已具备一定的屏蔽泵的设计制造基础，但针对输送低温、易汽化特性介质所采用的逆向循环结构型式的屏蔽泵、－100℃的低温屏蔽泵以及 3.7MPa 压力的屏蔽泵，对其结构尤其是定子屏蔽套的结构需进一步攻关。

3.7 特殊阀

乙烯裂解气高温阀门，是百万吨乙烯装置裂解炉出口管线必备阀门，该阀门最高工作温度达 841℃，如此高温对阀门密封材料是一个严峻的考验。为满足乙烯生产的需要，不得不花费大量的外汇进口此阀。另外，由于国外公司供货周期的原因，对有问题的阀门不能及时更换，常影响装置的正常生产，因此，为满足百万吨乙烯装置的正常生产，国内将此类阀门作为攻关的重点。

3.8 反应器

在聚乙烯、聚丙烯等乙烯主要配套装置的技术改造过程中，自主开发了 20 万 t/年聚乙烯气相反应器；20 万 t/年高压聚乙烯超高压管式反应器；30 万 t/年聚丙烯环管反应器。并开发了大型三列迷宫式密封压缩机和 FFS－1600 型薄膜袋成型自动包装机等。

4. 技术创新体系建设

石化装备行业目前拥有国家工程研究中心 3 个、国家工程技术研究中心 2 个、国家认定的企业技术中心 10 个。另外，有机械工业实验室 8 个，机械工业工程（技术）研究中心 4 个（见表 4，表 5，表 6，表 7 和表 8）。

表 4 国家工程研究中心

序号	名称	依托部门	主管部门
1	电气传动国家工程研究中心	天津电气传动设计研究所	中国机械工业联合会
2	重型技术装备国家工程研究中心	一重天津重型装备工程研究有限公司	中国一重集团公司
3	高效焊接新技术国家工程研究中心	哈尔滨焊接研究所	中国机械工业联合会

表 5 国家工程技术研究中心

序号	名称	依托单位	主管部门
1	国家压力容器与管道安全工程技术研究中心	合肥通用机械研究院	科技部
2	国家超硬材料及制品工程技术研究中心	郑州磨料磨具磨削研究所	科技部

表 6 国家认定的企业技术中心

序号	名称	依托企业
1	中国第一重型机械集团公司技术中心	中国一重集团
2	中国第二重型机械集团公司技术中心	中国二重集团
3	沈阳鼓风机（集团）有限公司技术中心	沈阳鼓风机（集团）有限公司
4	大连冰山集团有限公司技术中心	大连冰山集团
5	上海通用机械（集团）公司技术中心	上海通用机械集团
6	杭州制氧机集团有限公司技术中心	杭州制氧机股份有限公司
7	宁波海天集团股份有限公司技术中心	宁波海天集团
8	陕西鼓风机（集团）有限公司技术中心	陕西鼓风机集团公司
9	兰州兰石集团有限公司技术中心	兰州兰石集团
10	江苏双良集团有限公司技术中心	江苏双良集团

表 7 机械工业实验室

序号	名称	依托企业
1	机械工业核泵技术工程实验室	沈阳鼓风机（集团）有限公司
2	机械工业离心泵重点实验室	江苏大学

（续）

序号	名称	依托企业
3	机械工业透平压缩机与膨胀机工程实验室	陕西鼓风机集团公司
4	机械工业印刷装备数字化技术重点实验室	北京工业大学、北人集团
5	机械工业压力容器与管道寿命及其可靠性重点实验室	合肥通用机械研究院
6	机械工业制冷系统传热强化与节能重点实验室	合肥通用机械研究院
7	机械工业高温、高压材料与焊接工程实验室	东方锅炉集团公司
8	机械工业齿轮传动工程实验室	郑州机械研究所

表8　机械工业工程（技术）研究中心

序号	名称	依托企业
1	机械工业离心压缩机工程研究中心	沈阳鼓风机（集团）有限公司
2	机械工业制冷空调工程技术研究中心	合肥通用机械研究院、烟台冰轮
3	机械工业传热节能工程技术研究中心	兰州石油机械研究所
4	机械工业泵及特殊阀门工程技术研究中心	兰州理工大学

5. 存在问题及原因分析

虽然我国大型石化装备国产化工作取得一些成绩，但与电力、冶金等装备国产化相比，还相差甚远。造成石化装备国产化状况不尽人意的原因主要有以下几个方面：

5.1　工艺技术卡脖子

石油化工生产工艺性强，很多工艺技术是由一些设计院、工程公司经过多年研究、开发出来的专利技术，这些技术须通过小试、中试直到工业性试验，经历一个较长的时间才能真正应用到工程中去，而这些工艺技术需专门的设备（专利）来实现。我国在引进国外工艺技术时不得不同时引进设备，如一些反应设备、工艺气体压缩机、化工专用泵等。20多年来，我国大型乙烯、大化肥等石油化工装置工艺设计基本上都是引进的，所以成套装备也几乎是全部引进。以大化肥成套装备为例，我国先后从国外引进了32套大化肥成套装置，其中工艺技术各不相同，分别为荷兰斯塔米卡邦公司的CO_2汽提工艺、意大利司南普吉提公司的NH_3汽提工艺和日本东洋工程公司ACES（低成本低能耗）工艺等。由于工艺的不同，为之配套的装备也各不相同。我国已有的19套乙烯装置，其工艺技术也基本都上都是引进的。石化工艺技术研究开发力量薄弱，是制约石化装备国产化的瓶颈。

5.2　工艺与装备相脱节

长期以来，我国石化装备制造企业的产品开发与用户的工艺研究开发相互脱节，对相关设备在用户装置中的配置规律和要求缺乏研究，缺少与用户的沟通。石油化工工艺的开发周期比较长，需进行小试、中试和工业性试验，而石化装备制造企业不了解用户部门的工艺研究时间表，对用户的工艺开发研究难以跟踪，另外这种跟踪需要前期投入，所以一般制造企业也不愿意跟踪或无力跟踪。当用户的工艺一旦成熟，需要设备为之配套时，我们的制造企业感到时间紧，很多技术上的问题还未解决，因而处于被动的局面，造成国外产品大批涌入国内。以煤液化工艺技术为例，我国煤炭研究院在30多年前就开展了煤的液化工艺技术研究，并从美国、日本引进两套小试装置，我们的制造企业无人问津，更没有一个企业跟踪研究开发其产品。如果制造企业当时能及时跟踪其工艺并开展设备的研究与开发，那么今天我国新上的大型煤液化装置所需的设备就可以派上用场，不必再从头开始研制或进口了。工艺与装备相脱节，阻碍了大型乙烯和石化装备国产化的步伐。

5.3　成套能力未能形成

大型石化工程总承包公司必须有坚实的工艺开发、工艺试验、工程设计的基础和一流的装备制造企业为后盾，而我国目前的工程公司不具备工艺开发、工艺试验的条件。国内的工程公司目前只能承包石化装置中的公用工程部分，而装置的核心工程部分主要依赖外国工程公司。由于我国石油化工部门与装备制造部门长期脱节，用户部门的工程公司对工艺设计相对熟悉一些，而对装备技术相对陌生，装备制造部门的工程公司与此恰恰相反。另外，长期以来，我国化工设计院与化工研究院是割裂的，化工设计院只管工程设计，化工研究院只管化工单元工艺研究；我国的石化装备制造业本身也是割裂的，鼓风机厂只造鼓风机，水泵厂只造水泵，而忽略了成套技术的发展，尤其是系统的可靠性研究不够。我国目前缺少象 GE、ABB、西门子这样的一批具有系统设计、系统成套和工程总承包能力的工程公司，大量的石化成套装备市场不得不让给外商。

工程成套一直是我国的薄弱环节。重大技术装备工程成套能力的内容主要包括工艺（软件）和设备（硬件）配套，主机、辅机、其他相关附属器材配套，满足用户整体需求的“交钥匙”工程。但是由于石化装备制造业缺乏工程设计、成套设备制造、供货等综合性的大企业（工程公司）和整体服务的意识，长期以来软件和硬件、主机和辅机的发展不同步。在发展硬件的同时，往往忽视软件的发展；在发展主机的同时，往往忽视辅机的发展。使硬件与软件、主机与辅机不能协调发展，系统集成能力差，难以满足用户的需要。这也是国内石化装备制造企业难以在国内重大工程中中标，仅能在国外企业中标后分包部分硬件产品的主要原因。结果是国外公司中标后，利用国内企业的生产能力在国内生产硬件设备，国内企业成为名副其实的打工者。成套能力弱，也是制约石化装备国产化的因素之一。

5.4 政府宏观调控乏力

20 世纪 90 年代，国务院重大装备办公室和国家机械工业部相继撤消，国家宏观管理缺位。在这一阶段，重大技术装备引进的数量和费用大增，但消化吸收效果不佳，并出现了调控手段弱化，国产化观念淡薄，重大技术装备进出口逆差扩大等问题。目前，一是缺乏完整、系统、有效的政策体系，难以形成激发石化装备制造企业与用户共同实施石化重大技术装备国产化的政策环境；二是政府对石化装备技术国产化缺乏有效的管理与协调，没有形成一个集中对外的格局，用户为了追求局部利益，而忽视了国家整体利益，重复引进，使国内石化装备制造企业的人力和装备闲置，并造成大量的资金浪费。

另外，资本实力强大的用户与众多且分散的石化装备制造企业之间难以形成平等对话机制。过去机械工业部存在时，可代表装备制造部门与用户进行对话，强调重大技术装备国产化的重要性，力争尽量采用国产化设备。机械工业部撤消之后，装备制造部门的各个企业势单力薄，很难与用户进行平等对话。国务院重大装备领导小组撤消之后，重大技术装备国产化的工作受到很大影响，政府的协调工作大大削弱，重大装备国产化工作无人推进，造成国内石化装备制造企业很难有机会承担有较高技术含量的石化成套装备的研制任务。2008 年，国务院机构调整组建了工业和信息化部，将在大型乙烯等重点石化装备自主化设计制造方面起到重大的宏观调控和引导作用。

由于用户部门与石化装备制造企业没有进行很好地沟通，在进口设备时未采取以市场换技术的策略，造成重复引进，使一些关键设备的核心技术国内始终不掌握，乙烯装置中的大型混炼挤压造粒机械就是一个典型的案例，目前已引进了几十套。由于石化用户部门与装备制造部门对石化重大装备国产化的认识上存在较大分歧，而政府权威性的协调工作严重不足，是造成石化重大技术装备国产化工作进展缓慢的重要原因。

5.5 产业集中度低

我国石化装备制造业集中度低，大型骨干企业少，围绕大型骨干企业的中小企业群体也未形成。由于历史原因形成的地区同构化和大而全、小而全的生产方式，使得我国石化装备制造业低水平重复建设情况严重，缺乏规模经济和集群效应。横向面临严重的同业竞争，国内同行不能一致对外；纵向面临产业链不健全，上下游企业不能协同“作战”，难以形成横向的产业规模，行业恶性竞争日趋严重。

尽管近年来不同地区都出现了联合重组的成功案例，但是绝大多数发生在同一省份的企业之间，跨地区、跨行业的产业整合，总体上发展不快，困难重重。适应目前阶段我国市场环境的产业技术资源整合，必须依靠强有力的宏观调控和市场中介手段，但原来的产业管理部门撤消后出现了“真空”。地方政府虽然在许多方面可以发挥作用，但在企业跨地区并购时，往往固守本地利益，强调以我为主，很多谈判都因地区利益不一致而无法深入。个别地区甚至以转制为名“择优外卖”。

东北和中西部地区集中了一批大型、特大型装备制造企业，但总体来说产业集中度不够，即使一重、二重、沈阳鼓风机（集团）有限公司、陕西鼓风机集团公司这样的企业不论从其企业规模、融资能力、研发能力、工程成套能力等各方面都无法与美国 GE、德国西门子、日本三菱等国际大公司相抗衡。

我国的石化装备制造业重点企业大多数是老国有企业，传统体制的惯性使企业体制转换，特别是内部治理结构相对落后，激励机制不健全，甚至存在经营决策迎合地方政府政绩需要的现象。不少企业缺乏高级财务管理人才，长远规划和精细管理能力不足。受到体制、资金和观念的限制，绝大多数企业的经营规模还停留在产品加工制造环节。依托技术引进和自主开发，发展成套设计、系统集成及工程总承包的能力普遍不够，很难提升供给档次和扩大市场空间。在进行国际合作时，往往是跨国公司做成套，国内企业做产品。其原因主要有：

一是国有大中型石化装备制造企业很多都背负沉重的历史包袱，自我发展能力有限，受计划经济体制影响深，体制机制创新相对滞后。在技术改造、技术积累、人才培养、富裕人员安置等方面欠帐太多，自我发展能力不足，无力进行产业整合和企业重组。缺乏成套设备的系统设计、系统成套和工程总承包能力。

二是主机厂对相关产业的带动作用有限。在产业集群中起骨干和核心作用的装备制造业多是国有大型企业，但各自处于相对封闭的生产经营体系中，中间产品或生产工序重复建设严重，专业化分工程度不高。

三是官、产、学、研介入核心产业集群的合作机制，尚未真正有效运作。科研、高校等技术机构与企业和产业缺乏良好联结，大学与科研机构没有成为企业创新的知识源头。特别是科研成果也不能及时转化为企业生产力。

四是社会中介服务体系与产业的发展相对滞后，金融、保险、专业配送物流中心、行业协会等生产性服务机构未能实质有效地参与到集群关联结构之中。

5.6　技术创新资金缺乏集中、连续的投入

石化装备制造业自主创新需要的投入高、周期长、风险大。日本等发达国家研发经费支出占销售收入的比重在5%以上，而我国石化装备制造业大中型企业的研发经费占销售收入的比重为1.2%。

赢利水平低和财务成本高限制了我国石化装备制造企业的研发投入。东方锅炉集团公司等企业科研投入甚至不到1%，只有少数几家重点石化装备制造企业（沈阳鼓风机（集团）有限公司、杭汽、二重）的科研投入超过3%。如果考虑到我国石化装备企业规模较小的现实，与发达国家的差距更为明显。即使这部分投入中，直接用于采购研发设备、进行产品中试的也不多。例如，中国二重集团按3.7%提取的研发资金中，近80%用于支付研发人员的工资。

技术创新是连续的积累过程，一项自主研发从启动到成功至少需要3～5年的时间，没有集中连续的投入，很难实现从“中高端切入”的技术突破。目前石化装备制造企业自我积累不足，很难在技术创新上投入更多的财力，保证研发工作的连续投入。

5.7　创新动力不足

企业是自主创新的主体，虽然目前我国企业研发经费的投入已超过政府的投入，但从功能上看，企业并没有成为自主创新的真正主体，究其原因，实质是创新动力不足。我国正处在经济转型时期，企业的产权制度尚不成熟、不稳定，特别是从事重大技术装备制造的企业多是国有或国有控股的企业，企业高级管理人员采用任用制度，近期业绩往往是企业经营者和经营团队最迫切的追求，几乎谁也不愿意“本届种树，下届摘果”。在任期内，与其把有限资源投入周期长、风险大的自主创新，还不如靠引进、再引进或合资作为技术来源，就足以保证近期业绩，从而失去了自主创新的欲望。其次，在许多地方政府追求速度、扩大投资、追求外延式扩大规模的偏好导向下，使得企业宁愿低水平复制生产能力，却吝啬于对技术和人力资源进行投入；宁愿在同类档次产品上进行低水平恶性竞争，也不愿意采取差异化战略、通过自主创新提高效益；宁愿引进、再引进，持续跟踪模仿，也不愿意下苦功夫完成一次技术学习和技术跨越的过程，走消化吸收、再创新之路。

5.8　共性技术创新体系缺位，科技投入发挥作用不明显

产业部门科研院所改制后，首先考虑生存，急功近利，追求短期效益，失去了行业技术归口所的作用，削弱了科研院所对行业共性技术和基础的研究，造成产业共性技术研究开发缺位。目前，有些企业虽然建立了工程研究中心，但大多形同虚设，只能应付企业生产中的工艺提高和产品改进。由于市场的不断扩大和石化装备制造业的良好发展趋势，人力资源的重要性已逐渐超过物质资源、人力资源管理面临着越来越严峻的挑战。但许多企业对人才的需求，眼睛向外，缺乏对自有的技术人员、管理人员、技术工人的培养和重用，不能很好发挥他们的聪明才智，创新政策不到位，扼制了这部分人员的创新积极性，而无力进行超前技术开发和研究，企

业还难以担负起创新主体的功能。

产学研的联盟、用户和制造商的联盟、同业企业间的联盟，由于缺乏有效的组织合作机制，对于那些需要多个组织、许多科技人员合作完成的创新项目，很难结成创新战略联盟。企业在引进技术后，自己无力开展消化吸收，又出于市场竞争的考虑，不愿意吸收科研单位和高校参加，形不成产学研密切合作的联合消化吸收的体制。另外，我国每年的科技投入有上千亿元，掌控在国家科技部、国家发改委、国防科工委、国家自然基金委员会等部门。这些部门各自为政，互不沟通，技术创新资金投入分散，创新效果不明显。我国引进技术的消化吸收与再创新的进程缓慢，靠市场经济难以弥补的共性技术研究缺位，这些都反映出我国科技资金管理混乱和科技管理部门的作用没有得到应有的发挥。

5.9 产品水平低，不能满足国内需求

由于石化装备制造企业技术创新能力弱以及技术引进重硬件轻软件、轻吸收创新的客观现状，就决定了目前我国石化重大技术装备难以达到国际先进水平、难以满足国民经济发展的需要。许多产品的机械特性等主要性能参数虽与国外相当，但加工工艺粗糙、质量管理缺位，产品的可靠性与国外相比，有较大差距；在石化装备中，国内产品只相当于 20 世纪 80 年代末和 90 年代初的技术水平。国内石化装备制造企业普遍缺乏满足大规格的高温、高压、大流量等高参数以及低温、超低温、耐腐蚀等特殊环境条件和要求的操作精度、自动控制、配套性、专用性水平较高的产品的能力。

国内石化装备生产企业虽然经过多年的技术改造，引进和添置了部分国内外先进设备，使工艺装备水平得到了较大提高。但从总体上来看，工艺制造水平不高，通用型设备多，专用设备少，缺乏高、精、尖关键设备，试验检测手段不完善，致使产品的加工精度和质量在硬件上难于保证；同时企业管理水平相对较低，质量保证体系不完善，缺乏全员质量意识，造成产品质量在软件上难以保证。从而致使一部分国产重大技术装备性能不稳定，可靠性差，故障率高，寿命期短，满足不了现代石化工业工况复杂、高参数、连续化生产和追求高效益的使用要求，缺乏令用户满意的知名产品。影响了国内石化装备制造企业和国产重大技术装备在用户中的信誉。

5.10 产业投融资体制缺位、企业财务结构不合理

产业投融体制一直是我国经济体制改革中较为滞后的一个环节。在从计划经济向市场经济的转型中，客观上要求投融资资源配置也要实现从政府为主向市场为主的转型。但是，由于多种原因，目前的投融资体制处于事实的不到位或缺位的状态。一方面，国家在“拨改贷”以后基本停止对国有企业的资本注入，财政已经不再向企业界“输血”。我国 20 世纪 80 年代开始实行银行统管流动资金制度，财政拨款改为银行贷款以后，国家财政几乎不对国有企业直接增注资本金。另一方面，市场化的投融资机制没有真正发挥作用或无法满足产业发展的需要。装备制造业目前引入资本金的渠道包括：上市、引进战略投资、银行贷款和国债项目资金，由于大多数企业资信度低，这些方式实现难度大（上市、引进外部投资），难以从根本上改变企业的资本结构（商业贷款、国债项目）。这种投融资体制的缺位对石化装备制造业发展、壮大形成了制约。

另外，我国石化装备制造业总体上具有两个显著财务特征：一是利润普遍偏低，企业难以形成自身的积累能力，这种现象反映了我国石化装备制造业现阶段的基本现状。制约效益的主要因素有：多数产品仍处于中低端，附加值偏低；购买高附加值的关键部件、引进专利技术付费；自有资本不足；高额金融负债；大而全的生产模式尚未改变，导致生产成本较高；管理水平不到位，财务成本高；行业和企业之间的竞争加剧，竞相压价，难以形成优质优价机制；原材料涨价，抬升了制造成本；销售方式落后且缺乏租赁支持，资金周转慢；成套和工程总承包能力不足，难以满足高层次市场需求等。这不但使企业无法依靠自我积累实现调整，而且限制了其从传统渠道获得资金的能力。二是企业财务结构不合理，资本金不足且缺乏有效的补充机制。企业的不良债务、历史欠税、待支付的转制成本等都困扰着企业的发展，过高的负债率侵蚀了企业的赢利能力，损害了企业的信用结构，使企业在筹措长期资金方面举步维艰。而国外大公司与我国装备制造企业形成鲜明对比，外国跨国公司一般具有较强的资本运作能力。如 GE、西门子、日立这样的跨国集团凭借强大的资金实力，可以轻易调动巨额资金，控股、收购其他企业，然后对资产进行整合、包装，再拿到国外或国内的资本市场进行套现，赚取高额利润。

5.11 缺乏相对稳定的技术装备政策

我国长期以来对重大技术装备国产化的工作缺乏相对稳定的政策。在国际上许多国家明确规定，进口装置

只允许引进一套。而我国由于缺乏相对稳定的政策，造成重大装备重复引进的怪现象。在重大装备国产化由用户牵头过程中，由于用户部门过分强调装置运行的可靠性、先进性和我国对石油化工产品需求的增加，致使相关的技术装备政策得不到贯彻执行，石化成套装备进口之风再度盛行。另外，石油化工的特殊性，其工艺技术发展很快，新工艺的不断出现，使装备制造业适应不了其变化。有些产品的设计制造技术迟迟下不了决心引进，如大型挤压造粒机组，由于工艺参数的不断变化，企业不敢贸然引进其设计制造技术。种种原因都增加了重大装备国产化的难度。

5.12 装备国产化风险缺乏有效的化解措施

由于石化装备长期依赖进口，始终不能国产化，对于国内石化装备制造业而言不能不说是一个遗憾。事实上国内石化装备制造业经过多年的引进消化吸收和石化装备制造业整体水平的提高，国内石化装备制造企业已经具备了设计、制造石化关键装备的能力。但“没有人想用”、“没有人敢用”国内生产的第一套装备，导致石化成套装置长期进口，使国内石化装备制造业面临着难以跨过“首台首套”门槛的尴尬的局面。由于石化装备往往需要依托重点工程、需大量投资，在提到国产化的时候，往往因为责任制不明确而使业主不敢轻易使用国产设备，“用了国内的，万一出了问题谁负责?”作为用户难以承受失败的风险。这是目前我国石油化工重大装备国产化的一个主要障碍，示范性的国产化项目风险缺乏有效的化解措施。

第二节 关键设备自主化进展情况

1. 百万吨级乙烯冷箱的开发与研制

乙烯冷箱是乙烯装置中的关键设备，由数组铝制板翅式换热器组成，是乙烯装置节能降耗的关键设备之一。该研制项目由杭州杭氧股份有限公司承担，并于2007年6月通过专家论证后，纳入国家“十一五”科技支撑计划。研制目标是以中石化天津石化分公司、镇海炼化分公司新建的100万t/年乙烯工程项目为依托，开发具有国际先进水平的百万吨级乙烯冷箱。目前已完成乙烯冷箱设计方案和验证件研制，换热器已全部制造完毕，乙烯冷箱正在组装之中。

中石化镇海炼化百万吨乙烯冷箱主要参数如下：

总物流股数：35股；最大换热温差：50℃；最小换热温差：0.6℃；最大设计压力：6.0MPa；单元换热器尺寸：1200mm×1300mm×6000mm；单套冷箱换热器数量：35个单元；单套冷箱重量：16t。

2. 20万t/年大型挤压造粒机组的开发与研制

该研制项目由大连橡胶塑料机械股份有限公司承担，经专家论证后，纳入国家“十一五”科技支撑计划。研制目标是以中石化燕山石化公司聚丙烯改造工程为依托，以20万t/年大型挤压造粒机组为突破口，积累经验，取得业绩，逐步开发百万吨级乙烯所需的30万t/年、45万t/年机组，从而实现大型挤压造粒机组的系列化开发，逐步实现自主化设计制造目标。

目前铸件、锻件毛坯已全部到位；螺杆、机筒、芯轴、减速箱等关键部件都已进入半精加工；大部分外购件已陆续到厂，已进入总装期。

30万吨级大型双螺杆混炼挤压造粒机组主要参数：

产量：30~50t/h；螺杆直径：ϕ350mm；长径比：20~33；螺杆转速：220r/min；转矩：281000N·m；主电机功率：12000kW；机组总重：约250t。

3. 百万吨级乙烯工程三大离心压缩机组的开发与研制

（1）2006—2008年为中石化天津石化分公司研制了百万吨乙烯裂解气压缩机组，填补了国内空白，达到国际同类产品先进水平。

研制单位：沈阳鼓风机集团有限公司、中国石油化工股份有限公司天津分公司、杭州汽轮机股分有限公司、中国石化工程建设公司。

主要技术参数：

机型：DMCL1304+2MCL1305+2MCL908

介质：裂解气；入口流量：456192kg/h；入口压力：0.123MPa（A）；出口温度：87.4℃；转速：4243r/min；轴功

率：56230kW；原动机型号：EHNKS63/80；原动机额定功率：61853kW。

（2）2007—2008 年为辽宁华锦化工（集团）有限责任公司研制了45 万 t/年乙烯“三机”，达到国际同类产品先进水平，使沈鼓集团以自主知识产权为特征的乙烯机组研制跃上世界先进水平的台阶，进入国际上少数几个能够生产大型乙烯机组厂商的行列。

研制单位：沈阳鼓风机集团有限公司

主要技术参数：

1）裂解气压缩机组

机型：DMCL904 +2MCL904 +2MCL807（汽轮机由杭汽股份公司提供）

介质：裂解气；进气流量：79332Nm^3/h；进口压力：0.126MPa（A），出口压力：3.95MPa（A）；进口温度：40℃，出口温度：88.8℃；轴功率：26682kW；转速：5410r/min。

2）丙烯压缩机组

机型：3MCL1006（汽轮机由杭汽股份公司提供）

介质：丙烯；进气流量：71245Nm^3/h；进口压力：0.149MPa（A），出口压力：1.743MPa（A）；进口温度：－38.1℃，出口温度：72℃；轴功率：18011kW；转速：4569r/min。

3）乙烯压缩机组

机型：3MCL528 +3MCL524（汽轮机由杭汽股份公司提供）

介质：乙烯；进气流量：7255Nm^3/h；进口压力：0.104MPa（A），出口压力：1.9MPa（A）；进口温度：－102℃，出口温度：21℃；轴功率：6937kW；转速：6590r/min。

（3）2007—2009 年为中石化镇海炼化分公司研制百万吨丙烯压缩机组。

机型：3MCL1506

介质：丙烯；入口流量：816519kg/h（四段）；入口压力：0.8078MPa（A）（四段）；压缩机转速：2946r/min；压缩机轴功率：33178kW；驱动机型号：EHNK63/80；驱动机功率：36496kW。

石油钻采装备

我国石油钻采装备制造业起步于20 世纪50 年代，石油钻采装备制造业是伴随我国石油工业发展起来的，60 年来经历了由探索起步阶段到成长壮大阶段的转变，改革开放30 年来，石油钻采装备制造业获得了长足发展。特别是进入“十一五”以来，石油钻采装备制造业乘着国家经济快速发展和振兴装备制造业国策的东风，步入了持续、快速发展的良性轨道。

第一节　发展综述

1. “十一五”发展目标和任务

石油钻采装备是指用于陆地和海洋的石油、天然气等专用开采的装备。主要包括陆上石油钻采装备、海洋和沙漠石油钻采专用装备、钻具（井下钻采工具）等。在整个石油钻采装备中，石油钻机占70%，采油装备占20%，其余装备占10%。

根据我国石油工业“十一五”发展规划对勘探开发设备的需求，我国石油钻采装备制造业在“十一五”期间获得较大的发展，产品品种和产量都将有较大的增加，产品结构和技术水平亦将有较大的提高。“十一五”期间，石油钻采装备在实施“外向型”战略方针引导下，产品设计和制造标准将全面与国际接轨，把整体发展目标定位于跻身国际前沿，努力打造国际名牌企业和名牌产品，由石油钻采装备制造大国逐渐转化为石油钻采装备制造强国和创造强国。根据“十一五”规划，到2010 年：我国石油钻采装备产品产量将增加30% ~50%，产值增加60%以上，达到1000 亿元，出口额达到25 亿美元。

1.1　钻井设备

（1）开发全电驱动和复合电驱动（SCR 滞留电驱动钻机和 VFD 交流变频电驱动钻机），提高钻机自动化和智能化水平，建造钻机、电、液、气、信息和钻井仪表、自动送钻一体化网络平台。

（2）为缩短钻机移动过程的拆卸、运输、安装时间，大力发展车装钻机和拖挂钻机，4000m以深钻机采用大拖挂方式，3000m以浅钻机发展车装交流变频驱动和车装全液压驱动。

（3）着手开发极寒地区、沼泽地区使用的特殊钻机，以及小井眼钻机、套管钻机等特种工艺钻机，并开始超大功率钻机的3000hp以上绞车的设计和制造，以适应国内外不同区域不同地质条件的钻井需求。

（4）优化钻机井架、底座的设计制造，以减轻钻机的整体重量。

（5）提升海洋钻机的自主设计能力和制造能力，争取全部承揽国内海洋钻机模块设计生产任务，并开始海洋石油钻井平台的设计制造工作。

（6）在顶驱钻机制造方面，进一步提高SCR顶驱液压系统、电控系统的可靠性，发展系列变频顶驱。

（7）提高常规型泥浆泵（52MPa）的可靠性，开发研制智能化软泵系统、自动检测等单元技术，开发液缸立环形布置泥浆泵和液压泥浆泵。

（8）在钻机两极化发展方面，加快超大型钻机和微型化钻机的研发。当今国外超大型钻机钻深已经达到15000m，最大钩载12500kN，井架高度超过50m，而轻型钻机则趋向小型化，最小的超微型钻机用于小井眼钻井技术。

预计“十一五”期间，国内钻机的年更新量每年大约40台套，每年出口1000～7000m钻机约为20～30台套。

1.2 采油设备

（1）在机械采油设备的研制方面，满足开采难度大的油井和稠油、结蜡、结盐等油井的需要，提高经济效益和节能降耗效果，提高整机效率和可靠性，提高自动化和智能化控制技术水平。开发三次采油设备和稠油采油装备。加大目前在用量较大的游梁式抽油机等的节能降耗改造力度。

（2）在修井机研制方面，努力提高产品的安全可靠性、自动化水平、集装化程度和移运能力，大力研制适用于深井、边远地带的修井设备，以及沼泽、严寒、沙漠地区使用的特殊修井机。

（3）在固井压裂设备研制方面，大力发展大功率、多功能、自动化系列压裂车。发展大排量、高砂比、多功能和自动化混砂车。

1.3 油气输送管道设备

鉴于我国在“十一五”规划期间建设多条油气长输管线，因此需要大力发展油气输送钢管和输送设备，包括敷管钻机、天然气长输管道增压机、大口径高压油气集输管道阀门和油气管道钢管和器材。根据市场调查，今后中型管道非开挖敷设定向钻机市场需求量较大，中型钻机技术上优于小型管道钻机，而难度远低于大型管道钻机，因此应大力发展中型管道钻机。中型管道钻机系指用于敷设管道直径小于720mm，敷设深度1～5m，敷设管长度50～200m的钻机。天然气长输管线压缩机式天然气远程输送的关键设备，“十一五”期间，2万kW以上的大型天然气长输管线离心压缩机的需求量约为100台左右，如果全部进口大约需要4亿美元，若50%分交国内制造，只需要10亿元，经济效益十分可观。“十一五”期间，大口径高压油气集输管道（>1m）阀门，在消化、吸收引进技术方面应当有所突破。

1.4 海洋石油钻采设备

海洋石油钻采设备与陆地石油钻采设备相比，技术要求更高，制造难度更大。另外，由于我国海洋石油勘探开发，一开始就采取的是国际招标采购方式，国产设备难以问津。多年来，我国海洋石油钻采设备国产化率一直在20%～30%之间徘徊，关键设备几乎全部是进口产品。我国海洋石油钻采设备始终处于蹒跚起步阶段，与国际间水平差距越来越大。

2. 2006—2008年主要经济指标

2006—2008年是我国石油钻采装备制造业发展最好的历史时期，全行业各项经济指标全面超“十五”时期数据，经济效益逐年攀升（见表9）。

表9 2006—2008年石油钻采装备制造业主要经济指标 （单位：亿元）

年份	工业总产值		产品销售收入		新产品产值		出口交货值		企业数/个
	数额	同比增长（%）	数额	同比增长（%）	数额	同比增长（%）	数额	同比增长（%）	
2006年	385.13	48.50	352.41	76.75	74.60	69.62	70.93	121.31	376
2007年	576.42	49.67	554.37	49.61	91.17	22.20	97.27	25.92	476
2008年	968.54	60.69	931.78	60.83	155.91	67.15	156.19	52.75	588

2.1 2006年运行情况

2006年是我国“十一五”规划开局的第一年，在国务院《加快振兴装备制造业的若干意见》鼓舞下，以及国际原油价格持续走高的带动下，我国石油钻采装备制造业发展突飞猛进，各项经济运行指标和经济效益指标较上一年度都有较大的增长。

截至2006年底，石油钻采设备行业共有规模以上企业376家，占石油石化装备制造全行业总数的36.9%，拥有资产总额337.05亿元，占全行业总额的50%。其工业生产总值、产品销售收入、新产品产值、出口交货值和利润总值分别达到全行业的48.5%、49.47%、69.62%、70.3%、67.63%；新产品产值、出口交货值和利润总额的增长都超过了100%；新产品产值增长超过136%，产品销售收入和利润总额与2005年同比多增加30%和44.87%。

2006年规模以上石油钻采设备企业出口交货值比2005年同期增长121.31%，达到70.93亿元；利润总额36.83亿元，比2005年同比增加102.14%，增速高于去年31.57%；亏损企业数量由41个下降为35个，同比减少14.6%，亏损额5621万元，同比增加17.22%，部分企业经济效益大幅度提升，同时少部分亏损企业相对集中，亏损程度继续扩大。

2.2 2007年运行情况

2007年，我国石油和天然气开采业投资额达到2230亿元，同比增长22.4%，达到历史新高。

2007年石油钻采设备制造业规模以上企业数量达到476家，较2005年同期增加26.6%。实现工业总产值576.42亿元，同比增长49.67%；产品销售收入554.37亿元，同比增长49.61%；工业增加值10.93亿元，同比增长38.42%；新产品产值达到91.77亿元，同比增长22.2%；出口交货值137.8亿元人民币。石油钻采设备行业的出口交货值占石油石化装备制造业全行业的70%以上。

2.3 2008年运行情况

2008年国际油价对我国石油钻采设备行业的影响，在第四季度已有所显现。我国石油钻采设备本已供大于求，国际金融危机导致一些企业产品出现积压；有的企业出口订单被撤单，有的外商推迟接货、推迟付款；2009年出口订单减少，价格降低；中小企业银根偏紧，融资出现困难。2008年业内109家企业亏损，同比增加12家，累计亏损额1.69亿元，同比增加69%。但金融危机对2008年整个行业全年各项经济指标影响并不大，因为2008年的生产企业订单大多数是2007年确定的。2008年我国石油钻采装备制造业仍然延续着前三年快速增长的态势。

根据国家统计局发布的统计数据，2008年，我国石油钻采装备制造业规模以上企业已经达到588家，完成工业总产值968.54亿元，同比增长60.69%；企业销售收入达到931.78亿元，同比增长60.83%；新产品产值到达155.91亿元，同比增长67.15%；出口交货值达到156.19亿元，同比增长52.75%。2008年上半年上海口岸共出口各类石油和天然气钻探设备1.4亿美元，比上年同期激增3.1倍。尽管2008年我国石油钻采装备制造业亦遭受到汶川地震等特大自然灾害和国际金融危机的影响，但2008年，仍然是国内石油钻采设备制造业历年中效益最好的一年。

3. 自主创新产品开发和技术攻关

2006—2008年不仅是我国石油钻采装备制造业发展最快的几年，也是获取自主创新取得成果最多的几年。2006—2007年，仅中国石油集团，石油装备制造业就获得授权专利181项，27项科技成果获得集团公司级以上的奖励。

宝鸡石油机械有限责任公司，其钻采装备方面的技术实力及研发成果在国内处于领先地位，部分技术与国外同步发展或居于国际领先水平。该公司以自主创新为主，技术引进、国际合作和产学研联合为辅，大力开发具有自主知识产权的高端产品，不断提高公司竞争实力，全力打造民族品牌，为客户提供创造卓越价值的石油钻采装备，为保障国家石油安全提供装备支撑。在科研开发工作中坚持“先于对手信息跟踪、立项；先于对手开发设计；先于对手生产试制；先于对手评价验收、推向市场”的“四先”原则，确保公司新产品的研发始终领先于对手。2006—2008 年，累计 R&D 经费投入 46000 余万元，为承担的 40 多项列入国家重大装备科技攻关计划、国家重大装备创新研制计划、国家重点新产品计划及国家级火炬计划等重大项目的研发工作提供了资金保障。截至 2008 年底，已拥有 131 项专利。2006—2008 年，该公司先后研制出以 12000m 深井石油钻机为代表的一大批新型钻机，并都已实现了工业化生产。

四川宏华石油设备有限公司，始终把技术创新作为企业发展的基石，新产品、新技术研发的经费始终是保证的重点，而且不设上限。200 企业科技活动经费支出累积高达 4.14 亿元，占销售比重 5% 以上。该公司原有的技术中心已被四川省认定的企业技术中心，2008 年在全省省级技术中心的综合评价中名列第一。2006—2008 年，该公司累积申请专利 25 项，科技成果转化 39 项，实现成果的全部转化。在石油钻机生产方面，先后研发出 4000m 和 5000m“超越”钻机、ZJ1500HP 快速移运钻机、ZJ50DBS 高寒钻机、ZJ90DBS 超深井钻机等一批新型钻机。该公司提出的“技术同步，品质相当，服务周全，性价优越，推动全球陆地钻机升级换代”的国际市场战略，已取得显著成效。

南阳二机石油装备（集团）有限公司，实施以“关键技术与关键产品拥有自主知识产权”为核心内容的“科技兴企”战略，以市场为导向，积极开发适应国内、国际市场需要的新产品，加大“三新”技术的推广应用力度，积极完善改进老产品的设计和制造工艺，不断提高产品性能和质量。先后开发出一批具有自主知识产权和世界一流技术的产品，世界最大吨位的 4000m 车装钻机、适应 -45℃ 环境的系列低温钻机、井架高度达 47m 的世界首台新型拖挂钻机、改变传统作业方式的超级单根钻机等一大批新产品相继问世。

江汉石油管理局第四机械厂，具有较完善的科技创新研发体系，成立了企业技术中心，建成了钻机、修井机综合性能试验场，柱塞泵性能试验中心和固井压裂设备试验场。工厂以合资企业为技术前沿窗口，在荆州、北京和美国休斯敦建立了互动研发合作的技术平台，跟踪国际先进水平。工厂用于产品研发的科技投入逐年增加，2006—2008 年累计投入达 2 亿多元，约占销售总额的 3%。经过多年的技术创新和积累，大型压裂机组技术、高压管汇技术、自动混浆控制技术等核心技术已在行业中处于领先地位，取得近 20 项专利技术。先后研制成功快移快装钻机、2500 型压裂机组、液压不压井修井机、LGC230 连续油管作业机、5000m 低温钻机、7000m 深井钻机等一批新产品。

4. 企业兼并重组

近年来，中石油集团装备制造业改革重组力度最大，成果最显著（见表 10）。中石油装备制造业务涉及 31 个局级单位，119 家装备制造企业，另外，还有多种经营及改制企业 36 家。直属装备制造企业 5 家：宝石机械公司、宝鸡钢管公司、济南柴油机厂、渤海装备公司、技术开发公司；地区公司装备制造企业 26 家：油气田企业 9 家；炼油化工企业 8 家；其他地区公司 9 家。总部以下建立钻井装备集团、采油装备集团、钢管制造集团、动力装备集团和炼化装备集团五大装备制造集团和制造基地。

装备制造业务积极推进了重组工作。将资阳钢管厂、辽阳钢管厂管理权移交到宝鸡石油钢管厂；将西仪厂和咸阳石油钢管钢绳厂管理权分别移交长庆局、宝鸡石油机械厂；将华北装备制造事业部、承德司达公司和大港油田三家装备制造企业合并重组，成立了渤海石油装备有限公司。并在 26 个国家建立 36 个海外机构。同时，西南油气田、长庆油田、吉林油田、中国石油集团东方地球物理勘探有限公司等单位结合自身实际，也优化了内部制造资源。中石油装备制造业改革重组后，经济效益连年递增。2008 年营业收入达到 485.8 亿元。

表 10　2006—2008 年中石油集团石油装备制造业效益表

年份	年销售收入/亿元	利润总额/亿元	规模以上企业数量/个	从业人数/人	备注
2006 年	196	10.65	27	70856	不包括贸易企业
2007 年	342.7	13.79	28	70687	包括贸易企业
2008 年	485.8	15.36	28	70591	包括贸易企业

5. 产业聚集

由于历史和体制的原因，国内石油装备制造企业分布在各个省、各个地区，分属不同的上级管理单位。“十一五”期间，石油装备制造业改革重组取得了一定成效。涌现出一批产业集群和“制造基地”。如东营制造基地、盘锦制造基地、大庆制造基地等。其规划目标，2010 年营业收入都将达到 300 亿元。三大区域制造基地都是在“油城”基础上发展起来的。此外，有些地方虽然不是“油城”，但已形成了一定的产业规模，如江苏建湖县的井口设备及钻采工具、河北盐山的管件制造集群。

6. 存在的问题

就从事石油钻采装备生产厂家的数量、产品产量和出口数量来看，无疑我国已成为当今世界上石油钻采装备制造大国。但从技术水平看，我国还不能称其为石油钻采装备制造强国。主要差距是：

（1）我国制造企业数量多，规模小，集中度低，资源分散。据有关部门的不完全统计，目前我国石油钻采专用装备行业限额以上企业接近 600 家，实际上 80% 未达到合理的经济规模。企业数量多导致资源分散、资金分散和技术力量分散，至今没有形成可与国际大鳄抗衡的国家级超大型企业。

（2）市场有限，僧多粥少，导致无序竞争。鉴于国内市场有限，几百家制造企业分羹，难免出现种种不规范的竞争行为，商业道德下降，市场秩序遭到破坏。在国际市场上低价竞销，企业和国家利益受损。

（3）高端产品少人问津，低端产品各家雷同。目前全国生产钻机的企业已有 20 多家，生产泥浆泵的企业有 30 多家，生产三抽装备的有 200 多家，生产油套管的有 60～70 家，生产钻铤、加重钻杆的有 20 多家。生产石油天然气输送钢管的生产企业也有十几家，井口装备和钻采专用工具遍地开花。产品雷同，缺乏市场生命力。目前国内生产的石油机械产品，常规产品多，大路货多，名牌产品少，具有自主知识产权的关键产品更少。

（4）产能扩张加剧，新产品研发滞后。在石油装备热销的浪潮中，原有的石油装备制造厂急速扩展石油钻机、泥浆泵、抽油机等常规产品产能、产量，规划指标订得越来越高。无技术、无人才、无装备的“三无”企业跟风涌现。产品的热销导致科技研发被冷落。研究院所忙于办企业，基础研究与应用研究脱节。有的企业把技术水平的提升寄希望与国外合资合作，迟迟建立不起自己的技术体系和技术研发中心，拿不出具有自主知识产权的核心技术和拳头产品。

（5）海洋石油钻采装备国产化力度不足。长期以来，我国海洋钻采设备始终处于起步阶段，发展远远落后于国际先进水平。与陆上石油钻采设备迅猛发展态势形成极大反差。目前，我国基本不具备海洋平台和钻机船的设计、制造能力。现今我国在用的海洋石油钻井平台，所配备的钻井装备全部是美国公司产品。由于海上钻井装备要求苛刻，目前，国内敢于涉足海洋石油钻采装备的研究、设计和制造的单位不多。

第二节　关键设备自主化进展情况

我国石油钻采装备制造业 2006—2008 年自主创新主要成果见表 11。

表 11　2006—2008 年我国石油钻采装备自主创新主要成果

序号	成果名称	研发单位	主要技术水平	产业化程度
1	我国首台 12000m 超深井钻机	宝鸡石油机械有限责任公司	这是继 2006 年 9000m 钻机研制成功后，2007 年又开发成功的我国首台陆用 12000m 交流变频电驱动钻机，也是目前全球技术最先进的特深井陆地石油钻机。该钻机采用国际最先进的全数字化交流变频控制技术，作业全部实现了智能化控制，能保证在 -40℃ 环境条件下进行正常钻井作业。钻机的核心部件基本实现了国产化，已申请 2 项发明专利，7 项实用新型专利，拥有完全知识产权。12000m 钻机的快速成功问世，将把我国陆地深层和海洋深水油气田、大位移井及其他复杂超深油气藏的勘探开发水平提高到一个新的层次	已投入使用

（续）

序号	成果名称	研发单位	主要技术水平	产业化程度
2	首台人工岛环轨移动钻机	宝鸡石油机械有限责任公司	宝鸡石油机械公司开发的人工岛7000m环轨移动模块钻机，其环形轨道移动设计为全球首创技术，填补了国内空白。该钻机主模块把地面上搬家的设备全部集中到一个平台上，缩短了搬运安装时间，大大提高了钻井时效，是加快我国近海地区油气开发、实现海油陆采的战略性精良钻井装备。该钻机主模块开创了海洋钻机陆用化的先河，其弯道滑移技术属全球首创	已投入使用
3	我国首套多功能海洋3000m钻修井机	宝鸡石油机械有限责任公司	这种钻修井机集钻井、完井、修井三项功能于一体，适用于自升自航式海洋多功能钻井船作业。在结构设计上，全部实现模块化和高移运性，大大减少设备的现场吊装工作量，可满足海上作业现场频繁拆卸、移运和安装的需要，能大大地提高海洋油气勘探开发的工作效率。该设备将在国内第一条海洋多功能船上为多个油气作业平台提供服务，标志着我国海洋石油钻采装备研制实现新的突破	已投入使用
4	大功率高压钻井泥浆泵	宝鸡石油机械有限责任公司	这是我国最新研制的最大石油钻井泥浆泵，最大功率和最大压力分别由1600hp、35MPa提高到2200hp、52MPa，满足了我国特深井、大位移井和深水海洋钻井对高压钻井泵的需求，填补了国内空白，达到国际先进水平	—
5	900t变频顶驱	北京石油机械厂	北京石油机械厂研制的900t变频顶驱，是为12000m钻机配套的，性能达到国际先进水平	—
6	万米以下石油开采钻机交流变频控制系统	西安宝德公司	西安宝德公司自主研发的12000m超深钻井交流变频控制系统，标志着我国在超深井石油开采设备研制方面取得重大突破，也代表了目前我国钻机电控系统的最高水准。可以根据钻机在钻探过程中的实际工作状态，通过自动送钻、冗余控制、多电机负荷分配、一体化控制等技术，对深入地下的钻机发出不同指令，使钻机达到最佳工作状态	已投入使用
7	新型钻井动力柴油机	济南柴油机厂	以B3012高可靠性柴油机、BL3012长冲程柴油机、2000系列和3000系列柴油/天然气双燃料发动机为代表的一系列新型石油钻井动力装备，各项性能指标接近或达到国际先进水平，能替代进口产品，填补多项国产动力装备空白	已投入使用
8	万米测井绞车	宝鸡宝石特种车辆有限责任公司	采用国内先进的电比例控制和液压控制双模式控制系统，液压泵、液压电机、低速阀三级变量控制，实现了大范围速度控制，超低速测井，速度范围达到每小时20m至每小时1万m，测井深度可达11500m，比国际同类产品深1500m	已投入使用
9	ZJ50DB直升机吊装固控系统	长庆石油勘探局机械制造总厂	直升机吊装固控系统采用四级泥浆净化设备，集固相控制、泥浆加重、筛分、循环、控制和储备等多种功能于一体，达到在同一井场同时进行6到8口钻井的特殊工艺要求。该系统是亚洲第一套，世界上第三套	已投入使用

第四章　大型煤化工装备发展报告

第一节　发展综述

1. “十一五”发展目标和任务

我国煤炭资源丰富，根据国土资源部矿产资源通报，我国煤炭预测总资源量为 55697 亿 t，探明资源储量 10430 亿 t。按照《煤化工产业中长期发展规划》和《石油和化学工业中长期发展规划》，国家到 2020 年在煤化工行业预计安排投资超过 1 万亿元，投资重点是煤制甲醇、煤制二甲醚、煤制油和煤制烯烃。“十一五”期间，计划完成煤液化、煤制烯烃的工业化示范装置，为以后十年的产业化打好基础。

煤化工技术装备发展，将利用 5～10 年时间，建立和完善煤化工产业技术装备支撑体系，依托一批具有世界先进水平的大型煤化工装置，形成一批具有自主知识产权的现代煤化工生产技术和装备；大型煤气化炉、直接液化反应器、合成反应器、大型压缩机组等关键设备实现国产化；大型化肥、甲醇、二甲醚、烯烃、油品装置的设备成套能力基本形成。

2. 自主创新产品开发和技术攻关

近年来，我国煤化工装备制造业稳步快速发展，2007 年石化通用装备实现销售收入 6400 亿元。在煤化工重大技术装备研制方面，积极组织装备制造企业采取科研、设计、制造和用户相结合的方式，在加大煤化工工艺开发的同时，对于引进的装备技术进行消化吸收和再创新，自主创新能力不断增强，取得了一系列重大技术装备研究成果，如特大型加氢反应器、特大型空分装置、大型煤气化炉、大型煤浆泵、大型煤气压缩机和相应泵阀等，已能与国外知名大公司抗衡。

2.1　煤气化

20 世纪 80 年代初，在引进国外先进煤气化技术的同时，我国也着力自主开发研制了一批具有自主知识产权的新型洁净煤气化技术。从实验室、中试到工业示范装置，目前已逐步推广应用到大型、现代化的煤化工领域，在技术指标和投资上都比国外同类技术有明显优势。2008 年北京航天万源煤化工工程技术有限公司研制成功了煤化工项目的核心设备 HT—L 粉煤加压气化炉，即称为“航天炉”，已经相继在河南濮阳和安徽临泉一次投料试车成功。该技术最大的优势是其全部设备实现了国产化，可以使同等企业规模投资节省 1/3，建设时间缩短 1/3，工艺流程操作更为简便，且基本实现原料煤本地化，从而大大降低了基本建设和日常维护费用。“航天炉”的研制成功意味着被国外长期垄断的煤制气技术已被打破，为今后的煤化工产业提速发展奠定了重要基础。

2.2　煤制醇醚

以煤为原料甲醇装置的大型化、国产化势在必行。甲醇合成塔是甲醇合成的关键技术和核心设备。华东理工大学研发的绝热—管壳复合型甲醇合成反应器，建成了 20 万 t/年绝热—管壳复合型甲醇合成装置，并成功运行。杭州林达公司研发了 JW 低压均温甲醇合成塔，建设了 20 万 t/年 JW 低压均温甲醇合成塔装置，并成功运行。南京国昌化工科技有限公司开发成功了 GC 型轴径向低压甲醇合成塔，建成了 15 万 t/年 GC 型轴径向低压甲醇合成塔装置，并成功运行。目前各家开发单位正在开发 60 万 t/年合成装置，并且华东理工大学与杭州林达公司联合，利用二家各自在水冷和气冷结构上的成功经验，开发一种类似 Lurgl 公司 CMC 复合型反应器工艺，力图在大型化方面有所作为，开发百万吨级生产装置。

2.3　醋酸

醋酸关键设备采用材料和制造水平的每一次改进都直接导致醋酸产率和稳定性的飞跃。醋酸反应器是羰基合成醋酸工艺的核心设备，2008 年，西安核设备有限公司为山东金沂蒙有限公司醋酸项目成功研制了首台醋酸反应器，打破了该设备长期依赖进口的局面。

2.4　甲醇制烯烃（MTO）

由中国科学院大连化学物理研究所、陕西新兴煤化工科技发展有限责任公司及中石化洛阳石油化工工程公司三家单位共同开发的 MTO 技术于 2005 年 12 月建成了年处理甲醇 1.67 万 t 的工业化示范装置，2006 年 2 月 20 日一次投料试车成功。通过试验，取得了专用分子筛合成及催化剂制备、工业化 DMTO 工艺包设计基础条件、工业化装置开停工和运行控制方案等系列技术成果。

2.5　煤直接液化

神华煤直接液化项目 2002 年正式立项，改造建设了一套 0.1t/天全新的煤直接液化 BSU 工艺装置和 0.2t/天的新催化剂 PDU 生产装置，通过多次试验比选，开发了合理可靠的神华煤直接液化工艺。2003 年，神华集团公司投资 1.7 亿元，在上海建设了 6t/天的神华煤直接液化工艺的 PDU 中试装置。该装置从 2004 年 12 月开始已进行了四次投煤试验，累计投煤运行已超过 4375h，消耗原煤 1319.61t。采用神华煤直接液化工艺建设的生产能力为年产液化油 100 万 t 的世界第一座煤直接液化厂（示范工厂）已于 2008 年建成。神华集团有限责任公司 2009 年 1 月 7 日在京宣布，直接液化的百万吨级示范工程一次试车成功，打通了全厂生产流程。

2.6　间接液化

国内山东兖矿集团有限公司和中国科学院山西煤炭化学研究所都在煤炭间接液化制合成油研究方面取得重大进展。中科院山西煤化所于 20 世纪 80 年代开展了费托合成催化剂和合成工艺的研究，并于 1993—1994 年在山西晋城第二化肥厂进行了 2000t/年的工业试验，打通了流程，产出了产品，但因脱硫技术不过关等原因，未能进行长时间的连续运行；1999 年山西煤化所基于先进的浆态床费托合成技术，开始采用铁催化剂进行费托合成油品 1000t/年的中试研究，2002 年建成了 750t 油品/年的中试装置，并取得了一批合成油的样品和中试数据。山西潞安矿业集团的万吨级钴基催化剂固定床装置于 2008 年 12 月 22 日产出油品。目前，以山西煤化所煤间接液化技术为基础的山西潞安矿业集团和内蒙伊泰 16 万吨级的“煤制油”工业化示范厂已进入设计和安装阶段，预计可在 2010 年前投入生产。兖矿集团有限公司于 2002 年下半年在上海组建上海兖矿能源科技研发有限公司，开展煤间接液化制油技术的研究与开发工作。目前设计产品规模为 5000t/年的低温费托合成煤间接液化制油中试装置，于 2003 年 7 月 1 日开工建设，2004 年 4 月 1 日一次投料成功，是目前国内规模最大、连续平稳运行时间最长的煤液化中试装置。目前，采用改进技术的百万吨级煤间接液化制油工业示范项目的各项工作正在按计划有序推进。该项目建设地点在陕西榆林市榆阳区芹河乡榆横煤化学工业区北区。该项目建成后，主要产品包括柴油 78.08 万 t/年、石脑油 25.84 万 t/年、液化石油气 5.648 万 t/年。总投资 134.5 亿元，其中环保投资 6.5 亿元，占总投资的 4.81%。2009 年初，环境保护部正式批复了兖矿集团 100 万 t/年煤间接液化制油工程示范项目环评报告书。

2.7　煤焦化

国内炭化室高 6m 的大容积焦炉已实现国产化，近几年有 30 多座焦炉投产，目前正在开发 6.5m 顶装焦炉。2005 年 8 月中国化学工业第二设计院又开发成功 5.5m 捣固焦炉，现正首次在云南煤化工集团有限公司 200 万 t/年焦化项目中应用。

2.8　合成氨

在国产化成套大化肥装置开发成功之前，国内已有的 30 多套大化肥生产装置全部是进口的，共花掉了上百亿美元。国家“十五”重大科技攻关项目把大化肥成套设备列为研制项目之一，依托山东华鲁恒升化工股份有限公司大化肥国产化（年产 30 万 t 合成氨、60 万 t 尿素）技改工程，于 2004 年底建成开车，2006 年 5 月通过项目验收，实现了长周期稳定高效运行，年产合成氨突破 32 万 t。

3. 一批大型煤化工项目拟建

据不完全统计，2008 年及今后几年，我国将有一批拟在建煤化工产业项目（见表 1）。

表 1　在建煤化工产业项目　　（单位：亿元）

建设单位	地点	投资	规模
神华集团	内蒙	170	甲醇 180 万 t/年、甲醇制烯烃 60 万 t/年
神华集团	宁夏	178	甲醇 167 万 t/年、二甲醚 83 万 t/年、聚丙烯 52 万 t/年
大唐集团	内蒙	182	甲醇 167 万 t、丙烯 50 万 t/年
神华集团	内蒙	160	甲醇 180 万 t/年、丙烯 52 万 t/年
神华集团/陶氏化学	榆林	740	甲醇 300 万 t、烯烃 100 万 t/年
大唐集团/铁煤集团	内蒙	—	甲醇 180 万 t/年、烯烃 60 万 t/年
大唐集团	内蒙	—	甲醇 168 万 t、聚丙烯 49 万 t/年
汉能控股集团	内蒙	300	甲醇、二甲醚、乙烯、丙烯及其深加工
新奥集团	内蒙	240	甲醇 240 万 t/年、烯烃 80 万 t/年
山东鲁能集团	内蒙	125	甲醇 180 万 t、烯烃 60 万 t/年
内蒙古蒙华能源	内蒙	100	甲醇 180 万 t/年烯烃 60 万 t/年
延长石油集团	榆林	320	甲醇 300 万 t/年、烯烃 100 万 t/年
兖矿集团	榆林	125	甲醇 240 万 t、烯烃 80 万 t、一期甲醇 60 万 t/年
中化学工程集团/香港益业投资	榆林	155	甲醇 140 万 t/年、烯烃 80 万 t/年
英美资源集团公司	榆林	500	甲醇 500 万 t、烯烃 170 万 t、氯碱 150 万 t/年
正大能源/陕化工/新兴集团	榆林	195	甲醇 300 万 t/年、烯烃 100 万 t
大唐集团	榆林	160	甲醇 180 万 t/年、烯烃 60 万 t/年
鲁能集团陕西煤业	咸阳	118	甲醇 180 万 t、烯烃 60 万 t/年
华运煤电	山西吕梁	53	甲醇 60 万 t、烯烃 21.7 万 t/年
新疆广汇实业投资	哈密	180	甲薜 180 万 t/年、烯烃 60 万 t/年
皖北煤电集团	皖北	133	甲醇 170 万 t/年、烯烃 52 万 t/年
新汶矿业集团	伊犁	220	甲醇 210 万 t/年
中石化	新疆	500	煤制烯烃、煤制油准备
永城煤电集团	永城	230	甲醇 210 万 t/年、烯烃 70 万 t/年
河南省煤气集团	郑州	—	甲醇 300 万 t/年、烯烃 100 万 t/年
中原煤业化工集团	鹤壁	150	甲醇 120 万 t/年、烯短 60 万 t/年
久泰能源集团	唐山	500	甲醇 1000 万 t/年、烯烃 100 万 t/年二甲醚 300 万 t/年
贵州天福化工	贵州	—	甲醇 160 万 t/年、烯烃 50 万 t/年、二甲醚 5 万 t/年
云维集团	曲靖	211	甲醇 250 万 t/年、烯烃 80 万 t/年
中煤集团	哈尔滨	200	甲醇 180 万 t/年、烯烃 60 万 t/年
山东鲁能集团	双鸭山	120	甲醇 180 万 t/年、烯烃 60 万 t/年

虽然金融危机对现有煤化工产业产生了较大影响，但近年来国内对洁净煤气化等先进技术的引进、消化吸收步伐加快，大型工业装置的接连投产运行，凸显出采用先进技术和规模化建设所体现出的抗风险能力。特别是随着国产化程度的提高，项目建设投资成本大幅度降低，有一些国内外企业，继续在煤化工产业上加大投资力度。中国三峡总公司最近宣布，为拓展战略发展布局，正式进入新型煤化工领域的首个项目——陕西渭北东陈 100 万 t/年二甲醚项目开工奠基。该项目由中国三峡总公司和陕西煤化工集团公司共同投资建设，将采用先进的工艺、技术和装备，并满足国家产业政策和循环经济要求。

4. 技术创新体系建设

4.1　发挥以企业为主体的技术创新优势

在大型煤化工产业基地发展中，研发中心的设立和发展非常重要。一是依托研发中心，可以为产业发展提供更多的自主知识产权技术。如兖矿集团发挥“水煤浆气化及煤化工国家工程研究中心”的研发优势，开展了新型水冷壁式粉煤气化技术工业化示范研究、大型化水煤浆气化技术工业化应用研究等，金重等设备制造企业承担气化炉的研制任务，都取得了明显的效果。依托上海兖矿能源科技研发中心做好高温费托合成煤间接液化制油中试技术、100万t/年煤间接液化制油工业化应用成套技术以及甲醇制烯烃等技术的研发工作等。二是形成梯级研发团队。兖矿拥有上海兖矿能源科技研发中心、水煤浆气化暨煤化工国家工程中心、博士后科研工作站、煤液化暨煤化工国家重点实验室等较高层次研究开发机构，同时在集团公司、各专业公司和基层生产经营单位增设了30个专业技术研究所，形成了比较完善的技术创新体系。三是承担更多的科研项目攻关。兖矿集团先后承担各级重点科技项目326项，其中承担国家“863”、“十五”科技攻关、“技术创新”等国家级重点科技计划项目10项，完成重点科技成果311项。

4.2　发挥国家级科研单位的技术优势

中国科学院山西煤炭化学研究所是高技术基地型研究所，主要从事能源环境、先进材料和绿色化工三大领域的应用基础和高技术研究与开发。进入21世纪后，该所顺应时代要求，通过凝练科技目标和实施机制创新，调整确立了发展战略目标，即围绕以煤炭优化利用为主的能源环境、绿色化工和先进材料的科技创新，开展基础性、战略性、前瞻性的科技创新研究和高新技术产业化，提供满足国家对能源的重大战略需求与可持续发展的科技成果和高层次科技人才，实现基础研究国际化、高技术研究产权化，应用研究产业化。

中国陕西秦晋煤气化工程设备公司、陕西城化股份有限公司、陕西联合煤气工程技术有限公司等单位合作，在山西煤化学研究所中试的基础上，共同开发了灰粘聚流化床煤气化工业示范装置，中国华陆工程公司进行工程设计。

4.3　发挥装备制造企业的主体作用

重大技术装备的研制在煤化工产业的技术进步中发挥了主体作用。哈尔滨锅炉厂有限责任公司在研制水煤浆气化炉任务中，攻克了许多难点。该气化炉在结构形式、设计参数、选用材料等方面与美国的德士古气化炉都有较大的改变。该公司对气化炉结构进行了进一步的优化设计，尤其对内部的激冷环结构做了很大的改进，在气化炉燃烧室的壳体上增加了四个位置及几何尺寸精度要求极高的烧嘴，气化炉燃烧室壳体、筒体、封头等部件采用SA—387. Gr11. C12钢板制造，需进行多项焊接工艺试验和性能研究，对制造技术提出了很高的要求。该设备交付用户安装使用，运行安全，性能稳定，专家鉴定该炉达到了同类设备的国际先进水平。粉煤气化炉能适应几乎所有原料煤种，在原料消耗、碳转化率、热效率等方面与其他同类技术相比具有明显优势。同时煤气化装置副产品飞灰和残渣品质较高，是生产水泥的优质原料；装置配套脱硫系统，脱硫效率高，环保排放达到欧洲标准，可解决长期困扰企业的炭黑水排放问题。2008年国内首套具有自主知识产权的“航天炉”HT－L粉煤加压气化炉一次投料试车成功，意味着被国外长期垄断的煤制气技术已被打破，为我国未来的煤化工产业提速发展奠定了重要基础。“航天炉”HT－L比壳牌炉有明显的技术优势，它可以使同等企业规模投资节省1/3，建设时间缩短1/3，工艺流程操作更为简便，基本实现原料煤本地化。目前“航天第一炉”已在河南永煤集团濮阳龙宇化工公司投入使用。“航天炉”HT－L粉煤加压气化炉是由北京航天万源煤化工工程技术有限公司设计制造的。航天研究单位除煤气化的核心技术气化炉外，还研制成功了破渣机、各类特种阀、安全阀和特种泵等，均是煤化工产业急需的关键设备。由于开发过程中成功地应用了航天相关技术，产品的综合技术性能指标均超过了国际上的同类产品水平。

5. 一大批企业集团崛起

目前，我国煤化工装备制造业的生产能力、制造水平、产品质量、可靠性等均已取得长足进步。通过重大技术装备国产化，扶持了一批装备加工手段齐全、制造技术水平较高的大型装备制造企业，已形成中国一重集团、中石化南化机械公司、金州重型机器集团、锦西化工机械（集团）有限责任公司、兰州石油机械设备有限公司、沈阳鼓风机（集团）有限公司、陕西鼓风机集团有限公司、杭州汽轮机动力集团有限公司、杭州制氧机股份有限公司、大连大耐泵业有限公司、哈尔滨电站集团锅炉公司、自贡高中压阀门公司和航天11所等一批煤化工装备制造业的骨干企业，其生产规模、加工设备、加工能力等在国际上属一流水平，在促进我国煤化工装备自主创新和国产化方面也发挥了重要作用。

沈鼓集团近年来，加快新产品开发研制力度，尤其在煤化工领域业绩显著：

——2007 年在消化吸收日本三井造船株式会社轴流压缩机技术基础上，成功地为宁夏宝塔 60 万 t/年催化裂化装置研制出我公司第一台轴流压缩机，型号为：MA100/12（HA2）。该样机的成功研制，使沈鼓集团在真正意义上具备了独立设计、制造轴流压缩机的技术能力。打破了沈鼓透平机上只能做离心机技术的限制，使沈鼓拥有了世界先进的轴流压缩机技术，具备了研制轴流压缩机的能力。

——为国家重点工程—中国神华煤制油有限公司 100 万 t/年煤制油装置研制成功我国首台煤制油装置用 4M50 往复式压缩机，机组的技术水平达到了国际同类产品先进水平。该项目的研制成功对提高我国往复式压缩机的技术水平，适应市场发展的需要，填补国内空白，满足我国“煤液化”技术工业化的需要，实现我国油品基本自给自足具有十分重要的意义。

——2006 年，为中原大化集团成功开发了目前最大的国产化空分机 5.2 万空分装置用离心压缩机，为河南龙宇国际贸易公司 50 万 t/年甲醇装置研制出离心压缩机组和流程泵。

——2007 年为鄂尔多斯大化肥项目 104 万 t/年尿素装置研制出国内压力最高的、流程复杂并网、带抽加气的二氧化碳压缩机组。机组型号为 2MCL6—7 +2BCL356/A。该机的成功研制，为大型化肥用二氧化碳压缩机的设计和制造积累了丰富的经验。

沈阳鼓风机（集团）有限公司在煤化工装置应用领域的大型透平压缩机、专用流程泵类产品及大型煤化工往复压缩机研制领域取得了历史性的跨越，在煤化工领域的主导产品正朝向超大型、尖端化、世界级迈进，充分展示了沈鼓集团的雄厚实力，也充分代表了一批企业集团崛起的典范。

6. 企业兼并重组

新沈鼓集团位于沈阳经济技术开发区，占地面积 70 万 m^2，于 2004 年 9 月开发建设，2006 年 6 月 5 日开始整体搬迁，2007 年 6 月 2 日，三企业（沈阳鼓风机集团有限公司、沈阳水泵股份有限公司、沈阳气体压缩机股份有限公司）整体搬迁结束。目前全面完成了机构和人员的整合重组。

截至 2008 年 12 月末，资产总额为 732597 万元。在岗员工总数 5991 人。其中，工程技术人员 1273 人，基本生产工人 2299 人，辅助工人 1259 人，管理人员 968 人，服务人员 192 人。

新沈鼓集团主要从事研发、设计、制造、经营科技含量高、质量优秀的离心压缩机、轴流压缩机、离心鼓风机、大型通风机、核泵、高压给水泵、强制循环泵、冷凝泵、斜流泵、高压注水泵、输油管线泵、M 型、D 型、Z 型、L 型等往复压缩机产品，均服务于石油、化工、冶金、空分、天然气输送、公用工程（仪表气）、制药、制酸、电力、煤炭、纺织、国防、环保、科研等领域。

各类产品覆盖中国地域，远销世界 25 个国家和地区。其中，离心压缩机国内市场占有率为 85%，大型鼓风机占 40%；锅炉给水泵占 30%，冷凝泵占 85%，高压注水泵占 50%，中小型输油管线泵占 80%，加氢、除焦泵占 80%；石化行业往复压缩机市场占有率为 80% 左右，化肥往复压缩机占 60%，军工行业往复压缩机市场占有率为 80% 左右，化肥往复压缩机占 60%，军工行业高压空压机占 70%。近年来，沈鼓集团主要经济技术指标连年递增 50% 以上，新产品产值率达到 70% 以上。目前是国内生产规模最大、技术力量雄厚、工艺装备精良、产品质量最佳、竞争能力较强、经营效能较高、设计和制造技术居国内同行业领先地位的国家重点支柱企业，部分技术领域接近或达到国际同行业企业先进水平，是国家通用机械行业重大技术装备国产化基地。

该公司拥有各类生产设备 1853 台。其中，金属切削设备 979 台，数控设备 75 台，先进检验测试设备 230 台。新建离心压缩机试车台位 20 个，功率达到 3 万 kW；水泵试车台位 11 个，功率达到 2.4 万 kW；大型往复压缩机试车台位 8 个，最大试车列数 10 列。可满足大型煤化工、百万吨乙烯、8 万 m^3 空分、75 万 t 合成氨、300 万 t 以上加氢、1000 万 t 以上炼油、60 万～100 万 kW 锅炉给水泵等大型装置用设备的机械运转、性能试验要求。测试数据自动采集、自动存储、实时分析的能力达到或接近国际同行业企业先进水平。

沈鼓集团于 2006—2008 年，通过实施“引进来”和“走出去”相结合的战略，在走出国门与国外先进企业进行技术交流与学习的同时，先后从国外引进了日本三井轴流压缩机、德国博尔其格公司 BX50—125 往复压缩机产品的设计、制造技术；从国外购买了比利时纽梅卡公司的三维粘性设计软件、美国 PTC 公司的 Pro/Engineer 三维设计软件、美国 Concepts—NREC 公司的离心式和混流式压气机设计软件、美国 ANSYS 公司的结构分析软件、美国 COADE 公司的 CAESARⅡ管道应力分析软件、美国的 XL—ROTOR 转子动力学分析软件包等单元技术，为沈鼓的技术发展作好充分的技术储备。

此外，通过与 GE、西门子、日本三菱等国际知名企业建立了战略伙伴关系，合作生产国内急需的风机、往复式压缩机等产品，不断提升企业的综合技术水平。如：通过与西门子公司合作，为中石化齐鲁分公司 48000m^3/h（O_2）空分装置研制了 MCO 系列史上最大型的压缩机等，沈鼓集团在企业重组和产业聚集方面取得了成功的进展。

7. 产业聚集

在中央领导直接关怀下，神华集团有限责任公司在当代煤化工先进技术的产业聚集中取得了实质性进展。

神华煤直接液化项目是我国能源替代战略的重大举措，也是走具有中国特色能源发展道路、开发煤直接液化自主知识产权技术并首次实现百万吨级工业化的探索实践，没有任何可借鉴的成熟技术和工艺，这种尝试既是勇于创新又具有一定风险。为落实温家宝总理关于项目工程建设必须“安全、成功、效益”的指示和张德江副总理在国务院神华煤直接液化示范工程联动试车工作汇报会上的讲话精神，充分发扬社会主义集中力量干大事的优越性，本创新工程动员聚集了国内的设计、制造、工程等方面高端产业的力量、明确责任分工、密切协作配合、积极稳步推进工作，排除隐患，复现归零，确保了项目工程于 2008 年底投煤联动试车一次成功。

神华煤直接液化百万吨级示范工程是在 2008 年 12 月 30 日达到设定试车条件下，开始投煤试车；于 2008 年 12 月 31 日打通全装置生产流程，生产出合格的石脑油和柴油等目标产品。从首次进煤开始，连续稳定运行 13 天，至 2009 年 1 月 12 日系统置换煤浆结束，煤液化装置共稳定运行 303h，共生产各类油品 8748t，主要指标与基础设计基本吻合。

神华煤直接液化百万吨级示范工程首次试车完全达到予定目标，并实现按计划主动停车的要求。这是世界首套百万吨级煤直接液化的工业化装置，在解决煤制油一系列世界性技术难题，如工业化装置低浓度油煤浆、不成型残渣溶液回炼、回收溶剂油等方面，摸索并掌握了关键操作参数，为今后连续稳定运行积累了宝贵经验，同时百万吨级煤直接液化的数百台关键装备也经受了工业化运行的考验，这是我国装备制造业在煤化工领域产业聚集取得的重大进展，是重大技术装备聚集的重大工程。

8. 存在的问题

总体来讲，我国传统煤化工产业生产装置存在规模偏小，能耗偏高，污染偏重，资源利用偏低等问题。近年来开发研制了一批具有自主知识产权的生产工艺技术和重大技术装备，技术水平有了一定程度的提高，但与国际先进水平相比还有较大差距。主要问题有：

8.1 自主创新力度有待进一步加大

煤化工技术装备具有投资大、技术难度高的特点。所谓投资大，是指高温、高压生产工艺条件苛刻，超大和超重的设备多，造价昂贵。所谓技术难度高，主要是中国发展煤化工技术装备的煤炭硫含量高、灰含量高、灰熔点高。要求中国的煤化工装备必须立足于以“三高”煤为原料，因此，中国煤化工重大技术装备的发展必须结合国情，加大投入力度，研发创新重大装备。

8.2 基础设计能力较差

大型建设项目所需的工业软件包（基础设计）基本靠引进解决，引进软件包带有专利设备及指定供货商的要求。

8.3 自动化仪控系统设计制造能力薄弱

DCS（集散控制系统）广泛用于工业自动化控制，其技术含量高。目前国际上有横河、霍尼韦尔、福克斯波罗等生产厂家，国内仅有浙江中控等少数企业。在新建的大型煤化工企业，整个生产过程是一个整体工艺物流链，整个生产装置是一个联合控制装置。加快提升自动化仪控系统设计制造能力，是实现我国煤化工重大工程的安全、经济运行重要保障。

8.4 缺乏具有装备成套能力和系统服务功能的装备制造企业集团

装备制造业的发展是一个复杂的系统工程，需要研究单位、设计单位、制造企业、安装企业和用户的密切配合。目前，国内缺乏类似美国通用电气和 IBM、德国西门子、日本三菱重工、法国阿尔斯通那样既能提供高效优良装备，又能够提供系统服务、成套设备总承包的企业集团。

第二节　关键设备自主化进展情况

1. 煤气化技术装备

1.1　水煤浆气化

多喷嘴对置式水煤浆气化技术已经经受了较长周期工业运行考验，在工艺指标、可靠性和稳定性等方面表现出了优良性能。因此，国内众多煤气化项目选择该技术和装备。近两年来，在与国际技术的公开竞争中，多喷嘴气化技术屡屡获胜。单炉日投煤量 750t 气化炉已在山东华鲁恒升化工股份有限公司大化肥装置运行 4 年，1150t 气化炉也已在兖矿国泰、兖矿鲁化成功投运。1500 ~ 2000t 气化炉正在研制，将用于在建的多个煤化工项目中。

完成 2000 ~ 4000 吨级日投煤量气化炉及配套工业示范装置国产化的关键：一是进一步改进喷嘴材质、结构，延长使用寿命到半年以上；二是改进气化炉耐火砖材质及内部结构，延长使用寿命到二年以上；三是高压煤浆泵的研制（提高控制系统的操作稳定性和隔膜使用寿命），替代进口产品；四是气化炉壳体材料 SA387（11/4Cr1/2Mo）的研制攻关；五是有关专用阀门的研制，主要是氧气阀、锁斗阀、煤浆阀、渣水阀等特殊阀门；六是 DCS 系统，已完全可以立足国内产品（例如浙大中控的产品），替代进口等等。

1.2　干煤粉气化

完成了 500 ~ 1000 吨级日投煤量气化炉及配套工业示范装置的国产化：灰熔聚气化技术和装备自主化、多喷嘴对置式粉煤加压气化技术和装备国产化。

完成 2000 ~ 4000 吨级日投煤量气化炉及配套工业示范装置的国产化：包括气化炉、喷嘴、配套装备及系统的工程放大技术研究；2000 ~ 4000 吨级日投煤量单系列装置的管件、阀门（特别是氧气阀、煤粉阀、渣阀、调节阀等）的新产品试制等。

2. 大型空分设备

气体分离设备向大型化方向发展，成效显著。为了满足钢铁行业，特别是满足煤炭化工及石油化工行业大型化规模化的需求，6 万等级的气体分离设备已陆续研制成功用于生产，更大等级的气体分离设备正在研发。目前，大型空分设备配套的大型空压机及增压机均由国外控制，我国仅有陕西鼓风机厂及沈阳鼓风机厂生产大型离心风机，其技术及制造水平与国外制造厂家还有一定差距。大型空压机及增压机的国产化还需进一步努力。加速开发特大型内压缩流程空分设备，提高特大型空分设备关键配套单元技术水平，提高自动控制和变负荷跟踪技术水平，是需继续创新的目标。“十一五”期间主要是集中力量确保 8 万 ~ 10 万 Nm^3/h 等级空分的顺利投运。与此同时，在煤化工产业中，扩大单机能力，从而减少配套台数来减少占地、投资和能耗，以达到提升产品的竞争力。

3. 煤制二甲醚关键设备

技术装备国产化关键：100 万 t/年的对二甲醚装置主要设备（包括最大尺寸设备）如下：反应器 1 台，三段冷激式固定床，直径超过 4m；汽化塔 1 台；精馏塔 1 台；产品贮罐 6 台，球罐容积 $5000m^3$。对于贮罐、塔器、换热器类设备，无放大效应，设计和加工难度都不大，国内均可加工。装置的大型化关键在于运输和反应器的工程放大。

4. 煤制醋酸关键设备

在已建成的 20 万 t/年甲醇低压羰基合成醋酸生产装置基础上，建设 30 万 t/年以上的煤制醋酸国产化装置。继续研究开发 60 万 t/年大型化醋酸反应器、塔器、换热器等设备；醋酸装置中所有的特材动设备如泵、搅拌器及大型一氧化碳压缩机目前国内还没有制造业绩。

5. 煤液化关键设备

煤液化关键设备主要包括大型煤粉制备装备、煤液化反应器、油煤浆进料泵、耐磨离心泵、耐磨球阀、高差压调节阀等，目前除反应器实现自主化外，基本从国外引进。煤液化反应器是整个煤炭液化厂的核心设备。反应器的体积大、重量重，工作环境苛刻（高温、高压、临氢），单台重量达到 2020t，在制造厂内分段制造运到现场后组焊。

6. 合成氨设备

“十一五”期间我国氮肥行业解决的关键工艺技术装备主要有：新型煤气化技术和装备，包括以劣质煤、高硫煤为原料的加压气化技术和装备；二是解决先进的净化及合成技术和装备，包括高效率、大型化脱硫脱碳、变换、气体精制、氨合成技术和装备；三是解决热电联产技术和装备，主要有循环流化床锅炉，利用造气炉渣、煤末、吹风气等资源，实现热电联产。重点研制了大型空分、大型压缩机、合成反应器等关键设备，形成大型氮肥装置工程成套能力。

7. 关键泵阀

水煤浆气化技术的关键阀门主要包括氧气截至阀、料浆截至阀、渣阀、黑液减压阀等。由江苏双达泵阀制造有限公司、上海弘盛特种阀门制造有限公司、江苏飞跃机泵集团公司等单位承担的“十五”国家重大技术装备——大化肥泵阀等设备研制任务，为山东华鲁恒升化工股份有限公司大化肥（年产30万t合成氨、60万t尿素）技术改造工程，提供了合格产品。煤气化系统中对氧气系统的安全性要求极高，对氧气阀门、料浆阀门使用压力等级、泄露等级要求都很高。要求在使用的介质压力和全部压差的情况下，在工艺要求的时间范围全开或全关。水煤浆隔膜泵属于国内外泵行业技术难度最大、产品附加值最高泵类产品之一。沈阳冶金机械有限公司在第一代高压煤浆隔膜泵研制基础上开发了具有自主知识产权的高压煤浆泵和低压煤浆泵系列产品，解决了在苛刻工况条件下，高连续运转率的技术关键问题。新开发的水煤浆高、低压隔膜泵用于南京化学工业有限公司“德士古”煤气化装置上，分别经过4500h和13070h的工业运行，设备运行正常，各项指标达到设计要求。产品填补了国内空白，其技术和性能指标达到了当今国际同类产品先进水平。

8. 自动化仪控系统

主要关键仪表——固体质量流量计，其性能从一开始的不成熟达到目前的基本良好经历了较长时间。国内目前尚没有商品化的固体质量流量计。固体质量流量计有基于不同测量原理的各种形式，包括电容式、微波式和射线式，但各自有其固有的不足，国内有待继续研制攻关。

第五章　大型冶金成套设备发展报告

第一节　发展综述

1. 2006—2008 年主要经济指标

冶金机械行业 2006—2008 年主要经济指标及主要产品产量见表 1 和表 2。

表 1　2006—2008 年冶金机械行业主要经济指标　（单位：亿元）

年份	企业数/个	年均从业人数/人	工业总产值	工业增加值	主营业务收入	出口交货值	利润总额	资产总额
2006 年	336	103333	448.02	136.46	415.99	26.53	60.98	536.27
2007 年	388	108238	595.54	171.53	526.93	28.74	62.90	717.85
2008 年	429	—	810.94	—	—	54.41	—	—

表 2　2006—2008 年冶金机械行业主要产品产量　（单位：万 t）

产品名称	2006 年		2007 年		2008 年	
	产量	同比增长（%）	产量	同比增长（%）	产量	同比增长（%）
冶炼机械	36.87	26.96	43.65	18.39	70.30	60.05
轧制机械	40.34	35.60	49.41	22.48	66.33	34.24

从 2006 年以来，冶金机械设备的进出口形势发生了根本性变化，出口额在迅速提高，年均增长率超过 50%，而进口额在逐年下降，进出口逆差在逐年减少。冶炼设备在 2007 年开始出现历史上第一次进出口顺差，冶金机械行业从整体上在 2008 年开始出现历史上第一次进出口顺差，轧钢机械虽然仍有 2.06 亿美元的进出口逆差，但和 2005 年达到最高 9.54 亿美元的进出口逆差相比，已经下降了 78.4%（见表 3）。

表 3　2006—2008 年冶金机械行业产品进出口情况　（单位：亿美元）

年份	设备种类	出口额	同比增长（%）	进口额	同比增长（%）	进出口差	去年同期	进出口总额	同比增长（%）
2006 年	冶金机械	6.73	74.35	16.32	1.94	-9.59	-12.2	23.05	16.0
	冶炼机械	2.70	37.76	3.41	-14.97	-0.71	-2.06	6.12	2.5
	轧制机械	3.33	107.59	11.93	7.28	-8.60	-9.54	15.26	20.1
2007 年	冶金机械	9.79	45.47	13.76	-15.69	-3.79	-9.59	23.55	2.17
	冶炼机械	4.57	69.26	1.71	-49.85	2.86	-0.71	6.28	2.61
	轧制机械	4.75	42.64	11.10	-6.94	-6.35	-8.60	15.85	3.87
2008 年	冶金机械	19.05	94.59	16.32	18.60	2.74	-3.97	35.37	50.2
	冶炼机械	7.86	72.00	2.84	7.60	5.02	2.86	10.69	70.2
	轧制机械	10.48	106.32	12.54	12.97	-2.06	-6.35	23.02	45.2

2006—2008 年国产冶金机械产品国内市场占有率分别约为 74%、83% 和 85% 左右。

2. 自主创新产品开发和技术攻关

2.1　大型连铸机成套设备

大型连铸机成套设备经过“十五”的关键技术攻关，已经全面实现了自主化设计、制造。2006 年以来完成的重大工程项目成套设备有：舞阳钢铁公司的二流 2500mm 大型板坯连铸成套设备、承德钢铁公司二流 1600mm 大型板坯连铸成套设备、唐山钢铁公司二流 1650mm、涟钢二流 2100mm、本溪钢铁公司二流 1900mm 大型板坯连铸成套设备及邯钢一流 1800mm、重钢一流 2100mm 和 1600mm、青山钢铁公司一流 1700mm、建龙钢铁公司一流 1900mm、日照钢铁公司一流 1780mm、本溪钢铁公司一流 1900mm 等 11 个重大项目中 12 套十七流大型板坯连铸成套设备；攀钢五流 360mm×450mm、邢钢六流 380mm×450mm 两个重大项目中 11 流大型方坯连铸成套设备。

2.2　应用于国内冶金项目重大建设工程的大型热、冷连轧板机成套设备

大型热、冷连轧板机成套设备在自主设计及制造方面开创了新局面，除个别要求特别高的钢材品种外，钢铁企业技术改造或产能扩大、产品技术升级等所需的大型热、冷连轧板机成套设备已基本实现了自主化设计、制造。

应用于重大冶金工程项目中的典型大型热连轧板机成套设备有：鞍山钢铁公司 1780mm 和 2150mm、武汉钢铁公司 1580mm、邯郸钢铁公司 2250mm、天铁热轧板有限公司 1750mm、北台钢铁集团有限责任公司 1780mm、宁波建龙钢铁公司 1780mm、迁安钢铁公司 1250mm、山东日照钢铁集团公司 1580mm、海鑫钢铁有限公司 1500mm、莱钢集团有限公司 1500mm 等十多套大型热连轧板机成套设备。莱钢集团有限公司 1500mm 大型热连轧板机成套设备开创了国内大型板坯连铸连轧成套设备机、电、液系统集成，自主设计、制造、安装、调试的先河，创造了四项中国第一，即：国内重机行业机、电、液系统集成并取得圆满成功的第一个总承包项目；利用当今世界最新轧钢技术，具有自主知识产权，自行开发的第一套高水平的宽带连轧机组；国内同类设备从合同签订到热试车成功周期最短的高技术含量、高效率轧机生产线；国内同类宽带连轧机中投资最省。

应用于重大冶金工程项目中的大型冷连轧板机成套设备有：鞍山钢铁公司 1500mm 和 2130mm、宁波建龙钢铁公司 900mm、山东泰山钢铁集团 1700mmHC 等冷连轧板机成套设备及唐山恒通厂年产超百万吨的冷轧镀锌生产线、唐山贝氏体钢铁集团公司 1450mm 冷轧生产线连续退火酸洗镀锌连轧生产线成套设备等。

2.3　出口热、冷连轧成套设备

出口印度 1800mm、出口波兰 2250mm 热连轧板机成套设备各一套，出口泰国 1700mmHC、出口尼日利亚 900mm 冷连轧成套设备各一套，出口伊朗 1725mm 炉卷轧机一套，二重集团与奥钢联签订一套 1800mm 不锈钢连轧机制造合同。

2.4　国际上稀少的宽厚板轧机成套设备基本实现了国产化

应用于重大冶金工程项目中的典型大型宽厚板轧机成套设备有：鞍山钢铁公司 5500mm、宝山钢铁公司 5000mm 大型宽厚板轧机，江苏沙钢 5000mm 宽厚板轧机，宁波建龙钢铁公司 4200mm 宽厚板轧机，南钢 3200mm 中厚板炉卷轧机，一重集团与韩国浦项钢铁公司签订一套 5500mm 宽厚板轧机制造合同等。

我国以大型薄板冷热连轧成套设备及镀涂层加工成套设备为代表的冶金机械自主化水平的不断提高，不仅为我国钢铁工业的飞速发展提供了极有力的支持，同时也为我国汽车工业、造船工业等需求特殊高等级钢材工业部门的发展打下了坚实基础。

3. 大企业集团崛起

我国冶金机械制造行业拥有中国第一重型机械集团公司、中国第二重型机械集团公司、大连重工起重集团有限公司、太原重型机械集团有限公司、北方重工集团有限公司五个大企业集团。

在 2006—2008 年期间，由于受惠于钢铁工业的飞速发展（钢、铁年均增长 6000 万~7000 万 t）和《国务院关于振兴装备制造业的若干意见》的发布，国家对装备制造业，特别是对装备制造业中的龙头骨干企业的技术改造、重大装备自主化给予了很多优惠政策，冶金机械制造行业的 5 个大型企业集团在这三年中也得到了快速发展（见表4，表5）。在本世纪初，几个企业集团的工业总产值都不足 10 亿元，到 2008 年都突破了百亿元大关。和 2005 年相比，五个企业集团 2008 年合计工业总产值增长 210.1%，主营业收入 160.7%，资产总额增

长 124%。

表 4　五大企业集团主要经济指标　（单位：亿元）

企业名称	主要指标	2005 年	2006 年	2007 年	2008 年
中国第一重型机械集团公司	工业总产值（现价）	36.7	72.1	104.3	132.4
	主营业收入	27.6	51.5	70.6	101.3
	资产总额	57.7	94.5	147.9	193.0
中国第二重型机械集团公司	工业总产值（现价）	28.7	40.9	70.5	108.0
	主营业收入	30.2	43.4	57.5	80.5
	资产总额	70.1	76.5	107.1	156.9
大连重工起重集团有限公司	工业总产值（现价）	52.0	63.9	101.4	128.6
	主营业收入	51.7	65.0	86.3	121.8
	资产总额	72.7	85.3	121.9	198.0
太原重型机械集团有限公司	工业总产值（现价）	52.5	65.0	82.4	104.2
	主营业收入	44.7	55.3	71.1	100.1
	资产总额	83	92.4	108.7	145.2
北方重工集团有限公司（重组前为沈重集团和沈矿集团）	工业总产值（现价）	43.1	61.6	100.5	123.1
	主营业收入	38.1	52.4	79.0	97.6
	资产总额	92.4	113.0	124.7	149.0
上述五企业集团合计	工业总产值（现价）	213.0	303.5	459.1	596.3
	主营业收入	192.3	267.6	364.5	501.3
	资产总额	375.9	461.7	610.3	842.1

表 5　2006—2008 年五大企业集团主要经济指标增长率　（%）

企业名称	主要指标	2006 年增长率	2007 年增长率	2008 年增长率	2008 年比 2005 年增长
中国第一重型机械集团公司	工业总产值（现价）	96.5	44.7	26.9	260.7
	主营业收入	86.6	37.1	43.5	267.0
	资产总额	65.3	56.5	30.5	234.5
中国第二重型机械集团公司	工业总产值（现价）	42.5	72.4	53.2	276.3
	主营业收入	43.7	32.5	40.0	166.6
	资产总额	9.1	40.0	46.5	123.8
大连重工起重集团有限公司	工业总产值（现价）	22.9	58.7	26.8	147.3
	主营业收入	25.7	32.8	41.1	135.6
	资产总额	17.3	42.9	62.4	172.4
太原重型机械集团有限公司	工业总产值（现价）	23.8	26.8	26.5	98.5
	主营业收入	23.7	28.6	40.8	123.9
	资产总额	11.3	17.6	33.6	74.9

（续）

企业名称	主要指标	2006 年增长率	2007 年增长率	2008 年增长率	2008 年比 2005 年增长
北方重工集团有限公司（重组前为沈重集团和沈矿集团）	工业总产值（现价）	42.9	67.2	22.5	185.6
	主营业收入	37.5	50.8	23.5	156.2
	资产总额	22.3	10.4	19.5	61.3
五企业集团集团合计	工业总产值（现价）	42.5	63.1	29.9	210.1
	主营业收入	39.2	36.2	37.5	160.7
	资产总额	22.8	32.2	38.0	124.0

4. 技术创新体系建设

中国第一重型机械集团公司拥有国家级企业技术中心——重型技术装备国家研究中心，2008 年，技术中心共投入研发经费 5 亿元，占销售收入的 4.95%，居国内同行业前列。为进一步强化科研开发工作，一重集团投资 1.81 亿元，在天津开发区建设“重型技术装备国家工程研究中心实验室”，该实验室建成后，将成为我国重型装备制造业的权威技术中心和综合研发机构。

中国第二重型机械集团公司 2008 年在成都开始建设“中国二重技术中心总部”，该“总部”是企业设立的具有较高层次和水平的研究开发机构，是企业技术创新的核心，它在主要服务于本企业的同时，可通过承担国家、地方和其他企业的研究项目，开展技术开发、技术咨询、技术转让、技术服务等技术活动，拓宽资金渠道，增加科技投入，提高研究开发水平。二重集团组织了“中国第二重型机械集团公司技术中心创新能力建设项目”申报，并接受国家发改委专家评审和中咨公司的评估，项目已获得国家发改委的正式批准，并获得资金补贴 300 万元。

大连重工起重集团有限公司结合“国家认定企业技术中心创新能力建设专项”项目，重点加大了对技术中心机械传动实验室、电气自动化实验室、液压传动实验室、焊接技术研究所、热工技术研究所、硬面技术研究所“三室三所”实验基地条件能力建设的推进力度，搭建高水平的技术实验研发平台。经过更新改造后的“三室三所”软硬件能力都有了较大提升，基本具备了产品生产常规性能检测、关键技术科研攻关及人员技术培训三大功能，为进一步增强企业试验研发及技术创新能力奠定了有力基础。

5. 企业兼并重组

大连重型机器厂和大连起重机器厂利用搬迁之机，实现强强联合、重组，组建了大连重工 · 起重集团有限公司，对集团内部生产组织结构模式和组织管理模式进行了彻底改组和重新组合，向批量化、规模化、专业化生产前进了一大步，大大提高了劳动生产率。大连重工 · 起重集团有限公司的改制成功，对全行业产生了积极的影响，为大型国有企业的改革、改制提供了经验；太原矿山机器集团有限公司整体并入太原重型机械集团有限公司；陕西压延设备厂与中国冶金建设集团公司联合，共同投资组建中冶陕压重工设备有限公司；中钢集团收购西安冶金机械厂、邢台机械轧辊厂、衡阳有色机械总厂的优良资产，将其重组为中钢集团西安重机有限公司、中钢集团邢台机械轧辊有限公司、中钢集团衡阳重机有限公司；沈阳重型机械集团有限责任公司和沈阳矿山机械（集团）有限责任公司联合组建为北方重工集团有限公司，并成功收购德国维尔特控股公司/法国 NFM 公司，实现了世界领先的隧道掘进设备设计制造技术与国内强大的制造能力和低成本制造资源的有机结合；中国第一重型机械集团公司联合中国华融资产管理公司、宝钢集团有限公司、中国长城资产管理公司作为发起人，发起设立中国第一重型机械股份公司；中国第一重型机械集团公司和天津市机电工业控股公司及东丽区政府共同建设的“中国一重天津滨海制造基地”位于东丽区滨海重机工业园内，总投入资金达到 35 亿元人民币，占地 5.34hm^2（800 亩），整体施工分三期进行，主要生产重型锻压装备、重型冶金装备、重型工程矿山装备和重型环保装备；中国第二重型机械集团公司在镇江丹徒经济开发区建设“中国二重（镇江）重大技术装备制造基地”，项目总投资 80 ~ 85 亿元，根据“一次规划、分期建设、滚动发展”的原则，分三期实施。其中，一期工程投资额 31 亿元，将建设 1 万吨级、2 万吨级、4 万吨级的重件码头泊位，1700 吨级重型厂房，新增大批重型机械加工设备。一期工程建成后将形成年产3套第三代核电重型装备、1万t重型容器、组装3套1.5万t以上重大装备的生产能力，可实现年销售收入约50亿元以上。这些都为冶金矿山机械行业进一步发展创造了条件。

由于冶金机械成套设备的设计与生产工艺息息相关，只有建立产、学、研、用为一体的创新体制，才是大型冶金装备自主化的成功之路。为此，建立装备制造企业、钢铁生产企业、大专院校、科研院所的联合创新体制，是大型冶金装备研制成功的必由之路。

一重集团公司和鞍钢集团公司创立了战略联盟联合机制，联合研制开发成功我国第一套1750mm大型热连轧板机成套设备和1780mm大型冷连轧板机成套设备；二重集团公司和重庆钢铁设计研究院、新疆八一钢铁公司建立了联合机制，研制成功1700mm大型热连轧板机成套设备；陕西冶金设计研究院整体划入中国重型机械研究院，中国重型机械研究院又由中国机械工业集团公司和宝钢集团有限公司共同出资组建，改制为中国重型机械研究院有限公司，实现了冶金机械制造、科研与冶金工艺设计、钢铁企业的强强联合。中国重型机械研究院是中国重型机械行业综合性技术研发单位，其前身西安重型机械研究所，成立于1956年，1999年转制为科技型企业，进入中国机械工业集团公司。成立50多年来，创造了160项“中国第一”，270余项成果获国家和省部级科技进步奖。仅在近5年，研究院就填补了50多项“国内空白”，创造了29项中国企业新纪录，在市场竞争中获得80亿元的合同订单。中国机械工业集团公司是中国机械工业的核心骨干企业，宝钢集团有限公司是中国最具竞争力的钢铁企业，两大企业集团的强强联手，是适应市场发展要求，打造重型机械高新科技产业的重要战略举措。

6. 存在的问题

（1）我国大型板带轧机建设项目还存在成套设备引进太多，特别是重复引进的现象依然存在。在引进过程中片面追求当前世界最先进的技术，不重视性价比和实际生产工艺的改进与提高，个别企业存在用最先进技术参数作为对国产设备设置技术壁垒的嫌疑。

（2）一些钢铁企业，特别是一些知名度高的大型钢铁企业，为做大做强，盲目崇拜和追求国外先进技术，对国内企业和国内设备缺乏信任感。虽然国家从政策上一再鼓励给予国内设备制造企业参与首台套竞标机会，但国内钢铁企业中还需要有更多像鞍山钢铁公司那样敢于第一个吃螃蟹的企业。我国重型机械行业企业，特别是一重集团、二重集团等大型企业，已经具备了大型板带轧机的自主设计制造能力，但业主缺乏敢于第一个吃螃蟹的勇气，自主化的冶金成套设备不能得到所有钢铁企业的认可，极少数大型钢铁企业坚持进口国外设备。

（3）国内冶金装备制造企业总承包能力欠缺，与国外同类企业相比存在很大差距。由于从计划经济时期形成的重型机械制造企业和钢铁企业分属机械工业部和冶金工业部两个系统管理的历史原因，我国重型机械制造企业只有冶金设备的设计和制造技术，而不掌握钢铁产品的生产工艺和生产技术。随着冶金设备不断向大型化、高速度、高精度自动化控制方向发展，钢铁生产工艺和生产技术与设备的设计制造越来越密不可分。装备制造企业不掌握钢铁生产工艺和生产技术，只靠设备制造很难实现流程生产。由于体制原因，我国钢铁生产工艺、生产技术和装备制造技术三者无法成套。因此，虽然装备制造企业掌握其制造技术，但因未能掌握生产工艺控制技术，往往失去承包设备的机会。我国冶金设备设计部门、制造部门和用户的分割，导致很长时间以来装备国产化和企业自主创新的进展缓慢，这也是重大技术装备实现国产化的体制性障碍。

（4）大型冶金成套设备关键配套件（如轴承、润滑液压设备、电气元器件、轧辊等）仍是制约我国大型冶金成套设备国产化的瓶颈。以轧机设备为例，根据海关统计资料，2006年和2007年金属轧机轧辊和零件的进口额分别为8.41亿美元和7.42亿美元，分别占金属轧机及零件进口总额的70%和66.6%。金属轧机轧辊和关键配套件的国产化问题仍然是冶金成套设备国产化的重要课题之一。

第二节　关键设备自主化进展情况

1. 1780mm 五机架冷连轧机组

1780mm五机架冷连轧机组成套设备是中国第一重型机械集团公司和鞍山钢铁集团公司联合自主开发的，具有自主知识产权的冶金成套设备。机组的综合性能指标达到当代国际先进水平，可满足国内高质量、高等级冷轧薄板的市场需要。目前，该机组已成功用于鞍山钢铁集团公司，并签订了两套供货合同。该机组的成套集成技术已广泛应用于鞍山钢铁集团公司2150mm、宝山钢铁集团公司2050mm、首钢京唐钢铁联合股份有限公司钢铁厂2250mm等大型连轧板机上。

该机组采用新型VCMS及板形闭环控制技术、高速滚筒式横切飞剪设计制造技术、轮盘双卷筒卷取机技术、末机架工作辊精密冷却技术、轧制过程自动化、智能化控制、CPC自动对中、人机界面、断带保护等先进技术，使轧制过程实现高速化、自动化，保证了产品的质量和生产的高效率。

鞍钢1780mm冷轧宽带钢生产线工艺技术与设备是首次采用国内技术总负责的方式运作，开创了国内设计、制造、集成冷连轧机组的先河，形成了一批自主知识产权，到目前为止已经申请专利28项。该项目总投资与国内同类冷轧厂相比节约1/4～1/3，技术起点高、设备精良、产品质量达到国际先进水平，成功地探索出一套完备的自主集成建设冷轧项目的技术和方法，标志着国内已经具备了集成和研制冷连轧成套设备能力，掌握了一大批核心技术，成为冷轧工艺技术和成套设备集成自主创新的典范，是我国冶金科技发展的一次历史飞跃。

鞍钢1780mm冷连轧机组主要技术参数：成品材质为普通碳素钢Q195、Q215、Q235和优质碳素钢08Al；成品厚度0.3～3.0mm；成品宽度800～1630mm；板形公差6～10I；轧制力最大25MN；轧制速度最大1350m/min；钢卷重量最大30t。

鞍钢1780mm大型宽带钢冷轧生产线的国产化率达到92%，主体工艺段的轧机和酸洗设备国产化率分别达到总吨位的96.3%和93%。在冷轧生产线建设中，突破了冷连轧成套设备制造和生产工艺控制两大核心技术，项目的建成打破了我国大型冷轧设备整套依靠进口的现状。

2. 2250mm大型热连轧板机

出口波兰米塔尔钢铁公司的2250mm大型热连轧板机生产线是中国二重集团首次承揽的冶金成套设备出口项目，该轧机的成功制造充分体现了二重集团的制造水平已经达到了国际先进水平。

该轧机生产线第一期工程主要设备构成：一座加热炉、一架带立辊的四辊粗轧机、转鼓式飞剪、六架四辊精轧机、层流冷却装置和两台卷取机。

粗轧机主要技术参数：轧制力5000kN；轧制速度0～6.5m/s；主电动机功率2×8000kW；主电动机转速0～60/100r·min^{-1}；工作辊尺寸ϕ1250/ϕ1130×2250mm；支承辊尺寸ϕ1600/ϕ1440×2250mm。

精轧机主要技术参数：轧制力：F1—F4为45000kN；F5—F6为42000kN；开口度60mm；轧制速度最大20.42m/s；工作辊尺寸：F1—F4为ϕ850/ϕ735×2250mm，F5—F6为ϕ730/ϕ650×2250mm；支承辊尺寸：F1—F6为ϕ1600ϕ/ϕ1440×2250mm；主电动机：F1—F2为10000kW，0～180/500r·min^{-1}；F3—F4为10000kW，0～250/720r/min；F5—F6为8500kW，0～200/600r·min^{-1}。

该轧机采用的主要先进技术有：高压水除鳞技术保证产品的表面质量；立辊轧机具有宽度自动控制和短行程自动控制功能；粗轧机采用电动液压压下，保证了位置精度；转鼓式飞剪具有头尾优化剪切功能，提高收得率；四辊全液压精轧机设有液压厚度自动控制技术和弯辊、串辊和板形控制技术，保证产品板形尺寸；全液压四助卷辊地下卷取机带自动踏步控制技术，保证钢卷的卷形质量等。

3. 200mm×2500mm大型宽厚板坯连铸机

该连铸机为中国重型机械研究院以“产学研用”合作攻关创新方式研制成功的，具有自主知识产权的大型宽厚板坯连铸机，可生产200mm、250mm、300mm三种厚度规格的连铸坯。该连铸机采用了动态二冷水控制、动态轻压下、远程调辊缝、液压振动等当代国际先进技术。为保证铸坯质量、提高经济效益，该连铸机在设计上增加了一套电磁搅拌装置，对改善与消除铸坯裂纹有较好效果。该连铸机的研制成功开创了厚板坯连铸机国产化的先例。经用户使用证明，成套设备运转正常，安全可靠，维修方便，铸坯质量优良。与当前国外同类设备相比，在连续弯矫辊列的自动设计和数学模型、板坯连铸二冷水动态控制模型、结晶器装置、结晶器液压非正弦振动轨迹的数学模型及结构、扇形段装置、引锭头结构、刮刀式去毛刺机等方面，有特色、有突破、有创新。连铸机综合技术水平达到了国际先进水平，预计未来几年国内新建和换代改造的板坯连机需求约40多台（套）。

4. 镀锌板工艺技术及设备

中国重型机械研究院在2006—2008年期间，有多台自主设计制造的涂层加工重大装备投产。其中，在山东项通钢板有限公司15万t热镀锌机组改造中，自主开发研制了多项关键技术，包括采用先进的美钢联法生产工艺，在机组中配置了高效的电解清洗、卧式活套、卧式退火炉、陶瓷感应锌锅，并在机组后配置了光整机、拉矫机、耐指纹处理段及静电涂油机等。与进口设备相比，具有投资少，操作简单，生产灵活，质量稳定等特点，所生产的产品质量达到了国内先进水平。

杭州泰欣彩色印花涂层机组能在涂覆过底涂的钢板上联机进行多色套印，从而实现卷筒板材的无缝连线彩印。该技术为国内创新技术，项目的成功开发满足了我国轻工、家电、建筑、船舶等行业对高质量彩钢板材料的需求，总体技术达到国际先进水平。

针对家电行业对耐指纹钢板的需求，中国重型机械研究院开发了热镀锌耐指纹涂机。该机已成功用于山东临清、浙江萧山、湖北鄂钢等企业，设备运行可靠，产品质量与进口设备相当。

针对镀锌板生产线所配套的进口光整机价格昂贵的问题，中国重型机械研究院开发了热镀锌机组配套光整机、拉矫机关键技术，并在一弯一矫拉矫机基础上，开发出两弯一矫和两弯两矫结构的拉矫机。该机的开发成功受到了用户青睐，已推广应用 5 套。

5. AGC 压下缸集成组件

燕山大学轧制设备及成套技术教育部工程研究中心研制开发的 AGC 压下缸集成组件可代替进口组件，实现了进口组件的动静态特性，已应用于唐山钢铁股份有限公司。

带钢平整关键技术研究和成套设备已推广应用于宝钢、凌钢、攀钢等多套冷、热轧机平整机上，主要技术突破有：高精度平整机轧制压力离线分析计算模型、辊型优化和弯辊力设定模型；平整轧制压力高精度在线预报模型、高精度延伸率控制模型、双机架平整机延伸率优化分配模型、液压胀型可变凸度轧辊（VC 辊）平整机的板形控制模型等。该项目研究内容得到三项国家自然科学基金、一项河北省重大自然基金、一项国家“十一五”科技支撑计划的支持。

另外，万能/二辊转换轧机、550mm 冷热两用 4/6 辊转换可逆轧机、无缝钢管减径产品工艺优化及质量控制、空间自位型系列轧机研制、连铸机非正弦振动技术及装备、冷连轧机高速轧制过程中核心工艺数学模型等项目也都取得了自主化应用成果。

6. 多种规格的剪切机（组）和矫直机

沈阳重型机械集团有限责任公司自主研发的 1720mm 热轧联合剪切机组、30mm × 2400mm 滚切式定尺剪、50mm × 3000mm 三轴三偏心滚切式双边剪、4300mm 滚切式定尺剪、4300mm 九辊强力矫直机等新产品，彻底打破了国外公司在该领域内的垄断地位，并在不断扩大国内市场的同时，开始销往美国、摩洛哥和东南亚地区。

第六章 大型煤炭综采及矿山设备发展报告

第一节 发展综述

大型煤炭井下综合采掘、提升和洗选设备及大型露天矿设备是矿山机械的重要组成部分。根据有关预测，全国煤炭需求量2010年为25亿~27亿t，2020年为30亿~32亿t，占我国能源需求总量的60%以上。“十一五”期间，我国煤炭工业重点任务是：建设神东、晋北、晋东、蒙东、云贵、河南、鲁西、晋中、两淮、黄陇（华亭）、冀中、宁东、陕北13个大型煤炭基地，这些大型煤炭基地的储量，占全国储量的70%以上，并形成若干个亿吨级生产能力的大型煤炭企业和企业集团。建成149个高效安全现代矿井，将大型煤矿采掘机械化程度提升到90%以上，中型煤矿采掘机械化程度提升到60%以上。

大型煤炭井下综合采掘、提升和洗选设备及大型露天矿设备的产值约占矿山设备产值的30%左右。为此，提高大型煤炭井下综合采掘、提升和洗选设备以及大型露天矿设备的制造水平和能力是实现大型煤矿采掘机械化的关键所在。

1. “十一五”的发展目标和任务

“十一五”前期，矿山机械行业迅速发展，工业总产值、销售收入等主要经济指标年均增长超过35%，因国家统计局资料分类较粗，现只能简单介绍一下矿山机械行业主要经济指标（见表1）。

表1 矿山机械行业2006—2008年主要经济指标、出口情况 （单位：亿元）

主要经济指标	2006年（295个企业）	2007年（998个企业）	2008年（1165个企业）
工业总产值	650.6	925.35	1302.18
其中：新产品产值	—	160.2	241.29
工业销售收入	624.03	897.3	1257.61
其中：出口交货值	23.84	33.98	55.03
工业增加值	18.33	254.59	—
资产总计	702.38	866.44	—
主营业务收入	603.44	858.31	—
主营业务利润	97.07	146.95	—
利润总额	34.51	57.85	—
利税总额	57.89	89.32	—
全员劳动生产率/万元	9.41	11.81	—

1.1 “十一五”发展目标

（1）工业总产值、销售产值年增长25%~30%，利润率年增长15%。

（2）国内市场占有率达到90%。

（3）达到或接近国际先进水平的产品占15%~20%。

（4）大型综采、提升、洗选设备国产化率达到95%；大型露天矿设备国产化率达到70%~80%。

1.2 “十一五”的主要任务

为煤炭工业提供年生产能力 600 万～1000 万 t 的大型井下矿的综采、提升设备，年生产能力 2000 万 t 的露天矿设备和年产 500 万～600 万 t 的洗煤厂的装备。

（1）井下采掘、提升成套关键设备

为满足提升 600 万～1000 万 t/年煤矿井下采掘机械化水平的需求，重点研制以下具有自主知识产权的关键设备：

2000～2300kW 电牵引采煤机，300kW 以上掘进机，2500～5000t/h 重型刮板输送机，带宽 1.4～2m、5000t/h 长距离顺槽式带式输送机，5～6.3m 双柱掩护式大采高强力液压支架，JKMD6×4、JKMD5.5×6 大型矿井提升机，ϕ12～13m 竖井钻机，液压防爆提升机。

（2）露天矿成套设备

在 1000 万吨/年级大型露天矿成套设备研制的基础上，进一步开发研制满足 2000 万吨/年级露天矿半连续开采的关键设备，其中包括斗容为 35m^3、55m^3 的矿用挖掘机（电铲），2500～6000t/h 的大型移动式、半移动式破碎站以及 12m^3 的液压铲，≤3600m^3/h 的斗轮挖掘机和 220t 以上的自卸汽车。

（3）大型洗煤成套设备

为使我国原煤入洗率提高到不低于 60% 的目标，必须加快 500 万～600 万 t/年洗煤厂的建设，其中包括研制开发大型、高效、智能、可靠的煤炭洗选设备，主要主机包括处理能力为 400t/h 的跳汰机，处理能力为 300～400t/h 的高效液压动筛跳汰机，单机处理能力为 1000～1200m^3/h 的新型浮选机，处理能力为≥300t/h 的重介选煤旋流机，大型卧式振动离心机，精煤压滤机，全自动加压过滤机，沉降离心脱水机，≥27m^2 的高可靠振动筛，1000～1500t/h 的强力齿辊破碎机以及≥150t/h 的大型模块式干法选煤成套设备（针对西北地区缺水环境）等。

大型煤炭井下综合采掘、提升和洗选设备及大型露天矿设备主要生产企业及其生产的主要产品见表 2。

表 2 主要生产企业及其生产的主要产品

企业名称	主要产品
太重集团煤矿机械有限公司	矿用挖掘机、大型采煤机、悬挂式掘进机、大型破碎站
中国煤矿机械装备有限责任公司 中煤张家口煤矿机械有限责任公司 中煤北京煤矿机械有限责任公司	重型刮板输送机、刨煤机、液压支架
中信重工机械股份有限公司	大型（防爆）提升机、大型竖井钻机、破碎站、褐煤提质装备
北方重工集团有限公司	洗选设备、大型带式输送机、斗轮挖掘机
鸡西煤矿机械有限公司	大型采煤机
佳木斯煤矿机械有限公司	重型掘进机、掘进机、单体液压支架
宁夏天地奔牛实业集团有限公司	超重型刮板输送机
郑州煤矿机械集团股份有限公司	液压支架
上海建设路桥机械设备有限公司	液压支架
天地科技股份有限公司	采掘设备、洗选设备
浙江中煤矿业有限公司	液压支架电液阀、软起动器
湘潭电机集团有限公司	大型自卸汽车
包头北方重工集团	矿用自卸车

2. 自主创新产品开发和技术攻关

2.1 研制出一大批大型煤矿急需、长期依赖进口的大型装备，并在大型现代化煤矿中得到应用

2006—2008 年，我国研制完成了 1800～2040kW 大功率厚煤层电牵引采煤机，EBZ200 型、EBZ300 型大

功率掘进机，EBZ230 型硬岩掘进机，装机功率为 3×855kW、3×1000kW 的重型刮板输送机，工作阻力为 9000～10800kN、高度为 5.5～6.3m 的两柱式液压支架，可提供年生产能力 600 万～1000 万 t 大型井下煤矿综合采掘成套设备，35m³、55m³ 露天矿用挖掘机，2000～4000t/h半移动式破碎站，带宽 2m 以上的大倾角、大运力带式输送机等露天矿设备，还研制完成了 BH—38/2×400 型刨煤机，高效掘锚一体机组，ADl30/1000 竖井钻机。ZK3601—ZZK3683 直线振动筛，TWZ—1300、TWZ—1400 卧式振动离心机，LL—12 立式振动离心机，TCL0918—TCL1134A 沉降过滤离心机，ZWP1000 型卧式振动离心脱水机，TLL 型立式刮刀卸料离心机，LLL 型立式煤泥离心脱水机，煤用 CTX 型永磁筒式磁选机，3NWX（A）重介质旋流器，NZX 型重介质旋流器，森特高效跳汰机，XD 系列跳汰机，MPF 系列喷射式浮选机，XJM—S 系列浮选机，JR 系列香蕉筛，ZKZ 系列直线振动筛，ZKP 大型直线振动筛，QLS 系列强力筛，TZSM 系列煤粉筛，TXZ 系列自同步香蕉筛，2BT5 双层振动筛产品等大型洗选设备，可满足年产 500 万～600 万 t 的大型洗煤厂的需要。

2.2　在大型现代化煤矿中，国产设备所占份额显著提高

2004 年以前，我国煤机产品的主要状况是高端不足，中端平衡，低端有余。我国重点矿区 4～6m 煤层一次采全高高端综合采掘设备主要依赖进口。近年来经过各煤矿机械企业的努力，国内已能提供年生产能力 600 万～1000 万 t 的高产高效综采工作面成套设备及开采工艺。国内研制成功的重型刮板输送机、两柱式液压支架、大运力胶带输送机能满足年产 800 万～1000 万 t 高产高效工作面的需要，近两年煤矿机械设备进口量有所减少。

3. 技术创新体系建设

3.1　国家工程实验室

煤矿采掘机械装备国家工程实验室（国家发改委 2008 年 12 月 30 日批复立项建设）由煤炭科学研究总院太原分院牵头，联合煤炭科学研究总院（北京）测试分院共同建立。

3.2　国家级企业技术中心

北方重工沈阳矿山机械集团有限责任公司技术中心（洗选装备、综采装备）

北方重工沈阳重型机械集团有限责任公司技术中心（大型露天煤矿连续开采成套装备）

太原重型机械集团公司技术中心（煤矿开采成套装备）

中信重工技术中心（煤矿采掘和洗选装备）

郑州煤矿机械集团技术中心（液压支架）

中煤张家口煤矿机械有限责任公司技术中心（综采装备）

3.3　相关的国家工程研究中心或国家工程技术研究中心

国家水煤浆工程技术研究中心（依托单位：煤炭科学研究总院）

煤矿安全技术国家工程研究中心（依托单位：煤炭科学研究总院）

煤矿瓦斯治理国家工程研究中心（依托单位：安徽淮南矿业集团有限责任公司）

4. 大型企业集团崛起

4.1　太原重型机械集团有限公司

太原重型机械集团有限公司（以下简称太重）创立于 1950 年，是新中国成立后我国自行设计、建造的第一家重型机械企业，主要生产起重设备、轧钢设备、锻压设备、油膜轴承、铁路轮轴产品、大型露天采掘设备、大型矿井综合采掘成套设备、大型煤化工及煤加工设备等。太重拥有国家认定的企业技术中心和国家级实验室，通过了 ISO9001 国际质量体系认证、ISO14000 国际环境管理体系认证、GB/T28000 职业健康安全管理体系认证和国家安全质量标准化一级企业认证，取得了中国 CCS 和美国 ABS 船用铸锻件生产许可证。

2002—2007 年，太重工业总产值从 16 亿元增加到 87 亿元，销售收入从 15 亿元增加到 76 亿元，实现利税从 0.9 亿元增加到 7.5 亿元，2008 年实现工业总产值约 100 亿元。

4.2　中国煤矿机械装备有限责任公司

中国煤矿机械装备有限责任公司（以下简称中煤装备公司）前身是煤炭工业部机械制造局，始建于 1988 年，隶属于中国中煤能源集团有限公司。中煤装备公司由中煤张家口煤矿机械有限责任公司、中煤北京煤矿机械有限责任公司、抚顺煤矿电机制造有限责任公司、石家庄煤矿机械有限责任公司、西安煤矿机械有限公司、中煤邯郸机械有限责任公司等 12 家子公司组成，注册资金 5.1 亿元，现有职工 9000 人，主要经营范围

有：煤矿成套装备、机电产品的开发生产供应和技术服务；综采成套设备的维修等。

2008 年中煤装备公司实现工业总产值 45 亿元，主要产品产量 21 万 t，销售收入 49 亿元，利润总额 2.9 亿元，资产总额 62 亿元。

4.3 中信重工机械股份有限公司

中信重工机械股份有限公司（简称中信重工）的前身——洛阳矿山机器厂，是我国“一五”期间 156 项重点工程之一，1993 年加入中信集团公司，更名为中信重型机械公司，2008 年 1 月通过股份制改造成立中信重工机械股份有限公司。50 多年来，经过多次扩建、改造，目前，中信重工已发展成我国最大的煤炭、矿山机械与水泥设备制造企业，全国最大的重型机械制造企业之一，中南地区热处理和铸锻中心，机械行业低速重载齿轮加工基地，国家创新型试点企业，河南省高新技术企业。

公司拥有国家级企业技术中心，下属研究院（洛阳矿山机械工程设计研究院）是国内最大的矿山机械综合性技术研究机构，具有甲级机械工程设计资格和工程总承包资质，是国家级理化检验和出口商检认可单位、国家一级计量单位。公司整体通过 ISO9001：2000 质量体系认证、ISO14000：2004 环境管理体系认证和 GB/T28001－2001 职业健康安全管理体系认证。

公司煤炭机械产品主要有大型矿井提升机、大型钻凿设备、液压防爆提升机、褐煤提质装备、粉磨洗选装备等，产品处于国际先进水平，能够面向国内外市场提供成套设计、成套制造、成套供应、成套服务。

2008 年公司产品销售收入 80 多亿元，机器产量 16.02 万 t，出口 7575 万美元。2009 年预计销售收入突破 100 亿元。

5. 产业聚集

通过企业搬迁改造、新建车间，一批煤矿机械企业面貌一新，生产能力、技术水平大大提高，形成了一批煤矿机械生产基地。如以太原重型机械集团公司为龙头，整合太原矿山机械集团公司、山西煤矿机械公司、山西焦煤集团、大同煤矿集团有限责任公司、阳泉煤业（集团）有限责任公司等 7 家公司参股成立了太重集团煤矿机械有限公司，通过搬迁改造在太原开发区建立一流的煤矿机械生产基地。中国煤矿机械装备有限责任公司是整合中煤张家口煤矿机械有限责任公司、中煤北京煤矿机械有限责任公司、抚顺煤矿电机制造有限责任公司、石家庄煤矿机械有限责任公司、西安煤矿机械有限公司等 12 家子公司组成的大型企业集团。另外，辽宁省沈阳市、黑龙江省鸡西市和佳木斯市、河南省洛阳市和郑州市等地，均已发展成为煤矿机械生产基地。行业内还发展成长了一大批有影响力的煤矿机械制造企业和集团，如中信重工股份有限公司、北方重工集团有限公司、鸡西煤矿机械有限公司、佳木斯煤矿机械有限公司、宁夏天地奔牛实业集团有限公司、郑州煤矿机械集团股份有限公司、上海建设路桥机械设备有限公司、天地科技有限公司、三一重装公司、航天科技集团、兖矿装备集团等。

6. 存在的问题

（1）我国缺少能提供达到国际先进水平的大型煤炭成套装备的龙头企业和企业集团，企业缺乏能研制国际先进水平装备的学科带头人和科技团队，试验手段不完善，特别缺少强化寿命试验台。

（2）科技经费不足，科技投入大大低于国际著名的企业，造成难以真正缩短与国际先进水平的差距，产学研合作机制是非常适合我国国情的好方法，但由于不能很好地解决知识产权和各方经济利益的合理分配问题，并没有得到充分的发挥。

（3）国内企业竞争激烈，企业为了生存，缺乏足够的资金投入先进的生产装备。用户为了减少风险，愿意采购外商设备，给国内生产企业进入市场带来困难。

（4）受市场增值的影响，我国出现诸多煤矿企业向煤矿产业链上下游延伸形成多层次、多元化的集煤矿开采、煤机制造、煤化工一体的综合性集团公司，目前国家在这方面没有明确的政策性导向，过快过多的发展值得注意。

以上种种原因，造成我国煤炭成套装备还是落后于国际先进水平，我国煤炭装备要进入世界前列还有很长的路要走。

第二节 关键设备自主化进展情况

1. 煤矿用3.5m高端液压支架

中国航天科技集团公司于2006年成功研制出具有自主知识产权的国内首台3.5m高端液压支架，改变了我国大型煤机装备长期依赖进口的局面。

高端液压支架的国产化研制生产是中国航天科技集团公司与神华集团强强联手，共同开展的战略合作项目。3.5m高端液压支架及其电液控制系统的国产化研制成功，填补了国内空白；产品耐久性试验达5万余次，各项主要技术指标均已达到同类进口产品标准（主要技术参数见表3）。该支架项目已获授权专利11项。

表3 ZY8800/17/35D型掩护式液压支架主要技术参数

型式：两柱掩护式液压支架	操作方式：电液控制系统
高度（最低/最高）：1700～3500mm	支护强度：1.04～1.047MPa
宽度（最小/最大）：1650～1850m	对底板比压（平均）：1.89MPa
初撑力（p=31.5MPa）：6408kN	支架运输尺寸：6885mm×1650mm×1700mm
工作阻力（p=43.34MPa）：8820kN	泵站压力：31.5MPa

郑州煤矿机械集团股份有限公司2007年以来为神华集团和晋城煤业等单位研制了ZY8800/26/50（支护高度2.6～5m，工作阻力8800kN），ZY9400/25.5/55（支护高度2.55～5.5m，工作阻力9400kN），ZY9400/28/62（支护高度2.8～6.2m，工作阻力9400kN），ZY10800/28/63（支护高度2.8～6.3m，工作阻力10800kN）多种规格的大型液压支架，工作寿命5万～5.8万次，其主要技术指标达到了国际先进水平。

2. SGZ1000/3×1000型刮板输送机

中煤张家口煤矿机械有限责任公司2007年成功研制开发了高产高效矿井长运距SGZ1000/3×1000型刮板输送机及其成套设备，整机达到世界先进水平，该产品在神华能源股份有限公司万利分公司投入使用。

中煤张家口煤矿机械有限责任公司对制约使用性能和运行可靠性的软起动调速1000kW传动装置，电液控制自动伸缩机尾，工作面综合监测传输系统，矿用重载行星传动装置，高可靠性、长寿命输煤溜槽等关键技术和关键部件进行技术攻关，全面提高了我国大型煤矿采煤工作面刮板输送机的技术水平（主要指标对比见表4）。

表4 3×1000kW刮板输送机主要指标与国外同类产品对比

主要指标	国外		国内
	德国DBT公司	美国JOY公司	张家口煤机公司
输送量/（t/h）	3500	3500	3500
装机功率/kW	3×1000	3×1000	3×1000
长度/m	>350	>350	>350
链速/（m/s）	1.59	1.79	1.8
传动方式	CST减速器可控软起动	阀控耦合器软起动	阀控耦合器软起动
寿命（过煤量>万t）	1500	1400	1200

3. 大型带式输送机

沈阳矿山机械集团有限责任公司通过产学研合作等方式，加强带式输送机基础理论、前沿技术和关键技术的研究，开发了带式输送机动态分析软件、大型铸焊滚筒组有限元参数化分析软件，研制了变频调速可控驱动装置、智能化自动张紧装置、综合远程故障诊断及监控系统等关键产品，全面提升了大型带式输送机总体技术水平和可靠性。

2006年以来先后为山西阳泉矿务局新元煤矿提供了煤矿井下大巷和主井带式输送机，驱动功率为3×1400kW，输送带强度为ST5000；为抚顺泰和煤矿主井提供了30°大倾角带式输送机；为山西金龙输煤有限公司提供了单机长8492m长距离带式输送机。目前我国大型带式输送机设计制造水平基本达到了国际先进水平，可以满足1000万吨级现代化煤井建设的需要（主要指标对比见表5）。

表5　大型带式输送机主要指标与国外同类产品对比

主要指标	沈矿公司	国外
运距/km	8.492	13
运量/（t/h）	1000～3000	5000
带速/（m/s）	3～5	7
带宽/m	1.4～2	2

4. JKMD—5×4（Ⅲ）特大型多绳摩擦式提升机

由中信重工机械股份有限公司设计制造、满足年产量800万～1000万t大型矿井需要，目前国内单机容量（5300kW）最大的提升设备——JKMD—5×4（Ⅲ）特大型多绳摩擦式提升机（共两台）于2006年10月在安徽淮南矿业集团顾桥煤矿主井投入运行。

2008年已研制出JKMD6×4、JKMD5.5×6型更大规格的提升机。该类提升机采用了多项先进技术，如电动机转子与提升机直联悬挂传动技术、大扭矩平面摩擦传动副技术、恒减速液压制动控制技术、全数字交—交变频传动技术、可编程序控制器（PLC）控制及上位机监控、全自动运行等先进技术，整机性能达到国际同类产品的先进水平（主要指标对比见表6）。

表6　JKMD—5×4（Ⅲ）、JKMD6×4、JKMD5.5×6特大型多绳摩擦式提升机主要指标与国外同类产品对比

主要指标	ABB公司	德国SIEMAG公司	中信重工公司
电动机与提升机直联悬挂传动	有	有	有
电动机与主轴锥孔过盈量联接	有	有	有
大扭矩平面摩擦传动副技术	有	有	有
大型双列球面滚子调心轴承	有	无（用滑动轴承）	有
高性能衬垫，摩擦因数	0.25	0.25	0.25
恒减速液压制动系统	有	有	有
全数字交—交变频传动技术	有	有	有
可编程序控制器（PLC）控制及上位机监控	有	有	有
全自动化操作	有	有	有

5. AD130/1000竖井钻机

中信重工机械股份有限公司采用科研与工程相结合的方式，于2007年研制成功了具有完全自主知识产权、目前世界上钻凿直径最大、钻凿外筒最深的AD130/1000动力头式竖井钻机，技术达到国际领先水平，已获得5项专利。

该钻机已在5个月内完成一口直径7.1m、深302m煤矿风井的钻凿工程，成井质量优良（主要指标对比见表7）。

表7 AD130/1000竖井钻机主要指标与国外同类产品对比

主要指标	AD130/1000（中国）	CSD—820（美国）	CSD—300（美国）	L—40（德国）
最大钻进直径/m	13	4.6	6.1	8
最大钻进深度/m	1000	500	600	600
钻进地层抗压强度/MPa	~180	~140	~140	~120
钻进级数	3	1	1~2	2
钻杆直径×长度/m	0.5×10	0.34×4.5	0.508×9.1	0.356×9
转矩/kN·m	600	220	690	420
转速/（r/min）	0~18	0~120	0~17	0~12（17.5）
额定提升力/kN	7000	2360	9070	4000
额定提升速度/（m/min）	0~4.8	—	—	4.41
钻井总功率/kW	852	220	835	864

6. WK—55大型矿用机械正铲式挖掘机

太原重工股份有限公司2007年研制成功了具有自主知识产权的WK—55大型矿用机械正铲式挖掘机，可满足国内2000万吨级以上的大型露天矿山采装作业的需要，改变了我国大型矿用挖掘机全部依靠进口的局面。2007年生产了2台整机，用于中煤公司平朔分公司安家岭露天煤矿。

WK—55大型矿用挖掘机集齿轮—齿条刚性推压和交流变频驱动系统于一身，采用了三维动态仿真设计、大功率专用行星齿轮减速装置、自动润滑、大功率AFE整流回馈控制、运行监测及故障诊断、数字控制等多项先进技术，整机技术达到国际先进水平（主要指标对比见表8）。

表8 WK—55大型矿用机械正铲式挖掘机主要指标与国外同类产品对比

主要指标	太重WK—55	美国P&H公司4100XPC	美国B—E公司495HR
整机重量/t	1480	1458	1305
铲斗额定有效载荷/t	105	104	100
标准铲斗容量/m^3	55	55.8	45.9
铲斗容量范围/m^3	36~76	35.9~76.5	30.6~61.2
最大挖掘高度/m	18.10	18.06	18.02
最大卸载高度/m	10.06	10.44	10.05
最大挖掘半径/m	23.85	23.80	25.00
最大卸载半径/m	20.40	—	21.64
水平清道半径/m	16.90	16.94	16.11
最大挖掘深度/m	1.93	1.93	—
司机水平视线高度/m	10.10	10.08	9.14
尾部回转半径/m	9.88	9.83	9.12
最大行走速度/（km/h）	1.60	1.60	1.22
连续爬坡能力（%）	18	17	17.3
理论工作循环时间/s	30	30	30
平均接地比压/kPa	363	361.2	354
主变压器容量/kVA	3000	3000	2400
电气系统	交流变频	直流晶闸管	交流变频

7. SF32601 型 154t 电动轮自卸车

湘电重型装备股份有限公司2006年采用产学研用相结合的方式，成功开发了具有自主知识产权的SF32601型154t电动轮自卸车，改变了我国154吨级电动轮自卸车全部依靠进口的局面。该车是专为大型露天采矿设计的高效运输设备，它在矿山应用可以显著提高矿山生产能力和效率，减少单位投资，降低矿山开采成本。

SF32601型154t电动轮自卸车集成了最先进的机、电、液及计算机技术，采用4×2后轴驱动、交—直流电传动、无级变速、微机控制，采用全液压控制、盘式制动系统和二级扩展电制动以及常压式液压动力转向系统，具有自动紧急制动和紧急转向、恒速下坡控制功能，其智能型车辆管理系统能实时显示各种运行参数，且有运行监控、故障记录、诊断等功能，还有完善的各类声光报警和保护功能，整机技术达到国际同类产品先进水平（主要指标对比见表9）。

表9 SF32601型154t电动轮自卸车主要指标与国外同类产品对比

主要指标	湘电重装 SF32601	Komatsu—Dresser 630EII	EuclidR—170	Unit—RigMark—36
额定装载质量/t	154	154	154	154
整车整备质量/t	106	114	101.6	98
发动机额定功率/kW	1342	1342	1342	1342
发动机控制形式	电子	机械	机械	机械
电动轮	GE776	GE776	GE776	GE776
悬架形式	油气	油气	硅油	橡胶
前桥	13in烛式独立悬架	12in烛式独立悬架	纵摆式独立悬架	橡胶独立悬架
车厢倾卸时间/t	26	26	23	31
车厢倾卸角度（°）	45	45	58	50
制动控制方式	全液压	全液压	全液压	气顶油
最小离地间隙/mm	790	790	864	861
最小转弯直径/m	24.4	24.4	26.7	25.6

近期，该公司已研制成功SF33900型220t电动轮自卸车，该车配置动力强劲的CumminsQSK60电控发动机，240AC交流传动系统、液压动力转向、油气比可调的油气悬架等先进结构，其主要性能达到国际同类产品的先进水平。

8. 褐煤提质装备

中信重工机械股份有限公司2008年对褐煤提质装备进行了研究，在技术上取得了突破，完成了HPU140－100高压对辊成形机首台样机的方案设计、技术设计、施工设计。褐煤提质技术就是利用加热和高压挤压成形技术（人工解决上亿年的煤成长漫长过程），使褐煤发生变化，降低水分，提高能量密度，改变其内部结构和空隙，改质后的褐煤能够达到烟煤水平，提高其燃值20%～50%（普通褐煤发热量一般小于15～20MJ/kg），而提质后可解决褐煤发热量少，容易自燃，二氧化碳排放量高等缺点。

褐煤提质工艺及关键设备虽然研究国家很多，但还没有大型化示范基地建成投产，而中信重工联合中国矿大和神华集团，在该领域的研究处于国内领先地位。通过实验室分解研究、关键设备技术开发和模拟工业性试验验证、依托示范工程，立足自主创新，对褐煤提质工艺技术及装备的核心技术和关键制造技术进行技术攻关，研究开发出高效的褐煤提质工艺技术和关键装备——HUP140－100高压对辊成型机。

9. 3.5m 单（双）筒液压防爆提升机

随着国家对于煤矿安全越来越重视及煤矿安全事故的频繁发生，国家安全生产监管部门要求瓦斯突出矿井井下必须采用防爆提升机和提升绞车，而井下还有不少的在用设备仍为非防爆设备，严重影响着矿山安全生产。中信重工机械股份有限公司根据市场需求，于2008年开发出了大型液压防爆提升机，该产品卷筒直径为3.5m、卷筒最大宽度2.8m、最大静张力150kN、最大静张力差可达150kN、电动机功率≤1200kW，为目前国内最大的液压防爆提升机。其各方面性能符合液压防爆提升机和提升绞车国家及行业相关标准、符合《煤矿安全规程》（2005版）相关要求，并已取得国家煤矿矿用产品安全标志证书（煤安证）。该产品在传动、结构等方面采用了多项科研成果和新技术，使产品具有以下特点：具有良好的防爆性能，稳定的低速运转性能及无级调速性能；节能效果明显；运行可靠；安全保护措施齐全；安全制动系统性能优越，制动可靠；技术参数变化灵活，选型余地大；具有恒扭矩－恒功率动力特性，可在功率不变的条件下方便地实现重载低速和轻载高速不同工况转换，实现恒扭矩系统和恒功率系统不同动力性能的转换；结构紧凑，体积小，节省基建投资；操作简单方便，斜坡重载起动性能好等。特别是采用多泵多马达传动，使制造大功率、高参数的液压防爆提升设备成为可能，可满足该类产品向大型化发展的需要。

第七章　大型船舶与海洋工程装备发展报告

第一节　发展综述

“十一五”期间，我国船舶工业在产业规模、技术水平、经济运行质量等方面都取得了长足进步。

1. 概况

2008 年，列入统计范围的船舶工业规模以上企业 1242 家，其中，船舶制造企业 600 家，船舶修理及拆船企业 258 家，船舶配套设备制造企业 268 家。平均从业人员达到 44 万人。

2008 年，全国规模以上船舶工业企业完成工业总产值 4143 亿元，完成工业增加值 1183 亿元。2008 年，造船完工量 2881 万载重吨，是 2005 年造船完工量的 2.3 倍，“十一五”前三年造船完工量年均增长率为 33.5%；新接船舶订单 5818 万载重吨，年底手持船舶订单 20460 万载重吨。造船完工量、新接订单量及手持订单量占世界市场份额分别为 29.5%、37.7% 和 35.5%（见表 1），三大造船指标全面超过日本，成为世界第二大造船国。

表 1　2006—2008 年中国三大造船指标及国际市场份额

	2006 年		2007 年		2008 年	
	万载重吨	%	万载重吨	%	万载重吨	%
造船完工量	1452	19.0	1893	22.9	2881	29.5
新接订单量	4251	30	9845	43.9	5818	37.7
手持订单量	6872	23	15889	33.1	20460	35.5

在造船业快速发展的拉动下，我国船舶配套业生产能力和技术水平大幅提高，船用柴油机、甲板机械等主要船用设备产能快速提高，重点产品研制取得突破，实现了大功率低速柴油机及其曲轴、大型锚绞机及螺旋桨等关键设备的自主生产。但是由于主要配套产品产能尚未充分释放，科技实力和自主创新能力有待进一步提高，本土化船用设备装船率目前仍然较低。2008 年，我国散货船、油船、集装箱船三大主流船型的本土化设备装船率平均水平接近 50%，其中，散货船平均水平达到 65%、油船为 48%、集装箱船为 39%。

2. 2006—2008 年主要经济指标

我国船舶工业 2006—2008 年主要经济指标见表 2。

表 2　2006—2008 年主要经济指标　（单位：亿元）

年份	工业总产值	销售收入	工业增加值	利税总额	利润总额	出口交货值	从业人数/人
2006 年	1721.8	1560.2	421.8	—	96.0	779.6	330858
2007 年	2570.6	2414.0	734.6	—	226.7	1265.3	364612
2008 年	4143	3000.2	1183	—	283.4	2122	440000

注：2008 年销售收入、利润总额、从业人数为 1 ~ 11 月统计数，“—”表示无相关数据。

2006—2008 年，我国船舶工业经济效益综合指数持续增长，2008 年首次超过交通运输设备制造业的平均水平。截至 2008 年 11 月末，船舶工业经济效益综合指数达到 259 点，比全国工业平均水平高 46.3 点，比交通运输设备制造业平均水平高 27 点，与“十五”末相比提高了 36 点。

2008 年，全国出口船舶 2107 万载重吨，占全年造船完工量的 73.1%。据海关统计，2008 年，我国船舶出口金额达 193.6 亿美元，“十一五”前三年船舶出口额年均增长 61%；我国有 20 种船型出口额在 1 亿美元以上。其中，成品油船、集装箱船、散货船作为传统三大出口主流船型，出口额均超过 30 亿美元，占出口总额的 66%。

2008 年，我国共向 159 个国家和地区出口船舶产品，其中出口额超过 1 亿美元以上的有 28 个，占出口总额的 94%。新加坡、中国香港、德国居前三位，占出口总额的半壁江山。

3. 大企业集团崛起与产业聚集

近年来，随着地方造船企业的快速发展，我国造船产业格局从“十五”期间的中船集团、中船重工集团和其他造船企业㊀“三足鼎立”，逐渐演变为两大造船集团与其他造船企业“平分秋色”。2008 年，中船集团和中船重工集团两大船舶集团合计造船完工量占全国的比重为 41.1%，其他造船企业所占份额上升至 58.9%。

从区域格局看，目前我国已经基本建成了以大连、青岛、葫芦岛为主的环渤海地区，以上海、江苏、浙江为中心的长三角地区和以广州为中心的珠三角地区三大现代化总装造船基地。2008 年，江苏、上海、辽宁、浙江和广东五省市造船完工量占全国完工总量的 85.3%。

同时，我国还涌现出一批具有较强国际竞争力的骨干造船企业。2008 年，我国有 9 家企业进入世界接单前 20 强企业之列，其中，大连船舶重工集团有限公司、上海外高桥造船有限公司等 5 家企业进入世界前 10 强。

4. 自主创新产品开发和技术攻关

科技实力和创新能力是船舶工业参与国际竞争的决定性因素。经过“十五”的发展，我国大型船舶与海洋工程装备的研制水平明显增强，有力支撑了产业的跨越发展。“十一五”以来，我国船舶工业按照“着力自主创新，推动重点跨越，强化赶超基础，支撑产业发展”的指导方针，立足于现状和现实需求，通过体系化发展与重大关键领域跃升相结合，系统推进船舶设计、船舶配套、海洋工程等关键领域的技术创新和发展，取得了重大进展。

（1）超大型主流船舶自主开发迈上了新台阶。为适应主流船舶大型化的趋势，“十一五”期间我国开展了超大型油船、超大型散货船、超大型集装箱船的研发与优化工作，一批满足市场需求的新型超大型主流船舶实现了批量接单和建造，改变了我国船舶工业产品结构以中小型散货船为主，结构单一而且批量小的局面。

在油船和散货船优化方面，以共同结构规范（CSR）船型开发为重点，实际开发出 38 个满足 CSR 要求的新船型，已陆续承接了 640 多条、超过 5000 万 t 的订单。2008 年 10 月 27 日，上海外高桥造船有限公司建成了世界首艘全面满足 CSR 要求的 31.8 万载重吨超大型油船（VLCC），标志着我国在超大型油船设计建造方面已经走在了世界前列。

在超大型集装箱船及超大型矿砂船研发方面，我国自主设计建造的国内最大集装箱船——8530TEU 集装箱船已实现批量接单。目前正在开展 12500TEU 级集装箱船的开发。通过超大型矿砂船船型开发研究项目，开发出的 23 万 t、32 万 t、38 万 t、40 万 t 的系列化超大型矿砂船，均实现了批量接单。其中自主开发的世界最大吨位的 40 万 t 矿砂船一次就承接了 12 艘船订单，创造了我国船舶工业单笔订单成交吨位的新纪录。

（2）高技术船舶建造取得了新进展。通过对大型液化天然气（LNG）船的多年开发研究，我国攻克了 LNG 船液货舱建造的工艺难关，成功承造了 14.7 万 m^3 的 LNG 船，首制船已成功交付，实现了中国 LNG 船建造零的突破。同时 16 万 m^3 电力推进 LNG 船的开发工作也已基本完成。“烟大火车轮渡”是我国首艘采用综合全电力推进系统，同时也是世界上首次采用第三代电力推进系统的火车滚装渡船。通过“滚装客船核心技术优化研究”项目，自主开发的滚装客船已经承接了 4 艘订单，摆脱了滚装客船购买国外图样的局面。

（3）海洋工程装备建造实现了新突破。2007 年 4 月，我国自主设计建造的吨位最大（30 万 t）、造价最高（合同金额高达 2.3 亿美元）、技术最新的海上浮式生产储油船（FPSO）建成交付，标志着我国在 FPSO 研制方面达到世界领先水平。“十一五”期间还建造了国内首座作业深度最深、技术最复杂的 400ft（1ft = 0.3048m）自升式钻井平台，不仅掌握了大型自升式钻井平台的关键技术，同时开发了多项具有自主知识产权的平台建造技

㊀其他造船企业，包括地方国有企业、私有企业、外资企业以及其他中央企业集团所属造船企业。

术，该项目取得 100 多项研究成果，申请专利 21 项。围绕南海资源开发需要，我国还成功承接了国际上最先进的第六代 3000m 深水半潜式钻井平台项目，标志着船舶工业在海洋工程领域实现了重大突破。

（4）重点船舶配套设备自主研制水平进一步提高。通过 7 万 kW 大功率柴油机国产化研制项目研究，我国已经具备制造系列大缸径船用低速柴油机的技术能力；船用大功率低速柴油机智能化系统国产化研究取得重大进展，已攻克其关键制造技术，消化并掌握了设计技术、试验检测技术，并研制出国产化率为 50% 的系统样件；新型中速柴油机国产化研制已完成了首台机的整机装配和调试，国产化率超过 60%；自主开发的 ϕ117mm 链径锚绞机已成功应用于 30.8 万 t 的 VLCC 船，并取得多项专利技术，创国内最大吨位锚绞机新纪录；自主开发的海洋平台起重机已占国内海洋平台起重机市场份额的 90%。

5. 技术创新体系建设

目前船舶领域共拥有国家工程研究中心 1 个，国家工程实验室 2 个，国家认定的企业技术中心 12 个（见表 3）。

表 3　技术创新体系建设情况汇总

序号	名称	依托单位	成立/认定时间
国家工程研究中心			
1	船舶设计技术国家工程研究中心	中国船舶及海洋工程设计研究院	1996 年
国家工程实验室			
1	数字化造船国家工程实验室	中国船舶工业集团第 11 研究所	2007 年
2	船舶动力系统国家工程实验室	中国船舶重工集团第 711 研究所	2009 年
国家认定的企业技术中心			
1	江南造船（集团）有限责任公司技术中心	江南造船（集团）有限责任公司	1993 年
2	沪东中华造船（集团）有限公司技术中心	沪东中华造船（集团）有限公司	1995 年
3	沪东重机股份有限公司技术中心	沪东重机股份有限公司	2006 年
4	上海外高桥造船有限公司技术中心	上海外高桥造船有限公司	2004 年
5	广州广船国际股份有限公司技术中心	广州广船国际股份有限公司	1996 年
6	昆明船舶设备集团有限公司技术中心	昆明船舶设备集团有限公司	1993 年
7	风帆股份有限公司技术中心	风帆股份有限公司	1996 年
8	渤海船舶重工有限公司技术中心	渤海船舶重工有限公司	2002 年
9	武昌造船厂技术中心	武昌造船厂	2004 年
10	重庆齿轮箱有限责任公司技术中心	重庆齿轮箱有限责任公司	2006 年
11	大连船舶重工集团有限公司技术中心	大连船舶重工集团有限公司	2006 年
12	武汉船用机械有限责任公司技术中心	武汉船用机械有限责任公司	2007 年

第二节　关键装备自主化进展情况

1. 大型薄膜型液化天然气船

研制单位：沪东中华造船（集团）有限公司

主要技术参数：见表 4。

表 4　大型薄膜型液化天然气船主要技术参数

总长：292.0m	两柱间长：274.1m
型宽：43.35m	型深：26.25m

（续）

设计吃水：11.43m	舱容：147210m³
货舱围护系统：NO.96E2	载重量（设计吃水时）：73100DWT
最大持续输出功率：27300kW	航速/海上裕度（kn/%）：19.5/27
B.O.R.（每日蒸发率）：≤0.15%	货舱数量：4 舱
油耗 SFOC：192（t/天）	舱容利用率 CHC：0.472
载重量与主尺度比值 RDW：0.2344（t/m³）	吨海里耗油量 RFD：5.6123（g/t · nmile）
载重量、航速与主机功率比值 CDSC：443.5	总吨位与载重量比值 RGT：1.3406

与国外水平对比： $147210m^3$ 薄膜型液化天然气船的成功建造，填补了我国设计建造该类船舶的空白，该船的设计和建造水平与国外相比，处于国际先进水平。

工程应用效果： 首制船于 2008 年 4 月 3 日交船，第二艘船于 2008 年 7 月 10 日交船，并均已投入正常运营，应用效果良好。据首制船用户粤鹏液化天然气运输有限公司于 2008 年 12 月 23 日出具的应用证明表明：交船至出具证明时，该船已运营 14 航次，完成液化天然气运输 $2009686m^3$，实现产值 20553497.86 美元，新增利税 5938220.28 美元。

产业化情况： 沪东中华造船（集团）有限公司先后承接到广东项目和福建项目共 5 艘 LNG 船。首制船已于 2008 年 4 月 3 日交船，第二艘船于 2008 年 7 月 10 日交船，第 3 艘船于 2009 年 1 月 19 日气体试航结束，已经交船。后续 2 艘船正在建造中。在 2006 年 8 月上海/浙江 LNG 项目船舶建造的招标中，公司又一举中标，为上海 LNG 项目签署 1 + 1 艘建造合同。

迄今为止，沪东中华造船（集团）有限公司是国内唯一成功建造 LNG 船的船厂，并已形成 LNG 船的批量生产能力，正朝着 2010 年达到年建造 LNG 船 4 艘的生产能力，年产值达到 66.4 亿元的产业化目标迈进。

2. 3000m 半潜式钻井平台

研制单位： 由美国 F&G 承担基本设计，中国船舶及海洋工程设计研究院参与联合基本设计并承担加深基本设计和详细设计，上海外高桥造船有限公司进行建造总承包。

主要技术参数： 3000m 半潜式钻井平台为双下浮体、四立柱、带横撑、箱型上平台型式，采用一个半井架型式，设锚泊定位和动力定位系统。入美国 ABS、中国 CCS 船级。

平台总长 114.07m，宽度 78.68m，上平台高度 38.6m，井架高度 64m。作业状态吃水 19.0m，排水量 51509t；生存状态吃水 16.0m，排水量 47978t；调遣航行状态吃水 8.2m，排水量 37435t。作业和生存状态甲板可变载荷为 9000t；调遣航行状态甲板可变载荷为 5000t。平台定员 160 人。

3000m 半潜式钻井平台设 8 台 5530kW 柴油发电机组，设 8 台 4600kW 全回转推进装置，设 2 台 100t 甲板起重机。

与国外水平对比： 3000m 半潜式钻井平台达到当今国际最先进的第六代深水半潜式钻井平台的水平。

工程应用效果： 平台将于 2010 年建造完成，主要工作海域为我国南海，同时兼顾世界范围内其他主要海域（东南亚、西非、墨西哥湾、巴西），作业水深达 3050m，钻井深度达 10000m，作业功能为钻井、完井、试油、修井。

3. 400ft 水深自升式钻井平台

研制单位： 大连船舶重工集团有限公司

主要技术参数： 见表 5。

表 5　400ft 水深自升式钻井平台主要技术参数

型长：70.36m	作业水深：122m
型宽：76.00m	作业可变载荷：6480t
型深：9.45m	最大钻井深度：9150m

（续）

桩腿全长：166.98m	一次固定可钻井：50 口
装机容量：8000kW	定员：120 人

与国外水平对比： 400ft 水深自升式钻井平台于 2006 年在大连船舶重工研制成功，是目前国内作业水深最深、规模最大、现代化程度最高的钻井平台，也是目前世界上最先进的钻井平台之一。

工程应用效果： 该平台的研制列入国家高技术船舶科研计划，在原国防科工委、工信部的支持下和中船重工集团的指导下，大连船舶重工创造性地攻克了平台设计建造中诸多关键技术难题，取得了丰硕的开发成果。这些成果的应用，确保了平台的研制成功，同时增强了市场竞争力。

产业化情况： 首制平台研制成功后，大连船舶重工又陆续承接了 8 座同类型平台，形成了规模化、批量化生产，取得了显著的经济和社会效益，项目的产业化前景广阔。

4. 30 万 t 超大型浮式生产储油装置（FPSO）

研制单位： 中国船舶及海洋工程设计研究院、上海外高桥造船有限公司。

主要技术参数： 见表 6。

表 6　30 万 t FPSO 主要技术参数

总长：323m	货舱舱容（包括生产和污油水舱）：约 200 万桶
垂线间长：313m	环境条件（百年一遇）：有义波高：6m
型宽：63m	拖航工况：横摇角，22.8°；周期，16s
型深：32.5m	生产工况：最大横摇角，4°；最大纵摇角，1.9°
夏季吃水：20.8m	生产速率：每天处理约 19 万桶（2.7 万 t）原油
结构吃水：20.0m	载体结构：双壳双底，强度满足百年一遇恶劣海况，并能满足 50 年疲劳寿命
载重量：约 30 万 t	

与国外水平对比： 30 万 tFPSO 的设计与建造严格按照海洋工程的国际惯例和美方的技术要求，是迄今为止我国自行设计与建造的吨位最大、适用标准最新、难度最大的 FPSO 项目，总体研制水平已达到国际先进水平。

工程应用效果： 该项目是为了配合我国渤海大型海上油田——蓬莱 19 - 3 油田的开发而研制的一种 200 万桶浅吃水、超大型 FPSO。通过对超大型 FPSO 的技术攻关研究，我国掌握了该型产品的设计与建造的关键技术，攻关成果在上海外高桥造船有限公司为美国康菲石油公司建造的 30 万吨级 FPSO 产品上得到了广泛的应用，为该项目的顺利命名交船起到极其重要的作用。该船 2009 年 1 月从新加坡拖回渤海湾并于 2009 年 3 月正式投产以来，运行状况良好，达到了预想的效果和设计技术要求。

产业化情况： 该项目的依托工程——蓬莱 19 - 3FPSO 已于 2007 年 4 月 30 日顺利命名交船，于 2007 年 5 月 8 日拖离外高桥码头，前往新加坡进行上部模块安装及联合调试工作，于 2009 年 1 月拖回中国渤海湾执行海上作业任务。所有阶段成果都已全部或大部分地直接应用于实船的建造。

5. 超大型矿砂船

研制单位： 上海船舶研究设计院

主要技术参数： 见表 7。

表 7　超大型矿砂船主要技术参数

船型	20.5 万 t	23 万 t	32 万 t	40 万 t
总长/m	299.95	324.99	327	359.9
垂线间长/m	292	314.6	321.5	353
型宽/m	49	52.5	55	65

（续）

船型	20.5 万 t	23 万 t	32 万 t	40 万 t
型深/m	24.95	24.3	30.3	30.4
设计吃水/m	16.5	18.1	21	22
结构吃水/m	18.48	18.1	23	23
航速/kn	14.7	16.5	14.8	14.8
载重量/t	205000	230000	320000	400000

与国外水平对比：23 万吨级矿砂船是适合澳大利亚运矿的最大级别矿砂船，目前是澳大利亚运矿的主力船型，该船型的成功研制打破了日本船企研制建造的垄断局面。40 万 t 矿砂船是目前世界上最大的、正在设计建造的专用矿砂船。该项目开发设计工作已全面开展，从前期技术方案到形成可建造的整船详细设计，还有一系列的关键技术亟待攻关。

工程应用效果：近期，世界超大型矿砂船新船订单主要包括适合澳大利亚运矿的 23 万吨级矿砂船及 25 万吨级矿砂船，适合巴西运矿的 32 万吨级矿砂船以及吨位更大的 40 万吨级矿砂船。

产业化情况：23 万吨级矿砂船在广州中船龙穴造船有限公司获得两个船东共 14 艘船的大批订单并开始建造；40 万 t 矿砂船在江苏熔盛重工集团有限公司获得 8 +4 艘该船的订单。

6. 8530TEU 超大型集装箱船

研制单位：沪东中华造船（集团）有限公司

主要技术参数：见表 8。

表 8　8530TEU 超大型集装箱船主要技术参数

总长 L_{oa}：335.0m	主机类型：12K98MC—C
两柱间长 L_{pp}：320.0m	MCR：68520 ×104kW · r/min
型宽 B：42.8m	CSR：61670 ×100.4kW · r/min
型深 H：24.8m	油耗：248.2t/天
设计吃水 T_d：13.0m	集装箱容积：
最大吃水 T_s：14.65m	甲板上/层数约：4659/8TEU
总吨位：90757GT	货舱内约：3874TEU
载重量（T_d）：82967t	共计约：8533TEU
载重量（T_s）：102396t	冷藏箱插座：700 个
航速（90% MCR，Td，15% s. m.）：25.8kn	侧推器：2500kW
船级：GL/CCS	
RDW = DWs/（L_{pp} · B · D）	0.3015
CDSC = DW^2/3 · Vs^3/CSR ×0.7355	389.8
CHC = TEU/DWs/（tier on deck）	*0.0107
RFD = Fc/（DW · Vs · 24） ×10^6	4.8313
RGT = GT/DWs	*0.9094

与国外水平对比：8530TEU 超大型集装箱船是由沪东中华造船（集团）有限公司近几年来自主开发、自主设计、拥有完全知识产权的超巴拿马型船舶。船舶总长 335m，两柱间长 320m，型宽 42.8m，型深 24.8m，设计吃水 13m，结构吃水 14.65m，主机采用 MANB&W 的 12K98MC—C 型柴油机，是第六代巴拿马型超大型集装箱船（与国外水平对比见表 9）。

表 9 8530TEU 超大型集装箱船与国外同类产品对比

主要技术参数	现代	三星	沪东中华	大宇	石川岛播磨
总长 Loa/m	334.0	334.0	335.0	332.0	335.0
两柱间长 L_{pp}/m	319.0	319.0	320.0	317.2	319.9
型宽 B/m	42.8	42.8	42.8	43.4	42.8
型深 H/m	24.6	24.6	24.8	24.5	24.4
设计吃水 T_d/m	13.0	13.0	13.0	13.0	—
最大吃水 T_s/m	14.5	14.5	14.65	14.5	14.05
总吨位（GT）	90300	90645	90757	94300	94724
载重量（T_d）/t	83000	82300	82967	89400	** 85000
载重量（T_s）/t	98700	99700	102396	107400	97517
航速（90% MCR，Td，15% s. m.）/kn	25.4/24.5	25.9	25.8	25.4	24.5
主机类型	12K98MC	12K98MC—C	12K98MC—C	12K98MC—C	12RT—flex96
MCR/kW·（r/min）	68640 × 94	68520 × 104	68520 × 104	68520 × 104	61900 × 94
CSR/kW·（r/min）	61780 × 90.8	61670 × 100.4	61670 × 100.4	61670 × 100.4	55710 × 90.8
油耗/（t/天）	248.8	248.8	248.2	249	225.7
集装箱容积	—	—	—	—	—
甲板上/层数约（TEU）	4369/7	4273/7	4659/8	4442/8	4616/8
货舱内约（TEU）	3820	3825	3874	3598	3834
共计约（TEU）	8189	8098	8533	8440	8450
冷藏箱插座/个	700	700	700	700	701
侧推器/kW	2500	3000	2500	—	3000
船级	GL	LR	GL/CCS	GL	GL
RDW = DWs/（$L_{pp}\cdot B\cdot D$）	0.2939	0.2968	0.3015	0.3184	0.2919
CDSC = $DW^2/3\cdot Vs^3/CSR\times 0.7355$	366.3	392.2	389.8	390.8	379.0
CHC = TEU/DWs/（tier on deck）	0.0119	0.0116	* 0.0107	0.0098	0.0108
RFD = Fc/（DW · Vs · 24） $\times 10^6$	5.0201	4.8634	4.8313	4.5690	4.5158
RGT = GT/DWs	0.9149	0.9192	* 0.9094	0.8780	0.9714

注：“*”：按相同的结构吃水 14.5m 时计算。“**”：因资料上无此数据，现根据该船主尺度要素估算而得。评级得分计算：（GB11697—1989 第 6.3 节规定，得分≥49 分为特级）。

1）与“现代”设计比较 = 51.33；2）与“三星”设计比较 = 49.8；3）与“大宇”设计比较 = 48.9；4）与“石川岛播磨”设计比较 = 50.1。

[评分计算公式：评级船舶得分 =（评级船舶 RDW）/（先进船舶 RDW）×10 +（评级船舶 CDSC）/（先进船舶 CDSC）×15 +（评级船舶 CHC）/（先进船舶 CHC）×5 +（先进船舶 RFD）/（评级船舶 RFD）×15 +（先进船舶 RGT）/（评级船舶 RGT）×5]。

工程应用效果：大型及超大型集装箱船是当今国际航运业的主打产品，并且世界集装箱船有越来越向大型化发展的趋势。8530TEU 超大型集装箱船由于技术含量高，发展迅速，在世界航运市场中占有重要地位，对相关配套行业的技术升级，对我国运输业、港口的发展，能够起到积极的推动作用。

8530TEU 超大型集装箱船是目前国际航运市场中最具先进水平的第六代巴拿马型超大型集装箱船，该船的建造创造了国内建造超大型集装箱船的新纪录，沪东中华拥有的自主创新能力标志着我国在高新技术船舶领域取得了又一重大突破，所具备的技术储备以及开发中的收获与经验，将为我国在2015年成为世界第一造船大国打下扎实的基础。

8530TEU超大型集装箱船的自主创新，有效地提高了船舶运行的经济性、适航性，为研发更大规模的集装箱船，开发更新、更全、更高技术的船型，奠定了坚实的基础。

在8530TEU超大型集装箱船的研究过程中，沪东中华工程技术人员严格按照船舶制造精度标准，进行工艺文件的编制和试验验收。同时，公司有效地制定了部分坞内安装和验收的公司内部精度标准，例如导轨架安装的精度标准等，严格工艺流程、工艺纪律、工艺考核，促使在船舶设计中取得更加合理、优化、有效的效果。

产业化情况：沪东中华先后承接了15艘8530TEU超大型集装箱船，分别为中国海运（集团）总公司5艘，希腊高士迈航运公司4艘和香港东方海外航运公司6艘，充分显示了该船性能已完全符合国内外船东需求，完全适合规模化批量生产。在建造过程中，公司完全按进行批量生产的管理模式安排，制订相应的工艺路线和工艺文件，包括制造精度标准，减少重复劳动，提高生产效率。目前，沪东中华正在对该产品进行优化设计，大力推广标准化、国产化和模块化设计，以降低造船成本，进一步提高产品性能，例如优化绑扎技术，增加载箱量，使之成为接近9000箱级的超大型集装箱船，产业化前景广阔。

7. 新型多功能海上火车渡轮

研制单位：中船重工船舶设计研究中心有限公司；中船重工天津新港船舶重工有限责任公司（原天津新港船厂）；上海船舶研究设计院；中国船级社上海规范研究所

主要技术参数：见表10。

表10　新型多功能海上火车渡轮主要技术参数

总长：182.6m	总吨：24975GT
垂线间长：164.6m	净吨：12987NT
型宽：24.8m	旅客：480人
型深：9.0m	船员定额：63人
设计吃水：5.8m	服务航速：18kn
结构吃水：6.0m	续航力2000n mile（1n mile＝1852m）
载重量（结构吃水）：7218.3t	发电机功率/转速：2880kW×4/750（r/min）

该船为钢质、双层连续甲板、前置上层建筑、中尾机型的双舵桨电力推进的火车/汽车/旅客渡船，是目前国内最先进的集火车、汽车、旅客三位一体的客货滚装船。单航次可载运80t重的货运列车50节、20t载重汽车50辆、25辆小汽车和480名乘客。火车车辆舱位于主甲板，为封闭式，尾部设有尾门，火车通过铁路栈桥上下渡船；汽车车辆舱位于上甲板，同样为封闭式，尾部右舷设门，各种汽车车辆（包括集装箱拖车）通过汽车栈桥上下渡船；旅客入口位于上甲板首部右舷，旅客通过旅客登船桥上下渡船。

渡船具有带球鼻的前倾首柱，方尾，设双首侧推器、防倾水舱系统和减摇鳍。在船艉部左、右舷各设一套可360°回转的电动舵桨装置，左右船舷设有减摇鳍装置，同时为保证旅客在海上的舒适性及列车装卸的安全性，设有计算机自动控制的抗横倾、纵倾自动调倾系统。在艉门和舷门处设有锁紧和漏水监测系统，保证了渡船航行的安全。首侧推和尾推进系统在C—JOY联合操纵系统下可以使船原地回转和快速平移。渡船可以在蒲氏9级风海况下安全航行和靠泊作业，其稳性满足无限航区的航行要求，具有良好的机动性、冗余性，较高的航速，重载甲板，自动化程度高，稳性及操纵性良好，离靠码头快捷迅速等特点。

与国外水平对比：海上火车渡轮是我国首条、也是世界第35条运距超百公里的铁路轮渡，是我国目前最大，技术最先进，安全性最好，舒适度最佳，船舶价值最高的客货滚装船，是我国首次采用综合全电力推进系统的客滚船，也是世界上第一次采用第三代电力推进系统的火车滚装渡船，在国内外铁路轮渡中处于领先水平。

工程应用效果：该项目研究周期为2005—2006年，两年间完成了15个专题的研究工作，2006年底“中铁渤海火车轮渡1号”顺利交船。2006年10月完成了第1～7个专题的验收工作；2007年初进行项目总结和第8

~15 个专题实船应用改进，将研究成果完善应用到 2 号和 3 号船的建造中；2008 年上半年进行总结整理，下半年完成项目的验收。

产业化情况：到目前为止，所有的研究成果已经在三条船上进行了实际应用，均取得了良好的实际效果。三条船均按计划交付船东投入运营，运营情况良好，目前正在进行国内外同类船舶的合同洽谈工作，后续船的市场前景相当广阔。

8. 8K98MC 型船用低速柴油机

研制单位：上海中船三井造船柴油机有限公司

主要技术参数：见表 11。

表 11　8K98MC 型船用低速柴油机主要技术参数

气缸直径：980mm	合同持续功率（C. S. R）：41184kW；90. 8r/min
活塞行程：2660mm	燃油消耗率（S. MCR 工况点）：171g/kW · h +5%
设计最大持续工况（N. MCR）：45760kW；94r/min	NOx 排放：<17g/kW · h
超负荷功率（O. R）：50336kW；97r/min	外形尺寸（长×宽×高）：18. 3m×10. 1m×14. 8m
平均有效压力：1. 82MPa	干重：约 1520t
最大爆发压力：14. 0MPa	

与国外水平对比：8K98MC 柴油机是国内迄今为止所制造的最大功率的船用柴油机。该机与日本三井、韩国现代和三星等柴油机公司制造的同类机的技术指标一致，整机的技术水平达到世界先进水平。该系列机型的设计满足了船舶向大型化、环保化、低成本趋势发展所要求动力配备的需要，并以其具备的可靠性、灵活性、维护保养方便等优势，深得航运界的青睐。

但是，国外柴油机制造公司研制的 98 缸径柴油机缸数已达 14，输出功率为 87220kW，型号扩展到 MC—C、ME—C，最大爆发压力及平均有效压力都将提高。在 98 缸径柴油机其他型号缸径柴油机制造技术方面，我们与日、韩等先进制造国家仍有很大差距。

工程应用效果：8K98MC 柴油机首台机于 2008 年 7 月经装配动车、调试和提交认可试验，通过了 GL 与 CCS 船级社、船厂和船东的验收。该机由于运行正常，结构合理，操纵方便，使用可靠，经济性好，得到了船东的好评。

该首制机装备于中国远洋集团公司建造的 5100TEU 集装箱船。通过装船使用，该机达到了相关技术指标，满足了船东的交货要求，为中国船舶工业的发展做出了贡献。

产业化情况：在“7 万千瓦级大功率低速柴油机国产化研制”项目过程中所形成的技术成果已完全在该机的制造过程中应用，且应用效果良好。2008 年，该产品已经销售 4 台，预计 2009 年将销售 11 台，目前该产品已进入稳定批量生产阶段。

9. 智能型船用低速柴油机

9. 1　6K80ME—C 电控智能型船用低速柴油机

研制单位：沪东重机有限公司

主要技术参数：见表 12。

表 12　6K80ME—C 电控智能型船用低速柴油机主要技术参数

气缸直径：800mm	平均有效压力：1. 8MPa
活塞行程：2300mm	爆发压力：14. 1MPa
缸数：6 缸	燃油消耗率：<171 +5% g/kW · h
输出功率：21660kW	NOx 排放：<17g/kW · h
输出转速：104r/min	总重：737t

与国外水平对比：该产品为电控智能型船用低速柴油机，额定工况 21660kW ×104r/min，平均有效压力 1.8MPa，最大爆发压力 14MPa，燃油消耗率 171g/kW · h。无论在产品设计或制造工艺方面都具有新颖性和实用性，与国外水平相比，整机各项技术指标均达到国际先进水平。

工程应用效果：产品用于扬子江船厂有限公司为德国 PETER – DOEHLE 公司建造的 2500TEU 集装箱船做主推进动力，产品结构紧凑，功率大，操纵维修和保养方便，排放控制和节能兼顾，工程应用效果显著。

产业化情况：该系列产品目前已研制成功并交货 8 台，形成了批量生产。

9.2　7RT—flex68B 共轨智能型船用低速柴油机

研制单位：沪东重机有限公司

主要技术参数：见表 13。

表 13　7RT—flex68B 共轨智能型船用低速柴油机主要技术参数

气缸直径：680mm	平均有效压力：1.96MPa
活塞行程：2720mm	爆发压力：15.5MPa
缸数：7 缸	燃油消耗率：＜169 +5% g/kW · h
输出功率：21490kW	NOx 排放：＜17g/kW · h
输出转速：95r/min	总重：533t

与国外水平对比：该产品为共轨智能型船用低速柴油机，额定工况 21490kW ×95r/min，平均有效压力 1.96MPa，最大爆发压力 15.5MPa，燃油消耗率 169g/kW · h。无论在产品设计或在制造工艺技术方面都具有新颖性和实用性，与国外水平相比，整机各项技术指标均达到国际先进水平。

工程应用效果：产品用于扬子江船厂有限公司为德国 PETER – DOEHLE 公司建造的 2500TEU 集装箱船做主推进动力，产品结构紧凑，功率大，操纵维修和保养方便，排放控制和节能兼顾，工程应用效果显著。

产业化情况：该系列产品目前已研制成功并交货 8 台，形成了批量生产。

10. 船用大型曲轴

研制单位：武汉重工铸锻有限责任公司

主要技术参数：见表 14 ~17。

表 14　曲轴主要规格

序号	机型	曲轴长度 /mm	回转直径 /mm	曲轴重量 /t	主轴颈直径 /mm	曲柄销直径 /mm	曲柄开档 /mm	主轴颈开档 /mm	半冲程 /mm
1	10S35MC	7102	1800	18.42	390	390	142	164	700
2	6S50MC – C	6769	2620	41.88	600	600	162	222	1000
3	6S60MC – C	8030	3144	71.49	720	720	194	266	1200
4	5S60MC	7489	2988	55	672	672	220	272	1146
5	6S70MC – C	9370	3668	110	840	840	226	310	—
6	6K80MC – C	11267	3228	122.13	872	896	261	379	1150
7	6RT – flex50	6799	2660	44.42	600	600	150	216	1025

表 15　产品加工精度

主轴颈及曲柄销表面粗糙度等级	Ra0.4
主轴颈及曲柄销圆度	0.03
主轴颈对轴线跳动	0.04
曲柄销中心线对主轴颈中心线平行度	ϕ0.15/1000
曲柄销分度误差	±0.5°

表 16 化学成分

化学成分（质量分数,%）						
材料	C	Si	Mn	P	S	V
要求值						
S34MnV	≤0.37	≈0.25	1.20～1.40	≤0.020	≤0.020	≤0.12

表 17 力学性能

钢号	力学性能					
	屈服强度 σ_s	抗拉强度 σ_b	延伸长率 δ	断面收缩率 ψ	冲击功 A_{KU_5}	硬度
	N/mm^2		%		J	HBW
S34MnV	≥350	610～750	≥18	≥40	≥20	180～220

与国外水平对比：该产品作为第一支具有自主知识产权的国产船用大型柴油机半组合式曲轴，从曲轴零部件的炼钢、锻造、热处理、机加工，到红套、整体曲轴精加工完全自主完成，实物水平达到了国际先进水平。

工程应用效果：研制的船用大型曲轴外观尺寸符合图样要求，各项理化试验结果符合相关技术条件及 MAN 公司提供的技术标准，通过船级社及用户的检验。

产业化情况：该产品目前已达到年产 40～50 支，形成了批量生产。

11. 超大型锚绞机

研制单位：武汉船用机械有限责任公司

主要技术参数：见表 18。

表 18 超大型锚绞机主要技术参数

锚链直径：100～120mm	电动机功率：160kW
抛锚深度：82.5m	电动机转速：1800r/min
额定最大拉力：637kN	重量：38500kg
起锚速度：≥9m/min	

与国外水平对比：该产品操作控制器与液压马达集成为整体，在单机操作上更为简便；实现了轻载高速、重载低速的自动切换控制功能，在保证设备安全可靠的基础上，保持了较高的工作效率；液压系统、控制系统均采用了可插装的模块化设计，易损密封件更换方便，无须专用工装。总体已达到国际先进水平。

工程应用效果：该项目通过了理论分析和综合测试，产品设计文件通过 LR 船级社审查，在船级社验船师的监督下，进行了相关部件、整机的负荷试验，取得 LR 证书。产品还通过了船厂和船东共同组织的系泊试验和航行试验，得到了双方一致认可。交船后已营运两年，设备未出现故障。

产业化情况：该项目一经开发成功，就被应用于大连新船重工建造的 30 万 tVLCC 油轮配套的锚绞机上。该产品目前年产 160 台，形成了批量生产。

12. 海洋平台吊机

研制单位：中船华南船舶机械有限公司

主要技术参数：见表 19。

表 19 海洋平台吊机主要技术参数

吊机参数	主钩	副钩
工作半径	4.7～60m	3.6～65m
SWL	10～80t	1～30t

（续）

吊机参数	主钩	副钩
额定起升速度	20～40m/min	40～90m/min
变幅时间（at full load）	0～360s	
回转速度	0～1.0r/min	

与国外水平对比：产品开发瞄准当今国际同类产品的先进技术水平，已经成功生产了起升载荷达80t的吊机，正在制造200t重型海洋吊机，主要攻关高负载、大容绳量、高速起升绞车，液压系统，波浪补偿技术，电气控制系统，整机结构性能及整机关键制造工艺等关键技术，使整机技术性能、设计制造水平达到国际同类水平，打破欧美少数厂商在该领域的垄断地位。

工程应用效果：产品成功应用于海上平台、海洋工程船、FPSO等母船，吊机的性能参数得到用户认可，吊机投入使用后，质量可靠，操作性能稳定，达到了吊机的预期使用要求。在国内处于领先地位，并出口到新加坡、印度尼西亚、韩国等地，得到业内人士一致好评。

产业化情况：产品已经形成系列化、标准化，国内市场占有率达到了80%。

第八章　轨道交通装备发展报告

第一节　发展综述

我国轨道交通装备制造业经过 50 多年的发展，已经形成了较完整的研发、制造、服务体系。在这个体系中有机车制造业、动车组（及客车）制造业、通信信号装备制造业、轨道工程机械装备制造业、城市轨道车辆及机电设备制造业、货车制造业、牵引供电设备制造业等。本章重点总结机车、动车组、通信信号、轨道工程机械及城轨设备五个制造业领域的发展。

1. “十一五”发展目标和任务

1.1　动车组

按照“引进先进技术、联合设计生产、打造中国品牌”的总体要求，巩固和深化引进消化吸收成果，不断提高国产化率。通过再创新，设计制造具有自主知识产权的时速 250km 的长编组座车、卧铺动车组和时速 300 ~350km 及以上动车组，形成高速动车组系列产品。

在掌握时速 200km 及以上动车组设计技术基础上，进一步提高核心技术竞争力，制造技术实现国际一流，全面执行国际先进标准。依托客运专线和高速铁路工程建设，逐步扩大动车组的运营范围。

“十一五”末期高速动车组国产化率将达到 85% 以上。通过 3 ~5 年的努力，实现国产高速动车组技术水平和产品质量达到世界领先水平。

1.2　大功率机车

大力发展大功率交流传动电力机车，提高铁路电力牵引的换算周转量比重。积极发展大功率交流传动内燃机车，形成具有自主知识产权的大功率交流传动电力、内燃机车系列产品，满足国内重载货运、快速客运的需求。

形成时速 200km 等级客运电力机车、时速 120km 等级货运机车的系列产品。电力机车轴功率 1200kW、1600kW，内燃机车柴油机装车功率 4400 ~6000 马力（1 马力 =735. 499W）。

“十一五”末期大功率交流电力、内燃机车的国产化率达到 75% 以上。实现大功率交流传动电力、内燃机车批量生产，全面提升产品质量，使国产大功率机车技术性能及能耗指标达到国际先进水平。

1.3　城市轨道车辆及机电设备

我国城市轨道交通技术装备制造业通过不断创新，取得了一批具有自主知识产权的产品。已经自主研发成功 B 型车、A 型车，车辆的技术水平已经达到国际同类产品的先进水平，其生产能力已达到年产 4000 多辆，不仅能满足我国城市轨道交通发展的需要，而且已经出口伊朗、印度、澳大利亚、巴西、委内瑞拉等国。其核心部件包括牵引传动系统、车辆钩缓装置、制动系统、自动车门系统、车轮及地板布等，都有成熟的自主研发的产品。

“十一五”末期，各种类型城轨列车全部实现自主设计、系统集成，产品技术性能和质量达到国际先进水平。近几年来，其核心技术和部件，铝合金、不锈钢车体，转向架，牵引传动系统，制动系统，车钩缓冲装置，自动门系统等国内企业和科研机构，均已有自主研发的成熟产品，并已形成生产规模。“十一五”期间，各关键部件性价比做到远优于外国公司的同类产品，在竞争中逐步取代国外产品，使城轨车辆的国产化率高于 80%。

1.4　通信信号

在充分利用国内成熟技术的基础上，通过引进、消化、吸收关键技术，构建具有自主知识产权的列车运行控制技术体系，实现列车运行控制成套技术产品的国产化和集成创新。

近年来，以中国铁路通信信号集团公司（以下简称通号集团）、铁科院、和利时公司等为代表的通信信号大型骨干企业，在铁道部主导下，依托客运专线建设，致力于客运专线通信信号系统集成技术的引进、消化、吸收与再创新，同时大力开展自主创新工作，通过参与大型工程建设正逐步发展成为以装备制造业为基础，系统集成与工程总承包能力紧密结合的大型企业集团。2008 年，通号集团联合国内外企业完成了中国第一条时速350km 的京津城际铁路通信信号系统集成工程总承包项目，完成了首个独立系统集成的合武客专工程项目，目前正在参与建设武广、甬台温、温福、广珠、广深港等客运专线通信信号系统集成工程总承包项目。

进一步完善和推广应用 CTCS2 级列控系统，研发以 GSM－R 为信息传输平台的 CTCS3 级列控系统和成套产品，满足时速 300km 及以上高速铁路安全控制的需要。提升计算机联锁装备水平。加速客运专线 CTC 系统技术的发展，实现客运专线和既有线 CTC 的互联互通。推进客运专线运营调度系统的技术集成和创新。推广应用编组站综合自动化系统。

用 3～5 年的时间，全面掌握列控及配套设备的设计和生产制造技术，国产化率达到 85% 以上。通信信号主要技术装备水平达到国际先进水平。

1.5　轨道工程机械

通过引进、消化、吸收及自主创新，构建具有自主知识产权的轨道工程及大型养路机械产品的技术体系，实现成套技术产品的国产化和自主化，用 3～5 年的时间，全面掌握轨道工程及大型养路机械装备的设计制造技术，主型轨道工程机械国产化率达到 70% 以上，并形成系列化的有自主知识产权的核心技术与产品，主要技术水平达到国际先进水平。

2. 2006—2008 年主要经济指标及效益指标

2008 年工业总产值为 777 亿元，销售收入为 833 亿元，工业增加值为 190 亿元，缴税总额 44 亿元，利润总额 43 亿元，出口交货值 44 亿元。

其中主要大企业集团有北车集团（全国 500 强企业）、南车集团（全国 500 强企业）、通信信号集团公司、昆明中铁集团公司（大型养路机械）、襄樊金鹰公司（轨道工程机械）等，其 2006—2008 年主要经济指标及效益指标分别见表 1～5。

表 1　北车集团 2006—2008 年本领域各项主要经济指标、效益指标、出口情况

（单位：亿元）

年份	年工业总产值	年销售收入	工业增加值	缴税总额	利润总额	出口交货值	从业人数/人	净资产收益率（%）	净资产负债率（%）
2006 年	233.10	244.69	55.07	11.23	3.74	18.81	95099	3.87	279.86
2007 年	283.96	294.81	58.41	11.26	5.17	11.93	88286	7.55	361.16
2008 年	350.67	375.62	83.70	17.41	15.37	20.40	88807	11.59	344.05

表 2　南车集团 2006—2008 年本领域各项主要经济指标、效益指标、出口情况

（单位：亿元）

年份	年工业总产值	年销售收入	工业增加值	缴税总额	利润总额	出口交货值	从业人数/人	净资产收益率（%）	净资产负债率（%）
2006 年	265.9208	241.1564	58.8548	11.5327	6.8578	17.8057	89960	3.16	63.79
2007 年	328.2983	280.2634	75.6040	16.0956	12.7452	19.3380	84293	10.36	74.34
2008 年	368.0213	368.516	87.0155	19.9165	20.0802	22.3667	80610	7.77	58.85

表 3　通号集团 2006—2008 年本领域各项主要经济指标、效益指标、出口情况

（单位：亿元）

年份	年工业总产值	＊年销售收入	工业增加值	＊缴税总额	＊利润总额	出口交货值	＊从业人数/人	＊净资产收益率（%）	＊净资产负债率（%）
2006 年	23.4	42	8.4	3.8	3.3	0.2	19120	12.4	61.7
2007 年	28.1	49	10.2	4.1	5.3	0.8	23980	18.2	61.6
2008 年	33.9	62.8	11.2	4.7	5.6	0.6	13690	18.0	62.5

注：标“＊”指标为通号集团全部（含工业），未标“＊”指标仅为工业。

表 4　金鹰公司 2006—2008 年本领域各项主要经济指标、效益指标、出口情况

（单位：亿元）

年份	年工业总产值	年销售收入	工业增加值	缴税总额	利润总额	出口交货值	从业人数/人	净资产收益率（%）	净资产负债率（%）
2006 年	4.33	4.33	0.57	0.21	0.1	0.15	630	10.23	292.04
2007 年	4.45	4.45	0.74	0.26	0.33	0.09	647	25.85	284.53
2008 年	5.47	5.47	1.11	0.28	0.46	0.3	625	34.63	385.50

表 5　昆明中铁大型养路机械集团公司 2006—2008 年本领域各项主要经济指标、效益指标、出口情况

（单位：亿元）

年份	年工业总产值	年销售收入	工业增加值	缴税总额	利润总额	出口交货值	从业人数/人	净资产收益率（%）	净资产负债率（%）
2006 年	8.63	9.28	2.98	0.63	0.71	—	1088	17.59	229.17
2007 年	9.41	11.86	4.03	1.09	1.16	—	1109	22.35	285.31
2008 年	19.23	20.23	6.73	1.65	1.72	—	1357	22.72	237.57

3. 技术创新体系建设

轨道交通制造业技术创新体系建设情况见表 6。

表 6　技术创新体系建设汇总表

集团公司	拥有国家工程研发中心、国家工程实验室、国家重点实验室、国家认定的企业技术中心名称	本领域科研开发经费投入/亿元		占销售收入的比重（%）		研发技术人员数/人	占依托建设单位全部从业人数比例（%）
		2007	2008	2007	2008	2008	
北车集团	高速列车系统集成国家工程实验室（依托北车长春轨道客车股份有限公司） 国家认定的企业技术中心包括：齐齐哈尔装备公司技术中心，长客股份公司技术中心，大连机辆公司技术中心，唐山轨道客车公司技术中心，大同机车公司技术中心，永济电机公司技术中心	7.58	9.03	2.57（其中销售收入 294.81）	2.40（其中销售收入 375.62）	3816	4.30（全部人数为 88807 人）

（续）

集团公司	拥有国家工程研发中心、国家工程实验室、国家重点实验室、国家认定的企业技术中心名称	本领域科研开发经费投入/亿元		占销售收入的比重（%）		研发技术人员数/人	占依托建设单位全部从业人数比例（%）
		2007	2008	2007	2008	2008	
南车集团	高速列车系统集成国家工程实验室（依托南车青岛四方机车车辆股份有限公司） 变流技术国家工程研究中心（依托南车株洲电力机车研究所） 国家认定的企业技术中心包括：南车株洲电力机车公司（简称株机公司）技术中心、南车青岛四方机车车辆股份有限公司技术中心、株洲时代新材股份公司技术中心、南车眉山车辆有限公司技术中心、南车株洲车辆厂技术中心	11.63	16.224	3.73（其中：销售收入为312）	4.27（其中：销售收入为380）	6510	7.93（全部人数为82097人）
通号集团	北京轨道交通运行控制系统国家工程研究中心（国家级中心）	1.855	2.221	3.79	3.54	1572	—
中国铁道科学研究院	高速铁路系统试验国家工程实验室 高速铁路无砟轨道国家重点实验室	2.29	2.92	10.36	10.99	7542	61.9
高等院校	西南交通大学牵引动力国家重点实验室	0.2	0.3	—	—	50	1.2
	北京交通大学轨道交通运行控制系统国家工程研究中心	0	0.2	—	—	20	1.22
	北京交通大学下一代互联网互联设备国家工程实验室	0	0	—	—	50	3.05
	北京交通大学轨道交通控制与安全国家重点实验室	0.16	0.2	—	—	50	3.05
	中南大学高速铁路建造技术国家工程实验室	0	0.2	—	—	87	1.3

4. 企业兼并重组

轨道交通制造业企业兼并重组情况见表7。

表7 企业兼并重组情况

序号	企业兼并	产业特色	龙头企业	兼并方案
1	北车集团新造客车业务重组资源整合	整合集团新造客车资源，打造主导产品技术、制造平台	长客股份公司	唐山厂与客车制造业务直接相关的资产人员分立，设立唐车公司，客车（包括300km时速动车组）设计、制造业务划入唐车公司，其余业务留归唐山厂；同时将唐车公司委托给长客股份公司管理
2	北车集团新造电力机车业务重组资源整合	整合集团新造机车资源，为主导产品扩能服务	大连机辆公司	对大连机辆公司和二七机车厂实施重组；本着现有资源共享，优化产品配置，引进技术共享，不重复投资，内部不竞争，专业化协作的原则，逐步实现专业化协作，形成合理的内部产品分工的格局

（续）

序号	企业兼并	产业特色	龙头企业	兼并方案
3	中国南车中南—华东地区五厂货车业务重组整合	世界一流的铁路货车研发、制造、修理及出口基地	南车长江车辆有限公司	对中南—华东地区五厂戚墅堰机车车辆厂货车修造业务及株洲车辆厂、武汉江岸车辆厂、武昌车辆厂、铜陵车辆厂进行整合，成立南车长江车辆有限公司
4	中国南车洛阳公司、襄樊公司、襄牵公司三厂整合	国内最大的机车修理基地	南车洛阳机车有限公司	对洛阳公司、襄樊公司、襄牵公司业务进行合并，成立新的洛阳公司
5	电力机车整合项目	世界一流的大功率电力机车研发制造基地	南车株洲电力机车有限公司	整合株洲电力机车有限公司、资阳机车有限公司的研发制造资源，合资组建资阳南车电力机车有限公司

5. 企业走出去

（1）北车集团长客股份公司以城轨车辆生产技术作价 2000 万元参股伊朗德黑兰地铁车辆制造公司。

（2）北车集团大连机辆公司 3500 马力和 2500 马力内燃机车制造技术出口到巴基斯坦。

（3）2005 年 4 月，南车集团株洲电力机车研究所与美国密执安州立大学联合成立了“ZELRI—MSU 电力电子系统研发中心”，这是我国轨道交通装备制造行业第一个海外工业电力电子研发中心。

（4）2008 年 11 月，南车集团二级子公司时代电气成功收购英国 Dynex 公司，这是中国企业在半导体领域首次大规模的跨国收购。时代电气也成为中国轨道交通装备制造行业第一个跨国并购的企业。收购 Dynex 公司的大功率半导体业务是时代电气实施核心技术产业延伸、进军全球电力电子产业的重大战略举措。

（5）2008 年 11 月，南车株洲所国家变流中心成功中标“ITERAC/DC 大功率变流系统技术支持与工程咨询国际招标项目”，这意味着国家变流中心将代表中国工业界参与 ITER 项目，这也是我国迄今为止参加的最大国际科技合作项目。迈进国际 ITER 项目的大门，将推进中国南车新能源开发的深度与速度，扩大对大功率变流产业影响力，提升参与国际合作和企业自主创新的能力。

（6）襄樊金鹰公司通过考察，在马来西亚、巴西、新西兰、澳大利亚等国设置了代理机构。

6. 存在的问题

（1）新颁布的《高新技术企业认定管理办法》中，轨道交通装备制造业不在“高新技术企业认定领域”内，不利于轨道交通装备制造业的技术创新与发展。

（2）大功率交流传动机车、新型铁路客车、重载或快速货车、新型铁路施工机械、新型铁路养护机械等新型轨道交通装备没有列入（财关税［2007］11 号）附件 1《国务院确定的 16 个重大技术装备关键领域》。

（3）重载或快速货车等新型轨道交通装备没有列入国家发展改革委第 50 号令《产业结构调整指导目录（2005 年本）》“第一类鼓励类”目录。

（4）近几年技术引进、消化吸收和自主创新战略实施，资金信贷规模扩大，刚性支出增加，还本付息压力逐步加大。企业需要大量资本金注入，急需拓宽融资渠道。

（5）高速动车组、大功率交流传动机车、城市轨道车辆的国内主要配套企业有数百家，辐射了全国十几个省市，包括材料、通信、电子、机械、冶金等多个行业。随着高速铁路的快速发展，许多配套厂家已初具规模。但一些配套的企业在技术水平、生产规模、技术创新能力等方面还需进一步加强。

（6）企业的自主创新能力还需要不断提高，持续推进再创新工程，形成自主创新能力。部分关键部件装用国外产品，进口关税负担较重。

（7）与国外知名公司，如西门子公司、庞巴迪公司、阿尔斯通公司、日立公司、美国 EMD 公司等相比，企业在研发体系建设方面还存在着一定的差距，有待于持续不断完善研发体系建设。

(8) 轨道工程机械产业集中度不高，缺少参与国际竞争的“航空母舰”。

第二节 关键装备自主化进展情况

2006–2008 年期间开发成功了一批重大的轨道交通装备，为我国轨道交通运输事业的发展做出了应有的贡献（见表 8）。

表 8 开发成功的重大装备（动车组、机车、通信信号、轨道工程机械、城轨设备）

序号	装备名称	制造企业	关键技术	主要技术指标及水平对比	工程应用情况	国产化率（%）	市场占有率（%）
1	HXD3 型大功率交流传动电力机车	中国北车集团大连机车车辆有限公司	交流传动技术、微机网络控制技术和轮盘制动技术	轴功率 1200kW，在铁路一级线路上单机可牵引 5000t，最高时速 120km；经济性、牵引性能和环境保护等方面处于世界先进水平	400 余台 HXD3 型电力机车投入使用	85	100
2	HXD3B 型大功率交流传动电力机车	中国北车集团大连机车车辆有限公司	大功率变流控制技术、大功率牵引电机、网络控制技术等	轴功率 1600kW，世界上单机功率最大、技术水平最高、性能指标最先进的机车；总功率为 9600kW，可单机牵引 5000～6000t 货物列车，最高运行速度每小时 120km	将成为中国铁路货运重载的主型机车	80	33.0
3	HXN3 型大功率交流传动内燃机车	中国北车集团大连机车车辆有限公司	大功率柴油机、变流控制技术	机车功率为 6000 马力，最大运营速度 120km/h，最大起动牵引力 627kN，是目前国内外同类产品中技术最先进、功率最大的节能环保型内燃机车，在平直线路上牵引 5000t，大修期由以往国内内燃机车的 90 万 km 延长到 180 万 km	已有 4 台交付使用	80	50
4	HXD2 型大功率交流传动电力机车	中国北车集团大同电力机车有限责任公司	机车系统集成技术、重载车体技术、转向架技术、微机网络控制技术、牵引传动技术、辅助变流技术、高压电器技术	最大运营速度 120km/h； 机车牵引功率 10000kW； 机车单轴功率 1250kW； 再生制动功率 10000kW； 起动牵引力 760kN，700kN； 技术水平达到国际先进水平	180 台全部用于大秦线重载牵引	75	50
5	HXD2B 型大功率交流传动电力机车	中国北车集团大同电力机车有限责任公司	机车整车技术标准及技术平台、整车列车控制网络相关技术、大功率轻量化牵引变压器、大功率牵引变流器技术及其传动控制技术、大功率异步牵引电动机技术、自主研发的关键技术及装置批量装车试验和完善	最大运营速度 120km/h； 机车牵引功率 9600kW； 再生制动功率 9600kW； 起动牵引力≥584kN； 恒功率速度范围 76～120km/h； 技术水平达到国际先进水平	500 台全部用于大秦线重载牵引	80	33.3

（续）

序号	装备名称	制造企业	关键技术	主要技术指标及水平对比	工程应用情况	国产化率（%）	市场占有率（%）
6	HXD1型大功率交流传动电力机车	南车株洲电力机车有限公司（以下简称株机公司）	重载交流传动电力机车系统集成技术、重载电力机车车体技术、重载机车转向架技术、大功率交流传动卧式牵引变压器技术、大功率交流传动异步牵引电机技术	机车轮周牵引功率（持续制）9600kW； 持续速度：23t轴重时70km/h，25t轴重时65km/h； 机车持续制牵引力：23t轴重时494kN，25t轴重时532kN； 机车均达到国际先进水平	已累计生产220台机车，其中180台已交付机务段	70以上	50
7	HXD1B型大功率交流传动电力机车	株机公司	交流传动系统集成技术、网络控制系统集成技术、通风系统设计技术、高强度长寿命重载车体设计技术、25t轴重Co转向架设计技术、带弹性联轴器的驱动装置制造技术、制动系统集成技术、世界最大功率牵引电动机制造技术、大容量主变压器制造技术	机车牵引功率：9600kW； 机车制动功率：9600kW； 机车起动牵引力：≥570kN； 机车最高运营速度：120km/h； 牵引电动机额定功率1633kW； 技术水平达到了国际先进水平	已成功下线，正在进行型式试验	80以上	33.3
8	HXN5大功率交流传动内燃机车	南车戚墅堰机车有限公司（以下简称戚机公司）	机车车体架、各室钢结构制造技术，柴油机关键零部件制造技术，转向架构架、抱轴箱制造技术，机车总组装和试验技术	机车最大功率4400kW，采用交流传动； 柴油机环保性能达到Tier2排放要求； 柴油机经济性良好，燃油消耗率达到200±3g/kW·h； 机车满足三机重联功能，双机重联满足牵引5000t，运行速度120km/h	首台样车于2008年11月25日成功下线，目前已进入批量生产	80以上	50
9	CRH5型动车组	长春轨道客车股份有限公司	铝合金车体技术、高速转向架技术、交流传动技术、网络控制技术、制动技术等	采用八辆编组，五动三拖，定员622人，最高运营速度200km/h，最高试验速度250km/h	已有51列动车组投入应用	75	37.5
10	CRH3型动车组	唐山轨道客车有限责任公司	系统集成技术、铝合金车体制造技术、高速转向架技术、交流传动技术、网络控制技术、制动技术等	采用八辆编组，定员557人； 采用交流传动方式牵引，最大牵引功率8800kW，运营时速350km，最高试验速度达394.3km/h；处于世界领先地位	有11列CRH3型动车组投入应用	第一阶段30，最终85	50

（续）

序号	装备名称	制造企业	关键技术	主要技术指标及水平对比	工程应用情况	国产化率（%）	市场占有率（%）
11	CRH2 时速 200～250km 动车组	南车青岛四方机车车辆股份有限公司（以下简称四方股份）	—	采用八辆编组； 转向架轴重：≤14t； 轮径：860/790mm； 牵引电动机：300kW； 起动加速度：0.406m/s²	60 列 8 辆编组，已全部交付	70 以上	37.5
12	CRH2 时速 200～250km 长编组动车组	四方股份	系统集成技术、轻量化铝合金车体制造技术、网络控制系统、制动系统	采用 16 辆编组；动力配置：2（4M+4T）；其余同上	定货 20 列 16 辆编组座车、卧铺车；首列动车组已投运用	85 以上	33.3
13	CRH2 时速 300～350km 动车组	四方股份	设计新型流线型头形及受电弓导流罩；减弱列车运行压力波，系统优化悬挂参数及结构；优化轮轨匹配关系，提高转向架轻量化程度；对网络控制系统进行扩展设计	采用八辆编组，六动二拖	已交付 6 列用于京津线	85 以上	50
14	CRH1 时速 200～250km 动车组	庞巴迪四方合资公司（BST）	—	采用八辆编组，五动三拖； 车体型式：不锈钢车体、分体式空调系统； 转向架轴重：≤16t； 轮径：915/835mm； 牵引电动机：265kW； 起动加速度：0.6m/s²	签订 40 列 8 辆编组时速 200km 动车组	70 以上	25
15	CRH1 时速 200～250km 长编组动车组	庞巴迪四方合资公司（BST）	—	采用 16 辆编组； 动力配置：4（2M+1T）+2（1M+1T）； 其余同上	签 20 列 16 辆编组座车和 20 列 16 辆编组卧铺车，座车首列已交付运用	85 以上	66.6

（续）

序号	装备名称	制造企业	关键技术	主要技术指标及水平对比	工程应用情况	国产化率（%）	市场占有率（%）
16	车站列控中心	通号集团公司铁科院和利时公司	应答器编码控制技术及接口技术、ZPW－2000A 轨道电路区间及站内编码控制技术、客专 CTCS－2 级应答器报文控制、ZPW－2000A 轨道电路设备冗余管理技术、列控中心站间安全通信技术、区间运行方向与闭塞控制技术、区间信号机点灯控制技术、无岔站信号机与进路控制技术、列车占用状态及临时限速处理技术	列控中心最多能连接 4 个 LEU，可以同时处理 6 条接发车进路信息；相邻车站一个运行方向只允许设置 1 个临时限速区；设备运行数据记录不小于 48h；系统响应时间不大于 1.5s；不导致系统功能降级或失效的 MTBF 不小于 10^5h；系统安全度等级（SIL）为 4 级，发生危险侧故障的概率不大于 10^{-9}；安全通信数据出现错误检测失败的概率不大于 10^{-9}	已在京广线、陇海线、京沪线和京哈线列控中心应用	95	50
17	LKD2 － T1 型列控中心	通号集团	ZPW－2000A 轨道电路区间自动闭塞编码控制技术、ZPW－2000A 轨道电路站内设备编码控制技术、ZPW－2000A 计算机编码站间通信联系技术、ZPW－2000A 轨道电路方向电路管理技术、ZPW－2000A 轨道电路设备冗余管理技术、系统内和系统间的安全通信技术	具备 ZPW－2000 轨道电路编发码控制、区间轨道电路状态逻辑判断、区间运行方向控制及闭塞、区间信号机点灯控制、有源应答器发送报文控制等功能	合武线客专 26 车站，即将在甬台温，温福线投入使用	100	60
18	LKD2 － T2 型列控中心	通号集团	ZPW－2000A 轨道电路编码控制技术、列控中心站间通信技术、区间运行方向与闭塞控制技术、区间信号机点灯控制技术、无岔站信号机与进路控制技术、灾害防护技术、列车占用状态处理技术、临时限速处理技术	完成 ZPW－2000A 轨道电路和有源应答器的完全控制，从而实现 CTCS－2 级列控系统所需要的完整列车控制功能	京津城际 11 站，即将在武广客专投入使用	80	60

（续）

序号	装备名称	制造企业	关键技术	主要技术指标及水平对比	工程应用情况	国产化率（%）	市场占有率（%）
19	客运专线ZPW－2000A一体化轨道电路	通号集团	—	发送器载频、低频漂移不大于0.15Hz，设备故障报警时间不大于1.5s；接收器主轨道吸起值门限为200～210mV；落下值门限＞170mV；吸起延时为2.3～2.8s；落下延时＜2s；接收器小轨道吸起值门限为70～80mV；落下值门限＞63mV；吸起延时为2.3～2.8s；落下延时＜2s；继电器电压＞20V；最大传输长度：有砟线路1400m，无砟线路1200m（路基地段），无砟线路：1000m（桥梁地段）	已在多个客专线应用	100	100
20	二乘二取二安全冗余联锁系统	通号集团	本系统是采用故障－安全专用处理器构成的并列二重系结构安全系统；系统采用时钟同步比较技术，输入电路通过自检测保证输入的安全性；输出采用双CPU动态和静态信号比较校核，保证输出的安全性；电子终端采用并列二重系结构，各子系统间全部采用光缆连接，系统采用浮地安装，与外界隔离，系统支持区域集中联锁控制，通过在中心站设一套联锁主机，就能实现多个车站的集中控制，控制范围广，站间距离最远可达40km	控制容量：输入2400点，输出2400点；应用支持：车站联锁、区域联锁、站间安全通信；平均危险侧故障间隔时间MTBHE＞5.05×10^{12}h；平均故障间隔时间MTBF＞2.16×10^{7}h；工作环境：温度0～40℃，相对湿度40%～90%	已在65个车站应用	80	60
21	客运专线CTC系统	通号集团公司设计院、卡斯柯公司	智能化技术、分散自律技术、系统安全性、可靠性、兼容性技术	主要技术指标满足《分散自律调度集中系统技术条件（暂行）》	京津客专6个车站，石太客专4个车站	100	25
22	编组站综合集成自动化系统（CIPS）	通号集团	离线数据分析、调度决策、自动执行技术	目前CIPS系统是中国铁路唯一开通使用的编组站综合集成自动化系统，处于世界领先水平	成都北编组站、贵阳南编组站、武汉北编组站	100	70

（续）

序号	装备名称	制造企业	关键技术	主要技术指标及水平对比	工程应用情况	国产化率（%）	市场占有率（%）
23	道岔融雪设备	通号集团	道岔融雪车站集中控制模块、远程控制技术	系统平均无故障时间 MTBF≥5×10^4h；设备使用寿命不少于15年；具有防止对轨道电路干扰的功能	目前已在大秦线湖东站150组道岔等开通使用	70	70
24	综合视频平台	通号集团	实现视频流分发、实现视频流多级转发、实现多级控制体系架构	支持 Mpeg-4 压缩格式； 图像满足 Cif、4Cif 清晰度标准； 支持主流 PTZ 控制协议，如 Pelco-D、Pelco-P 达到国际同类软件先进水平	青藏线全线视频监控系统；京津城际高速铁路客运专线视频监控系统	100	50
25	TWJX 标准型机车综合无线通信设备	通号集团公司	多业务高度集成技术、 卫星定位技术、 GSM-R 语音调度通信技术、 GPRS 数据传输技术、 数据存储技术、 自检诊断技术	送受话器接口电平：245mV ±10%； MMI 与主机音频电平：245mV ±10%； 录音输出接口电平（600Ω 阻抗）：-10±2dBm； 主机 TDCS（TAX 箱）模拟接口 FFSK 接收和发送电平：245mV±20%； 主机 TDCS（450MHz）接口 FFSK 发送电平：245mV ±10%； 450MHz 电台语主机音频电平：245mV±10%； 扬声器音频输出：0.5～5W 可调	普通客运机车及货运机车300多台；CRH5 型动车组120多套；CRH3型、CRH2型动车组120多套；普通客运列车40多套；和谐 D3 货运机车260多套	100	25
26	YHG-1200X 型移动式焊轨车	襄樊金鹰轨道车辆有限责任公司	整车的系统集成技术、 拉轨对正系统技术	最高自行速度：100km/h； 最大焊接钢轨截面：10000mm^2； 焊接 60kg/m 钢轨的时间（脉动焊）：≤100s； 研制的拉轨对正系统可以减少线下焊的用工和时间	在青藏线西格二线建设中应用	61	75
27	WY-100 型物料运输车	襄樊金鹰轨道车辆有限责任公司	整车的系统集成技术、 四轴转向架技术、 地板输送机设计技术	最高连挂速度：120km/h； 装载容积：70m^3； 载重：100t； 最大输送能力：900m^3/h	用于武汉、广州、柳州铁路局线路大修	78	56

（续）

序号	装备名称	制造企业	关键技术	主要技术指标及水平对比	工程应用情况	国产化率（%）	市场占有率（%）
28	LMFS－100物料运输车	昆明中铁大型养路机械集团有限公司	整车的系统集成技术、新型8轴高速转向架技术、地板输送机的设计技术	散料自动装卸效率：700～800m^3/h； 最大装载量：95t	已在上海铁路局使用	75	20
29	CMG－16道岔打磨车	昆明中铁大型养路机械集团有限公司	车架总成设计技术	纵向平顺度：±0.03mm； 横向轮廓：±0.2mm； 表面粗糙度：Ra10μm； 纵平测量精度：±0.025mm	已在沈阳铁路局使用	50	6.7
30	YHG－1200K焊轨车	昆明中铁大型养路机械集团有限公司	整车高速稳定性、高速联挂性能；焊轨机作业模式	在不依赖外接电源的情况下，具有连续闪光焊和脉动闪光焊两种焊接方式； 一个3h封锁点内焊接8～10个接头	已在济南铁路局进行工业性考核	90	20
31	DPZ－440配碴车	昆明中铁大型养路机械集团有限公司	整形、清扫和集碴技术；工作装置安全避障技术	最大配碴宽度：3630mm； 最大整形宽度：7200mm； 最大清扫宽度：2600mm； 最大储碴容量：5m^3； 整形边坡坡度：可调； 作业速度：0～15km/h	已在上海铁路局使用	80	78.6
32	D09－3X型捣固车	昆明中铁大型养路机械集团有限公司	连续走行、捣固装置、起拨道装置的控制及测量技术； 变截面、无中梁、空间刚架车体焊接工艺技术	最大起道量：150mm；最大拨道量：±150mm； 保证作业精度稳定在横平±2mm、纵平±4mm（力争达到±3mm）和正矢±2mm	已在南昌铁路局使用	50	100
33	BS－550边坡清筛机	昆明中铁大型养路机械集团有限公司	边坡挖掘装置设计技术、边坡清筛配套装置及边坡整形技术	清筛深度：轨面以下900mm； 输送带线速度：空载不低于3.0m/s； 作业走行速度：0～2000m/h	已在成都铁路局进行工业性考核	75	25
34	DWL－48连续式捣固稳定综合作业车	昆明中铁大型养路机械集团有限公司	动力传动及功率分配技术研究、捣固—稳定作业匹配技术、机械—液力传动与静液压传动匹配技术	双向行驶；最高自运行速度：100km/h；最高联挂运行速度：120km/h；最小运行半径180m，最小作业半径250m；作业时，最大起道量150mm，最大拨道量±150mm；最大捣固深度（由轨面以下）不小于560mm。 系统测量精度：±1mm	已在上海铁路局进行工业性考核	80	99

（续）

序号	装备名称	制造企业	关键技术	主要技术指标及水平对比	工程应用情况	国产化率（%）	市场占有率（%）
35	城轨 A 型车	四方车辆厂 南车株洲电力机车有限公司 浦镇车辆厂	铝合金、不锈钢车体；轴重 16t，最高运行速度 100km/h	车体宽 3m；车体长 22m；采用交流传动；计算机控制；电控制动；每辆车载客 312 人；编组 4～8 辆	已在深圳、上海地铁运营公司投入小批运用	70 以上	—
36	城轨 B 型车	长春轨道客车股份有限公司	铝合金、不锈钢车体；轴重 14t，最高运行速度 100km/h	车体宽 3m；车体长 22m；采用交流传动；计算机控制；电控制动；每辆车载客 260 人；编组 4～8 辆	多家地铁公司采用	70	—
37	城轨牵引传动系统	株洲时代集团 大连机车车辆研究所	采用功率电子器件； IGBT 元件，实现 DC－AC 变换，用直接力矩控制模式实现 VVVF	采用 3300V600A 大功率 IGBT 元件主变流器；输出功率 800～1000kW；电压调节范围：A 型车 0～1500V，B 型车 0～750V	已被北京、上海、沈阳、深圳等地铁公司采用	70 以上	—
38	城轨制动系统	中国铁道科学研究院	微机控制，直通式电控制动，实现电空混合制动；完善的网络化检测和诊断功能、故障导向安全技术；空气制动的防滑控制技术	工作环境：－40～70℃； 冲动控制：0.7m/s^2； 滑行效率：＜80%； 停车精度：±30cm	天津、沈阳、北京地铁已采用	80 以上	—
39	城轨钩缓装置	四方研究所	满足地铁列车所需带有电气连接的车钩、缓冲器系列（自动车钩、半自动车钩、连接杆）	实现车辆与列车间机械与电气自动连接和分开，可在 15km/h 速度下吸收列车动能，实现大容量能量吸收，防止车辆受损	北京、天津、大连等地铁公司采用	90 以上	—

第九章　大型环保及资源综合利用设备发展报告

第一节　发展综述

1. “十一五”的发展目标和任务

我国的环保装备制造行业诞生于改革开放初期，与其他装备制造行业相比，是一个年轻的新兴行业。经过30年发展，目前已形成包括环保设备、资源综合利用设备的生产制造体系。“十一五”期间，国家没有统一制定环保和资源综合利用装备制造业发展规划。据有关行业协会测算，“十一五”的发展目标如下：

“十一五”期间，我国环保和资源综合利用装备制造业年均增长速度13%～17%。到2010年，全行业总产值达到1000亿～1200亿元，其中：大气污染防治设备总产值350亿～430亿元，水污染防治设备总产值375亿～455亿元，固体废物处理和资源综合利用设备总产值110亿～120亿元，噪声与振动控制设备总产值25亿～35亿元，环境监测仪器总产值60亿～70亿元，环境污染防治专用材料与药剂总产值80亿～90亿元。

到2010年，我国环保装备的总体技术水平达到21世纪初国际水平，主要产品出口额3.3亿～4.0亿元。主要产品中具有国际先进水平的占40%以上；环保装备产品质量、可靠性有大幅度提高，其中重点产品达到国际通用水平。

在全行业培育三四家具有国际经营管理水平、拥有自主知识产权、主业突出、核心竞争能力强的大公司或企业集团；中小型企业的专业化水平有较大提高。

2. 2006—2008年主要经济指标

通过对环保资源装备行业的1200多家企业2006—2008年发展情况进行调查及统计，2008年环保资源装备行业的销售收入预计为1800亿元以上。

目前，我国统计口径中没有对环保资源装备单独进行分类统计，因此，本报告只是结合抽样调查数据对行业发展数据进行测算。

以2005年我国环保资源装备产值550亿元为基数，结合上述对1200多家企业的调查数据分析测算，2006—2008年，我国环保资源装备行业的主要经济指标见表1。

表1　2006—2008年主要经济指标调查数据

序号	指标	2006年	2007年	2008年
1	销售收入/亿元	800	1400	1800
2	销售收入年增长率（%）	70	30	50
3	销售利润/亿元	120	196	234
4	销售利润率（%）	15	14	13

2006—2008年，全行业利润迅速增长，2007年同比增长64%，2008年比2007年增长34%，虽增长幅度有所趋缓，但增长率依然保持在30%以上。从行业整体上看，平均利润率在近年基本处于13%～15%的范围，2006—2008年间呈现逐步下降趋势，但下降幅度不大，平均每年下降1%左右。其中，环保设备类平均每年下降2%，综合利用装备的平均利润率略有上升。

由以上分析可见，2006—2008年，环保资源装备行业增长迅速。增长速度明显高于同期国内生产总值

（GDP）、全社会固定资产投资和机械工业增长速度。

这种高速增长的主要原因有三方面：一为需求拉动。2007 年，国务院印发《节能减排综合性工作方案》，要求各地区、各部门认真贯彻执行，完成“十一五”期间的两个约束性指标，并出台了配套产业政策和财政、税收政策及具体措施。这些政策的出台，大大提高了全国对环保资源装备的需求，培育并促进了环保资源装备市场的发展。二为政策扶持。为了贯彻节能减排，政府出台了一系列的产业扶持政策，加大了环保资源装备的开发和产业化投入。三为投资推动。政府对环保资源装备行业的支持和投入的提高，不仅使企业自身在技术开发和产业化方面加大投入，也提高了银行、投资机构对于环保资源装备行业的投资信心，投资额持续增加。节能减排投资与装备发展的正相关性如图 1 所示。正是需求、政策、投资三方面共同推动，使环保资源装备行业得以迅猛发展。

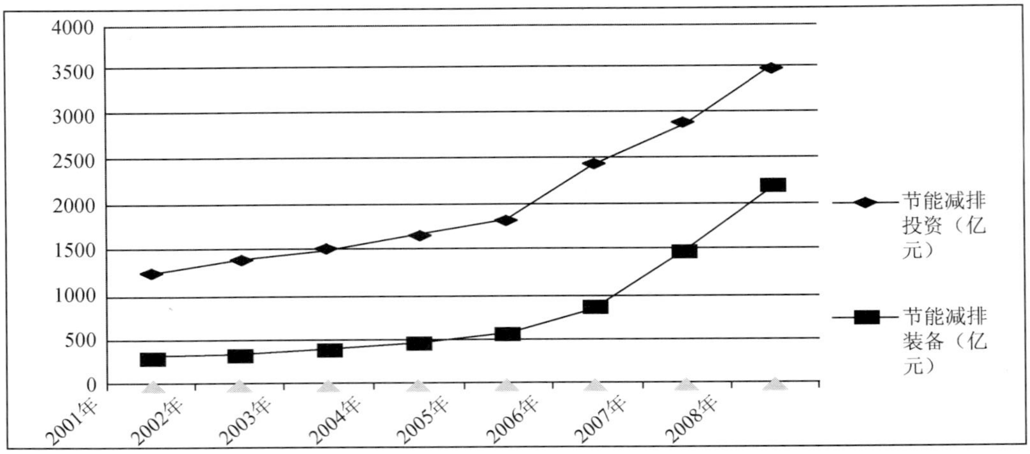

图 1　我国节能减排投资与装备发展曲线

10 年前，大型城市污水处理成套设备、大型垃圾焚烧处理成套设备、大型余热发电成套设备、高浓度有机废水处理成套设备、农业废弃物焚烧发电设备、燃煤烟气脱硫成套设备、危险废弃物处理成套设备基本是进口设备的天下；进口产品依靠技术优势与外国政府贷款的助推，使得国产设备在招标中屡屡败北，只能争得少量合同，难以获得成套设备合同。10 年后，特别是近 3 年，国家大力推进节能减排事业，有力地促进了相关装备的开发投入。目前，我国国产的大型环保资源装备，尤其是成套装备有了长足进展，大型城市污水处理成套设备、大型垃圾焚烧处理成套设备、大型余热发电成套设备、高浓度有机废水处理成套设备、农业废弃物焚烧发电设备、燃煤烟气脱硫成套设备、危险废弃物处理成套设备等大批装备已经实现全面国产化。随着以往借助先进成熟技术和国外政府贷款助推的进口环保资源装备的竞争优势逐渐消失，国产成套装备的市场占有率不断提高，已经基本覆盖了上述成套装备的市场。

但是，很多高技术含量的产品和成套装备的市场依然以进口产品为主。例如 PET 聚酯切片回收处理成套设备、电站锅炉烟气脱硝技术和成套设备、SCR 脱硝催化剂和载体开发生产、反渗透膜、膜法海水淡化成套设备、30 万辆/年报废汽车处理线、报废家电处理线等依然依赖进口。

2006—2008 年我国环保资源装备出口量呈现高速增长态势。2007 年同比增长 55%，2008 年同比增长 99%。出口产品以水处理设备为主，也有部分大气污染治理设备、节能设备等。但由于产品结构差异和产品水平、竞争能力等原因，后者目前尚未形成出口能力。例如，我国大气污染治理设备以治理煤烟型污染为主，但世界上以燃煤为主的国家和地区很少。我国一些节能装备也是近年来刚刚发展起来的产品，由于企业规模小，尚不具备开发国际市场的能力，产品水平、制造能力距离国际市场的要求还有很大差距。

3. 自主创新产品开发和技术攻关

我国环保资源技术与装备总体上发展迅速。经过多年发展，与国外先进水平差距不断缩小，部分技术已达到国际先进水平。与世界先进国家比较，我国环境资源技术与装备的最大特点就是百花齐放，不同国家、不同流派的各类技术与装备几乎都在我国有示范工程。近年来，我国通过自主创新与引进消化技术相结合，对装备产品进行开发，不断把新材料技术、自动控制技术、生物技术、IT 技术应用在环保资源装备的发展上，涉及范围不断扩大（主要涵盖领域见表2），并用于工程实践，取得了显著成效。

表2　当前环保资源关键装备领域表

1. 环保装备领域	
火电厂烟气脱硫设备	固体废弃物处理设备
火电厂烟气脱硝设备	医疗废物处理设备
冶炼窑炉脱硫脱硝设备	畜禽粪便处理设备
工业锅炉和窑炉除尘脱硫设备	垃圾焚烧处理设备
焦炉煤气净化成套设备	垃圾破碎、分选、堆肥处理设备
大型高效袋式除尘设备	垃圾填埋处理设备
燃煤电站电袋复合除尘设备	室内空气污染治理设备和材料
城市污水处理设备	城市交通噪声和住宅噪声控制设备
工业废水处理设备	环境监测仪器和系统
2. 资源综合利用装备领域	
工业废渣破碎分选设备	高炉煤气压差发电设备
工业废渣制建筑材料设备	低热值煤气燃气—蒸汽联合循环发电设备
建筑废渣破碎设备	低温余热发电设备
废钢铁回收处理设备	大型煤矿低浓度瓦斯发电设备
废汽车回收处理设备	冶炼烟气余热发电设备
废机电回收处理设备	燃煤烟气余热回收设备
有色金属回收处理设备	垃圾沼气发电设备
铜铝复合材料加工设备	高浓度有机废水沼气发电设备
废塑料洗涤破碎分选处理设备	节能型矿热炉
废轮胎回收处理设备	低压变频器
木材加工废料制板材设备	中高压变频器
海水淡化设备	水源热泵
节能环保工业锅炉	气源热泵
农业废弃物焚烧锅炉	蓄能空调组
工业废弃物焚烧锅炉	中央空调系统智能调节装置
垃圾焚烧锅炉	汽油储罐、加油站、运输车油气回收设备
余热回收锅炉	工业企业能源管理控制系统
矸石发电锅炉	

4. 技术创新体系建设

目前，本行业现有国家工程研究中心7个、国家工程技术研究中心8个、国家认定的企业技术中心4个（见表3，表4，表5）。

表3　国家工程研究中心名单

序号	机构名称	依托单位
1	工业锅炉及民用煤清洁燃烧国家工程研究中心	清华大学
2	城市污染控制国家工程研究中心	同济大学

（续）

序号	机构名称	依托单位
3	造纸与污染控制国家工程研究中心	华南理工大学
4	固体废弃物资源化国家工程研究中心	昆明理工大学
5	水资源高效利用与工程安全国家工程研究中心	河海大学
6	煤矿瓦斯治理国家工程研究中心	淮南矿业（集团）有限责任公司、中国矿业大学
7	城市水资源开发利用国家工程研究中心（北方）	哈尔滨工业大学、北京市政工程设计研究总院等

表4 国家工程技术研究中心名单

序号	机构名称	依托单位
1	国家城市环境污染控制工程技术研究中心	北京市环境保护科学研究院
2	国家城市水污染控制与资源化工程技术研究中心	武汉安全环境科学研究院
3	国家给水排水工程技术研究中心	中国市政工程华北设计研究院
4	国家工业水处理工程技术研究中心	天津化工研究设计院
5	国家工业烟气除尘工程技术研究中心	中钢集团武汉安全环保研究院
6	国家金属矿山固体废物处理与处置工程技术研究中心	马鞍山矿山研究院
7	国家烟气脱硫工程技术研究中心	中国工程物理研究院环保工程研究中心、四川大学
8	国家水煤浆工程技术研究中心	浙江大学燃烧技术研究所

表5 国家认定企业技术中心名单

序号	省份	企业名称
1	福建省	福建龙净环保股份有限公司
2	湖北省	中钢集团天澄环保科技股份有限公司
3	湖北省	武汉凯迪电力股份有限公司
4	浙江省	菲达集团有限公司

5. 各项政策落实情况

国家已经出台了一些支持装备制造业、支持环保资源装备发展的措施，特别是近年来相继出台了鼓励措施和扶植政策，如：财政部、国家发改委、海关总署、国家税务总局《关于落实国务院关于加快振兴装备制造业的若干意见有关进口税收政策的通知》（财关税［2007］11号），财政部、国家税务总局、国家发改委《关于公布节能节水专用设备企业所得税优惠目录（2008年版）和环境保护专用设备企业所得税优惠目录（2008年版）的通知》（财税［2008］115号）。但多数企业没有享受到或根本不了解上述各项优惠政策。根据企业反馈的信息，其原因大致有三：一是政策宣传力度不够，企业不了解上述政策；二是因为政策力度不大，了解这些政策的企业又担心手续繁杂，没有去申请享受这些政策；三是一些出台的政策本身不具备可操作性，难以申请和落实。当前贯彻落实上述政策已经成为必要和紧迫的工作。

6. 一批大型企业集团崛起

近年来，随着整个行业的迅猛发展，环保资源装备企业的规模也有了明显提高。据中国资源综合利用技术装备委员会抽样调查，进入2008年后，最大的企业年销售额已经达到了30多亿元；多数重点企业规模集中在年销售额0.5亿~5亿元。同时，在环保资源装备行业中已经有了大量的上市公司（见表6）。

表6 环保类上市公司公示名单

股票代码	公司名称	业务领域	股票代码	公司名称	业务领域
600388	龙净环保	电力环保	000826	合加资源	污水垃圾处理
600526	菲达环保	电力环保	600874	创业环保	水处理设备
000939	凯迪电力	电力环保	000920	南方汇通	膜处理材料组件
600100	同方股份	电力环保	000617	石油济柴	沼气、瓦斯利用设备
600797	浙大网新	电力环保	600481	双良股份	节能设备
600292	九龙电力	电力环保	600406	国电南瑞	节能设备
600517	置信电气	节能设备	6600268	国电南自	节能设备
000581	威孚高科	环保设备	600475	华光股份	节能设备
600566	洪城股份	环保设备	600405	动力源	节能设备
000544	中原环保	污水处理	002123	荣信股份	节能设备

7. 企业兼并重组

总体看，我国环保资源装备制造企业的规模小，即便龙头骨干企业通常也缺乏兼并其他企业的实力，行业内兼并重组很少，跨行业兼并重组的案例也不多。近年来，在地方政府的主导下，有一些环保资源装备企业兼并其他小型机械制造企业，对行业整体格局和竞争态势产生的影响较小。

据调查了解，我国环保资源装备企业对于引进战略投资合作伙伴的兴趣和积极性较高，各类投资机构对环保资源装备企业进行股权投资的热情也逐渐高涨。可以预计，未来更多环保产业和金融资本的战略合作将不仅仅限于资金和股权层面的合作，而将是互补式的全面战略合作。

8. 产业聚集

受非标、单件小批量生产特点的局限，环保资源装备产业专业化分工协作不发达，聚集效应不明显。我国有关部委或地方曾经设立了一批环保产业园区，包括宜兴国家环保产业园区、苏州高新环保产业园区、中关村环保产业园区、北京通州环保产业园区等，总体看来，产业聚集程度低，聚集效应不明显。

不仅我国环保资源装备业产业聚集效应不明显，世界发达国家也基本处于同样情况。

9. 企业走出去

走出去是我国环保产业对外战略的最终目标。近年来，我国环保资源装备已经从单一的少量产品出口逐渐向多元化发展。主要表现在：一是企业走出去到海外上市，充分利用了海外股市对绿色产品的认同，实现境外融资，已经有企业在美国、日本、德国、新加坡等地上市。二是工程承包和设备成套已经开始走出去，并呈现良好势头。当前我国在供水、污水处理和垃圾处理、工业污水处理、烟尘净化等方面的涉外项目主要集中在亚洲、非洲的部分地区，虽然项目规模不大，但是这些地区的发展中国家对供水、污水处理和垃圾处理等基础设施建设项目的市场需求很大。此外，环保装备出口欧洲和日本的数量也在逐渐增长。三是环境服务走向国际市场。一些企业认为未来几年中国的环保产业将进入高速发展期，国内的环保企业在投资、工程、技术等方面都将追赶发达国家的企业，十年内有望进入世界前列。当前在环境服务业领域已经形成了国际市场，并且具备了培育大型环保企业走出去的市场条件。

10. 存在的问题

多年来，环保资源装备是在市场体制下、自主发展的产业，行业持续发展主要受以下问题制约。

10.1 缺乏总体规划和发展目标

“十一五”期间，国家发改委印发了《“十一五”重大技术装备研制和重大产业技术开发专项规划》（发改高技［2008］162号）；此外，科技部出台了《节能减排科技专项行动计划》，其规划领域十分广泛，涉及了环境保护、资源利用、能源节约装备的各个领域，但其项目计划则比较分散，多以申报上来的课题为主。上述两个规划显露出了部门发展思路不同，项目安排分散，管理各自为政，缺乏统一协调的问题。

10.2 研发主体不在企业

从各类工程技术研究中心建设的情况分析，我国环保资源装备技术的研发能力主要集中在科研机构、大专院校，仅仅几家企业（上市公司）中设立了国家认定的企业技术开发中心。大部分企业的研发能力比较薄弱，集中表现在企业技术力量不足，投入力度不够，尤其是研发大型、成套装备时尤为突出。

10.3 重点领域没有得到重点支持

国务院《关于振兴装备制造业的若干意见》指出：选择一批对国家经济安全和国防建设有重要影响，对促进国民经济可持续发展有显著效果，对结构调整、产业升级有积极带动作用，能够尽快扩大自主装备市场占有率的重大技术装备和产品作为重点，加大政策支持和引导力度，实现关键领域的重大突破。

虽然，大型环保和资源综合利用装备作为其中第九个领域，要重点“发展大气治理、城市及工业污水处理、固体废弃物处理等大型环保装备，以及海水淡化、报废汽车处理等资源综合利用设备，提高环保设备研发制造水平”。此政策的出台依然未能使国家重大装备发展计划中一直未曾单独设立大型环保和资源综合利用装备专项的现象得到改善。

发展我国环保资源装备将有巨大市场。近日，美国卡特彼勒公司与山西晋城煤业集团在一项合同书上共同落笔，意味着全球最大瓦斯发电项目——总价过 5 亿元的山西寺河“瓦斯发电”设备采购项目合同正式签署，每年可望利用煤矿井下瓦斯用于发电 8 亿多千瓦·时，产值 4 亿元。仅仅在我国一个煤矿，一个瓦斯回收发电设备合同就达到 5 亿元。大量采购进口设备的原因是由于我国企业生产的产品规格小，为 500GF，不能满足用户需求 1000GF 的规格要求。全国矿井瓦斯利用总量达到 50 亿 m^3 以上。其中，发电利用量 30 亿 m^3 以上，发电装机容量 150 万 kW 以上，折合 1000GF 机组 1500 台。类似这样的案例还有很多，例如海水淡化设备、高压变频设备等等。近年来我国节能减排市场需求旺盛，增长迅速，如不抓紧发展我国环保资源装备，不仅市场被人占领，而且要多付出成倍的经济代价。如果国家政策扶持一把，将可加速我国自己的装备产业发展。

10.4 科研成果产业化存在瓶颈

由于研发主体集中在大专院校、科研院所，一部分国家科研开发投入，如“863”计划、科技支撑计划的课题重点支持了科研院所和大专院校研究开发工作，伴随而来的是在成果转化方面遇到了一些问题。不仅市场急需的一些产品技术难于转化为生产力，而且还有一些课题立项也更倾向学术研究，脱离市场需求基础，当然也难于产业化。

从现状分析，在环保资源装备领域要建立研发—示范工程—产业化的良性循环还需时日。应该说，国家有关部门对发展环保资源装备产业是重视的，科技部主导的技术开发、国家发改委高新司主导的产业化项目以及产业司主导的工业发展项目中，都曾给予环保装备发展积极的支持，但又都未能有完整的支持计划和配套支持措施，我们看到已经出台的措施是局部的、单项的、应急的，发挥的作用并不理想，致使我国环保资源装备发展没有完全跟上市场需求的步伐。

第二节 关键设备自主化进展情况

1. 重点环保装备

1.1 脱硝设备

大拇指环保设备（福建）有限公司，于 2008 年 4 月与日本触媒化成工业株式会社签订了脱硝催化剂技术转让合同，成功地引进国际先进的脱硝催化剂生产技术，生产制造蜂窝式脱硝催化剂，成为我国第一个投资烟气脱硝催化剂技术的民营企业，为中国乃至世界范围内环保产业的快速健康持续发展增添了更强劲的原动力。

2006 年，国内首批蜂窝式环保脱硝催化剂在东方锅炉（600786）控股子公司成都东方凯特瑞环保催化剂公司正式投产，从而使电站烟气脱硝催化剂成功实现了国产化。成都东方凯特瑞公司是东方锅炉与欧洲三大催化剂制造商之一的德国 KWH 公司的合资公司。该公司专业生产大型电站脱硝装置 SCR（选择性催化还原）催化剂，也是目前国内唯一一家生产火电厂烟气脱硝催化剂的企业。SCR 脱硝工艺是目前世界上先进的电站烟气脱硝技术，利用这项技术的产品目前在全球市场占有率高达 70%，居世界发达国家烟气脱硝技术首位。

具有我国自主知识产权的脱硝催化剂远远没有进入实用阶段，仍在开发之中，如北京创导公司自主开发的催化剂，目前技术还不够成熟，正处实验阶段。未来电站和工业锅炉脱硝产业发展，将为环保产业带来新的巨大市场。初步估算每千瓦燃煤电站的脱硝投资为150元，全国脱硝投资总计为900亿元左右。可以预计，伴随而来的是更加激烈的市场竞争，而在这个市场的竞争中，我国自主知识产权的脱硝催化剂仍有可能缺位。

1.2 电袋复合除尘和电站袋除尘设备

我国能源以燃煤为主。按照《火电厂大气污染物排放标准》（GB13223—2003），火电厂燃煤锅炉烟尘排放值要达到50mg/m³以下。目前，燃煤火力发电机组容量达到6亿kW，绝大多数电厂仍然使用静电除尘器，为实现排放达标，需改变静电除尘技术为袋式除尘技术。按目前工程概算投资（100万~120万元/万kW），完成全部机组除尘改造，需投资700亿~800亿元。

近年来，中钢天澄环保科技股份公司承担了国家“863”计划项目——燃煤电厂锅炉烟气微细粒子高效控制技术与装置，填补了我国燃煤电厂锅炉烟气微细粒子净化技术和产品的空白，形成了具有自主知识产权的集成技术和成套设备，开发了用于燃煤电站的袋式除尘设备，使电站烟尘排放浓度可以达到20mg/m³，达到世界先进水平（欧洲为50mg/m³）。

福建龙净环保股份公司结合国情，针对大量电厂现有的静电除尘设备开发了静电—袋式复合除尘设备，电—袋复合型除尘器，是通过电除尘与布袋除尘有机结合的一种新型的高效除尘器。与现有的除尘设备相比，该技术具有除尘效率高（烟尘排放浓度<50mg/m³），设备投资少，运行成本低，占地面积小的优点。该技术可在原有的电除尘设备上进行改造，增加了袋式除尘部分，实现了电除尘和布袋除尘技术优势互补，前级电除尘除尘效率高，收集80%~90%的粉尘量，后级布袋除尘收集细粒粉尘，保证低浓度排放。利用粉尘荷电效应提高滤袋粉尘过滤特性，经过电除尘器的荷电粉尘在荷电效应作用下减少除尘器的阻力，清灰效率高，延长滤袋的寿命。改造后，除尘效果提高，烟尘排放浓度低于50mg/m³，满足国家新的排放标准要求，既达到环保要求，又节约了环保投资，显著提高了环保投资费用的有效性。

1.3 烧结机烟气脱硝

钢铁行业的二氧化硫排放量占到了整个工业二氧化硫排放总量的8%，仅次于电力行业。而整个烧结工序是钢厂二氧化硫排放的源头，约占整个企业排放量的70%~80%。因此，烧结脱硫是整个钢铁企业二氧化硫减排的重点工序，而目前已经运行的烧结脱硫项目还存在很多问题。国家将大力推进烧结机烟气脱硫，工信部已经委托中国钢铁工业协会拟订专项治理计划，力争在三年内解决烧结机脱硫问题。当前，国外主要有两种烧结脱硫的工艺技术，即湿法脱硫和循环流化床干法脱硫，在我国企业均有开发案例。

福建龙净环保股份有限公司成功开发了烟气循环流化床干法脱硫工艺（CFB—FGD），该工艺适合于烧结机烟气的工况特点。该装置采用钢厂自身来源丰富的石灰，在脱硫岛应用专用干式石灰消化器，现场消化制备新鲜高活性$Ca(OH)_2$，在实现高效率脱硫的同时，减少吸收剂的消耗。脱硫副产物为干态，可用于水泥添加、垃圾填埋场的防渗层、制砖、路基和废矿井填埋等。该干法脱硫工艺和袋式除尘器并用，还可以有效地控制二恶英（德国认为20%的二恶英是烧结机排放的）。

由中冶南方工程技术有限公司、武汉科技大学、武汉市青山区国有资产经营有限公司等七家股东投资的武汉都市环保工程技术股份有限公司，发明了烧结烟气氨法脱硫系统，脱硫系统由汽化、吸收、氧化、浓缩、过滤等工艺设备组成。该系统不仅能有效地去除烟气中的二氧化硫，同时可利用焦化废水（液氨经汽化）与烟气中的二氧化硫进行反应脱硫，所生成的产物亚硫酸铵进行低浓度常压氧化，再利用烟气的热量进行蒸发浓缩，大大节约了蒸发浓缩的耗热量，同时达到节能的目的。过滤得到的浓度较高的硫酸铵溶液，可送至硫铵车间制化肥。此发明的烟气脱硫系统流程合理，使烟气达标排放，无二次污染，利用焦化废水以废治废，还能产生副产物化肥。

1.4 工业锅炉除尘脱硫

2007年，我国北京西山新干线开发的过滤镁法除尘脱硫成套设备主要技术指标均超过欧洲排放标准要求，已经达到了世界先进水平。主要参数为：除尘效率≥99.5%；脱硫效率≥95%；烟尘限值≤10mg/Nm³；二氧化硫限值≤20mg/Nm³。该成套设备适用于我国城市集中供热锅炉和一般工业锅炉，尤其适合排放标准严格的地区。这项技术的成功开发标志着我国工业炉窑、工业锅炉脱硫除尘技术已经摆脱因地制宜土法上马的阶段，进入世界领先行列。

1.5 膜生物反应器

膜生物反应器（MembraneBioreactor，MBR），是膜分离技术与生物技术有机结合的新型废水处理技术之一。它利用膜分离组件的高效截留性能，进行固液分离，有效地达到了泥水分离的目的。膜的高效截留作用，可以有效截留硝化菌，使其完全截留在生物反应器内，使硝化反应得以顺利进行，有效去除氨氮，避免污泥的流失。同时可以截留一时难于降解的大分子有机物，延长这些有机物在反应器的停留时间，使之得到最大限度的分解。应用MBR技术后，主要污染物（COD）去除率可达90%，产水悬浮物和浊度近于零，水质良好且稳定，可以直接回用，实现了污水资源化。膜生物反应器技术主要用于城市污水处理/生活污水处理和再利用、高浓度有机废水处理等领域，该项技术用于中水回用具有广阔的市场前景。近年来，我国在膜生物反应器技术上已经有了较大的进展，国内企业开发的设备达到：单元组器处理水量325～1000t/天；膜运行寿命时间≥8年；吨水能耗指标≤0.5kWh/t；处理出水水质达到和超过《城镇污水处理厂污染物排放标准》（GB18918—2002）一级A类限值。尚未解决的核心技术是膜材料的国产化问题。

2. 重点资源利用装备

2.1 水泥余热发电

我国是世界水泥产量最大的国家，水泥生产过程中排放了大量的废热，水泥行业余热发电事业在日本绿色援华示范项目成功之后，已经全面推广开来，特别是近年来，我国水泥厂建设了大量的余热发电站。南通万达锅炉公司、杭州锅炉集团公司均可生产水泥余热锅炉，已达到如下指标：蒸发量10～75t/h；蒸汽压力0.4～2.45MPa；蒸汽温度300～400℃；发电功率1.2～12MW。但总体看，我国具有自主知识产权的成套装备水平较低，尤其是余热锅炉设计技术水平和日本川崎相比还有较大差距，余热回收量相差10%左右。

2.2 TRT发电设备（高炉煤气余压发电设备）

继日本绿色援华TRT示范项目成功之后，我国已经全面建设推广TRT发电，陕鼓集团和成发集团开发的TRT已完全满足钢铁工业需求。近年来，陕鼓集团针对我国600m^3以下的小高炉多的特点，开发了经济适用共用型TRT成套设备，一套设备可用于两台小型高炉的煤气余压发电，取得了较好效果。目前，正在开发特大型高炉配套的TRT成套设备。

2.3 钢厂废煤气联合循环发电

2007年，国内首台、目前世界上单机容量最大的高炉煤气发电项目，CCPP联合循环发电机组，在鞍钢建成。这项具有节能、环保、发电多重功能的燃气—蒸汽联合循环发电机组工程的建成投产，标志着鞍钢排放的低热值高炉煤气全部得到回收利用，实现了零排放。作为鞍钢西部板材精品基地的配套项目，鞍钢CCPP工程总投资15亿元，工程主体设备为一台世界上功率最大、最先进的300MW燃气—蒸汽联合循环发电机组，其主体设备为日本三菱公司提供。此外，宝山钢铁公司采用ABB公司的GT11燃气轮机。

CCPP机组是一个二次能源利用的绿色、环保型工程，具有诸多优点。该机组以高炉产生的副产品——高炉煤气和焦炉煤气为燃料，在燃气—蒸汽联合循环发电机组中发电。通过CCPP对高炉煤气的回收利用，既可减少高炉煤气的放散，降低能源损失，减轻大气环境污染，又能利用此装置较高的热电效率获得大量电能。三菱的CCPP机组具有整体循环效率高（热效率51%，远远高于常规火电机组），对环境污染极小，单位投资较低，调峰性能好，起停快捷，占地少，耗水量少，建厂周期短，自动化程度高，运行人员少等优点，可大幅提高鞍钢用电自给率，其电力自给率（不含矿山）已由48%提高到了72%，具有显著的经济效益和环境效益。由于钢铁行业CCPP市场潜力巨大，目前国内一些企业正在积极筹划开发CCPP成套设备。

2.4 烧结机余热发电

在烧结矿生产过程中，烧结环冷机冷却后会排出大量280～400℃的低温烟气，约占烧结工序热耗量的1/3。实现这部分热能的再利用，减少烟气直排大气，是钢铁公司一直寻求破解的难题。近年来，随着低温烟气余热锅炉技术和低参数补汽式汽轮机技术的发展，低温烟气余热回收成为可能。我国一部分钢铁公司已经采用日本川崎公司、新日铁公司的设备建设烧结机余热发电。该公司技术成熟，设备可靠。以杭州锅炉集团公司为代表的国内企业正在积极开发同类产品，样板工程已经建成投产，该公司在开发中遇到的困难除了技术能力和经验外，还有项目资金问题。

2.5 燃煤电厂烟气CO_2回收利用成套设备

火力发电是CO_2排放量最大的行业。火力发电厂燃烧化石燃料后排放的CO_2占全球燃烧同种燃料CO_2排放量的30%。因此，排放 CO_2 最多的燃煤电厂成为最具潜力实施 CO_2 捕集的行业。

西安热工研究院有限公司经过多年研究，成功开发了燃煤电厂烟气 CO_2 捕集与处理技术。该技术针对燃煤电厂烟气中 CO_2 浓度低、O_2 含量和粉尘浓度高等特点，采用化学吸收法进行 CO_2 捕集。在低温条件下，用化学溶剂吸收烟气中的 CO_2；溶液加热时，CO_2 从化学溶剂中解析出来，得到高浓度的 CO_2，溶液循环使用。该技术已经申请了国家发明专利（申请号：200810018343.5），并应用于我国首个燃煤电厂 CO_2 捕集装置——华能北京热电厂3000～5000t/年 CO_2 捕集示范装置。该装置全部采用国产设备，捕集系统捕集到的 CO_2 纯度为99.5%，进一步精制后产出的液体 CO_2 纯度为99.997%，达到国家食品级标准，蒸汽消耗为3.5GJ/tCO_2，电耗为250kW/tCO_2，溶液消耗为<1.5kg/tCO_2，达到了世界先进水平，得到国家"十一五""863"项目"二氧化碳的吸收法捕集技术"、中澳国际合作项目"先进能源系统中 CO_2 捕获技术研究"、中欧碳捕集与封存合作项目（COACH）、中英煤炭利用近零排放项目（NZEC）资助。

2.6　废水余热利用和烟气余热利用

近年来，废水余热利用和烟气余热利用装备的开发逐渐受到企业关注，特别是一些热管设备制造企业和水源热泵设备制造企业已陆续开发了一批设备。这些设备包括：余热热管式回收设备、印染废水余热回收设备、水源热泵机组、热水型溴化锂吸收式冷水机组、低温水—直燃单双效溴化锂吸收式冷温水机等。一些企业还根据我国燃煤烟气量大的特点，研发烟气余热回收利用设备。目前，这些研发还处于初级阶段，有很大提升空间。

2.7　生物质型煤锅炉

北京雄财新能源科技发展有限公司开发出的生物质型煤锅炉，和传统锅炉不同，使用特殊结构锅炉，燃用秸杆和劣质煤混合的低热值（≤16748kJ/kg）型煤燃料，用于采暖、洗浴、饮用水、制冷，特别适合排放标准严格的地区。该产品不需要配套除尘装置和脱硫系统，烟尘排放浓度≤10mg/m^3，SO_2 排放浓度<30mg/m^3，NOx 排放浓度<100mg/m^3。该产品已经成为独树一帜的锅炉产品，主要技术指标达到：热效率≥80%，燃烧效率≥94%，炉渣含炭量≤4%，排烟温度<100℃，排渣温度≤60℃，处于世界领先水平。该产品问世后，由于其排放指标优异，最终改变了北京市不许使用燃煤锅炉的禁令，已经开始全面推广。

2.8　高压大功率变频调速系统

在我国，低压变频调速装置已得到用户的认可，2000年的市场总量已达40亿元，并显示出其节能效果。据统计，我国低压电动机（690V以下）台数是高压电动机的几十倍，但耗能仅为高压电动机的1/8。近年来，国际上高压大电流功率器件的出现以及并、串联技术的发展，使高压大功率的变频调速得以实现，其使用效果平均节能可达30%，有着十分明显的节能效果。但我国尚在启动期，许多技术，如多电平电压型逆变器、变压器耦合多脉冲逆变器等技术，还需迅速跟上。无论是新建项目，如西气东输、南水北调等重大工程，或是技术改造项目，都是高压大功率变频调速系统巨大的潜在市场。

利德华福、合康亿盛等企业经过多年开发，已经能够生产2.3～10kV高压变频调速器，其主要指标达到：额定频率50Hz；额定功率≥200kW；输出频率0～50Hz；输出频率稳定精度-0.1%～+0.1%；频率分辨力0.01Hz；输入功率因数≥0.95；效率≥0.96。该技术广泛用于石油化工、城镇供水、水处理、引水工程、冶金、建材、热力、电力、矿山的各类泵、风机、起重机、压缩机等。但我国既缺少高压变频器中的大功率产品，又缺乏高压变频器的核心技术和关键部件生产能力，变频器中使用的功率半导体、驱动电路、电解电容等关键器件完全依赖进口。国产高压变频器的品种和性能还处于发展阶段，每年仍需大量进口。目前，为西气东输、南水北调工程需要，一些企业已经着手启动高压大功率变频器的开发计划，如荣信公司计划开发的高压大功率变频器达到10kV、20MVA。无疑，这样的大型、高精产品开发需要得到国家的支持。

2.9　蚀刻液回收设备

我国PCB行业中以各种形式蚀刻下来的铜在2010年将达到约18万t，约为中国铜年产量的20%和世界铜年产量的1%，相当于新开了若干个大铜矿。我国PCB产业规模巨大并仍在快速增长，产生大量铜蚀刻废液，造成铜和其他化学原料的严重浪费和环境污染。随着社会的环保和可持续发展意识不断增强，污染处理和排放要求日益严格。我国政府发布了《电子信息产品污染防治管理办法》（中国RoHS）和新的《用能产品生态设计指令》（EUP指令）等法规，加之越南等国PCB产业的新兴发展，都对我国PCB企业的发展与全球市场竞争提出新的挑战。在这种情况下，发展铜蚀刻液的循环利用技术变得十分必要和紧迫。深圳拓鑫环保设备有限公司正在研究开发的蚀刻液回收设备可以实现日处理废液1000～5000L，废液排放率0%，铜回收率100%，铜纯度99.9%，新鲜蚀刻液使用量减少95%，回收铜耗电小于3500℃/t，萃取剂单位损耗小于2kg/t，达到世界先进水平，同时可以解决我国严重的铜矿资源短缺问题。

2.10 造纸制浆清洁生产技术和碱回收资源综合利用装备

汶瑞机械（山东）有限公司是国内最大的造纸制浆洗、选、漂及碱回收清洁生产装备研发基地，现有员工800多人，总资产3.4亿元，是国家级高新技术企业和国家环保技术的重点依托单位。公司拥有“山东省造纸制浆装备工程技术研究中心”和全国最大的纸浆试验生产线，在行业内率先通过了ISO9001质量体系认证。造纸污水处理碱回收成套设备在非木纤维制浆技术上的应用和年产60万t大型主体装备，已达到国际先进水平。进口单台双辊置换压榨挤浆机需要2000多万元，汶瑞公司开发国产化以后，造价降低40%以上，性能完全可以和国外名牌产品竞争。国内一般洗选漂项目规模为年产12万t左右，需要9台套设备。按2400家纸厂一半有浆厂计算，全国有1200条线，多数采用传统洗浆机。每条洗选漂生产线1亿多，该技术和装备的市场容量可达到上千亿元。

2.11 海水淡化设备

目前，我国淡水资源短缺情况严重。2003年统计数据显示，我国人均水资源量为2125m^3，约为世界平均水平的1/4。根据有关专家预测，我国严重短缺的水资源必将导致海水淡化市场极具规模。近期，诸多外国公司已经着手进入中国市场的前期准备工作。我国海水淡化技术和装备目前正处于研究实验阶段，国内能够提供的海水淡化设备仍处于日产水几千吨到1万t的规模，与大量应用的要求还有较大差距。目前我国小规模海水淡化吨成本大约为5元，如日处理量扩大，吨成本还可下降。烟台市与清华大学拟合作建造日产8万t的核能海水淡化工程，预计吨成本可降至3.7元左右。

天津经济技术开发区2万t/天的低温多效海水淡化工程即将投入运转；由新加坡凯发集团投资建设的大港新泉海水淡化工程项目一期日产淡水10万t，预计2007年建成，二期日产淡水15万t；在滨海新区建设的汉沽电水盐联产循环经济示范区，将以北疆电厂建设为核心，将发电、海水淡化、制盐、化工、建材等项目结合，实施资源的合理配置和有效利用，重点建设2台100万kW超临界高效清洁燃煤发电机组、20万t/天低温多效海水淡化装置，实现海水循环冷却、发电余热回收、浓海水制盐、废渣制新型建材的循环利用。

2.12 大型废钢破碎生产线

主要用于废钢铁、废汽车回收处理，可以将废汽车进行挤压、破碎和分选，经过处理的废钢铁回炉冶炼可提高生产能力，并可节约能源。随着我国汽车保有量不断增长，未来市场将需要大量的废钢破碎生产线。利用废钢破碎生产线进行废钢的加工处理，得到纯净的优质废钢。目前，全世界已有在运行的这种生产线七百多条，一般可达到年处理30万辆汽车的处理规模。但由于废钢破碎生产线是一种大型设备，制造技术复杂，生产成本高，已运行的设备主要集中在欧美日等经济发达国家。目前，该项技术在我国尚属起步阶段。国内已开发出驱动功率达到700～850kW、生产能力为15～45t/h的生产线，但与国外还有很大差距。国内现有产品规格还比较小，我国钢铁企业多是引进国外产品。

2.13 轮胎橡胶回收处理设备

随着我国汽车产量和保有量的增加，废汽车轮胎数量急剧增长。大量堆积的废轮胎不仅仅污染环境，而且其如何处理利用已经成为当前资源综合利用的重要课题。国内现已经开发出废轮胎处理线，处理设备达到年产5000t的规模，可产出胶粉40～80目。由于所产胶粉最高仅能达到80目，因此还不能作为精细胶粉用于橡胶产品，仅适合生产用于道路的橡胶沥青，在我国目前大规模建设高速道路的阶段，产品销路顺畅。200目的精细胶粉可以用于生产高附加值的橡胶产品，能够生产这种胶粉的低温冷冻粉碎成套设备还有待继续开发和逐步完善。

2.14 再生金属产业装备

我国再生金属产业发展起步比较晚，真正得到蓬勃发展，是从20世纪80年代开始的，发展至今，已成为独立产业，从废金属的回收、拆解、分选到金属的生产、加工、利用等各个环节，形成了较为完整的市场体系，成为我国循环经济的重要组成部分，为我国基础工业的持续发展提供了可靠的保障。

有色金属再生装备技术装备发展目标是：到2010年，一批大型再生金属企业的主要技术装备和经济技术指标达到或接近国际先进水平，中等规模企业技术装备达到国内先进水平。废金属的综合利用率大大提高，再生铜回收率提高到95%、铝回收率提高到93%、铅回收率提高到93%以上。根据各再生金属品种，国内企业于2006—2008年分别自主研制成功了一些关键重大装备。

2.15　再生铜连大吨位电镀熔炼—潜流转流—多流多头水平连铸棒设备

该设备由宁波金田铜业（集团）股份有限公司研制开发，主要用于铜合金及废杂铜熔炼领域和成分中有低熔点易挥发元素的其他合金熔铸。主要技术性能指标为：最大生产能力达5t/h；连铸产品的主要规格为ϕ7～60mm；在环保方面极具优势，其对烟气的捕集率超过了98%，烟尘排放浓度10～20mg/m^3，低于国家二级排放标准100mg/m^3；减少金属锌蒸发3.4kg/t，降低黄铜棒生产成本112元/t。采用该技术和装备与废杂铜再生电解铜生产黄铜棒的传统工艺相比，每年可为社会节约能源折合8万t标煤。该设备的创新点在于可控式潜流转流、多面多流、一流多头等先进技术，具有工艺先进，金属损失小，环境污染小，设备故障少，寿命长，产品质量稳定，生产成本低廉等优点。该装备结构具有原创性和实用性，生产技术处于世界领先水平。

2.16　蓄热式双循环双室熔铝炉

由江西省丰城市环球资源再生科技发展有限公司开发的双循环双室熔铝炉是具有国内领先水平的高效节能环保熔炼炉，用于再生铝熔炼，炉体总高度4.5m，炉体占地总面积9.435m×4.53m，熔池容量20t，装料量10t，熔炼炉的生产能力为40t/24h（铝液温度720℃），熔化率2.5t/h，平均能耗为200m^3/t煤气（煤气燃值为16747.2kJ/m^3）。该设备使熔化率提高约12%，助燃空气的预热温度可达850～900℃，排放的废气温度迅速降低到180～200℃，熔化低密度的废弃铝料（≤1.9g/cm^3）的总回收率可达到98.5%。

2.17　铅酸蓄电池全循环再生系统生产线

广东建航资源再生技术有限公司研制开发了废铅酸蓄电池再生处理设备，该设备是铅酸蓄电池全循环再生系统的关键设备，可以降低铅再生的能耗和成本40%以上，是实现铅再生无三废排放的基础，真正实现了铅再生的清洁生产，并且解决了湿法固相电解的大规模工业化生产瓶颈。技术指标达到：金属回收率>99%，硫酸铅脱硫率>97%，铲除固体废物<1%（含铅<0.5%），实现工业废水“零”排放，工艺过程无二氧化硫排放，综合电耗<200kWh/t铅。

第十章　大型施工机械发展报告

第一节　发展综述

1. 概况

改革开放以来，特别是 2006 年以来，我国的工程机械行业得到了飞速的发展，在世界工程机械的大市场中已经占领了一定的份额，而且已经进入世界工程机械制造大国的前列，位美国、德国、日本之后，居世界第四位。我国工程机械行业部分产品水平已经接近国外同类产品水平，如混凝土泵车、大吨位履带吊、全路面汽车起重机等。据不完全统计，2007 年全世界工程机械销售额在 1800 亿～2000 亿美元左右，其中世界 50 强工程机械制造商销售额约 1580 亿美元。我国有七家企业进入世界五十强，分别是徐工、中联、三一、柳工、厦工、山推、龙工。我国工程机械全行业 2007 年销售收入 2223 亿人民币，约折合 318 亿美元。

我国工程机械行业 2006—2008 年销售收入及进出口情况见表 1。

表 1　2006—2008 年行业销售收入及进出口情况

年份	销售收入 /亿元	同比增长 (%)	出口额 /亿美元	同比增长 (%)	进口额 /亿美元	同比增长 (%)
2006 年	1620	28. 4	50. 12	70. 5	39. 31	10. 4
2007 年	2223	37. 2	87	73. 5	49. 41	25. 7
2008 年	2700	20	134. 2	54. 3	60. 2	21. 8

2006 年我国工程机械产品进出口贸易中，首次出现顺差，达到 10. 81 亿美元。

2007 年全行业实现利润 174 亿元人民币，同比增长 47. 8%，是工程机械行业几年来发展速度最快、经济运行质量最好的一年。2008 年工程机械行业利润下滑较大，原因在于：一是钢材涨价，涨价的幅度为 30%～40%，由于 2008 年上半年市场非常好，很多企业囤积了大量的钢材，下半年钢材降价后，囤积的材料没有得到消化；二是人民币升值，工程机械行业出口所占的比例较大，汇率的变化也导致利润下降，

工程机械行业经过三年的不懈努力，已经研制出一批大型施工机械，技术接近国外同类产品水平，填补了国内空白，成功地应用到工程施工中，并有部分产品已经出口到国际市场，得到了用户的认可。

2. 自主创新产品开发和技术攻关

2. 1　全断面掘进机

近年来我国在全断面掘进机的研发和产业化方面有了长足的进步，从根本上扭转了外国企业垄断和瓜分市场的局面，国产装备已陆续投入国内市场。开发了 ϕ6. 3m 土压平衡盾构机、ϕ11. 9m 泥水平衡盾构机和 ϕ6m 双护盾硬岩掘进机。

2. 2　新型混凝土施工机械

结合国家大型水利、水电重点工程建设，如南水北调、西电东送、三峡工程，在混凝土施工机械方面取得了新成果，开发了大型渠道混凝土衬砌成套装备、三级配混凝土输送泵、世界上最长 72m 臂架混凝土输送泵车等一批新产品。

2. 3　客运专线专用施工成套装备

围绕京津客运专线，开发了 900t 架桥机、900t 运梁台车、900t 提梁机、快速集成柔性施工装备、沥青砂浆

车等设备，这些设备还被推广到多条客运专线的建设上。这些设备的技术水平已达到或超过国外同类产品。

2.4 新型施工机械

开发了420hp履带推土机、QAY300全地面起重机、SWDM25多功能旋挖钻机、900t大型履带起重机、斗容6.4m^3轮式装载机、ϕ13m竖井钻机等一批新产品，抑制了进口或填补了国内空白。

3. 技术创新体系建设

工程机械行业现有国家级和行业重点实验室、工程中心及质量监督机构9个（见表2），对我国的工程机械行业创新体系建设打下了坚实的基础，为推动行业的技术进步起到积极的推动作用。

表2 国家重点（工程）实验室、行业工程中心、实验室、质量监督检测机构名单

类别	名称	依托单位
国家重点（工程）实验室	建设机械关键技术国家重点实验室	长沙中联重工科技发展有限公司（长沙建设机械科学研究院）
机械工业工程（技术）中心	机械工业工程机械智能控制工程研究中心	徐州工程机械集团有限公司
	机械工业叉车工程研究中心	安徽叉车集团公司
	机械工业混凝土机械工程研究中心	长沙中联重工科技发展有限公司
	机械工业铲土运输机械工程中心	广西柳工机械股份有限公司
机械工业重点实验室	机械工业建设机械关键技术重点实验室	长沙中联重工科技发展有限公司
国家级质量监督检测机构	国家机动车质量监督检测中心	机械工业工程机械军用改装车试验场
行业质量监督检测机构	机械工业高原工程机械产品质量监督检测中心	青海工程机械研究所
	机械工业工程机械及液压件产品质量监督检测中心	天津工程机械研究院

4. 一批大企业集团崛起

目前，工程机械行业已有徐州工程机械科技股份有限公司、长沙中联重工科技发展股份有限公司、三一重工股份有限公司、山河智能机械股份有限公司、山推工程机械股份有限公司、广西柳工机械股份有限公司等22家境内外上市公司。2008年销售收入超过400亿元的1家，超过200亿元的2家，超过100亿元的3家。在全国已经形成13个工程机械生产基地，分别是以徐工、常林、镇江华通为代表的江苏工程机械；以厦工、龙工、南方路机为代表的福建工程机械；以中联重科、三一重工、山河智能为代表的湖南工程机械；以山推股份、方圆、福田雷沃为代表的山东工程机械；以广西柳工、玉柴、柳建为代表的广西工程机械；以沈重、北方交通为代表的辽宁工程机械；以成都工程、长挖、长起为代表的四川工程机械；以陕建、陕筑、黄河为代表的陕西工程机械；以合力叉车、星马、江淮为代表的安徽工程机械；以天工鼎盛、天建为代表的天津工程机械；以北京京城重工集团为代表的北京工程机械；以宣工通联为代表的河北工程机械，以内蒙一机、二机为代表的内蒙工程机械。这十三个工程机械制造基地都是当地的支柱产业。

5. 企业兼并重组

近年来，随着机械工业企业之间竞争的不断加剧，企业为提高综合竞争力，开始在国内外实施兼并重组。可归纳为以下几种类型：一是同行之间的重组，为扩大产品范围、服务领域及企业规模，有的企业将收购的目标对准营销网络、维修企业和工程承包公司，以便迅速形成系统集成和服务能力；二是主机制造企业兼并配套企业，延伸产业链，提高系统集成能力；三是用户企业兼并装备制造企业，以满足主业发展的需要；四是财团或贸易性公司兼并装备制造企业，扩大业务领域和盈利能力，提高竞争力。

徐工集团用1.7亿人民币持有南京春兰汽车制造有限公司60%的股份；中联重科重组了浦沅工程、陕西黄工、华泰重工，从以混凝土机械为主要产品，扩展到汽车起重机、推土机、液压挖掘机、装载机、平地机；柳工股份兼并了上海沪光叉车、江阴路机、蚌埠起重机，从以装载机为主要产品，扩展到叉车、压路机、汽车起重机；安徽合力股份收购了宝鸡叉车、湖南衡阳电瓶叉车，进一步巩固西部市场，扩大市场占有率，收购了蚌埠液力机械厂、安庆转向桥厂，将关键零部件液力变矩器、液压缸、转向桥纳入集团公司，从而延伸产业链；山推股份收购了湖北楚天机械有限公司 100% 的股份，从以推土机、装载机、压路机、叉车为主要产品，扩展到汽车起重机；三一重工收购了沈阳煤机，在做大工程机械的同时，涉足煤炭机械行业；厦工集团重组了三明重机、厦门叉车，从以装载机为主要产品，扩展到压路机、叉车。国内工程机械企业间的兼并重组，基本上是在几个大的企业间进行。这种形式的兼并重组，一方面使有实力的企业集团扩展产品范围，延伸产业链，尽快做大做强；另一方面也使被兼并的企业依托大企业的资金、技术、品牌、管理优势，得以更好地发展。

国际知名的工程机械公司陆续兼并我国部分工程机械企业。美国卡特彼勒公司全资收购了山东青州工程机械厂；瑞典的沃尔沃收购了山东临沂工程机械厂 70% 的股份，使其除汽车行业在中国有合资厂外，又扩大到施工机械；美国的太雷科斯收购了四川长江起重机厂 50% 的股份、美国的马尼托瓦克收购了山东泰安起重机厂 50% 的股份。

中联重科和国内的两家融资机构联合收购了意大利 CIFA100% 的股份，这是迄今中国工程机械行业最大的一桩海外并购案，将对全球混凝土机械市场竞争格局产生深远的影响，也预示着中国的企业将在今后一段时间走出国门，有选择地去并购对自身发展有利的技术和企业，弥补发展中的不足。

6. 产业聚集

中国的工程机械行业相对于其他机械行业生产集中度较高。全国有 13 个以主机为龙头的工程机械生产基地，各地都在规划如何引进来、扩出去，延伸产业链，发挥产业集聚效应。目前徐州已经初步形成工程机械产业集聚基地，无论是主机产品还是配套件，都有了一定的规模。与徐工集团共同发展的还有：卡特彼勒徐州公司、利勃海尔混凝土公司、迪尔徐州挖掘机公司、徐州美驰车桥有限公司、徐州罗特艾德迴转支承有限公司、徐州瑞隆液压件有限公司等几十家主机和配套件厂。徐工集团 2008 年销售收入达到了 400 亿元，徐州市的工程机械产值已经达到上千亿，一个较有竞争力的产业集聚地正在崛起。

7. 存在的问题

我国工程机械行业发展起步晚，发展快，前景好，但是，当前发展存在的问题也比较突出，主要问题是：

7.1　自主创新能力薄弱

我国工程机械产品技术升级的途径仍以引进技术消化吸收为主，原始创新很少，集成创新也还有待大力倡导和加强。随着我国工程机械规模的迅速发展，基础建设市场对工程机械的拉动，国外工程机械制造商到中国建立了自己的独资或合资厂，向我们转让技术的可能性越来越小。由于我国工程机械企业对科研开发的投入少，研究人才匮乏，自主创新能力薄弱的问题也就更加尖锐。

7.2　基础制造水平滞后

重主机轻零部件。与主机产品迅速发展形成极大反差的是，基础零部件和基础工艺发展严重滞后。为工程机械主机配套的发动机，变矩器，变速器，驱动桥，高压大流量的泵、阀、密封件，高强度紧固件等基础零部件，质量可靠性不高，品种规格不全，特种原材料等长期依赖进口。铸造、锻造、焊接、热处理、表面处理等基础工艺落后。关键零部件和基础工艺已成为制约我国工程机械行业发展的瓶颈。

7.3　重复建设问题严重

近几年来我国的经济高速发展，很大的动力来自于基础设施建设的拉动。搞基础设施建设就需要工程施工机械，正是市场的需求，各地都将工程机械作为支柱产业来发展。目前的 13 个工程机械制造基地占地面积都以平方公里来计算，投资额大都在十几个亿以上，必将带来产能过剩和过度竞争。投资方向的不当反映了对行业的主要矛盾缺乏清醒的认识，我们目前缺的不是厂房、设备和制造能力，而是科研开发的投入、人才的培养和创新平台的建设。因此，我国工程机械行业投资结构不合理，发展方式仍失之粗放，低水平和高水平的重复建设非常严重。

7.4　产品结构不合理

产品结构不合理，中间大两头小，大型、特大型施工机械和小型施工机械处于起步阶段，中间一段产品的制造能力大，企业间产品趋同严重，产品的性能指标和可靠性、差异性不大。因此，导致价格战越演越烈，生产规模大而经济效益低。尽管这几年我国工程机械产品出口比例在加大，但出口产品的国际竞争力仍停留在价格优势上，出口产品处于低端市场。

7.5　企业集团大而不强

虽然我国的工程机械总量规模已跃居世界前列，在装载机、汽车起重机等产品领域产量已经达到了世界第一，已经形成一批大企业集团，但普遍存在生产规模大，而经济效益低；制造能力大，而研发能力弱；引进技术多，而自主产权少；单机能力强，而系统集成能力弱；生产产值高，而赢利能力低；国内市场占有率高，而国际市场开拓能力差等问题，还远不具备与国际大的跨国公司竞争的实力。

第二节　关键设备自主化进展情况

1. “先行号”国产地铁土压平衡盾构

上海隧道工程股份有限公司在国家863计划的支持下，通过自主创新研制出首台具有完全自主知识产权的地铁土压平衡盾构——“先行号”样机。2006年取得首批22台订单，先后应用于上海、南京、杭州等地的轨道交通工程，结束了我国盾构机长期依赖国外品牌的历史。

该盾构广泛适用于各类软土地层的隧道掘进施工，上海隧道股份对刀盘驱动、遥控拼装机、螺旋机、电气监控、推进系统、盾尾密封、中心回转接头等7大关键技术进行了创新研发，获4项发明专利授权、2项实用新型专利授权，达到同类设备的国际先进水平，主要指标对比见表3。产品主要包括液压驱动和电驱动两个系列。近两年上海隧道股份有限公司又研制出复合盾构机，既可用于泥水平衡，也可用于硬岩掘进，目前已经向福州电厂建设、杭州湾隧道提供了6台设备并出口到新加坡一台。

表3　“先行号”国产地铁土压平衡盾构主要指标与国外同类产品对比

主要指标	中国“先行号”	法国 NFM	日本三菱	德国海瑞克	法国 FCB	日本小松
外径/mm	6340	6340	6340	6340	6340	6340
总推力/kN	35200	34000	37840	29500	32000	37730
推进/（mm/min）	60	50	65	50	50	60
刀盘最大切削转矩/kN·m	6758	6600	5930	5250	4730	5151
刀盘/（r/min）	0.63/0.94	0.75	0.63/0.94	0～1.8	0.75	0.25/0.5/0.8/1.0/1.3
管片拼装机转速/（r/min）	0.5/1	0～1.5	0.79/1.58	0.5/1	0～1.5	0.2～1.2
回转角度	±220°	±220°	±220°	±220°	±210°	±200°

同时，北方重工沈重集团也研制成功了大断面泥水平衡盾构机、双护盾硬岩掘进机、地铁用复合型盾构机等多种形式全断面掘进机。

到目前为止，北方重工沈重集团已经向青海引水等工程提供了7台硬岩掘进机，国产化率达到了50%。

2. SD42—3 履带式推土机

山推股份公司采用产学研相结合的方式，开发成功了具有自主知识产权的大马力推土机，可满足国内大规模基础设施建设的需要，改变了我国大马力推土机依靠进口的局面。2007年已实现销售8台，用于江西铜业、内蒙白云鄂博铁矿等，并出口俄罗斯。

SD42—3推土机采用了模块化结构、单手柄控制的电控变速转向系统、K型悬架浮动式行走系统、PPC阀控制的工作装置操纵系统、GPS推土机智能服务系统、集中测压、集中润滑、履带自动张紧、自动燃油加注系统等多项先进技术，整机达到国际先进水平，主要指标对比见表4。

表 4　SD42—3 履带式推土机主要指标与国外同类产品对比

<table>
<tr><td colspan="3">主要指标</td><td>山推 SD42—3</td><td>小松 D275AX—5</td><td>卡特 D9G</td></tr>
<tr><td colspan="3">机械重量/kg（装有 U 形铲，单齿松土器，ROPS 驾驶室空调）</td><td>53000</td><td>50840</td><td>51420</td></tr>
<tr><td colspan="3">额定输出/（kW/r · min⁻¹）</td><td>308/2000</td><td>306/2000</td><td>306/1800</td></tr>
<tr><td colspan="3">铲刀容量/m³</td><td>15.5</td><td>16.5</td><td>13.5</td></tr>
<tr><td rowspan="5">性能</td><td rowspan="3">行走速度前进/后退</td><td>1 速（km/h）</td><td>0～3.8/0～4.9</td><td>0～3.8/0～4.9</td><td>0～3.9/0～4.8</td></tr>
<tr><td>2 速（km/h）</td><td>0～6.7/0～8.7</td><td>0～6.7/0～8.7</td><td>0～6.8/0～8.4</td></tr>
<tr><td>3 速（km/h）</td><td>0～11.2/0～14.9</td><td>0～11.2/0～14.9</td><td>0～10.5/0～12.7</td></tr>
<tr><td colspan="2">爬坡能力</td><td>30°</td><td>30°</td><td>30°</td></tr>
<tr><td colspan="2">接地比压/MPa</td><td>0.123</td><td>0.117</td><td>0.128</td></tr>
<tr><td rowspan="3">尺寸</td><td colspan="2">全长/mm</td><td>9620</td><td>8905</td><td>9660</td></tr>
<tr><td colspan="2">全宽（车身/铲刀）/mm</td><td>2928/4315</td><td>1960/4300</td><td>2865/4350</td></tr>
<tr><td colspan="2">全高（排气管上端/ROPS 上端）/mm</td><td>4320/3990</td><td>3875/3955</td><td>3980/3730</td></tr>
<tr><td rowspan="3">推土装置</td><td colspan="2">铲刀宽/高/mm</td><td>4315/1875</td><td>4300/1910</td><td>4310/1934</td></tr>
<tr><td colspan="2">最大下降量/mm</td><td>700</td><td>640</td><td>606</td></tr>
<tr><td colspan="2">最大倾斜量/mm</td><td>1000</td><td>1000</td><td>940</td></tr>
<tr><td colspan="3">松土器最大挖掘深度/mm</td><td>850</td><td>900</td><td>882</td></tr>
</table>

3. CLG899 型 10t 轮式装载机

柳工的 CLG899III 轮式装载机，额定斗容为 6.4m³，现已经制造出 1 台样机。CLG899III 轮式装载机是柳工装载机系列中的全新成员，其作业对象主要定位在水利、大型矿山、大型钢铁企业、港口及大型基础建设等领域，并兼顾林业、石油等领域的特殊需要。

额定斗容 6.4m³ 以上的大型装载机的技术和制造难度大，目前国内及国外大型装载机市场主要被美国的卡特彼勒、日本的小松、瑞典的沃尔沃等少数公司垄断，利润很高。随着我国经济快速迅猛地发展，今后对大型装载机的需求量将会越来越大，适时开发具有自主知识产权的大型装载机不仅符合柳工企业发展的需要，而且也符合我国装备制造产业发展的需要。柳工 6.4m³ 大型装载机的开发将打破进口大型轮式装载机在国内市场的垄断局面，并且可以依靠柳工的制造成本优势进入国际大型装载机市场，与美国的卡特彼勒、日本的小松、瑞典的沃尔沃等国际著名企业同台竞争，分享大型装载机的高额利润，提高装备国产化率和市场占有率，提高柳工的国际知名度，主要指标对比见表 5。

表 5　主要指标与国外同类产品对比

<table>
<tr><td colspan="2">主要指标</td><td>柳工 CLG899III</td><td>卡特 988H</td><td>小松 WA600—6</td><td>沃尔沃 L330E</td><td>川崎 115ZV</td></tr>
<tr><td colspan="2">斗容/m³</td><td>6.4</td><td>6.4</td><td>7.0</td><td>6.7</td><td>6.4</td></tr>
<tr><td colspan="2">额定载重/t</td><td>11.5</td><td>11.5</td><td>—</td><td>12</td><td>11.5</td></tr>
<tr><td colspan="2">额定功率/kW</td><td>391</td><td>395</td><td>415</td><td>370</td><td>377</td></tr>
<tr><td colspan="2">掘起力/kN</td><td>393</td><td>378.4</td><td>378</td><td>366</td><td>377.3</td></tr>
<tr><td colspan="2">斗装、举、卸三项和/s</td><td>15.4</td><td>15.6</td><td>15.7</td><td>14.6</td><td>15.2</td></tr>
<tr><td colspan="2">工作重量/kg</td><td>47000</td><td>49546</td><td>53130</td><td>50730</td><td>45440</td></tr>
<tr><td rowspan="2">静态倾翻载荷/kg</td><td>车架摆直</td><td>31000</td><td>34825</td><td>35680</td><td>34860</td><td>29610</td></tr>
<tr><td>最大折腰</td><td>27000</td><td>29368</td><td>29730</td><td>30760</td><td>25360</td></tr>
</table>

（续）

主要指标		柳工 CLG899III	卡特 988H	小松 WA600—6	沃尔沃 L330E	川崎 115ZV
转向角/（°）		±38	±43	±43	±35	±40
轴距/mm		4180	4550	4500	4060	4050
轮距/mm		2710	—	2650	2710	—
后桥摆动角/（°）		±12	±13	±13	±12	±13
最高车速/（km/h）	前进Ⅰ	6.7	6.7	6.7	6.5	7
	前进Ⅱ	11.9	11.8	11.7	11.3	13
	前进Ⅲ	20.2	20.8	20.3	19	21.3
	前进Ⅳ	34.4	36	33.8	31.8	35.1
	后退Ⅰ	6.7	7.6	7.3	6.5	7.5
	后退Ⅱ	11.9	13.5	12.8	11.3	13.9
	后退Ⅲ	20.2	23.7	22	19	22.7
	后退Ⅳ	34.4	—	37	31.8	—
最小离地间隙/mm		475	549	525	550	550
整车长/mm		11300	12215	11870	10930	11230
整车宽（铲斗）/mm		3800	3810	3685	3970	3770
整车高/mm		4120	4128	4460	4200	4170
卸载高度—齿尖/mm		3400	3466	3730	3250	3320
卸载距离—齿尖/mm		2100	2028	1885	2190	1990
原地收斗角/（°）		43	45.7	—	47	43
运输位置收斗角/（°）		50	54	50	51	50
最高位置收斗角/（°）		58	73	—	66	—
最高位卸料角/（°）		45	45	45	45	45

4. QAY300 全地面起重机

徐州重型机械有限公司采取核心技术自主攻关，部分关键技术与吉林大学等著名校联合攻关的方式，自主研发了 QAY300（300t）全地面起重机，整机达到国际先进水平，主要指标对比见表 6，从而打破了欧美对此类产品的多年垄断。QAY300 全地面起重机已经实现小批量产销，2008 年实现销售超过 10 台。500t 机型正在试制中。

该产品集成了大圆弧椭圆形起重臂设计技术、多节伸缩臂插销技术及控制技术、变截面结构设计技术、条形滑块设计技术、安全自项式新型组合式平衡重、超起装置和变幅臂等多项自主技术，具有突出的起重作业性能优势。采用了先进的计算机集成控制技术及电比例泵控变量液压系统，产品操纵性能优越，动作平稳可靠，反应灵敏。

表 6 QAY300 全地面起重机主要指标与国外同类产品对比

主要指标	德国—LIEBHERRLTM1300/1	中国—徐重 QAY300
最大起重力矩/t·m	900	920
主臂长度/m	15～60	15.4～61
副臂长度/m	17.5～70	20～68
主臂最大起升高度/m	60	60.8

（续）

主要指标	德国—LIEBHERRLTM1300/1	中国—徐重 QAY300
回转速度/（r/min）	0 ~ 1.5	0 ~ 1.7
最高行驶速度/（km/h）	70/76	75
桥数	6	7
驱动方式	12 × 6（8）	14 × 8
转向方式	12 × 10	14 × 10
爬坡度（%）	43/39	40
整车升降/mm	150/150	150/100

5. 重型起吊与运架成套桥梁施工装备

根据国家中长期高速铁路建设规划，到 2020 年全国铁路营业里程将达到 40 万 km。在高速铁路建设过程中，需要大量的大型专用设备，如提梁机、运梁车和架桥机。据预测，正在建设的京沪高铁提运架设备的需求量在 200 ~ 300 台左右，如果计及其他正在或即将开工的哈大线、沪杭线、广深港等专线，该类设备市场潜力巨大。

高铁 900t 混凝土梁架设的工艺一般是：厂内预制，短途运输，墩上架设。提梁机是混凝土梁厂内预制必备的设备，用来完成厂内转运；运梁车用来完成混凝土梁厂内与工地之间的短途运输；而架桥机则是用来完成混凝土梁在桥墩上的架设。

目前，国内生产 900t 提运架设备的厂家主要有：上海港机重工有限公司（现已被上海振华港机集团兼并）、郑州大方桥梁机械有限公司、秦皇岛市北戴河通联路桥机械有限公司、北京万桥兴业机械有限公司，国外生产厂家主要为德国的 KAMAG 运输设备公司、SCHEUERLE 公司、GOLDHOFER 公司、KIROW 公司等。900t 轮胎式提梁机直接成本 800 万元左右（含进口液压元件），国内售价为 1500 万 ~ 1700 万元，国外 2500 万元左右；900t 轮胎式运梁车直接成本 600 万 ~ 700 万元（含进口液压元件），国内售价 1200 万 ~ 1300 万元，国外售价 2300 万元左右；900t 架桥机直接成本 700 万元左右，国内售价 1100 万 ~ 1200 万元，国外售价 2200 万元左右。

2006 年，上海港机重工有限公司、同济大学、上海同新机电控制技术有限公司联合研制成功了 900t 提梁机、运梁车和架桥机，其中 900t 提梁机现已正常工作 3 年，并获上海市科技进步二等奖，运梁车和架桥机正常工作 2 年。

900t 轮胎式提梁机和运梁车无论是国内还是国外均为全液压驱动方式。内燃机提供动力，通过液压系统实现悬挂、行走、制动、转向、起升和双向微调等一系列功能，是一套比较复杂的液压系统，通过现场总线实现整机控制。900t 架桥机为电力驱动，通过变频器实现整机驱动。

同济大学是最早参与研制 900t 提运架设备的高校之一。根据对目前市场和技术方面的判断，采用先进的电子电力驱动技术可解决大功率 900t 提运架设备的高耗能、分散驱动问题，可从根本上克服复杂液压系统带来的制造成本和维护保养问题。因此，采用与目前国内外不同的技术路线，研制出可完全国产化，具有完全自主知识产权的低能耗环保型电力驱动的 900t 提运架设备，是切入这一市场的最佳途经。

郑州大方桥梁机械有限公司采用产学研相结合的方式，于 2006 年开发成功了具有自主知识产权的重型起吊与运架成套桥梁施工装备，包括 900t 提梁机、900t 运梁车、900t 架桥机，成为继意大利、德国之后第三个掌握该技术的国家，整机达到国际先进水平，主要指标对比见表 7，并获得 1 项发明专利、20 项实用新型专利。2007 年已实现销售 30 台，满足了国内铁路客运专线、高速公路等重大工程建设的需要，改变了我国大吨位桥梁施工装备完全依赖进口的局面，同时该装备还出口到韩国、保加利亚等国家。

表7 重型起吊与运架成套桥梁施工装备主要指标与国外同类产品对比

主要指标		郑州大方	意 EDEN 公司	德国 DEAL 公司
900t提梁机	走行速度/（m/min）	0～35	0～27	0～32
	起升高度/m	12.0	9.0	9.0
	跨度/m	40.5	40.0	40.0
	转向模式	纵行/横行/斜行/中心转向	纵行/横行/斜行	纵行/横行/斜行
	传动方式	内藏式摆线减速机	链齿传动装置	内藏式摆线减速机
	使用功能	场内搬运、装车	场内搬运	场内搬运
900t运梁车	走行速度/（km/h）	6（重）、12（空）	5（重）、10（空）	5（重）、10（空）
	转向模式	独立转向和连杆转向	连杆转向	连杆转向
	喂梁方式	两种：双小车和单小车喂送	一种：单小车喂送	一种：单小车喂送
900t架桥机	纵、横向调整范围/mm	±250	±200	±200
	结构形式	导梁式、定点起吊	辅助导梁式	运架一体机
	架设跨度/m	32、24、20	32、24、20	24、20
	箱梁喂送方式	驮梁小车上导梁	拖拉喂梁	提梁机上导梁

同时，太原重型机械有限公司、铁道部大桥局等单位也研制成功了900t架桥机，并成功在石太、京津等客运专线上施工。

6. 大型渠道混凝土机械化衬砌成型设备

2006年山东省调水工程技术研究中心和山东省水利勘测设计院研制成功具有自主知识产权的大型渠道衬砌设备等5项国家发明专利和8项实用新型专利，整机技术达到国际先进水平，主要指标对比见表8。该设备已生产销售30套，主要用于南水北调东线、中线渠道工程，平原水库等工程建设，并出口巴基斯坦，用于卡其大水渠衬砌。

表8 振捣滑模衬砌成型设备主要指标与国外同类产品对比

主要指标	美国 GOMACO 公司 GP4000	意大利 MESSENZA MCP9000—4	山东省调水工程技术研究中心 SCFM05
动力类型	内燃发动机	柴油发动机	电动机
行走方式	轨道或履带	四履带	轨道
最大行走速度/（m/min）	5.88	5.0	4.5
衬砌厚度/mm	60～480	60～250	60～350
控制方式	液压、手动	液压自动	电动、手动
振捣棒振频/（次/min）	最大11000	最大10600	最大12000
重量/t	64	45	16
施工效率（不间断工作）/（m^3/h）	最大60	最大60	最大60
渠肩、斜坡和坡脚衬砌	不能一次完成	一次完成	一次完成
适应最大坡比	1:1	1:1	1:1
转场时间/天	7～10	6～9	0.5

7. SY9300TSJ500 沥青水泥砂浆半挂车

三一重工股份有限公司联合国内大型专业施工单位，于2006年底成功研制了具有完全自主知识产权的沥青水泥砂浆半挂车，填补了国内空白。2007年销售12台，全部投入国内第一条城际高速铁路——京津城际高速铁路的施工。

砂浆车整机的技术水平和综合性能达到国际先进水平，其中高精度的抗震计量、微泡砂浆生产、车辆快速自动调平等关键技术和生产效率处于国际领先水平，主要指标对比见表 9。

表 9　沥青水泥砂浆半挂车主要指标与国外同类产品对比

主要指标	三一重工	德国博格
微泡制浆技术	有	无
上装调平技术	全工况自动调平	手动调平
抗震计量技术	有	无
无线遥控技术	有（灌浆布料操作）	无
单批最大制浆量/L	700	350
单批最小制浆量/L	150	200
一次生产耗时	4min30s/700L	3min30s/350L
一块板需要的制浆批次	一个批次	两个批次
气泡问题	无需消泡剂	需要消泡剂
计量精度（外加剂）/g	$< \pm 10$	$< \pm 20$
计量精度（干粉）（%）	$\leqslant \pm 1$	$\leqslant \pm 2$
计量精度（沥青、水）（%）	$\leqslant \pm 1$	$\leqslant \pm 1$

8. SR360 全液压旋挖钻机

2008 年 4 月，北京三一桩机自主研发的亚洲首台大吨位 SR360 全液压旋挖钻机，主要指标见表 10，成功下线。最大成孔直径 2.5m，最大成孔深度 92m，最大输出转矩 360kN · m，标志着三一桩机已进入了世界级旋挖钻机制造商行列，在旋挖钻机系列化的道路上迈出了坚实的一步，彻底结束了我国大转矩旋挖钻机依赖进口产品的时代。

表 10　旋挖钻机主要指标与国外同类产品对比

主要指标	三一 SR360	宝峨 BG36	卡萨格兰地 B300	土力 R825
最大钻孔直径/mm	2500	2500	2500	2500
最大钻孔深度/m	90	68.6	67	77
动力头输出转矩/（kN · m）	360	367	250	237
主卷扬提升力（第一层）/kN	256	250	250	240
辅卷扬提升力（第一层）/kN	110	100	110	100
发动机功率/（$kW/r \cdot min^{-1}$）	277/1800	365/1800	330/2100	300/2100
功能对比	桅杆可前倾至水平，满足公路运输高度要求；桅杆可后倾至水平，满足在工地遇到高空障碍物时顺利通过而不必拆卸桅杆，此功能已经申请发明专利	桅杆只能前倾，工地上遇到有高空障碍物时就需拆卸桅杆才能通过	桅杆只能后倾	桅杆只能后倾
结构对比	桁架结构桅杆：借鉴三一 SR 入岩钻机系列桁架式桅杆成功经验，SR360 也采用桁架式桅杆结构，提升桅杆强度及刚度	箱形桅杆结构	箱形桅杆结构	箱形桅杆结构

9. 国内最大吨位起重机 SCC1000

2008 年 11 月，上海三一科技自主研发国内最大 1000t 起重机 SCC10000，主要技术参数均达到或接近发达国家同级别水平，主要指标对比见表 11。这是继 2006 年下线的 400t“神州第一吊”和 2007 年下线的 900t“亚洲第一吊”之后，上海三一科技在履带起重机领域的又一次突破。1600t 履带起重机项目正在顺利推进，预计将在 2011 年上市。

表 11　900 吨级履带起重机主要指标与国外同类产品对比

技术参数	马尼托瓦克 M21000	三一科技 SCC10000	特雷克斯—德马格 CC5800
下车轮廓 （长×宽×高）/m	14. 02×14. 49×1. 12	14. 7×13. 2×2. 6	13. 7×11. 6×2. 6
有效接地（长×宽）/m	12. 8×13. 27	11. 2×11. 2	9. 625×9. 6
基本工况	756. 6t 30. 5mD 杆	727t 无 D 杆 半径 7m	773t 无 D 杆 半径 7m
主臂＋基本臂＋超起配重基本工况	907. 1t 42. 7mD 杆 208. 06t（上） 90. 72t（下） B：511. 33t 半径：8. 5～12m 臂长：42. 7m 超起半径：19. 5m（17. 9～22. 1m） 最长臂：115. 8m 臂角：830～300 360°有效 最大力矩：132156kN·m 734. 2×18	800t 35～42mD 杆 238t（上） 142t（下） B：最大 450t 半径：9～12m 臂长：42m 超起半径：20m（20～25m） 最长臂：126m 360°有效 最大力矩：137720kN·m 626×22	1000t（800t 以上需特殊装置） 36mD 杆 250t（上） 80t（下） B：最大 450t 半径：8～11m 臂长：42m 超起半径：18m（12～21m） 最长臂：96m 360°有效 最大力矩：128600kN·m 804×16
结构	回转外啮合，前后各两个布置，固定 A 形架做主变幅桅杆用。平台分前后两部分。底座上带回转装置和与前平台连接的 4 个铰点，2 个横梁，2 个加宽支架，4 个 200t 底盘。超起桅杆必带本体顶升液压缸在横梁上	回转外啮合，共 3 个置于平台前部。活动主变幅桅杆可与主变幅卷扬及滑轮组一并拆下。平台整体带回转装置。底座、横梁、履带架、司机室可拆下。平台与底座圆周方向用销连接。本体顶升液压缸在横梁上	回转外啮合，平台后部布置，2 个或 4 个驱动。活动主变幅桅杆可与主变幅卷扬及滑轮组一并拆下。平台整体带回转装置及司机室。横梁由 4 个铰接在底座上的可旋转的四个支架替代。平台与底座圆周方向用销连接。本体顶升液压缸在四个上

10. 国内最大的液压挖掘机

2008 年 11 月，昆山三一重机自主研发成功国内最大吨位履带式全液压挖掘机 SY2000C，打破了我国大吨位液压挖掘机市场长期被外资品牌垄断的局面，填补了我国在大型液压挖掘机领域的空白。三一重机也因此成为国内第一家、世界第五家具备 200t 以上液压挖掘机制造能力的企业，主要指标对比见表 12。

表 12　SY2000C 主要指标与国外同类产品对比

主要指标	三一 SY2000C	小松 PC2000—8	日立 EX1900—5
整机质量/t	205	200	186
标准斗容/m^3	12	12	12
发动机功率/（kW/转速/r · min^{-1}）	746/1800	713/1800	720/1800
液压系统流量/（L/min）/压力/MPa	4 × 560/30	6 × 386/29.4	4 × 335/29.4
回转泵流量/（L/min）	2 × 350 闭式	—	2 × 335
最大牵引力/kN/最大爬坡能力（%）	1200/60	1030/60	941.5/60
最大斗杆挖掘力/kN	589	586	575
最大铲斗挖掘力/kN	672	697	649
最大挖掘深度/mm	9250	9235	8180
最大挖掘半径/mm	15800	15780	15250
动臂缸缸径/活塞杆直径/mm	300/220	300/220	280/200
斗杆缸缸径/活塞杆直径/mm	250/170	250/170	250/170
铲斗缸缸径/活塞杆直径/mm	210/160	200/150	200/150
理论生产率/（m^3/h）	1500	1400	1350
理论小时油耗/（L/h）	138	150	145

11. 世界最长臂架混凝土泵车

2009 年 1 月，三一重工再次自我超越，自主研制成功世界最长 72m 臂架混凝土输送泵车，创臂架长度和输送量两项世界第一，标志着三一重工已站在了世界的最前沿，拥有了这一领域的最核心技术。2007 年，三一重工曾研制出代表当时国际领先水平的 66m 世界最长臂架泵车，并获得世界吉尼斯总部认定的世界纪录证书。

12. 快速集成柔性施工装备

快速集成柔性施工装备是由同济大学自主研发的一套新颖的重大工程超大型构件安装施工装备。与传统的安装施工设备不同，它采用柔性钢绞线或刚性立柱承重，提升器集群，计算机控制，液压整体同步提升新原理，结合现代化施工方法，将成千上万吨的大型构件在地面拼装后，整体提升到预定高度安装就位。在提升过程中，不但可以控制构件的运动姿态和载荷分布，还可以让构件在空中长期滞留和进行微动调节，实现倒装施工和空中拼接，完成人力和现有设备难以完成的施工任务，主要指标对比见表 13。

该装备具有以下特点：通过模块化设备的集群组合，使被提升构件的质量、面积、跨度不受限制，实现地面拼装和整体提升，缩短施工周期，保证施工质量；采用柔性钢绞线作为承重索具，只要有合理的承重支点和吊点，可使提升高度不受限制，实现长距离、超高空提升；提升器锚具具有逆向运动自锁性，使提升过程十分安全可靠，并且构件可在提升中的任意位置长期可靠锁定；设备体积小，自重轻，承载能力大，特别适宜于在狭小空间或室内进行大吨位构件提升安装；设备自动化程度高，操作方便灵活，现场适应性强。

目前，国际同类施工装备基本上都是基于集中控制技术来形成相应的专用系统，如英国多门朗、德国克虏伯和美国实用动力等公司的专用施工设备。

表 13 与国外同类装备主要性能比较

主要指标 \ 装备类别	其他专用施工装备	快速集成柔性施工装备
特点	专用装备	装备快速集成、任务柔性配置
系统扩展性能	弱，受硬件限制，不易扩展	强，软配置技术可无限扩展
协同控制点最大数量	由硬件决定，一般 90 ~ 95	不受限，实际已超 138 个
控制单元有效作用半径/km	3 ~ 5	5 ~ 10
关键技术	集中控制	分布式多层网络控制
作业方式	专用装备标准程序作业	多执行器协同、柔性配置
施工现场适应能力	弱，是专用施工装备	强，适应多个行业不同对象

当前该套装备已成功应用于国家图书馆万吨钢结构、东海大桥 32m 桥面板、新扬子 900t 龙门起重机、常熟电厂 240m 高烟筒、德国汉堡 1200t 集装箱桥起重机等 30 多项重大工程超大型构件安装施工。该装备推广应用三年来直接节省工程费用 1.8 亿元，提高了施工效率，保证了重大工程的顺利实施，促进了工程施工行业的科技进步，取得了巨大的经济效益与社会效益，具有极强的市场竞争力。相关成果已获得 2008 年教育部科技进步二等奖。

第十一章　重大工程自动化控制系统和关键精密测试仪器发展报告

第一节　发展综述

1. “十一五”的发展目标和任务

（1）打破国外对大型火电、石化、冶金、核电领域用自动化控制系统和测试设备的控制和垄断，自动化控制系统和现场仪表的主干产品达到或接近国际先进水平，形成我国现代测控设备的产业基础。精密测试仪器总体达到 20 世纪末国际先进技术水平，差距缩短到 10 年以内。改变测控设备大中型项目依靠国外、中小型项目选用国内、关键精密测试仪器大量依赖进口的市场格局。形成以“三性”（高可靠性、高性能、高适用性）为特征，以“四化”（数字化、智能化、网络化、集成化）为标志的自动化控制系统和关键测试仪器国产化产业基础，以保证我国重大技术装备的自主性、完整性和科研设施的自主创新能力。

（2）推进试点工程，用于试点工程的国产控制系统和现场仪表装备，其技术水平和质量必须达到或接近国际同类装备水平。试点工程的主控系统必须采用自主知识产权的国产系统。按工程仪控部分总价计算，国产化率应达到 70% 以上。

（3）工业自动化仪表和控制系统将以火电、石化、冶金等大型工程为对象，推进 DCS、PLC、智能压力/差压变送器、智能执行器、流程分析仪表、质量流量计等 7 类 8 项主干产品的国产化和自主创新，并通过国家试点工程验证和实现产业化。PLC 的市场占有率达到 8%，其他产品达到 30%。精密测试仪器按照“三突出，一提高”的方针，即突出重点服务领域，突出核心技术、重点产品的自主创新，突出产品的产业化研究和能力建设，提高现有需求量大的中低档产品的可靠性、外观、数字化等水平，增强产品在国内外市场上的竞争能力。重点研制环境监测、重大机电装备和机电产品以及基础科学和前沿科学三个领域急需的 17 项关键产品。精密测试仪器的关键产品市场占有率达到 30%，中低档产品超过 65%。

（4）推进产学研用结合，利用国内外资源并重的多种渠道，突破核心技术。根据不同情况，以自主研发为主，产学研用结合，实现创新突破，如 DCS、智能化执行机构等。或者通过引进技术、并购国外企业，掌握核心技术，如调节阀、质量流量计、大型核电站用控制系统等。或者利用国内外资源，集成创新，如压力/差压变送器用微硅固态传感器、PLC、大型核电站用控制系统等。

（5）发展壮大有国际竞争力的企业集团，按以下三种类型形成骨干企业集团：首先，单类产品占优势的优秀企业联合重组，形成行业新的骨干企业集团；其次，应用领域大型企业与仪控制造企业的联合重组，使应用集成技术与生产制造技术逐渐融合；第三，仪控生产企业与非仪控装备制造企业的联合重组。

（6）确定重点国产化项目，根据承担的任务，提出了 29 家基础好、有条件的企业作为国产化改造重点单位，并从 2006 年开始，陆续启动。

2. 2006—2008 年主要经济指标

2006 年和 2007 年，仪器仪表行业主要经济指标和出口均保持高速增长，创历史最好水平；而进口则呈增速逐渐放缓的态势，进出口逆差第一次同比下降。2008 年，受国际金融危机影响，增幅出现大幅下降，对增幅下降影响最大的行业是为重大工程配套的工业自动化仪表及控制系统，以及出口量大的光学仪器、测绘仪器和电子测量仪器（见表 1，2）。

表1 仪器仪表行业主要经济指标 （单位：亿美元）

年份	总产值	同比（%）	销售收入	同比（%）	出口交货值	同比（%）	利润	同比（%）
2005年	1777	26.9	1726	25.8	475	22.5	123	33.2
2006年	2330	26.7	2207	24.2	609	21.2	172	29.1
2007年	3078	28.50	3005	29.0	874	39.2	244	41.5
2008年	3805	18.8	3714	18.7	1120	21.5	254	9.0

表2 仪器仪表行业进出口情况 （单位：亿美元）

年份	进口额	同比（%）	出口额	同比（%）	逆差
2005年	140.1	15.7	52.5	30.8	87.6
2006年	156.2	13.1	68.0	30.8	88.2
2007年	171.7	12.3	88.4	36.1	83.3
2008年	219.5	17.4	115.8	27.0	103.7

3. 自主创新产品开发和技术攻关

三年来，经过大学、科研院所和企业科技人员的共同努力，研制完成了一批新产品，并陆续在大型工程项目中应用。

自动化仪表及控制系统领域有：重庆川仪自动化股份有限公司（以下简称重庆川仪）的HVP智能阀门定位器、M8000智能电动执行机构、WS3000系列水质连续监测成套系统、PS系列气体分析成套系统，中控科技集团有限公司（以下简称中控）的ECS—700控制系统，北京和利时系统工程有限公司（以下简称和利时）的HOLLiASMACS控制系统、轨道交通供电和信号系统、大型PLC、核电数字化仪控系统，上海威尔泰工业自动化股份有限公司（以下简称威尔泰）的WT3000系列高精度智能压力/差压变送器，沈阳仪表科学研究院的HB系列高精度智能压力/差压变送器，西安东风机电有限公司的ZLJ科氏质量流量计，以及中科院沈阳自动化所的FF现场总线通信专用芯片等。代表行业先进水平的EPA网络协议国际标准、WIA—PA工业无线通信协议国际标准、激光分析方法国际标准相继获得通过，得到国际认可。

科学仪器领域有：北京东西分析仪器公司的GC—MS3100气相色谱—质谱联用仪，北京北分瑞利分析仪器集团公司的车载式色质联用仪，北京普析通用有限公司的Mspec—Q四极杆质谱仪，大连依利特分析仪器有限公司的P1201高效液相色谱仪，北京中科科仪技术发展有限责任公司的KYKY—EM3900高分辨率扫描电子显微镜，北京北分瑞利分析仪器集团公司的高性能光电直读光谱仪，北京吉天仪器公司的SA—10原子荧光与色谱联用形态分析仪，北京北分麦哈克分析仪器有限公司的GXL—1010激光氧分析器，杭州聚光科技有限责任公司的OMA系列工业过程紫外分光光谱分析仪，上海精密科学仪器有限公司的DWG-8002A型氨氮自动监测仪，上海精密科学仪器有限公司的FB214全自动电子天平和WGL光电轮廓仪，丹东奥龙射线仪器有限公司的工业CT检测系统，时代集团公司的电子万能试验机、超声波探伤机，苏州试验仪器总厂的30t振动台，莱州华银试验仪器公司的在线硬度测试仪器等。

这些产品已经达到20世纪90年代中期的国际先进水平，部分产品已经达到当前国际先进水平，并广泛应用于国民经济各个领域，在重大工程项目中不断取得突破，迫使国际巨头企业的产品退守高档产品阵地，取得了显著的经济效益和社会效益。

由于国产自动化仪表及系统、科学仪器水平的提高以及在试点工程应用中的成功，其在各领域的国产化率和市场占有率逐步提高，特别是流程工业控制系统国产化率有明显提高，国产主要控制设备DCS年产销额占有率超过40%。

2006—2008年研制成功的重大新产品见表3和表4。

表 3　工业自动化控制系统及仪表

仪器名称	研制单位	主要技术参数	水平对比	工程应用效果	产业化情况
分散型控制系统					
EDPF—NT 控制系统	北京国电智深控制技术有限公司	—	与当前国际先进水平相当	在 600MW 亚临界和超临界机组项目工程中成功投运；已承接 1000MW 超超临界机组控制系统订单	批量生产
ECS—700 控制系统	中控科技集团有限公司	—	与当前国际先进水平相当	已经成功在 500 万 t/年炼油和 3052 大化肥项目中成功投运	批量生产
HOLLiASMACS 控制系统	北京和利时系统工程有限公司	—	与当前国际先进水平相当	在 600MW 亚临界机组项目成功投运； 在 3652 大化肥项目中成功投运	批量生产
核电用数字控制系统及仪表集成					
核电综合监控系统	北京和利时系统工程有限公司	—	国内领先	在核电站控制系统改造项目中成功应用	小批量生产
高精度智能压力/差压变送器					
WT3000 系列高精度智能压力/差压变送器	上海威尔泰工业自动化股份有限公司	基本误差：±0.075% 宽量程比：100:1	国内领先	—	小批量生产
质量流量计					
ZLJ 系列质量流量计	西安东风机电有限公司	液体 2‰，气体 5‰ ~ 10‰，量程比 40，最大口径 150mm	国内领先	—	小批量生产
智能电动执行机构					
M8000 系列智能电动执行机构	重庆川仪自动化股份有限公司	—	国内领先	在 600MW 机组成功投运	批量生产
智能阀门定位器					
HVP 系列智能阀门定位器	重庆川仪自动化股份有限公司	—	国内领先	—	批量生产
调节阀					
ECOTROL 模块化智能型调节阀	吴忠仪表股份有限公司	—	国内领先	—	批量生产
大型可编程序控制器（LK 大型 PLC）	北京和利时系统工程有限公司	—	国内领先	已经树立 50 多个应用业绩好的典型	批量生产

表4　关键精密测试仪器

仪器名称	研制单位	主要技术参数	水平对比	工程应用效果	产业化情况
GC—MS3100气相色谱—联用仪	北京东西分析仪器公司	质量数范围：0～300amu、0～500amu、0～800amu、1.5～1100amu（可选）； 质量分辨率：≥1.5M	目前该产品部分性能指标达到国内先进水平，部分性能指标达到国际同类产品的技术指标	目前已经完成了石油化工、环保、教育等方面20多项的应用实例，从客户反映来看，性价比好，能够满足大部分客户的分析要求，在国内市场具一定优势	该产品是与中国检科院共同承担的“十一五”科技支撑计划项目，中国检科院负责进行该产品应用研究，目前已经完成了20多项的应用实例
Mspec—Q四极杆质谱仪	北京普析通用有限公司	采用了可拆洗预四极的质量分析器，在方便日常仪器清洗维护工作的同时改善了边缘场，提高离子入射效率及稳定性，从而提高仪器的灵敏度；仪器的小信号放大器采用了复合I/V转换电路技术，具有更低的电路噪声，更高的信噪比以及更大的线性动态范围	仪器整机性能指标全面达到国外同类商用四极杆质谱仪的性能指标	在科研等方面得到应用	其产品在2008年进行了小批量试产，将于2009年全面推向市场
P1201型高效液相色谱仪	大连依利特分析仪器有限公司	流量范围：0.001～9.999mL/min（设定步长0.001mL/min）； 流量准确度：±0.3%（1.000mL/min，8.5MPa，水，室温）； 流量稳定性：≤0.1%（1.000mL/min，8.5MPa，水，室温）≤3； 波长范围：190～650nm	P1201型高效液相色谱仪无论从外观设计、自动化水平、制造工艺、技术指标等方面已全面达到目前国际同类产品的水平	该仪器已在大专院校、科研院所、质检系统、农产品检测系统的投标工作中屡次中标，尤其是“三聚氰胺事件”爆发后，P1201型高效液相色谱仪为一些乳品、饲料、蛋品企业发挥了重要作用，截至2008年底市场累计销售量已达到近50套，意向订单超过百台	已经批量生产
KYKY—EM3900高分辨率扫描电子显微镜	北京中科科仪技术发展有限责任公司	分辨力：优于3.5nm； 放大倍数：8～250000倍	已经达到国际先进水平	已经在材料、生物、电子等行业成功应用	具备小批量生产能力
高性能光电直读光谱仪	北京北分瑞利分析仪器集团公司	波段范围：175～450nm； 放电频率：100～800Hz； 凹面光栅刻划密度：2400线/mm； 采用分段积分测量方式，RSD≤0.2%	目前该产品性能指标达到国内先进水平。部分技术指标达到国际同类产品的技术指标	WLD系列型光电直读光谱仪成功应用在冶金炉前快速定量分析、金属材料质量监控。它们应用高能预燃光源，激发能量高，对分析一些难以激发的金属如球墨铸铁，含Si量高的铸铁等有很好的效果	年产量达50多台，出口十数台

（续）

仪器名称	研制单位	主要技术参数	水平对比	工程应用效果	产业化情况
OMA 系列工业过程紫外分光光谱分析仪	杭州聚光科技有限责任公司	测量准确度：±1%	该产品技术水平为国内领先，接近国际同类产品水平	该产品在环境监测、氯碱过程分析和硫磺回收过程分析等领域得到成功应用	已经批量生产
工业 CT 检测系统	丹东奥龙射线仪器有限公司	密度分辨率：0.5%； 空间分辨率：3Lp/mm； 缺陷检出能力：0.2mm； 扫描方式：锥束回转扫描； 精度：≤0.01° 重复性：≤0.03°	产品主要技术指标达到、接近根据同类产品的技术指标	在航空工业成功应用	小批量生产
电子万能试验机	时代集团公司	四路模拟量通道分辨率为 30（18 位）万码，全程不分挡； 位移闭环精度：0.5%； 变形、负荷闭环精度：1%	国外生产企业 MTS、Instron 系行业领先企业，时代产品达到与其同档次产品水平；在控制上实现全程 18 位不分挡，精度优于国外产品	已经应用于国防、科研机构、冶金企业、工厂、学校的机构试验室材料测试	已经批量生产

4. 技术创新体系建设

到目前为止，国家发改委、科技部、国资委、教育部、中科院、中华全国总工会等部门批准的国家工程研究中心、国家工程技术研究中心、国家工程实验室、国家重点实验室、国家认定的企业技术中心、创新型企业名单中，与仪器仪表产品和技术关系密切的单位见表 5 ~ 表 8。

表 5　国家工程研究中心（国家发展改革委批准）

工程研究中心名称	依托单位
传感器国家工程研究中心	沈阳仪表科学研究院
工业自动化国家工程研究中心	浙江大学
工业过程自动化国家工程研究中心	上海工业自动化仪表研究所

表 6　国家工程技术研究中心（科技部批准）

工程技术研究中心名称	依托单位
国家仪表功能材料工程技术研究中心	重庆仪表材料研究所
国家光学仪器工程技术研究中心	浙江大学
国家真空仪器装置工程技术研究中心	中国科学院沈阳科学仪器研制中心
国家电力自动化工程技术研究中心	国家电力公司电力自动化研究院
国家仿真控制工程技术研究中心	亚仿科技股份有限公司
国家工业控制机及系统工程技术研究中心	中国航天科技集团公司五院五〇二研究所
国家冶金自动化工程技术研究中心	冶金自动化研究设计院
国家真空仪器装置工程技术研究中心	中国科学院沈阳科学仪器研制中心

表7　国家重点实验室

实验室名称	主管部门	依托单位
工业控制技术国家重点实验室	教育部	浙江大学
精密测试技术及仪器国家重点实验室	教育部	天津大学、清华大学
现代光学仪器国家重点实验室	教育部	浙江大学
传感技术联合国家重点实验室	中国科学院	中国科学院上海微系统与信息技术研究所、中国科学院电子学研究所
轨道交通控制与安全国家重点实验室	教育部	北京交通大学
轧制技术及连轧自动化国家重点实验室	教育部	东北大学
信息功能材料国家重点实验室	中国科学院	中国科学院上海微系统与信息技术研究所
金属基复合材料国家重点实验室	教育部	上海交通大学
精密光谱科学与技术国家重点实验室	教育部	华东师范大学

国家工程实验室有：真空技术装备国家工程实验室（挂靠沈阳科学仪器研制中心）、光纤传感技术国家工程实验室（挂靠武汉理工大学）。

表8　国家认定的企业技术中心

中国四联仪器仪表集团技术中心	上海自动化仪表股份有限公司技术中心情
吴忠仪表集团技术中心	时代集团公司技术中心
济南试金集团技术中心	天津天仪集团技术中心
中控科技集团技术中心	北京和利时系统工程有限公司技术中心
正泰集团技术中心	—

5. 一批企业集团崛起

中国经济连续多年高速增长，石油、化工、电力、冶金等领域的基础设施建设为仪控产业提供了巨大的市场空间，国家、地方政府、学校、科研院所、金融投资机构等十分重视仪控产业的投入，壮大和产生了一批企业集团，如中国四联仪器仪表集团有限公司、上海自动化仪表股份有限公司、北京京仪集团有限公司、天津仪表集团有限公司、重庆中智联仪表集团公司、和利时、中控、华立仪表集团公司、时代集团公司等，其中规模最大的企业销售额已接近50亿元，一般企业也超过10亿元。

6. 企业兼并重组

经济全球化和市场经济的发展，使资源优化配置走向必然，业内联合重组、收购兼并也在不断推进，并取得一定进展。如中国自动化集团公司斥巨资兼并了北京交大微联；京仪集团远东仪表公司控股上海华文控制系统公司；杭州聚光科技兼并北京摩威泰迪科技有限责任公司；江苏天瑞仪器有限公司连续兼并北京丰益求实仪器有限公司和北京邦鑫伟业技术开发有限公司；重庆伟岸测器制造有限公司、重庆宇通仪器仪表公司、重庆海王仪器仪表公司、重庆东电通信有限公司共同组建了重庆中智联仪表（集团）有限公司，进行民营企业联合做大做强的探索。但是，由于体制、机制等原因，兼并重组工作进展并不顺利，总体上比较缓慢。而外资并购中国企业却是力度大、动作快，除美国GE收购上海新华控制系统公司之外，最近较突出的兼并案例有：美国著名材料检测企业MTS兼并了我国快速成长的试验机新兴企业——深圳新三思；美国自动化巨头罗克韦尔兼并系统集成企业——西安恒生科技有限公司等。

7. 产业聚集

由于仪器仪表产业属于高科技产业，产出投入比高，能耗、材耗少，排放低，地方政府争相制定产业政策，吸引国内外仪器仪表企业进驻，有的地方甚至把仪器仪表产业作为其支柱产业之一加以扶持，逐步形成了几个仪器仪表产业聚集区，如广东、浙江、重庆、京津地区、上海等，这些地区不仅有较大的生产能力，而且技术上也保持领先水平。

8. 企业走出去

扩大出口是企业走出去的常用模式，这几年，仪器仪表产品不仅出口大幅增长，而且出口产品逐渐由中低档转向中档偏高水平。如威尔泰和福建上润精密仪器有限公司生产的压力/差压变送器出口到俄罗斯、意大利，中控、国电智深的控制系统出口到越南、印度尼西亚等。

竞争全球化愈演愈烈的形势迫使国内生产经营能力和技术水平较高的传统优势出口产品企业为了参与更深层次和更广领域的国际竞争，消化自己的产能，避免贸易摩擦，直接到国外建厂，满足当地市场需要，如华立集团在印度、泰国、阿根廷等地建厂生产电能表。

行业内的企业开始尝试走出去的其他模式还有：威尔泰在开发高精度压力/差压变送器时，将变送器的核心技术进行分解，利用国外技术市场和国内研发能力开展集成创新；四联集团直接并购了霍尼韦尔在加拿大的蓝宝石公司，目的就是要提升蓝宝石生长和加工技术水平，为高品质蓝宝石晶体、高亮度 LED 照明灯具和高亮度 LED 芯片封装等产业化奠定基础。

9. 存在的问题

9.1　研发投入不足，自主创新能力低

仪器仪表产业是高技术产业，研发投入比重占销售收入要大于一般的机械产品，发达国家研发投入占销售收入比重一般为 8% ~10%，知名企业有的达到 15%，这样才能保证新技术的采用和新产品不断推出，保证企业的领先地位。而我国仪表企业研发投入少，占销售收入的比重低，关键核心技术研发能力薄弱。据 2004 年全国工业普查资料，仪表行业研发投入为 21.5 亿元，只占行业主营收入 2391.2 亿元的 0.9%。近几年国家提出自主创新战略，研发投入有较快增加，特别是重点骨干企业的增幅更大，部分企业研发费用占收入的比重已达 6% ~10%，但绝大多数企业低于这个水平。

9.2　外资企业比重大，进口量大，逆差高

目前行业市场控制力较弱，2006—2008 年的销售收入和利润总额中，外资企业在销售收入中的占比分别为 45%、43%、42%，在利润中的占比分别为 45.6%、49.5%、43.5%。与 2001 年外资利润占比 63%、销售收入占比 38% 相比，利润占有率降低了，但市场占有率却在提高，内资企业面临严峻的竞争形势。

2006—2007 年，仪器仪表行业进口增幅减缓，而产品出口增幅加快，行业进出口逆差增幅也相应下降，2008 年鼓励进口政策促使进口增幅加大，逆差超过 100 亿美元，是机械工业逆差值最大的行业。

9.3　仪器仪表行业集中度过低，难以抵御强大的外资产业集团

目前，我国仪器仪表大行业中共有 20 个小行业，规模以上企业达 4322 个，按照 3805 亿元产值计算，平均每个企业的产值还不到 1 亿元，即使国内规模最大的综合性仪器仪表产业集团——中国四联集团，2008 年产值也不足 50 亿元，仅相当于日本横河电机公司 3800 亿日元（合人民币 294 亿元）的 1/6。集中度低不仅表现在竞争力低下，还表现在系统工程的承接能力差，利润微薄。

由于机制、体制等原因，行业内的兼并重组进展缓慢。

9.4　低价竞争趋势加剧，部分中小企业的经营情况比较困难

随着国民经济宏观调控政策的逐步落实，原来仪器仪表传统的主要应用领域，如火力发电、冶金、石油化工等领域，对仪器仪表的需求将有较大幅度的下降；同时，由于金融危机导致国际市场需求萎缩，出口订单明显下降，在仪器仪表行业大部分产品产能过剩，成本转移空间很小的情况下，中低档产品的恶性竞争加剧。另外，为了应对国际金融危机的影响，三资企业和国外企业也开始加入价格竞争，他们通过对高端产品的降价，挤压中低端产品的市场，使国内中小企业的利润空间进一步缩小。因此，在行业中占绝大多数但实力不强的中小企业，经营更加困难。

9.5　国产化仪控装备在重大工程中的应用推广依然艰难

近年来，虽然国电智深、中控、和利时的国产化仪控装备在火电、炼油、化工、核电等重大工程中的应用连续取得突破，但在首台套取得突破后，继续应用推广仍然步履艰难。在各种大型工程项目招、投标过程中，普遍存在片面强调已有工程业绩、部分主要技术指标虚高现象，无形中给国产仪控企业设置了难以逾越的市场门槛，制约了国内产业的发展，行业企业反映强烈。

第二节 关键设备自主化进展情况

重大工程用自动化控制系统和关键精密测试仪器的国产化工作，取得了可喜的成果。大型火电（600MW 及以上）机组用控制系统提前实现规划目标，已经在国电集团推广应用，并在国电集团之外的国华电力和大唐集团少数工程上试用，正努力向其他几大电力集团推广应用；大型石化工程用控制系统已经在武汉 500 万 t/年炼油项目实现全生产线一次开车成功，大化肥工程用控制系统分别在山东鲁南 3052 项目和山西晋丰高平 3652 项目实现了国产化，过程控制用检测仪表已经逐步进入大型工程，面临的问题都是大面积推广应用；国产核电机组控制系统在核电站系统改造中获得成功，为进一步在核电领域的应用打下良好基础，核级检测仪表已有少数产品获得认证；国产大型 PLC 已经上市，正逐步进入工程应用，并得到国内用户的认可，已经树立 50 多个典型应用业绩；关键精密测试仪器新产品推出很多，但离高端产品尚有一定距离，自主化进展不够理想。

1. 国产控制系统在大型火电（600MW 及以上）机组的应用不断取得突破，已经提前实现规划目标

1.1 600MW 以上火电机组控制系统的突破

三年来，国电智深、和利时研发生产的控制系统，不断在 600MW 和 1000MW 大型火电机组应用中取得突破。

2006 年 10 月 6 日，采用和利时自主知识产权 HOLLiASMACS 控制系统的陕西国华锦界煤电一体化项目一号机组投产发电，这是国产控制系统首次在 600MW 亚临界火电机组中应用。2007 年 1 月 16 日，采用国电智深公司完全自主化 EDPF—NT 自动化控制系统的国电河北龙山电厂 2×600MW 直接空冷 1#机组顺利通过 168h 考核，这是国电智深公司的控制系统首次在 600MW 亚临界火电机组中应用，也是国产控制系统再次在 600MW 亚临界火电机组中成功应用。

2007 年 8 月 6 日，采用北京国电智深控制技术有限公司 EDPF—NT 自动化控制系统进行主机和辅助车间控制的国电电力庄河发电有限责任公司首台 600MW 超临界机组顺利通过 168h 满负荷考核运行。该工程的成功投运标志着我国自主化自动化控制系统首次在 600MW 超临界机组上成功应用，也标志着国电智深公司承担的作为国家技术进步示范工程的“首台套国产 600MW 超临界机组自动控制设备”项目取得了重大成果，还标志着《“十一五”自动化控制系统和关键精密测试仪器国产化规划》中控制系统国产化目标的实现。

2007 年 11 月 30 日，标志着目前世界火电机组最高水平的 1000MW 超超临界机组 DCS 自动化控制系统的国产化合作协议，由江苏谏壁电厂和国电智深公司双方签定，有望在 2010 年之前完成。

目前，国电智深公司完全自主化 EDPF—NT 自动化控制系统在以国电集团为主的 600MW 及以上火电机组中连续中标，至今已经承接 32 台套，其中包括国华电力 2 套 1000MW 超超临界机组和 2 套 660MW 超临界机组、大唐发电 1 套 660MW（辅助车间）。

国电智深公司完全自主化 EDPF—NT 自动化控制系统不仅在国内大量使用，还出口到国外，在印度尼西亚威鲁尼克电厂的发电机组上成功应用，标志着该公司自主化产品已经成功打入国际市场，其市场国际化战略取得了可喜的开端。

和利时的控制系统继 2006 年在陕西国华锦界煤电一体化项目中成功应用以来，又陆续获得了国华电力国华呼伦贝尔电厂 600MW 机组、国华台山电厂 1000MW 机组等 10 台套订单。

1.2 国产控制系统在大型石化、化肥项目上的应用均取得突破，已经实现规划目标，有待大面积推广应用

2007 年，中控成功中标中石化武汉分公司 500 万 t/年大型石油炼化项目，该项目包括常减压、硫磺回收、延迟焦化、加氢等装置，是我国首套采用国产自动控制系统的大型石化联合装置项目。项目已于 2008 年 10 月 21 日实现全生产线一次开车成功，采用完全自主研发的大型自动控制系统，系统规模达 10 万点并通过了 CE 认证，系统性能达到当前国际先进水平。

3052 大化肥装置是指年产 30 万 t 合成氨、52 万 t 尿素的化肥生产装置，是我国石油化工领域三大装置（大炼油、大化肥、大乙烯）之一。兖矿鲁南化肥厂 3052 大化肥项目首次将中控自主研发的 WebFieldECS—100 系统实行全流程的生产过程监控。该项目覆盖了连续煤汽化、净化、硫回收、氨合成、尿素等工段，并实现了全厂联合装置的生产过程监控以及调度信息集成。经测试表明，系统各项功能和性能均达到或优于设计的要求，

运行实践证明，系统稳定可靠，能满足大型化肥装置易燃易爆、高温高压的高危险等级下安全经济运行的要求，并于 2008 年 11 月通过了验收。

和利时于 2008 年 7 月 24 日在山西晋丰高平 36 万 t/年合成氨、52 万 t/年尿素大型化肥装置上的 DCS 系统也投运成功，又一次实现了大型化肥装置控制系统的国产化。

以上的两个项目标志着国产控制系统已经完全能够满足大化肥装置控制的要求，为我国大型煤气化技术装备的完全国产化起到了重要的推动作用。

1.3　国产核电机组控制系统在核电站系统改造中获得成功，为进一步在核电领域的应用打下良好基础

2008 年底，北京广利核公司（和利时与广东核电公司合资）成功完成大亚湾 1000MW 电站 KIT—KPS 改造，在 2JHJ 核电机组正常大修工期内一次成功完成系统改造，为国产核电控制系统在核电领域的进一步应用打下了良好的基础。

2008 年，上海自动化仪表股份有限公司同国家核电技术有限公司共同投资成立了国核自仪系统工程有限公司，将在消化第三代核电控制系统的基础上逐步开发具有自主知识产权的核电控制系统。

1.4　和利时推出国内首款大型 PLC，推广应用已经取得重大进展

2006 年 11 月，和利时推出 LK 大型 PLC，填补了国内在这个领域的空白，通过几年来在各大城市的巡演和产品本身的不断提高，2008 年 6 月，该产品取得了 CE 认证，到 2008 年底，和利时系列 PLC 已经树立了 50 多个应用业绩好的典型。

2. 过程控制用检测仪表（包括核电站用的检测仪表）在重大工程逐步推广

上海自动化仪表股份有限公司（以下简称上自仪）和重庆仪表材料研究所研制开发的核电站用温度仪表，上自仪和威尔泰研制的核电站用压力变送器，上自仪核电站用调节阀核电站用电动执行机构等相继获得了核级认证，正在逐步进入核电站应用。

高精度压力/差压变送器、质量流量计、智能电动执行机构、阀门定位器、调节阀等已经在中小工程中广泛应用，在重大工程中的推广应用也在推进中。

3. 自主化研发取得重大进展

（1）浙江大学等单位开发的智能化仪表通信模块的数字通信符合 EPA 总线标准，已经取得相关认证，成为正式国际标准。

（2）中国科学院沈阳自动化研究所开发的智能化仪表通信模块的数字通信符合 FF、Profibus 等现场总线标准，已经取得相关认证。

（3）中控、威尔泰公司开发的高精度压力/差压变送器，正在做现场总线的国际认证。

（4）河北工业大学、天津仪表集团开发的基于变频控制技术的智能电动执行器，已经小批试投产 20 台。

第十二章　机床发展报告

机床工业是国民经济的基础装备产业，是装备制造业发展的重中之重，属于战略性产业。数控机床作为现代制造业的主流加工设备，是机床工业的核心产品，已成为国际制造业和国防工业竞争的焦点。国家一直高度重视机床工业尤其是数控机床的发展，《国务院关于加快振兴装备制造业的若干意见》首次将数控机床列入重大技术装备，提出明确要求：发展大型、精密、高速数控装备和数控系统及功能部件，改变大型、高精度数控机床大部分依赖进口的现状，满足机械、航空航天等工业发展的需要。《国家中长期科学和技术发展规划纲要》也将数控机床列为16个重大专项之一，进一步确立了机床工业在国民经济中的产业地位和作用。

“工欲善其事，必先利其器”，自主地发展我国机床工业，提高国产数控机床技术水平和市场占有率，具有全局性和战略性意义。国家振兴装备制造业，为机床工具行业的发展创造了极好的外部环境，也提供了前所未有的发展机遇。

随着国民经济持续、快速、稳定地增长，我国机床工具行业开始进入发展速度与经济运行质量同步增长的新阶段，为国民经济和国防建设提供了大量基础工艺装备，为我国由机床制造大国向机床制造强国迈进创造了良好基础。

作为为各行业提供工作母机的机床工具行业，针对国家重点发展的大型发电设备、输变电成套设备、大型石化成套设备、大型煤化工成套设备、成套冶金机械、大型船舶、高速列车、新型地铁车辆等重点领域，机床工具行业加强市场调研，加强产品自主创新和专机开发研制，在精密制造、极限制造等方面实现了突破，提升了大、重型数控机床，五轴联动机床等重点产品的技术档次和水平。目前，国产高档数控机床开始进入国家重点发展领域和国防军工建设领域，国民经济发展急需的高档数控机床过度依赖进口的局面，正在逐步改善。

第一节　发展综述

1. “十一五”发展目标和任务

“十一五”机床工具行业发展思路：抓住国家振兴装备制造业的发展机遇，以市场需求为导向，以提高国产机床市场占有率为目标，提高数控机床产业化水平；以改革、创新为动力，加快产业结构和产品结构调整；加速企业技术改造和信息化进程，实现制造手段现代化；全面推进体制和机制改革、技术创新，提高企业核心竞争力；坚持科学发展观，实现我国机床工具行业的协调和可持续发展。

“十一五”机床工具行业发展目标和任务：到2010年，数控机床年产量达到10万台，数控机床年销售30亿～35亿美元，国产数控机床占国内市场需求的50%以上；功能部件配套齐全，自给率达60%；增加数控机床出口，改善出口产品结构，扩大国际市场份额，参与国际竞争。建成一批数控机床及功能部件产业化基地；建立起培育人才促进开发的激励机制；建立和完善自主开发创新体系，研制自主开发品牌产品，市场需求的主要品种基本立足国内。力争用10～15年时间，使我国成为世界上重要的数控设备制造基地，由机床制造大国成为机床制造强国。

2. 2006—2008年主要经济指标

2006—2008年我国机床工具行业处于快速发展的轨道，全行业实现了高速、持续增长。

根据国家统计局大行业统计数据，机床工具行业2006年2404家企业工业总产值1656亿元，同比增长27.1%，产品销售收入1586亿元，同比增长26.4%；2007年4291家（国家统计局统计口径调整）企业工业总产值2748亿元，同比增长35.5%，产品销售收入2681亿元，同比增长36.2%；2008年4832家企业合计完成工业总产值3472.3亿元，同比增长27.5%，机床工具行业产品销售产值3348.3亿元，同比增长26.0%。

2006年全国机床工具行业合计完成利润总额93.5亿元，产值利润率5.6%。人均产品销售收入30.2万元，同比增长28.8%；人均利润为17775元，同比增长34.9%。2007年1至11月份机床工具行业共实现利润144.6亿元，同比增长52.8%。2008年依靠上半年的高增长，1～11月机床工具行业共实现利润176.7亿元，同比增长18.2%，但比上年同期低35个百分点。

自“十五”以来，国产数控机床产量始终保持30%以上增长。国内所需的中低档数控机床基本可以立足国内，中高档数控机床部分满足需要。2006年数控机床产量8.6万台，同比增长32.8%，2007年数控机床产量更是达到12.3万台，同比增长32.6%，提前三年超额完成“十一五”规划年产10万台的目标，我国数控机床的年产量已居世界第一。2006年数控机床产量超过1000台的企业有21家，比上年同期增加10家。2007年，我国年产数控机床超过千台的企业达到了29家，其中沈阳机床集团年产20186台，大连机床集团公司年产8676台。2008年数控机床产量12.2万台，受金融危机影响，产量比上年略微下降。

2006—2008年机床工具产品出口进入迅速增长期。根据海关统计资料，2006年机床工具产品出口38.18亿美元，同比增长27.5%。其中，金属加工机床（金属切削机床+金属成形机床）出口11.86亿美元，同比增长44.6%。2007年机床工具产品出口52.0亿美元，同比增长36.2%，其中金属加工机床出口16.5亿美元，同比增长39.2%。2008年机床工具产品出口71.3亿美元，同比增长37.1%，其中金属加工机床出口21.1亿美元，同比增长27.6%。

随着我国机床行业的产品结构的优化，市场竞争力进一步提升。特别是大型和重型机床，对替代进口发挥了重要作用。按产值计，2006年国产金属加工机床国内市场占有率比2005年提高了5.1个百分点，达到44.8%；2007年同比又提高了11.5个百分点，达到56.3%，国产金属加工机床国内市场占有率首次过半。其中，国产数控机床国内市场占有率则从2006年的38.4%，达到2007年的47.6%，上升速度也较快。

3. 自主创新产品开发和技术攻关

近年来，企业高度重视产品开发工作，行业自主创新速度明显加快，新技术应用、新产品开发成果明显增多。“纳米级加工技术及设备”、“快速成型技术”、“机床工业造型设计技术”和“网络制造技术”等一批关键技术取得突破，缩小了与世界先进水平的差距，同时，开发了一批高水平的数控机床新产品，行业的开发能力得到进一步提高，数控机床已经成为企业开发新产品的重点，产品结构逐步得到优化。2007年，数控机床产量超过百台的企业已经达到138家。

2006—2008年机床工具行业相继开发了一批国民经济急需的重大新产品，填补了国内空白，为国家建设做出了贡献。一批高精、高速、高效、多坐标、复合、智能型，大规格、大吨位、大尺寸的数控机床新产品已经开始进入国家重点用户应用领域。如沈阳机床集团开发的带A、B轴的龙门加工中心和立式车铣中心，已经成功应用于航空工业；大连机床集团开发了大型龙门式五轴联动加工中心、车—铣复合加工中心等；济南二机床集团开发了国内首台10000kN重型伺服压力机；上海机床厂有限公司开发出大型数控轧辊磨床、纳米级精密微型数控磨床；武汉重型机床集团有限公司完成了用于加工重型船用螺旋桨的七轴五联动数控重型立式车铣复合加工机床；秦川机床工具集团推出采用力矩电动机和直线电动机驱动的数控磨齿机；重庆机床集团开发出六轴四联动数控滚齿机和数控干切滚齿机等；齐重数控装备有限公司、齐二机床集团、北京第一机床厂、宁江机床集团、汉江机床、四川长征机床集团、江苏金方圆、江苏亚威、苏州电加工所、北京机电院、杭州机床、汉川机床等企业，都相继开发了适应市场需求的高新产品。国产数控系统、功能部件、数控刀具和数字化量具量仪等也取得多项自主创新成果。

数控机床的技术进步成效显著。高速、精密、复合、智能和绿色是数控机床技术发展的总趋势，机床行业在实用化和产业化等方面取得了可喜成绩。机床复合技术进一步扩展，出现了车—铣复合、车—磨复合、成形复合加工等，复合加工的精度和效率大大提高。智能化技术有了新的突破，如自动调整干涉防碰撞、断电保护功能、自动补偿等。精密加工技术有了新进展，数控金属切削机床的加工精度已从原来的丝级（0.01mm）提升到目前的微米级（0.001mm），有些品种已达到0.05μm左右。功能部件性能不断提高，电主轴、力矩电动机、直线电动机得到应用，提高了数控机床的技术水平。

4. 技术创新体系建设

国家对机床工具行业的发展给予了高度关注，逐步建立了一批国家工程研究中心、国家工程技术研究中心以及国家重点实验室，认定了一批国家级、省级企业技术中心，行业重点骨干企业在创新能力建设方面有了很大进展，形成一定的研究基础，研发实力明显增强，已成为行业创新与进步的中坚力量。

国家工程研究中心主要有：高档数控国家工程研究中心、精密成形国家工程研究中心、制造业自动化国家工程研究中心、激光加工国家工程研究中心、快速原型国家工程研究中心。

国家工程技术研究中心主要有：国家超精密机床工程技术研究中心、国家精密工具工程技术研究中心、国家高效磨削工程技术研究中心、国家数控系统工程技术研究中心、国家超硬材料及制品工程技术研究中心。

国家重点实验室：2007 年机床行业进入建立首批企业国家重点实验室名单，沈阳机床（集团）有限责任公司开始筹建高档数控机床国家重点实验室。

国家认定的企业技术中心：沈阳机床股份有限公司、大连机床集团有限责任公司、哈尔滨第一工具有限公司、齐齐哈尔二机床（集团）有限责任公司、济南二机床集团有限公司、济南一机床集团有限公司、武汉重型机床集团有限公司、株洲硬质合金集团有限公司、重庆机床（集团）有限责任公司、陕西秦川机械发展股份有限公司。

5. 产业兼并重组及大企业集团崛起

近年来，机床工具行业结构调整和重组有了新的进展，出现了一批新的机床群体。产业重组主要有以下几种形式。

5.1　政府推动国企重组

在政府推动下组建机床集团，如在陕西省政府推动下，由秦川机械发展有限公司、汉江机床有限公司、汉江工具有限公司组建秦川机床工具集团，并参股宝鸡机床厂。在重庆市政府有关部门推动下，由重庆机床厂、重庆第二机床厂和重庆工具厂组建重庆机床工具集团公司。中国通用技术集团与齐齐哈尔二机床（集团）有限责任公司签署重组协议，进行增资并控股齐二集团，并支持齐二集团实施重组并购，提高国际竞争能力。

5.2　企业自主调整重组

安徽省合肥合锻压力机床有限公司、安徽晶菱机床制造有限公司、安徽双龙机床制造有限公司、安徽万马机床制造有限公司、蚌埠奥力锻压机床有限公司等企业自愿协商组成合肥锻压集团。天水星火机床有限公司并购了兰州机床厂、天水市实验机有限公司、天水拖拉机厂后，扩大了生产能力。

5.3　民营企业并购国企和其他企业

江苏新瑞机械有限公司（民营企业），并购宁夏长城机床厂（国企）和江苏多棱机床厂（国企），组建江苏新瑞机械（集团）有限公司。无锡开源机床集团有限公司由原无锡机床厂改制成民营企业，先后收购江苏泰兴机床厂、江苏省无锡测绘仪器厂、无锡市灵达汽车配件厂等企业，组成了无锡开源机床集团公司。安阳鑫盛机床有限公司联合 12 家协作企业组建了安阳鑫盛机械装备集团。浙江天马轴承股份有限公司是我国轴承行业快速成长的行业新贵，2007 年并购齐重数控装备股份有限公司，产品扩展到重型机床领域。

机床工具行业产业调整和企业重组加快，体制改革为行业发展带来活力。通过重组和并购，发展了多家具有较强竞争力的大型机床制造企业集团，这些大型机床制造企业集团通过改制重组，将各个成员的优势整合到一起，提高了企业市场竞争力。2007 年，大连机床集团公司和沈阳机床集团公司年销售额均超百亿元，双双进入世界机床企业排名前十名。大型机床集团的崛起，标志着我国机床行业国际竞争力的进一步提高。

5.4　企业并购国外企业

我国机床工具行业企业通过并购国外机床企业，实现了优势互补，推动了技术进步，提高了经济效益，培养了国际化管理人才，提高了企业知名度和竞争力。到目前为止，已经有 8 家机床工具骨干企业成功并购了 11 家国际机床工具知名企业，开辟出学习国际经营管理经验和先进技术的新途径，迈出了参与国际化经营的步伐。充分利用这些国际资源，将有效提高我国机床工具企业的技术开发能力和国际竞争力。

6. 产业聚集

近年来，新兴地区机床工业的发展，明显呈现地区集聚效应：如江苏扬州地区已经成为我国锻压机械制造的新兴产业集聚区；河南成为我国磨料磨具制造的产业集聚区；山东滕州市以山东鲁南机床有限公司和山威达重工有限公司为领头企业，民营中小机床企业共有 465 家，已经成为新兴的机床制造集聚区；苏州—泰州地区是我国电加工机床制造领航地和集聚区；浙江缙云县壶镇聚集了几十家锯床制造企业，锯床产值占全国锯床总产值的一半以上。机床工业产业集聚的新发展，将改变我国机床工业的原有产业布局，为地区经济发展注入新的活力。

7. 国家政策得到落实

7.1 开拓国产数控机床市场，推动高档数控机床和数控系统应用

国家发展改革委和国防科工委联合推进国产数控机床在军工行业的应用，建立了长效合作机制，在 2007 年 4 月和 2008 年 4 月召开的“国产数控机床应用座谈会”上分别表彰了 14 项和 10 项国产数控机床优秀合作项目，树立了国产数控机床在军工企业应用的信心。2007 年 6 月国防科工委出台了《军工建设项目鼓励采购国产设备的若干意见》，要求优先选用自主创新国产设备，支持首台套国产高档数控机床在军工领域的应用。

国家发展改革委重大技术装备协调办公室组织国产数控系统应用和推广，2007 年 4 月组织研究了数控系统自主化发展若干意见，2007 年 7 月在武汉召开机床企业应用国产数控系统座谈会，确定了 153 台数控机床企业自产自用设备配套应用国产数控系统，数控系统企业做出五项承诺，2008 年 1 月在山东滕州召开国产数控系统应用推广座谈会，进一步扩大了武汉会议成果，确定了 225 台自产自用中高档数控机床配套应用国产数控系统。

2007 年 8 月沈阳市经委组织实施国产数控机床应用国产数控系统示范工程，完成了 30 台国产数控机床的配套调试、机床检测、样件试切加工等任务，首次实现了国产数控系统在国产中高档数控机床上的批量应用。

由于国家的高度重视和机床行业的努力，目前三轴以下国产数控机床基本立足国内，普及型数控机床已经得到国内市场认可，开始批量生产和应用，高档数控机床取得突破，部分产品已经做到了进口替代，国内用户和机床企业出现了良性互动，国产数控系统国内市场占有率突破 50%。

7.2 组织高档数控机床重大专项实施方案编制、论证和启动实施

高档数控机床与基础制造装备重大专项是落实《国民经济和社会发展第十一个五年规划纲要》、《国家中长期科学和技术发展规划纲要》和《国务院关于加快振兴装备制造业的若干意见》的重要体现，国务院成立了专项领导小组，采取有力措施，协调、完善国家的各项支持政策，形成合力，以尽快扭转中高档数控机床长期依靠进口的局面，促进我国机床工业发展早日进入世界先进行列，满足国民经济和国防军工对先进装备的需求。

2006 年 10 月国家发展改革委会同教育部、科技部、国防科工委、财政部、中科院、工程院等部门联合召开了国家 16 项科技重大专项之一“高档数控机床与基础制造装备”领导小组第一次工作会议，部署了专项实施方案的编写，2007 年 12 月召开领导小组第二次工作会议，审议通过了专项实施方案，决定提交论证委员会论证。

2008 年 10 月科技部、国家发展改革委、财政部组织的三部委专家论证委员会，经过四个阶段的论证，通过了实施方案。

2008 年 12 月国务院通过实施方案后，工业和信息化部作为领导小组组长单位和牵头组织单位，立即全面启动实施工作，在组建机构、充实人员、建章立制、调查研究的同时，采取并行工作方式，加快工作节奏，提前完成了 2009 年度重点任务的安排，主要针对重点领域亟需的重型超重型装备；进口量大，市场需求面广，有利于保增长，促结构调整的加工设备；以及支撑主机发展的共性技术、基础工艺和功能部件等三个方面共安排了 194 项课题。立项课题总经费 72.71 亿元，其中中央财政投入 16.23 亿元，地方匹配及企业自筹 56.48 亿元。

7.3 实施国债项目贴息，支持机床企业提高自身装备水平

近年来，国家发展改革委陆续支持部分机床工具行业企业技术改造，给予国债项目贴息，推动了企业搬迁改造、转机建制，为机床工具行业的快速发展奠定了基础。如沈阳机床、大连机床、齐齐哈尔二机床、武汉重型、呼和浩特众环、广州数控、哈尔滨量具、华工科技等二十几家重点企业，通过国债技改项目支持进一步提升了企业自身装备和管理水平。

7.4 延续数控机床增值税返还政策，鼓励发展国产数控机床

从“八五”开始实施的数控机床增值税返还政策，对数控机床产业发展起到了积极的支持作用，特别是在机床市场低谷时期，机床行业企业普遍处于微利或亏损状态，依靠返还税款，支持和引导企业数控机床产品开发和结构调整。“十一五”财政部继续保留了该项政策，并调整了具体操作办法，对机床行业发展数控机床、增强竞争实力起到了直接推动作用。

8. 存在的问题

我国机床工具行业虽然取得了很大成绩，但由于我国工业基础相对薄弱，以企业为主体的创新体系尚未建

立，数控机床产业化时间短（仅仅10多年）等，技术上和产业上与发达国家还存在一定差距。

新产品开发能力不足。目前机床行业新产品的开发能力还不能适应国民经济快速发展的要求，国家重点行业生产科研和国家重大工程提出的一批高端数控机床，由于机床企业开发能力不足或完成开发的周期太长而难以承接合同，一些数控专机也由于开发人员缺乏而拖延。从行业总体看，基础技术和关键技术研究还很薄弱，基础开发理论研究、基础工艺研究和应用软件开发还不能适应数控技术快速发展的要求，全行业科技人才不足，缺乏高级技术人员，科技投入和科研设施尚不适应等。

扩大产能与未来实际需求的错位。当前，行业企业技术改造项目的产能目标过于庞大，技改项目产品的大型化、重型化趋势明显，高档数控机床制造能力和功能部件的投入不足，机床企业自身装备的数控化率低，信息化管理水平不高，生产效率低，企业的竞争力没有得到实质性的提高；从行业整体看，是否与未来的市场需求相符，还需要研究。

功能部件发展滞后。数控机床的发展需要高水平、专业化、规模化生产的功能部件作基础，但目前我国差距很大。大多数中高档数控机床主要配套的还是法那科和西门子等国外数控系统，刀库机械手、数控刀架、滚珠丝杠和导轨、电主轴等主要还是日本、德国或台湾地区的产品，用户选购国产机床时普遍提出选用境外功能部件的要求。由于境外配套产品的价格高，交货期长等原因，也制约了国产中高档数控机床的发展。

外商独资趋势应引起重视。近几年来，机床行业有些合资企业逐步扩资转为外商绝对控股或独资，同时又新成立一批外商独资企业，他们的产品以占领国内中高端市场为目标，其技术由国外母公司控制，我们用市场换不到技术，又丧失市场，客观上压制了国内机床企业的产业升级。如电加工机床行业，国际上几家主要的电加工机床制造商相继建立独资企业，占领了高档电加工机床市场的绝对份额，使得中国自主知识产权的电加工技术和产业发展更加举步维艰。

第二节　关键设备自主化进展情况

随着国民经济持续快速稳定发展，机床工具行业发展较快，自主创新成果突出，开发了一批市场急需的高档数控机床，填补了国内空白，满足了国民经济和重点行业发展的急需。

1. GMC1230u 型龙门五轴加工中心

沈阳机床（集团）有限公司在2007年第十届中国国际机床展览会上首次推出，是航空、航天、模具等行业的关键加工设备，以前此类带 *A*、*B* 轴双摆角铣头、大转矩的多轴联动机床全部依靠进口，得到了航空航天工业用户的极大关注和积极采用。该机床采用龙门框架结构，*X* \ *Y* \ *Z* \ ：3700mm \ 1900mm \ 650mm，电主轴45kW，*A*、*B* 轴采用圆光栅形成全闭环控制，传动精度高，*A*、*B* 轴摆动角度可达 ±40°。

2. 数控伺服压力机

2007年由济南二机床集团公司研制成功，为国内首台10000kN重型伺服压力机。伺服压力机技术是目前国际上先进的压力机技术，在国外只有少数公司掌握该项技术。与传统机械压力机相比，伺服压力机主驱动由传统压力机的定量控制改为变量控制，整个冲压周期可以任意调整，使能量分配更加合理，生产效率大幅度提高。该机床为独具技术特色的“混合驱动”伺服压力机，国内首创。

3. MK84200 系列高精度重载荷数控轧辊磨床

上海机床厂有限公司研制，是到目前为止为我国生产的最大规格、最高精度的数控轧辊磨床，达到国际先进水平，项目总投入2150万元。该磨床采取了特殊的工艺手段提高主轴轴系的精度，整个头架主轴的回转精度为0.002mm，达到国际先进水平，设计了八面体结构尾架部件、重载荷机床工件软着落装置等，申请了多项实用新型专利及一项发明专利。最大工件直径2000mm，最大工件长度12000mm，最大工件重量100t。2008年初投入使用后获得用户中钢集团邢台机械轧辊（集团）有限公司好评。

4. BK50 龙门式五轴联动加工中心

大连机床集团有限责任公司研制，是加工大型箱体类及杂型类零件、模具、大型叶轮等曲面零件的核心设备。该机床既能满足切除大量切屑的粗加工，也能够做到对工件进行细致的精加工。龙门最大通过工件直径为3900mm，主轴及 *A*、*C* 轴采用机械传动，提高双摆动主轴的驱动转矩及可靠性，填补国内精密型五轴五联动龙门加工中心空白。该机床是国家科技支撑计划项目“多轴联动高速龙门式加工中心系列产品开发研究”的子课题产品，到 2008 年年底，已完成三台机床的制造。

5. XKAU2750 ×220 数控定梁桥式双龙门镗铣床

2007 年由北京第一机床厂开发完成，应用于东方电机股份有限公司，配有大功率内置 C 轴的滑枕镗铣头和纯机械传动的大扭矩摆角铣头，与机床 X、Y、Z 轴实现五坐标联动的重型龙门镗铣床，主要用于水轮机叶片曲面的加工。首次实现大功率、大转矩五坐标驱动，添补国内空白，打破该类机床依靠进口的局面，在水利、电力发电设备、船用螺旋桨制造等行业有巨大市场。工作台（宽度 × 长度）5000mm ×22000mm，滑枕镗铣头主轴功率 80kW，主轴最大转矩 7000N · m。

6. CKX5680 七轴五联动数控重型车铣复合加工机床

武汉重型机床集团公司 2007 年完成并通过“863”专家组验收。该机床提高了铣头 C 轴回转精度及传动刚度，实现了标准五轴铣头及特殊五轴铣头的自动交换，用双电动机预加载消除间隙传动技术，实现大型圆工作台铣削进给和精密分度，开发了能应用于实际加工的智能自适应装置，提出了螺旋桨工序集中数控加工方法，开发了大型螺旋桨加工轨迹优化技术，研究了螺旋桨五坐标数控加工中的全局干涉问题。该机床是远洋巨轮等超重型螺旋桨加工的关键设备，最大加工直径 8m，高度 2m，加工件重量 100t，工作台直径 ϕ7200mm。

7. CWT130 ×145/180L—MC 重型曲轴旋风切削加工机床

齐重数控装备股份有限公司 2007 年完成，项目总金额 9600 万元。该机床在武汉重工铸锻有限公司的青岛海西基地安装投入使用，加工精度达到用户要求。该机床采用旋风切削方式，具有工件自动测量、刀具检测、平衡等功能，大型曲轴的轴径、拐径在一台机床上可全部实现精加工，填补国内空白，解决了曲轴拐颈大偏心的加工难题、主轴颈加工精度的难题、曲拐加工精确分度难题。最大工件重量 180t，最大工件长度 14500mm，卡盘分度精度 ±0. 002°，精车外圆的圆度 0. 01mm。

8. YS3116CNC7 七轴四联动数控高速干切自动滚齿机

重庆机床（集团）有限责任公司研制，国内首次实现机床的高速干式滚齿加工。完成了可重组齿轮加工机床研究，取得了静压工作台、滚刀箱、智能化系统等共性基础理论应用技术，自主开发成功柔性自动上下料装置，实现齿轮加工的全自动化。该机床用于汽车、轿车齿轮大批量、高精度的加工，采用干式切削，适用于加工圆柱直齿轮、斜齿轮、蜗轮、小锥度齿轮、鼓形齿轮、花键、链轮、双联及多联齿轮。最大加工直径 160mm，最大工件模数 3mm，工作精度 GB10095—2001 的 6 级。

9. THM63100Ⅳ精密卧式五轴联动加工中心

成都宁江机床集团公司开发，以五轴数控技术为主，结合高速加工技术、精密技术、五轴控制技术、误差补偿技术、五轴加工智能编程、大导程丝杠驱动和中空冷却技术以及工作台力矩电动机驱动技术等技术集成，从而达到复杂曲面的精密加工。工作台尺寸 1000mm ×1000mm，$X/Y/Z$ 轴行程 1700mm/1250mm/1400mm，快速移动速度 40m/min，X、Y、Z 坐标定位精度 0. 008mm、重复定位精度 0. 004mm，可倾翻转工作台 A 轴定位精度 10″，B 轴定位精度 8″。该系列精密卧式加工中心的发展，标志着宁江机床集团公司的精密机床制造上了新台阶。

10. S—THP34Y—1250 船体板材成型数控液压机生产线

天津市天锻压力机有限公司开发，由进料遥控起吊装置、板材数控送料输送装置、具有五自由度的数控压制中心、出料遥控起吊装置和板材数控下料输送装置等五部分组成，实现对大型船体板材吊装、输送、弯曲、弯边、压筋、折边、矫平等冷成形工序的连续加工，在规格、结构、控制和性能方面均属创新产品，填补国内空白。压头公称力 12500kN，压制中心台面尺寸（左右 × 前后）6000mm ×2700mm。

第十三章　新型纺织机械发展报告

纺织机械工业是纺织工业的重要技术物质基础，对于增强纺织工业国际竞争力，提升纺织工业技术装备水平，优化纺织工业产业结构，实现纺织工业强国战略，并作为完善国家经济安全战略的重要组成部分，均具有十分重要的意义。

第一节　发展综述

目前我国纺织机械工业已具有一定的生产规模和生产能力，产品门类比较齐全，生产企业遍及全国二十多个省、市、自治区，从事纺织机械、纺织专用基础件、器材生产的企业有一千多家，中国纺织机械器材工业协会统计范围内规模以上的纺织机械和器材生产企业约有978家。这些企业涉及到纺织、机械、电子和军工等不同行业，有国有、集体、港澳台、私营和外商独资企业等。

2008年1～11月纺织机械工业总产值486.23亿元，销售收入469.12亿元，利润总额16.33亿元，企业从业人数约15.11万人，2008年出口创汇15.67亿美元，从数量和销售额看，我国已成为世界上的纺织机械生产大国，占国际市场份额的25%左右。

近年来，我国纺织机械工业之所以得到较快的发展，归结起来主要是，政府的支持、市场的引导、明确的目标、企业的努力和协会的组织与协调。

1. "十一五"发展目标和任务

1.1　发展目标

（1）提高纺织机械产品技术水平，缩小与国际水平的差距

为国内纺织企业提供的主要技术装备中达到同期世界先进水平的占三分之一以上，其中化纤、棉纺和非织造布设备达到50%以上，源于自主开发的产品占50%以上。

（2）提高纺织机械产品的市场占有率，扩大出口

纺织机械产品的国内市场占有率达到70%，出口额占同期产值的30%以上。

（3）制造精良产品，创纺织机械名牌

在提高纺织机械产品技术水平和产品出口的同时，要加大树品牌、创名品的力度，实现创立100种名牌产品。

（4）提高加工装备及工艺水平，适应纺织机械产品制造要求

加工装备的数控化率达到10%以上，其中骨干重点企业达到15%～20%。主要纺织机械产品的关键零件、新型专件的精加工工序能力指数达到1～1.25。进一步提高产品的装配精度，满足使用工艺要求。

（5）树立纺织机械强国目标，力争进入世界先进行列

按照先进制造业信息化、智能化、科学化、绿色化和全球化标准，使我国的纺织机械工业能进入世界先进行业之列。

1.2　产品发展重点

根据中国纺织工业协会2004年10月发布的《纺织工业科学技术发展纲要》，围绕纺织机械工业"十一五"发展目标，提出了纺织机械"十一五"的产品发展重点，即十项新型纺机重大装备的研发及产业化任务：

（1）日产200t大容量涤纶短纤维生产线成套设备。

（2）粘胶长丝连续纺丝机。

（3）高效现代化棉纺生产线的研制。
（4）机电一体化剑杆织机和喷气织机。
（5）纺粘法和熔喷法非织造布生产线。
（6）电脑提花圆纬机。
（7）电脑自动横机。
（8）高速特里科经编机（经编机系列产品）。
（9）印染设备工艺参数在线检测系统。
（10）高质量、高效、节能、环保的印染设备。

2. 经济运行情况

2.1　2006—2008 年主要经济指标

2006—2008 年，我国纺织机械行业产品销售收入总体处于稳步增长，经济效益有所提高，盈利能力不断提高。据中国纺织机械器材工业协会对行业内 978 家纺织机械、纺织器材生产企业的综合统计资料显示，2006 年全年产品销售收入 510.40 亿元，同比增长 18.02%；2007 年 1～11 月产品销售收入 499.8 亿元，同比增长 21.99%；2008 年 11 月底，因受全球的金融危机影响，产品销售收入 469.12 亿元，同比下降 6.34%（见表 1）。

表 1　2006—2008 年纺织机械行业主要经济指标　（单位：亿元）

主要指标	2006 年	同比（%）	2007 年（1～11 月）	同比（%）	2008 年（1～11 月）	同比（%）
企业数/个	923	0.00	923	23.34	978	5.96
产品销售收入	510.40	18.02	499.81	21.99	469.12	—
产品销售费用	14.41	25.38	12.51	25.75	14.91	4.31
管理费用	34.51	36.78	29.51	8.37	29.80	1.43
财务费用	5.95	40.28	4.41	20.27	5.37	28.81
利息支出	5.40	31.68	3.78	34.72	4.73	27.11
利润总额	28.10	26.92	28.56	39.56	16.33	—
资产总计	534.57	16.09	503.07	12.19	520.46	3.08
工业总产值	528.44	16.55	522.32	24.59	486.23	—
出口交货值	53.23	8.88	59.93	30.65	52.77	—
亏损企业数/个	94	8.05	110	0.92	209	99.05
亏损企业亏损总额	2.41	104.19	1.446		6.25	221.05
亏损面（%）	12.57	0.94	11.92	0.11	21.37	10.63
全部从业人员平均人数/人	156545	1.54	159550	1.92	151115	—
人均利润/（元/人）	16501	25.00	17898	2.89	10803	—
负债合计	303.71	11.00	306.21	16.40	315.25	0.95
资产负债率（%）	56.81		60.87	2.20	60.57	—
产值利润率（%）	5.32	0.43	5.47	0.59	3.36	—

2006 年，随着我国纺织机械市场容量不断增长，2007 年当年的市场容量首次超过 800 亿元，即超过 100 亿美元。2006 年、2007 年纺织机械全行业的主要经济指标呈增长态势。

到 2008 年，特别是下半年，全行业的主要经济指标较去年同期都有不同幅度的下滑，亏损企业在迅速增多，亏损面在增加，亏损企业占到 21.37%。

2006 年、2007 年人均利润分别为 16501 元、17898 元，但 2008 年则下降为 10803 元。

图 1 反映了近三年来纺织机械全行业产品销售收入（亿元）的比较及走势情况：

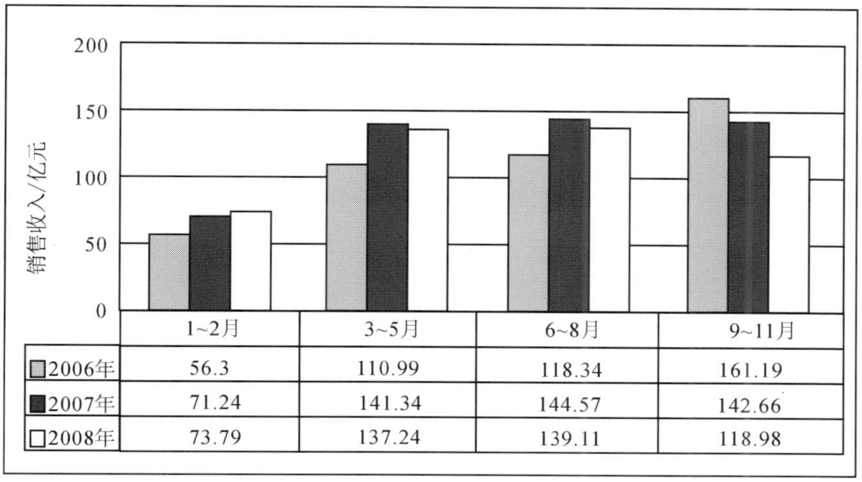

图 1　2006—2008 年纺织机械全行业产品销售收入的比较及走势情况

从图中走势可以看出，2008 年纺织机械行业生产销售在上半年还保持平稳增长，5 月以后开始低于上年同期水平，全年走势为三年来的最低点。

2.2　2006—2008 年纺织机械进出口情况

2006—2008 年纺织机械进出口总额 172.12 亿美元（见表 2）。

表 2　2006—2008 年纺织机械进出口金额统计　（单位：亿美元）

	2006 年	同比（%）	2007 年	同比（%）	2008 年	同比（%）
进出口总额	53.39	23.69	64.76	21.30	53.97	-15.78
出口额	12.37	42.08	15.28	23.54	15.67	2.79
进口额	41.01	19.05	49.48	20.62	38.30	-21.58

2006 年、2007 年纺织机械进出口总额的同比均呈现 20% 以上的增长幅度，2006 年的出口同比增长最大，为 42.08%；2006 年、2007 年的进口额同比增长分别为 19.05%、20.62%。2007 年的纺织机械进口金额为 49.48 亿美元，创纺织机械产品进口额新高，这表明我国纺织机械行业虽然近几年技术进步，产业升级的步伐加快，生产制造水平提高很快，但产品的总体水平与国际先进水平仍有很大差距，因而仍有不少进口。

2008 年因受全球金融危机的影响，纺织行业总体发展受到很大的制约，纺织机械的进出口总额快速下滑，进出口总额与 2006 年基本持平，与 2007 年同期相比下降 15.78%。由于纺织品生产行业受金融危机影响较早，2008 年全年进口金额同比下降了 21.58%，比 2006 年的进口额还低 2.71 亿美元。而纺织机械的出口略有增加，出口金额为 15.67 亿美元。2004～2008 年纺机进口和出口同比变化情况见图 2 和图 3。

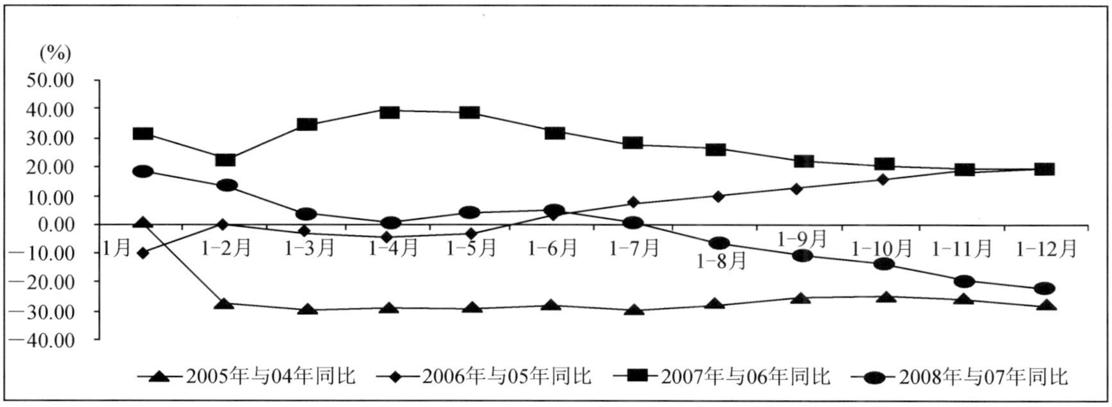

图 2　2004—2008 年纺织机械进口金额同比变化情况

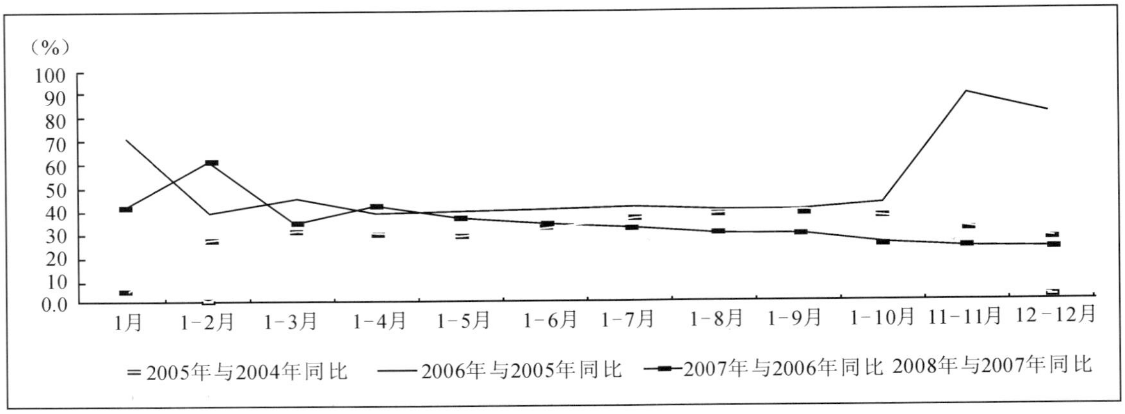

图3　2004—2008年纺织机械出口金额同比变化情况

2008年纺织机械各类别产品出口同比增长2.79%。其中针织机械的出口金额最多，占全部出口总额的30.38%；非织造布机械出口金额增幅最大，同比增长99.66%。化纤机械和纺纱机械的出口同比分别下降24.94%和11.49%。

2008年纺织机械的进出口总额为53.98亿美元。2008年纺织机械的进出口额出现了先扬后抑，虽然12月份的进出口额较11月份有了较大的增幅，但这只是外贸进出口的年底特征，不能说明产品进出口情况改善。2008年1~12月按月度纺织机械进出口额变化情况见图4。

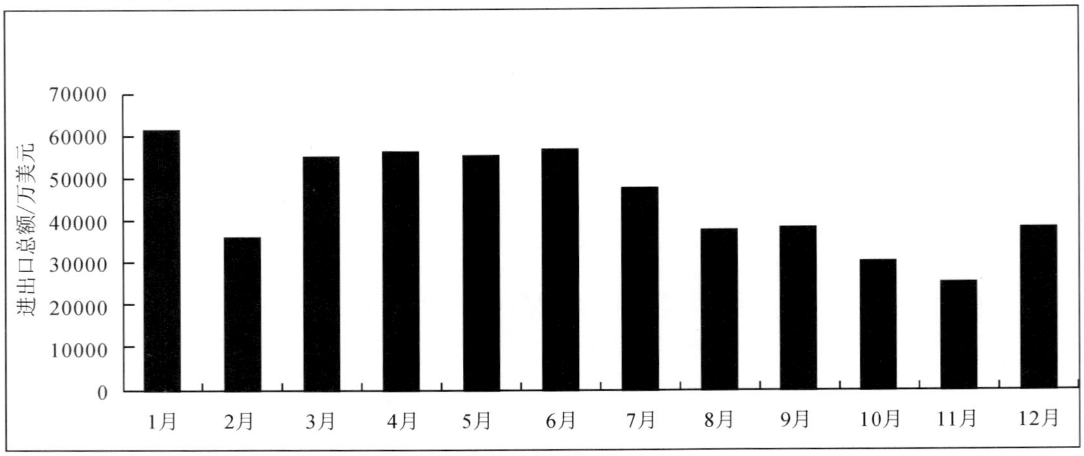

图4　2008年1~12月按月度纺织机械进出口变化情况

3. 技术发展及技术创新基础设施建设

自2006年6月28日在国务院发布的《国务院关于加快振兴装备制造业的若干意见》中，将以“10项新型成套关键装备技术攻关和产业化”项目为主的“发展新型纺织机械”列为振兴装备制造业要实现重大突破的16个关键领域之一以后，为贯彻落实《国务院关于加快振兴装备制造业的若干意见》，三年来，一方面，纺织机械行业通过自主研发和推进产业化促进纺织机械装备制造业的振兴，另一方面，国家对纺织机械的研发给与了大力支持。2006年底，国家发展改革委在“纺织工业结构调整转变经济增长方式专项资金”项目中，支持了44个纺织机械项目；2007年国家科技部在国家科技支撑计划中支持了“新一代纺织设备”重点项目（9个课题）；2007年和2008年，国家发展改革委分别启动“新型纺织机械重大技术装备专项”第一批10个项目和第二批23个项目。这些对于纺织机械行业的发展和技术进步起到了重要作用。

3.1　企业技术投入加大

2007年通过调查问卷方式调研统计，2007年纺机企业技术改造和固定资产投入同比增长在31%以上的企业占17.98%；研发费用比例在5.1%以上的企业占37.11%；企业新产品占全部产品20.1%以上的企业为54.44%；拥有专利和知识产权的企业为67.44%；拥有5项专利以上的企业为54.02%。

3.2　企业技术水平不断提高

新型纺织机械产品技术水平不断提高，尤其是机电一体化水平的提高并逐步向深层次的智能化、模块化、网络化、系统化和人格化方向发展。纺纱设备继续向高效、自动化、连续化、智能化生产技术发展，清梳联、粗细、细络联接技术有了长足进步和突破；喷气织机和剑杆织机车速有了提高，原料和品种适应性及智能化程度进一步得到拓展；针织机械品种发展不断扩大，电子技术、计算机、信息化和网络化技术在各类针织机械产品上已得到不同程度的应用；印染设备工艺参数在线检测与控制技术得到较快发展，节能降耗减排新理念在印染和化纤机械产品中得到贯彻；组合、复合非织造布工艺及宽幅、低克重非织造布生产线加快发展，再循环经济理念在非织造布装备领域中逐渐推广；纺织机械制造加工高精度、高效率、专用装备逐渐增多，先进刀具、辅具采用逐渐普遍；强调和注重装配环节，工艺和建立，完善装配流水线及提高装配精度得到重视；加强制造过程中的检验和检测，随时监控产品质量等；先进制造工艺技术在铸造、热处理、表面处理和装配等方面得到推广应用；计算机和通信、信息、网络技术在企业产品开发、生产加工和企业管理中已得到不同程度的应用。

3.3　技术创新体系建设

在纺织机械行业中郑州纺织机械股份公司和经纬纺织机械股份公司已获得国家级企业技术中心的称号，成为纺织机械行业中技术研发的主力。

4. 行业结构的变化

三年来，在国家各项政策的大力扶植下，纺织机械工业深化改革，加快了结构调整步伐，纺织机械行业、企业结构发生了巨大变化。

4.1　大型国有企业改革不断深入

大型国有企业通过“集团化”和“股份制”的改组、改制等不断的深入，企业数量虽有所减少，但资产总量增加。2008 年 1 ~ 11 月，国有控股企业资产占行业总资产的 24.32%，比 2007 年增加 0.85 个百分点；但其他各项指标均出现了负增长，产品销售收入占全行业的 14.14%，比 2007 年下降 0.73 个百分点，利润总额同比负增长 91.09%；全年出口额占全行业出口值的 21.22%，增速同比下降 9.91%；在各种所有制企业中只有国有企业总体亏损，但国有控股企业对纺织机械新产品开发投入的力度最大，其产品技术水平、质量和管理仍在行业中占领先优势。

4.2　港澳台商、外商独资企业发展稳定

随着全球经济国际化进程的发展，外资企业逐步进入中国，2006 年、2007 年港澳台、外商独资企业发展稳定，投资平稳增长，2008 年 1 ~ 11 月资产规模已占纺织机械行业总资产的 23.79%。2007 年 1 ~ 11 月外商独资和港澳台商企业占全行业产品销售收入的 25.05%；利润总额占全行业利润总额的 31.37%；全年外商独资企业出口值占全行业出口值的 35.96%。2008 年受金融危机的影响，纺织机械市场需求出现低迷，1 ~ 11 月外商独资和港澳台商企业产品销售收入占全行业产品销售收入的 21.89%，所占比重降低了 3.16 个百分点；利润总额占全行业利润总额的 23.30%，所占比重降低了 8.07 个百分点；全年外商独资企业出口额占全行业出口值的 34.36%，所占比重降低了 1.60 个百分点，出口额同比减少 1.80%；虽然收入、利润和出口均在下降，但是产品技术和质量仍是处于领先水平，管理水平的带动优势仍然依旧。

4.3　民营企业迅猛发展

三年来民营经济迅猛发展，企业的集团化组织、集约化生产开始凸显，很多地区已出现具有专业特色的产业集群、专业城镇。2008 年在规模以上纺织机械企业中，民营控股企业已成为全行业的支撑力，1 ~ 11 月数量已占到纺机全行业的 71.06%，占全行业产品销售收入的 58.05%；利润总额占全行业的 78.93%，但增速同比下降了 12.61%。

2008 年 1 ~ 11 月非国有控股企业的销售收入已占到纺织机械全行业的 85.86%，创造利润 18.25 亿元；全年出口额占全行业出口值的 78.78%。纺织机械行业多元化的市场竞争格局业已形成。

5. 大企业集团崛起

中国纺织机械（集团）有限公司、太平洋机电（集团）有限公司形成的纺织机械生产基地在进一步完善和巩固，成为纺织机械技术进步的支柱。

6. 企业兼并重组

浙江日发集团、江苏金轮科技集团、青岛纺织机械股份有限公司等正在利用集团优势，兼并老牌的纺机企业，实现集约化生产。

7. 产业聚集

山西晋中（榆次）地区的纺织机械产业集群于2008 年7 月正式挂牌；以江苏常州、常熟等地为中心的非织造布装备产业基地正在形成，以福建泉州地区众多的针织机械企业集聚，极大地促进了非织造布设备、针织机械的发展，有力地促进了技术进步。

第二节　关键设备自主化进展情况

1. 10 项新型纺机关键成套装备的研发及产业化任务进展顺利

经过三年来的技术研发和攻关，纺织机械企业在10 项新型纺机重大装备的研发上取得了很大的成绩：

（1）日产200t 大容量涤纶短纤维生产线成套装置中纺丝设备关键装置、大容量的卷曲机、切断机已研制成功，并上机使用。

（2）粘胶长丝连续纺丝机的研制成功实现了流程短、节能、减排的目的，现已小批量投放市场。

（3）高效现代化棉纺生产线中的新型清梳联合机、多电动机传动的悬锭粗纱机、自动络筒机等都已批量生产。清梳联中往复抓棉机产量1500kg/h、梳棉机产量最高100kg/h、粗纱机锭翼最高转速1500r/min、细纱机锭子最高转速25000r/min、自动络筒机最高卷绕速度2200m/min，达到国际先进水平。粗细、细络联接技术实现突破。

集聚（紧密）纺环锭细纱机及集聚（紧密）纺装置近几年得到较快发展。通过自主创新，对环锭紧密（集聚）纺系统关键技术进行研究，国产的紧密（集聚）纺纱技术在网格圈、集聚管、牵伸机构、真空负压系统等多方面取得了重大成果。

10 万 r/min 的半自动转杯纺纱机已成熟，接头装置技术正进一步完善，设备的头数从最初的160 头发展到了288 头；全自动转杯纺纱机的转杯转速已达到11 万～15 万 r/min、引纱速度最高达到250m/min，全自动接头等技术正进行试验，为用户试纺作好准备。

（4）机电一体化喷气织机的运行速度突破了1100r/min，具有宽幅、高速的性能，并能配套生产大提花、色织、双幅、双经轴等特殊品种，整机技术已接近国际先进水平；机电一体化剑杆织机的机械转速已达600r/min，使用转速超过450r/min；机械转速达630r/min 的剑杆织机也已小批量进入市场。

（5）非织造布装备随着我国非织造布工业的飞速发展，已能够产业化生产成套的涤、丙纺粘、针刺、水刺生产线；SMS 纺熔复合生产线已研制成功，开始小批量生产；双组分纺粘生产线已研制成功；丙纶熔喷设备幅宽由1.6m、2.4m 发展到3.2m；非织造布装备制造企业在提高设备质量的同时，向着节能、环保等研究领域进军。

（6）电脑提花圆纬机已向多功能发展。电子提花技术在国产圆纬机上的应用越来越普及，福建红旗股份有限公司、惠安金天梭精密机械有限公司等多家企业已研制生产了这类电脑圆纬机并投放市场；宁波慈星纺机科技有限公司、浙江日发纺织机械有限公司研制的无缝针织内衣机具有自动扎口、自动剪线、废纱回收、吸风牵引等功能，已开始小批量生产；唐山昆鹏智能电子技术有限公司自主开发的电磁选针器已和多家圆纬机配套使用，取得了很好的实用效果。

（7）电脑自动横机的发展始终围绕着提高生产效率，增加产品品种和提高产品质量三条主线进行。南通市天元横机制造有限公司、宁波慈星纺机科技有限公司、常熟市金龙机械有限公司、浙江飞虎机械制造有限公司等企业成功开发了全自动电脑横机，实现了较强的编织功能，大大提高了劳动生产率。南通市天元横机制造有限公司还推出了单针选针的概念性电脑横机。

（8）高速特里科经编机近年来发展迅速，最高机速可达2400r/min，并向短动程高速经编机发展。目前经编机企业在向高速经编机系列发展的同时，向着多梳栉、多（双）轴向、双针床经编内衣机等高性能的经编机发展，并取得一定成果。

（9）印染设备工艺参数在线检测与控制技术发展很快，国产印染设备已经普遍采用了先进的交流变频传动、PLC 控制和触摸屏操作等技术，传动方案已经成熟，速度闭环控制，实现了高精度同步传动；大部分印染工艺参数都可以得到监控，单机台的监测与闭环控制系统也研发成功；织物的质量得到了稳定，工艺的重现性大为提高，返修率从通常的20%～30%可以降到10%以下，水、蒸汽、热能等资源得到合理使用，水和热能可分别下降20%～25%。

（10）高质量、高效、节能、环保的印染设备领域发展了具有节能、节水、减排潜力的产品，有前处理设备、连续和间歇式染色机、精密印花机、印染在线资源回收及环保设备等。高效节能型针织平幅水洗机、机织物高效短流程平幅练漂机、高效节能、环保型数字化连续丝光机和连续染色机、系列型高温高压气流染色机、印染在线资源回收及环保设备、数字化自动筒子纱染色成套设备、高速导带喷射印花机、低温等离子体退浆技术和设备等。高效节能型针织平幅水洗机可以节约蒸汽40%，节水67%，节省净洗剂30%～40%，针织物的正品率提高5%。新型高温高压气流染色机比传统的溢流染色机可节省染料5%～15%，节省助剂40%，节水50%，节省蒸汽40%，大大减少了环境污染，且染色时间缩短了近一半。

另外，纺机专件、器材和仪器是纺织机械产品的重要组成部分，有的已成为促进或制约行业技术进步、主机性能和水平提高的关键。纺机专件、器材在纺织工艺、材料采用和研发、制造工艺和装备及增强适用性、稳定性等方面加强了突破；纺织仪器则在新的原理和新技术上加强消化吸收和创新，使纺织仪器在产品填补空缺，在自动控制、在线检测、颜色图像处理技术等方面均有进步。但是纺机专件、器材和仪器是纺织机械发展中最薄弱的环节，品种繁杂，生产企业众多，企业规模小，技术力量分散，制造加工薄弱是纺机专件、器材和仪器企业的主要特点。在今后的发展中，将是行业重点扶植的对象。

10项新型纺机关键成套装备的研发及产业化任务通过纺织机械行业的积极努力，取得了预期的效果。在此基础上，为进一步做强做大纺织机械行业，2008年，中国纺织工业协会对“10项新型纺机”项目进行了调整，推出了调整后的新“10项新型纺机”项目。

2. 10项新型纺机重大装备市场占有率不断扩大

（1）高效现代化棉纺生产线中的新型清梳联合机、多电机传动的悬锭粗纱机、自动络筒机市场占有率在不断上升，2008年分别达到75%、60%和25.5%；集聚（紧密）纺环锭细纱机及装置开始了产业化生产，在每年大约150万锭的新增和改造项目中，国产紧密纺装置的市场占有率超过70%。

（2）机电一体化喷气织机的市场份额稳步提升，由2004年不足5%，到2008年提升到15%左右；机电一体化剑杆织机的市场占有率的也达到了30%。

（3）国产印染前处理设备和连续染色设备已经可以替代进口，圆网印花机、拉幅定形机和预缩机在数量上也占据半数甚至以上的市场份额。

（4）应用于印染设备上的温度、湿度、浓度、液位、张力、容布量、pH值、含潮率和门幅等在线检测与控制装置已经研发成功并批量供应市场。

第十四章　农业机械发展报告

第一节　发展综述

2003 年以后，由于国家采取了一系列工业补偿农业的政策，使农业得到迅速的发展，也使我国农业机械工业获得空前大发展，取得了一系列的成就。

1. 2008 年农机制造业经济运行形势分析

2008 年是我国经济运行形势面临问题较多的一年，自然灾害频发，从年初的雪灾，年中的四川大地震，以后又发生洪灾，又遇到国际金融危机。从我国农业机械制造业来看，经济运行形势虽然平稳，但是，也受到一定干扰。

2008 年农机制造业规模以上生产企业 2021 个，同比增长 10. 14%，共完成工业总产值 1914. 92 亿元，同比增长 28. 36%，其中新产品产值完成 190. 52 亿元，同比增长 63. 29%；工业销售产值完成 1874. 79 亿元，同比增长 27. 98%，其中规模以上制造企业完成出口交货值 204. 77 亿元，同比增长 23. 46%（注：2008 年采用国家统计局快报数据，2007 年以前数据为年报数据）。但是，从主要产品产量增长情况来看，实物产量增长幅度没有工业总产值、工业销售产值增长那么大的幅度。除饲料加工机械产量增长 34. 29%，棉花加工机械产量增长 27. 3%，收获机械增长 21. 33% 以外，其他主要产品产量增长均在 20% 以下，小型拖拉机、农业运输车（主要指低速载货汽车）、场上作业机械产量出现负增长，其中销售额较大的小型拖拉机、低速载货汽车降幅较大。之所以出现产值、销售产值增长幅度较大的原因是 2008 年上半年原材料价格上涨较大，再加上人员工资上升、银行贷款利息上升等原因，使得生产成本上升，引起工业总产值、工业销售产值增长幅度较大。总的情况看，2008 年与前几年农业机械制造业对比，是平稳发展的一年。

2. 2006—2008 年主要经济指标

三年来，规模以上制造企业完成主要经济指标增长迅速，平均增长速度高于机械制造业其他行业。但是，在 2007 年出现特殊情况，农机制造业规模以上企业完成的工业总产值、工业销售产值的增长率低于机械工业平均增长率，农机制造业同比增长率为 21. 13% 和 20. 77%，而机械工业同比平均增长率为 32% 以上。2006—2008 年农业机械制造行业利润和税收大幅增长，效益较好，见表 1。

表 1　规模以上制造企业主要经济指标　　（单位：亿元）

主要经济指标	2006 年	2007 年	2008 年
工业总产值	1252. 83	1517. 51	1914. 92
新产品产值	102. 68	108. 74	190. 52
工业销售产值	1235. 09	1489. 85	1874. 79
出口交货值	125. 94	152. 10	204. 77
利润总额	56. 02	71. 36	79
应交增值税税收总额	19. 86	22. 94	37. 88

注：2008 年是国家统计局提供的快报数据。

2006—2008 年是农机制造业出口大力发展时期，而且顺差额越来越大，见表 2。

表 2 农机制造业进出口情况表 （单位：亿美元）

贸易类别	2003 年	2004 年	2005 年	2006 年	2007 年	2008 年
出口贸易额	13.48	15.88	49.95	34.67	42.27	64.88
进口贸易额	15.66	12.07	19.35	16.40	11.03	13.45

2006—2008 年是农业机械制造业主要产品增长幅度较大的阶段，也是历史上发展最好的阶段，见表 3。

表 3 2003—2008 年农机制造业主要产品生产情况 （单位：台、套）

产品名称	2006 年	2007 年	2008 年
大中型拖拉机	197827	203128	217133
小型拖拉机	1916773	2138094	1879893
收获机械	340057	250523	327361
其中：联合收割机	127528	55000	70000
其中：小麦联合收割机	75024	30000	35000
水稻联合收割机	42084	10500	11000
玉米收获机	10420	14500	24000
场上作业机械	204397	305567	286621
饲料加工机械	178017	251846	340472
粮食加工机械	1400258	1226256	1542406
棉花加工机械	26924	31956	41253
低速汽车/辆	2103633	2144147	2005782
其中：低速载货汽车	463161	443787	422013
三轮载货汽车	1640472	1700360	1583760

3. 规模以上企业迅速发展

根据国家统计局统计，2007 年规模以上农业机械制造企业 1835 个（与过去年份不同的是，2007 年规模以上的企业不论是国有及国有控股企业、民营企业、三资企业必须是销售额 500 万元以上的企业，2007 年以前是国有及国有控股企业不论销售额多少，均包括在规模以上企业当中），规模以上企业的增加也说明农业机械制造业市场形势大好，见表 4。

表 4 2003—2008 年规模以上农机企业数量增长情况 （单位：个）

企业类别	2006 年	2007 年	2008 年
总计	1735	1835	2021
国有及国有控股企业	189	115	97
民营企业	1366	1558	1731
三资企业	180	165	193

4. 农机制造业总资产增加迅速

三年来农业机械制造业规模以上企业总资产、流动资产有一定的增长，但与机械工业其他制造行业对比起来，增长缓慢，尤其是固定资产增加更缓慢，说明农机制造业设备更新缓慢，产品技术提升、生产效率提升、产品质量提升后劲不足，见表 5。

表 5　规模以上农机企业三年来资产变化情况　（单位：亿元）

资产类别	2006 年	2007 年	2008 年
总资产	719. 70	843. 15	1066. 98
固定资产	231. 74	261. 02	329. 11
流动资产	409. 85	485. 71	609. 17

5. 行业资本、资产变化情况

2006—2008 年规模以上农业机械制造企业资本变化情况见表 6。与 2006 年比较 2007 年国家资本减少了 12. 5%，而外商资本增加了 32%。

表 6　规模以上农业机械制造企业资本变化情况　（单位：亿元）

项目名称	2006 年	2007 年	2008 年
规模以上企业数/个	1757	1859	2349
实收资本合计	171. 65	190. 18	262. 40
其中：国家资本	41. 32	36. 19	38. 71
集体资本	5. 38	4. 67	7. 39
法人资本	44. 00	50. 64	75. 86
个人资本	52. 27	59. 70	84. 13
港澳台资本	4. 75	7. 36	10. 53
外商资本	23. 93	31. 62	45. 75

6. 就业人员、亏损企业变化情况

2006—2007 年规模以上制造企业就业人员在不断增加，亏损企业数量和亏损企业面变化不大，见表 7。

表 7　从业人员、亏损企业数量、亏损企业比重

项目名称	2006 年	2007 年	2008 年
从业人员/人	369032	392379	323678
亏损企业数量/个	230	240	279
亏损企业比重（%）	11. 54	13. 08	13. 84

7. 农业机械制造企业按地区分布变化情况

农业机械制造企业分布存在地域性。其特点是：①本省对一些产品需求量大；②易于制造；③本省或邻近地区某种产品的零部件生产企业较多，零部件易于采购；④本地区存在某个出名企业或品牌。2006—2008 年农业机械生产企业数量较多的省（自治区）排序见表 8。

表 8　2006—2008 年农业机械生产企业数量较多的省（区、市）排序

省市自治区名称	2006 年			2007 年			2008 年		
	排序	企业数/个	总产值占比重（%）	排序	企业数/个	总产值占比重（%）	排序	企业数/个	总产值占比重（%）
山东省	1	423	48. 164	1	467	45. 522	1	505	41. 89

（续）

省市自治区名称	2006 年			2007 年			2008 年		
	排序	企业数/个	总产值占比重（%）	排序	企业数/个	总产值占比重（%）	排序	企业数/个	总产值占比重（%）
河南省	2	211	17.018	2	217	17.636	2	258	17.94
江苏省	3	191	9.815	3	201	9.272	3	219	10.57
浙江省	4	139	5.004	4	184	5.286	4	183	4.84
河北省	5	84	2.757	5	83	2.815	6	81	2.84
辽宁省	8	59	0.927	6	78	1.251	5	85	1.46
湖北省	14	36	0.589	12	45	7.042	10	56	1
湖南省	7	69	1.618	7	71	1.818	7	66	1.8
黑龙江	13	39	0.971	13	42	1.108	14	48	1.3
广东省	6	71	1.657	8	63	1.841	8	65	2.4
安徽省	11	40	0.871	13	42	0.766	12	54	0.8
四川省	12	44	1.196	9	54	1.591	9	65	2
上海市	10	49	1.872	10	48	1.764	11	55	2
广西壮族自治区	9	52	1.302	11	47	1.747	13	51	1.7
福建省	15	33	0.855	14	38	1.003	15	39	1.1
北京市	16	30	1.031	—	—	—	—	—	—
吉林省	—	—	—	—	—	—	16	32	0.043
总计	—	1570	—	—	1680	—	—	2021	—

注：1. 总产值占比重系指地方工业总产值占全国规模以上企业工业总产值的百分比。
2. 排序是按生产企业数量，不是按总产值占有百分比。

第二节　关键设备自主化进展情况

《国务院关于加快振兴装备制造业的若干意见》下达后，农机行业认真贯彻文件精神，按照《意见》的要求，积极开发新型、大马力农业装备，提高大马力拖拉机、半喂入水稻联合收割机、玉米联合收割机国产化水平和技术档次，改变目前125马力以上拖拉机、新型农业装备主要依赖进口的状况。经过几年的不懈努力，初步取得成效，现将主要研发和产业化情况总结如下。

1. 大马力拖拉机

随着农业生产的发展，对大马力拖拉机的需要呼声越来越高，前些年125马力以上拖拉机主要是靠进口。近几年，国内一批企业开始研制，一拖集团公司研制成功160～180马力拖拉机，福田雷沃重工研制成功125～265马力拖拉机。

1.1　主要技术指标

东方红—1604/1804轮式拖拉机及福田雷沃欧豹大马力拖拉机主要技术指标，见表9和表10。

表 9　东方红—1604/1804 轮式拖拉机主要技术指标

机型		东方红—1604		东方红—1804	
发动机	标定功率/kW	117.6		132.3	
	标定转速/（r/min）	2200		2200	
	额定工况燃油消耗率/（g/kW·h）	≤235		≤235	
理论速度	挡数	正常	选装换向器	正常	选装换向器
		12F+4R	16F+16R	12F+4R	16F+16R
	速度范围/（km/h）	2.29～29.22		2.38～30.69	
轴距/mm		2848		2848	
轮距	前轮/mm	1680～2176（1880）		1679～2175（1879）	
	后轮/mm	1620～2200（无级调节）		1620～2200（无级调节）	
轮胎规格	前轮/in	14.9～28		16.9～28	
	后轮/in	18.4～38 可装双胎		20.8～38 可装双胎	
外形尺寸（长×宽×高）/mm		5285×2696×2945		5200×2696×2960	
离地间隙/mm		481（车梯）540（前桥）		496（车梯）560（前桥）	
结构质量/kg		6400		6580	
最大配重/kg		前：720 后：640		前：810 后：640	
标定牵引力/kN		37		39	
液压输出压力/MPa		16		16	
液压输出流量/（L/min）		65.75		65.75	
液压输出点数		3		3	
610mm 处提升力/kN		≥36		≥44	
动力输出转速/（r/min）		540/1000		540/1000	
悬架装置类型		Ⅲ/Ⅱ		Ⅲ/Ⅱ	

表 10　福田雷沃欧豹大马力拖拉机主要技术指标

型号		TG1254	TG1354	TG1454	TG1654	TN2654
型式		4×4 轮式	4×4 轮式		4×4 轮式	4×4 轮式
标定牵引力/kN		28	32		35	65
动力输出轴最大功率/kW		78.2	84.2	91.0	102.9	175.4
外形尺寸/mm	长（包括后悬架）	5250	5350			5450
	宽	2450	3430			3570
	高（至驾驶室顶）	3030			3080	3200
轴距/mm		2688			2760	2860
轮距	前轮/mm	一拖桥：1876 卡路路桥：1900	卡路路桥：1900			卡路路桥：1910
	后轮/mm	1850				1885
离地间隙/mm	最小离地间隙/mm	450（油箱底部）				570
	农艺间隙/mm	495（前桥下）				595

（续）

型号		TG1254	TG1354	TG1454	TG1654	TN2654
最小转向圆半径/mm	使用单边制动时	4.6				4.8
	不使用单边制动时	5.7				5.9
结构质量/kg		5800	6600		6600	7700
最小使用质量/kg		6700	7460		7460	8600
发动机	型号	1006－6TRT125（雷沃动力）/YC6B125T（玉柴）	1006－6TWRT145（雷沃动力）/YC6B145T（玉柴）		1006－6TWRT165（雷沃动力）	BF－6M1013FC
	缸数	6				6
	缸径×行程/mm	100×127（雷沃动力）或 108×125（玉柴）				108×130
	标定功率/kW	91.9	106.2		121.3	194.8
	标定转速/（r/min）	2400				2300
	起动方式	电起动并带起动预热辅助起动装置				
挡数		16F＋16R				40F＋40R

1.2　与国外同类拖拉机的对比

同目前国内市场上的进口大马力轮式拖拉机相比，国内新研制的轮式拖拉机在牵引力、作业速度、作业效率等方面与其相当，在操纵的舒适性、方便性、整机的可靠性等方面还有一定差距，在价格、适应性及售后服务的及时性等方面有明显的优势。以东方红—1804 拖拉机为例，与国内市场上销售量较大的进口大马力轮式拖拉机主要参数对比见表 11。

表 11　国内市场上 180 马力左右进口拖拉机与东方红—1804 主要指标对比

型号		东方红—1804	Fiat180—90	NewhollandM160	Deere7810	ValtraBM1880	Valtra8750
发动机功率/（kW/马力）		132.3/180	132.3/180	118/160	112/150（PTO）	125/170	118/160
发动机额定转速/（r/min）		2200	2200	2300	2100	2300	2200
发动机缸径/mm×冲程/mm		114×135	115×130	111.8×127	116×129	108×120	108×134
轴距/mm		2848	2885	2723	2800	2886	2558/2748
质量/kg		6580	6890	5450	—	5230	5200
轮距	前轮/mm	1679～2175	1800～2200	1640～2359	—	1579～2266	1450～2150
	后轮/mm	1620～2200	1520～2200	1520～2304	—	1700～2017	1610～2115
轮胎型号	前轮/in	16.9～28	16.9～28	16.9～28	—	14.9～28（16.9～30）	14.9～28（16.9～28）
	后轮/in	20.8～38	20.8～38	20.8～38	—	23.1～30（20.8～38）	18.4～38（20.8～38）
离合器		15in 干式单片气助力	12in 干式双片	—	—	14in 干式单片	14in 干式单片
PTO 离合器		湿式多片	湿式多片	湿式多片	湿式多片	湿式多片	湿式多片
变速器型式		全同步器换挡	全同步器换挡	部分动力换挡	全动力换挡	全同步器换挡	部分动力换挡

（续）

型号	东方红—1804	Fiat180—90	NewhollandM160	Deere7810	ValtraBM1880	Valtra8750
挡数（选装）	12 + 4 （16 + 16）	12 +4（16 +16、动力换挡）	17 +6（30 +12、18 +6、31 +12）	16 或 19 或 20	12 +4	12 +4 （36 +36）
差速锁	湿式多片	湿式多片	湿式多片	电控湿式多片	机械	电控湿式多片
最终传动型式	行星	行星	行星	行星	行星	行星
前桥接合方式	机械或电液	机械	电液	电液	机械	电液
PTO 转速/（r/min）	540/1000	1000	540/540E/1000	540/1000	540/1000	540/1000
液压系统型式及悬挂控制方式	开心，力、位、综合（可选闭心负荷传感电控悬架）	开心，力、位、综合电子控制	闭心，力、位、综合电子控制	闭心负载传感	开心，力、位、综合	开心，电控悬架
悬架机构类型	3，2	3	2，3	2，3	2	3
最大提升力/kN（610mm 处）	36（可选 44）	66.5（下拉杆处）	44.4	45.6	46.1	49
柴油箱容积/L	275 +60	280	220（325）	344	300	330 +82

1.3　技术来源、开发方式及组织形式

技术来源和开发方式：借鉴国外拖拉机的产品技术，结合国内市场的要求，总结自身的经验，自主开发出具有完全知识产权的新产品。如东方红 1604/1804 拖拉机，共申报国家专利 12 项（其中发明专利 1 项，已获授权 8 项）。

组织形式：一拖集团和福田雷沃重工拥有较为完备的开发体系和开发队伍，专门抽取骨干人员成立产品设计和开发项目组，在企业主要领导的直接领导下研发产品，部分配套件采用国内外配套。

1.4　应用效果

一拖东方红—1604/1804 轮式拖拉机自投入批量生产以来，引起了国内用户的广泛关注，销售呈现良好的增长态势，自 2006 年秋季至今已销售 52 台。

福田雷沃重工在 2006—2007 年销售 1500 多台，同时出口欧美等国家 400 余台，产品性能及质量得到国内外用户的好评，市场前景广阔。

1.5　产业化进展

东方红—1604/1804 轮式拖拉机产业化进展顺利，批量生产准备基本完成，产品质量稳步提升。其中重大的壳体类零件全部制作了金属模具，新购了齿轮及轴类零件数控设备、壳体加工用大型加工中心、驾驶室用数控弯管机等新装备；改造了阴极电泳涂装线，使关键部件的质量保证能力显著提升。

雷沃欧豹 125—165PS 大型拖拉机已完成开发，并进入批量生产阶段；265PS 大型拖拉机产品已开发完成，进入小批量生产阶段。

2. 大型自走式玉米联合收割机

洛阳中收机械装备公司、福田雷沃重工公司等企业研制成功了 3 ~4 行自走式玉米联合收割机，能一次完成摘穗、剥皮、果穗收集、秸秆粉碎还田等作业，现已批量投产，受到用户欢迎。

2.1　主要技术指标

洛阳中收机械装备公司 4 行自走式玉米收获机及福田雷沃重工公司谷神自走式玉米收获机主要技术指标见表 12 和表 13。

表 12　洛阳中收机械装备公司 4 行自走式玉米收获机主要技术指标

型号		4YZ—4	
收获行数/行		4	
行距		设计行距/mm	650
		适合行距/mm	600 ~ 700
收获幅宽/mm		2650	
生产率（纯工作小时）/（亩①/h）		8 ~ 12	
地隙/mm		345	
卸粮高度/mm		2125	
果穗箱容积/m^3		3.7	
籽粒回收箱容积/m^3		0.16	
发动机	型号	6108ZT	
	额定功率/kW（12h 功率）	110	
	额定转速/（r/min）	2200	
行驶速度/（km/h）		Ⅰ挡低速：1.39，高速：4.20	
		Ⅱ挡低速：2.90，高速：8.86	
		Ⅲ挡低速：6.25，高速：19.00	
		倒挡低速：2.13，高速：6.44	
籽粒损失率≤2%		秸秆长度合格率≥90%	
果穗损失率≤3%		使用可靠性≥90%	
籽粒破碎率≤1%		摘穗高度 > 350mm	
苞叶剥净率≥85%		—	

①1 亩 = 666.7m^2。

表 13　福田雷沃重工公司谷神自走式玉米收获机主要技术指标

型号		4YZ—3	4YZ—4
收获行数/行		3	4
固定行距/mm		680	650
最小离地间隙/mm		350	460
配套动力		上柴 4JR3AZL	雷沃动力 1006—6
功率/转速/［kW/（r/min）］		81/2300	117/2400
运输状态外形尺寸/mm	长	6800	8975
	宽	2200	3080
	高	3500	3610
整机质量（kg，空粮仓、油箱加满、驾驶员 75kg）		5400	9800
行驶速度/（km/h）各挡均可无级变速）	Ⅰ挡	1.62 ~ 3.62	1.37 ~ 3.69
	Ⅱ挡	3.6 ~ 7.99	2.2 ~ 5.98
	Ⅲ挡	9.71 ~ 20	4.45 ~ 11.97
	Ⅳ挡	—	8.92 ~ 24
	倒挡	3.8 ~ 8.43	2.51 ~ 6.75

（续）

型号	4YZ—3	4YZ—4
最小转弯半径/m	左转 4.4 ~ 4.5，右转 4.2 ~ 4.3	—
驱动轮轮距/mm	1800	1960
转向轮轮距/mm	1750	1955（有级可调）
前后轮轴距/mm	2950	3500
茎秆粉碎还田机工作幅宽/mm	1800	2600
剥皮辊数量	8 对（16 个）（选装）	10 对（20 个）
适应最低摘穗高度/mm	450	350
最大卸粮高度/mm	2100	1955

2.2 与国外同类装备对比

国外玉米收获有两种方式，一种方式是玉米摘穗后直接脱粒，一种方式是玉米摘穗后剥皮不脱粒，将果穗收回。前种方式主要在美国、西欧等采用，当地一年种一季，收获时玉米籽粒含水率低，不易破碎，使用的装备是在谷物联合收割机上加装玉米摘穗台。后种方式主要在东欧和我国采用，主要是因为玉米籽粒含水量高，易破碎，使用的装备是专用的玉米联合收割机。国外生产专用的玉米联合收割机最具代表性的是原苏联 KCKY—6 型自走式玉米收获机。我国生产的 3 ~ 4 行玉米机，工艺流程和 KCKY—6 型基本相同，适合我国的条件，具有灵活、低价、高效的特点，符合中国国情。

2.3 技术来源、开发方式和组织形式

技术来源和开发方式：借鉴原苏联 KCKY—6 型自走式玉米联合收割机和欧美国家生产的玉米摘穗台的摘穗、剥皮等技术，利用国内现有底盘，自行设计。

组织形式：企业内组织专门设计与试制班子，从事专门开发。

2.4 应用效果

洛阳中收机械装备公司 2007 年投放市场的大型自走式玉米联合收割机达 400 余台，福田雷沃 3 行机也批量上市。广大用户反映，性能能满足农艺要求，收获效率高，同时可以给机手带来较高的效益，大大降低劳动强度，深受用户欢迎。

2.5 产业化情况

洛阳中收机械装备公司的 4 行机已批量投产，预计 2008 年将达 1000 台以上，福田雷沃的 4 行机 2008 年可批量投放市场。

3. 半喂入水稻联合收割机

半喂入水稻联合收割机技术含量高，制造难度大，日本、韩国的企业到中国建立独资企业，我国的市场基本被这些企业占领。近两年来，由于国内企业的努力，国内企业生产的半喂入水稻联合收割机逐步走向成熟。广东科里亚农业机械有限公司、江苏泰州现代农业装备有限公司等小批量生产了 4 ~ 6 行半喂入水稻联合收割机。

3.1 主要技术指标

4 ~ 6 行半喂入水稻联合收割机主要技术指标见表 14。

表 14 半喂入水稻联合收割机主要技术指标

项目	型号		
	4LBZ—148（4 行）	4LBZ—180（5 行）	4LBZ—200（6 行）
割幅宽度/mm	1480	1800	2000
功率/kW	40	56	62.5
机身重量/kg	2180	2850	2980
生产率/（hm^2/h）	0.267 ~ 0.467	0.367 ~ 0.73	0.5 ~ 0.87

（续）

项目	型号		
	4LBZ—148（4行）	4LBZ—180（5行）	4LBZ—200（6行）
含杂率（%）	水稻≤2； 小麦≤3	水稻≤2； 小麦≤3	水稻≤2； 小麦≤3
总损失率（%）	稻≤2； 小麦≤3.0	稻≤2； 小麦≤3.0	稻≤2； 小麦≤3.0
破碎率（%）	≤0.5	≤0.5	≤0.5
通过性/cm	泥脚深可达40	泥脚深可达40	泥脚深可达40
倒伏适应性	顺割：85°以下 逆割：70°以下	顺割：85°以下 逆割：70°以下	顺割：85°以下 逆割：70°以下
作物适应性/cm	作物高度55~150	作物高度55~150	作物高度55~150
茎秆处理方式	秸秆切碎/条放/堆集	秸秆切碎/条放/堆集	秸秆切碎/条放/堆集
整机可靠性/h	无故障时间≥120	无故障时间≥120	无故障时间≥120

3.2　与国外同类装备的对比

根据中国国情在结构上有创新，如割台扶禾架箱、扶禾变速机构、脱粒筒、切草器、柴油机防尘冷却系统等均有改进提高，并获得国家专利。但与国外同类装备相比，还存在一定差距。一是机器可靠性较差，这是制造质量和外协配套件质量低引起的；二是机电液一体化水平低。

3.3　技术来源、开发方式及组织形式

技术来源与开发方式：学习国外的产品技术，结合国内情况，规避国外专利，进行集成性开发。组织形式：以企业为主，科研院所参加。

3.4　应用效果

科里亚公司生产的4行机累计销售31000多台，5行机销售了500余台。泰州现代农装公司生产的4行机销售了400余台。这些产品在生产中表现出损失率、含杂率和破碎率低的优点，能适应和满足我国各地水稻、小麦收获作业的要求。使用该产品具有明显的经济效益和社会效益，主要体现在：

（1）节支增收：人工收割水稻每公顷需37.5个工日，而用该机组织收割，每台机作业只需要3人，收割$1hm^2$水稻仅需要2个工日，则用该机收割每台一年可节省劳动力200工日，可节约劳动力开支16000元。

（2）减损增收：目前，人工收割水稻损失率约在6%左右，而用联合收割机收割总损失率不超过2%，比人工收割减少损失4%左右。按每亩水稻平均年产量700kg计算，一台联合收割机每年可收割2000亩（1亩≈$666.7m^2$），则使用联合收割机每年可减少粮食损失约60000kg，折合人民币90000元。

（3）用户效益：用该机收割水稻使用成本280元/hm^2，按机收900元/hm^2，则农机户每年每台可获得120000元的收入。

（4）社会及环境效益：有利于改善生态环境，促进社会主义新农村农业的发展。采用半喂入联合收割机进行水稻收割，除可以切碎秸秆直接还田改良土壤结构，增加有机质外，还可以留整草提供给商家、企业开发制造食品包装、建筑装饰板材等，进一步促进农民增收。通过提高粮食收获机械化水平，提高劳动率、将富余劳力向二、三产业转移，加快农村的经济发展，从而间接地增加了地方财政收入和地方税金收入。

3.5　产业化的进展

广州市科利亚农业机械有限公司2003年4LBZ—148型半喂入联合收割机获得广东省经贸委的第一批广东省装备制造业重点技术改造项目的支持，通过技术改造，形成了年产1000台4LBZ—148型半喂入联合收割机的生产能力，近两年来，该公司通过生产线改造，进一步提高了生产能力，现可以达到年产2000台半喂入联合收割机的生产能力，并计划2008年初投资500万元，新建厂房、仓库$6000m^2$。三年内陆续购置先进数控机械加工设备，投资工装模具开发，以满足产能的正常需求和保证产品质量的有效提高。

泰州现代农装公司通过自身的技术改造，初步形成1000台4行半喂入水稻联合收割机的能力。

第十五章　电子专用设备及医疗器械发展报告

电子专用设备

第一节　发展综述

1. “十一五”的发展目标和任务

按照“十一五”专项规划的要求，“十一五”期间，我国电子专用设备产业要保持年均25%的增长速度。

根据电子专用设备工业协会对行业中77家主要生产单位的统计：2008年9月后由于受到世界金融风暴的冲击，电子专用设备行业2008年的增长速度明显减缓，销售收入自2006年到2008年，年平均增长率为21.8%，略低于规划的增长速度。电子专用设备产业在“十一五”期间年均增长速度将下降到20%左右。

2. 2006—2008 年主要经济指标

2008年世界金融风暴的影响，我国电子专用设备国内市场规模低于2007年。根据电子专用设备工业协会2006—2008年对全国75家行业内主要企业的统计，其主要经济指标见表1。

表1　2006—2008 年电子专用设备行业主要经济指标　（单位：亿元）

主要指标	2006 年	2007 年	2008 年	年均增长率（%）
总产值	69.10	74.97	58.32	-7.9
销售收入	55.72	72.94	82.65	21.8
其中：电子专用设备	41.33	47.76	51.01	11.3
工业增加值	16.05	19.92	21.67	11.6
税金总额	3.13	3.42	4.52	20.4
实现利润	4.67	7.88	7.10	23.3
出口交货值	4.32	5.47	6.66	24.2

在电子专用设备的8大类别中，电子元件设备、净化设备、试验设备、电子通用设备的市场占有率已超过“十一五”规划20%的发展目标，而半导体设备、整机装联设备、平板显示器设备和电子模具的市场占有率较低。

2008年半导体设备国内市场预计达到200亿元，国产设备约占10%；整机装联设备国内市场达到120亿元，国产设备约占8%；平板显示器设备市场主要是LCD和PDP设备，国内市场预计达到50亿元，国产设备主要是LCD后道设备，约占2%；电子模具国内市场预计达到30亿元，国产模具约占6%。

所以，到2010年国产电子专用设备市场占有率要达到规划的20%，主要是看以上设备类中的关键设备能否突破实现产业化。

3. 自主创新产品开发和技术攻关

3.1　集成电路芯片制造关键设备

“100nm高密度等离子体刻蚀机”2007年进入8in生产线，2008年进入12in生产线，到目前为止，“高密度等离子体刻蚀机”已销售4台。

“大角度离子注入机”2007年进入8in生产线，预计2009年也可进入12in生产线，到目前为止“大角度离子注入机”已销售6台。

用于65nm及45nm的高端芯片加工设备——“PrimoD—RIE（去耦合反应离子刻蚀）设备”及“Primo-HPCVD（高压热化学沉积）设备”，2007年正式进入全球半导体主流设备市场。

“100nm投影光刻机”在关键子系统研发及整机集成测试等方面已取得重大进展并获专利50多项，2010年前可望进入生产线。

“8in立式扩散炉”2008年完成样机，2009年进入生产线考核。

集成电路后工序关键设备：8in集成电路后工序生产线的主要设备自动划片机、自动粘片机、引线键合机已出样机，2009年进入生产线考核，2010年可望进入生产线。

3.2　LCD和PDP关键设备

到2008年，LCD的后工序设备已基本进入大生产线，并实现产业化，前工序设备中除玻璃抛光机进入大生产线外，其他设备目前国内还没有设备厂在开发，国产设备要在2010年进入大生产线难度很大。

到2008年，PDP设备中，仅有清洗设备进入大生产线。

3.3　表面贴装（SMT）关键设备

无铅波峰焊机和无铅再流焊机在2007年已实现产业化，到2008年在国内的市场占有率已超过80%。精密印刷机2007年也已进入大生产线，实现了产业化，但高精密的印刷机还处于研发中，2010年可望进入生产线。自动贴片机由于国产设备的性能与市场需求差距很大，目前基本上仍需依赖进口，由于开发技术难度高、资金需求大，2010年国产自动贴片机要实现产业化的目标难度很大。

4. 大企业集团崛起

进入“十一五”后，电子专用设备的十大企业逐渐成为了行业发展的主力，十大企业主要经济指标占到全行业的一半以上，十大企业销售收入的入围门槛也从2006年的1.89亿元提升到2008年的2.74亿元。2008年电子专用设备十大企业销售收入、利税完成情况见表2和表3。

表2　2008年我国电子专用设备行业前十名销售收入

名次		单位名称	销售收入		其中：电子专用设备	
2008年	2007年		万元	比2007年增长（%）	万元	比2007年增长（%）
1	7	中国电子科技集团公司第48研究所	101515.0	101.8	42673.0	40.4
2	1	江苏苏净集团有限公司	80128.0	-20.0	62254.0	2.4
3	8	北京京运通科技股份有限公司	78830.0	90.0	48721.0	17.6
4	3	北京七星华创电子股份有限公司	56043.0	9.2	33276.3	47.6
5	6	格兰达技术（深圳）有限公司	47242.6	21.4	1100.0	-48.2
6	4	四川丹甫制冷压缩机有限责任公司	45908.0	-10.6	264.0	-46.3
7	2	铜陵三佳电子（集团）有限责任公司	42390.0	-10.9	17457.0	69.7
8	5	西北机器有限公司	40300.0	18.5	36910.0	32.8
9		常州华盛天龙机械股份有限公司	28315.0	11.3	25190.0	8.2
10	10	中国电子科技集团公司第2研究所	27405.0	16.0	26390.0	16.0
合　计			548076.6	17.6	294235.3	10.4

表 3　2008 年我国电子专用设备行业前十名利税完成情况

单位名称	税金总额		实现利润	
	万元	与 2007 年前 10 名比（%）	万元	与 2007 年前 10 名比（%）
中国电子科技集团公司第 48 研究所	2845.0	132.7	6630.0	22.2
江苏苏净集团有限公司	2559.0	-43.5	4805.0	-11.5
北京京运通科技股份有限公司	6713.0	434.9	19530.0	24.4
北京七星华创电子股份有限公司	4162.4	24.4	5888.6	10.1
格兰达技术（深圳）有限公司	3897.3	75.0	4941.2	529.4
四川丹甫制冷压缩机有限责任公司	2587.0	25.8	6333.0	-2.7
铜陵三佳电子（集团）有限责任公司	211.0	-39.3	207.0	-997.6
西北机器有限公司	1679.0	72.3	800.0	0.2
常州华盛天龙机械股份有限公司	3252.0	64.9	6543.0	5.2
中国电子科技集团公司第 2 研究所	609.0	16.0	1596.0	14.9
合　　计	28514.7	52.9	57273.8	23.2

进入“十一五”后，我国电子专用设备快速增长的市场，吸引了不少民营企业加盟到行业里来。2006 年民营企业已占全行业企业的 41%，到 2008 年上升到 50%。在 2008 年的行业十大企业中有 3 家是民营企业。

5. 存在的问题

5.1　偏小的产业规模难以适应电子信息产业发展需求

2006 年以来，我国电子专用设备产业规模不断扩大，但是作为基础性、战略性产业，其规模还不能适应我国电子信息产业整体发展要求。2007 年我国电子信息产业收入达 5.6 万亿元，而为其提供装备的电子专用设备产业仅实现销售收入 47.8 亿元，难以支撑我国集成电路、新型显示器件和新型元器件等重点产业的快速发展。

5.2　自主创新能力有待进一步提高

（1）自主创新能力低，缺乏高技术人才，同质化竞争严重。由于尚未完全掌握电子专用设备领域的核心技术，导致市场需求大的高水平设备开发进展缓慢，低水平设备同质化现象严重，低价竞争降低了产业利润，严重影响厂商研发投入的能力。三年来，行业内有的企业从国外引进的高技术人才，已经在电子专用设备高技术产品的开发中发挥了较大的作用，国家应给于电子专用设备企业引进高技术人才更大的支持。

（2）与应用脱节。电子专用设备的开发与产品的制造工艺缺乏密切结合，影响了新产品产业化的进程。

（3）研发费用不足。作为基础高科技产业，电子专用设备具有大投入、多品种、小批量的特点。与国外企业相比，我国企业规模普遍偏小，难以投入巨额的研发资金。

（4）引进技术和依靠国外投资难度很大。由于电子专用设备是高科技行业，高档设备的技术都掌握在美、日、欧等发达国家中，如集成电路设备、平板显示器设备、表面贴装设备中的自动贴片机等至今依赖进口，不仅无法引进技术，就在我国几乎没有生产这种设备的三资企业，更谈不上在我国建立设备研发中心。

5.3　产业政策亟待进一步完善

一是缺乏税收优惠政策支持。目前，国家对集成电路产业实施了诸多优惠政策，而电子专用设备产业却不能享受相同的税收政策。集成电路产业超过 60% 的资金投入是用于购买装备的，国家对集成电路企业进口的自用生产性设备给予免征关税和进口环节增值税的优惠政策。在扶持集成电路产业发展的同时，大量的二手生产线以享受各种优惠进入中国，这对专用设备的本地化工作也带来一定的负面影响。

二是重视程度不够，扶持力度欠缺，支持创新产品的应用政策尚未出台。电子专用设备产业是国家的基础性、战略性产业，电子专用设备在大生产线上的首购、首用是带有很大风险的，国家应给于支持。

第二节　关键设备自主化进展情况

1. 2006—2008 年研制成功的重大技术装备

2006—2008 年研制成功的重大技术装备主要是在“十五”国家 863 大规模集成电路关键设备专项研制成果的基础上完成的，主要是以下两项。

1.1　8in 高密度等离子刻蚀机

研制单位：北京北方微电子基地设备工艺研究中心有限责任公司

该机在性能上达到国际同类机型的先进水平（主要技术指标见表 4），而且在售后服务中拥有国外设备所不具备的优质服务体系。通过项目的实施，北方微电子建成了我国第一个 8in 刻蚀机产品设计、检测及制造平台，并打通了立足北京，面向全国直至全球的供应渠道。

表 4　8in 高密度等离子刻蚀机主要技术指标

刻蚀速率：>2000Å/min	刻蚀剖面角度：>88°
刻蚀均匀性：<7.5%（3σ）	颗粒污染：<25（<0.16um）
关键尺寸均匀性：<10nm（3σ）	平均清洗间隔时间：>250h
关键尺寸微负载效应：<7nm（3σ）	平均无故障时间：>250h

1.2　100nm 大角度离子注入机

研制单位：北京中科信电子装备有限公司

该设备于 2006 年 9 月 28 日通过了由科技部和北京市共同组织的项目验收，并成功地应用在中芯国际的 8in 大生产线上。100nm 大角度离子注入机的研制成功标志着我国集成电路制造核心装备制造技术取得了重大突破（主要技术指标对比见表 5）。

表 5　大角度离子注入机主要技术指标与国外同类产品对比

主要技术指标	合同要求	实测结果	国外同类机型
离子源寿命	≥200h	322h	320h
离子能量（单电荷）	5～270keV	5～270keV（单电荷） 270～540keV（双电荷） 540～810keV（三电荷）	5～270keV（单电荷） 270～540keV（双电荷） 540～810keV（三电荷）
能量精度	±1%	优于 ±0.8%	±1%
注入倾斜角度	0～60°	0～60°	0～60°
倾斜角度控制精度	±0.25°	±0.22°	±0.25°
靶盘旋转定向调节范围	0～360°	0～360°	0～360°
靶盘旋转定向定位精度	±0.25	±0.23°	±0.25°
束平行性误差	±0.2°	±0.12°	±0.2°
注片方式	单园片注入	单圆片注入	单园片注入
园片直径	8in/12in	8in	8in/12in
注入剂量均匀性（1σ）	0.5%	≤0.40%	0.5%
注入剂量重复性（1σ）	0.5%	≤0.45%	0.5%
生产效率	230 片/h	233 片/h	210～250 片/h
靶室真空度	8×10^{-5}Pa	7.2×10^{-5}Pa	7.2×10^{-5}Pa

（续）

主要技术指标	合同要求	实测结果	国外同类机型
束线真空度	1×10^{-4}Pa	1×10^{-4}Pa	1×10^{-4}Pa
离子源真空度	1×10^{-4}Pa	1×10^{-4}Pa	1×10^{-4}Pa
预抽真空时间	<2h	≤2h	≤2h
MTBF	≥100h	100h	100h
MTTR	≤4h	4h	4h
辐射剂量	≤0.25mr/h	≤0.15mr/h	≤0.25mr/h
颗粒污染控制	0.1/cm² （>0.16μm）	0.1/cm² （>0.16μm）	0.1/cm² （>0.16μm）
SMIF 接口	有	有	有
束流	—	P+≥3450uA B+≥2500uA As+≥2400uA	B+2000μA

2. 正在研制的重大技术装备

2.1　90/65nm 刻蚀机和 65～45nmPVD 设备

研制单位：北京北方微电子基地设备工艺研究中心有限责任公司

90/65nm 刻蚀机研发与产业化项目。项目实施周期，2008 年 7 月 1 日至 2013 年 12 月 31 日。项目实施目标：2010 年实现 90nm 刻蚀机产业化；2011 年实现 65nm 刻蚀机产业化；建立关键零部件国产化配套产业链；建立先进的工艺验证平台和生产制造平台；建立完善的售后服务和客户支持体系；培养一支产学研结合、创新能力强的科研团队。

65～45nmPVD 设备研发项目。项目实施周期：2008 年 7 月 1 日至 2013 年 12 月 31 日。项目实施目标：2010 年底 65～45nmβ 机送入生产线试验；建立产学研用相结合的基础创新体系；建立先进的工艺验证平台和生产制造平台。

2.2　90～65nm 大角度离子注入机

研制单位：北京中科信电子装备有限公司

本项目的主要研究内容以及技术创新点涉及宽范围离子光学系统设计技术、重离子长寿命离子源及引出系统技术、宽束均匀性调整与校正技术、宽范围平行离子束获取技术、网络化控制系统等核心技术 60 余项以上，特别针对大角度离子注入机的创新性设计开展相关注入制程工艺技术研究，12in 关键技术突破、整机研制，完成 α 机系统集成、工艺调试。开发不同种类离子注入工艺，完善工艺参数数据分析模型库，使研发的机型满足国际主流大生产线的使用要求，面向终端市场推出满足客户要求的高端离子注入装备。

2.3　12in 的 90～65nm 立式氧化炉和 12in65nm 铜互连清洗机

12in 的 90～65nm 立式氧化炉：图纸设计已经完成，正在进行 α 样机组装调试。12in 的 65nm 铜互连清洗机：正在进行图纸设计。

医疗器械领域

第一节　发展综述

1. “十一五”的发展目标和任务

根据《生物产业发展“十一五”规划》，生物医学工程高技术专项将按照当代生物医学工程技术和产业发展的方向，重点发展医疗影像设备、医疗监护系统及设备、肿瘤物理治疗设备等11大类产品，强化新型医用植入器械和人工器官、数字化与智能化医疗装备、可生物降解医用高分子及药物控释载体、医疗监护和远程诊疗系统等领域的创新能力，突破人体结构组织工程支架的设计和工程化制造技术、靶向药物控释载体和系统的设计及工程化制造技术、医疗设备核心部件/构件的设计及工程化制备等重大关键技术，推进高技术医疗影像设备、医疗监护设备和系统、远程诊疗系统设备、肿瘤物理治疗设备的产业化，着力强化具有国际化发展能力的生物医学工程集团企业的自主创新能力，带动一批年产值达数十至百亿元的产业集群，带动中小企业发展，促使我国生物医学工程产品实现向高性能化的历史性转变，培育国民经济新的增长点，提高我国医疗保健系统技术和装备水平，扭转高端医疗器械主要依靠进口、医疗费用增长过快的局面。

2. 2006—2008年主要经济指标

2006—2008年医疗器械行业继续保持快速增长态势。生产、销售继续保持较快增长，效益继续增长，出口稳定增长，整体效益情况良好（见表6、7、8）。同比增长高于医药行业平均水平。

表6 国家统计局统计医疗器械规模以上企业情况

主要指标	企业数/个	生产总值		销售收入		利润总额	
		亿元	同比（%）	亿元	同比（%）	亿元	同比（%）
2006年	1136	712.6	38	688.5	38	58.4	42
2007年	1243	886.8	22	859.5	25	82.7	42
2008年	1427	1148.5	30	1118	30	106	28

表7 行业协会估算2006—2008年全行业主要经济指标 （单位：亿元）

主要指标	企业数/个	生产总值	销售收入	利润总额
2006年	12243	1686	1625	142
2007年	12601	1980	1900	近200
2008年	13141	2200	2100	超过200

注：企业数量来自国家药监局公布。

2008年，美国次贷危机引发全球金融风暴改变了世界经济格局，但是，在这场经济危机中，我国医疗器械产品出口仍然保持了较高的增速。据海关统计，2008年，我国医疗器械进出口总额达162.8亿美元，同比增长28.21%。其中，出口额为110.67亿美元，同比增长了31.46%；进口额为52.16亿美元，同比增长了21.81%。医疗器械对外贸易继续保持顺差，顺差额达58.51亿美元，与上年同期相比顺差扩大了17.18亿美元。

表8 2006—2008医疗器械行业进出口情况

主要指标	进口额		出口额		顺差
	亿美元	同比（%）	亿美元	同比（%）	亿美元
2006年	36.81	持平	68.71	28.5	31.9
2007年	42.82	16.3	84.15	22.5	41.33
2008年	52.16	21.8	110.67	31.5	58.51

数据来源：中国医药保健品进出口商会。

通过科技开发，国内产品种类对进口产品的替代率已超过90%。目前，我国目前已能生产包括医用电子仪器、光学仪器、超声仪器、激光仪器、放射设备、医学影像设备、手术器械、消毒设备、冷藏设备、及人工器官、医用高分子材料制品、卫生材料等在内的68大门类，3400多品种，1.1万个规格的产品，而且随着科学技术的发展还在出现新的门类。我国年开发新产品在300~400项。现批量生产并投放市场的3000多个品种，上万个规格的医疗器械产品已能基本满足一般医院各科开展医疗保健活动的需要，特别是常规和中低档品种比较齐全。其中，除手术器械外，其他品种的90%以上已进行一次、甚至多次更型换代；也有一大批高科技品种先后供应市场，包括医用驻波加速器、X - CT、永磁 MRI、彩色多普勒超声诊断仪、五分类血球分析仪、激光手术器、纤维内窥镜和超细镜，多功能麻醉机、超声手术刀、超声聚焦治疗仪、X 刀、旋转式伽玛刀、血管内照射治疗仪、病人监护网络、PACS 等新技术前沿品种具有完全的自主知识产权，已可以替代发达国家的产品。

由于计算机技术、微电子技术、医学生物材料等高新技术的应用，一批高新技术产品应运而生，如：多排螺旋 CT、DSA 系统、数字化彩色 B 超、高强度超声聚焦治疗仪、数字化 X 线机、人体器官辅助、修复和替代制品及材料、肌电控制假肢等，有力地增大了具有自主知识产权的创新力度，使医疗器械产业有了更多的新产品和新的经济增长点。

3. 自主创新产品开发和技术攻关

核磁共振的低场磁体技术已经掌握，低场核磁共振产品在市场竞争方面已经取得一定优势。中国是稀土资源大国，在中场磁体的技术上已经有了一定基础，在 0.5T 以上场强领域达到或接近商业应用水平。在谱仪和线圈技术方面也有重要进展，有望逐步取代进口。

国内一些厂家已经可以进行数字 X 线机的整机产品组装生产，控制软件已可以向欧美出口，但以 X 线探测器为代表的一些关键零部件仍需要靠进口，使整机的制造成本居高不下。目前国内厂家对高频高压发生器及 CCD 探测器的研发已有重要成果，非晶硒和非晶硅的高档平板探测器研究也已开始起步，以求大幅度降低数字 X 线诊断设备的成本，满足国内市场巨大的需求。X 线 CT 已经经历了平行束，扇束，高速螺旋，多排等多代的发展，中国由于没有掌握关键的 X 线探测器技术，在该领域一直相对落后。国内目前已有双排、四排、八排 CT 产品，在体积 CT 的研究方面已经逐步接近国际水平，在面阵成像锥束 CT 技术方面有重要进展，有望在新一代体积 CT 的竞争中赶上国际先进水平。

在超声治疗领域中，超声聚焦癌症治疗技术处于国际领先水平，但是由于深部测温问题没有得到解决，不能有效的对治疗过程进行监控，影响了临床的有效使用。采用微波、射频等其他物理量的肿瘤热疗技术我国也处于较先进地位，需要进一步解决好热能聚集、深部无创温度、温度有效控制等问题，使我国在这一领域保持领先，并在临床上更好的推广应用。

以 X 线加速器为代表的放射治疗产品在前一段的科技项目支持下，在低能，中能加速管和整机产品方面取得了多项成果，在中能领域已有产品；在精确放射治疗研究方面已经有了一定的研究基础和部分突破性进展，需要进一步在适形调强，影像导引，摆位验证，实时跟踪和治疗计划等方面有创新；目前已有条件开展高能精确放射治疗产品的深入研究，突破和掌握关键技术。

PET/CT 原是我国的一项空白，我国在前一段时间内已经有 PET 的技术积累，在高分辨率的 PET/CT 方面，我国学者和科研人员已经掌握了图像融合技术，并已有初级 PET/CT 产品，在 PET 核素显像方面也已有技术积累，加大这方面的科研投入，有助于改变目前全部产品依赖进口的被动局面。

在临床上使用量大，技术先进的一些产品方面（如麻醉机、内窥镜、血球分析、生化免疫检验设备等）已经取得了很多研究成果，技术有重要进展，产品水平逐步提高。麻醉机的麻药蒸发器，流量控制技术等方面有了大量的研究积累；内窥镜在向着电子图像方向发展，可以在新的解决方案上缩短与国外的差距，弥补我们在光导纤维制造技术的不足。

2008 年底，已成功开发了高性价比全自动生化分析仪 BS - 400/BS - 420 整机系统，五分类血球分析仪填补了国内空白，产品价格比同档次进口机型低 20% ~30%。成功研制了 16 层螺旋 CT 扫描机 - NeuViz16Plus。在国际上首次设计实现了两种新的脑机接口方法。

南方医科大学“基于模糊随机建模的医学成像与图像分析新技术研究”获得 2007 年度国家技术发明二等奖。深圳迈瑞生物医疗电子股份有限公司“高性能全自动生化分析仪关键技术及系列产品的研发与产业化”项目获 2007 年国家科技进步二等奖，拥有完全自主知识产权，已申请和授权专利 76 项，成功销往 40 个国家和地区。

4. 技术创新体系建设

在医疗器械领域有国家工程技术研究中心 5 个：国家医用加速器工程技术研究中心（依托单位：北京医疗器械研究所）、国家医疗保健器具工程技术研究中心（依托单位：广东省医疗器械研究所）、国家数字化医学影像设备工程技术研究中心（依托单位：东软集团有限公司）、国家医用诊断仪器工程技术研究中心（依托单位：

深圳迈瑞生物医疗电子股份有限公司）、国家生物医学材料工程技术研究中心（依托单位：四川大学生物材料工程研究中心）。

国家重点实验室1个：新型陶瓷与精细工艺国家重点实验室（依托单位：清华大学）。

5. 各类政策落实情况

（1）2008年10月国家发改委公布了《关于深化医药卫生体制改革的意见（征求意见稿）》，向社会征求意见。未来医疗体制的改革将极大影响医疗器械产业的发展，必将促成全行业的洗牌，尤其对销售模式、新产品开发、企业投资与并购等问题影响深远。

（2）卫生部加强了甲类、乙类大型医疗设备的配置审批。为加强全国大型医用设备管理，根据卫生部、国家发展和改革委员会、财政部联合下发的《大型医用设备配置与使用管理办法》（卫规财发（2004）474号），卫生部办公厅印发了《卫生部甲类大型医用设备配置审批工作制度（暂行）》（卫办规财发［2008］8号），进一步明确了大型医用设备必须先取得配置许可证，方可列入集中采购计划。大型医用设备包括甲类和乙类设备。

这项政策的严格实施，将对生产和销售大型医疗设备的企业带来不利影响，企业的销售增长受到政策制约。

（3）卫生部加强大型医疗设备和高值医用耗材的招标采购管理。根据《卫生部关于进一步加强医疗器械集中采购管理的通知》（卫规财发〔2007〕208号）的规定，甲类大型医用设备和高值医用耗材的集中采购工作由卫生部负责。

新政的陆续实施，必定会令一批医疗器械企业面临淘汰命运，同时影响高端耗材的销售模式。

（4）2008年中央财政累计安排48.5亿元，用于农村卫生服务体系建设、中西部地区基层医疗机构设备、食品安全检测能力建设和扩大国家免疫规划冷链设备补充等项目。支持农村乡镇卫生院和社区医疗服务中心基本医疗设备的购置是国家未来几年的既定政策，将这对企业开发普及型医疗设备产生一定的政策导向。

6. 大企业集团崛起

我国现有医疗器械生产企业13000多家。虽然生产企业以中小型为主，但大型企业正在形成。深圳迈瑞、山东新华、山东威高集团、万东医疗、江苏鱼跃等一批新兴高科技企业已具备在中国市场上与国外产品竞争的实力，和进军国际市场的能力。随着我国经济的快速发展，相当数量海外留学人员回国创业者，用其在国内国外学习或访问所得科学技术知识及实践经验，投身于医疗器械事业，并在国内及国际医疗高端设备领域创立了自己的品牌，像生产医用特种导管的佛山医用特种导管公司、生产介入性医疗器械的上海微创公司、生产B型超声诊断仪器的北京天惠华公司、生产心脏瓣膜的北京佰仁思公司等。

7. 产业聚集

随着我国医疗器械产业的发展，全国已形成了珠江三角洲、长江三角洲及京津环渤海湾本土三大医疗器械产业聚集区。此外，成渝地区是新兴的，以生物医学材料、植入器械及组织工程产品为特色的地区。据不完全统计，三大区域医疗器械总产值之和及其销售额之和均占全国总量的近70%（见图1）。因为本身所具有的条件不同，这三大产业聚集区又呈现出明显的地域特点。

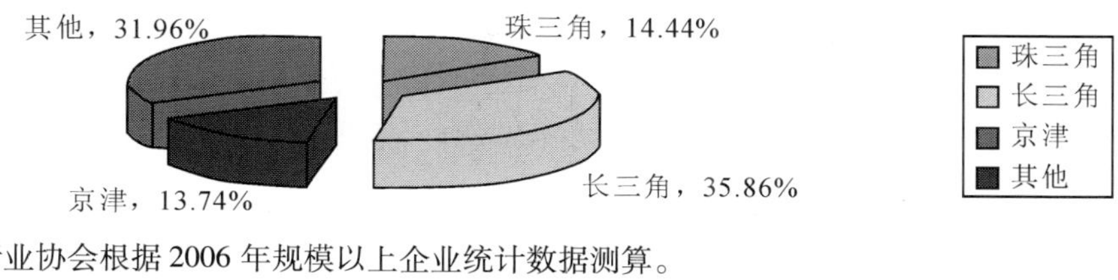

数据来源：行业协会根据2006年规模以上企业统计数据测算。

图1　2006年长三角、珠三角、京津地区占全国医疗器械销售收入比重

珠三角地区。以深圳为中心的珠江三角洲（包括珠海、广州等地），研发生产综合性高科技医疗器械产品是其强项，主要产品有监护设备、超声诊断、MRI等医学影像设备和伽玛刀、X刀等大型立体定向放疗设备，肿瘤热疗设备等，直接反映着现代医疗器械的新技术。深圳医疗器械对外出口发展很快，产值以超过30%的速度递增。这一区域国际交流、贸易、合作活跃。产品立足于全球一体化市场，重视国际化生产经营管理模式。走国际化道路是该地区的重要特点。

环渤海湾地区。近几年来以北京为中心的环渤海湾地区（含天津、辽宁、山东）医疗器械发展势头迅猛，

一个包括 DR、MRI、数字超声、加速器、计算机导航定位医用设备和呼吸麻醉机在内的数字诊断治疗设备生产企业群正在形成。一批企业迅速崛起，如北京万东医疗公司、GE 航卫公司、航天长峰公司、北京天惠华公司、北京谊安公司、航天中兴公司，这些公司的产值已经接近甚至超过亿元。它们借助政府的关注以及本身所具有的科技能力，更倾向于数字化医疗设备这一领域，虽然在市场中表现出的力量目前还不十分突出和强大，但势头强劲，潜力巨大。

长三角地区。以上海为中心的长江三角洲地区（含江、浙）保持了良好的发展势头，是目前我国医疗器械三大产业群之一。这一地区的特点是中小企业活跃，地区特色明显。以生产一次性医疗器械和耗材为主。除此之外，还有像苏州的眼科设备、无锡的医用超声、南京的微波、射频肿瘤热疗、宁波的 MRI 和上海的综合实力，相对而言都是比较突出的。目前上海医疗器械行业的发展战略研究正在紧张进行，上海已经出现了一批从事技术含量较高产品生产的新兴企业。如微创医疗器械（上海）有限公司是国内第一家专门从事微创介入医疗器械研发及生产的企业，其血管支架与导管产品已在国内市场上占有较大份额，并销往欧、美、日各国，是国际市场上快速升起的中国品牌。可以预料，随着这一趋势的发展，未来该区域一次性耗材生产比重将会有所下降。

8. 存在的问题

与国外相比，我国医疗器械产业总体技术水平上处于中偏下水平，存在的主要问题如下：

（1）产品链空白较多。适宜我国国情，适于农村社区基层应用的价格便宜、性能适宜、安全可靠、操作方便的医疗器械产品缺乏（不仅仅是低端产品）；很多高端整机产品尚属空白，市场价格居高不下；很多核心技术和关键部件还不能掌握，发展的主动权不够；还未能形成高、中、低档产品的系统布局，持续竞争能力不强。

（2）创新能力薄弱。创新链条不完整；产学研结合不紧密；转化链条不完整，高校科研成果转化存在障碍。

（3）产业体系还比较脆弱。以中小企业为主，重复建设、重复投资严重，缺乏整体布局；产业服务体系、营销体系还不健全；一批民族企业被兼并重组，如东软、北研所、金科威等民族企业被外资并购；具有竞争力的品牌优势还很少。

（4）政策环境不配套。对国内产品招标存在低质低价的恶性竞标问题，影响到某些地区基层医疗机构装备质量低下。定价政策，进口设备和国产设备两种收费方式税收政策，对中小型创新企业帮扶不够。医院选购更倾向于国外品牌。

第二节　关键设备自主化进展情况

1. 低成本高性能数字化 X 射线机开发

承担单位：北京航天中兴医疗系统有限公司

研究内容：重点突破高空间分辨率 X 射线机的探测器、高频高压发生器等核心部件设计与制造技术，如平板探测器、CCD 探测器、线阵探测器等；改进制造工艺技术，提高成像质量及稳定性。

研究目标：研制出满足各级医院技术要求的关键核心器件为我国自主知识产权的系列低成本高性能数字化 X 射线机。成果转化成产品的产业基地，相关产品在国内市场有一定占有率。

2. 高强度超声肿瘤治疗技术装置研制

承担单位：重庆医科大学

研究内容：重点突破高聚焦超声精确定位技术、磁共振温度实时监控技术、靶点自动控制技术等。

研究目标：研制出具有稳定可靠的定位与磁共振温度监控功能的高强度超声肿瘤治疗技术装置并获国家主管部门的批准。

3. 无创血糖检测技术装置研制

承担单位：天津大学

研究内容：重点突破信号测量、信号判定与处理、基准实现等相关技术，建立无创血糖测量技术方法，提高测量精度。

研究目标：研制实用型无创血糖检测装置。

4. 多层螺旋 CT 扫描装置开发

承担单位：东软集团有限公司

研究内容：重点突破多层螺旋 CT 扫描装置的多排探测器、高效数据采集处理、图像显示等关键技术，以及低成本 CT 探测器、高频高压发生器和球管等核心部件制造技术等。

研究目标：研制出关键核心器件为我国自主知识产权的十六层螺旋 CT 或低成本 CT 扫描装置。

5. 高性能磁共振成像系统开发

承担单位：新奥博为技术有限公司

研究内容：重点突破高性能中场永磁型磁共振成像系统，在 0.3 ~0.35T 系统的基础上，进一步提高场强及更高的性能。如开放型永磁磁体技术，数据采集与图像重建技术，高开放度磁共振系统设计制造技术，提高低场磁共振系统的稳定性及临床可应用性。

研究目标：研制出高性能永磁型磁共振成像系统或适宜基层医疗机构应用的稳定性好的低场磁共振成像系统。

6. 全数字彩色超声诊断系统研制

承担单位：北京天惠华数字技术有限公司

研究内容：重点突破彩色超声多波束成像、谐波成像、多角度复合成像等关键技术，研制宽频带、高密度、高频率探头等核心部件。

研究目标：研制出关键核心器件为我国自主产权的高性能、低成本全数字彩色超声诊断系统。

7. 新型无创呼吸机开发

承担单位：北京航天长峰股份有限公司

研究内容：重点突破无创呼吸机微涡轮、高动态范围压力控制技术、漏气补偿技术、呼吸系统阻力和顺应性同步触发技术、低噪声技术、氧浓度监控技术，以及高稳定性气体流量传感器等。

研究目标：研制低成本、可靠性好的新型无创呼吸机。

8. 微创介入激光治疗成套设备研制

承担单位：北京光电技术研究所

研究内容：重点突破高功率半导体激光系统集成技术及新型光纤探头制造工艺技术，提高系统使用稳定性。

研究目标：研制出高可靠性、达到临床应用要求的微创介入激光治疗成套设备。

9. 高效智能化微创白内障治疗系统研制

承担单位：首都医科大学附属北京同仁医院

研究内容：重点突破综合应用图像处理、模式识别、能量释放智能控制技术、实时监控技术等；研究可注入式人工晶体材料改性、表面修饰与制备技术。

研究目标：研制达到临床应用要求的低成本智能化超声乳化仪和新型可注入式人工晶体。

10. 高性价比全自动生化分析仪器研制

承担单位：深圳迈瑞生物医疗电子股份有限公司

研究内容：重点突破实现分立式比色、双试剂恒速（400 ~600 速）、精密加量及优化清洗效能等相关技术，以及核心部件的精密加工工艺，提高检测可重复性、线性范围、防污染等相关指标。

研究目标：研制高精度、适宜普及应用的全自动生化分析仪器，主要测试指标符合国内临床应用要求，达到国际同类产品的先进水平。

11. 影像引导消融治疗肿瘤技术装置研制

承担单位：中国人民解放军总医院

研究内容：重点突破三维超声图像重构技术与算法，超声引导微创治疗机器人系统技术及机器人遥操作技术等。

研究目标：研制达到临床应用要求的影像引导消融治疗肿瘤技术装置。

12. 射频消融导管研制

承担单位：广东省人民医院

研究内容：重点突破射频消融导管的材料制备、涂层、成型加工工艺等关键技术。

研究目标：研制低成本高性能的射频消融术用系列诊断标测导管与射频消融导管。

13. 新型血管内支架研制

承担单位：辽宁生物医学材料研发中心有限公司

研究内容：重点研究介入支架材料构建制备、改性和表面修饰及可防止再狭窄的表面药物涂层技术。

研究目标：研制低成本高性能药物涂层冠状动脉支架，脑血管支架和支架输送系统等。

14. 电阻抗成像技术装置研制

承担单位：中国人民解放军第四军医大学

研究内容：重点解决电阻抗成像图像的分辨率、表皮高阻抗造成的误差和电流指向性差造成的图像分辨校正等问题。

研究目标：研制出可应用于普查或临床检查的高分辨率电阻抗成像技术装置。

15. 放射治疗及与影像定位一体化技术装置研制

承担单位：清华大学

研究内容：重点突破高能直线加速器制造技术，X 线剂量能级控制技术、精确适形调强控制技术、辐射剂量调变技术，以及图像配准技术等。

研究目标：研制高能直线加速器治疗设备，术中放射治疗系统，以及达到临床应用要求的与放射治疗结合的影像导引系统。

16. 图像引导下外科手术导航系统研究

承担单位：北京航空航天大学

研究内容：重点研究基于影像空间映射图像处理、术中影像引导光学和电磁波或机器人微单元跟踪和定位自动控制技术等。

研究目标：研制出新型多功能外科或微创手术导航系统。

17. 脑 – 机接口信号处理技术装置研究

承担单位：清华大学

研究内容：重点突破头皮脑电信号采集技术、特征量提取模式识别技术和信号分析技术，以及相关计算机控制操纵装置等。

研究目标：研制出应用脑 – 机接口信号处理技术的可实际应用的脑电控制技术装置，如残疾人辅助技术装置等。

18. 帕金森病脑起搏器研制

承担单位：清华大学

研究内容：重点突破植入式电刺激器模块设计与加工工艺，编程器及软件系统，以及集成制造等关键技术。

研究目标：研制出达到临床应用要求的高精密度脑起搏器。

第十六章　民用飞机及发动机、机载设备发展报告

第一节　发展综述

民用飞机产业是知识密集、技术密集、资本密集的高技术、高附加值的重大战略性产业，同时也是高风险产业。其产业链长、辐射面宽，联带效应强，是国家综合国力、科技实力和国际竞争力的集中体现。发展形成具有竞争力的民用飞机产业，对提高我国的整体经济实力、推动经济结构调整优化、实现经济的可持续发展、全面实现党的十七大提出的经济建设目标具有重大战略意义。

进入21世纪，我国制定了“十五”民用飞机发展规划，加快了民用飞机产业发展，取得了显著成就。随着150座级大型客机的立项研制，ARJ21新支线飞机、新舟60改成功首飞以及适航审定的展开，先进中型通用直升机直15、大型灭火和水上救援飞机的立项研制，我国民用飞机研制水平和发展速度有了显著提高，为我国民用飞机未来发展打下了坚实基础。

目前，我国民用飞机发展尚处于起步阶段，还未真正形成民用飞机产业，我国要建成有市场竞争力的民用飞机产业任重道远。

1. “十一五”发展目标和任务

《中华人民共和国国民经济和社会发展第十一个五年规划纲要》对我国民用飞机产业“十一五”发展目标和任务进行的总体定位如下：坚持远近结合、军民结合、自主开发与国际合作结合，发展新支线飞机、大型飞机、直升机和先进发动机、机载设备，扩大转包生产，推进产业化。为落实上述目标，我国民用飞机产业在“十一五”期间的发展目标和任务具体为：

掌握当代支线飞机、直升机、通用飞机等的设计、试验和制造技术。ARJ21新支线飞机完成研制并实现批量交付，中外合作研制的先进中型多用途直升机实现首飞并转入试飞和适航验证阶段。大型灭火/水上救援飞机、公务机、低成本通用运输飞机等一批更新换代机型立项并进入研制阶段。启动大型客机项目立项，开展大型客机初步设计，突破和掌握一批关键技术。国内外民机市场开发取得新突破，国产飞机实现批量交付。转包生产规模翻两番，A320飞机、ERJ145飞机等国际合作组装项目取得重要成果。民用航空工业产业规模进一步扩大，民用航空产品销售收入达到400亿元。

2. 主要经济指标

2006—2008年，全国民用航空产品交付金额实现较快增长（见图1），分别为104.7亿元、147.1亿元和144.3亿元，2006—2008年的同比增长率分别为23.8%、40.5%和-1.9%。其中，2008年由于全球金融危机等因素的影响，交付金额较2007年略有下降。

2006—2008年，全国民用飞机交付总架数分别为34架、27架和30架，至2008年底，累计交付491架。

2006—2008年全国民用飞机新增订单（含确认订单和意向订单）分别为180架、172架和68架，到2008年底的储备订单（含确认订单和意向订单）为283架（见图2）。

至2008年底，涡浆支线飞机新舟60系列飞机确认订单和意向订单累计158架，累计交付40架；涡扇支线飞机ARJ21确认订单和意向订单累计208架；H425直升机累计交付92架。我国民用飞机市场销售呈现出良好的态势，初步显现较好的发展趋势。

2006—2008年，全国民用航空产品转包生产交付金额保持了较大幅度的稳步增长，分别为3.86亿美元、5.20亿美元和7.07亿美元。2006—2008年的同比增长率分别为44.0%、34.7%和36.0%（见图3）。

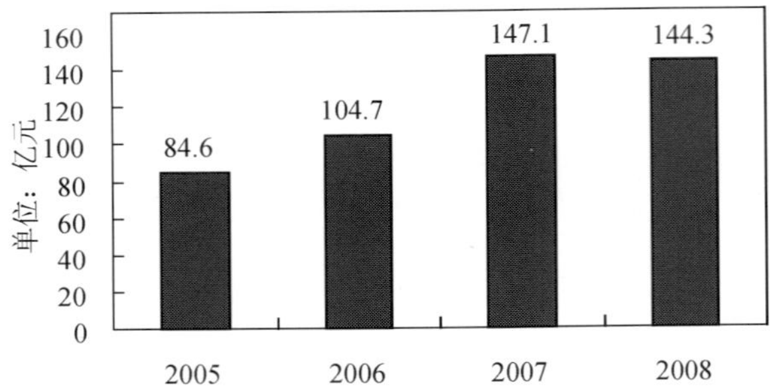

图 1　2005—2008 年全国民用航空产品交付金额

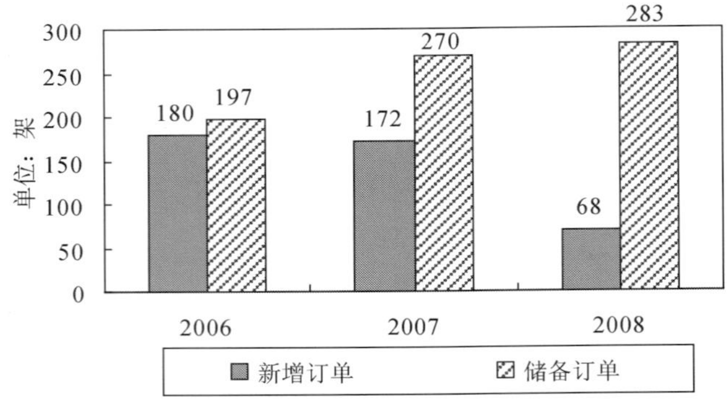

图 2　2006—2008 年全国民用飞机新增订单和年底储备订单情况

与我国民用飞机特别是大型商用运输机的采购规模，以及世界第二的民航运输大国地位相比，我国民用航空工业转包生产的规模和水平是不相称的，目前，正在由以零部件加工为主向部件生产和总装生产转变，由来图来料加工模式向风险合作模式转变。

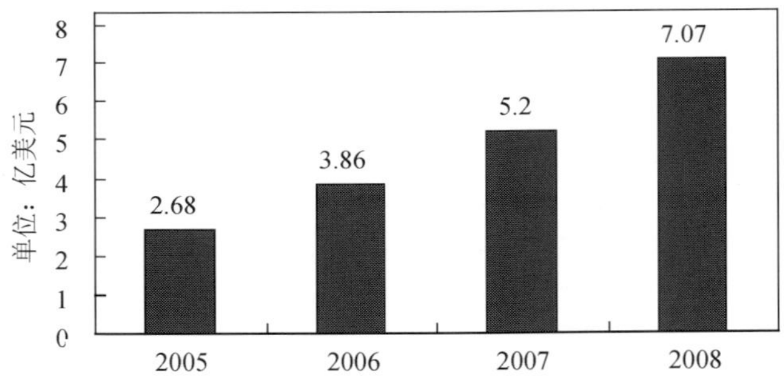

图 3　2005—2008 年全国民用航空产品转包生产交付金额

3. 自主创新产品开发和技术攻关

自“十一五”以来，我国民用飞机产业重视自主创新能力建设，加强人才队伍培养，健全科技创新体系，自主创新能力有了一定程度提高。

3.1　自主创新产品开发成果显著

在自主创新产品开发方面，主要成果体现在一批新的民用飞机型号研制取得阶段性成果：2008 年 7 月农林专用机农 5B 首飞，2008 年 10 月涡桨支线飞机新舟 60 改首飞，2008 年 11 月涡扇支线飞机 ARJ21 首飞；2008 年先进中型通用直升机直 15 完成首架机体交付；13 吨级直升机直 8F 取证工作全面展开；海鸥 300 通用飞机、运 12F 快速推进等。

同时，通过对 ARJ21、新舟 60 系列等型号的研制，我国发展民用飞机的各种相关能力取得了长足进步，初步形成能够满足民用飞机市场和产品研制开发所需要的民机市场研究、开发和销售体系，适合民机商品化特点的研制和生产体系以及与国际接轨的产品支援和客户服务体系。

截至 2008 年底，我国已有 20 余种机载设备取得了中国民航总局颁发的型号合格证、生产许可证或技术标准规定批准书（TSOA）。包括多运 5B 系列、新舟 60 系列、运 8 系列、运 12 系列和运 11BI、农 5A 型飞机，以及直-11系列和直-9系列直升机等20多种型别航空器；涡桨5、涡桨6等航空发动机；飞行数据记录仪、座舱音频记录仪、大气数据计算机、座椅、救生衣、安全带等。此外，运12II和运12IV型飞机还分别取得英国民航局（CAA）和美国联邦航空局（FAA）颁发的型号合格证，这些机种取得相应适航证件后，先后进入国内外市场，获得了较好的经济效果。

3.2　技术攻关取得突破

围绕新支线飞机研制急需和民机长远发展需要，2006—2008年，我国重点开展了总体设计、气动设计、机载设备研制、制造技术、风洞与强度试验、试飞技术等一大批技术研究课题。通过开展民机技术研究，我国取得了超临界机翼设计制造、大型壁板喷丸成形以及长寿命结构设计等一批重要的技术成果，不仅直接为新支线飞机研制项目提供了急需的机体设计、制造、试验与试飞等关键技术，而且切实提高了我国民机的自主研发能力和研究水平，并为型号研制与技术预研的协调发展打下了基础。

4. 技术创新体系建设

“十一五”以来，我国民用飞机产业加大了技术创新体系建设力度，建成了一批水平较高的、有一定专业覆盖面的航空科技实验室和试验设施，主要包括重点实验室、技术研究应用中心、大型试验设施和企业技术中心等，为我国民用航空产品的研制和生产提供了有力的支撑。这些机构承担了涉及基础研究、应用研究、型号关键技术攻关等方面的大量科研项目，取得了大批科技成果，申请了多项专利，获得了多个奖项，提升了技术水平。

4.1　重点实验室

重点实验室主要承担航空科技基础研究、应用基础研究、应用研究和型号关键技术攻关工作，对于提升我国航空科技的自主创新能力，培养高水平的科技人才等方面具有重要作用。截至2008年底，航空工业正在运行的重点实验室共有26个。

4.2　技术研究应用中心

技术研究应用中心主要承担航空技术的工程化开发及航空科技成果的转化工作。针对航空科技发展的共性和基础性技术问题，技术研究应用中心持续不断地将具有重要应用前景的科研成果进行体系化工程开发，解决技术工艺和技术装备的成熟配套问题。利用技术研究应用中心跨领域、跨部门的综合研发优势，可以加速先进航空技术的工程转化进程，提高转化效率。截至2008年底，航空工业共有正在运行的技术研究应用中心5个。

4.3　大型试验设施

大型试验设施主要承担重大航空科技项目的技术攻关、技术演示验证及重大航空工程项目的研制试验和验证试验。航空科学技术是高度复杂的综合性技术，大型航空试验设施基地是进行新技术探索、关键技术攻关和保障型号研制的不可或缺的主要研发工具。截至2008年底，航空工业正在运行的大型实验设施有15个，正在运行的投资规模超过500万元的专业试验室有259个。

4.4　企业技术中心

企业技术中心是国家技术创新的主体，目前企业技术中心的认定包括国家认定和省、直辖市、区认定两个层次。截至2008年底，中国航空工业集团公司所属企业中，国家认定的企业技术中心有14家。

航空工业是典型的军民结合型产业，这些重点实验室、技术研究应用中心、大型试验设施和企业技术中心中，大多数都能为我国民用飞机及发动机、机载设备的发展提供直接支持。

5. 企业兼并重组

5.1　中国商用飞机有限责任公司挂牌

2008年5月11日，中国商用飞机有限责任公司（中国商飞）在上海成立。公司负责国产涡扇支线客机和大型客机的研发、总装、营销和客户服务环节，成为大型客机项目的责任主体。中国商飞公司的成立标志着中国大型客机研制已进入实体操作阶段，开启了中国自主研制大型客机的新篇章。

中国商飞公司总部设在上海，下辖上海飞机设计研究所、上海飞机制造厂、中航商用飞机有限公司、上海航空工业（集团）有限公司等子公司和下属单位，在北京设有办事机构，并将在欧洲、美洲设立代表处。公司按照“主制造商—供应商”运行模式，重点建设研发中心、总装制造中心和客户服务中心，形成大型客机的总体设计、系统集成、市场营销、适航取证和产品服务等五种能力。公司的使命是：突破大型客机关键核心技术，实现支线飞机、大型客机研制成功和商业成功，以成为拥有自主知识产权和具有国际竞争力的民机制造商为发展目标。

5.2 中国航空工业集团公司成立

2008年11月6日，中国航空工业第一集团公司和中国航空工业第二集团公司重组整合后的中国航空工业集团公司在京成立。两个集团重组整合，集成了中国航空工业优势资源，有利于航空工业参与世界航空业的合作与竞争。此次航空工业体制改革，是有史以来中国航空工业最大的一次战略性整合和专业化重组，提高了综合实力和国际竞争力。

新成立的中国航空工业集团公司（中航工业）按照现代企业制度进行运作，采用母子公司与事业部相结合的管理体制，设立了防务、飞机、发动机、系统、直升机、通用飞机、资产事业部、中航科工、中航技和航空研究院等子公司、事业部和研究院，下辖近200家成员单位，有20多家上市公司，员工近40万人。

6. 国际合作

我国民用飞机产业开展了大量国际合作项目，主要包括政府间合作、型号项目合作研制、合资总装生产和转包生产四个方面，国际合作取得了显著成效。

在政府间合作方面：我国政府与俄罗斯、法国、德国、意大利等国家，以及与欧盟相关组织开展了航空科研领域合作。

在型号项目合作研制方面：以50%对50%的比例，采用合作研制的模式，与欧直公司合资研制先进中型通用直升机直15，与法国透博梅卡公司合资研制涡轴16发动机；与庞巴迪的C系列飞机项目、西科斯基的S76直升机项目、GE公司的CF34－4发动机项目开展了风险合作，与空客签订了合资复材中心建设的框架合同等。

在合资总装生产方面：2008年9月，空中客车A320天津总装线正式投产，并在2009年6月24日交付第一架飞机。预计2011年达到月产4架空中客车A320系列飞机的生产能力。另外，合资总装生产的涡扇支线飞机ERJ145在2006—2008年期间，交付了17架。

在转包生产方面：主要包括波音787、波音747、波音737、空客A350、A320系列等飞机型号以及民用航空发动机的零组件和大部件的生产和风险合作。

7. 存在的问题

我国民用飞机产业在取得显著成绩的同时，还存在一些比较突出的问题，如：民用航空工业缺乏顶层发展战略和连续、稳定的中长期发展规划；民用飞机产品型号少，技术水平落后，市场竞争力弱，急需更新换代；民用飞机科研基础薄弱，航空发动机、机载、原材料和元器件等瓶颈问题十分突出；技术储备不足，自主研发能力和科技创新能力不强；产业规模小，经济效益不高；人才队伍结构性矛盾依然突出，民用飞机研发人员严重短缺；体制机制亟待改革和创新。这些薄弱环节的存在，一定程度上影响了我国民用飞机产业的进一步发展。

第二节 重点型号自主化进展情况

2006—2008年，我国民用飞机产业重点型号的研制工作卓有成效，在干线飞机、涡桨支线飞机和涡扇支线飞机、通用飞机、直升机、发动机及机载设备等领域均有重大进展。

1. 大型飞机

大型飞机作为重大专项列入《国家中长期科学和技术发展规划纲要（2006—2020年）》和《国民经济和社会发展第十一个五年规划纲要》，2007年正式立项。2008年5月，中国商飞公司在上海隆重成立，成为我国发展大型民用飞机的责任主体。

2008年，大型客机项目主要开展技术、经济可行性研究，2009年进入预发展阶段，开展总体方案设计和关键技术的论证和研究。大型客机已初步形成基本总体技术方案，将采用超临界下单翼、翼吊两台先进涡扇发动机、常规平尾、前三点式可收放起落架布局形式，驾驶舱将采用两人制。基本型全经济布局为168座，混合级布局为156座。

通过大型客机项目的实施，我国旨在研制大型客机以及配套的发动机、机载系统和设备、原材料。在市场开发、设计、试验、生产、试飞、客户服务和项目管理等领域，坚持自主创新的方针，突破关键核心技术，培养航空工业专业人才，加快形成国内自主发展大型客机的能力、条件和体制机制，加快民机产业化发展。

2. 支线飞机

2.1　新型涡扇支线飞机 ARJ21 成功首飞

ARJ21 飞机现由中国商飞中航商飞有限公司负责研制。ARJ21 飞机在结构设计方面采用了超临界机翼等很多先进的新技术，发动机采用 GE 公司专为 ARJ21 新支线飞机进行改型的 CF34－10A；航电系统、飞控系统、其他机载系统都是由美国和欧洲先进的供应商提供的先进的产品，有些产品和技术是当今全新一代民用飞机 B787 所使用的。

ARJ21 飞机是我国首架具有自主知识产权的涡扇支线飞机，适合我国包括西部在内的大多数航线和机场。2008 年 11 月 28 日，ARJ21－700 首飞成功；12 月 18 日起，正式转入试飞取证阶段。截至 2008 年底，ARJ21 飞机已获得国内外订单（含意向订单）208 架，表现出良好的市场适应能力和销售前景。

ARJ21－700 飞机主要技术参数：全经济级客座数 90 座；最大起飞重量 40500kg；巡航高度 10668m；最大商载 8935kg。

2.2　涡桨支线飞机新舟 60 改（新舟 600）成功首飞

新舟 60 改（新舟 600）飞机由西安飞机工业（集团）有限责任公司负责研制。该飞机是在新舟 60 飞机基础上的改进改型，严格按照 CCAR25 部适航标准设计制造。通过结构改进，提高了飞机的维护性和整机疲劳寿命；通过综合航电与故障诊断系统的设计改进，提高故障快速诊断能力和飞机的出勤率；通过开发延程飞行（ETOPS）功能以满足特殊用户对跨海飞行的选装需求。该机型提高了飞机的舒适性，缩短了起飞距离，增加了商载（提高 7%～8%），维护成本降低 10%，有效提升了飞机运营的经济性，在国内外市场的竞争力进一步加强。

新舟 60 改飞机主要用于 500～800km 的支线客运市场，也可改装用于人工增雨、邮政快运、货运、海洋监测、航空测绘与遥感等通用航空领域。2008 年 10 月 9 日，新舟 60 改首飞成功，转入适航验证试飞阶段。2008 年 11 月在第七届珠海航展上，中国民航飞行学院与西飞公司签订 2 架新舟 60 改的购机合同。

新舟 60 改飞机主要技术参数：标准客座数 52 个；最大起飞重量 21800kg；经济巡航速度 430km/h；最大商载 5500kg。

3. 直升机

先进中型通用直升机直 15 完成首架机体交付。

直 15 由中方（哈飞、602 所等）与法方（欧直公司）联合研制，是按照一种平台、多种用途、系列化发展的原则，中法双方以对等的份额联合研制一种先进中型多用途直升机。

直 15 以全寿命成本最低作为基本原则和指导方针，使用户获得最佳的费效比，在性能、经济性、可靠性、维修性、保障性、舒适性、安全性等指标上达到 21 世纪初的国际先进直升机的水平。在装配工装设计及制造方面采用“积木”方式设计制造安装，开创国内飞机型架设计制造的先河；在飞机装配方面采用样机（Mock－up）验证飞机结构制造的准确性，缩短了研制周期，填补了国内空白。

2006 年 12 月 5 日，中法双方在欧直公司的联合设计办公室完成了全机初步设计评审，截至 2008 年，已在项目管理、设计、试验、制造、适航等方面都取得了很大进展。型号取证工作已进入适航审查验证阶段，预计 2011 年取得中国民航总局的型号合格证。

直 15 主要技术参数：最大起飞重量 7000kg；最大巡航速度 274km/h；使用升限 5600m；最大航程（无余油）783km。

4. 通用飞机

4.1　农林专用机农 5B 成功首飞

农 5B 飞机由江西洪都航空工业（集团）有限责任公司负责研制。该飞机是在农 5A 飞机基础上通过换装发动机、调整起落架布局和增大料箱容积等改进措施，使其具有发动机功率大、商载量大、喷洒药物均匀等特点，并适应于高原作业，座椅满足 CCAR23 部 562 条款，具备特有的农业设备系统，已成为适合于新时代农业发展需求的新型农林飞机，可用于喷洒、灭火和播种等。

2008 年 7 月 9 日，农 5B 飞机成功首飞。沈阳通航公司和长江通航公司总计签订了 30 架农 5B 的采购合同；

佳木斯通航公司、新疆通用航空有限责任公司及黑龙江龙垦通用航空公司共签订了 98 架农 5B 的采购意向协议书。

农 5B 飞机主要技术参数：最大起飞重量 3600kg；最大商载 1500kg；满油航程 1010km；最大巡航速度 237km/h。

4.2 多用途飞机运 12F 飞机研制快速推进

运 12F 飞机由哈尔滨航空工业集团公司负责研制。该飞机是针对国内外短途支线航空客/货运市场需求，在运 12E 飞机基础上改型研制的。在现有运 12E 型飞机的基础上，加长加宽机身，换装发动机，机翼由矩形翼改为梯形翼，取消斜撑杆，加大整体油箱，将固定起落架改为可收放起落架，升级改造液压系统，采用综合航电系统，增装防撞系统。

经过改进，该机型提高了飞行速度，增大了商载能力，降低了噪音，拓宽了飞机用途，提高了舒适性，使运 12 系列飞机在国内外具有一定的市场竞争力。运 12F 飞机的市场定位是以国内外中、低端短途客/货为主兼顾通用航空市场，为不同的用户提供低成本飞机。2005 年 10 月立项，2006 年 11 月 30 日可行性研究报告批复。目前运 12F 项目正按照计划快速推进。

运 12F 飞机主要技术参数：最大起飞重量 7700kg；最大商载 2700kg；满油航程 1800km；经济巡航速度 400km/h。

4.3 轻型水陆两栖飞机海鸥 300 取得阶段性进展

海鸥 300 由中国特种飞行器研究所负责研制。海鸥 300 配置有高性能的 TIO－540－A2C 型发动机和先进的航空仪表设备。适合在城乡地区，特别是近海、内陆的江河湖泊、水库等水资源丰富地区广泛使用。

2008 年该研究所在市场开拓、可行性研究、预发展阶段的方案设计、适航、电子样机制作等方面做了很多工作，取得了阶段性进展。计划于 2011 年取得中国民航总局的型号合格证。

海鸥 300 主要技术参数：最大起飞重量 1800kg；有效载重 620kg；巡航速度 200km/h；航程 1300km；起降抗浪 0.6m。

第十七章 节能和新能源汽车发展报告

第一节 发展综述

经过多年发展，我国的节能与新能源汽车自主创新能力不断提高。在成功实施“九五”电动汽车重大科技专项和清洁汽车行动计划的基础上，我国于2006年启动实施863计划节能与新能源汽车重大项目。截至2008年底，在国家科技计划的支持和带动下，我国已形成纯电动、混合动力和燃料电池三类新能源汽车动力系统技术平台和产学研合作研发体系，在动力蓄电池、燃料电池、驱动电机等关键部件的开发和整车系统集成与应用方面不断取得进展。混合动力汽车开始小批量生产，纯电动汽车整车还处在研发与产业化准备阶段，燃料电池汽车技术取得重要进展，处于研发和试验考核阶段，动力电池取得重要进展，逐步开始规模化生产。以燃气汽车为代表的替代燃料汽车技术不断成熟，应用规模逐步扩大，取得了显著的经济效益和节能减排效果。

1. 电动汽车整车

（1）混合动力汽车技术不断提高，轻度混合动力汽车实现小批量生产。长安、奇瑞、一汽、上汽、东风等我国大多数汽车企业纷纷加快混合动力汽车关键技术研发，开展了整车优化设计、动力系统集成匹配、电动化底盘技术开发、整车控制策略优化以及车辆批量化生产技术的研究，初步掌握了混合动力汽车机电耦合最佳方案的优化、动力系统技术平台工程化集成设计、怠速起停与加速助力技术、制动能量回馈技术，变速箱匹配设计和优化、整车控制系统开发技术、车辆生产制造工艺和技术等混合动力汽车关键技术。自主开发了BSG类弱混、ISG类中混及强混合动力轿车和串联式、并联式混合动力城市客车，依据不同混合度方案，实际路况运行节油10~40%。目前，已有40多款混合动力汽车获得国家机动车新产品公告。其中，长安杰勋中混混合动力轿车、奇瑞A5系列弱混/中混混合动力轿车已进入小批量生产阶段。东风电动、深圳五洲龙、中通客车、南车时代、一汽集团开发的串联式和并联式混合动力城市客车，分别在北京、武汉、深圳、长沙、济南等城市开展了不同规模的示范运行，部分单车运行里程超过20万km，节油效果和可靠性得到了市场的初步检验。如东风电动的混合动力客车在武汉510公交线上运行，经统计平均油耗为31.88L/100km，节油率达到24%，平均故障间隔里程超过3800km。

（2）新一代锂离子电池纯电动汽车相继推出，形成系列产品并小规模投放市场。哈飞、天津清源合作开发的锂离子电池纯电动乘用车，最高车速120km/h以上，0~50km/h加速时间为8.23s，能耗为16.5kWh/100km，续驶里程达180km，已小批量出口美国。清华大学自主研制的采用新型四轮智能驱动技术和高性能锂离子电池的纯电动微型轿车，最高车速为65km/h，0~30km/h加速时间达4.5s，能耗为5kWh/100km，续驶里程120km，已实现小批量生产和示范应用。比亚迪公司研制生产的F3DM是国内首款上市销售的插电式混合动力汽车，最大输出功率为125kW，0~100km/h加速时间为10.5s，最高速度150km/h，在纯电动模式下，等速工况续驶里程达到100km，已小批量投放市场进行商业示范运行。

北京京华客车公司、北理工联合研制的纯电动客车，能量消耗为83.8kWh/100km，在" 十五" 基础上提高6%左右，并在国际上率先使用大容量锂离子动力蓄电池，成功在奥运期间进行了小规模应用，代表了当代国际纯电动大客车的先进水平。另外，东风、一汽、上汽、长安、奇瑞、长城等汽车公司相继开展纯电动汽车和插电式混合动力轿车研发，并相继推出一批样车，进入产业化准备阶段，未来2~3年将陆续投放市场。

（3）燃料电池汽车技术研发逐步深入，开展了小范围示范考核。我国燃料电池汽车开发，采用独具特色的能量混合型和功率混合型两种燃料电池混合动力系统，具有电－电混合、平台结构、模块集成的技术特征，燃料经济性优异。北汽福田和清华合作开发的第三代燃料电池城市客车，系统更加优化，制动能量回馈等混合动力功能得到加强，氢燃料消耗量由≤9.3kg/100km 降低到≤8.5kg/100km，在车辆性能和配置基本相当的情况下，生产成本低于国外公司。由上海大众、上燃动力开发的新一代燃料电池轿车动力平台将整车控制器、电机控制器、燃料电池 DC/DC、电池管理系统等集中到集成式动力系统控制单元内，进一步提高了燃料电池轿车技术水平和产品化程度。其中，DC/DC 功率提高 10%、单位功率体积减小 30%；电机控制器功率提高 35%、单位功率体积减小 19%。清华大学和同济大学牵头研制的 20 余辆燃料电池客车和轿车在北京、上海等地开展了示范考核运行。

（4）主要整车企业逐步重视电动汽车的发展，不断加快电动汽车研制开发和上市步伐。目前国内主要整车企业对电动汽车技术研发和产业化能力建设的重视程度明显提高，投入不断加大，将电动汽车纳入企业产品规划，积极着手进行产业化布局和能力建设。BSG 类微混、ISG 类轻混混合动力轿车和中度、深度混合动力大客车初步具备产业化的能力，部分企业实现混合动力汽车小批量商业销售。比亚迪、东风、一汽、长安、奇瑞、吉利、长城等汽车企业开始纯电动汽车的研发。已有近百款自主品牌各类电动汽车产品（含底盘）进入国家汽车新产品公告。

（5）天然气等替代燃料汽车技术研发与产业化取得重大进展，规模化应用产生显著的经济效益和节能减排效果。主要表现在：以天然气、液化石油气为代表的燃气汽车技术研究不断深入，形成了较强的燃气发动机开发能力，已经开始承担国外委托的技术产品开发任务；掌握了各类车用气瓶、发动机 ECU、喷嘴、高精度减压器等关键零部件和大排量天然气母站用压缩机等主要设备的开发与生产制造技术，产品性能接近国际先进水平；燃气汽车产品更加丰富，已有 300 多个燃气汽车车型进入国家机动车新产品公告；燃气汽车产业得到进一步发展壮大。整车（OEM）年产量超过 6 万辆，各类车用气瓶产业化能力超过 100 万只/年，自主开发的燃气汽车专用装置、发动机、整车和加气站设备在满足国内市场的同时，实现了批量出口；燃气汽车的示范推广取得了显著进展。示范城市共发展燃气汽车 40 多万辆，建成加气站近 900 座，实现年替代燃油 300 万 t，实现二氧化碳减排 180 万 t。此外，甲醇、二甲醚、合成油作为车用燃料的适应性研究取得阶段成果，专用发动机及整车开发进一步深入，整车实现小规模示范运行和局部应用，相关标准的研究制定也得到同步开展。

2. 关键零部件

（1）我国自主研发出镍氢和锂离子两种类型的 6～100A·h 多个系列车用动力蓄电池，功率密度和能量密度等关键指标具有明显进步。动力电池从铅酸发展到镍氢、钴酸锂、锰酸锂、聚合物、三元材料、磷酸铁锂等先进的绿色动力电池，在能量密度、功率密度、安全性、可靠性、循环寿命、成本等方面，取得了重大进步。锂离子动力电池功率密度从 2002 年的 491W/kg 提高到 2008 年的 2000W/kg，上升了 4 倍多，电池模块的常规循环寿命达 1000 次左右。镍氢动力电池，功率密度稳步提高，并在自主开发的混合动力汽车上得到实际应用，单车最大运行里程已超过 15 万 km，电池性能表现良好。

（2）我国自主开发的永磁无刷电机、交流异步电机和开关磁阻电机实现了整车小批量配套能力。电机＋减速机的电驱动动力系统总成、发动机一体安装的 ISG 电机系统，电力电子控制单元、逆变器和 DC/DC 集成控制单元被开发并进入使用阶段。轿车用永磁电机功率密度超过 1300W/kg，电机系统最高效率达到 93% 以上，功率覆盖了 200kW 以下民用电动车辆范围。在电机用转速传感器的研制、高性能低成本绝缘材料的开发、电机制造工艺的优化以及电机磁性材料的稳定性研究方面，获得了初步成果；90kW 车用永磁驱动电机系统功率密度≥1.36kW/kg、电机峰值效率≥97%、高效区电机系统效率≥70%，技术指标接近国际先进水平。在电机设计上开展了电机与变速箱一体化集成设计。

（3）燃料电池可靠性、寿命等方面取得较大进展，经受住奥运示范等一系列国际示范应用活动的考验。低压燃料电池电堆动态寿命提升，单堆动态循环工况累计运行超过 1500h，性能下降 6.7%，预测寿命可超过 2000h；燃料电池发动机输出功率大幅提升，轿车发动机净输出功率提升到 55kW，客车发动机输出额定功率 80kW、过载功率 110kW，系统最高效率超过 61%，最大功率密度超过 700W/kg，最大体积比功率达 1000W/L。整机运行的可靠性、耐久性和低温启动性能，以及环境适应性有较大提高。目前，我国已成为世界上少数几个掌握车用百千瓦级燃料电池发动机研发、制造和测试技术的国家之一。

3. 技术创新体系建设

2006—2008 年期间，在国家 863 计划节能与新能源汽车重大项目的支持和带动下，我国节能与新能源汽车领域在人才培养、掌握专利技术和知识产权、壮大研发团队、构建技术创新平台、建立以企业为主体、产学研相结合的技术创新体系等方面取得了重要进展，通过加强自主创新，使我国节能与新能源汽车领域的核心竞争能力得到全面提升。

3.1　人才培养及专利

截至2008年底，节能与新能源汽车领域共申请专利1227项（仅限于863计划节能与新能源汽车重大项目课题单位），其中发明专利556项，发明专利授权163项；培养博士148人，硕士591人，发表科技论文1169篇，其中被三大检索收录314篇，获得国家级科技奖3项。

3.2　新能源汽车研发团队建设

以国家863计划节能与新能源汽车重大项目为牵引，通过采用整车牵头、零部件协同跟进和产学研结合的开发模式，最大限度地优化整合了国内优势资源，上百家整车企业、零部件企业、科研院所紧密结合研发需求进行了团队组合，形成了相对稳定的从整车、关键零部件到共性基础技术研究的研发体系，初步建立了节能与新能源汽车技术链和产业链，为加快我国节能与新能源汽车技术研发和产业化奠定了坚实基础。

经过多年发展，各地区结合自身技术和资源状况，逐步形成了东北、华北、华东等三大节能与新能源汽车自主创新研发集群，使科研和产业资源得到了进一步集聚（见表1）。

表1　节能与新能源汽车领域研发集群

区域	整车	零部件	共性基础技术	主要类型
东北	一汽集团公司、大连客车厂、哈飞汽车、华晨	新源动力、大连普传、哈尔滨巨容	吉林大学、沈阳工大、大连交通大学、中科院大连化物所	混合动力、燃气汽车
华北	北汽、天津一汽、京华客车、天津清源	天津力神、中信国安盟固利、蓝天高科、北方华德尼奥普兰、中科易能、中纺锐利、清能华通	清华大学、北理工、北京交通大学、电子科技集团十八所、北方车辆研究所、中国汽车技术研究中心、中科院电力科学研究院	燃料电池、纯电动
华东	上汽、奇瑞、吉利、华普、中通客车、山东时风	上海神力、上燃动力、万向、苏州星恒、江苏春兰、上海奥威、上海大郡、上海安乃达、上海舜华、潍柴动力、青岛威能动力、上柴	同济、上海交大、浙大、上海大学、上海内燃机研究所	燃料电池、纯电动、混合动力、燃气汽车

3.3　国家工程中心等创新平台建设

节能与新能源汽车领域目前共有国家工程研究中心5个、国家工程技术研究中心4个、国家工程实验室3个、国家重点实验6个、国家认定的企业技术中心12个，合计30个（仅限于863计划节能与新能源汽车重大项目课题单位）（见表2）。

表2　节能与新能源汽车领域创新体系建设情况一览

类型	数量	名称	依托单位	设立时间
国家工程研究中心	5	变流技术国家工程研究中心	南车株洲电力机车研究所有限公司	2001.10
		燃料电池及氢源技术国家工程研究中心	新源动力股份有限公司	2006.10
		流体机械及压缩机国家工程研究中心	西安交通大学	1995
		电力电子应用技术国家工程研究中心	浙江大学	
		新型电源国家工程研究中心	中国电子科技集团第十八研究所	2006

（续）

类型	数量	名称	依托单位	设立时间
国家工程技术研究中心	4	国家节能环保汽车工程技术研究中心	奇瑞汽车股份有限公司	2005. 1
		国家燃料电池汽车及动力系统工程技术研究中心	同济大学	2007. 11
		国家电液控制工程技术研究中心	浙江大学	—
		国家燃气汽车工程技术研究中心	中国汽车工程研究院有限公司	—
国家工程实验室	3	电动车辆国家工程实验室	北京理工大学	2008. 9
		汽车节能环保国家工程实验室	奇瑞汽车股份有限公司	2007. 11
		汽车电子工程国家工程实验室	上海交通大学	—
国家重点实验室	6	汽车动态模拟国家重点实验室	吉林大学	1996. 12
		汽车安全与节能国家重点实验室	清华大学	—
		材料复合新技术国家重点实验室	武汉理工大学	1988
		流体传动及控制国家重点实验室	浙江大学	—
		能源清洁利用国家重点实验室	浙江大学	—
		化学与物理电源技术重点实验室	中国电子科技集团第十八研究所	2006
国家认定的企业技术中心	12	北汽福田汽车股份有限公司技术中心	北汽福田	2004
		东风汽车公司技术中心	东风汽车公司	1994
		陕西汽车集团有限责任公司技术中心	陕西汽车集团	2008. 9
		奇瑞汽车股份有限公司技术中心	奇瑞汽车股份有限公司	2005. 10
		上海汽车集团股份有限公司技术中心	上海汽车集团	—
		天津力神电池股份有限公司企业技术中心	天津力神	2006
		天津汽车工业（集团）有限公司技术中心	天津汽车工业（集团）公司	2001. 12
		万向集团技术中心	万向集团	1996
		中通客车控股股份有限公司技术中心	中通客车股份有限公司	2008. 9
		长安汽车集团企业技术中心	长安汽车集团	—
		中国东方电气集团公司技术中心中小发电设备研究所	东风电机	2003
		上海柴油机股份有限公司技术中心	上海柴油机股份有限公司	1996. 12
合计	30	—		

4. 存在的问题

经过多年大规模的新能源汽车技术研发与示范，取得了一系列技术成果，我国已迈出了产业化的第一步，但在技术上与国际先进水平相比，仍存在较大的差距。主要体现在以下几个方面：

4.1 整车

传统汽车关键技术与国际先进水平相比存在较大差距，这直接影响新能源汽车整车动力性、经济性、可靠性和寿命等综合性能。具体主要表现在整车集成匹配、高效内燃机、自动变速器、汽车电子及控制技术等。

4.2 零部件

工程化设计、批量制造工艺及质量控制方法与国际先进水平相比存在较大差距，直接影响了关键零部件产品的一致性、寿命、可靠性以及成本。

动力蓄电池、驱动电机、燃料电池发动机等的可靠性、耐久性、寿命与国际先进水平相比存在差距，削弱了国产关键零部件为整车配套的竞争实力。

动力蓄电池隔膜与正负极材料、燃料电池 MEA 等关键材料方面与国际先进水平相比存在较大差距，影响到关键零部件的整体性能。

在整车控制器及核心零部件控制器方面与国际先进水平相比存在较大差距，到了最终在其核心器件上还要依靠有限的几家国际汽配巨头。

4.3 试验评价

技术标准水平、试验规范水平的差距影响了节能与新能源汽车的技术开发和市场导入。

车辆及关键零部件试验评价技术的差距（包括快速寿命考核办法，失效考核及其预评估等）造成了技术和产品的落后。

第二节 关键设备自主化进展情况

在国家 863 计划节能与新能源汽车重大项目的支持下，我国广大汽车企业和科研机构/院校联合攻关，成功研制开发出一批节能与新能源汽车产品。下面以混合动力汽车、纯电动汽车、燃料电池汽车和重型天然气发动机为例，根据有关企业提供的指标数据，简要介绍其技术进展。

1. 混合动力汽车

一汽、东风、奇瑞、长安等企业成功研制出一批满足设计要求的混合动力整车产品，通过整车控制技术、机电耦合方案、电机及其控制系统、电池及其管理系统的关键技术攻关，提高了产品的一致性和可靠性成本进一步降低，整车节油率和排放指标接近国际先进水平。随着技术的不断成熟，混合动力汽车已小批量投放市场。2008 年，一汽、东风、中通、五洲龙等厂家的 120 多台混合动力客车已正式销售到深圳、武汉、天津、大连、株州等地的公交系统使用，长安、奇瑞等公司生产的混合动力轿车也实现上市销售。

一汽集团混合动力客车采用双轴并联方案，搭载 4.04L 直列四缸电控欧 III 增压中冷发动机、5 挡机械式自动变速器、强制风冷镍氢动力电池组以及强制水冷交流异步电机。适用于 10 ~ 12m 的系列客车和专用车（救护车、邮政车等）。通过 2006—2008 年产品的不断考核与改进，一汽混合动力客车在长春公交实际工况运营统计节油 22%，模拟北京城市工况的转鼓考核试验中节油率 38%。在北京奥运会和残奥会期间，10 辆一汽解放混合动力客车运送乘客累计约 66 万人次，累计行驶里程达 15.5 万 km。

东风混合动力公交车采用了 MT、AMT 两种方式，其中 AMT 可实现电机动力从中间轴输出或输出轴输入两种模式，适应了多种灵活布置方式。实际运行数据表明，东风混合动力公交车降低排放 30% 以上，噪声降低 2dB 以上，在武汉公交实际工况下节油率达到 18% 左右。在北京奥运会和残奥会期间，15 辆东风混合动力客车累计行驶约 14.5 万 km，运送乘客约 75 万人次。

奇瑞汽车有限公司确定了近期以 BSG 和 ISG 混合动力轿车为主、中长期扩展到柴油全混合动力和插电式（plug - in）混合动力的整体发展规划。目前，奇瑞 A5BSG 弱混合动力轿车已开发成功并投入批量生产，节油率达到 7% ~10%。同时已完成 ISG 混合动力轿车产业化关键技术与核心零部件开发。在北京奥运会和残奥会期间，40 辆奇瑞 A5BSG、10 辆 A5ISG，共计 50 辆混合动力轿车编入出租车车队，进行出租保点运营，累计载客 15 万人次，累计总里程 170 多万公里，BSG 节油率为 5.7% ~10.3%，ISG 节油率为 13% ~20.4%。

长安汽车集团有限公司研制的 ISG 型式混合动力轿车为并联式结构，采用了 MT 和 CVT 两种机电耦合方案。根据 ISG 混合动力轿车的特点对其发动机控制系统进行了优化。“十五” 工况油耗为 9.8L/100km，节油 18%。公司完成了产品型式认证试验，在国内首次进行了 ISG 混合动力轿车碰撞试验，并实现了高原、寒带和热带试验。长安杰勋 ISG 混合动力轿车已于 2007 年底上市。在北京奥运会和残奥会期间，22 辆长安混合动力示范出租车共载客 7 万人次，累计行驶里程 43 万 km，平均节油率达到 20.37%。

比亚迪汽车公司研制的 F3DM 插电式（plug - in）混合动力汽车，其动力系统由 75kW 的电动机和 1.0L 的发动机组成，最大输出功率为 125kW，0 ~100km/h 加速时间为 10.5s，最高时速为 150km，纯电动模式下等速工况续航里程为 100km。F3DM 使用磷酸铁锂电池，循环充电 2000 次后电池容量保持在 80% 以上，在专业充电站上 10 分钟可充满 50%，在家用电源上慢充 9 小时可充满。

2. 纯电动汽车

2006—2008 年，经过几轮技术改进，并经过在北京、杭州、株洲、威海等城市小规模示范运营与不断考核，我国纯电动汽车技术与产品不断成熟。通过产学研结合，北京理工大学、北京京华客车厂、天津清源电动车辆股份有限公司、浙江万向集团、湖南南车时代电动车辆股份有限公司等单位已经建成多家纯电动汽车的研发和产业化基地。

北理工、京华客车共同研发的纯电动客车在国际上领先采用了大容量、高比能量的锂离子电池，整车动力性明显提高，整车能量消耗率在“十五”的基础上提高 6%，达到 83.8kWh/100km。北京奥运会期间，50 辆纯电动客车成功进行了示范运行。

天津清源电动车辆股份有限公司开发的纯电动乘用车最高车速达到了 120km/h 以上，其中 0～50km/h 加速时间达到 8.23s，能量消耗率达到 15kWh/100km，一次充电里程达到 187km，并通过了 64km 正面 40% 偏置碰撞，实现小批量出口。

比亚迪汽车公司研制开发的 E6 纯电动轿车最高车速可达 160km/h 以上，能量消耗率低于 18kWh/100km，快速充电可在 10 分钟左右实现充电 50%，一次充电续驶里程超过 300km。E6 纯电动汽车已经完成从车型设计、模具开发、核心部件开发、整车匹配到试制线建设等多个阶段。

万向电动汽车有限公司分别与杭州客车厂、一汽海马、江淮等汽车制造厂完成了纯电动轿车、客车的小批量生产和在杭州的示范运营。2007 年 7 月，万向与浙江电力联合研发出电力流动服务车，并投入使用。该车搭载锂电池，最高车速 85km/h，0～50km/h 加速时间 20s，最大爬坡度大于 25%，能量消耗率 35kWh/100km，一次充电续驶里程大于 250km。

3. 燃料电池汽车

2006—2008 年，我国自主研发的燃料电池汽车不仅优化了性能指标，还在动力系统安全性、可靠性的优化方面开展了相关研究，其中包括电安全、氢安全、动力系统关键零部件可靠性等，通过开展碰撞仿真模拟试验等，提高了安全性，并达到了国际、国内现有安全标准的相应要求。2008 年 5 月，BJ6123C6N4D 燃料电池客车（清华大学、北汽福田共同研发）通过了国家新能源汽车准入评估，正式获得国家汽车公告，并成功服务于北京奥运会和残奥会的马拉松比赛。

清华大学联合北京京华客车厂等单位研制的燃料电池城市客车，整车动力系统构型和发动机技术方案比较适合目前燃料电池技术发展阶段，有明显技术特色。在燃料电池关键部件膜电极技术和基础研究方面，部分属国际先进水平。开发的燃料电池客车最高车速 85km/h，一次充氢续驶里程达到 300km 以上，氢耗低于 8.5kg/100km（相当于汽油 32L/100km），道路运行试验累计总里程超过 10 万 km。

上海燃料电池动力系统有限公司联合同济大学、上汽集团等单位已成功研制出三代“超越”系列燃料电池动力平台（分别适配于桑塔纳、东方之子等车型）和新一代燃料电池动力平台（分别适配于上海牌、荣威、帕萨特、东方之子等车型）。开发的新一代燃料电池轿车最高车速大于 150km/h，一次充氢续驶里程达到 300km，氢耗低于 1.2kg/100km（相当于汽油 4.5L/100km），平均故障间隔里程大于 2000km。

燃料电池发动机关键技术得到明显提升，可靠性、功率密度等部分指标接近国际先进水平。大连新源动力和上海神力燃料电池发动机等单位开发的燃料电池电堆寿命突破 3000h，燃料电池发动机最大质量比功率达到 214W/kg，实现燃料电池短堆、长堆、乃至发动机的 -10℃储存与启动。

4. 燃气发动机

以天然气汽车、液化石油气汽车为代表的燃气汽车技术研究在我国有较长历史，现已形成较强的产品开发能力。主要体现在以下几个方面：

（1）我国燃气发动机的设计开发流程日益规范，技术研究不断深入。燃气发动机开发由原来的简单燃料替换向正向开发技术转换，综合考虑了发动机的可靠性技术和燃烧技术，使燃气发动机完全满足气体燃料燃烧特性的要求。

（2）掌握了增压中冷、稀薄燃烧等一批关键技术，燃气发动机技术水平得到全面提升。燃气发动机可靠性水平达到了燃油发动机的水平，燃气发动机排放和燃料经济性优于同类燃油发动机的水平。

（3）重型燃气发动机由原来功率在 200kW 以下为主体的产品格局发展到 300kW 级，燃气发动机产品系列和品种更加完善。

2006—2008 年期间，一汽、上柴、玉柴等发动机骨干企业加大了对燃气发动机的研发投入，及时研制开发出满足市场要求的系列产品。第一汽车集团公司研制开发出重型商用车用单燃料天然气发动机，排放达到国Ⅳ标准，并成功为整车配套，实现了市场应用。上海柴油机股份有限公司研制出 SC8DT230/250 天然气发动机，采用稀薄燃烧方式，增加了尾气后处理装置，发动机动力性与同排量柴油机相当，排放满足国Ⅲ排放标准。广西玉柴股份公司开发出大型公交车用天然气发动机，排放达到国Ⅳ标准，进行了发动机 1000h 可靠性试验考核，具备了小批量生产能力。

第十八章　关键零部件发展报告

机械通用零部件

机械通用零部件包括：齿轮（各类齿轮，传动箱及传动装置）、链传动（链轮、链条及传动装置）、紧固件（螺栓、螺母、螺钉等）、弹簧（各类螺旋弹簧、碟形弹簧、特种弹簧、弹簧组件）、传动联结件（连轴器、离合器、制动器）及粉末冶金机械零件（齿轮、结构件及摩擦元件），共 6 大类产品，是各类机械产品和重大技术装备中应用最广、用量最大、品种最多的机械基础元件。

1. 2006—2008 年主要经济指标

机械通用零部件行业在优化产品和产业结构、产业升级的背景下，一直保持快速增长（见表 1），效益和质量有所提高，为机械工业的整体发展做出重要贡献。据 2008 年统计，全国共有各类企业 9640 余家，其中重点企业 807 家，年销售额为 1763 亿元，年出口为 75. 95 亿美元。

表 1　2008 年机械通用零部件各个行业的统计数据

行业名称	生产企业							
	合计	重点企业	年销售额/亿元	同比（%）	进口额/亿美元	进口额同比增长（%）	出口额/亿美元	出口额同比增长（%）
合计	9380	807	1793	18	100. 1	—	75. 95	—
齿轮	950	220	945	25. 3	65	28	20. 2	68
紧固件	6250	380	515	21	23. 7	16	43. 96	35. 2
链条	420	50	81	11	1. 6	60	7. 2	8
弹簧	1130	31	115	12. 5	4. 2	7. 7	1. 5	12
粉末冶金零件	260	56	58	7	—	—	0. 79	5
传动联结件	370	70	79	12	5. 6	55	2. 3	32

1.1　生产和销售持续保持增长态势

我国机械通用零部件行业，所属紧固件、链条、弹簧、齿轮、粉末冶金、传动联结件等 6 个子行业，主要数据如下：

紧固件行业。在改革开放初期的 1980 年，全行业年总产值只有 7 亿 ~ 8 亿元，而到 2007 年全国产量达到 420 万 t，产值 460 亿元。与 1980 年相比，产值增长约 65 倍。

链条行业。1985 年产值仅为 1. 4 亿元左右，而到 2007 年全行业产值为 127. 8 亿元，与 1985 年相比，增长 91. 28 倍。产量增长 76. 77 倍。

齿轮行业。1998 年底，全国齿轮生产企业有 613 家，其中国有与集体所有的大中型企业 110 家，国有与集体所有小型企业 435 家，私营企业 48 家，三资企业 25 家，年生产总值约 250 亿元。到 2007 年全国齿轮行业的总产值约为 878 亿元，10 年中增长 3. 5 倍。

弹簧行业。1984 年原机械部归口企业产值仅为 4200 万元，2007 年全国达到 107 亿元，为 1984 年的 255 倍。

粉末冶金行业。1977 年铁基粉末冶金零件为 20274 件，总产值约为 6000 余万元，到 2007 年产值达到 35.6 亿元，比 1997 年增长 59 倍。

传动联结件行业。据不完全统计，2002 年产值为 25 亿元，2007 年为 75 亿元，五年间增长了 3 倍。

从以上各行业的粗略统计中可以看出，机械通用零部件行业经过 30 年的改革开放，取得了巨大的发展，近 30 年中最低增长 61 倍，最高增长 96.3 倍，在机械工业中属于中等水平。分析增长的主要原因如下：

（1）全国经济快速发展的带动。机械通用零部件行业的用户遍及全国各个行业，为各工业部门及建筑、交通等行业提供大量的配套元器件和装置，因此，各行各业的快速发展为机械零部件行业的发展开辟了广阔的市场空间。

（2）民营中小企业快速发展。机械通用零部件许多产品属于劳动密集型和材料密集型产品，在技术上比较简单，投资企业所需的资金少，风险程度低，刺激了民营企业家向机械零部件行业投资的积极性。

（3）国际市场转移。先进国家正在进行产业结构的调整和低附加值产品的战略转移，像紧固件、链条等产品，材料及劳动密集、能源消耗大，是转移的对象，国内企业抓住机遇，出口额持续增长。

（4）主机行业对零部件的要求不断提高，促进了零部件企业加强科研和开发新产品的积极性。同时，主机装备业的发展，为零部件行业提供大量先进制造装备。

1.2　出口持续增长

机械通用零部件的出口在行业的总产量中占据重要地位。改革开放初期，机械通用零部件多数行业几乎没有出口，1998 年，紧固件年出口为 3.5 亿美元，链条出口为 0.8 亿美元，齿轮为 0.34 亿美元，总计 4.64 亿美元。但据 2007 年统计，紧固件出口达 33.78 亿美元，出口产量几乎占国内总产量的 45%，链条行业出口达到 7.58 亿美元；齿轮行业出口达 11.52 亿美元，传动联结件出口达 1.76 亿美元，弹簧出口为 1.4 亿美元，粉末冶金零件出口 0.79 亿美元，全行业出口总额达到 56.84 亿美元，与 1990 年相比，18 年增长了 37.89 倍，与 1998 年相比 10 年间增长了 12.25 倍。我国的紧固件出口吨位多年稳居全球第一位。但是当前的全球经济危机，给出口带来严重影响，2008 年下半年出口明显下降。

1.3　总进口额大于总出口额

中国是机械通用零部件的生产大国，但同时又是消费大国。目前出口产品多数是低档次，技术附加值不高、价格相对偏低的产品，而技术含量高的产品尚需依赖进口。近年由于中国重大工程装备自主制造能力的提升和汽车工业的迅速发展，对高技术含量的机械通用零部件的需求增长加快，而国内的零部件不能满足要求，故从国外进口的数量增加很快。2008 年机械通用零部件总出口额为 75.95 亿美元，而总进口额为 100.1 亿美元，远远大于出口额。齿轮方面如风机发电传动齿轮箱、核能发电齿轮动力装置、汽车自动变速箱、高速列车传动装置等一大批高参数器件和装置需要进口，高强度、高精度和异型非标紧固件、大型传动联结件的进口数量也逐年递增，随着汽车产量的增长、车用各类弹簧和发动机用精密传动链条从国外进口的数量也在增加。2008 年，机械通用零部件总进口额为 100.1 亿美元，其中紧固件进口 23.7 亿美元，链条进口 1.6 亿美元，弹簧进口 4.2 亿美元，齿轮及传动装置进口 65 亿美元，传动联结件进口 5.6 亿美元，可以看出齿轮、弹簧、传动联结件三个行业的进口额远远大于出口额。2005 年齿轮产品进口总额为 23.1 亿美元，而 2008 年齿轮产品进口达到 65 亿美元，3 年间增长了 2.81 倍，进口增长速度超过出口增长速度。

造成上述情况的最主要原因是，我国的零部件行业的企业，与国外同行相比，在技术水平上，仍然存在很大差距，尤其在自主创新和自主研发能力方面差距就更大，而要改变这种情况，必须加强企业的技术创新，调整产品结构，采用先进装备与技术，制造性能优异的名牌产品，参与更高层次的国际市场竞争。

2. 自主创新产品开发和技术攻关

机械通用零部件行业各企业，近年来多数进行了较大规模的技术改造，提高了装备水平和制造能力，产品质量也有较大提高，重点企业完成了 ISO9001 质量认证，6 个行业中，每个行业都有一批排头兵企业，其装备和技术水平，接近国外企业水平。开发出一批新产品，促进产品的更新换代，并开始重视提高企业的自主创新能力，并为国内重大技术装备和主机配套国产化元件。

齿轮行业的进展较快，例如杭州前进齿轮箱集团公司，决定在“十一五”期间再投入 7 亿元实施新一轮的技术改造。其中 4 亿元投入到提升齿轮箱生产能力，包括船用高速舰艇齿轮箱和游艇齿轮箱项目，工业传动装置项目，装载机变速器和变矩器，GW 系列变速器和客车变速器项目等，完善技术中心建设。通过技改，该公司到“十一五”末销售额每年可达到 38 亿元，比“十五”末的 15 亿元，增加一倍以上。

紧固件行业的重点骨干企业常熟市标准件厂，2005 年建成国内一流的厂房，自动化立体仓库，购置大量新设备。2005 年销售收入达 7.24 元，产品连年获得江苏省名牌产品称号。一批骨干企业如东风汽车紧固件有限公司、富奥汽车零部件有限公司标准件分公司、浙江乍浦实业股份有限公司“十五”期间加大改造力度，用新设备武装企业。目前中高强度的紧固件比例已从“九五”末期的 20% 提升到 45%。

链条行业的新产品开发工作成绩显著。如变节距（HY）齿形链，汽车发动机高速齿形链一些特小与特大的非标异形链相继开发成功，填补了国内空白；一批特殊的耐磨、耐腐蚀，带密封圈的链条新产品已形成批量生产。“十五”期间共完成科研项目 70 余项，其中获机械工业科技进步二等奖 1 项，三等奖 2 项，省（市）奖 3 项。

粉末冶金行业近年来开发一系列新产品和新装备，宁波汇众粉末机械制造公司研制成功 FY40 粉末成型机，荣获机械工业科学技术二等奖；宁波东睦新材料股份有限公司研制成功洗衣机离合器偏心齿轮，上海粉末冶金厂研制成功割草机变速箱系列齿轮，黄石赛福摩擦材料有限公司研制成功碳基摩擦材料，以上产品达到国内先进水平。另外江苏海安鹰球集团有限公司研制开发了十几种新材料、新品种，其中，粉末冶金超微小精密含油轴承、摩托车用粉末冶金新型油泵转子申报了 6 项国家专利。宁波东睦新材料有限公司的 11 种产品如摩托车从动齿轮、液压柱塞泵缸体等获得实用新型专利。

弹簧行业从 20 世纪 60 年代开始为机械产品配套。汽车、拖拉机、内燃机等对弹簧产品的技术要求越来越高。70 年代试制成功无芯自动卷簧机、直尾机等，提高了生产效率。不少弹簧厂还承担了枪支、火箭筒、高射炮、潜水艇、飞机、导弹等的配套弹簧任务。改革开放以来，弹簧行业重点企业，如上海中国弹簧厂，杭州、扬州等弹簧厂，先后从德国、美国、法国、日本等国引进了先进的工艺装备和检测设备 100 多台（套）。近年来，汽车、摩托车用弹簧需求量大幅上升，如气门弹簧、底座弹簧、稳定杆、减震器弹簧、碟型弹簧，特殊截面弹簧等，产品要求高，带动了弹簧行业技术水平进一步提高。

传动联结件的联轴器、离合器、制动器是各种重型机械、工程机械和船舶、汽车的关键配套件，很多重大装备的传动联结件依赖进口，近年国产化进步很快。例如昆山荣星动力传动有限公司 2006 年制造出直径为 1.25m，长度为 14.395m，每根重达 50t 的两根重载万向轴，并交给江苏沙钢集团使用，据专家鉴定，该万向轴是目前世界上规格尺寸最大的万向轴，用于沙钢集团的 5m 宽厚板轧机的传动系统，是国内轧制力量最大的轧机，该项目的研制成功，使我国成为世界上少数几个能生产该类基础件的国家之一。

我国在一些关键零部件开发上有一定基础，具有自主知识产权，但在可靠性、耐用性、故障率等技术指标上还有差距。由于不掌握关键零部件的核心技术，有些领域国内仍是空白，在市场中仍处于不利的地位。外资企业以配套产业链进入中国，实力雄厚，在关键零部件领域形成了垄断地位；有些零部件依赖进口，利润大部分被外商获得。

我国零部件生产商以中小企业为主，缺乏拥有自主知识产权、主业突出、核心竞争力强的企业集团，与国际巨头差距很大，难以进入配套体系。

3. 技术创新体系建设

拥有机械传动国家重点实验室。

4. 政策落实情况

《国家中长期科技发展规划纲要（2006—2020 年）》中明确提出制造业领域第 26 优先主题“重点研究开发重大装备所需的关键基础件和通用部件的设计、制造和批量生产的关键技术”。

国务院批准发布的《产业结构调整指导目录（2005 年本）》制定了鼓励发展基础件的产业政策。

国家在《装备制造业调整和振兴规划》中，首次将关键零部件列入规划之中，改变过去“重主机，轻配套”的传统观念，这是对机械通用零部件行业重大的政策支持，要充分利用好这项政策，加速结构调整步伐。

5. 企业兼并重组与产业聚集

最近几年，机械通用零部件行业企业改革和行业调整步伐加快，改革取得新的成效。

首先是原有国有企业绝大多数进行了改制、改组或股份制改造，通过改革提高了企业活力，改变了企业面貌，呈现产销两旺的好形势，出现一批大型集团和骨干企业，如齿轮行业上海汽车齿轮总厂、陕西法士特齿轮公司、南京高速精密齿轮公司等十余个企业。

其次是民营企业和股份制企业的崛起，已经成为机械零部件行业的主力军。目前，我国紧固件，链条，链轮，粉末冶金，弹簧，传动联结件等行业的主要重点企业中85%以上为民营或合营，几乎没有国有企业。例如我国链条行业目前已拥有300多家链条生产企业，但仅江苏、浙江就占企业总数70%以上；民（私）营及股份制企业约占企业总数90%左右，国有与集体企业仅占2%，三资企业占8%。弹簧行业民营和民营股份制企业已占绝大部分。齿轮行业历来是国有企业占主导地位，但现在的国有企业体制和机制已经发生巨大变化，出现一批年产值超过亿元的民营企业，而且发展速度之快与活力之强，令人刮目相看。

紧固件行业，企业目前主要分布在东部沿海地区的浙江、江苏、上海一带，约占全国企业数的60%，广东占7%，山东占6%，其他地区占27%。随着城市规划的战略调整及对环保提出更高的要求，给劳动密集型的紧固件行业带来更大的压力。考虑到环保、能源、运输、材料、人才等多方面因素，从战略高度规划行业的布局和产品结构调整，在分布格局上作战略性梯度转移，在几大钢厂和港口周边聚集企业，形成若干具有一定规模、各项配套企业齐全的生产基地和出口基地。

粉末冶金行业的现状是中小企业数量多、规模小，行业的产品多数是中、低档产品，设备、技术比较落后。尽管近几年有了较大发展，但距国外大企业差距仍很明显，粉末冶金行业一些小型企业开始被大企业兼并，但行业整体的分散局面没有改变。行业结构的调整，还需要经过艰苦的努力才能实现。

6. 存在的问题

机械通用零部件行业作为一个独立的行业，在机械行业中发展起步较晚，因此基础薄弱，行业水平较低，很少得到国家的重点支持和扶助，在6个所属子行业中，除了齿轮行业还有一些大型企业外，其他行业的企业基本上均属于中小型，企业规模较小，基础差，装备落后，缺乏高水平专业人才。改革开放后，民营企业的兴起、外资企业的进入，使得这个行业在近年来有了较快的发展，但是，总体水平与国外同行相比，差距仍然非常明显。主要表现在：

6.1 行业分散，中小企业是行业主体，产业趋同化和产品重复严重

大企业集团尚未完全形成。全国企业总数约7000～8000个，其中，中小企业占96%以上。中小企业的销售额占全行业总销售额的55%～60%。机械通用零部件行业的中小企业主要生产力指标在行业中处于中下水平，如劳动生产率、人均固定资产、利税、技术创新能力、产品技术和质量等指标，与大中企业相比，一般只能达到其1/2甚至1/3，但在能源消耗和原材料消耗上却很高，这种状况制约了企业的可持续发展，生产积累少，缺乏扩大再生产的能力。在产品水平方面，中小企业的产品，大多数处于国外上世纪80年代水平，很多是国外企业已经转移的中低档产品，人均生产率水平只相当于国外中小企业的1/10～1/20。

6.2 多数企业缺少自己的核心技术和自主品牌产品

企业的发展主要集中在数量的扩大和产能的提高，缺乏核心竞争力和自主创新能力。尚未建立中小企业能够利用的研发平台或机构，大多数行业没有合格的研发中心或工程技术中心，现有研究单位不是资金不够，就是技术水平达不到要求，及人才缺乏等原因，往往半途而废，这种情况继而影响研发工作的信心。

6.3 缺乏自主创新能力

主要原因在于：缺少研究开发所需要的资金；缺少高水平的技术人才；缺少行业的组织来安排产品发展规划和采取措施落实；缺少必要的研发平台和共性技术研究单位。

6.4 装备落后

机械零部件行业的特点是对装备的依赖度很高，产品水平的提高与机械加工装备的自动化和专业化有着密不可分的关系，而中小企业在这方面恰恰是薄弱环节，进口设备价格昂贵，国产设备品种少，质量差，而自己又没有开发的实力，技术装备的落后状况长期制约着中小企业的发展。

6.5 组织和协调不力

行业组织和政府有关部门对机械通用零部件行业的发展前途及发展方向的宏观指导不够，作用未得到认真落实，应经常发布有关行业发展信息和指导意见，制定有关政策和具体措施，加强行业管理，调整产业结构，提高认识水平，引导行业健康发展。提高对该行业重要地位和作用的认识，予以积极支持和扶助。

液压气动密封件

《国务院关于振兴装备制造业的若干意见》发布三年以来，我国装备制造业取得显著成绩。尽管《国务院关于振兴装备制造业的若干意见》中确定的 16 大领域中没有明确提出液压气动密封件行业，但是我国液压气动密封件行业在重大装备国产化中发挥了明显的作用，取得历史性进步。

我国液压气动密封件工业包括液压、液力、气动、橡塑密封、机械密封和填料静密封产业。

我国液压气动密封件工业是从当年的小作坊、主机厂的车间或分厂发展壮大起来的。经过改革开放 30 年的发展，已经成为品种规格齐全、基本可以满足我国各种装备要求、具有一定国际竞争力的独立产业，成为我国机械工业的重要基础行业。液压气动密封件产品品种规格繁多、量大面广，广泛用于国民经济各行业的各类主机产品和技术装备，如航空航天、兵器、冶金矿山、石油化工、电力能源、信息电子、交通车辆等重大技术装备，及各类主机如农业机械、工程建筑机械、塑料机械、机床、汽车、船舶、轻纺、医药、医疗机械、游戏设备等。进入 21 世纪后，经过连续多年的高速发展，目前，我国液压、液力、气动、密封 4 类产品规模以上的生产企业共有 1000 多家，其中主要企业 300 多家，液压行业 170 多家，液力行业 40 多家，气动 60 多家，密封 30 多家。

2007 年，我国液压产品的国内市场容量排在美国、德国之后，列国际市场的第三位；气动产品的国内市场容量排在日本、美国、德国之后，列国际市场的第四位。

2008 年液压产品的国内市场容量超过德国，列国际流体动力行业第二位；气动产品的国内市场容量超过德国，列国际流体动力行业的第三位。

1. 2006—2008 年主要经济指标

1.1 工业总产值

根据中国液压气动密封件工业协会不完全统计，2006 年液压气动密封件实现工业总产值 285 亿元，同比增长 32.56%。其中，液压行业 161 亿元，同比增长 23.72%；液力行业 11.2 亿元，同比增长 4.77%；气动行业 50.6 亿元，同比增长 45.40%；密封行业 62.20 亿元，同比增长 29.12%。

2007 年液压气动密封件实现工业总产值 386.8 亿元，同比增长 32.56%。其中，液压 207.6 亿元，同比增长 28.95%；液力行业 16 亿元，同比增长 4.77%；气动行业 74.4 亿元，同比增长 44.63%；密封行业 88.80 亿元，同比增长 30.88%。

2008 年液压气动密封件实现工业总产值约 451 亿元，同比增长 16%。其中，液压行业约 245 亿元，同比增长 18%；液力行业约 16 亿元，同比增长 14%；气动行业约 87 亿元，同比增长 17%；密封行业约 103 亿元，同比增长 12%。

2006 年、2007 年液压气动密封件行业高速增长，产销衔接良好，经济在高位平稳运行。由于受国际金融危机的影响，2008 年我国液压气动密封件行业呈现先扬后抑的态势，从 2008 年 10 月出现拐点，下降明显，虽仍保持两位数增长，但增速明显放缓。

1.2 进出口

据不完全统计，2006 年液压气动密封产品进口 14.82 亿美元，其中，液压 9.71 亿美元，气动 2.14 亿美元，密封 2.97 亿美元；出口 3.78 亿美元，其中，液压 1.56 亿美元，气动 0.33 亿美元，密封 1.89 亿美元。

2007 年液压气动密封产品进口 20.1 亿美元，增长 35.70%，其中，液压 13.66 亿美元、气动 2.50 亿美元、密封 3.95 亿美元；出口 5.46 亿美元，增长 44.54%，其中，液压 2.433 亿美元、气动 0.49 亿美元、密封 2.54 亿美元。

2008 年液压气动密封产品进口 30.04 亿美元，同比增长 46.19%，其中，液压 21.02 亿美元、气动 4.32 亿美元、密封 4.71 亿美元；出口 8.02 亿美元，同比增长 43.64%，其中，液压 4.00 亿美元、气动 0.63 亿美元、密封 3.39 亿美元。

我国液压气动密封产品进出口增长速度加快，进出口逆差进一步加大，2008 年逆差 22 亿美元左右，创历史新高，2008 年与 2006 年相比，进出口逆差两年翻一番。数据表明我国液压气动密封高端产品远远不能满足主机行业发展的需求，已经成为制约我国重大装备国产化的瓶颈，同时说明液压气动密封件行业调整产品结构还有很大的空间。

由于我国液压气动密封件产品性价比高，出口以年均 25% 以上速度增加。国内出口企业在国外的销售服务体系主要是代理商制，出口产品一半以上是贴牌出口。企业已经意识到品牌的重要性，开始建立国外销售网络，以自己的品牌出口。

2008 年我国国内液压气动密封件产品国内市场占有率进口产品占 28%，国内产品占 72%，其中液压产品，进口占 31.95%，国内产品占 68.05%；气动产品进口占 23%，国内产品占 77%；密封产品进口占 8%，国内产品占 92%。

2. 自主创新产品开发和技术攻关

2006—2008 年液压气动密封行业企业为我国重大装备和重点工程提供了大量的元件和系统，满足了主机配套要求，同时取得重大技术突破。主要包括：

2.1　为航空航天工程提供配套的液压元件

如苏—27、歼 10 等机型的液压柱塞泵；用于神箭系列火箭、神舟六号、神舟七号载人飞船和嫦娥一号卫星的液压元件、密封件、以及火箭发射架液压系统，为国产液压气动密封元件和系统在国家重大装备上的应用提供成功范例，证明了国产元件为国家重大工程项目配套的能力和水平。

酒泉航天基地火箭发射塔架液压系统，全部是国内液压公司设计、制造的。迄今为止，酒泉航天基地发射塔架保证了从神舟一号到神舟七号发射任务的圆满完成。

中国西昌卫星发射中心表彰在我国首颗探月卫星嫦娥一号的发射任务中，国产的“057 工程 3 号工位平台、电摆杆液压系统及液压缸”性能稳定、工作可靠。西昌卫星发射基地 3 号塔发射架液压系统、2 号塔液压系统均为国内企业设计制造。

用于无人驾驶飞机的高压气体弹射装置气源已规模化生产。

2.2　为舰船提供液压元件和系统

舰船用液压元件和系统武装了国内最新型海军舰只；泵用集装式机械密封件提高了舰船的使用寿命、可维修性和可靠性。

2.3　为大型水利工程提供配套

已完成长江三峡二期、三期工程的启闭机、提船机等大型液压控制系统 21 套。完成其他水工项目，如清江隔河岩水利枢纽一级升船机船箱液压系统，九龙江水利工程启闭机液压系统，云南澜沧江小湾、糯扎渡、景洪水电站启闭机液压系统，湖北清江水布垭电站启闭机液压系统，重庆乌江彭水水电站表孔启闭机液压系统和升船机承船厢液压系统，广西红水河龙滩表孔启闭机液压系统，南水北调水源工程湖北丹江口水电站启闭机液压系统，贵州北盘江光照水电站启闭机液压系统的设计和制造、调试、安装。

2.4　为大型冶金设备提供液压元件和系统

为宝钢、鞍钢、武钢、攀钢等国内冶金企业各种轧机提供的液压系统、密封件等已广泛应用。鞍钢 2150 热连轧线液压系统、鞍钢 1850 热连轧系统、济钢 1700 热连轧线液压系统，攀成钢 340 连轧管机组液压系统装置，山东日照钢厂 2150 轧机液压系统，津西钢厂 H 型钢液压系统，一重集团 900mm 轧机液压系统，山东富伦钢厂 1000mm 热连轧阀台液压系统以及酒钢集团、新兴铸管、云南得胜等相关项目；冶金轧机工作辊支承辊轴承座用大型夹布油封等。

2.5　液气密行业产品在北京奥运会、残运会上凸显峥嵘

由国内多家企业承制的奥运火炬塔液压控制系统；开幕式梦幻地球举升液压系统、闭幕式记忆塔举升液压系统、残奥会开幕式白玉盘四季翻转液压系统；为奥运场馆和设施提供的气动密封产品为举世瞩目的 2008 年北京奥运会和残奥会开闭幕式获得极大成功做出重大贡献。在各级领导的大力支持和深切关注下，参加建设的全体人员以高度的责任心和使命感，克服重重困难，圆满完成任务，向世人展示了中国液压气动密封件行业企业的形象，以及我国液压气动密封件行业的整体实力和水平。

2.6　一批重点改造项目产业化能力超过设计纲领

国家“八五”液压件与密封件补充专项中的重点项目——高压通用液压阀，设计生产纲领 35.62 万台高压

通用液压阀，2008 年产出超 70 万台，超出设计纲领 96.5%；国家“九五”双加技术改造项目——液压泵/马达，设计生产纲领 1.2 万台，2008 年产出超过 3.0 万台，超出设计纲领 150%。

在取得上述技术突破的同时，应当看到关键技术方面我们与国际先进国家还存在很大差距，如高压柱塞泵泵体和液压阀阀体铸造技术、表面处理技术、试验技术、材料和基础件等。我国液压气动密封件的早期故障率、使用寿命等与国外有明显差距。

3. 技术创新体系建设

我国液压气动密封行业现有一个国家级液压技术工程技术中心（设在山西榆次液压集团）和一个橡塑密封技术工程中心（设在安徽中鼎密封件公司），一个国家液压产品质量监督检测中心（设在北京工业自动化研究所）及 5 个分中心，一个国家液压重点实验室（设在浙江大学）。

4. 企业兼并重组

4.1 上市公司运行良好

液压气动密封件行业现有两个上市公司，即贵州力源液压股份公司，安徽中鼎密封件股份公司。

贵州力源液压股份公司、安徽中鼎密封件股份公司等上市公司加快资产重组、兼并、收购，融资力度加大。

力源液压股份公司于 2006 年 10 月启动了资产重组工作，2007 年 12 月 26 日在中国证券登记结算有限责任公司上海分公司完成重组后的有限售条件的国有股东股权登记后，实现了优良资产的有效重组，打造成一个拥有以航空技术为依托的军民共用的完整的装备制造产业链体系，为力源液压实现又好又快发展奠定基础。

安徽中鼎密封件股份有限公司董事会拟向特定对象非公开发行股票（简称“定向增发”），所募集资金用于收购控股股东中鼎集团所持有的安徽中鼎泰克汽车密封件有限公司、安徽宁国中鼎模具制造有限公司、上海采埃孚中鼎橡胶金属技术有限公司以及安徽中鼎精工技术有限公司的全部股权，同时计划投资建设发动机（冷却、三滤系统）用密封件技改项目和技术中心工程建设项目。这是中鼎集团自控股收购 ST 飞彩、实现借壳上市以来，旗下核心上市企业——中鼎密封件股份有限公司拟实施的首次定向增发方案。

4.2 外资收购行业龙头企业应予以关注

外资企业从寻找国内代理、合资入手，进而发展到收购行业龙头企业，且出手快，下手狠，毫不留情。2006 年德国 Festo 公司全盘收购国内最大的国有气动元件生产厂—济南华能气动元器件公司，使我国气动行业龙头企业成为德国 Festo 公司的子公司。美国派克公司控股上市公司天津特精液压股份公司（原行业骨干企业），使国内最大的农机液压件生产厂成为美国派克公司的在华子公司。

5. 产业聚集

我国装备制造业的快速发展和承接国际产业转移，为液压、液力、气动、密封等基础产业的发展提供了巨大动力。以产品为特色的区域产业群应运而生并迅速发展，如沈阳铁西区液气密产业群，山西榆次液压产业群，辽宁阜新液压产业群，山东青州液压产业群，浙江奉化气动产业群和乐清气动产业群，江苏无锡气动产业群，广东肇庆气动产业群，浙江慈溪密封产业群等。这些区域产业群的崛起和发展为调整产业结构、产品结构，提高自主开发能力，提高产品质量，推动专业化规模生产，降低成本，提高效率、效益，实现高效节能环保创造了新机制。区域产业群的崛起，还推动了地方协会的社团组织建设，并孕育着产业中一种新的重组联合的新模式。

6. 存在的问题

6.1 行业结构、产品结构亟待调整

我国液压气动密封行业存在的主要问题概括起来是：“五缺、四不、三弱、两小、一差”。所谓“五缺”即缺少旗舰式企业、缺少知名品牌、缺少核心技术、缺少领军人才、缺少高端产品；“四不”即自主创新能力不足、持续发展能力不强，市场竞争力不够、产学研结合不密；“三弱”即技术基础薄弱、管理薄弱、研发能力薄弱；“两小”即企业规模小、抗风险能力小；“一差”即技术成果产业化差，因而，与国外先进国家相比具有明显差距。

液压气动密封件行业在改革开放的 30 年中，取得很大的进步，但是还跟不上主机行业发展的步伐，与主机行业发展速度相比还有差距，特别是在高端元器件上，每年需要大量进口，无论产品品种、规格，还是技术水平，难以满足主机的要求，特别是以工程机械为代表的行走机械用高压柱塞泵/马达、高压液压阀、液力变速器

和液压电子控制器。工业设备用大排量柱塞泵、高性能电液伺服阀和比例阀主要依靠进口，气动阀岛、气动伺服阀和比例阀及控制器基本依靠进出口，关键设备密封件和密封材料大量进口，进出口逆差逐年加大，2006—2008年三年之间平均每年增加40%左右。国内中低档产品产能过大，国内销售价格战连绵不断，低质产品充斥市场，严重影响行业的声誉。

液压气动密封件行业绝大多数是中小企业，创新能力较差，研发能力低，长期以来技术来源主要是靠仿制。近年来，由于国家知识产权保护力度加大，企业靠仿制已经站不住脚，加之企业知识产权意识增加，因而逐年加大研发投入，但是总体来说，自主创新能力薄弱。

液压气动密封件行业还没有建立起完整的自主创新体系，产学研联盟很不牢固，企业迫切要求建立行业公共服务平台，研究共性、关键、基础、前瞻性技术，解决关键工艺、材料和新产品研发。而行业公共服务平台建设迟迟未能建立，成为行业发展的症结。

6.2　液压气动密封件行业需要特殊政策扶持

液压气动密封件行业与机械工业其他行业相比是小行业，在机械工业各行业中是工业总产值最少的行业，其特点是是小行业、大市场、小元件、大作用、小产品、高技术。在机械工业连续8年的高速发展中，液压气动密封件产品的核心地位已被主机厂所认可，因而，实现液压气动密封件行业的跨越式发展成为众人瞩目的问题。

液压气动密封件行业整体来说，没有得到过国家任何优惠政策，只是企业所在地方政府有一些政策，但也是和其他行业企业一样的政策，而不是专为液压气动密封件企业制定的特殊优惠政策。

轴承

第一节　发展综述

1. “十一五”的发展目标和任务

1.1　发展战略与指导思想

坚持以科学发展观统领行业发展全局，走新型工业化道路。以市场为导向、企业为主体，推进自主创新能力和设计制造技术升级，推进大集团、“小巨人”企业建设，提高核心竞争力，提高生产集中度，实现从规模增长型向质量效益型的转变。2010年部分企业部分产品达到具有国际竞争力的水平，为跻身世界轴承强国行列奠定基础；2020年实现由轴承生产大国迈入世界轴承强国的行列的奋斗目标，为加快振兴我国装备制造业作出贡献。

1.2　发展目标

（1）总量目标（见表2）

表2　2010年轴承行业发展目标

指标名称	“十五”规划	2005年达到	2010年目标
销售额/亿元	310	520	840
轴承产量/亿套	30	60	80
工业增加值/亿元	110	156	252
轴承品种/种	10000	10000	15000
全员劳动生产率/（元/人）	31000	35000	55000
单位工业增加值能耗	2010年比2005年降低20%左右		
原材料综合利用率	2010年比2005年提高5个百分点		

（2）结构调整和优化目标

组织结构调整和优化——培育 2 ~ 3 个年销售额 50 亿元以上和 10 个年销售额 10 亿元以上的大企业集团，20 个产品有特色、年销售额 3 亿元以上的“小巨人”企业，6 ~ 8 个规模化经营的轴承套圈、毛坯、钢球、滚子、保持架和密封件等零部件专业化和工艺专业化生产基地。行业生产集中度 CR30 达到 60% 以上。

产品结构调整和优化——重点发展新型轿车轴承、高速准高速铁路机车车辆轴承、高精度高可靠性冶金轧机轴承、高速度高精度数控机床轴承、大功率风力发电机轴承、长寿命工程机械轴承、深井和海洋石油钻机轴承等为重点主机配套的高精度、高技术含量、高附加值的产品；限制发展通用轴承，特别是通用微型、小型、中小型球轴承。形成适应市场多层次需求，各个档次产品合理配置的产品结构：高端产品约占 20%，中档产品约占 50%，普通产品约占 30%。主机配套率达到 90%。

技术结构调整和优化——通过提高研发和创新能力，提高设计制造技术水平，使产品精度、性能、寿命和可靠性上一个大台阶。

2. 2006—2008 年主要经济指标

轴承行业 2006 - 2008 年主要经济指标及进出口情况见表 3，4。

表 3　2006—2008 年轴承行业主要经济指标　（单位：亿元）

经济指标	2005 年	2006 年		2007 年		2008 年	
			同比（%）		同比（%）		同比（%）
主营业务收入	520	620	19.23	760	22.58	880	15.79
轴承产量/亿套	60	71	18.33	90	26.76	100	11.11
工业增加值	160	200	25	240	20	260	8.3
利润	29	24	17.24	42	23.53	50	19.05

表 4　轴承行业进出口情况　（单位：万美元）

指标	2005 年	2006 年	2007 年	2008 年
出口额	143765	164828	215084	296956
进口额	136027	169832	215492	269346
对外贸易顺差	7738	-5004	-408	27610
贸易指数	1.057	0.971	0.998	1.103

注：贸易指数 = 出口额/进口额。

3. 自主创新产品开发和技术攻关

三年来，轴承生产企业围绕重大技术装备配套轴承的研发和产业化，进行技术攻关，取得了一批技术创新成果（主要创新成果见表 5），获国家专利授权 723 项（其中发明专利 73 项），获国家级科技奖 8 项，获省部级科技奖 45 项。

表 5　轴承行业主要创新成果

序号	完成企业	项　目　名　称	完成时间
1	瓦轴	CT 机用高精密转盘轴承	2008.10
2	瓦轴	盾构机主轴承	2008.8
3	瓦轴	风电转盘系列轴承	2008.6
4	瓦轴	风电主轴轴承研发	2008.8
5	瓦轴	风电增速机系列轴承研发	2008.7
6	瓦轴	宝钢 2050 热轧机改造项目	2008.5

（续）

序号	完成企业	项　目　名　称	完成时间
7	瓦轴	高速线材用高速轧机轴承	2008.9
8	瓦轴	大型变速箱传动系轴承	2008.12
9	瓦轴	水泥机械专用轴承	2008.10
10	瓦轴	森基米尔轧机轴承	2008.9
11	瓦轴	偏航轴承试验机的研制	2008.4
12	瓦轴	引进消化吸收 NOVAMATIC4G－S 内圆磨床及 NOVAMATICPGE 外圆磨床	2008.9
13	洛轴	400 吨数控卧式车床用特大型精密主轴轴承	2008.12
14	洛轴	苏－27 发动机高压转子后轴承	2008.12
15	洛轴	专用直升机自动倾斜器轴承	2008.12
16	洛轴	42CrMo 材料低温冲击功热处理工艺研究	2008.12
17	洛轴	钢保持架电镀银工艺研究	2008.12
18	洛轴	锤上锻造大型圆锥滚子轴承内圈的工艺研究	2008.12
19	洛轴	三联球轴承成品装配检测技术应用及管理	2008.12
20	洛轴	直升机尾减轴承试验机	2008.12
21	洛轴	高效大转矩大型电主轴的开发	2008.12
22	洛轴	球面滚子单工位冷镦成型模具设计技术研究	2008.12
23	洛轴	调心滚子轴承保持架中心径测量方法的研究	2008.12
24	洛轴	小型圆锥滚子轴承摩擦力矩测量仪	2008.12
25	洛轴	外弯爪乙形保持架圆柱滚子轴承装配弯爪模具的改进	2008.12
26	洛轴	依维柯汽车传动轴中间支承总成结构改进	2008.12
27	洛轴	兆瓦级直驱、半直驱风力发电机用双列圆锥滚子主轴轴承	2008.12
28	天马	1500kW 风力发电机主齿轮箱圆柱滚子轴承项目	2008.12
29	天马	立式数控车床工件轴主轴轴承项目	2008.12
30	天马	水泵用大型精密角接触球轴承串联配对	2007.12
31	天马	BS2－2212－2CS 电梯曳引机专用密封轴承开发	2007.12
32	天马	高速电主轴轴承产业化	2007.12
33	天马	航空轴承及轴承单元件设计技术结构分析技术及潜在故障风险评估技术研究	2007.3
34	天马	航空高速高温长寿命精密主轴轴承双真空冶炼金属新材料推广应用技术研究	2007.5
35	天马	航空高速高温长寿命精密主轴轴承配套用钢制实体保持架拉方孔工艺研究	2007.8
36	天马	航空轴承、精密轴承套圈热处理尺寸稳定性技术研究	2007.12
37	天马	航空高速高温长寿命精密主轴轴承配套滚子外形轮廓曲线及倒角对称性技术研究	2008.1
38	天马	航空高速高温长寿命精密主轴轴承配套用实体保持架精加工技术及动平衡技术研究	2008.2
39	天马	新型纺织机械专用直线轴承设计与制造技术研究	2008.3
40	天马	精密轴承零件精细化加工工艺技术研究	2008.5
41	天马	航空轴承地面试验用试验机技术改造项目	2008.6

（续）

序号	完成企业	项　目　名　称	完成时间
42	天马	精密数控机床主轴用高精度轴承配对技术及精密测量技术研究	2008. 8
43	天马	新型纺织机械专用高速、长寿命连轴轴承组件轴表面淬火热处理技术研究	2008. 11
44	天马	航空用轴承零件激光加工技术研究	2008. 12
45	天马	航空用异形轴承外形加工技术及检测技术研究	2008. 12
46	天马	第四代增压器专用轴承的国产化研究	2008. 12
47	天马	双细化处理提高耐磨性技术	2007. 10
48	天马	低温处理稳定技术	2008. 1
49	天马	低温真空等离子体渗硫表面抗磨技术	2008. 9
50	西轴	剖分式自润滑向心关节轴承的研制	2006. 12
51	西轴	重出口泥浆泵轴承研制	2006. 12
52	西轴	ZP315 转盘轴承关键技术研究	2006. 12
53	西轴	1450mm 六辊可逆冷轧机配套轴承研制	2007. 12
54	西轴	重载汽车轮毂轴承	2007. 12
55	西轴	四列圆锥滚子轴承关键技术研究	2007. 12
56	西轴	薄板轧机轧辊轴承研制	2007. 12
57	西轴	轧机压下系列轴承的开发研制	2007. 12
58	西轴	水泥机械（立磨）成组配套轴承研发	2008. 12
59	西轴	带半内圈的调心滚子轴承系列研制	2008. 12
60	西轴	1MW 风力发电机组配套轴承－变桨轴承研制	2008. 12
61	西轴	1. 2 万 m 特深井陆地石油钻机转盘配套轴承 2327/1371. 6/HCP6YA 研制	2008. 12
62	西轴	城市轻轨一号线 NNJP5224X2－22Q/P69YA 轴承研制	2008. 12
63	大冶轴	回转支承	2008. 1
64	大冶轴	兆瓦级风电偏航与变浆轴承	2008. 10
65	大冶轴	弧形齿轮	2008. 2
66	大冶轴	特大型精密轴承	2006. 11
67	上滚	兆瓦级风力发电机组特大型轴承国产化	2008. 12
68	轴研	大中型风力发电机组关键轴承开发	2006
69	轴研	汽车轴承冷辗技术及装备研究	2006
70	轴研	提高航空发动机主轴轴承寿命	2007
71	轴研	表面形貌测量仪	2007
72	轴研	滚动轴承失效模式的研究及其数据库的建立	2007
73	轴研	汽车交流发电机轴承的开发研制	2007
74	轴研	浮动瓦止推轴承的研究与开发	2007
75	轴研	汽车变速箱轴承特殊热处理工艺的研究	2007
76	轴研	高速气流纺轴承的开发研制	2007
77	轴研	轴系摩擦力矩测量技术研究	2007
78	轴研	数控机床及加工中心用转台轴承的开发研制	2008

（续）

序号	完成企业	项　目　名　称	完成时间
79	轴研	实践六号卫星偏置动量轮的研制	2008
80	龙溪	T型自润滑关节轴承	2008
81	龙溪	水电工程专用关节轴承	2008
82	龙溪	特种关节轴承	2006
83	杭州中心	第三代汽车轮毂轴承模拟试验机的研制	2005
84	杭州中心	冶金专用轴承强化寿命试验机的研制	2005
85	杭州中心	汽车轮毂轴承摩擦力矩试验机的研制	2008
86	杭州中心	汽车离合器分离轴承模拟轴承试验机的研制	2008
87	杭州中心	NBC底盘系统用轮毂轴承单元	2006.12
88	杭州中心	双列圆锥滚子轴承单元	2006.12
89	杭州中心	大众配套轮毂轴承单元的开发	2009.12
90	杭州中心	奇瑞双列圆锥滚子轴承单元	2008.12
91	杭州中心	SGM980轮毂轴承单元的研发	2008.12
92	杭州中心	汽车变速器用长寿命圆锥滚子轴承	2008.6
93	杭州中心	高转速高精密气流纺杯轴承	2006.12
94	杭州中心	载货汽车轮毂轴承开发	2008.5
95	杭州中心	汽车车桥主减速器轴承开发	2008.12
96	杭州中心	汽车水泵轴连轴承开发	2006.12
97	杭州中心	轿车变速器轴承HTF30205开发	2006.12
98	杭州中心	工程汽车变速器轴承开发	2006.10

4. 技术创新体系建设

轴承行业国家认定的企业技术中心有5个（见表6）。

表6　国家认定的企业技术中心

企业名称	人　员					硬件条件
	总数	高级职称	博士	硕士	设备仪器数量	设备仪器固定资产原值/万元
万向钱潮股份有限公司	261	58	16	39	219	13080
瓦房店轴承集团公司	650	80	7	22	300	13200
洛阳LYC轴承有限公司	166	36	4	6	305	10440
哈尔滨轴承集团公司	320	68	0	8	520	4500
西北轴承股份有限公司	338	77	2	9	273	6877

5. 政策落实情况

重点技术改造项目给予资金补贴的政策基本得到落实。研发生产重大技术装备配套轴承的企业共实施25项重点技术改造项目，建设总投资48.1亿元，国家和地方给予政策补贴2.4亿元。

国产首台（套）装备风险补偿政策，按财政部《风力发电设备产业化专项资金管理暂行办法》，首50台兆瓦级风电机组轴承，瓦房店轴承有限公司补助，其他厂家均未享受此项政策。

2008年上半年国家有关部门调低出口退税率，轴承在调低退税率的范围内，后经中国轴协向国家有关部门报告，取得谅解，保留了13%的退税率，2008年下半年调高退税率，经中国轴协向国家有关部门申报，轴承出口退税率由 13% 调高到 14%。

6. 大集团、“小巨人”企业建设

瓦房店轴承集团、万向钱潮股份有限公司、人本集团有限公司、哈尔滨轴承制造有限公司、上海集优机械股份有限公司、浙江五洲新春集团、大冶轴大连冶金轴承股份有限公司、宁波摩士集团股份有限公司、江苏力星钢球有限公司、重庆长江涂装机械厂、海林自动控制有限公司、福建龙溪轴承（集团）股份有限公司、襄阳信东轴承股份有限公司等一批优势企业成长性好，综合进步快，全国轴承行业“十一五”发展目标中提出的“培育 2～3 个年销售额 50 亿元以上和 10 个年销售额 10 亿元以上的大集团企业，20 个产品有特色、年销售额 3 亿元以上的‘小巨人’企业”的目标可以保证实现。

7. 企业兼并重组

通过兼并重组迅速发展的案例是浙江天马轴承股份有限公司。

近五、六年来天马公司通过兼并重组，从创业之初的民营小企业，发展到市值超 150 亿元的大型上市公司。该公司目前在杭州、德清、成都、北京、贵州、齐齐哈尔等地拥有七大生产基地，占地总面积 170 万 m^2，总资产近 50 亿元，员工人数 1 万余名，年销售收入 30 余亿元，构筑起材料、轴承、装备三位一体的产业链。主导产品 TMB 牌轴承覆盖 10 大类 4000 余个品种，被广泛应用于铁路、航空、船舶、汽车、机床、火力发电、矿山冶金、风力发电、农用机械、重型机械、工程机械、港口机械等众多领域，畅销全国，并远销美国等 20 个国家。

2002 年初，天马公司收购了原成都轴承集团的有效资产，经过几年不懈努力，成都天马铁路轴承有限公司现已成为我国铁路轴承生产的排头兵企业。2007 年成都天马铁路轴承有限公司在风电轴承领域异军突起，成功开发出 1.5 兆瓦级风力发电机组轴承几十种，并大批量生产，目前又在研发轨道交通轴承、高速铁路客车轴承等，并小批量生产。

2007 年 1 月，天马公司收购国防科工委指定的航空轴承企业贵州虹山轴承厂。经过重组改造，加大科研投入与技术升级，贵州天马虹山轴承有限公司现已攻破军用发动机轴承、大型船舶涡轮增压器轴承、精密主轴轴承、高速纺丝设备轴承、集成电路钻孔主轴轴承技术难关，完成替代进口。

2007 年 4 月，天马公司控股专业制造大型轧机轴承的北京时代新人轴承有限公司，经过技术改造和管理机制提升，现在已进入了良性发展的轨道。

2007 年底，该公司重组控股了齐重数控装备股份有限公司。齐重设有国家级企业技术中心，技术研发力量雄厚，其前身齐齐哈尔第一机床厂是中国重型机床行业的“十八罗汉”，重型立、卧式机床国内市场占有率第一。重组至今，齐重数控已成功开发出一批国内顶尖，乃至国际领先的精密机床产品，用于轴承制造、航空航天、机床再制造、风力发电、核电等国家重大发展领域。

天马公司近年来各项经济指标均以 50% 左右的增幅递增。2007 年 3 月 28 日，该公司股票在深圳证券交易所成功上市，募集资金总额 9.5 亿元，进行并完成了七大募投项目建设。2008 年 7 月被评为“第二届中国中小板上市公司价值五十强”第五名，并被评为 2007 年度中国机械行业百强企业。

8. 产业聚集

全国已形成辽宁省瓦房店市，河南省洛阳市，江苏省苏州、无锡、常州和镇江四市和浙江省新昌县等几个轴承产业聚集地区。上述四个产业聚集地区规模以上轴承企业 507 家，占全国 1390 家的 36.5%；销售收入 224.9 亿元，占全国 760 亿元的 30.0%（见表 7）。

表7 轴承产业集聚区域基本情况 （单位：亿元）

序号	轴承产业集聚区域	轴承产业特色	规模以上轴承企业数/个	龙头轴承企业	2007年规模以上轴承企业主要经济指标/亿元		
					销售收入	工业增加值	利润
1	辽宁省瓦房店市（中国轴承之都）	以中大型轴承为主，特色产品为冶金轧机轴承、风电轴承和非标准轴承	258	瓦房店轴承集团公司、大连冶金轴承集团公司	110	46	5.5
2	河南省洛阳市	特色产品为特大型轴承、精密轴承和轴承滚子	49	洛阳LYC轴承有限公司、洛阳轴研科技股份有限公司	42.4	10.0	2.1
3	江苏省苏州、无锡、常州、镇江	特色产品为滚针轴承、调心滚子轴承、深沟球轴承、关节轴承、回转支承	130	无锡华洋轴承公司、无锡滚动轴承公司、张家港AAA轴承公司、常熟长城轴承公司、常州光洋轴承公司	50	10.4	2.5
4	浙江省新昌县	特色产品为中小型深沟球轴承，圆锥滚子轴承、轴承套圈锻件、车加工件	70	五洲新春集团公司	22.5	6.0	0.9
合计			507		224.9	72.4	11.0

9. 存在的问题

9.1 创新能力

由于大多数企业在研发和创新能力的建设上，包括企业技术创新体系的建立和运行、研发和创新的资金投入、人才开发等方面都处于低水平，加上面向行业服务的科研院所走向企业化，国家已没有对行业共性技术研究的投入，削弱了面向行业进行研发的功能。因此，全行业存在“两弱两少”的问题，即基础理论研究弱，参与国际标准制订力度弱，原创技术少，专利产品少。设计和制造技术基本上是模仿，几十年一贯制。制造工艺和工艺装备技术发展缓慢，车加工设备数控率低，磨加工设备自动化水平低。大多数企业，尤其是国有老企业中作为生产主力的仍是传统设备。对轴承寿命和可靠性至关重要的先进热处理工艺和装备，如控制气氛保护加热、贝氏体淬火等覆盖率低，许多技术难题攻关尚未取得突破。轴承钢新钢种的研发，钢材质量的提高，润滑、冷却、清洗和磨料磨具等相关技术的研发，不能适应提高轴承产品水平和质量的要求。因而造成工序能力指数低，一致性差，产品加工尺寸离散度大，产品内在质量不稳定而影响轴承的精度、性能、寿命和可靠性。由于自主创新能力设计制造水平低，虽然对国内主机的配套率达到80%，但高速铁路客车、中高档数控机床和加工中心、中高档轿车、计算机、空调器、高速精密冶金轧机等重要主机的配套和维修轴承，基本上靠进口，导致近些年来，进口轴承用汇额大幅度增长，轴承进口增长速度高于出口增长速度。

9.2 产业结构

在全世界300多亿美元的轴承销售额中，世界八大跨国公司占75%～80%。日本5家占其本国总量90%。而我国瓦轴等10家最大的轴承企业，销售额仅占全行业的33.5%。SKF公司一家企业的销售额相当于我国近千家企业销售额的总和。

对于提高轴承行业的生产集中度，业内人士一直予以高度关注，并有很高的期望值，但屡屡事与愿违。1996年CR10为40.56%，2000年CR10为34.4%，CR30为47.0%；2005年CR10为30.6%，CR30为34.3%；2007年CR10为33.5%，CR30为44.8%。前些年不升反降，近年来才出现上升的趋势（见表8）。

表 8　行业生产集中度有关数据统计　（单位：亿元）

项目		年份							
		2000 年	2001 年	2002 年	2003 年	2004 年	2005 年	2006 年	2007 年
全行业总销售额		240	250	271	320	446	520	620	760
前 10 名	总销售额	82.6	77.3	85.2	103.0	120.5	159.2	184.4	254.5
	CR10	34.4%	28.5%	31.4%	32.2%	27.0%	30.6%	29.7%	33.5%
前 30 名	总销售额	112.8	109.2	120.7	144.6	198.8	212.5	247.3	340.7
	CR30	47.0%	43.7%	44.5%	45.2%	44.6%	34.3%	39.9%	44.8%
销售额亿元以上企业数/个		29	28	28	41	47	66	83	99
规模以上企业数/个		—	669	868	776	927	1267	1207	1390

造成这种情况的原因是由于布点过多，在计划经济时代就呈现“散、乱”的局面。当时轴承行业的政府主管部门提出“治散、治乱”的要求，也采取过相应的治理“散、乱”的措施，但是“越治越散，越治越乱”。进入市场经济时代，轴承产业比较早的成为高度开放、高度市场化的产业，出现了一些新的情况：一是原有的国有大型企业由于体制和机制上问题，发展相对缓慢；二是优势民营企业尚处于成长阶段；三是由于轴承产业进入门槛相对较低，涌现了并还在不断涌现大批粗放式的、达不到经济规模的小型企业甚至小作坊，它们的产品冲击市场，侵占了优势企业的市场份额。而不规范的市场缺少退出机制，优不胜劣不汰。这样，必然阻碍优势企业的成长。这个问题的深层次的、历史性的原因在于我国轴承工业是初级阶段市场经济条件下的发展中的产业，分散度大的问题一时难以避免，需随着市场日趋发育成熟，做强做大一批，淘汰退出一批，逐步解决行业的集中度问题。

9.3　体制政策

由于行业归口科研院所企业化，行业失去了共性技术研发平台，仅靠行业协会组织共性技术联合攻关。由于组织松散，缺乏资金和人员支撑，同时，互为竞争对手的企业，要保守各自的商业机密，不可能进行真正意义上的联合研发，行业的自主创新，处于各企业“单打独斗”的状况，形不成合力，致使一些亟待解决的行业共性技术问题，长期得不到解决。

产业发展上的国家意志，难以贯彻到地方。尽管一再强调并努力促进我国轴承产业由大变强，但一些地方“孵化”出一批又一批未达到经济规模、缺少技术支撑的小型轴承企业，影响了资源向优势企业集中，使行业的生产集中度难以提高。

国家有关部门和地方政府每年对企业的科技创新都有政策上、资金上的支持。但政出多门，没有集中力量办大事。由于资金切块使用，向名目繁多的项目撒了“胡椒面”，加上对项目的实施缺乏有力的组织、落实、检查、考核，往往花了钱，未办成事，起不到政策引导和带动的作用。

行业协会的法律地位不明确，在行业统计信息、技术标准、产品准入、打假维权、价格自律和品牌推介等方面没有赋予行业协会一定的权限，使行业协会难以真正成为政府与企业之间的桥梁和纽带，不能充分发挥为政府、为企业双向服务，推动行业发展的作用。

第二节　关键设备自主化进展情况

三年来，全国轴承行业的优势企业研发了 18 个关键领域中的 15 个领域的 90 种重大技术装备的配套轴承 488 种，实现销售收入 55.4 亿元，产品达到国外同类产品水平，为我国关键领域重大技术装备自主化作出了贡献。

1. 大型清洁高效发电设备领域

序号	完成企业	重大技术装备名称	配套轴承型号	主要技术参数	与国外水平对比	产业化情况
1	瓦轴	三峡水电站	SX-24152/P62、SX-24160C、SX-24172 等	可靠性高要求寿命达到 50 年	国际水平	应用技术可全面推广
2	瓦轴	1.5MW、2.1MW、3.0MW 风力发电机	FL-HSN1900DFT、FL-HSN2410DFT1 等型号	使用寿命 20 年	国际水平	批量生产
3	洛轴	兆瓦级风力发电机	9787/2135、1788/2617 等型号	寿命 20 年，游隙：0~0.05，空载摩擦力矩不大于 1kN·m，齿面硬度：45~55HRC	与国外相当	批量生产
4	天马	风力发电机	Y013.60.3035K，240/600CA/W33 等风力发力机偏航、变桨、主轴和变速箱轴承等 50 余种型号	寿命运转达到 20 年	国际水平	批量生产
5	大冶轴	风电轴承	变桨轴承 FDZ-1500BJ、1910×1702×132、FDZ-1500BD、2080×1922×132 偏航轴承 2135×2524×185	1.5~3.0MW	国际水平	批量生产
6	轴研	风力发电机	013.40.2360.13	设计寿命 20 年	接近国际水平	小批量生产

2. 大型石化设备领域

序号	完成企业	重大技术装备名称	配套轴承型号	主要技术参数	与国外水平对比	产业化情况
1	瓦轴	20 万吨级造粒机械	NCF3036/P5、NJD2352X3M/P53YA8、NJD2264M/P5、81236、F-81658 等	转速达 1500r/min，DN 值达 6×10^6mm·r/min	当代国际水平	可批量生产
2	大冶轴	弧型齿	EP175、C205、EP275、EP520、EP375		高于国际水平	批量生产

3. 大型煤化工成套设备领域

序号	完成企业	重大技术装备名称	配套轴承型号	主要技术参数	与国外水平对比	产业化情况
1	瓦轴	堆取料机	HSB3455 等	设计寿命 50000h 以上	国际水平	批量生产
2	瓦轴	磨煤机	HH949549/HH949510、HH953749/HH953710、H961649/H961610、306/317.5/HC 等	使用寿命达到 10 万 h 以上	国际水平	批量生产

4. 大型薄板冷热连轧成套设备及镀涂层加工成套设备领域

序号	完成企业	重大技术装备名称	配套轴承型号	主要技术参数	与国外水平对比	产业化情况
1	瓦轴	2300热连轧薄板	370680/HCYAB、NNCL5080V/HCC3、NCF30/560V/HCC3、HM266448/HM266410CD、NNU4160/HCC3W33、NF18/1500/HCC3、3506/1450/HCC3、239/1060CAKF3/W33、NU39/1060EKM/HC等	高精度，精度寿命长，可靠性高，支承辊轴承的使用寿命可达到5~6年	国际水平	大批量生产
2	洛轴	武钢、鞍钢、本钢、张家港、万达冷连轧机组	3-722等	要求轴承寿命为7000h	与国外同类产品相当	批量生产
3	天马	冷轧薄板轧机	FCDP170230840/P6等30余种规格型号	额定动载荷达到10000kN	国际水平	800
4	西轴	1580热轧连机	3806/385.762-2LS/HCP69YA	Cr：3110kN Cor：9470kN		批量生产
5	哈轴	高精度板材轧机生产线	313844D、313822、313824、FC4054170、FC5678220、FC202870	高精度P5级、重载耐冲击	国际同等产品水平	批量生产

5. 大型煤炭井下综合采掘、提升和洗选设备以及大型露天矿设备领域

序号	完成企业	重大技术装备名称	配套轴承型号	主要技术参数	与国外水平对比	产业化情况
1	天马	大型挖煤掘进机	29440等十几种型号	额定动载荷达到2860kN	国际水平	批量生产
2	哈轴	大型采煤机	19MJ0206、NNCF5010V、NNCF5005V、NNCF5006V	结构紧凑、承载能力大，刚性强	国际首创	批量生产

6. 大型船舶、海洋工程设备领域

序号	完成企业	重大技术装备名称	配套轴承型号	主要技术参数	与国外水平对比	产业化情况
1	瓦轴	大型泥浆泵	23156CA/C3W33、NUP6/812X4、NA6/228.6、M270730/M270710CD、23160CA/W33、NUP6/660.4Q1/C9、NNU6/206X4M/C9、NU3044X3M/C9	使用寿命达到10万h以上		已大批量生产
2	洛轴	泥浆泵	23160Q/W33 等	可靠性高，温升要求不大于30℃，轴承润滑结构特殊	与国外同类产品相当	批量生产
3	天马	船舶用涡轮增压器港口机械	7315ADLA/P4、QJ236 等30余种规格型号	转速：12000～380000r/min	国际水平	批量生产
4	西轴	1.2万m石油钻机	2327/1371.6/HCP6YA	Ca：3060kN Coa17300kN		批量生产

7. 轨道交通设备领域

序号	完成企业	重大技术装备名称	配套轴承型号	主要技术参数	与国外水平对比	产业化情况
1	瓦轴	新型地铁车辆	NJ2226X3TN1－HG2P64 NJP2226X3TN1－HG2P64	运营速度为80～100m/h，使用环境温度－25～50℃，检修周期60万km，寿命达200万km，旋转精度达5级，可靠性达99%以上	国际水平	可大批量生产
2	洛轴	铁路客车轴承	NJ3226X1 等	要求轴承寿命为80万km	与国外同类产品相当	批量生产
3	天马	轨道交通设备	BC2－0117（轨道交通）、M120X240（高速客车）	寿命达到6年，不低于200万km，时速达到120km/h和210km/h	国际水平	批量生产
4	上滚	上海市重大技术装备研制项目——重载铁路货车轴承	353130A、353130B	旋转精度分别为 *Kea*：0.05、 *Kia*：0.03、 *Sia*：0.05、 *Sea*：0.05	国际先进水平	大批量生产

（续）

序号	完成企业	重大技术装备名称	配套轴承型号	主要技术参数	与国外水平对比	产业化情况
5	哈轴	提速铁路客车轴	NJ3226X1、NJP3226X1、NN2J6020X1 – 2RSTN、7002AC/YB2P5DFA	高速、重载、高可靠性	国际水平	批量稳定生产

8. 大型环保及资源综合利用设备领域

序号	完成企业	重大技术装备名称	配套轴承型号	主要技术参数	与国外水平对比	产业化情况
1	西轴	污水处理设备	23138CA/W33 等	Cr：1220kN Cor：2060kN	—	大批量生产

9. 大型施工机械领域

序号	完成企业	重大技术装备名称	配套轴承型号	主要技术参数	与国外水平对比	产业化情况
1	瓦轴	工程车辆	24122X2	高承载力、高可靠性	国际先进水平	该产品应用技术可全面推广
2	洛轴	盾构机	013.35.3070.03/P6、1787/4810 等	替代进口，精度 E 级，可靠性高	与国外同类产品相当	小批量试制
3	天马	大型施工机械	NJ232EMSL185024 等十余种规格	额定动载荷达到 500kN	国际水平	大批量生产

10. 重大工程自动化控制系统和关键精密测试仪器领域

序号	完成企业	重大技术装备名称	配套轴承型号	主要技术参数	与国外水平对比	产业化情况
1	杭州中心	ABLT 系列轴承强化寿命试验机			国际水平	
2	哈轴	大型机器人转台	013.22.225.223.K1G1、0.13.225.414.K1G1、BT70 – 2	转盘轴承倾覆力矩大；薄壁角接触球结构紧凑	国际同类产品水平	批量稳定生产

11. 大型、精密、高速数控设备和数控系统及功能部件领域

序号	完成企业	重大技术装备名称	配套轴承型号	主要技术参数	与国外水平对比	产业化情况
1	瓦轴	大型重载数控卧式车床	NNQP692KZ、W/P4YB5、817/560/P4YB5 NN6/2280K/HC、NN40/670K/P4W33YB5、812/850/P4YB5 等	轴向、径向圆跳动：≤ 0.01mm，承载：250t，寿命：5 ~ 8 年	国际先进水平	批量生产

（续）

序号	完成企业	重大技术装备名称	配套轴承型号	主要技术参数	与国外水平对比	产业化情况
2	瓦轴	多功能、高档数控机床	NN3020K/P491W33、NN3024K/P492YB2、NN3052K/P49YB5、7018ACHA/P4DBA、7020ACHA/P4DBA、7024ACHA/P4DBA、7026ACHA/P4TBTA	转速：4000r/min以上，寿命：25000h	国内先进水平	批量生产
3	洛轴	一重400吨数控卧车	NNU49/1250K/SPW33等	要求精度内径跳动0.006mm	高于国外P4级轴承标准	小批量试制
4	天马	精密数控机床主轴	7030ACTA/P4、NN3032K/P4等150余种规格型号	转速：3000～22000r/min	国际水平	大批量生产
5	天安	电主轴	7002C/P4	主轴速度提高为2.0×10^{6}r/min	接近国际先进水平	在研
6	轴研	精密机床	YRT系列	P4级以上，轴径向跳动：≤3μm	国际水平	批量生产
7	哈轴	主轴	BTM120、ZARN55145LTN、YRT260等	精度高P4、P2级，转速高	国际水平	稳定批量生产

12. 新型纺织机械领域

序号	完成企业	重大技术装备名称	配套轴承型号	主要技术参数	与国外水平对比	产业化情况
1	天马	高速纺丝设备	C218089组件等50余种规格型号	转速：18000r/min 寿命：9000h以上	国际水平	批量生产
2	哈轴	排线器、化纤机械	6005－2Z/YA2、6007－2Z/YA2、6003－2Z/YA2、13061970－6206TB、13061970－428219/2、13061970－5524656	高速、定位精度高	国际水平	批量稳定生产

13. 新型、大马力农业装备领域

序号	完成企业	重大技术装备名称	配套轴承型号	主要技术参数	与国外水平对比	产业化情况
1	瓦轴	联合收割机和大马力拖拉机	K25590/K25520、K395A/K394A、K67048/K67010、K47687/K47620、K29685/K29620	精度高，寿命长	国际先进水平	形成批量

（续）

序号	完成企业	重大技术装备名称	配套轴承型号	主要技术参数	与国外水平对比	产业化情况
2	天马	大马力农用设备	32221 等十余种规格型号	额定动载荷达到 400kN	国际水平	批量生产

14. 集成电路关键设备、新型平板显示器件生产设备、电子元器件生产设备、无铅工艺的整机联装设备、数字化医疗影像设备、生物工程和医疗生产专用设备领域

序号	完成企业	重大技术装备名称	配套轴承型号	主要技术参数	与国外水平对比	产业化情况
1	瓦轴	直线加速器医疗放疗设备	HJB430	使用寿命可达 20 年	国内先进水平	形成批量
2	洛轴	CT 机	787/680 等	小游隙：0 ~ 0.05mm，空载启动摩擦力矩：4N · m，噪音：70dB，精度等级 P4	与国外同类产品相当	批量上产
3	天马	印刷电路装备数控主轴	728XCF－2Z 等六种型号	转速：8000r/min，寿命 9000h 以上	国际水平	小批量生产

15. 节能环保和新能源汽车领域

序号	完成企业	重大技术装备名称	配套轴承型号	主要技术参数	与国外水平对比	产业化情况
1	万向	PQ34 平台用轮毂轴承单元	180、501、611、DAC407440－1	Cr：50400N，Cor：36600N；在 ±300N 力的作用下调整内外圈轴向游隙 0.015 ~0.035mm；传感器信号源齿圈拉脱力 ≥100N，防旋转力矩≥3.5N · m	国际先进水平	批量生产
2	万向	驱动轮和非驱动轮轮毂轴承单元	7467734、7467735、7467249、7467256、7467780	P6 级精度，接触角 35°；多重密封结构，达到永久密封效果；带 ABS 电子速度传感器	国际先进水平	大批量生产
3	哈轴	4G1、4G9、4G15 汽车发动机	6305X3/C9、6206/C3、63/28EN/C3YA6207、BS15－F9DJ、LM501349－N－57428－N、30207E	高速、重载、耐冲击、高寿命	国际水平	大批量生产

第三部分　地方篇

第一章　北京市装备制造业发展报告

大力振兴装备制造业，是中央提出的一项重大战略举措，是北京工业深入贯彻落实科学发展观，走新型工业化道路，保持首都经济又好又快发展的一项重要任务。近年来，北京装备制造业在北京市委、市政府决策指导下，以产业结构调整为主线，加快经济发展方式的转变，坚持走“高端、高效、高辐射力”发展道路，按照“布局合理、产业集聚、突出重点、龙头带动”的发展战略和“扶优引强、盘活存量、调整结构、淘汰落后、注重创新”的工作方针，加大技术创新力度，传统产业高技术化和高新技术产业化齐头并进，产业发展取得显著成就，日益显现出对北京经济发展的支撑作用。

第一节　三年来北京市装备制造业发展评估

1. 建立组织协调机制，制定发展规划和配套政策

1.1　建立组织协调机构和机制

2002年6月，在北京市第九届党代会提出的全面振兴现代制造业的形势下，为加快北京汽车工业发展，北京市政府成立了北京汽车工业领导小组。2008年4月，市政府召开市长办公会，明确了充分发挥北京汽车工业领导小组的作用，确定由市长担任组长，主管工业的副市长任副组长，领导小组成员包括市工业促进局、市发展改革委、市科委、市财政局、市规划委等部门主要负责人，领导小组办公室设在市工业促进局，办公室主任由市工业促进局局长担任。

同时，为深入贯彻落实国家振兴装备制造业的战略任务，北京市拟成立由市政府工业主管领导牵头、市政府有关部门组成的北京市振兴装备制造业协调机构，负责北京市装备制造业发展的重大事项协调与决策，以便加快促进北京装备制造业的又好又快发展。

1.2　制定发展规划

根据《北京市“十一五”时期工业发展规划》，分别制定了《北京市“十一五”时期汽车及交通设备制造业发展规划》、《北京市“十一五”时期电子信息产业发展规划》、《北京市“十一五”时期机电产业发展规划》和《北京市装备制造业“十一五”时期发展纲要》，并即将在“十一五”前期产业发展情况评估的基础上进行了修订。

（1）发展战略

全面贯彻落实科学发展观，以《国务院关于加快振兴装备制造业的若干意见》以及国家相关产业调整振兴规划为指导，充分发挥北京产业比较优势和区域整体优势，推动体制创新、机制创新和技术创新，优化装备制造业产业和产品结构，构建创新型、集约型、生态型的发展模式，努力提升北京装备制造业的关键技术研发能力、系统集成能力、成套生产能力、协作配套能力、整体市场开拓能力，做大做强装备主导产业，全面提高北京市装备制造业整体竞争力，努力把北京建设成为国家装备制造业重要的研发和制造基地。

（2）发展目标

2010年，北京市装备制造业工业总产值将达到6700亿元，增加值达到1150亿元。其中：汽车产销量达到120万辆，汽车产业实现工业总产值1800亿元、增加值达到290亿元；电子信息产业实现销售收入3000亿元、增加值达到400亿元；机电产业实现工业总产值1900亿元、增加值达到460亿元。

（3）发展重点

汽车产业。形成“五园区、四产品、三系统、两体系”的产业发展格局，即：重点规划并建设国际化汽车

零部件研发制造园区、汽车电子产业园区、汽车设计研发园区、专用车制造园区、汽车零部件集散交易园区等五个园区，发展自主品牌乘用车、新能源汽车、大客车、专用车四类产品，建设并掌控动力传动系统、底盘系统、电子电控系统三大零部件系统，构建汽车产业自主创新和服务贸易两个体系，打造特色鲜明、产业链完善、具有较强竞争力的汽车产业集群。

电子信息产业。根据北京市电子信息产业的优劣势和资源环境，引导北京电子信息产业向高端发展，以 TFT - LCD10 代线建设为着力点，构建北京电子信息产业的发展引擎，形成“一核三极”的北京电子信息产业发展新格局（一核：集成电路产业；三极：移动通信产业、计算机产业、数字电视产业），加快推动 TFT - LCD、光伏、半导体照明、智能交通及汽车电子等产业的发展。

机电产业。围绕国家振兴装备制造业的 16 个重点领域，结合北京机电产业特色优势，重点推动“六六六工程”：优先发展六大主导产业、重点提升六大潜力领域、着力建设六大产业基地，即：优先发展数控机床、发电及输变电成套设备、自控系统与精密仪器仪表、电子专用装备、新能源与节能环保装备、工程机械等六大具有比较优势的主导产业；重点提升印刷设备、纺织机械、煤矿机械、石油机械、高压气瓶、关键基础部件等六大具有发展前景的潜力领域；着力建设北京数控机床产业基地、北京工程机械产业基地、北京新能源产业基地、北京风电产业基地、北京电子专用装备产业基地、北京光机电一体化产业基地等六大特色装备产业基地。

1.3 制定和落实配套政策

《国务院关于加快振兴装备制造业的若干意见》出台后，北京市积极落实有关文件精神，2006 年北京市工业促进局、市发展改革委联合发布了《北京装备制造业“十一五”时期发展纲要》，积极探讨关于加快发展装备制造业的有关实施意见，并加快落实关键零部件进口税收优惠等政策措施。即将出台关于加快发展北京市先进装备制造业的若干意见。

为加快提升企业技术创新能力，推动品牌建设，北京市先后出台《北京市认定企业技术中心专项补助政策实施细则》、《加强北京工业品牌建设的措施》，对评定为国家级企业技术中心、中国名牌、中国驰名商标的生产企业，一次性给予 200 万元补助；对认定为市级企业技术中心的企业，一次性给予 100 万元补助。按照《北京市工业发展资金管理办法》，通过采取固定资产贷款贴息、项目投资入股、拨款补助等方式，每年安排 10 亿元专项资金，支持企业做大做强。

为加快北京产业结构优化升级，支持企业通过技术改造、技术创新等方式做大做强，推动北京工业实现又快又好发展，出台了《北京市工业发展资金管理办法》，通过采取固定资产贷款贴息、项目投资入股、拨款补助等方式，支持企业做大做强。

2. 在北京市经济中的地位

2.1 主要经济指标及产业地位

根据统计快报，2008 年北京装备制造业规模以上企业完成工业总产值 4996 亿元，比上年下降 2.9%；完成工业增加值 876.8 亿元，比上年下降 5.3%；实现利润 246.9 亿元，比上年下降 16.2%。装备制造业工业总产值、工业增加值占工业的比重分别为 50.5%、40.7%。

表 1 北京市装备制造业主要经济指标 （单位：亿元）

年份	工业总产值	销售收入	工业增加值	利税总额	利润总额	出口交货值	从业人数/万人
2006 年	4420.6	4712.1	750.5	345.0	200.2	1315.7	50.2
2007 年	5142.8	5368.6	925.4	476.0	294.6	1616.8	52.1
2008 年	4996.0	5350.5	876.8	377.1	246.9	1570.0	52.0

注：统计口径为规模以上企业，2006 年、2007 年为年报数，2008 年为快报数。

2006—2008 年，北京市装备制造业总产值、增加值、实现利润年均增长率分别为 6.3%、8.1%、11.1%，表明产业经过近三年的结构调整，呈现高度化发展趋势。

2.2 三年建设投资情况

从 2006—2008 年北京市装备制造业固定资产投资看，其占北京工业固定资产投资比重有所上升。

表2　2006—2008年北京装备制造业固定资产投资情况　（单位：亿元）

年份	固定资产投资/亿元	占北京工业比重（%）
2006年	105.9	29.6
2007年	135.2	28.3
2008年	119.6	31.4

3. 产业结构的分析

3.1　产业结构

近年来，北京装备制造业通过提升自主创新能力、加快推动项目建设、加大招商引资力度，产业结构进一步优化升级。

表3　北京市装备制造业构成　（单位：亿元）

行业名称	2006年		2007年		2008年	
	工业增加值	占比（%）	工业增加值	占比（%）	工业增加值	占比（%）
金属制品业	26.9	1.5	41.1	1.9	41	1.9
通用设备制造业	68.7	3.9	84.7	3.9	87.8	4.1
专业设备制造业	81.9	4.7	84.7	3.9	88.3	4.1
交通运输设备制造业	146.8	8.4	194.9	9.0	197.5	9.2
电气机械及器材制造业	57.1	3.3	85.8	4.0	86.3	4.0
通信设备、计算机及其他电子设备制造业	311.9	17.9	363.6	16.8	314.4	14.6
仪器仪表及文化、办公机械制造业	57.2	3.3	70.6	3.3	61.5	2.9
总计	750.5	43.1	925.4	42.9	876.8	40.7

注：统计口径为规模以上企业，2006年、2007年为年报数，2008年为快报数。

3.2　优势和特色产业

（1）汽车领域。北京奔驰－戴姆勒·克莱斯勒有限公司工厂于2006年9月完成一期工程，建有冲压、车身焊接、涂装、总装等四大工艺，包含产品开发设施、物流区及配套设施，生产梅赛德斯－奔驰E级轿车和克莱斯勒300C、欧蓝德等车型，具备年产10万辆汽车生产能力。总投资27亿元的北汽福田和康明斯组建的合资公司——北京福田康明斯发动机有限公司于2008年3月正式成立。合资公司利用康明斯公司提供的产品技术，生产满足欧Ⅲ、欧Ⅳ排放标准的2.8L、3.8L轻型柴油发动机产品，是康明斯在中国唯一的轻型柴油机生产基地，其产品将广泛应用于轻卡、皮卡、SUV、MPV多功能车及小型非公路用设备等领域。在北京现代第一工厂顺利达产后，正在建设的北京现代第二工厂总投资120亿元，由冲压、车身、涂装、总装四大工艺车间以及技术中心五大部分组成，其中一期工程已经竣工，可形成20万台整车的年生产能力；2010年二期工程完工后，整体年产能将达到30万辆。2008年12月，由科技部和北京市政府共同举行的北京新能源汽车设计制造产业基地授牌仪式举行，产业基地以福田汽车为依托，已形成新能源客车5000辆及高效节能发动机40万台的生产能力，将成为中国规模最大、品种最全的新能源汽车设计制造产业基地。

（2）数控机床领域。2005年10月，北京第一机床厂成功收购世界重型机床排名第一的德国瓦德里希·科堡公司，通过对科堡公司重型/超重型机床及其关键功能部件制造技术消化吸收，近年来取得一系列重大项目业绩，五坐标双龙门数控镗铣床、超重型数控龙门车铣复合机床连创国产机床单台价格之最。北京机床研究所是我国机床行业中规模最大、技术实力较强的综合性研究所，以其为依托的“国家超精密机床工程技术研究中心”、“精密超精密加工国家工程研究中心”2008年底已开始试运营。北京机电院高技术股份公司的五轴叶片加工中心、北京第二机床厂的精密外圆磨床在行业占据一定的市场份额。凯恩帝公司数控系统的市场占有量连续多年位于国内前三名，其正在研制的KND2000高档数控系统可装配五轴联动数控机床。

（3）自控系统与仪器仪表领域。北京广利核公司中标辽宁红沿河核电站4台百万千瓦级核电机组的具有自主知识产权的全数字化仪控系统已开始组装成套；四方继保公司中标我国第一条1000kV输变电线路“山西晋东南—河南南阳—湖北荆门”项目（继电保护和变电站自动化系统）正在建设；国电智深公司承担的国家发改委高技术产业化示范工程——“超临界火力发电机组综合自动化控制系统”——国电泰州电厂一期工程2台1000MW超超临界机组DCS控制系统顺利投产运行；金自天正公司参与实施的国家863项目——7.5MVAIGCT变流器系统研制项目顺利通过国家验收并投入运行，标志着我国大功率交直交变频调速技术跻身于世界先进行列。

（4）节能环保及新能源设备领域。北京已拥有全球排名第八的金风、第十的华锐和北重电机三家风电机组整机制造企业及一批风机叶片、变流器、控制系统等价值链高端的零部件配套企业，自主研发的1.5MW陆上风电机组已具备批量生产能力，3MW海上风力发电机组样机生产已完成并即将安装测试。北仪创新公司非晶硅太阳能电池生产线成套设备、京仪世纪公司单晶硅材料生长设备均已成功实现批量生产。机电院高技术公司成功承担新疆、上海、青岛、北京等多个省级废弃物处置项目，2008年又成功中标包头、安徽、宜昌等项目，其承建的总投资1.8亿美元的科特迪瓦大型城市生活垃圾综合处理成套项目是目前国内企业承建的最大处置项目，正在进行前期设计。

（5）电子装备领域。北京电子装备领域综合实力在全国处于领先地位，不仅拥有七星华创、北方微电子、中科信、京运通、中电科等一批全国领先的电子装备企业，还有一批零部件配套企业和研发能力较强的科研院所。北京研制的8~12in刻蚀机、8in离子注入机、化学气相淀积设备（PECVD）和高温退火炉成功进入大生产线使用，具有单线5MW薄膜太阳能电池整线成套能力，中芯国际、京东方、中轻太阳能等应用企业已建成包括集成电路、TFT-LCD、太阳能电池在内的多条生产线。北京还是国家科技重大专项“极大规模集成电路制造装备及成套工艺”的牵头组织单位。

（6）医疗器械领域。北京航卫通用电气医疗系统公司的CT机年产约1500台，在国内市场占有率为50%以上，国际市场占有率约为25%。在北京亦庄开发区投资建厂的美国瓦里安医疗设备公司是全球最大的放疗设备制造企业，是医用直线加速器和诊断成像用X射线管的重要供应商，其产品占全球市场份额的60%以上。通用华伦医疗设备公司、万东医疗装备公司等企业的产品占国内中低端X射线机产品市场的一半以上。北京大恒医疗设备公司开发的精确放疗计划系统占国内市场30%以上。在呼吸机、麻醉机产品领域，北京企业在中低端产品方面占有国内主导地位，分别占国内中低端市场的60%和50%。在自体血液回收机产品领域，北京精京医疗设备有限公司在国内市场上占有率第一。

表4 北京市优势特色装备一览表之一

序号	优势特色装备名称	制造企业	2007年销售收入/亿元	国内市场占有率（%）
1	重型、超重型机床	北京第一机床厂	19	10
2	集装箱/货物/车辆检查系统	同方威视公司	20	90
3	DCS控制系统	和利时公司	9.4	—
4	电脑绣花控制系统	兴大豪公司	8	70
5	高档数控系统	凯恩帝数控公司	3.5	35
6	印刷机械	北人股份公司	10.7	10~20
7	继电保护设备	四方继保公司	15	—
8	太阳能级硅单晶设备	京运通科技公司	5.8	60
9	CT机	航卫通用电气医疗系统有限公司	20	50~60
10	X射线机系列产品	万东医疗设备公司	5.3	60

表5　北京市优势特色装备一览表之二

序号	产品名称	代表车型	主要指标		制造企业	2007年销售收入/亿元	国内市场占有率（%）
			排量/L	功率/kW			
1	北京牌勇士二代军车	BJ2036系列越野车	2.7、3.0	110、178	北汽有限	3.18	—
2	福田牌奥铃、欧马可、时代系列轻卡	BJ1049、1069系列轻、中型载货汽车	2.7、4.0	85、101	北汽福田	139.52	14.9
3	福田牌欧曼雄狮重型牵引车、载货汽车	BJ4251、BJ4253系列半挂牵引车	9.7、11.6	247、276	北汽福田	107.85	38.1
4	福田牌欧V客车、混合动力客车	BJ6113、BJ6123混合动力城市客车	5.8	136、162	北汽福田	5.75	4.3
5	伊兰特轿车	BJ7162系列轿车	1.6	82	北京现代	95.60	7
6	途胜运动型多功能乘用车	BJ6430系列运动型多功能乘用车	2.0、2.7	104、127	北京现代	66.11	30
7	梅赛德斯牌E系列轿车	BJ7181、BJ7301、BJ7350系列轿车	1.8、3.0、3.5	135、170、200	北京奔驰	32.18	5.9

4. 自主创新

4.1　创新投入及技术创新体系建设

2007年，北京市机电产业全部规模以上企业R&D经费投入总计45.9亿元，占销售收入比重3.15%。

截至2008年，北京装备制造业领域建有半导体材料、软件工程、精密超精密机床、生物芯片等11家国家工程研究中心，新能源、工业控制机及系统、高性能计算机、医用加速器等16家国家工程技术研究中心，而且联想集团、同方股份、北京第一机床厂、北汽福田等21家企业建有国家级企业技术中心。

11家国家工程研究中心包括：半导体材料国家工程研究中心（北京有色金属研究总院），软件工程国家工程研究中心（北京大学），连铸技术国家工程研究中心（钢铁研究总院），输配电及节电技术国家工程研究中心（中国电力科学院），精密成形国家工程研究中心（机械总院北京机电研究所），制造业自动化国家工程研究中心（机械总院北京机械工业自动化研究所），精密超精密机床国家工程研究中心（北京机床所），工业锅炉及民用煤清洁燃烧国家工程研究中心（清华大学），燃气轮机与煤气化联合循环国家工程研究中心（清华大学），高效轧制国家工程研究中心（北京科技大学），生物芯片北京国家工程研究中心（博奥公司）。

16家国家工程技术研究中心包括：国家农业机械工程技术研究中心（中国农业机械科学院），国家新能源工程技术研究中心（北京市太阳能研究所），国家工业控制机及系统工程技术研究中心（中国航天工业总公司502所），国家固体激光工程技术研究中心（中国电子科技集团公司第11研究所），国家计算机集成制造系统工程技术研究中心（清华大学），国家特种泵阀工程技术研究中心（北京航天动力研究所），国家冶金自动化工程技术研究中心（冶金自动化研究院），国家并行计算机工程技术研究中心（中国科学院计算所），国家高性能计算机工程技术研究中心（中国科学院计算所），国家专业集成电路设计工程技术研究中心（中国科学院自动化所），国家电力自动化工程技术研究中心（国家电力公司电力自动化研究院），国家超精密机床工程技术研究中心（北京机床研究所），国家核技术工业应用工程技术研究中心（中国工程物理研究院），国家烟气脱硫工程技术研究中心（中国工程物理研究院），国家板带生产先进装备工程技术研究中心（北京科技大学），国家医用加速器工程技术研究中心（北京医疗器械研究所）。

21家国家级企业技术中心包括：联想集团有限公司技术中心，北大方正集团有限公司技术中心，中国电子信息产业集团公司技术中心，中国长城计算机集团公司技术中心，同方股份有限公司技术中心，北汽福田汽车股份有限公司技术中心，大唐电信科技股份有限公司技术中心，中国普天信息产业股份有限公司技术中心，普天首信通信设备厂（集团）技术中心，安泰科技股份有限公司技术中心，用友软件股份有限公司技术中心，北京中科三环高技术股份有限公司技术中心，北京和利时系统工程有限公司技术中心，恒有源科技发展有限公司技术中心，北京四方继保自动化股份有限公司技术中心，时代集团公司技术中心，北京第一机床厂技术中心，经纬纺织机械股份有限公司技术中心，中地装备集团技术中心，北京北开电气股份有限公司技术中心，北人集团公司技术中心。

4.2 开发成功的重大装备

北京广利核公司中标的辽宁红沿河核电站 4 台和福建宁德 2 台百万千瓦级核电机组的具有自主知识产权的全数字化仪控系统目前已开始组装成套。北京电力设备总厂自主研制生产的世界首台 ±800kV、4kA 直流特高压干式空心平波电抗器成功应用到向家坝—上海 ±800kV 特高压直流输电示范工程，填补了世界特高压直流输变电尖端技术的空白。航天万源拥有完全自主知识产权的“航天第一炉”——国内首套 HT－L 粉煤加压气化炉在河南永煤集团一次投料试车成功，“航天炉”的问世对打破国外煤制气核心设备技术垄断，发展我国煤化工产业，实施国家能源安全战略具有战略意义。金自天正公司参与实施的国家 863 项目——7.5MVA IGCT 变流器系统研制项目顺利通过国家验收并投入运行，标志着我国大功率交直交变频调速技术跻身于世界先进行列。普析通用公司自主研发的 L6 系列高效液相色谱仪已通过卫生部、科技部和国家质检总局测试认可，成为国内唯一一家被指定为快速检测液态奶三聚氰胺含量的专用仪器，目前公司已累计生产 300 台，其中 280 台用于国内牛奶生产企业，20 台出口到美国、英国和泰国。

表 6　开发成功的重大装备一览表

序号	装备名称	制造企业	技术水平	工程应用情况	产业化情况
1	全数字化核电仪控系统	北京广利核公司	世界领先	辽宁红沿河、福建宁德百万千瓦级核电站	实施中
2	百万千瓦级超超临界机组 DCS 控制系统	和利时公司	世界领先	国华台山电厂	已产业化
3	特高压干式空心平波电抗器	北京电力设备总厂	世界领先	向家坝—上海 ±800kV 特高压直流输电示范工程	实施中
4	特高压继电保护系统	四方继保公司	世界领先	向家坝—上海 ±800kV 特高压直流输电示范工程	实施中
5	继电保护和变电站自动化系统	四方继保公司	世界领先	山西晋东南—河南南阳—湖北荆门 1000kV 特高压输变电示范项目	实施中
6	HT－L 粉煤加压气化炉	航天万源	世界领先	河南永煤集团	实施中
7	L6 系列高效液相色谱仪	普析通用公司	世界领先	卫生部、科技部和国家质检总局测试认可	实施中
8	超重型五轴联动数控龙门车铣复合机床（龙门跨度 10.5m）	北京第一机床厂	世界领先	国内某企业核电设备制造企业技改项目	生产过程中（单价 7700 万元）
9	超重型五轴联动数控双龙门镗铣床（龙门跨度 9m）	北京第一机床厂	世界领先	国内某重型机械企业技改项目	生产过程中（单价 8700 万元）

（续）

序号	装备名称	制造企业	技术水平	工程应用情况	产业化情况
10	双面八色高速报纸印刷机	北人印刷机械股份公司	国内领先，双面四色75000份/h	中国体育报社	实施中
11	等离子刻蚀机	北方微电子中信	12in，90nm	中芯国际生产线进行验证	实施中
12	大角度离子注入机	中科信	12in，90nm	中芯国际生产线进行验证	实施中
13	成套棉纺设备	经纬纺机公司	国内领先	全国各大型棉纺厂	已产业化
14	SR220R 入岩钻机	三一重机公司	世界领先	青岛海湾大桥等多项工程	已产业化
15	7.5MVA IGCT 变流器系统	金自天正公司	世界先进	通过国家验收	—
16	远程无框架脑外科机器人系统	北航机器人研究所	世界领先	已有产品样机	—
17	系统化生物芯片和相关仪器设备	清华博奥公司	世界领先	已有产品	小批量生产

表7　开发成功的重大装备一览表

序号	产品名称	制造企业	代表车型主要技术指标		2007 年产业化情况	
			排量/L	功率/kW	销售量/辆	利润/亿元
1	北京牌勇士二代军车	北汽有限	2.7、3.0	110、178	2190	0.03
2	福田牌奥铃、欧马可、时代系列轻卡	北汽福田	2.7、4.0	85、101	320170	2.3
3	福田牌欧曼雄狮重型牵引车、载货汽车	北汽福田	9.7、11.6	247、276	63193	1.78
4	福田牌欧V客车及混合动力客车	北汽福田	5.8	136、162	1892	0.09

5. 产业集聚区（带）建设

表8　北京市装备制造业产业集聚区汇总　（单位：亿元）

产业集聚区名称	产业特色	龙头企业	2007 年主要经济指标		
			销售收入	工业增加值	利税额
北京市光机电一体化产业基地	机械制造	中科信、摩比斯、比亚迪	170	43	17.5
北京数控机床产业基地	重型、超重型机床，精密超精密机床	北京第一机床厂、北京机床所	27	11	10
顺义汽车生产基地	整车及零部件	北京现代汽车公司	313	—	23.5（税收）

北京市光机电一体化产业基地　北京市政府 2001 年 7 月 23 日批准其正式成立，重点发展微电子、光电子、智能仪器仪表、医疗设备、电子专用设备、激光技术等主导产业，重点形成以高新技术经济增长点为主，传统产业改造提升为辅，多个领域支撑的格局。目前基地已完成首期 2.5km^2 建设投资，共引进中科信电子装备公司、中科镓英半导体公司、韩国现代 MOBIS 公司、比亚迪模具公司等多家知名企业，现入驻企业达到 250 余家。2007 年产业基地总收入达到 170 亿元，实现利税 17.5 亿元。目前产业基地正在进行二期土地开发和招商引资工作。

北京数控机床产业基地　北京数控机床产业整机制造企业在北京顺义区聚集，特别在重型及超精密数控机床领域，顺义区汇集了北一数控机床有限责任公司、北一大隈机床有限公司、北京机电院高技术股份公司、北京机床所精密机电有限公司、北京阿奇工业电子有限公司、北京迪蒙卡特机床有限公司等一批具有明显优势的国内外知名数控机床企业，顺义数控机床整机企业实现产值约占北京机床整机企业总产值的70%。2008 年 12 月底，北京市工业促进局、市发展改革委、市科委联合批复同意以顺义区为主体建设北京数控机床产业基地。

顺义汽车生产基地　北京规划、建设了一批基础设施日趋完善的汽车产业发展聚集区，如国家级开发区北京经济技术开发区、市级开发区采育开发区、顺义汽车城、杨镇工业区、兴谷开发区等，初步在东北、东南和北部形成了以北京现代和北汽有限、北京奔驰、北汽福田等四大整车企业为核心的汽车产业集群。

6. 企业走出去

北汽福田公司已在巴基斯坦、智利、埃及、伊朗、俄罗斯等地合资组建了 5 家海外组装工厂，2008 年计划在俄罗斯正式建厂。

北汽福田公司在我国台湾地区、日本、德国等地合资建立海外研发中心。

2005 年，北京第一机床厂成功收购具有世界领先水平的重型机床制造商——德国科堡公司。通过收购科堡公司，获得世界顶级的重型机床核心技术，拥有世界级的品牌和覆盖全球的营销网络。北京第一机床厂通过加快对科堡技术的消化吸收再创新，取得了在国内重型龙门机床领域的领先优势，连续创造多个行业第一，为电力设备、船舶、重型机械、航空航天等行业提供了一系列重大关键数控技术装备。

7. 企业兼并重组

和利时公司在美国纳斯达克成功上市。2008 年 8 月 8 日，由北京和利时系统工程有限公司、杭州和利时自动化有限公司，以及北京和利时自动化驱动技术有限公司组建的美国和利时公司在美国纳斯达克正式挂牌上市，成为我国自动化领域首家在纳斯达克上市的公司。

2008 年 12 月 29 日，北汽控股公司重组北京兴东方公司。12 月 30 日，北汽控股公司在北汽有限公司的股比从 33. 3% 提高到 51%，实现国有股份绝对控股。

第二节　存在问题

1. 产业集中度需进一步提高，优势企业带动作用有待发挥

以北京机电产业为例，2007 年北京机电产业大中型企业工业总产值仅占装备制造业总量的 48. 6%。虽然机电产业门类齐全，企业总数达 2100 余家，但 80% 的企业年销售收入在 1 亿元以下，10 亿元以上的企业只有 25 家，而且尚无年销售收入达到 50 亿元大型企业，进入 2007 年中国机械工业 500 强中的北京企业只有 13 家。尽管北京装备制造行业已涌现出一批具有行业竞争力的优势企业，但企业成套和配套能力弱，对产业发展的拉动和示范作用尚未有效发挥，品牌建设能力有待提升。

2. 技术创新投入强度偏低，产品开发及转化能力较弱

2007 年，北京机电产业 R&D 经费支出占销售收入比重为 3. 15%，而国际经合组织研究表明，企业初步具备自主创新能力所需研发投入比重应达到 5% 以上。尽管北京市装备制造业正在逐步建立具有自主开发能力的技术创新体系，但高端产品核心技术及著名自有品牌较少。虽然北京具有全国独有的科技、人才优势，科研成果数量在全国名列前茅，但本地产业转化率仅为 10% 左右。

3. 缺少强有力的政策措施引导关联产业协调发展

北京周边地区招商引资力度和招商优惠政策加大，使得一批项目落户外地，影响关联产业集群以及配套产业链建设。针对集成电路、数字电视、TFT – LCD 等存在关联性的产业，缺少联动发展引导措施，不利于形成发展的巨大合力。在近年来产业发展资金日趋紧张、出台产业发展政策措施难度日益加大的情况下，如何推动产业可持续发展，不断增强产业发展后劲，成为政府亟待解决的难题。

第三节　发展展望

1. 应对全球金融危机的策略和思路

全球金融危机影响加大，产业增速放缓。2008 年下半年以来，由于全球金融危机进一步引发国内外实体经济形势发生变化，装备产品的国内外市场需求出现萎缩，装备制造业发展速度逐月降低，产业发展持续减速趋势已经显现。特别是纺织机械、仪器仪表、中小型机床等产品受关联产业影响，市场需求急剧萎缩，一些企业陷入困境，北京市装备制造业发展面临着巨大的挑战。2008 年，北京市规模以上装备制造业实现增加值 876.8 亿元，同比下降 5.3%。

应对全球经济危机的策略和思路：

（1）研究制定北京装备制造业、电子信息产业、汽车产业振兴规划。结合国家有关产业调整振兴规划，针对北京产业特点，在出台北京工业振兴计划基础上，研究制定装备制造业、电子信息产业、汽车产业的振兴规划，加大对重点产业、特色园区、特色产业基地的支持，推动市政府部门间密切合作，形成政策、资金合力，共同促进产业发展。

（2）研究加快项目审批和高层次人才引进政策。为加快重大项目建设前期审批手续，研究“绿色通道”制度常态化办法，将部分“串行审批”变为“并行审批”，进一步推动项目建设。针对掌握核心技术、熟悉国际市场和规则的多学科复合型人才，研究制定人才引进的“特别通道”，即自动审批、无指标限制、一次性办理所有手续、特别税收优惠和奖励等。

（3）建立北京高端制造业投融资服务平台。平台的建立是北京市委、市政府贯彻落实党中央、国务院“保增长、扩内需、调结构”的方针政策，发挥政府服务职能，切实解决当前企业融资难的问题，支持企业发展的一项具体措施。平台针对高端制造业的特点，联合在京银行、担保公司推出了“知识产权质押贷款”、“供应链贷款”、“工业名牌担保直通车”、“技术中心企业担保直通车”等一系列创新融资服务产品，在贷款条件、担保措施、办理时间、融资费率等方面为企业提供更多方便和优惠。目前，平台设立“北京高端制造业企业担保代偿资金”1.5 亿元，由担保公司负责专业化运营，可放大 10 倍后为企业提供担保贷款 15 亿元，以及资金担保费率不超过 1.5%，合作银行“见担即贷”，为企业搭建起低成本、高效率的“融资绿色通道”。

（4）推广首台（套）重大技术装备政策，加大政府采购力度。根据《北京市人民政府关于在中关村科技园区开展政府采购自主创新产品试点工作的意见》（京政发［2008］46 号），在中关村科技园区先行先试基础上，加快制定在全市范围内进行首台（套）重大技术装备试验、示范项目的推广实施。对经试验、示范项目应用成功并经认定的首台（套）重大技术装备，本市使用单位可申请不高于设备价格 10% 的风险补助；对首台（套）重大技术装备业绩突破研发项目和产业化项目，可申请研发和产业化资金支持；本市首台（套）重大技术装备试验、示范项目，市有关部门优先安排用地审查、优先安排环保评估、优先纳入科技支撑和改造计划。

积极发挥政府财政性资金采购作用，针对使用北京市、区两级财政性资金投资的基础设施建设项目，建立项目沟通联系渠道，尤其是地铁轨道交通、道路建设、电网改造、新能源示范等政府性项目，研究通过项目推介、定向招标、工程依托等多种方式，加快拓展本市装备产品应用市场。

（5）加大政府资金支持力度。研究设立装备制造业振兴专项资金，通过采用贷款贴息、补贴、入股、注入资本金等多种支持方式，围绕重点发展领域，重点支持重大技术装备的研制、消化吸收再创新及规模化发展，产业链延伸及关键部件配套项目，装备制造企业创新能力建设和品牌建设，装备制造共性技术、关键技术攻关及高新技术成果产业化，国家重大技术装备项目配套支持，以及装备制造特色产业基地建设。创新振兴专项资金使用模式，探讨通过设立装备制造业投资引导基金，广泛吸引社会资本支持重大技术装备研制和产业化项目建设，进一步发挥政府资金引导和示范作用。

（6）构建北京装备制造业自主创新体系。充分发挥北京地区大专院校和科研院所资源优势，加强与国内外研发机构的合作，构建以企业为主体，产、学、研、用相结合的技术创新体系，建设成为我国装备制造业重要的科研基地。支持装备制造企业建设工程研究中心、工程技术研究中心、企业技术中心等科研机构，对通过认定的国家级、市级科研机构，分别一次性给予 200 万元、100 万元的资金补助支持。

2. 今后三年北京市装备制造业自主化展望

（1）打造自主品牌乘用车产品。利用北京现代、北京奔驰的资源和关键总成国产化、二代军车达产优势，打造北京特色化的自主品牌乘用车产品。加快自主品牌轿车研制，重塑“北京”牌轿车和越野车，加快北京新能源汽车产品产业化。

（2）打造北京数字化医学诊疗平台。坚持立足高端，依托北京万东、京精、源德等企业良好的产业基础，积极支持民族品牌和拥有自主知识产权的项目，做好深圳迈瑞公司入驻中关村生命科学园建设项目和北京上昊科技公司数字 X 光机亦庄生产项目的协调服务工作。

（3）大型清洁高效电站锅炉。北京巴威公司在引进消化吸收美国巴威公司技术基础上，研制出具有自主知识产权的 600MW 等级超临界电站锅炉，加快 1000MW 等级超超临界“W”型电站锅炉研制。

（4）特高压输变电设备。支持四方继保公司特高压继电保护设备研制及产业化、电力设备总厂特高压电抗器研制及产业化等输变电设备产业化。

（5）重大工程自动化控制系统。支持北京广利核公司研制生产百万千瓦等级全数字核电自动化控制系统，国电智深公司、和利时公司研制生产百万千瓦等级火电机组 DCS 控制系统，中冶新融公司大功率高性能变频装置研发及产业化。

（6）大型环保及资源综合利用设备。支持北京机电院高技术公司城市垃圾、医疗废弃物、工业废弃物、污泥等物料的大型固体废弃物焚烧设备研制，提高其成套工程能力建设，碧水源公司大型污水处理设备研制和产业化，金风科创公司开发 2. 5MW 以上等级陆地用以及 3MW 海上用直驱型风电设备，三一电气公司、北重汽轮公司研制 2. 5MW 以上等级风电设备，中材科技公司兆瓦级风电叶片、利德华福公司风电变流器等风电关键部件研制及产业化，神雾热能公司高效节能锅炉研制和产业化，航天万源公司煤气化装备研制及产业化，中信盟固利公司锂离子二次动力电池开发及产业化，毕捷公司节能高效、超高效电机开发与产业化等项目。

（7）大型施工机械。支持北京三一重机公司开展大型盾构机、入岩旋挖钻机等施工机械研制以及大功率工程机械用发动机、专用底盘、智能控制系统等工程机械关键功能部件研制及产业化项目。

（8）高档数控机床及关键功能部件。支持北京第一机床厂开展重型、超重型龙门镗铣床研制和产业化，落地镗铣床和重型数控立车研制以及大摆角万能铣头研制和产业化，北京机电院高技术公司五轴叶片加工中心研制，北京机床所开展超精密机床、精密滚珠丝杠副研制，北京凯恩帝公司高档数控系统研制和产业化。

（9）新型纺织机械。以经纬纺机公司、中丽制机公司为依托，大力推进数字化成套棉纺设备、机电一体化剑杆织机、喷气织机、差别化纤维纺丝卷绕成套设备及生产线、年产 6 万 t 及以上的涤纶短纤维前纺成套设备、化纤纺丝机机电一体化关键装置及集散控制系统等新型技术和成套关键装备研制和产业化项目。

（10）煤矿机械。以中煤北京煤矿机械有限公司、煤炭科学研究总院为依托，推进薄煤层自动化刨煤机工作面液压支架、高产高效液压支架、煤矿安全检测设备以及煤机装备配套研制和产业化。

（11）石油机械。以中国石油科技创新基地为依托，建设集石油科技创新、研究试验、产品开发和机械制造为一体的石油工程技术研发与装备制造基地。

（12）集成电路制造装备、TFT－LCD 制造装备、LED 制造设备、太阳能电池制造设备。积极承担国家科技重大专项——“核心电子元器件、高端通用芯片及基础软件产品”、“极大规模集成电路制造装备及成套工艺”有关专项，以京东方 10 代线建设、中芯国际 65nm 工艺导入为牵引，“产、学、研、用”相结合，促进电子装备科研水平、产业水平、部件配套、关键零件加工能力的全面提升，逐步研制开发并形成集成电路制造成套装备、太阳能电池制造成套设备、TFT－LCD 及 AMOLED 制造成套设备、LED 制造成套设备能力，推动北京地区形成中国电子装备产业的集群竞争优势。

（13）关键基础部件。北京华德液压公司先进液压元件研制及产业化、南口轨道交通公司机车牵引齿轮、动车组齿轮箱研制及产业化等项目。

第二章 天津市装备制造业发展报告

天津装备制造业发展已有近百年历史，曾经为国民经济建设提供了近百种填补国内空白的重大首创产品，开发研制的新产品达1万多种，形成了一批在国内外有知名度的领域和产品，以及一批在全国同行业中处于排头兵的优势企业。经过多年的发展，天津装备制造业已经涵盖金属制品业、通用设备制造业、专用设备制造业、交通运输设备制造业、电气机械及器材制造业、电子及通信设备制造业、仪器仪表及办公用机械制造业等主要行业门类，形成了具有一定规模和水平、较为完备的装备制造体系。

滨海新区开发开放纳入国家总体发展战略以来，空客A320飞机、新一代大推力运载火箭、中兴通讯基地、临港工业区造修船基地、海上油田开采装备制造、大型盾构机、集疏港设备等一批重大工业项目落户天津，成为装备制造业发展的有力支撑，使天津装备制造产品领域进一步拓宽，在工作母机、电梯、基础零部件等优势产品领域的基础上，不断向大型成套化方向拓展，形成了以航空航天设备、石油钻采设备、超高压输变电设备、工程机械、水泥装备等为核心的系列成套装备和以重型起重设备、兆瓦级风力发电设备等为代表的优势产品，造船能力和大型装备制造能力得到进一步提升，产业整体水平和竞争力显著增强。

第一节 三年来天津市装备制造业发展评估

1. 建立组织协调机制，制定发展规划和配套政策

1.1 建立组织协调机构和机制

为加强装备制造业的组织协调和领导，成立了天津市振兴装备制造业领导小组，领导小组由工业主管市长任组长，有关委办和相关工业集团公司参加，并在市经委设立常设机构，对振兴天津市装备制造业进行规划指导、制订产业政策、落实资金支持，促进产、学、研合作开发，人才引进与培养，推动行业研发中心和中介服务的建设。同时，聘请国内外装备制造领域的技术、经济管理和战略专家，组成“天津市装备制造业专家委员会”，主要任务是：帮助研究制定天津市装备振兴工程战略规划和方案，提供决策咨询和依据；负责天津市装备制造产业的咨询诊断、项目评估、投资论证，保证科学合理的组织实施；参与天津市装备制造业重大项目的实施工作，推广先进技术，开发高新技术产品，组织联合科技攻关等。

1.2 制定发展规划

《天津市国民经济和社会发展“十一五”规划纲要》中明确提出：“装备制造业要以发展自主品牌、提升技术水平和产业集中度为重点，加快结构调整，形成新的优势产业”。《天津市工业经济发展“十一五”规划纲要》进一步明确了装备制造业的发展目标、发展战略、发展方向和重点，提出了产业技术方向、重点项目和投资以及空间布局。落实《国务院关于加快振兴装备制造业的若干意见》（国发［2006］8号），依据《天津市工业经济发展“十一五”规划纲要》和《天津市装备制造业“十一五”发展规划》对装备制造业发展提出了更加明确的发展战略、目标和重点。

（1）发展战略

以结构调整为主线，以发展自主品牌和提高产业集中度为核心，突出装备成套、自主创新和产业聚集，用高新技术改造提升装备制造业，全面促进产业结构优化升级，振兴装备制造业。

全面发展、重点支持。根据天津的工业基础，走产品多元化、全面发展的道路。充分整合现有资源，发挥比较优势，重点支持以机械装备为主的新的优势产业的形成和发展。

发展中场、培育成套。扩大中场产业的规模，提高中场产业的技术水平，大力培育具有系统设计、系统集

成、工程总承包和全程服务为一体的工程公司，提高重大装备的成套能力。

接纳转移、自主创新。充分发挥天津的区位优势，抓住当前国际产业结构调整和转移的机遇，积极地、有选择地承接国际产业转移，在引进吸收的同时不断提高自主开发和创新能力。

突出聚集、优化布局。抓住滨海新区开发开放的机遇，以培育产业的国际竞争力为目标，以大基地、大项目、大品牌的建设为契机，以大企业集团为龙头，以产业链构建为核心，加速推动产业聚集，在滨海新区建成若干个充分体现水平、具有较强竞争力的产业聚集区，增强产业的辐射和带动作用。

（2）发展目标

立足天津、带动区域、辐射全国、面向世界，成为具有较强集聚与辐射功能的中国装备制造业基地之一，形成一批具有自主知识产权、国内领先、在国际上有较强竞争力的企业或企业集团。

到 2010 年，装备制造业总产值比 2005 年翻一番，达到 6400 亿元，年均增速 15%，占全市工业总量的 44%。其中，以通用设备制造业、专用设备制造业、电气机械及器材制造业、仪器仪表及办公用机械制造业等为主的机械装备制造业总产值达到 1500 亿元，年均增长 15%，占全市工业总量的 10% 左右。重点培育 10 家以上具有自主知识产权、国内领先或国际先进、在国际上有较强竞争力的大型装备制造企业集团。

（3）发展重点

按照全面发展、重点支持的原则，把装备制造业发展重点分成三类：优先发展、重点发展和鼓励发展。

优先发展以“六大成套设备、十类重点产品”为代表的加工母机及关键基础零部件，“六大成套设备”主要包括工程机械成套设备、重型机械成套设备、发电成套设备、环保成套设备、输配电成套设备和橡胶机械成套设备，“十类重点产品”主要包括电梯、电气传动产品、柴油发动机、液压件、压力机、高速精密机床、工业泵产品、起重设备、减速机和制冷压缩机。

重点发展基础好、技术含量较高、附加值大、带动作用强、目前能形成优势的装备，主要包括：以无线通信和显示器为代表的电子及通信设备制造业，以汽车、船舶和航空航天制造业为代表的交通运输设备制造业，以输配电及控制设备制造业为代表的电气机械及器材制造业，以环保机械制造业为代表的专用设备制造业。

鼓励发展有一定基础、能形成优势或国内制造能力尚较薄弱的成套装备。

1.3　制定和落实配套政策

制定实施“振兴天津市装备制造业专项计划”。对于重大装备共性技术、基础性技术和关键技术的攻关设立专项资金，以专项计划的形式，集中优秀人才和有效资源组织攻关。同时，设立担保基金或风险基金，为金融介入和企业高科技开发分担风险，调动金融业和制造企业发展装备制造业的积极性。

加强对企业技术创新活动的支持。对企业技术中心建设、国家和市重点技术创新项目、重大国产化、引进的高新技术和关键技术消化吸收、产学研联合项目的规划指导、政策制定、立项审批、资金筹措等方面加大支持力度。《天津市人民政府关于实施科技发展规划纲要建设创新型城市的政策措施》提出实施促进自主制造的装备技术政策，支持重大装备和技术引进消化吸收再创新，积极推进重大装备的自主制造。天津市工业技改贴息和企业技术创新资金对装备制造业的技术改造和技术创新项目给予重点支持。

制定并定期发布天津市装备制造业产品发展导向，切实加强宏观调控和组织协调，引导企业发展。

对于政府组织的重大工程，联合各公司投标、合作设计、合作制造，鼓励在重大工程中使用本市装备和由本市工程公司投标或与国内外公司的联合投标。发挥先进重大技术装备首台（套）的市场示范作用。

落实《财政部、国家发展改革委员会、海关总署、国家税务总局关于落实国务院加快振兴装备制造业的若干意见有关进口税收政策的通知》精神，制定下发了《天津市财政局关于落实国家加快振兴装备制造业进口税收政策问题的通知》，对国内企业为开发、制造重大技术装备而进口的部分关键零部件和国内不能生产的原材料所缴纳的进口关税和进口环节增值税实行先征后退政策。

2. 在天津市经济中的地位

2.1　主要经济指标及产业地位

2006—2008 年，天津市装备制造业工业总产值从 4102.35 亿元增加到 5456.95 亿元，年均增长 19.7%；工业增加值从 932.53 亿元增加到 1320.72 亿元，年均增长 24.1%。2008 年，装备制造业占全市工业总产值的比重为 45.0%，占全市工业增加值的比重为 37.5%。

表1　天津市装备制造业主要经济指标　（单位：亿元）

年份	工业总产值	主营业务收入	工业增加值	利税总额	利润总额	从业人数/万人
2006年	4102.35	4262.03	932.53	342.70	243.33	47.47
2007年	4637.60	4619.42	1170.02	355.83	241.77	50.49
2008年	5456.95	5204.09	1320.72	380.90	261.01	54.47

注：统计口径为规模以上企业。

2.2　三年建设投资情况

2006—2008年，天津市装备制造业项目投资总额2148亿元，其中2006年为127亿元，2007年为1113亿元，2008年为908亿元，三年年均投资716亿元。从三年来各产业领域投资情况看，机械装备制造业投资比重最大，占44.74%，电子信息产业占23.09%，汽车产业占20.44%，航空航天产业占11.73%。项目投资有力地促进了装备制造业的快速发展和航空航天产业的迅速崛起。

重点项目投资情况：2007年到2008年底，天津市先后分四批累计推出了80项重大工业项目，总投资4358亿元，平均投资规模54.5亿元，其中装备制造业项目占全部投资的48%。这些项目涉及具有世界领先技术水平的直升机、无人驾驶飞机、航天器制造、地效飞行器、气动脱硫、数字视频监控芯片、光通信、薄膜光伏电池项目，以及风电成套、海上石油钻探成套、超大型轮胎成套、采矿成套、港机成套等。

3. 产业结构的调整分析

3.1　产业结构

在天津市装备制造业中，电子及通信设备制造业和交通运输设备制造业优势明显，2008年两个行业工业总产值占全市装备制造业的56.2%。其中，电子和通信设备制造业实现工业总产值1719.49亿元，占全市装备制造业的31.5%；交通运输设备制造业实现工业总产值1348.31亿元，占24.7%；以专用设备制造业、通用设备制造业、电气机械及器材制造业、仪器仪表及办公用机械制造业为主的机械装备制造业实现工业总产值1951.1亿元，占35.8%。

表2　天津市装备制造业产业构成　（单位：亿元）

行业名称	2006年		2007年		2008年	
	工业增加值	占比重（%）	工业增加值	占比重（%）	工业增加值	占比重（%）
金属制品业	54.09	5.80	83.99	7.18	97.83	7.41
通用设备制造业	67.24	7.21	138.60	11.85	178.67	13.53
专用设备制造业	47.68	5.11	66.69	5.70	142.98	10.83
交通运输设备制造业	153.36	16.45	238.39	20.37	277.42	21.01
电气机械及器材制造业	78.43	8.41	105.23	8.99	153.46	11.62
通信设备计算机及其他电子设备制造业	509.44	54.63	513.70	43.91	443.98	33.62
仪器仪表及文化办公机械制造业	22.29	2.39	23.43	2.00	26.38	2.00
总计	932.53	100.00	1170.02	100.00	1320.72	100.00

注：统计口径为规模以上企业。

3.2　优势和特色产业

在电子及通信设备制造业领域，形成了以摩托罗拉（中国）电子有限公司、三星通信技术有限公司、三星电子显示器有限公司、三星电子公司等为主体的制造企业集群，成为我国重要的电子信息产业基地之一。2008年手机产量9004.8万部，占全国的16.1%。

在交通运输设备制造业领域，天津是我国重要的汽车生产基地之一。2008年生产轿车53.81万辆，占全国的 10.7%。夏利车在经济型轿车领域占有重要位置，汽车模具、汽车线束、汽车齿轮设计制造、汽车发动机设计制造等配套领域具备一定优势。

在机械装备制造业领域，以天津机电工业控股集团为主体，形成了由工程动力、机床工具、电梯、发电设备、通用机械、起重运输设备、环保机械、基础元器件等组成的基础装备工业体系。2008 年，天津机电工业控股集团完成主营业务收入 303.8 亿元，出口总值 36.7 亿元，主要产品覆盖电力、石化、冶金、建筑、轨道交通、环保、船舶制造、筑路工程、军工等多个行业。

表 3　主要优势特色装备一览表　　（单位：亿元）

序号	优势特色装备名称	主要技术指标	制造企业	2007 年销售收入	国内市场占有率（%）	出口交货值
1	液压机	压力吨位 30 ~ 10 万 kN	天锻压力机公司	4	20	—
2	齿轮加工机床（铣齿机）	模数 2.5 ~ 15	天津一机床总厂	3	50	—
3	PQF 轧管机组	ϕ68mm、ϕ58mm、ϕ60mm 无缝钢管三辊连轧	天津赛瑞机器设备有限公司	9	100	—
4	电气传动设备	6QM1032、6QM1034、6QM1035、6QM1350	西门子电气传动有限公司	20.8	20	0.1
5	轮胎机械	挤出机最大排胶量 320kg/h	天津赛象科技股份有限公司	6.4	50	0.05
6	三星液晶显示器	—	天津三星显示器公司	143	25.7	71.8
7	多效低温海水淡化设备	—	宝成机械集团有限公司	2.78	—	—

4. 自主创新

4.1　创新投入和技术创新体系建设

2006 年，天津市规模以上装备制造企业 R&D 经费投入共计 80.27 亿元，占销售收入的比重达到 1.9%。2008 年，天津市规模以上装备制造企业 R&D 经费投入占销售收入的比重达到 2.8%。

天津市在装备制造业领域拥有一批实力较为雄厚的科研和技术开发机构，成为国内研究及培养人才的重要基地。主要有精密测试技术及仪器国家重点实验室、光电信息技术科学重点实验室、电气传动国家工程研究中心、重型技术装备国家工程研究中心等国家级研究机构。此外，很多装备制造企业都设有企业技术中心，其中鼎盛工程机械公司技术中心、天津钢管集团有限公司技术中心、天津汽车工业集团技术中心、天津赛象科技股份有限公司技术中心、天铁冶金集团技术中心、天津天仪集团仪表有限公司技术中心、中天仕名集团有限公司技术中心等 7 家为国家级企业技术中心，占全市国家级企业技术中心的 37%。

4.2　开发成功的部分重大装备

表 4　开发成功的部分重大装备一览表

序号	装备名称	制造企业	主要技术指标	工程应用情况	产业化情况
1	子午线轮胎设备生产机械	天津赛象科技股份有限公司	挤出机最大排胶量 320kg/h，适用钢丝圈范围 14 ~ 20in	研制开发成功了 18.4R34、18.4R38、13.6R28、380/70R24、380/70R28 等五个规格的 85 系列以及 70 系列大型拖拉机驱动轮子午线轮胎设备	—

（续）

序号	装备名称	制造企业	主要技术指标	工程应用情况	产业化情况
2	φ180mm 无缝钢管六辊斜辊矫直机	天津赛瑞机器设备有限公司	矫直钢管外径 φ48～180mm、壁厚 4～25mm、钢管最大屈服强度 1138MPa	该设备已成功应用于天津天管元通管材制品有限公司	—
3	φ159mm 特种无缝钢管用水淬设备	天津赛瑞机器设备有限公司	淬火钢管：外径 φ60.3～194.5mm，壁厚 3.56～16.5mm，最大重量 1225kg；淬火速度 15～120r/min	该设备已成功应用于攀成钢无缝钢管公司	—
4	特殊无缝钢管用 HTE－1200 型水压试验机	天津赛瑞机器设备有限公司	试压钢管：外径 φ390～1200mm，壁厚 20～250mm，长度 3～11m，最大重量 15t；试验压力 19MPa；轴向最大拉力 15680kN	该设备已成功应用于 V&M 常州无缝钢管厂	—
5	1.5MW 双馈异步风力发电机	天津赛瑞机器设备有限公司	型号：YRKFF500－4； 额定功率：1540kW； 电机极数：4P； 额定转速：1800r/min； 速度范围：1000～2000r/min	该设备已成功应用于三一重工股份有限公司	与三一重工签订 2009 年批量生产 100 台的合同
6	3NB－1300F 钻井泥浆泵	大港油田集团中成机械公司	输送介质：泥浆；额定功率 1300hp；额定最大排出压力 35MPa；额定最大排出流量 45.4L/S；噪声≤95dB；易损件寿命：活塞＞300h，缸套＞700h，阀组＞900h	2007 年 10 月在大港油田第一钻井公司 50530 和 50541 队使用，泵体运转平稳，噪声小，排量大，密封垫、反尔体、活塞和缸套等易损件耐用，泵压稳定，保险阀灵敏好用，得到用户的认可	目前国内已销售 16 台，出口 8 台，累计销售 2100 多万元，利润 400 多万
7	5ZB－48/28 超大规格五柱塞泵	大港油田集团中成机械公司	进口压力≥0.03MPa，排出压力 28MPa，柱塞直径 φ700mm，冲程 230mm，最大流量 $50m^3/h$，泵速 200r/min	2006 年在冀东油田柳南产能配套注水建设工程以及老爷庙回灌站建设工程中得到大量应用	已销售 5ZB－48/28 超大规格五柱塞泵 113 台，产值 5188 多万元
8	内置旁路型在线运行软起动器	天津市诺尔电气有限公司	减少内置旁路接触器的自身功耗，增强接触器工作稳定性	神州 5 号载人飞船发射控制中心、国务院办公楼空调技改工程等	年产 1 万台
9	智能交流变频型电动执行机构	天津市津达执行器有限公司	变频调速功能；柔性启动、柔性停止功能；对电机过电流、过电压、缺相和堵转等全面的保护功能	广泛用于电力、冶金、供热、建材等领域	年产 1000 台

5. 产业集聚区建设

表5 天津市装备制造业产业园区（集聚区）汇总表 （单位：亿元）

产业园区（聚集区）名称	产业特色	龙头企业	2007年主要经济指标		
			销售收入	工业增加值	利税总额
天津高新区	新能源产业、IT制造、机械装备、生物医药	力神电池、乐金电子（天津）电器有限公司、天津三美电机有限公司、苏司兰能源（天津）有限公司、歌美飒风电（天津）有限公司	1478.36	202	190
天津开发区	电子通信、汽车、机械装备	摩托罗拉、丰田汽车、中国天津奥的斯电梯有限公司、维斯塔斯风力技术（中国）有限公司、中石油渤海装备	3427.3	948.1	274.6
西青经济开发区	通信设备计算机及其他电子设备制造业	中芯国际集成电路制造（天津）有限公司	858	630	110
西青汽车零部件产业密集区	交通运输设备制造	天津一汽夏利汽车股份有限公司	322	80	30
西青金属深加工产业密集区	金属制品业	华璟金属材料有限公司	90	10	7
津南环保产业园区	新型环保设备研发制造	天津石泰磁钢科技有限公司、天津宝成集团	5.68	0.98	0.45
滨海民营经济成长示范基地	优质钢材加工、石油装备制造、重装设备	天津荣程钢铁集团、天津市立林集团	149.64	25.74	11.67

天津高新区。创建于1988年3月，1991年3月被国务院批准为国家级高新技术产业开发区，由华苑产业区、南开科技园政策区和武清科技工业园、北辰区科技工业园和塘沽海洋科技工业园辐射区组成。2006年滨海高新区纳入天津高新区，成为科学技术部和天津市共建的全国第一个国家高新区，形成了新能源产业、IT制造、机械装备、生物医药等一批具有较强竞争力的主导产业。2008年，天津高新区完成销售收入1718亿元，主要经济指标保持30%以上的增长速度。装备制造业是高新区重点发展的产业，主要分布在华苑产业区和北辰科技工业园，产业领域涉及输变电设备、工程机械、汽车、专业设备、仪器仪表等。装备制造业收入前100家企业的生产总值达到168.90亿元，总收入166.97亿元，其中超过1亿元的企业36家，超过10亿元的企业4家。

天津开发区。1984年12月6日经国务院批准建立，为中国首批国家级开发区之一，是滨海新区重要的经济功能区，由东区、西区、微电子、逸仙园和现代产业区等五部分构成，总体规划面积122km^2。2008年，天津开发区实现工业总产值3730亿元，占全市的30.8%，占滨海新区的49%；实现出口171.31亿美元，占全市的40.6%，占滨海新区的65.5%。区内有世界500强跨国公司投资企业139家，培育形成了电子通信、汽车、机械装备、医药、化工和食品饮料等6个产出规模大、配套能力强、主导产品突出的优势行业，装备制造业占全区工业总产值的18.2%。拥有工信部授牌的“移动通讯产业园”、“片式元器件产业园”和“集成电路产业园”等3个产业园，以及商务部授牌的“国家级汽车及零部件出口基地”。

西青汽车零部件产业区。位于天津市西青区，以中北镇、杨柳青镇和张家窝镇为核心，重点发展汽车及零配件产业。其中，中北工业园2007年末从业人员42670人，681家企业，实现销售收入313.7277亿元；杨柳青工业园2007年末从业人员3600人，45家企业，实现销售收入8.2012亿元；张家窝工业园主导工业分两块，其一为电子零部件，其二为汽车零部件，2007年末从业人员8000人，81家企业，实现销售收入35.6亿元。

第二节　存在问题

尽管天津装备制造业拥有一定的产业基础和比较优势，但是总体上还存在一定的问题，主要表现在：

1. 创新能力尚需进一步提高

装备制造企业每年用于技术开发的费用平均占销售收入不足2%（国外一般在5%以上），具有技术中心的企业只有3%左右。技术创新大多限于产品工艺的延伸、改进与提高，缺少拥有自主知识产权的产品和技术，具有较强竞争力的自主品牌少。

2. 成套能力有待进一步增强

主机制造、零部件、元器件产业制造能力较强，但产品基本属于配套型结构，主机终端产品少，特别是大型成套装备较少。以大型主机制造为核心、上下延伸、专业化水平高、规模效应明显的产业链需要进一步完善。

3. 产业集中度有待进一步提高

装备行业产业门类较为齐全，但布局较分散，缺乏具有较强竞争力的大型企业（集团），产业集中度不高，聚集效应有待进一步提高。

虽然天津装备制造业还存在着一些问题，但天津优越的地理位置、雄厚的工业基础、丰富的科技资源，特别是滨海新区开发开放的历史机遇，为装备制造业承接国际产业转移、融入全球分工体系、推进产业自主创新创造了优势条件。

第三节　发展展望

1. 应对全球金融危机的策略和发展思路

天津是我国重要的工业基地，落实胡锦涛总书记“两个走在全国前列”、“一个排头兵”的重要要求，建成滨海新区高水平现代制造业和研发转化基地，实现天津北方经济中心的城市定位，都要求必须把装备制造业放在重要位置，努力在危机中抢抓机遇，增强发展后劲，实现产业振兴。

1.1　总体思路

今后三年，天津装备制造业发展的总体思路是：以科学发展观为统领，紧紧抓住滨海新区开发开放的历史机遇，走新型工业化道路，着力推进产业结构优化升级，着力增强自主创新能力，着力优化产业空间布局，进一步转变发展方式，培育一批具有自主知识产权、国内领先、在国际上有较强竞争力的大型装备制造企业集团，推动装备制造业向成套化、创新化、集群化方向发展，不断壮大产业规模，提高产业综合素质和国际竞争力。到2011年，装备制造业总产值将达到10930亿元，年均增长26.1%，占全市工业的比重达到48.2%，比2008年提高3个百分点。

1.2　主要任务

（1）突出结构优化，着力构建高端化、高质化、高新化的产业结构。重点发展以航空航天、汽车为主的交通运输设备制造业，以通用和专用设备制造业为主的机械装备制造业和以移动通信、基础元器件、高性能计算机等为主的电子信息产品制造业，培育新兴产业，加快用高新技术改造提升传统装备工业，推动产业链向高端转移，促进产业向高质转化，实现产业结构向高新转变。

航空航天产业。重点发展以空客A320、无人驾驶飞机、直升机、航空发动机制造及维修、航空电子设备、机场设备和航空仪表等为主的航空产业和以大推力运载火箭、卫星有效载荷、地效飞行器、航天器、空间站等为主的航天产业，建成年产空客A320飞机44架的生产能力，建成推力120t、最大载荷25t、直径5m的第五代运载火箭制造基地，形成完备的航空航天产业体系，成为我国重要的航空航天产业基地。

汽车产业。重点发展轿车，加快发展商用车、特种车以及为整车生产配套的汽车零部件，轿车生产能力达到100万辆，电动汽车研发能力达到全国领先水平，成为国内重要的轿车生产基地和电动汽车研发生产基地。

电子信息产业。进一步向高端化发展，重点发展集成电路、移动通信、显示器、高性能计算机、新型元器件、汽车电子、光电子与光通信等领域，电子元器件保持全国领先，集成电路步入全国先进行列，高性能服务器位居世界先进水平，成为我国重要的高端电子信息产品研发制造基地。

机械装备制造业。向大型、成套和精密方向发展，立足自主创新，大力调整产业结构，进一步拓宽产品领域，重点发展加工母机及关键基础零部件，以工程机械、风力发电设备、超高压输变电设备、石化装备、海上油田开采设备等为核心的系列成套装备，以大型盾构机、重型起重设备、集疏港设备等为代表的重型装备以及大型船舶制造装备等，成为国内重要的大型成套装备制造基地。

（2）突出自主创新，提高重大技术装备自主化水平。把增强自主创新能力作为推进产业结构优化升级、构筑产业新优势的中心环节。进一步完善以产业技术研发平台和三级企业技术中心为基本架构的技术创新体系，在引领产业发展的关键技术、核心技术和催生新产业的重大产品创新上取得新进展，加快实施一批自主创新重大项目，努力培育一批自主品牌，增强重大技术装备自主化水平。

抓好体系、人才、机制三个环节。进一步完善产业平台的机制建设，加大培养引进高水平的技术带头人和技术领军人才力度。深入落实鼓励企业技术创新的政策措施，进一步加大技术投入，加快企业技术中心建设步伐，选择有优势的企业技术中心进行重点培养，在科技投入、人才培养、研发基础设施建设、自主知识产权产品的开发等方面加大工作力度，不断增强企业自主创新能力。

狠抓产业、产品和工艺三大创新。加大关键核心技术和重大产品的自主攻关。重点推进船舶自动识别系统（AIS）、超高亮度发光二极管外延片及功率型芯片、巨型工程子午线轮胎一次法成型机、数控弧齿锥齿轮加工成套技术装备等的开发和产业化。加快水电成套设备、风力发电成套设备、石油开采成套设备、空港地面成套设备、机场设备、机载设备、港口机械设备等重大关键技术的研发和产业化。

实施专利、品牌、标准三大战略。提高装备制造企业专利申请数量，在打造百亿品牌、培育千亿品牌上实现新突破。积极鼓励企业参与国际、国家和行业标准制定，努力实现技术专利化、专利标准化、品牌全球化，显著提升装备制造业的自主创新能力。

（3）突出产业聚集，进一步优化装备制造产业空间布局。重点打造航空航天、汽车、重型装备、电子信息等产业聚集区，发展一批特色装备制造产业集群，提高产业聚集水平，促进产业集约节约发展。

航空航天产业。在航空城、开发区西区和滨海高新区形成航空航天产业集聚区。发挥毗邻空港的区位优势，借助国家的政策支持，依托空客 A320、直升飞机等项目在航空城的落户、大推力运载火箭在开发区西区的落户，以及中国民航大学的科研优势，进一步吸引国内外大型航空航天企业入驻，形成航空航天产业的设计、总装、试验和核心部件研发制造基地。

汽车产业。形成开发区中高级轿车及新能源汽车产业集聚区和杨柳青轿车及新能源汽车产业集聚区。开发区东区借助临港优势，围绕丰田汽车及其配套企业，继续做强中高级轿车的研发制造；杨柳青依托一汽夏利和一汽丰田的发展基础，在继续发挥经济型轿车研发生产优势的基础上，拓展产品领域，优化产品结构。同时，依托各区县汽车配套产业基础，发展一批专业化汽车配套产业集群。

机械装备制造业。依托临港优势，整合临港工业区和临港产业区，在滨海新区重点建设临港重装产业基地。利用各区县已有的发展基础以及大项目落户的辐射带动作用，重点发展精密、数控、光机电一体化和基础零部件等一批特色专业化产业集群。

电子信息产业。在天津西南地区，规划建设西青和华苑等部分区域组成的电子信息产业聚集区，重点发展微电子、光电子产业，努力打造产业规模大、技术水平高的电子信息产品研发制造基地。同时，依托已经形成的具有一定产业基础和优势的工业园区，重点发展移动通信、航空电子、汽车电子等特色产业集群。

1.3 主要措施

（1）落实国家装备制造业产业振兴规划。围绕天津重点发展的装备制造产业领域，重点支持一批项目纳入国家产业振兴规划，对列入振兴规划的重点项目，优先在规划、土地、基础设施等方面给予支持。

（2）加大项目投资力度。未来三年，装备制造业每年投资 900 亿元以上，重点推进对壮大产业规模、优化产业结构、提升技术水平和转变发展方式具有示范带动作用的重大装备制造项目建设，始终做到投产达标一批、开工建设一批、储备报批一批，为产业发展提供项目支撑。

（3）加强政策支持引导。修订装备制造业产业结构调整优化和产业导向目录，引导传统产业改造升级，加快淘汰类落后产业退出。综合运用财政税收、工业技改、科技创新等政策，在项目立项、扶持政策、政府采购等方面加大对装备制造业的支持力度。

（4）鼓励企业兼并重组。鼓励有实力、有条件的大企业、大集团，充分利用金融危机加速企业优胜劣汰的时机和国家装备制造业振兴规划鼓励企业重组的政策，实施低成本跨地区扩张，提高规模经济，发展成套服务，培育具有综合竞争优势的大型企业集团。

（5）支持企业开拓市场。瞄准国际、国内两个市场，用好国家出台的一系列鼓励出口的政策，调整出口结构，加快有竞争力的机电产品出口。大力开拓国内市场，利用国家扩大内需的有利时机，支持企业参与重大工程和基础设施建设，积极抢占市场，为产业发展创造空间。

（6）加强园区载体建设。加大基础设施建设力度，打造一批具有一流承载能力的工业园区和产业功能区，进一步完善交通、水资源和能源等支撑体系。在着力改善硬环境的同时，在软环境建设上下大功夫，不断提升服务质量和水平，加大政策支持力度，营造安商、亲商、富商的投资环境，使项目引得进、建得快，让企业留得住、长得大。

2. 今后三年天津市装备制造业自主化展望

当前经济形势下，我国经济发展对装备制造有着更为迫切的需求，装备制造业的振兴尤为紧迫。天津装备制造业要抓住这一战略机遇，积极承接高端产业转移，通过自主创新、产业聚集、提高效益、提升水平，增强产业发展的核心竞争力，实现从产业链低端向高端跃进，构建可持续发展模式，应对竞争激烈、资源能源紧缺、成本增加的挑战。因此，未来天津装备制造业将突出表现为国际化、聚集化、创新化、信息化、服务化和绿色化的发展趋势。

国际化发展。随着世界经济的加快调整，制造业的国际生产网络快速扩张，国际产业转移由产业结构的梯度转移逐步演变为增值环节的梯度转移，当前国际产业转移在转移内容、转移方式和承接环境上都提出了新的要求。天津作为东部沿海核心城市之一，是新一轮产业转移的主要承接地，为天津装备制造业加快产业结构优化升级、融入全球产业体系提供了条件。

聚集化发展。产业聚集是现代制造业的显著特征和发展趋势，以优势和特色产业为支柱、创新要素集聚的现代工业园区正在成为制造业发展的主要载体。建设现代工业园区，发挥产业集群和创新要素集聚的作用，成为装备制造业发展的主要趋势。天津装备制造业下一步将充分利用已经形成的产业基础，发挥临港优势，引导大型装备制造企业向临海重装产业基地转移，促进产业聚集发展。

创新化发展。提高自主创新能力是增强产业核心竞争力和抗风险能力的根本途径。提高国产装备产品的比重，实现重要装备产品的自主化，要求装备制造业必须立足自主创新，提升产品技术水平，推进产业技术进步。进一步增强产业的原始创新、集成创新和引进消化吸收再创新能力，从“天津制造”向“天津创造”转变，是天津装备制造业下一步发展的战略选择。

信息化发展。信息化与工业化融合发展是产业发展的必然趋势，未来装备制造业与信息技术等高技术结合，推进产业向全面信息化方向发展。发展趋势主要是柔性制造系统、计算机集成制造系统的开发与推广应用，并向制造智能化方向发展，实现技术的融合化、产品的高技术化和系统的集成化。天津装备制造业要顺应这一趋势，积极推进两化融合，加快传统装备制造业的信息化改造提升。

服务化发展。从市场调查、产品开发、生产制造、销售、售后服务直到产品报废、解体或回收，体现出全方位为顾客服务、为社会服务的宗旨。装备制造业正在从以生产为中心向以服务为中心、具有综合工程能力的方向转变，服务收入在总收入中的比例越来越高。大力发展研发设计、营销服务、总部经济等相关生产性服务业和知识密集型产业，是天津装备制造业下一步发展的重要方向。

绿色化发展。向环保化或绿色化方向发展成为制造业在21世纪发展的必由之路，其目标和宗旨是使制造的产品在设计、制造、包装、运输、使用、维护直至报废处理和善后处置的整个产品生命周期中，对环境的不利影响最小，而对资源的利用效率最大。在愈来愈恶化的资源瓶颈和环境容量的严重制约面前，发展循环经济是装备制造业落实科学发展观、实现可持续发展的必由之路，用循环经济理念指导区域发展、产业转型和传统产业改造，是实现天津装备制造业又好又快发展的必然要求。

第三章 河北省装备制造业发展报告

装备制造业是河北省确定的三大战略支撑产业之一，经过几十年的发展，已有相当的基础和规模，特别是《国务院关于加快振兴装备制造业的若干意见》发布以来，河北省认真贯彻落实国发［2006］8 号文件和国务院振兴装备制造业工作会议精神，制定了一系列振兴装备制造业的政策措施，实施了一批重大装备制造业项目，加快了结构调整步伐，取得了显著成效，为我国装备制造业的振兴做出了积极贡献。

第一节 三年来河北省装备制造业发展评估

1. 建立组织协调机制，制定发展规划和配套政策

1.1 建立组织协调机构和机制

为深入贯彻落实国发［2006］8 号文件精神，省政府出台了《河北省人民政府关于加快振兴装备制造业的实施意见》，明确提出要建立促进装备制造业振兴的组织协调机构和工作机制。省市两级在政府的统一领导下，由发展改革部门负责振兴装备制造业的组织领导和协调，具体工作由河北省发展改革委工业局机械轻纺处负责，各区市发展改革委也明确了专人负责，重点研究制定和落实振兴装备制造业的发展规划、工作方案和政策措施，协调处理振兴装备制造业工作中的各种关系和问题，组织实施装备制造业的重大项目，形成了上下联动、协调配合的工作运行机制，为振兴装备制造业提供组织保障。河北省机械行业协会充分发挥政府和企业之间的桥梁作用，建立了市场供应、生产能力、技术经济指标等方面的信息定期发布制度和行业预警制度，向政府行政主管部门及时反映行业动向，提出政策建议，帮助企业协调解决有关问题，引导企业健康发展。目前，全省上下已形成了振兴装备制造业的合力，创造了良好的发展环境和氛围，正在努力把装备制造业建成河北省的重要战略支撑产业。

1.2 制定发展规划

根据国发［2006］8 号文件精神，结合河北省实际，省政府先后以冀政［2006］72 号和冀政［2008］1 号文件印发了《河北省人民政府关于加快振兴装备制造业的实施意见》和《关于促进装备制造业发展的实施意见》，明确提出了加快装备制造业发展的思路、目标和重点。

（1）发展战略

按照“面上提升，点上突破；发展整机，加强配套；接纳转移，努力创新”的发展思路，重点实施大企业大项目带动、与国内外大企业大集团合作和信息化带动工业化三大战略。

（2）发展目标

壮大整体实力：“十一五”期间，河北省装备制造业主要经济指标力争年均增长 30% 以上，到 2010 年，增加值达到 1440 亿元，销售收入达到 5300 亿元，利税达到 700 亿元，在全省工业中的比重提高到 20% 左右（提高 6 ~ 7 个百分点），在全国装备制造业中的位次力争前移。加大合资合作，扩大出口，出口产品产值比重由 10% 提高到 15% 以上，外向度进一步提高。

培育产业龙头：提高水平，壮大优势，形成 30 个国内领先、国际先进、国内市场占有率名列前茅的产品，产品结构得到优化。积极引导，重点扶持，力争形成 10 家 30 亿元以上（4 家超 100 亿元）、具有较强核心竞争力的龙头企业，发展一批专、精、特中小企业，企业组织结构实现优化。

提升技术水平：建立信息服务公共平台和虚拟工程技术中心，参与网络化制造的企业达到 30%。采用信息技术提高装备产品的性能和技术水平，可嵌入信息技术的装备产品 50% 以上实现嵌入。大力推广应用创新设计

理论和计算机辅助设计、并行设计等先进设计技术，在大中型企业的普及率达到80%。推广应用柔性化加工、精益生产、敏捷制造、精密加工、快速成型等先进制造技术，采用先进适宜制造技术的企业达到50%。加快营销、服务、管理体系的信息化改造，实现信息化综合管理的企业达到50%。

（3）发展重点

根据国家产业政策和装备制造业发展趋势，结合河北省实际，充分发挥比较优势，以扩大市场占有率和提升竞争力的装备和技术为主攻方向，以发展规模效应突出、带动性强的整机产品或成套设备为重点，围绕电气设备、交通运输设备、专用及通用设备三大领域，明确主攻方向和重点。

①电气设备

新能源设备：重点发展风力发电设备，提高技术水平和质量，加快兆瓦级叶片、齿轮箱和发电机组开发与生产。

发电设备：开发超超临界火电机组、燃气－蒸汽联合循环机组、核电机组、整体煤气化燃气－蒸汽联合循环机组，发展100万kW先进核电机组主设备。同时发展大型电站空冷技术所需大风量、低噪声风机，与核电站配套的大口径、高密闭、快速阀门等关键设备。

输变电设备：向超高压、大容量、低噪声、低损耗、智能化、高可靠性方向发展。重点发展500kV以上特高压交流和±800kV直流变压器、电抗器、封闭组合开关、高压电瓷、电缆等输变电成套设备和高效节能配电设备，同时发展非晶带材及非晶变压器和数字化变电站。

②交通运输设备

汽车：重点发展轻、微型客（货）车及适合我国国情的经济型乘用车、关键零部件和专用车，积极发展客车、重型载货车和节能环保型汽车。

船舶：在修船和小型造船基础上，建设30万吨级造船坞，发展大型船舶制造。同时发展船用钢料处理中心等造船配套产业。

铁路装备：重点发展时速300km以上电动车组和新型客车、地铁和轻轨车辆、铁路桥梁和道岔、客车空调制冷机组。

飞机：重点发展15座以下通用飞机，注重产业链延伸，实现产业化。

③专用及通用设备

输送设备：重点发展链式输送机、皮带输送机、立体停车库等。

冶金矿山设备：重点发展冶金轧辊、干熄焦设备、刮板输送机、冷热轧机，巩固国内领先地位，增强国际竞争实力。

水泥设备：重点发展日产5000～10000t新型干法水泥装备，向大型化、成套化、环保节能型发展。

工程施工设备：重点发展大型推土机、轮式装载机、液压挖掘机、工程钻机以及混凝土设备等。

纺织设备：重点发展高速喷气织机、宽重型特种织机，开发电脑针织机和细纱机。

环保设备：重点发展城市污水处理、生活垃圾处理、除尘设备及电站脱硫、疏浚工程、污水处理所需的大型污水泵、脱硫泵、挖泥泵等产品。

机械加工设备：重点发展数控专用机床、智能焊接设备。

在重点发展上述领域的同时，对电机、管件、轴承、紧固件、链传动件、铸件、模具、金属结构件、铸铁管、金属丝绳及制品、金属丝网等基础配套产品和金属制品的发展也要给予足够的重视，推进产业聚集，壮大整体实力。

1.3　制定和落实配套政策

河北省在贯彻落实国发［2006］8号文件及配套的一系列政策措施的基础上，在《河北省人民政府关于加快振兴装备制造业的实施意见》中提出了振兴装备制造业的九条政策措施。一是突出抓好长城20万辆新型乘用车改扩建、长安汽车定州基地、河北福田重机总体改扩建、唐山高速电动车组、山海关百万吨造船、保定天威变压器改扩建等10大装备制造业重点支撑项目，实行“一项一策”的扶持政策；二是壮大龙头骨干企业；三是抓好重点企业生产运行；四是加强对内对外合作；五是提高自主创新能力；六是强化人才队伍建设；七是落实相关优惠政策；八是加大投入和奖励；九是加强组织领导，省市两级在政府的统一领导下，由发展改革部门负责振兴装备制造业的组织领导和协调。

随后，河北省政府出台了《关于促进装备制造业发展的实施意见》，又对上述政策措施进行了完善和提升，明确电气设备、交通运输设备、专用及通用设备为河北省装备制造业的三大重点发展领域，着重规划和建设保定输变电设备及新能源设备、保定汽车及零部件、秦皇岛及唐山造修船、唐山动车组、邢台标准件、安平丝网、临西轴承、大厂装备、曹妃甸装备和秦皇岛兴龙轮毂有限公司铝合金汽车车轮、唐山齿轮集团有限公司重型汽车变速器、唐山冀东水泥股份有限公司大型水泥成套及相关设备等 10 大基地、12 大园区和一批重大项目，以此来推动全省装备制造业又好又快发展。

同时，对国家出台的《“十一五”国家重大技术装备研制和重大产业技术开发专项规划》、《关于落实国务院加快振兴装备制造业的若干意见有关进口税收政策的通知》、《关于改进和加强重大技术装备研制经费管理的若干意见》、《自主创新产品政府采购管理办法》、《自主创新产品政府采购评审办法》和《自主创新产品政府采购合同管理办法》、《关于进一步推进大型石化装备国产化实施方案》、《关于加快推进大型冶金装备国产化实施方案》和鼓励固定资产投资项目建设优先采购国内首台设备和自主创新装备产品等一系列政策措施，在实际工作中认真落实，为河北省装备制造业快速发展创造了良好环境。

2. 在河北省经济中的地位

近年来，河北省装备制造业保持了 30% 左右的增长速度，整体规模和实力逐步增强。2007 年主要指标在全国装备制造业中位居第 12 位左右，已成长为河北省继钢铁工业之后的第二大行业。

2.1　主要经济指标及产业地位

表 1　河北省装备制造业主要经济指标　　（单位：亿元）

年份	工业总产值	销售收入	工业增加值	利税总额	利润总额	出口交货值	从业人数/人
2006 年	1950.4	1862.5	524.04	176.12	123.77	185.6	568482
2007 年	2586.6	2519.8	685.06	240.05	174.55	279.17	587652
2008 年	3358	3271.26	883.34	286.45	207.28	375.37	626924

注：统计口径为规模以上企业，含通信设备、计算机及其他电子设备制造业。

全省装备制造业入统企业 2006—2008 年销售收入、工业增加值、利税总额、利润总额、出口交货值三年的平均增长率分别为：32.57%、29.84%、27.82%、29.9%、42.44%。

2006—2008 年，装备制造业总产值占全省工业的比重分别为 14.5%、14.99% 和 14%，增加值占全省工业的比重分别为 13.74%、14.81% 和 14%。

2.2　三年建设投资情况

全省装备制造业入统企业 2006—2008 年建设投资分别为：2006 年 443.1 亿元，2007 年 734.13 亿元，2008 年 954.37 亿元。

3. 产业结构的调整

3.1　产业结构

表 2　河北省装备制造业构成　　（单位：亿元）

行业名称	2006 年		2007 年		2008 年	
	工业增加值	占比（%）	工业增加值	占比（%）	工业增加值	占比（%）
金属制品业	115.83	22.11	147.83	21.58	175.28	19.85
通用设备制造业	105.27	20.09	143.21	20.91	190.91	21.62
专用设备制造业	75.75	14.46	105.14	15.35	131.63	14.91
交通运输设备制造业	86.11	16.44	106.46	15.54	137.73	15.6

（续）

行业名称	2006年		2007年		2008年	
	工业增加值	占比（%）	工业增加值	占比（%）	工业增加值	占比（%）
电气机械及器材制造业	111.18	21.22	142.71	20.84	197.07	22.31
通信设备、计算机及其他电子设备制造业	21.33	4.07	28.56	4.17	36.14	4.1
仪器仪表及文化、办公用机械制造业	8.57	1.64	11.15	1.63	14.58	1.65
总计	524.04	—	685.06	—	883.34	—

注：统计口径为规模以上企业。

3.2　优势和特色装备

表3　河北省优势特色装备一览表　（单位：亿元）

优势特色装备名称	主要技术指标	制造企业	2007年销售收入	国内市场占有率（%）
高效矿井重型刮板输送机成套设备，200kW以上大功率减速器	2×700kW	中煤张家口煤矿机械有限公司	15.23	50以上
冶金轧辊	最大长度≥11m，最大重量达到69t	中钢邢机	23.2	30
二氧化碳焊机	微电脑自动控制，焊接记忆，模糊控制技术	唐山松下产业机器有限公司	8.09	60
铁路客车	时速180km	唐车公司	8.78	20
专用设备制造业	日产1万t水泥熟料成套设备	唐山中材重型机械公司	6.5	90
纺织机械	FA467、FA468系列悬锭粗纱机	河北太行机械工业有限公司	2.45	35
IEC高效电机	满足EFFI标准	河北电机股份有限公司	6	67
脱硫泵	流量1500～15000m^3/h 扬程15～35m	石家庄强大泵业集团	1.1	50
挖泥泵	流量600～2500m^3/h 扬程20～80m	石家庄强大泵业集团	0.6	65
船舶修造、海洋工程装备及海水淡化装置	3万t散货船、巴拿马或后巴拿马型散货船、海上浮式生产储油轮、钻井平台、泄放水蒸发器、海水淡化设备	山海关船舶重工有限公司	14.6	30（造船）
220～1000kV超高压大容量变压器、直流换流变压器、平波电抗器等特大型设备	220～1000kV	天威保变（秦皇岛）变压器有限公司	15	50
铝合金轮毂	高强度轻量化的锻造、铸造旋压铝合金车轮	戴卡轮毂有限公司	38.87	39
热风阀、蝶阀等高炉用系列阀门	热风阀最大直径2.2m、蝶阀最大直径4.8m	秦皇岛秦冶重工有限公司	5.5	60

（续）

优势特色装备名称	主要技术指标	制造企业	2007 年销售收入	国内市场占有率（%）
连铸结晶器	方坯结晶器、板坯结晶器	秦皇岛首钢长白机械有限公司	8.1	40
烟草机械	CO_2 膨胀烟丝、打叶复烤、制丝	秦皇岛烟草机械有限责任公司	3.82	50
太阳能薄膜电池封装设备	太阳能薄膜电池封装	奥瑞特科技有限公司	0.39	70
丝网	非标	河北鹤煌网业股份有限公司等	100	90
大波节管容积、半容积换热器	非标容器	深州市金属结构热力设备有限公司	100	90
风机轴承箱体	GB/T6887－2004	河北同心风机配件有限公司	0.8	28
灭火器干粉灌装机	灌装速度 10kg/min，灌装精度≤0.8%	饶阳鸿源机械有限公司	0.05	63
灭火器 CO_2 灌装机	灌装速度 3kg/min，灌装精度≤0.2%	饶阳鸿源机械有限公司	0.04	61
高精度干粉自动灌装线	灌装速度 20kg/min，灌装精度≤0.2%	饶阳鸿源机械有限公司	0.02	100
锁管机	扣压范围≥150mm	饶阳鸿源机械有限公司	0.04	15
试压泵	3～130MPa	饶阳鸿源机械有限公司	0.03	40
智能 168 轧花机组	10～12kg/h.p 质量符合 GB1103 要求	邯郸金狮棉机有限公司	0.35	60
新 98 轧花机组	10～12kg/h.p 质量符合 GB1103 要求	邯郸金狮棉机有限公司	0.55	65
芳纶 1313 成套设备	50m/min	邯郸纺织机械有限公司	0.26	100
芳纶 1414 成套设备	300m/min	邯郸纺织机械有限公司	0.13	100
芳纶三成套设备	20m/min	邯郸纺织机械有限公司		100
碳纤维成套设备	300m/min	邯郸纺织机械有限公司	0.1	100
水融丝成套设备	60m/min	邯郸纺织机械有限公司	0.07	100
维尼纶成套设备	100m/min	邯郸纺织机械有限公司	0.08	100
pbo 纤维成套设备	150m/min	邯郸纺织机械有限公司		100
多晶硅太阳能电池	单锭重量 400kg；硅片重量 180um；转换效率 15.7%；碎片率：电池小于 4%，组件 1%	保定天威英利新能源有限公司	42.00	25～30
大型风力发电机组风轮叶片	额定功率 750kW，HT34 型额定功率 1500kW	中航惠腾风电设备股份有限公司	12.68	39.72

（续）

优势特色装备名称	主要技术指标	制造企业	2007年销售收入	国内市场占有率（%）
皮卡/SUV	GW413EF、GW491QE汽油机系列和GW2.8TC、GW2.8TDI、GW4D28柴油机系列，动力性、经济性在国内同类产品中均处于领先水平	长城汽车股份有限公司	75.03	30（皮卡），13（SOV）
铅酸蓄电池	国际标准	风帆股份有限公司	26.27	27
ZJ－200型系列钻机车	液压顶驱，泥浆钻井200m，空气钻井80m	保定宏业石油物探机械制造有限责任公司	0.27	100
WTZ－300型系列钻机车	转盘驱动，泥浆钻井300m，空气钻井80m	保定宏业石油物探机械制造有限责任公司	0.31	100
WTZ－50型系列钻机车	液压动力头顶驱，泥浆钻井50m	保定宏业石油物探机械制造有限责任公司	0.18	95
HY－T25/40拖拉机钻机	液压顶驱，泥浆钻井25～40m	保定宏业石油物探机械制造有限责任公司	0.08	90
HY－40ZJ人抬山地钻机	液压动力头顶驱，空气钻井和空气震击钻井40m	保定宏业石油物探机械制造有限责任公司	0.03	60
皮卡车、商务车	欧Ⅲ、欧Ⅳ	保定长城华北汽车有限责任公司	14.16	28.60
铝箔轧机	最大轴宽2000mm，最小厚度0.006mm，最大轴速1500m/min，接近国际先进水平	涿神公司	0.19	15～30

4. 自主创新

4.1　创新投入和技术创新体系建设

表4　部分重点企业2007年R&D经费投入总计及占销售收入的比重

序号	企业名称	R&D经费投入总计/万元	占销售收入比重（%）
1	中航惠腾风电设备股份有限公司	3902	3.07
2	风帆股份有限公司	14324	5.1
3	保定惠德风电工程有限公司	120	7.2
4	保定天威集团有限公司	45459.4	6.5
5	东方久乐汽车安全气囊有限公司	942.83	5.96
6	利达重工有限公司	1800	10.1
7	秦皇岛玻璃工业研究设计院	1500	8

（续）

序号	企业名称	R&D 经费投入总计/万元	占销售收入比重（%）
8	秦皇岛天业通联重工股份有限公司	1317.3	4.1
9	中国电子科技集团公司第四十五研究所	2320	21
10	廊坊华元机电工程有限公司	550	9.2
11	廊坊凯博建设机械科技有限公司	540	8
12	中煤张家口煤矿机械有限责任公司	9000	5.16
13	河北宣化工程机械股份有限公司	2716.5	3.87
14	唐山三金明盛实业发展有限公司	170	3
15	唐山轨道客车有限责任公司	3223	3.3
16	煤炭科学研究总院唐山研究院	205	5.17
17	河北金风电控设备有限公司	330	5

河北省装备制造领域国家级技术中心企业共有 9 家，分别是：风帆股份有限公司、保定天威集团有限公司、张家口煤矿机械有限公司、戴卡轮毂制造有限公司、中铁山桥集团有限公司、保定长城汽车股份有限公司、中国北车集团唐山轨道客车有限公司、宝丰电缆有限公司、新兴铸管（集团）有限责任公司。

4.2　开发成功的重大装备

表 5　开发成功的重大装备列表

序号	装备名称	制造企业	主要技术指标	工程应用情况	产业化情况
1	1.5MW（38m）风电叶片	中航惠腾风电设备股份有限	额定功率 1500kW	已在全国 21 个风场装机运行	已实现产业化
2	2.0MW（40m）风电叶片	中航惠腾风电设备股份有限	额定功率 2000kW	已在全国 1 个风场装机运行	已实现产业化
3	24t 系列铅粉机	风帆股份有限公司	滚筒内径 1.8m；铅粉机工作转速 26r/min；主电动机功率 $N \geq 108.2$kW；风力系统设计：高速的正风；采用全系统自动控制；采用闭环自动控制	风帆公司 300 万只免维护蓄电池项目	已全面投放市场
4	HD1000 型（60Hz）风力发电机组	保定惠德风电工程有限公司	风机类型 IEC Ⅱa， 适用电网频率 60Hz， 额定功率 1000kW	已实现批量生产	出口美国 10 台
5	HD1000S 型风力发电机组	保定惠德风电工程有限公司	风机类型 IEC Ⅱa， 适用电网频率 50Hz， 额定功率 1000kW， 抗极限最大风速 75m/s	已实现批量生产	2009 年装机 16 台

（续）

序号	装备名称	制造企业	主要技术指标	工程应用情况	产业化情况
6	晋东南1000kV特高压变压器	保定天威集团有限公司	产品型号：ODFPS－1000000/1000；产品名称：单相三绕组强迫油循环风冷自耦电力变压器；额定容量：1000/1000/334MVA；额定分接短路阻抗：①高－中18%，允许偏差±5%，②高－低64%，允许偏差±7.5%，③中－低42%，允许偏±7.5%；空载损耗≤160kW；负载损耗≤1450kW；空载电流≤0.1%；额定频率50Hz；局放水平：高压线端视在放电量≤100pC，中压线端视在放电量≤200pC，低压线端视在放电量≤300pC，套管局部放电量≤5pC；噪声水平：距变压器2m处，噪声不大于78dB；温升：线圈平均温升65K，油面温升55K，铁心本体及油箱热点温升78K	完成了对1000kV特高压变压器所涉及的重大技术研究，完成了晋东南－南阳－荆州国家交流1000kV输电试验示范线路晋东南站所需的变压器产品图样设计；完成了1000kV特高压变压器产品制造相关的技术改造，形成了1000kV变压器的制造能力	1000MVA/1000kV产品样机已完成试制，四台产品已运抵晋东南1000kV输电设备安装现场，目前正在安装调试之中
7	500kV直流输电用换流变压器	保定天威集团有限公司	型号：ZZDFPZ－297500/500Y/Y；额定容量297.5MVA；额定交流电压：网侧525/$\sqrt{3}$kV，阀侧210.4/$\sqrt{3}$kV；调压范围：（+25～−5）×1.25%；相数：单相；联结组标号：Y/Y；频率：50Hz；冷却方式：OFAF；短路阻抗：16%；负载损耗：640kW；空载损耗：140kW；空载电流：0.10%；局部放电限值：60pC；噪声：69dB；运输重量：260t（不带油）；总重：380t	2006年7月，本产品顺利通过全部例行试验和型式试验，完全符合技术协议及有关标准的要求，试验合格	由天威保变研制的贵广二回直流换流变压器，一次试制成功
8	1.5MW风电叶片的研发	保定华翼风电叶片研究开发有限公司	叶片的气动效率和噪声达到国际同类产品水平，风轮最大风能利用系数>0.47；叶片设计寿命20年；叶片原材料国产化率达到70%以上	2007年下线	已形成技术转让
9	侧气囊KD5.0ECU	东方久乐汽车安全气囊有限公司	对内部主要元器件性能参数具有检测功能，并能正确地发现内、外部故障；在电源断电后的150ms内，ECU仍能正常工作；能为每个点火通道提供不小于1.75A，持续时间不小于3ms的脉冲能量；正面低速碰撞不引爆，中速、高速碰撞引爆功能；侧面低速碰撞不引爆，中速、高速碰撞引爆功能	该科技成果技术成熟，2006年8月正式应用到一汽C301车型、奇瑞B14车型、奇瑞S12车型	产业化

（续）

序号	装备名称	制造企业	主要技术指标	工程应用情况	产业化情况
10	车载伸缩布料车	利达重工有限公司	46m、50m	已出样车	—
11	LD200 型汽车起重机	利达重工有限公司	最大额定总起重量 400t	研制阶段	—
12	浮法玻璃焦炉燃烧成套设备	秦皇岛玻璃工业研究设计院	500t/天，应用后达到 1850kcal/kg，玻璃液企业每年节能 4000 万元/条线	应用到 8 条生产线，合同额合计 6500 万元	应用方式全部为总承包，负责制作、安装、调试、培训
13	900t 架桥机	秦皇岛天业通联重工股份有限公司	额定吊重：900t；架设跨度及梁型：20 ~ 32m 等跨及不等跨双线整体箱形梁；适应曲线半径：$R \geqslant 2500$m；适应线路纵坡：$I \leqslant 12‰$；装机容量：300kW；作业效率：当运距≤8km 时，2 孔/8h	—	—
14	LED 全自动粘片机	中国电子科技集团公司第四十五研究所	粘片速度：420ms/粘片循环；粘片精度：±50μm；θ 精度：±5°；粘接压力：40 ~ 200g（可调）；晶片台有效行程：152mm × 152mm；重复精度：±0.005mm；点胶机构 Z 向行程：5mm；重复精度：±0.01mm；Y 向行程：50mm；重复精度：±0.005mm	已大批量用于 LED 生产	具有 160 台的年生产能力，已累计销售 206 台，实现销售收入 6300 万元
15	液压顶升平桥及施工升降机	廊坊凯博建设机械科技有限公司	液压顶升平桥使用高度不小于 150m；前桥长度随建筑物施工半径的变化为 5.0 ~ 25m；后桥尺寸（长 × 宽）10m × 2.0m；前桥局部允许均布载荷为 200kg/m^2；采用柔性附着技术方案解决远距离水平附着问题；设置可用于平桥自行接高及吊装建筑构件的小型起重机	液压顶升平桥已相继在全国三十几家电力建设施工单位所承接的冷却塔施工中得到成功应用推广，通过三十几台设备、百余座冷却塔的施工应用实践，证明这项技术较过去传统施工机械技术具有安全可靠性高、适用范围广、技术性能先进、标准化产业化程度高的显著优点，有着很好的推广应用前景	平桥每年 30 台，产值约 4000 万元；施工升降机每年 100 台，产值约 3000 万元

（续）

序号	装备名称	制造企业	主要技术指标	工程应用情况	产业化情况
16	SGZ1000/3×855 型刮板输送机成套设备	中煤张家口煤矿机械有限责任公司	高效矿井 SGZ1000/3×1000（855）型刮板输送机成套输送设备，采用可控软起动调速、电液控制自动伸缩机尾、综合监控集成传输等技术。输送能力 3000～4200t/h，装机功率 3×1000（855）kW，输送长度 300～400m。 ①刮板输送机：SGZ1000/3×1000（855）型，装机功率 3×1000（855）kW，溜槽内宽 1000mm，可控软起动、调速传动装置可实现无负载软起动，改善传动系统的受力状况。电液控制自动伸缩机尾可实现链条张力随动调整。输送机综合监控集成传输系统可实时监控传动装置物理量。 ②转载机：SZZ1350/525 型，装机功率 525kW，箱式溜槽内宽 1350mm，刮板链刮板加密设计，转载机综合监控集成传输系统。 ③破碎机：PCM400 型，装机功率 400kW，适应槽宽 1350mm，组合式锤体、长柄锁紧式锤头，破碎机综合监控集成传输系统	现已研制成功，并正在神华集团所属煤矿进行井下工业性试验，截至目前运行状况良好	—
17	SD9 高驱动推土机	河北宣化工程机械股份有限公司	发动机型式：康明斯 KTA19－C525；飞轮功率：316kW/430hp；额定转速：1800r/min；外形长×宽×高（带松土器）：8478mm×4314mm×3970mm；使用重量：48888kg；履带中心距：2250mm；接地比压（带松土器）：112kPa；接地长度：3457mm；履带板宽度：610mm	该产品目前是国内唯一、国际第二的高技术产品，是国内马力最大、结构最先进的高驱动推土机。 该产品广泛应用于油田、矿山、铁路、高速公路、大中型水利设施、电力、大型煤电基地等大型工程建设项目。目前已销往牙买加和加拿大等国家	2007 年实现了小批量生产。2008 年形成了批量生产能力
18	CMK8465 数控轧辊车磨床	唐山重型机床厂	最大工件直径 ϕ650mm；最小工件直径 ϕ120mm；最大工件长度 3500mm；最大工件重量 6000kg；刀架最大切削力 40kN；花盘最大扭矩 12000 N·m；主轴转速级数：无级；主转转速 1.5～300r/min；进给量级数：无级；纵向进给速度范围 1～3500mm/min；横向进给速度范围 1～1500mm/min；最小设定单位 0.001mm	CMK8465 数控轧辊车磨床集机电液各部一体化，是国内首次将车床和磨床两大类机床的功能集于一台机床上。磨头支架作为一种功能部件，可以随时和车床横刀架进行替换。	已落户邢台机械轧辊集团公司、上海电机厂、唐山机车车辆厂等大型企业，实现产值 792 万元

（续）

序号	装备名称	制造企业	主要技术指标	工程应用情况	产业化情况
19	时速 350km 高速动车组	唐山轨道客车有限责任公司	运营速度 350km/h；动车组定员 557 人；动车组长度 200m；车辆定距 17375mm；转向架定距 2500mm；车体宽度 3265mm；车辆高度 3890mm；牵引功率 8800kW；起动牵引力 300kN；最大静轴重 17t	首辆国产化动车组已经于 2008 年 4 月在唐车公司下线，并于 8 月 1 日在京津城际铁路投入运营，目前已有 4 列高速动车组在京津线投入运营	目前已经具备月产 3 列（24 辆）的规模
20	XJM－KS20 型预矿化浮选机	煤炭科学研究总院唐山研究院	单槽容积 $20m^3$，三槽串联；矿浆处理能力为 $600\sim700m^3/h$，干煤泥处理能力为 60～85t/h；浮选完善指标 56.2%；在入料灰分为 30%、－0.04mm 极细粒级含量高达 67%、浮选机入料为 125g/L 高浓度浮选条件下，可获得精煤灰分 10%、尾煤灰分 60% 的良好效果；吨煤泥浮选电耗仅 1.12kWh、油耗为 1.18kg（气煤）	该机研制成功后，即受到生产现场青睐，目前已推广应用到 20 家选煤厂	该机已形成系列化，产业化过程进行中
21	ϕ1400mm 大型卧式振动离心脱水机	煤炭科学研究总院唐山研究院	筛篮大端 ϕ1400mm；噪声 82.7dB（A）；轴承温升 31℃；用于 0.5～50mm 级精煤脱水时，在入料水分 30% 的情况下，平均处理量为 205t/h，产品平均水分为 68%，平均滤液浓度为 4.39%，平均脱水效率为 71.63%	32 台推广应用到 20 余家选煤厂	该机产业化过程进行中

5. 产业集聚区（带）建设

表 6　河北省装备制造业产业集聚区汇总　（单位：亿元）

产业集聚区名称	产业特色	龙头企业	2007 年主要经济指标		
			销售收入	工业增加值	利税总额
保定输变电设备及新能源设备制造基地	变压器、风电整机、叶片、控制系统及相关配套工程所组成的风电产业链	天威集团、英利集团、中航惠腾（保定）股份有限公司、保定惠德有限公司	151	48.5	22
保定汽车及零部件制造基地	汽车及汽车零部件	长城汽车股份有限公司、麦克斯（保定）汽车空调系统有限公司、保定德业汽车内饰件有限公司、保定市诺博橡胶制品有限公司	75.03	16.25	11.22
秦皇岛造修船基地	造修船、船舶配套	山海关船舶重工有限责任公司	66.5	39.96	11.3

（续）

产业集聚区名称	产业特色	龙头企业	2007年主要经济指标		
			销售收入	工业增加值	利税总额
唐山动车组制造基地	350km 动车组及配套产业	唐山轨道客车有限公司	10	2	1.1
张家口工程机械设备制造基地	大马力推土机、小型挖掘机整机制造及配件生产	宣化工程机械股份有限公司	5.1	1.2	0.6
邢台冶金轧辊制造基地	优质轧辊	中钢邢机、德龙轧辊	30	12	6
邯郸专用车制造基地	专用汽车及零部件生产	利达重工	13.63	2.767	1.15
保定索具制造基地	吊索具	巨力索具股份有限公司	11.6	7.6	4.8
唐山冶金矿山设备制造基地	铁前成套设备、大型烧结机、冷却机、连轧机、冶金轧辊、日产1万t水泥熟料成套设备	冶金矿山机械厂、唐山第一重型机械厂、唐山盾石机械制造有限责任公司、唐山中材重型机械公司	25	7	2
承德输送设备制造基地	输送机械及配套设备	承德输送机集团有限责任公司、承德天运物流有限公司、承德新新机械制造有限公司、承德市德盛计量输送机械厂、承德华远自动化设备有限公司、承德光大输送机有限公司、承德远通机械制造有限公司、承德华飞输送设备有限责任公司、承德华一机械车库集团有限责任公司	5.7071	1.9620	0.6768
邢台标准件工业园	紧固件、标准件、汽车零部件	邢台宁波紧固件有限公司、邢台振成机械有限公司	20	6	3
安平丝网工业园	丝网	河北鹤煌网业股份有限公司等	87.2	24	6
泊头铸造及模具工业园	铸造、机械加工、汽车模具、环保设备	河北宏业机械股份有限公司、河北兴林车身制造集团、泊头市京泊汽车模具有限公司、泊头市除尘设备制造有限公司	109	36	9
盐山管道装备工业园	石油输送管道、弯头、电厂锅炉及配件、风力发电机塔筒	河北中原钢管制造有限公司、河北宏润重工集团、河北沧海管件集团有限公司、河北中孟管业制造有限公司	124	39	11
临西轴承工业园	0~9类轴承	河北光扬轴承制造有限公司、河北贝林轴承制造有限公司、河北鑫泰轴承制造有限公司	30	10	2.5

（续）

产业集聚区名称	产业特色	龙头企业	2007年主要经济指标		
			销售收入	工业增加值	利税总额
固安汽车零部件工业园	汽车零部件	正兴集团廊坊车轮有限公司、亚新科（固安）汽车零部件有限公司、固安汉和机械制造有限公司、盛东邦（固安）汽车零部件有限公司	8.3	3.91	1.97
成安装备工业园	装备制造	亚盛机械有限公司、聚良环保设备有限公司	29.4	15.2	1.136
张家口西山装备工业园	煤矿装备、工程机械、专用车、空冷器、地质钻探机械、矿山机械等	中煤张家口煤矿机械有限公司	54.8	13.7	3.9
大厂装备工业园	冶金成套设备、工程机械、畜牧机械、电机电器等	廊坊金华实业有限公司、河北约基输送机械制造有限公司、廊坊燕北畜牧机械有限公司	7.6	0.7	0.22

（1）保定输变电设备及新能源设备制造基地。以保定天威、天威英利、中航惠腾、风帆等骨干企业为基础，以光伏、风电、输变电设备等七个工业园为平台，与中国兵器装备集团等大企业、大集团合作，做大做强输变电、风力发电、光伏发电、节电及电力自动化设备等，建设国家级输变电设备及新能源设备制造基地，“十一五”末变压器产量达到1亿kVA，风力发电机组160万kW，风电叶片2400MW，光伏发电设备800MW。

（2）保定汽车及零部件制造基地。以保定长城汽车、河北长安汽车为龙头，以中兴、风帆、立中、凌云等企业及产品为基础，重点建设保定长城汽车、定州长安汽车两个园区，大力发展汽车发动机、变速器、车桥、独立悬架、车架等零部件，提高配套能力，发展壮大保定汽车及零部件制造基地，“十一五”末整车产量达到80万辆以上。其中，保定长城汽车在进一步巩固皮卡、SUV优势的同时，加快做大做强轿车，总产量达到40万辆；河北长安汽车的微型客、货车30万辆。

（3）秦皇岛造修船基地。依托山海关船舶重工、秦皇岛首秦等企业，整合海岸线和相关企业资源，建设30万吨级造船坞，建设秦皇岛造修船基地，形成年产100万t以上造船和年修船370余艘的能力。同时发展船用钢料处理中心等造船配套产业。

（4）唐山动车组制造基地。以唐山轨道客车有限公司为龙头，通过市场引导、政策鼓励和龙头企业的产业集聚和带动效应，吸引国内外相关零部件制造、物流等企业到周边和唐山投资建厂，逐步形成较为完整的产业链和产业集群，建成集研发、制造、物流为一体的高速动车组生产基地，形成高速动车组、高档铁路客车1000辆生产能力。

（5）张家口工程机械设备制造基地。以宣化工程机械股份有限公司为龙头，整合恒泰、环航、永生、顺达、玉龙等协作、配套企业，提升配套能力，加快推土机、挖掘机、压路机等工程机械整机和配件产品发展，提高市场占有率，“十一五”末形成年产推土机、挖掘机、压路机5000台和配件22000t的生产能力。

（6）邢台冶金轧辊制造基地。以中钢邢机和邢台德龙轧辊为核心，主打高精尖产品，研发生产复合铸钢支承辊、高速钢轧辊、复合铸钢轧辊、大型型钢成套轧辊、异型钢轧辊和重型冶金装备高端产品。以周边县（市）小型轧辊生产企业为匹配，发展普通轧辊、配型轧辊和特种轧辊，与中钢邢机和德龙轧辊形成各有所长，取长补短，高、中、低档产品相互配套，协同发展的格局，建成世界上最大的冶金轧辊制造基地。到2012年，形成优质轧辊40万t、冶金装备15万t的生产能力。

（7）邯郸专用车制造基地。以利达重工为龙头，联合新兴重机、重汽路神、思达、宇康、远大等专用车企业，发展高附加值、功能强的专用车产品，形成整体实力，打造邯郸专用车制造基地，年产专用车达到10万辆。在此基础上，积极谋划重型车及发动机等关键配套产品发展。

（8）保定索具制造基地。以巨力索具为龙头，联合天力、长江中远、顺益、维得利等索具制造企业，加大新产品开发力度，加快高技术、高附加值索具产品的发展，进一步扩大国内外市场，到“十一五”末索具生产能力达到78万t，市场份额占全国20%，全球6%以上，成为世界上最大的集研发、生产、制造、销售为一体的索具制造基地。

（9）唐山冶金矿山设备制造基地。以铁前成套设备、带式输送机、硬齿面减速机、冷热连轧机、洗选煤设备、筛分设备、矿山自动控制系统设备等现有产品为基础，增加品种、提高品质，加速产品大型化、成套化，扩大应用领域，引导和促进产品关联度高的企业之间进行联合重组。利用国内外产业转移、我国行业重组和大型企业集团寻求出海口、曹妃甸和首钢京唐钢铁公司建设等有利条件，争取中建集团、中材集团、中冶集团等大型企业集团落户唐山，建成国内较有影响的冶金矿山成套设备生产基地。

（10）承德输送设备制造基地。充分发挥现有输送机、立体停车设备、机场行李输送设备等知名品牌产品的基础和优势，以光机电一体化为目标，加快高强度大型皮带输送机、重型刮板输送机、港口运输机械、机场设备、立体车库、立体仓库及其配套设备的发展。以承德输送机集团、承德华一机械车库等优势企业为龙头，整合资源，带动相关产业和中小输送机械制造企业的发展。“十一五”末输送机械产能达到40万折合米。

（11）邢台标准件工业园。依托邢钢优质棒材、线材优势，发展标准件、紧固件、弹簧、焊条、钢丝绳、五金制品、链条、轴承、汽车零部件、自行车配件、磨具等产品，建立标准件检验中心、物流配送中心和表面处理中心，实现标准件及汽车零部件年产150万t生产能力，年消耗钢材160万t。

（12）安平丝网工业园。以捷通、英凯模、阳光、安平、鹤煌等企业为龙头，加速企业集聚与整合。延伸产业链，由拔丝和织网向拔丝、织网和机械装备配套网具并重发展，由金属丝网向金属丝网和非金属丝网、金属和非金属板网、溶体过滤器并重发展，实现产品自动化、智能化、精密化、超高密和微丝生产。大力推进节能减排，建成现代化丝网工业园。“十一五”末拔丝能力达650万t，制网能力6.2亿m^2。

（13）泊头铸造及模具工业园。铸造方面，以通发铸造、天雄集团、河北中泊等企业为龙头，采用树脂砂型、V法造型、消失模等新工艺，实现铸造技术向精细方向转化，提高产品科技含量，增加产品附加值。模具制造方面，以泊头京泊汽车模具、兴林集团、兴达汽车模具为龙头，整合现有资源，加大与国内外大集团的合作，建立数控加工中心，提高装备水平，模具产品由汽车覆盖件向发动机等技术含量高的模具发展。“十一五”末形成铸件80万t、模具5万（台）套的生产能力。

（14）盐山管道装备工业园。以河北中原、河北宏润、河北沧海等企业为龙头，提高集聚周边地区相关产业生产要素的能力，重点进行冷成型、热挤压、锻压、锻打、热处理工艺的改造，提高工艺装备水平。进一步延伸产业链条，开发上下游产品，实现由生产配套产品向生产成品的转变。“十一五”末管道装备产品生产能力达1000万t。

（15）临西轴承工业园。在现有轴承产业基础上，加大整合和产业聚集，提高工艺装备和产品水平，丰富产品系列，壮大整体实力，轴承年生产能力达到6.5亿套。

（16）固安汽车零部件工业园。在现有正兴、亚新科、瑞达、华翔泰亨等汽车零部件企业的基础上，再引入一批企业，生产车轮、制动器、底盘、柴油燃料喷射系统、汽车电器、车身覆盖件和底盘冲压件等产品。

（17）成安装备工业园。在已有液压、工程设备等企业的基础上，引进冶金、矿山、公路、建筑、环保设备和精密铸件等企业，形成以专用设备为主导的产业聚集区。

（18）张家口西山装备工业园。依托张煤机、通用机械、三北—拉法克、正通石化冶金机械、京仪数控机床、金驼冶金机械、大地专用车等企业搬迁和察哈尔小型直升机制造项目的建设，形成以专用及通用设备、专用车、小型直升机为主导的产业集聚区。

（19）大厂装备工业园。在现有约基、金华、燕北畜牧机械等企业的基础上，依托首钢机电公司搬迁和电动客车产业化项目的建设，形成以冶金成套设备、工程机械、电机电器和电动客车为主导的产业聚集区。

6. 企业走出去

为了实现技术平台与世界同步，利达重工有限公司于2005年7月1日，在瑞典的歌德堡设立了汽车研究院，借助外脑迅速实现起步。同时，该公司与沃尔沃卡车公司、福尼斯公司等签订了一系列技术合作协议。与沃尔沃、福尼斯等世界一流公司的合作为该企业针对欧美的专用车市场的产品提供了良好机遇。

7. 企业兼并重组

（1）兵装集团重组天威集团，共建保定·中国电谷取得进展。为推进河北省与央企大企业大集团的合作，保定市政府、中国兵装集团以天威集团为合作平台，共同建设“保定·中国电谷”。保定市将天威集团全部国有股权无偿划转给中国兵装集团，双方确定以项目为载体，采取资本金投入、融资投入等方式，发展太阳能光伏发电、风电等新能源产业和输变电产业。经河北省政府批准，2007 年 9 月 25 日，保定市政府、兵装集团共同签署了《重组天威集团、共建保定·中国电谷合作协议》。2008 年 1 月 10 日，国家国资委以国资产权［2008］27 号文件批准兵装集团重组天威集团，2008 年 3 月 15 日完成企业产权变更登记手续。重组后的天威集团在完成 500kV 及以上超高压输变电成套设备项目的基础上，积极参与我国晋东南到荆门 1000kV 和 ±800kV 级特高压交直流输变电示范工程，现已研制出 1000kV 特高压交流输变电成套设备样机。同时加紧开拓和发展太阳能和风电设备。目前，非晶合金节能电力变压器、兆瓦级以上风力发电机叶片和非晶硅薄膜太阳能电池 3 个项目正在抓紧实施，力争在“十一五”末成为世界著名的电气公司。

（2）长安汽车集团重组河北长安汽车公司。企业重组后于 2002 年成立了河北长安汽车有限公司，现已成为长安（汽车）集团小型商用车和出口车的唯一生产基地。目前重组企业资产总额达 11.7 亿元，主要产品品种有 SC1011、SC1016、SC1015 系列微型车，2007 年全年生产各种汽车超过 15 万辆。“十一五”期间，河北长安通过新建厂房项目、商品车库房项目、新建微型车生产线项目、生产线技改项目、产品研发项目、涂装二期技改、公用工程建设等项目，实现重组后的迅速发展。这一系列项目总投资约为 7.27 亿元。这些项目投产后将新增销售收入 65 亿元，利税 2 亿元。到“十一五”末，公司各种汽车产量将达到 30 万辆，销售收入将达到 90 亿元，利润 2 亿元。

另外，还有邢台机械轧辊厂并入中钢集团，石家庄煤矿机械有限责任公司并入中煤机集团等。一批企业被国有大型企业重组，为河北省的装备制造业借力发展、做大做强以及增强竞争力奠定了基础。

第二节　存在问题

1. 龙头企业较少

2007 年，在全国装备制造业销售收入 100 强和汽车行业销售收入 30 强中仅有保定天威和长城汽车 2 家企业，年销售收入超过 10 亿元的企业数与先进省份相比仍有较大差距。产业链短，对行业的辐射、拉动作用不强。同时，河北省装备制造业与国内知名大企业、大集团合资合作仍存在量小、面窄、深度不够等问题。

2. 创新能力不强

部分企业工艺装备落后，研发人员和高级技工匮乏，具有自主知识产权的产品少。新产品产值率不到 10%，远低于全国 20% 的水平，只有 30% 的新产品达到国内领先以上水平。

3. 产品结构不合理

传统产品、大路产品、初级产品较多，高新技术、高附加值、高创汇产品较少，抗风险能力弱，受市场影响大。“专、精、特、新”产品不突出，竞争力弱，市场占有率低。

除上述存在的三大问题之外，土地制约和国际金融危机引发的市场需求萎缩也是政府急待解决的问题。同时，由于装备制造业的财税优惠政策制定主要在国家层面，地方政府很难有所作为。

第三节　发展展望

在当前市场需求不振、竞争更加激烈的形势下，有利于充分发挥市场机制配置资源的基础性作用，推进装备制造业调整优化结构、淘汰落后产能。同时，国际、国内经济正在加快调整，河北省有条件承接某些装备产品转移。近期，国家出台了扩大内需的政策措施，支持装备制造业发展，创造了更大的市场需求空间。因此，当前和今后三年内，对河北省装备制造业既是面临考验的严峻挑战期，也是产业结构优化升级、发展方式转变的战略机遇期。因此，根据《国务院关于加快振兴装备制造业的若干意见》、国家振兴装备制造业专项规划、河北省装备制造业发展规划和国家扩大内需重点发展的领域的要求，河北省在重点抓好电气设备、交通运输设备、专用及通用设备三大重点发展领域的同时，积极研究和寻求装备制造业新增长点，通过对国家相关产业政策和规划、产业关联性、市场需求、产业基础等方面的分析研究，初步确定船舶与行业工程装备、风力发电装备、轨道交通装备、钢铁装备、煤炭装备、环保与资源综合利用装备六个领域为新增长点领域，谋划实施一批重大项目，做大龙头企业，培育造就一批具有核心竞争力的名牌整机产品，推进协力配套产业和集群发展，力争用3～5年的时间使装备制造业成为继钢铁产业之后的河北省又一个支柱产业。

第四章　山西省装备制造业发展报告

近三年来，山西省装备制造业坚持科学发展观，立足比较优势，加快结构调整，积极贯彻《国务院关于加快振兴装备制造业的若干意见》，紧紧围绕省委省政府新型能源和工业基地建设的战略部署，认真落实《山西省装备制造业“十一五”发展规划》，装备制造业有了较快发展。

第一节　三年来山西省装备制造业发展评估

1. 建立组织协调机制，制定发展规划和配套政策

1.1　建立组织协调机构和机制

为加快振兴山西省装备制造业，山西省于 2007 年建立了装备制造业联席会议组织协调机构，成员由省经委、省发改委、省国资委、省财政厅、省商务厅、省科技厅、省国税局、省地税局、省环保局、省质监局、省国防科工办、省中小企业局、太原海关等相关部门的负责人组成。联席会议办公室设在省经委，承担联席会议的日常工作，联席会议设联络员，由联席会议成员单位有关处室负责同志担任。主要职能：组织编制全省重大技术装备规划，协调制定促进装备制造业加快发展的重大相关政策，督促、检查振兴装备制造业工作的落实，加强信息收集与交流，不定期编印联席会议简报，及时通报工作进展情况，完成省政府交办的其他事项。

1.2　制定发展规划

根据《国务院关于加快振兴装备制造业的若干意见》和《中共中央国务院关于促进中部地区崛起的若干意见》精神，结合山西省实际，制订了山西省装备制造业“十一五”发展规划。

（1）发展战略

围绕山西省装备制造业的比较优势，注重改造和提升传统产业，加大自主创新力度，积极发展资源深加工型、劳动密集型、科技应用型及与其配套的企业和产业集群，实施“2551”工程，即：重点突破重汽整车和煤机成套两大难点，巩固提升重型机械、铁路机械、纺织机械、基础机械、电子装备等五大领域优势产品，整合培育铸件、锻件、汽车零部件、铝镁合金压铸件及深加工、磁性材料及深加工五大产业集群。

（2）发展目标

“十一五”期间，山西省装备制造业要在继续做大产业规模的同时，初步形成与市场经济和开放经济相适应的技术创新体系，逐步实现产业发展由加工制造业为主向集研发、生产、成套、服务于一体转变，成为国家新型工业基地。具体目标为：

①进一步做大产业规模。2010 年全省规模以上装备制造业实现销售收入达 1000 亿元，完成工业增加值 320 亿元，占全省工业经济的比重达 12% 以上。

②产业整合有重大突破。通过企业重组、联合，加入国内外大企业和企业集团等方式，重点突破重型汽车和煤机成套的两大整合，使其成为山西装备制造业的龙头。

③培育一批具有国内竞争力的大企业大集团。到 2010 年，形成 2 ~ 3 个年销售收入 100 亿元以上，3 ~ 5 个年销售收入 50 亿元以上，13 ~ 15 个年销售收入 10 亿元以上的企业和集团。

④打造一批国内知名园区和集群。国际化意识进一步增强，装备工业向集聚式发展。高档铸造、汽车零部件、火车轮轴、出口锻件、镁铝合金组件等优势得到进一步加强，形成山西独具特色的产业品牌。

⑤重大技术装备，特别是煤化工、环保、煤炭洗选、薄煤层采掘设备的研发和生产有重大突破。

⑥技术创新及产业化能力显著增强。努力创造一批具有自主知识产权的领先技术和名牌产品，以企业为主

体的技术创新体系基本形成。新创国家级企业技术中心1~2个，省级企业技术中心5~8个，产品设计、制造水平、成套能力将有较大提高，优势产品的技术水平达到国际先进水平。

（3）发展重点

①实现两大突破

重型汽车系列产品。切实加大汽车行业战略性重组的力度，实现山西汽车整车生产的突破。以整车项目为龙头，带动汽车零部件集群的整体发展。到2010年形成2万台重载汽车和3万台重型特种车及专用车的生产能力。

煤矿机械成套设备。着力培育拥有自主知识产权，专业化、成套化、规模化生产煤机产品的大型企业集团。在煤矿机械的水平、等级、成套方面争创全国第一。以太原重型机械集团有限公司（以下简称太重集团）牵头组建的太重煤机集团公司加快搬迁改造的步伐，形成集掘进、开采、提升、运输、洗选为一体的煤机成套设备生产供应体系，重点发展有比较优势的大功率电牵引采煤机、掘进机、短臂机械化开采设备、无轨运输设备、刮板输送机、带式输送机、大型液压支架、井下提升机、干熄焦装置专用提升机、清洁型煤炭深加工设备等煤机成套设备。重点发展煤科院太原分院短臂机械化开采设备和无轨运输设备及EBJ系列掘进机，平阳机械厂、长治清华机械厂、忻州通用机械公司等企业的大型液压支架、刮板输送机、带式输送机、转载机、提升机等煤矿井下综采综掘设备。重点发展山西森特煤焦化（集团）公司等企业的大型选煤机、大型振动筛、高效涡轮分选机、捣固焦设备、灰熔聚气化炉等煤炭洗选、焦化及深加工大型成套设备。大力发展煤矿瓦斯报警器、瓦斯传感器、煤矿用监测监控系统等煤矿安全设备。

②巩固提升发展五大领域优势产品

充分利用山西省现有传统装备制造业的优势，巩固提升重型机械、铁路机械、纺织机械、基础机械、电子装备等五大领域优势产品的技术水平和生产能力。

重型机械。依托太重集团在大型起重机方面的技术优势和品牌优势，以现有大型、特大型水电起重机械新技术为依托，积极参与核电、水电用起重机的市场竞争，扩大市场占有率。同时大力开发履带起重机、港口起重机、高品质全系列智能化起重机、大型矿用挖掘机（电铲）、轧钢装备。通过引进技术，扩大规模，拓展大型设备国外市场，联合强势民营企业占领并扩张中小起重机终端市场，建设国内最大的工业用起重机生产基地和中部地区最大的冶金装备制造基地。

铁路机械。依托大同机车厂、永济电机厂、太原机车厂、晋机集团公司、太重集团等企业，打破条块和地域分割，通过整车和关键部件的技术引进、消化和吸收，全力构建先进、成熟、完善的产品平台，实现规模经济的扩张。重点发展大功率交流传动电力机车，带动电机、轮轴、轮对、电液转辙机等铁路机械配套产品做大做强，形成铁路机械生产基地。

纺织机械。重点发展环锭细纱机、转杯纺纱机、精梳机、倍捻机、剑杆织机、喷气织机及纺织机械自动控制设备。充分发挥经纬纺机榆次分公司的带动作用，推进榆次纺机城的建设，打造纺织机械生产基地。

基础机械。重点发展榆次液压集团公司的液压组件和液压系统，大力发展机电液一体化产品，不断研发液压系统新产品，提高产品附加值，形成产品特点明显的大型液压组件和系统生产基地；同时，围绕服务于山西省四大新支柱产业之一的煤化工产业，重点发展气化炉及其构件、焦化产品回收装置、反应塔、合成塔、废热锅炉、压力容器及管件、耐压耐腐泵、大口径新型闸阀等煤化工配套装备，以及多级泵及大口径泵等高技术系列水泵等产品。此外，以太原锅炉、九州环保、中绿环保等企业为依托，重点发展大容量循环硫化床锅炉、环保智能无垢煤气锅炉、垃圾热解焚烧、大气治理、城市及工业污水处理、固体废弃物处理以及煤气、烟气除尘，脱硫、脱硝装置等市场潜力广阔的新型环保设备。

电子装备。重点发展电子信息安全材料、磁性材料、光纤材料、电设发光材料等及其应用和深加工产品；液晶显示专用设备、新型电子元器件专用设备、通信设备等电子装备；计算机及外设、数字检测监控仪器仪表、传感器及应用、高性能铅酸蓄电池、高亮度蓝绿LED外延片、节能照明产品、汽车电子等数字电子产品；用于矿山、环保、电网等领域的以自动化解决方案为核心的智能控制设备，生产过程自动控制软件、优化仿真有线检测监控软件、电子专用设备及仪器仪表嵌入式软件、电子政务、电子商务、企业信息化、城市信息化等软件，形成具有山西省特色的新型电子装备产业。

③整合培育五大产业集群

充分利用山西的资源和能源优势，延伸产业链，提高附加值，培育在全国具有一定影响力的铸件产业集群、锻件产业集群、汽车零部件产业集群、铝镁合金压铸件及深加工产业集群和磁性材料及深加工产业集群。

铸件产业集群。铸造业要向产品专业化、系列化，企业规模化方向发展，尽快淘汰低水平小规模的铸造企业，鼓励企业采用离心铸造、消失模铸造、V 法真空铸造、迪砂铸造及冲天炉电炉双联等新工艺。大力发展高中档铸件，适当限制普通铸件。要延伸产业链，加大深加工投入的力度，由铸造逐渐向制造发展。以华翔铸造、三联铸造、泫氏铸造等企业为龙头，整合铸造资源，培育山西省临汾、运城、晋城等三个高精铸造产业集群区。到 2010 年全省形成 10 ~ 15 个年销售收入 5 亿元以上的铸造骨干企业，生产能力达 500 万 t，成为全国最大的汽车铸件、机床铸件、重矿机械铸件、铸管件和面向出口的精密铸件等铸件生产基地。

锻件产业集群。要集中培育一批技术先进、有产品优势、市场前景好的企业和企业集团，使其尽快做大做强。太重集团要立足现有基础，加大技改力度，大力发展大型不锈钢特种锻件、耐高压锻件、船用锻件、轧辊等优质锻件。重点发展山西锻造厂重型汽车前轴及大马力发动机曲轴锻件，推进其曲轴锻坯生产线改造项目的实施。大力发展定襄锻件产业集群，重点发展不锈钢法兰盘、精密环件与不锈钢管件，形成全国最大的锻钢法兰基地。到 2010 年，全省锻件生产能力达到 60 万 t 以上，形成 3 ~5 个年销售收入 5 亿元以上的企业。

汽车零部件产业集群。立足我省重型汽车零部件基础雄厚的优势，围绕实现重型汽车整车突破的发展计划，加快集群发展步伐。重点推进大同、运城、长治等三个汽车零部件产业集群区的发展，对我省重型汽车产业形成强力支撑。

铝镁合金压铸件及深加工产业集群。重点发展富士康（太原）工业园区的铝镁合金汽车零部件压铸件及其深加工产品，孝义煤电铝集团汽车铝合金铸件，闻喜银光镁业公司及广灵精华化工有限公司的镁合金压铸件。

磁性材料及深加工产业集群。山西省作为全国三大钕铁硼生产基地之一，磁性材料的生产和深加工已有一定的基础，要依托阳泉京宇、太原刚玉、运城恒磁等企业尽快将其做大。同时，要加大深加工应用产品微特电机、电机磁钢、电子通信器件等永磁系列产品的开发步伐，促进其规模化生产。到 2010 年，形成 3.5 万 t 磁性材料的生产能力。

1.3　制定和落实配套政策

（1）加大政策、资金扶持力度，保障装备制造业快速协调发展

争取国家对山西省装备制造业“十一五”重点投资项目给予专项资金重点支持，在增值税转型、厂办大集体改革和社会保障等方面，比照振兴东北地区老工业基地有关政策给予支持。

建立振兴山西装备制造业专项基金，省政府每年至少拿出 2 亿元资金，用于重点专项的实施，增加资本金的投入。

积极引导金融市场、投资公司、民间资本对装备制造业的投入，实行倾斜的投融资政策及优惠利率。

省科技部门拿出三项费用中的 25% 对装备制造业的技术攻关，技术推广等方面给予重点扶持。省各有关部门积极争取国家对口部门对山西省装备制造业的支持。各市县尤其是装备制造业发展较好的地区，也都能落实一定的资金扶持装备制造业的发展。

鼓励企业加大自主创新投入。凡是企业研究开发新产品、新技术、新工艺发生的各种费用，可按当年实际发生的技术开发费用的 150% 抵扣当年应纳税所得额。实际发生的技术开发费用当年抵扣不足部分，可按税法规定在 5 年内结转抵扣。研发经费达到销售额的 3% 以上，拥有自主知识产权的项目，省财政从专项基金中给予一定的经费补助。

企业为开发、制造国家确定的对促进国民经济可持续发展有显著效果，对结构调整、产业升级、企业创新有积极带动作用的重大技术装备而进口的部分关键零部件和国内不能生产的原材料所缴纳的进口关税和进口环节增值税实行先征后退。用于企业新产品的研制生产以及自主创新能力建设。

对于装备制造企业由于技术进步，产品更新换代较快的固定资产，可以采取缩短折旧年限或者采取加速折旧的方法。采取缩短折旧年限方法的，最低折旧年限不得低于税法规定折旧的 60%；采取加速折旧方法的，可以采取双倍余额递减法或年数总和法。

允许太原、大同、长治、阳泉等四个城市的企业享受国家振兴东北老工业基地的优惠政策。一是提高固

定资产折旧率。企业的固定资产（房屋、建筑物除外），可在现行规定折旧年限的基础上，按不高于40%的比例缩短折旧年限。二是缩短无形资产摊销年限。企业受让或投资的无形资产，可在现行规定摊销年限的基础上按不高于40%的比例缩短摊销年限（协议或合同另有约定的除外）。

国务院确定的16个重大技术装备关键领域，按照财政部、海关总署、税务总局制定专项进口税政策，对企业为开发、制造这些装备而进口的部分关键零部件和国内不能生产的原材料所缴纳的进口关税和进口环节增值税实行先征后退。所退税款一般作为国家投资处理转作国家资本金，主要用于企业新产品的研制生产以及自主创新能力建设。

(2) 深化企业改革，推动产业结构整合，致力培育大公司、大集团

国有大中型企业通过合资合作、内部职工持股和引进民营资本等多种形式，进行股份制改造，实现投资主体多元化，建立规范的现代企业制度，切实转换企业经营机制。

大力推进中央企业和地方企业结合、国有企业与民营企业结合、自身发展与引进外资结合和军地结合，促进优势资产重组和整合，资产存量向优势产品和优势企业流动。

发展跨行业、跨部门、跨区域、跨所有制的联合重组，实现战略性结构调整，实行集约化经营，最大限度地提高企业资产运营的效率。

(3) 扩大对外开放，提高山西省装备制造业的外向度

坚持“引进来”和“走出去”相结合的方针，全方位扩大对外开放，大力引进国内外先进适用技术和工艺设备，加强消化吸收国产化工作，嫁接改造山西省装备制造业，形成自主知识产权。

抓住国际加工制造能力向我国转移的有利时机，创造条件，加大承接和有效利用外资力度。鼓励和支持装备制造企业充分发挥比较优势，在资金、技术、管理、市场等方面与国内大企业、大集团及国际跨国公司的合资合作。

(4) 加快技术创新和产业化步伐，提升产业竞争力

以技术创新为主体，加强产学研联合，统筹山西省装备制造业的科研开发资源，加大国家和省级企业技术中心建设，积极推进与市场经济和开放经济相适应的技术创新模式的形成。

加快信息技术在装备制造业的应用步伐，积极推进以信息技术为代表的高新技术企业渗透和融入装备制造业。要大力推进计算机辅助设计（CAD）、计算机辅助制造（CAM）、产品数据管理（PDM）以及并行工程、虚拟技术等先进技术的推广应用，提升企业的产品设计和制造水平。

推进装备制造业产业链的分工细化，建立完善的配套体系，形成若干个装备制造业产业集群，提高山西省装备制造业配套与成套能力。

大力扶持非公有制装备制造企业。积极引导非公有制装备制造企业以资金、产品、技术和品牌为纽带，进行联合重组，引导各地非公有资本向山西省的重点装备制造企业、重大产业基地和工业园区集聚，推动非公有制装备制造企业与大企业集团发展专业化协作关系，从事专业化生产和特色经营，向“专、精、特、新”方向发展。对非公有制装备制造企业在投资核准、融资服务、财税政策、土地使用、人才引进、职称评定、证照办理、收费标准、对外贸易和经济技术合作等方面实行与国有企业同等待遇。

经有关部门认定的铸造企业生产销售的用于生产机器、机械的商品铸件，实行先按规定征收增值税，后按实际缴纳增值税额退还35%的办法。退还的税款专项用于企业的技术改造、环境保护、节能降耗和铸件产品的研究开发。

鼓励项目业主购买和使用国产首台（套）重大技术装备。凡用户单位购买山西省首台（套）重大技术装备的，通过适当补助或采取加速折旧等方式给予支持。

(5) 完善人才机制，强化队伍建设

积极推进培育创新意识人才和高级技能人才战略，造就一批熟悉国际国内市场、具有现代化管理知识和能力的企业家。

企业提取的职工教育经费，不超过工资薪金总额2.5%的部分，准予税前扣除，超过部分，准予在以后年度结转扣除。

鼓励企业采用高薪聘用、效益提成、入股分红、奖励期股等多种形式引进企业带头人。不断完善人才机制，

充分调动其积极性和创造性。

（6）充分发挥行业协会的作用

装备制造业各行业协会充分发挥政府和企业之间的桥梁与纽带作用，建立市场供求、生产能力、技术经济指标等方面的信息定期发布制度和行业预警制度，向政府行政主管部门及时反映行业动向，提出政策建议，帮助企业协调解决有关问题，引导企业健康发展。

2. 在山西省经济中的地位

2.1 主要经济指标及产业地位

表 1 山西省装备制造业主要经济指标 （单位：亿元）

年份	工业总产值	销售产值	工业增加值	利税总额	利润总额	出口交货值	从业人数/人
2006 年	489.63	474.12	129.68	28.20	11.89	43.61	250463
2007 年	634.88	606.13	176.84	40.75	20.29	58.64	269962
2008 年	700.00	670.00	190.00	48.00	25.00	75.00	288860
年均增长	22%	22%	26%	34%	44%	38%	7%

注：统计口径为规模以上企业。

山西装备制造业占全省工业总产值和工业增加值的比重见表 2。

表 2 装备制造业所占比重

年份	占工业总产值比重（%）	占工业增加值比重（%）
2006 年	8.29	6.00
2007 年	8.12	6.29
2008 年	7.5	5.65

2.2 三年建设投资

2006 年投资总额 117 亿元，2007 年投资总额 130 亿元，2008 年投资总额 140 亿元。

3. 产业结构的调整

3.1 产业结构

表 3 山西省装备制造业构成 （单位：亿元）

行业名称	2006 年		2007 年		2008 年	
	工业增加值	占比重（%）	工业增加值	占比重（%）	工业增加值	占比重（%）
金属制造业	12.09	9.4	11.22	6.3	14.00	7.4
通用设备制造业	26.10	20.2	36.39	20.6	54.00	28.4
专用设备制造业	47.86	37.1	62.78	35.5	36.00	19.0
交通运输设备制造业	19.81	15.3	25.97	14.7	34.00	17.9
电气机械及器材制造业	7.25	5.6	10.57	6.0	17.00	8.9
通信设备、计算机及其他电子设备制造业	11.74	9.1	24.85	14.1	30.00	15.8
仪器仪表及文化、办公机械制造业	4.23	3.3	5.07	2.8	5.00	2.6
总计	129.08	—	176.85	—	190.00	—

注：统计口径为规模以上企业。

3.2 优势和特色装备

表4 山西省优势特色装备一览表 （单位：亿元）

序号	优势特色装备名称	主要技术指标	制造企业	2007年销售收入	国内市场占有率	出口交货值
1	起重设备	国际先进	太原重型机械集团有限公司	14	300t以上冶金起重机为100%，其他80%～90%	0.86
2	大型挖掘设备	国际先进	太原重型机械集团有限公司	8.04	90%以上	0.87
3	轧钢锻压设备	国内领先	太原重型机械集团有限公司	8.5	大型管轧机占80%，矫直机占90%；挤压机占75%以上	0.26
4	油膜轴承	国际先进	太原重型机械集团有限公司	2	90%以上	0.08
5	轮轴产品	国内领先	太原重型机械集团有限公司	8.11	火车轴17%；火车轮20%，工业轮40%，城轨轮60%	1.36
6	液压产品	国内领先	太原重型机械集团有限公司	6.67	15%左右，主要优势产品20%～30%	0.36
7	石油钻铤	国内领先	山西北方风雷工业集团有限公司	5.3	60%	—
8	火车轴	材料车轴钢LZ（JB5068－85）RD2、RD3、RD4	晋西机器工业集团有限责任公司	3.24	25%	—
9	石油钻杆	国内领先	山西北方风雷工业集团有限公司	2.1	15%	—
10	电牵引采煤机	采高：1.1～6.3m；总装功率：200～2500kW；供电电压：660～3300V	太重煤机	4.19	35%	—
11	防爆蓄电池单轨吊车	最大牵引力60kN，最大制动力90kN，最大单件载重量16t，最大车速2m/s	太重煤机	0.405	100%	—

（续）

序号	优势特色装备名称	主要技术指标	制造企业	2007 年销售收入	国内市场占有率	出口交货值
12	刮板输送机	输送能力 3000 ~ 5000t/h，装机功率 3 × 700kW 或 2 × 1000kW，供电电压为 3.3kV	太重煤机	4.2	17%	—
13	JWF15 系列环锭细纱机	集体落纱，锭速 25000r/min 成纱质量达乌氏公报 5%	经纬纺机	5.2	50%	2.47
14	JWF1272 精梳机	机械转速 400 钳次/min，条干 3.8% 以下	经纬纺机	1.03	30%	—

4. 自主创新

4.1 创新投入和技术创新体系建设

表 5 R&D 经费投入汇总 （单位：万元）

领域	2006 年	2007 年
金属制品业	0	181.3
通用设备业	6239.6	6994.6
专用设备制造业	17072.5	40141.9
交通运输设备制造业	1919.6	5034.2
电气机械及器材制造业	3037.4	4908.6
通信设备、计算机及其他电子设备制造业	1845.9	1004.1
仪器仪表及文化、办公机械制造业	4270.4	2121.5
合计	34385.4	60386.2

目前山西省装备制造业已有国家认定的企业技术中心 5 个：大同电力机车有限责任公司技术中心、永济电机厂技术中心、太原重型机械（集团）有限公司技术中心、榆次液压有限公司技术中心、经纬纺织机械股份有限公司技术中心。

4.2 开发成功的重大装备

表 6 开发成功的重大装备列表

序号	装备名称	制造企业	主要技术指标	工程应用情况	产业化情况
1	WK－55 挖掘机	太原重型机械集团有限公司	标准铲斗容量：55m^3；斗容范围：36 ~ 76m^3；最大提升力：2890kN；额定提升速度：0.84m/s；最大推压力：1127kN；最大挖掘半径 23850mm；最大挖掘高度 18100mm；停机地面上的最大挖掘半径 16800mm；最大卸载半径 20300mm；最大卸载半径时的卸载高度 4980mm；最大卸载高度 10450mm；最大卸载高度时的卸载半径 19580mm；最大挖掘深度 1930mm	已批量销售	已形成 4 ~ 55m^3 大型挖掘机系列产品

（续）

序号	装备名称	制造企业	主要技术指标	工程应用情况	产业化情况
2	HXD2	大同电力机车有限责任公司	总功率 10000kW；网压 25kV；50HZ；轴重 23t/25t；轴式 2（Bo－Bo）；最高运营速度 120km/h	配属太原局湖东机务段，晋煤外运主型机车	实现了电力机车产业化运作，形成了电力机车系统集成产业链，带动了周边多家企业的共同发展
3	智能型采煤机	太重煤机	牵引速度 0～7.7～12.8m/min，牵引力 580～350kN，采高范围：2.2～3.5m；煤层倾角：≤25°，装机总功率：930kW	在潞安集团应用良好	采煤机基本形成
4	油页岩电牵引采煤机	太重煤机	采高范围：2～4m，机面高度：1575mm，适应煤层倾角：≤25°，装机总功率：930kW	在龙口集团应用良好	采煤机基本形成
5	薄煤层采煤机	太重煤机	采高范围 1.25～2.4m，机面高度 940mm，适应煤层倾角≤25°，供电电压：1140V，装机总功率 461（561）kW	大同吴官屯工试	采煤机基本形成
6	JWF15 系列环锭细纱机	经纬纺机	集体落纱，锭速 25000r/min，成纱质量达乌氏公报 5%	已批量销售	年产 1200 台
7	JWF1272 精梳机	经纬纺机	机械转速 400 钳次/min，条干 3.8% 以下	已批量销售	年产 600 台
8	JWFK6－10 系列假捻变形机	经纬纺机	机械速度 1200m/min，采用联苯气相加热	已批量销售	年产 300 台
9	G1726 系列剑杆织机	经纬纺机	采用共轭凸轮，引纬打纬，采用 GFG 导钩	已批量销售	年产 1000 台

5. 企业兼并重组

（1）太原南方重型汽车有限公司成立。2007 年 6 月 13 日，山西省政府和太原市政府与中国兵器装备集团公司分别签署了《山西省人民政府与中国兵器装备集团公司全面战略合作协议》、《关于战略重组山西省汽车工业集团有限责任公司协议》。11 月 18 日，太原南方重型汽车有限公司成立及新车下线，标志着山西省重型汽车的生产发展迈出了实质性步伐。2008 年实现重型汽车 800 辆的生产能力，南方重汽重车基地搬迁技改一期工程 2008 年底建成试生产，2010 年达到 1.5 万辆。到 2015 年，项目将完成总投资 70 亿～80 亿元人民币，形成年生产能力 10 万辆，销售收入 260 亿元以上，南方重汽重车项目的突破性进展将带动山西省汽车行业发展。

（2）太原重型机械集团煤机有限公司成立。2005 年 12 月以太原重型机械集团有限公司为龙头，通过整合太原矿山机器集团有限公司、山西煤矿机械制造有限责任公司的国有产权，联合山西焦煤集团有限责任公司、大同煤矿集团有限责任公司、潞安矿业（集团）有限责任公司、阳泉煤业集团有限责任公司、山西晋城无烟煤矿业集团有限责任公司、山西煤炭运销集团有限公司、山西煤炭进出口集团公司 7 家省属煤炭企业共同组建了股权多元化煤机制造企业——太原重型机械集团煤机有限公司。太原重型机械集团煤机有限公司围绕“煤机装备成套和煤机产品上规模”两大任务，结合太矿“退城入园，整体搬迁”，在太原市经济技术开发区，投资 8.5 亿元固定资产，建设煤机成套装备制造基地，以整合太重集团乃至山西煤机资源，围绕煤矿井下综采、综掘成套装备制造，以公司现有的优质品牌电牵采煤机、刮板输送机、带式输送机、转载机为基础，新增高产高效液压支架产品，立足中、高端产品市场，高起点、高标准为用户提供优质煤机综采综掘成套装备。

第二节　存在问题

1. 缺乏带动性强的整机产品和规模效应突出的产品

这是制约山西省装备制造业发展的主要因素。特别是汽车整车，全省虽有实力较强的汽车零部件生产企业和重车市场，但是，长期以来，由于体制、政策、资金等原因，一直徘徊不前，错失了多次发展良机。煤矿机械虽有一定的基础，也有煤科院太原分院这样一流的研究院所，但缺乏协作配套，生产销售各自为阵，规模小、成本高，甚至恶性竞争，制约了山西煤机产品的发展。

2. 企业创新能力不足

企业的研发投入不足，自主创新能力差，产品更新换代慢，具有自主知识产权的产品少。这是制约山西省装备制造业发展的关键因素。

3. 生产集中度低，专业化协作程度差

条块、地域、部门分割，布局分散、重复建设、产品趋同、资源分散和浪费的现象十分突出。山西省装备制造业在全国有影响力、市场占有率高的名牌产品不多；高技术含量、高附加值的产品较少。

4. 产业外向度不高

山西省装备制造业近年来虽然在扩大对外开放，国际合作方面取得了一些成效，但与一些装备制造业大省相比，行业整体上开放度不高。外商投资企业对山西省装备制造业的拉动系数与贡献率都很低。同时，山西省装备制造业出口对产业增长的拉动与贡献的作用也较小，与兄弟省市的差距较大。

5. 企业融资困难

企业特别是中小企业融资更加困难，资金回流不畅，2007 年山西省机电工业应收账款净额为 151.36 亿元，同比增长 61.09%，企业流动资金紧张，严重影响企业正常的生产经营工作。

第三节　发展展望

受国际金融危机快速扩散和蔓延的影响，山西省装备制造产业持续减速趋势已逐步显现，该领域也受到经济下滑的冲击。面对这一严峻的形势，落实好国家及山西省出台的各项应对措施，着力在保增长扩内需调结构上下功夫，采取一切有效措施拉动经济增长，山西省结合国家《国务院关于加快振兴装备制造业的若干意见》和《装备制造业调整振兴规划》，着手编制《山西省装备制造产业调整振兴规划纲要（2009—2015 年）》，以保持山西省装备制造业平稳较快发展，最终形成多元化的新型支柱产业。

1. 发展目标

到 2015 年，基本形成装备制造业技术自主化、设备成套化、制造集约化、服务网络化的新型产业体系，形成一批具有自主知识产权的品牌产品和自主创新能力的优势企业，实现产业发展由加工制造为主向集研发、生产、成套、服务于一体转变，成为国家新型装备制造业的重要基地。

2. 发展布局

建设具有国际水平的五大装备制造国家示范基地，建设具有国内先进水平的五大装备制造生产基地，培育具有较强区域比较优势的六大产业集群。

建设具有国际水平的五大装备制造国家示范基地。山西省的煤矿机械、轨道交通、重型机械、纺织机械、液压系统等产业已具备整机成套生产能力，具有明显的比较优势和较强的发展潜力，通过进一步整合优势资源、

自主创新、引进技术、政策引导和资金扶持，扩大生产规模和提升竞争力，实现由大变强，力争2015年建成具有国际先进水平的装备制造业国家示范基地。

建设具有国内先进水平的五大装备制造生产基地。依托资源和产业优势，山西省重型汽车及零部件、不锈钢深加工、铝镁合金深加工、磁性材料深加工和电子装备及信息化系统已有一定基础，通过优化整合，重点扶持，促进产业实现集约化、规模化、集团化，进一步提高产业素质，建设具有国内先进水平的装备制造业生产基地。

培育具有较强区域比较优势的六大产业集群。山西省的铸锻造产业目前已有一定的基础，但大多数企业规模小、布局分散、市场竞争力差；新能源装备、环保设备等新兴产业也已初具规模，通过进一步整合优化，提高产业聚集度，培育核心龙头企业，到2015年力争建成具有较强区域比较优势的产业集群。

第五章 内蒙古自治区装备制造业发展报告

内蒙古自治区的装备制造业，主要在呼和浩特市和包头市，重点是包头市。近年来，鄂尔多斯市也在积极发展装备制造业。内蒙古第一机械制造（集团）有限公司（以下简称－机集团）和内蒙古北方重工集团有限公司两个大型军工企业及包头北方奔驰重型汽车有限公司和内蒙古北方重型汽车股份有限公司两个汽车整车生产企业已经成为自治区装备制造业的支柱。内蒙古自治区装备制造业主要集中在通用设备制造业、专用设备制造业、交通运输设备制造业、电气机械及器材制造业四大行业。

第一节 三年来内蒙古自治区装备制造业发展评估

1. 建立组织协调机制，制定配套政策

1.1 建立组织协调机构和机制

内蒙古自治区装备制造业发展较快，特别是《国务院关于加快振兴装备制造业的若干意见》发布以来，自治区政府为加强组织领导，推动以汽车工业为重点的装备制造业发展，成立了自治区促进汽车工业发展办公室，办公室设在自治区经济委员会，负责编制规划、研究政策、收集信息、招商引资及指导和协调汽车工业的发展，研究协调存在的问题；自治区政府制定了《内蒙古自治区人民政府关于进一步给予包头北方奔驰重型汽车有限责任公司政策扶持的意见》；为提升自治区制造业的质量水平和知名度，自治区政府制定了《内蒙古自治区人民政府关于培育工业自主知名品牌的指导意见》，自治区经委编制下发了《2008—2012 年内蒙古自治区工业自主知名品牌重点培育规划》和《2008 年内蒙古自治区工业自主知名品牌重点培育计划》，开展了自治区自主知名品牌的培育工作。

1.2 制定发展规划确定发展思路、目标及重点

自治区经委陆续编制了《自治区装备制造业“十一五”发展规划》、《自治区加快发展风力发电设备制造的指导意见》和《自治区装备制造业 2008—2012 年发展规划》。

（1）发展思路

积极参与国际国内产业分工和战略调整，抢抓机遇。从内蒙古自治区装备制造业的实际出发，积极引进成套技术与传统产品技术创新两方面结合，大企业整车装配与小企业零配件两条腿走路，巩固优势行业，开发新型行业。重点发展以重型汽车、铁路车辆为主的交通运输设备制造业；以挖掘机、大马力推土机为代表的工程机械；积极引进，大力发展大型风力发电机、煤矿机械、化工机械；整合力量重点研究自治区优势产业引进设备零部件配套国产化。

（2）发展目标

自治区装备制造业发展的总体目标为：2010 年实现工业增加值 200 亿元，2012 年实现工业增加值 300 亿元。

（3）发展重点

重型汽车。发挥现有企业的能力和优势，争取形成重型汽车规模生产基地。以包头北奔重型汽车有限公司和内蒙古北方重型汽车股份有限公司两大重型汽车生产企业为依托，通过合资合作，以市场为导向，重点开发和生产满足用户需求的重型载货汽车、非公路矿用汽车等产品。

乘用车及专用汽车。以内蒙古一汽亿阳、一机集团北方创业专汽公司和北方重工集团专用汽车公司为依托，重点发展散装水泥车、液化气罐车、邮政车、防弹车、环卫车、各式半挂车等。加快鄂尔多斯华泰汽车的建设

速度。

汽车零部件。汽车零部件自治区东西部都有生产，东部区汽车配件企业形成了为一汽配套的格局。西部区以北奔重汽有限公司、一机集团、北方股份公司、北方重工集团、包铝集团等企业为主导，重点发展车桥、驾驶室、发动机、缸盖、汽车铝轮毂等产品。

铁路车辆及其配件产品。以一机集团北方创业股份公司为主导，重点发展铁路敞车、铁路罐车等产品。以一机集团、北方重工集团为主导，重点发展火车车轴、火车钩、摇枕侧架、火车弹簧等铁路配件产品。

风力发电设备及配套件。发挥现有企业的能力和优势，力争将自治区打造成为全国主要的风力发电设备生产基地。以一机集团、北方重工、内蒙古汇全、航天六院等单位为依托，通过合资合作，以市场为导向，重点开发和生产并网型大型风力发电机组及塔架、叶片等部件。

工程机械。以一机集团北方创业股份公司和北方股份公司为主导，重点发展大马力推土机、液压挖掘机等产品。

非标成套设备。自治区特别是包头的大企业有很大的非标成套设备生产加工能力，可以承揽来样加工产品，主要是以轧制、成型等为代表的非标冶金成套设备，主要产品是轧机、连铸设备、螺旋焊管机组、大型轧机减速机、高速公路产品、护栏产品等。

为自治区优势产业提供支持和服务的产业。随着自治区工业化、城镇化、农牧业产业化互动推进，电力、煤炭、化工、农畜产品加工、农业机械都得到快速发展，各种专用设备及其配件业、修理业市场广阔。以鄂尔多斯市装备制造基地为突破口，积极整合资源，大力发展化工、煤炭等专用设备；对自治区化工、煤炭、电力等行业的进口机械装备和零配件进行国产化研制，提供配件及修理。

2. 在内蒙古自治区经济中的地位

2.1 主要经济指标及产业地位

装备制造业是内蒙古自治区六大优势产业之一，同时也是内蒙古自治区六大优势产业中的弱势产业。据内蒙古统计局统计，截至2007年底，内蒙古自治区装备制造业共有全部国有及非国有规模以上企业193个，全部职工平均人数82325人，资产总计340亿元，负债合计232亿元。2007年，主要经济指标实现快速增长，全年完成工业增加值93.56亿元，同比增长51.61%；完成主营业务收入293.34亿元，同比增长55.71%；实现利税总额17.30亿元，同比增长159.37%。2008年1~8月累计完成主营业务收入239.26亿，同比增长39.05%；累计完成工业增加值83.67亿元，同比增长32.59%；累计实现利税总额8.71亿元，同比增长135.45%，仍保持快速增长，但增速较上年减缓。

2007年，内蒙古自治区装备制造业主要产品产量增速加快。据内蒙古自治区统计局统计的33种主要产品中，有13种产品增速达到30%以上，10种产品增速达到了50%以上。特别是汽车制造，全年实现产量27966辆，增速达到90.56%，自治区汽车产量首次突破20000辆。产品结构也有明显改善，2007年新增了环境保护专用设备，全年共生产固体废弃物处理设备7套，新增越野汽车5182辆。但是，也有部分产品产量下降明显，如：通信及电子网络用电缆、采矿设备、混凝土机械、高低压开关板等。2008年1~8月，主要产品产量增速下降，特别是8月份，与上月相比，统计中的34个产品有19个产品下降。

2006—2008年自治区装备制造业工业增加值三年的年均增长率为34.48%。

表1 内蒙古自治区装备制造业主要经济指标 （单位：亿元）

年份	年工业总产值	主营业务收入	工业增加值	利税总额	利润总额	出口交货值	从业人数/人
2006年	208.84	200.52	75.20	9.10	4.39	18.20	79476
2007年	302.06	293.35	105.53	17.42	5.73	19.56	82325
2008年	413.02	351.39	136.00	15.04	8.80	29.01	80886

2.2 重点项目投资情况

2006年，内蒙古自治区装备制造业计划实施重点项目13项，其中续建项目6项，新建项目7项。总投资

70.2 亿元，计划投资 26.4 亿元。2007 年，内蒙古自治区装备制造业计划实施重点项目 13 项，其中续建项目 8 项，新建项目 5 项。总投资 117 亿元，计划投资 29.4 亿元。2008 年，内蒙古自治区装备制造业计划实施重点项目 10 项，其中续建项目 5 项，新建项目 5 项。总投资 91.1 亿元，计划投资 51.6 亿元。三年共计划投资 107.4 亿元。

3. 产业结构的调整

3.1 产业结构

表 2 内蒙古自治区装备制造业构成 （单位：亿元）

行业名称	2006 年		2007 年		2008 年	
	工业增加值	占比重（%）	工业增加值	占比重（%）	工业增加值	占比重（%）
通用设备制造业	14.28	18.99	19.60	18.59	51.1	37.57
专用设备制造业	33.32	44.31	46.10	43.72	15.8	11.62
交通运输设备制造业	20.61	27.41	29.48	27.95	53.5	39.34
电气机械及器材制造业	6.99	9.29	10.27	9.74	15.5	11.40

2007 年，内蒙古自治区装备制造业全部国有及规模以上非国有企业占全区规模以上工业企业的比重为：主营业务收入占 5.06%，同比增长 0.44 个百分点；工业增加值占 3.96%，同比增长 0.85 个百分点；占全国装备制造业的比重为：主营业务收入占 0.40%，同比增长 0.05 个百分点；工业增加值占 0.54%，同比增长 0.18 个百分点。2007 年自治区装备制造业和自己比实现了较快增长，和兄弟省市比仍有差距。按主营业务收入排序，内蒙古自治区在全国 30 个省市中排位仍保持在第 24 位。自治区 100 户重点工业企业中仅有 5 户装备制造业企业，自治区工业二十强企业中有 2 户装备制造业企业，2007 年内蒙古自治区装备制造业企业营业收入超百亿元企业 1 户，超 10 亿元的 6 户，超亿元的 35 户。

3.2 优势和特色装备

内蒙古自治区装备制造业经过多年的发展，已经在非公路重型自卸汽车、重型载货汽车、机床附件、铁路车辆等产品上形成了自己的优势和特色。

表 3 内蒙古优势特色装备一览表 （单位：亿元）

序号	优势特色装备名称	主要技术指标	制造企业	2007 年销售收入	国内市场占有率（%）	出口交货值
1	北奔重卡	欧Ⅲ	包头北奔重型汽车有限公司	40.5833	4	10.02
2	铁路车辆货车	国内先进	包头北方创业股份有限公司	11.33	5.2	0.6
3	非公路重型自卸汽车	23 ~ 100t 刚性式、25 ~36t 铰接式和 136 ~ 360t 电传动自卸车	内蒙古北方重型汽车股份有限公司	13.0329	80	4
4	机床附件及数控机床功能部件	三四爪卡盘，中高档动力卡盘，油、汽缸、特订专用卡盘，数控刀库	呼和浩特众环（集团）有限责任公司	3.2	45	0.480

4. 自主创新

内蒙古自治区装备制造业有2家国家认定企业技术中心，5家自治区认定企业技术中心。内蒙古一机集团拥有北京重型车辆研发中心、内蒙古车辆设计研究院、中国兵器重型汽车研发中心、中国兵器工程机械研发中心、铁路车辆研究所、博士后流动站等科研机构。内蒙古北方重工集团企业技术中心下设矿用车与工程机械研发中心、特种钢及延伸产品研发中心、铁路产品研发中心、煤矿综采设备研发中心、专用汽车研发中心。内蒙古北方重工集团企业技术中心经过几年的创新能力建设，技术中心已成为该公司发展的重要技术保障，在实现经济快速增长中发挥了重要的作用。2005年被认定为国家级企业（集团）技术中心；2006年底被认定为内蒙古自治区首批企业研究开发中心；2007年7月被批准为首批国防科技工业认定企业技术中心；2007年初被内蒙古自治区确定为首批10家实施“创新型企业试点”。

内蒙古北方重工集团与清华大学等单位联合开发研制的36万kN黑色金属垂直挤压机及工艺研究项目（简称360工程项目）为“高档数控机床与基础制造装备”科技重大专项十大标志性设备之一。该挤压机是继美国威曼·高登公司31.5万kN垂直挤压水压机之后世界上最大的垂直挤压设备。36万kN黑色金属垂直挤压机的开发建设，可解决超临界火电、第三代核电发电设备等行业用高品质大口径厚壁无缝钢管的供应问题，扭转高品质大口径厚壁无缝钢管受制于国外的局面；可打破美国威曼·高登公司在垂直挤压技术上的垄断，形成模具制造、加热、润滑、制坯、挤压、热处理、精整、检测等一整套专有知识，促进我国大口径厚壁无缝钢管制造技术的跨越式发展；可实现预应力钢丝缠绕技术在大型机架的工程化，解决极端制造能力的不足，为万吨级重型装备制造走出一条新路，促进我国制造业的振兴和制造能力的快速发展。

随着内蒙古一机集团在全国装备制造业的地位和市场影响力的不断提升，该集团已由2006年国内机械行业500强中的第78位上升到2007年的第61位。2007年，自治区装备制造业又有5个项目入选中国企业新纪录。其中，内蒙古一机集团公司富成锻造公司的“模具整体堆焊修复技术为国内首创”、“重型车辆锻造园区建设项目的设备技术水平为创国内新纪录”，力克橡塑公司的“大型矿用实心轮胎为全国首创”、北方创业公司的“生产线大规模技术改造项目技术水平创国内新纪录”、“C80型铝合金运煤敞车为国内首创”；5个项目被评为省部级以上管理创新成果。其中，《大型军工企业相关多元业务的专业化经营与管理》获第十四届国家级企业管理现代化创新成果二等奖，《大型军工企业基于相关多元业务的专业化发展能力建设》和《基于资源节约型、环境友好型企业建设的集团化、专业化能源管理》两项成果分获国防科工委管理创新一等奖、二等奖，《大型军工企业以战略为导向的生产现场持续改进管理》和《基于夯实企业管理，提升职工素质的“五好一准确”班组建设》两项成果分获自治区企业管理现代化创新成果二等奖、三等奖。内蒙古北方重工集团公司开发的P91材质无缝管，开创了国产P91材质无缝管批量进入超超临界电站锅炉的先河，填补了国内空白，为我国超临界、超超临界锅炉用无缝管实现全面国产化奠定了坚实的基础。北创公司成功开发试制出X4K、X6K型集装箱专用平车，并通过铁道部质量认证。内蒙古一机集团大地工程机械有限公司自行研制成功MD32（320马力，1马力=735.499W）推土机。

表4 开发成功的重大装备一览表

序号	装备名称	制造企业	主要技术指标	工程应用情况	产业化情况
1	重卡分动箱	包头北奔重型汽车有限公司	—	—	产业化
2	驱动前桥		—	—	产业化
3	中重型车		—	—	产业化
4	动力传动系统匹配		—	—	产业化
5	XX军车底盘		—	—	产业化
6	MD32履带式推土机	内蒙古一机集团公司	320马力	—	该产品已经批量投放市场并形成年300台能力

（续）

序号	装备名称	制造企业	主要技术指标	工程应用情况	产业化情况
7	数控刀库	呼和浩特众环（集团）有限责任公司	斗笠式、圆盘式、链条式三个系列 BT30、BT40、BT50、HSK63 四个规格共计 50 余个品种	已被国内数十家加工中心机床制造企业选用，但品牌的知名度不高，选用的数量还不大，尚处于市场培育期。但是，自该公司数控刀库上市以来，进口数控刀库的市场价已下降 30% 以上，结束了进口数控刀库的暴利时代	已形成年产 3000 台各种规格数控刀库的生产能力
8	铁路车辆货车	包头北方创业股份有限公司	国内先进	敞车、罐车、平车、棚车、漏斗车五大系列产品分别销售到国内及国外	具备年产各式铁路货车 4000 辆的生产能力
9	P91 新钢种厚壁管	内蒙古北方重工集团公司	—	—	形成规模
	P92 大口径厚壁锅炉管		—	—	通过部级鉴定，2009 年批量生产
10	防爆工程自卸车、NR2002 旋挖转机、3305H 矿用车	内蒙古北方重型汽车股份有限公司	—	—	完成研制
11	3304 矿用车		—	—	通过自治区科技厅鉴定
12	连采设备搬运车和 $12m^3$ 垃圾车	内蒙古北方重工集团公司	—	—	试验成功
13	高碳高铬轧辊辊坯		—	—	列为国家重点新产品项目
14	石油钻具		—	—	列为国家火炬计划项目，通过 APA 认证

5. 产业集聚区建设

自治区正在建设的有包头装备制造业园区、鄂尔多斯市东胜装备制造基地、鄂尔多斯市阿镇现代装备制造业基地、鄂尔多斯市康巴什基地。

包头装备制造业园区。筹建于 2004 年，园区总规划面积 $26km^2$，已建成区 $8km^2$，主要以一机集团、北重集团及其附属企业为主。正在建设区 $18km^2$，已有新型驾驶室、车桥扩能项目、北重安东深孔制造合资项目等 10 余户入驻，已初步形成了以汽车整车制造、重型装备制造及相关零部件为主体的装备制造产业集群，创造了地区装备制造产业发展的新格局。园区二期、三期拟吸纳各类投资额度大、科技含量高、发展前景广阔的国内外知名的装备制造业企业（项目）入驻。

鄂尔多斯市东胜装备制造基地。总规划面积 $40km^2$，主要发展汽车整车及其零部件、矿山设备、工程机械、化工专用设备制造及其研发和高新材料加工及电子信息等装备制造业。截至 2008 年 8 月，东胜装备制造基地已完成固定资产投资 2.61 亿元，精工恒信重型载货汽车制造项目基础设施建设地下管网部分已全部完成，地上部分生产车间主体框架也已竣工，生产设备订购已完成，待车间厂房具备安装条件时即刻到位。中国煤科院天地公司煤机制造项目、恒东煤机制造项目、宝风新能源化工机械制造项目地下管网设施已全部铺设完毕，目前正在搭建厂房。招商引资方面，现已签订投资入驻协议的企业（项目）共10个，总投资约75亿元。已入驻项目有：精功集团70亿元汽车零部件项目、中国煤科院天地公司煤机制造项目、恒东煤机、宝风新能源等。即将入驻的企业和项目有：中兴汽车制造项目、浙江盾安风力发电及漆包线项目、三一重工集团、康佳集团。

鄂尔多斯市阿镇现代装备制造业基地。基地规划总面积33km^2，一期用地11km^2。二期用地22km^2。从2007年开始筹划，一期工程建设期为2008—2010年，二期工程建设期为2011－2013年。神东内蒙古神东煤炭分公司矿区机电设备专业化维修中心项目已完成厂房建设和设备安装，基本具备生产运营条件，可承担中国神华神东矿区每年生产净增1亿t商品煤所需的机电设备维修任务和补充神东煤炭分公司维修中心部分维修量以及综采设备维修后设备周转储存。神东天隆集团工业园区项目以建设全国一流、西部地区规模最大的煤机维修基地和矿用产品生产基地为目标，计划总投资12亿元。建成后，将为鄂尔多斯及其周边地区煤矿机械提供专业化维修服务。目前，矿山机械配件材料厂、金工制造有限公司均已建成投产，煤机维修基地于2007年开工建设，截至目前，工业园区累计完成投资6.4亿元。

鄂尔多斯市康巴什基地。华泰集团年产5万辆特拉卡汽车已于2007年3月下线，2008年1～11月，生产4493辆，增长5.7%。目前，正在建设的30万台发动机项目、30万台变速箱项目、15万辆轿车项目正在建设中，全部引进意大利柯马公司技术。30万台发动机项目总投资32亿元，正在进行设备安装，2009年3月将进行小批量生产，5月试生产；30万台变速箱项目总投资8亿元，2009年4月试生产，5月开始批量生产；15万辆轿车项目总投资19.7亿元，2010年4月底完成设备安装调试，2010年7月开始联动试生产。

第二节 存在问题

1. 创新能力弱

总体研发能力弱，科技水平还不高，掌握的核心技术少，拥有的自主知识产权更少。

2. 投入不足

由于经济和社会发展条件的限制，目前内蒙古自治区装备制造业发展投入的多元化格局尚未形成。由于投入的不足，目前全行业多数企业整体装备较为陈旧，达到20世纪90年代国际国内先进水平的产品屈指可数，急需进行技术改造。

3. 企业发展不均衡

大企业主要是军工企业，对地方企业的拉动带动作用不明显，地方企业成长较慢。

4. 总体规模偏小，行业竞争力不强

从整体情况看，全行业的集中度较低，总体规模偏小的问题较为突出，特别是尚未形成一批占有较大市场份额、代表行业水平、具有国内市场竞争力的大型企业集团，缺少一批按经济规模组织生产的协作配套企业。另外，社会化、专业化协作水平低，技术、经营管理形不成规模效益的现象突出。

5. 人才匮乏

技术人员匮乏，严重影响企业产品开发能力和生产能力。内蒙古自治区与沿海发达城市相比工程技术人员各方面的待遇偏低，许多技术工程人员、管理人员和大学生不愿意来自治区就业，有些企业的研究机构因缺少新生力量难以发挥应有的作用。同时企业因为资金原因无力为现有工程技术人员提供进修、学习的机会。

第三节 发展展望

呼和浩特、包头、鄂尔多斯地区将重点发展数控机床功能部件、汽车、运输设备、工程机械、化工设备、风力发电设备及零部件。特别是将快速形成汽车及大型风力发电机组的零部件配套集群，提高其在自治区的配套率。乌兰察布市也将积极加入到汽车及大型风力发电机组的零部件配套集群中。东部盟市将紧紧把握振兴东北老工业基地的机遇，发挥比较优势和后发优势，主动做好与东北经济区的政策对接、产业对接和项目对接，寻求在装备制造业方面的配套发展机遇、大胆引进创新，推动自治区装备制造业的不断发展壮大。

第六章　辽宁省装备制造业发展报告

在国家支持振兴东北老工业基地的各项有力政策推动下，在辽宁省委、省政府的正确领导下，辽宁装备制造业取得了跨越式发展，2006 年实现工业增加值超过冶金、石化行业，截至 2008 年，连续三年保持全省工业第一支柱产业地位，实现了规模、效益协调增长，占全省规模以上工业增加值比重稳步提升，对工业经济的牵动力不断增强，装备制造业已成为推动辽宁老工业基地全面振兴的重要力量。回顾辽宁省装备制造业近三年来的发展历程，主要有三个显著特点：一是发展速度快。2008 年，全省装备制造业规模以上企业完成工业增加值 1893.99 亿元，同比增长 22.3%，三年年均增速 24.4%。完成工业总产值 7065 亿元，同比增长 30.9%，增速位居东部沿海发达省市首位。二是运行质量高。实现主营业务收入 6736.89 亿元，同比增长 30.1%。实现利润 281.88 亿元，同比增长 19.7%。实现利税 429.52 亿元，同比增长 14.7%。三项指标三年年均增幅分别为 22.8%、30.8% 和 22.6%。三是社会贡献大。2008 年全省工业 57.5% 的利润和 19.5% 的税金均来源于装备制造业，比 2006 年分别提高了 28.6 和 0.35 个百分点。解决就业人数 102.9 万人，占全省工业的 30.7%。

第一节　三年来辽宁省装备制造业发展评估

1. 建立组织协调机制，制定发展规划和配套政策

1.1　建立组织协调机构和机制

为实现国家提出的把辽宁建成全国乃至世界装备制造业基地的战略目标，2004 年省政府成立了装备制造业行业发展推进小组，由工业副省长任组长，政府有关部门负责人、大企业负责人和行业专家为小组成员，负责行业发展的重大事项。领导小组办公室设在省经委机械装备处，负责日常事务。领导小组在研究制定产业发展政策、推进自主创新等方面发挥了重要作用。

2006 年，为加快推进数控机床产业发展，省政府专门成立了数控产业发展协调领导小组，组织沈阳机床、大连机床及省内数控系统研制企业、数控机床重点用户座谈，实地调研，提出数控机床产业研发及产业化的方向、重点领域和重点项目，积极推进省内主机厂和数控企业的协作配套，取得了明显成效。

为更好地组织、协调装备制造业健康快速发展，辽宁省积极组织和培育行业协会建设，发挥其联系政府和企业的桥梁和纽带作用，加强行业自律，维护企业权益。2006 年成立辽宁省汽车行业协会，2008 年成立辽宁省铸造协会。辽宁省模具协会正在组织筹备中。

1.2　制定发展规划

（1）发展战略

树立世界眼光的战略思维，用中国装备支撑中国制造。以科学发展观为统领，以提高重大技术装备和高新技术装备的自主研发、设计、制造和系统集成水平为宗旨，以体制、机制创新为动力，紧紧把握国家振兴东北老工业基地战略决策的契机，充分发挥企业自身活力，坚持以信息化带动工业化，工业化促进信息化，加快结构调整和体制创新，实现技术自主化、产业集群化、装备成套化、营销国际化，全面推进产业升级，构建国家先进装备制造业基地。

（2）发展目标

总体目标是，经过 3~5 年的努力，将辽宁建设成为具有较强的核心技术自主研发能力、产业结构比较合理、产品技术比较先进、综合实力在国内领先、国际上有较大影响的现代装备制造业基地。

到 2011 年，全省装备制造业规模以上企业完成工业增加值 3800 亿元，占全省规模以上企业工业增加值的

比重达到35%，实现销售收入14000亿元。

（3）发展重点

重点发展基础装备、成套装备、交通运输装备和电子信息装备四大主导产业。

一是大力发展以机床为代表的基础装备产业。围绕航空航天、船舶、汽车制造、发电设备制造等急需的高档数控机床研发，积极发展高速、精密、重大型高档数控机床与基础装备主机、数控系统、功能部件与关键部件，加强共性技术研发、建设国家级创新平台。重点支持数控机床重点企业实施海外并购，提升企业的核心竞争力。加强行业资源的整合。通过企业间的并购重组，实现产业重新布局和资源重新配置。推进产、学、研、用相结合，不断提高研发水平，加快产业化进程。

二是大力发展以石化通用、输变电、重型装备为代表的成套设备制造业。围绕国家重点发展的16个装备领域，在辽宁省有较强优势的输变电成套、工业制冷成套、矿山采选成套、水泥机械成套、核电设备成套、风电设备成套、乙烯压缩机成套、冶金板坯连铸连轧设备、港口装卸设备成套等方面，加强自主研发，积极推进国产化，实现传统装备产业技术升级。发挥政府的组织协调作用，依托省内重点工程建设，积极推进辽宁省首台（套）重大技术装备的研制和应用，实现首台（套）使用业绩。重点支持首台（套）的研制和产业化项目，使辽宁省在成套装备领域抢占制高点。

三是大力发展以汽车、船舶、轨道交通为代表的交通运输装备。

汽车及零部件产业。围绕汽车产业振兴规划，重点发展1.6L排量以下轿车、面向农村市场的微面和轻载货车，大力发展新能源汽车。支持龙头企业发展。积极支持和推进龙头企业重点项目建设，重点支持华晨汽车集团、曙光汽车集团、通用北盛等重点企业做强做大。完善零部件配套体系建设，支持汽车零部件企业围绕整车企业要求，加强产品研发，实现专业化、规模化生产。

造修船产业。依托大连船舶重工集团、锦州渤船重工在超大型油轮、大型多功能化学品船、超大型集装箱船、全冷式液化气船、大型滚装船等高技术、高附加值船舶等高端产品上加强自主创新，实现国产化。依托民营船企及船舶园区建设，发展中小型特色船舶；要以提高装船率、自给率为目标，大力扶植船舶配套产业的发展，构筑地方船舶配套体系，增强辽宁省船舶产业整体竞争能力。积极发展修船产业发展，为船舶产业发展提供生产性服务。

轨道交通产业。围绕国家扩大内需，沈阳、大连地铁工程、沈本、沈抚轻轨工程等，依托沈阳机车车辆公司、大连机车车辆公司，提升企业的整体规模和水平。加强产业链整合，形成轨道交通牵引、车厢、信号、检票、轴承、电机电缆等配套产业链条。

航空航天产业。加快建设沈阳国家民用航空高技术产业基地，推进合作开发庞巴迪C系列飞机、民用航空发动机等项目。在飞机发动机、大部件和零部件的研发设计等领域掌握一批关键核心技术，在飞机机体、动力系统、电器电缆、控制和机载设备等方面形成核心竞争力。使航空航天产业成为辽宁省装备制造业未来的重要支撑。

四是大力发展电子信息装备产业。依托英特尔半导体（大连）晶圆项目及其配套项目，加快集成电路设计、专用电路芯片制造及封装、测试，应用微电子技术生产电力半导体器件及传感器、微机电系统等产业快速发展；加快推进以中国华录集团、大显集团等企业为骨干的数字视听产业，以大连环宇、沈阳新邮通、朝阳中建等企业为骨干的通信产业，以大连路明等企业为骨干的光电产业，以锦州阳光能源等企业为骨干的光伏产业发展；在汽车电子、医疗电子、通信与网络、基础电子研发上形成具有核心竞争力的产业体系。

1.3　制定和落实配套政策

《关于加快发展装备制造业的若干意见》下发后，省委、省政府给予高度重视，于2007年出台《辽宁省人民政府关于加快振兴装备制造业的实施意见》（辽政发［2007］18号）。在对辽宁省在16大领域具有的基础与优势做出客观的评价后，又组织召开省装备行业发展推进小组会议研究具体落实方案，并采取以下几方面政策措施促进装备制造业发展：

一是省政府设立了7亿元的技改财政贴息资金，把装备制造业的资源整合、自主创新和完善配套作为支持重点，同时要求各市也给予相应的配套政策，形成省、市共同推进装备制造业发展的氛围。2006年重点支持了沈阳重型、沈阳机床、瓦轴集团、大重大起、华晨汽车集团、大连机车车辆、大连船用柴油机、丹东曙光汽车等62户企业的66个项目给予重点支持，安排贴息资金3.5亿元，2007年安排贴息资金1.96亿元，2008年支持技改贴息项目54项，安排贴息金额3.9亿元。2007年6月设立数控配套产业化专项资金5000万，进一步推进辽宁省高档数控机床的配套和国产化工作。通过专项资金的支持，调动了企业自主投资的积极性，引导了银行资金的投向，加快了一批大项目建设，促进了装备制造业的结构调整和产业升级，为实现建设国家先进装备制造业基地的目标奠定了基础。

二是积极协调推进重点领域的快速发展。在巩固辽宁省已有优势的基础上，扩大比较优势，争取后发优势，谋求全面发展。首先重点研究了沈阳机床、大连机床与辽宁省数控系统研制企业的协作配套，促进辽宁省在高端数控机床领域取得重大突破，参与国际市场竞争。其次重点推进了风电产业的发展，依托辽宁省风场建设和辽宁省装备制造业的产业优势，通过引进—消化吸收—再创新的方式，加快风电设备的国产化进程，掌握自主核心技术。

2. 在辽宁省经济中的地位

2.1　主要经济指标及产业地位

2006年全省装备制造业完成工业增加值983.9亿元，占全省规模以上工业的比重达到25.6%，总体规模超过石化、冶金行业，成为全省工业第一支柱产业，对工业增长的贡献率达到30.5%，全部工业新增利润的55%源于装备制造业。到2008年，全省装备制造业继续保持第一的产业地位，占全省工业比重达到28.7%，比2006年提高3.1个百分点，主营业务收入占全省工业比重29.2%，比2006年提高了2.7个百分点。

表1　辽宁省装备制造业主要经济指标　（单位：亿元）

年份	工业总产值	销售收入	工业增加值	利税总额	利润总额	出口交货值	从业人数/万人
2006年	3802.9	3639.41	983.9	233.0	125.87	786.7	88.4
2007年	5439.3	5161.94	1432.4	383.83	231.57	1116.8	97.6
2008年	7065	6736.85	1893.99	429.52	281.88	1300.0	102.9

2006—2008年，辽宁省装备制造业主要指标保持快速增长。规模以上企业完成工业增加值、主营业务收入、利润、利税三年年均增长率分别为24.4%、22.8%、30.8%和22.6%。2006—2008年，辽宁省装备制造业增加值占全省工业比重分别为25.6%，28.4%和28.7%。

2.2　三年建设投资

2006—2008年，辽宁省装备制造业固定资产投资分别为653.25亿元、959.8亿元和1362亿元。

3. 产业结构的调整

3.1　产业结构

表2　辽宁省装备制造业构成　（单位：亿元）

行业名称	2006年		2007年		2008年	
	工业增加值	占比重（%）	工业增加值	占比重（%）	工业增加值	占比重（%）
装备制造业	983.91	100	1432.42	100	1893.99	100
金属制品业	96.50	9.81	139.25	9.72	220	11.61
通用设备制造业	265.76	27.01	373.93	26.10	465	24.55
专用设备制造业	100.66	10.23	190.66	13.31	270	14.26
交通运输设备制造业	260.20	26.45	350.88	24.50	455	24.02
电气机械及器材制造业	142.82	14.52	199.02	13.89	245	12.94
通信设备、计算机及其他电子设备	98.02	9.96	142.56	9.95	179	9.45
仪器仪表及文化、办公用机械制造	19.95	2.03	36.12	2.52	60	3.17

注：统计口径为规模以上企业，2008 年分行业为预测。

3.2 优势和特色装备

表3 辽宁省优势和特色装备一览表（单位：亿元）

序号	优势特色装备名称	主要技术指标	制造企业	2008 年销售收入	国内市场占有率（%）	出口交货值
1	机床	国内领先水平	沈阳机床集团	112.8	14.2	11.4
2	机床	国内领先水平	大连机床集团	108	8.4	9
3	钢质民用船舶	国内领先水平	大连船舶重工集团	177.5	16.4	142.5
4	特高压输变电设备	国际先进水平	特变电工沈变集团	34.7	30	3.7
5	轿车	国内先进水平	华晨汽车控股集团	407.9	4.5	12.1
6	大型散料装卸设备	国内领先水平	大连重工起重集团	121.8	90	16
7	大型离心式压缩机	国内领先水平	沈阳鼓风机集团	61.4	85	0.8
8	全断面隧道掘进机	国内领先水平	沈阳北方重工集团	107.6	95	5.4
9	大功率内燃机车	国内领先水平	中国北车集团大连机车车辆有限公司	44.6	70	1.7
10	清障车	国内领先水平	沈阳北方交通重工集团有限公司	27.6	50	0.1
11	大型综采成套设备	国内领先水平	三一重装集团	12.8	40	

4. 自主创新

4.1 创新投入和技术创新体系建设

2007 年列入省企业技术创新重点新产品开发计划的装备制造业项目 128 项，占全省的 58.4%；列入省重点产学研合作计划的装备制造业项目 20 项，占全省的 39.2%；列入省重大技术研发计划的装备制造业项目 36 项，占全省的 46.2%。

列入省重大技术装备研制计划的项目有 37 项。全年共拨付用于支持辽宁省装备制造业企业研究、开发及高新技术成果转化项目的财政资金 1570 万元，在推进产业技术升级、激励企业科技进步等方面都发挥了重要作用；辽宁省装备制造业企业的研发投入不断增加，沈阳机床、沈鼓集团、北方重工、特变电工沈阳变压器、大连船舶重工、渤船重工、三一重装等重点装备制造业企业研发投入占企业销售收入的比重都在5%以上。民营装备制造业企业也越来越重视科技研发，抚顺挖掘机制造有限公司研发投入占销售收入比重达到6.2%，辽宁新风企业集团达到20%。

截至 2008 年，全省装备制造业现已拥有省级以上企业技术中心达到 145 个，其中国家级技术中心达到 20 个。

国家级技术中心名单：沈阳机床股份有限公司、沈阳飞机工业（集团）有限公司、东软集团有限公司、沈阳鼓风机（集团）有限公司、沈阳黎明航空发动机（集团）有限责任公司、沈阳重型机械集团有限责任公司、特变电工沈阳变压器有限公司、沈阳矿山机械（集团）有限责任公司、沈阳新松机器人股份有限公司、大连船舶重工有限责任公司、瓦房店轴承集团有限责任公司、中国华录集团有限公司、大连大显集团有限公司、大连冰山集团有限公司、大连机车车辆厂、大连起重·重工集团有限公司、大连机床集团有限公司、辽宁曙光汽车集团股份有限公司、渤海船舶重工有限责任公司、沈阳华晨金杯汽车有限公司。

4.2 开发成功的重大装备

表 4 开发成功的重大装备列表

序号	装备名称	制造企业	主要技术指标	工程应用情况	产业化情况
1	核环吊	大连重工起重集团	30 万 kW 核环吊	中巴两国合作建设重点工程——巴基斯坦恰希玛核电站	已产业化
2	大型水电铸件		700MW 水轮机转轮上冠、下环、叶片铸件	三峡工程	已产业化
3	盾构机	沈阳北方重工集团	直径 11.18m 的泥水平衡盾构机	广深港铁路客运专线水下隧道挖掘工程	已产业化
4	双进双出磨煤机		100 万 kW 超超临界	山东邹县电厂 2 × 100 万 kW 超超临界火电机组项目	已产业化
5	百万吨乙烯装置研制的三套压缩机组	沈阳鼓风机集团	年产百万吨乙烯装置	镇海炼化、天津石化、抚顺石化 100 万 t/年乙烯项目	研制推广
6	大功率交流传动内燃机	大连机车车辆厂	6000 马力（1 马力 = 735.499W）和谐 3 型大功率交流传动内燃机	铁道部订单项目	已产业化
7	特大型转盘轴承	瓦轴集团	外径达到 5335mm	鞍钢 1580 热轧生产线	已产业化
8	“直驱式双轴转台”、“直驱式双摆铣头”和“总线式数控系统、直驱功能部件全集成系统”	大连光洋有限公司	国际先进水平	尚未应用	研制推广
9	特高压变压器	沈变集团	1000MVA/1000kV	晋东南—南阳—荆门 1000kV 特高压交流试验示范工程	已产业化
10	机器人	中科院沈阳自动化研究所	高纬度、深水自主与遥控混合	北极科考	应用
11	400ft（1ft = 0.3048m）自升式钻井平台	大连船舶重工集团	400ft、自升式	美国诺贝尔钻井公司	应用
12	超重型船用柴油机主机	大连船用柴油机厂	单机功率达 49680 马力（36550kW）	太平洋船舶集团建造的 4250 箱集装箱船	已产业化
13	P300 反应堆冷却剂泵	沈阳水泵	300MW	巴基斯坦恰希玛核电厂	已产业化
14	38.8 万载重吨矿砂船	渤海船舶重工	38.8 万载重吨	新加坡百国盛环球私人有限公司	已产业化

（续）

序号	装备名称	制造企业	主要技术指标	工程应用情况	产业化情况
15	煤气化炉	金州重型	重1300t，日处理煤2000余吨，碳的转化率达98%	中石化壳牌（岳阳）煤气化项目配套的世界最大的煤气化关键设备——煤气化炉	已产业化
16	反应器	锦西化机	300kg压力	神华集团煤制油项目研发了具有国际先进水平的300kg压力反应器	已产业化
17	加工中心、五轴高速龙门加工中心	沈阳机床集团	A、B主轴摆动、五轴、高速龙门加工中心	—	研制推广

5. 产业聚集区（带）建设

5.1 沈阳铁西装备制造业示范区

2007年6月9日，国家发改委和国务院振兴东北办授予沈阳市“铁西老工业基地调整改造暨装备制造业发展示范区”后，铁西区装备制造业发展突飞猛进，实现了主导产业聚集发展、基础产业集群发展的良好态势，特别是汽车及零部件产业集群2008年成为沈阳市首个产值突破百亿元的产业集群。铁西区装备制造业2008年完成产值1037亿元，同比增长30.9%，装备制造业增加值完成271.3亿元，同比增长23%，装备制造业总产值首次突破千亿元大关，创历史新高。

重点发展数控机床、通用石化装备、重矿机械、输变电装备、工程机械、汽车及零部件、新能源装备、农业机械、环保设备等九大优势产业；努力培育沈阳机床、北方重工、沈鼓集团、特变电工沈变集团等20个世界级企业；围绕16大类打造100个世界级产品；重点发展20个基础产业集群；建设基础制造、公共研发、金融服务、现代物流、人才培养等五个公共服务平台。

为将示范区建设成为具有国际竞争力的世界级装备制造业基地，示范区企业享受如下优惠政策：国家振兴东北老工业基地增值税抵扣、加速固定资产折旧和缩短无形资产摊销年限等优惠政策；国家级经济技术开发区优惠政策；商务部赋予的省级外资和服务贸易审批权限；特殊重大项目基金贴息支持；港口开发区政策（对出口企业给予一定的运费补贴）；辽宁省“五点一线”优惠政策。

5.2 大连“两区一带”装备制造业聚集区

“两区一带”是指依托大窑湾港口和保税功能，建设以发展汽车整体配套为重点的装备制造业聚集区；依托大连湾北岸深水岸线资源，建设以发展大型装备及部件为重点的装备制造业聚集区；依托渤海深水岸线，建设以发展造船业为重点的船舶和海洋工程及配套产业带。

建设“两区一带”的目标。依托大连濒临黄海、渤海岸线资源，科学规划临港临海先进装备制造业聚集区产业布局，着力建设一批竞争力强、支撑力大和集群优势明显的产业基地；培育一批发展潜力大、经济效益好和具有大连特色的优势产业；掌握一批具有国际先进水平的共性技术、自主知识产权的关键技术和对经济社会发展具有重要牵动作用的前沿技术；发展一批以企业为主体的国家级技术（工程）中心；做强一批技术先进、行业领先和具有国际竞争力的企业集团。到2010年，全市力争有5户企业进入国际同行业前10强，有20户企业进入国内同行业前3强。

建设“两区一带”的产业布局。一是加快以汽车产业和数控机床为重点的临港聚集区建设。二是积极推进以重型装备和大型设备为重点的临海聚集区建设。三是认真抓好以造船业为重点的船舶和海洋工程及配套产业带建设。

“两区一带”企业享受的主要政策：对引进的外埠先进装备制造企业，经认定其实现的增加值或利润总额形成地方财力部分，三年内给予100%补助。对市区搬迁至“两区一带”的企业，原厂区土地出让金可以补贴给企业。对“两区一带”内的装备制造企业（含在建和新建），3 年内免征涉企行政事业性收费。国家和省管理的涉企行政事业性收费由企业所在地的区市县财政承担；免征市级和区市县管理的涉企行政事业性收费。在享受优惠政策期间，新发生的涉企行政事业性收费项目按此政策执行；对合资中方注册资本金 6% 的资金补助，推进企业与国内外先进制造企业合资合作；2010 年以前，市政府每年统筹安排 10 亿元专项资金，主要用于装备制造业的产业结构调整、对外开放、自主创新、体制改革、园区基础设施建设和实施人才战略。

6. 企业走出去

在国外、境外建立生产厂。北方重工集团投资 2700 万美元在俄罗斯建立合资哈巴罗夫斯克—沈阳中密度板有限责任公司。华晨汽车与俄罗斯依利托集团签署了在俄罗斯以 KD 方式生产中华骏捷的项目协议，这是华晨继埃及建厂生产中华尊驰轿车、越南建厂生产金杯轻卡后建立的第三个工厂。沈阳远大集团已在新加坡、英国、俄罗斯注册成立了公司。

在国外、境外建立研发中心。曙光集团在匈牙利和美国的分公司设立 2 个研发中心。

兼并国外企业或研发机构。2002 年大连机床集团有限责任公司全资收购美国英格索尔生产系统公司。2004 年并购了掌握着大型龙门五面铣床世界领先技术的德国兹默曼公司，将产品扩展到航空航天、汽车、模具制造等领域。2005 年沈阳机床集团全资收购德国希斯公司。2007 年北方重工集团以 70% 的股份成功收购德国维尔特集团控股公司和法国 NFM 公司。

7. 企业兼并重组

沈鼓集团是由沈阳鼓风机厂、沈阳气体压缩机厂和沈阳水泵公司 3 家企业重组而成的大型通用机械企业，通过战略整合和整体搬迁改造实现了经营机制的转变和产业升级。

2005 年沈阳机床集团重组云南机床集团、昆明机床集团，扩展了服务领域，增强了企业实力。

2006 年沈阳重型机械集团有限责任公司、沈阳矿山机械集团有限责任公司合并重组成立沈阳北方重工集团有限公司。

新疆特种变压器制造股份有限公司与沈阳变压器有限公司通过战略重组实现了强强联合。

第二节　存在问题

尽管辽宁装备制造业有一批排头兵企业，在国内有较强的竞争实力，但放在经济全球化的背景下，由于在很多领域起步晚，发展时间短，与国际同行业接触和交流不深，积累和投入不足，辽宁省装备制造业还存在一些亟待解决的问题。一是虽有一批行业知名企业，但行业整体规模仍然偏小；二是虽有较强的研发队伍，但许多核心技术和关键装备仍然依赖国外；三是虽有重大装备成套的基础，但没有形成紧密的产业链；四是虽有较快的增长速度，但在全国的位次与装备大省的地位不相称；五是虽然近几年市场需求增长较快，但经济总体运行质量不高。这些问题制约着辽宁装备产业的发展，辽宁的研发优势和产业基础优势还远远没有发挥出来。目前全球制造中心正在向中国等亚洲国家转移，然而在许多领域还停留在国际价值链分工的低端，还是主要依靠低成本参与国际竞争。转变经济发展方式，发展现代装备制造业体系，实现产业结构调整和升级的任务非常艰巨。

政府推进辽宁省装备制造业发展的政策：

（1）推进大项目建设，促进结构调整和产业升级。要根据地区产业基础和优势，结合沈阳铁西装备制造业示范区、大连“两区一带”、“五点一线”沿海经济带、沈阳经济区及“突破”辽西北的整体发展格局，科学谋划结构调整和产业升级、产业接续的大项目，突出地区发展特色，引导结构调整和产业布局。通过大项目建设，促进新技术、新工艺的应用，不断提升行业企业的综合竞争实力；加强对省重点装备项目实施进展情况的跟踪调度，随时了解项目建设中出现的问题，加大协调解决力度，为项目的顺利实施创造条件；在当前市场需求不振、竞争更加激烈、行业发展结构性矛盾不断显现的形势下，立足发挥市场机制，充分发挥政府宏观调控作用，淘汰落后生产设备、工艺和产品，引导产业有序发展，促进产业结构调整和产业升级。

（2）加强自主创新能力建设，提高重大技术装备自主化水平。在继续推进《国务院关于加快振兴装备制造业的若干意见》确定的 16 项重点领域装备自主化的基础上，要围绕国家扩大内需重大项目建设，积极发挥辽宁省产业优势，组织实施重大技术装备自主化。重点推进轨道交通设备、风电设备、大型冶金设备、大型石化设备等的自主化进程，满足国家重点工程的装备需要。加强重点骨干企业自主研发能力建设，鼓励企业通过加强对外合作、引进高端人才、提升研发手段等方式快速提高自主研发水平，鼓励企业之间技术研发资源的优势互补，支持企业加快研发一批具有领先优势的高新技术产品，努力形成一批具有自主知识产权的名牌产品和专利产品。

（3）推进行业资源优化整合。支持重点企业联合兼并重组，积极培育具有国际竞争实力的大企业和企业集团。鼓励和支持重点企业通过相互持股等方式，加强产业协作，促进企业间的战略联盟，增强企业抗风险能力；积极促进产业链的整合，围绕辽宁省优势产业、重点产品，理清产业链条，以产业链条为主线，整合相关研发和制造能力，促进成套能力的快速提升；整合辽宁省科技研发资源，协同开发制约产业发展的核心和共性技术，不断推进科技成果产业化进程。

（4）加强对外经济技术合作。以国家出台一系列扩大内需政策为契机，继续推进辽宁省装备制造业与国际知名企业的战略合作，提高对外合作的广度和深度。积极推进在风力发电、太阳能发电、煤层气发电、船用锅炉、盾构机、核主泵等领域与日本大企业的技术合作，积极为企业搭建合资合作平台，协调有关企业和科研院所，加强协作攻关，积极做好承接产业和技术转移的组织协调工作。

（5）提高成套配套水平，完善协作配套体系。加快培育跨行业、跨地区的集系统设计、系统集成、工程总承包和全程服务为一体的工程公司，鼓励重点企业在坚持高水平专业化生产的基础上，实行“业务外包”，培育高水平的外部协作与产业配套体系，形成“大者强”、“小者精”的产业格局。提高基础零部件、元器件的研制水平，发展一批高起点、大规模、专业化的配套企业。积极采用先进的生产工艺，提高铸造、锻造、热处理、表面处理等工艺水平，改进生产方式，促进高水平配套部件的发展。积极推进产业集群的发展，引导中小企业的集群化，形成总装、配套、服务有机结合的协作体系。积极协调主机厂和配套厂，通过组织产品配套会、重点产品推介会等形式，搭建供需平台，推进省内总装厂与本地配套企业合作。

第三节　发展展望

1. 应对全球经济危机的策略和思路

1.1　全球经济危机对装备制造业的影响

受全球金融危机影响，国际市场需求下降，国内市场也出现了急剧变化，同时原、燃材料市场价格以及汇率的剧烈波动，给企业的生产经营带来了很大困难，特别是外向型、劳动密集型、技术设备比较落后的中小企业受到冲击比较大，而技术含量高、产品附加值高、行业排头兵企业受到的影响相对较小。

对辽宁省装备制造业的影响主要体现在以下几个方面：

发展速度下降。2008 年全省装备制造业实现工业增加值 1894 亿元，同比增长 22.3%，增幅比上年同期下降了 10 个百分点；实现销售收入 6737 亿元，同比增长 30.1%，增幅比上年同期下降了 10.1 个百分点。

经济效益降低。2008 年全省装备制造业实现利税 429.5 亿元，同比增长 14.7%，实现利润 281.9 亿元，同比增长 19.7%，增幅比上年同期分别下降了 38.9 和 56.1 个百分点。

产品出口减少。2008 年全省装备制造业实现出口交货值 1247 亿元，同比增长 15.8%，增幅比上年同期下降了 21.8 个百分点。

企业新增订单减少。企业在手订单成为应对市场低迷的重要支撑，大连重工·起重、北方重工、沈阳机床、瓦轴集团、沈鼓集团、大连冰山集团、大连船用柴油机、大连船用阀门、大船重工、三一重装等行业骨干企业明年生产任务已满，有的可排至 2010 年以后。但从 2008 年下半年以来企业订单下滑明显，一些企业的订单减少的幅度在 20% ~60% 之间；一些重型装备、特别是船舶企业出现合同拖期和退单现象。

流动资金紧张，企业存货增加。流动资金紧张以及资金回笼困难将是当前及今后一段时期装备制造业企业面临的最大问题。一方面是银行为规避风险，只收不贷的现象十分普遍；另一方面是企业回款难度加大。2008 年全行业规模以上企业应收账款、产成品占用流动资金达到 32.8%，其中应收账款增幅比去年增加 20.6 个百分点。此外，受金融危机影响，部分用户企业对企业在产品或产成品延缓提货造成产品库存积压，影响企业流动资金。

固定资产投资增幅回落。由于金融危机导致的市场需求萎缩，信贷资金紧张，以及钢铁、石油等原材料价格大幅下降、人民币对美元汇率的波动等因素影响，造成企业投资风险增加，出现项目停建缓建现象。如煤化工项目、造船及船舶配套项目。2008 年辽宁装备制造业完成固定资产投资 1362 亿元，同比增长 41.8%，增幅比上年同期下降了 9.5 个百分点。

金融危机对几个重点行业产生了如下影响：

对汽车及零部件行业的影响。2008 年辽宁省汽车产销量分别为 34.2 万辆、35.3 万辆，同比下降 9.3% 和 7.9%。其中华晨汽车集团完成产销量分别为 27.5 万辆和 28.5 万辆，同比下降 6.5% 和 5.1%。曙光汽车集团完成产销量 19634 和 19961 辆，同比下降 11.8% 和 10.1%。其中大客车产量 4314 辆，同比下降 11.2%，销量 4755 辆，同比增长 6.5%。由于煤矿、钢铁、房地产市场不景气，导致重卡和工程机械的需求下降，整车的影响已传递到发动机行业。2008 年辽宁省汽车发动机产量 40 万台，同比下降了 13.7%。

对船舶及配套行业的影响。受世界金融危机影响，波罗的海期货运行指数从 2008 年 5 月 20 日的最高点 11793 点，下跌至 12 月 24 日的 774 点，跌幅 93.4%。造成行业出现散货船退单现象。世界各国银行停止对造船行业的融资，船舶行业发展面临较大困难。船舶退单导致对船用柴油机的需求急剧减少。2008 年下半年国内三大船柴机厂已出现不同程度的主机退单情况，特别是与民营船厂签订的供货合同退单情况比较严重。9 月份开始新船订单明显减少，截至 2008 年，辽宁省船舶及配套件累计订货量同比下降了 12.1%。

对机床行业的影响。从 2008 年 5 月份开始，南方省份受金融危机影响，很多中小企业纷纷倒闭，已经影响了辽宁省机床产业的发展，特别是对经济型数控机床影响很大。2008 年辽宁省完成金属切削机床 14.6 万台，同比下降了 1.8%，增幅同比下降 16.6 个百分点，其中数控机床产量 3.43 万台，同比增长 10.2%，增幅同比下降 27.8%。但 2008 年机床出口仍保持 14% 的增长，主要是新开发的用户需求增长，但老用户需求都在下降。

国际金融危机对辽宁装备制造业带来负面影响的同时，也为辽宁省装备制造业发展创造了机遇。辽宁省装备制造业通过 20 世纪 90 年代以来进行的体制、机制创新，技术改造和技术升级，以企业为主体的自主创新体系的建立和完善，辽宁省装备制造企业整体实力不断增强，一些处于国内行业排头兵的企业抗风险的能力不断增强，并带动了相关配套产业的提升。金融危机发生以来，党中央、国务院积极应对，出台了一系列“保增长、扩内需”的政策措施，省委、省政府根据党中央、国务院的安排，通过狠抓工业经济运行、技术改造、市场开拓、对外开放，为辽宁省装备制造业走出困境创造了良好的环境，各装备制造业重点企业也采取了积极措施，应对这场金融危机，取得了很好的效果。

2009 年开局以来，全省装备制造业运行基本平稳。1 月份装备制造业工业增加值增幅为 13%。截至 2 月，重点企业生产运行稳定，辽宁省具有自主创新能力的企业，国家拉动内需政策的受惠企业发展不但没有放缓，还呈现出加速发展的态势。沈阳机床完成工业总产值 19.5 亿元，同比增长 17%；大连重工 · 起重实现工业总产值 18.8 亿元，同比增长 53.7%；瓦轴集团实现工业总产值 7.6 亿元，同比增长 11.3%；大连船舶重工实现工业总产值 41.1 亿元，同比增长 38.9%。华晨汽车 700 辆中华骏捷 FRV 出口埃及迎来开门红。到目前为止，中华骏捷 FRV 在埃及市场上已获得订单近 2000 辆。

骨干企业新增订单不断增加。2 月份，北方重工集团与巴西淡水河谷公司签署了总额 4870 万美元的采购合同，将为淡水河谷公司的阿曼球团厂项目提供 20 台皮带输送机和一套取制样系统。北方重工集团已累计签订盾构机合同 45 台，2009 年计划生产 20 台。到目前为止，北方重工集团在手合同达到 128 亿元。远大企业集团目前在手合同达到 220 亿元，比上年同期增长 22.2%。特变电工沈变集团新增订单 16 亿元，同比增长 30%，累计订单 95 亿元，同比增长 50%。三一重工集团新增订单 6.5 亿元，同比增长 200%。

1.2 应对危机采取的主要措施

一是推进重点项目建设。通过实施重大技术改造项目，加大固定资产投资，拉动产业发展，提升行业企业的市场竞争能力。2009 年省经委确定了 200 项重大工业项目，其中装备制造业 87 项，总投资 1400 亿元。将积极协调有关部门，优先落实项目的土地、环保等要件审核，加快项目前期工作。加强对重点项目进展情况的调度，及时反映、协调解决项目建设中存在的问题，确保重点项目按期建成投产。

二是加强市场开拓。针对市场需求萎缩的现状，积极调动省内潜在的市场需求，加强产需衔接。将根据企业的要求，发挥政府的协调和组织作用，通过组织产品推介会、洽谈会等形式，政府搭台，企业唱戏，实现企业双赢。2008年省经委已组织了北方交通重工产品推介会等一系列市场开拓活动，取得了预期的效果。

三是创造融资环境。目前产业发展面临的最大问题是资金链紧张，为解决这一难题，一方面要充分发挥省技改财政贴息资金“四两拨千斤”的作用，引导社会、金融机构等资金向装备制造业流动。另一方面要加强银企对接的力度，向金融机构推荐辽宁省装备制造业重点企业和重点项目情况，了解企业资金需求。同时让企业了解金融机构的信贷信息和有关政策，选择适合本企业要求的金融机构获取资金。

四是开展企业挖潜增效工作。鼓励企业节能降耗，减轻成本压力。开展资产清理工作，盘活存量资产，提高资产利用效率，缓解资金压力。强化资金管理，实行回款和抹帐并举策略，能回款的快回款，不能回款的抹回生产物质，确保生产经营。积极开拓新兴市场，培育新的经济增长点，避免库存积压和形成不良资产。加强与配套厂家战略合作，抓好专业化配套体系建设。

1.3　未来三年贯彻落实《国务院装备制造业调整和振兴规划》的思路和措施

——推进大项目建设，促进结构调整和产业升级。要根据地区产业基础和优势，结合沈阳铁西装备制造业示范区、大连“两区一带”、“五点一线”沿海经济带、沈阳经济区及“突破”辽西北的整体发展格局，科学谋划结构调整和产业升级、产业接续的大项目，突出地区发展特色，引导结构调整和产业布局。加强对省重点装备项目实施进展情况的跟踪调度，随时了解项目建设中出现的问题，加大协调解决力度，为项目的顺利实施创造条件。

——加强行业运行动态监控。完善行业运行动态监控体系建设，加强与行业协会、统计部门和重点企业的信息沟通，及时掌握行业发展的基本情况和发展趋势。建立对重大项目进展情况、固定资产完成情况、重点企业运营情况和重点产品生产情况的调度机制，促进行业运行规范化、制度化；密切关注主要生产要素的供需和价格变化情况，分析其变化主要原因和发展变化趋势，及时为企业和行业的发展提供及时、准确的分析与预测，为领导决策提供可靠数据和信息。

——加强自主创新能力建设，提高重大技术装备自主化水平。在继续推进国家重点支持的16大重点领域装备自主化的基础上，要围绕国家扩大内需重大项目建设，积极发挥辽宁省产业优势，组织实施重大技术装备自主化。重点推进轨道交通设备、风电设备、大型冶金设备、大型石化设备等的自主化进程，满足国家重点工程的装备需要。加强重点骨干企业自主研发能力建设，鼓励企业通过加强对外合作、提升研发手段等方式快速提高自主研发水平，实现企业之间技术研发资源的优势互补，支持企业加快研发一批具有领先优势的高新技术产品。

——推进行业资源优化整合。支持重点企业联合兼并重组，积极培育具有国际竞争实力的大企业和企业集团。鼓励和支持重点企业通过相互持股等方式，加强产业协作，促进企业间的战略联盟，增强企业抗风险能力；积极促进产业链的整合，围绕辽宁省优势产业、重点产品，理清产业链条，以产业链条为主线，整合相关研发和制造能力，促进成套能力的快速提升；整合辽宁省科技研发资源，协同开发制约产业发展的核心和共性技术，不断推进科技成果产业化进程。

——提高成套配套水平，完善协作配套体系。加快培育跨行业、跨地区的集系统设计、系统集成、工程总承包和全程服务为一体的工程公司，鼓励重点企业在坚持高水平专业化生产的基础上，实行“业务外包”，培育高水平的外部协作与产业配套体系。提高基础零部件、元器件的研制水平，发展一批高起点、大规模、专业化的配套企业。积极采用先进的生产工艺，提高铸造、锻造、热处理、表面处理等工艺水平，改进生产方式，促进高水平配套部件的发展。积极推进产业集群的发展，引导中小企业的集群化，形成总装、配套、服务有机结合的协作体系。积极协调主机厂和配套厂，通过组织产品配套会、重点产品推介会等形式，搭建供需平台，推进省内总装厂与本地配套企业合作。

2. 今后2~3年辽宁省装备制造业自主化展望

辽宁是我国重要的装备制造业基地，经过近几年的快速发展，制约产业发展的体制机制矛盾进一步理顺，自主创新体系得到进一步完善，以企业为主体的研发体系已经建立，各种实验、检验设备和手段实现了升级换代，通过走出去、请进来，辽宁省科技人才的理念逐步与国际接轨，这些是辽宁在重大技术装备研制上不断实现突破的重要基础。

当前，对于辽宁自主发展装备制造业是难得的历史机遇，一是国家下发的国发 6 号文、8 号文等都为自主创新创造了宽松的政策环境。二是辽宁拥有一批国家级科研院所、企业技术中心等得天独厚的研发载体，国家行业排头兵企业在很多领域代表了国家水平，具有很好的产学研联合基础和工程实验的条件。三是国外对我国高端技术进口的限制，国家一系列重大自主创新科技专项课题的提出，都使辽宁认识到自主创新的重要意义，进一步增强了自主创新的意识。四是省内及行业内重点企业合作研发、协同攻关的意识不断增强，并不断取得新的成果。

展望今后 2 ~ 3 年，辽宁装备制造业在国家政策的支持下，其自主化发展会越来越好，必将走出一条成功的发展之路，不断研发出满足国家重点工程建设和国防建设的重大技术装备，改变依赖国外进口的被动局面，为辽宁老工业基地的全面振兴做出积极贡献。

第七章　吉林省装备制造业发展报告

吉林省装备制造业（不含汽车及零部件）是在20世纪50年代由国家建设的轨道客车、拖拉机、联合收割机、工程机械等大企业的带动下，在60年代地方政府投资兴建一批中小企业的基础上，逐渐发展起来的。到改革开放前，已经建立起了完整的生产技术体系，形成了与辽宁、黑龙江分工明确、特色鲜明的区域格局。2006年《国务院关于加快振兴装备制造业的若干意见》出台后，吉林省委、省政府对装备制造业的发展给予了高度重视，将装备制造业列为未来五年重点发展的七个特色产业之一，随着全省上下对装备制造业重视程度的提高和工作力度的加大，吉林省装备制造业取得了快速发展。

第一节　三年来吉林省装备制造业发展评估

1. 建立组织协调机制，制定发展规划和配套政策

1.1　建立组织协调机构和机制

2005年12月，吉林省在全国率先成立了汽车产业办公室（独立机构、副厅级建制），负责全省汽车和装备制造业的发展规划，协调落实省政府各项政策措施，指导汽车零部件深度国产化等工作。2008年3月，省机构编制委员会办公室以吉编办［2008］19号文批准在省汽车办设立装备处，负责组织指导全省装备制造业行业工作，贯彻执行国家发展装备制造业的方针、政策和法规，拟定全省装备制造业专项发展战略和规划，推进全省装备制造业结构调整等工作。2009年1月吉林省政府机构改革，成立吉林省工业和信息化厅，内设装备工业处，承担全省通用机械、民用船舶、轨道交通机械制造业等的行业管理工作；提出重大技术装备发展和自主创新规划、政策建议并组织实施；依托国家和省重点工程建设，协调有关重大专项的实施；推进重大技术装备的国产化，指导引进重大技术装备的消化创新；负责本行业的安全生产管理工作。

1.2　制定发展规划

（1）发展战略

吉林省装备制造业“十一五”发展规划确定，吉林省装备制造业的发展战略是从实际出发，把提高自主创新能力放在首位，从优势特色产品入手，发挥比较优势，确定重点发展领域，实现梯次突破，尽快提升全省装备制造业的竞争能力和整体水平。着力建设长春、四平、吉林三大基地，形成与辽宁、黑龙江错位发展、互为补充、配套协作的良好区域格局。集中力量支持具有比较优势的系列产品，重点培育中国北车长客集团、长拖农机装备集团、中钢集团长春电炉公司、辽源煤机厂、四平东风机械装备公司、吉林永大集团、吉林大通集团、吉林昊宇石化电力设备公司、四平巨元换热设备公司等一批在全国有较强竞争力的装备制造企业集团。

（2）发展目标

吉林省装备制造业2008年完成工业总产值539亿元，实现销售收入420亿元，利税30亿元，同比分别增长32%、30.7%和27.3%。到2012年，吉林省装备制造业预计完成工业总产值1000亿元，年均增长25%；工业增加值260亿元，年均增长20%；利税130亿元。围绕这一目标，集中力量支持重点行业、重点企业和重点产品的发展，把吉林省的比较优势做大做强。

（3）发展重点

吉林省重点选取十类具有比较优势和潜在优势的装备制造产品，加大政策支持和引导力度，实现重点突破并加快发展。

建设高速列车、新型地铁车辆和城市轨道车辆基地。依托中国北车长客集团，通过引进消化吸收先进技术

和自主创新相结合，掌握 200km/h、300km/h、350km/h 高速动车组、新型地铁车辆等装备核心技术，使吉林省轨道交通装备制造业技术水平达到国际先进，制造规模居世界前列，具备国际市场竞争力。到 2012 年全省轨道交通装备制造业实现工业总产值 450 亿元。

发展新型、满足市场需求的农业机械装备。依托长拖集团、中机北方集团发展大中马力拖拉机，依托四平东风机械装备公司发展半喂入水稻联合收割机、玉米联合收割机，依托延吉插秧机公司发展高速插秧机等产品。积极引进和消化吸收大马力拖拉机、联合收割机等新型农业机械装备核心技术，再造农机装备在吉林省的优势地位。到 2012 年全省农业机械装备实现工业总产值 100 亿元。

研究开发中型煤炭综合采掘设备和矿用洗选设备。依托辽源煤机集团发展中薄煤层采煤机、大功率电牵引采煤机、悬臂式重型掘进机，依托辽源重型企业集团发展大型矿用洗选设备等产品。重点提高中薄煤层井下综合采掘和矿用洗选设备的研发能力和制造水平。到 2012 年全省煤炭综采、矿用洗选设备实现工业总产值 50 亿元。

发展港口、电站、建筑系列起重设备。依托吉林大通集团在港口、电站起重机方面的技术优势，积极参与国内外起重机械的市场竞争，扩大市场占有率。重点发展港口起重机、船用浮吊、电站施工大型起重设备（高架门机、门座起重机）、大吨位桥机等产品。促进辽源塔式起重机企业的生产规模化，提高技术含量。到 2012 年全省起重设备实现工业总产值 45 亿元。

开发 100t 以上高阻抗电炉及其成套设备。依托中钢集团长春电炉成套设备有限责任公司和长春三鼎变压器有限公司做好 100t 以上大吨位电炉及其配套的超高功率电炉变压器的开发。依托吉林永大集团发展稀土永磁开关设备，积极推进矿用隔爆型移动变压器、矿用防爆开关等系列产品的升级换代，保持在国内的领先地位。到 2012 年全省电工装备实现工业总产值 50 亿元。

发展新型板式换热器和换热机组。重点发展耐高温、耐高压、热交换率高的新型焊接板式换热器。依托四平市换热器工业基地的积聚优势，进一步整合资源，加大集中力度，实现规模化、集团化发展。全面做大做强吉林省的换热器行业。到 2012 年，吉林省换热器产业规模预计占全国 40% 以上市场，形成新型板式换热器 300 万 m^2 的生产能力，实现工业总产值 40 亿元。

开发大型修井机、高温风机和石油炼化设备。依托通化石油化工机械制造公司、四平鼓风机有限公司做好无绷绳修井机、80t 以上大型双滚筒系列修井机、大型高温风机的研制开发，提升其核心竞争力，达到国际同行业领先水平。加快发展 150m^3 以上聚合釜、高强度罐式集装箱及高温防腐离心机等高技术、高附加值产品。以吉林昊宇石化电力设备公司和吉化集团机械有限公司为龙头，推进吉林石化装备集中区的建设，打造石油炼化设备生产基地。到 2012 年全省石油化工装备实现工业总产值 40 亿元。

研制农副产品深加工系列成套设备。农副产品深加工产业是吉林省重要的支柱产业，要充分利用资源优势，开发适用设备，提高为农副产品深加工产业服务的能力。依托四平市艾斯克机电开发有限公司发展屠宰加工设备、营养餐加工成套设备。做好粮食烘干设备、粮食输送设备等产品开发。到 2012 年全省农副产品深加工系列成套设备实现工业总产值 30 亿元。

积极发展光电与医疗设备。依托长春第一光学有限公司、长春光华微电子设备工程中心有限公司发展光电编码器、微电子设备，依托延吉医疗器械工业园区发展精密医疗器械。充分发挥吉林省光电信息装备和医疗设备企业的比较优势，发展具有自主知识产权的产品，使其尽快产业化，带动关联产业的发展。到 2012 年全省光电与医疗设备实现工业总产值 25 亿元。

大力开发汽车制造专用装备。以汽车专用模具、专用组合机床为主，发展高精度数控机床及其工具。依托长春汽车产业开发区模具工业园，重点发展冷冲压及热锻模具，依托长春数控机床有限公司和杭州机床集团长春一机有限公司发展重型摩擦焊机、凸轮轴磨床、龙门导轨磨床等产品。到 2012 年全省汽车制造专用装备实现工业总产值 35 亿元。

积极发展风电整机及配套装备。以吉林大通明阳风电设备公司和华仪通榆三一风电集团为龙头，着力打造吉林风电整机及配套产业集群。形成 1.5MW、2.5MW 系列整机的批量生产能力，塔筒、叶片、电机等核心部件形成自主配套设计开发能力。到 2012 年全省风电整机及配套设备实现工业总产值 60 亿元。

1.3 制定和落实配套政策

吉林省人民政府自 2005 年以来先后出台了《关于支持中国第一汽车集团公司发展的意见》、《关于加快汽车零部件发展的意见》、《关于支持汽车及零部件出口的意见》、《关于支持长春汽车产业开发区和吉林市汽车工业园区发展的意见》和《关于加快轨道客车产业发展的意见》四个支持汽车及装备制造业发展的文件以及《支持一汽汽车销售、促进一汽健康发展的意见》、《支持一汽解放汽车公司等企业发展有关问题》。

根据《国务院关于加快振兴装备制造业的若干意见》和国家《装备制造业调整振兴规划》精神，吉林省工业和信息化厅目前正在组织编制《吉林省装备制造业跃升计划》和《振兴吉林装备制造业的实施意见》，将从企业技术改造、新产品开发、提升自主创新能力、开展产学研合作、搞好协作配套、建设产业集群、扩大出口等方面给予装备制造企业最大力度的资金、土地、税收、融资等支持。

2. 在吉林省经济中的地位

2.1 主要经济指标及产业地位

表1 吉林省装备制造业主要经济指标（不含汽车及零部件） （单位：亿元）

年份	工业总产值	销售收入	工业增加值	利税总额	利润总额	出口交货值	从业人数/万人
2006年	240	236	86	17	6	15	13
2007年	363	306	130	25	11	14	15
2008年	539	436	179	27	14	14	15

注：统计口径为规模以上企业。

装备制造业工业总产值年均增长40%，销售收入年均增长30%，工业增加值年均增长30%，利税总额年均增长20%，利润总额年均增长20%。装备制造业占吉林省工业总产值的7%和工业增加值的5%。

2.2 三年建设投资

2006年投资总额为294亿元，2007年投资总额为350亿元，2008年投资总额为385亿元。

3. 产业结构的调整

3.1 产业结构

表2 吉林省装备制造业的构成 （单位：亿元）

行业名称	2006年		2007年		2008年	
	工业增加值	占比重（%）	工业增加值	占比重（%）	工业增加值	占比重（%）
金属制造业	12.0	2.3	22.9	3.9	24.8	3.1
通用设备制造业	15.3	3.0	33.6	5.8	35.2	4.4
专用设备制造业	29.2	5.7	43.6	7.5	52.8	6.6
交通运输设备制造业	442.5	85.8	456.8	78.5	656	82.0
电气机械及器材制造业	6.7	1.3	16.5	2.8	16	2.0
通信设备、计算机及其他电子设备制造业	—	—	—	—	—	—
仪器仪表及文化、办公机械制造业	4.3	0.8	2.8	0.5	5.6	0.7
总计	515.5	—	582	—	800	—

注：统计口径为规模以上企业。

3.2 优势和特色装备

表 3 吉林省优势特色装备一览表 （单位：亿元）

序号	优势特色装备名称	主要技术指标	制造企业	2007 年销售收入	国内市场占有率（%）
1	高速动车组	时速 200km、300km、350km	长春轨道客车股份有限公司	50	50
2	新型城轨车辆	单轨车、铝合金轻轨车、低地板轻轨车	长春轨道客车股份有限公司	50	70
3	大中小马力拖拉机	20 ~ 100 马力（1 马力 = 735.499W）各个系列	长拖农业机械装备集团	2.1	3
4	玉米、水稻联合收割机	半喂入水稻收割机	四平东风机械装备集团公司	0.77	—
5	高速机动插秧机	2zt - 630 快速、步进水稻钵苗移栽	延边插秧机股份有限公司	1.2	50
6	大吨位电炉	70t、80t、100t	长春电炉成套设备公司	1.5	70
7	电炉变压器	阻抗值，最大容量炉变	长春三鼎变压器有限公司	4	70
8	稀土永磁开关设备	稀土永磁操纵机构机械寿命达到 10 万次	吉林永大集团	2.2	60
9	电站管道设备	100 万 kW 机组所需高压管件、大口径三通弯头	吉林昊宇石化电力设备集团	6	30
10	高架门机、塔机、船用浮吊等起重设备	—	吉林大通集团	5	20
11	煤炭采掘机、掘进机	薄煤层 0.75m，采煤机功率 1600kW	辽源煤机集团	3	15
12	矿用洗选设备	—	辽源重型集团	2	20
13	板式换热器	—	四平巨元换热设备公司	2	40
14	高温风机	—	四平鼓风机有限公司	2.5	30
15	禽畜屠宰加工设备	Zq - 1200 自动出料家禽废弃物真空干燥、PLC 自动控制畜禽深加工成套设备	四平艾斯克机电开发公司	1.2	70
16	修井机	40t、50t、60t、70t、80t 双滚筒、无绷绳修井机，21MPa40、60t 一体化放喷作业	通化石油化工机械制造有限公司	1.7	70
17	大型石化容器、炼化设备	—	吉化集团机械有限公司	2.5	—

（续）

序号	优势特色装备名称	主要技术指标	制造企业	2007年销售收入	国内市场占有率（%）
18	风电及配套设备	—	华仪三一集团 吉林大通明阳风电设备公司 白城天奇集团	—	—
19	光电编码器	—	长春禹衡光学有限公司	1.2	50
20	程控切纸机、胶订包本机	—	长春印刷机械有限公司	0.87	30
21	高压电缆成套设备	立式交联机组生产线光机电一体化	白城天奇装备机械有限公司	0.8	—
22	空心承重砌块生产线成套设备	振动频率0～4200次/分、振动加速度19g、振动发式10－30MU	白城天奇装备机械有限公司	0.8	—
23	扎捆机	—	延边龙川包装机械	0.4	20
24	程控切纸机、胶订包本机	国内首台裁切PS版、CTP版的专用机型	长春印刷机械有限责任公司	0.51	30
25	光电编码器	—	长春禹衡光学有限公司	0.5	60
26	重型摩擦焊机	—	长春数控机床有限公司	0.63	50
27	凸轮轴外圆磨床	—	杭机集团长春一机有限公司	—	—

4. 自主创新

4.1　创新投入和技术创新体系建设

2008年，全部规模以上装备制造企业年R&D经费投入总计78亿元，占销售收入的比重为1.8%。

截至2008年，吉林省装备制造业领域已有国家工程研究中心3个、国家工程技术研究中心2个、国家认定的企业技术中心6个。

4.2　开发成功的重大装备

表4　开发成功的重大装备

序号	装备名称	制造企业	主要技术指标	工程应用情况
1	高速动车组	长春轨道客车股份有限公司	时速达到200km、300km	京沪高铁、国内主要客运专线均采用
2	新型城轨车辆	长春轨道客车股份有限公司	国内第一批铝合金轻轨车、国内第一批单轨车、国内第一批低地板轻轨车	15个开通城市轨道的城市有11个使用了长客生产的新型城轨车辆
3	大马力拖拉机	长拖农机装备集团	功率达到80马力、90马力、100马力	—

（续）

序号	装备名称	制造企业	主要技术指标	工程应用情况
4	煤炭采掘机械	辽源煤机集团	MG200 - BW 薄煤层、MG2 * 70/330 - BWD 电牵引采煤机	已较为广泛应用于国内各煤矿
5	港口、码头起重设备	吉林大通集团	—	包括三峡工程在内的工程都应用相关起重设备
6	电站管道设备	吉林昊宇石化电力设备制造公司	满足国内火电厂从 1000MW 超超临界机组管道管材	应用于国内各火电厂
7	大吨位电炉	长春电炉成套设备有限公司	吨位达到 70t 以上	广泛应用于国内各炼钢厂
8	换热设备	四平巨元换热设备公司	换热效率高、节能、耐压耐高温	—

5. 产业集聚区（带）建设

表 5　吉林省装备制造业产业集聚区汇总　（单位：亿元）

产业集聚区名称	产业特色	龙头企业	2007 年主要经济指标		
			销售收入	工业增加值	利润总额
长春轨道交通装备制造产业园	以时速 200km 及以上动车组制造、新型城轨车辆制造为主体，轨道客车产业配套零部件为辅助，物流、服务、试验、检修一体化的高度集中的产业聚集区	长春轨道客车股份有限公司、长春轨道客车装备集团有限公司	55	—	—
长春九台农业机械装备制造产业园	打造农业装备制造产业集中区	长拖农业机械装备集团、中机北方农机装备集团	6	—	—
中冶吉柴机械装备制造产业园	—	吉林柴油机集团有限公司	—	—	—
四平换热器基地	目标是将四平建设成为中国换热器城	巨元换热设备有限公司、维克斯换热设备有限公司 北方换热器有限公司	15	—	4
松原油田配套工业园区	以油田钻采设备（管材）为主导的油田配套装备产业集群	大多油田配套产业公司	5	1.8	—
延吉经济开发区医疗器械工业园	主导产品是温热治疗仪	喜来健实业有限公司	11.3	—	1

长春轨道交通装备制造产业园。规划面积 6.5km^2，其中建成区 1.5km^2（原长客厂区），产业园设有研发检测区、加工制造区、仓储物流区三个功能分区。按照努力把长春轨道交通装备制造产业园建设成为长客最完备的产业发展与配套服务平台，全国规模最大、竞争力最强、产品结构合理、具有国际一流水平的铁路客车和城市轨道车辆研发、生产和出口基地这一发展方向，从 2008 年起，将利用 3 年左右的时间，使长春轨道交通装备制造业产值达到 300 亿元，初步形成长春轨道交通装备制造产业研发、检测、制造、维修、配套集中区。长春轨道交通装备制造产业园到 2010 年的建设目标是国内一流的研发试验基地、国内最大的轨道客车加工制造基地和检修基地、功能完备的仓储物流中心，届时，可实现营业收入 400 亿元。

长春九台农业机械装备制造产业园。依托长拖农机装备集团和中机北方集团等龙头企业和园内农机配套企业，规划面积 $10km^2$，计划用10年时间建设成为全国规模最大的以种植业全过程为主，以农副产品加工机械为辅的农业机械装备制造业专用平台。目前，已有88家具有配套能力的企业入驻园区，2008年农机制造业产值5亿元。该园区从2008年开始建设到2017年，累计实现固定资产投资200亿，届时实现产值300亿元，实现利税20亿~30亿元。

中冶京诚机械装备制造园项目落户双阳。园区由中冶京诚工程技术有限公司和吉林柴油机集团合资建设，项目计划总投资30亿元，占地 $100hm^2$。中冶京诚机械装备制造园项目正在办理开工前的各项准备工作，目前进展顺利。一期投入资金12亿元，建设工期为2年；二期工程将投入资金18亿元。一期投产后，将实现产值15亿~20亿元，利润1.8亿~2.4亿元。全部建成投产后，将实现税收1.5亿~2亿元。

四平换热器基地。依托四平红嘴换热器工业园、巨元换热器公司、维克斯换热器公司、艾瑞、中保、北方等20余家换热器生产企业建设，通过几年的努力，使四平换热器产业在国际、国内占据更大的市场份额，有更强的吸纳资金、吸引人才的能力，发挥集群优势，加大研发力度，提高创新能力，在做专做精上下功夫，创造出更多品牌、名牌。到2010年，可形成换热器生产能力板式换热器180万 m^2、管式换热器年产18万t生产能力，实现工业产值42亿元，利税9亿元。

松原油田配套工业园区。以石油产业为主体，发展油田协作配套项目，特别是在钻采、采油、压力容器等方面要大力发展，园区内现有油田协作配套生产企业4户，年创产值10.5亿元，到2012年，拟引进油田协作配套企业30户，完成投资50亿元，实现产值50亿元，利税5亿元。

延吉医疗器械工业园。集聚了以喜来健实业有限公司为龙头的医疗器械生产企业及相关配套企业19家。形成了模具制造、机械加工、塑胶制品、电路板设计与制作等较为完整的医疗器械产业链，具备了较好的医疗器械产品研发与生产的产业环境。园区规划总投资6.3亿元，已完成投资5.8亿元，2007年园区实现产值11.32亿元，销售收入10.09亿元，上缴税金5438万元。

6. 企业兼并重组

长春轨道客车股份有限公司重组唐山轨道客车股份有限公司在长春轨道交通装备制造产业园注册成立长春轨道客车集团有限责任公司，隶属于中国北方机车车辆集团；长春电炉成套设备公司被中钢集团重组，长春三鼎变压器公司接受中国兵器装备集团的重组目前已进入谈判阶段。长春市政府与中国农机院在长春九台农机装备制造产业园合作建立了中机北方机械有限公司，并决定在长春市绿园区打造中国最高档次的农机物流园。长拖集团与上海纽荷兰开展合作，目前已完成25~80马力两个系列12个品种拖拉机的试装。四平东风机械装备公司与中国一拖集团的合作生产已经启动，双方将进行深层次的技术合作和资本合作。由通榆县政府、吉林省投资（集团）有限公司和三一集团有限公司共同建设的三一通榆风电产业园项目已经落户通榆经济开发区。四平巨元换热设备公司与深圳比克公司合作打造中国换热器基地。

第二节　存在问题

1. 吉林省装备制造业发展中存在的主要问题

（1）认识上有偏差。认为吉林省的装备制造业落后，与辽宁、黑龙江不能比。造成长期无人管，信息闭塞，行业管理松弛，一些重点产品萎缩了。比如四平工程机械厂的装载机、白城机床厂的车床、吉林柴油机厂的柴油机等。

（2）优势特色没有发挥出来，发展慢。一是这些年来，整个行业没有进行大规模改造，没有形成大规模企业集团，多数老企业维持吃饭，规模上不去。二是企业在改制中遗留问题较多，制约发展。现在十分紧迫的是企业流动资金严重不足，启动困难。长春量具刃具厂、长春数控机床有限公司等改制企业搬迁问题拖了七八年得不到解决。三是许多企业由民营收购，经营者多是外行，管理企业有难度。

（3）投入不足，改造力度不大。多年来改造投入严重不足，基本是靠企业自有资金滚动发展。改造也多局限于单机改造，整体改造很少。目前多数企业的厂房、设备陈旧，生产技术水平落后、能力不强，生产的产品附加值低，市场竞争力弱。

（4）企业技术基础薄弱，创新能力不强。多数企业没有专门的产品技术研究机构，自主创新能力欠缺。一是产品开发技术落后，二是制造工艺水平不高，三是缺乏专门人才。其中专业技术人员比重只占全行业职工总数的 4% 左右，特别是缺乏既有市场经济头脑又有专业技术的人才。

2. 政府为推进吉林省装备制造业发展亟待解决的问题和政策的推动

（1）抓投入，抓改造，上一批项目。集中力量加大投入，争取上一批投资强度大、投入产出高、带动能力强的大项目好项目。特别要抓好高速列车系统集成国家工程实验室和高速列车试验线、长春九台农业机械装备产业园项目、长春明阳风电总装上能力项目、吉柴中冶京诚（长春）机械装备制造园项目、四平东风农业装备公司的轴流联合收割机提高产能和扩大出口、辽源重型机械集团的整体改造等一批重大项目的建设。要抓住国家三期国债项目全面启动的有利时机，积极向国家争取装备制造业项目。特别是抓好已上报项目的跟踪落实。

（2）抓龙头，抓配套，发展集团公司。紧紧抓住长春轨道客车股份有限公司、长春明阳风电设备公司、长拖农业机械装备集团有限公司、中钢集团长春电炉成套设备公司、辽源煤机厂、吉化集团机械有限公司、吉林大通集团等龙头企业，创造环境，支持发展，做大做强。吉林省装备制造业的振兴要重视央企和原省直企业的作用。要积极支持中直企业加快改制，加快改造，发展壮大，发挥龙头作用。

（3）抓自主创新建设，提升装备制造业研发水平。加强企业技术中心建设，建立健全企业技术开发机构。推进产学研结合，充分利用吉林省大专院校、科研机构的有效资源，培育和完善为企业服务的技术支撑体系。依托吉林大学机械工程学院和长春设备工艺研究所等单位，建立若干个面向企业服务的公共技术研发平台。抓好人才队伍建设，大力培养企业经营管理人才、科技人才和技术工人，办好技工学校。同时还要抓好引进技术的消化吸收和创新，提高装备制造业的整体能力和水平，缩短与国内、国外先进水平的差距。

（4）加强招商引资，促进合资合作。积极寻求与国外企业的合资合作，同时要抓住发达地区对外寻求投资和产业转移的机遇，加强与国内企业的合作，不断提高利用内外资的规模和水平。加强与辽宁、黑龙江的区域合作，特别是在大型发电设备和输变电设备、重型机械、数控机床等领域寻求合作机会，甘当配角，抓好配套。

第三节 发展展望

1. 面对全球金融危机

应对策略的核心是提升企业自主创新能力，以重点企业为龙头，围绕龙头搞好配套，发展产业集群。加大技术改造投入力度，全力抓好重点项目建设。一是立足当前，制定促进保装备工业增长、促装备工业发展的措施意见；二是着眼长远，制定吉林省装备工业跃升计划和中长期发展规划；三是加强引导，鼓励装备企业加大技术改造、提升研发能力及重点项目建设的投资；四是加大支持，政府制定扶持政策，从资金、土地、融资、税收给予装备工业企业最大力度的支持。

2. 重点发展领域

吉林省装备制造业自主化将在 200km/h 及以上高速动车组、新型城轨车辆、中大马力农业机械装备、大吨位电炉成套设备、稀土永磁开关设备、光电编码器、风电与核电设备、起重设备、电站管道设备、煤炭采掘洗选设备等具有比较优势和较好基础的领域实现突破。

第八章　黑龙江省装备制造业发展报告

近年来，黑龙江省装制造业在省委省政府的正确领导下，在国家振兴东北等老工业基地一系列政策措施的大力支持下，通过不断深化改革，产业结构调整和技术创新，实现了快速发展，已成为黑龙江省的四大支柱性产业之一。

第一节　三年来黑龙江省装备制造业发展评估

1. 建立组织协调机制，制定发展规划和配套政策

1.1　建立组织协调机构和机制

2004 年，根据中共中央、国务院批准的《黑龙江省人民政府机构改革方案》，原黑龙江省经济贸易委员会改组为黑龙江省经济委员会，负责全省工业经济运行和工业行业管理工作。主要职责是：研究、制定行业发展规划和实施工业结构调整规划和经济运行调控纲要；监测、分析全省工业经济运行态势；组织贯彻国家有关工业发展的产业政策；推进体制机制创新；指导企业信息化建设和企业法制工作等。委内设立了机电轻纺处、石化医药处、冶金建材处等工业行业管理处室，其中机电轻纺处负责全省装备制造业的行业管理工作。省内十三个地市经委也相应设立了负责各地市装备制造业管理工作的行业管理处室。

1.2　制定发展规划

（1）发展战略

全省装备制造业整体竞争力大幅度提高，力争到 2010 年建设成为国内一流、特色突出、具有较强国际竞争力的现代化重大装备制造基地和世界重要的装备制造创新区。按照科学发展观的要求，转变发展观念、创新发展模式、提高发展质量，走新型工业化道路。依托国家重点建设工程，坚持自主创新与技术引进相结合，强化政策支持，大力发展先进装备和国防军工装备，重点在高效清洁发电设备、大型石油化工、冶金专用设备、先进适用运输设备、高档数控机床、航空航天等领域实现突破，提高重大技术装备国产化水平。

（2）发展目标

产业规模水平：到 2010 年，将发电设备、大型压力容器、大型铸锻件、高速铁路货车建成世界一流的生产制造基地，将飞机、大重型数控机床、大型煤炭采掘设备、大型冶金成套设备建成国内一流的生产制造基地，将汽车及发动机、农业机械建成区域性生产制造基地。全省规模以上装备制造企业主营业务收入达到 1000 亿元，年均增长 20% 以上，利税达到 100 亿元，增长 2 倍以上。全省规模以上装备制造企业工业增加值年均增长 20%，占工业的比重达到 10%，增加值率提高 5 个百分点。

产业技术水平：到 2010 年，形成 10 个具有较强自主研发能力的国家级工程和技术中心，水电设备、大型加氢反应器、铁路货车、支线客机等 15 类重点产品达到国际领先水平，核电设备、大型冷热连轧机、数控机床、直升机、工量具等 20 类重点产品达到国际先进水平。高新技术产品产值比重达到 50% 以上，企业数字化设计、自动化生产、信息化管理覆盖面达 60% 以上。

产业成套和配套水平："十一五" 期间，打造电站、大型冶金轧制两个具有设备成套能力的工程公司，培育发电设备、重型装备、飞机、汽车等专业化配套协作园区，使装备产品省内配套能力平均由 30% 提高到 60%，形成各具特色的优势产业群。

（3）发展重点

根据国家提出的十六项重点领域关键技术装备国产化工作的要求，结合黑龙江省实际，"十一五" 期间，重

点将在提高以下装备的成套化、高技术化、国产化水平方面取得突破。

清洁高效发电技术装备。核电设备：加快秦皇岛出海口基地二期项目建设步伐，立足于二代加翻版项目，着眼于第三代核电技术，结合市场需求引进先进技术，加强与美国西屋和韩国斗山公司的合作，实现跨越式发展。依托国家核电重点工程，开发半转速百万千瓦核电汽轮机、发电机，研制百万千瓦核电蒸汽发生器、稳压器、压力容器、主泵电机等核一、二级主设备。掌握百万千瓦级大型压水堆核电主设备的设计、制造技术，掌握“两代半”核岛一回路主设备铸锻件制造技术及第三代核岛一回路主设备关键铸锻件制造技术。抓紧在北京建立核电研发中心，吸引核电人才，为核电制造业发展提供支撑。“十一五”末期，形成年产1.5～2台套百万千瓦级核电设备制造能力，制造国产化率达到80%以上，设计自主化率达到70%以上，建成国家重要的核电设备制造基地。火电设备：依托国家重点工程，通过消化吸收实现二次创新，使600～1000MW超临界、超超临界机组国产化，产品性能达到当代同类机组国际先进水平。同时，抓紧消化吸收大型循环流化床锅炉关键技术，进行600MW超临界循环流化床锅炉的产业化开发。“十一五”末期，形成年产12000MW火电设备制造能力。水电设备：在全面消化吸收国外先进的水轮发电机设计、制造技术的基础上，依托国家重点工程，加强设计优化及工艺改进工作，保持水轮发电机组的技术优势和市场竞争优势，自主研发1000兆瓦级高水头超大容量混流式水轮发电机组，在消化吸收再创新的基础上，抓紧开发研制300兆瓦级抽水蓄能机组。加大技术改造力度，增添关键设备，改进设备编程。“十一五”末期，形成年产5000MW水电设备制造能力。气电设备：在引进消化吸收9FA级燃气发电设备制造技术的基础上进行自主创新，形成9FA级重型燃气轮机关键部件的开发和设计能力，实现9FA级重型燃气—蒸汽联合循环系统设计生产的自主化，国产化率达到85%。适时引进9FB级重型燃机技术，由9FA级向9FB级方向发展。形成年产20台9FA级重型燃机生产能力。风电设备：抓住国家发展新型能源装备的有利机遇，以引进技术为基础，加快消化吸收引进德国和芬兰风电机组的全套技术，开发具有自主知识产权的风电系列产品。以转子、机舱、塔架为自主研发的重点，开发1MW以上风电系列机组，力争在“十一五”期间完成国产化设计和制造，风电设备生产能力达到600MW。

大型重型压力容器。巩固提高重型容器在国内的领先地位，提高生产能力和产品档次，增强国际市场竞争力。以内蒙神华500万t/年煤制油等项目为依托，做好项目跟踪，积极研制为500万吨级煤制油成套设备配套的大型加氢反应器，独占市场。同时，要重点研制为百万吨级大型乙烯成套设备，化工、煤气化设备配套的大型重型压力容器，实现由转化设计向自主设计转变，从单一容器向成套装置转变，缩短与国外竞争对手的技术差距。“十一五”期间，形成大型重型压力容器年生产能力1.5万t，建成世界一流的大型重型压力容器制造基地。

大型薄板冷热连轧成套设备。以设备成套化、成线化为研究重点，开发研制大型薄板冷热连轧成套设备，与鞍钢、宝钢等冶金用户进行联合攻关，掌握成套技术，提高工艺水平，加大改造和研发投入，通过增添关键设备，改进热加工、热处理、自动控制系统等薄弱环节，实现大型薄板冷热连轧成套设备国产化目标，提高成套设备制造水平。形成年产冷热连轧设备15条生产线生产能力，建成国内一流的大型冷热连轧设备生产制造基地。

大型煤炭综采设备及掘进机。重点开发研制千万吨级矿井高新技术采煤设备，以及岩石巷道掘进机和掘锚一体机，提高中薄煤层的资源利用率，提高复杂地质条件下掘进作业的安全性和工作效率，形成适用于各种煤层开采的电牵引采煤机、适用于地铁和隧道工程需要的掘进机系列产品，提高市场占有率，增强核心竞争力。引进澳钢联的岩石巷道掘进机和掘锚一体机技术，引进蒂芬巴赫的电控技术，通过消化、吸收，进行自主开发，掌握掘进机关键技术，缩小中国与发达国家的掘进机技术差距，替代进口、填补国内空白。加大技术改造力度，增添关键设备，提高采煤机主要原部件的设计寿命，提高开机率。完善大功率电牵引采煤机的工况监测、故障诊断与控制系统，提高产品质量为煤矿实现高产高效连续生产提供保证。“十一五”末期，形成700万～1000万t的大功率电牵引采煤机年生产能力150台，掘进机年生产能力450台，建成国内一流的大型煤炭采掘设备生产基地。

大型铸锻配套件。重点开发研制大型核电设备铸锻件，在已经具备3套600MW核电锻件能力的基础上，掌握第三代核电设备锻件的制造技术，实现可以提供2套二代半和三代核电设备关键锻件的能力。全面实现700MW水轮机铸锻件的国产化，并达到不低于三峡铸锻件的技术质量要求，研制1000兆瓦级特大型水电机组锻件。以自主开发和引进技术相结合，研制和掌握大型船用柴油机曲轴锻件关键技术，形成年产大型半组合式曲轴150根能力。开发特宽厚板轧机等各种支承辊和工作辊，提高使用性能，适应冶金行业的需求。到2010年，形成30万t钢水、14万t锻件、4万t铸件，钢锭最大吨位达600吨级的生产能力，建设成世界上生产能力最大、工艺水平一流的大型铸锻件生产基地。

高速铁路列车。完善提速技术，加快开发重载货车，积极发展23t轴重货车和时速120km的新型通用货车，开发不同用途需要的时速160km快速货车，大力发展煤炭、集装箱、特种货物运输需要的专用货车。强化优势，适度扩张，以转向架、钩缓制动技术为核心，继续提升创新能力，保持领跑通用货车技术，主导国内铁路货车发展方向。适应国际市场变化，加速出口产品开发，扩大国内外市场份额。“十一五”末期，建成国家级铁路货车工程研究中心，产品的综合技术性能达到或接近国际同行业先进水平，跨入世界一流铁路货车制造基地和出口基地行列。

大型、精密、高速数控装备及功能部件。以齐重数控装备公司和齐二机床集团为主体，重点发展高速、重型数控车床、铣镗床、专用机床和数控高速精密板材冲压设备以及数控机床关键功能部件。建设成为我国最大的重型数控机床装备制造基地。以哈尔滨量具厂、哈尔滨第一工具厂为主体，研制开发功能部件。重点发展大型数控精密量仪、精密复杂刀具、硬质合金刀具、数控刀具、高速切削刀具和工具系统、刀具预调仪等。充分利用并购德国凯狮集团，以及与美国格里森公司合资的有利条件，发挥外方的技术优势，提高产品技术含量和档次水平。以哈尔滨轴承集团为主体，重点发展具有国际先进水平的数控机床用组合单元精密轴承；具有国内领先水平的航空、航天等军工轴承和民用航空轴承，准高速及高速铁路客车轴承、提速重载铁路货车轴承、中大型高精度低噪音深沟球轴承、高精度圆锥滚子轴承、新型调心滚子轴承；积极开发第三、四代汽车轮毂轴承等汽车轴承。

飞机。要加快与国际跨国公司的合资合作步伐，形成高起点、多机种、系列化的设计制造格局，推进航空工业园建设，建立和完善专业化配套协作生产体系，发展飞机工业产业群。加快与欧直合作开发步伐，生产6t直升机，形成较完整的系列产品；研制开发Y12F型飞机、Y15－2000型飞机、HRJ500公务支线飞机；进一步扩大飞机部件转包量，提高配套能力和水平。到2010年，飞机综合生产能力达到170架。

汽车及发动机。以哈飞汽车集团公司为依托，全力推进与世界汽车跨国公司或国内大企业集团的合资合作，采取自主开发与引进技术相结合，提高汽车整车产品开发能力，在巩固微型汽车市场的基础上，积极开拓经济型轿车市场，推进产品广谱化、系列化，尽快做大做强。吸引国内外高水平的零部件企业来黑龙江省投资建厂，提高配套能力和水平，逐步形成具有一定规模的优势产业群。当前在没有合资伙伴的情况下，要保持生存，必须加大投入力度，提高研发水平，快速推出新车型，增强市场竞争力。到2010年，微型汽车和轿车生产能力达到60万辆，发动机生产能力达到120万台。

新型农业装备。加大调整改造力度，加快合资合作步伐，全力培育一批骨干企业，使农业机械成为黑龙江省装备制造业的一个重要领域。重点发展小麦、大豆、玉米、水稻联合收割机，智能化精准播种机，高速精密插秧机，节能型整地和新型大马力拖拉机。

军工装备。依托哈尔滨建成集团有限公司、黑龙江华安工业集团公司、齐齐哈尔建华有限公司、哈尔滨风华有限公司等企业，以及哈尔滨工业大学、703研究所等大专院校和科研院所，发挥黑龙江省军品生产能力和技术人才优势，加大军品开发力度，增强军品核心研制能力，发展高新技术武器装备，建设军事装备制造基地。

1.3 制定和落实配套政策

2006年，根据《国务院关于加快振兴装备制造业的若干意见》精神，为加快黑龙江省现代化装备制造业基地建设，黑龙江省出台了《黑龙江省人民政府关于加快振兴装备制造业的实施意见》。

2007年，省委出台了《贯彻落实科学发展观加快新型工业化进程的决定》。决定中，进一步加大了对企业政策扶持力度，全面贯彻落实国家和省现有的各项扶持政策。落实国家有关历史欠税豁免、增值税转型、企业研发投入所得税加计扣除、固定资产加速折旧、技改项目所需国产设备投资部分抵免企业所得税、资源综合利用、高新技术和软件企业税收优惠、厂办大集体试点等扶持政策，以及黑龙江省现有的投资、税收、土地、财源建设、国债支持项目等方面的扶持政策，充分发挥现有政策的综合效应。从2007年起，将省新型工业化专项资金规模增加到3亿元，视财力增长情况逐年增加，采取贷款贴息、资金补助、奖励等方式，支持主导产业和高新技术产业的重大项目、工业园区基础设施建设和科技创新活动。

2. 在黑龙江省经济中的地位

2.1 主要经济指标及产业地位

2008 年，黑龙江省装备制造业共有规模以上企业 843 户，资产总额 1018 亿元，占全省规模以上企业总资产的 18%；完成工业总产值 1157.67 亿元，同比增长 15.99%；实现主营业务收入 1130.45 亿元，同比增长 18.09%；实现出口产品产值 77.66 亿元，增长 46.81%；实现利税 95.56 亿元，增长 2.39%；实现利润 60.46 亿元，增长 4.93%。

表 1 黑龙江省装备制造业主要经济指标 （单位：亿元）

年份	工业总产值	销售收入	工业增加值	利税总额	利润总额	出口交货值	从业人数/万人
2006 年	776.1	752.1	202	47	24	29	19.9
2007 年	876	839	255	82.3.	51	52	21.38
2008 年	1157.67	1130.45	307	95.56	60.46	77.66	21.67

注：统计口径为规模以上企业。

2006—2008 年，装备制造业总产值占全省工业的比重分别为 14.26%、14.39% 和 14.6%；装备制造业增加值占全省工业的比重分别为 8%、9.95% 和 8.91%。

2.2 三年建设投资情况

2006 年装备制造业完成建设投资 96.53 亿元；2007 年装备制造业完成建设投资 136.38 亿元；2008 年装备制造业完成建设投资 199 亿元。

3. 产业结构的调整

3.1 产业结构

表 2 黑龙江省装备制造业构成 （单位：亿元）

行业名称	2006 年		2007 年		2008 年	
	工业增加值	占比重（%）	工业增加值	占比重（%）	工业增加值	占比重（%）
金属制造业	5.49	2.71	8.47	3.32	11.47	3.7
通用设备制造业	76.52	37.88	87.33	34.25	98.50	32
专用设备制造业	34.95	17.3	44.45	17.43	52.55	17
交通运输设备制造业	47.29	23.41	63.64	24.96	80.25	26.1
电气机械及器材制造业	28.31	14.01	40.93	16.05	53.60	17.45
通信设备、计算机及其他电子设备制造业	4.71	2.33	3.78	1.48	4.82	1.57
仪器仪表及文化、办公机械制造业	4.76	2.36	6.63	2.6	8.30	2.7
总计	202	100	255.23	100	249.5	100

注：统计口径为规模以上企业。

3.2 优势和特色装备

表 3 黑龙江省优势特色装备一览表 （单位：亿元）

序号	优势特色装备名称	主要技术指标	制造企业	2007 年销售收入	国内市场占有率（%）	出口交货值
1	发电设备	1000MW	哈电集团	308	33	9.44

（续）

序号	优势特色装备名称	主要技术指标	制造企业	2007年销售收入	国内市场占有率（%）	出口交货值
2	大型铸锻件 重型容器 冷连轧机	2000t 2000t 1780mm	一重集团	70.67	95 90	2
3	数控机床 落地铣镗床	12500mm 320mm	齐一机床 齐二机床	39.15 40	90 90	2 2

4. 自主创新

黑龙江省装备制造业企业规模不断扩大，龙头骨干企业设备制造能力和技术水平已达到或接近国际先进水平。哈电集团在三峡电站工程中，技术水平已达到或领先国际水平。自主研制出我国首台350MW、660MW超临界褐煤锅炉和首台多联产135MWCFB锅炉。为华能集团九台电厂自主开发研制的660MW超临界塔式褐煤锅炉，在国际上处于领先地位。为华电集团镇雄电厂自主开发研制的600MW超临界“W”火焰锅炉，不仅填补了国内空白，更为世界首创。自主创新研制出的660MW、1000MW超超临界空冷等系列新机型，占领了国内外该领域的制高点。体现核心技术的1200mm、1917mm等一系列长叶片开发设计的成功，为更大范围新机组的开发奠定了坚实的基础。具有良好市场前景和竞争力的两缸凝气式汽轮机等系列新产品的设计已取得阶段性成果。公司拥有自主知识产权的700MW全空冷水轮发电机堪称该领域发展的里程碑。自主创新完成的白山150MW抽水蓄能机组，各项技术指标均达到同类产品的世界先进水平。三峡转轮叶片、光照筒阀等多项科研成果的取得，有力地支持了新产品开发并提升了市场竞争实力。

一重集团掌握了“两代加”核岛大型铸锻件的制造技术，并获得了相应的资质认证，正在致力于“第三代”核岛和常规岛大型铸锻件制造技术的开发。掌握了超超临界火电超纯净低压转子、12% Cr高中压转子的制造技术。掌握了70万kW以上巨型水电机组水轮机不锈钢转轮和水轮机大轴的制造技术。掌握了大型船用低速柴油曲轴锻件的制造技术，并获得了国际制造许可证和多家船级社的工厂认可。掌握了Cr－Mo钢重型容器的制造技术，并实现了技术的不断升级，掌握世界首创的2000吨级容器的制造技术。一重自主设计研发的15000t水压机于2008年获国家科技进步一等奖。并将建成中国最大、世界知名的铸锻钢基地。

4.1　创新投入和技术创新体系建设

全省部分重点企业R&D经费年投入39亿元，占销售收入的3.8%。

目前省装备制造业领域已有2家国家工程研究中心：发电设备国家工程研究中心（依托单位哈尔滨电气设备集团）、重型技术装备国家研究中心（依托单位中国第一重型机械集团）。

6家国家级企业技术中心：哈尔滨航空工业集团公司技术中心、齐齐哈尔轨道交通装备有限责任公司开发中心、齐重数控装备股份有限公司技术中心、齐齐哈尔二机床（集团）有限公司技术中心、哈尔滨轴承集团公司技术中心、哈尔滨九州电器股份有限公司企业技术中心。

33家省级企业技术中心：哈尔滨锅炉厂有限责任公司技术中心、哈尔滨空调股份有限公司技术中心、哈尔滨变压器厂技术中心、哈尔滨光宇集团股份有限公司技术中心、哈尔滨华崴焊切股份有限公司技术中心、航天科技控股集团股份有限公司技术中心、哈尔滨电表仪器厂股份有限公司技术中心、哈尔滨红光锅炉集团有限公司技术中心、哈尔滨量具刃具集团有限责任公司技术中心、航天科技控股集团股份有限公司技术中心、航天科工哈尔滨风华有限公司技术中心、哈尔滨工程机械制造有限责任公司技术中心、哈尔滨电影机械厂技术中心、哈尔滨电机厂机电工业有限责任公司技术中心、哈尔滨博实自动化设备有限责任公司技术中心、哈尔滨哈飞工业有限责任公司技术中心、哈尔滨建成集团有限公司技术中心、哈尔滨泰富实业有限公司技术中心、哈尔滨四海数控科技股份有限公司技术中心、牡丹江木工机械有限责任公司技术中心、桦林佳通轮胎有限公司技术中心、牡丹江富通汽车空调有限公司技术中心、牡丹江金钢钻炭化硼有限公司技术中心、佳木斯电机股份有限公司技术中心、约翰迪尔佳联有限公司技术中心、佳木斯煤矿机械有限公司技术中心、佳木斯骥驰拖拉机制造有限公司技术中心、佳联收获机械有限公司技术中心、富锦龙江拖拉机有限责任公司技术中心、黑龙江沃尔德电缆有限公司技术中心、鸡西煤矿机械有限公司技术中心、黑龙江双锅锅炉股份有限公司技术中心、黑龙江勃农兴达有限公司技术中心。

4.2 开发成功的重大装备

表 4 开发成功的重大装备列表

序号	装备名称	制造企业	主要技术指标	工程应用情况	产业化情况
1	水电机组	哈电集团	700MW	良好	良好
2	超临界火电机组	哈电集团	600MW	良好	良好
3	核电蒸汽发生器	哈电集团	600MW	良好	良好
4	冶金轧制成套设备	一重集团	5500mm	良好	良好
5	Z9 直升机	哈飞集团	10 / 14 座	良好	良好
6	大型电站铸锻件	一重集团	1000MW	良好	良好
7	重型数控车床	齐一机床	12500mm	良好	良好
8	大型落地（龙门）镗铣床	齐二机床	320mm	良好	良好
9	钢材矿料运输专用车	齐轨道交通公司	100t	良好	良好

5. 产业集聚区（带）建设

针对黑龙江省装备制造业大型龙头企业集中分布在哈尔滨、大庆、齐齐哈尔等地的情况，为促进产业调整，打造产业集聚园区，黑龙江省建立了以哈尔滨为龙头，以大庆和齐齐哈尔为区域骨干，包括沿线肇东、安达等市在内的哈大齐工业走廊经济区域。在资金、土地征收、拆迁、配套公用设施等方面给予支持，形成若干专业化的产业园区；支持现有配套企业改造，提高技术水平，培植一批能与主机企业同步发展，满足主机厂要求的配套厂家，提高本地化配套比重，形成以园区为平台，骨干企业、配套企业和服务性企业有机结合的产业集群。

表 5 黑龙江省装备制造业产业集聚区 （单位：亿元）

产业集聚区名称	产业特色	龙头企业	2007 年主要经济指标		
			销售收入	工业增加值	利税总额
哈大齐工业走廊	电站设备	哈电集团	300.4	49.3	33.8

6. 企业兼并重组

哈量具刃具集团通过全资并购具有国际一流技术水平和品牌的德国凯狮公司，与瑞典爱克斯康公司合作开发，推出 100 余种新产品，申报专利 180 余项，其主导产品均已达到国内领先、国际先进水平，其“连环”品牌被认定为“中国驰名商标”，企业连续三年被评为“中国工业行业排头兵企业”和“中国机械工业 500 强企业”。

第二节 存在问题

1. 企业的创新、研发能力还有待提高

从黑龙江省装备制造业总体看，企业特别是中小企业的创新、研发能力还比较弱。很大一部分中小企业基本没有独立的研发机构，高端人才短缺，研发投入不足。一些大企业的一些关键技术还受制于人。

2. 企业改革还没有完全到位

一些龙头企业办社会问题还没有完全解决，有的企业为生活区供水、供电、供暖和管理物业，投入大量人力、财力和物力，分离移交水、电、供暖等社会职能所需费用巨大。

3. 金融危机带来严峻挑战

世界金融危机对黑龙江省装备制造业影响不可低估。据调查时企业反映，除一些大重型装备产品外，装备制造业产品在2008年9月以后影响已逐渐显现，重大设备新增订单数量同比有所下降，原有订单交付期有的已推迟，为沿海地区中小企业提供的设备订单同比有较大幅度下降。

第三节　发展展望

1. 应对全球金融危机的策略与发展思路

（1）建立保增长促发展责任制。对装备工业主营业务收入5亿元以上的重点企业进行监控，每月召开一次形势分析会，及时帮助协调解决存在的突出矛盾和问题。对重点企业，加强分类指导，一企一策帮助解决实际困难。把主要经济指标纳入各级政府目标考核责任制。

（2）支持引导企业开拓国内外市场。鼓励受国际市场影响较大、目前陷入困境的出口生产企业，开拓新的国际市场，对企业开拓国际市场所发生的费用，省级财政按实际支出的一定比例给予补助。对因调整产品结构需改造生产设备的，由省级各类财政专项资金给予技改贴息或一定比例的投资补助。积极支持产品出口，将原来对俄出口产品的奖励政策扩大到对所有国家，将原来由省级奖励扩大到省、市县两级奖励。增加对出口机电产品和高新技术产品的奖励额度，奖励资金重点用于企业开发新产品和技术改造。落实出口退税政策，确保地方负担的出口退税资金足额到位。建立进出口骨干企业资质核定机制，推进贸易便利化，对企业贸易外汇管理实行总量核查，适当延长出口收汇核销审核时限。

（3）加大装备工业项目支持力度。整合省级与工业有关的部门专项资金，集中支持见效快、产品市场前景好的项目，重点支持航空汽车特色产业基地、核电装备研发制造基地等六大特色产业基地建设。由省政府统一确定给予项目资本金和流动资金贷款贴息支持；密切跟踪亿元以上装备工业项目，建立投资亿元以上重大项目联动推进机制，缩短项目前期审批时限和项目资金拨付时间，建立规划、用地、环保、建设、水资源、安全、卫生等部门联合办公机制，开通项目核准“绿色通道”，确保重大项目顺利实施。为中直军工企业军品研制和项目建设、军工重点民品项目建设提供地方保障。对受金融危机影响较大的重点装备工业企业，省政府将从各类专项资金中划出专款予以支持。

（4）鼓励企业技术创新。制定《黑龙江省首台（套）装备认定管理办法》，对认定为国内、省内首台（套）的装备，根据项目投资额度和科技成果水平，由省政府在相关专项资金中给予一次性奖励。鼓励企业引进先进技术进行消化、吸收和再创新，企业在引进先进技术时按照不低于1:1比例的配套资金进行消化、吸收和再创新。对企业引进国内外先进科技成果并实现产业化的项目，经有关部门认定，给予无偿资助和贷款贴息支持。

（5）增加哈飞汽车在省内的销售。通过采取减免车辆购置附加费，以及扩大政府采购、团体采购、加快出租车更新、成立哈飞集团自营出租车公司等办法，增加了哈飞汽车在省内的销售，促进哈飞汽车和地方配套企业的健康发展。

2. 今后三年黑龙江省装备制造业自主化展望

虽然国际金融危机给黑龙江省装备工业带来了一定的影响，但同时，对黑龙江省装备制造业来说既是一次严峻的挑战，也是一次重要的历史机遇。2008年，国务院确定了当前进一步扩大内需、促进经济增长的十项措施，审议通过了《装备制造业振兴规划》，中央经济工作会议对应对金融危机保持经济平稳较快增长又做出了全面部署。黑龙江省认真领会贯彻中央精神，结合黑龙江省实际，沉着应对金融危机带来的冲击和挑战，趋利避害，采取有力措施，调整结构，抢占市场，在金融危机中保持装备制造业平稳较快发展，为新一轮的经济复苏作好准备。目前，黑龙江省装备制造业在手合同订单较多，哈电集团、一重集团、齐重数控、齐二机床、哈空调、哈量等重点企业在手订单约500亿元。虽然黑龙江省装备制造业总量在全国来看处于中下游，但大企业多，有垄断性的高端产品比重大，部分产品定价能力强，对成本消化和成本传递十分有利。随着一批扩能改造项目投产达产，将对装备工业产生巨大拉动作用。一重集团锻件生产能力将提高到25万t、铸件能力达到7万t，齐重数控的数控立车将形成1200台生产能力，可为装备制造业形成新的增长点。同时，石油、钢铁等原材料价格回落，有利于企业减少成本支出。人民币汇率升值幅度放缓，有利于企业拓展海外市场，扩大产品出口。为帮助企业有效应对国际金融危机影响，抢抓国家扩大内需的重大机遇，努力做到保增长促发展，推进黑龙江省装备制造业又好又快发展，黑龙江省积极采取有效措施，并出台了《关于帮助企业保增长促发展的政策措施》，遏制了装备工业大幅度下滑的局面。

未来 2 ~ 3 年黑龙江省装备制造业将继续保持稳步增长的趋势，总体目标是：装备制造业具有较强自主创新能力，产业结构比较合理，产业技术比较先进，在国内具有较大影响并在重要领域能够引领全行业实现振兴，建成国内一流、特色突出、具有较强国际竞争力的现代化重大技术装备制造基地。

全省规模以上装备制造企业主营业务收入达到 1500 亿元，年均增长 20% 以上，利税达到 120 亿元。全省规模以上装备制造企业工业增加值年均增长 20%，占工业的比重达到 10%，增加值率提高 5 个百分点。

把发电设备、重型机械、数控机床、飞机及铁路货车建设成为国家重要的生产制造基地；把汽车及发动机、农业机械建设成为区域性生产制造中心。

形成 15 个具有较强自主研发能力的国家级工程和技术中心；水电设备、大型加氢反应器、铁路货车、支线客机等 20 类重点产品达到国内领先水平，核电设备、大型冷热连轧机、数控机床、直升机、工量具等 20 类重点产品达到国内先进水平；重点企业基本实现数字化设计、柔性化制造、信息化管理。

打造电站设备、大型冶金轧制设备两个具有设备成套能力的工程公司；培育发电设备、重型机械、飞机、汽车等专业化配套协作园区，提高装备产品配套能力，形成各具特色的优势产业集群。

坚持有所为有所不为，在重点领域实现突破，着重发展国家提出的 16 项重点领域，积极培育优势特色及新兴装备，大力发展产业集群，形成产业集聚。

第九章　上海市装备制造业发展报告

上海作为中国近代装备制造业的发祥地之一，历经一个半世纪特别是改革开放30年来的发展，已成为国家振兴装备制造业的重要基地之一。2006年，《国务院关于加快振兴装备制造业的若干意见》的颁布实施，为上海装备制造业振兴提供了良好的政策环境。近年来，上海认真贯彻落实国务院8号文精神，以聚焦国家战略、制定产业支持政策、发展重大技术装备、推动首台业绩突破为工作重点，有力地推动全市装备制造业又好又快发展，上海装备制造业已成为支撑全市工业经济持续健康稳定发展的主导力量。

第一节　三年来上海市装备制造业发展评估

1. 建立组织协调机制，制定发展规划和配套政策

1.1　建立组织协调机构和机制

一是为加强对全市装备制造业的行业管理，在上一轮政府机构改革中，新成立的上海市经济委员会（由原上海市经济委员会和上海市商业委员会合并而成）专门成立了装备工业处，主要职能是提出全市装备产业重点领域、重点产品发展目标，编制中长期发展规划，制订重点领域发展的支持政策，参与装备产业、企业的调整和重组。在本轮政府机构改革中，新成立的上海市经济和信息化委员会仍保留装备产业处，进一步强化全市装备制造业行业管理的职责。此外，1987年成立的上海市核电办公室一直保留至今，在市经信委的指导下，参与全市核电产业发展的服务、协调和推进工作。

二是为统筹规划和协调新能源汽车发展的重大问题，市政府专门成立了上海市新能源汽车推进领导小组，分管市长亲自挂帅，17个部门和单位参与。领导小组办公室组织编制并对外发布“新能源汽车推进项目指南”，滚动支持一批产业化前景明朗、技术先进、自主创新的新能源汽车项目，推动新能源汽车示范运行和产业化应用。

三是根据《上海市人民政府贯彻〈国务院关于加快振兴装备制造业若干意见〉的实施意见》（沪府［2006］89号文）和市政府常务会议精神，明确建立上海市重大技术装备联席会议制度，并下设上海市重大技术装备协调办公室。联席会议由市政府分管领导担任召集人，市经委、市发展改革委、市科委、市财政局、市国资委、市建设交通委等有关职能部门参加，主要协调上海市装备制造业发展的重大事项，落实相关政策和推进重大技术装备国产化。

1.2　制定发展规划

根据全市“十一五”发展规划工作的总体要求，2005年市经委组织有关委办局、大企业集团、高校、行业协会等单位编制完成了《上海装备制造业发展“十一五”规划》，该规划被列为市经委仅有的两项“十一五”重点专项规划之一。

（1）发展战略

一是聚焦国家战略。以满足国家及上海市重点建设工程急需为目标，加快体制、机制和政策创新，引导科技、人才、资金等资源向重点领域集中，突破发展瓶颈。二是推动自主创新。以企业集团作为创新主体，加快推进装备制造业的产学研战略联盟，形成上海装备制造业的自主创新体系，积极推进重大技术装备国产化。三是加强资源整合。优化资源配置，形成合理的社会化分工协作体系，支持优势资源向装备类高端产品和产品高端环节集中。四是打造产业集群。重点推进临港装备产业基地、长兴岛船舶和海洋工程装备基地、上海国际汽车城、闵行机电工业基地、航空产业基地、航天产业基地发展。五是拓展服务经济。推动装备产业向上下游及

相关领域延伸，推动装备制造业与装备服务业融合发展。

（2）发展目标

通过推动大项目，建设大基地，培育大产业，依靠体制机制创新，初步构筑起主要装备产业技术自主化、设备成套化、制造集约化、服务网络化的新型产业体系，掌握一批核心技术，形成一批具有自主创新能力、自主知识产权和著名品牌的优势企业，完成新一轮产业结构升级和布局调整，力争成为国家振兴装备制造业的典范和上海制造业高端发展的典范。“十一五”期间，本着重点发展、适度超前的思路，全市装备制造业增长速度高于工业增速 2～3 个百分点，总产值年均增长率达到 14%，到 2010 年达到 15000 亿元；工业增加值到 2010 年达到 3800 亿元。

（3）发展重点

包括 12 个重点领域：清洁高效发电设备，高压输配电成套设备，新能源汽车，冶金、化工、煤炭先进成套设备，轨道交通及磁悬浮车辆成套设备，微电子及数字化信息设备，高技术船舶、海洋工程装备及港口机械设备，重大建设工程关键施工成套设备，先进数控设备、数控系统及功能部件，大型环保及资源综合利用设备，仪表控制及自动化设备，航空航天设备。

（4）主要任务

一是推进临港等重大产业基地建设，通过政策聚焦、项目落地、强化投入，争取建成国家振兴装备制造业和自主创新的示范区。二是组织开展重大技术装备研制攻关，围绕重点领域组织实施重大专项，提高重大技术装备自主化水平；集中突破自动化控制系统，提高装备自动化、智能化和数字化水平；完善技术创新支撑体系，推动产学研用联合。三是加强装备制造业的成套能力建设，适应装备制造业集成化发展趋势，集中资源和力量，重点突破装备成套能力、系统设计与集成能力，完成一批具有影响力的交钥匙（EPC）工程。四是推动装备制造与服务融合发展，顺应国际装备制造业与生产性服务业融合发展的趋势，鼓励制造企业向成套设备供应商和服务商发展，构筑装备制造业技术服务和商务服务平台。五是实施装备制造业品牌战略，通过塑造一批装备类产品、企业和区域品牌，提升上海装备制造业的核心竞争力。

1.3 制定和落实配套政策

2006 年以来，上海市为全面贯彻落实国家振兴装备制造业和自主创新战略，并结合本地实际情况，制定了一系列针对装备制造业发展的配套政策，并围绕沪府［2006］89 号文和《上海市鼓励重大技术装备首台业绩突破实施办法（试行）》（沪经装［2007］251 号文），有计划、有重点地推进有关政策的具体落实。

2006 年 8 月，上海市在国内率先颁布了贯彻国务院 8 号文的实施意见——《上海市人民政府贯彻〈国务院关于加快振兴装备制造业若干意见〉的实施意见》，明确提出要聚焦重点领域、加快首台业绩突破，围绕国家战略需要和上海装备制造业的特点，滚动实施一批重点领域关键项目，支持一批重点装备制造企业，加快装备产业基地建设。同时，鼓励依托重大工程实现首台（套）业绩突破，加大政府采购力度，建立首台（套）业绩的风险保障和鼓励机制，提升装备制造业自主创新能力，实施技术标准战略和品牌战略，加快体制机制创新，加快引进与培养领军人物和技术团队，促进装备制造企业向现代制造服务业延伸。

2007 年 6 月，根据市政府 89 号文，市经委、市发改委、市财政局、市建设交通委、市科委等五个委办局联合制定出台了《上海市鼓励重大技术装备首台业绩突破实施办法（试行）》，这是国内首个关于重大技术装备首台套业绩突破的具体实施细则；2007 年底又发布了《上海市重大技术装备首台业绩突破项目认定办法（试行）》。该实施办法重点从研制、使用两个核心环节加大对全市装备制造业发展的支持力度，一是鼓励和引导本市企业开展重大技术装备的自主创新和集成创新，对列入重大技术装备研制专项的项目，资助额度不超过该项目研发总投入的 20%，总支持金额原则上不超过 500 万元。二是鼓励和引导本市制造企业和用户单位共同推进重大技术装备首台业绩突破，对本市用户订购使用本市企业首次自主研制或国产化制造的首台（套）重大装备的，给予不超过首台设备价格的 10% 或保费额 50% 的风险补贴，总额不超过 800 万元。

滚动组织实施“上海市重大技术装备研制专项”。为全面聚焦国家战略，加快形成一批具有自主知识产权的核心技术和重大装备，切实提高上海装备制造业的自主创新能力和国际竞争力，根据实施意见和办法，2007 年、2008 年连续组织实施了“上海市重大技术装备研制专项”。该专项重点支持符合国家和本市装备制造业重点领域的重大技术装备及关键部件、控制系统的研制或国产化，核心技术及关键技术攻关，以及测试、试验平台建设等。

2008年9月，上海市政府办公厅发布了由市财政局、市发改委、市经委等五个委办局联合制定的《关于推进经济发展方式转变和产业结构调整的若干政策意见》。根据该意见，为加快装备制造业等重点行业的设备投资和技术改造，市政府有关部门出台了《关于对本市部分行业新增固定资产实行财政专项补贴政策的具体操作意见》，即2008年9月1日~2008年12月31日期间，对本市装备制造业等重点行业的重点企业采取购进、自制或融资租赁方式新增的固定资产（不含不动产）以及为新增固定资产所支付的运输费用，由财政给予一定补贴。

2. 在上海市经济中的地位

上海装备制造业迄今已走过了近一个半世纪的发展之路，特别是改革开放30年来，发展进入“快车道”。2007年，上海装备制造业工业总产值约占全国装备制造业总产值的1/10。

2.1　主要经济指标及产业地位

2006年以来，上海装备制造业总体保持快速发展态势，但2008年下半年以来，受金融危机影响，发展速度明显从高位回落，呈现逐月走低之势。2006—2008年间，上海装备制造业工业总产值、销售收入、利润总额的年均增长率保持在18%以上，2007年上述三大指标分别实现11408.80亿元、11843.68亿元和652.33亿元，2008年分别为12247.40亿元、12756.59亿元和576.26亿元，同比增幅分别为10.5%、7.2%和-11.2%。

表1　上海市装备制造业主要经济指标　（单位：亿元）

年份	工业总产值	销售收入	工业增加值	利税总额	利润总额	出口交货值	从业人数/万人
2006年	9028.21	9351.03	2023.21	556.15	505.47	4026.39	110.19
2007年	11408.80	11843.68	2379.97	713.47	652.33	5371.57	125.19
2008年	12247.40	12756.59	2571.63	—	576.26	—	—

注：统计口径为规模以上企业。

表2　上海装备制造业主要经济指标年增长率

年份	现价产值（%）	销售收入（%）	利润总额（%）	资产总计（%）
2006年	21.5	21.3	32.2	13.8
2007年	24.2	27.0	32.0	22.3
2008年	10.5	7.2	-11.2	4.0
三年平均增长率（%）	18.2	18.6	15.3	12.8

装备制造业作为上海规模最大的产业门类之一，近年来其主要经济指标增幅均快于全市工业平均增幅，是推动全市工业经济平稳较快发展的主导力量。从装备制造业与整个工业平均水平比较看，2007年全市装备制造业产值、销售收入、利润增幅分别高出全市工业平均水平8.5个百分点、8.9个百分点和12个百分点。从装备制造业占全市工业的比重看，近三年装备制造业工业总产值、增加值占全市工业的比重分别约为50%和45%，总体接近全市工业“半壁江山”，这在当前经济形势下保持全市工业经济平稳较快发展起到重要支撑作用。

表3　上海装备制造业主要经济指标占全市工业的比重　（单位：亿元）

年份	产值			增加值		
	装备制造业	工业	比重（%）	装备制造业	工业	比重（%）
2006年	9028.21	18573.13	48.61	2023.21	4445.34	45.51
2007年	11408.80	22259.94	51.25	2379.97	5219.38	45.60
2008年	12247	25639	47.76	2572	5622	45.75

2.2　三年建设投资情况

从投资规模看，2006年、2007年全市装备制造业分别完成投资516.1亿元和546.4亿元，占当年全市工业投资的42.8%和39.2%。2008年以来，受全球经济危机状态下市场需求疲软、新增订单减少、产品库存增加、融资来源紧张等因素影响，装备制造企业投资意愿趋于保守，投资活动过于谨慎，2008年全市装备制造业预计完成投资530亿元。从投资领域看，主要集中在交通运输设备、电子信息设备、通用设备、电器机械等领域，2008年，上述四大领域完成投资约占全市装备制造业的84%。

表4 上海装备制造业投资情况 （单位：亿元）

行业名称	2006年	2007年	2008年
金属制造业	43.3	37.5	39.5
通用设备制造业	72.7	97.5	82.5
专用设备制造业	48.8	39.9	40.5
交通运输设备制造业	131.8	143.7	155.5
电气机械及器材制造业	48.7	43.4	52.3
通信设备、计算机及其他电子设备制造业	165.9	180.2	154.7
仪器仪表及文化、办公机械制造业	5.0	4.2	5
总计	516.1	546.4	530

3. 优势和特色产业

在国家确定的振兴装备制造业16个重点发展领域中，上海涉及15个（除大型乙烯成套设备外），在清洁高效发电设备、城市轨道交通设备、民用航空航天设备、船舶及海洋工程装备、自主品牌及新能源汽车、港口机械、盾构等重大关键施工设备、微电子装备、大型锻件等重点领域自主化方面均走在全国前列。

（1）清洁高效发电设备。上海作为我国三大发电设备制造基地之一，在百万千瓦超超临界火电设备、重型燃气轮机、IGCC、核电设备等领域处于国内领先优势。火电方面，国内已经开标的1000MW超超临界火电机组共105台，上海中标55台，占52%，已经投运7台，各项经济技术指标均达到国际先进水平；600MW超临界机组DCS仪控系统实现国内首台业绩突破。重型燃气轮机和IGCC方面，引进西门子先进技术，中标9台先进的V94.3A重型燃气轮机联合循环发电设备，已形成批量生产能力，国产化率达到70%以上，首台重型燃气轮机已在石洞口电厂成功发电；IGCC中标华能天津项目的燃气轮机岛、气化炉、汽轮机岛项目，实现零的突破。核电方面，已形成由核岛、常规岛、控制系统、辅助设备和材料等五大板块构成的产业架构，其中堆内构件和控制棒驱动机构、电气贯穿件保持国内唯一，累计承接核电合同定单超过180亿元，到2010年上海将形成4套百万级核岛主设备、8~10套核电堆内构件/控制棒驱动机构的制造能力。风电方面，1.25MW风力发电机组已形成批量生产，并有50多台投运发电；具有自主知识产权的1.5MW永磁直驱式样机和2MW双馈式样机都已下线，将在2009年实现产业化；正在研发87m风轮直径抗台风型、93m风轮直径的大风轮型和防盐雾型的2MW机组，正在自主研发3.6MW、风轮直径116m的紧凑型结构海上风机。

（2）城市轨道交通及磁悬浮设备。通过十年发展，已形成年生产、调试300辆城市轨道交通车辆能力；累计承接上海6条轨道交通线路771辆车的订单，已交付480辆车，上海市场占有率25%。具有自主知识产权的A型地铁列车样车于2007年下线，目前已完成各项调试与型式试验，将在上海轨道交通9号线上进行载客运营考核；自主研制的低速磁浮列车样车正在进行调试；自主研制的综合监控系统也已取得首台业绩突破，正在上海7号线上进行安装施工；具有自主知识产权的售检票系统、转向架、屏蔽门等配套产品都已得到应用。

（3）船舶及海洋工程装备。上海已成为国内最大、最先进的船舶及海洋工程装备产业基地之一，在高附加值船舶、港口机械、船用曲轴、重型浮吊等领域处于国内领先地位。船舶方面，目前已具备当今国际4种最先进高附加值船舶的生产能力，包括国内吨位最大、造价最高、技术最新的30万t FPSO、自行设计建造的第六代超巴拿马特大型集装箱船8530TEU集装箱船、我国首艘自行建造的14.7万m^3大型液化天然气船（LNG）、国内最大吨位的31.8万t VLCC都已交付用户；2007年上海地区造船完工量占全国24%，连续多年排名第一，手持造船订单占全国23%；从2007年起，先后制造出国内首台7K90MC-C、8K98MC大缸径柴油机，世界首台6K80ME-C智能型柴油机，实现了我国在电控智能型柴油机和大缸径柴油机的制造领域中零的突破；船用曲轴通过一、二期项目，已形成年产200根曲轴能力，产品规格涵盖世界两大专利公司设计的全部系列半组合曲轴（50级及以上），2008年生产80根，2009年在手订单150根，中国第一根8K90MC-C大型船用曲轴研制成功。港口机械方面，上海在世界港口集装箱起重机械市场始终处于技术领先和市场垄断地位，国际市场占有率达78%，连续推出多项世界领先的创新产品，包括双小车、双40ft（1ft=0.3048m）、三40ft岸边集装箱起重机，以及全电动轮胎式龙门集装箱起重机等。海洋工程装备方面，先后推出亚洲最大的4000t全回转浮吊、世界最大的7500t全回转浮吊；8000t起重船、300m水深铺管船、3000m深水半潜式钻井平台已开工建造。

（4）民用航空航天设备。上海是国内民用航空航天产业规划和发展的主要基地之一。民用航空方面，已先后获得ARJ21新型支线飞机、大型客机、商用飞机发动机等项目，其中，ARJ21新支线飞机完成总装下线，即将进入首飞阶段，已获得订单208架，2010年产能达到最大交付要求30架/年。大型商用飞机落户上海并基本完成产业布局，试飞和总装基地、研发和客户服务基地、民用航空产业配套基地分别落户浦东机场、紫竹园区和临港产业区，中国商用飞机有限责任公司和中国商用飞机发动机有限责任公司分别于2008年5月和2009年1月挂牌成立。民用航天方面，正在加快建设航天科技研发中心和国家民用航天产业基地，其中，航天科技研发中心一期工程完成，二期正在加快启动建设，规划$5km^2$的国家民用航天产业基地正在推进之中。

（5）盾构等工程机械。上海是国产盾构的重要产业化基地之一，同时在履带式起重机、连续墙抓斗、大型打桩锤等领域特色明显。上海隧道工程股份有限公司已相继成功自主研发、设计、生产国内首台具有完全自主知识产权的“先行号”6.34m地铁土压平衡盾构和“进越号”11.22m大直径泥水平衡盾构，主要技术指标达到国际先进水平，其中“先行号”盾构共销售41台，产品遍及南京、杭州、武汉等城市，正在进军东南亚和欧洲市场，“进越号”盾构机已投入上海打浦路复线隧道示范工程应用。上海三一科技有限公司自主设计、生产被誉为“亚洲第一”的SCC10000履带式起重机，最大起重能力达1000t，其主要技术参数均达到或接近发达国家同级别履带起重机的水平，首台应用于广东力特火电厂。上海金泰工程机械有限公司生产的SG40A型液压连续墙抓斗，作为目前国内提升能力最大、成槽最深和最宽的液压连续墙抓斗，其整机性能达到国际领先水平，在江南造船厂世博会工程中发挥了重要作用。

（6）微电子装备。已基本形成以高端光刻机、等离子体刻蚀、化学薄膜层积（CVD）等三大主体设备以及半导体抛光镀铜及化学清洗、光学线宽测量等设备为骨干的微电子装备产业基地，国内第一台100纳米级光刻机样机已达到150nm静态稳定工作状态和180nm动态稳定工作状态，国际先进水平的12in65nm等离子体刻蚀机和化学薄膜沉积设备（CVD）已上线试运行。

（7）新能源汽车。燃料电池汽车领域，已完成新一代动力系统的荣威、领驭燃料电池轿车的开发，技术水平进入国际先进行列，燃料电池大客车正在加紧技术改进和试验考核。混合动力汽车领域，在开展轻度混合的油电混合动力轿车可靠性试验和小批量试制，分别于2008年和2009年推向市场。纯电动汽车领域，超级电容公交车、电池电容纯电动公交车均已率先在国内开展示范运营。代用燃料汽车领域，二甲醚公交车已在公交线路开展部分试验运行，1座二甲醚试验加注站已完成建设，已完成车用燃料、整车、发动机标准、关键零部件等13项企业标准，并已完成国家公告，甲醇燃料轿车研制取得突破。

（8）大型铸锻件。总投资14亿元的热加工技术改造项目2008年全面完成，自行设计制造的世界最大的1.65万t自由锻造油压机成功投产。2008年，300MW、600MW汽轮机低压转子锻件试制成功，正在开展1000MW汽轮机低压转子、超超临界高中压转子锻件的研制工作。为了攻克大型发电机组汽轮机整体低压转子等大型锻件坯料供应的瓶颈，开展了450t超大钢锭电渣重熔技术改造项目，2009年一季度竣工投料。

（9）生产性服务业。上海电气集团、上海汽车工业（集团）总公司、上海贝尔股份有限公司等装备龙头企业都纷纷从“生产制造”领域向“制造服务”领域延伸发展。2007年，上海电气集团服务业完成营业收入111.1亿元，其中，总承包总集成领域完成营业收入76.9亿元，近年来上海电气集团先后在山西省和广东省以及越南、印度、印度尼西亚、孟加拉、伊朗、巴基斯坦、坦桑尼亚等多个国家获得了大量EPC（设计、采购、施工总承包）订单，承接了一大批国内外工程总承包项目；此外，上海电气集团在原设备租赁业务的基础上组建了电气租赁有限公司，租赁业务涉及印刷设备、工程机械、机床、纺织机械等设备租赁领域，获得了国家商务部和税务总局的融资租赁业务资质，成为中国租赁业的领先企业之一。上海汽车工业（集团）总公司形成了以物流服务和金融保险服务为主的生产性服务业，2007年实现营业收入214.8亿元，同比增长34.8%。上海贝尔阿尔卡特股份有限公司在信息产品制造业的基础上延伸发展了设计创意、总承包、总集成等生产性服务业，2007 实现营业收入 53.5 亿元，同比增长 46.5%。

4. 自主创新

4.1 创新投入和技术创新体系建设

2006 年，本市装备制造业研究与试验发展经费（R&D）达 104.01 亿元，比上年增长 21.5%，占主营业务收入的 1.1%，其中交通运输设备制造业、通用设备制造业 R&D 投入分别是 41.38 亿元、21.39 亿元，占主营业务收入的比重达到 2.1% 和 1.5%。从总体看，本市装备制造业 R&D 投入还是偏低的，有必要继续加大投入。但是从重点领域的龙头企业看，其科技投入率都接近或达到了 5% 的水平，龙头企业的示范和带动作用比较明显（见表 5）。

表 5　上海装备制造业重点领域的重点企业科技投入比例

重点领域	龙头企业	科技投入占销售收入比重（%）
发电装备	上海电气电站集团	3.3
大型铸锻件	上海重型机械厂	5
煤炭先进成套设备	上海电气煤矿机械集团	11
船用机电设备	上海船用曲轴有限公司	4～5
盾构掘进机	上海隧道工程股份有限公司	4.41
数控机床	上海电气机床集团	7.88
电梯设备	上海三菱电梯有限公司	3～5
印刷包装设备	上海电气印包集团	5.62
自动化仪表	上海自动化仪表股份有限公司	3.7

截至 2008 年底，上海装备制造业领域共有国家级科研机构 37 家，其中国家工程研究中心 5 家，国家工程技术研究中心 3 家，国家工程实验室 6 家，国家级企业技术中心 23 家。

表 6　拥有的国家级工程研究中心、工程技术研究中心、工程实验室情况

序号	企业名称	依托单位
国家工程研究中心		
1	船舶运输控制系统国家工程研究中心	上海船舶运输科学研究院
2	船舶设计技术国家工程研究中心	中国船舶及海洋工程设计研究院
3	工业过程自动化国家工程研究中心	上海工业过程自动化仪表研究所
4	模具 CAD 国家工程研究中心	上海交通大学
5	清洁高效煤电成套设备国家工程研究中心	上海发电设备成套设计研究院
国家工程技术研究中心		
1	国家光刻设备工程技术研究中心	上海微电子装备有限公司
2	国家磁浮交通工程技术研究中心	上海磁悬浮交通发展有限公司
3	国家燃料电池汽车及动力系统工程技术研究中心	同济大学
国家工程技术研究中心		
1	数字化造船国家工程实验室	中国船舶工业集团第十一研究所
2	船舶动力系统工程实验室	上海船用柴油机研究所
3	汽车电子控制技术国家工程实验室	上海交通大学
4	新能源汽车及动力系统国家工程实验室	同济大学
5	信息内容安全国家工程实验室	上海交通大学
6	TFT－LCD 关键材料和器件国家工程实验室	上海广电（集团）有限公司

表7　拥有的国家级企业技术中心情况

序号	企业名称	序号	企业名称
1	上海贝尔阿尔卡特股份有限公司	13	上海汽车变速器有限公司（分中心）
2	上海广电（集团）有限公司	14	上海电气集团印刷包装机械有限公司
3	江南造船（集团）有限责任公司	15	上海日立电器有限公司
4	上海港机重工有限公司	16	上海德尔福汽车空调系统有限公司
5	上海宝信软件股份有限公司（分中心）	17	上海三菱电梯有限公司
6	上海贝岭股份有限公司	18	上海柴油机股份有限公司
7	沪东中华造船（集团）有限公司	19	上海自动化仪表股份有限公司
8	沪东重机有限公司（分中心）	20	上海外高桥造船有限公司
9	上海通用机械（集团）公司	21	上海电器科学研究所（集团）有限公司
10	上海汽车集团股份有限公司	22	上海振华港口机械（集团）股份有限公司
11	上海重型机器厂有限公司	23	上海输配电股份有限公司
12	上海建设路桥机械设备有限公司	—	—

4.2　研制成功的重大技术装备

根据《上海市鼓励重大技术装备首台业绩突破实施办法》，组织协调和推动全市重大技术装备首台业绩突破项目的自主研制和开发，在制造单位与用户单位的共同努力下，电站设备、轨道交通设备、船舶、港口机械、工程机械等代表国家水平的重要领域，成功研制一大批具有自主知识产权的重大技术装备。近三年来，1000MW超超临界火电机组、7500t全回转巨型浮吊、大直径泥水平衡盾构、大型集装箱船舶、90级大型船用曲轴、16500t油压机等一大批装备取得突破。据不完全统计，2006年以来，上海市取得首台业绩突破的重大技术装备项目达到70余项（具体见表8），其中大部分开发装备的技术水平达到国内或世界领先水平，这对推动上海装备制造业乃至全市制造业结构优化升级起到重要作用，也为全市装备制造业振兴发展起到示范和引领作用。

5. 产业集聚区建设

未来上海装备制造业的发展将形成“6＋X”的空间布局。其中“6”分别表示临港装备产业基地、长兴岛船舶及海洋工程产业基地、闵行机电工业基地、嘉定国际汽车城、航天产业基地、航空产业基地。“X”表示形成若干个具有特色的专业化装备产业集聚区。

临港装备产业基地。该基地紧临上海洋山国际深水港和浦东国际航空港，是整个临港产业区（总面积约为200km^2，由重装备产业区、国际物流园区、综合产业区、三新园区以及四个与产业区配套的生活镇构成）首期启动的核心区域，肩负着服务国家振兴装备制造业战略、优化上海产业布局、提升先进制造业能级的历史使命，规划面积约36km^2，于2004年底正式启动建设，主要是结合洋山深水港以及岸线资源，重点发展龙头性、总成式、整机型的重大技术装备，努力建成50年不落后的国家级装备产业示范基地。目前，国发［2006］8号文要求我国重点突破的16个装备产业发展领域中，临港装备产业基地已争取到8个领域的产业项目落户，已形成船舶关键装备、发电及输变电设备、汽车整车及零部件、海洋工程装备、物流设备和工程机械五大核心产业集群，国家航空产业配套项目也已经启动，上海电气重型装备制造基地、中船低速柴油机项目、船用曲轴二期、上汽自主品牌项目等开始投入生产。截至2008年底，临港装备产业基地实现连续四年新增招商项目投资超百亿元，引进各类招商项目总投资超过400亿元。

长兴岛船舶及海洋工程产业基地。该基地位于上海市东北5km的长江入海口处，规划面积10km^2，依托良好的岸线资源，重点发展大型高技术船舶、海洋工程装备和港口机械，努力建成世界最大的船舶制造基地、重要的海洋工程装备制造基地、领先的港口装卸设备制造基地。整个基地建设分两期：规划5.6km^{2}的一期工程经过三年的建设全面竣工并投入生产，共建成 3 条生产线、4 个 30 万吨级大型造船坞和一个军品研制生产基地，形成造船能力 450 万 t，占用岸线 3800m，总投资 160 多亿元，目前已承接超大型油轮、大型集装箱船、大型散货船、化学品船等 100 多艘，手持订单达 1500 多万载重吨。二期工程计划于 2009 年开工，2011 年完工，拟建设四个大型船坞，生产纲领为 350 万 t，占用岸线 4154m，总投资 170 亿元。

闵行机电工业基地。主要是发挥传统老工业基地优势，加大技术改造力度，整合现有生产企业资源，进一步提升电站、重工、环保、输配电、电梯、轨道交通等产业能级。目前基地内，600MW 和 1000MW 超临界和超超临界火电机组实现了从技术引进到产业化的突破，燃机/联合循环等技术也实现了技术突破；已形成年生产、调试 300 辆城市轨道交通车辆能力，具有自主知识产权的 A 型地铁列车样车进入载客运营考核阶段；总投资 14 亿元的热加工技术改造项目 2008 年全面完成，自行设计制造的世界最大的 1.65 万 t 油压机制造成功，并投入生产；年产 40 根的上海电气曲轴一期工程完成并达纲生产；已完成生产 20 万台电梯。

上海国际汽车城。主要是依托上海及长三角地区的汽车制造业基础，努力建成集汽车制造、研发、贸易、博览、运动、旅游等多功能于一体的汽车产业基地。自 2001 年开工建设以来，累计完成固定资产投资 466 亿元，已建成同济大学嘉定校区、国家机动车检测中心、汽车展示贸易街、汽车会展中心、汽车博物馆、二手车交易市场、上海国际赛车场、博览公园、汽车城大厦等重要基础设施和骨干功能项目，上海地面交通工具风洞中心竣工且即将投入运营。目前，上海国际汽车城内已集聚具有规模的汽车零部件企业 150 多家，企业技术研发中心 23 家，其中包括 3 家整车技术（研发）中心（上汽股份、上海大众、奇瑞汽车）。2007 年上海国际汽车城实现工业总产值 186.8 亿元。

航天产业基地。主要是建设以航天产品总体研发为主的上海航天研发基地，以及以航天技术二次应用为主的上海国家民用航天产业基地。其中，上海航天研发基地一期工程建设已基本完成，电子所、动力所、技术基础所完成了整合重组，并与航天八院本部一起搬迁入驻航天新区。上海国家民用航天产业基地由上海市政府与中国航天科技集团公司合作建设，规划总面积 $5km^2$，一期工程规划 $1km^2$，已有第一批 4 个项目落地，投资近 10 亿元。

航空产业基地。主要是全力推动 ARJ21 新支线飞机研制生产，在闵行紫竹科技园占地 20 万 m^2 建设研发和客服中心，在浦东机场南端 $10km^2$ 区域内规划民用干线飞机总装基地，在临港基地规划建设航空产业配套产业基地，大场地区作为支线飞机总装基地，以总装和维修项目带动飞机、发动机以及航空零部件的制造、维修、仓储、配送和产品支援服务等。

区县专业化集聚区。支持区县结合功能定位发展特色装备产业，通过市区联手、地区与产业集团联手，重点发展微电子、数控机床及数控系统、物流装备、输配电设备、空调压缩机、印刷包装机械等专业化装备产业基地。同时结合老工业区改造和新产业基地建设，对闸北、杨浦、虹口、宝山等区的装备制造企业进一步统筹考虑、整合资源、集约发展，逐步形成若干各具特色的装备产业集聚区。

6. 企业走出去

稳妥推进跨国并购。上海重点装备企业抓住国际装备制造业重组机遇，积极采取跨国并购方式，获取高端核心技术和人才，努力缩短与国外先进制造企业技术差距。2002 年上海电气集团收购了处于世界印刷包装机械技术领先地位的“日本秋山”，当年就实现 300 万美元利润；接着又追加投资 1500 万美元，把世界领先的单张双面多色胶印机研制开发和生产技术引进上海光华印刷机械有限公司，2004 年第一台国产秋山胶印机面世，从而缩短了这一领域 20 年的技术差距，使本土企业进入了世界一流竞争行列，年利润上升到 600 万美元。接着，上海电气集团还收购了日本池贝、德国沃伦贝格，取得了 14 项大型数控机床关键专利技术，构建了机床高端产品技术研发平台。2004 年，上海汽车工业（集团）总公司收购了英国罗孚整车和发动机产品的知识产权，进而实现了上海汽车工业（集团）总公司自主品牌汽车的资源重组和优化，荣威 750 轿车、名爵 7、名爵 3、荣威 550 轿车等已经上市，并在细分市场展露头脚。

积极发展国际工程。在发展电站设备制造的同时，积极发展国际电力工程业务，取得了显著成效。近年来，上海电气集团在巴基斯坦、印度、泰国、伊朗、孟加拉、越南、坦桑尼亚、印度尼西亚等国家承接了大量 EPC 工程。目前，上海电气集团海外电力工程已占上海海外工程承接订单的“半壁江山”，在手的海外电力工程订单项目 19 个，共计 46.25 亿美元。正在执行的 EPC 项目 60% 以上来自印度、印尼、越南、孟加拉、坦桑尼亚等国家。2006年，上海电气电站集团承担的越南广宁电站项目一期工程总承包合同，合同金额达5亿美元，该项目打破了发达国家长期垄断越南电力市场的局面。2008年8月，上海电气集团与印度业主达成了一揽子项目约70亿美元的协议。此外，上海电气集团还正在跟踪国外项目10个，金额约160亿美元。

扩大国际合资合作。参与国际合资合作是经济全球化条件下做大做强上海装备制造业的重要途径。上海电气集团与西门子公司、ABB公司、阿尔斯通公司、三菱公司、日立株式公社等著名企业投资建立了100多家合资企业。通过国际合资，在百万千瓦级火电、核电和重型燃气轮机等技术制高点上有了主动权。与西门子合资合作10多年来，上海电站设备制造总量突破1亿kW，约占中国发电设备总装机容量的1/6，年产发电设备3000万kW。2007年上海电气集团、西门子启动了新一轮战略合作，双方共同投资成立了上海电气电站设备有限公司。此外，为实现核电泵阀的国产化，上海电气集团与德国KSB公司合资成立了上海电气凯士比核电泵阀有限公司，将在临港建设生产基地，从生产核级泵、阀起步，最终瞄准核级主泵目标，在核电泵阀领域形成新的制高点。

7. 企业兼并重组

将上海自动化仪表股份有限公司的国有股权转让给上海电气集团，实现装备控制系统和装备制造的对接，有力地促进了火电、核电数字化系统和核级仪控仪表产业的发展。又如成立上海电气重工集团，将核岛主设备制造资源重组整合，使资源得以有效集聚，更有利于降低成本，提升整体优势。

通过分离上海锅炉厂核电业务，组建专业化的压力容器、蒸汽发生器等核岛主设备制造企业—上海电气核电设备有限公司。

在原改制重组工作的基础上，上海汽车股份有限公司（600104）于2006年12月正式完成相关股权变更工作，拥有了上海大众汽车有限公司、上海通用汽车有限公司等11家整车企业、3家紧密零部件企业和1家汽车金融企业的股权，成为目前A股市场规模最大的汽车公司。上汽集团持有上海汽车83.83%股权，并直接经营零部件和服务贸易业务，将发展成为集先进制造业和现代服务业为一体的综合性产业投资和运营公司。

2007年底，为促进我国汽车行业优化重组，提高产业集中度和资源利用效率，加快提升自主创新能力，做强做大自主品牌，上海汽车工业（集团）总公司、跃进汽车集团公司进行全面合作。双方将在资金、研发、营销、制造、采购等方面实现优势互补、资源共享。并在整车与零部件、国内与国际等业务上发挥协同效应。上海汽车工业（集团）总公司还成功收购上海柴油机股份有限公司50.32%的股份，进一步完善商用车领域的核心零部件体系，提升整体竞争力。

2008年底，上南合作已取得阶段性成果。南京汽车集团有限公司2008年减亏40%，2009年将再减亏40%，2010年将实现扭亏为盈。目前，正在进行借壳巴士股份将零部件业务上市的工作，届时将成为国内最大的零部件上市公司。

上海自动化仪表股份有限公司和国家核电技术公司合资组建国核自仪系统工程有限公司，依托AP1000引进技术向国内外核电工程提供控制系统、测量仪表、执行机构等全范围系列产品和技术服务，使上海能占领第三代核电仪控技术的制高点。

第二节　存在问题

与国际装备制造业极端化、信息化、集群化、服务化、绿色化趋势相比，与国家战略要求和真正建成国家振兴装备制造业典范的目标相比，受各种主客观因素影响，上海装备制造业发展及政府推进过程中仍存在以下主要问题：

1. 自主研制及成套能力薄弱

上海企业通过以技术引进消化吸收再创新为主的技术路径，有力地推动清洁高效发电设备、城市轨道交通设备、微电子装备等领域走在全国的前列。但目前部分企业自身并没有形成持久的技术积累和完善的技术体系，部分核心技术仍受制于国外，进而制约了企业自主创新能力的形成，如核电常规岛主设备末级长叶片和低压焊接转子、超超临界火电机组燃煤蒸汽锅炉的设计开发能力不足，制约产业化步伐。

2. 自动化成套能力不足

这是上海装备制造业和国际著名跨国公司关键性差距所在。目前，与上海先进制造业配套的高端控制系统如轨道交通信号系统、百万千瓦级核电和火电数字化控制系统等，基本被国外公司垄断。即使部分系统能够自主研制，但远远达不到国外同类产品高可靠性、高稳定性、高环境适应性，以及数字化、智能化、集成化、网络化的要求。

3. 关键零部件和材料的瓶颈制约严重

近年来大型电站铸锻件、优质冷轧硅钢片、有色金属等关键零部件和材料供需矛盾日益尖锐，进口价格不断攀升，交货期无法满足要求，供货方甚至不接订单，企业只能委曲求全。特别是在大型锻件方面，在目前制造能力落后、供应紧张、进口受限的情况下，上海电站设备、大型船舶、航空航天等产业发展受到严重制约，许多定单因缺乏大型锻件而无法按时交货。如上海锅炉厂，2006年11月向日本制钢株式公社订购了红沿河一期工程的核岛设备锻件，合同约定2007年9月交货，但日本政府以特殊理由拒绝了日本制钢株式公社出口许可证的申请，目前此问题尚未解决，这大大延误了红沿河一期工程的设备制造进度。

4. 专业化分工协作配套体系尚未形成

一方面，上海装备制造业长期以来国有经济比重过大，民营企业除中国龙工控股股份有限公司、正泰电气股份有限公司等少数企业较强外，相对来讲较为薄弱，缺少一批"专、特、精"、充满竞争活力的民营装备制造企业；另一方面，由于国有装备制造企业"大而全"、"小而全"的经营体制迟迟未变，致使民营配套企业不强，没有形成龙头企业与配套企业合理分工、相互促进、共同发展的良性互动机制。从整体上来看，上海装备制造业的专业化分工协作配套体系尚未形成。

第三节 发展展望

今后2~3年内，上海装备制造业要进一步贯彻落实国家战略，结合国务院8号文和最近出台的《装备制造业调整和振兴规划》，以实施装备制造业振兴工程为抓手，继续聚焦重大技术装备，落实自主创新战略，推动首台（套）业绩突破，加快高技术产业化，力争在清洁高效发电设备、微电子装备、海洋工程装备、城市轨道交通及磁悬浮车辆、大型铸锻件、新能源汽车、数字化控制系统等领域自主化方面占据国内领先地位，促进装备制造企业向服务业延伸，提升基础配套产品技术水平，为国家装备制造业振兴做出更大贡献。到2012年，争取装备制造业高技术产业规模占全市整个高技术产业化的55%。

1. 加快推动装备重点领域高技术产业化

全面聚焦国家能源战略、海洋开发战略、城市化推进战略等，围绕核电等清洁高效发电设备、城市轨道交通设备、海洋工程装备、民用航空、自动化仪控系统等国家战略领域，结合技术基础和产业化实施条件，滚动组织实施一批重大装备高新技术产业化项目。通过集聚创新资源，突破关键技术瓶颈，促进创新成果的产业化应用，推动技术进步和结构调整，增强上海装备制造业可持续发展能力。

2. 大力推进装备信息化和发展信息化装备

聚焦国家和上海市"两化"融合战略，以加快推进装备信息化和发展信息化装备为重点，促进装备制造业的内涵式发展。围绕火电、核电、轨道交通、冶金、石化等装备重点领域，努力攻克一批具有"三高"（高可靠性、高性能、高适用性）、"四化"（数字化、智能化、网络化、集成化）特性的复杂控制系统产品，提升装备信息化水平。积极培育发展微电子装备、工业机器人、新型平板显示器件生产设备、数字化医疗设备、新一代网络通讯设备、高档数控装备等信息化装备。

3. 推动重大技术装备自主化和技术改造

制订《上海市装备制造业技术进步和技术改造重点项目及产品目录》，支持目录内的装备自主化、基础配套产品升级换代。鼓励运用高新技术和先进适用技术改造传统产品、技术，提高自主知识产权、自主品牌和高端产品比重，提升装备产品档次和市场竞争力。顺应装备"绿色化"发展趋势，鼓励企业加大节能、节材、减排改造。

4. 组织实施装备制造业"振兴工程"

抓住国家装备、汽车产业调整和振兴规划出台的机遇，继续组织实施上海装备制造业"振兴工程"，滚动实施百项重大技术装备研制专项、重大技术装备首台业绩风险补贴专项，重点支持上海市装备制造业重点领域整机或关键配套件的自主化设计制造、测试试验平台建设等，加快首台业绩突破。滚动实施新能源汽车自主创新"双新工程"，重点支持混合动力汽车、纯电动汽车及其关键零部件的产业化，抢占技术和产业化制高点。

5. 积极争取重大技术装备依托工程

建立企业、政府、社会各方共同争取国家及上海市重大技术装备依托工程的协调机制。针对国家重大工程建设项目，积极调动上海市各方力量，为上海市企业争取重大工程任务提供必要的支持。针对上海市重大工程建设项目，市重大工程建设主管部门、市装备产业主管部门要加强沟通协调，组织项目业主单位、装备研制单位共同协商制定重大技术装备依托工程方案，推动项目业主单位使用国产装备。

6. 积极争取和推进国家科技重大专项

聚焦国家科技重大专项，创造良好的政策环境，鼓励和支持企业争取大型先进压水堆和高温气冷堆核电站、高档数控机床与基础制造装备、极大规模集成电路制造装备及成套工艺等专项，对获得国家科技重大专项任务的企业，给予相应的地方配套支持。积极推进承担专项任务的企业在主机、功能部件、共性技术、创新平台建设、培训基地建设、应用示范工程等方面取得突破，力争高质量完成国家专项任务。

7. 推进装备产业基地建设

支持临港创建国家级装备制造业示范基地，积极引进国内外重大装备制造项目、装备企业研发总部、国家级工程实验室和工程研究中心，建设临港装备产业技术和研发服务公共平台。推动闵行基地继续提升能级，加大技术改造力度，走内涵式发展的道路，继续提升和壮大发电、轨道交通、电梯、输配电、环保等装备领域，加快高端激光加工设备研制，打造世界级的激光加工设备中心。

8. 推动产业兼并重组

鼓励上海市重点装备企业集团按照自身发展战略需要，加大集团内部整合重组力度，完善产业体系和组织架构。支持上海市重点装备企业围绕发展中的瓶颈环节，积极并购长三角乃至全国范围内的产业链上下游企业。支持有实力的企业"走出去"，并购或投资国外具备优秀研发实力、核心技术、关键能力的企业，提升上海装备制造业国际竞争力。

9. 探索制定突破性产业政策

在积极推动已有政策落地的前提下，进一步探索制定聚焦推进装备制造业发展的专项支持政策。认真贯彻落实国家装备制造业调整和振兴规划，及时出台关于贯彻落实国务院《装备制造业调整和振兴规划》的实施意见。该意见力求取得以下政策突破，如首台（套）业绩突破风险补贴政策、政府首购政策、对研制开发关键性或国内不能生产的部件和原材料给予财政支持政策、支持提升关键配套件研制及产业化水平、支持重点装备企业加大技术改造的政策、支持装备重点领域高新技术产业化的政策，等等。

10. 推进装备企业向生产性服务业延伸

鼓励装备制造企业拓展海外工程承包业务，带动成套设备出口，把上海打造成为具有国际竞争力的工程总承包基地。鼓励有实力的装备制造企业集团利用自身优势，做大融资租赁业务，扩大装备产品销售。推动装备制造企业发展全寿命周期服务，在提供解决方案、再制造等方面开展增值服务。加强行业发展引导，研究制定重点行业的准入规则，促进装备服务业快速、规范发展。

11. 加强产业运行监测和服务

完成上海装备制造业统计分析系统的建设，建立装备制造业运行监测、沟通协调和服务企业的长效机制，加强预警分析。同时继续完善上海重大技术装备网，为上海装备制造业的发展提供更多产业导向、政策指导、项目投资等方面的信息和服务，高效全面地推动重点领域突破发展。建立信息发布制度，及时通过政府网站向社会发布产业调整和振兴的有关信息。

表8　2006—2008年间上海市取得首台业绩突破的重大技术装备汇总表

序号	产品名称	研制单位	性能指标	技术水平	首台应用
一、清洁高效发电技术装备					

（续）

序号	产品名称	研制单位	性能指标	技术水平	首台应用
1	1000MW 超超临界火电机组	上海	是我国首台百万等级塔式锅炉，具有启动快、效率高、占地小等主要特点，填补了国内在百万等级上的空白；汽轮机参数在国内最高，达到27MPa/600℃/600℃，热效率高于同类机组	机组国产化程度在国内最高，锅炉、汽轮机、发电机国产化率均在 90% 以上，国内市场占有率超过 50%，整体性能达到国际先进水平	上海外高桥第三发电厂，1 号机组已于 2007 年 12 月并网发电，性能参数达到国内最高
2	核电站堆内构件和控制棒驱动机构	上海电气第一机床厂有限公司	是我国自主制造的首台百万等级核反应堆堆内构件，填补了国内百万千瓦等级核电站该类设备制造上的空白	实现 100% 的国产化，国内市场占有率 100%，整体性能达到国际先进水平	用于岭澳二期核电工程 3 号机组的堆内构件已于 2008 年 12 月交付
3	百万千瓦级压水堆核电站海水蜗壳循环泵	上海阿波罗机械制造有限公司	采用整体铸造的双相不锈钢叶轮，额定工矿下效率达到 90.64%。总体结构设计方案合理，适应百万千瓦级压水堆核电站的要求	主要指标达到国际先进水平，可以替代进口产品	2008 年 12 月实现首台突破，取得福清、方家山四 4 台 1000MW 机组 8 台泵订单
4	百万千瓦核电电气贯穿件	上海发电设备成套设计研究院	满足美国、法国和我国核电标准	自主研制，国内首创，达到了国外同类产品的先进水平	2008 年 12 月取得宁德核电站 4 台 1000MW 机组的整套订单，首台机组将于 2012 年投产
5	核电站常规岛主给水泵	上海电力修造总厂有限公司	入口水温（℃）：135.3；进水压力（MPa）：0.41；流量（m^3/h）：1032.3；扬程（mH2O）：717；主泵转速（r/min）：4620；泵的效率（%）：77.9；泵组驱动功率（kW）：3300；出口压力（MPa）：8.34	国内首创，性能达到国外同类型产品技术水平	为巴基斯坦恰希玛核电站二期工程提供 3 套常规岛电动主给水泵机组及系统配套设备
6	核电站堆顶电缆和连接器	上海电缆研究所	组件在 150℃，累积辐照剂量 200kGray 的条件下可有 40 年使用寿命。每 10m 电缆线芯间的绝缘电阻大于 1000MΩ，线芯间施加 50Hz、2000V、5min 不击穿	自主研制，填补了国内空白，达到国际同类产品的领先水平	用于巴基斯坦恰希玛核电站二期工程

（续）

序号	产品名称	研制单位	性能指标	技术水平	首台应用
7	2MW 风力发电机组	上海电气风电设备有限公司	风轮直径：93m、87m；风轮额定转速：15.35r/min；设计等级：IECTC3A/IECTC2A +；切入风速：3m/s；切出风速：25m/s；极大风速：52.5/70m/s；设计寿命：20 年	总体设计、安全控制策略、开放式的控制系统平台、远程监控系统独具特色，国产化率达到 70%，达到了同类产品国际先进、国内领先水平	首台机组提供给中电大丰风力发电有限公司，2009 年 4 月完成设备安装
8	THDF125/67 型 100 万千瓦级水氢氢汽轮发电机	上海电气电站设备有限公司上海发电机厂	最大出力为 1100MW，主要部件如转子绕组温度在 1100MW 时离限值还有一定裕度，发电机效率高，在配静态励磁，1112MVA 工况时效率为 99%	是目前国内最大容量等级的发电机，达到国际先进水平，使该厂成为国内首家拥有单轴全速 100 万千瓦级发电机技术及生产制造能力的厂家	第一台于 2006 年 12 月在浙江玉环电厂正式投运
9	QF－180－2 型 180MW 空冷发电机	上海电气电站设备有限公司发电机厂	发电机效率高，设计值 98.86%，试验值 98.85%，明显优于国标 98.5% 的规定	达到国际先进水平，填补了国内空白	用于北京奥运会配套项目
10	THDF108/53 型 400 兆瓦级燃气轮发电机	上海电气电站设备有限公司上海发电机厂	在出力为 403MW 时，效率可达到 98.93%，最大连续出力可达 440MW（0.8），470MW（0.85）；短路比较高，在出力为 403MW 时为 0.56，远远高于国标要求；远离额定工作转速 3000r/min，负序能力强，暂态 I22t＝10s 和稳态 I2＝10%	通过消化、吸收，已完全拥有该 400 兆瓦级燃气轮发电机的先进技术以及生产制造能力，是目前国内容量最大的燃气轮发电机，达到国际先进水平	该产品目前用于萧山发电厂和上海石洞口燃机电厂
11	火电机组自启停控制系统	上海发电设备成套设计研究院	在机组启动时，它全自动地完成启动准备→汽机真空及建立锅炉点火能量→锅炉吹扫及点火→汽机冲转→同步及初负荷控制→升负荷。在机组停用时，它全自动地完成降负荷→减至最小负荷→发电机解裂→汽机停止→燃烧器停止→真空破坏及锅炉停止	率先在国内应用，达到了国内领先水平	2007 年 2 月珠海发电厂 3、4 号超临界机组投入运行
12	1.65 万 t 自由锻造油压机	上海重型机器厂有限公司	采用了国际先进的油泵直接传动结构，三梁四柱预应力框架结构，上砧快换结构和两向对称移动运动的移动工作台等多项新技术。单件最大锻件重 350t，环型类锻件最大直径 7.5m，轴类锻件最长 27m	拥有多项专利技术，是目前世界上最大、最先进的自由锻造油压机	于 2007 年年底研制完成，现已正式投入生产

（续）

序号	产品名称	研制单位	性能指标	技术水平	首台应用
13	环行起重机	上海起重运输机械厂有限公司	跨度为42m，以0~13.4m/min速度在环行轨道上运行，大小车在各自轨道上运行。其运行小车运行速度为0~9.1m/min，317.5t主钩起升速度为0~1.2m/min，起升高度35m；54.4t副钩起升速度为0~8.2m/min，起升高度5.1m	具有国际先进水平	2007年出口韩国某核电站4台
二、高压输配电成套设备					
14	1000kV特高压电容式电压互感器（CVT）	上海MWB互感器有限公司，上海输配电股份有限公司	电压比 $\frac{1000}{\sqrt{3}}/\frac{0.1}{\sqrt{3}}/\frac{0.1}{\sqrt{3}}/\frac{0.1}{\sqrt{3}}/$ 0.1kV；测量二次绕组0.2级；保护二次绕组0.5/3P级；雷电冲击耐受电压：1.2/50（s、2400kV（峰值）；5min工频耐受电压：（有效值）1300kV	特高压输电技术和相应的设备制造技术是世界电力科技领域和电工设备制造领域的前沿技术，1000kVCVT产品也是我国电压等级最高的CVT产品	2008年7月首批产品安装在国家电网公司1000kV特高压试验示范工程荆门特高压变电站，目前已圆满完成168h的试运行考核
15	550kVSF6气体绝缘户外罐式断路器	上海中发依帕超高压电器有限公司	额定电压：550kV；额定电流：4000/8000A；开断电流：63kV；开断时间：2周波；工频耐压水平：740kV；冲击耐压水平：1675kV；机械寿命：10000次	2006年从日本AE帕瓦株式会社引进最新一代550kV气体绝缘断路器技术并消化吸收，断路器采用单断口，液压机构操动，结构和性能国内领先	首批产品于2008年2月1日正式投运，应用于内蒙古包头北550kV变电站，是北京2008奥运会电工程之一
16	1.25MW变速恒频双馈风力发电机组变换器	上海输配电股份有限公司	额定功率：1250kW/2000kW；最大功率（10S）：1665kW/2665kW；额定输出电压：690V10；输出电压波动：±5%；输出频率波动：±0.5%；功率因数：0.97	本产品能很好地实现最大风能捕获，有功、无功调节等功能，达到国际先进水平	在山东鲁能莱州风场无故障运行500h
17	1.25MW风力发电机主控制器	上海输配电股份有限公司	该风力发电机控制器应用于D6-1250型1.25MW风力发电机，配合SEG变频器使用。额定功率1.25MW	在引进吸收国外先进技术的基础上，根据D6-1250型风力发电机的具体要求，实现了我国兆瓦级风机控制器的国产化，填补了我国空白	2008年12月，首台“WPTC-1250-DF-A”控制器产品在山西风场试运行

（续）

序号	产品名称	研制单位	性能指标	技术水平	首台应用
三、自主品牌与新能源汽车					
18	荣威 550 数字智能高性能中级轿车	上海汽车集团股份有限公司	采用了目前最先进的 DVVT 进排气双连续可变气门正时技术，可提高动力 10%，降低油耗 5%，90km 等速油耗仅 5.6L/100km，排放可达欧Ⅳ标准；发动机转速 2500r/min 时，可达到 90% 以上的有效转矩输出；最大转矩可达 170Nm，最高时速达到 188km/h	荣威 550 被称为“D5 全时数字轿车”，是国内首款采用“行人保护安全系统”的量产车型，且集成 SCS 六位一体主动安全控制系统、TPMS 胎压智能监视系统、EBA 电子刹车辅助系统等诸多数字化安全配备	2008 年的 6 月，荣威 5501.8T 车型正式上市；2008 年 11 月，荣威 5501.8LDVVT 新车上市
19	别克君越油电混合动力车	上海通用汽车有限公司	采用独立的电机－镍氢蓄电池动力辅助系统，配合高效节能 2.4LECO 智能发动机驱动汽车，“智能停机零油耗、零排放”、“环保与动力性能兼备”，辅以智能停机、制动能回收和智能充电等多项功能，油耗降低至少 15%、排放减少 15% 以上，综合路况下百公里油耗降低至 8.3L	是目前国内市场上唯一的基于中高档主流车型打造的绿色环保汽车，并且也是与同配置汽油机车型价格差异最小的混合动力车	2008 年 7 月上市，为国内第一款进入国家公告的中高级混合动力轿车
20	燃料电池低地板城市客车发动机系统	上海神力科技有限公司	额定功率：80kW（1 小时）；过载功率≥100kW（3 分钟）；启动时间≤6s；输出工作电压 360～520V；质量比功率≥220W/kg；发动机效率≥50%；氢气利用率≥95%；额定工况下发动机噪声≤80dB；平均故障间隔里程≥3000km	技术国内领先，拥有完全自主知识产权，已申请国内外燃料电池相关专利 337 项，其中发明专利 171 项，已获授权专利 186 项，其中美国专利授权 2 项	2 辆装有该燃料电池发动机的福田客车，自 2008 年 6 月在北京开始示范运行，到 11 月底已累计运行 4 万 km，载客 5000 多人次
21	二甲醚客车	上海汽车集团股份有限公司	11m 低入口二甲醚客车，符合国Ⅲ排放要求，起动时无黑烟现象	达到国际先进水平，在国内处于领先地位	2007 年在上海公交 147 路上进行了试验运行，2009 年起在 147 路上进行示范运营
22	电池－电容纯电动客车	上海万象汽车制造有限公司、上海瑞华集团	最高车速大于 80km/h，夜间低谷电充电时间约为 5～6h，续驶里程大于 80km（夏季），运行过程中达到零排放	研制的 10 辆电池—电容纯电动客车达到国内领先水平	2007 年起在上海公交 825 路、26 路上进行示范运行

（续）

序号	产品名称	研制单位	性能指标	技术水平	首台应用
23	超级电容公交车	上海申沃客车有限公司	最高车速大于 80km/h，续驶里程大于 4km，运行过程中达到零排放	在国内率先在公交线路上示范运行，已稳定运行约 80 万 km，各项技术指标达到国内领先水平	2007 年起在上海公交 825 路、26 路上进行示范运行
24	5.5m 大型掩护式液压支架	上海建设路桥机械设备有限公司	支护高度为 5.5m，支护强度为 9000kN，移架速度小于 8s/架	国内首台大型掩护式液压支架，主要技术指标达到或超过国际先进水平，现已具备商业化生产条件	2008 年起第一批 20 架 5.5m 液压支架在神华集团神东煤矿进行工业性试验运行获得成功
25	2PGS 系列筛分式双辊破碎机	上海建设路桥机械设备有限公司	该产品利用剪切、挤压和拉力同时作用破碎物料，起到筛分、破碎的双重作用，具有机身强度高、耗材耐磨性好，而体积和重量均相对较小等特点。以 2PGS850 型设备为例，其三维比例（高、宽、长，单位 mm）仅为 1190 × 2430 × 7710，产量可达到 3500t/h，破碎锥抗拉强度可高达 1000 ~ 1200MPa	自主研发，申请各项专利 5 项，整机技术水平达到国际先进，打破欧美产品的垄断局面	自 2006 年 6 月起，共有五台设备在神华神东公司使用，至今共计已运转超过 25000h，使用情况总体良好
26	煤制油中试装置常底泵和减底泵	上海福思特流体机械有限公司	耐高温大于 350°，耐磨损、含渣量可达 35%	填补了国内高温高固含量煤浆泵的空白，达到国际际领先水平，解决了大型煤液化生产装置的技术和工程问题，为开发工业化示范工程用泵奠定基础	2009 年初在世界自条年产 108 万 t/年煤直接煤液化生产线上应用
27	2000t/h 大型气化炉	上海电气集团上海锅炉厂	日处理 2000t 煤，碳的转化率达到 99%，冷煤气转换率达到 80%	研制出我国首批 2000t/h 大型气化炉，已应用于国内煤化工重大工程	2006 年应用于中石化华北石化分公司技术改造煤制石化产品项目
28	先进大功率采煤机	煤炭科学研究总院上海分院	装机功率达 965kW，可满足 3.5m 煤层综合机械化工作面高效开采的需要	填补国内低煤层开采大功率电牵引采煤机的空白，大大提高中厚煤层下限范围内煤层的开采效率	2007 年首次应用于宁煤集团石嘴山二矿
29	1420 冷轧酸轧联合机组	宝钢集团	产品最小厚度 0.18mm，最高设计轧速 1700m/min	技术先进、产品一流的宝钢集团梅钢 1420 冷轧酸轧联合机组是国家创新样板工程，是国内自主集成规格最薄，速度最快的大型冷连轧机组	2009 年首台设备应用于梅钢公司 1422 热轧产品结构调整技术改造工程

（续）

序号	产品名称	研制单位	性能指标	技术水平	首台应用
30	1700mm ASP全液压压下热连轧机组	上海重型机器厂有限公司	采用当前世界最先进的AGC液压压下控制方式，国内首家应用先进的液压活套、先进的上阶梯垫装置，对冷却系统进行了精确的计算，采用滑动式换辊装置，在换辊推拉缸中采用当代世界上最先进的位移传感器技术	与国内引进的同类机组相比，该机组工艺设计先进合理、运行可靠、生产的产品质量高、达产快、成本低，整机总体技术已达国际先进水平	作为济钢1700连铸连轧生产线的一部分，机组于2006年1月一次试车成功，这是我国第一套自主研发设计的大型轧钢项目
31	110t铁水罐喷吹脱磷装置	宝钢工程技术有限公司	有脱磷功能、预脱硅功能，在处理工艺上采用喷枪加氧枪的方式脱硅、脱磷，可适应从50～110t不等的铁水脱磷要求。投产后第一炉在初始磷含量为0.097%的条件下，终点磷达到0.006%，硅含量则由0.3%脱至0.01%	自主设计和集成，在工艺、装备、控制、脱磷效果和铁水罐容量等技术方面达到国际先进水平，成为国内第一家能全套设计供货铁水罐喷吹脱磷装置的工程公司	依托宝钢股份不锈钢分公司2号铁水脱磷站工程，2007年8月28日投产，处理量从60t到110t均有，处理效果稳定，设备运行稳定
32	1000kN重型往复式压缩机	上海电气压缩机泵业有限公司	设计活塞力达到1000kN，采用铝镁合金材料及特定镀层工艺技术制作轴瓦，在国内大型往复式压缩机中首次采用模锻连杆锻造工艺技术，活塞杆螺纹采用滚压制作工艺技术，提高了活塞杆的抗疲劳强度	填补国内了空白，达到国际先进水平	2006年7月取得为大唐国际发电有限公司煤气化装置设计制造1000kN重型往复式压缩机的合同，目前正在进行安装调试
四、轨道交通及磁浮车辆成套设备					
33	城市轨道交通A型车辆	上海轨道交通设备发展有限公司	最高设计速度90km/h，运行速度可达80km/h，采用网络控制、交流传动、无摇枕转向架、EP2002制动系统、电动塞拉门等国际先进技术	通过产学研合作自主研制的A型车已通过型式试验，自主国产化率达到85%，将打破国外技术的垄断，达到国际先进水平	目前正在落实依托工程
34	城市轨道交通综合监控与信息管理系统	上海电气轨道交通设备发展有限公司	超大型监控系统平台的设计及开发，确保在监控点数达到20万点时仍能满足实时数据传输要求；将故障诊断功能纳入综合监控系统的框架；采用最先进多线程实时通信管理技术，实现与各专业子系统的通信接口和信息集成，改进系统的实时性能	系统提供了一个基于城域网的、适应地理上分散、面向系统集成应用的大型实时分布式系统基础框架，具有开放、通用、易用、可扩展、友好的技术特点，技术指标达到国际先进水平，打破了国外技术的垄断	应用于上海轨道交通7号线工程

（续）

序号	产品名称	研制单位	性能指标	技术水平	首台应用
35	iTS 型智能列车监控系统	卡斯柯信号有限公司	该智能列车监控系统对城市轨道交通列车运行进行监控和调度，并能根据列车运行状况进行动态调整，确保列车准点运行。该系统可管理不少于 32 个集中站，调度监督不少于 100 列列车，最小行车间隔支持 90s	自主研发，达到国际先进水平，填补了我国城市轨道交通领域内列车监控系统的空白，不仅能用于传统的固定闭塞和准移动闭塞，还能适用于最先进的移动闭塞（CBTC）信号系统	2008 年首套智能列车监控系统交付给北京地铁运营公司，保障北京地铁 2 号线每日高密度、短间隔运行，完全取代并优于进口产品
36	高速铁路钢轨焊接校直成套设备	上海理工大学附属二厂	该成套设备包括：①钢轨焊前校直除锈一体机，②钢轨焊后四向数控校直机，③钢轨焊缝数控精磨机三台设备，适用于设计时速大于 200km 的高速铁路钢轨焊接生产线使用	自主研制设计的全自动非接触式激光直线度测量系统、电液比例调压和带实时监控的施力校直系统、电极接触面恒压砂带除锈技术、两端点数控探位横梁平行度自动补偿等技术达到国际先进水平	2007 年，首套设备用于高速铁路钢轨焊接生产线，高质量完成设计时速 200 公里以上的浙赣焊轨工作，其中钢轨焊前校直除锈一体机是国际上的第一台
五、微电子及数字化信息设备					
37	65nm12in 等离子体刻蚀机	中微半导体设备（上海）有限公司	用于 65nm12in 半导体芯片加工，芯片输出量高 50%，成本低 30% ~40%	第一批在中国设计制造，用于 65nm12in 半导体芯片加工的热化学沉积薄膜设备进入了国内外一流芯片企业的生产线	2008 年首台设备在中芯国际集成电路制造（上海）有限公司应用
38	100nm 光刻机	上海微电子装备有限公司	率达到 130nm 稳定的密集线条，150nm 线条具有 300nm 的焦深	上海微电子装备有限公司研制成功国内首台、极大规模集成电路制造赖以支撑的 100nm 高端光刻机，在集成电路生产线设备总投资中比例约为 30%，代表了国内先进制造领域的最高水平	2009 年应用于上海集成电路设计研究中心
39	面向下一代网络的综合软交换平台	上海贝尔阿尔卡特股份有限公司	系统容量和密度是传统电话交换系统的 10 倍以上	在系统开放性、协议多样性、业务丰富性、整体性能等方面均处于国际先进水平。自主开发，原始创新，在网络体系、开放业务环境、大容量呼叫处理、高密度媒体处理、QoS 保证、用户与网络安全、大规模组网、高可用性与容灾等关键核心技术攻关上取得重大突破	2008 年应用于山东淄博项目—全国第一家实现全网整体交互式数字电视平移，全网双向接入

（续）

序号	产品名称	研制单位	性能指标	技术水平	首台应用
40	光学膜厚测量设备（TFX1000）	睿励科学仪器有限公司	用于150mm（含150mm以下）硅片集成电路芯片生产工艺	睿励科学仪器公司自主研制成功国内首台用于150mm硅片集成电路芯片生产工艺的光学膜厚测量设备，填补了国内集成电路生产工艺光学检测设备领域的空白	2008年首台应用于上海贝岭集成电路生产线
41	半导体单片清洗设备	盛美半导体设备（上海）有限公司	用于65nm12in单片晶圆制造中前端和后端的清洗工艺	在国内率先研制成功的半导体单片清洗设备UltraC，去除晶圆表面的微粒、光阻材料和氧化物，能够在同一清洗腔内无交叉污染地回收且重复使用多种清洗液，大幅提高清洗液的使用效率	2009年首台设备在中芯国际集成电路制造（上海）有限公司应用
六、高技术船舶、海洋工程装备及港口机械					
42	全电动轮胎式龙门集装箱起重机	上海振华港口机械（集团）股份有限公司	全电动设计，采用市电电网供电为动力来源，节省能耗成本70%，作业时不再有黑烟和噪音污染；可集装箱化发运，缩短运输周期和成本	通过集成创新，由振华自主开发，产品的总体性能达到同类产品的国际先进水平，突破常规轮胎式龙门集装箱起重机使用大功率柴油发电机组为动力来源的现状，具有技术创新性，经济社会效益显著	2006年8月实现首台突破，已推广应用于上海、深圳、大连、连云港等19个国内港口，已出口至韩国、巴基斯坦、乌克兰等多个国家和地区
43	三40ft箱岸边集装箱起重机	上海振华港机集团股份有限公司	采用由一个单吊具和一套双吊具组成的三个吊具，创新设计剪式上架，实现一次性装卸3个40ft集装箱，以及多种集装箱的组合装卸。与“双40”集装箱起重机相比，其装卸效率可再提高10%~15%	振华港机自主研制开发，产品属世界首创的新一代高效集装箱装卸起重技术	2006年12月实现首台突破，已在深圳妈湾集装箱码头正式投入使用
44	大拉力重型定位锚绞车	上海振华港机集团股份有限公司	单索额定拉力达到110t以上，可缠绕直径76mm长达2600m的钢丝绳，可保障大型工程作业船只、深海作业平台等在海上定位作业	通过集成创新，自主研制开发，处于世界先进水平。世界上能生产的也仅仅2~3家，产品填补了我国在这一领域的空白	2007年12月实现首台突破，目前已形成系列的独立产品，成功应用于亚洲第一的4000t全回转浮吊、世界最大的7500t全回转浮吊、西班牙4400t铺管船等项目

（续）

序号	产品名称	研制单位	性能指标	技术水平	首台应用
45	4000t 全回转浮吊	上海振华港机集团股份有限公司	该浮吊为全回转的大型起重船，非自航，可拖航于无限航区，在水深 300m 内可进行海上作业，最大起重量为 4000t	起重量、幅度和高度在亚洲达到领先水平，其高强钢的焊接技术、全封闭减速器驱动的恒张力、大拉力锚绞车等达国际先进水平。该浮吊的设计、制造、电控系统、安全保护系统和主要机电配套全部自主完成，填补了我国空白	2007 年首台“华天龙号”交货给广州打捞局，在成功打捞宋代古沉船“南海一号”中发挥重大作用
46	7500t 全回转浮吊	上海振华港机集团股份有限公司	该机具备世界上最大的单机起吊能力，最大起重量 7500t ×45m（固定状态下），全旋转时为 4000t × 约 40m。可以为海上油气田开采、重大海事工程、港口工程、桥梁工程与打捞工程提供技术及装备的支持	该浮吊由振华集成创新，自主开发，是世界最大起重量的全回转浮吊，是一艘可在无限航区自航的大型起重工程船	首台产品于 2008 年 7 月交付中国海洋石油工程股份有限公司，现已成功应用于“乐东”、“印度”等海上石油项目
47	30 万 t 海上浮式生产储油船（FPSO）	上海外高桥造船有限公司	总长 280 ~ 335m、垂线间长 300 ~ 325m、型宽 58 ~ 64m、型深 28.8 ~ 30.5m、夏季吃水 19.5 ~ 21.5m、结构吃水 22.0m、载重量约 30 万 t、货舱舱容约 200 万桶。单点系泊系统采用软钢臂 YOKE 型，20 年不解脱	该船为国内第一艘自主设计建造的超大型 FPSO，填补国内空白，提高了我国造船企业在国际市场上的竞争力	2007 年 4 月，针对渤海二期蓬莱 PL19—3 油田、适合浅海海域大型海上油田开发的该船交付美国康菲石油公司
48	14.7 万 m^3 大型液化天然气船	沪东中华造船（集团）有限公司	总长：292.0m；两柱间长：274.1m；型宽：43.35m；型深：26.25m；设计吃水：11.43m；舱容：147210m^3	在引进、消化、吸收法国大西洋船厂设计图纸的基础上，先后攻克了一系列技术难关，最终成功建造出货运船舶中技术含量最高、建造难度最大的 LNG 船。填补国内空白，与国外同类先进技术比较同处于国际先进水平	沪东中华造船（集团）有限公司共承接广东项目和福建项目共 5 艘 LNG 船，首制船于 2008 年 4 月 3 日交船，已投入正常运营
49	8K98MC 船用低速大功率柴油机	上海中船三井造船柴油机有限公司	气缸直径：980mm；活塞行程：2660mm；最大持续功率：45760kW；合同持续功率：41184kW；超负荷功率：50336kW；平均有效压力：1.82MPa；最大爆发压力：14.0MPa；耗油率：171g/kWh + 5%；NOx 排放：< 17g/kWh；净重：1520t	引进国外技术消化吸收，实现该机型的国内首次制造，填补国内空白，达国内领先和国际先进水平，使我国大型船舶柴油机制造技术水平与世界同步	与上海江南长兴造船有限责任公司签订 20 余台改型号柴油机制造合同，迄今为止已有 4 台 8K98MC 柴油机提交给船厂，用户反应情况良好

（续）

序号	产品名称	研制单位	性能指标	技术水平	首台应用
50	6K80ME—C电控智能型船用低速柴油机	沪东重机有限公司	该产品为电控智能型船用低速柴油机，在制造工艺方面具有新颖性和实用性。额定工况21660kW×104r/min，平均有效压力1.8MPa，最大爆发压力14MPa，燃油消耗率171g/kWh	通过引进国际先进技术和消化吸收，进行二次开发工作，制造出国内首台该种型号的柴油机，各项指标达到国际先进水平	用于扬子江船厂有限公司为德国建造的2500TEU集装箱船，作为推进主机
51	8K80MC—C船用曲轴	上海船用曲轴有限公司	曲轴总长：13965mm；曲轴总重（含链轮）：164t；主轴颈外圆直径：ϕ872mm；曲柄销外圆直径：ϕ872mm；最大外圆直径：ϕ1800mm；轴颈允许最大跳动：0.05mm；法兰面允许最大跳动：0.06mm；回转直径：3228mm；长度误差：0.10mm/m	吸收国外同行业先进技术经验，结合自身特点，自主研发一整套加工制造技术，制造出当时国内最大船用曲轴	2008年1月该曲轴用于韩国STX柴油机有限公司的船号为S-1239的集装箱船的柴油机上，目前已经完成柴油机试机，准备下水试航
52	8K90MC—C船用曲轴	上海船用曲轴有限公司	曲轴总长：15674mm；曲轴总重（含链轮）：200286kg；主轴颈外圆直径：ϕ980mm；主轴颈宽：405mm；曲柄销外圆直径：ϕ980mm；曲柄销宽：345mm；最大外圆直径：ϕ1910mm；轴颈允许最大跳动：0.05mm；法兰面允许最大跳动：0.06mm；回转直径：3314mm　长度误差：0.10mm/m	该曲轴是目前世界上单根最大的曲轴，是我国迄今为止制造的最大缸径船用柴油机曲轴，填补了国内空白	该曲轴2008年7月交付，用于韩国STX柴油机有限公司的4200箱集装箱船的柴油机上，目前正处于柴油机试机
七、重大建设工程关键施工成套设备					
53	SCC10000履带起重机	上海三一科技有限公司	最大起重能力达1000t，最大额定起重力矩14000t·m。起重机主臂和副臂组成塔式工况时，最长可达96m+96m，此时的最大起升垂直高度可达90m	SCC10000履带式起重机属自主设计产品，是目前国内生产的最大吨位起重机，其主要技术参数均达到或接近发达国家同级别履带起重机的水平	广东力特火电厂为首台用户，并在2008年上海宝马展展出
54	D220风冷式筒式柴油打桩锤	上海工程机械厂有限公司	上活塞重量22t，特大断面球墨铸铁铸件毛坯直径ϕ1000min，最大打击能量为733000Nm，填补我国特大型筒式柴油打桩锤的空白	具有燃烧压缩比合适、燃烧室结构优异、吸排气口合理布置等技术特点，能保证柴油锤打击能量强劲有力、燃油充分燃烧、环境污染小和工作稳定可靠，达到同类产品的国际先进水平	首台D220筒式柴油锤于2008年2月试制完成，由上海电气租赁有限公司购买，投入天津渤海湾流域的海上石油平台的桩基施工

（续）

序号	产品名称	研制单位	性能指标	技术水平	首台应用
55	6.34m 地铁土压平衡盾构	上海隧道工程股份有限公司	总推力 35200kN，推进速度 60mm/min，刀盘最大切削扭矩 5040kN/m，刀盘转速 1r/min，管片拼装机转速 1r/min、回转角度 ±216°。工程示范应用中刷新了日推进 38.4m 和月推进 566.4m 的进口盾构记录	是国内第一台具有自主知识产权的地铁土压平衡盾构，在刀盘驱动系统、推进系统、管片拼装系统、加泥加水系统、盾尾密封系统、电气控制系统等方面实现突破创新，产品具有高可靠性、适用性、可维护性和长寿命等特点，融合了德国产品的稳定性和日本产品的经济性，主要技术指标达到国际先进水平	首台用于上海市轨道交通 2 号线西延伸区间段隧道工程施工，该隧道已投入营运。目前共销售 41 台，产品遍及南京、杭州、武汉等长三角及国内城市，正在进军东南亚和欧洲市场
56	11.22m 泥水平衡盾构	上海隧道工程股份有限公司	总推力 112000kN，推进速度 46mm/min，刀盘最大切削扭矩 22260kN/m，刀盘转速 0.47r/min，管片拼装机转速 0.63r/min、回转角度 ±220°	由首次自主开发、设计、研制、生产的拥有完全自主知识产权的国产大直径 11.22m 泥水平衡盾构机，填补了国内大型盾构掘进机领域的空间，主要技术指标达到国际先进水平，同步注浆系统、管片拼装机、泥水系统、电气控制系统等核心关键技术上取得了重大突破	已投入上海打浦路复线隧道示范工程应用
57	SG40A 型液压连续墙抓斗	上海金泰工程机械有限公司	最大成槽深度 70m，成槽宽度 0.35 ~ 1.2m，最大提升力 400kN，为国内第一台采用双卷扬提升及大底盘的液压连续墙抓斗。该抓斗可以适用于沙土层、粘土层等多种地质条件	作为目前国内提升能力最大，成槽最深、最宽的液压连续墙抓斗，整机性能达到国际领先水平，填补了国内一项空白	首台 SG40A 型液压连续墙抓斗在江南造船厂世博会工程中发挥着重要的作用
八、数控机床、数控设备					
58	MK84200/H 数控重型轧辊磨床	上海机床厂有限公司	可加工工件最大直径：2000mm；工件最大长度：12m；工件最大重量：150t；工件圆度：0.005mm；纵截面直径一致性：0.01mm	产学研合作，自主开发研制，各主要性能指标与国外同类产品相当，加工过程自动化程度极高，带有在线测量、补偿功能，填补了国内空白，摆脱了进口产品垄断的局面	首台已交付用户单位邢台轧辊厂，目前运行状况良好

（续）

序号	产品名称	研制单位	性能指标	技术水平	首台应用
59	MK82125/H 数控大型曲轴磨床	上海机床厂有限公司	可加工工件最大回转直径：1250mm；工件最大长度：8m；工件最大重量：10t；曲轴颈加工圆度：0.003mm	机床采用头、尾架同步驱动及静压主轴技术，有效解决了大型曲轴重量大及扭转刚性不足的问题。机床各项主要性能指标均有重大突破，已达到或接近国际先进水平	该产品已在上海沪东造船厂等投入使用，运行正常，加工的各类曲轴零件完全符合用户设计要求
60	KT500 基于以太网总线技术的中高档数控系统	上海开通数控有限公司、上海交通大学	控制轴数：3 轴 + 主轴（车床），4 轴 + 主轴（铣床）；联动轴数：车床 2 轴，铣床 4 轴；最小脉冲当量：0.001mm；12.1in 彩色液晶显示；输入/输出：32I/24O，可通过 CAN 总线扩展；内置式 PLC；USB 接口和以太网通信接口；WindowsXP/Vista 操作系统	采用基于以太网总线技术的软硬件结构，既具有运动控制器高性能、高可靠性、低成本的优点，又具有基于 PC 的开放式控制器可扩展性好、易维护、易开发的优点。产品的软硬件完全自主研发，达到了国际先进水平	2007 年完成研发，现已批量生产。首台应用于上海真正数控机床有限公司，与之配套的数控铣床和车床出口到欧美、日本、俄罗斯等国家和地区
61	KT270/KT290 系列全数字交流伺服驱动系统	上海开通数控有限公司	输出功率范围：0.2 ~ 5.4kW/5.4 ~ 22kW；调速比 1:5000；最高转速：3000r/min；回转定位精度 1/10000 转	系统采用先进的 DSP 处理器和智能功率器件 IPM。具有脉冲位置及模拟速度二种输入控制方式和电子齿轮功能。提供 RS485 接口与计算机通讯。产品的软硬件完全自主研发，达到了国际先进水平，被评为 2007 年国家重点新产品	2006 年完成研发，现已大批量生产。广泛应用于数控机床、纺织机械、印刷包装机械、轻工机械等行业
62	LEHY - M 微机网络控制变压变频调速乘客电梯	上海三菱电梯有限公司	额定速度（m/s）：2.5 ~ 4；额定载重量（kg）：1050 - 1600；提升高度（m）：120（2.5m/s），150（3 ~ 4m/s）；平层精度（mm）：≤ ±10；运行时轿厢内的噪声（dB（A））：≤55；机房噪声（dB（A））：≤ 80；开关门噪声（dB（A））：轿厢内≤57，层站≤59；垂直振动（o - p）（cm/s^2）：≤ 25；水平振动（o - p）（cm/s^2）：≤15	自主开发，具有自主知识产权，达到国际先进水平，打破了中高速电梯市场完全被国外企业所垄断的局面	2006 年年底规格为 1600kg、4m/s 的电梯正式投入运行，代表了国内电梯行业的最高水平

（续）

序号	产品名称	研制单位	性能指标	技术水平	首台应用
63	SLXF – XL 大台面机载式数控激光切割机	上海团结普瑞玛激光设备有限公司	最大切割速度 20m/min；X、Y 轴定位精度 ± 0.03mm/m；X、Y 轴重复定位精度 ± 0.01mm，各主要指标与日本 TANAKA 相比更为领先	国内领先，突破少数几个发达国家对大台面激光切割装备以及中厚板激光切割工艺的垄断，将进一步促进我国造船行业的板材加工技术进步	已成功应用在国内船舶制造等行业
64	CJ60 型新型高速棉精梳机	上海太平洋机电集团上海一纺机械有限公司	机械速度达到 420 钳次/min，工艺速度达到 380 钳次/min；纺纱质量达到 Uster2007 公报 25% 水平；节约能耗 10% 以上	自主开发，集成创新，数字化、自动化程度高，各项生产性能指标均达到了国际先进和国内领先水平	2007 年下半年进入市场以来，已销售了 200 多台，得到了用户的认可和欢迎
65	EJK213 型粗纱机	上海太平洋机电集团上海二纺机股份有限公司	成纱质量：条干均匀度达到 2001 乌斯特公报 5% 的水平；噪音 ≤82dB（A）；最高机械转速 1800r/min	主要技术指标达到或超过国际先进水平。转速和控制技术方面，已与国际先进技术相当；特别在传动方式上，锭翼、筒管的传动在国际上首创地采用单独电动机直接传动，实现了高速、高产、低能耗和柔型化	本项目是在上海二纺机股份有限公司原有 EJK211 型粗纱机的基础上自主研究开发
九、节能环保及资源综合利用装备					
66	5000kV 高压变频调速装置	上海发电设备成套设计研究院	采用多级单元串联叠波方法实现无谐波变频调速，其独特之处在于，采用国际首创的智能功率单元技术；采用无级性电力电容延长使用寿命，具有电容不需串联、电压过载能力强、发热低、寿命长（长达 25 年不需更换）等特点，大大提高了装置的可靠性和经济性	自主研制、国内首创的 5000kV 高压变频调速装置达到国际先进水平，打破了国外公司的市场垄断	2006 年 11 月 6 日在宁夏多维药业有限公司 305 车间空压机上投运成功
67	2 × 900MW 燃煤发电机组烟气脱硫系统	上海电气石川岛电站环保工程有限公司	脱硫效率达到 95%；FGD 装置能快速启动投入，在负荷调整时有良好的适应性，在运行条件下能可靠和稳定地连续运行，系统投入率达 98%	引进日本 IHI 公司技术并消化吸收，系统运行安全、监控、维护简单，运行人员数量少，节省能源、水和原材料，项目总体上接近并达到了国际先进水平	2008 年 10 月应用于上海外高桥发电机组，设备投入使用后脱硫效率稳定达到 95% 以上，SO_2 排放浓度不超过 $200mg/Nm^3$，已通过上海市环保局验收

（续）

序号	产品名称	研制单位	性能指标	技术水平	首台应用
68	4 × 300MW机组烟气脱硝成套装备	上海电气石川岛电站环保工程有限公司	脱硝效率达到60%；装置能以冷态、热态二种启动方式投入运行，特别是在锅炉运行时，SCR装置和所有辅助设备均能投入运行而对锅炉负荷和锅炉运行方式不产生任何干扰	引进技术消化吸收，为国内首套国产化的脱硝系统，脱硝效率达到60%，总体上接近并达到了国际先进水平。单台锅炉每年可减少氮氧化物排放量达1736t，总计减排6944t，脱硝效果十分显著	2006年5月，应用于厦门嵩屿4×300MW机组烟气脱硝工程
69	燃煤电站NOx排放控制技术装备	上海锅炉厂有限公司	采用复合式空气分段低NOx燃烧技术改造后，在任意运行工况下和燃烧自动控制条件下NOx排放浓度由改造前的650mg/Nm^3下降为350mg/Nm^3（修正至6%参考氧量，以下同），NOx最低排放浓度达到242mg/Nm^3；在热态多功能低NOx试验台上实施高级再燃技术，NOx排放可降低90%以上；系统性、整体性降低NOx，总体上接近并达到了国际先进水平	应用于上海外高桥发电有限公司300MW燃煤机组改造项目	
70	75t/h秸秆发电锅炉	上海四方锅炉厂	“悬浮燃＋层燃”燃烧方式，采用鳞片式链条炉排进行强化燃烧，适合中国国情，降低锅炉成本。锅炉额定蒸发量：75t/h；额定蒸汽压力：3.82MPa；锅炉效率：＞85%	具有自主专利的高密封性、高风压鳞片式链条炉排对秸秆进行强化燃烧，属国内首创，达到国际先进水平	2007年4月，首台产品在河南长葛恒光热电有限公司投入运行，成功并网发电
71	日产1.2万t低温多效蒸发海水淡化设备	上海电气电站设备有限公司	产水量12000t/天；造水比大于9；产品水含盐量小于20mg/L；调节范围40%～110%。装置包括蒸汽压缩器和六效蒸发器，充分利用了二次蒸汽的潜热	该装置填补了国内万吨级海水淡化设备的空白，与国际先进水平接近	为河北国华黄骅电厂2×660MW国产超临界燃煤机组二期工程配套的万吨级低温多效海水淡化国产化工程，2008年6月，由上海电气负责设计与制造的主体蒸发器已交付用户

（续）

序号	产品名称	研制单位	性能指标	技术水平	首台应用
十、仪表仪控及自动化					
72	600MW 超临界机组的 DCS 系统	上海自动化仪表股份有限公司	DCS 完成全厂的模拟量控制系统（MCS）、顺序控制系统（SCS）、电气控制系统（ECS）、数据采集系统（DAS）、锅炉炉膛安全监控系统（FSSS）功能。针对汽轮机的启动方式分高压缸启动、中压缸启动来设计，是多回路、多参数的控制系统，对汽轮发电机组的转速和负荷进行闭环控制，满足汽轮机组运行的各种工况	该项目具有国内领先水平，具备国际竞争优势	襄樊电厂 600MW 超临界机组
73	120MW 煤层气发电厂控制系统	上海自动化仪表股份有限公司	主控制系统以 maxDNA 分散控制系统（DCS）为主体平台，全面实现全厂生产过程的模拟量和开关量监视和控制、数据管理和存档。DCS 主要功能有：模拟量调节（MCS）、顺序控制（SCS）和数据采集与信息监视（DAS）等。实现以下功能：机组的正常运行监视和操作；机组的异常工况和紧急事故处理；在就地运行人员配合下，实现机组的启动和正常停机	该项目是国内煤层气利用示范项目，也是大型 DCS 在煤层气发电站中的首次应用，其控制方案具有国内领先水平。开发的解决方案和控制策略具有自主知识产权	2006 年 12 月 19 日山西晋城寺河矿 120MW 煤层气发电厂
74	反应堆压力容器液位监测系统	上海自动化仪表股份有限公司	SH1152 系列差压变送器、表面铂电阻、高容积传感器等系统设备满足 1E 级的要求，使其在事故工况下能保持其监测功能的完整性	达到当前国际同类产品（西屋公司/巴登公司）的水平，填补了国内空白	巴基斯坦恰希玛核电站二期工程
75	城市垃圾燃烧供热发电站仪表和控制系统	上海自动化仪表股份有限公司	针对循环流化床垃圾焚烧炉和母管制汽水系统设计了专用控制回路，通过完善的保护和控制策略实现全厂生产过程自动化。DCS 系统通过 SIS 接口机连接到 SIS 网络，SIS 接口机通过一对冗余的网卡与 DCS 系统网络相连接，同时通过另一对网卡将 DCS 的数据点传送至 SIS 网络	是国内 DCS 与 SIS 同时应用在垃圾焚烧发电和供热领域的首个项目，该项目具有国内领先水平	2008 年 1 月如皋生活垃圾焚烧热电联产项目

（续）

序号	产品名称	研制单位	性能指标	技术水平	首台应用
76	高炉生产过程综合自动化系统	上海宝信软件股份有限公司	使高炉性能最优化、过程条件稳定化，包括数据采集、数据处理、推理运行以及画面显示 4 大功能模块。应用功能概括为：根据高炉专家经验总结，对照生产过程的检测信息或症状（如滑料、悬料或渣皮脱落等等），进行炉况异常诊断并最终提供相应的“治疗药方”（如减风 400Nm^3/min，提高焦比 6kg/thm 等）	该产品由宝信软件自主开发，是国内首套自主研制的集高炉模型、自动化系统、专家系统为一体的综合自动化系统	本产品已实施到通钢 7 号高炉，实现高炉综合自动化系统产业化应用示范
77	基于 IGBT 变频抽水蓄能电站 SFC 变频启动系统	上海新华控制技术（集团）有限公司	采用新型功率器件 IGBT，与传统晶闸管方式相比，新型启动系统具有结构简单、响应迅速、控制精度高、效率高、功率因数高、谐波含量小、维护运行简单等特点	通过消化吸收，产学研合作开发，国内首次成功应用于抽水蓄能行业，改变了我国长期以来抽水蓄能机组变频起动系统依赖进口的被动局面	2007 年 10 月，系统首次用于安徽省响洪甸蓄能发电有限责任公司 SFC 变频起动项目改造，替换了性能较差的传统启动系统
78	基于 RFID 技术的道路电子收费系统	长江计算机（集团）公司	通过安装在车辆挡风玻璃上的车载电子标签与在收费站 ETC 车道上的微波天线之间的微波专用短程通信，完成无线数据通信，对车辆自动识别，不需停车就可通过路桥收费站，而且能自动交纳路桥费	以最快、最经济、最有效的方式来改造现有收费系统，解决了国内各省市在发展 ETC 上的困惑和难题，形成“长三角”ETC 不停车收费系统区域联网，技术水平处于国内领先	2008 年底在上海共安装了 80 根 ETC 车道，分布全市 634km 高速公路网的 30 个收费站，ETC 覆盖率达到 30% 以上。在江苏省共安装了 23 根 ETC 专用车道，分布于 14 个高速公路收费站，其中包括苏沪交界的 3 条高速公路主线收费站

注：上表中，有少部分成功研制的首台（套）重大技术装备发生时间在 2006 年前。

第十章　江苏省装备制造业发展报告

装备制造业产业关联度高、需求弹性大、对经济增长带动和促进作用强，是国民经济的重要支柱产业。江苏省委、省政府高度重视装备制造业，2006 年发布了《江苏省人民政府关于振兴装备制造业的意见》（苏政发〔2006〕154 号），指导全省开展振兴装备制造业工作。根据国家和江苏省关于振兴装备制造业的意见，组织召开了全省振兴装备制造业工作会议，成立了振兴装备制造业工作领导小组，结合江苏实际情况，实施了全省振兴装备制造业“143 工程”项目计划，使全省装备制造业经济总量在继续保持全国领先的同时，产业层次有了明显提高。

第一节　三年来江苏省装备制造业发展评估

1. 建立组织协调机制、制定发展规划和配套政策

1.1　建立组织协调机构和机制

为了进一步贯彻落实《国务院关于加快振兴装备制造业的若干意见》和《江苏省人民政府关于振兴装备制造业的意见》，实现江苏省装备制造业的振兴和快速发展，成立了江苏省振兴装备制造业工作领导小组。领导小组由江苏省政府副秘书长任组长，分管主任任副组长，成员由各相关处室负责人担任。主要职责是贯彻落实省委、省政府关于加快振兴装备制造业的决策部署，研究提出相关扶持政策，协调解决振兴装备制造业的重大问题，负责编制全省装备制造业发展规划，组织实施振兴装备制造业“143”工程项目，推进重大技术装备国产化和成套化，促进振兴装备制造业总体目标的实现。

领导小组下设办公室，具体负责落实加快发展装备制造业相关政策和推动重大技术装备的国产化工作，协调产业结构调整、区域经济协作等重大问题。各市、县政府成立相应机构，协调解决政策落实中的难点和突出问题，督促检查各部门落实相关政策情况和任务完成情况。由省经贸委牵头，会同省发改委、国资委、科技厅、财政厅、国防科工办等部门，根据国家重大技术装备国产化依托工程管理办法、采购管理办法和重组并购管理办法，结合江苏省实际，适时提出江苏省相应的管理实施办法和各项扶持政策。

1.2　制定发展规划

为振兴江苏装备制造业，制定了江苏省振兴装备制造业行动纲要和江苏省装备制造业调整振兴规划纲要。

（1）发展战略

以科学发展观为指导，紧紧抓住国际制造业转移和我国推进重大装备国产化的历史机遇，瞄准装备制造业的高层次设计与制造环节，突出高端化、集聚化和特色化发展方向，着力增强装备制造业自主设计、制造和成套能力。积极开发世界先进、国内一流的技术装备，用高效率、低消耗、低污染的技术设备改造提升传统产业，用先进装备制造支撑“江苏制造”，推动“江苏创造”，把江苏省建设成为具有较强国际竞争力的装备制造业强省。

（2）发展目标

到 2010 年，全省装备制造业增加值比 2005 年翻一番，规模总量继续保持国内领先地位，设计与制造水平达到国内一流，装备制造业销售收入达到万亿元级。工程机械、船舶与海洋工程装备、新型电力装备、轨道交通装备等重点行业形成千亿元级产业链，建成世界级产业基地。发展徐州工程机械集团、江苏悦达集团、无锡威孚高科技有限公司、远东控股集团等一批销售收入超百亿元的大型装备制造企业，培育王牌电力变压器、NGC 牌齿轮箱、锡机牌机床、万能达牌电力电缆等十个具有国际影响力、经济规模进入国内前三强的知名品牌，

建设一批省级以上重大技术装备研发中心，形成若干拥有特色产品和知名品牌的装备制造集中地，构建合理分工、相互促进、协调发展的产业格局。

（3）发展重点

根据国家确定的重大工程自动化控制系统、大型精密高速数控机床、集成电路关键设备等16个关键领域，以及《江苏省人民政府关于振兴装备制造业的意见》确定的14个关键领域，加快研制一批对结构调整和产业升级有积极带动作用的技术装备，重点在工程机械、船舶与海洋工程装备、新型电力装备、轨道交通装备、机床工具及附件、新能源装备等六个关键领域实施突破，加快发展江苏省装备制造业中可以赶超世界水平、达到国内一流的“六条龙”。

工程机械。做强做大一批核心企业，确立徐工集团等重点工程机械企业在行业中的排头兵地位。做精做优一批配套企业，力争在发动机和工程车辆底盘等重大核心产品开发上取得突破。建设国内最先进、具有国际影响的工程机械研发和制造基地。

船舶与海洋工程装备。重点发展海上生产储油轮（FPSO）、深海铺管起重船、液化天然气船（LNG）、超大型油轮、10000TEU集装箱船等高附加值船舶。加强对大功率低速柴油机和曲轴等配套装备的研制。形成1000万载重吨远洋船舶制造能力，产量超过800万载重吨，本土化装船率达到60%以上。培育2~3个具有国内先进水平的海洋工程装备专业化生产企业，发展一批具有管理水平较高、技术优势明显、人才实力雄厚的现代化造船企业，力争1~2家企业进入世界造船业前10强，5~6家企业进入前50强。在南通、泰州、扬州等长江中下游地区形成一批现代化造船基地。

新型电力装备。发电装备重点发展清洁高效发电设备、余热锅炉、电站环保设备、发电机空冷技术、高参数阀门、叶片和生物质发电设备等产品。输变电设备重点发展高压、超高压输变电设备及附件，主要有交直流输电继电保护和变电站综合自动化设备、大容量节能环保变压器、断路器和全封闭组合开关，电缆及电缆附件、复合导线，高强度、高等级电气绝缘子、绝缘成型件等。

轨道交通装备。依托龙头核心企业、发挥配套基础优势，加强关键技术研发、整合优化产业链，建设国内一流、国际先进的轨道交通装备产业基地。发展新型高速列车、城市轻轨、地铁车辆等核心制造技术。引进和消化吸收国外先进技术，加强对牵引传动和控制、电气总成及电源、车门、通信、空调等系统的研发和配套。形成年产1000~1200辆城轨车辆整车生产能力和部件配套能力，具备系统工程设计能力、线路车站系统综合配套能力。建成国内最重要的轨道交通车辆研发和生产基地。

机床工具及附件。应用高速加工、精密加工、复合加工、微制造、干切削等先进技术，积极发展高技术、高性能、高附加值产品，主要有大型、精密、高速、高性能数控金属切削加工机床、加工中心和柔性制造单元及系统等。加快发展中高档数控系统、高速电主轴、高速高精度滚珠丝杆及滚动导轨、数控刀架和转台等高精度、高性能功能部件，以及高精度、高效率、高可靠性和专用化数控刀具。巩固和提升数控板材加工机床、齿轮机床、电加工机床的现有优势。

新能源装备。构建完整的产业链，进一步消化吸收国际先进的大容量风电设备制造核心技术，三年内达到百亿级产业规模。加快风力发电机叶片、齿轮箱、电机、电控设备、偏航系统、轮毂、塔架、机舱、主轴和机舱罩等主要部件的规模化生产。在发展整机技术的同时，努力延伸产业链，带动零部件制造水平的提高。光伏装备制造业的发展方向是加快建设扬州、徐州、连云港三个高纯硅材料基地，电池和组件产能超过3000MW，打造千亿级产业基地。扩大光伏电池和组件生产规模，提高电池转换效率，全面掌握光伏并网发电技术，推动系统集成产业发展。积极开发太阳能光源产品，推动LED等照明产业发展。

1.3　制定和落实配套政策

（1）开拓资金投入渠道

设立振兴装备制造业专项资金，支持自主开发重大核心技术。省科技成果转化、科技攻关、技术改造、节能降耗、中小企业发展等专项资金对先进装备制造业的支持不低于资金总额的15%。支持有条件的装备制造企业建立财务公司，提高企业资金使用效率。为先进装备制造企业上市创造便利条件。国内生产企业为开发、制造国家确定的重大装备，进口部分关键配套部件和原材料，免征进口关税或实行先征后返，进口环节增值税实行先征后返。

（2）构建人才支撑体系

加快培养振兴装备制造业所需的紧缺技能型人才，大力引进拥有装备制造关键技术、核心技术、高新技术的高层次人才，发挥江苏省科教优势，营造人才辈出的环境，支撑江苏省装备制造业的快速发展。支持有条件的企业在境外建立或兼并研发机构和设计机构，吸纳国内外科技人才。江苏“333 工程”资助科研项目资助经费每年对装备制造业的支持不低于资金总额的 10%；省“六大人才高峰”计划的支持不低于资金总额的 20%。

（3）营造良好发展环境

鼓励订购和使用江苏省装备制造企业开发生产的首台（套）重大技术装备。对订购和使用江苏省生产的首台（套）国产重大技术装备，设立专项资金给予适当补贴或采取加速设备折旧等方式给予支持。支持重点装备制造企业加快改组改制，分离办社会职能，推进跨行业、跨地区、跨所有制的兼并与联合，促进装备企业战略性重组。通过整合资源，对国有企业在改制过程中形成的债务和历史欠账，经政府有关部门批准后予以核销或减免。对承担国家重点工程项目的企业，为实现装备国产化需要进口相关设备和产品时，经认定并经海关审核，可以比照高新技术企业给予便捷通关的优惠。各地区、各有关部门要根据本纲要精神，结合各自工作实际，认真履行职责，相互配合，增强合力，切实抓好各项落实工作。

2. 在江苏省经济中的地位

2.1 主要经济指标及产业地位

2008 年，江苏省装备制造业实现销售收入 23771.4 亿元，同比增长 23.7%，占全省工业销售收入 37.8%；实现利税 1936.4 亿元，其中利润 1348.4 亿元，同比分别增长 24.2% 和 22%；实现出口交货值 9536.6 亿元，同比分别增长 23.7%。江苏省装备制造业的经济总量已连续两年位居全国之首。

表 1 江苏省装备制造业主要经济指标（单位：亿元）

年份	工业总产值	销售收入	利税总额	利润总额	出口交货值	从业人数/万人
2006 年	14703.9	14442.7	979.8	699.1	5882.4	270.2
2007 年	19416.9	19036.4	1414.8	1040.7	7771.1	319.4
2008 年	24648.4	23771.4	1936.4	1348.4	9536.6	367.0
年均增长	29.5%	28.3%	40.5%	38.9%	27.3%	—

2006 年全省装备制造业总产值占全省工业总产值的比重为 35.4%，2007 年占全省工业总产值的比重为 36.4%，2008 年占全省工业总产值的比重为 38.2%。

2.2 三年建设投资情况

围绕《江苏省人民政府关于振兴装备制造业的意见》确定的 14 个关键领域，立足于扩大自主装备市场占有率、提高重大装备成套能力、提升自主创新能力三大目标，组织实施振兴装备制造业“143”工程项目，推进重大技术装备国产化和成套化，促进振兴装备制造业总体目标的实现。2005 年全省机械装备制造业建设投资 1326 亿元，较上年增长 52.1%；2006 年建设投资 1387 亿元，较上年增长 4.6%；2007 年建设投资 1942 亿元，较上年增长 40%；2008 年 1～11 月份建设投资 2512 亿元，较上年同期增长 40%。

3. 产业结构的调整

3.1 产业结构

表 2 江苏省装备制造业构成（单位：亿元）

行业名称	2006 年		2007 年		2008 年	
	工业总产值	占比重（%）	工业总产值	占比重（%）	工业总产值	占比重（%）
金属制品业	555.1	3.8	771.2	4.0	987.0	4.0
通用设备制造业	2588.6	17.6	3324.8	17.1	4145.4	16.8

（续）

行业名称	2006 年		2007 年		2008 年	
	工业总产值	占比重（%）	工业总产值	占比重（%）	工业总产值	占比重（%）
专用设备制造业	1128.2	7.7	1459.5	7.5	1808.7	7.3
交通运输设备制造业	1513.8	10.3	2136.2	11.0	3022.7	12.3
电气机械及器材制造业	2318.2	15.8	3163.1	16.3	4295.1	17.4
通信设备、计算机及其他电子设备制造业	5911.2	40.2	7763.4	40.0	9252.2	37.5
仪器仪表及文化、办公机械制造业	688.6	4.7	798.7	4.1	1137.4	4.6
总　计	14703.9	—	19416.9	—	24648.4	—

3.2　优势和特色产业

江苏省装备制造业拥有的优势特色产品（科技含量高、市场占有率高、经济效益高）有：各类工程机械、远洋巨型船舶、岸边集装箱起重机、数控铣床、超宽超重重型卷板机、数控液压模锻锤、不锈钢罐式集装箱、控温控压防蚀特种集装箱、标准集装箱、垃圾焚烧炉、高压电器、电力变压器、高压自控开关柜、风力发电设备、港口机械、石油钻采机械、船用发电机组、大中型节能环保各类风机、集中空调设备、数控机床、各类电动工具、插秧机、联合收割机等。

表3　江苏省优势特色装备一览表　（单位：亿元）

序号	装备名称	主要技术指标	制造企业	2007 年销售收入	国内市场占有率（%）	出口交货值
1	百万千瓦核电汽轮机末级动叶片	叶片汽道长度 1448mm，总长 1571mm，宽 325mm，叶根齿型，叶身带阻尼突台；世界上投入运行半转速核电汽轮机中最长的叶片	无锡透平叶片有限公司	0.9	100	—
2	百万千瓦超超临界汽轮机末级空心弯扭静叶片和动叶片	末级动叶片汽道长度 1146mm，总长 1248mm，宽 398mm；国内首次采用进汽边激光硬化防水蚀技术；国内首次采用 1～6 阶静频测量和调试技术。末级空心弯扭静叶片总长 1050mm；国内首次对 1m 以上的空心叶片采用焊接成型技术		1.63	100	—
3	新型宽弦大扭角航空发动机风扇叶片	总长 450mm，宽 220mm，采用钛合金材料；叶型扭角大，接近 80°，叶根中间体薄，厚度仅 2～3mm，叶身薄		0.13	100（研制）	—

（续）

序号	装备名称	主要技术指标	制造企业	2007 年销售收入	国内市场占有率（%）	出口交货值
4	数控内圆磨床（型号：MK2120B）	—	无锡开源机床集团有限公司	4.5（全公司）	50（全公司）	—
5	数控无心磨床（型号：MKS10100、MK11150、MGW10200、MG1050B 等）	—	无锡开源机床集团有限公司	4.5（全公司）	50（全公司）	—
6	数控轴承磨床（型号：3MK2125、3MK2025、3MK2225）	—	无锡开源机床集团有限公司	4.5（全公司）	50（全公司）	—
7	数码发电机组	采用了国际标准，达到各出口国的排放标准及安全标准	无锡开普动力有限公司	4.5	第 1 位	3.8
8	通用发电机组	达到出口国的排放标准及安全标准	无锡开普动力有限公司	3.8	前 5 位	3
9	热电联产设备	—	无锡开普动力有限公司	0.005	第 1 位	—
10	多用途全回转拖船	—	江苏省镇江船厂有限责任公司	7	50	—
11	船用柴油机	—	镇江中船设备有限公司	5.4	30	—
12	稻麦联合收割机	—	江苏沃得农业机械有限公司	3.6	18	0.65
13	大型数控压力机	—	沃得精机（中国）有限公司	4.2	15	0.83
14	摊铺机	—	镇江华晨华通路面机械有限公司	3.8	22	—
15	拌和设备	—	镇江华晨华通路面机械有限公司	3.8	36	—
16	小型装载机	—	江苏柳工机械有限公司	5.2	10	—
17	风电齿轮箱	功率：1.5MW、2MW、3MW	南京高齿集团	10	80	2
18	建材齿轮箱	功率：700～5400kW	南京高齿集团	5	80	—
19	汽轮机（含燃机）	6～330MW	南京汽轮电机集团	18.5	5.59	1.4

（续）

序号	装备名称	主要技术指标	制造企业	2007年销售收入	国内市场占有率（%）	出口交货值
20	汽轮发电机（含燃发）	6～350MW	南京汽轮电机集团	6.3	6.44	0.3
21	钢化玻璃绝缘子	70～550kN	南京电气集团	3.7	60	0.43
22	履带式液体拆除机履带式旋挖机底盘焊接变位机	可靠性98% 安全性100% 外观质量100%	徐州徐挖约翰迪尔机械制造有限公司	3	50	0.3
23	SH系列超高速精密压力机	可靠性98% 安全性100% 高速冲压次数1000次/分	江苏省徐州锻压机床厂集团有限公司	4	40	0.8

4. 自主创新

4.1 创新投入和技术创新体系建设

2006—2008年度江苏省发改委下达了四批有关重大装备创新项目，2006—2007年度共三批30个项目，财政拨款共计1080万元。2008年度下达了30项导向计划，计划总投资25亿元，完成后可新增销售总额100亿元，利税15亿元。截至2008年底，2006—2007年下达的计划项目已全部完成项目研发或通过鉴定、验收。2008年度下达了30项导向计划预计完成50%以上。

全省先后建立了国家级企业博士后工作站28个，国家级企业技术中心12个，省级企业技术中心98个，省级博士后技术创新中心9个。

4.2 开发成功的重大装备

徐州工程机械集团公司研制的大吨位汽车起重机、CKS系列高空作业平台车、DG系列登高消防车、JP系列举高喷射消防车、HB系列混凝土泵车等特种专用车辆产品，设计制造水平在国内居领先地位，为国家重点工程、基础设施建设和城市消防、市政等提供了急需的高端装备。不少产品屡创中国“第一”：首次打破国内汽车起重机最大吨位记录，自主研发成功500t汽车起重机；推出中国第一台68m登高平台消防车和中国第一台42m举高喷射消防车。

徐州海伦哲专用车辆有限公司研制的XHZ5230JGK华灯检修车（超大平台高空作业车）用于天安门广场华灯检修和清洁维护，反映良好。该产品是目前我国高空作业车的最大规格，体现了行业的最高水平，被业内人士誉为“中华第一车”。

溧阳28所系统装备有限公司研制的应急指挥通信车，主要用于突发事件应急通信保障和现场指挥，产品技术含量和附加值高，体现了该领域的最新发展水平。

中远川崎的国内首制10000TEU超大型集装箱船和30万t矿砂船（VLOC）、熔盛重工的世界上首艘按CSR标准制造的15.6万t苏伊士型原油轮和国内首创的7.55万t冰区加强型巴拿马散货船、京华船舶交付的世界上首艘12000t矿砂自卸船等，其中，中远川崎自主建造的我国首艘1万标箱超大型集装箱船顺利交付，该船刷新了中国造船业承造高箱位船纪录，使我国成为继韩国、丹麦之后第三个能够自主建造该船型的国家。

中远船务的全球范围内第一艘圆筒形海洋钻井平台SEVAN650已下水舾装，该公司承建的SUPERM2自升式钻井平台已开工建造。熔盛重工开工建造的中海油深水铺管起重船“海洋石油201”是国内自主设计和建造的第一艘深水铺管起重船，作业水深达到3000m，铺管速度达5km/天，海上最大起重能力达到4000t，建成后将开创我国深海动力定位大型工程船舶的先河，总体技术水平和作业能力在国际同类工程船舶中处于领先地位。韩通重工生产的 SEVAN300 浮式生产储油平台是世界上第一个在船台生产的此类设备。

表 4　开发成功的重大装备一览表

序号	装备名称	制造企业	主要技术指标	工程应用情况	产业化情况
1	百万千瓦核电汽轮机末级动叶片	无锡透平叶片有限公司	叶片汽道长度 1448mm，总长 1571mm，宽 325mm，叶根齿型，叶身带阻尼突台；世界上投入运行半转速核电汽轮机中最长的叶片	已在岭澳核电站二期投入运行	中试结束进入产业化
2	百万千瓦超超临界汽轮机末级空心弯扭静叶片和动叶片		末级动叶片汽道长度 1146mm，总长 1248mm，宽 398mm；国内首次采用进汽边激光硬化防水蚀技术；国内首次采用 1 ~ 6 阶静频测量和调试技术。末级空心弯扭静叶片总长 1050mm；国内首次对 1m 以上的空心叶片采用焊接成型技术	已在华能玉环电厂投入运行	中试结束进入产业化
3	新型宽弦大扭角航空发动机风扇叶片		总长 450mm，宽 220mm，采用钛合金材料；叶型扭角大，接近 80°，叶根中间体薄，厚度仅 2 ~ 3mm，叶身薄	已在某型号飞机上运用	中试结束
4	大飞机发动机风扇叶片		总长 666mm，宽 170mm，材料采用钛合金；叶身扭角大，叶身带有异型凸台，所需锻造成形力大，加工精度要求高	已在某型号飞机上运用	中试结束
5	大飞机发动机钛合金机匣		属薄壁板壳类锻件，形状复杂，投影面积大。采用难变形的新型钛合金，锻件组织性能、尺寸精度、一致稳定性要求高	已在某型号飞机上运用	中试结束
6	飞行器发动机整体叶盘		叶片和轮盘连成一体，通道窄，叶片薄，弯扭大，叶片锻造结构复杂	已在某型号导弹上运用	中试结束
7	数控内圆磨床（型号：MK2120B）	无锡开源机床集团有限公司	—	无锡伊顿	—
8	数控无心磨床（型号：MKS10100、MK11150、MGW10200、MG1050B 等）		—	济南沃德	已进入产业化阶段
9	数控轴承磨床（型号：3MK2125、3MK2025、3MK2225）		—	无锡铁姆肯	已进入产业化生产阶段
10	三项四线大功率数码发电机组	无锡开普机械有限公司	—	样机已通过重要用户的试用及省质量检测研究院的检测	中试结束，进入产业化前期研发阶段

（续）

序号	装备名称	制造企业	主要技术指标	工程应用情况	产业化情况
11	热电联产设备	无锡开普动力有限公司	—	为小型工厂、小型农场、村庄、边防哨所的人们提供优质的电源、热水、暖风	已研制出样机INC10，正在进行产业化研制
12	80～100t活塞力工艺流程压缩机	无锡压缩机股份有限公司	—	乌石化、金山石化、吐哈油田、大庆石化、齐鲁石化等等	已进入产业化阶段
13	油田气压缩机		—	—	即将进入产业化阶段
14	大型迷宫活塞压缩机		—	齐鲁石化、天津石化、镇海石化等100万t乙烯改造等项目	已进入产业化阶段
15	大型工艺流程用喷水螺杆压缩机		—	河南桐柏小苏打项目、山东齐鲁石化的尾气回收装置、中石化上海高桥火炬气装置、四川吴华纯碱工程	已进入产业化阶段
16	中低热值燃气轮机	南京汽轮电机集团	国内领先；40MW等级	国家重点工程	批量生产
17	水泥炉窑低温低压余热利用汽轮发电机组	南京汽轮电机集团	国内领先；8～35MW	国家重点工程	批量生产
18	9E燃气轮机	南京汽轮电机集团	国内领先	国家重点工程	批量生产
19	大型空冷发电机	南京汽轮电机集团	国内领先；350MW	国家重点工程	小试
20	满足国Ⅲ排放标准车用VE型电控分配泵	南京威孚金宁	国内领先	国家重点工程	小批量

（续）

序号	装备名称	制造企业	主要技术指标	工程应用情况	产业化情况
21	550kN 钢化玻璃绝缘子	南京电气集团	国内首创；550kN	国家重点工程	批量生产
22	百万伏交、直流穿墙套管	电气集团	国内首创	国家重点工程	批量生产
23	GZB 系列滚柱重载滚动直线导轨副	南京工装公司	国内领先	国家重点工程	批量生产
24	ϕ63mm 以上单根滚珠丝杠副	南京工装公司	国内领先	国家重点工程	批量生产
25	接长 8m 以上滚珠丝杠副	南京工装公司	国内首创	国家重点工程	小批量
26	Y3180CNC 型数控高速滚齿机	南京二机齿轮公司	800mm，最大加工模数 14mm	国家重点工程	小批量
27	W4240CNC 型数控万能剃齿机	南京二机齿轮公司	国内领先；最大加工直径 400mm，最大加工模数 8mm	国家重点工程	小批量
28	YS51125CNC 型数控高速插齿机	南京二机齿轮公司	国内领先；最大加工直径 1250mm，最大加工模数 16mm	国家重点工程	小批量
29	Y7340CNC 型数控成型磨齿机	南京二机齿轮公司	国内领先	国家重点工程	批量生产
30	FD2160 风力发	南京高齿集团	国际先进	国家重点工程	批量生产
31	FDM 风力发电齿轮箱	南京高齿集团	国际先进	国家重点工程	批量生产
32	FD1660E 风力发电齿轮箱	南京高齿集团	国际先进	国家重点工程	批量生产

（续）

序号	装备名称	制造企业	主要技术指标	工程应用情况	产业化情况
33	NXX－Ⅰ型大功率两级行星立磨减速机	南京高齿集团	国内领先	国家重点工程	批量生产
34	MFY－Ⅲ型中心传动水泥磨齿轮箱	南京高齿集团	国内领先	国家重点工程	小批量

5. 产业集聚区（带）建设

江苏省通过搬迁、重组、改造等，引导一批机械装备制造企业逐渐向开发区、工业园区集中，提高了产业集聚度。

（1）全省建成了四大船舶园区。一是南通船舶园区，重点向“三高一大”方向发展，主要是：高技术含量、高附加值、高配套率，和与之相适应的较大的经济规模。二是靖江船舶园区，拥有新世纪、新时代、新扬子、东方造船等骨干造修船企业7家，拥有5座大型船坞，9座船台，长江岸线8.5km。三是仪征船舶园区。由船舶造修集中区和船舶配套集中区组成。船舶造修集中区规划面积16km^2，使用12km长江岸线，主要制造和修理渡轮、油船、化学品船、集装箱船、散货船、钢驳船等。四是灌河船舶工业园。紧紧围绕打造省级特色园区的总体目标，按照全国中小型船舶修造基地的发展定位，共引进10家造船项目企业。

（2）江苏省乘用车制造已形成了盐城和南京两个重要的乘用车制造集聚地。地处盐城的东风悦达起亚汽车有限公司现已具备28万辆/年乘用车产能，2008年生产汽车13.9万辆、比上年增长31.3%。南京以南汽集团MG名爵公司、上海大众南京分公司、长安集团的长安福特马自达南京分公司和南京长安汽车公司为集聚，已形成63万辆/年乘用车生产能力，2008年生产乘用车11万辆。客车制造形成了苏州金龙、江苏友谊、牡丹汽车、江苏常隆、一汽客车（无锡）、无锡神舟、常州黄海、亚星集团、江都女神、南京依维柯、中大金陵、南京公交等一批企业，组成了江苏沿江客车制造企业集群。其中，海格、依维柯、亚星等客车品牌在业内具备较高的知名度。专用车制造已初步形成了徐州、南京、无锡和苏州四大集聚地。其中，徐州市以随车吊、高空消防车、泵车和高空作业车等重型专用车辆为特色；南京市以高速公路养护车、高速公路快速维护修补车、加油运油车、应急通信车、应急和不间断电源车以及干混砂浆运输车等为特色；无锡市以城市快速公交大型客车、机场服务车、城市公用工程专用车和出口马术专用车等为特色；苏州市以深冷介质运输车、金融专用车、消防车、旅居车等为特色。汽车零部件制造形成了丹阳、常熟、昆山、惠山区、江都等以产业链为纽带、上下游联系紧密、企业共生集聚的产业基地。

（3）无锡市打造了五大装备制造产业集群：一是以锡柴、威孚、江阴模塑等企业为核心的汽车零部件产业群。拥有汽车零部件生产企业500余家，年销售总额超过300亿元，产品几乎覆盖了整辆汽车所需的各类零部件，全年可提供20亿件（套）产品配套能力。二是以远东电缆、江南电缆为龙头，江苏东峰、江苏圣安、亨鑫等为中坚的电力线缆产业群。拥有2只中国名牌产品，5只国家免检产品，13只江苏名牌产品，在国内具有明显的品牌优势和规模优势。三是精密机械产业群。涵盖了高精度数控磨床、钻探工具、高精度量刃具、精密模具、热处理及齿轮、发电机、滚针轴承、气动元器件等系列产品。四是环保装备产业群。形成了以水处理、大气污染治理、固体废弃物处置、减震降噪、环保检测仪器仪表等六大类200多个系列200多种产品的环保产业体系，产品门类齐全，专业从事环保产品生产的企业约800余家，工业总产值达300亿元。五是新能源装备产业集群。主要有太阳能和风力发电装备两大类。尚德太阳能电力有限公司是世界三大光伏制造企业之一，也是世界最大的太阳电池组件供应商，全年的产能超过200MW；海润科技是目前国内最大的多晶硅片生产企业之一，36条单晶硅片切割线，40条单晶硅拉棒生产线全部投产，形成了5000万片的切割能力。

（4）江苏省徐州工程机械产业集群位列2008中国百佳产业集群第三位。扬州压力设备、常州输变电、昆山模具等一批产业集群已形成集聚优势。

表 5　江苏省装备制造业产业集聚区汇总表　（单位：亿元）

产业集聚区名称	产业特色	龙头企业	2007 年主要经济指标 销售收入	工业增加值	利税总额
无锡市机光电装备制造工业园	压缩机、压力容器、纺织机械等	无锡威克集团有限公司	6.6616	1.1661	0.4675
		其中 压缩机股份公司	5.6248	0.9895	0.4841
		其中 亨盛机械公司	0.6665	0.1152	0.0242
		其中 科电公司	0.2625	0.0614	0.0125
		其中 龙力机械公司	0.1078	—	-0.0533
	大型水泵	日立泵制造（无锡）有限公司	1.2473	0.7545	0.0082
	水处理设备	无锡通用机械厂有限公司	1.09554	0.2065	0.088
	工业锅炉	无锡华光工业锅炉有限公司	1.8303	0.6362	0.1782
	大型模具、汽车冲压件	无锡曙光模具有限公司	2.6471	0.56527	0.1928
	黑色铸件	无锡铸造厂有限公司	0.9535	0.2226	0.11948
	冶金设备	无锡巨力重工机械有限公司	1.4165	0.27	0.2316
	高压控制柜	无锡市联合电控设备有限公司	0.3	0.136	0.08
	汽车消声器	无锡红湖消声装置有限公司	0.2287	0.0458	0.0041
	控制柜	无锡东力电气有限公司	0.6702	0.304	0.159
	半导体加工设备	无锡爱尔华科技有限公司	0.2292	0.0398	0.0312
	阀门	无锡广博阀业有限公司	0.1389	0.1034	0.0159
	注塑件	无锡源盛科技有限公司	0.2967	0.0207	0.0141
	雷达	江苏北方电子	0.1717	0.0497	0.096
	推进泵	无锡太平洋泵业有限公司	0.055	0.03	0.05
润州船舶及船用设备产业集群	港口机械、起重运输机械、海洋石油平台制造、全回轮拖船、海洋工程船、中速柴油机、起重机械、系泊链及船用锚链等	港盛重工、镇江船厂、江苏胜华、中船设备、大通重工、正茂集团等	24.68	5.92	2.22
润州工程机械产业集群	主导产品为装载机、路面摊铺机等工程机械，液压件、结构件、电器系统等配套产品	江苏柳工、镇江华晨华通路面机械有限公司、镇江液压件总厂等	23.25	5.81	1.97
丹阳汽车零部件产业集群	汽车、摩托车零部件	江苏大亚沃得轻合金有限公司、江苏常诚汽车部件有限公司、江苏圆通汽车零部件有限公司等	97.43	25.17	6.2
扬中工程电器产业集群	开关柜、桥架、母线槽、变压器、工程电子仪器设备	大全集团、中电电气集团、华鹏集团、江苏南自通华电气集团等	180	50	20

（续）

产业集聚区名称	产业特色	龙头企业	2007年主要经济指标		
			销售收入	工业增加值	利税总额
南通船舶园区	大型远洋船舶、海洋装备工程	中远川崎、江苏熔盛重工	143	24	12.8
靖江船舶产业园区	10万t以上大型油轮、集装箱船	江苏新世纪、江苏新时代、江苏新扬子、江苏新东方	200	35	20
仪征船舶工业园	大型散货船、特种船、3万t以下的标准内河船	江苏金陵船舶、舜天造船、扬州国裕	32	11	3
徐州经济开发区装备制造业集聚区	装备制造主机产品	徐工集团、卡特彼勒、利勃海尔、罗特艾德凯迪环保维斯塔斯	300	150	67
铜山经济开发区装备制造产业集聚区	主机及零部件配套、汽车配件、锻压机床	徐工特汽、江苏正宇、天地重工、美驰车桥、云意电器、环球铸锻、爱斯科耐磨件	100	50	22
溧阳输变电设备产业集群	输变电	江苏华朋集团有限公司、江苏上上电缆集团有限公司	106	27	13
新区西夏墅刀具产业集群	刀具	常州市西夏墅工具研究所、常州华科工具厂	43	9	5
新区孟河汽摩配件产业集群	汽摩配件	常州市明宇交通器材有限公司	70	16	7.8
新区薛家工程机械产业集群	工程机械	韩国现代（江苏）工程机械公司、小松（常州）工程机械有限公司、常林股份有限公司	65	12.75	5
武进郑陆不锈钢管产业集群	不锈钢管	江苏武进不锈钢管厂集团有限公司	23.7	8.2	4.6
武进雪堰精密机械产业集群	精密机械	常州市太湖齿轮厂	44.6	10.3	4.7
武进遥观轨道交通产业集群	轨道交通设备	常州轨道车辆牵引传动工程技术研究中心	31.9	6.6	6.5
武进礼嘉农用机械产业集群	农用机械	江苏常发集团	47.6	11.9	4.6
武进奔牛液压机械产业集群	液压机械	江苏武进液压启闭机有限公司	30	7	2.2

6. 企业走出去

江苏常发实业集团有限公司在美国成立总投资350万美元的以柴油机、汽油机、内燃机配件生产与销售的独资公司，江苏英特曼电器有限公司在挪威成立总投资360万美元的电器产品制造和销售的独资公司。

2006年，无锡装备制造业有8家企业在泰国、越南、非洲、香港、澳门等国家和地区开办企业，从事生产加工、进出口贸易等业务。

2007 年，有 14 家企业在境外投资设厂，地点从东南亚、非洲扩大到澳大利亚、加拿大等地。

2008 年，境外投资企业增加到了 19 家，投资地点也进一步扩大到了美国、德国等地。其中，无锡市亿威机械设备有限责任公司在香港建立了香港亿威科技有限公司，专业从事电子设计研发。

7. 企业兼并重组

（1）南汽全面融入上汽。2007 年 12 月 26 日，上海汽车集团与跃进汽车集团在北京人民大会堂举行全面合作签约仪式，跃进集团下属的汽车业务全面融入上汽。整车及紧密零部件资产进入上汽集团控股的上海汽车，其他零部件及服务贸易资产进入上汽与跃进合资成立的东华公司。双方将在资金、研发、营销、制造、采购等方面实现优势互补，资源共享；在整车与零部件，国内与国际等业务上发挥协同效应。通过全面合作，将上汽集团建成中国最大，世界一流的汽车企业，把南汽建设成为我国重要的汽车制造基地。

（2）辽宁曙光集团和江苏英田集团重组原常州长江客车集团公司。2007 年 3 月，曙光集团重组原常州长江客车集团公司旗下的常州依维柯客车公司，客车相关资源进入新成立的常州黄海汽车有限公司，并择地建设丹东黄海在华东地区的生产基地。同年，江苏英田集团重组整合原常州长江客车集团公司下的载货车资源，并更名成立常州英田汽车有限公司，专业从事载货车产品生产。无锡市锡泵制造有限公司是由无锡市水泵厂在 2000 年 5 月份改制成立的股份制企业。2005 年，积极响应市委、市政府关于退城进园的要求，成为第一批退城进园的企业。该企业结合退城进园，利用原企业在水泵行业的影响和市场等优势，在原与株式会社日立制作所多年技术合作的基础上，合资成立了日立泵制造（无锡）有限公司

（3）央企中国西电集团重组常州变压器厂。2006 年 6 月中国西电集团联合江苏华朋集团有限公司并购重组常变厂，成立常州西电变压器有限责任公司。重组二年多来，西电常变销售收入是重组前的 2 倍，2008 年实现销售收入近 18 亿元。目前，以西电常变等为龙头骨干企业的常州输变电产业成为常州装备制造业产业中的最大产业，2008 年输变电产业规模已超过 500 亿元，力争通过数年努力成为千亿级产业。

（4）民企江苏新瑞机械有限公司重组江苏多棱数控机床股份有限公司。2007 年 4 月，民营企业江苏新瑞机械有限公司收购国有控股企业江苏多棱数控机床股金有限公司。重组成功后，公司搬迁至武进高新技术开发区，通过“退城进园”搬迁实现提质扩产、技术改造和产业升级，计划在 3 年内实现年产能规模达到 200 台龙门加工中心、1500 台立/卧加工中心和 3000 台数控车床，这将是重组前两家企业总量的数倍，规模在国内也不多见。重组公司计划在 5 年内投入 10 亿元人民币，大部分用于生产和工艺改造，力争在 3 至 5 年内建成国内数控设备领域数一数二的核心品牌，并把研发、营销、总部均建成国际一流水平，中高档数控机床总体年销售达到 20 亿元，将常州打造为中国一流的数控机床研发制造基地。

第二节　存在问题

1. 自主研发能力不强

支撑高端产品发展的技术来源过度依赖国外，自主创新尤其是原始创新能力不强，拥有自主知识产权的产品和技术不多。企业规模化经营和专业化分工效应较弱，研发经费占销售收入比重不到 2%，而世界 500 强企业一般为 5% ~10% 以上。由于研发能力薄弱，主要产品难以在国际国内两个市场上与跨国公司抗衡。

2. 关键零部件配套能力弱

装备制造业低水平生产能力过剩，高水平生产能力不足。关键零部件难以自主开发与生产，跟不上主机发展要求。船舶配套发展滞后，主机、发电机等关键配套件生产能力不足，通讯导航等设备仪器完全依赖进口。特别是某些关键零部件如数控机床中的高档数控系统、工程机械制造中的液压零部件、船舶工业中的大吨位主机和船用曲轴、500kV 以上高压开关设备及产品、高压数字变频调速系统等关键部件和器件依赖进口的局面尚未彻底改变。大型工程机械中进口的发动机等配套零部件约占整机价格的 50% ~60%，数控机床中进口的电主轴、滚珠丝杠等配套产品价格约占整机的 30% ~50%，严重制约了整机基础配套产品制造业的快速发展。

3. 产品附加值偏低

由于技术开发投入不足，产品结构以劳动密集型、加工型和价值链低端的产品居多，技术密集型的重大成

套设备较少，尤其是特高压输变电成套设备、石化等大型成套设备的制造能力处于劣势，严重依赖进口。国外先进国家装备制造业的增加值率大约在40%～50%之间，最低的也在30%以上，江苏省只有25%左右，差距较大。

4. 生产综合效率不高

江苏省装备制造业生产综合效率不高，一批中小企业面临劳动力成本上升等巨大压力。江苏省造船企业生产综合效率约为日韩的1/2，差距很大，生产技术有待于进一步提升。

第三节　发展展望

目前，国家出台了一系列扩大内需的政策措施，加大基础设施投入，对装备产品形成较大的需求。世界装备制造业也在加快调整，给江苏省装备制造业带来新的机遇。一是装备产品的应用领域不断拓展。未来三年，国家将投入4万亿加大基础设施建设和企业技术改造力度，对高精尖机械设备产品的需求将不断增加。加大基础设施建设力度为江苏省常州、南京轨道交通装备生产企业，徐工等工程机械及相关专业设备生产企业提供了新的发展机遇。二是政策利好提供了发展动力。国家增值税转型和取消进口设备免征增值税、农民购置农机及家电财政予以补贴等一系列配套政策，有利于提高企业购买新设备进行技术改造升级的积极性，将直接为江苏省装备制造业增长注入动力。财政部和国家税务总局从2009年1月1日起，提高部分技术含量和附加值高的机电产品出口退税率，将扩大江苏省装备制造业的市场空间，加快装备产品进口替代进程。三是承接产业转移的基础条件较好。江苏省装备制造产业基础雄厚，完全有条件承接国际装备产业转移。一些省内企业也有条件走出去整合重组国外相关装备生产企业和研发机构。同时，江苏省装备产品对发展中国家和新兴国家的出口比重正在逐步增长，这些经济体自身的发展潜力仍然很大，对江苏省装备产品的需求仍将保持一定增长。

至2012年，江苏省装备制造业总量继续保持国内领先地位，产业规模进一步扩大，全省装备制造业年实现销售收入4.5万亿元，年均增长18.8%以上，占全省工业总量比重达到39.5%以上。产业结构进一步优化，培育30家年销售收入超过100亿元、40家年销售收入超过50亿元的大型企业（集团）和一大批专、精、特的中小型企业。进一步提高产业集聚度，在全省培育形成各具特色的6大产业集群，打造装备制造业4大重点产业链，加快发展15个特色装备产业基地。培育60个中国驰名商标和120个中国名牌产品。进一步提升自主创新能力，缩小与国际同行业的技术差距，实现替代进口，努力扩大高端产品的市场占有率。

1. 应对全球金融危机的策略与发展思路

1.1　发展思路

深入贯彻落实科学发展观，积极应对国内外经济形势变化，抢抓国家“保增长、扩内需、调结构”的新机遇，突出“高端化、集聚化、特色化”发展方向，选择优势明显、成长性和带动性强的产业作为发展重点，主攻高端制造环节，推动重大装备研发新突破。加快发展具有自主知识产权的大型成套装备、高新技术装备、绿色装备及相关零部件，扩大自主装备市场占有率，提高自主设计、制造和成套能力，提升装备制造企业核心竞争力。促进江苏省装备制造业实现五个转变：一是小型向大型转变；二是轻型向重型转变；三是低附加值向高附加值转变；四是粗加工向精加工转变；五是普通产品向高新技术产品转变。努力把江苏省建设成为具有较强国际竞争力的装备制造业强省。

1.2　应对策略

今后一段时期，江苏省将选择优势明显、成长性和带动性强的产业作为发展重点，大力发展具有自主知识产权的大型成套装备、高新技术装备及相关零部件，加快振兴装备制造业。

加快发展工程机械、新型电力装备、轨道交通装备、数控机床、环保设备、农业机械、自动化装备、大型关键铸锻件、专用装备九个重点领域。

组织突破四大类关键技术。一是中高档数控机床模块化设计技术，高刚性部件制造技术，高速精密机床关键件制造技术，数控系统匹配技术，直接驱动技术。二是工程机械结构参数优化和系统集成技术，电气液系统智能化精确控制技术，关键零部件可靠性设计技术，大型构件制造技术。三是500kV以上交直流输变电设备设计与制造技术，电网和系统保护技术，智能无功补偿技术，800kV以上交直流输变电设备关键配套件和材料制造技术，低热值发电技术。四是自动控制系统集成技术，液压、气动、密封等关键基础件设计与制造技术。

加快开发大型成套装备。以关键基础机械和基础零部件、重大技术成套设备和机电一体化为重点，提高装备制造技术、工艺、检测水平。以国家重点工程建设项目和重大基础设施工程为依托，研究开发石油、化工、电力、冶金、交通、环保等工程成套装备，促进一批重大技术装备的研发和制造，提高装备性能及可靠性。扶持重大技术装备国产化有关的共性实用技术和重要核心技术的研究与开发。对重大项目的招标，同等条件下优先考虑省内企业制造的设备，改变目前大型建设项目被国外设备垄断的状况。

推进装备制造业布局优化。一是大力推进苏南装备制造业产业升级。承接国际机械产业转移和辐射，培育自主创新能力，发展具有自主知识产权的技术和产品，提高国际竞争力。鼓励支持南北产业转移，实现“腾笼换凤”，走节能降耗、综合利用、循环经济的新路子，提升产业层次，完善产业链，加快发展特色产业和产业集群。二是重点培育六大产业集群。培育无锡、常州、扬州、盐城等内燃机生产企业为主体的内燃机及内燃机配件制造产业集群；南京、盐城、苏州等汽车整车生产企业为主体的汽车产业集群；常州、无锡、南京、镇江等电力设备生产企业为主体的生产输变电及发电设备产业集群；南京、扬州、南通、无锡等造船企业为主体的船舶制造产业集群；无锡、南京、南通、常州、苏州、扬州等机床企业为主体的数控机床等装备制造产业集群；徐州、常州等工程机械生产企业为主体的工程装备制造产业集群。三是打造六大重点产业链。进一完善工程机械、船舶与海洋工程装备、新型电力装备、轨道交通装备、数控机床及工具附件、新能源装备 6 大产业链。围绕六大产业链，确定一批对产业振兴、技术创新有积极带动作用的重大项目，力求在优势装备、重大成套装备和高精尖加工能力上取得突破，推动江苏省装备制造业跨上一个新的台阶。四是加快发展 15 个特色装备产业基地。重点发展无锡太阳能装备制造、南京风电设备制造、丹阳汽车零部件、扬中电器、阜宁阀门、泰兴减速机、宜兴电线电缆、常州农用柴油机制造、泰州线切割机床、建湖石油机械、宜兴环保机械、铜山工程机械、苏州精密仪器仪表制造、昆山模具制造、扬州压力机床制造特色装备产业基地。

1.3 应对措施

一是加大财政扶持力度。对重点装备制造企业产品自主化、做强做大、产业升级等给予扶持，支持企业联合兼并重组，推动装备制造企业相关的现代制造服务业发展。鼓励省内国产设备首购首用，对省内企业、科研机构开发的试制品和首次投向市场的重大技术装备，予以奖励。对使用企业，由省财政提供资金进行全额保险。

二是落实各项优惠政策。贯彻落实国家和省确定的支持装备制造业发展的各项政策，省内企业为开发、制造国家重点支持发展的装备制造产品而进口必要的关键零部件、原材料，其进口关税和进口环节增值税实行先征后退。拓宽融资服务渠道，鼓励符合条件的装备制造企业通过上市融资、发行企业债券、短期融资债券、中期票据等方式筹集资金。

三是推动企业兼并重组。加快装备制造企业的战略性调整与重组，推动企业跨行业、跨地区、跨所有制兼并与联合，发展一批有核心竞争力，主导产品优势突出的大型装备制造企业集团。推进以名牌产品为中心的产业配套，形成以名牌产品为核心环节的产业链。

四是积极扩大国际合作。加大招商引资及利用外资的力度，积极引导和有效利用外国资本推动江苏省装备制造业的重组整合。发挥好开发区、工业园区的集聚效应，改善投资环境，引导先进装备制造业企业向经济开发区、工业园区和工业小区集聚，形成各具特色的先进装备制造业工业园区。

五是加大自主创新投入。引进国外先进、适用技术，加强消化、吸收、再创新，形成自有知识产权，提高企业原始创新、集成创新能力。推进技术更新模式由引进消化型为主向引进消化型与自主创新型并重转变。大企业、大集团要建立国家级或省级机械装备工程中心和技术开发中心，加强与大专院校、科研院所的联合，推进与国际著名跨国公司的合作，推进重大成套机械装备、高新技术产品的研究与开发，形成较强的配套和集成优势。

六是大力发展现代制造服务业。鼓励支持装备制造企业以装备制造为核心业务，发展与之关联的工程承包、设备成套、维修、物流、咨询、贸易、金融等服务产业，逐步由单纯的制造型企业向生产—服务型企业转变。根据装备制造业的发展需求，对江苏省装备制造业行业协会进行整合，建立能真正代表装备制造企业利益，促进全省装备制造业发展的行业协会，明确其职责，规范其运作，发挥其在数据统计、信息搜集、调查研究、技术咨询、项目评估、检查监督和成果宣传等方面的功能作用。

2. 今后三年江苏省装备制造业自主化展望

（1）技术创新自主化步伐加快。企业创新体系建设将取得新进展。以人才引进和培养为核心的研发中心正急剧发展，许多企业的创新体系有待逐步完善和提高。技术联合和重组成为创新能力提升的新支撑。

（2）自主品牌建设将取得新突破。以市场为引导，产学研相结合，大力发展具有自主知识产权的国际品牌，成为企业下一轮竞争的重要领域。江苏省加强与国际先进企业合作，通过引进消化吸收再创新的方式取得较大发展，大力推进国际间的深化合作，成为一个新趋势。

（3）产业发展集中度提高。大型企业集团成为市场主导，一些管理先进、规模较大、技术领先的装备企业通过竞争率先脱颖而出，占据国际国内高端产品市场。产业发展过程中在设计、检测、制造、安全等各个层面均显著提高，形成一个完善的工业体系，极大增强发展的主动性，而且带动和提高相关产业发展。

（4）突破四大关键技术。一是中高档数控机床模块化设计技术，高刚性部件制造技术，高速精密机床关键件制造技术，高速精密机床关键件制造技术，数控系统匹配技术，直接驱动技术；二是工程机械结构参数优化和系统集成技术，电、液系统智能化精确控制技术，关键零部件可传性技术，大型构件制造技术；三是500kN已上交直流输变电设备设计与制造技术，电网和系统保护技术，无功补偿技术，800kN以上交直流输变电设备关键配套件和材料制造技术，燃蒸联合循环发电技术；四是自动控制系统集成技术，液压、气动、密封等关键基础件设计与制造技术。

第十一章　浙江省装备制造业发展报告

《中共中央关于制定国民经济和社会发展第十一个五年规划的建议》明确提出，要把振兴装备制造业作为推进产业结构优化升级的重大举措。当前，浙江已进入人均生产总值由5000美元向1万美元迈进的发展阶段，面临全面提升工业化、信息化、城市化、市场化、国际化水平的艰巨任务。紧密结合浙江实际，进一步理清发展目标和思路，大力推动装备制造业发展和提高，对浙江省深入贯彻落实科学发展观，推动产业优化升级和经济发展方式转变，实现经济又好又快发展具有重要意义。

第一节　三年来浙江省装备制造业发展评估

1. 制定发展规划和配套政策

1.1　制定发展规划

根据《国务院关于加快振兴装备制造业的若干意见》（国发［2006］8号）和浙江省委、省政府《关于加快发展装备制造业的若干意见》（浙委［2007］76号）以及《浙江省“十一五”先进制造业基地建设规划纲要》的要求，浙江省制订了《浙江省“十一五”装备制造业发展规划》。

（1）发展战略

坚持以科学发展观为指导，实施省委、省政府“创业富民创新强省”总战略，按照“市场导向、政府推动、自主创新、重点突破”的原则，以提高产业层次和国际竞争力为核心，着力突破一批关键共性技术，着力培育一批重点企业和重点产品，着力打造一批具有特色优势的产业集群，促进装备制造业向技术自主化、制造集约化、设备成套化、服务网络化发展，不断提高装备制造业在全省经济发展中的地位和作用，建设国际先进制造业基地，实现制造大省向创造强省的跨跃，为全省经济社会又好又快发展奠定坚实的基础。

（2）发展目标

总体目标是：按照建设创新型省份要求，到2020年，掌握一批装备制造业的核心技术，培育一批拥有自主知识产权、具有较强国际竞争力的大企业，开发一批技术水平国内领先国际先进的重点产品，提升一批具有特色和知名品牌的产业集群，形成特色产品优势突出、专业化协作分工合理、配套较为完备的产业发展格局，成为国家重要的装备制造业基地。

到2010年，主要目标如下：

装备制造业规模以上工业增加值达到4000亿元左右，占全省工业的35%以上，年均增长20%以上，优势行业的规模和水平位居全国前列。

形成100个以上具有自主设计和自主制造能力的国家级、省级企业研发机构（国家级、省级技术中心），重点骨干企业的研发投入占营业收入的比重达到2%以上，新产品产值率力争达到40%，主导产品升级换代，具有自主知识产权的技术和产品大幅增加，自主创新能力在若干领域取得标志性突破，达到国际先进水平。

培育100家装备制造业优势企业及较强成套能力的工程公司，形成一批集工程设计、产品开发、设备制造、工程成套和技术服务为一体、具有较强竞争力的大型企业集团，以及技术创新能力、市场占有率在同行业领先的“小巨人”企业。

依托区域优势，突出地方特色，培育10个左右创新能力、市场占有率全国领先和具有国际竞争力的产业集群，形成特色产品优势突出、专业化协作分工合理、配套较为完备的产业发展格局。

（3）发展重点

①突出发展重点，扶持一批装备制造业重点领域和产品

围绕国家确定的关键领域，立足浙江的比较优势，按照“有所为、有所不为”的原则，浙江省装备制造业的重点产品分以下四个层次：

——积极参与国家重大技术装备产品的开发、生产和配套，根据国家确定的十六个重大技术装备及关键领域，进一步提高浙江省具有相对优势的空分设备、工业汽轮机、余热锅炉、除尘脱硫等成套设备的设计、制造及集成能力，提升浙江省在全国重大装备制造业中的地位。

——大力发展浙江省特色优势产品，重点发展新型纺织机械、轻工塑料机械、汽车关键零部件、船舶制造、数控机床、仪器仪表、电气机械等产品，进一步提升在国内外市场的竞争力。

——积极拓展新兴的、具有良好发展前景的产业领域，重点发展高效节能、新能源关键设备、医疗设备、环保设备、核电、轨道交通等领域的设备及关键部件，努力培育装备制造业发展的新优势。

——围绕浙江省装备制造业中的成套产品配套发展相关基础件和通用件，如新型液压、气动元器件、精密轴承、精密模具、特种泵阀、新型密封件等。通过提高基础材质和工艺水平，提升产品档次和质量水平，从而带动浙江省成套产品整体质量的提高。

②建立以企业为主体的技术创新体系，掌握一批拥有自主知识产权的核心技术

加快建立以企业为主体、产学研相结合的技术创新体系，着力提高企业研发能力，加快建立共性技术研发平台。加强企业技术中心建设，以浙江装备制造业国家级、省级企业技术中心为重点，进一步加大研发投入，提高企业技术中心的研发水平。提高自主创新能力，努力掌握一批拥有自主知识产权的核心技术。鼓励企业推行开放式自主创新，通过自主开发、引进技术消化吸收以及国际合作、联合制造、参股、并购国外先进企业等多种方式，掌握核心技术。要坚持自主创新与引进消化吸收相结合，加大技术专利、专门人才和先进装备的引进力度，通过合作研发和收购国外公司等形式积极获取技术专利和技术诀窍，加快提高自主创新能力，努力形成拥有自主知识产权的品牌、核心技术和标准体系，增强核心竞争力。

③提升块状经济，发展一批创新型产业集群

充分发展浙江的区域特色优势产业，依托块状经济，以开发区、工业园区和工业功能区为载体，培育一批产业特色突出、专业分工合理、协作配套完善、创新能力较强的创新型装备制造业产业集群。结合装备制造业发展，科学规划和统一协调各类开发区和工业园区的总体布局、发展规模、产业导向、功能区块、生态环保及配套设施建设，提升开发区和工业园区的产业层次和管理服务水平。鼓励大企业、大项目及其他配套产业向开发区和工业园区集聚发展。加快工业园区（开发区）建设和改造提升，以产业规划和空间规划为指导，以产业链为纽带，着力建立和完善区域服务体系，促进资金、技术和人才等要素向优势区域集中，鼓励企业向产业链上下游延伸，加强配套产业发展，支持企业间分工协作，形成浙江装备制造业的产业集群新优势。重点培育汽车及关键零部件，船舶修造，电气机械，仪器仪表，纺织机械，环保设备，塑料机械，服装机械，电子及通信设备，电机、轴承、阀门等基础件十大产业集群。

④突出龙头企业带动作用，培育一批具有国际竞争力大企业大集团

培育一批主业突出、拥有自主知识产权和自主品牌、核心竞争力强的大企业大集团，使其在产品开发、技术创新、市场开拓和经营管理上逐步达到国际先进水平，发挥对装备制造业发展的龙头带动作用。引导企业集中力量做强做大主业，提高市场竞争力和持续发展能力。鼓励大企业大集团采取联合、购并、控股等方式实施企业间、企业与科研院所间的资产重组。支持大企业大集团通过直接投资、参股并购等方式在境外设立原材料基地、研发基地、制造基地、运营中心和营销网络，加快向跨国公司发展。积极引进跨国公司、中央属企业和省外大型民营企业等大企业大集团来我省设立生产、研发和营销基地，促进浙江省装备制造业的产业升级和结构调整。支持中小企业与大企业建立以市场配置资源为基础、稳定的原材料供应、生产、销售、技术开发和技术改造等方面的协作关系，引导中小企业向“专、精、特、新”方向发展，形成一批以技术、品牌、出口、零部件为主导的成长型中小企业。

1.2　制定和落实配套政策

2007年以来，浙江省相继出台了一些装备制造业产业扶持政策，形成了国家、省、市三级装备制造业的政策体系，大力营造鼓励企业自主创新的良好氛围。省级政府部门制订了《浙江省“十一五”装备制造业发展规

划》，用于指导浙江省“十一五”期间装备制造业发展工作。杭州市出台了《杭州市适度发展新型重化工业的若干意见》，明确了装备制造业的发展重点和政策措施。宁波市出台了《关于加快先进装备制造业发展的若干意见》，建立了扶持先进装备制造业发展专项资金。其他各市也出台了相关的支持装备制造业发展的政策。

（1）大力扶持装备制造业重点领域首台（套）产品的研发和产业化

为了进一步提升浙江省装备制造企业技术创新能力，2007 年，浙江省出台了《浙江省加快发展装备制造业重点领域首台（套）产品界定办法》及相关扶持政策，并在全国率先开展了加快发展装备制造业重点领域首台（套）产品界定工作，通过评审，共有 13 个产品被确定为国内首台（套）产品，主要涉及国家重点发展的大型乙烯工程国产化；大型、精密、高速数控装备；重大工程自动化控制系统；大气治理等大型环保设备、大型矿山机械关键设备、新型纺织机械等领域。此外，另有 74 个产品被评为省内首台（套）产品，主要涉及省内重大关键及成套设备、数控机床、电气机械、现代仪器仪表、高性能轻工机械、电子专用设备、汽车及关键零部件、船舶制造、环保技术及设备、高效节能、新能源关键设备、工程机械及特种用途装备、高端机电产品和机电基础件等多个领域。这些产品充分展示了浙江省装备制造企业在浙江省委“创业富民、创新强省”总战略指引下在自主创新工作中所取得的标志性突破，实现了浙江省装备制造业的创新带动作用。

（2）推动装备制造现代服务业发展，提高设备成套能力

大力提升大企业大集团的装备成套生产能力。根据企业产品特征，延伸产业链，为用户提供成套技术和工程服务。鼓励企业以产品的全生命周期服务为目标，加强客户咨询、产品设计、售后服务等，提高产品竞争力和附加值。发展市场调查、工业设计、软件开发、信息咨询、会展物流、设备租赁、维修检测等中介服务公司。鼓励和引导以大型装备制造企业为主体，联合国内外相关企业或机构组建形成集系统设计、系统集成和工程总承包于一体的大型工程公司和系统成套公司，提高装备产业的总承包总集成能力，支持取得工程和设备总承包资质，提高总承包总集成业务占销售收入的比例。推动装备制造业向现代服务业延伸和融合发展。

（3）推进信息技术与装备制造业发展融合，推广应用先进制造模式

以企业信息化为突破口，促进信息化与工业化融合。支持装备制造业企业根据本企业实际，采用计算机辅助制造、柔性制造系统、先进控制技术等信息技术改造工艺技术和装备，提高制造过程的自动化、智能化水平。大力推进管理信息系统在企业财务、物流、营销、人力资源等管理环节的应用，实现管理的集成化、信息化和智能化。积极应用嵌入式系统等技术改造提升传统产品，促进信息技术与装备制造业的融合。引导和大力推广和应用计算机集成制造系统、精益生产、清洁生产模式、虚拟制造模式等先进制造模式，尝试应用并行工程和协同制造、网络化制造等下一代生产和制造模式。

（4）扩大国内外合作，提高装备制造业对外开放水平

坚持“引进来”和“走出去”相结合，紧紧抓住国际装备制造业加快向长三角转移的有利时机，加大利用外资的力度，大力开展招商引资工作，突出招商选资，重点引进世界 500 强企业、大型跨国公司、中央大企业大集团、行业龙头企业、吸引更多实力雄厚、带动力强的大型跨国企业参与浙江省重大成套装备的开发生产。装备制造企业招商引资要坚持以我为主，切实维护国家经济安全，注重引进先进技术、人才、品牌和管理经验。鼓励企业“走出去”，到省外、境外设立研发机构，积极开展合作研发、联合设计、联合制造，以及采取并购参股等方式，积极融入国际产业体系，掌握核心技术和关键技术，鼓励装备制造企业到国外承包工程，开拓国际装备制造市场，提升浙江省重大成套装备的出口比重，加快浙江省装备制造业发展步伐。

（5）加强创新型人才队伍建设，构筑装备制造业发展的人才支撑

加强人才队伍建设，努力造就一批装备制造业的高级科技人才、高级管理人才和高级技工，为装备制造业的发展提供智力支撑。依托大专院校、技工学校和其他社会力量联合办学，建立多层次的装备制造业研发设计和管理人才培养体系，加快培养装备制造业适用的高级技术人才和技工；鼓励企业建立和完善人才激励机制，吸引国内外高水平专业技术人才，进一步加强对企业经营管理者特别是民营企业家的培训，努力造就一支高素质和适应国际竞争需要的企业家队伍。制定各种吸引人才的优惠政策和激励机制，创造吸引人才的良好氛围，鼓励各种人才脱颖而出，留住人才。

（6）加大对装备制造业的财税支持力度

认真落实国务院下发的《国务院关于加快振兴装备制造业的若干意见》（国发［2006］8 号）和财政部、

国家发改委、海关总署和国税总局等四部委联合下发的《关于落实国务院加快振兴装备制造业的若干意见有关进口税收政策的通知》（财关税［2007］11号）文件精神，积极争取国家有关扶持资金给浙江省装备制造业项目以支持。省财政在年度投资中安排设立装备制造业专项资金，对重大技术装备研究开发、装备制造业成果产业化、装备制造业技术改造等项目给予扶持。省有关部门支持科技创新、品牌建设等专项资金要向装备制造业倾斜，各地也要相应加大财政支持力度。根据国家专项进口税收政策，对列入国家重点的重大技术装备和产品，国内生产企业为开发、制造这些装备而进口的部分关键配套部件和原材料实行税收优惠。积极引导企业加大研发投入，允许企业当年实际发生的技术开发费用按规定100%扣除的基础上，再按当年实际发生额的50%在企业所得税税前加计扣除。实际发生的技术开发费用当年抵扣不足部分，可按税法规定在5年内结转抵扣。

2. 在浙江省经济中的地位

2.1　主要经济指标及产业地位

2006—2008年，浙江省装备制造业主要经济指标取得了较大进步，三年来装备制造业主要经济指标、增长率及其占工业的比重见表1、表2、表3。

表1　浙江省装备制造业主要经济指标　（单位：亿元）

年份	工业总产值	销售收入	工业增加值	利税总额	出口交货值/亿美元	从业人数/万人
2006年	9745.52	9419.49	1976.7	772.37	3372	269.8
2007年	12433.98	11979.98	2622.23	1009.4	4189.4	305.2
2008年	14353.43	13900.61	2788.8	1032.78	4596.83	304.5

表2　2007年浙江装备制造业增长率

年份	工业总产值	销售收入	工业增加值	利税总额	出口交货值	从业人数
2007年	27.59%	27.18%	32.66%	30.69%	24.24%	16.87%
2008年	15.44%	16.03%	11.3%	2.3%	9.72%	-0.2%

表3　2000—2008年浙江装备制造业占规模以上工业比重　（单位：亿元）

年份	2000年	2001年	2002年	2003年	2004年	2005年	2006年	2007年	2008年
总产值	2082.5	2499.2	3228.6	4383	5977.1	7352.6	9745.5	12433.98	14353.43
占比（%）	31.5	31.7	33	34.1	31.9	31.8	33.5	34.47	34.9
增加值	477.9	574.9	759.7	1003	1321.9	1551.5	1976.7	2622.23	2788.8
占比（%）	30.6	30.7	31.6	32.4	32.1	32.1	33	34.63	34.5

2.2　三年建设投资

表4　2006—2008年浙江装备制造业投资额　（单位：亿元）

年份	2006年	2007年	2008年
投资额	1018.38	1335.71	1573

3. 产业结构的调整

3.1 产业结构

表 5 浙江省装备制造业构成

行业名称	2006 年		2007 年	
	工业增加值/亿元	占比重（%）	工业增加值/亿元	占比重（%）
金属制品业	221.93	11.23	298.44	11.38
通用设备制造业	461.9	23.27	595.69	22.72
专用设备制造业	163.61	8.28	214.98	8.21
交通运输设备制造业	330.73	16.72	446.81	17.04
电气机械及器材制造业	465.65	23.56	631.1	24.07
通信设备、计算机及其他电子设备制造业	228.12	11.54	309.99	11.82
仪器仪表及文化、办公机械制造业	104.76	5.3	125.22	4.76
总计	1976.7	—	2622.23	—

3.2 优势和特色产品

表 6 2008 年浙江省装备制造业主要产品产量

产品名称	单位	企业数/个	产量
模具	套	313	2011603
工业锅炉	蒸发量吨	16	23009.68
电站锅炉	蒸发量吨	1	9246
内燃机	千瓦	11	9108743
电站水轮机	千瓦	3	448412
金属切削机床	台	97	92000
数控机床	台	59	27376
金属成形机床（锻压设备）	台	30	26782
数控金属成形机床（数控锻）	台	3	177
铸造机械	台	36	35981
起重设备	吨	42	233684.17
叉车	台	9	82617
输送机械	米	24	277640.7
泵（液体泵）	套	230	33269499.26
风机	台	41	1102587
气体压缩机	台	22	8401116
制冷空调设备	台（套）	19	285819
减速机	台	72	2239872
分离机械	台	9	1819
滚动轴承（轴承）	万套	353	571974.8
阀门	吨	505	1309303

（续）

产品名称	单位	企业数/个	产量
液压元件	件	69	48411846
气动元件	件	35	32945745
粉末冶金制品	吨	59	103232.38
金属紧固件	吨	242	1462613.43
弹簧	吨	19	38221
齿轮	吨	33	89645.58
铸钢件	吨	90	285948.05
铸铁件	吨	117	322488.25
金属锻件	吨	37	210114.02
采矿设备（矿山设备）	吨	13	98875.2
粮食加工机械	台	6	7702
烟草加工机械	台（条、组）	1	12
缝纫机	架	61	5716222
木材加工机床	台	5	3286
造纸机械	台	5	252
印刷机	吨	14	6416.62
炼油、化工专用设备	吨	3	4994.4
塑料加工设备	吨	94	469403.59
水泥专用设备（水泥设备）	吨	1	8649
金属冶炼设备（冶炼设备）	吨	5	21155.5
金属轧制设备	吨	8	9657.1
包装专用设备（包装机械）	台	43	38483
大中型拖拉机	台	3	19939
小型拖拉机	台	6	91665
收获机械	台	4	8555
场上作业机械	台	1	96376
农业运输机械	辆	5	20307
铲土运输机械	台	1	168
混凝土机械	台	7	1998
环境保护专用设备	台（套）	45	9605
水质污染防治设备	台（套）	5	1227
固体废弃物处理设备	台（套）	2	61
大气污染防治设备	台（套）	27	5994
汽车	辆	11	225812
载货汽车	辆	4	18047
公路客车	辆	7	13224
其中：大型（40座及以上）	辆	1	8

（续）

产品名称	单位	企业数/个	产量
中型（20~40座）	辆	2	275
小型（9~20座）	辆	1	212
越野汽车	辆	2	8533
轿车	辆	3	193376
排气量1.0~1.6L（含1.6L）	辆	3	172538
排气量1.6~2.5L（含2.5L）	辆	1	20838
改装汽车	辆	12	55539
摩托车	辆	45	2994967
两轮自行车（自行车）	辆	59	14182997
民用钢质船舶	总吨	91	4953994.3
发电设备	千瓦	7	4104183
水轮发电机组	千瓦	6	3082786
汽轮发电机	千瓦	4	1021397
交流电动机	千瓦	59	22012771.14
变压器	千伏安	60	72670553.68
高压开关板	面	37	75539
低压开关板	面	40	576332
电力电缆	千米	105	2024891.33
通信及电子网络用电缆	对千米	89	33217156.47
光缆（光纤通信电缆）	芯千米	19	10197938.98
钢芯铝绞线	吨	16	107245.56
绝缘制品	吨	30	100605.28
酸性蓄电池	千伏安时	57	15583594.53
碱性蓄电池	只	8	45885655.27
锂蓄电池	只	4	4286574
原电池及原电池组（折R20标准只）	万只	24	643598.17
灯具及照明装置	套（台、个）	206	634301745.1
电光源（灯泡）	万只	192	473229.59
电焊机	台	18	1916288
工业用电炉	台	14	661
微波通信设备	台	2	6104
载波通信设备	台	2	2623
光通信设备	台	6	48501
移动通信基站设备	信道	1	25
程控交换机	线	5	1662281
数字程控交换机	线	3	914401
移动通信手持机（手机）	台	9	21704251

（续）

产品名称	单位	企业数/个	产量
微型电子计算机	台	2	1056496
笔记本计算机	台	1	1053409
存储设备	台	3	111519
显示器	台	8	1334538
自动化仪表及系统	台（套）	48	11002165
电工仪器仪表	台	24	28813339
光学仪器	台	19	15842386
分析仪器及装置（成分分析仪器）	台	3	10223
试验机	台	3	851
汽车仪器仪表	台	8	4782284
环境监测仪器仪表	台	1	2310
电教设备	台	4	22035

4. 自主创新

4.1　创新投入和技术创新体系建设

2008 年，浙江省装备制造业科技活动经费支出总额为 177.57 亿元，同比增长 21.66%，占销售比重为 1.28%；购置技术成果费用为 12.89 亿元，同比增长 19.24%；设备购置费 323.13 亿元，同比下降 9.94%。2008 年浙江省装备制造业实现新产品产值 3170 亿元，同比增长 17%，其中金属制品业、通用设备制造业和交通运输设备制造业新产品产值增长较快，分别增长 30.49%、26.26% 和 27.45%。

浙江省装备制造业相关的技术支持体系正逐步完善，已形成了一批技术研发中心和检测中心，构建了以企业为主体、高校科研院所为依托、企业技术中心为主要形式的三级企业技术创新体系。浙江大学、浙江工业大学、杭州电子科技大学、中国机械科学研究院浙江分院、浙江机电科学研究院等研发机构已经成为推动浙江省装备制造业发展的重要技术支撑机构。万向集团、正泰集团等国家级企业技术中心已经成为提升装备制造业企业国际竞争力的主导力量。而以面向产业集群提升的区域性、行业性技术中心，为浙江省装备制造业的标准化、规模化、国际化发展提供了重要的保证。

表 7　浙江省国家工程研究中心名单

序号	国家工程研究中心名称	依托高校	技术领域
1	电力电子应用技术国家工程研究中心	浙江大学	信息电子
2	工业自动化国家工程研究中心	浙江大学	制造业

表 8　浙江省国家工程技术研究中心名单

序号	国家工程技术研究中心	依托单位
1	国家电液控制工程技术研究中心	浙江大学
2	国家光学仪器工程技术研究中心	浙江大学
3	国家液体分离膜工程技术研究中心	国家海洋局杭州水处理技术研究开发中心

表 9　浙江省国家工程实验室名单

序号	国家工程实验室名称	依托单位
1	计算机辅助设计与图行学实验室	浙江大学
2	流体传动及控制实验室	浙江大学
3	现代光学仪器实验室	浙江大学
4	硅材料科学实验室	浙江大学
5	工业控制技术实验室	浙江大学

表 10　浙江省国家认定企业技术中心名单

序号	企业名称	技术中心名称
1	东方通信股份有限公司	东方通信股份有限公司技术中心
2	万向集团	万向集团技术中心
3	德力西集团有限公司	德力西集团有限公司技术中心
4	浙江阳光集团股份有限公司	浙江阳光集团股份有限公司技术中心
5	浙江亚太机电股份有限公司	浙江亚太机电股份有限公司技术中心
6	万丰奥特控股集团	万丰奥特控股集团技术中心
7	横店集团控股有限公司	横店集团控股有限公司技术中心
8	杭州汽轮动力集团有限公司	杭州汽轮动力集团有限公司技术中心
9	西湖电子集团有限公司	西湖电子集团有限公司技术中心
10	杭州杭氧股份有限公司	杭州杭氧股份有限公司技术中心

4.2　开发成功的重大装备

表 11　开发成功的重大装备一览表

序号	装备名称	制造企业	主要技术指标	工程应用情况
1	80 万 t/年乙烯改扩建工程乙烯装置裂解气压缩机用汽轮机	杭州汽轮机股份有限公司	该机为高压抽汽凝汽式汽轮机，属反动式工业汽轮机。叶片级数 29 级（含调节级 1 级，压力级 25 级，标准低压级 3 级），最后一级叶片根径 ϕ729mm，顶径 ϕ1355.2mm，轴承采用椭圆瓦的结构，止推端轴径 ϕ220mm，压缩机端轴径 ϕ320mm，轴承跨距：3915mm，疏齿轴封带轴汽、抽真空及注氮气结构	茂名石化百万吨乙烯改扩建项目的核心装置——80 万 t/年乙烯装置裂解气压缩机用汽轮机是该公司近年承担的该领域迄今为止国产化规模最大的机组
2	MKL7150 × 16/2 数控缓进给强力成形磨床（七轴五联动圆弧叶冠磨削）(500 × 1600)	杭州机床集团有限公司	该产品拥有二项实用新型专利和一项发明专利，采用数控七轴五联动 CAM 技术和磨削仿真系统、高精度光栅反馈、多砂轮连续修整及补偿和温度控制技术	首台售与沈阳黎明航空发动机集团有限公司用于燃气轮机叶片圆弧叶冠磨削。用户反映良好

（续）

序号	装备名称	制造企业	主要技术指标	工程应用情况
3	DXR－30000型全自动塑杯成型贴环标灌装封切机	杭州中亚机械有限公司	产品适用于各种酸奶、牛奶、饮料、调料等产品的塑料联杯包装，全自动完成塑杯成型、环贴标、灌装、封口、日期打印、冲剪和产品输出等各项功能，采用16台伺服电机作为各工位的驱动，确保项目高速、可靠、安全运转；上万条程序语言使机器达到了空前的自动化水平	光明乳业股份有限公司乳品八厂于2007年6月购入该设备1台（套）
4	大型石化主装备控制系统WebFieldECS－100	浙江中控技术有限公司	与现有控制系统产品和技术相比，本控制系统在可靠性上更高，满足EMCⅢ级抗干扰指标，并通过了CE认证；开放性更好，具有FF、PROFIBUS、EPA等现场总线标准的接口和设备管理软件；行业适应性更好，能实现在线下载、多人组态等功能，并提供炼油、PTA等工艺控制模块，以及先进控制和优化软件模块。与以往产品相比，本项目的成果将更加适用于重大石化工程项目	2006年，WebFieldECS－100控制系统在与霍尼维尔、艾默生、横河等国际知名公司的竞争中，成功中标中石化武汉分公司500万t/年炼油联合装置项目
5	吉利1.8L CVVT发动机	浙江吉利汽车汽车有限公司	L4G18是吉利汽车向中高档汽车市场进军的开路者，创造了四个“第一”，即“吉利首台高性能发动机”、“我国首次采用目前世界最先进的CVVT（智能可变正时技术）发动机技术研发的发动机”、“首台国产全铝缸体发动机”、“在国内率先采用了塑料进气歧管”	JL4G18发动机已搭载吉利首款中级商务家庭轿车——远景上，已实现批量生产
6	山东德州华鲁恒升48000Nm^3/h（氧）空分装置	杭州杭氧股份有限公司	主要是应用深度制冷空气分离技术原理而得到所需的氧、氮、氩产品，工艺采用空冷预冷、分子筛净化、增压透平膨胀机、液氧泵内压缩、空气二段增压、规整填料上塔、全精馏（无氢）制氩工艺流程，应用了当前最先进的空分技术	华鲁恒升化工股份有限公司20万t/年甲醇工程项目中配套使用
7	HOLLiAS分布式控制系统	杭州和利时自动化有限公司	HOLLiAS分布式控制系统，是该公司总结了逾千项工程应用经验，结合自身核心技术推出的符合国际工控领域主流发展趋势的第四代控制系统	国内首套应用于600MW火电机组自动控制的的国产自动化系统
8	1000MW超超临界燃煤机组配套电除尘器	浙江菲达环保科技股份有限公司	产品性能指标：处理烟气量：≥400Nm^3/s；保证除尘效率：≥99.7%；烟尘出口排放浓度：≤50mg/Nm^3；本体漏风率：＜2%；本体阻力：＜200Pa；功耗≤2800kW	已完成安装调试、投入工业运行的有两套，即玉环电厂JHJ1、JHJ2机组
9	LGCY－26/20型两级压缩柴油移动螺杆空气压缩机	开山股份有限公司	该公司抓住机遇，与西安交通大学合作，对接国家“863”计划项目成果，开发成功了拥有自主知识产权的螺杆主机制造技术，技术水平达到了国外同类产品先进水平，完全可替代进口。该产品所采用的技术获得了2006年度国家科技进步二等奖	已成功用于广东大亚湾核电站工程，杭州湾跨海大桥等大型工程项目中

（续）

序号	装备名称	制造企业	主要技术指标	工程应用情况
10	ZLDPL2006 型高效短程平幅练漂机	浙江印染机械有限公司	产品采用蒸汽加热装置发明专利技术及双层网带松弛汽蒸箱、效强力喷淋轧洗机、旋转式热回收器、煮练循环装置、蛇形逆流水洗装置和整机计算机中央控制等专利技术。将退浆、煮练、漂白、水洗、烘燥等集于一体，缩短了工艺流程	该机目前已销售 8 台以上
11	CCJB10752 针电子提花机	舟山弘通精密机械有限公司	CCJB10752 针电子提花机纹针总数达到 10752 针、最高速度达到 620r/min	已大范围销售

5. 产业集聚区建设

表 12　浙江省装备制造业产业集聚区汇总

产业集聚区	产业特色	龙头企业
汽车及关键零部件产业集群	支持有实力的民营企业通过资本动作方式进入整车领域，引进国内外知名汽车制造企业，重点发展中高档客车、经济型轿车及特种车，积极支持电动汽车等新型汽车的研制。推进汽车零部件产品制造向系统化、模块化供货方向发展，进入国际、国内汽车商的配套协作体系	万向集团 浙江吉利控股集团有限公司 青年汽车集团有限公司 浙江亚太机电股份有限公司 万丰奥特控股集团有限公司 众泰控股集团有限公司
船舶修造产业集群	依托深水港口优势，积极吸引国内外大型造船企业集聚，走引进消化和创造品牌并重的道路，发展大吨位高等级船舶、游艇及配套设备，逐步形成具有世界影响的特种船舶制造中心和船舶维修中心	舟山金海湾船业有限公司 扬帆集团有限公司 东方造船集团有限公司
电气机械产业集群	重点发展高压和超高压、环保、低耗、高性能电力变压器及输变电成套设备，数字化、智能化高低压成套开关设备、智能化断路器等高低压电器；发展变频调速系统和高压、特种、复合电缆	正泰集团 德力西集团 三变集团 浙江万马集团有限公司 兴乐集团有限公司 浙江晨光电缆股份有限公司
仪器仪表产业集群	加快提升仪器仪表信息化水平和集成创新能力，加大共性和关键技术的研发，积极采用国际标准组织生产。大力发展自动化仪表、水表、汽车仪表等公共计量仪表，积极发展市场前景好的科学测试仪器、环境监测仪器、医疗仪器、轻工专用仪器等产业，着力开发知能型、特种型仪表	华立集团 聚光科技 中控科技集团有限公司

（续）

产业集聚区	产业特色	龙头企业
纺织机械产业集群	重点发展以数字化单机、车间级自动化和车间、企业信息化系统工程为标志的绿色纺织机械，推进纺织机械制造加工技术水平的提高，推进纺织机械产品质量和可靠性的提高，推进纺织行业的技术进步	浙江印染机械有限公司 舟山弘通精密机械有限公司 浙江泰坦股份有限公司 杭州纺织机械有限公司 绍兴县华裕纺机有限公司 浙江越剑机械制造有限公司 浙江华海机械制造有限公司 浙江日发纺织机械有限公司
环保设备产业集群	重点发展水污染防治设备、大气污染防治设备、固体废弃物处理设备、环境监测仪器仪表，努力提高工程承包能力，提高环保设施设计、制造、服务能力及设备成套化能力	浙江菲达环保科技股份有限公司 浙江东方环保设备有限公司 浙江洁华环保科技股份有限公司
塑料机械产业集群	重点发展智能化、低能耗的高精度塑料机械，大型、精密、复杂、长寿命模具，提升塑料机械的数字化、成套化、系列化水平	海天集团
服装机械产业集群	加快工业缝纫机向特种化、高档化、自动化方向发展，运用高新技术改造平缝、包缝、曲折缝机型，提升其档次，发展家用多功能缝纫机系列产品，加强特种机系列产品开发研究，大力发展电脑绣花机、自动裁剪机等其他服装机械和各类服装机械零配件	通宇缝纫机股份有限公司 浙江蓝宝机械有限公司 中捷缝纫机股份有限公司
电子及通信设备产业集群	以开发新一代移动通信系统为重点，集合软件开发、集成电路设计和电子元器件制造等多方面优势，掌握核心技术，形成国际一流现代通信设备产业链。提升集成电路的设计和制造水平，提高集成电路设计生产自主知识产权比例。开发新型电子专用材料，推动电子元器件向高频率、低功耗、微型化、组合化方向发展。开发音频编解码技术，大力发展有压缩板卡和基于核心算法的其他设备（嵌入式 DVR/DVS、视频服务器、可视终端）等数字音视频监控产品	华立集团 东方通信集团 奥克斯集团 华三通信有限公司
电机、轴承、阀门等基础件产业集群	重点发展新型节能电机，微型电机，特种电机；高技术、高精度精密轴承，特种轴承，动态液压轴承，无油润滑轴承；引导企业向铁路轴承，汽车轴承，与工程机械配套的轴承，与机床配套的轴承等方向发展；大口径、高温、高压等高参数适合石油、化工等特殊需求的工业特种阀门	卧龙电气集团股份有限公司 方正电机股份有限公司 横店联宜电机有限公司 丰球集团 人本集团 浙江天马轴承股份有限公司

第二节　存在问题

1. 产品附加值不高，重大成套装备少

浙江装备制造业以一般机械装备为主，产品结构性矛盾较为突出。一般产品多，专特产品少。低加工度、低附加值产品多，高加工度、高附加值产品少。单机、零配件产品多，重大、成套产品少，据统计，浙江省单机或成套设备制造约占 25.5%；零部件制造约占 28.5%；机电基础件制造约占 46%。特色优势行业，只有小部分属设备制造，成套设备制造甚少，多数是轻型的机电基础件、器具和配件。产品以中低档次为主，总体质量、性能不高，加工精度、可靠性和自动化、成套化方面的问题明显。一些规模较大的产业，如汽车零部件制造发展迅速，但多数产品没有进入大型汽车制造商的配套产业链，而是作为修理备件和供给小型组装车厂商。

2. 技术创新能力不强，技术型人才较为缺乏

浙江装备制造业在工艺技术、基础材料、产业组织、经营管理、售后服务等各方面，与国际先进水平存在明显差距。根本原因是技术瓶颈突出，企业自主创新能力较弱，始终没有摆脱技术引进型的模仿创新模式，对国内外先进技术的依赖较大，缺乏自主知识产权和核心技术，技术引进与消化吸收创新的投入比重是 1:0.2，与工业化中期日本、韩国 1:5 ~ 1:8 相比差距很大。从研究开发投入来看：工业化国家制造业研究开发经费占销售收入的比重，一般都在 3% 以上，高技术产业超过 10%。从技术人员情况来看：目前，大专院校培养的方向虽然已经向实用技术型人才方面转变，但由于师资和条件所限，还是跟不上装备制造业的发展速度，人才的缺乏将直接影响到企业产品开发、产能增加和产品质量的提高；其次装备制造业的新产品开发需要技术研发人员和攻关团队不断研发新技术，人才短缺将直接影响到企业的产品升级换代，影响到产业可持续竞争能力。

3. 制造技术水平低，服务能力和成套能力有待提高

在制造技术方面，浙江省大量小企业的制造水平仍处于简单机械加工为主的阶段，设计手段落后，工艺装备水平低，而发达国家已进入以计算机控制为主的柔性化、智能化、集成化为特征的自动化、集成化生产阶段。目前，浙江省装备制造业与美国、日本 20 世纪 90 年代中期相比，劳动生产率只有美国的 1/10 和日本的 1/15，工业增加值率只有美国、日本的一半左右。

第三节　发展展望

在未来 2 ~ 3 年时间内，浙江的装备制造业将坚持以自主创新为抓手，依靠区域优势，发挥产业集聚效应，形成若干具有特色和知名品牌的装备制造产业，特别是在汽车整车制造、船舶修造业和电子信息产业等领域，提高研发设计、核心元器件配套、加工制造和系统集成的整体水平。

1. 扶持汽车整车制造业

继续保持汽车零部件及配件制造业等原有主导产业的比较优势，加强零部件工业的专业化分工，培育汽车零部件生产的小巨人，加入世界零部件销售体系，同时要积极推动汽车工业的产业组织结构调整，大幅度提高汽车工业的产业集中度，促进汽车工业在关键技术上形成核心竞争力。汽车产业是关联度非常高的行业，产业链强，辐射范围广，对上、下游产业的依赖性和带动性非常强。整车制造厂与零部件原材料供应、物流调配、销售系统协调发展，才能发挥产业集群效应所带来的以规模效应提高存量效益，获得空间集聚的优势。加大汽车工业科技开发投资力度，提高自主研发能力。对具有技术开发成果和能力的企业实行适度倾斜的政策，同时更多地运用税收优惠的政策，促使汽车企业较大幅度提高研发费用投入的比重或增长速度。此外，要有效利用合资企业中跨国公司的技术优势，推动外方加快技术转让的速度，扩大技术转让的范围。在汽车未来发展的关键技术上形成核心竞争力。在新一轮的汽车产业的发展中，电动汽车将成为世界各国振兴汽车工业的着力点，是“绿色汽车”开发的“重头戏”。目前，上海、北京、武汉等地已依托国有大中型汽车企业成立了电动汽车股份制公司，正加速建立产业基地，争取在“十一五”期间把电动汽车推向市场，尽快实现电动汽车的产业化。因此，浙江省汽车工业将抓住机遇，集中政府、企业和研究机构的力量，形成合力，以绿色理念为导向，进行技术创新，力争在汽车未来发展的关键技术上形成核心竞争力，为浙江省的汽车工业提供新的支撑点，实现浙江省汽车工业的可持续发展。

2. 大力发展船舶修造业

造船业具有较强的产业带动作用。据测算，每产出一万载重吨民用船舶，需钢铁 3942t、有色金属 22.5t、油漆 52.5t、电缆电线 7 万 m、内燃机 4702kW（6397 马力）、发电机 388kW 等。船舶的发动机、甲板机械、水泵、油泵等涉及机械行业；船舶中的通信导航系统、自动化控制系统和电气控制系统等涉及电子行业；船舶中的装饰、隔热及防火材料均需化工行业的支持。作为上海国际航运中心的南翼，浙江具有得天独厚的区位和海洋（港湾）优势，宁波—舟山港是上海国际航运中心的深水港，是国际集装箱中转枢纽和大宗散货、原油进口中转港，已经成为中国排名第二、全球排名第四的超级大港，以东方大港的整体优势参与全球海运业务的角逐。宁波、舟山等沿海港湾有多处地点适宜建设大型修造基地，是一个国内不可多得的理想的大型船坞选址。浙江省船舶制造业要充分利用地域优势，着力提高船舶工业的核心竞争力和抗风险能力，提高优势配套产品的生产能力，打造具有国际竞争力的船用设备生产基地，引导产业集聚发展，重点发展大型船舶、海洋工程装备修理、特种船舶、内河船舶和游艇制造，淘汰低、小、散等落后状况，加速推进船舶修造业产业集聚。

3. 增强电子信息产品制造业竞争优势

浙江省电子信息产品制造业在总量规模上看，居于全国上游水平。2006 年，浙江省电子信息产品制造业工业总产值在各省市中排名第四，仅次于广东、江苏和上海。省内已经汇集着杭州摩托罗拉移动通信设备有限公司、杭州东信移动电话有限公司、东芝信息机器（杭州）有限公司、杭州华为三康技术有限公司、UT 斯达康通讯有限公司等一大批国内外知名企业；全省已初步形成以通信设备、电子元件和电子计算机制造为重点的信息产品制造业产业集群，电子信息产品制造业是浙江装备制造业中的主导产业，但在全国的优势地位并不明显，专业化水平低于全国，主要原因是生产方式主要以加工贸易为主，具有自主知识产权的产品相对较少，国际竞争力不强，许多产品的关键技术或关键零部件依赖于进口，导致全行业效益水平逐年下降。增强电子信息产品制造业竞争优势的关键，是要从提高技术自主研发能力入手，迅速掌握核心专利技术和知识产权，发展一批有较强竞争力的电子产业企业集团，增强具有自主知识产权重大技术装备的制造能力。用电子化、信息化技术对现有企业进行技术改造，提高各行业装备的技术水平，以做大做强现有的装备制造企业。

综上所述，浙江省装备制造业有了一定的规模，形成了一定的特色产业优势且成长性良好，但整体水平还不高，自主创新和重大技术装备成套能力不够强，产品技术含量和产业组织化程度比较低，迫切需要进一步提升发展水平和做大做强。

第十二章　安徽省装备制造业发展报告

装备制造业是为国民经济和国防建设提供技术装备的战略性产业，其行业门类广、关联作用大，吸纳就业能力强。发展装备制造业有利于拉动内需，形成经济增长点，促进其他行业技术进步。安徽省委省政府十分重视装备制造业的发展，将装备制造业作为“十一五”期间安徽省重点培育发展的八大支柱产业之一，写进了工业强省决定。

第一节　三年来安徽省装备制造业发展评估

1. 建立组织协调机构和机制，制定发展规划和配套政策

1.1　建立组织协调机构和机制

成立了安徽省加快装备制造业发展领导小组，由省政府领导任组长，省直相关部门负责同志为领导小组成员。领导小组主要负责组织编制装备制造业发展规划，推进重大项目建设，协调落实相关重要政策措施，研究解决发展过程中出现的重大问题。在省加快装备制造业发展领导小组的领导下，围绕发展重点，分行业成立若干工作推进小组，研究和提出有关产业发展方向、目标和重大政策措施，制定专项实施方案，推进企业间联合重组，谋划一批牵动性强、带动作用大的重大项目，并积极组织实施。

1.2　制定发展规划

（1）发展战略

积极应对国际金融危机和国内外经济形势变化对安徽省装备制造业的影响，调动一切积极因素，保持产业平稳较快发展。坚持科学发展观，贯彻“提升总量、优化结构、创新推动、壮大特色”的发展方针。充分利用国内外两个市场两种资源，扩大装备制造业的产业规模；依托信息化和先进制造技术，推进行业技术升级和结构调整；坚持自主创新和引进合作并举，加快汽车、工程机械、电工电器、机床及基础件、重型矿山机械等重点行业的发展，突出发展成套及重大装备；着力转变经济增长方式，积极发展现代制造服务业；坚持以大带小，以小促大，培育若干个具有国际竞争力的大型企业集团，造就一大批有活力的中小企业，并形成一批在全国有特色的产业集群。

（2）发展重点及目标

根据安徽实际情况，坚持发挥优势、壮大特色及有所为有所不为原则，2008—2011 年，优先发展汽车、工程机械、电工电器产业；振兴机床工具及基础件、重型矿山机械、交通运输机械、农业机械产业；积极培育石化通用与环保机械、仪器仪表产业；着力发展重大装备制造业，积极组织重大技术装备成套，促进产业优化升级。依托中小企业围绕主导产品，加快工业园区建设和产业集群。加强自主创新能力建设，努力掌握一批核心技术、系统集成技术和先进制造技术，积极推广应用新技术、新工艺、新材料，实现可持续发展。

汽车行业。以节能环保和新能源汽车为突破口，实现产品技术升级，自主研发乘用车产品 50 个以上，产品水平逐步迈向中高档；商用车产品 40 个以上，其中：客车产品覆盖全系列，技术水平国内领先，载货车、专用车技术水平国内先进。2011 年，全省汽车产量达到 75 万辆。

工程机械行业。2011 年，形成年产各类叉车 8 万台，挖掘机 2 万台，装载机 1 万台、堆垛及搬运等其他工程机械 1 万台、汽车起重机 3000 台的能力；实现销售收入 290 亿元，出口交货值 40 亿 ~50 亿元。

电工电器行业。2011 年销售收入达到 900 亿元，建成国内变压器和特种电缆两大产业基地。

机床工具行业。2011 年全省机床行业金属切削机床形成 4 万 ~5 万台能力；大型快速液压机形成 1350 台能

力，继续保持国内领先地位；机床数控化率（按产值计）达到40%以上，全行业销售收入达到90亿元。

机械基础件行业。主要包括液压件、气动元件、密封件、轴承、液力元件、粉末冶金制品、标准紧固件、链条、弹簧、模具、齿轮等十多类产品，力争2011年行业销售收入达到165亿元。

重型矿山机械行业。坚持大型化、成套化、节能、环保的发展方向，加强与国内外知名企业合作的力度，从技术集成、组织成套入手，抢占市场，逐步实现主要设备国产化，增加投资，壮大实力，提高省内设计制造能力和配套率，力争在大型水泥成套设备、大型煤矿成套设备和大型冶金成套设备方面取得重大突破。力争在2011年行业销售收入达到110亿元。

农业机械行业。到2011年，形成年产40万台多缸柴油机、30万台单缸柴油机、25万台手扶拖拉机、15万台小四轮拖拉机、10万台其他农机产品的综合生产能力，实现销售收入65亿元。

石化通用与环保机械行业。2008—2011年，加快大型技术装备国产化和科技成果产业化的步伐，力争在关键技术和成套设备上有所突破，行业结构进一步优化升级，经济总量有较大增长。2011年行业销售收入达到125亿元。

仪器仪表行业。力争到2011年，形成一批在国内外具有竞争力的优势特色产品，工业自动化控制系统与精密测试仪器开发生产上有所突破，行业经济总量有较大增长，销售收入达到75亿元。

船舶及其他机械行业。重点发展3万~5万t级及以下多功能海洋散货船及快速集装箱船、化学品船、游艇、滚装船、高速客船、成品油船、工程船，大力发展中低速船用柴油机、船用曲轴、船用电器、导航通讯设备等船舶配套产品，把我省建成国内重要的内河船舶和船舶配套产品生产基地。到2011年，全省年造船能力达到300万载重吨，年产260万载重吨（其中出口船舶60万载重吨）；实现销售收入200亿元。积极采用先进适用技术，注重节能减排。要重视发展高附加值产品和出口产品，开展铸件深加工，发展商品铸件，提高经济效益。开发轻合金（铝、镁合金）精密压铸件，以满足汽车轻量化以及通信电子等行业的需要。2011年全省形成200万t优质铸件的生产能力。

1.3 制定和落实配套政策

（1）谋划建设一批重大项目。围绕发展重点，谋划实施一批技术先进、市场广阔、潜力巨大的重大项目。支持现有骨干企业加大投入，自主建设一批大项目。支持安徽省有实力的大企业，加快内部业务外部化改革，建设一批有利于主业发展的装备制造业项目。积极承接产业转移，集中力量引进一批战略投资者，合资或独资建设一批大项目。加快重大项目的审批、环评进度，优先保障土地等要素资源的供应。

按照总体规划、动态管理、滚动实施的原则和建成投产一批、再建一批、新开一批、规划一批的工作步骤，扎实推进规划项目库建设，目前项目库中规划项目899项，总投资678亿元，其中技术改造项目547项，总投资474亿元；技术创新项目163项，总投资31亿元；资源综合利用项目189项，总投资152亿元；小企业上规模项目148项，总投资21亿元。每年编制技术改造年度投资计划，设立装备制造业专题。

2006—2008年安徽省财政从技术改造专项经费中分别安排1275万元、1500万元、2261万元资金用于装备制造业技术改造项目贷款贴息。2009年，安徽省继续安排一定资金主要用于装备制造技术改造项目贷款贴息，其中重点支持以下6个先进装备制造业基地建设项目：电工电器、机床工具及基础件、农业机械、仪器仪表、石化机械等改造升级项目；提高机械装备关键零部件自主化水平的项目；节能环保、新能源汽车项目，发动机、变速器、车桥等重点汽车零部件及电子控制系统改造升级和增强配套能力的项目；高技术、高附加值的船舶改造升级项目，提高船用主机和配套设备以及关键部件生产技术装备水平和产品质量的项目。

（2）培育一批骨干企业。继续深化企业改革，完善激励约束机制，激发内在活力。立足于提升核心竞争力，积极支持企业与技术领先、实力较强的省外、国外装备制造企业联合重组。支持设计研究院所和骨干企业整合，发展具有系统设计、系统集成、工程总承包和全程服务等集成能力的工程公司。加快企业管理信息化建设，学习应用精益生产方式。实施品牌战略，努力培育一批国际国内知名的商标、品牌。

（3）推进产业集群。支持重点地区建立装备制造业园区，强化定向招商引资，推动骨干企业改组，按照专业化、规模化的原则，大力推进一般零部件对外扩散，完善配套及技术服务体系，引领关联企业进入园区。扶持产业集中地建立完善的技术、市场、检测、物流等服务平台，形成产业集群。

为发挥基地的技术集成和产业集聚作用，组织有关市编制了安徽节能装备制造（芜湖）、安徽冶金装备制造

（马鞍山）、安徽煤矿机械装备制造（淮南）、安徽环保设备（蚌埠）、安徽工程机械制造（合肥）和安徽船舶制造（芜湖）等六大基地发展规划，并邀请了国内知名专家以及省科技、财政、环保、国土等省直厅局进行论证批复。

（4）推进产业技术进步和创新。贯彻落实安徽省委、省政府《关于实施科技规划纲要，增强自主创新能力的意见》，以企业为主体，实行开放式自主创新，掌握系统设计技术、控制技术与关键总成等先进技术。加大研发投入，建立完善企业技术中心等研发基地，加大产品和制造技术等研发，积极申报国家认定企业技术中心、国家级工程（技术）研究中心。建立完善产学研用结合运行机制，加快产品技术、制造技术研发和成果的产业化进程。推广应用先进、适用的制造工艺技术和装备。加强信息技术与装备产品、制造的融合，加快推进制造业信息化建设。

（5）扩大政策性出口信贷、出口信用保险，通过加强产品国际认证、建立完善境外营销和服务体系、积极稳妥地推进境外办厂等措施，支持装备产品出口。支持国家汽车及零部件出口基地、国家汽车及零部件基地企业发展。积极引进国外先进的关键技术设备，争取享受进口设备免税或专项资金补助等政策。

（6）加大财政性资金投入力度。设立省加快装备制造业发展专项资金，主要用于推进重点产业发展研究、重大项目前期、重大装备技术攻关、产业集中地服务平台和重大建设项目的补助和贴息；建立奖励机制，对在谋划重大项目、招商引资、扩大省产零部件采购、使用首套省产重大技术装备等方面有突出贡献的企业领导层给予奖励。各市财政也要设立相应专项资金。安徽省直有关部门要积极对口争取国家预算内资金和国债资金，进一步加大对装备制造业发展的支持。

（7）落实税收支持政策。加大对装备制造业技术创新的支持力度，积极落实技术开发费用按当年实际发生额的150%税前列支、加速研发仪器和设备折旧、职工教育经费所得税前扣除等政策。支持符合条件的装备制造企业享受高新技术企业有关所得税减免和财政扶持等政策。落实高新技术产品分享地方增值税资助等政策。全面执行出口退税政策。落实鼓励类内资装备项目进口设备、技术改造购置国产设备和符合国家支持重大装备进口零部件税收政策优惠。国税部门要认真落实合肥、蚌埠、芜湖、淮南和马鞍山市老工业基地城市增值税转型试点有关政策措施。积极争取将安徽省重点发展的装备产业列入外商投资优势产业指导目录，使其享受鼓励类外资企业税收优惠政策。争取模具、铸锻件、数控机床和农机等企业或产品进入国家支持目录，享受增值税返还和农机补贴政策。探索建立装备制造企业税收资助政策。

（8）加大金融支持。争取政策性银行、国有商业银行、股份制银行等金融机构加大对装备制造业企业的信贷投入。优先安排符合条件的企业以新发或增发股票、发行企业债券、申请国外政府贷款等方式扩大融资规模。各级信用担保机构优先对省内装备制造企业提供贷款担保服务。探索建立装备制造业发展投资基金。

（9）加大市场支持。重点建立优先采购安徽省产装备及零部件的机制，扩大安徽省产装备的政府采购规模。加强对政府投资项目和国有企业投资的重大工程设计、建设、装备采购等招投标工作的指导，在同等条件下实行省内优先安排。鼓励重点工程在招标过程中适当放宽对省产首台首套设备的业绩要求，积极订购和使用省产重大技术装备，同时允许对省产重大技术装备予以加速折旧。鼓励省内主机企业扩大省产零部件和原材料的采购规模，“十一五”期间，以市为单位，对因骨干主机企业增加本地零部件和原材料的采购量，带动配套企业所得税地方分成增加的部分，经财政部门审核，按收入增量的一定比例奖励主机企业。

（10）加强人才队伍建设。鼓励企业建立和完善人才培养与激励机制，充分发挥现有人才作用，通过持股、技术入股、提高薪酬等方式，大力吸引优秀企业家、经营管理人才和技术骨干。支持骨干企业设立博士后流动站，在省外人才密集地设立研发机构。支持高校建立多层次的研发设计和管理人才培养体系。整合现有职教资源，加强对高技能工人职业培训。

2. 在安徽省经济中的地位

2.1　主要经济指标及产业地位

2008 年，安徽省装备制造业完成工业总产值 3158.4 亿元，占全省工业总产值的 29.2%，同比增长 31.7%，三年年均增长 35.5%；实现销售收入 2793.0 亿元，同比增长 25.5%，三年年均增长 31.5%；实现工业增加值 896.6 亿元，占全省工业增加值的 27.5%，同比增长 25.6%，三年年均增长 34.1%；实现利税总额 183.0 亿元，同比下降 4.2%，三年年均增长 14.5%；实现利润总额 120.4 亿元，同比增长 9.2%，三年年均增长 24.6%；实现出口交货值306.5亿元，同比增长12.5%，三年年均增长35.6%。

表1　安徽省装备制造业主要经济指标　（单位：亿元）

年份	工业总产值	销售收入	工业增加值	利税总额	利润总额	出口交货值	从业人数/人
2006年	1720.6	1615.1	498.7	139.6	77.6	166.6	363025
2007年	2398.0	2226.3	714.1	191.0	110.3	272.4	434203
2008年	3158.4	2793.0	896.6	183.0	120.4	306.5	500486

注：统计口径为规模以上企业。

2.2　三年建设投资情况

2006年装备制造业完成投资311.52亿元，同比增长80.0%；2007年装备制造业完成投资545.60亿元，同比增长75.1%；2008年装备制造业完成投资903.8亿元，同比增长65.7%。

3. 产业结构的调整

3.1　产业结构

表2　安徽省装备制造业构成　（单位：亿元）

行业名称	2006年		2007年		2008年	
	工业增加值	占比重（%）	工业增加值	占比重（%）	工业增加值	占比重（%）
金属制品业	34.81	7.0	55.91	7.8	95.74	10.7
通用设备制造业	69.09	13.9	103.11	14.4	149.22	16.6
专用设备制造业	46.11	9.2	57.35	8.0	88.77	9.9
交通运输设备制造业	135.48	27.2	189.28	26.5	199.64	22.3
电气机械及器材制造业	166.83	33.5	254.64	35.7	304.47	34.0
通信设备、计算机及其他电子设备制造业	36.17	7.3	39.83	5.6	41.17	4.6
仪器仪表及文化、办公机械制造业	10.16	2.0	13.99	2.0	17.59	2.0
总　计	498.65	100	714.11	100	896.61	100

3.2　优势和特色装备

表3　安徽省优势特色装备一览表　（单位：亿元）

序号	优势特色装备名称	主要技术指标	制造企业	2007年销售收入	国内市场占有率（%）	出口交货值
1	乘用车	A、B、C级	奇瑞汽车股份有限公司	198.3	4.4	—
2	混凝土专用车辆	—	安徽星马汽车股份有限公司	20.8	40	—
3	G系列1~3.5t环保型内燃叉车	整机的排放符合欧洲和美国EPA环保标准；门架起升油缸上缓冲—降低噪音，安全性增加；起升油缸采用柱塞缸；液压系统压力提高到21Mpa，提高起升速度，降低能源消耗	安徽合力股份有限公司	24	59	7

（续）

序号	优势特色装备名称	主要技术指标	制造企业	2007年销售收入	国内市场占有率（%）	出口交货值
4	锻压机械	公称力100~60000kN	合肥锻压集团有限公司	4.6	31	0.37
5	HF15015/HF16016系列后驱动桥总成	驱动桥为非断开式；桥壳采用6mm、7mm、8mm钢板冲压焊接；主减速器为单级减速、双曲线齿轮传动；差速器为4个圆锥行星齿轮和2个半轴齿轮组成；半轴为全浮式；制动形式为鼓式制动	合肥车桥有限责任公司	7.5	10.8	0.645
6	HF17030系列后驱动桥总成	驱动桥为非断开式；桥壳采用8mm、10mm钢板冲压焊接；主减速器为单级减速、双曲线齿轮传动；差速器为4个圆锥行星齿轮和2个半轴齿轮组成；半轴为全浮式；制动形式为鼓式制动	合肥车桥有限责任公司	7.5	10.8	0.645
7	挖掘机	H/P模式自动提高发动机的输出动力和生产率，（发动机输出功率）从169kW（230PS）提高到177kW（240PS）；轻载时、动力减小以节省燃料；动力增力开关可提供短时的动力增量	日立建机（中国）有限公司	44.42	15	2.87
8	CBB系列电容器	产品耐久性达2000h以上，为国内同行业领先水平	安徽飞达电子有限公司	4.5	35	0.69（2008年）
9	三相交流异步电动机	—	六安江淮电机有限公司	6.2	10	0.8
10	柴油发动机	达到欧Ⅲ排放标准	安徽全柴动力股份有限公司	13	15	0.196
11	活塞环	—	安庆帝伯格茨活塞环有限公司	5.05	35	0.48
12	汽车制造	SUV、皮卡、MC6320A、MC1021AC、MC6320A、MC6320E（电动）、MC6380（五门）、ⅢOBD、0.8L、1.0L、1.1L	安徽安驰汽车工业有限公司	50	10	5

4. 自主创新

4.1 创新投入和创新基础设施建设

2007年，安徽省装备制造业完成R&D经费投入26.7亿元，占装备制造业销售收入的比重为1.2%。

目前，安徽省装备制造业领域拥有国家节能环保汽车工程技术研究中心、国家特种显示工程技术研究中心、国家压力容器与管道安全工程技术研究中心，奇瑞汽车股份有限公司、安徽叉车集团公司、安徽省宁国中鼎股份有限公司、安徽江淮汽车股份有限公司、中国扬子集团有限公司等企业拥有国家认定的企业技术中心。

4.2 开发成功的重大装备

表4 开发成功的重大装备一览表

序号	装备名称	制造企业	主要技术指标	装备应用情况	产业化情况
1	集装箱正面吊及重型设备设计技术的研发	安徽合力股份有限公司	样机制作后顺利通过了国家相关检测部门的型式试验，产品的技术参数与性能指标均达到设计的要求，技术水平处于国内领先水平，其指标也达到同类产品的国际先进水平	重装所有产品经用户使用，反应良好，产品的技术水平处于国内领先水平，其指标也达到同类产品的国际先进水平	经小批量走向市场后，及时地对产品的不足之处进行改进，从而提高了产品质量、性能及产品档次，可以替代同类进口产品，并走向国际市场，形成了公司新的利润增长点
2	纯电动客车	安徽安凯汽车股份有限公司	零排放；低噪声，比同类型内燃机客车噪声水平低3～5dB；最大时速≥80km/h；最大爬坡度≥20%	已小批量投放市场	目前已小批量生产
3	纯电动客车	安徽安凯汽车股份有限公司	续驶里程：工况续驶里程（不带空调）≥250km，工况续驶里程（带空调）≥200km；可靠性：平均故障间隔里程≥3000km	已小批量投放市场	目前已小批量生产
4	混合动力城市客车	安徽安凯汽车股份有限公司	排放≥国III排放；低噪声，比同类型内燃机客车噪声水平低2～3dB；最大时速≥80km/h；最大爬坡度≥20%；续驶里程≥300km；可靠性：平均故障间隔里程≥3000km；经济性：与基础车相比（典型城市公交工况下），能量消耗降低率≥20%	已有1台示范运营	目前已小批量生产

（续）

序号	装备名称	制造企业	主要技术指标	装备应用情况	产业化情况
5	汽车关键总成装配与测试生产线	安徽巨一自动化装备有限公司	测量机系统测量精度达到 0.1mm； 一次选片的成功率达到 85% 以上；机拧紧精度≤±1%； 生产节拍控制在 2 分钟之内，产品重装返工率 5% 以下，双班生产 10 万台以上	广泛应用于一汽集团、东风集团、中国重汽集团、陕西汽车集团、卡拉罗（青岛）、华菱汽车、合肥车桥安凯车桥、江淮汽车等企业，为轿车、SUV、SRV、MPV 及轻卡、重卡客车提供装备服务	2008 年该系列产品合同额达到 1.78 亿元，销售收入连续 4 年保持 100% 增长
6	工业机器人集成技术及成套装备		焊点定位精度：0.2mm； 焊点合格率：100%； 机器人最大运动速度 >2m/s； 单焊点平均耗时 <3s； 车白身精度：1.5mm； 稳定控制点合格率 >89%	广泛应用于北汽福田、奇瑞汽车、江淮汽车、合肥车桥等企业，为轿车、重卡及轻卡的白车身制造提供装备服务	2008 年该系列产品合同额达到 0.74 亿元，销售收入连续 4 年保持 100% 增长
7	曝气设备（水污染治理用）	安徽国祯环保节能科技股份有限公司	动力效率 2.37kgO_2/kW·h	现已应用于国家 863 计划项目的示范工程，并推广到全国 10 多个项目工程	具备小批量生产能力，并计划投资建设更大规模的节能型污水处理设备产业化制造基地
8	大型汽车覆盖件液压机柔性冲压线	合肥锻压集团有限公司	公称力 6300～25000kN	用于汽车制造业的汽车覆盖件的冲压生产	公司积极向市场推广此项目，在国内该公司的液压机柔性汽车覆盖件冲压生产线占整个新增加冲压线的 50% 以上，占液压机冲压线的 90% 以上
9	大型数控机械压力机		公称力 2500～20000kN	广泛服务于汽车、化工、家电、电子、摩托车等各行各业，适用于多种冲压工艺，如薄板零件的冲裁、成形、弯曲、校正、浅拉伸等各种冷冲压工艺	经过企业的积极推广，2008 年实现总产值 3000 多万。经过用户的使用检验得到了市场的广泛认可，其市场前景是非常广阔。预计 2009 年实现销售收入 8000 万元

（续）

序号	装备名称	制造企业	主要技术指标	装备应用情况	产业化情况
10	变压器结构件	合肥科振实业发展有限公司	采用激光和等离子数控下料，技术工艺符合国际标准	广泛应用于大型变压器	市场占有率为12%
11	挖掘机超长臂		超长臂有3组销轴孔的要求较高，空间距的公差要求为+2mm，各组孔的中心线平行度为1mm，3组孔需在一次装夹中镗削加工而成	广泛应用于挖掘机	市场占有率为8%
12	变压器结构件		采用激光和等离子数控下料，技术工艺符合国际标准	广泛应用于大型变压器	市场占有率为12%
13	挖掘机超长臂		超长臂有3组销轴孔的要求较高，空间距的公差要求为+2mm，各组孔的中心线平行度为1mm，3组孔需在一次装夹中镗削加工而成	广泛应用于挖掘机	市场占有率为8%
14	NE系列三相异步电动机	安徽皖南电机股份有限公司	—	产品全部出口美国、加拿大等北美市场	2008年销售额0.9亿元
15	SRM系列开关磁阻调速电动机	安徽皖南电机股份有限公司	—	产品应用于冲床、压缩机、航天等众多领域	2008年销售额0.12亿元
16	移动式镗床	合肥市强力机械有限公司	可移动，可实现镗口精加工工序优化	应用在发电、起重设备等装备制造业精加工镗口工序	已应用在该企业的发电、起重设备生产工艺中，正申报专利
17	数控龙门铣床	安徽晶菱机床制造有限公司	工作台2000mm×4000mm	应用于机械加工、汽车工业、模具制作等领域	已形成年产40台生产能力
18	数控龙门镗铣床	安徽晶菱机床制造有限公司	工作台2500mm×6000mm，主轴行程1000mm	应用于机械加工、能源、航空航天、汽车工业、模具制作等领域	已试制完成1台，正在投资新建一期加工厂房，预计今年10月份投入批量生产；年产能达60台

（续）

序号	装备名称	制造企业	主要技术指标	装备应用情况	产业化情况
19	数控落地铣镗床	安徽晶菱机床制造有限公司	镗杆直径160mm，方滑枕365mm×455mm	应用于机械制造、能源、航空航天制作等领域	已试制完成1台，正在投资新建一期加工厂房，预计今年10月份投入批量生产；年产40台生产能力
20	大型电除尘器	安徽意义环保设备有限公司	粉尘排放<50mg/Nm^3	600MW火电机组成功运行，5000t/天干法水泥生产线配套	已经产业化
21	大型布袋除尘器输灰，脱硫一体化	安徽意义环保设备有限公司	粉尘排放<50mg/Nm^3	200MW火电机组成功运行，1000T/D垃圾焚烧线除尘，脱硫成功运行	产业化生产
22	高效电袋复合除尘器	安徽意义环保设备有限公司	粉尘排放<30mg/Nm^3	75t锅炉上成功运行，检测粉尘排放15mg/Nm^3	工业化实验成功，正在着手产业化
23	消防灭火机器人	明光市浩森消防科技发展有限公司	水泵以及消防炮的转动、俯仰、喷射灭火剂等一系列过程采用无线遥控方式，遥控行走速度为10km/h，有效控制距离可达200～300m	公安消防、石油、石化等单位	形成生产线
24	柴油发动机	安徽全柴动力股份有限公司	欧Ⅲ排放标准	—	批量生产，年产柴油机2.1万台
25	防爆型袋式除尘器	安徽威达净化装备工程有限公司	独立单元数：4个；单室过滤面积：60m^2；单室处理风量：3000m^3/h；过滤风速：0.3～0.6m/min；设备阻力<1500Pa；入口浓度：300g/m^3，入口温度：220～260℃；出口排放浓度<10mg/Nm^3；滤袋材质：耐高温覆膜滤料；滤袋数量：240条；滤袋规格：直径130mm×2450mm	产品广泛应用于建材、钢铁、电力、化工等行业，如：浙江水泥、马鞍山钢铁公司、福建三明化工总厂等企业	除袋式除尘器外，研发生产密闭电石炉垃圾焚烧设备，并衍生出5家环保设备生产厂家
26	纯电动汽车	安庆安达尔汽车制造有限公司	百公里耗电8度，最高时速40～50km/h，起步电流小、转矩大，电机最高转速6000r/min	试运行阶段	批量生产
27	EBZ255型重型掘进机	凯盛重工有限公司	切割功率255kW，设备重量75t	淮南矿业集团、国投新集能源有限公司等煤炭企业使用	已形成批量生产

（续）

序号	装备名称	制造企业	主要技术指标	装备应用情况	产业化情况
28	日产万吨大运距高性能运输机	淮南长壁煤矿机械有限责任公司	SGZ800/1050 中双链，长度 250 米，运输能力每小时 1800t，装机功率 2×525kW	在淮南矿业集团、山西金海洋矿等煤矿企业使用	已形成批量生产
29	履带式多功能耙斗装岩机	淮南市矿用电子技术研究所机电设备厂	液压驱动、自重 20t，耙斗容量 0.9m^3，爬坡能力 20 度	—	已试制出样品
30	浓缩机	淮北市中芬矿山机器有限责任公司	GZN 系列（直径 18m ~ 100m），NXZ 系列（直径 6 ~ 53m）	全国煤矿和冶金行业	年产 60 台套，年产 300 台套大型智能化工业洗选设备产业化项目在建。
31	浓缩机	淮北矿山机器制造有限公司	NJG30 系列浓缩机	全国煤矿和冶金行业	年产 45 台
32	液压支架（单体支柱）	安徽矿业机电装备有限责任公司	—	淮矿集团内部使用 80%	年产 1000 架，省名牌产品
33	年产 150 台余热锅炉发电装置生产线技术改造	安徽金鼎锅炉股份有限公司	设备技术水平国内领先	—	2008 年销售收入 2.95576 亿元，国内市场占有率 40%，出口交货值 3000 万元

5. 产业集聚区（带）建设

表 5 安徽省装备制造业产业集聚区（带）汇总表 （单位：亿元）

序号	产业集聚区名称	产业特色	龙头企业	2007 年主要经济指标		
				销售收入	工业增加值	利税总额
1	汽车产业带	形成以江淮汽车集团、奇瑞汽车、星马汽车、华菱重卡为龙头的汽车整车及相关零配件制造加工产业带	安徽江淮汽车集团有限公司、奇瑞汽车公司、安徽华菱汽车股份公司、安徽星马汽车股份有限公司	439.4	100.2	35

（续）

序号	产业集聚区名称	产业特色	龙头企业	2007 年主要经济指标		
				销售收入	工业增加值	利税总额
2	合肥机械装备集聚区	形成以锻压集团、合力叉车、日立建机等一批企业为代表的机械装备制造集聚区	安徽叉车集团公司	81.74	13.27	6.8
3	合肥电力装备集聚区	形成以天威合变、ABB 变压器等企业为代表的电力设备制造集聚区	合肥 ABB 变压器有限公司	16.19	2.8	3.33
4	汽车橡胶密封件	我国汽车橡胶密封件的主要生产、出口基地	安徽中鼎控股（集团）股份有限公司	38.2	13	2.03
5	电子元器件	中高压、大容量薄膜电容器生产、制造、研发基地	爱普科斯（安徽）飞达电子有限公司	4.5	3.1	0.69
6	耐磨铸件	中国耐磨铸件之都	安徽凤形耐磨材料股份有限公司	12.1	9.1	1.09
7	工业链条	链传动系列产品制造、销售、出口，本企业生产、科研所需的原辅材料、机械设备、仪器仪表、零部件及技术进口	安徽黄山恒久链传动有限公司、安徽省小小科技实业有限责任公司	7.9	1.35	0.35
8	蚌埠环保装备制造集聚区	—	安徽意义环保设备有限公司等	67	25	5.7
9	全椒机械产业园	—	安徽全柴动力股份有限公司	11.48	3.97	0.99
10	省级含山工业园	机械制造、铸造基地，汽车零部件加工基地	安徽威达净化装备工程有限公司、安徽省辉煌机械制造有限公司、安徽海德机械制造有限公司、含山县兴达球铁铸造有限责任公司、安徽省巢湖市皖中减速机械有限公司	21	6.187	3.14
11	无为电线电缆产业集群	特种电缆	华菱电缆集团公司、江淮电缆集团公司	133	39.2	17.97
12	和县经济开发区泵阀园	各类水泵	安徽三联泵业股份有限公司	2	0.7	0.24

（续）

序号	产业集聚区名称	产业特色	龙头企业	2007年主要经济指标		
				销售收入	工业增加值	利税总额
13	安庆汽车零部件高新技术特色产业基地	汽车工业	—	13.19	13.67	4.35
14	蒙城汽车产业园区	国家级六大汽车销售市场集散地；汽车制造、汽车改装、汽车维修、汽车4S店等成龙配套、功能齐全	汽车制造：安徽安驰汽车工业公司；汽车零部件生产及改装车生产：安徽兆鑫集团汽车有限公司、蒙城华威汽车改装有限公司等5家	50	3	0.5
15	安徽煤矿机械装备制造（淮南）基地	煤矿机械、煤矿电子产品	淮南舜立机械有限公司、凯盛重工、淮南新集石油化工机械有限公司、淮南长壁煤矿机械有限公司、万泰电子有限公司等	25.2	6.3	2.1
16	淮南电子工业园	煤矿电子	淮南万泰电子有限公司、淮南润成科技有限公司	5.6	1.1	1.3
17	杜集区滂汪工业项目区	煤矿专用产品加工生产基地，目前集聚了62家机械制造企业	山河矿业设备股份公司、安徽矿业机电装备公司、中芬矿山机器公司、弘武液压机械有限公司，新立机电、中矿电子公司	5.6	2	0.6
18	芜湖机械工业开发区	机械装备	芜湖恒升重型机床股份有限公司、巨隆集团等	18.5	5.37	3.65

6. 企业走出去

奇瑞汽车公司在俄罗斯、伊朗、埃及、印尼等国家建立了9家CKD工厂。安徽江淮汽车集团公司在意大利、日本分别建立了研发中心。安徽双龙机床制造有限公司于2008年投资800万美元，整体收购瑞典Semax叉车公司，收购后安徽双龙机床有限公司发挥自身装备制造业的能力和优势，利用瑞典Semax叉车公司的产品品牌和技术专利以及成熟的欧洲市场，在安徽六安“双龙工业园”生产加工叉车件及组装整机，再销往欧洲。

7. 兼并重组

2007年7月，中国建材集团蚌埠玻璃设计院重组了原淮南煤矿机械厂，成立了凯盛重工有限公司。2007年10月，国际煤机集团（IMM）重组了原淮南华联机械有限公司，成立了淮南长壁煤矿机械有限责任公司。2008年1月，中矿国际工程设计研究院重组了原淮南新集石油化工机械有限公司。2008年2月，广西柳工机械股份有限公司整体收购蚌埠市振冲安利工程机械有限公司后，成立了安徽柳工起重机有限公司。

第二节　存在问题

行业发展存在的主要问题有以下几点：企业数量少、经济总量小，2008年安徽装备制造业实现工业总产值占全国总量的3.4%；企业自主开发能力较弱，拥有自主知识产权的产品和技术不多，尤其是中小企业差距较大；重大装备制造和成套设备能力弱，高技术产品少，一般性低端产品多，围绕重点产品的配套能力不足，商用车、工程机械发展的配套动力发展滞后；产业外向度低，2008年安徽装备制造业出口产品交货值率为9.7%，比全国平均水平低 5.7 个百分点；行业内部发展不平衡，在原有的优势小行业中，农业机械仍呈下滑趋势；安徽装备制造业与省内有关产业依存度不高，跨行业跨部门的联合协作不够紧密，为能源、冶金、石化等领域的服务能力不强。

第三节　发展展望

1. 应对全球金融危机的策略与发展思路

（1）统一认识，健全组织。落实《安徽省人民政府关于加快我省装备制造业发展的若干意见》，在省装备制造业发展领导小组的统一领导下尽快组织实施装备制造业振兴规划，推进重大项目建设，协调落实相关重要政策措施，研究解决发展过程中出现的重大问题。

（2）积极推进煤矿机械、环保设备、船舶制造、工程机械、节能装备、冶金机械装备等 6 个装备制造业基地全面开工或扩大生产规模。重点扶持 50 户省内大型装备制造骨干企业，发挥其带动作用和整合资源的能力。

（3）加大投资力度，增强自主创新能力建设和优势产品扩张。在 2009—2011 年间，累计投入 1245 亿元，主要用于产业结构调整和企业创新能力建设，支持重点企业和优势特色产品快速发展，促进产业结构优化升级。改善投资环境，通过招商引资、发行股票和融资债券等多渠道筹集资金。

（4）依托重大工程，提升重大技术装备制造能力。政府加强对关联产业跨部门、跨行业的组织协调工作；在核准和审批重点建设工程时，有针对性地安排一批重大技术装备自主化依托工程，如发电、输变电、冶金、煤化工、大化肥、煤炭、水泥和环保等重大项目，由项目业主和省内制造部门联合制订实施方案，以项目换技术、以资源促制造，增强安徽省重大技术装备设计、制造和成套能力，提高自主化水平。

（5）加大金融支持。争取政策性银行、国有商业银行、股份制银行等金融机构加大对装备制造业企业的信贷投入。优先安排符合条件的企业以新发或增发股票、发行企业债券、申请国外政府贷款等方式扩大融资规模。各级信用担保机构优先对省内装备制造企业提供贷款担保服务。探索建立装备制造业发展投资基金。

（6）研究建立装备制造业发展基金。主要用于以下几个方面：开展装备制造业重大软课题研究以及共性技术和重大技术装备关键技术的前期预研费用；对投资额较大、经济效益较好、带动性强的新建项目和技术改造项目进行前期费用补助；对高新技术产业化、重大技术装备国产化的项目进行补贴和奖励。

（7）实施人才资源战略。创造有利于优秀企业家脱颖而出的良好氛围和机制，建立人才培养、引进、激励和约束机制；加大高层次复合型、创新型人才培养力度；大力培养熟练工人、技师，加强继续教育岗位培训，提高职工素质，为发展装备制造业提供可靠的人才保证。

2. 今后三年安徽省装备制造业自主化展望

根据国民经济和社会发展的新要求，坚持技术进步，不断提升行业创新能力，从基础工艺和共性技术入手，以突破重大技术装备关键技术为出发点，重点发展装备制造业信息化技术、先进设计技术与方法、绿色制造技术、高效和高精度加工技术等。提高技术研发费用投入，加强企业技术中心建设，增强自主创新能力。

汽车行业。以车身、底盘、动力系统到汽车整车开发流程为主线，以汽车产品开发的核心技术和单元支撑技术提升为目标，进行技术创新和引进技术的消化吸收，全面提高安徽省汽车产品开发技术能力。建立健全试验开发规范、产品验证规范、试验测试方法与开发试验能力，在汽车产品的试验与验证方面达到国外同类汽车企业的现有水平。新创建国家级企业技术中心 1 ~ 2 个（总数达到 3 ~ 4 个），省级企业技术中心 10 ~ 20 个（总数达到 40 个左右），产品研发投入占销售收入比重达 2.5% 以上。支持引进先进技术及设备，重点企业技术装备数字化率达 60% 以上。申报专利每年在 200 件以上。

其他装备制造业。未来三年，安徽省将投资 700 亿元用于其他装备制造业技术进步，到 2011 年，全省主要加工设备数控化率达到 35% ~40%，新增国家级企业技术中心 3 ~ 5 个，新增省级企业技术中心（个）15 ~ 20 个，新产品产值率达到 25% ~30%。提高全行业自主研发能力，发展技术含量高、附加值高、市场需求量大的新型产品，淘汰落后产品；着力发展大型装备、重型装备、成套装备和自动化生产线；大力开拓国际市场，优化出口产品结构；重视自主品牌建设，到 2011 年，争创世界名牌产品 1 ~ 2 个，中国名牌产品 5 ~ 8 个，省内名牌产品 50 ~ 60 个，新产品产值占全行业产值 40% 以上，出口产品交货值占全行业产值 10% ~15%。

第十三章　福建省装备制造业发展报告

第一节　三年来福建省装备制造业发展评估

1. 建立组织协调机制，制定发展规划和配套政策

1.1　建立组织协调机制

2006 年以来，福建省按照《国务院关于加快振兴装备制造业的若干意见》（国发〔2006〕8 号）精神，制订发布了《福建省人民政府关于加快我省装备制造业发展的若干意见》（闽政文［2007］26 号），进一步明确了福建省大力发展装备制造业的重点任务及其保障措施，确定了成立“福建省加快装备制造业发展领导小组”，并组织实施 2006—2010 年装备制造业发展工作专项，大力推动福建省装备制造业加快发展。

1.2　制定发展规划

在《福建省人民政府关于加快我省装备制造业发展若干意见》（闽政文［2007］26 号）中明确提出了福建省发展装备制造业的发展指导思想、发展目标、发展重点和九大发展任务。

（1）指导思想

全面落实科学发展观，坚持走新型工业化道路，坚持对外开放，抓住世界制造业结构调整和国家大力振兴装备制造业的有利时机，以企业为主体，以市场为导向，以提高产业和产品竞争力为核心，以技术进步和自主创新为动力，注重提高产业配套能力，择优扶强、突出重点，做大做强福建省装备制造业，坚持市场导向和政府引导相结合；坚持外延拓展与内涵深化相结合；坚持消化吸收和自主创新相结合；坚持重点突破与全面提升相结合，为建设海峡西岸先进制造业奠定坚实基础。

（2）发展目标

通过壮大工程机械、汽车、船舶、电工电器等优势产业，发展基础装备、零部件和农业机械、环保设备等基本装备产业，培育纺织、建材、包装、塑料、制鞋、食品加工等产业装备，形成一批具有自主知识产权的装备制造企业、若干具有自主创新能力的企业技术中心、工程技术研究中心和重点实验室，初步建成以企业为主体、产学研相结合的技术创新体系；争取到 2010 年，初步形成优势装备、基本装备和产业装备等分工协作、互相促进，具有竞争优势的海峡西岸先进装备制造业基地。

（3）发展重点

根据产业技术发展趋势和福建省装备制造业的实际情况，选择基础较好、技术水平高、产业关联度大、市场前景好的装备产品、关键性基础性技术作为主攻领域，加大政策支持和引导力度，实现重点突破，带动相关产业协调发展。

发展环保节能的轿车、乘用车、高档大型客车和特色专用汽车。发展技术含量高的汽车总成及关键零部件。鼓励混合动力汽车关键零部件的研制、应用和产业化。注重高位嫁接、消化吸收和自主创新，提升汽车工业的技术水平，提高自主品牌产品竞争力和比重。

发展高技术、高附加值的大中型集装箱船、汽车滚装船、大马力拖轮、超大型油船以及豪华客船、中高档游艇等特色船舶和海洋石油工程装备，扶持船舶关键配件业的发展。依托建造出口大船舶项目，掌握船舶设计和制造的核心技术和关键技术，逐步实现再创新和自主创新。

发展高效节能、高可靠、智能化、多功能的装载机、挖掘机、叉车、路面机械以及港口机械，促进工程机械产业技术升级。加强技术创新，提高液压元件和传动部件等关键配套件的质量和可靠性，替代进口。

发展智能型高附加值的开关设备、节能环保的优质电机、电动化柴油发电机组。发展特种电缆、特种漆包线等产品，促进电工电器产业技术升级。开展风力发电设备自主制造技术的研制和创新；鼓励开发超高压输变电设备。

发展大气污染治理、城市及工业污水处理、固体废弃物处理等大中型环保设备，包括 300MW 以上机组配套的干法脱硫、脱硝装置和电除尘器，危险废物处置成套设备，环境监测专用仪器仪表。提高环保设备研发和制造水平，推进环保设备成套化。

发展农、林、畜牧、水产业的机械设备，包括水稻、果蔬、茶叶、食用菌等优势经济作物的种植、采收机械，适合福建省地理条件的高效、多用途农用运输作业机械，冷藏保鲜、速冻集存和特色农产品深加工机械、食品包装机械，提高农业生产效率和农产品附加值。

发展机电一体化的剑杆和喷气织机、系列化高速精密电脑提花圆纬机、电脑自动横机和高速经编机。研制开发节能环保、在线检测全程监控的印染整理设备、新型复合非织造布生产线、高效棉纺成套设备。发展高效数控石材加工机械、大吨位自动压砖机、连续式高速自动包装设备；发展高性能橡胶硫化机和定型机，精密大注塑量前款料注塑成型机、高大型高速塑性挤出机，新型高效制鞋设备和自动化生产线，满足全省传统产业升级改造发展的需要。

发展精密高效数控机床、大型高精度长寿命模具、高性能轴承以及泵、阀、风机、压缩机等关键通用零部件和计量仪器仪表产业。研制高可靠性液压元件及其组成的基础部件、自动化测量控制系统和精密仪器等。掌握先进的铸、锻、焊、热处理、精密加工、涂镀、粉末冶金以及产品数字化开发技术。

1.3 制定和落实配套政策

在《福建省人民政府关于加快我省装备制造业发展的若干意见》的指导下，福建省还具体制定了《关于加快福建省装备制造业发展的实施意见》，设立了装备制造业发展专项基金、实行对国内首台（套）重大技术装备开发使用的扶持、实行财政税收的优惠政策、加大金融支持力度等一系列措施。对福建省装备制造业的发展起到了积极的促进作用。

（1）设立专项，推动装备制造业重点项目实施

为大力推进装备制造业发展，福建省在近年来组织实施的福建省工业内涵深化技改提升工程中，均将装备制造业列为重点专项。2007 年列入省工业内涵深化技改提升工程重点项目的装备制造业项目 80 项，占重点项目总数的 25.6%，项目总投资 135.76 亿元，其中固定资产投资 104.73 亿元。2008 年列入省工业内涵深化技改提升工程重点项目的装备制造业项目 84 项，占重点项目总数的 26%，总投资 131.67 亿元，其中固定资产投资 104.19 亿元。

（2）引导建设专业园区，推动区域装备制造业加速发展

一是引导晋江市建设福建省装备制造业（晋江）重点基地建设。福建省经贸委会同泉州市政府引导晋江市发挥装备制造业固有的优势，通过发展装备制造业实现区域产业转型和升级。同时，通过组织专题调研，并委托中国机械工业信息研究院制定了定位在“壮大纺织机械、制鞋机械、石材机械、食品包装机械等民生装备制造业，发展工程机械、汽车零部件、农业机械等传统装备制造业”上的《晋江市装备制造业发展规划（2008—2015 年）》。二是引导南安市发展区域装备制造业。为发挥南安市现有装备制造业基础好、集聚度高的优势，福建省专门组织省机械工业联合会等单位专家协助南安市深入调研装备制造业现状，并制定了重点发展精密机械、水暖器材与阀门、工程机械、石材机械、汽车及零部件 5 个产业和建设泉州滨江汽配与工程机械产业基地、南安经济开发区、官桥精密机械园、水头石材机械与工艺制造基地 4 个专业园区的《南安市装备制造业发展规划》。三是引导莆田、三明等县市建设装备制造业专业园区。在福建省经贸委的指导和推动下，莆田高新技术园区机电园已开始制定园区发展规划、洪宽台湾机电园已有 20 多家企业入驻，以汽车零部件为主的青口汽车城、三明市海西铸锻中心、三明市金沙机电园和龙岩龙州机械园等装备制造业相对集中的区域已启动园区建设前期规划和引导项目入驻工作。2007 年省经贸委对晋江、莆田和三明三个装备制造业专业园区安排了 150 万元前期建设经费，支持其加速发展。

（3）切实开展招商，推动福建省机械装备制造业实现高位嫁接

举办“海峡两岸装备制造业项目对接洽谈会”，台湾装备制造业 110 多位企业家与福建省 200 位装备制造业

企业家进行了对接，共签约项目58项。闽台汽车电子产业对接研讨会提出了闽台汽车电子产业合作建议；同时，安排了台湾汽车电子考察访问团赴福建省4家主要汽车整车厂进行参观考察并进行了产业配套的洽谈和交流。充分利用闽港中小企业合作平台，开展汽配产业拓展国际市场的"辅导"计划，举办汽配企业与整车厂企业对接洽谈会，推进汽配企业从维修市场走向整车配套市场。2008年6月，福建省举办了首次现代造船模式推广会，推动广大船舶企业实行合理分工，建立以中间产品生产为基本特征的总装造船模式，缩短船舶修造生产周期，提升福建省船舶修造专业化水平。

（4）实施创新支撑战略，推动装备制造业产业技术升级

组织重大技术装备研发。根据福建省产业结构和技术升级的要求，特别是考虑到福建省纺织、印染、制鞋等传统产业对高端技术装备的需求，打破进口技术装备垄断，连续两年组织实施了重大技术装备引进消化吸收再创新研制专项，各安排了500万元专项经费支持重大技术装备的加速研制。

创建装备制造业创新服务平台。为提升福建省装备制造业自主创新能力，该省积极引导和推动省内有关高校、科研机构和行业协会联合国内外装备制造业创新资源，先后组建了包括省模具、船舶、自动化、环保装备等4家面向福建省装备制造业中小企业，为中小企业提升自主创新能力提供技术支撑的行业技术开发基地。

引导企业利用"6.18"平台对接项目。"6.18"是"中国·福建项目成果交易会"的简称，至今已成功举办了六届。近两届都专门设立装备制造业展区，推介福建省装备制造业企业的技术需求和征集的国内外高校、科研机构的先进适用项目成果。同时，组织企业赴中科院、国家科技部、国家教育部、国家外专局、国家知识产权局以及台湾、境外成果等展区交流、洽谈，寻求项目成果对接。两年来，福建省装备制造业企业利用"6.18"平台成功对接100多个项目，有力地支撑了福建省装备制造业产业技术水平的提升。

（5）深入贯彻发展意见，推动相关政策措施落实

为使国家、省装备制造业发展意见中制定的相关政策措施惠及福建省更多更广装备制造企业，在省政府加快福建省装备制造业发展的意见出台后，接着组织了80多家具有代表性的装备制造企业召开了6场装备制造业子行业企业座谈会，听取企业对"十一五"期间福建省装备制造业鼓励发展的重点产品、工艺技术以及采取相应工作措施的建议和意见，细化省政府意见中提出的10个重点发展方向，为制定发展装备制造业的实施意见提供参考。

2. 在福建省经济中的地位

2.1　主要经济指标及产业地位

改革开放以来，福建省装备制造业迅速发展，已具有一定的规模和基础，初步形成了海峡西岸具有区域比较优势和特色的装备制造业体系，成为福建省加快发展壮大的三大主导产业之一。据统计，至2008年末，福建省拥有规模以上装备制造业企业2920家，其中大中型企业295家；拥有总资产1867.04亿元，全年从业人员平均人数52.9万人；当年实现工业增加值682.18亿元，占全省工业的比重为16.5%，居省内各工业行业第二位；实现出口交货值733.77亿元，占全省工业的18.6%；实现利润117.9亿元，占全省工业的20.4%。

表1　福建省装备制造业主要经济指标　（单位：亿元）

年份	工业总产值	销售收入	工业增加值	利税总额	利润总额	出口交货值	从业人数/万人
2006年	1553.93	1495.65	423.47	136.72	90.43	480.44	47.06
2007年	2071.42	2020.1	563.5	211.49	153.54	622.44	54.11
2008年	2592.41	2485.28	682.18	468.06	117.9	733.77	52.9

注：统计口径为规模以上企业。

2.2　三年建设投资情况

近年来，福建省围绕加快装备制造业发展，加大了促进装备制造业发展的投资力度，投资额度逐年增长。2006—2008年，城镇300万元以上固定资产投资总额为632.15亿元，其中2006年136.09亿元，2007年195亿元，2008年301.06亿元。

3. 产业结构的调整

3.1　产业结构

表 2　福建省机械装备制造业构成　（单位：亿元）

行业名称	2006 年		2007 年		2008 年	
	工业增加值	占比重（%）	工业增加值	占比重（%）	工业增加值	占比重（%）
金属制造业	56.44	13.3	71	12.6	85.94	12.6
通用设备制造业	62.9	14.9	87.98	15.6	116.48	17.1
专用设备制造业	55.58	13.1	68.32	12.1	81.52	11.9
交通运输设备制造业	96.25	22.7	140.99	25	166.94	24.5
电气机械及器材制造业	117.59	27.8	156.92	27.8	182.78	26.8
仪器仪表及文化、办公机械制造业	34.72	8.2	38.28	6.8	48.52	7.1
总计	423.47	100	563.5	100	682.18	100

注：统计口径为规模以上企业。

3.2　优势和特色产业

近年来，福建省装备制造业通过产业结构调整，培育了一批优势特色产品。工程机械、电工电器、大中型客车、环保机械等制造业和飞机维修业、船舶修造业等在全国都具有一定优势或特色，其中轮式装载机、大中型客车、中小型电机、关节轴承等产品产量居全国各省市同行业第一位。目前福建省装备制造业拥有“武夷”牌漆包线，“金龙 KINGLONG”牌、“金旅”牌大中型客车，“龙工”牌装载机，“厦工机械”牌装载机等“中国名牌产品”9 项、“福建省名牌产品”164 项，其中有 7 个商标获得了“中国驰名商标”称号。

4. 自主创新

通过大力推动企业自主创新工作，形成了一批科研成果，2006—2008 年三年间全行业共有 32 个项目获“福建省科学技术奖”，有 41 项产品获省优秀新产品奖，经由省经贸委组织鉴定并被确认为福建省新产品的项目有 87 项，另有 174 项产品通过了投产鉴定。

目前全省装备制造业拥有 43 家省级企业技术中心（占全省企业技术中心的 20.8%），其中国家认定企业技术中心 5 家（分别是福州天宇电气股份有限公司技术中心、厦门工程机械股份有限公司技术中心、福建龙净环保股份有限公司技术中心、厦门金龙汽车股份有限公司技术中心、厦门通士达照明有限公司技术中心），建立了模具、电机、船舶、环保设备、电器等 5 个行业技术开发基地。

表 3　2006—2008 年福建省部分优秀新产品获奖项目

序号	企业名称	产品名称	获奖等级
1	福建龙净环保股份有限公司	BEL 型电除尘器	1
2	厦门工程机械股份有限公司	新型装载机驱动桥	2
3	福建南平太阳电缆股份有限公司	交联聚乙烯绝缘聚烯烃护套阻燃环保型电力电缆	2
4	厦门船舶重工股份有限公司	4900CAR 汽车滚装船	2
5	厦门金龙汽车车身有限公司	GD－CV11－JC 加长海狮系列车型	2
6	福建泉州凹凸精密机械有限公司	单面六色自动变色电脑提花机	2
7	厦工集团三明重型机器有限公司	4YCT32 破碎压实机	3
8	福建龙马专用车辆制造有限公司	FLM5050TSL 型扫路车	3
9	福州钜立机动车配件有限公司	高强度铝合金汽车发动机摇臂	3
10	福建泉工机械有限公司	QT6－15 砌块成型机	3

（续）

序号	企业名称	产品名称	获奖等级
11	龙岩理尚精密机械有限公司	ZZM－SKYY31250C 数控冲床自转模与组合模座	3
12	福建省三恒集团有限公司	ASP6090 斜臂式平面丝网印刷机	3
13	泉州泉风电机有限公司	FZY－QA 小型轴流风机	3
14	闽西丰力粉碎机械有限公司	HLM－580、780、880 超细内分级粉碎机	3
15	泉州新日成热熔胶设备有限公司	创可贴高速自动生产线	3
16	泉州市丰泽华兴建筑机械有限公司	FZ－12 振动式固液分离机	3
17	福建龙净环保股份有限公司	FE 型电袋偶合式除尘器	1
18	福建省海源自动化机械设备有限公司	HF1100 千吨全自动液压墙体砖压砖机	1
19	厦门工程机械股份有限公司	XGL50 轮式装载机	2
20	福建氟密泵阀有限公司	高效智能衬氟控制阀	2
21	泉州市天龙环境工程有限公司	活性炭有机废气高效吸附回收装置	2
22	马尾造船股份有限公司	56 米锚定作业/拖曳/消防供应船	3
23	福建嘉园环保股份有限公司	JY－C 型有机废气净化处理设备	3
24	福建省惠丰电机有限公司	智能型高效浴缸泵	3
25	泉州市三星电控设备有限公司	CH110－1200Q 型开关导电触臂组件	3
26	泉州市洛江区双阳金刚石工具有限公司	异型齿硬质合金锯片	3
27	泉州市远东环保设备有限公司	全自动纸浆模塑餐具成型机	3
28	福建成功机床有限公司	C5116E 单柱立式车床	3
29	福建新龙马汽车股份有限公司永安汽车厂	FJ1240M 载货汽车底盘（四轴）	3
30	福建省将乐三华轴瓦股份有限公司	汽车发动机镀铟四元轴瓦	3
31	福建汇华集团东南汽车缸套有限公司	4G18 无余量汽车缸套	3
32	福建龙净环保股份有限公司	大型机组烟气循环流化床干法脱硫装置	1
33	厦门金龙联合旅行车有限公司	金旅牌 K01 系列旅游客车（XMQ6110Y/XMQ6111Y/XM6123Y/XMQ6126Y）	2
34	厦门金龙旅行车有限公司	金旅牌 XML6127 系列客车	2
35	林德（中国）叉车有限公司	335 系列电动平衡重叉车	2
36	福建省龙马环卫装备股份有限公司	FLM5162GSL 清洗扫路车	2
37	正兴轮胎集团有限公司	15in 加强型无内胎车轮	2
38	泉州汇成针织有限公司	HCR16－EK 电脑经编无缝裤袜机	3
39	福建省莆田市华隆石材机械有限公司	石材矿山开采圆盘式锯切机	3
40	福建省南安市巨轮机械有限公司	SQC－700 程控旅转桥式切石机	3
41	福建华泰集团有限公司	干压精韵石陶瓷砖	3

5. 产业集聚区（带）建设

通过开放引进、实施大公司大集团发展战略，福建省装备制造业已越来越明显地呈现区域集聚、集群化发展的特点，目前已初步建立福州（青口）汽车及零部件、厦门大中型客车及零部件、厦门工程机械、福安电机电器等四个产业集群，形成了以厦门 ABB、太古飞机维修、南平电线电缆、龙岩环保机械等为龙头的区域产业生产基地（另外，泉州汽车及工程机械零部件、龙岩和永安运输机械及零部件、泉州船舶修造、福州洪宽（台商）机械制造、晋江、南安装备制造业等一批产业园区也正在建设中）。

福建省装备制造业重点产业集聚区基本情况：

5.1 福州（青口）汽车及零部件产业集群

福州（青口）汽车公司及零部件是以东南汽车整车企业为龙头的产业集聚区。上世纪 90 年代通过闽台汽车公司产业携手，合作创建了东南汽车公司，之后又与世界著名汽车公司戴姆勒公司合作设立了福建戴姆勒汽车公司工业有限公司（轻型客车项目），并集聚了众多的汽车零部制造企业，在福州青口形了初具规模的汽车城，工业总产值已超过百亿元。主要产品是轿车、小型客车、商务用车等。近期，福建省又对青口汽车城进一步组织了总体规划的修编工作，规划范围由 $33km^2$ 拓展至涵盖青口、祥谦、尚干三镇区域的 $56km^2$，工业用地由 $11km^2$ 增加至 $18km^2$。汽车城 2007 年安排配套设施和生活配套设施项目 33 项，总投资 58844 万元，目前已逐步开工建设，进展迅速。至 2008 年 5 月，青口汽车公司城已累计批准汽车整车和零部件外资企业近 130 家，投资总额约 15 亿美元（其中投资 1000 万美元以上的企业有 30 多家）。目前，已有超过 100 家企业建成投产，累计完成总投资约 13 亿美元。在建项目还有戴姆勒汽车、日本狄原车身、德国本特勒车桥等 20 多个项目。

5.2 厦门大中型客车及零部件产业集群

厦门汽车工业城是以金龙汽车为龙头发展起来产业集聚区。金龙汽车是我国生产大、中型客车的重点企业，其产品已位居国内同类企业的前列。2007 年厦门金龙汽车生产大、中型各类汽车 38453 万辆（其中大型 10299 辆、中型 9008 辆、轻型 19146 辆），产值 77.47 亿元。位于厦门集美灌口的厦门汽车城，一期规划占地面积 171 万 m^2，规划为整车制造区、零部件制造区和研发行政中心、物流区等四大功能区，由大中型客车、轻型客车、发动机、底盘等 14 个项目组成，总投资约 40 亿元。目前道路、水电、公交、通讯等基础设施已配套完善，项目也已全部落实，其中金龙联合汽车大中型客车项目（总投资 79000 万元）已于 2006 年建成投产，金龙车身项目（总投资 19800 万元）也已于 2007 年上半年建成投产，理研工业凸轮轴与活塞环、金龙礼宾车、底盘车架、底盘总装、模具中心、金龙空调、轻客、机动车维修中心、一期通用厂房等项目已于 2007 年陆续建成投入使用。玉柴发动机、美国德纳车桥等项目已于 2008 年上半年前陆续建成投产。金龙车身二期扩建项目已在进行设计等前期工作。

厦门汽车城二期规划占地面积约 272 万 m^2，其中工业用地规划占地面积 105 万 m^2。分步建设摩托车、专用车等整车产品和国家场内车辆质量检验中心及中高压油缸等零部件配套项目，项目总投资约 48 亿元。厦门汽车工业城配套产业区主要为汽车、工程机械产业配套，规划占地面积约 120 万 m^2，总投资约 35 亿元。目前，项目已基本落实，并有育明机械、开元冷作、逸超汽配和先锋电镀城等项目已建成投产，其余项目均已进入建设阶段。

5.3 厦门（龙岩）工程机械产业集群

厦门工程机械工业园区占地 $1.34km^2$，总投资 10 亿元，具有年产装载机 3.5 万台、液压挖掘机 1000 台、内燃叉车 3000 台和工程机械专用车辆 500 台的生产能力，年产值可达 120 亿元，2007 年产值达 78 亿元。厦工工业园区将成为一个具有现代技术管理、技术力量雄厚、工程机械产品门类品种齐全、在国内外具有较强竞争力的、规模最大的中国工程机械产品制造园区。

龙岩工程机械园区是以中国龙工控股有限公司为主的产业基地。至 2007 年底，龙岩市已投资设立工程机械制造企业 36 家（其中规模以上企业 27 家）。2002—2006 年增长幅度高达 55% 以上，超过全国平均水平。2007 年完成工业产值 35 亿元，实现利税 4 亿元左右。2007 年中国龙工产能达 5 万台，销售总额突破 80 亿元；其中装载机产销 3 万多台，国内市场占有率超过 20%，跃居国内同行首位，进一步确立了其在行业中的主导地位。

5.4 福安电机电器产业集群

经过“十五”、“十一五”的快速发展，2007 年福安市电机电器产业实现产值 102 亿元，成为福安工业的第一支柱产业。现有以民营企业为主、多种所有制结构并存的企业 700 余家，从业人员 4 万多人。其中整机厂 280 多家，配套企业 400 多家，形成了一个从原材料供应、零部件加工到整机组装、质量检测的专业化、协作化、社会化生产网络。产品主要有电动机、发电机、水泵、电热电器和电子保健医疗器械等门类，400 多个品种；产品销往东南亚、非洲、中东、欧洲、美洲 40 多个国家和地区及国内各省市。通过产业园区建设，诸多企业从市区搬迁到新建的工业园区，生产规模大大扩充，技术水平也有很大提高。近年来，福安电机电器企业积极依靠科技进步，加快技改和新产品开发，创新能力不断增强。开发了各种系列的节能高效电动机、低噪声发电机、水泵电机、发电机组及智能控制系统等新产品；建立了电机自动流水生产线、自动喷漆生产线；建有电机研究所1个，技术研究室10个，企业检测室（组）30多个，省级产品检测中心2个。11家企业列入国家机电产品出口基地名录。产品科技含量和技术水平不断提高，形成了较为稳固的产业发展基础和优势。

第二节 存在问题

福建省装备制造业发展中存在的主要问题：

1. 企业核心竞争力较弱，产品水平偏低

主要表现为企业平均规模偏小，创新能力薄弱，高水平人才缺乏，低端产品偏多，技术水平较低，关键零部件多依赖进口，与福建省产业发展需求不相适应。如市场占有率达85%的针织大圆机，由于加工精度偏低、织针等关键零部件为德国等个别国外公司所垄断，主要占有的仍是低端产品市场。

2. 装备制造业总量偏小，缺乏大型装备

福建省装备制造业缺乏制造大型成套设备和高、精、尖产品的能力，总量偏小，在全国各省市中的排名远远落后于福建省经济总量的排名。在国家振兴装备制造业意见中提出的要实现重点突破的16项重大技术装备和产品，福建省仅有机电一体化剑杆织机和喷气织机这两种装备产品符合国家鼓励和扶持发展重点。

3. 协作配套能力不强，基础工艺比较落后

工程机械、船舶、中小型电机是福建省的优势产品，但工程机械用的柴油机、高压液压元件和船舶主辅机都须从省外或国外采购，电机漆包线、硅钢片等也主要来自外地。铸造、锻造、热处理等基础工艺配套能力较低，在品种、档次和性能等方面均难以满足主机厂需求，如单件铸锻件最大只能做到30t，无法制造大型机械零部件。

4. 工业用地紧张，制约产业发展步伐

当前，福建省在引导和推动装备制造业重点园区建设，以及重大技术装备项目招商中遇到的突出问题就是工业用地紧张问题，如建设福建省装备制造业（晋江）重点基地的首要瓶颈就是要争取大量的耕保地指标调整和零散闲置土地的集中利用，莆田、三明等地的装备制造业专业园区建设也存在同样的问题，制约了专业园区建设的进度和重大项目的引进。

第三节 发展展望

福建省将按照既定的《关于加快我省装备制造业发展的若干意见》和《装备制造业发展工作专项》方案，坚持自主研发和消化吸收再创新相结合、重点突破与全面提升相结合，组织实施技术装备类重点企业技术改造示范项目，重大技术装备引进消化吸收再创新专项，力争形成在全国具有竞争力的特色装备制造基地。

1. 继续实施工作专项

一是重点支持有一定竞争优势和特色的装备制造业产品、企业做大做强，支持有一定基础的通用机械装备和专用机械装备及零部件生产水平的全面提升；实施汽车零部件“辅导”工程，推动汽车零部件改造升级，从维修市场向主机配套市场转变；大力支持装备制造业的协作配套产业的发展，为装备制造业的发展提供基础支持。以装备制造业重点项目的实施带动产业发展壮大。二是继续引导和支持有条件地区建立装备制造业专业园区，重点支持福建装备制造业（晋江）重点基地的建设，推动莆田高技术园区机电园、南安汽配及机械产业园、青口汽车城等专业园区的建设工作。

2. 深入开展专题招商

充分利用台交会、“6.18”和“9.8”等平台，发挥省机械工业联合会与台湾行业协会、商会的良好合作关系，开展对台招商活动，承接台湾先进装备制造业的转移。充分利用闽商优势和市场优势，开展与内陆地区大型装备制造业企业的对接，吸引大型装备企业在福建省投资落户。联合省直有关部门赴境外开展装备制造业的专业招商活动，实现国际装备制造业前沿技术、关键技术与省装备制造业发展的有机融合。引导民间资本在产业转型中从传统产业向装备制造业转移，鼓励民营装备制造业加大资本投入，积极运用高新技术改造传统装备制造业，不断提升福建省装备制造业整体竞争力。

3. 大力推动自主创新

一是整合科技创新资源，为装备制造业自主创新提供支撑。继续围绕装备制造业具有比较优势或发展潜力的产业，推进装备制造业技术创新公共服务平台——行业技术开发基地建设。2008 年依托华侨大学并联合省鞋机商会组建省制鞋机械行业技术开发基地，为提升全省制鞋机械行业技术水平，开发鞋机制造业关键技术和共性技术提供技术支撑。二是完善企业技术创新运行机制，提升企业自主创新能力。继续鼓励和引导装备制造业各领域的龙头骨干企业组建技术中心，完善以技术中心为核心的企业技术创新运行机制，提升龙头骨干企业的消化吸收再创新能力，带动行业中小企业技术进步和产业优化升级。三是继续组织实施重大技术装备消化吸收再创新专项，突破一批产业核心技术和关键技术。支持企业跟踪国际装备制造业技术发展趋势，鼓励引进先进技术装备，强化消化吸收再创新，重点突破若干项制约福建省装备制造业产品技术提升和产业优化升级的核心技术和关键技术，增强自主创新能力。

4. 抓紧制定重点产业振兴规划

结合福建省的实际情况，抓紧制定装备制造业、汽车、船舶等重点产业的振兴规划，提高支柱产业和骨干企业增强应对国际金融危机冲击的能力，化解当前较为突出的矛盾和困难，进一步加快结构调，实现由大到强的转变。

5. 进一步落实有关政策

国家、省装备制造业发展意见中都明确提出鼓励首台（套）重大技术装备自主创新，为首台（套）重大技术装备应用营造必要的政策环境，国家发改委、科技部、财政部、原国防科工委也于 2008 年初颁发了《首台（套）重大技术装备试验、示范项目管理办法》，福建省将参照国家关于首台（套）重大技术装备的有关政策，会同省直有关部门制定并实施首台（套）重大技术装备认定制度、首购试用制度。协调地税部门实施首购试用首台（套）重大技术装备的地方税收优惠政策，推动省首台（套）重大技术装备的研制和推广应用。

第十四章　江西省装备制造业发展报告

装备制造业是为国民经济发展和国防建设提供技术装备的基础性产业。大力振兴和发展装备制造业，是落实科学发展观，走新型工业化道路，促进国民经济可持续发展的战略举措。进入“十一五”以来，江西省积极发展装备制造业，聚焦重大技术装备，落实企业自主创新，装备制造业取得了稳步、快速的发展，形成了门类较为齐全、具有一定规模和较雄厚基础的工业生产体系，已经成为江西省工业经济发展的主导力量和重要支柱产业之一。

第一节　三年来江西省装备制造业发展评估

1. 制定发展规划和配套政策情况

1.1　制定发展规划

（1）发展战略

落实科学发展观，加快江西工业化步伐作为发展思路。重点是以巩固、发展优势、特色产品和对行业发展有带动效应的重点产品为主攻方向，以大力发展非公有制经济、培育新的经济增长点为突破口，以提高技术创新能力和企业管理水平为手段，以增强江西装备制造业整体竞争能力，扩大市场占有率，提高经济效益为目标。重点支持发展高新技术产品以及利用高新技术和先进适用技术改造传统产业，提高产品技术含量；支持在国内同行业中有优势、特色的企业，使之产品上水平、生产上规模、效益上台阶，并进入全国先进行列。积极推进战略性结构调整，并通过对优势资产进行重组，促进产业结构的优化升级。

（2）发展目标

2010 年江西省装备制造业主营业务收入达到 1000 亿元，占全省工业主营收入的比重达 17%；工业增加值达 300 亿元，占全省工业增加值的比重 18%；利税 80 亿元，占全省的比重 15%；出口交货值 200 亿元，工业投资额 700 亿元。

优化行业产品结构和企业组织结构，到 2010 年争取有 1 个年销售收入过 300 亿元的企业，过 100 亿元的企业 2 个，过 10 亿元的企业 10 个。

主要产品水平有明显的提高。到 2010 年，产品品种数达到 8600 种，主要产品水平与国际先进水平的差距缩短 10 年左右；大型骨干企业的产品要普遍实现更新换代；主要产品品种的 50% 达到国际 20 世纪 90 年代末的先进水平；5% 的产品进入世界先进行列。

（3）发展重点

汽车。重点发展轿车，轻型客车、多种能源、混合能源汽车，重、轻型载货汽车及车用发动机。抓住国家鼓励建设节约型社会，支持生产小排量汽车的政策，大力发展节油性经济家用轿车以及开发生产经济型家用柴油轿车。根据公交汽车的使用特点和要求，客车企业应重点发展低地板公交客车，绿色环保客车（如电动客车）。专用汽车重点发展消防车、城市环卫车（压缩式垃圾车、高压清洗车、吸污车等）、低压大型液体运输半挂车等。集中发展已形成一定基础、批量，为新车型配套、影响整车性能的关键总成和系统零部件，如变速器、驱动桥、减震系统等，并力争在汽车电子产品中有大的突破。

电力设备。随着我国发电工业向高效率、低能耗、低污染、低成本方向发展，要大力发展大型、高效、节能的新型电力设备。在发电设备领域中，重点开发中小型水力发电成套设备，循环流化床系列锅炉要在巩固现在优势的基础上，产品向大型化发展以及配套除尘环保产品方向发展。输变电设备产品应向大容量、高电压方向发展，继续巩固和发展江西省整流变压器的技术优势，重点开发牵引变压器、牵引变电站成套总成；电线电缆、高压电瓷行业要开发高电压、高强度绝缘子和断路器、静电除尘器、互感器瓷套并形成规模化生产；研制开发 500kV 具有当代国际水平的氧化锌避雷器、隔离开关和真空断路器产品。用电设备重点发展节能、紧凑型等新型产品。电动机产品要实现更新换代并向中型高压方向发展，并注重开发特殊用途的专用电机、永磁电机及变频电机。

节能减排产品。重点发展城市污水及工业废水处理设备、饮用水净化处理设备、垃圾分选设备、城市生活垃圾焚烧处理成套设备、粉煤灰干洁分选设备等生态及环保机械产品。

仪器仪表类品。瞄准国内外两个市场，开发高技术含量、高附加值的仪器仪表元器件产品。

1.2 制定和落实配套政策

江西省人民政府赣府发［2003］20 号《江西省六大支柱产业发展规划（2003—2007）》。

江西省人民省政府赣府发［2006］6 号《江西省人民政府关于支持汽车工业发展的意见》。

省发改委赣发改工业字［2006］786 号《江西省汽车工业“十一五”规划》。

省政府办公厅赣府厅发［2007］1 号《江西省产业经济“十百千亿工程”实施意见》。

2. 在江西省经济中的地位

据初步统计，2007 年，全省规模以上装备制造业企业达到 800 余家，职工 20 万余人，资产总额 700 多亿元。全省装备制造业企业完成工业增加值 215 亿元，实现主营业务收入 704 亿元，实现利税 60 亿元，分别占全省规模以上工业企业的 12.0%、12.2% 和 10.9%。规模以上装备制造业企业中，主营业务收入超过亿元的企业达 48 家，超过 10 亿元的企业有 8 家，利税总额超过 1000 万元的企业有 31 家。2007 年全省装备制造业行业完成固定资产投资约 300 亿元，占全省工业的 21.4%，在江西省国民经济中具有举足轻重的地位。

表 1 江西省装备制造业主要经济指标 （单位：亿元）

年份	工业总产值	销售收入	工业增加值	利税总额	利润总额	出口交货值	从业人数/人
2006 年	462.33	466.29	124.5	35.95	16.56	29.55	136229
2007 年	721.32	708.20	191.00	56.91	26.72	75.11	171698
2008 年	994.01	851.20	234.10	62.61	30.40	68.07	189846

3. 产业结构的调整

3.1 产业结构

表 2 江西省装备制造业工业增加值构成 （单位：亿元）

行业名称	2006 年	2007 年	2008 年
金属制造业	1.58	2.56	6.40
通用设备制造业	16.30	26.11	34.2
专用设备制造业	10.02	14.94	24.9
交通运输设备制造业	53.79	66.98	77.84
电气机械及器材制造业	36.38	71.26	81.8
仪器仪表及文化、办公机械制造业	6.38	9.12	8.9
总计	124.45	190.97	234.04

3.2 优势和特色产品

江西省装备制造业主要的优势和特色产品有乘用车、无氟压缩机、整流变压器、三维立体 D 形卷铁芯干式变压器、四开多色胶印机、高炉煤气锅炉、锅炉袋式自动除尘器、智能型水表、光学镜片、铁路轮对加工专用数控机床等。

4. 自主创新

4.1　研发基础设施建设

截至目前，江西省装备制造业共有国家认定企业技术中心四家（江铃股份有限公司技术中心、洪都航空工业集团技术中心、泰豪科技股份有限公司技术中心、昌河航空工业集团技术中心）。

4.2　开发成功的重大装备

近年来，在国家支持下，江西省依托重大工程项目，一批重大技术装备研制取得突破，一批优秀装备新产品开发成功。“十五”期间，全省装备制造业共完成技术改造投资约120亿元，主要集中在汽车、工程机械、电力设备、基础机械、环保机械等重点领域，技术装备水平显著提升。江西省装备制造业产品品种现已达7600种，主要产品采用国际标准和国外先进标准的达标率达到60%，重点骨干企业基本达到ISO9000标准要求，通过质量体系认证企业达100多家。一些新产品技术含量高、市场潜力大，有的接近或达到国际同类产品的先进水平，如：智能组合式系列电站、螺杆膨胀动力机、无氟压缩机、整流变压器、三维立体D形卷铁芯、干式变压器、四开多色胶印机、锅炉袋式自动除尘器、高低差速循环流化床锅炉、智能型水表、铁路轮对加工专用数控机床等。

5. 产业集聚区建设

表3　江西省装备制造业产业集聚区汇总表　（单位：亿元）

产业集聚区名称	产业特色	龙头企业	2007年	
			销售收入	利税总额
宜春经济开发区江西省机电产业基地	工程机械制造及配件、电机制造、汽车摩托车配件等	江西特种电机股份有限公司、宜春沃得重工有限公司、江西飞龙钻头制造有限公司	11.2	1.2
江西南昌小蓝经济开发区 江西省汽车零部件产业基地	发动机、变速器、汽车空调、汽车内饰件、汽车覆盖件等	伟世通汽车空调（南昌）有限公司、江铃李尔内饰件有限责任公司、江铃集团协和动力传动技术有限公司	16.4	—
崇仁县江西省变电设备产业基地	干式变压器、互感器、油浸式变压器、箱型变电站等	江西变电设备有限公司、江西亚珀变电设备有限公司、江西赣电电气集团有限公司	12.13	0.74208

宜春经济开发区机电产业定位明确，有较大的产业规模，产业链条较为完善，企业关联度高；已基本形成了以江特电机、沃得重工、长青机械、飞龙钻头、三龙电气等龙头企业为主，专业化配套零部件企业协调发展的格局，基本形成了专业化分工的配套体系；园区基础设施较为完善，公共服务体系逐步健全，并制定了较为可行的发展规划。2007年园区机电行业完成主营业务收入11.2亿元，占省内同行业主营业务收入的比重在10%以上。

第二节　存在问题

1. 龙头企业不大

总体上看，江西省装备制造业缺乏在国内同行业中有较强竞争优势的大型企业和企业集团。江铃汽车集团、昌河两大集团在江西省装备制造业中占有绝对龙头地位，但放在全国同行业中比较，总量相对偏小。特别是在轿车领域，由于起步晚、品牌弱、竞争激烈，昌河的利亚纳、江铃的陆风风华难于打开市场，扩大规模。江西省造船、民用航空工业近几年来发展势头迅猛，但由于基础较差，在全国同行业中所占份额较小。

2. 研发能力不强

江西省江铃、昌河两大汽车企业由于合资关系，受制于外方股东（美国的福特、日本的铃木），缺乏研发主导权。造船工业方面，缺乏具有造船特色的船舶院校和相关的专业学科，没有船舶研发中心以及高水平上规模的船舶设计单位。航空工业方面，由于很多涉及国防机密，技术由军传民渠道不够顺畅。

3. 零部件行业厂点少、规模小

除少数企业外，总体上缺乏自主零部件产品的开发能力。汽车空部件行业大多数企业没有进入国际和国内汽车零部件采购体系；船舶配套生产企业以军品为主，军转民步伐较为缓慢，配套产品本土装船率不高。

第三节　发展展望

全面贯彻落实科学发展观，大力实施科教兴赣战略，以增强自主创新能力和市场竞争能力为目标，以扩大规模总量、提升技术含量为基本要求，以推进大企业、大项目、大品牌为载体，坚持“专、精、特、新”，大力推广运用新技术、新装备、新材料和新工艺，努力提升江西装备制造业的能力和水平，着力打造一批在全国有重大影响力的装备制造业品牌。

今后三年江西省装备制造业主要任务是聚焦工业发展重点领域、重点项目、重点企业，实现江西省装备制造业新的攀登和超越。

1. 产业布局

以建设汽车产业集群为方向，全面提高汽车生产关联水平和配套支持能力，努力构建南昌、九江和景德镇三大汽车产业基地；发挥九江所处黄金水道优势，通过新建、扩建和技术改造，做大做强现有船舶企业，通过招商选资，引进一批优势船舶企业，把九江建设成为我国长江流域重要的中小型船舶制造基地和船舶配套产业基地；围绕洪都航空工业集团和昌河飞机工业集团两家大型飞机制造企业，初步建成洪都高级教练机和通用飞机产业化基地、洪都国际航空转包和大飞机重要零部件生产基地以及昌河民用直升机科研生产基地。

2. 重点项目

积极鼓励企业承担国家重大技术装备自主化项目，大力推进江铃年产 20 万套自动变速器、昌河 6 万辆 YV5 轿车及 7.5 万台 K14B—VVT 发动机、洪都航空年产 20 架高级教练机、30 架 N5B 型农林飞机、30 架轻型公务机及我国大飞机部件项目、昌飞公司年产 450 架民用直升机等一批重大项目建成投产。

3. 重点企业

积极鼓励和支持江铃、昌河、昌飞等企业做大做强，对承担研制重大技术装备项目的企业，实行适度的政策倾斜，积极落实技术改造和技术创新等有关优惠政策。

到 2010 年，初步建立起装备制造业设备成套化、制造集约化的新型产业体系，掌握一批核心关键技术，形成一批具有自主创新能力、自主知识产权和知名品牌的优势企业，重大技术装备水平明显提高，促进江西省新一轮产业升级和结构调整。

第十五章　山东省装备制造业发展报告

"十一五"以来，山东省装备制造业的发展取得了可喜成绩，结构不断优化，在全国全省的优势地位明显提升；科技进步取得显著成果，企业创新能力普遍增强；外向型经济发展加快，对外开放的水平有新突破；企业管理、质量管理水平有了新的提高；企业和谐文化建设取得新的进展。但是，与先进水平相比，山东省在自主创新、技术水平、管理经验、体制机制等方面还存在较大差距。在产业结构中，一些突出的矛盾和问题尚未得到根本性解决，大而不强的问题依然突出。以科学发展观为统领，努力实现产业升级，促进装备制造业由大变强，仍然是行业发展的重中之重。当前，国际金融危机对装备制造业发展造成了严重冲击，同时也带来了结构调整的机遇。全省装备制造业应当抓住这一难得的机遇，知难而进，着力增强自主创新能力，加快企业技术改造，推进产业结构升级，尽快实现装备制造业由大变强。

第一节　三年来山东省装备制造业发展评估

1. 制定发展规划

（1）发展战略

"十一五"期间山东省装备制造业发展的指导思想是：全面贯彻落实科学发展观，努力推进产业结构优化升级和经济增长方式的转变，依靠技术进步，加大投资力度，加快高新技术产业化和采用高新技术改造提升传统产业，着力提高企业的工艺技术装备水平和核心竞争能力，突出壮大支柱产业、做强大型企业和培育知名品牌，推动制造业强省建设，促进装备制造业持续健康快速发展。

"十一五"发展坚持以下原则：一是市场导向原则。充分发挥市场在资源配置中的基础性作用，突出企业在市场竞争中的主体地位，规范企业和行业的竞争秩序，逐步建立适应市场经济发展的企业运行和行业管理机制。二是技术进步原则。进一步建立和完善技术创新体系，提高技术创新能力，强化核心技术培育，以创新占领市场，实现从引进技术、模仿加工向自主创新的转变，推进以信息技术为代表的高新技术与装备产品的深度融合。三是国际化原则。注重国内外两种资源和两个市场的开发利用。积极承接国内外产业和资本转移，加强与大型跨国企业的战略合作，引进资本、技术、品牌和管理，鼓励企业"走出去"，提高装备制造业的国际竞争力。四是可持续发展原则。坚持行业发展与环境保护、企业经济效益与社会效益相统一的原则，推动节能降耗，清洁生产、合理利用资源，努力发展循环经济。严格控制高耗能、高污染的产品和企业，淘汰落后生产能力、工艺和设备，实现经济可持续发展。

（2）发展规划

产业规模。到2010年，全省装备制造业规模以上企业销售收入达到12000亿元，年均增长20%；工业增加值达到3600亿元，年均增长20%；利税达到1400亿元，年均增长25%；出口创汇达到200亿美元，年均增长30%。

产业水平。产品总体技术水平与工业发达国家的差距缩短到5～10年，重点主机产品研发和制造能力接近国际先进水平，形成一批拥有自主知识产权、技术含量较高、具有较强竞争力的骨干产品；形成特色产品优势突出、配套较为完善的产业体系；骨干企业的技术装备达到当代国际先进水平，50%以上的大中型企业基本实现信息化，高新技术产品产值占全省的比重达到30%；全省装备制造业劳动生产率有较大提高，经济效益居全国同行业前列；清洁生产、环境保护和资源综合利用效率处于全国同行业领先水平。

产业外向度。实现产品出口的较大增长，力争出口交货值占全国比重达到15%左右，成为全国重要的出口基地，直接利用外资额占行业总投入比重达到 20% 以上。

产业结构。企业组织结构得到进一步优化，培育若干家实力雄厚、核心竞争能力强的龙头企业，中小企业实现较高程度的专业化生产协作。到 2010 年，培育年销售收入 500 亿元的企业集团 1 个，年销售收入 100 ~ 300 亿元的重点企业 5 个，年销售收入 50 亿 ~ 100 亿元的重点企业 10 个，年销售收入 10 亿元的企业 100 个。用 5 ~ 10 年时间，全面融入世界现代制造业体系，基本形成以高新技术为先导，高附加值加工制造业与现代装备制造业协调发展的先进制造业基地，将山东建成我国重要的装备制造和供应基地，初步实现由装备制造业大省向装备制造业强省的转变，争取在部分优势行业构建我国乃至世界装备制造业的中心。进一步发展产业集群，形成具有地方特色的产业集聚带，重点培植十余个产业集群，如烟台的汽车配件、滕州的中小机床、潍坊的印刷机、潍坊的农业机械、临沂的小动力、临清的轴承等。

（3）发展重点

重点发展七大行业：

汽车行业。重点依托中国重汽集团、上海通用东岳汽车有限公司、一汽青岛汽车厂“三大平台”，重点发展中重型载货汽车、轿车、轻型车、特种车和汽车零部件，形成整车与原材料同步推进、整车与零部件协调配套、龙头企业与一般企业共同发展的现代汽车工业体系，使汽车工业成为山东省重要的支柱产业。

电工电器行业。整合全省电工电器行业优势，重点发展以锅炉、汽轮机、发电设备为主的电站成套设备，以变压器、高压开关、电缆为主的输变电设备及各类电机等产品。

机床工具行业。金切机床，重点发展数控机床。通过资源整合，扩大规模能力，保持和发展技术领先优势，使济南二机床、济南一机床等骨干企业进入国际一流机床制造商行列；重型压力机、数控重、大型机床批量进入国际高端市场；三坐标测量机、数控系统等高新技术产品形成规模优势。

农业机械行业。重点发展大中型拖拉机及耕作机械、设施农业机械、大型联合收获机械、粮油及农副产品深精加工机械、保鲜贮藏设备等市场所需要的装备，扩大出口，提高国内外市场占有率，巩固提高全国领先的整体优势。

工程机械行业。不断消化吸收国外先进技术，保持与世界先进水平同步发展，增加产品品种，进一步满足国内外市场需求。向节能、高效、可靠和环保型发展，广泛应用机、电、液一体化等高新技术，向大型化和小型化发展，提高配套动力的技术先进性，重视人机工程应用。

内燃机行业。以潍柴动力股份有限公司、济南柴油机股份有限公司、通用东岳动力总成等企业为龙头，按照各自的市场定位，发展新型、环保、节能型产品，全面提供市场需要的各类产品，形成能为各类汽车、工程机械、船舶、农机配套的柴油机、汽油机、燃气机系列产品。

其他重点。加快发展建筑、环保、包装、造纸、石油、建材、煤炭等为行业需要的专用设备。建筑机械重点发展各类塔机、混凝土搅拌设备。造纸机械重点发展宽幅、高速大型纸机；板纸、文化纸和特种纸机；新型制浆设备；黑液燃烧及处理设备等。石油机械重点发展抽油机、抽油杆、抽油泵“三抽”设备，开发适合深抽强采作业的新产品，扩大生产能力，争取成为三大油田的“三抽”生产基地。建材机械重点发展石材加工设备、日产 5000t 以上熟料生产线主机设备及与之配套的预热器、分解炉、电收尘器等其他单机设备。

2. 在山东省经济中的地位

2008 年，全省装备制造业实现工业增加值 4356.79 亿元，销售收入 16224.91 亿元，利税 1407.52 亿元，利润 916.76 亿元，与 2005 年相比，分别年均增长都在 25% 以上。增加值占全省规模以上工业的比重达到 26.1%。2006—2008 年，全省装备制造业完成投资 6308 亿元，其中技术改造投资 3586.6 亿元。

表 1　山东省装备制造业主要经济指标　（单位：亿元）

年份	工业总产值	销售收入	工业增加值	利税总额	利润总额	出口交货值	从业人数/万人
2006 年	9862.4	9576.77	2655.65	796.76	500.10	618	131.4
2007 年	13080.3	12659.71	3306.58	1258.37	826.26	863.4	138.9
2008 年	—	16224.91	4356.79	1407.52	916.76	960	145

3. 产业结构的调整

3.1 产业结构

2008年装备制造业增加值中，通用设备制造业完成1050.2亿元，同比增长了18.4%，占24.10%；电气机械及器材完成763.99亿元，增长19.2%，占17.54%；交通运输设备完成720.38亿元，增长19.3%，占16.53%；通信设备、计算机及其他电子设备制造业完成659.44亿元，增长了24.4%，占15.14%。以上四大产业占全省装备制造业的90.57%，成为山东省装备制造业的支柱。

表2 山东省装备制造业构成 （单位：亿元）

行业名称	2006年		2007年		2008年	
	工业增加值	占比重（%）	工业增加值	占比重（%）	工业增加值	占比重（%）
金属制品业	274.10	10.32	329.78	9.97	464.78	10.67
通用设备制造业	617.93	23.27	820.22	24.81	1050.20	24.10
专用设备制造业	378.57	14.26	463.33	14.01	581.73	13.35
交通运输设备制造业	435.09	16.38	505.88	15.30	720.38	16.53
电气机械及器械制造业	490.99	18.49	570.58	17.26	763.99	17.54
通信设备、计算机及其他电子设备制造业	393.54	14.82	518.21	15.67	659.44	15.14
仪器仪表及文化、办公机械制造业	65.43	2.46	98.58	2.98	116.27	2.67
总　计	2655.65	97.56	3306.58	97.05	4356.79	97.36

3.2 优势和特色装备

山东省培植了一批在国际国内市场具有较强竞争力的产品。2007年，山东省改装车、农业运输机械、收获机械、小型拖拉机、试验机、造纸机械等9种产品产量居全国首位，其中农业运输机械占全国产量的80%；载货车、交流电动机、变压器等5种产品产量居全国第二；工业锅炉、金属切削机床、轴承等6种产品居全国第三。全行业现有37个中国名牌产品，408个山东名牌产品，9个中国驰名商标，242个山东省著名商标。

表3 山东省优势特色装备一览表 （单位：亿元）

序号	优势特色装备名称	制造企业	2008年销售收入	国内市场占有份额
1	汽车行业	中国重汽集团等	2309	居全国同行业第2位
2	电工电器	泰开电器集团有限公司等	2252.7	居全国同行业第4位
3	农业机械	时风集团等	941.8	居全国同行业第1位
4	工程机械	山推工程机械股份有限公司等	453	居全国同行业第1位
5	机床工具	济南二机床集团有限公司等	323.8	居全国同行业第2位

4. 自主创新

4.1 创新投入和技术创新体系建设

全省装备制造业现已有国家工程研究中心1家、国家工程技术研究中心6家，国家工程实验室3家，国家重点实验室3家，国家认定企业技术中心49家。2007年，部分重点企业2007年R&D经费投入总计为2224万元，占销售收入的比重为0.5%。重点骨干企业新产品产值比重达到30%。

4.2 开发成功的重大装备

经过多年的发展，山东省装备制造业的自主创新能力明显增强，成功开发了一大批重大装备。山东丛林集团等研制的具有自主知识产权的世界首台万吨挤压机，填补了国内重大技术装备的空白；中国重汽开发了具有自主知识产权的斯太尔王系列重型汽车；济南二机床集团有限公司研制的五轴联动镗铣加工中心，达到国际先进水平，向美国、泰国、澳大利亚等国家出口了拥有完全自主知识产权的5000t、2500t重型多工位压力机，产品进入国际高端市场；山推股份吸收世界先进技术，自主研发成功国内最大功率的推土机；烟台冰轮开发了拥有自主知识产权的新型高效螺杆压缩机；潍柴动力公司研发的我国第一台拥有自主知识产权的10L、12L大功率欧Ⅲ发动机，标志着我国内燃机制造开始进入自主创新时代。

表4　开发成功的重大装备一览表

序号	装备名称	制造企业	主要技术指标	工程应用及产业化情况
1	矿用自卸车	重汽集团专用汽车公司	采用ZZ3252M3242N底盘，上装车厢5400mm × 2300mm × 1500mm，容积18.1m^3；无付车架	适合各种复杂路面运输，用于装运煤炭、水泥、渣土及沙石等散装货物的长、短途运输
2	L项目WP4柴油发动机	潍柴动力股份有限公司	WP7国III柴油机，行程130mm，缸径105mm，排量6.75L	促进先进柴油机燃烧排放控制技术走向国内市场，遏制城市大气污染日益加剧势头
3	T项目柴油机	潍柴动力股份有限公司	缸径108mm，行程130mm，机体、缸盖、曲轴连杆、活塞、配气机构、燃烧系统等均为全新设计	排放达国Ⅲ、国Ⅳ标准，功率、燃油消耗、扭矩等达国内先进水平
4	300型燃气发动机智能管理系统	淄博柴油机总公司	闭环自动调节混合气空燃比，爆震监测实现点火提前角最优控制	开发成功后，销售5台套，产品运行发电1100万度，减排$CO_2$6.5万t
5	300煤层气发动机	淄博柴油机总公司	采用文德里管混合器或者电控混合器，气缸盖采用四气阀结构，增大进气面积，提升功率	开发成功后，销售17台套，产品运行发电3800万度，减排$CO_2$22万t
6	FQUY180履带起重机产品	山东福田雷沃重工股份有限公司	最大起重量180t，主臂长度18～81m，单绳最大拉力131kN，行走速度0～1.1km/h，爬坡能力30%	2007国内年市场需求量300台左右，短期内将突破市场且带动配套厂家生产效益
7	SF20液力型内燃平衡重式叉车	山推工程机械股份有限公司	采用高强度新型结构车架，特殊密封结构电气系统，悬浮式减震系统，震动降低30%	2008年销售收入3000万元，年利税300万元
8	低断面轮胎	三角集团有限公司	高宽比降低，胎面与地面的接触面积增大，胎侧变矮，子午线结构	2008年共生产420条，销售收入900万元，利税30余万元
9	16V高效高增压天然气发动机	济南柴油机股份有限公司	标定功率：1200kW（1000r/min）；平均有效压力：1.476MPa；热效率≥38%；氮氧化物排放<1.6g/kW·h	新增产量50台，销售收入9500万元，利税5336万元，出口创汇20万元，填补国内空白
10	190重柴油发动机的研制	济南柴油机股份有限公司	标定功率：600kW（1200r/min）；平均有效压力：1.26MPa；燃油消耗率<204g/kW·h；氮氧化物排放<10.85g/kW·h	新增产量300台，销售收入1.2亿元，利税4056万元，出口创汇150万元。填补国内空白

（续）

序号	装备名称	制造企业	主要技术指标	工程应用及产业化情况
11	BZM－650 博格式轨道板专用数控磨床	威海华东数控股份有限公司	工件的加工范围 6500mm × 2550mm × 1200mm。使用国际先进的激光检测技术，专用磨削加工软件	属国内首创，世界第二台。2007 年通过省科技厅鉴定。京津城际轨道交通工程应用，京沪高速铁路建设又中标 11 台
12	HM 型巨胎硫化机	山东豪迈机械科技股份有限公司	硫化范围广，采用国际最新结构，每副模具为独立体系，硫化质优，高价值产品成功率在 99.8% 以上	拟分三期扩产，累计投资 5 亿元，年产 50 套，可实现产值 5 亿元，创汇 1000 万美元
13	锻造铝合金子午线轮胎模具	山东豪迈机械科技股份有限公司	硫化时间缩短 5 分钟，寿命提高 5 倍，成本是精铸铝的 40%	拟分三期扩产，累计投资 3 亿元，年产 3000 套，产值 6 亿元，创汇 5000 万美元；将成为世界制造基地和研发中心
14	XH2125 × 40 数控动梁龙门镗铣加工中心	济南二机床集团有限公司	配备全自动主铣头、自动附件库、60 把链式刀库、自动交换工作台，五面加工；数控系统采用西门子 840D	2008 年生产 4 台，完成销售收入 4000 万元，预计市场年需求 10 台以上，可完成销售收入 10000 万元
15	WGQY27 飞机牵引车	威海广泰空港设备股份有限公司	车架刚度提高；全桥驱动，双管路液压制动；自动纠偏系统；全液压动力转向	试验成功后，第一年可产 4 台，第二年 8 台，年总产值 2000 万元，实现利税 600 万元
16	WGSJT7 型集装箱、集装板升降平台车	威海广泰空港设备股份有限公司	底盘结构件刚性优化，平台车采用后轮可升降的方式；提高后轮轮胎使用寿命	试验成功后，第一年可产 5 台，第二年 10 台，年总产值 2000 万元，实现利税 500 万元
17	EH36 － Z35 级船板	济钢集团有限公司	屈服强度 355MPa 以上、抗拉强度 490 ~ 620MPa，－40℃纵向冲击功≥34J，Z 向拉伸断面收缩率≥35%	预计每年产量 1 万 t，新增销售收入 2570 万元，利税 437 万元，满足造船业的需求
18	4A 高性能活塞	山东滨州渤海活塞股份有限公司	毛坯采用铸造机模具生产，模具设计采用 MAGMA 铸造分析软件，对全部毛坯采用超声波探伤检验镶圈	2008 年供货 25.9 万只，2009 年可达 35 万只，2010 年可达 50 万只，每只销售价为 86 元
19	LCK6112GHEV 混合动力客车	中通客车控股股份有限公司	采用了油－电混合、APU 系统与动力电池互补驱动的新模式	该产品比相同级别的柴油车的性价比不断提高趋势
20	CC50 高压单缸双抽凝汽式汽轮机	山东齐鲁电机制造有限公司	汽缸三部分用垂直法兰连接而成，机组布置紧凑，排汽缸设计成径向扩压结构，内装喷水降温装置	效率在国内同类型设备中具优势，节能效果明显，应用范围广阔
21	比亚迪 F3－RO-EM 陶瓷汽车刹车片	山东金麒麟集团有限公司	摩擦材料陶瓷型，检测方法用 QC/T564－1999，摩擦系数 0.40 ~ 0.50，胶合剪切强度≥14kN	产品投放市场后，可满足汽车制造厂对制动性能的要求，经济效益和社会效益显著
22	VHP800 － 5AX 五轴联动加工中心	山东鲁南机床有限公司	最大加工工件长度 800mm；最大加工工件直径 420mm	达产后，预计可新增销售收入 6000 万元，利税 2400 万元，出口创汇 100 万美元

（续）

序号	装备名称	制造企业	主要技术指标	工程应用及产业化情况
23	PXK350A数控旋压机床	山东鲁南机床有限公司	工件最大支撑长度500mm；尾座移动距离400mm；主轴转数范围26～2000r/min	达产后，预计可新增销售收入3000万元，利税1200万元，新增出口创汇100万美元
24	XHC715立式加工中心	山东鲁南机床有限公司	机床主轴转速范围200～3200r/min；X、Y、Z行程1000mm、500mm、600mm；快速移动（X/Y/Z）10m/min	达产后，预计可新增销售收入5000万元，利税2400万元，出口创汇100万美元
25	LCZ－J1422型半钢子午线轮胎一次法成型系统	青岛高校软控股份有限公司	整体技术适应了冠包侧和侧包冠两种轮胎成型工艺，可生产25～80系列14～22in的半钢子午线轮胎	将大大提升整个轮胎行业的制造效率和产品质量
26	气制动阀BY3514N－010	日照市北业制动泵有限公司	单腔气制动阀结构改为双腔，铝合金骨架，进气口添加过滤网。经公司耐久试验其寿命达50万次以上	预计年产量可达100万套，可完成年销售收入9000万元，利税1418万元
27	真空助力器BY1022FTX－00	日照市北业制动泵有限公司	产品具有体积小，刚性高，助力反应灵敏，助力比增大等特点	预计年产量18万套，可实现销售收入1350万元，增加利税175万元
28	GOR转炉代替AOD＋VOD炉冶炼不锈钢技术	山东泰山钢铁集团有限公司	（N）成分控制精确度为±0.01%，吹炼气体流量控制精度为0.5%，冶炼周期40～60分钟，炉衬寿命大于100炉；金属Cr收得率大于97%	年产不锈钢60万t，可产生节约效益2400万元，填补山东不锈钢市场的空白
29	DGY70H型履带式吊管机	泰安泰山工程机械股份有限公司	自主开发专用底盘；起升机构、变幅机构一体化；配重支架的结构形式改用四连杆结构	已销售80多台，出口量30多台，实现销售收入12780万元，出口创汇5628万元
30	摆臂式密封垃圾车	滕州市新兴环卫保洁服务有限公司	本技术彻底解决垃圾运输中垃圾抛洒及垃圾渗沥液滴洒的问题	年生产改装量为100辆，单车利润为5600元
31	多层巷道堆垛自动交换停车设备	山东莱钢泰达车库有限公司	中心控制采用西门子PLC及控制软件，整个过程采用变频控制	全部投产后，年产2000个智能车库的车位，同时带动配套厂家生产效益
32	数显摆锤式冲击试验机	威海市试验机制造有限公司	最大冲击能量800J；采用铸铝外壳电机和减速机，角度编码器实时角度跟踪，指针采用滚珠滑动	该项目3～5年后达到产业化，销售收入将达到2200万元，利税720万元
33	HVPF系列全自动板框压滤机	核工业烟台同兴实业有限公司	过滤面积30m^2，滤板数量10张，滤板尺寸1200mm×2500mm	生产效率高、节能环保，年销售收入2440万元、利税250万元

（续）

序号	装备名称	制造企业	主要技术指标	工程应用及产业化情况
34	MS 脱硫真空过滤机	核工业烟台同兴实业有限公司	过滤面积/参数：MS－6；滤盘（圈）：3；槽体容积：1.4m^3；装机功率：4.5kW；运行功率<3.0kW	节能、环保，年销售收入1240万元、利税170万元
35	WES11K－35×21000 数控船用卷板机	泰安华鲁锻压机床有限公司	是世界最大规格、技术最先进的数控船用卷板机，填补国内空白。运用公司3项国家专利技术进行研发	2009年将新增产值3亿元，利税4550万元，节创汇11420万美元
36	“净界”系列全自动洗衣机	青岛海尔洗衣机有限公司	达到用最少的水实现智能化洗衣，节水、节电、保护衣服的效果	项目投入1500万元，产品实现销售收入51600万元
37	水源多联式空调（热泵）机组	青岛海信日立空调系统有限公司	利用循环水，将海洋、土壤等热源的冷、热量用于制冷制热，具有节约能源、能效比高、低噪音等优点	商用空调目前的高端产品，预计年增加销售收入16000万元，实现利税1850万元
38	BCD－218MHSE 系列超级节能多功能学习型冷藏冷冻箱	青岛澳柯玛股份有限公司	耗电量为0.39kW·h/24h；独立可调自组多温区，多循环制冷；专利设计的可折叠酒架、湿度和空间可调的果蔬盒等	该系列型号多，极大满足了消费者需求，已销售5万台，实现销售收入10000万元
39	金融税控 SOC 芯片	浪潮齐鲁软件产业有限公司	重点研究SOC可靠性设计技术；研究并建立软硬件协同验证和IP核可复用的SOC开发平台	拥有完整自主知识产权，获发明专利。可年产200万片，年收入达到8000万元
40	DF1900 变电站自动化系统	烟台东方电子信息产业股份有限公司	年可用率不小于99.98%；主站各类设备的平均无故障时间（MTBF）大于17000h	安全、可靠、便捷，年可新增销售收入9600万元、利税505万元
41	ATM 机用嵌入式热敏打印机	山东新北洋信息技术股份有限公司	灰度打印控制，嵌入式结构、热打印控制和机电控制，实时状态返回技术	计划2009年启动技改项目，年产1万台，实现销售收入3000万元，利税660万元
42	嵌入式自助服务终端热敏打印机	山东新北洋信息技术股份有限公司	采用打印头自适应浮动定位与安装、USB设备的配置和标识、自动排错等技术	计划2009年启动技改项目，年产1万台，实现销售收入3000万元，利税600万元
43	220kV 油浸式电力变压器	山东鲁能泰山电力设备有限公司	硅钢片由意大利引进剪切线下料，剪切口毛刺不大于0.02mm；高压绕组由美国进口导线绕制	实施达产后，220kV变压器99台，1446万kVA，销售收入89600万元
44	环保型无卤低烟阻水电缆	山东华能线缆有限公司	该产品由金属导体经单线和阻水纱绞合而成，具有无卤、低烟、防鼠、防蚁、阻水的综防性能	适用于江、河、湖泊及潮湿地区使用，投产后年产值8000万元，利税1200万元

（续）

序号	装备名称	制造企业	主要技术指标	工程应用及产业化情况
45	压水堆核电厂一回路主管道	烟台台海玛努尔核电设备有限公司	利用微量元素优化原材料成分配方；冶炼中保证精确成分控制；超大直径、超大厚壁离心铸造	项目实施将加快我国核电关键设备技术国产化的进程，同时带动相关产业的发展
46	PZY侧悬式停车设备	山东齐星铁塔科技股份有限公司	车库容量大；结构简洁、安装方便、故障率低；占地面积少，只需留3m车行道即可；配有各种安全装置	预计2008—2009年可生产5000余车位，实现销售收入8000万元，利润800万元
47	铁路牵引变压器	山东达驰电气有限公司	具有抗短路和过负荷能力强，低损耗、低局放、低温升等特点	广泛适用于110kV级VV联接的AT或直供牵引供电方式的铁道电气化牵引变电站
48	无线GPRS缴费系统与充值终端	山东盈华通信有限公司	可以与不同网络平台联接，结合无线GPRS充值终端，能构成多种业务的充值缴费	2008年销售系统3套，终端20000台，实现收入2760万元
49	超导除铁器	山东华特磁电科技股份有限公司	线圈口径93cm，中心磁场强度3T。经国家检测达到额定标高550mm、0.4T以上设计要求	产业化后，产能可达100台套，实现销售收入8亿元，利税1.7亿元，出口创汇1000万美元
50	92500t散货船船体结构	山东省威海船厂	采取数控套料、等离子和火焰切割技术、CO_2自动焊及单面焊双面成型焊接技术等新技术	已实现工程进度的30%，实现销售收入43140万元，出口创汇5991万美元
51	船舶尾气制冷机	泰山集团股份有限公司	比机械制冷节能90%，寿命提高一倍以上，减少CO_2排放151.9t，降低渔船主机噪音10~15dB	投产后，预计新增销售收入12000万元，利润2000万元，税金2000万元

5. 产业集聚区（带）建设

装备制造业产业集群初步形成。2006年，山东省组织启动了建设“山东省机械制造业基地”活动。对诸城市“商用车及零部件”产业、龙口市“汽车零部件”产业、滕州市“中小机床”产业、青岛市城阳区“机械制造业”、章丘市明水街道“塔机、精密铸锻”产业、新泰市羊流镇“起重机械”产业、淄博市张店区傅家镇“搪玻璃化工设备”产业、博山区白塔镇“汽车板簧”产业、昌邑市围子镇“铸造业”等产业特色突出，产业聚集、集群式发展呈现良好态势的县（区）、镇，进行了综合性考察评价，首批命名为“山东省机械制造业基地”，并分别举行命名授牌仪式。2007年，命名长清区为“山东省压力容器制造业基地”、东昌府区郑家镇为“山东省轴承保持器制造业基地”，并举行了隆重的授牌仪式。

第二节　存在问题

在发展过程中，山东省装备制造业中的一些结构性矛盾也日益显现。主要是：缺少大重型成套设备和为轻工、化工、纺织等行业服务的专用设备。高新技术产品比重较小，缺少国际竞争力强的名牌产品。能够支撑和带动行业结构优化升级的大企业较少，缺乏主业突出、核心竞争力强、带动性强的大型企业集团。技术创新水平不高。主要产品技术50%依靠引进，原创性技术及产品数量少。重大技术装备自主研发与制造能力不足，企业平均技术开发费投入仅占主营业务收入的1.5%。技术力量比较薄弱。工程技术人员比重偏低，专业技术人员占从业人员比重仅为11.93%。缺乏高层次学科带头人，全省171个“泰山学者”岗位中装备制造业仅占16个。

第三节 发展展望

1. 应对全球金融危机的策略与发展思路

1.1 强化营销手段，开拓市场空间

依托重点建设项目，开展重大装备省内自主化工作。对今后三年内开工建设的交通、能源、原材料等重点领域重大工程，以及列入国家重点产业振兴规划的项目，鼓励项目业主单位要优先采购省内生产的设备。利用当前国家推进农业现代化、强农惠农的有利时机，大力推广使用省内生产的农业机械。

1.2 加强协调指导，推进企业联合重组

发挥市场机制的作用，鼓励装备制造业企业与上下游企业、研发机构之间通过上市、兼并、联合、重组等形式，组成战略联盟，实现优势互补，形成一批拥有自主知识产权、核心竞争力强的大企业和企业集团，提高规模效益和整体竞争力。支持以战略联盟的形式实施国家和全省的重大项目。推进企业联合兼并重组，形成优势产业和产品结构，避免结构雷同，防止重复建设。对国家倡导的企业兼并重组，可给予一定政策支持或资金补助。

1.3 完善技术创新体系，提高自主创新能力

支持企业建立技术中心，形成有利于自主创新的组织体系和运行机制，开发有自主知识产权的主导产品和核心技术，培育核心竞争力。鼓励实力较强的技术中心实行区域性开放，建立为中小企业服务的技术创新体系，推进中小企业技术创新能力提高和区域经济结构调整。支持企业通过自主研发、引进技术消化吸收及国际合作、参股国外先进的研发、制造企业等方式，掌握核心技术。支持建立产学研相结合的技术创新体系，发挥山东省机械装备业省级行业技术中心、山东大学、山东理工大学等高校和科研院所人才技术优势，加强装备制造业共性关键技术攻关开发，提高重大技术装备和高技术装备的设计、制造和系统成套水平。加快人才培养，重视继续教育和培训，培育一批适应产业提升和发展急需的专业技术人才和经营管理人才，造就具备开发创新能力的人才队伍；努力营造人才成长的良好环境，增强吸引人才优势；加强人力资源管理，建立有效的激励机制，积极落实国家有关技术入股、持股、提高薪酬等政策措施，吸引国内外高水平专业人才。对重大技术装备研制、开发、使用和推广做出突出贡献人员，给予表彰和奖励。

1.4 拓宽融资渠道，做好资金供应保障

各级各部门要在技术创新、技术改造方面对重大技术装备研发和引进消化项目给予重点支持。各金融机构要进一步扩大信贷规模，创新金融服务产品，积极为符合条件的企业生产经营和项目建设提供贷款。外汇管理部门要充分满足装备制造企业从事国际贸易的用汇需求，为省内企业设立海外研发机构、并购国外研究开发机构或企业提供便利条件。

1.5 加强国际合作，开拓国际市场

实施国际化战略，利用好国家优惠政策，拓宽发展空间。进一步加大合资、合作和招商引资力度，有选择地利用好外资，通过与国外大公司的合资合作，提高技术和管理水平，建立新的运行机制，推动行业发展；积极支持和鼓励有经济实力、有技术和品牌优势的企业并购国外研发机构、国外企业或到国外建设厂点，输出技术和产品，扩大国际贸易；扩大技术含量高、附加值高的产品和成套设备的出口，大力开拓国际市场。

1.6 加强财税政策扶持，引导资金投向

一是认真落实财税优惠政策。加大政策宣传、贯彻落实力度，积极引导企业充分用足用好财税优惠政策，强化对政策落实情况的监督检查，切实把优惠政策用足、用好、用活。同时，各级财税部门要充分发挥职能作用，积极研究制定财税配套政策和税收管理措施，促进行业调整振兴。二是整合财政专项资金，大力支持企业技术进步，着力推动企业产品结构优化升级；大力支持企业自主创新，着力提高企业核心竞争能力；大力支持节能减排、结构调整和技术改造，着力推进经济发展方式转变。三是对国家确定的重点支持项目，各级政府要

创新资金筹集方式，调整资金支出结构，按照国家有关规定，给予配套资金支持。四是切实落实国家新税法规定的增值税转型税收政策。

2. 今后三年山东省装备制造业自主化展望

今后三年，山东省装备制造业要以科学发展观为指导，认真落实中央及省关于装备制造业发展的政策措施，以市场为导向，调整振兴为主线，技术进步为动力，结构优化升级、发展方式转变、重大装备自主化为目标，突出壮大支柱产业，做精做强骨干企业，培育扶持知名品牌，培植一批产业基地，提升行业的竞争力，促进装备制造业平稳较快发展，为制造业强省建设做出新贡献。

在发展过程中，一是要坚持立足当前与着眼长远相结合。跟踪产业运行态势，果断采取措施，保增长，调结构，促发展。推动节能降耗、清洁生产，合理利用资源，发展循环经济，实现可持续发展。二是要坚持自主创新与引进技术相结合。加强产学研联合，研发一批共性、关键性技术设备，拥有一批自主知识产权。同时，抓好技术引进、消化、吸收、创新，增强自主创新能力。三是坚持“引进来”与“走出去”相结合。积极承接国内外产业和资本转移，鼓励企业加强与跨国企业战略合作，引进资本、技术、品牌和管理，提高企业综合竞争力。四是技术改造与产业升级相结合。充分利用高新技术和信息技术改造提升装备制造业，加快结构调整步伐。推广采用新技术、新工艺、新设备、新产品，促进行业产业升级。五是坚持依托重大工程实施重大技术装备自主化。对近三年内开工建设的重大工程所需产品开展装备自主化。以重大技术装备自主化带动大型铸造件、关键基础零部件、元件和材料上档次、增品种。

争取到 2011 年，全省规模以上装备制造企业完成工业增加值 3500 亿元，年均增长 15%；实现主营业务收入 15000 亿元，年均增长 20%。新建 2 ~ 3 个国家工程研究中心、8 个国家级企业技术中心、80 个省级企业技术中心。重点骨干企业技术装备达到国际先进水平，50% 以上大中型企业基本实现信息化。完成出口创汇 180 亿美元，年均增长 20%，占全国比重达到 15% 左右，成为重要的出口基地。培育形成 1 户主营业务收入 1000 亿元、3 户 100 亿 ~ 300 亿元、10 户 50 亿 ~ 100 亿元、100 户 10 亿元以上的装备制造业企业。建设潍坊内燃机、潍坊农业装备、济南数控机床、济南发电设备、高唐农业装备、济宁工程机械、滕州中小机床和日照农业装备等 8 个基地。

重点发展十大行业：

（1）机床工具行业。加快发展 7 大类产品。重点发展数控车床，包括全功能数控卧式车床、大型数控立式车床等；车削复合加工中心，包括车铣、钻铣、铣磨等复合加工中心等；卧式、立式加工中心，包括数控化、精密化、高速化、工序复合化的专用机床；柔性制造生产线，包括大型、重型压力机生产线、数控专机生产线等；重型数控机床，包括镗铣加工中心等；数控机床功能部件，包括数控转台、智能伺服刀架、滚珠丝杠、高速精密电主轴、磨具磨料等；车用高负荷活塞铸造自动化成套装备等。

培育形成 4 个特色产业集群。济南数控机床及数控锻压设备产业集群，滕州中小数控机床及加工中心产业集群，威海加工中心和数控木工机床产业集群，烟台数控机床功能部件产业集群。

（2）工程建筑机械行业。加快发展 10 大类产品。重点发展推土机、挖掘机、装载机、起重机、压路机、推耙机、平地机和建筑塔机、水泥搅拌车、高楼泥浆泵等产品。

（3）农业机械行业。加快发展 6 大类产品。重点发展大中型拖拉机及耕作机械、设施农业机械、大型联合收获机械、粮油及农副产品深精加工机械、保鲜贮藏设备、植保机械和田园收割机等市场需要的装备，扩大出口，提高国内外市场占有率，巩固全国领先的整体优势。

（4）纺织机械行业。加快发展 4 大类产品。重点发展专用织造成套设备、非织造成套设备、产业用纺织品后整理设备、高速高精耐磨纺织机械配套件等产品。

（5）电工电器行业。加快发展 3 大类产品。重点发展以锅炉、汽轮机、发电设备为主的电站成套设备，以变压器、高压开关、电缆为主的输变电设备，各类电机产品。

（6）内燃机行业。加快发展 4 大类产品。加快发展新型、环保、节能型产品，建设能为各类汽车、工程机械、船舶、农机配套的柴油机、汽油机、燃气机系列及配套产品的内燃机生产基地。

（7）轻工机械行业。重点发展造纸机械、塑料机械、食品与包装机械，提高光电机一体化水平，推进生产过程自动化。

（8）化工机械行业。依托青岛高校软控、双星机械、山东豪迈、东营金泰等公司，发展轮胎成套制造设备；依托高原石油装备公司、山东墨龙、孚瑞特石油装备公司、九环机械集团、昌盛机械、明珠石油装备公司发展石油开采勘探、钻井、采油、集输等系列产品以及海洋钻井设备。

（9）大型、重型成套装备。重点发展济南机车车辆厂、南车集团四方车辆厂的时速300km以上高速列车、新型地铁车辆、重载货车等。组织重点企业研发600MW以上大型发电、输变电成套设备。加快大型煤炭井下综合采掘、提升和洗选设备以及大型露天矿设备的研制开发力度，实现大型综采、提升和洗选设备国产化。扩大大型石材加工设备规模，加快锯石污水处理设备研发和产业化产生。加快发展大型水泥成套设备、大型造纸成套设备、石油钻采输油成套设备、盾构隧道掘进机、大型医疗诊断设备等。

（10）基础部件及其他重点机械。加快发展气动元件、液压件、密封件、标准件、轴承、高压阀门、核电阀门、水泵、风机、模具、大型铸锻件等基础机械产品；优化提升集装箱、矿山机械、试验检测设备、工业制冷成套设备、大型电站脱硫设备和环保设备等。加快核电装备国产化，重点发展AP1000核电站安全壳压力容器、结构模块、设备模块及相关产品。重点发展AP1000核电站主管道及核级锻件产品，争取在未来3～4年内核电国产化率从50%提高到70%以上。

第十六章　河南省装备制造业发展报告

装备制造业是制造业的重要组成部分，是为国民经济各部门进行简单再生产和扩大再生产提供生产工具的生产制造部门，是为国民经济和国家安全提供技术装备的基础性产业，代表着一个国家和地区科技进步水平和社会进步程度。装备制造业具有产业关联度高、技术含量高、产品附加值高、产品链长和带动能力强等特点，是一个国家或地区工业化水平与经济、科技总体实力的重要体现，是工业发展的基础性和战略性产业。2006—2008 年期间，河南省装备制造业发展迅速，取得了长足的成绩。

第一节　三年来河南省装备制造业发展评估

1. 制定发展规划和配套政策

1.1　制定发展规划

（1）发展思路

2006—2008 年，河南省装备制造业发挥已形成的产业比较优势，依托重点企业和重大工程，突破共性技术，掌握核心技术，促进自主创新，着力提高重大装备加工制造能力、自主创新能力和成套集成能力，加快装备制造业向信息化、成套化、集聚化的产业格局转变，建成一批具有系统设计、系统成套和工程总承包能力的工程公司，力争将河南省装备制造业打造成万亿元产业。进一步提升河南省超特高压输变电设备、大型矿山设备、大型农机、客车、专用汽车竞争优势，促进数控机床、环保装备、轿车、重型载货车加快发展。同时要以点带面，带动配套及零部件生产企业向“专、精、特”方向发展。把河南省建设成为具有国际竞争力的重型机械和大型成套装备制造业基地，国家输变电设备研发与制造基地，具有百万辆生产能力的新兴汽车生产基地。

（2）发展重点

依托省内重点建设工程和重大技术改造项目，将提高装备制造业的加工制造能力、自主创新能力和成套集成能力作为着力点，主要在五个重点领域将装备制造业做强做大：

工程机械、农机、起重机等数字化终端装备产品。依托中国一拖集团有限公司、河南柴油机重工有限责任公司、中船重工七二五研究所等重点企业，以农用大功率柴油机、船用高速大功率柴油机为重点，实现汽车发动机及风电技术重大突破，带动农机、工程机械、轻重卡和发电装备加快发展，建立具有国际先进水平的动力机械产业体系。巩固提升现有产业优势，积极拓宽延伸领域，实现主配协调发展，促进产业集聚发展。

水泥矿山、煤炭综采、冶金和化工等大型成套设备。在扩大原有成套装备优势的基础上，依托中信重工机械股份有限公司、中色科技股份有限公司、北方玻璃技术股份有限公司、洛轴集团等骨干企业，重点发展大型成套矿山设备、大型煤化工成套装备，大型冶金成套装备，超临界发电机组转子、核电站核岛等重型装备，打造世界级的重型装备制造基地。

数控机床、大型铸锻、精密轴承等精品基础件。依托鑫盛机床、安阳锻压等骨干企业，重点发展数控机床、数控模锻锤等数控装备，打造中国重要的数控装备生产基地。依托南阳二机石油装备（集团）有限公司、华美公司等骨干企业，重点发展大型数字化石油钻机、低温钻机、试验海洋钻修机、测试井车等成套石油装备，打造中国重要的石油钻采装备生产基地。

超高压输配电成套设备。依托许继集团、平高集团、森源电气等知名大型企业，在巩固提升高压开关和电力二次设备自主化设计和成套化水平的基础上，重点向高压变压器、风力发电成套设备、电力电子、配用电、民用机电等领域发展。

轿车、客车、休闲汽车行业。依托郑州宇通、郑州日产、郑州海马等骨干企业，重点发展大、中型客车、高端皮卡、MPV、SUV、中高档轿车以及配套关键零部件，建立整车和零部件协调发展的大型企业群和产业集群，建成世界最大的客车生产基地、中国最大的休闲旅居车生产基地、重要轿车生产基地，引领汽车发展方向与潮流。依托风神轮胎、中轴集团等骨干企业，重点发展载重子午线胎、轿车子午线胎、凸轮轴总成等汽车关键零部件，打造具有世界先进水平的汽车零部件生产基地。

1.2 制定和落实配套政策施

为加快装备制造业的发展速度，提升装备制造业的核心竞争力，河南省制定和落实了一系列政策措施。

（1）加强自主创新能力建设，实现原创性技术突破。近几年来，河南省政府加大对拥有自主知识产权、自主创新能力、一定知名品牌的重点企业的扶持力度，鼓励这些企业在重点项目上的投入。对自主创新的企业给予税收优惠政策，完善以企业为主体、产学研结合的创新体系。

（2）加大企业、行业重组力度，培育大型企业集团。为了提高企业的整体实力，培育大型企业集团，河南省政府加大了企业重组的力度。2007 年，为进一步增强安阳鑫盛机床的核心竞争力，同时带动整个安阳市装备制造业的发展，安阳鑫盛机床有限公司重组安阳轴承厂、安阳标准件厂、安阳液压件厂、安阳第二锻压设备厂等 12 家企业，组建新的安阳鑫盛机械装备集团，一举解决了安阳市装备制造业规模小、产业集中度低、产业结构不尽合理的问题，带动了全市装备制造业的整体提升；2008 年，中国机械工业集团有限公司接收中国一拖 67% 股权，中国一拖由此正式成为中国机械工业集团有限公司的新成员，既为中国一拖的未来发展提供了新的平台和机遇，也对中国机械工业集团有限公司增强农业机械和工程机械两大板块业务能力、加快发展机械装备制造业、实现做大做强的战略目标具有重要意义。

（3）加强政府资金引导，推进产业结构升级。为推进产业结构升级，河南省政府加强政府资金的引导，拓展融资渠道，扩大省信息产业发展专项资金规模。健全工作制度，用好专项资金，扶持产业的发展；积极引导社会资金投向河南省装备制造业建设，建立多渠道融资体系，健全风险投资机制，拓展产业发展的融资渠道。

（4）积极引进战略投资者，加快企业上市步伐。2008 年 4 月 21 日，平安信托与许昌市政府和许继集团有限公司工会委员会签订《股权转让协议》，受让后者分别所持的许继集团 65% 和 35% 的股权，平安信托从而间接持有上市公司许继电气 29.90% 的股权，为许继集团整体上市打下了坚实的基础；2007 年美国铝业与宇通合作进行铝制客车车身开发项目，生产主要包括商用车铝制框架、专用车铝制框架及部件、部分出口部件等产品，初期计划投资 1100 万美元，为国际大型企业投资河南树立了榜样。

2. 在河南省经济中的地位

2.1 主要经济指标及产业地位

2006—2008 年，河南省装备制造业主要经济指标及在全省工业中的地位见表 1、表 2。

表 1 河南省装备制造业主要经济指标 （单位：亿元）

年份	工业增加值	企业数/个	从业人数/万人
2006 年	492.15	2447	800.4
2007 年	647.81	2861	884.1
2008 年	856.15	3345	976.6

注：从业人数统计为全部装备制造企业，其余为规模以上企业。

表 2 河南省装备制造业比重 （单位：亿元）

年份	全省工业增加值	装备制造业增加值	占比重（%）
2006 年	6031.21	492.15	8.16
2007 年	7508.34	647.81	8.63
2008 年	9347.24	856.15	9.16

2.2 三年建设投资情况

2006—2008 年河南省装备制造业固定资产投资见表 3。

表 3　河南省装备制造业固定资产投资统计　（单位：亿元）

年份	全省固定资产投资	装备制造业固定资产投资	占比重（%）
2006 年	4987. 24	410. 99	8. 24
2007 年	6609. 16	726. 75	11. 00
2008 年	8758. 55	1285. 11	14. 67

3. 产业结构的调整

表 4　河南省装备制造业构成　（单位：亿元）

行业名称	2006 年		2007 年		2008 年	
	工业增加值	占比重（%）	工业增加值	占比重（%）	工业增加值	占比重（%）
金属制品业	60. 01	12. 19	77. 64	11. 99	100. 45	11. 73
通用设备制造业	150. 78	30. 64	211. 73	32. 68	297. 32	34. 73
专用设备制造业	132. 27	26. 88	172. 12	26. 57	223. 98	26. 16
交通运输设备制造业（不含汽车、摩托车制造）	14. 77	3. 00	18. 30	2. 82	22. 67	2. 65
电气机械及器材制造业	108. 61	22. 07	130. 13	20. 09	155. 91	18. 21
仪器仪表及文化、办公机械制造业	25. 72	5. 23	37. 89	5. 85	55. 85	6. 52
总　计	492. 15	100	647. 81	100	856. 15	100

注：统计口径为规模以上企业。

第二节　存在问题

整体上看，河南省装备制造业已经具备了一定的产业基础，综合生产能力有了新的提高，已进入新一轮快速发展阶段，但同时也面临不少困难和问题。

1. 自主创新能力弱

科技投入少，产品高科技含量不多，产品多处于产业链的低端，水平低、高技术产品少，缺乏系统设计、系统成套、工程总承包的能力。多数企业重引进、轻消化、吸收，还没有走出“引进—落后—再引进—再落后”的怪圈，仍然停留在引进技术、跟踪模仿发展模式，集成创新、引进消化再创新能力不足，尤其是原创性技术成果少。企业的集成创新、引进消化再创新意识不够强，能力不足，承担重大技术装备自主设计和成套供应的实力不突出，技术含量高、附加值高的精密加工和智能控制等装备比例低，产品多数处于产业分工价值链的中低端。

2. 骨干企业数量少

骨干企业具有强大的拉动作用和支撑作用，对经济的发展和社会的进步作用显著。但是，目前河南省具有龙头带动作用和影响力的大企业、大企业集团少。特别是缺乏集设计、制造、服务于一体的成套总包企业，围绕大型企业的中小企业群体尚未真正形成，原材料供应、外协配套件等相关产业发展不足，尚未形成专业化分工、社会化配套的制造体系，这既制约了企业迅速做强做大，也未能对区域经济发展产生显著的带动作用。2007 年，装备制造业销售收入超过百亿元企业仅有 2 家，销售收入超过 50 亿元企业仅有 6 家，装备制造业主要经济效益综合指数前 100 家河南省仅有 3 家。

3. 历史包袱沉重

国有大中型企业社会保障资金缺口大，主辅分离难度大，改革进展滞缓，对外开放度低。不合理银行债务等导致企业负债率上升，有效资金使用率降低，困扰并制约了企业的快速发展。

第三节 发展展望

大力发展装备制造业，是推进河南省产业结构升级的战略选择，从市场需求、要素供给和政策环境分析，把装备制造业培育成河南省优势产业，具有良好的支撑条件。

1. 发展装备制造业是加快经济转型的迫切要求

河南省已经成为新兴工业大省，经济社会发展进入了全面提升产业层次、加快经济转型、促进统筹发展的新阶段。面对新时期新阶段，省委、省政府已明确要求，要着力推动“四个转变”，加快经济发展，加快经济转型。国内外的实践表明，大力发展装备制造业能够有效提升产业层次，推动工业结构高级化，有利于降低经济发展对资源和能源的消耗强度，增强经济发展后劲，带动区域经济社会又好又快地发展。因此，利用现有产业基础，充分调动各方面的积极性，努力把装备制造业培育成为重要的支柱产业，对加快河南省工业化进程，促进工业发展由资源主导型向创新主导型转变，工业经济增长由粗放型向集约型转变，推动向工业强省迈进具有十分重要的意义。

2. 发展装备制造业具有较大的市场空间

我国工业化、城市化进程的加快，国际产业重组和产业转移的深入展开，为装备制造业加强国际合作，加速结构调整带来了新的机遇。从具体行业看，河南省今后重点发展的领域，均具有良好的市场需求空间。输变电设备，受今后五年电网投资规模超过2.2万亿元的拉动，输配电保护及控制设备的市场容量将达到7200亿元以上，年均增长20%左右。农业机械，随着农业产业化进程的加快和社会主义新农村建设的大规模展开，预计2010年我国农机装备总动力将由6.8亿kW增加到8亿kW以上，其中大中型拖拉机年需求量超过25万台，年均增长10%以上。工程机械，在国家铁路和高速公路、重要港口、枢纽机场、南水北调等重大工程的拉动下，工程机械行业将以年均10%的速度稳定增长，2010年需求量由720亿元增加到1200亿元左右，其中装载机、压路机由目前的10.6万台和0.9万台分别达到15万台和1.6万台，新增销售收入约200亿元。起重机械年需求量由1100亿元增加到1900亿元。机床工业，我国已成为世界最大的机床消费国，2010年机床年需求量超过1400亿元，其中数控机床达到1000亿元。煤炭专用设备，随着国家大型煤炭基地建设和煤炭安全投入力度的加大，2010年煤矿机械设备年需求量将超过500亿元，年均增长13%。石油机械行业中，抽油机和全自动钻井机的年需求量将由180亿元增加到210亿元以上。造纸机械年需求量将由200亿元增加到400亿元以上。环保机械行业将以年均15%左右的速度递增，年需求量将由400亿元达到800亿元以上。

3. 发展装备制造业具有较好的基础

从企业数量看，河南省规模以上装备制造企业总数居中西部首位，特别是近几年，随着国有企业改革力度加大，非公经济快速发展，大企业成长步伐明显加快，已经成为带动全省装备制造业发展的中坚力量。从创新能力看，在国家确定的16项装备制造业重点发展领域中，许继集团、平高集团、中信重机、一拖集团、开封空分集团、郑州纺织机械股份有限公司等企业的6类产品研发水平已处于同行业领先地位；郑州三磨所、洛阳有色院、郑州机械所、洛阳轴承所等国家级科研院所，郑州大学、河南科技大等大专院校和一批省级以上技术中心具有较强的科研开发能力，为装备制造业自主创新提供了良好的人才保障和技术支持。大型高参数齿轮减速器、智能化宽幅铝带冷轧机、高精度轴承成套设备、特高压直流输电保护、大型矿井提升机、纯低温余热发电等技术正在积极推进产业化进程。从产业转移看，河南省电力供应充沛、劳动力成本低廉、市场潜力巨大、区位交通优势突出，产业聚集效应日益明显，产业生态进一步优化，有利于吸引沿海装备制造企业到河南省建立生产基地。从投资规模看，2007年全省装备制造业投资214亿元，同比增长1.6倍，高于全国平均增速93个百分点，为河南省装备制造业加速发展提供了后劲。

4. 发展装备制造业具有良好的政策环境

国家已经把振兴装备制造业放在关系国民经济和社会发展全局的战略地位。国务院下发了《关于加快振兴装备制造业的若干意见》，在体制改革、机制创新、技术开发、项目建设、税收等方面出台了相应的优惠政策，对重点领域、重点企业和重点产品的发展将给予大力支持。

国家将出台支持中部老工业基地的政策。河南省洛阳、郑州等地装备制造企业可以抓住这一难得机遇，充分利用各项优惠政策，加快改革改制和技术改造，争取得到更快更好的发展。

省委、省政府已经确定把装备制造业作为“十一五”全省重点培育和发展的优势产业，全省上下加快发展的氛围正在形成。目前，郑州、洛阳、许昌、新乡、焦作等市已经把装备制造业作为今后着力发展的支柱产业，重点骨干企业制定了发展规划，谋划了一大批重大建设项目，发展的积极性和主动性明显增强。

在看到河南省装备制造业良好发展条件的同时，还应该充分认识到我们所面临的竞争压力。目前，全国已有 17 个省份把装备制造业定位于支柱产业或优势产业，尤其是江苏、广东、山东、辽宁等先进省份，都把装备制造业作为新一轮经济发展的重中之重，在规划上加强引导，在政策上倾斜支持，呈现出激烈的区域竞争态势。

今后几年是河南省加快装备制造业发展的关键时期，既具有难得的发展机遇和条件，也面临不少困难和问题。必须要立足实际，着眼长远，坚持深化改革和机制创新相结合，坚持企业主导和政府引导相结合，坚持重点推进和全面提升相结合，坚持引进技术和自主创新相结合，着力做强做大优势行业，努力培育新的增长点，促进河南省装备制造业又好又快地发展。

第十七章　湖北省装备制造业发展报告

"十一五"以来，湖北省根据《国务院关于加快振兴装备制造业的若干意见》精神，紧紧抓住国家促进中部崛起和国内外产业转移的战略机遇，按照走新型工业化道路和突破性发展高新技术产业，做大做强支柱产业的总体要求，以结构调整为主线，以创新为动力，以改革为突破口，采取有效措施，努力促进全省装备制造业大发展，使之成为推动湖北向经济强省跨越的重要力量，成为实现湖北在中部地区崛起的重要支点。

第一节　三年来湖北省装备制造业发展评估

自2006年国家做出加快振兴装备制造业的战略决策以来，湖北装备制造业在多年积累的基础上加快发展，产业规模进一步壮大，装备技术水平进一步提高，产业竞争力明显增强。

1. 建立组织协调机制，制定发展规划和配套政策

1.1　建立组织协调机构和机制

湖北省委省政府高度重视装备制造业的发展，在全省第九次党代会上明确提出要将湖北建成全国重要的先进制造业基地之一。为加强对全省装备制造业振兴发展的协调和领导，建立完善的领导协调机制，湖北省成立了由分管省长挂帅，省发展改革委、省经委、省机械汽车行业投资促进中心等部门组成的"湖北省振兴装备制造业领导小组"，负责统筹全省装备制造业发展、规划、重要政策措施和考核奖励等项工作；建立了政府部门联席会议制度和企业座谈会制度，具体研究、协调、解决装备制造业发展中的重大问题。

1.2　制定发展规划

为加强对全省装备制造业发展的引导，湖北省组织编制了《湖北省"十一五"装备制造业发展规划》和《湖北省装备制造业发展规划纲要（2008—2012年)》。

（1）发展战略

以邓小平理论和"三个代表"重要思想为指导，全面落实科学发展观，抢抓促进中部地区崛起的战略机遇，按照走新型工业化道路和"做强汽车产业，做大装备制造业，发展优势产业"总体要求，实施"整合集成、重点突破、发展成套、结构升级"的振兴方略，着力调整产业结构与转变经济增长方式，着力推进改革开放与自主创新，着力培育产业集群与增强核心竞争能力，着力推进信息化建设与资源综合利用和节约减排。到"十一五"末，初步建成拥有核心技术开发能力、重大装备成套能力和具有国际竞争力的先进装备制造基地，为湖北省成为促进中部地区崛起的重要战略支点提供有力支撑。

（2）发展目标

"十一五"打基础，"十二五"上台阶，"十三五"建成具有自主创新能力的先进装备制造基地。力争到2010年，全省装备制造业规模以上企业工业增加值达到1680亿元，主营业务收入达到4415亿元，年均分别增长12%和15%。

（3）发展重点

立足现有重点优势领域，突出发展具有战略意义、国家重大工程急需、产业关联效应强、能够大量替代进口的14大类重大产品和成套装备：大型清洁高效发电设备、高压超高压输变电设备、大型精密高速数控装备及数控系统、特种船舶及船用配套设备大型薄板冷热连轧及涂镀层成套设备、光通信设备、激光加工设备、环保机械及资源综合利用设备、大型石油工程机械、特种运输车辆、新型轻纺和建材机械、大型工程机械、节能环保和新能源汽车、关键零部件、元器件等。

1.3　制定和落实配套政策

为了加快促进全省装备制造业的发展，三年来，根据省“振兴装备制造业领导小组”的安排部署，湖北省组织相关部门开展了全省装备制造业竞争力研究的调研工作，对重点分行业和领域以及武汉市、襄樊市、黄石市等地的装备制造业竞争力情况进行了调研分析，最终形成了《湖北装备制造业竞争力研究》等多项调研成果和政策意见。与此同时，湖北省政府建立了“装备制造业专项发展资金”、“汽车零部件专项发展资金”等，对全省重大装备的科研、攻关设计和项目建设给予政策性扶持，并将汽车工业列入全省的“千亿元工程计划”给予重点支持，及时协调解决汽车产业发展中出现的问题。精心谋划了一批装备制造业重大项目，加快项目前期工作，促其尽早开工建设。

2. 在湖北省经济中的地位

2.1　主要经济指标及产业地位

湖北是国家的老工业基地之一，装备制造业是湖北的支柱产业，在全省国民经济发展中具有重要的战略地位。2008 年，湖北装备制造业规模以上企业完成工业总产值 3360 亿元、工业增加值 1340 亿元，实现主营业务收入 3338 亿元，利税总额 285.3 亿元，其中利润 139.7 亿元；分别占全省工业同期总量的 30.1%、34.9%、28.2%、21.7% 和 20.2%。装备制造业拉动全省工业增长 12.5 个百分点。

表 1　湖北省装备制造业主要经济指标　（单位：亿元）

年份	工业总产值	主营业务收入	工业增加值	利税总额	利润总额	出口交货值	从业人数/万人
2006 年	2308	2209	683	177.01	92.51	166	49.14
2007 年	2961	2731	987	224.72	113.68	209.32	52.85
2008 年	3660	3338	1340	285.29	139.69	271.37	53

统计表明，三年来，全省装备制造业规模以上企业完成的工业总产值年均增长 26%，主营业务收入年均增长 24.00%，工业增加值年均增长 34.1%，利税总额年均增长 26.0%，其中利润总额年均增长 28.0%，出口交货值年均增长 52.0%。从分行业看，均保持较快增长，尤其是交通运输设备制造业、电子及通信设备制造业增长较快。2008 年与 2005 年相比，交通运输设备制造业工业增加值增长 2.2 倍，电子及通信设备制造业增长 3.1 倍，通用设备制造业增长 2.3 倍，电气机械及器材制造业增长 2.5 倍，仪器仪表制造业增长 5.4 倍，金属制品业增长 2.9 倍，专用设备制造业增长 2.7 倍。

2.2　三年建设投资情况

三年来，全省装备制造业的投资也得到加强。武汉重型机床、武汉锅炉等一批重点骨干企业搬迁改造步伐明显加快，中国南车、武昌造船厂、烽火通信、中冶连铸、江汉石油四机等企业新开工项目明显增多。全省装备制造业累计完成固定资产投资 1368.54 亿元，其中，2006 年投资总额 281.55 亿元，2007 年投资 437.32 亿元，2008 年投资 649.67 亿元，年投资总额由 2005 年的 253.8 亿元增加到目前的规模，年均增长速度达到 38.27%，高于全省投资（26.91%）11.36 个百分点、高于全省工业投资（29.03%）9.24 个百分点。电子及通信设备、专用设备、电气机械及器材等制造业三年投资平均增速更是分别达到了创纪录的 66.49%、47.17% 和 45.23%。此外，交通运输制造业、金属制品业、仪器仪表及文化办公、通用设备制造业等的投资平均增速分别为 24.88%、39.99%、38.88% 和 35.82%。

3. 产业结构的调整

3.1　产业结构

经过多年的努力，湖北已初步形成以交通运输设备制造业为主导，以电子及通信设备制造业、通用设备制造业、电气机械及器材制造业、专用设备制造业等为支撑，门类较为齐全的制造体系。

表2 湖北省装备制造业构成 （单位：亿元）

行业名称	2006年		2007年		2008年	
	工业增加值	占比重（%）	工业增加值	占比重（%）	工业增加值	占比重（%）
金属制品业	9.64	1.41	18.61	1.89	25.5	1.9
通用设备制造业	86.71	12.7	119.09	12.07	161.7	12.00
专用设备制造业	33.71	4.94	49.38	5.0	68.3	5.10
交通运输设备制造业	347.27	50.86	506.8	51.36	683.4	51.06
电气机械及器材制造业	67.83	9.94	89.72	9.09	121.9	9.10
通信设备、计算机及其他电子设备制造业	117.07	17.15	176.27	17.86	239.8	17.90
仪器仪表及文化、办公机械制造业	20.46	3.0	26.92	2.73	39.4	2.94
总计	682.69	100	986.79	100	1340	100

3.2 优势和特色产业

交通运输设备制造业是湖北省装备制造业中最具竞争优势的行业，其中包括汽车制造业、船舶制造业等。

湖北是汽车制造业大省，是全国三大汽车产业基地之一。近几年来，经过大规模的建设和对外合资合作，湖北汽车工业产业格局逐步完善，形成以东风汽车公司为龙头，地方企业为依托，大中型企业为骨干的产业格局；建成武汉、襄樊、十堰整车以及沿汉江的500km汽车长廊和沿长江的汽车零部件产业带，汽车年生产能力达到90万辆；与标志、雪铁龙、日产、本田、雷诺、法雷奥、佛吉亚、德纳等多个跨国公司建立合资企业。通过国际合作，载重车已基本达到国际水平。2008年生产汽车84.9万辆，同比增长10.0%，占国内同行业同期汽车总产量的9.08%。其中载货汽车产量32.6万辆，同比增长12.0%，占国内载货汽车产量的14.36%。

湖北已成为我国内陆重要的船舶制造业基地。省内以中小型船舶和特种船舶为主，在国内外市场都有很强的竞争力。2008年，造船完工量82.7万载重吨，总产值223亿元，出口创汇10.85亿美元，实现利润14亿元。船舶制造业总产值、造船完工量和手持订单等三项指标位居全国前列，研发设计能力全国第二，船用配套产业在全国处于领先地位，综合实力稳居内陆第一。

通信设备、计算机及其他电子设备制造业近几年在湖北得到了迅猛发展。光纤光缆生产能力居世界前列，拥有在国内最大的光纤光缆制造基地，2家骨干企业烽火科技集团、长飞光纤光缆有限公司，合计占有国内光纤市场份额的45.1%，光缆市场份额的38.8%。

湖北激光设备制造业处于国内领先水平。湖北的激光产业门类齐全，品种众多，其多种产品为国内首创，激光器制造技术、激光加工工艺与工业应用技术居全国领先地位。全省激光企业作为一个整体在国内影响巨大，是全国三大激光产业基地之一，仅武汉东湖开发区就有激光企业50多家，在高功率CO_2激光器、激光切割、焊接、热处理、激光标刻、激光医疗等领域中成功地开发出系列产品及成套设备，产业链正在形成。激光设备国内市场占有率约50%；一些高精尖类产品在国内市场独占鳌头。

通用设备制造业。湖北大型精密数控机床及数控系统具有较好的产业基础，代表了国家水平。重型金属切削机床、大型金属成形机床和中高档数控系统等产品的技术水平、产品质量、性能价格比不仅在国内占据优势，在国际市场上也有一定的知名度和影响力。

专用设备制造业中冶金专用设备制造潜力巨大。该产业是湖北省装备制造业中最具特色、最有发展潜力的产业之一，在产品研发、工艺设计等领域处于国内先进水平。连铸设备研发走在国内前列，接近或达到国际水平，产品约占国内市场的1/3。

环保装备制造前景广阔。湖北省环保装备制造业有企业24家，占全国同行业企业总数的3.79%。2007年完成工业总产值14.95亿元，占全国同行业总值的3.87%。

表3　湖北省优势特色装备一览表　　（单位：亿元）

序号	优势特色装备名称	制造企业	2007年销售收入	国内市场占有率（%）	出口交货值
1	超重型数控立车	武汉重型机床集团有限公司	9.13	80	0.4945
2	大型成套成线板料加工设备	湖北三环锻压机床有限公司	5.82	80	1.81
3	中高档数控系统	武汉华中数控股份有限公司	3.03	20	—
4	热电联产机组	中国长江动力公司	10.13	30	—
5	大型碱回收锅炉	武汉锅炉股份有限公司	21.84	国内第一	—
6	光纤收发器	湖北烽火科技集团	50	国内第一	—
7	大型烟气脱硫设备	武汉凯迪电力股份有限公司	26.1	50	—
8	大功率激光切割机	武汉华工激光工程有限责任公司	5	50	2
9	大型石油钻机及海洋石油钻修井设备	江汉石油四机厂	20	60	6.5

4. 自主创新

近几年来，湖北省装备制造业围绕节能减材、循环利用、提高产品技术含量、产出效率和市场竞争力，充分利用信息化技术和手段，不断创新设计理念，改进方法，完善研发手段、研发能力，装备技术水平上了一个大的台阶。

4.1　技术创新体系建设

截至目前，全省装备制造业已建立各类研发机构400多个。

国家工程研究中心4家：华中科技大学激光加工国家工程研究中心、国家数控系统工程研究中心、华中科技大学（清华大学）制造装备数字化国家工程研究中心、武汉邮科院等国家光纤通信技术工程研究中心等。

国家级实验室5家：武汉光电国家实验室、华中科技大学激光技术国家重点实验室、塑性成形模拟及模具技术国家重点实验室、华中农业大学数字制造与装备技术国家重点实验室、华中科技大学新型电机国家专业实验室等。

国家级企业技术中心13家：东风汽车公司技术中心、武汉东湖高新集团股份有限公司技术中心、湖北京山轻工机械股份有限公司技术中心、武汉锅炉股份有限公司技术中心、烽火通信科技股份有限公司技术中心、国营武昌造船厂技术中心、武汉凯迪电力股份有限公司技术中心、中国三江航天工业集团公司技术中心、华工科技产业股份有限公司技术中心、航宇救生装备有限公司技术中心、武汉重型机床集团有限公司技术中心、长飞光纤光缆有限公司技术中心、武汉船用机械有限责任公司技术中心等。

省级企业技术中心91个，被省级以上有关部门认定的高新技术企业132家；有9个产品荣获“中国名牌产品”称号，135个产品荣获“湖北省名牌产品”称号；工程技术人员达8.5万人，占职工总数的比重达到16%以上。此外，湖北万向通达零部件公司、荆州恒隆有限公司、荆州环宇汽车零部件有限公司、湖北三环气门有限公司等一批企业与大专院校、科研院所建立了较具规模的产学研相结合的研发中心，部分企业建立了博士后工作站。

4.2　开发成功的重大装备

一批较具影响和规模、拥有一定自主知识产权的高新技术装备研发成功，成为市场的宠儿。

大型、精密、高速数控装备及数控系统领域：由武汉重型机床厂研制的数控重型立车国内市场份额达到60%以上，重型滚齿机占90%，数控重型龙门镗铣床、落地铣镗床、卧式车床等产品分别占国内行业1/3强。其中CKX53160数控单柱立式铣车床荣获国家科学技术进步二等奖，重型数控镗铣床荣获“中国名牌产品”称号。三环黄石锻压机床公司研制的“HSDY”数控冲压机床荣获“中国名牌产品”称号。宜昌长机生产的大型数控超长齿条插齿机属国内规格最大的产品；华中数控开发的中高档数控系统和全数字交流伺服驱动系统已实现替代进口，并广泛应用于数控机床、船舶和军工等领域。

大型清洁高效发电设备领域：武汉锅炉股份公司引进消化美国ABB-CE公司电站锅炉设计制造技术，能批量生产25万~63万kW机组的电站锅炉，综合制造能力居国内行业第四位。

特高压输变电设备领域：国家电网武汉高压研究院研制的高压输变电技术、高电压测试技术和高电压大电量及电磁兼容技术国内领先。

大型船舶斜塔：武昌造船厂的工程船、海上石油多用途船和公务船等特种船舶在国内外市场有很强的竞争力；青山船厂的不锈钢化学品船为国内首创，电力推进环保型油轮具有世界先进水平；船用柴油机及曲轴、船用辅机等船机产品已形成系列化、规模化。

大型薄板冷热连轧及涂镀层加工成套设备领域：中冶南方公司极薄板五机架全六辊冷连轧机组和双机架平整机、中冶连铸公司电镀成套设备技术水平居国内领先地位；山力公司开发成功大型热镀锌、彩涂板涂镀层加工成套设备。

大型环保及资源综合利用设备领域：凯迪电力研制的烟气脱硫脱硝和污（废）水处理技术处于国内领先水平。武锅开发的大型碱回收锅炉、采用国外技术生产的大型循环流化床锅炉、垃圾余热锅炉等达到国际先进水平。宜昌力帝机床公司的废金属回收成套设备和废旧汽车拆解设备等在国内市场具有很强的竞争力。

重大工程自动化控制系统和关键精密测试仪器领域：武汉英康铁路电气公司、正远铁路电气公司研制的铁路电子数字线路保护测控装置和视频监控系统、内燃机车（动车）微机控制系统、内燃/电力机车网络控制系统和机车空调逆变电源等机车电控系列产品达到国内先进水平。

大型石油机械领域：江汉石油四机厂研制的大型石油钻机及海洋石油钻修井工程装备有较强市场竞争力。

新能源汽车领域：东风公司开发的混合动力（电动）汽车已投入示范运营，达到国内领先水平。

表4　部分开发成功的重大装备产品一览表

序号	装备名称	制造企业	主要技术指标	工程应用情况	产业化情况
1	重型七轴五联动立式车铣复合加工中心	武汉重型机床有限公司、华中数控公司	采用华中数控多轴高档数控系统具有七轴控制、五轴联动车铣复合加工、在线测量等功能，可实现工作台自动精确分度	用于加工8m船用螺旋桨	已经通过国家主管部门和用户单位的验收并投入生产使用
2	DL250数控五米超重型卧车	武汉重型机床有限公司	最大回转直径5m，过刀架最大加工直径4.5m，最大加工长度20m，最大承重500t，总切削力350kN，主电机功率284kW	安装于二重集团	已进入正式生产阶段
3	5000m³全压式LPG远洋运输船	长江船舶设计院	设计蒸汽压力1.75MPa，设计温度-10~+45℃，适用于装载IGC规则19章所列的以下LPG类石油化工产品	与广西客户签订了5000m³全压式液化气船设计合同	成功开发设计了1700m³、2500m³、3500m³、3600m³、3700m³、4000m³LPG系列船型
4	宝钢五冷轧4号SACL线机组	中冶南方技术工程有限公司	年产高效、高牌号无取向硅钢产品21万t	2008年4月30日在宝钢热负荷试车成功	超过月达产目标，机组成材率、吨钢能耗以及盈利水平等各项技术经济指标均达到目标要求
5	电镀锌生产线	中冶连铸公司	无铬耐指纹板已通过了SGS环保检测，符合欧盟RoHS指令2002/95/EC及后续修正指令要求	已安装在本公司生产基地	已进入规模生产阶段

（续）

序号	装备名称	制造企业	主要技术指标	工程应用情况	产业化情况
6	PSX - 80104 型废钢破碎生产线	湖北力帝机床股份有限公	可处理带发动机或不带发动机的经压扁或为未经压扁的整部小汽车；经剪切或打包，密度≤1t/m^{3}的轻薄物料；板厚＜6mm，宽度＜2.6m，长度≤5m 废钢板等	2008 年在唐山乾城特钢安装	已进入规模生产阶段
7	广州市李坑生活垃圾焚烧发电厂	都市环保公司	日处理量 1040t	正式投产	—
8	25W 脉冲光纤激光器、100W 连续光纤激光器	华中科技股份公司	高功率输出、完美的光束质量、光纤传输及高电光转换效率、持续性长时间工作	已应用到客户	可在工业制造、精密材料加工、医疗、军事等领域广泛应用
9	混合动力公交车	东风汽车公司	最大车速≥80km/h；加速性能 0 ~ 50km/h；加速时间≤35s；与装备 6CT 发动机汽车相比减少尾气排放 30%、降低燃油消耗 30%	在武汉市部分公交线路示范营运	已经完成最终产品的定型样车试验并通过验收
10	PPF 系列 3600 ~ 6500t 重型数控折弯成型机	湖北三环锻压设备有限公司	公称压力 3600 ~ 6500t，折弯长度 12 ~ 16m	应用于油气输送、汽车、造船等	已正式生产
11	“华中Ⅰ型”高性能数控系统	华中数控	四通道、16 轴控制、9 轴联动	应用于航空、船舶、汽车、电力等领域	已正式生产

5. 产业集聚区建设

湖北装备制造业产业园区建设和产业集群发展成效显著。经过多年不懈地努力，目前全省已形成了一批诸如武汉—十堰汽车产业集聚带，武汉东湖新技术开发区信息产业基地，武汉、宜昌船舶生产基地等较具特色、且有一定规模的装备产业基地，以及随州、孝感、仙桃、谷城、麻城等一批装备制造产业园。依托开发区和工业园的综合优势，进一步壮大了湖北省装备制造业的规模。武汉—十堰汽车产业集聚区（带），又称湖北 500km 汽车走廊，以重型载货汽车、汽车零部件为主，其中，襄樊是汽车和发动机产业基地，随州 2007 年被中国机械工业联合会命名为“中国专用汽车之都”，是全国的专用车产业基地。武汉—十堰汽车产业集聚区（带）中，汽车及零部件产品的种类、资产、销售收入、利税和配套率均超过全省汽车及零部件产业总量的 80%，且具有互补性强、关联度高等特点，企业相对集聚的优势十分明显。2007 年，武汉—襄樊—十堰汽车产业集聚区（带）规模以上企业实现主营业务收入 1424 亿元，工业增加值 454 亿元，实现利税总额 121.9 亿元。

武汉东湖高新技术开发区信息产业基地是湖北全省乃至全国重要的光通信装备、激光、大型数控机床、数控系统及功能部件装备制造业研发、生产基地之一，尤以烽火科技集团、长飞光纤光缆有限公司、华工科技、长江通信等企业综合实力最强，其产品在全国同行业中具有一定的比较优势，在光通信装备、激光等行业领域居于国内领先地位，在电气装备、数控机床等行业领域居于国内重要地位。在这些优势行业中，龙头企业带动力日益增强，配套能力加快集聚，产学研相结合的技术创新体系日趋完善，产业内分工体系逐步优化。2007 年，武汉东湖新技术开发区信息产业基地规模以上装备制造企业实现销售收入 326.15 亿元，工业增加值 186.08

亿元，实现利税总额 19.4 亿元。

武汉、宜昌船舶生产基地主要生产中小特种船舶，2007 年，武汉、宜昌船舶生产基地规模以上装备制造企业实现工业增加值 33.79 亿元，实现销售收入 95.74 亿元，利润 7.3 亿元。

表 5　湖北省装备制造业部分产业集聚区（带）汇总表　（单位：亿元）

产业集聚区名称	产业特色	龙头企业	2007 年主要经济指标		
			销售收入	工业增加值	利税总额
武汉至十堰汽车工业走廊	载货车、轻型客车、轿车	东风集团	1424	454	121.85
武汉、宜昌船舶生产基地	中小特种船舶	武昌船厂、青山船厂、南华高速、宜昌船厂	95.74	33.79	7.33
武汉东湖新技术开发区信息产业基地	光通信系统设备、光纤光缆和光电器件	邮科院、长飞、华工科技、长江通信	326.15	186.08	19.4
武汉、宜昌、黄石、荆州机床产业基地	重型、超重型数控机床及数控系统	武重、华中数控、黄锻、宜昌长机	35.27	12.34	4.47

6. 企业走出去

按照湖北省委省政府制定的“开放先导战略”，三年来，湖北省装备制造企业在利用外资，加强与跨国公司的合资合作不断发展壮大的同时，认真分析国际形势，结合自身优势和实力，积极探索“走出去”途径。湖北神风机械工业股份有限公司为拓展国际市场，积极发挥自身技术和工艺优势，利用国内合作伙伴“走出去”带来的机遇，与巴基斯坦 A. B. E 公司合作，在巴基斯坦投资建设年产 30 万只摩托车燃油箱生产线，2006 年 3 月生产线建成投产。该生产线的设备、模具及技术支持均由神风公司提供。此次在巴组建燃油箱生产线，对湖北神风机械工业股份公司进一步拓展国际摩托车配件市场意义重大，成为进军印尼、越南等市场的桥头堡。同年 4 月，神风公司发挥神风公司模具数字化加工、先进焊接工艺的优势，抓住重庆力帆集团在土耳其建设主机厂的机遇，在土耳其投资建设摩托车车架厂，投产后可形成年产 15 万只车架的能力，并为公司利用土耳其横跨欧亚大陆的地理优势进军欧洲市场创造了条件。

东风汽车公司在“走出去”方面也做出了积极探索，继 2004 年 9 月，与长城汽车控股公司、奇瑞汽车公司和广州华南摩托车工业有限公司共同在非洲加纳与当地大型企业 SNEDA 汽车有限公司合资建立汽车生产基地之后，2006 年 6 月，东风汽车股份有限公司与乌克兰 BOGDAN 公司达成 CKD 工厂项目建设协议：由东风汽车提供生产工艺设计，BOGDAN 公司投资 3500 万美元共同在乌克兰组建。项目已于 2007 年 5 月竣工。

7. 企业兼并重组

为提高全省装备制造业的整体竞争力，湖北省积极推进企业的战略重组。三年来，湖北省装备制造业企业按照“整合集成、重点突破、发展成套、结构升级”的振兴方略，优势互补，兼并重组，取得了有效突破。

2006 年开始，为加速“武汉·中国光谷”激光产业发展，提高激光产业的自主创新能力和市场竞争力，培育激光龙头企业，在湖北省、武汉市政府的推动下，由东湖高新技术开发区牵头，以华工科技为资本运作平台，三家企业进行战略重组。具体方式为：华工科技通过定向增发募集资金 3.5 亿元，并购团结高新集团、楚天激光集团优质资产，然后进行业务重组。2007 年 1 月 13 日，重组并购协议正式签订。重组完成后，武汉地区激光产业主力集中到华工科技旗下，具有规模、技术、品牌三方面的优势，真正成为国内第一大高功率激光设备制造商、第一大激光医疗设备制造商、第一大中小功率激光设备制造商，并形成三大分工明确的主体：华工激光、华工楚天和华工团结。三个公司将对产品进行明确分工，对相关产品和市场资源进行整合，形成有龙头、有分工、相互配合、产业集中的激光产业格局，达到集合资源、发挥优势、避免恶性竞争、提升整体核心竞争力，推动光谷激光产业快速发展的目标，成为能够与国际激光巨头相抗衡的国内激光产业旗舰。

2008 年 9 月 4 日，以武汉重型机床集团有限公司、武汉锅炉集团有限公司、中国长江动力公司 3 家机械制造企业为主体的武汉重工集团有限公司正式挂牌成立。武汉市国资委和国资公司出资 20 亿元作为武汉重工集团的注册资本。届时，武汉重工集团将代替武汉市国资委，成为国有资产出资人。武汉重工集团拟构建以产权为纽带的母子公司经营管理体系，将 3 家集团公司的资产、财务、研发、重大决策等工作进行集中管理。力争在 3 ~5 年内实现销售收入 100 亿元。

第二节 存在问题

1. 存在的问题

湖北是装备制造业大省，但还不是装备制造业强省，与沿海先进省份相比还存在较大差距。存在的问题主要有：

（1）产业结构不尽合理，重大技术装备整体水平不高。湖北装备制造业除汽车制造、船舶制造、光纤光缆、数控设备制造等少数产业具有一定的规模和技术优势外，其他领域基础相对薄弱，规模不大，且中低端装备多，高端缺乏核心技术，成套能力弱。在国家确定的 16 项重点发展领域的重大技术装备中，湖北省现有装备制造业仅有 8 类相关产品进入。

（2）缺少具有国际竞争力的大型企业集团。能带动一批企业发展的大企业少，依托成长性好的产品和骨干企业整合、培育企业集团进展迟缓，产业协作配套体系不完整，产业链没有真正形成。根据用户需要，提供成套解决方案的“系统集成”能力较弱，一些具有优势的产品难以成套供应或专业化大批量生产，如环保装备产业，湖北产品品种较齐全（包括水、声、尘、渣、气检测仪器仪表），产业服务面广（包括汽车、冶金、建材、电子、污水处理、环卫、纺织等），配套能力相对较强，但缺乏一个核心企业统领三军。

（3）自主创新能力不强。由于技术沉淀和资金积累不足，以及体制、机制等方面的原因，湖北享誉国内的科教人才优势未得到充分发挥。装备制造业设计手段落后，工艺装备水平较低，企业开发严重不足，中小企业大多没有自己的专有技术和自主开发能力，引进消化吸收和集成创新能力弱，原创性技术成果转化缓慢。部分产品的关键技术依赖国外，掌握装备制造核心技术非常有限。

2. 政府为推进本省装备制造业发展亟待解决的问题和政策推动

（1）加强组织领导，科学规划。鉴于目前全球金融危机对国内装备制造业的影响以及振兴湖北省装备制造业的紧迫性，加快振兴湖北装备制造业有赖于进一步加强组织领导和科学规划。进一步研究和制定全省装备制造业近期和中长远发展规划、政策和重大项目，以保持在今后相当长一段时期内政策和规划的系统性、持续性和协调性，引导全省装备制造业又好又快发展。

（2）加大投入，提高全省装备制造企业的装备技术水平。多渠道拓宽对装备制造业的投入，解决企业融资难的问题，保持企业近几年生产的正常运转；下大力提高和改善装备制造企业的生产设备、工艺技术、产品开发和制造能力，解决全省装备制造企业再装备的问题，提高企业的市场竞争力。

（3）进一步加大力度营造和改善装备制造业振兴和发展的市场环境和政策环境。积极争取国家支持，创造条件，争取设立国家级装备制造业基地或示范基地。落实好国家首台（套）相关政策，研究解决国产重大装备进入市场门槛高、有风险等问题，并参照国家鼓励自主创新的有关政策，利用有关专项资金对省内装备制造企业给予适当补贴或采取加速设备折旧等方式给予支持。

第三节 发展展望

1. 全球金融危机对湖北装备制造业的影响

2008 年下半年以来，由于国际金融危机引发国内外经济形势发生突变，装备产品的国内外市场需求迅速紧缩。虽然湖北省装备制造业的市场主要在国内，国外部分主要在东南亚和非洲，但由于整个大环境的影响，湖北装备制造业也不能独善其身。主要表现为：

（1）产销增速持续回落。2008 年随着国际金融危机对实体经济冲击的持续传导，湖北装备制造业产销呈逐月下滑趋势，全年规模以上企业完成工业增加值虽然同比增长 35.7%，但增幅较上年回落 8.8 个百分点。

（2）部分行业产量下降。在湖北省重点统计的装备产品中，2008 年发电设备下降 30.12%，金属切削机床下降 20.78%，锻压设备下降 17.52%。全年汽车产量 84.9 万辆，同比增长 10%，比同期回落 29 个百分点。整车和零部件出口自 9 月份以来逐月递减，全年增幅比前三个季度增幅分别回落 20.5 个百分点和 7.3 个百分点。

（3）产品订单呈下降趋势。湖北船舶、机床、发电设备等新增订单锐减。2008 年全省船舶生产企业接单 129 万载重吨，同比下降 62%，另有少数合同不能生效及少量订单被撤的现象也已发生。

（4）企业资金紧张。由于市场需求萎缩，使本来生产周期长、资金占用量大的装备制造业产成品积压、应收账款增加、资金周转困难的矛盾更为突出。同时，受产品价格下跌和消化高价库存原材料的双重压力，产品利润率普遍下降，亏损企业亏损额大幅增加。据统计，2008 年 11 月末，湖北机械工业亏损企业亏损额 12.07 亿元，同比增加 40.73%，比 1~8 月份亏损额增加 67.17%。

（5）市场竞争更加激烈。目前，东部沿海地区纷纷加大装备制造业结构调整和投入力度，加之外向型企业转身加入国内市场竞争行列，给处于内地和装备技术水平相对落后的湖北装备制造业带来了巨大的压力。

此外，长期以来，困扰湖北装备制造业的内部矛盾和问题也进一步激化。

2. 应对全球金融危机的发展思路与策略

全球金融危机对湖北装备制造业发展的影响和冲击是较大的。然而，危中有机，随着国家有关振兴装备制造业方案及一系列重大政策和规划的陆续出台与实施，湖北装备制造业亦面临着难得的发展机遇。为此，湖北装备制造业一定要增强危中求机、困中求进的信心和决心，不断解放思想，创新体制机制，采取有效应对策略，集中力量，加快发展。努力减小和消除金融危机造成的影响和冲击，保持湖北装备制造业平稳较快发展。

2.1　*发展思路*

一是要紧紧抓住中央实施“保增长、扩内需、调结构”等一系列政策措施，以及促进中部地区崛起和建设武汉城市圈综合配套改革试验区、境内外产业转移等重大机遇，依托全省装备制造业现有产业基础和科技优势，按照“中国装备，装备中国”的理念，研究和开拓市场，在充分利用国内资源的同时，积极参与国际分工。

二是要利用当前的时机，加快发展方式转变和结构调整，提高自主创新能力。围绕“做强汽车产业，做大装备制造业，加快发展制造服务业”，着力培育一批大企业集团，提高企业的市场竞争力。

三是要突出重点领域与重点产品，择优支持，有保有压，集中力量，重点突破。利用省内装备产业的比较优势，进一步加快发展交通运输设备制造业、成套设备制造业、数控机床、光电子产品等行业，着力培育一批重点企业和名牌产品。

2.2　*应对策略和措施*

一是加大政策扶持力度，推进产业结构优化升级。要切切实落实国家发展装备制造业和技术创新等各项优惠政策。积极谋划一批对全省国民经济调整结构和产业升级有重大影响的装备大项目；加大资金支持，扩大重大装备专项资金的规模，建立多元化投融资体系，调动社会资金，加大对全省装备制造业的投入。

二是完善装备制造业技术创新体系，增强自主创新能力。要加快建立以企业为主体的技术创新体系，努力突破一批核心技术和关键技术，实施一批高新技术产业化重大专项，增强湖北省装备制造业自主创新能力。具体来讲，要抓好企业研发体系的建设，加快技术创新。进一步充实和完善现有国家级和省级技术中心，加快建立以企业为主体、市场为导向、产学研相结合的装备制造业创新体系；要抓好公共服务技术开发平台的建立。坚持以系统设计、智能控制、清洁制造和关键总成技术为重点，依托骨干企业，开展联合设计、联合制造；抓好重大技术攻关；选择一批集成度高、综合性强、产业渗透和辐射作用显著，对湖北省装备制造业结构升级具有支撑作用的行业共性技术、关键技术和前瞻性技术，集中力量进行攻关。

三是以市场为导向，发展壮大一批企业集团。大力推进 12 类重大产品和成套装备的产业集群建设。突出龙头企业带动作用，做大做强东风公司、三江航天、三环、武汉重工四大集团，形成主营业务收入过 100 亿元 5 家、过 50 亿元 5 家、过 30 亿元 7 家、过 10 亿元 31 家等一批主业突出、拥有自主知识产权和自主品牌、核心竞争力强的大型企业或企业集团（见表 6）。鼓励大企业大集团采取联合、购并、控股等方式实施企业间、企业与科研院所间的资产重组。支持中小企业与大企业建立以市场配置资源为基础，稳定的原材料供应、生产、销售、技术开发和技术改造等方面的协作关系，引导中小企业向“专、精、特、新”方向发展，形成一批以技术、品牌、出口、零部件为主导的成长型中小企业。

表6 湖北省装备制造业重点培育的企业

主营业务收入	企业数/个	企业名称
过100亿元	5	三江航天集团、武汉重工集团、三环集团、武汉邮科院、凯迪电力
过50亿元	5	南车集团长江基地、烽火科技、长飞光纤光缆公司、中冶南方工程技术公司、长江电缆有限公司
过30亿元	7	东风有限装备公司、东风特种商用车公司、江汉石油管理局第四机械厂、京山轻机、湖北江山重工公司、湖北航宇装备有限公司、武汉都市环保工程技术股份有限公司
过10亿元	31	中铁科工集团、江汉石油管理局第三机械厂、华中数控股份有限公司、三江航天万山特种车辆有限公司、东风越野车有限公司、中冶连铸技术工程公司、黄石山力科技发展有限公司、武汉电缆集团有限公司、武汉鼓风机公司、三环黄石锻压机床有限公司、湖北鄂重机械有限公司、武钢机械有限公司、湖北洪城通用机械股份有限公司、华工团结激光公司、武汉光谷激光技术股份公司、武汉楚天激光（集团）公司、武汉长江通信产业集团公司、襄樊五二五泵业有限公司、襄樊金鹰轨道车辆公司、武汉铁锚焊接材料公司、湖北红光港机厂、湖北永鼎红旗电气公司、湖北高中压阀门有限公司、华新水泥机械公司、中铁武桥重工股份公司、西门子变压器（武汉）有限公司、武汉阿海珐变压器有限公司、荆州市巨鲸传动机械有限公司、十堰先锋模具有限公司、宜昌经纬纺织机械股份公司、湖北银轮蒲蕲起重机械有限公司

四是以振兴为契机，大力发展现代装备制造服务业。鼓励企业以产品的全生命周期服务为目标，加强客户咨询、产品设计、售后服务等业务，提高产品竞争力和附加值。鼓励和引导大型装备制造企业联合国内外相关企业或机构组建集系统设计、系统集成和工程总承包于一体的大型工程公司和系统成套公司，提高总承包能力，支持取得工程和设备总承包资质，提高总承包业务占销售收入的比例。推动机械汽车产业与电子信息技术的相互融合，加快向现代服务业延伸发展，不断拓展装备制造业服务的内涵和外延以及服务的范围。使装备制造业服务化的理念更加深入企业，深入人心，使越来越多的企业通过服务来扩大经营的增值空间，使更多的工程公司在装备工业与用户之间起到纽带桥梁作用。

五是通过规划和政策影响，引导特定产业向特定地理区域内的集聚。集群化发展已成为工业经济发展的重要手段，武汉城市圈建设步伐的加快，为装备制造业的集聚创造了条件。在政策的引导下，装备工业集群化趋势不断发展，集聚区内企业与企业之间，企业与高等院校、科研院所之间的联合与合作将更加紧密，集群化发展经济将推动企业、产业及区域经济的增长和竞争力的提高。

六是加快信息化与装备制造业的融合。要使信息化促进工业化的作用在湖北装备制造业中得到充分体现。利用信息化的技术加速改变湖北装备制造业的生产和流通方式，并使装备产业的生产向柔性制造系统、智能化方向发展。

3. 今后三年湖北省装备制造业自主化展望

未来三年，湖北省装备制造业通过认真贯彻落实国家装备制造业调整和振兴规划，加快自主创新能力建设，产品的自主化发展将在现有重点优势领域，特别是在现有产业关联效应强、能够替代进口的重大产品、成套装备和相关基础件方面取得突破。

（1）大型、精密、高速数控装备及数控系统。装备产品的数控化率和集成化水平将进一步得到提高。重型多坐标联动数控龙门镗铣床等系列产品，重型数控板料加工机械，大型数控插齿机，五轴以上数控加工中心，高速、精密、数控车床、磨床系列产品，大型立、卧式加工中心，复合加工机床，数控专用机床产品，数控系统及新型驱动电机及其控制单元，高精度电主轴及其伺服单元，直线电机及其伺服单元，数控回转工作台，大型交换工作台，数控刀架，精密滚珠丝杠副，新型气动液压件等功能部件基本实现自主化。

（2）大型清洁高效发电和高压超高压输变电设备。600MW及以上超临界和超超临界电站锅炉、汽轮机、发电机、热电联产机组、大型水电机组和抽水蓄能水电机组、核电、太阳能光伏发电、兆瓦级以上大型风能发电设备的核心功能部件以及高压超高压交流和直流输变电产品、电气自动化系统及设备的自主研发取得突破。

（3）大型薄板冷热连轧及涂镀层成套设备。大型板坯连铸机、大型薄板热轧机组、冷轧机组和涂（电）镀层成套设备实现自主化，形成冶金成套设备自主开发、本地化制造的核心竞争力，并将建成中部地区最大的冶金装备技术研发和制造基地。

（4）光通信设备和激光加工设备。光通信设备及新型光通信器件、特种光纤光缆系列产品、大功率激光器及激光加工设备、中小功率激光精微加工设备、激光医疗设备、激光全息防伪材料等系列产品自主创新取得新进展，自主研发汽车光电子产品，将填补国内空白。

（5）环保机械及资源综合利用设备。循环流化床锅炉、烟气脱硫除尘系统装置、污水处理系统、废酸除硅再生机组等大气治理、工业污水处理等环境净化和危险废弃物、生活垃圾等固体废弃物处理设备将逐步实现自主研发。

（6）大型石油钻采设备。通过大力发展大型石油钻机，车装钻井、修井和固井、压裂设备，天然气压缩机等系列产品，大型石油钻采设备自主化水平进一步得到提高。

（7）新型包装、纺织和建材机械。通过加快发展数字化成套纺织设备、包装机械、新型涂布机等系列产品，实现新型包装、纺织和建材机械自主化。

第十八章　湖南省装备制造业发展报告

湖南省作为中部地区内陆省份，在改革开放初期，装备制造业基础并不雄厚，经过多年来改革创新发展，特别是进入“十五”以后，湖南省委、省政府实施“新型工业化”发展战略，极大地促进了湖南省装备制造业的技术创新和产业发展，使之成为湖南省第一支柱产业，并在工程机械、电工电器、轨道交通、汽车及关键零部件等领域获得比较优势，初步奠定了在中部地区重要的装备制造业基地地位。

第一节　三年来装备制造业发展评估

1. 建立组织协调机制，制定发展规划和配套政策

以“新型工业化”引领和带动全省经济社会又好又快发展是湖南省第九次党代会做出的重大战略决策，加快振兴装备制造业是其中最重要的内容之一，省委省政府出台了一系列的政策措施，为湖南省装备制造业的发展营造了良好的环境。

1.1　建立组织协调机构和机制

为贯彻落实湖南省第九次党代会精神，推进新型工业化带动战略的具体实施，省委决定建立“湖南省新型工业化重点产业联系责任制度”。在装备制造业领域，明确了“工程机械、电工电器、轨道交通、汽车”作为重点支持发展的产业，由一名省委副书记和两名副省长对口联系，并明确了省经委、省发改委、省科技厅、省国土资源厅、省国资委、省建设厅等为责任单位，其主要职责是：调查研究该产业发展过程中的情况和问题，研究提出促进该产业发展的有关政策、措施和建议，协调该产业内部相关企业、相关部门之间的有关事项，帮助解决该产业发展过程中的有关具体问题。

1.2　制定发展规划

（1）发展战略

全面贯彻落实科学发展观，以提高装备的自主研发、设计制造、系统集成水平为宗旨；以核心企业为依托，实现技术自主化、装备成套化、营销国际化；壮大优势产业、培养新兴产业、改造传统产业；努力打造中部地区装备制造业基地。

（2）发展目标

重点发展在国内外具有比较优势的现代工程机械、轨道交通设备、汽车及汽车零部件、输变电设备及电工电器等优势产业；积极发展新能源装备、民用航空器及关键零部件、环保和节能装备、数控机床等新兴产业；选择性地发展矿山通用、烟草、橡胶、农机等专业装备产业。

到2010年，全省装备制造业规模以上企业销售收入达到3250亿元，年均增长30%；工业增加值达到1062亿元，年均增长30%；新产品产值率达到25%～30%，将湖南建设成为具有一定产业核心竞争力、产业结构比较合理、产业技术比较先进、优势产业在国际上有较大影响的中部装备制造业基地。

（3）发展重点

依托国家重点工程和鼓励首台（套）政策，发挥湖南省在工程机械、轨道交通、输变电成套设备和汽车及关键零部件产业领域的比较优势，重点研制开发以下装备：

工程机械装备。依据国家重点建设急需和实现替代进口的重大关键设备，重点发展大型路面施工机械成套设备、千万吨级大型露天矿综采设备、大型码头起重运输设备和节能环保型工程装备等。

轨道交通装备。围绕国家铁路“两高、两快、一重”和城市轨道交通建设的需求，重点发展六轴大功率交

流传动货运和客运电力机车，时速 >200km/h 电动车组、高速重载机车、VVVF 交流传动城市轨道交通设备。

输变电成套装备。围绕国家“大电网互联”和交、直流特高压电网建设的需求，以特高压电网工程建设为依托，重点研制开发 1000kV 及以下交、直流大型变压器，电抗器，隔离开关等，全面提高 500kV 及以下超高压电流、电压互感器，断路器等产品质量，逐步形成 220～500kV 超高压输变电成套设备供货能力。

汽车及关键零部件。以轿车产品的发展作为湖南省汽车产品结构调整的突破口，全面推进越野车、轻中重型载货车、专用车产品上规模、上水平，着力培育和发展新能源汽车。

新型产业领域。围绕“两型”社会建设目标，依托湖南省现有的技术基础和优势，重点发展 1.5MW 以上直驱、双馈式风力发电机组、高端民用轻型飞机、中小型航空发动机、航空新材料、核电站辅机、高档数控磨床、智能型凿岩设备、大重型橡胶炼制和成形成套技术装备、大型煤炭井下综采设备、关键基础零部件等。

1.3　制定和落实配套政策

自从湖南省第九次党代会做出“以新型工业化引领和带动全省经济社会又好又快发展”战略决策以来，省委、省政府相继出台了各类政策文件，制定了一系列加速推进新型工业化进程，促进装备制造业发展的相关措施和配套政策。

2007 年 2 月，湖南省委、省政府制定了《关于加速推进新型工业化进程的若干意见》，从指导思想、发展目标、工作重点、保障措施、组织领导等方面提出了明确的实施意见，设立了新型工业化引导资金，省财政每年安排 3 亿元，对确立湖南省装备制造业的重要地位和加速发展起到了重要的保障作用。

2007 年 2 月，湖南省人民政府制定了《关于大力培育发展产业集群的意见》，明确提出了工程机械、汽车及零部件、电站配套及输变电成套设备、轨道交通装备等十六大类产业的“十一五”发展目标，设定了工作重点和保障措施，制定了包括设立省优势产业发展专项资金、建立银企合作机制、优化发展环境在内的多项扶持政策，对湖南省优势产业集群的形成起到了重要的推动作用。

2007 年 7 月，湖南省政府制定了《关于支持汽车产业发展的若干政策意见》，确定了重点扶持的汽车产业骨干企业，提出了省财政按新增省内配套零部件销售收入 1%～1.5% 的比例对整车生产企业实施奖励的政策措施，同时制定了支持省产汽车的销售政策、用地政策、财税政策、技术改造、自主创新等一系列保障政策措施，对湖南省汽车产业的快速、健康发展起到了重要的推动作用。

2007 年 9 月，湖南省政府制定了《关于鼓励和支持工程机械产业发展的意见》，明确了工程机械产业发展的思路和目标，制定了一系列支持产业发展的财政税收、建设用地、政府采购、进出口扶持等政策措施，设立了省财政对主机企业新增省内配套销售收入按 1%～1.5% 进行奖励的配套政策，对湖南省工程机械产业的集聚和快速发展意义重大。

到目前为止，从中央到地方的各类政策正在得到较好的落实执行。如湖南省的新型工业化引导资金 3 亿元/年得到保障并很快发挥作用，2007 年度汽车、工程机械整车（主机）企业扩大省内配套奖励资金 1624 万元已下达给相关企业。技术改造、工业用地、金融保障、财税政策等重点向包括装备制造业在内的十六大产业倾斜，极大地促进了装备制造业的发展。

2. 在湖南省经济中的地位

2.1　主要经济指标及产业地位

“十一五”以来，湖南省装备制造业走上了快速、健康的发展道路。2007 年装备制造业在全省率先成为产销过千亿元的产业，2008 年装备制造业完成工业总产值 2115 亿元，实现主营业务收入 1981 亿元，成为湖南省产业经济中名副其实的第一支柱产业。2006—2008 年，装备制造业总产值占全省工业的比重分别为 14.37%、15.76%、17.22%，增加值占全省工业的比重分别为 15.51%、16.12%、17.79%。

表 1　湖南省装备制造业主要经济指标　（单位：亿元）

年份	工业总产值	销售收入	工业增加值	利税总额	利润总额	出口交货值	从业人数/万人
2006 年	940.10	859.93	287.91	87.35	47.41	45.6	27.35
2007 年	1400.44	1342.93	418.45	177.57	117.09	91.35	31.62

（续）

年份	工业总产值	销售收入	工业增加值	利税总额	利润总额	出口交货值	从业人数/万人
2008 年	2114.93	1980.89	635.22	199.81	117.10	139.60	35.18

注：统计口径为规模以上企业。

2006—2008 年装备制造业总产值年均增长 43%，销售收入年均增长 47%，工业增加值年均增长 42%，利税总额年均增长 44%，利润总额年均增长 56%，出口交货值年均增长 70%。

2.2　三年建设投资情况

装备制造业 2006—2008 年建设投资总额为 887.14 亿元，其中：2006 年建设投资为 182.7 亿元，2007 年建设投资为 293.44 亿元，2008 年建设投资为 411 亿元。

3. 产业结构的调整

3.1　产业结构

表 2　湖南省装备制造业构成　（单位：亿元）

行业名称	2006 年		2007 年		2008 年	
	工业增加值	占比重（%）	工业增加值	占比重（%）	工业增加值	占比重（%）
金属制造业	30.08	8.30	44.11	8.55	60.56	7.94
通用设备制造业	63.95	17.65	92.72	17.97	129.42	16.97
专业设备制造业	92.96	25.65	143.10	27.97	218.68	28.68
交通运输设备制造业	82.90	22.87	116.55	22.59	153.09	20.08
电气机械及器材制造业	60.30	16.64	82.51	16.00	146.46	19.21
通信设备、计算机及其他电子设备制造业	22.65	6.25	24.02	4.66	39.17	5.14
仪器仪表及文化、办公机械制造业	9.57	2.64	12.85	2.49	15.04	1.98
总计	362.41	100	515.86	100	762.42	100

注：统计口径为规模以上企业。

3.2　优势和特色产业

湖南省装备制造业“十五”期间得到快速发展，尤其是经过“十一五”以来的自主创新、产业结构调整和产品优化，部分产业领域或产品已在国内形成比较优势。

工程机械：2008 年完成工业总产值 479.63 亿元，销售总额 484.65 亿元，出口交货值 66.40 亿元。主导产品技术水平居国内领先水平。其中，混凝土拖泵占国内市场 80% 的份额，液压静力压桩机、混凝土泵车、旋挖钻机、汽车起重机的国内市场占有率也分别达到 70%、70%、45% 和 35%。

电工电器：2008 年完成工业总产值 509.12 亿元，销售总额 475.60 亿元，出口交货值 27.40 亿元。百万千伏安级特大容量变压器、1000kV 特高压电抗器、1100kV 特高压接地开关、高压断路器、高压户外隔离开关等产品技术居国内领先水平，220～550kV 超高压输变电成套设备在国内占有较大的市场份额。

轨道交通设备：2008 年完成工业总产值 170.34 亿元，销售总额 148.30 亿元，出口交货值 6.34 亿元。六轴大功率交传载货电力机车、200～300km/h 电动车组、城市 A 型地铁车辆、轻轨车辆及配套电机电控成套装置、城市无轨电车交流传动系统等产品技术居国内领先水平，是我国重要的技术研发和产业基地。

汽车及零部件：2008 年完成工业总产值 295.90 亿元，销售总额 262.70 亿元，出口交货值 11.62 亿元。108～220t 电动轮自卸车为国内独家研发生产，1000t 履带式起重机被誉为“亚洲第一吊”，长丰猎豹系列越野车占据国内越野车 30% 以上的份额。

表3　湖南省优势特色装备一览表

序号	优势特色 装备名称	制造企业	国内市场 占有率（%）
1	220～550kV 超高压输变电成套设备	特变电工衡阳变压器有限公司	—
2	108～220t 电动轮自卸车	湘电集团	100
3	1.5～2.0MW 风电机组	湘电集团	—
4	大功率交流传动货运电力机车	南车株洲电力机车有限公司	—
5	A 型地铁车辆	南车株洲电力机车有限公司	—
6	400～1000t 大型履带起重机	三一重工、中联重科	—
7	QAY50～350 全地面起重机	中联重科	35
8	混凝土拖泵、泵车	中联重科、三一重工	80
9	液压静力压桩机	山河智能	70
10	旋挖钻机	山河智能、中联重科、三一重工	—
11	小型挖掘机	山河智能、江麓集团	—
12	挖掘装载机	山河智能	—
13	250 吨米以上大型塔机	江麓集团	60
14	YLK30 垃圾压实机	江麓集团	70
15	ZBJ20 沙漠植被机	江麓集团	100

4. 自主创新

4.1　创新投入和技术创新体系建设

湖南省装备制造业全部规模以上企业 R&D 费用占销售收入比重年均2%左右，部分重点企业年 R&D 投入比例较高，如中联重科 7%、三一重工 5%～7%、山河智能 8%、特变电工衡阳变压器有限公司 6%。

经过多年的培育建设，湖南省装备制造业已建立了一批具有相当技术实力的研发基础设施。国家工程研究中心 1 家：株洲电力机车研究所国家变流技术工程研究中心。国家工程技术研究中心 1 家：湖南大学国家高效磨削工程技术研究中心。国家认定的企业技术中心 11 家：中国南车集团株洲电力机车有限公司技术中心、三一重工股份有限公司技术中心、株洲时代新材料科技股份有限公司技术中心、江南机器（集团）有限公司技术中心、长沙中联重工科技发展股份有限公司技术中心、湘潭电机股份有限公司技术中心、远大空调有限公司技术中心、江麓机械集团有限公司技术中心、中国南车集团株洲车辆厂技术中心、中国南方航空工业有限责任公司技术中心、益阳橡胶塑料机械集团有限公司技术中心。

4.2　开发成功的重大装备

2006 年以来，湖南省装备制造业开发成功了一大批重大装备。

表4　开发成功的重大装备

序号	装备名称	制造企业	工程应用情况	产业化情况
1	2MW 直驱式风电机组	湘电集团	—	—
2	百万千伏安级特大容量变压器	特变电工衡阳变压器有限公司	工业运行	批量生产
3	1100kV 电抗器	特变电工衡阳变压器有限公司	示范工程	批量生产
4	1100kV 特高压接地开关	湖南长高高压开关集团股份公司	工业运行	批量生产
5	220t 电动轮自卸车	湘电集团	工业试运行	小批量生产
6	120kW/h 六轴大功率交传货运电力机车	南车株洲电力机车有限公司	工业试运行	—

（续）

序号	装备名称	制造企业	工程应用情况	产业化情况
7	A型地铁车辆	南车株洲电力机车有限公司	工业运行	批量生产
8	时速200-300km/h电动车组	南车株洲电力机车有限公司	工业运行	—
9	城市无轨电车交流传动系统	湖南南车时代电动汽车股份公司	工业运行	批量生产
10	QAY350全地面起重机	中联重科	工业试运行	—
11	1000t大型履带起重机	中联重科	工业试运行	—
12	SR360旋挖钻机	三一重工	工业运行	批量生产
13	160机载锚杆掘进机	三一重工	工业运行	批量生产
14	EBZ200H悬臂式（全硬岩）掘进机	三一重工	工业试运行	—
15	微泡沥青水泥砂浆车	三一重工	工业运行	批量生产
16	SY650大型挖掘机	三一重工	工业试运行	—
17	TCR6055动臂塔机D1100-63塔机	中联重科	工业运行	批量生产

5. 产业集聚区（带）建设

经过多年来政府的积极引导和一系列产业政策的实施，尤其是通过建立现代企业制度、坚持自主创新、加快产业结构调整、培育核心企业等一系列措施，湖南省装备制造业已形成自身的相对优势和产业集聚。

表5 湖南省装备制造业产业集聚区汇总 （单位：亿元）

产业集聚区名称	产业特色	龙头企业	2007年主要经济指标		
			销售收入	工业增加值	利税总额
长株潭产业带	工程机械	中联重科、三一重工、山河智能、江麓机械、湘电重装	450	150	74
	轨道交通设备	南车株洲电力机车公司、湘潭电机股份公司、南车株洲车辆厂	140	58	12
	汽车及零部件	长丰集团、北汽福田长沙汽车厂、湖南吉利汽车公司、众泰江南汽车公司	250	70	18

6. 企业走出去

三一重工股份有限公司分别投资6000万美元，在印度普奈、美国亚特兰大投资建立了整机生产厂，在德国科隆投资1亿欧元的整机生产厂也已开始建设。

长沙中联重工科技发展股份有限公司2008年成功收购全球三大混凝土机械制造商之一的意大利CIFA公司，成为目前全球最大的混凝土机械制造企业。南车集团时代电气公司出资1亿元收购了世界著名半导体企业英国丹尼斯公司。

7. 企业兼并重组

随着现代产权制度的建立和完善，企业自主创新能力的增强，在优势产业领域，一批核心企业以产品结构调整为主线，依托国际国内两个市场，挖掘国际国内两种资源，完善产业链配套，实施产业集群化、外向化发展战略，最突出的就是实施跨地区、跨行业并购。长沙中联重工科技发展股份有限公司就是其中的代表，从2002年起，中联重科相继收购湖南机床厂、中标实业公司、湖南车桥厂、华泰重工、陕西新黄工，重组并购浦沅集团，特别是2008年又成功收购意大利CIFA公司，仅用五年时间就实现了年主营收入从10亿元到100亿元的跨越，再用一年时间实现了年主营收入从100亿元到200亿元的跨越（2008年主营收入达242亿元），真正体现了科学、快速、健康发展。

第二节　存在问题

1. 自主创新能力弱。包括优势产业在内，除了龙头企业拥有较强的自主创新能力和相对充足的研发投入外，大部分企业的自主创新能力较弱，企业拥有的核心技术太少，产品在国内外的市场竞争力不强。

2. 关键零部件配套发展滞后。在优势产业领域，随着企业、产业、技术、资金的集聚度增强，正在逐步具备与国际品牌竞争的综合能力，但关键零部件的国际化配套明显受到国外垄断企业的强力制约。国内配套企业由于技术、资金、工艺装备等多方面原因，很难满足主机企业的发展要求。

3. 国际金融危机的持续带来较大冲击。国际国内的宏观经济形势十分复杂，不确定因素明显增多，国内金融形势趋紧，企业融资难度增大，难以支撑企业持续发展。

第三节　发展展望

1. 应对全球金融危机的策略与发展思路

从2008年下半年开始，国际金融危机对湖南省装备制造业的影响逐步显现，装备制造业产值、销售收入和利润等指标增幅开始回落。虽然产值和销售的下降幅度较小，但利润大幅回落；部分产品后续订单出现急剧下降，取消合同、延期交货的现象逐渐增多，重点统计的72种产品中有26种出现了负增长。同时，金融危机加剧了企业资金链紧张的状况，由于市场需求萎缩，部分企业原材料及产成品大量积压，应收账款增加，资金周转困难，部分企业甚至面临资金链断裂的危险。

面对金融危机和经济运行的低谷，必须树立信心，在危机中寻找机会，在逆境中谋划发展，以积极、谨慎的心态，以逆水行舟、不进则退的毅力和决心，抓住一切机遇谋发展。

（1）着力增强优势产业核心竞争力。继续坚持以工程机械、电工电器、轨道交通设备、汽车及关键零部件等优势产业领域为重点，以核心企业为主体，以国家重点建设工程急需重大装备为突破口，大力优化结构，推进产业升级，促进优势资源向产业链核心环节、价值链高端环节集聚，促进产业向高端化、高新化、“两型”化、规模化方向发展。

（2）着力推进产业整合，培育新的优势产业。充分利用湖南省在兆瓦级风力发电装备、新能源汽车、高端民用轻型飞机、中小型航空发动机、航空新材料、大型煤炭井下综采设备、高档数控磨床、智能型凿岩设备、大重型橡胶炼制和成型成套技术装备等领域的产业基础和技术研发优势，积极扶持骨干企业通过体制机制创新、合资合作、资产重组、并购等多种形式提高竞争力，加快培育产业集群，形成新的优势产业。

（3）强化企业市场主体地位。坚持市场化改革方向，解放思想，创新机制，加强管理，提高经营质量、发展能力和经济效益。在加快产业结构调整，适应内需扩张的同时，加大国际市场的开拓力度。积极应对宏观经济形势变化，进一步增强危机感和紧迫感，把提高经济运行质量、防范和化解经营风险作为当前生产经营的中心任务，保障企业的稳定发展。

（4）全面提升自主创新能力。切实加强自主创新体系建设和“国家认定企业技术中心”建设，加强产学研合作的力度、深度和广度，通过加大政府和企业的研发投入、引进国内外的先进制造技术、培养造就高层次的技术创新团队、加快创新平台建设等多种有效措施，全面提升装备制造企业的市场竞争力。

2. 今后三年湖南省装备制造业自主化展望

全球性的全融危机虽然给湖南省装备制造业发展带来较大冲击，但在国务院持续出台重大宏观调控政策的鼓舞下，湖南省委省政府大力推进“一化三基”发展战略，为湖南省装备制造业的新一轮发展带来了机遇，创造了条件。预计今后三年内，湖南省将在现有相对优势产业领域，逐步确立中部地区装备制造业产业基地的地位。

（1）工程机械行业确立核心地位。随着中联重科、三一重工等强势企业国际化战略的稳步实施；山河智能、江麓集团、湘电重装等骨干企业的快速壮大；关键零部件自主化配套能力的逐步提高；产业链上下游企业的紧密合作，湖南省长株潭地区必将真正成为我国最大的工程机械产业化基地。预计到2011年，湖南省工程机械行业总产值将突破 1000 亿元大关。

（2）电工电器行业发展迅猛。以我国首条 1000kV 特高压交流试验示范工程（晋东南 - 南阳 - 荆门）顺利通过试运行、正式投运为标志，湖南省特变电工衡阳变压器有限公司、湖南长高高压开关集团公司研制的 1100kV 特高压并联电抗器、1100kV 特高压接地开关等主设备获得了极大的成功，奠定了在行业中的优势地位。通过实施高起点的产业升级和产品更新换代的技术改造工程，引进国内外特高压产品的研制和试验手段，骨干企业的自主创新能力得到快速提高，使湖南省成为长江以南研发实力最强、产能最大的变压器制造基地和世界最大的特高压电抗器制造基地。同时，随着湘电集团、时代电气等骨干企业在风电、核电装备开发上取得的突破性进展，将使湖南省在发电和输配电领域的相对优势更趋稳固。预计到 2011 年，电工电器行业总产值将达到 900 亿元。

（3）轨道交通设备领域将持续发展。今后三年是我国铁路大跨越、大网络、大发展的重要时期，国家基础建设重点放在发展高速机车、地铁、轻轨车辆及机车用发电机、牵引电机等关键配套产品，这给湖南省的相关产业发展带来了机遇，行业内聚集有株洲电力机车有限公司、湘电集团、时代电气、时代新材、株洲车辆厂等骨干企业和近 60 家重点配套企业，将充分发挥在“六轴大功率交流传动货运电力机车”、“A 型地铁车辆”以及关键零部件、配套件研发制造上的整体优势，继续保持作为南方地区最重要的研发、生产基地。预计到 2011 年，该领域的工业总产值将达到 400 亿元。

（4）汽车及关键零部件行业将获得量的提升、质的飞跃。国务院审议通过《汽车产业调整和振兴规划》以及湖南省政府出台的支持汽车产业发展的政策措施，将大力促进湖南省汽车产业完成结构性调整。轿车、自主品牌越野汽车、新能源汽车、特种车辆、108 ~ 220t 电动轮自卸车等将成为产品主体，同时，轿车发动机、轿车无级自动变速器等关键零部件产业也将得到快速发展。行业内聚集有长丰集团、北汽福田长沙汽车厂、长沙众泰、湘电重装、南车时代电动汽车公司、株洲齿轮、江麓容大等骨干企业，预计到 2011 年，总产值将达到 500 亿元。

（5）新兴产业将夯实发展基础。经过多年来自主化的研发积累、国际化的合资合作、引进技术的消化创新、优质资源的有效整合，湖南省在风力发电装备、高端民用超轻型飞机、高档数控机床、中小型航空发动机、新能源汽车、大型橡胶炼制和成形装备等众多领域已具备优势产业雏形，再经过 2 ~ 3 年的培育，必将发展成为湖南省新兴的优势产业和经济增长点。

第十九章　广东省装备制造业发展报告

近年来，广东省委、省政府高度重视装备制造业的发展，把做强做大装备制造业作为发展先进制造业、推进产业高级化和适度重型化的重要抓手，构建现代产业体系的有效途径，突出重点、强化服务、政策鼓励、资金引导，装备制造业获得长足发展，已经成为广东省工业发展快、创新能力强和最具发展潜力的支柱产业。

第一节　三年来广东省装备制造业发展评估

1. 建立组织协调机制，制定发展规划和配套政策

广东得改革开放之先机，市场经济机制相对健全，通过引进外资和技术，促进了装备制造业的快速发展。党中央、国务院和广东省委、省政府实施振兴装备制造业发展的一系列举措，有效地拉动社会资金投向装备制造业，为装备制造业发展创造了良好的环境。

1.1　建立组织协调机构和机制

近年来，广东省装备制造业发展形成以政府部门宏观管理为引导、行业协会配合为辅导、企业市场化运作为主导的运行机制。省发展改革委、经贸委、科技厅等部门积极贯彻执行党中央、国务院和广东省委、省政府有关装备制造业发展政策，编制制定有关行业法规，落实各项投资政策，各司其职，合力促进装备制造业发展。目前广东省建立了机械行业协会、电子行业协会、机床行业协会等装备制造中介团体，各行业协会充分发挥中介作用，为装制造备企业提供咨询和指导，促进装备制造业产业配套的健康发展。广东省经贸委作为装备制造业行业管理主要职能部门之一，强化政策引导，以挖潜改造装备制造业专项资金为重要手段，通过对重点地区、重点企业开展技术改造和技术创新活动给予扶持，包括技术改造项目、组建省级企业技术中心、重点技术创新项目等，促进装备制造企业发展。

1.2　制定发展规划

组织编制了《广东省机械工业2005—2010年发展规划》，明确了广东省装备制造业发展的目标、重点领域和主要任务措施。

（1）发展战略

全面贯彻落实科学发展观，加大政府扶持力度，着力提高自主创新能力，加快装备制造业向成套化、集群化、信息化的方向发展，加快产业结构调整升级和现代产业体系构建。以增强竞争力为目标，打造一批行业龙头企业，发展一批优势产品，择优扶强、以强带弱、提升全局，带动全省装备制造业的发展，加快产业结构调整升级步伐。发展成套、重视中场、鼓励服务，着力解决广东省成套装备特别是重大成套能力弱的突出问题，积极发展成套装备，大力发展零部件、基础元器件、中间装备等中场产业，鼓励发展制造服务业，提高装备服务能力。

（2）发展目标

打造一批有特色有影响力的装备制造企业，发展一批具有“专、精、新”优势的中小企业群体，大力发展一批装备制造生产型服务配套企业，形成以珠三角为核心、向东西两翼和粤北山区辐射的层次分明的装备制造产业格局，提升广东省装备制造业在国内外的地位。创新体系得到进一步完善，企业研发能力得到大幅提升，行业标准制定的国际影响力显著增强。充分吸收信息技术和其他高新技术，实现重大成套装备智能化、单机产品小型化的发展，实现产品的高效率、低能耗。装备制造重点骨干企业争取获批国家级企业技术中心和工程技术中心，建立由核心人物领军、梯度层次分明的科研人才队伍。

（3）发展重点

一是大力发展核电装备。以东方电气、顺特电气等企业为依托，加快实施产业基地建设和企业技术改造，建立完整的核电主设备成套制造体系，全力打造以电气设备为主的核电辅助设备及配套能力。

二是打造风电设备产业链。依托中山市明阳电器有限公司、广州白云电器等企业，发展兆瓦级风力发电设备，做大风力发电机组装备，提升输配电及控制设备产业发展水平。重点开发500kV交流输变电设备，包括大容量变压器、SF6断路器、继电保护与自动化系统、交联电缆及附件、可控串联补偿装置、静止无功补偿装置和静止无功发生器等产品，形成自主知识产权。

三是做大做强机床产业。广泛开展与国内外机床企业的合作，强化技术创新能力，实现经营向优势转移、产品向数控化转移、制造向规模化转移。支持广州数控和广州机床厂等骨干企业，重点发展高速数控车床、数控铣镗床、高速立式加工中心、龙门五面体加工中心、多轴联动加工中心等产品，促进开放式数控系统、伺服驱动系统和伺服电机等功能部件产业化。

四是打造大型铸锻件生产基地。依托广州广重集团和中山市广重铸轧钢有限公司等企业，为华南地区造船、汽车、航空、发电设备等产业提供配套，打造华南重型机械基地。

五是大力发展通信设备产业。重点依托华为、中兴等行业龙头，带动广东省电子及通信设备行业的发展，发展具有自主知识产权的产品，稳定国内市场，进军国外通信市场。重点发展交换设备、传输设备、终端设备等通信设备和相关计算机网络设备，发展光电子器件、电子元件及组件制造等领域。

六是发展交通运输产业。主要包括汽车及其配件、船舶制造维修等。着力提高整车研发能力和关键零部件研发能力及本地化比例，发展以自主品牌、自主技术为主体，以广州地区整车为龙头，佛山、江门、东莞、肇庆、梅州、韶关等地配套发展的汽车产业集群。大力发展以新型、特种船舶为重点的船舶制造业，建设形成以“广州龙穴”和“珠海高栏港”为代表的我国重要大型修造船基地和船用柴油机生产基地。

七是积极发展优势特色专用装备。建设广州、中山包装机械装备基地、佛山陶瓷加工装备基地、深圳医疗器械产业基地，做大做强石化机械装备和纺织机械装备。

八是发展航空工业装备。发展飞机总装和维修、航空材料、航空零部件、加工制造等航空制造业，打造珠海航空产业基地。

1.3 制定和落实配套政策

近几年以来，省直各部门各司其职，积极贯彻落实省委、省政府《关于加快发展装备制造业的意见》精神，从政策上鼓励发展，从资金上引导扶持。

（1）加大财政资金扶持力度，引导企业加大技术改造投资力度

2003年，设立了省挖潜改造装备制造业专项资金，每年由省财政新增拨款2亿元，作为装备制造业专项资金，重点用于支持装备制造业技术改造和技术创新项目的贷款贴息和补助。从2003年开始，省经贸委已连续5年组织实施了关键领域重点突破和重点领域重大技术装备财政资金支持项目招标，这些重大装备项目的实施有效地提升了广东省装备制造业竞争力，同时也提高了广东省高端装备的研发能力。计算机集成、精密成型、自动化控制等先进制造技术在广东省装备制造业中得到广泛应用，通信设备、计算机及系统、专用设备制造业、输配电及控制设备、医疗器械、仪器仪表等行业整体技术水平得到较大提高。省政府出台的一系列政策措施，极大地调动了装备制造企业技术改造的积极性和主动性，一大批优秀技术改造项目的实施，极大地提高了广东省装备制造业技术水平和企业竞争力，对加快装备制造业产业结构优化升级起到重要的推动作用。

（2）突出重点，着力培育一批装备制造龙头企业

广东省经贸委联合省直有关部门认定了省20家装备制造重点企业，对被确定的20家装备制造重点企业，着力加大财政扶持力度，提升企业整体竞争力和行业带动能力。2007年，20家装备制造业重点企业实现销售收入2741.76亿元，实现利润214.7亿元，分别占全省装备制造业的9.7%和16.8%，龙头带动作用显著提高。目前，省20家装备制造业重点企业主导产品国内市场排名均处于前十位，其中70%的企业处于行业前三位，个别企业甚至进入行业全球前十位，是广东省装备制造业的行业领航企业。

2. 在广东省经济中的地位

2.1 主要经济指标及产业地位

2006—2008年，广东省装备制造业主要经济指标、增长率及其在全省工业中的地位见表1、表2、表3。

表1　广东省装备制造业主要经济指标　（单位：亿元）

年份	工业总产值	主营收入	工业增加值	利税总额	利润总额	从业人数/万人
2006年	23427.03	23009.48	5492.72	1574.82	896.75	556.65
2007年	28544.78	28208.80	6322.92	2069.90	1281.56	621.00
2008年	33000	33000	6806.2（快报值）	2380	1500	680

表2　广东省装备制造业主要经济指标增长率

年份	工业总产值（%）	主营收入（%）	工业增加值（%）	利税总额（%）	利润总额（%）	从业人数（%）
2006年	24.58	25.66	25.04	39.23	23.8	13.45
2007年	21.85	22.6	15.11	31.44	42.91	11.56
2008年	16	17	7.64	15	17	10

表3　广东省装备制造业工业总产值和工业增加值占全省的比重

年份	全省工业总产值/亿元	全省工业增加值/亿元	装备制造业占全省工业总产值比重（%）	装备制造业占全省工业增加值比重（%）
2006年	44674.75	11780.89	52.44	46.62
2007年	55252.86	14104.21	51.66	44.83

3. 产业结构的调整

3.1　产业结构

表4　广东省装备制造业构成　（单位：亿元）

行业名称	2006年		2007年		2008年（快报值）	
	工业增加值	占比重（%）	工业增加值	占比重（%）	工业增加值	占比重（%）
金属制品业	488.06	8.89	640.80	10.13	719.56	10.57
通用设备制造业	211.37	3.85	271.78	4.30	295.58	4.34
专用设备制造业	206.99	3.77	269.12	4.26	287.45	4.22
交通运输设备制造业	592.75	10.79	815.73	12.90	861.58	12.66
电气机械及器材制造业	1223.38	22.27	1525.00	24.12	1568.63	23.05
通信设备、计算机及其他电子设备制造业	2519.98	45.88	2520.78	39.87	2810.62	41.30
仪器仪表及文化、办公机械制造业	250.19	4.55	279.71	4.42	262.84	3.86
总计	5492.72	100.00	6322.92	100.00	6806.26	100.00

3.2 优势和特色装备

表5 广东省优势特色装备一览表

（单位：亿元）

序号	优势特色装备	主要技术指标	制造企业	2007年销售收入	国内市场占有率（%）	出口交货值
1	高压变频调速装置	6kV，10kV，容量500~4000kVA	中山市明阳电器有限公司	1.5	10	0
2	智能型高压开关柜	HXGN，ZYN-10	中山市明阳电器有限公司	2.7	16	0
3	陶瓷砖自动液压机	公称压力：68000kN；顶出力：300kN；动梁最大行程：180mm；填料深度：80mm；最小闭合高度：490mm	科达机电股份有限公司	4.01	50	1.62
4	家用电器生产检测成套装备；表面处理和涂装生产线成套设备	国内领先	广州电器研究院	2.1	50	0.02
5	激光打标机	国际先进	深圳市大族激光科技股份有限公司	6.68	78	0.39
6	激光制版及印刷	国内领先	深圳市大族激光科技股份有限公司	2.14	45	0.12
7	PCB激光设备	国内领先	深圳市大族激光科技股份有限公司	0.38	95	0.12
8	病人监护仪	参数监测技术（心率、无创血压、血氧、有创压、呼吸末二氧化碳、麻醉气体、BIS）	深圳迈瑞生物医疗电子股份有限公司	8.1	48	4.2
9	全数字超声诊断仪	全数字的波束合成、多波束技术，谐波技术，先进的数字血流成像，以及三维成像和宽景成像	深圳迈瑞生物医疗电子股份有限公司	6.9	40	4.1
10	吹瓶机	RJM8、RJM10、RJM14、RJM22、CPXX14、CPXX22等不同型号的产品。吹瓶产能：2000~36000瓶/h，最高单腔吹瓶速度为1800瓶/h/腔，与国际领先水平持平。 加温链节距：38.1mm； 最大吹瓶膜腔数：22； 吹瓶合格率：99.5%	广州达意隆包装机械股份有限公司	1.19	10	0.32

（续）

序号	优势特色装备	主要技术指标	制造企业	2007年销售收入	国内市场占有率（%）	出口交货值
11	数控系列板料开卷矫平剪切生产线	数控轴数：6轴； 加工板材范围：板厚2～22mm，板宽300～2200mm，材质屈服强度≤34.5MPa； 定位精度：≤±0.5mm（长度），±0.05mm（宽度）	佛山市南海力丰机械有限公司	0.46	13	0
12	重型数控电液同步折弯机	折弯吨位：400～3000t；单机折弯长度：2500～12000mm； 滑块同步精度：≤±0.02mm； 滑块定位精度：≤±0.02mm； 滑块重复精度：≤±0.01mm； 工件折弯直线度：0.3mm/m	佛山市南海力丰机械有限公司	0.20	14	0

4. 自主创新

4.1　创新投入和技术创新体系建设

根据对全省规模较大的39家装备制造企业的统计，2006年39家装备制造企业研发经费603837万元，2007年755906万元，2008年960593万元，分别占39家企业当年总销售收入的3.56%、4.52%、4.70%，研发经费总额及占销售收入比重均呈逐年上升态势。

广东省装备制造企业共有21家建立国家级企业技术中心、109家省级企业技术中心，分别占全省总数的63.6%、55.6%。

表6　装备制造企业技术中心行业分布表

行业	国家级企业技术中心	省级企业技术中心
金属制品业	1	9
通用设备制造业	1	20
专用设备制造业	3	6
交通运输设备制造业	1	12
电气机械及器材制造业	5	45
通信设备、计算机及其他电子设备制造业	10	16
仪器仪表及文化、办公机械制造业	0	1
总计	21	109

4.2 开发成功的重大装备

表 7 开发成功的重大装备一览表

序号	装备名称	制造企业	主要技术指标	工程应用情况	产业化情况
1	旅客登机桥	广州广重企业集团有限公司	伸缩长度 22.8 ~ 35.0m	用于广州白云机场	取得了中国民用航空总局颁发的《民用机场专用设备使用许可证》
2	热电联供成套设备	广州广重企业集团有限公司	发电量 2000kW，蒸汽量 30t	目前，设备已进入安装调试阶	在中山建的 2000kW 热电成套设备可为制衣厂提供自用蒸汽和电力
3	1.5MW 风力发电机设备	中山市明阳电器有限公司	1.5MW	用于风力发电	建成年产 600 台的 1.5MW 风机，并将扩建到 1000 台的产能
4	40.5KV 风电场专用箱变	中山市明阳电器有限公司	1600 ~ 2000kVA	用于明阳风机配套需求	产能已经满足配套需要
5	MODULO6800 陶瓷砖自动液压机	科达机电股份有限公司	公称压力：68000kN；顶出力：300kN；动梁最大行程：180mm；填料深度：80mm；最小闭合高度：490mm	良好，并取得了较好的经济效益和社会效益	产品已批量生产并投放市场，取得了较好的市场反应
6	高效环保大规格陶瓷薄板自动生产成套装备	科达机电股份有限公司	最大生产规格：2000mm × 900mm；最小厚度：3.5mm；最大厚度：20mm；陶瓷砖断裂模数：≥55MPa	良好，并取得了较好的经济效益和社会效益	产品已批量生产并投放市场，取得了较好的市场反应
7	电站励磁装置转子电压、电流变送器产品	广州电器研究院	60 万 kW	已用于励磁设备	产业化情况良好
8	家用电器生产检测成套装备	广州电器研究院	家用电器生产整厂规划、设计、建设及成套设备总承包	印度、巴基斯坦、埃及、乌兹别克斯坦、阿尔及利亚等国家电厂	已完成“印度 UTT 家电生产工业园”项目。埃及、乌兹别克斯坦冰箱和阿尔及利亚冰箱等国际家电生产厂项目合同额达 1000 万美元
9	表面处理装备	广州电器研究院	—	沈阳飞机工业（集团）	合同额超过 3000 万元

（续）

序号	装备名称	制造企业	主要技术指标	工程应用情况	产业化情况
10	高功率激光切割机	深圳市大族激光科技股份有限公司	国际先进	适用于碳钢、不锈钢、钛合金等金属切割以及模切板、有机玻璃、PVC等材料的切割加工	规模化生产阶段
11	大功率激光焊接机	深圳市大族激光科技股份有限公司	国内领先	应用于IT、电子、造船、汽车等各个行业	规模化生产阶段
12	CTS－4020数字超声探伤仪系列	广东汕头超声电子股份有限公司	最高采样速率：240MHz；测量分辨力：0.1mm；最小显示范围：5mm；工作频率范围：0.5～15MHz；灵敏度余量大于65dB	已在超声探伤行业中广泛应用	已批量生产
13	CTS－7700便携式全数字超声显像诊断仪	广东汕头超声电子股份有限公司	侧向分辨力、轴向分辨力均达到1mm，探测深度大于200mm	已在医院中使用	已批量生产
14	Apogee1100 便携式全数字彩色多普勒超声诊断系统	广东汕头超声电子股份有限公司	具有CFM、PW、CW、CPA、THI、SCI图像模式，超宽频带（2～12MHz）	已在医院中使用	已批量生产
15	血液细胞分析仪	深圳迈瑞生物医疗电子股份有限公司	利用传统阻抗法测量红细胞和血小板的体积和数量；比色法测量血红蛋白和流式激光散射法实现白细胞的计数与分类	血细胞分析仪生产厂商	三分类血液细胞分析仪累计销售31000余台，装机量连续八年在中国市场排名第一
16	生化分析仪	深圳迈瑞生物医疗电子股份有限公司	集束式静态光纤后分光光电检测系统、高性能凹面全息平场光栅和光电二极管阵列器件，高精度样本分注、固体恒温技术、采样针智能防撞技术	全自动生化分析	2003年上市以来，累计销售3400余台装机量连续四年居中国市场第一；目前产品已实现销售收入超过6亿元，占领国内全自动生化仪市场25%以上的份额

（续）

序号	装备名称	制造企业	主要技术指标	工程应用情况	产业化情况
17	DCGS14 吹灌旋一体化装备	广州达意隆包装机械股份有限公司	整机节能 8%；瓶胚高密度紧凑型 38.1mm 排列加热设计，节约能耗 20%；吹塑头数 22 × 灌装头数 60 × 旋盖头数 18，最高产量达到 33000BpH/h（容积 ≤ 700mL 水瓶）；高速准确灌装速度控制与准确液位控制，使灌装速度增加了 3 倍，也解决了果肉灌装问题	已经转化为新产品	产品成功推向市场，已经交付客户使用，且质量稳定、性能优越，用户反映良好
18	高黏度流体灌装一体化装备	广州达意隆包装机械股份有限公司	产能指标最高达到 18000 瓶/小时；产量偏差 0.5%，灌装头数 40，旋盖头数 16；灌装合格率 99.5% 以上	研制出新产品，已经交付宝洁公司使用，且运行正常	产品初步进行了产业化，与宝洁公司签订了 4 台订单
19	系列数控板料生产线	佛山市南海力丰机械有限公司	数控轴数：6 轴；加工板材范围：板厚 2 ~ 22m，板宽 300 ~ 2200mm，材质屈服强度 ≤ 34.5MPa；定位精度：≤ ± 0.5mm（长度），± 0.05mm（宽度）	板料开卷矫平剪切	规模化生产
20	数控电液同步折弯机	佛山市南海力丰机械有限公司	折弯吨位：400 ~ 3000t； 单机折弯长度：2500 ~ 12000mm； 滑块同步精度：≤ ±0.02mm； 滑块定位精度：≤ ±0.02mm； 滑块重复精度：≤ ±0.01mm； 工件折弯直线度：0.3mm/m	大型重型铸锻件折弯	规模化生产

5. 企业走出去

近年来，广东省装备制造企业在国外、境外建立生产厂以谋求广阔发展空间。例如，深圳大族激光在境外设立有十多个专门生产、销售机构；广船国际于 1993 年 10 月在香港注册成立子公司香港荣广发展有限公司，国家商务部于 2004 年 12 月 15 日批准香港荣广发展有限公司为广州广船国际股份有限公司在香港的全资子公司，2008 年实现主营业务收入 3 亿元；广州广重参股在泰国的三家公司：中发利（1987）有限公司、泰源胶业有限公司、A&Y 离心机有限公司；广州京信通信积极拓展全球市场，先后在亚太、欧洲、北美、南美设立了近 10 个海外分支机构，初步建立起覆盖全球的市场服务网络；深圳迈瑞在中国 30 个主要城市以及美国、加拿大、英国、土耳其、印度等国家设立了分支机构，在世界各地建立了强大的分销和服务网络。

广东省装备制造企业越来越重视研发方面的投入，并努力寻求利用国外资源，建立国外、境外研发机构。例如，深圳大族激光科技股份有限公司在美国、香港成立了独立的研发机构；广州广重企业集团有限公司与捷克能源公司合作，建立汽轮机技术开发中心，开展新型汽轮机关键件的设计开发业务并提供技术支持服务；广州京信通信系统有限公司在美国弗吉尼亚和美国硅谷设立了两个研究所；深圳迈瑞生物医疗电子股份有限公司在北京、深圳、美国西雅图设立研发中心，利用在美国西雅图、北京、深圳三地的人才技术互补优势，应用前沿技术研制优异性价比的医疗设备。

6. 企业兼并重组

深圳大族激光科技股份有限公司相继完成一系列并购重组，确立了其在国内工业激光设备领域的绝对优势地位，同时果断介入激光制版和印刷设备、激光医疗设备、LED 封装设备等新兴装备领域，拓展了公司未来成长空间；广州无线电集团有限公司 2008 年底投资成立了广州穗通金融服务有限公司；佛山市南海力丰机械有限公司正在进行资产重组，重组后的力丰，资产规模、年产值、年利润总额等将获得大幅提升；中集集团兼并收购新加坡的莱佛士、欧洲的博格和 TGE、美国的 VanGuard 等企业，并在这些企业建立研发中心。

第二节　存在问题

1. 重大成套装备制造能力弱

广东省重大装备生产能力较为薄弱，如金属切削机床、数控机床、包装机械、民用钢质船舶、发电设备、交流电动机等重点产品产量占全国的比重均低于5%，在高端切削机床、数控机床等方面不但落后于国外，也落后辽宁等国内装备强省。在一些重大成套装备领域，如核电、风电等新能源大型清洁高效发电机组、大型环保成套设备、大断面岩石掘进机、高精密度高速数控机床等领域较为欠缺，与国内外差距较大。

2. 自主创新动力、能力不足

广东省装备制造业技术含量偏低，产品的附加价值还不高。发达国家的工业增加值率一般在40%左右，我国的工业增加值率近年大致在25%左右，而广东省2006、2007 年分别为23.5%、25.5%，与发达国家的差距较大。广东省的研发投入与国内装备制造业的强省（市）相比仍有不小的差距，新产品开发速度还不够快，技术创新动力不足，能力不强，潜在发展能力较弱。目前全省 90%的小型企业基本没有自己的技术开发机构，大中型企业建有开发机构的比例以及开发项目数、技术开发人员和科技人员比例都低于全国平均水平。近年来，广东省装备制造业的开发投入不足，产品以模仿为主，由于核心技术大部分依靠国外，导致新产品开发能力薄弱。近年来广东省装备制造业一些行业的新产品产值率虽高达18%，但仍有过半数行业的新产品产值率不足6%。

3. 行业集中度偏低，装备配套能力不强

部分行业集中度仍然偏低，有些产品同质化问题较突出，除了电子通信、集装箱、汽车等装备制造，缺少真正能够起到支撑和带动经济结构优化升级作用的大企业，特别是缺乏拥有自主知识产权、主业突出、核心竞争力强的大公司、大集团。例如电气机械及器材设备制造业，仅输配电及控制设备中的10kV 开关柜生产企业就有近 100 家，变压器的生产企业也有 80 多家，35kV 及以下交联电缆的生产线 30 多条，骨干企业不突出。大型整机企业与配套中小企业的关联度较低，原材料供应、外协配套件等产业发展滞后，专业化分工、社会化配套的制造体系有待形成，特别是集成电路的设计、制造能力不足，关键电气控制元器件、液压气动元器件、精密仪表等大量依赖进口，成为制约该行业水平提升的瓶颈。

4. 龙头骨干企业带动作用不足，部分行业产业链不完整

广东省装备制造业重点企业数量少，目前，被认定为省装备制造重点企业只有20家，规模相对较小，与广东省作为全国装备制造业第一大省的地位不相符，且部分重点企业的行业带动能力尚未充分发挥出来。部分行业产业链不完整，主要表现在大型整机企业与配套中小企业群关联度低，原材料供应、外协配套件等产业发展不足，尚未形成专业化分工、社会化配套的制造体系，特别是骨干行业的上游元器件、零部件制造能力相对较弱。通信设备和计算机及其他电子设备制造业中，集成电路的设计、制造、封装产业链不完整，广东有设计、封装能力，但是缺乏集成电路的制造能力，成为制约电子设备制造业产业水平提升的瓶颈；专用设备中的电气控制元件，精密液压、气动元件，精密仪表等大量依赖进口；输配电及控制设备中的断路器等核心元件也大部分进口或者从外省市购买。

第三节 发展展望

1. 着力加强政策与资金扶持

加强对装备制造业的领导和组织协调，制定鼓励装备制造业发展的有关优惠政策，包括重点领域装备技术政策、鼓励订购和使用国产首台重大技术装备和加强重大装备进口管理等。继续加大对重大成套装备生产企业的资金扶持力度，将有限资金投入到重大、关键、共性装备技术领域，引导企业和社会加大对装备制造企业的扶持力度，提高重点企业的核心竞争力和产业带动性。

2. 强化自主创新能力建设

着力抓好企业技术中心建设，打造“国家队、省队、市队”三级企业技术中心，重点培育国家级企业技术中心。支持重点骨干企业争创名牌，提升竞争力。围绕关键装备领域，组织突破一批关键技术，提升核心竞争力。加强成套技术的发展，提高成套能力，实现制造商与用户、制造工艺流程与制造装备的紧密结合。加大力度扶持以重点行业、重点骨干企业为核心的产业集群发展，促进骨干企业与配套企业的合理布局，完善重点行业产业链，形成强大的带动、辐射作用。

3. 突出抓好重点行业

按照《珠江三角洲地区改革发展规划纲要》的部署，结合广东省产业发展的需要和装备制造业的比较优势，加快发展核电设备、风电设备、大型输变电设备、数控机床及系统、大型铸锻件、海洋工程设备等 6 个关键装备领域。重视发展重大成套装备、高技术装备和高技术产业所需装备，推进重大装备的国产化。将提高单机和系统可靠性作为关键，重点突破。大力发展为装备提供零部件、元器件和中间材料等产业，解决制约产业发展的精密制造、极限制造、热加工等关键加工工艺技术攻关及产业化和行业技术支持等问题，实现专业化和大规模生产。

4. 增强骨干企业的带动作用，积极培育新兴产业龙头企业

扩大对重点装备制造企业的支持面，重新认定“广东省装备制造业重点骨干企业”，由原来的 20 家重点企业扩大到 50 家骨干企业，培育 100 家装备制造业成长性企业，通过财政资金支持、政策支持等方式对重点装备制造企业加大扶持力度，以骨干企业为龙头，发展提升装备制造业产业链。组织编制《广东省装备制造业发展规划（2010—2015 年）》，强化规划先导作用。积极培育核能、太阳能、风能等新能源开发利用的装备制造业龙头企业。积极培育跟人体健康密切相关的生物制药、医疗器械等装备制造业龙头企业。

第二十章　广西壮族自治区装备制造业发展报告

2006—2008 年，广西装备制造业实现了快速健康发展，行业规模逐步壮大，工业总产值、销售收入突破千亿元，年均增长速度均达 30%；产品结构进一步优化，大型装载机、轿车柴油机、景逸小型多功能乘用车、全钢巨胎硫化机等一批产品成为新的经济增长点；固定资产投资加快，一批重大项目建成投产，为下一步发展增添了后劲；集群化发展显现成效，汽车、工程机械等产业优势突出。

第一节　三年来广西壮族自治区装备制造业发展评估

1. 建立组织协调机制，制定发展规划和配套政策

1.1　建立组织协调机构和机制

广西经济委员会负责广西工业发展和工业经济运行调节，其中重工业处负责装备制造业相关行业管理工作，同时加挂广西汽车工业办公室牌子，具体包括研究制订全区装备制造业发展规划和产品的布局，推进行业结构调整；贯彻落实行业政策和法规；负责行业地方性法规的起草；组织制订行业技术规范；协助组织行业技改项目和技术进步项目审核上报；协助开展行业科技成果、产品质量等评审工作；协调解决行业发展中的其他重大问题。此外，为加强对汽车工业的组织领导，还成立了自治区汽车工业工作领导小组，自治区经委、发展改革委、国资委、财政厅、科技厅、公安厅、交通厅、商务厅等相关部门为小组成员单位，负责协调解决汽车工业发展中的重大问题，研究制定支持汽车工业发展的具体措施。

1.2　制定发展规划

2006 年初，根据广西汽车工业、机械工业“十一五”发展规划，研究编制了广西装备制造业“十一五”发展规划。

（1）发展战略

树立科学发展观，走新型工业化道路，充分发挥优势，突出汽车行业、工程机械行业、电工电器行业、机床工具行业等重点，依托新型自主的产业集群建设，加快改革与重组步伐，采用高新技术推进技术进步和产业升级，实现产品结构、技术结构、资本结构、组织结构的转变，促进广西装备制造业全面、协调、可持续发展，建成优势明显、独具特色的装备制造体系。

（2）发展目标

2010 年，广西装备制造业工业增加值达到 530 亿元，实现销售收入 1850 亿元，年均增长 25% 以上。积极推动企业联合重组，盘活存量资产，着力打造一批国内领先、国际上具有一定竞争力的大型企业。依托优势企业的带动和集聚效应，推动产业集群和生产基地的建设，加快中小企业结构调整，形成一批专、精、特、新的中小型企业。重点产品技术水平达到或接近工业发达国家水平，拥有一批具有自主知识产权并具备市场竞争优势的特色产品：整车产量超 100 万辆，车用内燃机产量超 120 万台；装载机、挖掘机、路面机械、小型工程机械等各类工程机械产量达 55000 台；各类机床产量达 6000 台。

（3）发展重点

“十一五”期间，广西装备制造业的发展以汽车、工程机械、数控机床、电工电器、农业机械等优势产业为重点，加快推进行业结构调整，以高新技术带动产品的发展，提升产品水平，优化产品结构。

汽车。围绕并依托整车和车用发动机的产业优势，扩大总量，带动专用车、低速货车和汽车零部件产业的发展，加快产业结构优化升级，进一步加强汽车研发体系、生产体系和供应销售体系的建设，扩大对外开放，

全面提升广西汽车工业整体实力。①整车发展要大力推进以中型轿车为重点的面向家庭乘用车的发展，继续保持微型车领先优势，并加快载货汽车、客车生产基地的建设，同时建立微型、轻型、中型、重型专用汽车宽系列、多品种的研发和生产能力。②继续保持车用内燃机优势，在保持中型车用柴油机优势的基础上，产品向重型和轻型车用柴油机两个方向延伸，同时加快微型轿车柴油机的开发，建设中、重、轻、微全系列车用柴油机研发和生产基地，同时加快高技术水平中小型汽油机产能建设，保持中小型汽油机优势，加快新能源发动机研发，优化产品结构。③在加快整车及车用内燃机发展的同时，大力发展为整车及内燃机配套的零部件，包括混合动力电拖装置、变速箱总成、车桥、独立悬挂总成、内外饰件模块、转向系总成等有一定基础的高附加值的零部件模块；同时充分利用广西现有资源优势及整车配套需求，加快汽车轮胎、铝轮毂、汽车涂料等产品的发展；加快产品结构调整，增加高附加值、高技术含量、出口型产品比例，进入为中高档乘用车配套的零部件体系，逐步形成立足本地配套、面向全国、进入全球零部件采购体系的汽车零部件产业。

工程机械。重点扶持广西柳工机械股份有限公司、广西玉柴机器集团有限公司等骨干企业，巩固轮式装载机的领先优势，发展系列履带液压挖掘机、小型挖掘机、水平定向钻机、凿岩机等产品，同时向道路机械、建设机械、叉车等产品拓展，优化调整产品结构，形成竞争优势，支持优势企业加快兼并重组、资产整合，建设以柳州为中心，辐射玉林市、桂林市的工程机械产业集群。

电工电器。依托北海银河高科技股份有限公司、桂林电力电容器有限责任公司、桂林国际电线电缆集团公司等骨干企业，重点发展电网自动化系统、电力市场技术支持系统、高压输变电设备、电力电容器、传感器、电线电缆等产品，优化调整产品结构，支持骨干企业盘活区内资产，兼并重组。

机床工具。重点支持桂林机床股份有限公司、桂林磨床包装机械厂等优势企业，以高速、高精、高效、智能化及高可靠性为发展方向，重点发展数控龙门式铣床、数控滑枕式铣床、数控床身式铣床和加工中心、数控自动万能铣头等产品，实现数控机床、量具刃具产品的系列化和产业化，建成全国有影响的中南地区及东南亚地区最大的机床生产及研发基地，成为我国南方数控机床开发、生产、销售和出口基地。

农业机械。重点发展水稻种植机械、水稻收获机械、甘蔗收获机械、糖业设备、小型拖拉机、耕整机及其他畜牧饲料机械；喷灌机具、微滴灌设备、渗灌设备等节水灌溉机具；水果保鲜、储运、加工设备，糖业设备以及适合农村及中小城镇道路条件的运输设备。

1.3 制定和落实配套政策

2006—2008 年，自治区政府较好地制定和贯彻落实了装备制造业发展相关政策，有力地促进了广西装备制造业的发展。

（1）研究制定了《广西壮族自治区人民政府加快装备制造业发展的意见》、《广西壮族自治区政府加快汽车工业发展的若干政策意见》。

（2）全面落实国务院及自治区关于西部大开发税收优惠政策，对汽车、机械企业及其他符合国家产业结构调整指导目录中鼓励类的装备制造企业，2010 年底前企业所得税减按 15% 税率征收；落实财政部、国家发展改革委、海关总署、国家税务总局《关于落实国务院加快振兴装备制造业的若干意见有关进口税收政策的通知》，对国内企业为开发、制造这些装备而进口的部分关键零部件和国内不能生产的原材料所缴纳的进口关税和进口环节增值税实行先征后退；对装备制造企业实施符合国家产业政策的技术改造项目，所需国产设备投资的 40% 抵免新增企业所得税，所需进口设备免征关税和进口环节增值税。

（3）鼓励装备制造企业实施品牌战略，凡被认定为中国驰名商标、中国名牌产品的企业，自治区人民政府给予 50 万元奖励；被认定为广西著名商标、广西名牌产品的企业和国家免检的产品，自治区人民政府给予 30 万元奖励。所在市人民政府分别再给予不低于上述奖额 50% 的奖励。

（4）加大了对装备制造企业技术改造项目的资金支持力度，2008 年自治区经委从自治区技术改造资金、汽车产业发展专项资金中安排 1.2 亿元，对装备制造业重点技术改造项目、技术创新项目及研发能力建设等给予支持。此外，柳州等各市也从市技术改造资金、科技资金中给予本市装备制造企业支持。

2. 在广西壮族自治区经济中的地位

2.1 主要经济指标及产业地位

装备制造业在全区工业中占有重要位置，主要经济总量指标占全区总量约 20% ~25%。2008 年装备制造业工业总产值1369.59亿元，占全区工业比重23.04%；工业增加值432.21亿元，占全区工业比重21.87%；产品销售收入1201.67亿元，占全区工业比重22.18%；利润总额47.96亿元，占全区工业比重26.67%。

表1 广西装备制造业主要经济指标 （单位：亿元）

年份	工业总产值	销售收入	工业增加值	利润总额	出口交货值	从业人数/万人
2006年	748.39	682.18	187.02	29.05	29.70	12.48
2007年	1023.22	947.87	267.91	44.20	43.76	14.15
2008年	1369.59	1201.67	432.21	47.96	57.07	14.43

2006—2008年，广西装备制造业保持了较高的增长速度，主要经济总量指标均呈高速增长之势，经济效益更实现了和产销同步增长：工业总产值三年年均增长率为34.13%，工业增加值年均增长率为48.12%，销售收入年均增长率为29.52%，利润年均增长率为28.04%。

2.2 三年建设投资情况

2006—2008年，广西装备制造企业加大投资力度，积极利用先进技术改造传统产业，培育新的经济增长点，三年来，行业固定资产投资累计完成366.17亿元，年均增长18.19%，其中更新改造投资累计完成222.71亿元，年均增长19.57%。

表2 广西装备制造业固定资产投资情况 （单位：亿元）

年份	固定资产投资	较上年增长（%）	其中：更新改造	较上年增长（%）
2006年	104.42	54.19	69.51	104.68
2007年	137.66	31.83	82.79	19.11
2008年	124.09	-9.86	70.41	-14.95
合计	366.17	18.19	222.71	19.57

3. 产业结构的调整

3.1 产业结构

广西装备制造业结构中，交通运输设备制造业增加值占全行业比重最大，2008年达到47.96%，而汽车制造业占到交通运输设备制造业比重为94.16%，占装备制造业比重也达45.16%；其次为通用设备制造业、电气机械及器材制造业、专用设备制造业，分别占13.42%、11.53%、11.38%，金属制品业所占比重最小，仅为4.98%。

表3 广西装备制造业构成 （单位：亿元）

行业名称	2006年		2007年		2008年	
	工业增加值	占比重（%）	工业增加值	占比重（%）	工业增加值	占比重（%）
金属制品业	9.46	5.06	13.91	5.19	21.54	4.98
通用设备制造业	21.40	11.44	29.97	11.19	58.01	13.42
专用设备制造业	27.02	14.45	46.39	17.32	49.18	11.38
交通运输设备制造业	84.55	45.21	109.55	40.89	207.27	47.96
电气机械及器材制造业	25.43	13.60	40.41	15.08	49.84	11.53
通信设备、计算机及其他电子设备制造业	16.85	9.01	24.26	9.06	41.77	9.66

（续）

行业名称	2006 年		2007 年		2008 年	
	工业增加值	占比重（%）	工业增加值	占比重（%）	工业增加值	占比重（%）
仪器仪表及文化、办公机械制造业	2.31	1.23	3.42	1.27	4.60	1.07
总计	187.02	100	267.91	100	432.21	100

3.2 优势和特色产业

汽车行业在广西装备制造业中最具优势，2008 年工业总产值 662.88 亿元，工业增加值 195.17 亿元，销售收入 624.87 亿元，利润 26.32 亿元，汽车整车产量 71.18 万辆。广西汽车整车产量约占全国汽车总产量的 7%，居于第 6 位；车用发动机产量占全国总产量的 12%，在全国排第 3 位。广西汽车工业形成了较为合理的产业布局，产业集聚效应正逐步显现。柳州市汽车工业已形成年产 70 万辆整车的生产能力和配套能力，微型车、中重型载货车、多功能乘用车三大整车产品均有较强竞争力，其中上汽通用五菱汽车股份有限公司微型车市场占有率为 47%，列全国微型车行业第 1 位。广西玉柴机器股份有限公司形成了年产 40 万台车用柴油机生产能力。南宁市则以专用车、低速货车及零部件的生产为主。

工程机械行业是广西装备制造业较具优势的行业，主要企业广西柳工集团已形成一定规模，较具竞争力，是装载机行业的排头兵。预应力机具生产企业柳州欧维姆建筑机械有限责任公司产品技术先进，国内竞争力较强。广西玉柴工程机械有限责任公司生产的小型挖掘机，销往欧美市场，发展势头良好。桂林华力重工机械有限责任公司的水平定向转机也具有较强市场竞争力。

电工电器行业企业遍布全区各市，占广西装备制造企业总数约 1/4，是企业数最多的行业，拥有一批优势企业。桂林电力电容器有限责任公司生产的金属化膜电容器、并联补偿成套装置和大容量电容式电压互感器等产品技术含量较高、市场竞争力较强，产销列电容器行业之首。南宁广发重工有限公司是全国十大水电设备制造企业之一，全国市场占有率达 5%，灯泡贯流式水轮发电机组等产品在同行业中具有重要影响。柳州佳力电工有限责任公司具备年产电机 100 万 kW、变压器 150 万 kVA、发电机组 20 万 kW 的生产能力。桂林国际电线电缆集团公司、桂林飞龙电线电缆有限责任公司、南宁银杉电线电缆有限责任公司一批电线电缆制造企业发展良好，销售收入均超亿元。北海银河科技电气有限责任公司、广西柳州特种变压器有限公司销售收入均已超亿元。

石化通用机械行业主要企业有桂林橡胶机械厂、柳州富达机械有限公司、柳州柳二空机械股份有限公司、柳州环宇压缩机有限公司等。桂林橡胶机械厂硫化机销量已列全球第一，销售额国内第一、世界第五。柳州富达机械有限公司、柳州柳二空机械股份有限公司、柳州环宇压缩机有限公司均为压缩机生产企业，大型气体压缩机、无油润滑压缩机、螺杆压缩机等产品在国内具有较强竞争力。

农用机械行业主要企业有南宁五菱桂花车辆有限公司、钦州力顺机械有限责任公司、贵港动力机械有限责任公司、桂林联合收割机厂等，生产的小型拖拉机、碾米机、单缸柴油机等产品畅销东南亚市场。

机床工具行业，桂林机床股份有限公司生产数控龙门系列、数控床身系列铣床，数控滑枕铣床、加工中心，自主开发的自动万能铣头填补了国内空白，具有较强竞争力。桂林磨床包装机械厂的平面磨床品种规格齐全，精密平面磨床独具特色，多种产品填补国内空白。桂林第二机床厂生产的钻床市场占有率居全国同行业前列。

仪器仪表行业、重型矿山机械行业、机械基础件行业、食品及包装机械行业、其他民用机械行业等五个行业占整个广西装备制造业比重较小，但也有一些优势企业，如重型矿山机械行业的广西建工集团建筑机械有限责任公司、桂林冶金机械厂，仪器仪表行业的桂林量具刃具厂、桂林广陆数字测控股份有限公司等。广西建工集团建筑机械有限责任公司生产塔式起重机、施工升降机、液压式压桩机等系列产品，在国内具有较强竞争力，并出口东南亚市场；桂林冶金机械厂是国内最大的金刚石压机生产企业，国内市场占有率约达 45%；桂林量具刃具厂产品国内市场占有率达 15% 以上；桂林广陆数字测控股份有限公司生产的数显量具 90% 以上出口到欧美等 30 多个国家和地区。广西优势特色装备主要情况详见表 4。

表4　广西优势特色装备一览表

（单位：亿元）

序号	优势特色装备名称	主要技术指标	制造企业	2007年销售收入	国内市场占有率（%）	出口交货值
1	微型客车、货车及轿车	排量0.8～1.3L	上汽通用五菱汽车股份有限公司	214.83	46.8	0.97
2	工程机械	1.6～8t轮式装载机，0.11～1.2m³履带式液压挖掘机等	广西柳工机械股份有限公司	103.02	20	14.95
3	风行多功能乘用车	排量：1.8～2.4L	东风柳州汽车有限公司	16.48	10.1	0.26
4	柴油发动机（4A、4B、4D、4E、4F、4G、6A、6B、6G、6J、6L、6M、6T系列）	功率覆盖：55～735kW；缸数：4、6；适用农机、工程机械、汽车、船舶，车用产品全系列达标国Ⅲ以上排放标准	广西玉柴机器集团有限公司	122.45	23	0.88
5	YC13系列液压挖掘机	整机重量：1.5t；标准斗容：0.04m³；发动机功率：13.6～14.7kW	广西玉柴机器集团有限公司	0.47	95	0.31
6	YC35系列液压挖掘机	整机重量：3.7t；标准斗容：0.12m³；发动机功率：27.1～33kW	广西玉柴机器集团有限公司	0.67	79	0.18
7	YC60系列液压挖掘机	整机重量：5.8t；标准斗容：0.22m³；发动机功率：43～47.4kW	广西玉柴机器集团有限公司	2.5	14	0.04
8	YC85系列液压挖掘机	整机重量：8.1t；标准斗容：0.32m³；发动机功率：56～61.6kW	广西玉柴机器集团有限公司	3.25	51	0.13
9	YC135系列液压挖掘机	整机重量：13.3t；标准斗容：0.52m³；发动机功率：82～92kW	广西玉柴机器集团有限公司	0.77	17	0.07
10	全膜并联电容器	电压等级：6～66kV；产品容量：50～800kvar	桂林电力电容器有限责任公司	3.03	15.67	—
11	电容式电压互感器	电压等级：35～1000kV；电容：0.001～0.05μF	桂林电力电容器有限责任公司	1.34	29.91	0.06
12	并联电容器成套装置	电压等级：6～110kV	桂林电力电容器有限责任公司	2.34	24.71	—
13	轮胎定型硫化机	轮辋直径：45～200in	桂林橡胶机械厂	4.70	40	1.57

（续）

序号	优势特色装备名称	主要技术指标	制造企业	2007 年销售收入	国内市场占有率（%）	出口交货值
14	超硬材料六面顶液压机	缸径：ϕ560mm、ϕ650mm	桂林桂冶实业有限公司	1.33	40	0.5
15	蔗渣锅炉	额定蒸发量：6.5～135t/h；工作压力：1.25～3.8MPa；蒸汽温度（过热）：饱和～450℃；设计燃料：蔗渣（髓）；设计效率：84%	广西梧锅锅炉制造有限公司	0.35	45	0.09
16	循环流化床锅炉	额定蒸发量：2～135t/h；工作压力：1.25～5.3MPa；蒸汽温度（过热）：饱和～450℃；设计燃料：烟煤、无烟煤、褐煤、泥煤、煤矸石、油页岩、木材与稻壳等；设计效率：≥86%	广西梧锅锅炉制造有限公司	0.22	13	—
17	甲板机械（大型锚机、绞车）	锚链直径：ϕ13～114m；起锚拉力：10～617kN；系泊拉力：30～300kN	中船华南船舶机械有限公司	0.25	11	—
18	海洋起重机	—	中船华南船舶机械有限公司	2.42	80	0.2

4. 自主创新

4.1 创新投入和技术创新体系建设

2006—2008 年，广西装备制造业主要企业加大研发经费投入，加快产品研发，全部规模以上企业研发经费投入占销售收入比重约为 1%。

2006—2008 年，广西装备制造业加快了技术创新体系建设，一批企业加快了企业技术中心建设，产品研发及检测手段得到了明显提高；部分企业实施 C3P（CAD/CAE/CAM/PDM）产品开发技术系统研究项目，有效地缩短了产品开发周期；同时以科研院所为依托的行业平台建设也显现成效，为中小型企业提供了技术支撑。目前，广西装备制造业已有国家认定企业技术中心 5 家：广西玉柴机器股份有限公司、广西柳工机械股份有限公司、柳州欧维姆机械股份有限公司、上汽通用五菱汽车股份有限公司、桂林橡胶机械厂。其中，广西玉柴机器股份有限公司、上汽通用五菱汽车股份有限公司拥有国家人事部批准成立的“企业博士后科研工作站”。

4.2 开发成功的重大装备

表 5　广西开发成功的重大装备一览表

序号	装备名称	制造企业	主要技术指标	工程应用情况	产业化情况
1	CLG862 轮式装载机	广西柳工机械股份有限公司	斗容：3.5m^3；额定载重量：6000kg；最大掘起力：198kN	在大型施工工程中应用良好	批量生产
2	CLG877 轮式装载机	广西柳工机械股份有限公司	斗容：4.0m^3；额定载重量：7000kg；最大掘起力：218kN	良好	批量生产

（续）

序号	装备名称	制造企业	主要技术指标	工程应用情况	产业化情况
3	CLG888 轮式装载机	广西柳工机械股份有限公司	斗容：4.5m^3；额定载重量：8000kg；最大掘起力：(260±5) kN	良好	批量生产
4	CLG904 系列液压挖掘机	广西柳工机械股份有限公司	额定功率：27.1～194kW；最大挖掘半径：5.35～11.1m	良好	批量生产
5	LG2030H 内燃平衡重式叉车系列产品	广西柳工机械股份有限公司	载重量：1.5～7t	良好	批量生产
6	OVMLZM 拱桥吊杆体系	柳州欧维姆机械股份有限公司	静载性能：锚具效率系数 $\eta A \geqslant 95\%$，极限伸长率 $\delta \geqslant 2\%$；吊杆宏观弹性模量：$E \geqslant 1.9 \times 10^5$MPa	良好	批量生产
7	钢塑复合材料罐体化工液体运输车	中国重汽集团柳州运力专用汽车有限公司	容积 11.5～20m^3 危险化学品罐式（容器）车辆	良好	批量生产
8	微面五菱鸿途	上汽通用五菱汽车股份有限公司	长/宽/高：3860/1570/1860mm；发动机排气量：1.2L；最大功率：63/6000（kW/（r/min））；最高车速：≥135km/h	良好	批量生产
9	微车五菱荣光	上汽通用五菱汽车股份有限公司	长/宽/高：3995（40354105）/1620/1915mm；发动机排气量：1.2L；最大功率：60.5/5300（kW/（r/min））；最高车速：≥130km/h	良好	批量生产
10	N300 多用途客车	上汽通用五菱汽车股份有限公司	发动机排气量：1.2L；最大功率：62.5kW；升功率达到 52.2kW	良好	批量生产
11	平头霸龙重型牵引汽车系列产品	东风柳州汽车有限公司	发动机额定功率：290～420hp；轴距：(1700+2800) / (3150+1350) mm	良好	批量生产
12	风行景逸小型多功能乘用车	东风柳州汽车有限公司	长/宽/高：4320/1804/1620mm；发动机排气量：1.8L；最大功率：103/6500（kW/（r/min））；最高车速：180km/h	良好	批量生产
13	4W 系列柴油发动机	广西玉柴机器集团有限公司	功率覆盖 55～75kW，适用车机，排放达国Ⅲ、国Ⅳ标准	正与整车厂试配	生产线建设中
14	6L 系列柴油发动机	广西玉柴机器集团有限公司	功率覆盖 177～266kW，适用车机，排放达国Ⅲ、国Ⅳ标准	良好	已在市场销售两年多，形成能力 10 万台

（续）

序号	装备名称	制造企业	主要技术指标	工程应用情况	产业化情况
15	6M 系列柴油发动机	广西玉柴机器集团有限公司	功率覆盖 162～280kW，适用车机，排放达国Ⅲ、国Ⅳ标准	良好	已在市场销售两年多，形成能力 10 万台
16	6T 系列柴油发动机	广西玉柴机器集团有限公司	功率覆盖 367～450kW，适用船电	良好	已在市场销售一年，形成能力 1 万台
17	YC13 系列液压挖掘机	广西玉柴机器集团有限公司	整机重量：1.5t；标准斗容：0.04m^3；发动机功率：13.6～14.7kW	良好	市场占有率 95%
18	油电混合动力汽车电磁引擎	桂林星辰科技有限公司	百公里油耗 4.45L；城市路段节油率达 50%；排污量减少 95%	正与整车厂试配	生产线建设中
19	全钢巨胎硫化机	桂林橡胶机械厂	177in 188in	良好	年产 16 台
20	全钢巨胎成型机	桂林橡胶机械厂	51in 57in	良好	年产 4 台
21	VGL40 立式加工中心（多功能数控机床）	桂林广陆数字测控股份有限公司	工作台面积 420mm×800mm；三向行程：750mm×440mm×600mm；主轴最高转速 8000r/min	已批量生产并销售，取得收入 28 万元	已销售 1 台，并签订了 7 台订单
22	750kV、1000kV 电容式电压互感器	桂林电力电容器有限责任公司	电压等级：750kV，1000kV	西北 750kV 输变电示范工程，我国第一条特高压交流 1000kV 试验线路——晋东南经南阳至荆门特高压百万伏交流示范工程	—
23	特高压交流 1000kV 工程用 110kV 并联电容器及成套装置	桂林电力电容器有限责任公司	电压等级：1000kV	我国第一条特高压交流 1000kV 试验线路——晋东南经南阳至荆门特高压百万伏交流示范工程	—

（续）

序号	装备名称	制造企业	主要技术指标	工程应用情况	产业化情况
24	超高压±500kV直流输电工程用电容器及成套装置	桂林电力电容器有限责任公司	电压等级：500kV	贵州—广东直流Ⅱ回±500kV输电工程；东北—华北联网背靠背高岭换流站直流工程	—
25	特高压直流±800kV输电工程用电容器及成套装置	桂林电力电容器有限责任公司	电压等级：800kV	特高压直流±800kV线路：云南至广东输电工程；向家坝至上海输电工程	—
26	数控五轴联动龙门铣床	桂林市机床股份有限公司	工作台尺寸2000mm×4000mm，自动万能铣头主电动机功率28kW，主轴转速10000r/min，B轴转角±100°，C轴转角±370°	—	已生产12台
27	水煤浆锅炉系列	广西梧锅锅炉制造有限公司	额定蒸发量：2～35t/h；工作压力：1.25～3.8MPa；蒸汽温度（过热）：饱和～450℃；燃烧方式：室燃；设计燃料：水煤浆；设计效率：88.5%	良好	已销售6台
28	大型船用锚绞车	中船华南船舶机械有限公司	锚链直径：ϕ92～114mm； 额定拉力：可达617kN	适用于各类工程船	已签订合同4台套
29	深海作业平台起重机（瓶颈式）	中船华南船舶机械有限公司	起重吨位：25～40t； 吊臂长度：25～40m； 额定起升速度（at swl）：30～90m/min； 变幅时间（at full load）：0～130s； 回转速度：0～0.7r/min	适用于深海平台	已销售1台套
30	重型海洋起重机	中船华南船舶机械有限公司	最大起升能力300t	新加坡海洋工作船	已签订合同2台套
33	60m6000匹三用工作船	中船桂江造船有限公司	1400t	良好	正在生产
34	40m锚作拖船	中船桂江造船有限公司	500t	良好	正在生产
35	AV928风力发电机组	广西银河艾万迪斯风电公司	功率达2.5MW	—	样机生产

（续）

序号	装备名称	制造企业	主要技术指标	工程应用情况	产业化情况
36	160t 通用桥式起重机	南宁广发重工集团有限公司	采用“箱形双梁小车式桥式起重机”结构，额定起重重量 160t	适应北部湾经济圈发展带来的物料搬运需求	—
37	10t20m 港口岸边固定式起重机	广发重工集团有限公司	10t20m 港口岸边固定式起重机，采用“双 C 型钢起重臂”结构	适应广西港口发展需要	—
38	SZ 型系列直流调速全自动上旋式离心机	广西盛誉糖机制造有限责任公司	产品采用先进的数字自动化技术（PLC 和 HMI）、直流调速电控系统，实现了离心机的平滑无级调速和高精度自动化控制	用于糖、味精、木糖制造，化工等行业中固液物料的分离	批量生产
39	NZ5250ZLJG 型自卸式垃圾车	广西玉柴专用汽车有限公司	产品采用柳汽乘龙 EQ3253GEJ1（玉柴发动机 YC6G285－20）型汽车二类底盘，带有带盖式垃圾箱、自动翻盖装置及液压举升机构，额定载重为 12600kg，车箱容积 14.5m^3	适用于大中城市各种生活垃圾和建筑垃圾的转运，产品技术达到国内先进水平	批量生产

5. 产业集聚区（带）建设

广西装备制造业产业集群建设取得成效，以柳州为中心，玉林、桂林为基地，辐射到南宁的汽车产业集群逐步形成，其中柳州市汽车工业 2008 年销售收入 468.08 亿元，占自治区汽车工业 70% 以上，拥有上汽、一汽、东风、重汽四大汽车集团整车及专用车生产基地，汽车整车生产规模在 70 万辆以上，并拥有 360 多家零部件生产企业，已成为国内有名的“汽车城”，产业集聚带来的成本、创新等优势日趋显著，正不断吸引着外来投资。此外，玉林市围绕玉柴发动机配套体系建设，也形成了一定规模，已成为我国最大的中重吨位车用柴油机生产基地。

广西装备制造业产业集聚区主要为柳州阳和工业新区、柳州新兴工业园和玉柴工业园。

柳州阳和工业新区。位于柳州市东部，规划总面积约 90km^2，产业定位为汽车及零部件制造业、工程机械和通用机械为主的机械制造业、重大装备制造业等。该园区围绕汽车产业链，大力开展以龙头和骨干企业聚集配套企业的产业招商，拉长汽车配套产业链，重点引进有拉动能力、研发能力、出口能力的企业，2007 年底，累计引进企业 70 多家，其中汽车工业企业 40 余家。

柳州新兴工业园。位于柳州市东南近郊，规划区域总面积 333.35 万 m^2，主要发展汽车零部件、机械制造、新型建筑材料、制糖、印刷包装等工业及物流运输、金融保险、信息服务、商贸服务等服务业。2007 年底，累计引进企业 97 家，计划投资总额 25 亿元，年生产规模达 50 亿元。其中，汽车零部件、机械制造、印刷包装、新型建筑材料等是园区优先考虑和重点引进的产业，并已形成一定的产业集聚和规模效应。装备制造企业主要有中国重汽集团柳州运力专用汽车有限公司、柳州市汉森机械制造有限公司、柳州鸿福机械公司等 30 余家企业。

玉柴工业园。位于玉林市南部，总规划用地面积 22.83km^2，主要围绕广西玉柴机器集团柴油机及工程机械的配套，发展动力机械和工程机械两大产业。2007 年底，首批引入 6 家企业，计划总投资 4.32 亿元，其中 5 家为玉柴产品的生产或配套项目，主要生产玉柴小缸径柴油机、发动机活塞环、柴油机零部件、工程机械零部件、柴油机配件等。

表6　广西装备制造业产业集聚带汇总表　（单位：亿元）

产业集聚区名称	产业特色	主要企业	2008年主要经济指标	
			工业总产值	工业增加值
柳州阳和工业新区	汽车及零部件制造业、工程机械和通用机械为主的机械制造业、重大装备制造业等	柳州柳工叉车有限公司、柳州延龙汽车有限公司、广西方盛实业有限公司等	101.20	27.32
柳州新兴工业园	汽车零部件、机械制造、新型建筑材料、制糖、印刷包装等工业	中国重汽集团柳州运力专用汽车有限公司、柳州市汉森机械制造有限公司等	70.44	19.86
玉柴工业园	动力机械和工程机械产业	广西玉柴动力机械有限公司、玉柴华原机械（玉林）有限公司等	160.26	35.26

6. 企业走出去

2006—2008年，广西装备制造企业在加快国内市场开拓的同时，积极发展出口业务，并实施国际化战略，在国外建立生产基地、销售公司及研发中心。

6.1　在国外、境外建立生产基地

2007年8月27日，柳工印度私人有限公司在印度首都新德里Okhla Industries Area Phase III工业区挂牌成立，该公司是广西柳工机械股份有限公司在印度的全资子公司。公司经营范围包括工程机械及零部件的研发、制造、销售和服务等。柳工印度私人有限公司将在印度逐步建立包括装载机、挖掘机、挖掘装载机和其他产品在内的生产基地，同时加快营销和服务网络建设，使柳工成为印度工程机械行业主要的供应商和知名品牌。2008年7月，广西柳工机械股份有限公司又增资柳工印度私人有限公司，并在印度中央邦印多尔市开工建设海外产品制造工厂，新工厂计划2009年上半年建成并正式投入生产。

6.2　在国外、境外建立研发中心

2008年4月16日，广西玉柴集团有限公司与英国Brunel大学合作在英国建立Brunel－yuchai联合研发中心。该中心旨在研究和发展柴油机新技术、新产品，培养优秀的内燃机工程师，为玉柴技术专家提供在行业及学术界展示工作成果的机会，同时也给包括玉柴和Brunel大学的研究生提供参与研发先进发动机的平台。中心还将承担研究开发课题，为玉柴新产品开展前瞻性的基础工作。

7. 企业兼并重组

2006—2008年，广西装备制造业资产重组步伐加快，一批企业积极寻求与区内外及国际大企业的合作。

（1）2006年6月，桂林客车工业集团公司采取增资扩股的方式引进上海铭源实业集团有限公司，组建了桂林客车工业集团有限公司。桂林客车工业集团公司是广西重要的客车生产企业，而上海铭源实业集团有限公司拥有全资和控股企业16家，产业涉及金融投资、客车制造等多个领域，具有较强实力。2008年起，新公司分步实施搬迁改造项目，在桂林苏桥工业园建设新的生产基地，并将整合上海铭源、大宇客车技术等各方资源，加快发展。

（2）2006年10月，桂林电力电容器总厂以增资扩股方式引入广州白云电器集团有限公司，组建桂林电力电容器有限责任公司。广州白云电器集团有限公司是以民营为主体，国际化为发展导向，研发、制造、销售输变配电设备为主的现代高新技术企业，目前实力和规模均居华南地区输变配变电领域第一，通过此次与桂林电力电容器总厂合作，该集团在国内输发配电领域形成了完善的产业布局。新公司在原桂林电力电容器总厂原址生产经营的同时，进驻桂林国家高新技术产业开发区铁山园，动工建设总投资5亿元的桂林电力电容器产业基地。

（3）2008 年 2 月，广西柳工机械股份有限公司收购蚌埠市振冲安利工程机械公司全部股份，重组成立“安徽柳工起重机有限公司”，并由此进入汽车起重机制造领域。同时，新公司在蚌埠市高新区投资建设起重机研发制造基地，项目总投资 10 亿元人民币，规划用地 33.335 万 m^2，建成后可年产各类起重机 5000 台，预计市场占有率达 15% 以上，销售收入 30 亿元。

（4）2008 年 5 月，广西柳州运力专用汽车股份有限公司以增资方式引入中国重汽（香港）有限公司旗下的中国重汽集团济南动力有限公司，重组成立中国重汽集团柳州运力专用汽车有限公司，合作双方确定了 2009 年实现产销超 6000 辆，2010 年产销超 12000 辆的目标。

第二节　存在问题

1. 产品结构急需优化升级

广西装备制造业虽拥有一批优势产品，但总体看来缺乏高附加值产品，且大多数中小企业新产品推出缓慢、产品结构不尽合理，如整车产品结构缺乏附加值高的面向家庭的轿车及乘用车，产品以附加值较低的微型客车及货车为主，这一结构性问题，使得广西汽车工业未能充分把握好轿车进入家庭带来的汽车工业快速增长的良好机遇。车用发动机虽具优势，但也缺少为轿车配套的发动机产品。汽油机主要为区内微型车配套，部分产品技术落后、附加值不高。车用柴油机仍以中吨位柴油机最具优势，在市场增长较快的重型机、轻型机方面还未占据主要地位。

2. 零部件产业发展滞后

广西零部件产业发展滞后于汽车整车、工程机械及发动机的发展，产品又以附加值较低的专用件、结构件为主，缺乏高水平、高附加值、高技术含量的产品，许多产品如助力转向机、万向节、铝轮毂等高附加值的重要零部件目前区内尚无生产。此外，部分总成的组装虽在区内，但其附加值高的零部件生产却在区外，导致区内新增价值偏低，许多零部件生产企业处于汽车产业链的末端，获取的利润极微。同时零部件企业配套渠道单一，仅为一家企业配套，市场应变能力较弱。

3. 自主创新能力不强

广西装备制造业自主开发能力仍较弱，国家级技术中心仅 5 家，量大面广的中小企业缺乏自主开发能力和质量保证体系，研发检测手段落后，难以实现与整机、整车企业的同步开发。而整车企业研发能力也还不能为高附加值轿车及乘用车的生产提供更好的技术支撑。部分企业研发投入不足，占销售收入比重远不足 1%，企业拥有自主知识产权的产品不多，核心竞争力不强。

第三节　发展展望

1. 贯彻落实相关政策，加快行业发展

为应对全球金融危机，国家已出台汽车产业、装备制造业、船舶工业调整振兴规划，从培育消费市场、支持企业技术创新和技术改造、推进产业重组、推进结构调整等方面给予政策支持和发展引导，加快这些产业的发展。自治区政府将结合实际，制定规划实施方案，认真抓好贯彻落实。此外，自治区政府已出台《关于支持工业企业应对当前国际金融危机的若干意见》，从推进区内工业产品销售、降低企业物流运输成本、增加银行信贷投放、切实减轻企业负担、加强经济运行监测与协调、实施工业项目联合审批、推进企业自主创新、支持企业兼并重组等多方面给予企业支持，为企业营造了良好的发展环境。

2. 加快技术创新，增强自主创新能力

围绕特高压输变电设备、大型施工机械、大型船舶海洋工程设备、大型精密高速数控设备和数控系统及功能部件、节能环保和新能源汽车等重大技术装备，加大科技创新投入，鼓励企业以系统设计技术、控制技术、关键总成技术为重点，通过国际、国内的合作，并购，参股国内外先进的研发和制造企业等方式掌握核心技术，加快新产品开发，做到生产一代、储备一代、研制一代、预研一代，主动适应市场需要。

依托骨干企业技术中心，联合区内外高校、科研单位的专业科研力量，组建股份制行业技术中心，形成装

备制造业关键、共性技术开发创新平台。支持企业建设国家级、自治区级技术中心，推进企业博士后工作站建设，加强产学研联合，吸引国内外高水平研发机构来自治区设立分支机构，鼓励高校相关专业进入大企业集团或共建研发中心、中试基地，实现资源共享。

3. 加大技改力度，推进产品结构优化

围绕增加品种、扩大规模、提高效益的原则，大力推进重点项目建设。在规划、土地、环评、供水、供电等方面加大力度，进行重点支持、重点协调、重点服务，建立重大项目专人负责制、限时办结制、责任追究制、目标考核激励制，强力推进重点项目建设。着重抓好“三个一批”：大力推进一批重点项目前期工作，加强与项目业主的联系和沟通，为企业做好咨询服务，争取项目资金支持；加快一批重点续建项目投资进度，对重点项目进行重点跟踪、专人协调，推进项目投资力度；大力推动一批竣工投产项目尽快达产、上批量、上规模，快速形成新增长点。此外，还围绕产业发展的目标和重点，加强市场调研和预测，认真收集、研究、分析市场信息、资源信息、投资信息及产业发展趋势和行业发展状况，注重筛选一批牵动力大、关联性强的产业项目，积极培育储备一批重点项目。

4. 深化企业改革，促进投资多元化

积极推进企业改制工作，鼓励国有企业通过多种形式引入外资和民营资本，进行股份制改造，并通过改制理顺产权关系，加快发展。促进改制企业建立和完善规范的现代企业制度，切实建立健全企业法人治理结构，建立有效的激励机制和约束机制。积极支持和培育一批符合条件的装备制造企业改制上市。贯彻落实现有优惠政策，积极引导和扶持民营资本发展特色产品与零部件生产、以各种形式参与装备制造业的建设，实现资本结构的多元化和开放性。

5. 推进资产重组，优化组织结构

支持企业进行跨行业、跨地区、跨所有制的兼并与联合，整合资产、设备、技术和人才资源。支持有实力的装备制造企业以建设国际一流的大企业集团为目标加快发展，培育若干个装备制造龙头企业，提高企业综合经济效益和竞争能力。对重点扶持的大型企业给予优先债券、股票发行与上市、优先改制、技改项目优先列入财政支持项目等优惠政策。同时，为中小企业做好服务，培育一批“专、精、特、新”的中小企业，改变现有中小企业不活跃的局面。用足、用好现有促进中小企业发展的政策。

6. 主动适应全球化趋势，“引进来”、“走出去”

积极承接沿海发达地区的产业转移，使原来装备制造业不具规模、不发达的地区，特别是县级地区得到发展。支持优势企业大规模、高起点地引进国内外大公司的资金、技术以及管理经验，同时也支持广大企业利用吸引直接投资、承接生产外包、贴牌制造、吸纳跨国公司供应链群体迁入、外企兼并内企等多种模式引进外资，开展对外合作，积极承接日本、欧美等发达国家新一轮产业结构调整中转移出的装备制造业。鼓励装备制造企业把握地域优势，扩大出口，实施“走出去”战略。大力支持企业更新贸易方式，努力拓展外贸出口新途径，如组织企业参加有针对性的国内外展览，大力推进电子商务，利用跨国连锁商业网络扩大出口等。同时支持、鼓励有条件的装备制造企业“走出去”，设立境外研发和贸易机构，开展境外投资和工程承包业务。

第二十一章　海南省装备制造业发展报告

由于海南开发工业较晚等诸多历史原因，目前海南省的工业仍比较薄弱，装备制造业不发达，只有汽车制造等几个行业。建省办经济特区后，工业有较快的发展。特别是“十五”期间，在省委省政府的正确领导下，在大企业进入、大项目带动战略的推动下，引进资金，开发资源，新建扩建项目，工业得到长足的发展。改变原来只能生产小蔗糖、小食品、小农机、橡胶初加工以及铁矿开采等小工业状况，发展了石油加工、天然气化工、浆纸、汽车制造、制药和食品等一批产业。初步形成门类较多的工业体系，实现了较大的跨越。

第一节　三年来海南省装备制造业发展评估

1. 建立组织协调机制，制定发展规划和配套政策

1.1　建立组织协调机构和机制

2005 年之前，海南省工业管理职能由省发展与改革厅承担。2006 年，为了加强对全省工业的管理，省政府组建了海南省工业经济与信息产业局，对包括基本建设性质在内的全部工业项目，从项目的策划、立项审批、投资管理至项目建成投产后运营等各个方面进行全方位的协调管理。

1.2　制定发展规划

2005 年，根据《海南省国民经济和社会发展第十一个五年规划纲要》确定的目标，海南省制定了《海南省“十一五”工业发展规划（2006—2010 年）》。该规划对海南省“十五”期间工业发展进行了回顾，对“十一五”工业发展的环境和条件进行了分析，提出了“十一五”工业发展构思和措施等重大问题。

（1）发展战略

坚持不破坏资源、不污染环境、不搞低水平重复建设的“三不”原则。实施大企业进入、大项目带动、高科技支撑发展战略。

（2）发展目标

全省工业增加值由 2005 年的 148 亿元，增加到 2010 年的 380 亿元，年均递增约 20%。工业在国民经济中的比重上升，工业增加值占全省 GDP 比重从 2005 年的 19% 提高到 2010 年的 27.8%。

汽车等装备制造业发展目标：2010 年计划总产值 290 亿元。主要产品生产或加工能力近期目标：乘用汽车 20 万辆；摩托车 32 万辆；汽车发动机 15 万台；摩托车发动机 32 万台；30 万吨级修造船项目等。远期目标：乘用汽车 50 万辆等。

（3）发展重点

“十一五”期间，海南省将重点培育石油天然气化工、林浆纸一体化、汽车及其配件、医药和农产品加工五大支柱产业，形成主导产业链，围绕产业链培育和配套相应产业，形成五大产业集群；同时积极发展具有本省资源优势的玻璃及石英砂深加工、金属钛及钛铁矿深加工、特种钢及铁矿深加工、镁制品及白云石深加工、轮胎及橡胶深加工和南药等加工产业和培育高新技术产业。

1.3　制定和落实配套政策

“十一五”以汽车制造为主的海南省装备制造业发展，需重点抓工业园区建设，解决好园区基础设施建设滞后的问题；同时，要抓龙头，扶重点，积极招商引资，拉长和丰富产业链，解决好产业结构不合理问题。为此，近三年，海南省政府和海口等市县政府采取了一系列的政策和措施，大力扶持装备制造业发展。

一是多方筹措资金建设海马汽车工业园（二期）的基础设施工程。海马工业园二期位于海马汽车第一工厂和第二工厂的南面，总占地面积88.6万m^2，是为海马汽车整车生产配套的汽车零部件项目园区。其基础设施工程包括土地平整、8条总长5725m的道路、供电、给排水等，总投资10800万元。资金来源为：海南省工业发展资金支持3000万元，海口市财政配套2500万元，开发银行向海口市政府提供贷款5300万元。工程于2006年初开工建设，2007年完成。海马工业园二期基础设施的建设，为汽车零部件项目入园建设提供了较完备的条件。近三年，已有14个汽车零部件项目入园。

二是从土地和财政等多方面扶持项目建设。工业项目用地涉及新增建设用地的，在土地指标方面给予足额安排，保障项目建设用地需求。项目用地参照工业用地出让最低价的标准评估后缴纳土地出让金，政府收取的土地出让金，用于项目用地所在区域的基础设施建设。符合海口市《关于进一步加快工业发展的若干规定》相关要求的，由海口市给予土地款的10%～30%的奖励（投资总额超过1亿元的项目不受此奖励比例限制）。免征工业项目厂房的建设配套费。工业项目当年购置设备并安装调试完毕投入生产的，海口市政府给予设备购置金额的2%～3%的资助。建立政银企联席会议，协调各商业银行对工业的信贷支持。对通过担保机构获得贷款的零部件企业，按照《海南省中小企业发展专项资金管理暂行办法》给予补贴。对企业年度实际入库税收（包括国税、地税）达到500万元，将分别以其历年年度增值税、企业所得税实际入库数之和的最高额为基数，实际税收超出基数部分达到100万元的，超出部分的海口市级留成，由海口市从工业发展资金中给予补贴。

2. 海南省经济中的地位

2.1　主要经济指标及产业地位

海南省装备制造业以汽车制造为主，2008下半年以来，我国经济受国际金融危机冲击，汽车等产品的生产销售和经济效益等受到了较大影响。2006—2008年海南省装备制造业主要经济指标呈现下降趋势。

表1　海南省装备制造业主要经济指标　（单位：亿元）

年份	工业总产值	销售收入	工业增加值	利税总额	利润总额	出口交货值	从业人数/人
2006年	117.666	112.0143	29.0756	16.0111	8.7048	5.1207	13199
2007年	139.6155	144.3425	31.1517	19.3844	12.8923	6.7489	14216
2008年	98.87	102.46	12.937	4.462	0.565	9.44	13900

注：统计口径为规模以上企业。

2006年，海南省装备制造业总产值117.666亿元，增加值29.0756亿元，分别占全省工业的17.6%和15.3%。2007年，海南省装备制造业总产值139.6155亿元，增加值31.1517亿元，分别占全省工业的13.9%和12.1%。2008年，海南省装备制造业增加值12.937亿元，占全省工业的4.4%。

2.2　三年建设投资情况

海南省装备制造业建设投资，2006年为9.6277亿元，主要建设项目有一汽海马汽车有限公司年产15万台发动机技术改造项目；2007年为2.5713亿元，主要是一些汽车零部件配套项目的投资；2008年为3亿元，包括在临高县金牌港新建修造船项目和海口市的一些汽车零部件配套项目的投资等。

3. 产业结构的调整

3.1　产业结构

从2007年工业增加值看，海南省装备制造业的主要结构为：以一汽海马汽车有限公司为主的汽车制造业占78.10%；以三星（海南）光通信技术有限公司的光纤光缆制造和以海南威特电气集团有限公司及海南金盘电气有限公司的变压器等制造构成的电气机械及器材制造业占8.19%；以海南正红科技发展有限公司的电路板制造和海南宝通实业公司的通信设备制造构成的通信设备、计算机及其他电子设备制造业占11.78%；以海南金鹿实业有限公司的小型拖拉机制造为主的专用设备制造业占1.03%；其他方面所占比例在1%以下。

表 2 海南省装备制造业构成 （单位：亿元）

行业名称	2006 年		2007 年		2008 年	
	工业增加值	占比重（%）	工业增加值	占比重（%）	工业增加值	占比重（%）
金属制品业	0.017	0.06	0.017	0.05	0.017	0.13
通用设备制造业	0.1634	0.56	0.2536	0.81	0.22	1.70
专用设备制造业	0.3812	1.31	0.3222	1.03	0.29	2.24
交通运输设备制造业	22.993	79.08	24.3289	78.10	8	61.84
电气机械及器材制造业	3.2647	11.23	2.5504	8.19	3.3	25.51
通信设备、计算机及其他电子设备制造业	2.2502	7.74	3.6694	11.78	1.1	8.50
仪器仪表及文化、办公用机械制造业	0.0061	0.02	0.0102	0.03	0.01	0.08
总计	29.0756	100	31.1517	100	12.937	100

注：统计口径为规模以上企业。

3.2 优势和特色产业

海南省装备制造业在全国具备一定优势的行业有乘用汽车制造和光纤光缆制造等。

一汽海马汽车有限公司致力于“海马”自主品牌乘用汽车的整车及发动机的研发与制造，已拥有两个整车制造工厂及 1 个发动机制造工厂，具备了年产 15 万辆整车及 15 万台套发动机的生产能力，是国内主流自主品牌整车制造企业之一。该公司现有产品主要有海福星、福美来、海马 3 及普力马四大系列车型及 HM483Q 发动机，其中福美来车型被誉为“新三样”之一，是 2007 年唯一一款位列国内单一车型销售前 10 位的自主品牌中级轿车，同时位列自主品牌单一车型销售第 3 位，仅次于微型车夏利及 QQ。2007 年该公司汽车产销量达到 13.1 万辆，利润 7 亿多元。2008 年，受国际金融危机和国内经济形势影响，该公司生产销售和经济效益等受到了较大影响，汽车产销量下降到 9.6 万辆。

三星（海南）光通信技术有限公司是国内光纤光缆的主要生产厂家，由韩国三星集团独自投资，具有年产光纤预制棒 96t、光纤 320 万芯公里、光缆 160 万芯公里的生产能力。

表 3 海南省优势特色装备一览表 （单位：亿元）

序号	优势特色装备名称	主要技术指标	制造企业	2008 年销售收入	出口交货值
1	乘用汽车（福美来、海福星、海马 3、普力马）	1.6L 和 1.8L	一汽海马汽车有限公司	58.19	1.15
2	光纤光缆	—	三星（海南）光通信技术有限公司	5.08	2.92
3	干式变压器、箱变电站	—	海南金盘电气有限公司	10.60	1.89
4	智能型成套开关设备、节能型变压器	开关设备可节省维护、运行成本 50% 以上，变压器损耗降低 25% ~65%	海南威特电气集团有限公司	3.61	—
5	双面多层电路板	—	海南正红科技发展有限公司	3.93	3.53
6	通信设备	—	海南宝通实业公司	2.04	—

4. 自主创新

4.1 创新投入

一汽海马汽车有限公司在与日本马自达公司的多年合作过程中，逐步建立起了自己的研发机构及研发队伍，建设了整车试制车间、发动机试验室、发动机精密测量室及整车质保中心等研发基础设施，拥有三坐标测量仪、曲轴测量仪、圆度仪、道路平衡试验机、大灯检测仪等先进设备及设施，用于新开发产品的试制、试验及质量检测与改善，具备了整车及发动机研发与质量控制能力。公司注重新产品的开发投入，本着“制造一代、研发一代、规划一代”的原则，持续不断致力于后续整车及发动机产品的开发。并明确每年的产品研发投入需占销售收入一定比重，其中2007年研究和开发费用2.51亿元，占销售收入的3.12%。

4.2 开发成功的重大装备

一汽海马汽车有限公司自行开发成功并具有完全自主知识产权的一批整车及发动机产品，以及海南威特电气集团有限公司开发成功的重大装备如下：

表4 开发成功的重大装备一览表

<table>
<tr><th>装备名称</th><th>制造企业</th><th>主要技术指标</th><th>工程应用情况</th><th>产业化情况</th></tr>
<tr><td>福美来（整车）</td><td rowspan="7">一汽海马汽车有限公司</td><td>1.6L</td><td>—</td><td>已上市</td></tr>
<tr><td>海福星（整车）</td><td>1.6L</td><td>—</td><td>已上市</td></tr>
<tr><td>普力马（整车）</td><td>1.6L/1.8L</td><td>—</td><td>1.8L已上市，1.6L将在2009年上市</td></tr>
<tr><td>海马3（整车）</td><td>1.8L</td><td>—</td><td>已上市</td></tr>
<tr><td>欢动（整车）</td><td>1.6L/1.8L</td><td>—</td><td>1.8L已上市，1.6L将在2009年上市</td></tr>
<tr><td>HM483Q发动机</td><td>1.8L</td><td>—</td><td>已量产</td></tr>
<tr><td>HM479Q-B（发动机）</td><td>1.6L</td><td>—</td><td>具备量产条件</td></tr>
<tr><td>变电站综合自动化系统</td><td rowspan="2">海南威特电气集团有限公司</td><td>系统响应时间<3s，系统遥控容量：>100</td><td rowspan="2">大量应用于海南、广西、广东、贵州等地电网改造和民用工程</td><td rowspan="2">已进行大批量生产</td></tr>
<tr><td>SH15型非晶合金变压器</td><td>比S11型变压器损耗降低65%以上</td></tr>
</table>

5. 产业集聚区（带）建设

表5 海南省装备制造业产业集聚区（带）汇总表 （单位：亿元）

产业集聚区名称	产业特色	龙头企业	2008年主要经济指标		
			销售收入	工业增加值	利税总额
海口市海马汽车工业园	汽车制造	一汽海马汽车有限公司	78.2189	7.0	4.85

在海口市建设的海马汽车工业园已具有一定的规模。该园区总占地面积超过200万m^2，这里集聚着一汽海马汽车有限公司及为其配套生产汽车零部件的近30家企业。2007年一汽海马汽车有限公司生产的13万辆汽车，零部件本地采购率达70%，涉及汽车模具、冲压焊接件、钣金覆盖件、车门、锻造毛坯件、底盘、前后梁、制动器、保险杠、仪表台、内饰板（件）、座椅、电动天窗、汽车门锁、电子转向系统、方向盘、减振器、空调系统、冷却系统、玻璃升降器、鼓风机、卷帘、格栅、密封条、车灯、燃油箱、线束、排气系统等产品。2007年，该工业园区各个企业的销售总收入达到118亿元，工业增加值达到24亿元，利税总额达到16亿元。2008

年，该工业园区各个企业的销售总收入下降到 78 亿元，工业增加值约 7.0 亿元，利税总额约 4.85 亿元。

6. 企业兼并重组

海南省汽车制造业的兼并重组于 2004 年取得突破，其结果延续至今。2004 年 2 月，海南省政府、一汽集团和海汽集团三方签署协议，以一汽海南汽车有限公司、海南汽车制造有限公司和海南马自达销售有限公司的全部汽车整车生产经营性资产和相关业务整合重组成立了一汽海马汽车有限公司。公司注册资金 12 亿元，其中海南省政府持有 2% 股权，一汽集团持有 49% 股权，海汽集团（现为海马投资集团）持有 49% 股权。2008 年，海南省政府将其持有的 2% 股权委托海马投资集团管理，海马投资集团实际控股管理一汽海马汽车有限公司。

第二节　存在问题

“十五”期间的海南省工业虽然取得较大发展，但是，工业发展面临的困难和问题还很多。主要包括：（1）工业经济总量小，主导地位不突出。2005 年，全省工业增加值 148 亿元，仅占全国的 0.22%，在全国倒数第二；占全省生产总值的比重为 19%，比全国平均水平低 23 个百分点。（2）结构仍不合理，优势支柱产业较少。全省工业发展主要依靠一两个大企业带动，如 2005 年海南汽车产值约占了全省工业产值的 1/5。（3）产业链条短，附加值低。（4）海南离国内主要市场较远，陆地交通仍不顺畅，工业原料及产品运输成本较大。总的来看，海南省工业整体上仍处于初级阶段，是三次产业结构中较薄弱的环节，仍是我省经济发展中的一条短腿。

从近三年情况看，海南省装备制造业原来存在的行业经济总量小、结构不合理等问题仍然存在。2008 年受国际金融危机影响，一汽海马汽车有限公司汽车产销量由上年 13.1 万辆大幅下降到 9.6 万辆，并由高盈利变成高亏损。原拟建设的一些大的修造船项目，如中远船务集团公司拟投资 40 亿元在洋浦兴建“四坞八泊位”的修船及海洋工程基地项目，也由于受国际金融危机影响而推迟建设。海南省“十一五”工业发展规划提出的装备制造业发展目标难于实现。

第三节　发展展望

1. 应对全球金融危机的策略与发展思路

2008 年开始的全球金融危机尚未见底，拐点何时出现难以预料，对工业的影响还将继续加深，工业经济面临的形势将更为严峻，2009 年可能是形势最困难的一年，但也是近十年来宏观政策最宽松的时期。国家近期出台了扩大内需、促进经济增长的一揽子计划和重点产业调整振兴规划，为海南省加快重大工业项目建设提供了较宽松的环境。省政府近期也出台了一系列扶持企业发展的优惠政策，增强了企业的发展信心和动力。此外，这次金融危机可能带来经济体的重新洗牌和产业升级，海南省有可能以较低的成本获取经济发展所需的各类资源和机会。总的来看，2009 年，海南省装备制造业发展既有非常困难的一面，也有相对有利的一面，要对发展充满信心。今后三年，海南省装备制造业的发展思路是：

1.1　大力支持一汽海马汽车有限公司等企业进行技术改造

主要项目有：（1）新产品研发项目：包括 A、A0 级两个平台的 5 个新产品系列研发，预计 A 级平台达产时年产能 12 万辆，A0 级平台达产时年产能 8.6 万辆。（2）研发中心建设项目：项目建成后，研发中心将拥有技术管理与专家人才近 800 人，能同时开展 10 个新整车产品开发和 15 项课题研究，并具备每年 10 款新车型的试验能力。（3）“节能减排”技术改造项目：将现有涂装溶剂工艺改造为环保的水溶剂工艺，改造污水处理站等。本技改项目每年可为企业节约各项成本费用约 5200 万元。（4）年产 10 万台发动机零部件技术改造项目，本项目是在海马汽车现有 1.6L、2.0L 系列发动机技术基础上，研发海马自主知识产权高效节能发动机 HM474Q 系列零部件，对生产线专用设备进行技术改造。

为支持汽车制造业稳定发展，海南省正在研究制定《海南省人民政府关于支持汽车产业发展的若干意见》，将从财政资金等各方面支持海马汽车开拓市场和技术改造项目建设。

1.2　积极发展修造船项目，培育新的增长点，优化产业结构

（1）抓好已于 2008 年启动的临高县金牌港建设的威隆修造船基地项目。该项目计划总投资 10.8 亿元，建

设船坞1座、船台3个、舾装和材料码头4个及各种车间，最大修造船能力为8万t，年产各类船舶12艘，年销售收入约25亿元，计划于2011年全部建成。（2）继续争取中远船务工程集团有限公司在海南洋浦建设修造船基地项目。2008年上半年，中远船务工程集团有限公司与海南省签订协议，将投资40亿元，在洋浦兴建“四坞八泊位”的修船及海洋工程基地项目。该项目选址在洋浦港区南沙滩区域，用地面积200万 m^2，使用岸线3000m。项目将分三期建设，一期工程投资15亿元，原计划2008年下半年开工（因受国际金融危机影响已推迟建设），2010年建成投产，将建设30万t级和20万t级修船坞各1座，码头4座，并建设相应生产设施，形成“二坞四泊位”生产规模，年修理、改装船舶120艘生产能力，年实现销售收入20亿元。二期工程投资15亿元，将增加15万t、8万t浮船坞各1座，码头4座，实现产能和销售收入翻番。三期工程投资10亿元，增加海洋工程专用生产车间、生产设备，海洋工程船台4座的生产能力。

2. 今后三年海南省装备制造业自主化展望

今后三年，海南省装备制造业将逐渐走出国际金融危机影响的困境。海南省汽车制造业在国家汽车产业调整和振兴规划和拟订中的《海南省人民政府关于支持汽车产业发展的若干意见》的扶持下，通过一系列的技术改造，发展的基础将更牢固，将开发出更多的自主品牌新车型，特别是1.6L以下小排量车型。预计2010汽车产销量将恢复到2007年的水平。海南省汽车制造业将会继续发展，争取在2015年达到30万辆/年的产销规模。

今后三年，海南省船舶制造业将从无到有，得到较快的发展。海南微电子基地项目正在筹备中，预计在今后三年将得到新的发展。现有的光纤光缆、变压器、成套开关设备、双面多层电路板、通信设备等装备制造行业也将得到更快的发展。

第二十二章　重庆市装备制造业发展报告

装备制造业已成为重庆市的支柱产业之一。2006—2008 年，重庆市装备制造业加大了投资和结构调整，加快了重大项目的策划和推进，产品结构更趋合理，技术创新能力得到了进一步提高，形成了重大装备产业集群，全行业发展保持了良好的增长态势。特别是胡锦涛总书记对重庆“314”总体部署后，中央对重庆市经济发展提出了更高的要求，装备制造业承担的任务也更加重大。

第一节　三年来重庆市装备制造业发展评估

1. 制定发展规划和配套政策

1.1　制定发展规划

为了加快重庆市装备制造业的发展，制定了装备制造业（除交通运输设备制造业）和汽车摩托车两个重点专项规划。

发展总体思路：以科学发展观为指导，以系统成套为龙头，发展特色产业群；坚持以结构调整为主线，实现装备制造业持续、快速、协调发展；坚持自主开发与技术引进相结合，以信息技术的广泛采用为手段，培育具有自主知识产权的核心竞争力，实现装备和技术水平的全面提升；以加大改革开放力度为动力，优化资本结构，转变经济增长方式，增强发展实力，为新一轮的大发展构筑坚实基础。

（1）汽车行业

实施“1221”战略思路，即：夯实一个零部件基础，强化微型车和轻型商用车两个优势，壮大轿车和重型车两种产品，培育专用车集群。

夯实一个基础：充分发挥整车企业的带动作用，建成全国一流的、具有比较优势的、能充分支撑本地整车企业发展并面向全球供货的国内主要零部件生产基地，为“汽车名城”奠定坚实的基础。

强化两个优势：在保持和巩固微型汽车在全国产销第一和轻型车在全国技术领先两个优势的基础上，进一步提高市场占有率，强化微车和轻型车的品牌和技术优势。

壮大两种产品：壮大轿车和重型汽车两个国内市场增长潜力大、份额相对较高的重点产品，轿车尽快形成规模化、多品种的生产经营格局，重型车提高产品质量和技术水平，提高市场占有率，为在全国的排位“保四争三”创造条件。

培育一个产业集群：培育附加值高、对相关产业发展带动性强的专用车（改装车）产业链，形成在全国较有影响的“专、精、特、新”专用车产业集群。

发展目标：通过对资产、技术、品牌、销售网络等要素的优化配置，形成三四家生产规模较大、市场份额较高、具有较强竞争能力的整车大型企业集团，使重庆市汽车工业初步建成宽系列、多品种、多品牌、专业化、集团化的大规模生产体系，实现重庆市汽车产业在生产、研发、贸易、服务、物流、金融等方面全方位发展，把重庆建设成为中国汽车名城。

到 2010 年，整车产能达到 200 万辆，其中：乘用车 150 万辆，商用车 50 万辆。努力扩大轿车的比重，把轿车生产的比重从目前的 25% 提高到 70%。汽车产量占全国的 15% 左右。整车销售产值达到 1000 亿元；初步建立起具有核心竞争能力的汽车技术研究开发体系，具有自主知识产权的产品达到销售总量的 50% 以上，在燃气汽车和混合动力汽车技术方面有独到的技术成果。企业的研发投入占销售产值的 5% ~8%。建成具有国内领先水平的汽车摩托车综合试验场。汽车生产企业的装备水平与世界汽车产业同步发展；通过布局调整，基本形成以北部新区汽车城、渝北区、江北区、沙坪坝区、大渡口区、九龙坡区、双桥区、南岸区、巴南区等特色工业园为基地的“一城多园”的大产业格局。

（2）装备制造业

发展目标：到2010年，实现工业销售产值1600亿元，工业增加值410亿元，利税总额144亿元，其中规模以上企业工业销售产值1300亿元，工业增加值340亿元。到2012年，实现工业销售产值2200亿元，工业增加值572亿元，利税总额198亿元，其中规模以上企业工业销售产值1800亿元，工业增加值480亿元。

发展重点：形成13个产业链，重点推进8个“百亿”产业。打造风力发电设备、轨道交通设备、内燃机、大型铸锻件、输变电成套设备、环保成套设备、军事装备产业、仪器仪表、特种船舶、重型齿轮、机床工具、制冷设备及制冷压缩机、核电装备等13个产业集群，重点推进风力发电、轨道交通、重型铸锻、特种船舶、重大重型齿轮箱、内燃机、输变电、核电8个“百亿”产业，建设开放型制造业高地。

1.2　制定和落实配套政策

（1）为了加大自主创新能力，走新型工业化道路，重庆市装备制造业认真贯彻落实《国务院关于加快振兴装备制造业的若干意见》、《发改委、科技部、财政部、国防科工委关于首台（套）重大技术装备试验、示范项目管理办法的通知》文件精神，鼓励和支持重庆市重大技术装备自主创新、提高本地产品市场占有率，为重庆市优势产业、优势产品、新兴产业技术装备、产品应用营造良好的政策环境，推动了重庆市装备制造业又好又快发展。

（2）为了加快重庆市重大项目的建设进度，根据《重庆市2006—2010年企业新产品开发优惠扶持政策实施办法》、重庆市工业发展专项资金等要求，积极组织相关企业申报新型工业化、节能降耗、循环经济、高新技术等国家及全市专项资金，支持和鼓励企业做大做强。

2. 在重庆市经济中的地位

2.1　主要经济指标及产业地位

2008年，重庆市规模以上装备制造业工业总产值2162.6亿元，同比增长18.8%；销售收入2155.6亿元，同比增长21.8%；工业增加值625.5亿元，同比增长36.4%；利税204.9亿元，同比增长2%；利润95.7亿元，同比增长2.4%；出口交货值216.9亿元，同比增长23.7%。

表1　重庆市装备制造业主要经济指标　（单位：亿元）

年份	工业总产值	销售收入	工业增加值	利税总额	利润总额	出口交货值	从业人数/万人
2006年	1300.2	1291.5	294.2	123.7	65.5	142.2	28.47
2007年	1819.8	1770.2	458.7	201	93.5	175.4	30.68
2008年	2162.6	2155.6	625.5	204.9	95.7	216.9	31.13

2006—2008年，重庆市规模以上装备制造企业工业总产值年均增长25.7%，销售收入年均增长25.3%，工业增加值年均增长36.3%，利税年均增长32.6%，利润年均增长32.3%，出口交货值年均增长29.8%。

2006—2008年，规模以上装备制造业总产值占全市工业的40.4%、41.7%和36.7%；工业增加值占全市工业的34.8%、37.2%和34.1%。

2.2　三年建设投资情况

2006年装备制造业完成投资183亿元，已成为重庆市工业投资的主力军；2007年重庆市装备制造业投资保持了较快增长势头，完成投资320亿元，较2006年投资增长了74.9%；2008年装备制造业完成投资371亿元，同比增长了15.9%。

3. 产业结构的调整

3.1　产业结构

表 2　重庆市装备制造业构成　（单位：亿元）

行业名称	2006 年		2007 年		2008 年	
	工业增加值	占比重（%）	工业增加值	占比重（%）	工业增加值	占比重（%）
金属制造业	11.7	3.3	15.7	2.9	24.2	3.4
通用设备制造业	41.3	11.6	54.8	10.3	73.7	10.3
专用设备制造业	13.7	3.8	12.4	2.3	29.3	4.1
交通运输设备制造业	243.1	68.1	378.2	71	480.4	67.3
电气机械及器材制造业	22	6.2	39.5	7.4	60.9	8.5
通用设备、计算机及其他电子设备制造业	10.7	3	15	2.8	25.3	3.5
仪器仪表及文化、办公机械设备制造业	14.7	4.1	16.8	3.2	19.2	2.7
总计	357.2	—	532.4	—	713	—

3.2　优势和特色产业

（1）风电装备。已经开发研制出具有自主知识产权、核心竞争力的 850kW、2000kW 风力发电装备整机，在国内首次通过德国 GL 船级社的认证和德国 DEWI 风能协会的测试，已成功并网发电，并开始批量生产。

（2）船舶装备。重庆市是西部地区最大的船舶研发生产基地，有较完整的集船舶、船用主机及各类配套件、船用仪器仪表和水中兵器为一体的科研生产体系。能建造 10000 载重吨的各类军用舰船、汽车滚装船、江河挖泥船、豪华游轮、采金船、化学品船及天然气、液化气特种船舶及与之相匹配的船舶研发生产基地。

（3）重大、重型齿轮箱。重庆具有风电齿轮箱、水泥齿轮箱、船用齿轮箱、汽车齿轮箱的生产能力，在全国市场上占有相当大的市场份额。

（4）内燃机。重庆市是中国重要的内燃机生产基地，形成了高、中速大功率车用、工程机械、发电、船舶等配套的柴油机生产体系和国际上最大的热动力及通机生产基地，可生产 1.6～3000 马力（1 马力 =735.499W）的汽油和柴油发动机。

（5）输变电设备。已形成了大容量高压交流变压器和直流输电用换流变压器、组合开关、绝缘负荷开关、电流互感器、电容式电压互感器、线缆、特种电线电缆制造能力。

（6）机床。重庆齿轮加工机床从设计到制造都代表我国的最高水平，可生产滚、插、剃、珩、倒五大齿轮加工机床，国内市场占有率达 50%。

（7）环保设备。已形成水处理、烟气脱硫成套装置、大气污染治理、城市生活垃圾、工业垃圾处理、噪声治理、综合利用等成套设备生产能力。

（8）汽车。做大做强长安汽车股份公司、长安福特汽车公司、长安铃木汽车公司、庆铃汽车公司、上汽依维柯红岩公司、力帆集团、重庆渝安控股公司等汽车整车企业；形成了较为齐全的汽车零部件配套体系。

表 3　重庆市优势特色装备一览表　（单位：亿元）

序号	优势特色装备	主要技术指标	制造企业	2008 年销售收入	国内市场占有率
1	轨道交通装备	铁路货车	中船重工长征重工有限公司	8	5%～8%
2	齿轮箱装备	风电、水泥、船用、汽车齿轮箱	重庆齿轮箱有限公司 綦江齿轮箱公司等	47	风电 50%、 船舶 80%、 建材 90%

（续）

序号	优势特色装备	主要技术指标	制造企业	2008年销售收入	国内市场占有率
3	特种船舶装备	军用舰船，汽车滚装船，江河挖泥船，豪华游轮，采金船，化学品船及天然气、液化气特种船舶	中船重工（重庆）海衷风电设备公司、东风造船厂、川东造船厂及民营企业	105	内河主要生产基地
4	内燃机装备	柴油机、热动力及通机	重庆康明斯公司、重庆潍柴公司、重庆庆铃汽车公司、重庆建设集团、重庆嘉陵集团、重庆隆鑫集团、重庆宗申集团、重庆力帆集团、百力通（重庆）公司、重庆润通公司	166	—
5	输变电装备	特种变压器、组合开关、互感器、电线电缆	重庆ABB集团、重庆机电集团、重庆渝能泰山有限公司	102	—
6	仪器仪表产业集群	自动化、分析、惯性、电工、光学等仪器；仪表控制系统、专用集成电路、仪表元器件及仪表材料	中国四联仪器仪表公司、重庆巴山仪表厂、重庆前卫仪表厂、重庆华渝仪器仪表公司、重庆江陵仪器等	78	—
7	汽车整车	乘用车、商用车	长安汽车股份公司、长安福特汽车公司、长安铃木汽车公司、庆铃汽车公司、上汽依维柯红岩公司、力帆集团、重庆渝安控股公司等企业	793.5	12%
8	零部件	汽车各类零部件	—	716	—

4. 自主创新

4.1 技术创新体系建设

重庆市装备制造业共有国家实验室2个，国家级企业技术中心11个，市级企业技术中心76个。国家实验室：重庆大学的输配电设备运行安全科学及技术国家重点实验室和机械科学国家重点实验室。国家级企业技术中心：长安汽车（集团）有限责任公司技术中心、中国嘉陵工业股份有限公司（集团）技术中心、中国四联仪器仪表集团有限公司技术中心、重庆钢铁（集团）有限责任公司技术中心、力帆实业（集团）有限公司技术中心、宗申产业集团有限公司技术中心、隆鑫工业有限公司技术中心、重庆齿轮箱有限责任公司技术中心、重庆机床（集团）有限责任公司技术中心、西南铝业（集团）有限责任公司技术中心、中电投远达环保工程有限公司技术中心。

4.2 开发成功的重大装备

表4 开发成功的重大装备一览表 （单位：亿元）

序号	装备名称	制造企业	主要技术指标	工程应用情况	产业化情况
1	风力发电装备	中船重工（重庆）海装风电设备有限公司	850kW、2000kW风力发电机组	风场并网	已产业化

（续）

序号	装备名称	制造企业	主要技术指标	工程应用情况	产业化情况
2	轨道交通装备	重庆长征重工有限公司	铁路货车	铁路	已产业化
		重庆长客轨道交通车辆公司	城市轨道交通车辆	城市交通	
3	齿轮箱装备	重庆齿轮箱有限公司	风电、水泥、船舶、汽车用齿轮箱	风电、工程、船舶、汽车	已产业化
4	特种船舶装备	中国船舶重工集团公司川东造船厂	5000吨级和15000吨级特种船舶	包括出口	已产业化
5	内燃机装备	重庆康明斯公司、重庆潍柴公司、庆铃汽车公司	中速大功率车用、工程机械、发电、船舶等柴油机	工程、发电机组、重型汽车、船舶	已产业化
		重庆建设集团、重庆嘉陵集团、重庆隆鑫集团、重庆宗申集团、重庆力帆集团、百力通（重庆）公司等	热动力及通用机械	摩托车及通用机械	已产业化
6	输变电	重庆ABB集团公司	大容量高压交流变压器和直流输电用换流变压器、各种开关、互感器	三峡等国家重大工程	已产业化
		重庆渝能泰山有限公司	特种电线电缆	国家电网	已产业化
7	仪器仪表	自动化、分析、惯性、电工、光学等仪器；仪表控制系统、专用集成电路、仪表元器件及仪表材料	中国四联仪器仪表公司、重庆巴山仪器厂、重庆前卫仪表厂、重庆华渝仪器仪表公司、重庆江陵仪器厂等	各行各业	已产业化
8	DSI数码模	DSI数码模系统（重庆）有限公司	数码模具开发、数码模具制造、数码模具冲压生产	各行各业	已产业化
9	长安混合动力汽车	长安汽车股份公司	基本乘用车	交通用车	已产业化
10	力帆轿车	力帆集团	基本乘用车	交通用车	已产业化
11	CNG、LNG 汽车产业链	重庆恒通公司、长安汽车股份公司	乘用车、客车	交通用车	已产业化

5. 产业集聚区（带）建设

5.1　形成三个新兴汽车产业链

（1）新兴乘用车产业链。以长安汽车股份公司、长安福特汽车公司、长安铃木汽车公司、力帆乘用车公司、重庆渝安控股公司等企业组成的乘用车产业链，形成了年产能达到120万辆的生产能力，2008年产销乘用车72.2万辆，其中轿车产销43.7万辆和43.8万辆，实现工业总产值599亿元。

（2）新兴商用车产业链。以长安汽车股份公司、庆铃汽车公司、上汽依维柯红岩公司、力帆商用车公司等企业组成的商用车产业链，产能达到40万辆的年生产能力。2008年产销商用车37.0万辆和39.7万辆，实现工业产值267.3亿元。

（3）新兴零部件产业链。由简单的机械加工向机电一体、汽车电子等高端领域延伸，结构渐进合理，具有全国最完善的微车、摩托车零部件配套体系，由规模以上汽摩零部件企业973家，形成“重、轻、微、轿、摩”门类齐全、产品系列宽的汽车、摩托车零部件产业链。已经成为全国8大零部件出口基地之一。2008年实现工业总产值718.4亿元，汽车整车企业零部件本地配套率达60%。

5.2　除交通运输设备业制造业外，形成13个优势产业集群

（1）内燃机产业集群。重庆是中国重要的内燃机生产基地，商品产量达到6000万kW，占全国的20%左右。已形成了以重庆康明斯公司、重庆潍柴公司、庆铃公司等为主的高、中速大功率车用、工程机械、发电、船舶等配套的柴油机生产体系，同时建成了以重庆建设机械集团、重庆嘉陵集团、重庆隆鑫集团、重庆宗申集团、力帆集团、百力通（重庆）公司、重庆润通公司等为主的国际上最大的热动力及通用机械生产基地。可生产1.6～3000马力（1马力=735.499W）的汽油和柴油发动机。

（2）输变电产业集群。重庆是中国能源输送装备基地之一。已形成了以重庆ABB集团为龙头的大容量高压、特高压交流变压器和直流输电用换流变压器；以重庆机电集团为龙头的组合、绝缘负荷开关、电流互感器、电容式电压互感器；以重庆渝能泰山有限公司为主的优质电线电缆、特种电线电缆产品。

（3）仪器仪表产业集群。以中国四联仪器仪表集团、重庆巴山仪器厂、重庆前卫仪器厂、重庆华渝仪器仪表公司、重庆江陵仪器厂等仪器仪表骨干企业为核心，重点发展工业自动化仪表、分析仪器、惯性仪表、电工仪表、光学仪器、仪表控制系统、专用集成电路、仪表元器件及仪表材料。通过工业结构调整，形成包括一批军工、民营企业及科研院所为主体的研发生产体系，把重庆建成国内规模最大、产品门类最全、系统成套能力最强的综合性仪器仪表研发生产基地。

（4）常规兵器产业集群。重庆国防科技工业包括：兵器工业、船舶工业、电子工业、核工业、航天工业五个行业。常规兵器在全国有举足轻重的地位。重庆有30余家从事常规兵器生产企业，具有完整的研发体系和配套生产体系；在机械化加工、模具制造、金属热处理、表面防护和电子通信等方面具有明显优势。

（5）环保及清洁能源成套设备产业集群。重庆市已初步形成水处理、烟气脱硫成套装置、大气污染治理、城市生活垃圾、工业垃圾处理、噪声治理、综合利用等成套设备生产能力。

（6）机床工具产业集群。形成了以重庆机床集团、重庆江东机械公司、重庆磨床公司等为核心的机床工具生产体系。重庆齿轮加工机床从设计到制造都代表了我国齿轮加工机床的最高水准。重庆可生产滚、插、剃、珩、倒五大齿轮加工机床，数控滚齿机国内市场占有率达60%，为我国轿车工业的发展提供了大量的优良装备。

（7）风电产业集群。自2007年重庆市风电装备样机进入风场并网发电后，重庆市已建立了以中船重工（重庆）海装风化设备有限公司、重庆齿轮箱整、重庆赛力盟电机集团、重庆通用工业集团、重庆钢铁公司、重庆泰山电缆公司、中国四联仪器仪表集团等企业组成的风电装备产业链，初步形成了批量生产能力。2008年销售产值17.7亿元。

（8）轨道交通装备产业集群。以中船重工重庆长征重工股份有限公司、重庆长客城市轨道交通车辆有限责任公司为主的车辆制造及西铝公司、四联集团、金美公司、汽车研究所等零部件企业组成了重庆轨道交通装备产业集群。2008年完成3000辆车铁路货车车辆制造，完成销售产值15.3亿元。

（9）核电装备产业集群。采取总体规划、分步实施，逐步形成国内第五大的核电产业集群：①突破齿轮箱、仪控系统、核一、二级主泵和阀门等核电辅助装备的技术，壮大和发展现有核电辅助装备，同时，加快重型铸锻基地的建设；②引进国外核岛成套设备，发展核岛主装备；③创立研发机构，建设试验室，进行创新和核级产品论证。重庆市目前进入核电领域有：中国四联仪器仪表集团、重庆机电集团。

（10）船舶装备产业集群。重庆现有船舶修造及船舶配套企业116户，拥有船舶、船用主机及各类配套件、船用仪器仪表、船舶关联产品和水中兵器为一体的科研生产能力。已形成了以中船重工（重庆）海宝风电设备公司、东风造船厂、川东造船厂及民营企业为主的船舶生产体系，生产各类军用舰船、汽车滚装船、江河挖泥船、豪华游轮、采金船、化学品船及天然气、液化气特种船舶及与之相匹配的船舶研发生产基地。

（11）铸锻产业集群。锻造行业：已形成以庆铃公司 6300t 电动螺旋压机、长征重工 4000t 热模锻压力机、重庆炎炼锻造有限公司 8000t 水压机、重庆帝一重型锻造有限公司最大 4000t 水压机等为主的 20 多家企业生产的中小模锻件、自由锻件的产品体系。铸造行业：已形成以庆铃公司、重庆大江公司、重庆潍柴公司、重庆康明斯公司、长安公司等 140 多家企业组成的铸铁铸件生产体系和以重庆渝江公司、重庆志诚公司、庆铃长安公司、重庆宗申集团、力帆集团、重庆嘉陵集团、重庆建设机械集团等 50 多家企业组成的有色铸件生产体系。

（12）齿轮箱产业集群。以中船重工重庆齿轮箱公司的重型齿轮箱占据了我国风电齿轮箱 50%、水泥齿轮箱 90%、船用齿轮箱 80% 的市场份额；以重庆綦江齿轮箱为主生产汽车齿轮箱；形成了以齿轮箱成套设备为主配套的齿轮等零部件生产体系。

（13）制冷设备及压缩机产业集群。以重庆通用工业集团公司为核心，发展拥有自主知识产权的 LB 系列和 LC 系列离心式制冷机组；以重庆海尔公司、重庆格力公司、重庆美的通用制冷公司、重庆建设机械有限公司、重庆艾佳实业（集团）有限公司、江苏白雪电器股份有限公司等企业为重点，建成工业及商用空调、制冷设备、汽车空调压缩机、旋叶空调压缩机、冰柜等生产线，打造制冷设备及压缩机产业集群。

表 7　重庆市装备制造业产业集群汇总表　（单位：亿元）

产业集群区名称	产业特色	龙头企业	2008 年主要经济指标		
			销售收入	工业增加值	利税总额
11 个产业集群项目合计			727.7	160.3	131
风电产业集群	小计		17.72	4.08	3.19
	850kW、2000kW 风电整机	中船重工（重庆）海装风电设备有限公司	3.1	0.68	0.56
	风电增速箱，偏航、变桨齿轮箱	重庆齿轮箱有限责任公司	13.3	3.1	2.39
	电机	重庆赛力盟电机公司	0.18	0.04	0.03
	叶片、机座	重庆通用工业集团公司	0.25	0.06	0.05
	控制系统	川仪控制系统公司	0.12	0.03	0.02
		重庆钢铁（集团）有限责任公司	0.45	0.1	0.08
		电缆、标准件等配套	0.32	0.07	0.06
轨道交通装备产业集群	小计		15.31	3.37	2.76
	铁路货车	中船重工重庆长征重工有限公司	10.5	2.31	1.89
	铝材	西铝公司	0.38	0.08	0.07
	屏蔽门	中国四联仪器仪表集团	0.25	0.06	0.05
	AFC 系统	重庆金美泰雷兹公司	4	0.88	0.72
		其他	0.18	0.04	0.03
核电装备产业集群	小计		2.7	0.59	0.49
	核二、三级辅助泵和部分非核级泵	重庆水泵厂	1.5	0.33	0.27
	核岛三废处理系统	中国四联仪器仪表集团	1	0.22	0.18
	离心制冷机	重庆通用工业集团	0.2	0.04	0.04
	防核检测装备	国营第 759 厂	—	—	—

（续）

<table>
<tr><th rowspan="2">产业集群区名称</th><th rowspan="2">产业特色</th><th rowspan="2">龙头企业</th><th colspan="3">2008 年主要经济指标</th></tr>
<tr><th>销售收入</th><th>工业增加值</th><th>利税总额</th></tr>
<tr><td rowspan="2">船舶装备产业集群</td><td colspan="2">小计</td><td>105</td><td>23.1</td><td>18.9</td></tr>
<tr><td>军用舰船，汽车滚装船，江河挖泥船，豪华游轮，采金船，化学品船及天然气、液化气特种船舶</td><td>中船重工（重庆）海装风电设备有限公司、东风造船厂、川东造船厂及民营企业</td><td>105</td><td>23.1</td><td>18.9</td></tr>
<tr><td rowspan="7">铸锻产业集群</td><td colspan="2">小计</td><td>126</td><td>27.72</td><td>22.68</td></tr>
<tr><td>6300t 电动螺旋压机</td><td>庆铃公司</td><td rowspan="4">27</td><td rowspan="4">5.94</td><td rowspan="4">4.86</td></tr>
<tr><td>4000t 热模锻压力机</td><td>中船重工重庆长征重工有限公司</td></tr>
<tr><td>2500t 水压机</td><td>重庆炎炼锻造有限公司</td></tr>
<tr><td>4000t 水压机</td><td>重庆帝一重型锻造有限公司</td></tr>
<tr><td>铸铁铸件</td><td>庆铃公司、重庆大江公司、重庆潍柴公司、重庆康明斯公司、长安集团等</td><td>36</td><td>7.92</td><td>6.48</td></tr>
<tr><td>有色铸件</td><td>重庆渝江公司、重庆志诚公司、庆铃长安公司、重庆宗申公司、力帆集团、重庆嘉陵集团、重庆建设机械集团等</td><td>63</td><td>13.86</td><td>11.34</td></tr>
<tr><td rowspan="2">齿轮箱产业集群</td><td colspan="2">小计</td><td>47</td><td>10.34</td><td>8.46</td></tr>
<tr><td>风电齿轮箱，水泥齿轮箱，船用、汽车齿轮箱</td><td>重庆齿轮箱有限公司、綦江齿轮箱有限公司</td><td>47</td><td>10.34</td><td>8.46</td></tr>
<tr><td rowspan="3">内燃机产业集群</td><td colspan="2">小计</td><td>166</td><td>36.52</td><td>29.88</td></tr>
<tr><td>柴油机</td><td>重庆康明斯公司、重庆潍柴公司、重庆庆铃公司</td><td rowspan="2">166</td><td rowspan="2">36.52</td><td rowspan="2">29.88</td></tr>
<tr><td>热动力及通用机械</td><td>重庆建设机械集团、重庆嘉陵集团、重庆隆鑫集团、重庆宗申集团、力帆集团、百力通（重庆）公司、重庆润通公司</td></tr>
<tr><td rowspan="4">输变电产业集群</td><td colspan="2">小计</td><td>102</td><td>22.44</td><td>18.36</td></tr>
<tr><td>特种变压器</td><td>重庆 ABB 集团</td><td rowspan="3">102</td><td rowspan="3">22.44</td><td rowspan="3">18.36</td></tr>
<tr><td>组合开关、互感器</td><td>重庆机电集团</td></tr>
<tr><td>电线电缆</td><td>重庆渝能泰山有限公司</td></tr>
</table>

（续）

产业集群区名称	产业特色	龙头企业	2008 年主要经济指标		
			销售收入	工业增加值	利税总额
仪器仪表产业集群	小计		78	17.16	14.04
	自动化、分析、惯性、电工、光学等仪器；仪表控制系统、专用集成电路、仪表元器件及仪表材料	重庆巴山仪表厂、重庆前卫仪表厂、重庆华渝仪器仪表公司、重庆江陵仪器厂等	78	17.16	14.04
环保及清洁能源成套设备产业集群	小计		48	10.56	8.64
	水处理、烟气脱硫成套装置、大气污染治理、城市生活垃圾、工业垃圾处理、噪声治理、综合利用等成套设备	重庆三峰卡万塔公司、重庆耐德工业有限公司、重庆远达环保公司、重庆中天环保公司、中国四联仪器仪表集团等	48	10.56	8.64
机床工具产业集群	小计		20	4.4	3.6
	滚、插、剃、珩、倒五大齿轮加工机床，数控滚齿机	重庆机床集团、重庆江东机械公司、重庆磨床公司	20	4.4	3.6

6. 企业走出去

为了进一步开拓重庆市装备产品的海外市场，中船重工重庆齿轮箱有限公司、中船重工（重庆）海装风电设备有限公司与加拿大东典技术有限公司合作，签订了代理合作框架合作书，共同建立北美出口销售平台。

重庆机床集团为了扩大市场，提高产品竞争力，收购了英国费兰砥公司。

7. 企业兼并重组

2004 年 11 月 20 日，经重庆市委、市政府决定，将重庆重型汽车集团有限责任公司，整体并入重庆机电控股（集团）公司，使重庆机电集团成为目前重庆市仅有的三家销售收入和资产总量超过百亿的集团之一。2008 年 6 月 13 日，重庆机电控股（集团）公司在香港整体上市。目前，该集团公司拥有资产 152 亿元，有重型汽车及汽车零部件、电工电器、通用环保、机床工具、军工电子信息五大支柱产业。

第二节　存在问题

（1）企业规模较小，大企业、大集团不多，小企业竞争力不强。到目前为止，百亿以上规模的大企业屈指可数。

（2）发展方式、增长方式转变不快。主要表现在过度依赖实物量的增长，现代制造服务业发展不快。

（3）自主创新仍困难重重。尽管重庆市装备制造业形成了较为完整的制造体系，但企业自主开发和技术创新能力还很薄弱，尚不适应产品升级需要，产品制造技术主要依靠引进，原创技术和原创产品较少，技术集成能力也不强，中小型企业普遍缺乏技术和产品自主开发能力。

（4）行业发展成本不断上升。主要表现在劳动力、土地、生产资料、技术等成本的不断上升，特别是能源和原材料价格上涨过快，影响行业正常发展。

（5）个别行业产能过剩。如电线电缆、中小变压器、微小型普通球轴承、标准件、水泵、低压电器等行业的中低档产品。

（6）“高端产品供不应求，低端产品供过于求”的现状仍未根本改变，“大而不强”仍是产业结构的主要矛盾。

（7）中小企业贷款难，影响了中小企业的投资积极性。因中小企业贷款的门槛较高，其大多数项目建设资金多为自筹，银行贷款所占比例较小。中小企业贷款难的障碍若不能得到改变，其投资积极性仍将受到抑制，投资装备制造业的资金会更少，从而对未来发展产生不利影响。

第三节　发展展望

1. 应对全球金融危机的策略与发展思路

金融危机对于装备制造业来说，存在滞后因素，而重庆市装备制造业在进入2008年四季度时金融危机的影响才有所显现，主要表现在企业的增长和赢利大幅减少，新签订单严重下滑，流动性资金短缺，部分企业库存品增加，出口明显减少，特别是数控机床、电线电缆、通用设备等行业影响严重，出现了半停产的状态，产销下滑幅度较大。

重庆市为了应对金融危机的影响，适时出台了加大中小企业流动资金支持力度、加强能源保障、税收减返、支持科技风险投资和鼓励出口等政策措施。2008年底，又出台了12条保障性措施，涉及工业方面的包括：加大对区县经济发展的支持力度、返回每年税收增量市级部分，支持区县建设；建立5亿元提振经济特别专项资金，拉动工业投资和企业技改，缓解企业融资困难；稳定出口，对出口本地汽摩整车及零部件、机电等产品的重庆市内出口企业，每出口1美元给予0.02元企业技改补助；增强中小企业融资能力，批准设立小额贷款公司；减轻企业负担，暂停征收煤炭价格调节基金，一年内城镇企业职工基本养老保险单位缴费率缓征5个百分点，职工基本医疗保险企业缴费率降低22个百分点；支持企业并购重组，并购重组涉及税收的实际部分予以返还，免收相关费用等。

2. 今后三年重庆市装备制造业自主化展望

（1）按照重庆市委、市府的总体部署，到2012年，重点发展“6+1”支柱产业（装备制造、汽车及摩托车、能源、化工、信息、材料及劳动密集型产业），累计完成9000亿元投资，实现工业总产值1.5万亿元，形成九大新兴产业集群；重点抓好2个千亿元级产业链（其中装备制造业1个，即长安千亿元产业链）和45个百亿级产业链（其中装备制造业12个，即除交通运输设备制造业外的装备制造业8个，汽车摩托车4个）。

（2）全面贯彻落实《关于推进重庆市统筹城乡改革和发展的若干意见》文件中提出的“234”政策，即支持重庆发展风力发电和轨道交通配套装备，鼓励发展重型铸锻件、齿轮箱、大型柴油机配件等基础零部件产业，建设柴油机关键零部件、传动部件生产基地，创建西部特种船舶、高压输变电设备制造基地的战略定位，认真贯彻《国务院关于振兴装备制造业的若干意见》，按照保增长、调结构、促发展的总体要求，积极面对新的国内外经济形势带来的挑战，着力发挥政策效应、着力推进技术改造和自主创新、着力加快产业集群的建设、着力加快结构调整和发展方式的转变、着力推进信息化和工业化融合，促进重庆市装备制造业又好又快发展，建成现代装备制造高地，实现重庆市装备制造业到2012年“1322”的目标，即：形成13个产业集群，实现2200亿元销售产值。

（3）抓好一批重大项目。一是重点抓好1个长安千亿元链和4个百亿元产业链重点建设项目，即：长安千亿元产业链的微车新工厂、发动机基地、轿车工厂、长安铃木技改、长安福特扩建、汽车综合试验场、新能源汽车产业化等重点项目，总投资450亿元，预计到2012年新增销售收入750亿元；4个百亿元产业链的上汽依维柯红岩整车及发动机和车轿、变速器，渝安微车及发动机的扩能及相关零部件技改，力帆微车及发动机，潍柴的发动机扩能及客车和铸造等16个重点项目，预计总投资150亿元，到2012年实现新增销售收入700亿元。二是重点抓好8个百亿级产业链，即风电装备、轨道交通、铸锻、船舶、齿轮箱、内燃机、输变电、核电等。到2012年，8个产业链完成工业总产值1731亿元，占装备制造业的86.6%。三是抓好新开工项目建设。继续推进“百亿”铸锻、“百亿”轨道交通、“百亿”重齿、“百亿”风电、重庆潍柴等重大项目的建设。同时策划直升机、大型工程建设设备、高水平铸造基地、大型轴承等一批重大项目的招商引资工作。

（4）切实加强科技创新，提升技术水平。组织实施科技重大专项和技术攻关。重点推进海洋风电，液化储运装备，海洋工程装备，高速变速箱，超高压变压器及电缆，核一、二级泵，环锻件等专项的实施和技术攻关。

创建一批国家级重大技术装备工程中心，加快重庆市装备制造业自主化发展的步伐。重点推进中船重工在重庆建立国家级海洋风电装备工程中心和重庆齿轮箱公司国家级齿轮箱工程实验中心、国家级风力发电传动工程技术研发中心的建设。

以重庆现有的装备制造技术为基础，加强与科研院所“产、学、研”紧密合作，促进具有自主知识产权和核心竞争力的产品发展，积极推进自主创新的经验积累和人才培育。

（5）加快发展关键零部件专项，夯实产业发展基础。突出抓好大型锻造基地、高强度薄壁铸造中心、高端轴承、轨道交通电牵引、轨道交通转向架等关键零部件的专项实施。

以招商引资为抓手，实现跨越式发展。提升产业链中的弱、缺项，加大引导央企、跨国公司在重庆的合资合作发展，促进产业结构的调整和升级，实现跨越式发展。

（6）加快产业集群建设，推进企业兼并重组。围绕 13 个产业集群，按照产业政策和市场化原则，积极推进企业兼并重组，提高产业集中度，加快培育具有国际竞争力的大型企业集团。

（7）鼓励企业优势产品参与国内重点工程和项目的建设；鼓励具有自主知识产权的产品在海外建立销售平台，扩大出口。

（8）根据重庆市的基本情况，制定适合重庆市首台首套的鼓励政策，引导重庆优势装备产品进入国家及重庆市重点工程，促进装备制造业的发展。

第二十三章 四川省装备制造业发展报告

2006年以来，在四川省委、省政府和省重大技术装备领导小组的领导下，在国家有关部委的指导下，四川省准确把握装备制造业发展机遇，着力推进重大技术装备“1+8”工程（即：1个德阳重装基地，大型清洁高效发电成套设备、大型冶金石化成套设备、大型工程施工成套设备、机车车辆、大型石油钻采成套设备、航空航天和空管成套设备、数控技术与设备、大型节能环保成套设备等8大重点产品链）建设，全省装备制造业取得了令人瞩目的发展成就，与上海、东北（黑龙江、辽宁）并称为国内三大重大技术装备制造基地，在国内具有举足轻重的地位。主要经济指标保持30%以上的速度快速增长，已基本形成产业规模较大、技术装备较先进、研制水平较领先、配套体系较完善的装备制造业体系，成为四川省在国内外市场上具有较强竞争力的优势产业。

第一节 三年来四川省装备制造业发展评估

1. 建立组织协调机制，制定发展规划和配套政策

1.1 建立组织协调机构和机制

2002年8月，四川省委、省政府恢复成立了由五位省领导担任正、副组长的四川省重大技术装备领导小组，领导小组办公室设在原省经贸委（现省经委），负责组织协调全省重大技术装备发展中的重大事项，协调解决重大技术装备制造企业发展中遇到的困难和问题。德阳、成都、宜宾等装备制造业相对集中的地市建立了由市领导担任正、副组长的市重大技术装备领导机构，自贡、资阳、绵阳、眉山、乐山、泸州、内江等市的经委也设立了相应的工作机构。

1.2 制定发展规划

为全面落实四川省委、省政府“工业强省”战略，加快建设中国重大装备制造业基地，依据国家和四川省“十一五”发展规划纲要，按照《国务院关于加快振兴装备制造业的若干意见》和《四川省工业优势产业整合与发展规划（2005—2010年）》及四川省委、省政府大力发展“7+3”产业、打造西部经济高地的要求，四川省制定了《四川省重大技术装备8大重点产品链和德阳重大技术装备制造业基地实施规划纲要》、《四川省关于加快振兴装备制造业的意见》、《四川省装备制造业整合与发展实施意见（2006—2010年）》、《四川省灾后恢复重建生产力布局和产业结构调整机械装备制造业规划》及《四川省装备制造业产业发展规划（2008—2020年）》。

1.3 制定和落实配套政策

四川省认真贯彻落实《国务院关于加快振兴装备制造业的若干意见》，以四川省政府办公厅名义印发了《四川省关于加快振兴装备制造业的意见》，切实贯彻落实国家关于完善相关法律法规和标准、重点领域装备技术政策、进口税收优惠政策、加强设备进口管理等振兴装备制造业的政策措施，积极争取国家国债资金加大对四川省装备制造业的支持力度，对装备制造企业在用电、用气、运输、搬迁及建设用地方面按照国家有关政策规定给予了支持，促进了我省装备制造业的健康发展。

（1）加大对重大技术装备制造企业的资金支持力度

一是按照《国务院关于加快振兴装备制造业的若干意见》精神，设立重大技术装备创新研制和技术改造专项资金，由四川省级财政在年度预算中安排一定比例资金，重点支持列入国家和四川省的重大技术装备创新研制和技术改造项目，以及对结构调整和产业升级有重大影响的创新研制、技术开发和技术改造项目，并根据省级年度财政增加的比例，逐年增加省级财政用于重大技术装备创新研制和技术改造的资金。专项资金额度逐年

有所提高，2007年安排1000万元，2008年安排5000万元。二是鼓励符合条件的装备制造企业通过上市融资、银行信贷等方式筹集资金。三是认真贯彻落实国发〔2006〕8号文件的有关政策，加大企业研发投入税前扣除等激励政策的力度，鼓励企业增加研发投入，允许企业加速研究开发仪器设备折旧。

（2）支持重大技术装备制造企业分离办社会职能

在重大技术装备制造企业加快实施分离办社会职能过程中，各级政府给予了大力帮助，安排了一定的资金给予支持；国有资产监督管理等有关部门积极推进企业主辅分离，努力减轻企业负担。在东方电气集团、中国第二重型机械集团实施分离办社会职能过程中，德阳市政府划拨5000多万元专项资金给予支持，减轻了企业负担，有效地推进了企业主辅分离工作。

（3）积极为装备制造企业搭建融资平台

大力促进银企合作，建立银企新合作和协调机制，引导金融机构主动深入装备制造企业，帮助企业解决银行授权授信等融资问题，提高资金使用效率。优先扶持装备制造企业实施改制上市，打通进入资本市场的通道，通过直接融资和间接融资两种渠道，筹集发展资金。

2. 在四川省经济中的地位

2.1 主要经济指标及产业地位

四川省以重大技术装备为重点的装备制造业经过“一五”、“二五”及“三线”建设和改革开放30多年来的快速发展，在技术装备水平、产业组织结构、自主创新能力和市场竞争能力等方面都得到了大幅度的提升，已成为我国三大重装基地之一。装备制造业作为四川省工业经济的优势产业之一，为国民经济发展做出了突出贡献。2006—2008年，全省装备制造业增加值占全省工业的比重稳步增长，三年占比分别为20.52%、21.18%和21.23%。

表1 四川省装备制造业主要经济指标 （单位：亿元）

年份	工业总产值	销售收入	工业增加值	利税总额	出口交货值	从业人员/万人
2006年	1747.01	1678.22	532.84	153.00	122.50	44.50
2007年	2486.33	2326.87	758.33	228.50	149.35	50.90
2008年	3438.32	3108.11	1048.69	332.00	151.26	56.60

注：统计口径为规模以上企业。

2006—2008年，四川省装备制造业总产值年均增长40.29%，销售收入年均增长36.09%，工业增加值年均增长40.29%，利税总额年均增长47.31%，出口交货值年均增长11.12%，从业人员年均增长12.78%。

2.2 三年建设投资情况

2006—2008年，四川省装备制造业投资大幅增长。2006年装备制造业总投资196.38亿元，其中技改投资145.64亿元；2007年总投资319.34亿元，比2006年增长62.61%，其中技改投资218.01亿元，比2006年增长49.69%；2008年总投资494.31亿元，比2007年增长54.79%，其中技改投资318.52亿元，比2007年增长46.10%。三年投资总额达1010.03亿元，其中技改投资682.17亿元，有效拉动了装备制造业的快速增长。

3. 产业结构的调整

3.1 产业结构

表2 四川省装备制造业构成 （单位：亿元）

行业名称	2006年		2007年		2008年	
	工业增加值	占比重（%）	工业增加值	占比重（%）	工业增加值	占比重（%）
金属制品业	28.17	5.29	44.08	5.81	72.14	6.88
通用设备制造业	137.61	25.83	196.52	25.91	272.09	25.95

（续）

行业名称	2006年		2007年		2008年	
	工业增加值	占比重（%）	工业增加值	占比重（%）	工业增加值	占比重（%）
专用设备制造业	67.99	12.76	107.43	14.17	159.13	15.17
交通运输设备制造业	139.71	26.22	173.78	22.92	231.35	22.06
电气机械及器材制造业	82.55	15.49	119.57	15.77	147.10	14.03
通信设备、计算机及其他电子设备制造业	68.85	12.92	106.64	14.06	151.42	14.44
仪器仪表及文化、办公用机械制造业	7.95	1.49	10.32	1.36	14.38	1.37
总计	532.84	100.00	758.33	100.00	1048.69	100.00

注：统计口径为规模以上企业。

3.2　优势和特色产业

表3　四川省优势特色装备一览表　（单位：亿元）

序号	优势特色装备	主要技术指标	制造企业	2007年销售收入	国内市场占有率（%）	出口交货值
1	发电设备	发电设备产量3328.13万kW	中国东方电气集团公司	301.5	水电40 火电30	33.3
2	大型清洁火力发电锅炉	国际一流	东方锅炉（集团）公司	107.56	30	5.44
3	冶金设备	国际先进	中国第二重型机械集团公司	26.44	47.5	0.76
4	电站铸锻件	国内领先	中国第二重型机械集团公司	10.77	46	0.045
5	六轴电力机车 内燃机车	国际一流（六轴电力机车）；国内领先（内燃机车）	资阳机车公司及所属企业	15	25	2.5
6	中速船舶曲轴	国际领先、国内一流	资阳机车公司、晨风工业公司、晨风西铁公司	5	80	1.5
7	各型铁路货车	国内领先	南车眉山车辆有限公司	16.92	10	3.5
8	清洁燃烧、环保、节能减排特种锅炉装备	满足技术条件要求，达到国内领先水平	华西能源公司	11.26	25	2

（续）

序号	优势特色装备	主要技术指标	制造企业	2007 年销售收入	国内市场占有率（%）	出口交货值
9	特种电缆	交流额定电压：U0/U 控制电缆系列 450/750V，计算机电缆系列 300/500V，电力电缆系列 0.6/1kV；电缆导体长期允许最高工作温度：聚全氟乙丙烯（F）200℃，硅橡胶（G）180℃；最低运行环境温度：－60℃；最低敷设环境温度－20℃	四川明星电缆股份有限公司	8.63	—	0.1
10	数控变频电动钻机	DBS 技术，国际先进、国内领先	四川宏华石油设备有限公司	30.39	23	23.58
11	汽车起重机	起重量为 8～130t	四川长江工程起重机有限责任公司	8.8	7.8	0.58
12	大型电动液压抓料机	机重：50～70t；抓取容量：1.5～3.0m^3；电机功率：132～200kW；最大回转速度：6.4～8.2r/min；最大行走速度：2.4～2.64km/h；最大牵引力：292～425.4kN；理论生产力：100～360t/h	四川邦立重机有限责任公司	—	80	—
13	大中型成套空分设备	氧气产量 45000Nm^3/h、纯度 99.6%；液氧产量 1500Nm^3/h、纯度 99.6%；氮气产量 1500Nm^3、纯度 O_2 ≤ 3PPm；液氮产量 1360Nm^3/h、纯度 O_2 ≤2PPm，N_2 ≤2PPm	四川空分设备（集团）有限责任公司	15.23	21	1.37

4. 自主创新

4.1 创新投入和技术创新体系建设

在国家大力实施加强企业自主创新能力建设的一系列政策鼓舞下，四川省重大技术装备制造企业不断加大对科研开发和技术创新的投入。据抽样调查，四川省装备制造业规模以上企业的 R&D 经费投入占销售收入的比重约为 1.2%～1.5%，其中东方电气集团、二重集团在 3% 以上。四川省装备制造业新产品产值率大幅度提升。2006—2008 年，全省装备制造企业新产品产值分别达 556.2 亿元、824.9 亿元、1188.6 亿元，同比增长 58.4%、48.5%、44.8%，新产品产值率分别为 31.8%、33.2%、34.6%。

2006—2008 年，四川省装备制造企业加强了各类研发中心、实验室、技术中心的建设。目前，全省建有国家级企业技术中心的企业有 8 家，即东方电气集团、二重集团、成都飞机公司、四川九洲电器集团公司、东方绝缘材料公司、南车眉山车辆公司、中核建中核燃料公司、绵阳新晨动力机械公司，建有省级企业技术中心的企业有 65 家。

4.2　开发成功的重大装备

表4　开发成功的重大装备一览表

序号	装备名称	制造企业	主要技术指标	工程应用情况	产业化情况
1	1000MW电站锅炉	东方锅炉(集团)公司	国际一流	已在山东邹县投产	已实现批量生产
2	600MW超超临界电站锅炉	东方锅炉(集团)公司	国际一流	已在福建宁德投产	已实现批量生产
3	300MWCFB电站锅炉	东方锅炉(集团)公司	国际一流	已在内江白马电厂投产。600mWCFB电站锅炉已与内江白马电厂签订合同,正在生产,为世界首台	已实现批量生产
4	百万千瓦级核电机组	东方电机、东方汽轮机、东方锅炉、东方重机	额定功率1000MW	已交付大量岭澳二期核电站常规岛及核岛部件	已形成批量生产能力
5	三峡右岸水电机组	东方电机	单机容量700MW,最大水头113m,转轮直径约10m	已在三峡电站投入使用	已生产四套
6	龙滩水电机组	东方电机等	单机容量700MW,最大水头179m,转轮直径约8m	已在龙滩电站投入使用	已生产水轮机4台,水轮发电机2台
7	1000MW超超临界火电机组	东方电机、东方汽轮机、东方锅炉	额定功率1000MW,主蒸汽参数/再热温度:25MPa/600℃/600℃	首套于2006年在邹县电厂投入运行	已形成批量生产能力
8	大型空冷电站机组	东方汽轮机	额定功率600MW,主蒸汽参数/再热温度:16.67MPa/538℃/538℃	国内首台两排汽空冷600mW机组已在宁夏大坝电厂投运	已形成批量生产能力
9	F级燃机	东方汽轮机、东方电机	机组单循环出力270MW	已有10台机组投运	已形成批量生产能力
10	1.5MW风力发电机组	东方汽轮机	额定功率1500kW,低温条件下运行,国内领先	截至2008年底,已有460台投入商业运行	已形成批量生产能力
11	石化容器	中国第二重型机械集团公司	国内领先	重容车间于2005年9月全部建设完工交付使用。2006年9月生产完成首台450t加氢精制反应器交付上海金山石化	已生产中石化巴陵石化2号变换炉、齐鲁石化硫化塔、海南石化热高压分离器等10多台。2008年销售收入4.6亿元
12	风电增速机	中国第二重型机械集团公司	1.5MW风电增速机,国际先进	二重自2007年开始生产1.5MW风电增速机	已试车完成200多套增速机。2008年销售收入1.4亿元

（续）

序号	装备名称	制造企业	主要技术指标	工程应用情况	产业化情况
13	核电管板	中国第二重型机械集团公司	百万千瓦级，国内领先	2008年2月成功生产红沿河一期工程第一件百万千瓦级核电管板	开始批量生产
14	1000MW超超临界发电机转子	中国第二重型机械集团公司	该转子重量为101t，直径1451mm、全长14910mm	2008年成功生产我国第一支百万千瓦机组发电机转子	已经开始批量生产
15	CKD7F型快速米轨内燃机车	资阳机车公司	国内领先	该机车在越南铁路承担了提速客运运输量的80%	出口越南60台，实现销售收入4.8亿多元
16	新型宽轨内燃机车	资阳机车公司	国内领先	该机车在土库曼斯坦铁路的市场占有率达到49.8%	出口土库曼斯坦71台、哈萨克斯坦10台，实现销售收入6.4亿多元
17	GK1CG型液力传动调车内燃机车	资阳机车公司	国内领先	该机车成为国内工矿企业调车新的主力机车	已累计销售79台，实现销售收入2亿元
18	120km/h大功率交流传动内燃机车	资阳机车公司	国内领先	该机车已经国家相关部门评审通过	已形成年产100台能力
19	柴油发电机组	资阳机车公司	国内领先	—	实现销售收入1亿元，利税2000万元
20	船用发动机	资阳机车公司	国际一流	—	已销售90余台，收入6亿元
21	C70型通用敞车	南车眉山车辆有限公司	国内领先	国内铁路货物运输车	已有4659辆在国铁线路上运行
22	C80B型煤炭专用车	南车眉山车辆有限公司	国内领先	大秦线运煤专用运输车	已有3720辆在大秦线上运营
23	SQ5型小汽车专用运输车	南车眉山车辆有限公司	国内领先	国内铁路小轿车专用运输车	已有250辆投入国内铁路运营

（续）

序号	装备名称	制造企业	主要技术指标	工程应用情况	产业化情况
24	纯燃石油焦锅炉	华西能源工业股份有限公司	最大连续蒸发量：240t·h^{-1}；额定蒸汽压力：9.4MPa；额定蒸汽温力：540℃；锅炉保证热效率：90.08%；国内领先	苏丹吉里2×240t/h纯烧石油焦循环流化床锅炉	形成了批量生产能力。产品不仅满足国内用户的需求，现在已经出口到韩国、印度、泰国、土耳其、危地马拉、巴西等国
25	生物质燃料锅炉	华西能源工业股份有限公司	额定蒸发量：75t/h；额定蒸汽压力：3.82MPa；过热蒸汽温度：450℃；给水温度：150℃；锅炉热效率：89%；国内领先	中国华电工程（集团）有限公司75t/h生物质锅炉	
26	高炉煤气锅炉	华西能源工业股份有限公司	蒸发量：340t/h；过热蒸汽出口压力：13.1MPa.g；过热蒸汽出口温度：541℃；国内领先	韩国现代高炉煤气电厂340t/h超高压煤气炉	
27	GMC、GF系列大型龙门加工中心	四川长征电气有限公司	达到国际同类产品先进水平	广泛应用于航空航天、军工、模具、汽车工业等行业，并已成功批量出口欧美等国	已形成年产20台大型龙门机床、加工中心的生产能力
28	CX056重型多轴核电转子轮槽专用数控铣床	四川长征电气有限公司	达到国际同类产品先进水平	以东方汽轮机公司为代表的汽轮机行业核电转子的轮槽加工	根据市场需求，预计产品生命周期内销量将达到10台以上
29	DMC1000重型铣车复合加工中心	四川长征电气有限公司	产品填补了国内空白，达到国际同类产品先进水平	主要适用于船用大型曲轴零件的加工，同时也适用于轮船、汽车、能源、交通运输等行业的发电机转子、蒸汽涡轮、飞机起落架、铁轨传送辊等零件的加工	通过产品优化整顿，达到年产该类铣车复合加工中心5台的生产能力
30	AVC1200系列新结构立式加工中心	四川长征电气有限公司	达到国际同类产品先进水平	该类产品属高端数控产品，具有高精度、高加速度、运行稳定等特点，广泛应用于汽车、模具、航空、航天等行业的异型、复杂零件及复杂型面的箱体类零件的加工	已形成年产该类机床120台的生产能力

（续）

序号	装备名称	制造企业	主要技术指标	工程应用情况	产业化情况
31	大倾角钢绳芯带式输送机	四川自贡运机输送有限公司	带宽：1200mm，带强：4000N/mm；输送量：2000t/h；单机提升高度：421m；国内先进	在昆钢集团大红山矿使用，创单机提升高度和带强亚洲第一	已形成批量生产的能力
32	长距离带式输送机	四川自贡运机输送有限公司	带宽：1200mm；输送量：3000t/h；输送距离：31km；国内先进	在三峡公司向家坝水电站使用，创输送线长度亚洲第一	已形成批量生产的能力
33	超长管状带式输送机	四川自贡运机输送有限公司	管径：350mm；功率：4×630kW；输送量：850t/h；输送长度：7041m；国际先进	已在陕西尧柏水泥公司进行安装调试，创国内最长管带机	已形成批量生产的能力
34	风能发电用电力电缆	四川明星电缆股份有限公司	成品电缆通过常规温度下的电缆抗扭转性能试验，和 -40℃条件下抗扭转性能试验；成品电缆通过曲绕试验及试验后的浸水电压试验（2000V）	—	产品送上海电线电缆检测中心全性能试验通过，具备小批量生产能力
35	多功能道路材料大宽度全液压伸缩式摊铺机	四川眉山市新筑建设机械有限公司	单边伸缩宽度：3m；最大摊铺宽度：9m；平整度：≤3mm/3m；预压实度：≥85%	广泛应用于高等级公路、市政道路摊铺作业	已成为眉山公司摊铺机产品的重要组成部分，年销售额上千万元
36	BN1250 摆辗机	四川眉山市新筑建设机械有限公司	最大摆辗力 1250t	为高铁支座批量提供摆辗毛胚	样机试制投入使用
37	X2000 型路面铣刨机	四川眉山市新筑建设机械有限公司	最大铣刨宽度 2m，最大铣刨深度 315mm	应用于高等级路面和市政路面的养护作业	已形成小批量生产
38	ZJ50DBS 高寒钻机	四川宏华石油设备有限公司	低温技术 + DBS 技术，国际先进	广泛应用于石油开采开发	批量生产，形成产业化，主要以俄罗斯等高寒地区为主。截至 2008 年底，已出口 31 台
39	1500hp 快速移运钻机	四川宏华石油设备有限公司	钻机钻深 5000m，实现全数字化控制，井架底座同步起升下放，主体大模块整体移运	广泛应用于石油开采开发	批量生产，当前服役的有 40 余台，在北美、南美、中东和非洲地区共 8 个国家钻井

（续）

序号	装备名称	制造企业	主要技术指标	工程应用情况	产业化情况
40	聚氯乙烯聚合釜	岷江集团	单台釜产量：2～4.5万t/年；内抛光精度：0.03μm≤Ra≤0.08μm	宜宾天原、山东滨化、山东海化、云南南磷、内蒙君正、广西田东锦盛等20～50万t/年聚氯乙烯装置	年产80万台套的生产能力
41	装备制造所需大型结构件金属大型复合材料	四川惊雷科技股份有限公司	板长8～12m、板宽3～4m、板厚65～200mm，国内领先	已经在哈汽、东汽、上汽等企业生产超临界，超上临界大型发电机组成套装置中应用	已实现6万t/年
42	CNP300燃料组件	中核建中核燃料元件有限公司	25000MWd/tU	已用于为国内全部压水堆核电站（田湾除外）燃料生产	已形成固定生产规模，随着国内核电站的增加，产量也将随之增加
43	AFA2G燃料组件	中核建中核燃料元件有限公司	33000MWd/tU		
44	AFA3G燃料组件	中核建中核燃料元件有限公司	45000MWd/tU		
45	工程机械泵的研制	普什驱动	涉及工程机械用泵/阀/马达/减速机等元件或系统的研制。技术指标：带功率限制的负荷敏感控制变量柱塞泵：压力：2.5×10^7Pa；排量：70ml/r；回转马达式：压力：2.3×10^7Pa；排量：45ml/r等	预计至2009年6月份实现销售收入3000万元	—
46	高速级进模具设计与制造技术研究	普什模具	高档汽车零件级进模具的设计规范的制定；冲压设备与模具的接口技术的研究；级进模具加工工艺技术的研究	项目成功完成，并制定高档汽车零件级进模具的设计规范	—
47	集成控制高压变量柱塞泵研制	普什驱动	额定工况下泵的容积效率≥95%，总效率≥80%；泵的噪音、响应速度、最高压力、最高转速等指标达到或超过国外同类产品；满足主机使用要求	2008年底前实现大批量产销2000台	—

（续）

序号	装备名称	制造企业	主要技术指标	工程应用情况	产业化情况
48	LT1130 汽车起重机	四川长江工程起重机有限责任公司	最大额定起重量：130t	产品广泛应用于国民经济建设各领域	已经批量生产
49	低温进气压缩机	四川大川压缩机有限责任公司	低温下无油润滑、防腐蚀、低温选材、低泄漏	煤化工行业	已批量生产
50	双碱法电厂锅炉烟气脱硫设备	中国工程物理研究院环保工程研究中心	锅炉烟气中 SO_2 脱除率≥96%，脱硫系统能耗较传统同类脱硫工艺节能 10%	已应用于郑州五龙电厂锅炉烟气脱硫项目	产业化示范工程阶段
51	核电站检测管理系统、人员放射性监测仪	西南自动化研究所	监控进出和设施的人员及物品遭受核污染情况；探测 γ 射线的辐射水平 + 0.1μSv/h	已形成产品，应用于岭奥二期核电站和北京奥运会	正在进行
52	旋转座数控系统	西南自动化研究所	可控制五轴以上联动	已形成产品，实现销售 18 套	正在进行
53	大型电动液压抓料机	四川邦立重机有限责任公司	机重：50～70t；抓取容量：1.5～3.0m^3；电机功率：132～200kW；最大回转速度：6.4～8.2r/min； 最大行走速度：2.4～2.64km/h； 最大牵引力：292～425.4kN；理论生产力：100～360t/h	广泛应用于冶金行业、港口码头、货场车站、森林抓取木材、煤矿抓卸煤炭等	形成产业化
54	导爆索生产线	中国航天科技集团川南机械厂	实现在线过程参数检；从产品热收缩性能、耐温等级、外型尺寸等方面进行系列化生产，大大提高导爆索过程质量控制能力和水平	成功应用于长征系列运载火箭、神舟系列飞船	—

（续）

序号	装备名称	制造企业	主要技术指标	工程应用情况	产业化情况
55	航空航天高性能液压件	四川长江液压件有限责任公司	大型伺服比例控制液压成套系统集成技术指标：伺服比例控制，无级调速、控制精度0.1mm级，油液污染度18/15（NAS9）级，元件清洁度达到JB/T7858标准。液压缸：最低起动压力≤工作压力×1%，最高工作压力70MPa，最高速度2m/s，缓冲性能优良。多路阀：工作压力31.5MPa，最大流量400l/min，负载反馈，流量比例分配，电液比例控制。齿轮泵：工作压力16～25MPa，排量4～200ml/r，温度－40°，容积效率≥93%	依托在航空航天、军工现代化方面的卫星、导弹发射塔架大型液压成套系统工程，通过军品研制平台推动民品技术进步，使公司获得更多具有自主知识产权和核心技术的新产品，保持与国外先进产品在技术上、质量上的抗衡，形成规模化生产能力，满足航空航天及军工装备、大型工程机械装备用液压件高精度、高可靠性等高性能的需要	年产各类液压产品270000件，产值2.6亿元
56	大口径、高压力油气集输管线球阀	自贡高压阀门股份有限公司	公称通径：DN1200mm（48in）；公称压力：PN15.0MPa（ANSI900Lb）；使用温度：－40～200℃；全焊接结构；气液联动、电动驱动	西气东输二线工程；川气东送工程	已形成批量生产能力
57	垂直升船机	中国水电建设集团夹江水工机械有限公司	300吨级垂直升船机	湖北清江高坝州水利枢纽	—
58	缆索起重机	中国水电建设集团夹江水工机械有限公司	20/30t移动式缆机	广西龙滩电站	—
59	门式起重机	中国水电建设集团夹江水工机械有限公司	5000kN门机	丹江口大坝加高工程	—

（续）

序号	装备名称	制造企业	主要技术指标	工程应用情况	产业化情况
60	RDJ1250/1500 - 150.1000 热等静压设备	四川航空工业川西机器有限责任公司	有效工作热区：ϕ1250mm × 1500mm；最高温度：1000℃；最高工作压力：150MPa	2007年已交付用户使用，情况良好	—
61	LDJ1650/3500 - 300YS 冷等静压设备	四川航空工业川西机器有限责任公司	有效工作区 ϕ1650mm × 3500mm；工作压力300MPa、轴向承载力≥6万t	2008年已交付用户安装、调试，待验收	—
62	40000Nm^3/h等级以上特大型成套空分设备	四川空分设备（集团）有限责任公司	径向流吸附器占地面积减小50%，再生能耗降低20%，卧式主冷凝蒸发器有效传热温差提高20%、传热面积减小15%	唐钢40000空分成功投入运行，该套空分装置运行稳定，产品产量及纯度均达到“合同附件的性能保证值”；其中氧的提取率：≥99.8%。煤化工45000Nm^3/h内压缩空分2套即在新能化工投运	2008年签订40000Nm^3/h等级以上特大型成套空分设备合同4台/套，将进一步开发60000～80000Nm^3/h空分设备
63	100000m^3/天以上天然气液化设备	四川空分设备（集团）有限责任公司	进装置NG气量19.60 × 10^4Nm^3/天；返送装置外氮气4.8 × 104Nm^3/天；LNG产量100t/天；质量指标N_2：≤ 0.3%（mol%），CO_2：≤ 50 × 10^{-4}%，水：≤1 × 10^{-4}%；天然气液化能耗0.846kW·h/kg	200000m^3/天天然气液化设备出口波兰	2008年签订液化设备3套
64	3850m^3 LNG低温液体贮槽	四川空分设备（集团）有限责任公司	国内领先	中海油2套	—
65	全自动废旧轮胎处理生产线	四川乐山亚联机械有限责任公司	年处理钢丝胎1万t	目前已在青岛赛轮公司国家轮胎循环利用示范基地使用，产品已销往国外多个国家	技术水平为国内领先，国际先进水平，拥有多项专利，产品已形成产业化生产

（续）

序号	装备名称	制造企业	主要技术指标	工程应用情况	产业化情况
66	M1500、M1200塔式起重机，D400动臂式塔式起重机	四川建设机械（集团）股份有限公司	公称起重力矩M1500为1500t·m、M1200为1200t·m、D400为400t·m；最大起重量M1500为63t、M1200为50t、D400为20t；M1500、M1200塔式起重机机构采用全变频及直流调速技术，D400动臂式塔式起重机机构采用全变频技术	M1500是目前国内最大的塔式起重机，达到国际同期先进水平；M1200已研制开发成功，2009年4月进行产品技术鉴定；D400已销售3台，用户反映使用情况良好	M1500已销售2台；M1200已研制开发成功样机，并已签销售合同；D400已产业化，根据用户需要进行生产
67	气体钻井专用配套装备	四川石油管理局成都天然气压缩机厂	系统空气排量：240Nm³/min；最高输出压力：17MPa；氮气排量：120Nm³/min，氮气纯度：≥95%，排气温度：≤65℃	装备在川庆钻探工程公司、华北油建、长庆建工、中石化德阳钻采研究院、中原油田等用户广泛应用。应用工程项目包括中石油龙岗气田钻探开发，中石化普光气田钻探开发等	部分单体设备如FY400增压机已形成小批量生产
68	CNG加气站用高效节能天然气压缩机	四川金星压缩机制造有限公司	进气压力：0.2～20MPaG；排气压力：25MPaG；排气量：300～3500Nm³/天；转速：740～1500r/min；轴功率：55～400kW	广泛应用于天然气汽车加气站（标准站、子站、母站）	已实现产业化，具备年产1000台套的生产能力
69	非管输天然气收集移动工作站	四川金星压缩机制造有限公司	进气压力：0.4～2.5MPaG；排气压力：25MPaG；排气量：688Nm³/天（平均值）；转速740r/min；轴功率：125kW（最大）	广泛应用于偏远地区油气田油田伴生气及零星天然气的回收	已实现产业化，具备年产300台套的生产能力
70	燃气摩托压缩机组	四川金星压缩机制造有限公司	进气压力：0.20～0.40MPaG；排气压力：3.0～4.0MPaG；排气量：14×10^4Nm³/天；转速：440r/min；轴功率：800～1000hp	广泛应用于缺水少电的偏远地区油气田天然气的集输和增压	已实现产业化，具备年产20台套的生产能力
71	煤层气专用压缩机的研究开发	四川金星压缩机制造有限公司	进气压力：0.6MPaG；排气压力：25MPaG；排气量：2100Nm³/天；转速：980r/min；轴功率：335kW	广泛应用于煤矿企业煤层气的开发	样机于2008年通过了四川省重点技术创新计划项目验收，目前已投入小批量生产

（续）

序号	装备名称	制造企业	主要技术指标	工程应用情况	产业化情况
72	CG990H、CG956C、CG955 轮式装载机	四川成都成工工程机械股份有限公司	掘起力：CG990H≥250kN，CG956C、CG955≥145kN；卸载高度：CG990H ≥3300mm，CG956C、CG955≥2900mm；卸载距离：CG990H ≥1320mm，CG956C、CG955≥1050mm；最大牵引力：CG990H >255kN，CG956C >160kN，CG955 >150kN；工作装置三项和时间≤13s	—	CG990H 小批试制，CG956C、CG955 小批量生产
73	精密卧式加工中心	四川普什宁江机床有限公司	机床配置可倾回转工作台时，可进行五轴五联动控制。A、B 轴定位精度和重复定位精度用圆光栅来保证，分度精度高，重复性好。A 轴定位精度为 15″，重复定位精度为 8″，B 轴定位精度为 6″，重复定位精度为 3″	产品已成功用于我国航空航天工业、汽车、模具、军工、船舶等行业，应用推广情况很好，受到用户好评	已产业化生产，年产 80 台
74	FMS 柔性制造系统	四川普什宁江机床有限公司	由多台精密卧式加工中心、一条自动物流传输线、一个多工位托板库、清洗机、总控台及其他辅助设施等组成，实现工厂自动化和智能化的加工	产品已成功用于我国装备制造行业，应用推广情况很好，受到用户好评	年生产柔性制造系统 2 条线
75	ZY8800/17/35D	四川神坤装备股份有限公司	支护高度：1.7～3.5m；工作阻力：8800kN；支护强度：1.1MP；支护中心距：1.75m；移架时间：≤10s、工作寿命：50000（循环次数）	2006 年交付神华集团万利煤矿 30 架 3.5m 支架、2008 年交付神华集团 213 架液压支架，运行中无重大故障出现，运用情况良好	2006 年为神华集团万利煤矿生产 3.5m 支架 30 架；2008 年为万利煤矿生产 213 架
76	ZY9000/23/45D	四川神坤装备股份有限公司	支护高度：2.3～4.5m；工作阻力：9000kN；初撑力：12364kN（31.5MPa）；移架时间：≤10s；工作寿命：50000（循环次数）	神华集团金峰煤矿 181 架全套国产化支架累计运行 6000 余小时，过煤量超过了 190 万 t	2008 年为神华集团金峰煤矿生产 181 架 4.5m 支架；已与黄玉川煤矿签订 180 架销售合同

（续）

序号	装备名称	制造企业	主要技术指标	工程应用情况	产业化情况
77	ZY1700/32/70D	四川神坤装备股份有限公司	支架工作阻力：17000kN（44.2MPa）；初撑力：12364kN（31.5MPa）；支架高度：3200～7000mm；移架时间：≤10s；工作寿命：50000（循环次数）	—	—
78	电液控制系统	四川神坤装备股份有限公司	额定工作电压：12.0VDC；最大输入电流：500mA；信号数量：2路；驱动信号数量：1～14路（可选）	神华集团金峰煤矿181套、宁鲁163套电液控制系统2008年8月下井运行至今情况良好	已交付金峰181套、宁鲁163套电液控制系统；正在为昊华精煤生产346套电液控制系统
79	GREAT－150i系列普及型数控系统	成都广泰实业有限公司	本系统在硬件上基于高速Xscale处理器＋FPGA技术；在软件上以Linux为操作系统、以MiniGUI为图形界面解决方案，可以轻松实现USB、网络接口、各种控制算法等功能。可控轴数达五轴，实时控制高速度（最高速度可达60000mm/min）、高精度（控制精度可达1um）；切削速度可在1～6000mm/min中任意转换，编程尺寸范围为±9999.999mm，具有六个工件坐标系、4个参考点、99把刀具管理功能。同时采用TFT－LCD液晶显示技术，使整机结构更为美观	目前该系列产品已经过青海一机数控机床有限公司、德州德隆（集团）机床有限责任公司、南京汇杰数控设备有限公司、兰溪联强数控机床有限公司等近百家用户批量应用，均反应该系统技术性能指标高，此系统解决了目前诸多国内数控系统可靠性不高，加工效率低；以及进口系统安装调试复杂、成本高等问题，受到用户的一致好评	该系列产品推向市场之后，产品性能稳定，客户满意度较高，现正处于批量化生产阶段。基于该产品性价比高、用户稳定的先决条件，逐步实现该系列产品的产业化将指日可待

（续）

序号	装备名称	制造企业	主要技术指标	工程应用情况	产业化情况
80	CCR - RB6B、CCR - RB8A 六自由度工业机器人	成都广泰实业有限公司	控制器采用示教编程方式，最大编程步数 60000 步，可进行连续轨迹控制和点位控制，具有关节运动、直线运动、圆弧运动和丰富的搬运指令功能。接口丰富，40×40 数字 I/O，2×2 模拟 I/O，可用 U 盘、CF 卡、网口、串口进行数据备分和交换，配备 CAN、INTERBUS、PROFIBUS 接口卡可和自动化 6 工厂中其他设备连接。系统配置软 PLC，最大可编辑 10000 步。单台示教可控 24 轴。可自动校验工具重量、重心、惯性矩，实现负载机器人的精确控制。系统提供软、硬限位，保证操作安全	CCR 系列工业机器人目前正在实施和已经完成的应用的工程包括自贡长征机床有限公司机床上下料应用示范工程；四川新筑路桥机械有限公司机床上下工件应用工程；四川普什宁江机床有限公司机器人搬运应用工程；北京百富非凡喷涂公司喷涂机器人控制系统配套合作项目；四川航空液压机械厂喷涂机器人应用工程；四川大学、成都信息工程学院机器人教学及重庆大学机器人医疗科研项目等	该产品正处于推广应用阶段，目前已形成小批量生产规模。公司正逐步将 CCR 工业机器人应用到搬运、工件上下料、喷涂、焊接等更广泛的领域，从而逐步实现国有工业机器人产品系列化、通用化、模块化的系统目标，以推动国内工业机器人产业化进程
81	大口径全焊埋地球阀	四川精控阀门制造有限公司	30in、36in、40in，10MPa 全焊接免维护设计、焊接端、加长阀杆	阀门已用于穿越撒哈拉沙漠天然气管线工程	2008 年出口 250 万美元，是国内第一家批量出口海外的全焊阀门制造商
82	转包项目	成都飞机工业（集团）有限责任公司	—	已用于转包项目	批量生产
83	汽车模具	成都飞机工业（集团）有限责任公司	—	主要应用于中高档轿车生产	单件试制生产
84	高压上装式球阀	四川精控阀门制造有限公司	2～8in，42MPa 在线维护设计（在线维护是未来管道阀门的方向）	出口德国	出口额 30 万美元
85	3 通 Y 型球阀	四川精控阀门制造有限公司	可通球三通设计，国内首创	用于荷兰阿德科在大连油码头集输作业	批量交货超过 50 台套，共计 400 万合同金额

5. 产业集聚区（带）建设

表5 四川省装备制造业产业集聚区（带）汇总表 （单位：亿元）

产业集聚区名称	产业特色	龙头企业	2008年主要经济指标		
			销售收入	工业增加值	利税总额
自贡板仓工业园区	主要发展特种环保锅炉及部件、重型数控机床，CNG 站用成套设备、润滑成套设备、大型皮带运输机械、泵、阀等重大技术装备成套设备	四川长征机床集团公司、华西能源公司、四川自贡运输机械公司、四川川润公司、四川大西洋公司	55	18.6	3.7
德阳经济技术开发区	大型冶金成套设备、水火核风发电设备等特色产品	中国第二重型机械集团公司、东方电气集团公司、东方汽轮机有限公司等	25.63	8.11	3.51
广汉市经济技术开发区	石油钻机及配套产品	宏华石油设备公司、宏华友信公司等	94.9	31.68	10.39
二重工业园	冶金设备、加氢反应器、发电设备	中国第二重型机械集团公司	29.35	2.87	—
德阳旌阳区工业集中区	机械加工产业集群	特变电工德阳电缆公司等	25.44	2.44	—
资阳机车产业园	机车、动力、隧道掘进机、曲轴等	南车资阳机车有限公司	35	—	—
内江市市中区工业集中发展区	机械、汽车、摩托车配件	四川东林矿山运输机械公司、四川内江鸿强机床公司	40	—	—

6. 企业走出去

2006年以来，东方电气集团公司新承接境外市场合同金额超过50亿美元。仅在印度市场上，东方电气集团公司已经或即将投运的发电设备机组就达到54台，总容量超过2000万kW。2008年东方电气集团公司境外工程项目的数量、装机容量、合同金额均再创历史新高，当年新承接海外合同超过18亿美元。为更好地做好海外项目的服务工作，东方电气集团公司2008年在印度设立了东方电气（印度）有限公司。

2006—2008年，四川宏华公司累计出口钻机140台，创汇72286万美元，居于国内同行业首位。宏华公司始终坚持产品面向全球市场，走外向型发展道路，先后在美国建立宏华美国公司，在俄罗斯成立了伊日德利尔—宏华有限公司和宏华—乌拉尔机械制造有限公司，在中东迪拜组建了金海岸设备有限公司，在非洲埃及与埃及石油部合资建立了宏华·埃及石油部合资厂。标注有“中国宏华”的石油重装设备，源源不断地打入世界各地。

7. 企业兼并重组

五粮液普什集团分别于2006年和2007年控股绵阳新华内燃机集团股份有限公司和成都宁江机床（集团）股份有限公司，使普什集团业务拓展到了汽车发动机、精密机床等领域，新打造的工业园区也使宁江集团得到了较快发展，2008年宁江集团实现工业总产值6.45亿元，同比增长3.48%，实现销售收入6.90亿元，同比增长16.66%。

2008年，东方电气集团通过增资扩股方式并购了武汉锅炉集团全资子公司武汉锅炉集团核设备制造有限公司，成立了东方电气（武汉）核设备有限公司，现已基本具备年产2套百万千瓦级核电站核岛堆内构件能力，2010年扩建完成后，将达到年产4套百万千瓦级核电站核岛堆内构件的能力。

第二节　存在问题

受金融危机影响，当前四川省装备制造业在国内外市场形势严峻的情况下，部分企业新增订单大幅减少，在手订单严重不足，部分产能出现过剩，企业开工不足。从长期看，与装备制造业发达省区相比，四川省装备制造业还存在较为明显的差距：

1. 自主创新和设计集成能力较弱，产业核心竞争力不够突出

企业的自主创新能力较弱，相当部分产品核心技术仍受制于国外，前瞻性研发成果不多，研发投入占销售收入比重不足2%，产业优势主要集中在中、低端加工制造环节，研发设计与工程承包、商贸物流、维修服务等生产性服务业发展不足，在国内外分工中居于不利地位。

2. 产业集中度较低，缺乏“航母型”装备企业集团

四川省只有1家过百亿元、3家50亿～100亿元的企业和企业集团，缺乏具有国内领先、世界一流的企业集团；产业集中度偏低，专业化、社会化配套能力较弱，协作形式较松散，尚不具备形成产业联盟的有效资本纽带。

3. 产品链延伸程度不够，发展不均衡

“1+8”工程中的8大重点产品链发展还不够完善、均衡，尚需进一步扩展延伸，有的产品链发展较慢，优势产品相对较为单一。

4. 基础元器件与材料配套能力较弱，制约产业发展

基础元器件、原材料的自主化程度较低，关键零部件、原材料的对外依存度较高。尤其是大型铸锻件已经成为四川省重大技术装备制造业发展的瓶颈。

第三节　发展展望

当前四川省装备制造业发展面临较大下行压力。“5·12”汶川特大地震对四川省装备制造业破坏严重，德阳、绵阳等装备制造业重点地市和东汽、蓝星机械、川矿机等重点企业损失巨大。愈演愈烈的全球金融危机导致四川省部分装备国内外市场需求下降较快，新增订单明显减少，部分企业经济效益下滑较为严重。对宏观经济变化的滞后反应，使2009年全行业所面临的不确定性增加，形势较为严峻。

另一方面，在严峻的挑战中也孕育着发展机遇。我国工业化、城镇化、国际化、市场化步伐加快将为四川省装备制造业发展提供长期利好；金融危机造成的国际国内市场需求的变化将有利于推动装备制造业生产力布局优化、产品结构调整和产业升级；灾后重建和国家实施“扩内需、调结构、保增长”政策这两大机遇将为装备制造业提供有力的政策、资金支持，创造更大的市场空间；钢铁、有色等原材料价格大幅下挫和低位运行，有利于装备制造业降低产品制造成本，增大盈利空间；美、欧经济的快速下滑有利于引进国外先进技术和人才，承接国际装备制造业转移，进一步拓展国际市场。

综合分析，当前及今后三年，四川省装备制造业发展挑战与机遇并存，机遇大于挑战，正是加快产业结构优化升级、提高产业竞争力的战略机遇期。

1. 应对全球金融危机的策略与发展思路

1.1　发展思路和目标

以科学发展观为指导，紧紧围绕国家装备制造业振兴目标，积极应对国际国内经济形势变化，抓住国家灾后重建和扩大内需的双重机遇，以重大技术装备为振兴重点，以重装基地、产业带和特色园区为载体，发展壮大8条优势装备产品链，提升装备自主化水平；通过加大技术改造和技术创新，提升基础配套件水平；进一步壮大产业规模，调整产业结构，转变发展方式，促进装备制造业率先止滑回升、提振发展，成为四川省在国际国内市场具有较强竞争力的超千亿增加值产业。

围绕“调结构、保增长、促发展”要求，争取在当前国内急需的一批重要成套装备、关键零部件及原材料产品的自主化方面实现重大突破，使国产装备对国内需求的满足率不断提高。一是产业实现平稳较快增长，到2011年，确保全行业销售收入年均增速保持在20%以上。二是市场份额不断扩大延伸，在保障国内市场需求和稳定传统海外市场的基础上，积极开拓新兴海外市场并不断延伸市场半径。三是自主创新能力显著增强，力争到2011年，全省装备制造业重点企业的研发投入占销售收入比重均值达到3%以上，新产品产值率达到40%；“1+8”工程重点企业全部建立起企业技术中心或工程开发中心，重点企业争取完成1~2项在国内有重大影响的技术进步项目。四是基础配套水平得到提高，通用零部件实现标准化、规模化生产且基本满足四川省内市场需求，关键原材料、特种原材料实现重大突破。五是组织结构实现优化升级，力争到2011年，形成年销售收入超过400亿元的企业1家，超过100亿元的企业5家，培育一大批专、精、特、新的专业化零部件生产配套企业。

1.2　应对金融危机的主要措施

认真贯彻落实国家、四川省确定的支持装备制造业发展的各项政策措施，紧紧围绕国务院出台的《装备制造业调整和振兴规划》，结合四川省实际和当前发展形势，提出以下应对措施：

加强投资项目的设备管理。由四川省政府预算内投资项目和省本级核准（审批）项目，在立项前要首先征求四川省政府工业主管部门的意见，明确优先使用国产特别是四川省内设备，在项目的报批文件中必须附有设备采购清单；项目咨询评估阶段，须对进口设备的必要性进行评估，确定设备采购方案；项目实施阶段，要加强设备招投标的监督和指导，确保设备采购方案的落实。

加大产业技术进步投入。积极争取国家相关部门振兴装备制造业专项、重大科技专项等资金支持，协助中央在四川省装备制造企业争取国家资本金注入；加大政府资金引导力度，不断增加财政引导资金数量，调整和优化四川省重大技术装备专项研制资金使用方向与结构，认真执行3年装备制造业技术进步项目计划，通过政府和企业的共同努力，组织实施好装备制造企业重点技术改造项目和重大技术装备创新研制项目。

鼓励使用国产首台（套）装备。根据国家关于鼓励使用国产首台（套）装备的文件精神和政策措施，建立四川省鼓励使用首台（套）装备的风险补偿机制，在四川省重大技术装备专项资金中安排部分资金用于国产首台（套）装备使用补助，对使用四川省内企业国产首台（套）设备（包括成套装备、单台设备、核心部件或总成）的四川省内项目业主单位给予必要的资金补助。

加大对装备制造企业融资支持力度。加快装备制造企业上市融资步伐，支持并鼓励符合条件的装备制造企业通过改制上市等方式直接融资，加快二重股份、新筑路桥、华西能源等装备制造企业上市融资步伐；充分利用国家信贷政策支持，鼓励企业利用并购贷款开展兼并重组，提高产业集中度，获得关键原材料供应或零部件生产技术；创新金融支持，鼓励有订单但资金链紧张的装备制造企业通过开展应收账款质押、仓单质押、订单融资等渡过资金难关；支持大型装备制造企业财务公司进一步加强集团资金管理，发挥财务顾问职能，完善金融功能配置，促进集团公司发展；充分利用装备制造产业链特点，鼓励中小装备制造企业开展联贷联保业务，推荐符合条件的中小装备企业发行集合债。

扩大国内外市场份额。严格执行国家重点工程建设设备国内采购率的有关规定，鼓励省内重点工程建设项目在同等条件下优先采购四川省装备产品（包括首台首套产品），由四川省和地方政府投资为主的重点工程在同等条件下应优先采购四川省装备产品；鼓励企业通过融资拓展市场，支持东方电气集团公司、中国第二重型机械集团公司、四川宏华石油设备、成都神钢公司等重点装备制造企业寻求中国进出口银行、国家开发银行的政策性软贷款支持，鼓励企业通过BOT、融资租赁、贸易融资、进出口信贷等方式融资以拓展国际国内市场，带动四川省内装备产品销售和出口；加强对重要客户走访，加大对“四川制造”装备产品的宣传力度，增强用户对使用四川装备产品的信心。

建立产业信息披露制度。适时向社会发布装备制造业发展的各类信息，包括政策导向、项目核准、联合重组、产能利用、进出口、产销等信息，为企业投资决策、银行贷款、土地预审等提供指导；充分发挥行业协会的中介组织作用，在企业与政府间搭建一个集信息交流、管理服务、产品技术合作等为一体的综合性平台；组织召开特色子产业领域的全国性研讨会，扩大四川优势装备制造业在国际国内的影响力。

2. 今后三年四川省装备制造业自主化展望

2.1　重大技术装备自主化水平将有明显提高

大型清洁高效发电成套设备。一是围绕辽宁红沿河、福建福清及宁德等核电站建设工程，以东方电气集团、中国第二重型机械集团、中国核动力院、四川三洲川化机核能设备公司、川开电气有限公司等重点单位为依托，加快推进二代改进型、第三代AP1000和EPR核电成套设备的国产化与自主化进程，研制并批量生产二代半全转速和半转速100万kW及以上等级的核电汽轮机、发电机，核电核岛主设备反应堆压力容器、蒸汽发生器、控制棒驱动机构、堆内构件、主管道、主泵等核一、二级设备及100万kW核电常规岛辅机高压加热器、除氧器、低压加热器等产品。预计东方电气集团公司在2011年将形成年产百万千瓦级核电常规岛设备8套、核岛主设备5套的能力，实现年产值超200亿元。二是围绕近期国内相继开工建设的大型风电场建设工程，以东方汽轮机集团、东方电气集团两家主机企业为龙头，以整机生产和关键零部件研制为重点，研制变频装置、增速齿轮箱、双馈式发电机、直驱式发电机、各类轴承、液压控制系统和润滑成套设备等产品，加快打造超百亿风电完整产品链。预计四川省风电产品链到2011年将产出2300台兆瓦级风机，实现销售收入200亿元。三是围绕奚洛渡水电、向家坝水电、内江白马循环流化床（CFB）电厂等重点项目建设，以东电、东锅等为龙头，研制生产巨型水电机组，形成77万千瓦级世界最大水电机组研制和批量生产能力。四是开发大容量、高参数、高效低耗、低污染和自动化控制程度高的火电机组，推进整体煤气化联合循环（IGCC）工程建设，加快实现30万kW循环流化床设备的批量化生产和60万kW超临界循环流化床的研制并形成批量生产能力，建设国家大型循环流化床研制基地。五是积极开发光伏电池和太阳能发电设备，引进消化太阳能热发电技术，研制太阳能热发电成套装备。预计到2011年，四川省将形成更为完善的水、火、核、气、风、太阳能大型清洁高效发电设备研制生产体系，生产供给能力继续保持国内领先地位，实现销售收入800亿元以上。

机车车辆产品。围绕当前开工建设的铁路客运专线、西部干线铁路、煤运通道和城市轨道交通等建设项目，以南车资阳机车有限公司、南车眉山车辆有限公司、南车成都机车车辆有限公司、资阳南车电力机车有限公司及新筑路桥公司等重点企业为依托，以整机自主化生产和关键部套件研制为重点，研制6轴交流传动大功率电力机车和内燃机车、通用与专用货车、磁悬浮机车车辆、列车控制系统与牵引传动系统等轨道交通设备，配套研发高档次紧固件、高速养路机械等产品。预计到2011年，机车车辆产品将实现销售收入200亿元以上。

石油钻采及石化成套设备。围绕国家和四川省石化产业振兴规划确定的重点工程项目建设，以第二重型机械集团、四川宏华公司、四川空分集团公司、四川蓝星机械公司、四川咸阳市科新机械公司、自贡高阀公司、四川精控阀门有限公司、自贡大业高容公司、四川金星压缩机公司、自贡通达机器公司、四川大川压缩机公司、四川惊雷科技公司、四川宜宾岷江机械厂等企业为依托，以推进千万吨炼油、对苯二甲酸和大化肥成套设备、石油钻采成套设备自主化等为重点，研发400～1000吨级加氢反应器、煤液化装置，大型乙烯、甲醇和烧碱等化工大型成套装置，特大型空气分离设备、低温压缩机、车船用CNG成套设备、DBS系列变频电动钻机、海上石油钻采平台、关键泵阀、热交换器、大型LNG贮槽和大型天然气液化设备等。预计到2011年，石油钻采及石化成套装备产品将实现销售收入250亿元以上。

大型冶金成套设备。围绕国家和四川省冶金产业振兴规划确定的重点工程项目建设，以中国第二重型机械集团为龙头，推进大型冶金成套设备自主化，研制大型板坯、异形坯连铸坯机、大型热连轧机、大型宽厚板轧钢机及H型钢轧机、大型薄板坯冷热连轧成套设备、复合铸造高速钢轧辊等技术含量高、成套性强的各类冶金轧机成套设备和大型铸锻件。预计到2011年，大型冶金成套设备产品将实现销售收入100亿元以上。

大型工程施工成套设备。围绕当前地震灾后重建和国家扩大内需加快基础设施建设的需要，组织成都南车隧道装备公司、成都神钢公司、四川长起公司、四川邦立重机公司、成都新筑路桥公司、四川运输机械公司、自贡建设机械公司、四川宜宾普什重机公司等企业，大力发展大型、新型工程机械，研制和批量生产全断面硬岩隧道掘进机、液压挖掘机、8～130t汽车起重机、LTM1160汽车吊、大吨位液压传动装载机、CE60吨位以上大吨位柴油驱动和电驱动液压挖掘机、大型塔吊，大吨位摆碾机、多功能材料履带式摊铺机及其系列产品，道路养护机械设备，施工物料运输车、曲线管状带式输送机等。预计到2011年，大型工程施工成套设备产品将实现销售收入200亿元以上。

航空航天及空管成套设备。围绕国内机场及航空基础设施建设需求，以成都飞机集团、一航成飞民机公司等“大飞机”研制及生产能力建设项目为依托，重点研制大飞机机头及部分前机身部件，自主研发高档公务机，积极开发直升机、民用支线客机、通用飞机和发动机及机载设备、大型液压支架等航空航天民用产品。以四川川大智胜公司、四川九洲电器公司、成都锦江电子公司、四川龙瑞微电子公司、成都千顺电子公司、四川华通信息公司、081电子集团等企业集团为依托，积极推动新航行系统建设和国家空防空管一体化进程，大力发展具有自主知识产权的机载、地面成套空管系统设备，大力发展机场空管系统成套装备产品。预计到2011年，航空航天及空管成套设备产品将实现销售收入150亿元以上。

数控机床与基础装备。以国家数控机床与基础装备重大科技专项实施为契机，组织四川普什集团公司、四川长征机床公司、普什宁江机床公司、成都量具刃具股份公司、成都广泰实业公司、森泰英格（成都）数控刀具公司、天府刀具公司等重点企业和西南自动化研究所、西南交通大学等科研院所联合，重点研究开发铣车复合及大型曲轴复合加工中心产品系列，开发、完善数控机床专机，开发大型数控落地镗铣床、新结构（横梁移动）龙门加工中心系列、新结构（墙体式）立式加工中心、数控车床和柔性制造系统、控制系统，加强对数控刀具、量具及其他数控机床功能部件的开发研究。预计到2011年，数控机床与基础装备产品将实现销售收入50亿～100亿元。

大型节能环保成套设备。以东方锅炉集团、成都发动机公司、东方日立锅炉公司、华西能源公司和中国工程物理院、中国西南市政工程设计院等企事业单位为重点，积极发展30万kW及以上循环流化床锅炉、节能型变频器和垃圾与废气、煤层气、瓦斯、余热余压以及秸秆等生物质能发电技术和装备成套能力；积极开发利用煤层气、瓦斯、沼气等废气发电的大中型燃气发动机；重点开发研制烟气脱硫脱硝、垃圾处理和城市污水处理及中水回用成套设备和技术，提高烟气脱硫脱硝处理技术装备成套能力；研制与发展烟尘治理和垃圾、污水处理综合利用技术与成套设备，提高批量生产和成套能力；提高为大型污水处理厂提供污水处理成套装备、污泥利用和处理的成套装备、控制和监测系统的能力。预计到2011年，大型环保节能成套设备产品将实现销售收入50～100亿元。

2.2　基础产品自主创新水平将有明显提高

大型铸锻件。以第二重型机械集团为龙头，加快推进8万t模锻压机项目、环锻、快锻项目和轴类件项目等新建项目的建设，组织实施大型关键铸锻件自主化，研制并批量生产国家急需的大型核电设备铸锻件、百万千瓦级超临界、超超临界火电机组铸锻件，70万千瓦级及以上等级大型混流式水轮机组铸锻件，石化、煤化工重型容器锻件、冷热连轧机铸锻件，大型船用曲轴、大型轴承圈锻件、风力发电主轴、水电电机轴、冶金轧辊等锻件产品。

关键零部件。以四川长液公司、中航凯天科技公司、四川日机密封件公司、四川天马轴承公司、普什驱动公司等为重点，组织实施关键零部件自主化，研制大功率电力电子元件，为高速动车车组、精密数控机床、风电设备、发动机、柱塞泵和大型压力容器等配套的高精密轴承，密封件、密封系统，工程机械液压系统、泵、阀、马达等产品。

基础元器件。以普什宁江机床公司、四川长征机床集团公司、西南自动化研究所、普什模具公司、成飞集成公司、成都广泰数控公司、森泰英格（成都）数控刀具公司、成都量具刃具股份公司、自贡硬质合金公司、资阳天虎工具公司等为重点，组织实施模具、刃具、量具（量仪）自主化，研制大型精密型腔模具、精密冲压模具、高档模具标准件，为高档数控机床配套的高效、高性能、精密复杂刀具及合金材料，高精度智能化、数字化测量仪器仪表等产品。

关键原材料。以攀钢集团四川长城特殊钢有限公司、中核建中核燃料公司、四川惊雷科技公司等企业为重点，组织实施关键原材料自主化，研制核电蒸发器用“U”型管、核燃料组件、金属复合材料等产品。

第二十四章　贵州省装备制造业发展报告

《国务院关于加快振兴装备制造业的若干意见》发布以来，贵州省委、省政府将大力发展装备制造业作为全省调整产业结构、发展经济的重要工作，完善和制定了一系列振兴装备制造业的政策措施，通过积极贯彻落实国家财税优惠政策，采取资源整合、产业聚集、促进创新、培育龙头、保护品牌、拓展市场等有力措施，全省装备制造业呈现良好的发展态势，取得了显著成果，总体实力有了显著提升，在技术研发和产品产业化方面取得了一定的成绩，部分产业和产品的市场占有率、技术水平在国内同行业居先进或领先水平。初步形成了一批优势产品和产业，形成了具有一定技术基础和规模的装备制造业体系，形成飞机及飞机零部件、汽车及汽车零部件、工程机械及零部件、精密数控装备及功能部件、铁路车辆及备件、新装备及配套零部件等一批具有较强竞争力的产业。

第一节　三年来贵州省装备制造业发展评估

三年来，在省委、省政府的正确领导下，贵州省将抓好装备制造业作为重点工作目标，在装备制造业相关单位的配合下，促进了贵州省装备制造业的健康发展。

1. 建立组织协调机制，制定发展规划和配套政策

省委、省政府充分认识振兴装备制造业的重大意义，建立了有利于装备制造业发展的组织协调机构和机制，制定了规划和目标，落实了政策措施。

1.1　建立组织协调机构和机制

省委、省政府高度重视装备制造业的发展，由省经贸委牵头，省发改委、省科技厅、省信息产业厅和省国防工办等多部门参与，共同推进装备制造业发展，形成了多部门协调工作机制，制订全省装备制造业发展规划，集中财力、物力、人力，把振兴装备制造业工作做实做好。多部门协调组织装备制造业重大科技专项、技术改造项目、技术创新项目、高技术产业化示范项目、信息化项目支撑装备制造业科技进步、产业升级，促进装备制造企业开发新产品、新工艺、新技术和提升信息化水平。多部门互相通气，共同挖掘贵州省装备制造业的亮点和支撑装备制造业发展的项目。

建立了政府、企业、专家多方恳谈机制，针对贵州省装备制造业发展中形成的经验和存在的问题进行交流，及时总结成功经验，对存在的问题进行探讨。

1.2　制定发展规划

为贯彻《国务院关于加快振兴装备制造业的若干意见》精神，加快贵州省装备制造业发展，结合贵州省装备制造业特点及国民经济和社会发展“十一五”规划纲要，制定了《贵州省振兴装备制造业实施意见》，提出了装备制造业“十一五”发展规划战略、目标及重点。

（1）发展战略

依据国家振兴装备制造业的相关政策法规，依托现有重要装备制造业基地，依托现有技术装备及人才，依托现有装备制造业的产品目录和自主知识产权，加大对装备制造业的政策支持、科技支撑、资金支持的力度；加快推进体制创新和企业改革，扩大对外开放；整合资源形成合力，“大中小结合、主辅配并举”协调发展；着力提升技术装备的整体水平、自主创新能力和市场竞争力，提高装备制造业对工业增长的贡献率，推动贵州省装备制造业再上一个新台阶。

（2）发展目标

到 2010 年，整体提高重大技术装备的制造水平，规模以上装备制造业销售收入达到 400 亿元以上。培育一批具有自主知识产权和知名品牌和竞争力较强的装备制造骨干企业，培育2家销售收入超过100亿元的企业、1家销售收入超过40亿元的企业，5～8家销售收入超过10亿元的企业、15～20家销售收入过亿元的企业。全省装备制造企业技术开发投入占企业销售收入的比重达到3%以上，建立和完善一批具有较高水平的装备制造业企业技术中心和工程研究中心，初步建立以企业为主体的技术创新体系，形成一批具有自主知识产权的特色装备，新产品产值率有明显提高。

（3）发展重点

在国家振兴装备制造业的16项重大成套技术装备的引导下，结合贵州省工业优势产业整合与发展的各项规划，选择一批具有潜在优势和比较优势，对结构调整、产业升级有积极带动作用，能够尽快扩大市场占有率的重大技术装备和产品作为重点，实现重点突破和加快发展。重点组织实施，即：以主机带动配套件，形成我省装备制造业“飞机及飞机零部件系列、汽车及汽车零部件系列、工程机械及零部件系列、精密数控装备及功能部件系列、电子元器件和电子信息产品系列、铁路车辆及备件系列、新装备及配套零部件系列”七大装备系列的发展格局。

1.3　制定和落实配套政策

全面贯彻落实国发［2006］8号文件精神和支持西部大开发的各项政策，以及国家鼓励创新发展各项税收优惠政策。

（1）对贵州省装备制造的技术创新、技术改造、产业化等项目，予以资金投入、土地等方面的优先支持。

（2）建立贵州省重点装备及产品推荐目录发布制度。为促进装备制造业技术进步，提高竞争力，开拓市场，贵州省对当前和今后一个时期有较大的市场需求，发展前景广阔，技术含量较高的装备及产品进行评议，选择了30种产品列入《贵州省重点装备及产品推荐目录（第一批）》，向社会发布，今后在适当的时机，还将多批发布，形成一种制度。

（3）鼓励和支持企业开发具有自主知识产权的重大技术装备和重要基础装备，对获得国家和省级名牌产品称号的企业，由当地政府给予奖励，有效期内的中国名牌产品和贵州名牌产品，享受免检产品待遇。在政府采购和能源、矿产资源及其他资源深加工重点项目建设招投标中，同等条件下，优先采用省内有自主知识产权的关键主机和配套零部件。

（4）由省经济综合部门牵头，会同税务、海关等有关部门，全面贯彻落实国家各项税收优惠政策。落实享受西部大开发优惠政策、技术改造项目国产设备投资抵免企业所得税政策、国家级企业技术中心免征进口税收政策、企业技术创新技术开发费150%抵扣所得税优惠政策、技术开发仪器设备加速折旧的优惠政策等国家鼓励发展和创新各项税收优惠，减免税收主要用于企业新产品的研制生产以及自主创新能力建设。

（5）对贵州省急需的装备制造专业高级人才，在经济待遇、工作环境等方面要给予特定的优惠政策，对重大技术装备研制、开发和推广做出突出贡献的人员，给予表彰和奖励。

2. 在贵州省经济中的地位

2.1　主要经济指标及产业地位

2008年，贵州省规模以上装备制造业完成工业总产值304.05亿元，占全省工业总产值的11.22%；销售收入302.37亿元；工业增加值81.60亿元，占全省工业的8.35%；利税总额20.44亿元。装备制造业占全省工业总产值和工业增加值的比重呈逐年上升的态势，装备制造业总产值占全省工业的比重由2006年的7.84%提高到2008年的11.22%，装备制造业在贵州省经济中的地位日趋重要。

表1　贵州省装备制造业主要经济指标　（单位：亿元）

年份	工业总产值	销售收入	工业增加值	利税总额	利润总额	出口交货值	从业人数/万人
2006年	203.01	154.19	55.89	8.15	3.89	18.89	10.58
2007年	264.43	251.27	74.78	16.40	9.09	19.74	10.49
2008年	304.05	302.37	81.60	20.44	12.46	—	10.79
年均增长率（%）	22.38	40.04	20.83	58.37	78.97	—	—

注：统计口径为规模以上企业。

资料来源：贵州统计年鉴，其中2008年数据为贵州省统计快报数。

2.2　三年建设投资情况

表2　贵州省装备制造业三年建设投资情况　（单位：亿元）

指标	2006年	2007年	2008年
投资总额	22.10	23.17	—

资料来源：贵州统计年鉴，含基本建设投资和技术改造投资，2008年数据暂缺。

3. 产业结构的调整

3.1　产业结构

表3　贵州省装备制造业构成　（单位：亿元）

行业名称	2006年		2007年		2008年	
	工业增加值	比重（%）	工业增加值	比重（%）	工业增加值	比重（%）
金属制品业	4.48	8.02	8.23	11.01	9.72	11.91
通用设备制造业	5.42	9.70	5.97	7.98	11.98	14.68
专用设备制造业	5.81	10.40	7.65	10.23	7.02	8.60
交通运输设备制造业	24.19	43.28	29.87	39.94	26.30	32.23
电气机械及器材制造业	7.3	13.06	11.29	15.10	12.90	15.81
通信设备、计算机及其他电子设备制造业	7.09	12.69	8.24	11.02	10.46	12.82
仪器仪表及文化、办公用机械制造业	1.6	2.86	3.53	4.72	3.22	3.95
合计	55.89	100	74.78	100	81.6	100

资料来源：2006年、2007年数据来源于贵州统计年鉴，2008年数据为快报数。

3.2　优势和特色产业

贵州装备制造业基本形成了以机械和电子工业为核心，以航空、航天、电子三大军工基地为基础，以“七大系列”产品为发展方向，以贵阳、遵义、安顺三大产业园区为集聚的产业体系；已具备飞机及飞机零部件、工程机械及关键配套件、精密数控装备及功能部件、石油等资源开采装备、液压件及基础配套件、农业机械、光机电一体化、矿山机械和其他特色装备产品等一批传统优势装备和关键零部件的生产能力；形成了一批“专、精、特、新”的装备。

飞机及飞机零部件。初步建成航空器系统集成及试验研发生产平台、高级教练机、机载电子设备、航空地面保障设备、航空发动机等航空装备的生产，在国内占有一定地位和份额，已掌握无人机驾驶空中对地面观测系统、大型飞机覆盖件及难加工薄壁件、航空发动机叶片、复杂陶瓷型芯制造技术、航空大型铸锻件、高温合金和钛合金环轧锻造、高温合金定向结晶精密铸造、航空液压件、民航飞机用精密齿轮、航空电机、特种标准件等关键生产技术，基本形成教练机、无人机及飞机发动机、机载设备、民用航空部分零部件产业链。中航集团黎阳航空发动机公司是国内研制生产航空发动机的主要厂家，贵州新艺机械厂已成为国内最大的涡喷、涡扇、涡轴等航空、非航空发动机叶片的预研、试制和批量生产基地。

汽车及汽车零部件。贵州省汽车零部件部分产品在国内市场有一定知名度。包括除汽车底盘和发动机外的大部分产品，主要产品有自动变速器、汽车电喷系统、刹车附件和系统、前后桥、散热器、橡胶密封件、汽车门、窗电动机构、车用电子组件、汽车电机等近百种产品。在铝质和铜质散热器、车用电子组件、双燃料电喷系统等方面有较强的优势。

工程机械及关键配套件。贵州詹阳动力重工有限公司的轮胎式挖掘机、履带式挖掘机、特种工程设备。贵州成智破碎设备有限公司的立轴式冲击破碎机。贵州力源液压股份有限公司的高压柱塞式液压泵、马达；贵州枫阳液压有限责任公司生产的多路阀、先导阀、油缸、电磁阀等机械设备。

精密数控装备及功能部件。以险峰机床厂、贵航东方机床有限公司为代表，主要产品有数控轧辊磨床、数控线切割机床、数控加工中心、数控缓进磨床、数控刀具磨床、数控龙门镗铣加工中心、为数控龙门镗铣床、数控龙门刨床、数控深孔钻镗床等。

电子元器件和电子信息产品。振华集团在片式元器件上已经具有一定的实力和水平，特别是在片式电感、片式电容、片式电阻等产品的技术水平和质量在国内具有较大影响。航天电器的绞线式弹性插针连接器、高密度小圆形电连接器、密封温度继电器等产品的国内市场占有率均达到20%左右，绞线式弹性插针连接器、晶体罩系列电磁继电器达到国际先进水平。振华宇光公司开发的世界上开关电流最大的真空灭弧室，目前仍处于世界领先水平。

铁路机车及备件。以南方汇通股份有限公司、贵阳特殊钢有限责任公司等为依托，贵州省形成了较强的铁路机车及备件的生产能力，是西南地区最大的铁路机车生产及修理基地。针对列车提速重载要求，开发了高速列车用螺旋弹簧钢及弹簧、高速列车用车轴钢、铁路铸钢车轮、粉末冶金闸瓦等产品。

新装备及配套零部件。围绕石油开采，开发了复式永磁电机抽油机、大功率液力变速器、用高可靠脉动缓冲器、井下分层注水智能控制系统、井下超声波流量计、井下存储式电子压力计、井深测试仪、石油钻井工具、震击工具、打捞工具等一系列从采油设备、关键部件、测试仪器到钻采工具的装备系列产品。

贵州省装备制造业正处于高速发展的起步期，呈现出良好的发展态势。

4. 自主创新

三年来，贵州省装备制造企业，在技术创新活方面加大 R&D 经费投入，增强技术改造力度，积极创造条件，以自主创新开发和引进消化吸收为主，采取产、学、研相结合，大力开展技术创新活动，取得了显著成效。

4.1 创新投入及技术创新体系建设

表4 R&D 经费投入情况

指标	2006 年	2007 年
R&D 经费投入/亿元	4.72	4.59
占销售收入比重（%）	3.06	1.83

资料来源：根据贵州科技统计年鉴整理。

贵州省装备制造业目前拥有国家工程技术研究中心 1 家、国家认定的企业技术中心 6 家，省级重点实验室 3 家，省级工程技术研究中心 9 家，省级企业技术中心 45 家。

表5 贵州省装备制造业国家级企业技术中心名单

中国贵州航空工业集团有限公司	贵州黎阳航空发动机公司
中国振华电子集团有限公司	贵州航天电器股份有限公司
中国江南航天集团	贵州轮胎股份公司

资料来源：2008 贵州省企业技术中心发展报告。

表6 贵州省装备制造业重点实验室

序号	重点实验室名称	依托单位
1	贵州省现代制造技术重点实验室	贵州大学
2	贵州省光电子技术及应用重点实验室	贵州大学
3	贵州省信息与计算科学重点实验室	贵州师范大学

资料来源：2008 贵州省企业技术中心发展报告。

表7 贵州省装备制造业工程技术研究中心

序号	平台名称	依托单位
1	贵州省微特电机工程技术研究中心	江南集团林泉电机厂

（续）

序号	平台名称	依托单位
2	贵州精密机电元件工程技术研究中心	贵州航天电器有限公司
3	贵州液压工程技术研究中心	贵航集团501厂
4	贵州省机电装备工程技术研究中心	贵州大学
5	贵州金属材料塑性成形工程技术研究中心	安大航空锻造有限责任公司
6	贵州数控制造工程技术研究中心	贵州云马飞机制造厂
7	贵州精密铸造工程技术研究中心	贵州新艺机械厂
8	贵州机械传动工程技术研究中心	贵州群建齿轮有限公司
9	贵州省片式电子元件工程技术中心	振华科技股份有限公司

资料来源：贵州省科技厅。

4.2 开发成功的重大装备

表8 开发成功的重大装备一览表

序号	装备名称	制造企业	主要技术指标	工程应用情况	产业化情况
1	测斜仪	井冈山仪表厂	—	用于各大油田	小批生产
2	4LZ-1A型整杆式甘蔗联合收割机	贵州云马与柳州汉森机械有限公司联合开发	发动机功率：80kW；整机质量：5.2t；小时生产率≥8t；燃油消耗率≤40	适用于甘蔗收割	已投入10台份的小批量生产
3	ZY3400/12/28综采液压支架	贵州水矿集团机械制造分公司	工作阻力：3400kN；初撑力：2909kN；支架高度：1200～2800mm；中心距：1500mm；支护强度0.46MPa	水矿集团公司矿井支护使用	年产3套，约160台
4	锌空电池应急灯	梅岭锌空公司	不充电可使用8个月	向民政应急救灾推广	小批生产
5	医用氧气加压舱	贵州风雷航空军械有限责任公司	设计压力：0.22MPa；最高工作压力：0.2MPa	临床用于突聋、脑梗塞、脑出血、颅脑外伤等疾病的治疗	现有年产100余台的生产能力，2006—2008年实现销售收入1500万元
6	医用空气加压氧舱	贵州风雷航空军械有限责任公司	设计压力：0.22MPa；最高工作压力：0.2MPa；舱内温度：18～26℃；舱内氧浓度：23%以内	临床用于患者缺血、缺氧等疾病的治疗	
7	低压舱	贵州风雷航空军械有限责任公司	根据客户的要求设计相应的技术参数	主要用于科研领域	2003年建造了国际一流、亚洲最大、国内领先的第三军医大低压舱群；目前正在建造大型低压舱设备

（续）

序号	装备名称	制造企业	主要技术指标	工程应用情况	产业化情况
8	铝工业大型自动化转台式振动成型机组	贵州航天乌江机电设备有限责任公司	产能28～30块/h，每块碳块成型时间≤45s	已投放国内外市场	年生产能力1～3套
9	带式输送机	贵州贵航能发装备制造有限公司	带宽500～1200mm，倾角大于25，输送量50～1000t/h，高低压变频器软启动控制，低速轴逆止	煤矿、洗煤厂、焦化厂、以及电力、建材、非煤矿山等行业	批量生产
10	机车闸瓦	贵州新安航空机械有限责任公司	—	—	批量供货，2008年的销售收入为440万元
11	JYL621H混合动力挖掘机	詹阳动力重工有限责任公司	机重：21t；斗容：0.9m^3；最大挖掘半径9420mm，最大挖掘高度9652mm，最大挖掘深度6890mm	通过中试	样机已出
12	JM全地形多功能抢险车	詹阳动力重工有限责任公司	水陆两用高速多功能	通过中试	样机已出
13	10JM1500/2000秸秆粉碎还田及残膜回收联合作业机组	贵州群建精密机械有限公司	残膜回收率≥85%；机具作业效率（亩/h）：20～25	试验定型	2009年形成产业化
14	KM70型煤炭漏斗车	南方汇通股份有限公司	车辆长度：14400mm；车辆最大宽度：3200mm；车辆最大高度：3780mm；商业运营速度：120km/h	正式运行	批量生产、使用
15	KZ70型石碴漏斗车	南方汇通股份有限公司	车辆长度：12074mm；车辆最大宽度：3168mm；车辆最大高度：3726mm；商业运营速度：120km/h	正式运行	批量生产、使用

5. 产业化集聚区（带）建设

贵州省装备制造业已经基本形成了具有一定的产业规模和产业带动作用的贵阳产业聚集区、遵义、安顺3大制造业集中区域，在装备配套、产品制造、技术研发等方面具备了一定的发展基础，拥有数控轧辊磨床、数控无心磨床、高速轮式挖掘机、直线式拉丝机、石油开采装备等一批特色优势明显、居于全国行业领先水平的技术装备及产品。

表9　贵州省装备制造业产业聚集区（带）汇总表　（单位：亿元）

产业聚集区名称	产业特色	龙头企业	2007 年主要经济指标		
			销售收入	工业增加值	利税总额
贵阳产业聚集区	航空航天零部件、工程机械、汽车零部件、关键液压阀、马达、泵，数控设备、通信终端产品和新型电子元器件、电力装备及产品	贵航集团 振华集团	116	33.61	6.83
安顺产业聚集区	通用飞机、无人机、航空发动机、航空零部件	贵航集团	—	—	—
遵义产业聚集区	航天配套装备、航天航空零部件、石油、核电、铝工业成套设备	中国江南航天集团	25.61	7.16	1.67

资料来源：2008 年贵阳统计年鉴、遵义统计年鉴、安顺统计年鉴。

贵阳产业聚集区。贵阳市装备制造业经过多年的发展和产业结构调整，有 110 户规模以上的企业，形成了结构合理、产品门类齐全、综合配套能力强、专业技术人才聚集、有较强科研开发与生产能力的体系。2007 年工业总产值突破 159 亿元。以挖掘机、压路机为代表的工程机械，以柴油机、汽油机为代表的动力机械，以小型机、微型电机为代表的工业基础件，以电视机、空调为代表的家用电器以及飞机、汽车、摩托车零配件，机床工具、刀具等产品的研制、开发、生产能力在全国较为领先。电子元器件、工程机械、汽车零部件、机床、电线电缆、轮胎等行业在国内有较高的声誉。

遵义航天城（贵州航天高新技术产业园）。贵州航天高新技术产业园是 2002 年经贵州省人民政府批准建立的省级军转民高新技术产业示范园区，也是我国第一个省级军转民科技园区，它是依托中国江南航天集团的军工技术和人才、产业基础，结合西部大开发战略和国家批准中国江南航天集团的“调整改造工程”建设规划，按照“一园多点”的发展格局，在遵义市和贵州省建立贵州航天高新技术产业园遵义园区和贵阳园区两大部分，园区占 287 万 m^2。在遵义园区形成以航天产品、信息技术与卫星应用、新型化学物理电源、机电一体化装备、汽车及汽车零部件、精密仪器等四个产业区。2007 年园区实现工业总产值 64 亿元（含军品）。目前，园区已初具规模，入住企业 40 多家（含“产学研”联合企业 5 家，东西部合作企业 3 家，留学归国博士创办企业 1 家），其中国家级高新技术企业 1 家，省级高新技术企业 20 家，园区拥有以国家级企业技术中心——中国江南航天集团技术中心为主体的 2 个国家级企业技术中心，包括 10 个省级企业技术中心，4 个省级工程技术中心，5 个专业实验室在内的 24 个从事军转民技术应用和高新技术产品研发科研机构，构成高新技术产品的研发和军民两用技术开发的主要技术支撑体系。贵州航天高新技术产业园以“航天为本、军民结合、立足贵州、辐射全国、走向世界；以高新技术产品为龙头，优势产业为支撑，大力发展军民两用技术、加快军工技术资源向民用领域转移，振兴贵州经济”为目标，力争在“十一五”末期至少形成工业总产值 100 亿元/年。

安顺民用航空产业国家高技术产业基地（安顺航空城）。2008 年 2 月，安顺市被确定为国家民用航空产业高技术产业基地，是全国 4 个同类行业国家高技术产业基地之一。安顺航空城工业园区，是贵州省人民政府与中国一航集团共同打造的园区，贵航集团有 49 家全资及控股子公司分布在安顺市，在机械制造方面具有雄厚的装备、技术和人才优势。园内重点发展以飞机及航空附件为主的装备制造业，以轿车、微型车、客车、特种车为龙头的汽车及汽车零部件制造业，以轴承生产和铸造业为重点的机械加工业。尤其是高级教练机、航空发动机等航空装备在国内已占有一定地位和份额。

6. 企业兼并重组

2007 年，贵州省迈开了组合重组的第一步，贵州航空集团成功收购了都匀东方机床厂和贵州双能机械公司，重组后的企业发展速度快，发展潜力大，为龙头企业的培育做了很好的探索。

2008 年 4 月风雷公司接收了贵州安顺天成航空设备有限公司成为风雷公司的子公司，为风雷公司进入机电设备及元器件生产销售领域打下了基础。

贵州能发电力燃料开发有限公司和贵州航空工业集团有限责任公司强强联手于2007年12月21日重组正式成立，公司名称由贵州双能矿山机电有限公司变更为贵州贵航能发装备制造有限公司，注册资本7200万元，公司重组后按照国家和行业技术标准开发和生产真空热处理设备、真空熔炼设备、带式输送机、刮板输送机（含转载机）、带式输送机用托辊、树脂锚杆、矿车、单体液压支柱等产品。

贵州力源液压股份有限公司于2007年12月成功进行资产重组，并于2008年成功兼并了马山永红公司和江苏金河公司。

第二节 存在问题

1. 工业增加值比重小，尚未形成规模效应，产品品牌知名度小

贵州省装备制造业工业增加值在全省工业中的比重较小，对经济增长的带动作用较弱。装备制造企业中生产整机的仅占15%，少数企业尽管具有品牌优势，但规模小，市场占有率低，主机带动配套的作用不明显，市场开拓能力较差，尚不具备国内制造主市场竞争的能力。现有装备及零部件品牌知名度在国内外市场的影响力不够，企业对装备制造产品创名牌的意识不强，多种原因导致部分老品牌在日趋激烈的竞争中逐步淡出。

2. 发展方向不太突出，配套协调力度不够

贵州省装备制造重点领域的发展缺乏总体规划，没有完全建立形成合力的有效工作机制，集中扶持重点企业、重点产品、知名品牌、产业集群的投入不足。装备制造企业相互之间的协作配套较少，尤其是能矿电力企业与装备制造企业，军工企业与地方企业的配套协调不够，各级政府、主管部门的协调力度也不足。

3. 军地融合与合作步伐缓慢

部分军工企业对军民结合的大趋势认识仍然有差异，对民品开发重视不足，开发力度不够，在市场经济条件下没有起到骨干作用。尽管做了大量的工作，各地区仍然不同程度地存在着军地融合与合作步伐缓慢的问题。地方支持军工企业发展力度不够，军工企业与地方企业相互配合、相互支持不够主动。

4. 资金周转困难，投融资能力弱

企业融资难、贷款难、担保难的问题仍然存在，企业上市融资步伐缓慢，加之大多数企业自我发展能力弱，导致企业技术改造投入不足，许多企业的工艺技术及装备水平低于全国平均水平，设备陈旧、老化甚至超期服役，造成产品高能耗、高物耗、高排放。受全球金融危机、人民币持续升值、原材料与人工成本继续飞速攀升以及政府削减出口增值税退款等众多因素影响，致使一些企业生产科研资金周转十分困难，一些陈旧设备无法更新。

5. 人才引进困难，尤其是高端人才欠缺严重

由于贵州省处于西部欠发达地区，加上省内一些大型企业如贵航、江南航天、黎阳等地处山沟，交通欠发达，生活条件艰苦，尽管每年也从全国各大院校招大学生，但很多都因上述原因工作一段时间就离开了，重点院校的学生能招到的就更少了，导致科研实力薄弱。

第三节 发展展望

金融危机严重冲击全球经济，世界经济下行风险日趋严峻，对我国经济的负面影响日益显现。我国装备制造业受国内外经济形势的影响是全局性的，遭受的冲击也是前所未有的。但危机亦是机遇，只要抓住时机，及时淘汰落后产品、落后工艺和落后产能，实现产业转型升级，将能够从容应对危机。

1. 应对全球金融危机的策略与发展思路

2008年下半年以来，金融危机的影响遍及全球，经济发展中不确定、不稳定因素增多，较大程度地影响了实体经济，许多行业受到严重冲击，对工业经济的负面影响日益显现。对此，省委、省政府把大力发展装备制造业作为重大举措，进一步明确振兴贵州装备制造业的重要性和紧迫性。在新的形势下，贵州省装备制造业的发展思路是“发挥优势、突出重点，企业主体、政府推动，改革创新、整合资源，突破整机、带动发展”。

为了应对全球金融危机，贵州省明确提出了“及时淘汰落后产品、落后工艺和落后产能，调整产业结构，实现产业转型升级”的应对策略和“产业规模实现较快发展、重点企业进一步发展壮大、科技创新能力明显提高、产业布局更加合理”的振兴目标。

围绕国家拉动内需，以及贵州省基础设施建设、交通、水利等项目对装备制造业需求的机遇，充分利用好贵州省液压泵、液压马达、紧固件等工程机械配套件在全国同行业中的领先优势，使贵州省的工程机械及零部件、工程机械领域更上新台阶，汽车及汽车零部件领域得到更好地发展。以提高质量和效益为中心，以科技含量高、经济效益好、资源消耗低、环境污染少为目标的原则，坚持走新型工业化道路，转变经济发展方式，通过技术改造、技术创新，达到提升传统产业，巩固支柱产业，增强优势产业的目的。

2. 今后三年贵州省装备制造业自主化展望

今后三年，贵州省装备制造业将围绕产业集聚、集群化发展，加大改革力度、做好产业结构调整，发挥贵州省军工优势，促进军民、军军合作，同时提高高新技术产业在工业经济中的比重，推进工业化和信息化融合、推进科技创新，加快技术改造，促进产品升级换代，增强产业核心竞争能力和可持续发展能力。

（1）产业的集聚及规模化发展，可以有效发挥资源集聚效应、分工与协作效应、资源共享效应，整合企业之间优势资源，形成拳头，创造高效益。在市场竞争中掌握主动权，并通过进一步降低成本，突出产品特性，完善售后服务，增强产业的核心竞争力。贵州省应在市场资源优化配置和最大程度发挥资源效能的前提下，引导装备制造业集聚、集群化发展。形成并增强以贵阳、遵义、安顺为重点的装备制造业集聚带。贵阳装备制造业集聚带重点发展航空航天零部件、工程机械、汽车零部件、关键液压阀、马达、泵，数控设备、通信终端产品和新型电子元器件、电力装备及产品等产品。遵义装备制造业基地重点发展航天产品、新型化学物理电源、机电一体化装备、石油、核电、铝工业成套设备、汽车零部件、精密仪器等产品。安顺装备制造业基地重点发展通用飞机、无人机、航空发动机、航空发动机、航空零部件、现代农业装备等产品。

（2）发展装备制造业，体制机制的保障具有关键性的作用。近年来，贵州省国企改革虽然取得突破性进展，但体制不顺、机制不活、包袱沉重、活力不强等问题仍然存在，在装备制造业领域表现尤为突出。因此，在今后几年里，进一步加大改革力度，以改革促发展，鼓励大中型国有装备制造企业实行股份制改造，加快建立现代企业制度，完善法人治理结构。推进投资主体多元化，鼓励装备制造企业跨行业、跨地区、跨所有制兼并重组，特别是鼓励大型国有控股企业和非公有制企业，以并购、参股等多种方式，参与国有装备制造企业的改革重组；鼓励企业之间开展形式多样的联合重组，切实抓好重点企业资产、技术和产业的组合及重组工作；积极推进企业主辅分离，解决好企业办社会、历史遗留债务等问题。抓好政策性破产工作，盘活国有资产。建立和完善激励约束机制，增强企业活力。在加大改革力度的同时，结合贵州省的实际，做好装备制造业的产业结构调整，推进工业化与信息化融合，提高产品技术含量和附加值，促进产品升级换代。积极推进以通用飞机、工程机械、能源矿山装备、数控机床等行业的“龙头”企业为核心、以产业链为纽带的企业重组，整合装备制造业现有资源，重点培育具有自主创新能力和国内外市场竞争能力的大型企业集团。

（3）发挥贵州省军工企业的技术、装备、人才优势，推进军地结合、军民结合、军军结合，建立和完善军工与民用科技工业有机结合、优势互补、互相促进的国防科技工业体制和运行机制。鼓励和支持军工企业加强与地方企业的联系与合作，鼓励和支持军工企业相互之间强强合作，形成有特色的企业联盟，提高装备协同制造的配套能力，延长民用产品链，增强竞争力。支持国家军工集团公司在黔实施专业化整合、市场化运作和规模化经营。将军工企业纳入贵州振兴装备制造业发展规划，建立多层次的军民体制，构建贵州省军民结合型装备制造业基地，推动军工与地方产业一体化。

（4）加强人才队伍建设。营造优良用人机制和培养机制，以人为本，注重提升人的素质，加强岗位培训和继续教育，拓展和深化人的知识结构。建立和完善企业人才队伍的激励、考核、培训、监督机制，积极营造有利于人才队伍成长的环境，通过市场机制优化高层管理人才队伍，采取持股、技术入股、提高薪酬等政策措施，吸引国内外高水平管理人才，为装备制造业长远发展造就雄厚的后备力量。抓好企业自身人才的培养，尤其要培养重大装备研制和系统设计的领军人才。强化技能培训及职业教育，建立与其主导产业相适应的培训机构，重点对高级技工和专业技术人员继续教育进行培训。充分利用各种技术教育资源，培育一批装备制造业急需的企业管理、科研、技工等多层次人才队伍。

第二十五章　云南省装备制造业发展报告

云南省装备制造业发展历史悠久，在全省工业经济总量中仅次于冶金、烟草、电力、化工等4大资源型行业，排在第5位；产品覆盖金属制造、交通运输设备制造、电器机械及器材制造、通用设备制造、专用设备制造、仪器仪表及文化办公用品机械制造、金属制品业等7大门类。“十一五”以来，云南装备制造业得到长足发展，以一批中央驻滇和省属企业为骨干，在红外光电子设备、新型柴油发动机、大型铁路养护机械、烟草及自动化物流成套设备、大型数控机床、铁路牵引变压器等方面的制造技术处于国内领先水平，产品有较高的市场占有率。

在新的经济形势下，加快发展装备制造业，不仅是落实科学发展观、转变经济发展方式的重要任务，还是推动产业结构调整、升级的基础和提高自主创新能力的突破口，更是应对和缓解金融危机的有效手段。能够不断提升云南经济发展的整体素质和核心竞争力，促进全省经济社会又好又快发展。

第一节　三年来云南省装备制造业发展评估

1. 建立组织协调机制，制定发展规划和配套政策

1.1　建立组织协调机构和机制

在省委、省政府的领导下，各有关部门各司其职、加强协作，建立了有效促进装备制造业发展的工作机制。云南省发展和改革委作为行业主管部门，负责牵头对行业的发展进行指导和扶持，加强宏观调控，及时协调和解决行业发展中遇到的困难和问题；行业协会作为联系政府和企业的纽带和桥梁，负责行业重点监控企业统计分析，并及时向政府反映行业动向，提出政策建议。

1.2　制定发展规划

为贯彻国家振兴装备制造业的战略，走新型工业化的工业强省道路，促进云南装备制造业科学有序发展，编制了《云南省新型工业化机械制造业发展规划》和《云南省机械装备制造业“十一五”发展规划》，并在电工、机床、汽车及内燃机、大型铁路养护机械、重化机械、农业机械及生物资源加工设备、烟草及自动化物流成套设备、铸造产业等8个重点行业制定了“十一五”专项发展规划。

（1）发展战略

调整结构、优化布局、突出重点、创造特色、发挥优势。围绕重点产业对机械装备的需求，依托重点工程和重大技术改造项目，加大引进消化、吸收、再创新力度，积极开发大型、专用、成套设备；加大投资力度，改造提升行业的技术装备水平，增强企业自主创新能力，积极开发自动化、数字化、智能化的高技术特色产品；推进产业重组，积极引进战略合作伙伴，培育一批大企业（集团）和骨干企业；优化产业布局、加强产业协作，培养一批专业化的中小企业，形成合理的产业集群。

（2）发展目标

“十一五”期间，力争技术改造和创新能力建设投入达到300亿元；行业销售收入保持年均15%以上的稳定增长；到2010年销售收入达到450亿元以上，工业增加值达到115亿元以上；万元增加值能耗由2005年的1.19t标准煤下降12%到1.05t标准煤。

（3）发展重点

结合云南装备制造业现有的产业基础，“十一五”期间重点发展8个特色装备制造业，即：数控机床、电工电器、大型铁路养护机械、自动化物流成套设备、光机电一体化设备、汽车和新型柴油发动机、重化通用装备、

农业及生物资源开发加工设备；建设 5 个产业基地，即：光电子基地、大型铁路养护机械基地、大型数控机床基地、烟草及现代物流成套设备产业基地、汽车及拖拉机产业基地。

1.3　制定和落实配套政策

为贯彻落实《国务院关于加快振兴装备制造业的若干意见》和党的十六大、十七大提出的振兴装备制造业的战略任务，构建现代产业体系，云南省委、省政府提出有重点的优先发展先进装备制造业，印发了《云南省人民政府关于促进云南装备制造业发展的意见》（云政发〔2006〕189 号），将装备制造业列入重点产业培育。通过加强组织领导和协调，在落实国家已有相关优惠政策的基础上，鼓励企业加大技术创新力度，积极参与省内各行业装备的制造和采购的招投标，对省内生产的首台（套）重大技术装备给予鼓励和支持。

按照《国务院关于振兴装备制造业的若干意见》和省政府《关于促进云南装备制造业发展的意见》要求，在重点技术改造项目等工作中，积极建议、鼓励和协调各有关部门和项目承担单位，在同质同价或优质同价、交货期以及售后服务等同等条件下，优先采购和使用云南制造的机电产品；对装备制造企业技术中心创新能力建设、技术改造项目等给予积极扶持；并通过保障措施加大落实力度。

2. 在云南省经济中的地位

2.1　主要经济指标

表 1　云南省规模以上装备制造业主要经济指标　（单位：亿元）

年份	工业总产值	年销售收入	工业增加值	利税总额	利润总额	出口交货值	从业人数/人
2006 年	210	205	52.8	15.7	9.1	14.1	74324
2007 年	259	251	64.2	21.5	12.7	14.1	73266
2008 年	290	300	75	25	16	15	75000
年均增长率（%）	23.4	23	23.1	38.2	40.6	3.1	0.4

2.2　占云南省工业总产值和工业增加值的比重

表 2　云南省装备制造业占全省工业总产值和工业增加值的比重　（单位：亿元）

年份	全省工业总产值			全省工业增加值		
		装备制造业	所占比重（%）		装备制造业	所占比重（%）
2006 年	4110	210	5.11	1407	53	3.77
2007 年	4850	259	5.34	1700	64	3.76
2008 年	5700	294	5.16	2056	75	3.65

2.3　三年建设投资情况

表 3　云南省装备制造业三年建设投资　（单位：亿元）

年份	2006 年	2007 年	2008 年
投资额	7	17	45.9

3. 产业结构的调整

“十一五”以来，云南省装备制造业坚持推动产业结构调整，初步改变了普通设备多，高技术含量的特色产品及光机电一体化产品少；单项设备多，成套及大型设备少，产品单一的局面，增强了云南装备制造业的竞争力和影响力。通过优化产品结构，不断开发新型产品，增加高技术含量产品品种，云南装备制造业得到了持续快速发展，大型数控机床、自动化物流成套设备、大型铁路养护机械、新型内燃机、发动机连杆、铁路牵引变压器等产品在全国具有一定知名度，形成了一定的产业规模和技术优势。通过结构调整，实现了国有、民营、外资企业共同发展的格局，国有及国有控股企业比重过大的格局得到改善。

3.1　产业结构

表4　云南省装备制造业构成　　（单位：亿元）

行业名称	2006 年		2007 年		2008 年	
	工业增加值	占比重（%）	工业增加值	占比重（%）	工业增加值	占比重（%）
金属制造业	3.57	6.76	3.52	5.48	4	5.3
通用设备制造业	10.8	20.43	15.85	24.68	17	22.7
专用设备制造业	8.75	16.56	10.16	15.82	12	16
交通运输设备制造业	15.42	29.17	18.44	28.72	20	26.7
电气机械及器材制造业	9.37	17.73	10.63	16.56	13	17.3
通信设备、计算机及其他电子设备制造业	3.12	5.9	3.25	5.06	5	6.7
仪器仪表及文化、办公机械制造业	1.82	3.45	2.36	3.68	4	5.3
总计	52.8	100	64.2	100	75	100

3.2　优势和特色装备

表5　云南省优势特色装备制造业构成　　（单位：亿元）

序号	优势特色装备名称	主要技术指标	制造企业	2007 年销售收入	国内市场占有率（%）
1	PASSM0 接插式空气外绝缘组合电器	额定电压：145kV；额定电流：2500A；额定峰值耐受电流：100kA；额定短时耐受电流：40kA	云南开关厂	0.25	30
2	COMPASS 敞开式空气外绝缘组合电器	额定电压：145kV；额定电流：1600A；额定峰值耐受电流：100kA；额定短时耐受电流：40kA	云南开关厂	0.39	24
3	牵引变压器	直供、AT 供电方式使用，性能全面达到国标 9、10 型水平	云南变压器电气股份有限公司	0.84	50
4	高原型 220kV 组合式电力变压器	额定电压 220kV，性能参数达到国标 9、10 型水平，运行海拔 3000m	云南变压器电气股份有限公司	1.23	30
5	红外热像仪系列产品	3～5um，8～12um 制冷型、非制冷型；320×240 斯特林制冷；160×120 多晶硅	昆明北方红外技术股份有限公司	1.02	90
6	红外光学系列产品	硅锗透镜：ϕ5～350mm 球面和非球面透镜；硅锗单晶：ϕ9～300mm 长度 1200mm；红外光学透镜：3～5um、8～12um、50～300mm	昆明北方红外技术股份有限公司	0.9867	85
7	D09－32 型连续式捣固车	作业效率：1500～1800m/h（平直轨道）；拨道作业精度：用 16m 弦长在 4m 距离内测量最大正矢误差为 ±2mm；起道作业精度：横向水平 ±2mm，纵向水平相距 10m，两测点偏差≤4mm	昆明中铁集团公司	2.8	80

（续）

序号	优势特色装备名称	主要技术指标	制造企业	2007 年销售收入	国内市场占有率（%）
8	CD08 - 475 型道岔捣固车	作业效率：在枕距 1840 根/km 的平直轨道上效率为不少于 500m/h，捣固 12 号单开道岔不超过 35min，道岔作业时作业宽度（以线路中心计）最小≤1750mm，最大≥3300mm；拨道作业精度：正矢偏差——用 20m 弦，在弦重点测量，偏差≤±2mm；起道作业精度：横向水平偏差——线路各点横向水平≤±2mm，纵向水平偏差——在长度为 10m 的距离处测量，高低差≤4mm	昆明中铁集团公司	0.4	80
9	SRM80 型齐全断面道岔清筛机	作业走行速度：0 ~ 1000m/h；作业效率：650m^3/h	昆明中铁集团公司	2.4	80
10	卧式镗床	主轴直径：ϕ5 ~ 130mm	沈阳机床集团昆明机床股份有限公司	3.87	30
11	落地式铣镗床	主轴直径：ϕ30 ~ 220mm	沈机集团昆明机床股份有限公司	4.15	40
12	刨台式铣镗床	主轴直径：ϕ10 ~ 160mm	沈机集团昆明机床股份有限公司	0.66	35
13	坐标镗床	工作台尺寸：630mm × 1100mm ~ 1020mm × 1600mm	沈机集团昆明机床股份有限公司	0.12	90
14	各型立式数控铣床光机和各型立式加工中心光机	—	昆明台正（台成、台工）精密机械有限公司	3.800	50
15	各型大型数控龙门式加工中心光机和各型高精度五面体加工中心光机	—	昆明台正（台成、台工）精密机械有限公司	0.400	20
16	斜床身数控车床光机和各型万能升降台式铣床光机	—	昆明台正（台成、台工）精密机械有限公司	2.100	50
17	以中小型精密轧机、铝锭机、拉丝机为代表的冶金成套成线设备	国内领先水平	昆明力神重工有限公司	1.000	30

（续）

序号	优势特色装备名称	主要技术指标	制造企业	2007年销售收入	国内市场占有率（%）
18	以年产120万t磷铵项目为代表的化工成套设备	国内先进水平	昆明力神重工有限公司	0.250	20
19	以塔式、门式、桥式起重机为代表的起重设备	塔式起重机处于国内领先水平，其他处于国内先进水平	昆明力神重工有限公司	0.600	10
20	以磨机、破碎机为代表的矿山、建材设备	国内先进水平	昆明力神重工有限公司	0.550	15
21	烟草机械成套设备	烟草制丝成套设备生产能力：500~12000kg/h；填充值：≥4.5cm^3/g（叶丝），≥5.0cm^3/g（梗丝），≥4.5cm^3/g（叶梗丝混合后）；打叶复烤成套设备生产能力：3000~12000kg/h；叶片复烤机出料温度：≤45℃；烟草薄片成套设备生产能力：2000~12000t/年	昆明船舶设备集团有限公司	4.5692	50
22	自动化物流系统	自动导引无人运输车（AGV）。停位精度：≤±5mm；载重达600~1250kg，运行速度90m/min。堆垛机。高度：6~36m，载重量：100~2000kg，升降速度：37.5m/min；升叉速度：50m/min，定位精度：±3mm。 自动货柜。单个货盘最大载重量：210kg，单个货盘最大载货高度：750mm；货物提升线速度：0.64m/s，货物抓取线速度：0.27m/s，平均取货时间：20s。轨道穿梭车。行走速度：最大180m/min；载重量：600kg；停位精度：±2mm。 自动分拣系统。分拣能力：7200~18000条/h	昆明船舶设备集团有限公司	3.4297	35
23	PR系列高级存折打印机	10基本型/12型/13型，24针点阵击打式打印机，可在水平缝合或垂直缝合的各类存折本、护照、证件、账簿、票据上实现无暇、快速的打印。最大纸张处理厚度：1.8mm（翻开），可处理纸张宽度：80~245mm，最高打印速度：400CPS；支持GB18030字符集或者unicode繁体、BIG-5繁体，支持56组拉丁字符集；自动对齐、自动对边、自动适应纸张厚度；支持水平磁条读、写功能，可支持ISO7811、IBM3604、ANSI、IN/ISO磁条标准；支持读MICR、E13B、CMC7磁性字符的功能	云南南天电子信息产业股份有限公司	3.2	60

（续）

序号	优势特色装备名称	主要技术指标	制造企业	2007 年销售收入	国内市场占有率（%）
24	BST 系列自助服务终端产品	BST4200/BST4300/BST3300/BST5200/BST5200/BST3340C/BST4340/BST4200A/，大堂、穿墙和壁挂式，支持存折补登、页码识别、银行卡查询及转账、凭条/账单/发票打印、多媒体信息播放、自动售票等多种自助服务功能；支持磁卡/IC 卡/非接触式 IC 卡，支持凭条/对账单打印/发票打印，硬件加密（可选）；可根据客户需求情况一维条码扫描、CALLCENTER 电话等多种功能，而且，客户还可对主控模块、卡处理模块等多个功能模块进行灵活定制	云南南天电子信息产业股份有限公司	0.86	30
25	解放微卡系列轻型商用车	轴距：2400mm、2600mm；最高车速：80km/h；匹配新柴、锡柴 480、485 发动机；整车额定载质量 980kg	一汽红塔云南汽车制造有限公司	2.883	14
26	LFJ3240G1 型自卸汽车	发动机：YC6M340 - 30；载货尺寸：8500mm × 2300mm × 800mm；载质量：11990kg	云南力帆骏马车辆有限公司	27.880	8.90
27	机床铸件	国际标准	峨山恒昌东兴铸造有限责任公司	1.33	100

4. 自主创新

4.1　创新投入与技术创新体系建设

表 6　部分重点企业 R&D 经费投入情况　（单位：万元）

企业名称	2006 年		2007 年		2008 年	
	投入	占销售收入比重（%）	投入	占销售收入比重（%）	投入	占销售收入比重（%）
昆明电机厂有限公司	1820	5.40	1317	2.99	—	—
昆明中铁大型养路机械集团有限公司	4772	5.10	5830	5.30	6200	3.20
云南南天电子信息产业股份有限公司	7186	4.00	8340	5.00	—	—
昆明云内动力股份有限公司	5214	4.03	4429	3.01	4800	3.20
沈机集团昆明机床股份有限公司	3284	3.87	3301	3.20	4600	3.54
云南 CY 集团有限公司	1510	3.50	2522	3.56	—	—
云南西仪工业股份有限公司	846	2.88	2092	5.21	1800	4.00
云南开关厂	718	3.20	872	3.10	827	3.20
一汽红塔云南汽车制造有限公司	572	0.48	823	0.53	1225	0.79
云南力帆骏马车辆有限公司	4695	2.30	9782	3.50	14536	3.80
昆明力神重工有限公司	185	0.70	195	0.65	247	0.86

（续）

企业名称	2006年		2007年		2008年	
	投入	占销售收入比重（%）	投入	占销售收入比重（%）	投入	占销售收入比重（%）
昆明北方红外技术股份有限公司	1473	9.20	2736	9.19	3022	10.20
昆明台正（台成/台工）精密机械公司	112	0.37	235	0.45	390	0.50
云南变压器电气股份有限公司	1426	3.70	1498	3.50	2500	3.50
昆明电缆股份有限公司	1520	1.17	1600	1.16	2070	1.48
昆明船舶设备集团有限公司	12180	8.05	12169	6.90	13000	6.19

云南省装备制造业拥有1个国家级企业技术中心：昆明船舶设备集团有限公司。

4.2 开发成功的重大技术装备

表7 开发成功的重大装备一览表

序号	装备名称	制造企业	主要技术指标	工程应用情况	产业化情况
1	XK2130大（重）型数控龙门镗铣床	沈机集团昆明机床股份有限公司	坐标联动轴数：五轴联动；工作台面宽度：3000mm；工作台面长度：12000mm；主轴最大扭矩：7500N/m；主轴轴向抗力：50000N；机床净重：280t	主要装备于航空、航天、船舶、铁路、重型机械、矿山机械、工程机械、能源、钢铁等行业的重点设备	目前已具备年产15台的生产能力
2	TK（H）69落地镗床模块化升级系列产品		主轴直径：Φ160mm、Φ200mm、Φ220mm、Φ260mm；主轴扭矩（N/m）：11400、14500、17500、27200；机床重量：110t、130t、220t、240t		该系列产品2008年已达到年产130台的生产能力
3	CY－K400、500/2000经济型数控车床	云南CY集团有限公司	35～2500r/min，ϕ82mm孔	—	批量生产
4	CY－K360A经济型数控车床	云南CY集团有限公司	最大回转直径400mm，主轴通孔直径ϕ52mm，主轴速度范围：变频调速（带变速箱）45～3500r/min	—	已完成样机试制
5	CY－STC100vaive阀门专机	云南CY集团有限公司	定位精度：±0.005mm，重复定位精度：±0.003mm；行程：X轴350mm，Z轴500mm	—	样机整改
6	CY－SUC4535正倒立车组合单元机床	云南CY集团有限公司	最大回转直径550mm，最大车削高度350mm，切削速度可达400m/min，主轴最大扭矩665N·m（倒）/518N·m（正）	—	样机试制

（续）

序号	装备名称	制造企业	主要技术指标	工程应用情况	产业化情况
7	HTC4050u 高精密数控车床	云南 CY 集团有限公司	主轴最高转速 4000r/min，回转精度≤2um；机床加工精度≤IT5，加工表面粗糙度≤0.4um，平面度≤3um/200mm；移动轴定位精度：2um，重复定位精度：1um	—	小批试制
8	CY－K6136 经济型数控车床	云南 CY 集团有限公司	最大回转直径 410mm，主轴转范围 55～2000r/min，主轴通孔 φ52mm；重复定位精度：Z 轴 0.016mm、X 轴 0.012mm；定位精度：Z 轴 0.040mm，X 轴 0.030mm	—	小排试制
9	TOM－SP32 系列大型数控龙门式加工中心光机	昆明台正（台成、台工）精密机械有限公司	工作台面积：2.5m×6m～2.5m×8m；横向行程（X）6～8m，纵向行程（Y）3.2m，垂直向行程（Z）1.25m	此系列光机已销售到国内多家机床整机生产厂家，填补了国内空白	批量生产
10	DIANA 系列立卧式加工中心光机，TOM－FP 高精度五面体加工中心光机	昆明台正（台成、台工）精密机械有限公司	工作台面积：2m×4.5m～2m×6.5m；横向行程（X）4～6m，纵向行程（Y）2.5m，垂直向行程（Z）1m	在全球市场有着广泛的用户	批量生产
11	TOM－SP25 系列数控龙门式加工中心光机	昆明台正（台成、台工）精密机械有限公司	工作台面积：2.3m×3m～2.3m×5m；横向行程（X）3～5m，纵向行程（Y）2.7m，垂直向形成（Z）1m	获得国内多家机床整机生产厂家的好评，市场需求量大	批量生产
12	C5613 塔式起重机	昆明力神重工有限公司	臂长 56m，最大起升重量 6t，臂端最大吊重 1.3t，独立起升高度 42m，最大起升高度 140m	主要用于中高层建筑施工，目前为止已经销售 8 台	已实现产业化
13	C5614 塔式起重机	昆明力神重工有限公司	起重臂可组合成 56m、51m、46m、41m 等四种长度，最大起升高度 180m，最大臂长 56m，吊重 1.3t，附着时最大起升高度 140m	目前为止已销售 11 台	已实现产业化
14	六辊 HC 可逆冷轧机组	昆明力神重工有限公司	用于轧制 650～960mm 宽的普碳钢及不锈钢板材，坯料厚度 3mm，成品厚度（0.2±0.003）mm	—	已实现产业化

（续）

序号	装备名称	制造企业	主要技术指标	工程应用情况	产业化情况
15	四辊可逆液压AGC冷轧机组	昆明力神重工有限公司	用于轧制高精度铜带制品，坯料最大厚度 16mm，成品最小厚度及精度（0.5 ±0.005）mm	—	已实现产业化
16	YN5、M18A、C18、BM8、NSE1.5、胀断VM、KV6、K4 - 1.8T、K4 - 1.8L 等各型连杆	云南西仪工业股份有限公司	连杆总成符合 JB/T6721 - 93《内燃机发动机连杆技术条件》JBn3744 - 84《汽车发动机可靠性实验方法》JB/T51047 - 1999《内燃机连杆产品质量分析》等要求	均通过台驾道路试验，合格投入汽车市场使用	批量生产
17	刀库	云南西仪工业股份有限公司	符合相关设备配套要求	通过质量验证及装机试验	小批量试制
18	D16TCI 柴油机	昆明云内动力股份有限公司	额定功率：72kW/4000（r/min）；排放达到国Ⅲ、国Ⅳ、国Ⅴ标准；升功率：45kW/l；比油耗：≤210g/kW · h	与华晨、柳汽、东南等汽车厂完成匹配标定，进入批产准备	具备年产 20 万台能力
19	D19TCI 柴油机	昆明云内动力股份有限公司	额定功率：82kW/4000（r/min）；排放达到国Ⅲ、国Ⅳ、国Ⅴ标准；升功率：45kW/l；比油耗：≤210g/kW · h	已广泛应用到轿车、MPV、SUV 等乘用车上	2008 年实现 1800 万元销售收入具备年产 20 万台能力
20	D25TCI 柴油机	昆明云内动力股份有限公司	额定功率：90kW/3600（r/min）；排放达到国Ⅲ、国Ⅳ、国Ⅴ标准；升功率：36kW/l；比油耗：≤210g/kW · h	已完成车辆标定	具备年产 5 万台能力
21	D30TCI 柴油机	昆明云内动力股份有限公司	额定功率：110kW/3400（r/min）；排放达到国Ⅲ、国Ⅳ、国Ⅴ标准；升功率：37kW/l；比油耗：≤210g/kW · h		具备年产 10 万台能力
22	2007 款解放微卡系列轻型商用车	一汽红塔云南汽车制造有限公司	轴距：2400mm、2600mm；最高车速：80km/h；整车额定载质量 980kg；匹配新柴 480、485 发动机；排放：国Ⅱ	—	批量生产
23	2008 款解放微卡系列轻型商用车	一汽红塔云南汽车制造有限公司	轴距：2400mm、2600mm；最高车速：80km/h；整车额定载质量：980kg；匹配新柴、锡柴 480、485 发动机；排放：国 II；优良的制动性，良好的操控性和稳定性	—	批量生产

（续）

序号	装备名称	制造企业	主要技术指标	工程应用情况	产业化情况
24	解放霸铃系列加强型气制动车型开发	一汽红塔云南汽车制造有限公司	轴距：3100mm、3360mm；最高车速：90km/h；整车额定载质量：1750kg；匹配云内4100发动机，大柴498发动机；排放：国Ⅱ；优良的制动性，良好的操控性、稳定性和舒适性	—	批量生产
25	解放霸铃系列油制动车型开发	一汽红塔云南汽车制造有限公司	轴距：2700mm、3100mm、3360mm；最高车速：90km/h；整车额定载质量：1480kg；匹配新柴490发动机，云内4100发动机，大柴498发动机；排放：国Ⅱ；优良的制动性，良好的操控性、稳定性和舒适性	—	批量生产
26	解放微卡系列轻型商用车	一汽红塔云南汽车制造有限公司	轴距：2400mm、2600mm；最高车速：80km/h；整车额定载质量：980kg；匹配新柴、锡柴480、485发动机；排放：国Ⅲ；优良的制动性、良好的操控性和稳定性	—	批量生产
27	解放霸铃系列车型开发	一汽红塔云南汽车制造有限公司	轴距：2700mm、3100mm、3360mm；最高车速：90km/h；整车额定载质量：1480kg；匹配锡柴490、4100发动机，云内4100发动机；排放：国Ⅲ；优良的制动性，良好的操控性、稳定性、舒适性和流行性外观设计	—	批量生产
28	解放金铃系列车型开发	一汽红塔云南汽车制造有限公司	轴距：3360mm；最高车速：90km/h；整车额定载质量：1950kg；匹配云内4100发动机，大柴498发动机，锡柴4100发动机；排放：国Ⅲ；优良的制动性，良好的操控性、稳定性、承载性、动力性和燃油经济性	—	批量生产
29	解放金铃系列车适应性拓展改进	一汽红塔云南汽车制造有限公司	轴距：3800mm、4000mm；最高车速：90km/h；整车额定载质量：3850kg；匹配玉柴YC4D130-30发动机；排放：国Ⅲ；优良的制动性，良好的操控性、稳定性、承载性、动力性和燃油经济性	—	批量生产

（续）

序号	装备名称	制造企业	主要技术指标	工程应用情况	产业化情况
30	金铃系列车自卸车	一汽红塔云南汽车制造有限公司	轴距：3550mm、3700mm；最高车速：85km/h；匹配云内4102、玉柴4108发动机；排放：欧Ⅲ。动力强劲、超载力强、操纵便捷、外观时尚	—	批量生产
31	云豹系列车自卸车	一汽红塔云南汽车制造有限公司	轴距：2800mm、3100mm、；最高车速：70km/h；匹配云内4100发动机；排放：欧Ⅲ。动力强劲、承载力强、操控便捷、外观时尚	—	批量生产
32	CA7101F（幸福使者）	一汽红塔云南汽车制造有限公司	轴距：2360mm；最高车速：130km/h；额定载客（含驾驶员）：5人；匹配CA3GA2发动机；排放依据标准：GB18352.3－2005	—	批量生产
33	CA7111F1A（幸福使者）	一汽红塔云南汽车制造有限公司	轴距：2360mm；最高车速：130km/h；额定载客（含驾驶员）：5人；匹配DA465Q－1A2/L3发动机；排放依据标准：GB18352.3－2005	—	批量生产
34	CA6500CE3（一汽自由风）	一汽红塔云南汽车制造有限公司	轴距：3000mm；最高车速：135km/h；额定载客（含驾驶员）：5～9人；匹配4G63S4N、4G64S4N发动机；排放依据标准：GB18352.3－2005	—	批量生产
35	CA6500CE4（一汽自由风）	一汽红塔云南汽车制造有限公司	轴距：3000mm；最高车速：135km/h；额定载客（含驾驶员）：5～9人；匹配XC4G19发动机；排放依据标准：GB18352.3－2005	—	批量生产
36	CA6500CN3（一汽自由风）	一汽红塔云南汽车制造有限公司	轴距：3000mm；最高车速：135km/h；额定载客（含驾驶员）：5～9人；匹配4G64S4M发动机；排放依据标准：GB18352.3－2005	—	批量生产
37	LFJ3160F1型自卸汽车	云南力帆骏马车辆有限公司	发动机：6A240－30；货箱尺寸：5600mm×2300mm×800mm；载质量：7990kg	良好	产销3000辆
38	LFJ1240G1型载货汽车	云南力帆骏马车辆有限公司	发动机：YC6L310－30；货箱尺寸：9500mm×2295mm×700mm；载质量：11990kg	良好	产销2500辆
39	LFJ3161G1型自卸汽车	云南力帆骏马车辆有限公司	发动机：YC6M280－30；货箱尺寸：6500mm×2300mm×700mm；载质量：7990kg	良好	产销4000辆

（续）

序号	装备名称	制造企业	主要技术指标	工程应用情况	产业化情况
40	QHC－450 型换碴处理机	昆明中铁集团公司	最高抛碴效率：450m^3/h（非板结干道床条件下）；挖掘宽度：4000mm，挖掘深度（轨面下）：850mm；提轨高度：100mm	已应用	批量生产
41	D08－32C 型捣固车	昆明中铁集团公司	作业效率：1000～1300m/h；起道作业精度：横向水平±2mm，纵向水平相距 10m，两测点偏差≤4mm；拨道作业精度：用 10m 弦，在弦中点测量最大正矢误差为±2mm	已应用	批量生产
42	LMFS－100 型运输车	昆明中铁集团公司	整机装载物料重量：100t；旋转抛带左右转动范围：±47°；满载物料卸空时间 4min，无聊储运箱容积 60m^3，输送带宽 1920mm	已应用	批量生产
43	D09－3X 型捣固车	昆明中铁集团公司	作业效率不低于 1800m/h，最大起道量 100mm，最大拨道量±150mm，最大捣固深度（轨面下）560mm，测量精度±1mm/20m 弦长	已应用	样机工业性考核
44	OLED	昆明北方红外技术股份有限公司	0.57in，800×600 显示规格；0.23in，320×240 显示规格	可广泛应用于掌上游戏机、手机、电脑及各种显示器	已组建云南北方奥雷德公司运行该项目，正在进行生产线建设
45	新型射线探测用碲锌镉材料及碲锌镉射线探测器	昆明北方红外技术股份有限公司	CdZnTe；ZCd ＝ 48；Zte ＝ 52；Eg ＝1.5eV	可广泛用于核医学仪器、核辐探测技术、安检及工业在线检测设备	完成项目验收
46	ZF10－126kV 气体绝缘金属封闭开关设备	云南开关厂	额定电压：126kV；额定电流：1250/1600/2000A；额定峰值耐受电流：100kA；额定短路开断电流：40kA	云南盛和、昆明马龙、贵州鑫鑫源、云南罗平锌电、霸州益兴、云天化、西安众源、云南再峰、恩施州水泥、湖北国润实业	正在进行产业化的技术改造
47	ZHW－126 气体绝缘组合电器	云南开关厂	额定电压：126kV；额定电流：1250/1600/2000A；额定峰值耐受电流：100kA；额定短路开断电流：40kA	—	正在进行产业化的技术改造

（续）

序号	装备名称	制造企业	主要技术指标	工程应用情况	产业化情况
48	ZHW 口 - 31.5 铁道组合电器	云南开关厂	额定电压：31.5kV；额定电流：1600A；额定峰值耐受电流：63kA；额定短时耐受电流：25kA	—	原有条件已具备产业化能力
49	252kV 高压隔离开关	云南开关厂	额定电压：252kV；额定电流：4000A；额定峰值耐受电流：125kA；额定短时耐受电流：50kA	—	已完成产业化改造
50	ZF 口 - 126kV 气体绝缘金属封闭开关设备（共箱 GIS）	云南开关厂	额定电压：126kV；额定电流：1250/1600/2000A；额定峰值耐受电流：100kA；额定短路开断电流：40kA	盘县三合水泥、迪庆州电网、四川宏业电力、临清市通达、师宗县供电公司、广西电网、云南马龙	正在进行产业化的技术改造
51	LW 口 - 252 瓷柱式 SF6 断路器	云南开关厂	额定电压：252kV；额定电流：4000A；额定峰值耐受电流：125kA；额定短路开断电流：50kA	—	正在进行产业化的技术改造
52	AT 供电方式 220kV 单相牵引变压器	云南变压器电气股份有限公司	额定电压：220/2×27.5kV 单相，联结组标号 Ii0i6	合宁、武广、甬台温、福厦等高速客运铁路	批量生产
53	AT 供电方式 220kVVv 联结牵引变压器	云南变压器电气股份有限公司	额定电压：220/2×27.5kV 三相，联结组标号 Vv 0V6	合宁、武广、甬台温、福厦等高速客运铁路	批量生产
54	220kV 组合式发电机变压器	云南变压器电气股份有限公司	额定电压：220±2×2.5/10.5kV，三相，联结组标号 YNd11	缅甸瑞丽江电站	批量生产
55	220kV 大容量自然油循环风冷电力变压器	云南变压器电气股份有限公司	额定电压：220±2×2.5/10.5kV，三相，联结组标号 YNd11	云南新桥、四川隆仪等大型变电站	批量生产

（续）

序号	装备名称	制造企业	主要技术指标	工程应用情况	产业化情况
56	特（超）高压、大截面输电导线	昆明电缆股份有限公司	使用线路：220～1000kV。最大导体截面：900mm^2，导电率：61%；抗拉强度：≥160MPa，抗拉强度均匀值：≤30MPa	用于广东电网、华中电网、西北电网、四川电网等国家重点电力线路建设工程。线路高电压为：云南楚雄—广东±800kV 直流输电线路	拥有 5 条 ϕ630 型生产线年生产大截面导线 30000t
57	高阻燃橡套矿用电缆	昆明电缆股份有限公司	环保性能优于国内同行厂家，最高点压级：3.6/6kV，导体截面：10～400mm^2；阻燃性能符合 GB/T12666 规定；抗撕强度：≥5.0N/mm	用于重庆、山西、云南等省市煤矿或有色金属矿山	拥有连续硫化生产线 5 条，可年产高阻燃橡套电缆 2500km/年
58	阻燃耐火系列电线电缆	昆明电缆股份有限公司	阻燃耐火特性性能符合 B/T12666 规定，电压：0.6/1kV，3.6/6，6/10，8.7/10，26/35；导体截面：1.5～1000mm^2	用于北京供电局奥运场馆，西安电局供电局、广州供电局、重庆供电局、昆明供电局等国内重点电力供应单位	拥有干法交联、硅烷交联和电子辐照交联等多条交联生产线及其阻燃耐火电缆材料研发基地
59	航空航天及军用特种电线电缆	昆明电缆股份有限公司	导体截面：0.012～95mm^2；导体工作温度：200～250℃	兵器工业部贵州 3119 厂、昆明 705 研究所等飞机部件、导弹配件及军用设施生产企业	年产 3000 万元产品生产能力
60	中式卷烟制丝工艺及设备	昆明船舶设备集团有限公司	系统生产能力：1000～10000kg/h；成品烟丝柔性生产能力，系统订单响应时间：1～3h，系统加工过程中同工序配方模块生产调度无缝切换能力：3～8 个模块，系统生产牌号：同时生产 3～6 个	关键单机已实现工程化应用	已具备产业化能力

（续）

序号	装备名称	制造企业	主要技术指标	工程应用情况	产业化情况
61	南天 ATM 系列成套设备	云南南天电子信息产业股份有限公司	PentiumⅣ2.8G 以上 CPU、WindowsXP 操作系统；15inTFTLCD 客户显示；16 键不锈钢数字键盘；卡读卡器，ISO1、2、3 读/写磁道，IC 卡读写，符合 EMV2000 标准，取卡自动回收、掉电退卡；2～5 个钞票箱；出钞速度 7 张/s；大容量钞箱，最多可装 3000 张新钞；凭条打印机；安全级别 UL291Level1；支持统一平台，符合 CEN/XFS 标准；AC220V ±15%，50 ±1Hz；运行温度 0～+45℃，-30℃～+45℃（带加热模块）；相对湿度 20%～95%	2008 年研发完成，进行了小批量的生产、试销售，现已销售 500 台，且机器在客户现场投入使用后，一直运行良好，达到了产品设计的初衷，满足了各银行布局 ATM 的需求	产业化前期工作基本完成，2009 年厂房建设完成后进行生产线的建设
62	机场行李自动处理系统关键技术及设备	昆明船舶设备集团有限公司	条码识别系统运行时不低于 95%，单机可用性指标：大于 99.95%，控制和软件系统可用性指标：大于 99.99%。垂直带式分拣机分拣能力：30 件/min；水平带式分拣机分拣能力：单臂 10 件/min，双臂 25 件/min；平面行李提取转盘：动载荷 100kg/m，静载荷 150kg/h，输送速度 27m/min；斜面行李提取转盘：动载荷 120kg/m，静载荷 200kg/h，输送速度 27m/min；DCV 输送小车：输送速度 8m/s，加速度 1m/s^2；行李装载速度：0～1m/s，行李卸载速度：0～2m/s	已在昆船公司搭建试验验证平台，目前正在为昆明新机场航站楼可行性研究报告提供行李系统的规划设计工作	已具备产业化能力
63	多功能自动配送系统及关键设备	昆明船舶设备集团有限公司	同一环形轨道内的堆垛机之间具有相互备份和相互防撞功能，系统出入库能力 45 托盘/h，物料在货架上多位置存放、在出入库站台多位置取放货功能，适应多种规格尺寸箱式物料在同一高架仓储系统中的动态存储，出入库能力：55 盘/h，物料自动连续补货和出货端物料自动分离作业，出货端具备人工拣选出货和自动出货功能，系统最大补货能力 700 件/h，能对单个订单中的信息进行分解，并对不同的物品并行分拣后进行订单集成，最大订单分拣及合单能力 12000 条/h，地毯式分流机：能将物料由一个入口分流向三个平行于入口方向的出口，分流能力 3000 件/h，卧式分发机：具有将缓存垛烟自动分离并实现条烟分发的功能，分发能力 7200 条/h，自动补货穿梭车：能实现条烟的自动高效补货，补货能力：60 件/h	已在深圳、长沙、青岛、大连、长春等多家用户应用	已实现产业化

5. 产业集聚区（带）建设

表 8 云南省产业集聚区（带）汇总表 （单位：亿元）

产业集聚区名称	产业特色	龙头企业	2007 年主要经济指标		
			销售收入	工业增加值	利税总额
云南省大理市创新工业园区凤仪园区	汽车制造	云南力帆骏马车辆有限公司	27.88	7.39	2.12
昆明市经济技术开发区光电子产业基地	光机电一体化	昆明北方红外技术股份有限公司	6	2.1	0.7
昆明市经济技术开发区信息产业园（正成工联盟体数控机床光机生产集团）	全国最大的机床光机生产基地	昆明台正精密机械有限公司 昆明台成精密机械有限公司 昆明台工精密机械有限公司	7.4	1.6	0.32
楚雄电器工业园区	电工电气产品	云南开关厂	4.78	1.2	0.65
通海县桑园工业区	机电产品	云南通变电器有限公司	10.37	1.92	0.44

6. 企业走出去

云南力帆骏马车辆有限公司在越南建立了汽车装配厂。

7. 企业兼并重组

在行业整合方面，CY 集团进行了有效重组，由沈阳机床集团控股，获得了新的发展机遇。昆明电机厂、昆明电缆厂、云南通变电器有限公司等企业正在协商组建电力装备集团，昆明电力装备产业基地和数控机床产业基地也在抓紧建设当中，将争取引入更多具有竞争力的优势企业，促进装备制造业的整合、重组。

第二节 存在问题

（1）云南装备制造业长期投入不足，融资难，缺乏政府专项引导资金。机械装备制造业是技术、资金、人才密集型行业，机械行业技术改造项目相比冶金、化工等行业规模一般较小，新产品研发难度较大。投入不足是长期困扰云南装备制造业发展的重要因素。2000 年前的 20 年间，全行业固定资产投入仅有 21 亿元，年均投入只有 1 亿元，致使行业至今在全国机械工业中，处于尚不可缺，但作用发挥不明显的边缘化地位。特别是 20 世纪 80 年代的规模技术改造、90 年代轻装减负、“十五”时期的产业以园区集群式结构调整等三大关键时期的缺课，使云南机械装备制造业大大拉开了与其他省区的差距，而企业设备新度系数低，致使云南机械制造多年无法突破规模化产品生产瓶颈。从 2001—2004 年云南省固定资产投资情况看，冶金工业 211 亿元，电力工业 424 亿元，化学工业 56 亿元，而装备制造业只有 31 亿元投入，大约是冶金工业的 1/7，电力工业的 1/14，不但与国内其他省市的投入力度、投入规模有差距，在云南省工业各行业中也是处于较低水平。“十一五”期间，云南装备制造业的计划项目投资也仅为 80 亿元。

（2）云南装备制造企业普遍存在资金、技术、人才短缺，企业发展乏力。尽管国家、省出台了扶持机械装备制造业发展的一系列政策，但企业感到看得见，摸不着，难以落在实处。至 2006 年底，云南省近 300 户规模以上装备制造企业中，仅有 1 户国家级企业技术中心，9 户省级企业技术中心。

（3）业主或企业首台套设备的使用和研发优惠等政策还不配套。产业整合和结构调整，缺乏属地政府有力的引导、帮助和协调。

（4）缺乏政府导向，工会、人事部门、企业、大专院校等多家联动，培养专业技术人才的机制。

（5）缺乏引导省内重点工程建设招投标时，在同质、同价、交货期及售后服务等同等条件下，优先选用省内产品的有力措施。

（6）专业化、社会化配套体系不健全，零部件企业发展不足，没有形成产业聚集发展，是长期制约云南省机床、汽车、电工等产业发展的重要因素。

第三节　发展展望

1. 应对金融危机的策略与发展思路

把加快发展装备制造业作为落实科学发展观、转变经济发展方式、应对金融危机的重要途径，作为调整优化工业结构的重点和工业技术创新的突破口。以技术进步为先导，改革开放为动力，多渠道融资实施技术改造，着力改造提升机械装备制造企业本身的技术装备水平；促进信息技术与装备制造业的融合，大力推动设计制造管理的数字化、智能化、柔性化，促进精密化制造、极端制造、网络制造等技术的运用，增强机械装备产品的研发制造能力；以市场为导向，重点发展大型数控机床、电力装备、汽车及新型内燃机、光电子产品、大型铁路养护机械、自动化物流和生物资源加工装备、重型矿山冶金化工装备、铸造等 8 个产业。

电力装备：重点组织大中型水力发电设备、高电压等级输变配电装备的攻关和制造。形成 10 万 kW 以上水力发电设备、500kV 级及以上电力变压器和高压开关成套设备的制造能力。加快风力发电设备的研发制造。加快 220kV 电力变压器、126 ~ 550kV 电压等级高压开关扩能改造，航空航天器及核电站用电线电缆、安全环保型高分子材料绝缘护套电线电缆、交联聚乙烯绝缘电力电缆扩能及提升技术水平、输电用超高压大截面钢芯铝绞线扩能等项目的技改。推进云变与西变集团的合作，开发生产 500 ~ 1000kVA 安变压器。

机床：重点发展高精度高速度高可靠性的大型数控铣镗床、立式数控精镗床、五轴联动的高速精密数控机床、卧式加工中心，以车铣削为基础的各种复合加工机床，以及动静压高速主轴、高速数控立卧式铣头、动力卡盘、微进给单元和光电传感器等数控机床功能部件。

汽车拖拉机内燃机及零部件：进一步开创中、轻型载货车发展的新局面；积极开发生产新型轻型载货车、工程车及专用车；适时开发乘用车和大型载货车；积极发展中、轻型客车和大型豪华客车等新产品；积极发展大中型拖拉机；积极开发电动等新能源动力汽车和专用零部件。加快汽车配套体系建设。

大型高速铁路养护机械：加快建设亚洲最大、国内领先的大型高速铁路养护机械研发、生产和大修理基地。加快研制高性能的 09 – 3XDynamic 捣固车、09 – 32/4S 联合捣固车、DWL – 48 连续走行捣固稳定车、QS – 1200 全断面道碴清筛机、EM – SAT120 测量车、捣固稳定综合作业车等铁路养护成套装备。

自动化物流成套设备和生物资源加工装备：进一步发展烟草、金融系统、商业配送系统的物流设备，逐步开发为国防服务的物流设备。围绕昆明新机场建设和省内机场改造，大力发展空港物流。进一步提高信息化程度和技术集成度，研制新一代高水平、系列化节能型产品，建设国内一流的烟草机械生产基地。大力发展糖、茶、胶和中药提取成套设备，以及食品加工成套设备。

光电子产品：以红外焦平面探测器生产线、红外系统总装生产线、特种红外材料和锗单晶、硅单晶、多晶硅、太阳能电池及组件、主动式有机发光显示器（OLED）、半导体照明关键材料等产品为龙头，形成一批技术含量和产业关联度高、带动力强、产业链长、市场前景好的主导产品和骨干企业。积极开发食品及药品安全监测、煤矿智能化监测系统等仪器设备和 IC 芯片。

重型矿山化工通用设备：重点开发大型磷化工、煤化工、盐化工装备，形成 50 万 t 合成氨、20 万 t 甲醇和醋酸等重大装备的主体设备制造能力；围绕中石油安宁市千万吨级炼油、百万吨级乙烯项目，参与相关成套设备的开发制造。发展 100 ~ 200t/h 破碎机械、超细粉碎设备、新型输送筛分浮选烧结等矿山成套设备，以及煤矿支护、运输装备和大型多功能起重运输设备等；发展有色冶金行业中小精密轧机、拉丝机、连续堆取料机等。进一步加大信息技术的植入，形成新型的机电一体化成套设备。积极推动环保设备的研发制造。

铸造：改造和提升铸造产业，以重（重量大）、高（高精密度、高质量、高强度、高技术等）、大（大型件）、难（形状复杂、薄壁等难铸造件）产品为突破口，增强大型机械装备基础部件的铸造能力。积极发展精密铸件和大型铸锻件。

2. 今后三年云南省装备制造业自主化展望

（1）引进技术消化吸收、再创新，实现高起点发展。借鉴大型铁路养护机械、新型柴油发动机等引进消化吸收、再创新和产学研合作的发展经验，积极开展对外经济技术合作与交流。引进 500kV 级及以上电力变压器制造技术、220kV 级及以上高压成套开关设备等技术，开发紧凑型、智能化、嵌入式变压器和高低压智能型电气成套设备以及自动化控制技术等，提升云南电工产品水平。机床产品要通过微进给单元技术、嵌入式系统开发、高速主轴及整机温升控制、除屑等技术的攻关，提升机床产品技术水平和整体质量。汽车制造企业重点提高节能环保安全等关键技术水平，开发关键总成，建设共性技术研制和检测平台；进一步提高大型铁路养护机械的高速高效性能。开展树脂砂、消失模铸造等先进铸造技术的应用，加快铸锻件发展。结合重型矿山、冶金、化工和环保设备的技术引进，高起点发展技术含量高、附加值高的矿山、冶金、化工和环保成套设备。

（2）加快推进信息化工程，推进以数字化设计，数字化制造，数字化管理，以及三者集成为重点的企业信息化工程。加大力度，促进信息技术对传统产品的改造，加强自动化控制、数控技术、精密制造、网络制造等关键技术、共性技术的应用。通过信息技术改造、集成创新，在现有机床、电工、物流自动化、烟草机械、大型铁路养护机械等优势产品中植入更多信息技术，不断增强产品竞争能力。

（3）加强行业标准化和知识产权保护工作。加强行业技术标准和技术法规的培训，促进企业产品开发和生产全面采用先进标准，为数字化设计、数字化制造和数字化管理奠定基础。开展专利宣传和培训工作，引导企业制订专利战略，树立知识产权保护意识，技术专利化、专利标准化，科学有效地利用标准和专利战略提高企业核心竞争力。

第二十六章　陕西省装备制造业发展报告

2006—2008 年，在陕西省委、省政府的正确领导下，陕西装备制造业实现了持续、稳定增长，重大技术装备和高新技术装备的自主研发、设计、制造和系统集成水平不断提高，以机床为代表的基础装备、重型载货汽车为代表的交通运输装备和大型电力机械成套装备等主要产品增幅较大，带动全行业产值、利润大幅增长，成为全省工业快速增长的强硬支撑点，为陕西工业经济又好又快发展做出了重要贡献。

第一节　三年来陕西省装备制造业发展评估

1. 建立组织协调机制，制定发展规划和配套政策

1.1　建立组织协调机构和机制

陕西省成立了由省级相关部门参加的省振兴装备制造业领导小组，由主管副省长担任组长，统一领导全省的装备制造业发展和振兴工作。

1.2　制定发展规划

2006 年，陕西省制定了“十一五”装备制造业发展专项规划。

（1）发展目标

2010 年全省装备制造业年销售收入达到 2000 亿元以上，工业增加值达到 700 亿元左右，年均增长速度保持在 20% 以上，综合经济效益达到或高于全国平均水平。

（2）发展重点及发展目标

一是飞机制造业，到 2010 年工业总产值达到 300 亿元；二是航天设备制造业，到 2010 年工业总产值达到 165 亿元；三是汽车制造业，到 2010 年工业总产值达到 500 亿元；四是输配电设备制造业，到 2010 年工业总产值达到 200 亿元；五是工程机械制造业，到 2010 年工业总产值达到 50 亿元；六是数控机床制造业，到 2010 年工业总产值达到 80 亿元；七是电子及通信设备制造业，到 2010 年工业总产值达到 400 亿元；八是专用设备制造业，到 2010 年工业总产值达到 500 亿元。

1.3　制定和落实配套政策

（1）全面落实《关于落实国务院加快振兴装备制造业的若干意见有关进口税收政策的通知》精神，凡是省内参与国内重大技术装备关键领域涉及能源、交通、工程、农业、纺织等 16 个方面的企业，为开发、制造重大技术装备进口的部分关键配套件和国内不能生产的原材料所缴纳的进口关税和进口环节增值税实行先征后退，用于企业新产品的研制生产以及自主创新能力建设。

（2）陕西省政府颁布了《关于贯彻国家自主创新基础能力建设“十一五”规划的实施意见》，支持建立稳定的自主创新支撑平台和建设财政投入保障机制，对企业用于研究开发的仪器和设备实行加速折旧，凡企业进行研发需进口的自用设备、技术及配套件、备件且符合国家政策规定的，均给予免征进口关税和进口环节增值税支持。

（3）为加快推进自主创新成果产业化，提高产业核心竞争力，促进高新技术产业的发展，认真落实国务院办公厅《关于促进自主创新成果产业化若干政策的通知》精神，提高企业的技术开发和工程化集成能力，支持国家认定的企业技术中心建设工程化试验设施。积极发挥行业协会在自主创新成果产业化中的咨询、信息、桥梁等作用。切实落实促进自主创新成果产业化的税收扶持政策，鼓励企业加大对自主创新成果产业化的研发投入，对新技术、新产品、新工艺等研发费用，按照有关税收法律和政策规定，在计算应纳税所得额时加计扣除。

企业按照《当前优先发展的高技术产业化重点领域指南》实施的自主创新成果产业化项目，符合《产业结构调整指导目录》鼓励类条件的，按相关规定享受进口税收优惠。

（4）为不断提高我国重点领域重大技术装备的自主研制能力和重大产业技术的自主开发能力，促进我国产业结构的优化升级和经济发展方式的转变，推动产业技术进步，认真落实国家发改委《“十一五”重大技术装备研制和重大产业技术开发专项规划》，以国家重点工程为依托，在能源、材料、机械制造等领域，重点开展8项重大技术装备的研制。

（5）为进一步贯彻落实省委、省政府扩大内需、促进经济增长的各项措施，实现陕西省工业经济2009年增长18%的预期目标，按照“保增长、抓优势、调结构、上水平”的总体思路，省政府颁布了《关于进一步做好工业保增长工作的实施意见》，抢抓机遇，落实振兴九个重点产业的项目和资金，积极争取国家对陕西省工业建设项目和技改项目的支持；积极推进产业集群加快发展，启动石化、汽车、航天、输变电设备、煤及煤化工等5个重点产业集群建设工程。

（6）汽车产业调整振兴规划。一是支持鼓励整车和零部件龙头企业做强做大，实现规模效益，更好地发挥聚集带动作用；二是积极推进汽车产业重组。支持大型汽车企业集团进行兼并重组，支持汽车零部件骨干企业通过兼并重组扩大规模。三要支持企业自主创新和技术改造。重点支持企业技术创新、技术改造和新能源汽车及零部件发展。四要实施新能源汽车战略，推动电动汽车及其关键零部件产业化。五要支持汽车生产企业发展自主品牌，加快汽车及零部件出口基地建设，发展现代汽车服务业，完善汽车消费信贷。

（7）装备制造业调整振兴规划。加快振兴装备制造业，必须依托国家重点建设工程，大规模开展重大技术装备自主化工作；通过加大技术改造投入，增强企业自主创新能力，大幅度提高基础配套件和基础工艺水平；加快企业兼并重组和产品更新换代，促进产业结构优化升级，全面提升产业竞争力。一要依托高效清洁发电、特高压输变电、煤矿与金属矿采掘、天然气管道输送和液化储运、高速铁路、城市轨道交通等领域的重点工程，有针对性地实现重点产品国内制造。二要结合钢铁、汽车、纺织等大产业的重点项目，推进装备自主化。三要提升大型铸锻件、基础部件、加工辅具、特种原材料等配套产品的技术水平，夯实产业发展基础。四要推进结构调整，转变产业增长方式。支持装备制造骨干企业进行联合重组，发展具有工程总承包、系统集成、国际贸易和融资能力的大型企业集团，发展现代制造服务业。五要加强企业管理和职工培训，改进生产组织方式，提高生产效率和产品质量。六要推进以企业为主体的产学研结合，鼓励科研院所走进企业，支持企业培养壮大研发队伍。

2. 在陕西省经济中的地位

2.1 主要经济指标及产业地位

表1 陕西省装备制造业主要经济指标及增长情况 （单位：亿元）

指标	2006 年		2007 年		2008 年	
	指标数	增长率（%）	指标数	增长率（%）	指标数	增长率（%）
工业总产值	920.06	31.3	1265.29	39.3	1561.03	24.69
销售收入	878.15	31.3	1216.05	40	1489.04	24.36
工业增加值	289.57	37.4	386.37	30	390.26	26
利润总额	40.76	67.3	68.34	65	72.08	5.69
利税总额	75.44	30	198.22	32	119.08	21
从业人数/万人	34.22	—	34.01	—	35.4	—

2006—2008 年陕西省装备制造业总产值占全省工业的比重分别为20.71%、22.23%和13.06%；增加值占全省工业的比重分别为15.81%、16.21%和21.32%。三年来，工业总产值、销售收入、工业增加值三年的年均增长率分别为：31.76%、31.89%和31.33%。

2.2 三年建设投资情况

2006 年装备制造业投资154.37亿元，2007 年装备制造业投资214.57亿元，2008 年装备制造业投资319.5

亿元。

3. 产业结构的调整

3.1　产业结构

表2　陕西省装备制造业构成　（单位：亿元）

行业名称	2006年		2007年		2008年	
	工业总产值	占比重（%）	工业总产值	占比重（%）	工业总产值	占比重（%）
金属制品业	26.38	2.87	32.89	2.58	51.38	3.29
通用设备制造业	135.55	14.73	174.54	13.7	230.8	14.79
专用设备制造业	140.45	15.27	185.18	14.54	224.47	14.38
交通运输设备制造业	411.97	44.78	603.67	47.39	714.13	45.75
电气机械及器材制造业	160.17	17.41	228.34	17.93	272.43	17.45
仪器仪表及文化、办公机械制造业	45.55	4.95	49.22	3.86	67.82	4.34
总计	920.07	100	1273.84	100	1561.03	100

3.2　优势和特色

表3　陕西省优势特色装备一览表　（单位：亿元）

<table>
<tr><th>序号</th><th>优势特色装备名称</th><th>主要技术指标</th><th>制造企业</th><th>2008年销售收入</th><th>国内市场占有率（%）</th><th>出口交货值</th></tr>
<tr><td>1</td><td>变压器</td><td>1700kV特高压试验变压器</td><td rowspan="3">西电集团</td><td rowspan="3">153</td><td>12</td><td rowspan="3">2.06</td></tr>
<tr><td>2</td><td>电抗器</td><td>1000kV32万kVA并联电抗器</td><td>67</td></tr>
<tr><td>3</td><td>避雷器</td><td>±800kV直流</td><td>32</td></tr>
<tr><td>4</td><td>数控成形砂轮齿轮磨床</td><td>机床为7轴数控，全部采用闭环控制，工件最大齿项直径 ϕ1250mm，工作台最大载荷10t</td><td rowspan="3">秦川机床集团</td><td>7.4</td><td>75</td><td>80万美元</td></tr>
<tr><td>5</td><td>复杂数控刀具</td><td>齿轮滚刀切削速度150m/min，精度AA级</td><td>2.12</td><td>43</td><td>10万美元</td></tr>
<tr><td>6</td><td>VTM260龙门式车铣镗复合加工中心</td><td>工作台直径2.6m，最大切削工件直径3.5m，工作台最大承载能力20t</td><td>0.12</td><td>90</td><td>0</td></tr>
</table>

4. 自主创新

陕西省具有代表性的两大装备制造业集团公司在研发投入方面投入情况：西电集团近三年科技投入分别为2006年4.29亿元、2007年6.32亿元、2008年8.01亿元，投入比保持在5%以上（2006年5.6%、2007年5.9%、2008年5.94%），三年占销售收入的比重分别为5.38%、5.98%、5.95%；秦川机床集团2006—2008年投入的研发经费分别是：4924万元、7353万元、8207万元，占销售收入的比重分别是3%、2.9%、2.6%。

陕西省拥有9个国家级企业技术中心：庆安集团有限公司技术中心、秦川机床集团有限公司技术中心、西安电力机械制造公司技术中心、中国标准缝纫机集团技术中心、陕西鼓风机（集团）有限公司技术中心、西安航空发动机（集团）有限公司技术中心、西安飞机工业（集团）有限责任公司技术中心、彩虹（集团）公司技术中心、陕西汽车（集团）有限公司技术中心。

5. 产业集聚区建设

表 4　陕西省装备制造业产业集聚区汇总表　（单位：亿元）

产业集聚区名称	产业特色	龙头企业	2008 年主要经济指标	
			销售收入	工业增加值
阎良国家航空产业基地	航空产业	西安飞机工业（集团）有限责任公司	105	18
		西安飞机工业（集团）有限责任公司	13.3	3.1
		西安航空发动机（集团）公司	50	11
西安输变电设备制造基地	输变电设备产业	西安航空发动机（集团）公司	153	46
		宝光集团	10	3
西安经开区泾渭工业园、蔡家坡汽车工业园、西安高新区	汽车产业	陕西汽车集团有限责任公司	204	51
		法士特公司	65	18
		比亚迪公司	75	20
宝鸡高新技术产业开发区	机床工具产业	秦川机床集团	28	8
		宝鸡机床集团	16	6
临潼代新工业园	重型装备产业	陕西鼓风机（集团）有限公司	44	15
		中国重型机械研究院	15	3
西安航天产业基地	航天产业	航天四院	41.4	6.4
		航天六院	36	6
咸阳高新技术产业开发区	电子通信设备	电子信息集团	42	14
宝鸡高新技术产业开发区	石油装备产业	宝鸡石油机械公司	56	10
		宝鸡石油钢管公司	80	16

第二节　存在问题

1. 工业总量所占比例不大，运行质量有待提高

2007 年，陕西装备制造业增长速度虽然较快，但占工业总量的比例不高，仅占全省工业总产值、主营业务收入、利润总额及税金总额的 22.6%、22.3%、9.8% 和 10.8%。作为传统优势行业，其资产合计、负债合计、亏损企业亏损额却占全省工业企业的 22%、23% 和 9.6%，全行业亏损额 4.9 亿元，亏损企业 143 户，占全省亏损企业总数的 17%，经济运行质量有待提高。

2. 原材料价格上涨，对企业经济效益产生明显影响

受国际市场需求持续增长和我国经济内需强劲等因素的影响，装备制造原材料及能源价格涨幅屡创新高。在重型机械产品价格上涨空间有限的情况下，生产资料市场持续增长，使企业成本始终处于高位。加之银行贷款利率提高，人民币汇率走强等因素，导致企业财务费用不断增加，装备制造企业经济效益增长前景日趋严峻。

3. 核心技术创新存在瓶颈

尽管处于领先水平的成品频出，但原始自主创新能力依然不强，超高压直流绝缘套管及绝缘成型件、矽钢片、高档大型数控系统及高精度大尺寸功能部件、工程机械配套的高档发动机及液压件，高端测试仪器及仪表等关键零部件依旧无法省内配套，极大制约了高档装备产品发展。

第三节　发展展望

陕西省装备制造业将重点发展航空、航天、船舶、输配电、机床工具、冶金煤炭重型装备、石油装备和工程机械等具有一定优势的行业，促进陕西省装备制造业加快发展。

1. 努力提高装备制造业经济总量

2012年，装备制造企业年销售收入在2007年基础上翻一番，力争超过3000亿元，工业增加值达到1000亿元，年均增长在20%以上。

2. 大力提高自主创新能力

在汽车、仪器仪表、工程机械、通讯与网络设备、半导体加工设备和具有优势的专用设备等领域，加快新建一批国家级企业技术中心；在装备制造各行业建立以企业为主体的技术创新体系；在飞机、航天动力、重型汽车、高压输变电、数控机床、通信设备等领域，开发一批重大自主创新研发项目和产业化项目。坚持质量第一，再创10个中国名牌产品和10个中国驰名商标，形成体现装备制造业优势的知名品牌系列，走质量效益型发展道路。

3. 推进装备制造业集群化发展

重点发展民用航空、民用航天、输变电设备、汽车、数控机床、冶金煤炭化工重型装备、工程机械、电子通信设备、石油装备、陕北能源化工基地能化装备等十大产业集群。

4. 继续推进体制机制创新

今后五年要以企业联合、重组为主线，争取在深化产权制度改革上取得突破。大力发展混合型经济和民营经济，继续坚持“政府引导、企业主体、市场运作”基本原则，积极支持和鼓励国内各种所有制资本特别是大型国有和国有控股企业以并购、参股等多种方式参与陕西省国有装备制造企业的改革和不良资产的处置；积极推进中央企业、军工企业与地方产业一体化，实现中央企业、军工企业与地方经济的互动互融。

5. 实施大集团大公司战略

围绕骨干龙头企业、主导产品，通过加大资金注入扩大生产规模，或通过企业强强联合、强弱组合等多种资本重组方式，加快发展大公司、大集团，在优势行业尽快打造1个到数个在全国同行业具有重要地位、在国际上有影响的大型企业集团，重点培育10个年销售收入超过100亿元、20个年销售收入超过50亿元的大集团大公司，通过大集团引领，做强做大装备制造业。

6. 实施项目带动战略，促进自主创新和产业发展

项目是自主创新和产业发展的载体，大项目是一个国家和地区经济和社会发展的重要支撑。坚持强化两个主体，一是企业作为项目策划与建设主体，二是政府和社会中介作为项目的服务主体。要瞄准世界先进水平，进行项目筹划和储备，把重点放在高精度、大型成套装备等替代进口的项目上；放在承接全球装备制造业转移的项目上；放在西部大开发急需的工程机械以及重要能源、矿产、生物资源加工的装备制造项目上；放在具有自主知识产权的技术创新产业化项目上，加快省上规划的100个重大装备制造项目和市、县规划的重点装备制造项目建设。

7. 抓好装备制造工业园区建设

加强统筹规划，围绕10大优势领域，在关中陇海沿线、汉中盆地和榆林布局若干装备制造工业园区，推进装备制造业集群式发展。重点加快西安阎良国家航空高技术产业基地、西安国家民用航天产业基地、兵器工业西安科技产业基地、西安泾渭工业园和宝鸡蔡家坡汽车工业园等装备制造工业园区建设，使它们更好地承担起装备制造业集群集中发展的承载任务。

第二十七章　甘肃省装备制造业发展报告

装备制造业的整体能力和水平决定着各国的经济实力、国防实力、综合国力以及在全球经济中的竞争与合作能力，决定着一个国家特别是发展中国家实现现代化乃至民族复兴的进程，承担着实现国家工业化的重要使命。我国的工业化进程正在进行之中，而甘肃省工业化要走的路更长。要实现“工业强省”的战略，振兴装备制造业是一个符合实际、行之有效的切入点。2007年省委省政府做出了启动实施“甘肃省装备制造业行动计划”的决策，确立了甘肃省装备制造行业总体发展思路、发展目标、重点行业及政策措施。2008年省委省政府关于深入实施工业强省战略的决定，又一次将振兴装备制造业作为未来五年的发展重点提到了战略高度，进一步明确了发展目标和运作思路。无论从市场环境，还是政策环境，甘肃装备制造业正面临着一次良好的发展机遇。

第一节　三年来甘肃省装备制造业发展评估

1. 建立组织协调机制，制定发展规划和配套政策

1.1　建立组织协调机构和机制

2007年，为加强对振兴装备制造业的组织领导，甘肃建立了振兴装备制造业省级联席会议制度，由省政府分管领导负责，省经委牵头，发改委、国资委、财政厅、科技厅、商务厅、国土厅、国税局、地税局、成套局、质量技术监督局、国防科工办、海关等相关部门组成。联席会议办公室设在省经委，负责振兴甘肃省装备制造业的日常工作。其主要工作职责是：研究制定振兴全省装备制造业的重大政策，及时解决振兴甘肃省装备制造业中的重要问题，建立经营者和优秀技术人才激励机制，对在振兴装备制造业中做出突出贡献的企业和个人给予奖励。同时，为了总结经验，表彰先进，推进工作顺利开展，省政府还决定“十一五”期间每年召开一次振兴甘肃装备制造业经验交流会议。

2008年省委省政府作出了关于深入实施工业强省战略的决定，又一次将振兴装备制造业作为未来五年的发展重点提到了战略高度，进一步明确了发展目标和运作思路。为了有利于工作的开展，省政府将原联席会议办公室正式批准成为省装备制造产业办公室，其工作职责是：研究编制各产业发展规划并组织实施；提出促进相关产业发展的政策、措施和建议；定期统计分析和报送各产业发展主要情况；协调解决产业发展中存在的问题和困难；完成领导小组办公室交办的其他事项。

1.2　制定发展规划

（1）发展战略

根据甘肃省装备制造业的战略地位以及面临的形势和任务，针对装备制造业存在的主要矛盾和薄弱环节，甘肃省装备制造业发展的总思路是：以党的十七大精神和全省工业强省会议精神为指导，全面贯彻落实科学发展观，以市场优势产品为重点，以骨干企业为扶持对象，以技术创新、技术进步，培养核心竞争力为根本，加快开发新产品，培育几个国内知名、有较强竞争能力和带动作用的企业集团及一批精而强的中小企业，按产业链集群发展，形成产业的集聚效应，使装备制造业逐步成为特色鲜明、优势突出的全省支柱产业。

（2）发展目标

到2012年装备制造业销售收入达到411亿元，其中，机械工业达到371亿元，电子信息产品制造业40亿元；年均增长20%，占全省规模以上工业企业销售收入的6.4%。装备制造业工业增加值173亿元，其中，机械工业159亿元，电子信息产品制造业14亿元；年均增长23%，占全省规模以上工业增加值的10%。

装备制造业产品出口交货值33.79亿元，年均增长20%，占甘肃省工业出口交货值的17.42%。

培育和造就一批具有自主创新能力、重要核心技术和自主知识产权、知名品牌的骨干企业和企业集团，以及特色优势产业集群。把兰石集团有限公司培育成为年销售收入超过50亿元的特大型企业集团；天水星火机床公司达到40亿元；兰州长城电工股份有限公司、兰州电机有限公司达到30亿元以上；华天微电子、蓝科石化、金川机械、锻压机床、海林轴承、众邦电缆、吉利轿车、酒钢机制公司等8户达到10亿~30亿元；50户达到亿元以上，400户达到千万元以上。

建立以企业为主体，市场为导向，产学研相结合的技术创新体系。到2012年装备制造业国家级的企业技术中心达8个，省级企业技术中心达70个。全省装备制造业新产品产值率达25%~30%。

企业要继续建立完善现代企业制度，重点企业在经营机制上有所创新，形成有利于各类资本进入的投资环境，在合资、合作、并购、嫁接等资本重组上取得积极进展，在现有基础上，再新培育3~5户上市公司。

形成若干个特色鲜明、规模较大的装备制造业集聚区。支持企业向兰州高新技术开发区、兰州经济技术开发区、兰州空港循环经济产业园、天水机床及大型成套制管设备制造产业园区、天水电工电器产业园区、天水微电子产业园区、兰州七里河大型石化装备产业园区、酒泉风光电装备制造产业园区及白银高新技术开发区等园区集聚。

（3）发展重点

石油钻采装备。研制具有自主知识产权的高端钻采设备，使钻机的制造水平达到国内一流，世界先进；以效益为中心，扩大市场占有率。进一步提升石油钻机电传动控制系统智能化水平和可靠性。抽油机做大做强，进入全球前列。保持并逐步提高采油专用车装设备市场份额。

炼油化工设备。重点发展大型高压、高温及低温设备，如加氢装置，高压换热器、低温塔器、大型球形容器、特殊阀门、大型反应器及大型干燥设备等。发展具有自主知识产权、高效节能的表面蒸发空冷器、大型板壳式换热器、板式空冷器以及煤的液化、汽化需要的装置与设备。

加快发展兆瓦级风力发电机、风电控制系统、齿轮箱、叶片、风电轮毂、风电塔筒等关键部件，适度发展成套风力发电机组，形成规模化、系列化和高技术含量、高附加值、高市场容量的产品格局。

具有自主知识产权或部分拥有自主知识产权的产品，大型成套制管机组设备，大型快速锻造液压机机组、烟气轮机、特殊阀门、石化专用泵、过程控制与检测仪表、井下无轨设备、矿山工程设备、选矿设备、冶金炉窑、湿法冶金及化工、环保等设备等。

大型、精密、专用数控机床、大型轧辊磨床，低压锻造机、大型数控锻压设备，钢板斜剪自动生产线等成套设备。

系列气动凿岩机及气动工具，重型导轨式液压凿岩机、凿岩钻车。研制开发矿用液压支架、采煤机；重熔铝锭连续铸造机。

中小水电成套设备、中型高压（6kV、10kV）高压电机、交流伺服主轴电机、变频调速电机、YTS系列高效节能型电机、中频发电机等特殊军工电机；10~126kV中高压开关电器原件、成套开关设备、电力变压器，大功率高压变频装置、特种电缆，各种智能化的低压电器原件。积极向126kV等级以上产品拓展。

真空镀膜设备、真空热处理设备、真空钎焊以及真空干燥设备；各类工业用泵如耐强腐蚀和耐磨的料泵，大中型磁力泵、径向柱塞泵等；半导体材料切割、研磨、抛光等专用设备、种子加工设备，智能化试验机、特种轴承。

发展集成电路芯片制造、封装、测试技术；支持新型片式元器件，新型显示器件、光电子器件、新型电力电子器件、大功率半导体器件、敏感元器件及各类传感器和光缆、数字音视频设备，各类光学镜头，医疗器械及检测仪器，制药设备等产品。

新型小排量轿车、半挂车、自卸大中型客车、农用汽车及为新农村建设服务的各类农机产品。汽车灯具、铝、镁合金轮毂等零部件产品。

围绕国家重点工程，发展机载舰载等军用电子装备，发展军用电子装备配套集成电路及电真空器件。

发展除尘、水处理、风机、输送、电控、消声等环保设备。

专业大型铸、锻件生产以及先进基础工艺的协作配套。

1.3 制定和落实配套政策

（1）支持园区建设，培育企业集群。通过项目带动等多种形式，大力改善工业园区基础设施，建设规模较大的兰州、天水等装备制造业聚集区，培育酒泉、白银等一批初具规模的加工小区，积极引入国内外大企业、大集团来甘投资建设装备制造企业和发展工业园区。加大对装备制造业土地政策支持力度，优先安排新建企业用地；鼓励老企业“出城入园”，对原使用土地经批准改变用途的，可按不低于评估地价的40%收取土地出让金，其余部分作为原土地使用者的权益支持企业发展，提高产业配套能力。鼓励民间资本投资装备制造业，引导装备制造企业向园区集中，促进企业集聚。

（2）加快建设以企业为主体、产学研相结合的技术创新体系。以企业为主体，依托中央在甘及省属科研机构，联合国内外研究机构，加快建立一批产学研相结合的行业共性技术中心和工程技术中心，从产品研发、信息咨询、技术培训、检测设备、模具等方面为企业技术创新提供服务，培育建设10个国家级企业技术中心和工程技术研究中心。对国家级、省级技术中心和工程技术中心给予扶持和资助。支持企业建立跨地区、跨行业的技术创新联盟，支持重大装备和关键技术项目的联合攻关。鼓励企业通过国际合作、并购、引进省内外先进的研发、制造企业等各种方式掌握核心技术。

（3）运用高新技术和先进适用技术改造提升传统装备制造业。鼓励装备制造企业用信息技术提升设计、研发、生产、采购、营销、服务和管理水平，逐步实现设计研发数字化、制造装备智能化、生产过程自动化、经营管理网络化。对装备制造业重点企业信息化改造项目，在推荐申报国家专项计划和资金支持上予以优先安排。鼓励装备制造企业与软件企业合作开发嵌入式软件和大型行业应用软件，装备制造企业与集成电路设计企业合作开发用于整机产品的关键芯片和核心芯片。对重点企业信息化改造有较大促进作用的软件合作开发项目、对整机发展有较大促进作用的芯片合作开发项目，从省技术创新专项资金中给予资助。

（4）深化国有装备制造企业改革。积极推进企业产权多元化，建立和完善现代企业制度，继续精干主体、剥离辅助、分离企业办社会，减轻企业负担。大规模引进国内外企业，参与优势企业重组，重点支持企业与央企重组。跨行业、跨地区、跨所有制整合装备制造业现有资源，努力打造一批具有自主创新能力的大企业大集团。鼓励中小企业发展为整机制造企业配套的零部件产业，鼓励大型企业将零部件、元器件等中间生产能力分离出来，组建机制灵活的专业化中小企业。发展专业分工配套网络，降低企业运营成本，提高市场竞争能力。

（5）多渠道拓宽对装备制造业发展的投入。鼓励装备制造企业通过改制上市、引进战略投资者、发行企业债券等方式筹集资金。各级政府要加大对装备制造业发展的资金投入。按照有关规定，加快企业折旧，增加设备更新和新产品开发的投入。拓宽企业融资渠道，鼓励金融机构增加对装备制造业信贷支持。鼓励引进战略投资者进入甘肃省装备制造重点企业。

（6）实施品牌战略，培育一批甘肃制造的知名品牌。提高各级政府和企业的品牌意识，加强装备制造业的品牌建设。引导、鼓励、支持企业积极开展品牌经营，创建名牌产品和驰名商标。规划期内，培育3～5个甘肃制造的中国名牌，培育若干具有甘肃特色的中国驰名商标。对每年度评选的国家级优秀新产品、新技术和获得中国名牌、甘肃名牌产品称号的企业，省政府给予奖励。加大对名牌产品的商标注册和宣传、保护工作。鼓励企业加强广告宣传、积极参加国内外大型博览会和展览活动，有关政府组团的参展费用可予以适当补贴。

（7）加强装备制造企业人才队伍建设。建立和完善政府、企业、社会相结合的人才培养机制，打造一支高水平的装备制造业经营管理团队和自主创新团队。加强企业管理人才队伍特别是中高级管理人才队伍建设，拓宽人才选拔和培养渠道，完善人才管理机制，通过引进、培训等各种方式，培养一批装备制造业领军人才。鼓励企业与科研院所、高等院校合作培养研究型人才和复合型人才，通过项目攻关、选派访问学者、留学生和设立奖学金等方式，联合培养一批年富力强、具有创造性的中青年技术创新人才，特别要着力培养重大装备研制及系统设计的拔尖人才和带头人才。以企业发展和重点项目聚集人才，鼓励有现成科技成果的科技人员到甘肃创业发展，建立健全对科技人才和经营管理人才的激励机制。高度重视职工培训，采取各种方式，建设一支高素质的技工队伍。对在振兴装备制造业中做出突出贡献的单位、企业和个人给予表彰奖励。

（8）实施振兴装备制造业税收扶持政策。全面落实《国务院关于加快振兴装备制造业的若干意见》（国发〔2006〕8号）和财政部、国家发改委、海关总署和国家税务总局等四部委《关于落实国务院加快振兴装备制造业的若干意见有关进口税收政策的通知》（财关税〔2007〕11号）精神，用足用好国家加快西部开发和新《企业所得税法》的各项优惠政策。对符合国家产业结构调整指导目录中鼓励类，且销售额占企业主营业务收入70%以上的装备制造企业，减按15%的税率征收企业所得税；凡投资符合国家产业政策技术改造项目的企业，其项目所需国产设备投资的40%可从企业技术改造项目设备购置当年比前一年新增的所得税中抵免；落实国家关于鼓励企业技术创新的税收优惠政策，对经认定的在国务院批准的高新技术产业开发区内新办的装备制造高新技术企业，自获利年度起2年内免征所得税，两年后减按15%税率征收企业所得税。

（9）鼓励优势企业开拓国内外市场。支持有条件的企业加快建立海外营销网络，在主要销售地设立分支机构，逐步提高甘肃省机电产品的出口比重，对开拓海外市场的重点项目可从专项资金予以扶助。具备条件的企业要主动申报，有关部门要积极向商务部争取中小企业开拓海外市场资金。加强装备制造企业与石化、电力、有色、冶金等优势企业的合作，积极参与国家重点发展的16项重大装备的研发制造。企业在项目建设工程招标和生产设备更新、备品储存、配件消耗中，同质同价条件下，鼓励优先选用省内优质产品。完善省内重点建设工程设备招标办法，鼓励省内重点建设工程订购和使用首台（套）省内生产重大技术装备。对选用首台（套）省内生产重大技术装备的用户单位，按照有关规定，通过装备制造业发展专项资金给予适当补贴。尽快建立由项目业主、装备制造企业和保险公司风险共担、利益共享的重大装备保险机制，引导装备制造业企业和项目业主对首台重大技术装备投保。

（10）加强对振兴装备制造业的组织领导。组建装备制造业产业办公室。编制并组织实施全省装备制造产业发展规划，研究提出指导装备制造产业结构、产品结构及组织结构调整的政策、措施和建议，协调解决配套协作、联合技术攻关及产业共性技术等产业发展中存在的问题和困难，促进行业技术创新和进步，指导装备制造产业园区建设和重大技术装备项目实施。

（11）积极争取国家政策的支持。由于装备制造业的产业特性，一些体现国家意志的重大装备不可能完全依靠市场配置资源的作用来发展，有条件的企业要争取参与国家重大装备项目的研制，并争取国家的政策扶持。

（12）积极主动应对金融危机。鼓励装备制造企业抓住国家应对全球金融风暴，采取积极的财政政策和适度宽松的货币政策、扩大内需的有利时机，围绕国家重点投资方向和领域实施一批重点项目，通过项目带动产品结构调整和产业技术升级，增强企业抗风险能力和市场竞争力。提高能源、土地和交通等要素保障能力，积极承接产业转移。

甘肃省开始落实西部大开发税收优惠政策，对设在甘肃省国家鼓励类产业的内资企业、对外省在甘肃省投资兴办的企业（除国家明令禁止、关闭和淘汰的外），经省地税局批准，在2001—2010年期间内，减按15%的税率征收企业所得税；对在甘肃省新办的交通、电力、水利、邮政、广播电视等基础产业的内资企业以及经有关部门认定的外省投资兴办的高新技术企业，经省地税局批准，企业所得税实行2年免征、3年减半征收；企业被确认为产品出口企业且当年出口产值达到总产值70%以上的。按照相关规定，经省地税局批准，可减按10%的税率征收企业所得税；对在华外商合资企业到甘肃省投资，其在投资项目外资比例超过25%的，享受外商投资企业优惠政策；外商及外省投资企业兼并或收购甘肃省企业后，被兼并前尚未弥补的亏损，经省地税局批准，允许用其以后年度与被兼并企业资产相关的经营所得，在合法弥补期限内税前继续弥补；省内地方所属科研机构转制后，从2000年起5年内免征技术转让收入的营业税，免征科研开发自用土地的城镇土地使用税，符合企业所得税纳税人条件者从2000年起5年内免征企业所得税；技术转让和与之相关的技术服务、技术咨询收入，经省地税局批准可免征营业税；社会力量资助非关联科研机构和高等院校研究开发新产品、新技术、新工艺所发生研究开发经费，可以全额在当年应纳税所得额中扣除；在符合条件的技改项目的企业投资，项目所需国产设备投资的40%可在5年内从企业技改项目购置当年比前一年新增的企业所得税中抵免；设在省内少数民族自治州、县的地方企业，经省政府批准，可以定期减免企业所得税。

2. 在甘肃省经济中的地位

2.1　主要经济指标及产业地位

截至2008年末，全省规模以上装备制造企业有292户，占全省规模以上工业企业的15.86%；从业人员91121人，占全省的13.56%；实现销售收入164.56亿元，占全省的5.22%，销售收入年均增速达到27.4%；实现工业增加值81.06亿元，占全省的7.14%，工业增加值年均增速达到16.97%；实现利润总额6.87亿元，占全省的9.96%。

表 1　甘肃省装备制造业主要经济指标　（单位：亿元）

年份	工业总产值	销售收入	工业增加值	利税总额	利润总额	出口交货值/亿美元	从业人数/人
2006 年	72.3	71.09	62.23	4.1897	2.94	1.75	85646
2007 年	106.1225	95.3322	69.48	5.7043	4.9090	2.03	91873
2008 年	218.81	164.56	81.06	8.3	6.87	1.78	91121

注：统计口径为规模以上企业。

2006—2008 年，装备制造业工业总产值年均增长 76.44%，销售收入年均增长 53.35%，工业增加值年均增长 115%，利税总额年均增长 40.8%，利润总额年均增长 53.45%，出口交货值年均增长 1.85%。

2.2　三年建设投资情况

（1）在建项目

全省目前正在实施的装备制造业重点项目 83 项，总投资 50.5 亿元，预计项目投产后新增销售收入 110.6 亿元、利税 15.5 亿元，预计在“十一五”期间均可建成。

主要项目有：①兰州电机有限责任公司兆瓦级风力发电机组研制及 1.5MW 风力发电机和控制系统产业化项目。总投资 1.65 亿元，项目建成后实现年销售收入 3.6 亿元，利税 5600 万元。②甘肃蓝科石化设备公司异地扩建项目。③兰石集团 4000～7000m 系列交流变频电驱动钻机等产品研制开发项目。④兰州交通大学绿色镀膜系列装备与工艺研发及产业化项目。总投资 3200 万元，项目建成后实现年销售收入 4000 万元，利税 700 万元。⑤天水锻压机床有限公司全自动大型制管成型机研制开发项目。⑥星火机床公司九轴五联动数控车铣复合加工中心和重型轧辊车床研制及产业化项目。⑦金川集团机械制造公司井下采掘、大型无轨设备技术改造项目等。⑧吉利轿车项目，总投资 10.6 亿元，项目建成后实现年销售收入 30.8 亿元，利税 5 亿元。⑨金川集团机械制造公司矿冶工程设备产业化项目，总投资 55519 万元，项目建成后实现年销售收入 10.67 亿元，利税 1.42 亿元。⑩长风信息集团特种无线探测装备项目。

（2）拟建项目

全省装备制造业拟建重点项目有 36 项，总投资 35.1 亿元，预计项目投产后新增销售收入 48.4 亿元、利税 8.6 亿元。

主要项目有：①酒钢机械制造有限公司轧辊铸造、热处理扩能改造、风电法兰、轮毂、塔筒生产线建设项目。②天水星火机床高精密机床制造项目。③兰石集团 12000m 电驱动钻机研制。④兰州大成自动化工程公司太阳能薄膜电池镀膜工艺技术及设备研发项目。⑤新疆金风科技股份有限公司的风机叶片、风机整机组装厂建设项目。⑥中国运载火箭技术研究院的风机叶片、风机整机组装厂建设项目。⑦中航（保定）惠腾风电设备有限公司的风轮叶片产业化项目。⑧保定华翼风电叶片研发公司的年产 500 台套兆瓦级风电叶片项目等。⑨兰州高压阀门有限公司高温高压高合金阀门生产线搬迁改造项目，总投资 4.65 亿元，项目建成后可实现年销售收入 8 亿元，利税 2.28 亿元。⑩天水华天电子集团 3D 封装项目，总投资 2.48 亿元，项目建成后可实现年销售收入 4.6 亿元，利税 5000 万元。

3. 产业结构的调整

3.1　产业结构

表 2　甘肃省装备制造业构成　（单位：亿元）

行业名称	2006 年		2007 年		2008 年	
	工业增加值	占比重（%）	工业增加值	占比重（%）	工业增加值	占比重（%）
金属制造业	5.78	9.2	6.01	8.6	6.85	8.5
通用设备制造业	14.51	23.4	16.03	23	17.02	21

（续）

行业名称	2006年		2007年		2008年	
	工业增加值	占比重（%）	工业增加值	占比重（%）	工业增加值	占比重（%）
专用设备制造业	20.05	32.3	23.13	33.3	26.24	32.3
交通运输设备制造业	2.51	4	2.79	4.2	5.98	7.4
电气机械及器材制造业	14.68	23.6	16.36	23.5	19.26	23.8
通信设备、计算机及其他电子设备制造业	3.76	6	4.12	6.2	4.48	5.5
仪器仪表及文化、办公机械制造业	0.95	1.5	1.04	1.2	1.23	1.5
总计	62.23	—	69.48	—	81.06	—

注：统计口径为经济规模以上企业。

3.2 优势和特色产业

甘肃省装备制造业在石油钻采设备、风力发电设备、数控机床等产业方面具有优势和特色。主要特色装备见表3。

表3 甘肃省优势特色装备一览表（单位：亿元）

序号	优势特色装备名称	制造企业	2008年销售收入	出口交货值
1	石油钻采系列成套设备，石油化工和炼油成套设备，“兰石牌”石油钻采及炼油化工设备	兰州兰石集团有限公司、兰州石油机械研究所	33.99	8629
2	真空获得与应用设备，“兰真牌”真空设备	兰州真空设备有限责任公司	0.9388	—
3	各类大中型交、直流电机和发电机，包括小型水轮发电机组和兆瓦级风力发电机组	兰州兰电电机有限公司	7.8	395.6（万美元）
4	126kV及以下各类电器元件和成套设备	天水长城开关厂有限公司	10.0929	1348（万美元）
5	系列凿岩机、履带式液压凿岩钻车，石油钻机电传动系统控制设备及矿井提升控制设备，“燎原”牌风动工具	天水风动机械有限责任公司	1.8779	169.07（万美元）
6	集成电路封装	天水华天电子集团	—	—
7	航天器材	甘肃长风信息科技（集团）有限公司、甘肃虹光电子有限责任公司	2.2277	—
8	大型成套直缝焊管制管线成套设备	天水锻压机床有限公司	3.3898	57（万美元）
9	“SPARK”牌数控车床获得“中国名牌产品”称号，大型数控卧式车床、数控轧辊磨床、大型数控剪切中心	天水星火机床有限责任公司	8.945	647.3（万美元）

（续）

序号	优势特色装备名称	制造企业	2008 年销售收入	出口交货值
10	各种特色阀门	兰州高压阀门有限公司	—	—
11	种子加工成套设备	甘肃酒泉奥凯种子机械有限公司	0.4058	—
12	中药制丸生产线及配套设备等方面	天水华圆制药设备有限公司	—	—
13	“长城电器”	兰州长城电工股份有限公司	26.26	3323（万美元）
14	“永红”牌 sop 封装集成电路	天水华天科技股份有限公司	—	—

4. 自主创新

4.1 创新投入和技术创新体系建设

为了适应国内外市场竞争日益加剧的严峻形势，甘肃省装备制造企业不断加大科研投入力度，强化技术创新能力建设，通过产学研联合，加快了科技成果转化与新产品开发步伐，促进了甘肃装备制造业的长足发展。截至 2007 年底重点企业新产品产值率多年达到 30% 以上，每年都有一批项目通过新产品和科技成果鉴定。据对全省 25 户重点企业统计，2007 年企业研发投入占销售收入的比重平均达到 4.3%，新产品销售收入占全部销售收入的比重达到 36.58%。2005—2007 年三年间，25 户企业共完成新产品开发 845 项，获得授权专利 173 项，科技进步已成为行业发展的第一推动力。

截至 2007 年底，全省装备制造行业拥有兰州电机有限公司、兰石集团有限公司、天水星火机床有限公司 3 个国家级企业技术中心，天水长城开关有限公司等省级企业技术中心 35 个。

省内大专院校、科研院所已成为装备制造行业有力的技术创新支撑平台。有一批国家重点实验室、检测中心和研究中心：兰州理工大学有色金属材料国家重点实验室，省级制造业工程中心、数控技术中心和计算机软件工程中心；兰州交通大学国家绿色镀膜技术与装备工程技术研究中心，部级光电技术与智能控制实验室和自动控制重点实验室；中科院兰州化学物理研究所固体润滑国家重点实验室；中国航天科技集团 510 研究所真空低温与物理国家重点实验室、表面工程技术国家重点实验室、低温容器质量监督国家检测中心；兰州石油机械研究所传热与节能工程技术研究中心、石油钻采炼油化工设备质量监督国家检测中心、机械工业换热器产品质量监督检测中心；兰州电源车辆研究所国家内燃机电站质量检测中心。天水长城电器试验研究所晋升为国家高低压电器产品质量监督检验中心，成为西北唯一一家国家级工业电器产品检测中心。

4.2 开发成功的重大装备

表 4 开发成功的重大装备列表

序号	装备名称	制造企业	主要技术指标
1	80MN 快速锻造液压机	兰州兰石集团有限公司	—
2	KYN28A-15 高压开关柜	天水长城开关有限公司	额定电压：15kV；额定绝缘水平 1min 工频耐受电压 42kV，雷电冲击电压（全波）95kV；额定频率：50Hz，额定电流：1250A；3S 热稳定电流（有效值）：31.5kA；额定动稳定电流（峰值）100kA；防护等级：外壳 IP41，断路器室门打开为 IP2X；柜尺寸≤1250A1000×1650×2388>1250A
3	绿色真空镀膜机	兰州大成自动化工程有限公司	—
4	年产 15 万 t 大口径直缝埋弧焊管生产线项目	天水锻压机床有限公司	—

5. 产业集聚区（带）建设

近年来，兰州与天水两市通过加大园区建设力度，出台“出城入园”等优惠政策，鼓励装备制造企业向园区集聚，形成配套产业链，提高竞争力。同时，配合园区建设，甘肃省也重点扶持了一批带动作用强的项目，加快两个基地的建设步伐。装备制造业已成为支撑两市工业经济持续快速发展的中坚力量，并呈现出良好发展态势。

表5　甘肃省装备制造业产业集聚区汇总　（单位：亿元）

产业集聚区名称	产业特色	龙头企业
空港循环经济产业园—装备制造业聚集区	大力推进园区循环经济的发展，充分发挥产业园区的聚集辐射功能及孵化器的作用，吉利汽车、“三高”阀门、机电及变压器等产品为主	吉利汽车、兰州高压阀门厂、甘肃宏宇变压器有限公司等
七里河装备制造业聚集区	以石油钻采设备、石油催化裂化装置、风力发电设备和高效节能系列电动机、真空应用设备、真空获得设备、电力变压器等产品为主	兰石集团、兰州电机有限责任公司、兰州真空设备有限公司、兰石研究所等
兰州石化机械工业园	围绕做强钻、采、炼三大主导产品、做大石油机械，做宽容器产品、巩固非石化机械产品，构建配套体系，重点研发引进一批科技含量高、带动性强的重大战略性项目和技术，提高企业的技术创新能力和行业的整体竞争力	兰石集团、兰石研究所
天水机床及大型成套制管设备制造产业园区	—	天水星火机床有限责任公司、天水锻压机床有限公司、天水风动机械有限责任公司
天水电工电器产业园区	—	天水213电器有限公司、天水长城开关厂
天水微电子产业园区	—	天水华天电子集团

6. 企业走出去

星火机床收购法国索玛公司、参股德国亨利安传动有限公司，这是甘肃省装备制造行业第一个“走出去”参与国际化经营的项目。通过此次合作，星火将引进先进的机床和风电大型高速齿轮箱制造技术，锻炼一批熟悉国际市场的技术、管理人才，提升企业的整体素质，加快开拓国际市场步伐，实现国际化接轨。这一举措将有力促进甘肃省机床工具和风电装备制造水平的长足进步。实现星火机床国际化接轨，真正成为国际化企业。同时，实现星火机床进军风电设备制造行业的目标，成为高品质风电齿轮箱供应商之一。

7. 企业兼并重组

宇通公司出资6000万元收购重组甘驼，使甘肃省有了“甘肃制造”的汽车产品。通过引进国内外大企业大集团重组省属重点企业，增资扩股和产权转让收入1亿多元，其中产权转让收益20多亿元，为国企改革发展筹集了资金，尤其是酒钢、金川、兰铝、连铝、华煤、祁连山水泥等一批骨干企业通过体制机制创新，实现了速度、效益的同步快速增长。通过改制或破产重组，80%以上的国有企业转入了非公经济发展轨道，带动了所有制结构调整和非公经济骨干企业的产生。

第二节　存在问题

（1）装备制造业总量太小、结构不合理。2007年，全省装备制造业工业增加值仅占全省工业的7.26%。许多领域仍处于产业分工链的低端，大型企业集团和知名品牌少。竞争主要依靠数量和价格优势，产品附加值低。

这一方面说明甘肃省要真正实现工业强省的战略，必须大力振兴装备制造业的必要性，同时从另一方面可以看到装备制造业发展的空间。

（2）大多数装备制造业企业自身的设备陈旧，落后缺乏核心技术，技术创新的能力薄弱，自主知识权的产品少，在技术上过去我们走的是一条引进消化吸收之路。世界经济的发展规律表明，高新技术装备及其制造技术不能在全球产业结构调整中由发达国家向外转移，也不完全是市场可以换来的。因此装备制造业在发展创新过程中，必须增强自主创新能力。实现由“引进吸收”到“自主创新”的跨越。

（3）大企业不强，小企业不专不精，组织结构松散，集中度低，市场竞争力弱。

（4）产品品种少、水平低，虽有一些可以代表国家水平或行业先进水平的产品，但也是有“优”而无“势”，而且经营规模都比较小。有些优势产品已开始向工业发达的地区转移。比如石油钻采设备的国内市场大部分已由陕西、四川、上海、江苏、辽宁的企业供给，甘肃省的市场份额已经很小；炼油化工设备甘肃省虽有制造技术优势，但有一些大重型的反应器，比如加氢裂化反应器由于受运输以及其他条件的限制不得不转移到沿海制造；一些电工、电器产品在沿海发达地区建立窗口乃至生产销售基地，取得了较好的效益。这种现象也是制定规划时需要认真研究的课题。

（5）人才严重匮乏。装备制造产业是技术密集型产业，尤其是电子信息产品制造业远高于其他产业。由于地域、经济体制等多种因素影响，人才引进缓慢、流失严重、总量不足。高级工程技术、科研、高新技术人才十分短缺，高级技工比例偏低。

（6）部分企业改制重组步伐缓慢，法人治理结构不够健全，尚未形成真正意义上的现代企业制度。

第二十八章　青海省装备制造业发展报告

青海省装备制造业是20世纪60年代国家实施三线建设战略而建立起来的新兴产业，40多年来，从无到有，从小到大，得到了较快的发展，已形成门类齐全的现代生产体系，具有较强的基础和能力。

1. 青海省装备制造业发展概况

青海省装备制造业规模以上企业38家，其中，国有及国有控股企业2家，国有参股企业12家，不同经济类型企业19家。全行业资产总额20.8亿元，负债总额12.3亿元，资产负债率59%。从业人员近2万人，其中：工程技术人员1621人。拥有主要生产设备1万多台套，其中：金属切削机床4000余台，大型设备600台，高精度设备180余台，数控设备100余台，锻压设备500多台。

1.1　主导产品及生产能力

青海省装备制造业主导产品分布在机床工具、环卫设备、石油机械、汽车零部件、齿轮等各类基础件、电工电器、农牧化工机械、矿山机械及锅炉九大系列。这九大系列产品分别属于国民经济中工业经济分类的通用设备制造业、专用设备制造业、交通运输设备制造业、电气机械及器材制造业等四个行业中。

金属切削机床年生产能力1500台，其中，数控机床500台、高精度机床200台、大型机床500台；齿轮变速箱总成5000台（套）；环卫设备2000当量（台）；各类曲轴8万件；各类模锻件18000t；石油钻采设备2000台；量具50万把、刃具2000万件、刀具200万把。

1.2　技术装备水平

青海省装备制造业技术装备水平起点比较高，但后继投入不足，致使一些反映装备总体水平的指标低于国内平均水平。行业内高精尖设备仅占设备总数的12.9%，而国产20世纪90年代后设备占设备总数7.3%；国产20世纪80年代设备占设备总数19.2%；国产20世纪60、70年代设备占设备总数73.5%。

1.3　主要产品市场占有率

机床。青海省机床行业的技术水平总体比较高，青海一机数控机床有限责任公司、青海第二机床制造有限责任公司、青海华鼎重型机床有限责任公司的产品各有特色，可生产26个系列220余种不同规格的产品，在国内有一定的竞争力和影响力，特别是数控加工中心、铁路专用机床、花键铣床、丝锥磨床等产品不仅在技术水平、加工精度、可靠性方面处于国内领先地位，而且价格仅为同类进口产品的60%。轧辊车床、铁路专用机床在国内市场占有率达80%以上，在国际市场也有一定份额，但生产规模与国外还存在较大差距，机床的外观设计还有待进一步改进。

量刃具、非标刀具。量具以千分尺最具特色，其产品质量、品种、规格在国内同行业中处于领先水平，总产量已占全国千分尺产量的50%，在国内具有较高知名度，在国际上也占有一定市场份额，产品85%远销北美和欧洲。非标刀具可根据用户需求设计制造，在国内也具有较高声誉。

环卫设备。可生产环卫清运设备、垃圾处理设备、城市环卫设备三大系列产品。其中，环卫清运设备分两大类，自主开发的“洁神”牌用于地坑中转站的摆臂车是特色鲜明的专利产品，在同类产品中处于领先水平；“NEWWAY”牌后装压缩式环卫车是引进消化吸收美国史堪顿公司制造技术，处于国内领先和国际先进水平。环卫清运设备在国内市场占有率已达到40%以上。最新引进荷兰技术开发的餐厨垃圾处理设备、道路多功能养护车以及马路清扫车等系列产品具备国际领先水平，填补了国内空白。

石油机械。目前石油机械产品主要以低端配套为主，其中，抽油机减速器属高耗材、科技含量低、附加值低产品，但市场占有份额大，曾占据国内市场1/3；通井机产品已具备技术和加工优势，现产销居全国第一。石油井下工具产品技术水平处于国际领先。

汽车零部件。曲轴产品已形成重、中、轻、小等系列，主要是为一汽、二汽、朝柴等大企业配套，其中雪弗莱、康明斯曲轴技术水平达到国内领先，现已进入国际市场。锻件产品主要有各类曲轴、齿轮、半轴、连杆等，还可满足小轿车精锻件特殊要求，加工水平处于国内同行先进水平。

农牧机械。以蝶式分离机和奶制品民用设备为主，其中，蝶式分离机曾获多项专利，并获得科技部科技成果奖，拥有 80% 的市场份额。

2. 三年来装备制造业经济运行情况

表 1　装备制造业主要经济指标　　（单位：亿元）

年份	工业总产值	销售收入	工业增加值	利税总额	利润总额	出口交货值	从业人员/人
2006 年	12.7	11.98	3.26	0.29	0.26	0.3	9054
2007 年	15.33	14.48	5.18	0.99	0.94	0.4	8782
2008 年	17.5	16.8	6.5	1.2	1.10	0.5	8900

表 2　主要经济指标年均增长率

年份	年工业总产值增长率（%）	年销售收入增长率（%）	年利润增长率（%）	年税金增长率（%）
2006 年	23.0	24.9	—	—
2007 年	20.7	20.9	—	—
2008 年	14.20	16.01	22.26	13.7

表 3　投资建设情况

年份	2006 年	2007 年	2008 年
投资额/亿元	3.35	3.87	4.89

3. 制定装备制造业发展规划

3.1　发展战略

坚持以科学发展观为指导，走创新之路，着力提高自主创新能力，培育核心竞争优势。以机床工具、环卫设备及零部件、石油化工机械三大产业为带动，同时，做好基础产业的发展，形成健全的工业体系，使青海装备制造业上一个新的台阶。

3.2　发展目标

到 2010 年，全行业实现销售收入 50 亿元；培育一批装备制造业骨干企业，使华鼎实业、洁神集团两个企业的生产能力和销售收入达到 15 亿元以上；锻造、齿轮等企业达到 5 亿元以上；发展 1 户上市公司，确保洁神集团成功上市融资，再筹建 1 ~ 2 户企业做好上市公司的组织和培育工作。

3.3　发展重点

机床工具。依托政策引导，以优势企业为龙头，加快资源整合，培育大型企业集团，形成规模优势，提高企业整体实力和竞争力，树“青海机床”品牌。在产品发展方向上，充分发挥技术中心的研发作用，加大科技创新力度，广泛应用光机电一体制造技术和信息技术改造、提升传统产品，开发新型数控化、智能化、复合化、精密化、柔性化装备。同时，坚持可持续发展战略，逐步推广应用干切削技术、半干切削技术、采用少油量润滑技术，向无气味、低噪声、易人性方向发展，减少和排除机床使用过程中的污染，使其与环境协调统一。青海机床在“十一五”期间，在立足自己特色产品的基础上，由低档向高档，由单台向大成套方向发展，使青海省成为数控重型专用机床，立、卧式加工中心，数控铣床，智能食品机械，花键铣床系列，汽车加工成套设备等产品的生产基地和出口基地，实现市场主流产品高起点、成套化、专业化。产品数控化率达到 90% 以上，各类机床产量达到 2500 台，其中，数控加工中心产量达到 600 台以上、数控重型机床产量达到 180 台以上。到

“十一五”末实现产值16亿元。

环卫设备。要在原有产品的基础上，积极引进荷兰、韩国等国家先进制造技术，采取自主开发、技术引进和业内产品资源整合的方式，进一步优化、完善产品结构，开发从清扫、洒水喷淋、吸粪、清洗、厨房和医疗垃圾收集到垃圾处理的系列产品，使产品品种覆盖从垃圾清运、分装、处理整个环卫设备，延伸产业链。到2010年形成年产各类环卫车及环卫设备5000台（当量）的生产规模，成为全国最大的环卫设备生产基地。到“十一五”末实现销售收入15亿元以上。

石油机械。石油机械产品市场广阔，青海省拥有制造石油机械产品的基础。目前青海省石油机械产品发展方向是由低端、低附加值产品向高端、高附加值产品过渡。通过招商引资，引进人才、技术，积极开拓市场，加强对外合作，加快“新型油气设备及井下工具”项目的实施，主要开发生产石油完井工具、石油打捞工具、防沙筛管以及地面石油开采设备，在青海形成一个以石油机械为主的产业集群，带动相关产业发展，到“十一五”末实现销售收入10亿元以上。

4. 制定和落实配套政策

4.1　坚持以科学发展观为指导，走创新之路，加快青海省装备制造业的发展

青海省装备制造业坚持以科学发展观为指导，坚定不移地按照全面持续可协调发展的要求，走中国特色新型工业化道路，加快转变经济发展方式，推动产业结构优化升级，实现国民经济又好又快发展。

（1）提高自主创新能力。装备制造业是技术密集型产业，自主创新能力是企业的核心竞争力和生命力所在。加强自主创新，这是青海省装备制造业发展壮大的根本。一要坚持引进技术和自主创新相结合，在消化吸收基础上坚持自主创新，攻克和掌握重大关键技术和核心技术，力争拥有一批具有自主知识产权的技术和专利，逐步摆脱关键领域受人控制的局面。二要鼓励和支持企业瞄准国内国际水平，加大产品研发力度，提升企业科研、设计、制造水平。大力培育名牌企业和名牌产品，扩大市场占有份额。推动以企业为主体、以市场为导向的产学研创新体系，发挥好华鼎和洁神2家省级技术研发中心的作用，以技术改造和新产品的科研开发为中心，加大科技投入，淘汰落后生产能力。在今后必须持之以恒地在技术进步和自主创新上下功夫，努力提高新产品的开发能力和企业的竞争能力。三要以市场为导向，积极引导企业特别关注用户的个性化需求，标准产品非标化，使青海省装备制造业朝着差异化的方向发展，使青海省装备制造企业逐步突破发展中的束缚，形成持久的竞争优势。

（2）加强管理创新。创新的是一个民族进步的灵魂，是国家兴旺发达的不竭动力。企业经营管理创新应该包括理念创新、体制创新、组织创新、技术创新、文化创新、绩效考核创新等内容。一要积极地承接中东部地区乃至世界制造业的转移，要坚持对外开放，融入到世界经济全球化的进程中去。二要战略模式创新。紧密联系企业发展的实际和市场经济发展的趋势，制定出企业的发展战略，明确企业的发展方向。三要进一步健全制度、规范管理、推进创新，积极在企业营销、成本控制等方面推行现代管理方法，全面提高企业管理水平。四要进行组织创新。建立符合市场经济的现代企业组织机构。针对青海省装备制造业生产能力过剩，研发和市场开拓不足的情况，逐步使企业组织结构由纺锤型向哑铃型转变，提高企业应对市场能力。五要激励机制创新。为企业领导管理层设立期权期股制度，通过激励制度有效调动企业家的积极性。六要体制创新。目前青海省装备制造业国有企业只有2户，对于模锻公司这样的老国有企业要加大改制、重组力度，通过股权转让的方式，引入其他资本和经济成分，彻底盘活企业。对于国有参股企业，要进一步完善董事会领导下、监事会监督下的总经理经营负责制，建立健全和完善产权明晰、管理科学的现代企业经营制度。

4.2　以工业园区为载体，加快形成产业集聚

针对青海省装备制造业“散、小、弱”的现状，应充分发挥政府的导向作用，建设专业化的装备工业园区，促进产业集群的发展。以华鼎机床、洁神环卫设备以及石油机械工业园区骨干企业为核心来组织专业化分工协作，培育一批“小而专”的协作配套厂，形成以大带小、以小保大、专业化分工明确的企业协作集群，提高生产集中度和技术水平，形成完善配套的工业体系。

4.3　抓好人才队伍建设

青海省装备制造业的发展离不开人才，要建立具有创新精神的科技人才、管理人才和高级技工队伍，树立人才是第一资源的战略观念。①通过岗位留人，创造人尽其才的良好环境。青海省本来就是经济不发达地区，

物质条件有限，但给他们一个施展自己才能的机会是必须的。引进人才固然很重要，但使用好自己的人才更重要，使现有企业的人才尽量少外流，就可以使青海的企业得到较为迅速的发展。这方面，青海省已出台了很好的优惠和奖励政策，现在的问题就是要抓好落实和完善工作。②加强与科研院所的合作水平，树立“不求所有，但求所用”的用人观念，以缓解青海省科技人才不足的要求，加快青海省科技创新步伐。③建立合理的规范的人才激励机制，要采取管理持股、技术入股、提高薪酬等灵活措施，以吸引和留住人才，以充分调动现有人才的积极性和创造性。④发挥青海省行业内几所职业技工学校的作用，建成高中级技工的培训基地，为青海省装备制造业定向培养和输送人才。⑤加强企业现有职工的培训，制定切合实际的人才培训计划，并坚定不移地付诸实施，要坚持在实践中培养人才的基本方针，加大岗位继续教育的力度，采用企业与大学联合办培训班的模式，使全省装备制造企业培养造就出一支“善管理、讲责任”的经营管理人才队伍，一支“技术可靠、创新意识强”的专业技术人才队伍，一支“技术精湛、一专多能”的技术工人队伍，使青海省装备制造业具备提高自主创新能力的强大基础。

4.4 积极推进企业信息化建设，提高核心竞争力

加强企业信息化建设，一要积极推行 CRP、ERP 等先进的管理手段，不仅可大大减少办事程序，提高工作效率；还可使企业获取更多信息，减少不必要的沟通，降低一些信息不对称所带来的偏差，提高领导的决策力，基层的执行力，以至企业的竞争力。二是加强信息技术与制造技术的相互融合，提高企业的信息化水平。三是坚持以信息技术提升产品的数字化、智能化水平，提高核心竞争力，带动装备制造业的发展。

4.5 紧紧围绕青海的支柱及优势产业提供装备，健全和完善工业体系

青海省是资源大省，具有石油天然气、盐湖化工等“四大支柱”产业以及青藏药等“四大优势”产业，这些产业的开发建设以及配件备件的市场需求十分广阔。但长久以来，青海省装备制造企业依赖于传统市场，没有在青海这块市场发挥基础产业的作用，一是导致青海省工业体系不是十分健全和完善。二是使装备制造企业缺失了本土市场的培育和发展。随着青海省“工业强省”、“走新型工业化道路”战略的实施，青海省装备制造业就要承担起历史的重任，充分发挥行业组织的作用，加强与产业集团的联系与合作，着力于“用青海装备装备青海”，在健全和完善工业体系上以及工业强省过程中发挥更大作用，为青海省经济建设做出贡献。

第二十九章　宁夏回族自治区装备制造业发展报告

《国务院关于加快振兴装备制造业的若干意见》明确了装备制造业的振兴目标、基本原则，确定了主要任务、重点发展的16个领域，制定了振兴措施、工作方向以及政策支持等，这为我国装备制造业的发展提供了难得的机遇。2007年，宁夏回族自治区第十次党代会提出了跨越式发展的目标，工业重点围绕“五优一新”产业发展，装备制造业作为宁夏工业的优势特色产业之一，得到重点支持，发展较快。

第一节　三年来宁夏回族自治区装备制造业发展评估

2006—2008年，宁夏回族自治区装备制造业在自治区党委、政府的正确领导下，在国家和自治区一系列促进装备制造业发展的政策措施推动下，发展潜力和优势特色更加显现，市场竞争力明显增强。

1. 建立组织协调机制，制定发展规划和配套政策

1.1　建立组织协调机构和机制

宁夏装备制造业是宁夏“五优一新”（五优产业：能源、化工、新材料、装备制造、特色农产品；一新：高新技术）特色优势产业之一，为支持“五优一新”产业及产业集群建设，宁夏成立了宁夏回族自治区“五优一新”产业集群建设领导小组。领导小组组长由自治区政府领导担任，领导小组办公室设在自治区经委，主要负责组织编制自治区“五优一新”产业集群发展规划和重点项目计划，协调重大相关政策的落实，推进“五优一新”产业集群顺利发展。

领导小组的主要职责：及时掌握国家相关产业政策，制定自治区推进产业发展的扶持政策和措施；引导产业合理布局，推进重大项目建设；确定年度重点支持的企业和项目；协调解决发展中出现的各种问题；组织落实发展规划目标的实现。领导小组建立联席会议制度，定期召开会议，及时协调解决“五优一新”产业集群发展中出现的问题，总结经验，推进工作。自治区政府各有关部门根据各自职责，制定具体的、可操作性强的政策措施，强化服务意识，提高工作效率，通过现场办公、急事特办等多种服务方式，为企业发展提供良好环境。

1.2　制定发展规划

为实现宁夏装备制造业的跨越式、集群式发展，在深入分析了自治区装备制造业发展历史、现状，研究了行业发展趋势的基础上，宁夏先后出台了《宁夏机械行业结构调整实施方案》、《宁夏机械工业“十一五”发展规划》、《宁夏机械行业专业化协作指导意见》、《宁夏回族自治区装备制造业产业集群发展规划》等规划，明确了行业发展的指导思想和总体目标，确定了重点发展的领域和产品，规划了产业集群发展及专业化协作配套的重点，制定了主要措施和政策建议。《宁夏机械工业“十一五”发展规划》和《宁夏回族自治区装备制造业产业集群发展规划》（2008—2012年）是“十一五”期间以及至2012年自治区装备制造业发展的指导性文件。

（1）发展战略

以邓小平理论和“三个代表”重要思想为指导，深入贯彻落实科学发展观，按照走新型工业化道路的要求，推进装备工业结构优化升级，加快转变发展方式和提高发展质量，加快工业化和信息化融合。通过加强自主创新、体制机制创新和扩大招商引资，突出产品特色化和产业集聚化，做到重点发展和全面提升相结合，把宁夏装备制造业打造成为具有较强竞争力的强势产业，促进自治区工业实现跨越式发展。

（2）发展目标

到2010年工业总产值180亿元，年均增长28%；工业增加值60亿元，年均增长32%；利润总额10亿元，年均增长45%；出口创汇2亿美元，年均增长35%。

到 2012 年，争取宁夏回族自治区装备制造业工业总产值达到 220 亿元，年均增长 23% 以上。培育 10 户年销售收入过 10 亿元的行业龙头企业，50 户年销售收入过 1 亿元的骨干企业，发展 100 户专业化协作配套企业，形成地域相对集中，联系紧密，分工合理，发展协调，具有强劲、持续竞争优势的产业集群。建设 15 个自治区级以上重大技术装备、关键部件、重要基础件技术（研发）中心，部分具有自主知识产权的产品科技创新能力要处于国内领先。重点发展的产品具有总体集成设计、制造和创新能力，关键部件、基础件的研发创新能力与主机创新能力同步或能够促进主机创新。

（3）发展重点

煤矿机械。重点发展国内领先的重型和超重型及薄煤层刮板输送机、转载机、破碎机、带式输送机等系列产品和隔爆电机、网格式放顶煤迈步支架等系列产品。专业化协作配套的重点是大规格圆环链、减速器、铸钢件、锻件等。不断开发新产品，提高成套性，扩大服务领域，形成较为完善的专业化协作配套体系，把宁夏建设成全国重要的煤矿机械制造基地之一。

数控机床。重点发展数控立卧式加工中心、车削中心、车铣中心等复合高档数控机床，数控珩磨机，高性能数控压力机，龙门五面体加工中心，龙门铣，专用、成套数控加工生产线等产品，以精密、高效、智能、复合、成套和绿色需求为方向，提升产品竞争力和市场占有率。专业化协作配套的重点是机床铸件、专用卡具、主轴单元、液压站、排屑器和机械加工能力，力争把宁夏建设成全国数控机床制造基地之一。

发电设备。重点发展 1MW、1.5MW、2MW 风力发电机组总体集成制造能力。区内配套的重点是齿轮箱、发电机、轴承、主变压器和箱式变压器，加快大型风电设备国产化步伐。积极发展光伏太阳能发电设备，使自治区发电设备制造形成经济规模。

输变电设备。重点发展电气化、高速铁路牵引变压器，电气化铁路牵引变电所系统集成，输变电用电力变压器，高、中、低压成套开关设备。同时加快大容量、高电压电力变压器、电气化客运高速铁路牵引变压器的研制与生产，使宁夏尽快具备制造成套输变电设备的能力。

起重机械。重点发展冶金起重机械，力争产量占到全国的 40% 以上。发展方向是 100 ~ 1000t 桥式起重机，100 ~ 500t 门式起重机，5 ~ 125t 小型化、轻型化、简易化和多样化桥式起重机，把宁夏建成全国知名的起重机械产品制造基地。

仪器仪表。重点发展技术含量高的智能型模块化控制阀，重大装备用高温、高压差、强腐蚀等条件下所需控制阀，能源、化工、电力等行业的流量测试仪表、压力测试仪表，载波预付费电能表，材料试验机等为主体的优势产品，并不断应用新技术，开发新产品，以适应工业信息化、自动化、网络化、智能化发展的需求。

机械电子基础件。机械产品重点发展石油、冶金、矿山和铁路机车轴承，加快研制生产数控机床主轴轴承、风力发电设备轴承、城市轻轨机车轴承、高速机车轴承等。扩大生产高技术含量的燃气轮机、蒸汽轮机、水利发电、核电用铸件和机床铸件等产品。支持电子元器件和电子专用材料的发展，主要发展应用于航空、航天、军工、电子、卫星通信等领域的钽电容器、铝电容器、声表面波虑波器等系列产品以及太阳能级和电子级多晶硅、单晶硅等电子专用材料。

化工设备。依托宁东能源化工基地，引进区外先进的煤化工、石油化工设备制造企业，支持本地区有条件的企业进行煤化工、石油化工设备的研制开发和制造，发展相关配套企业。发展的重点是成套化工设备，化工容器、化工管件，力争五年内形成一定的规模。

农业机械。依托宁夏特色优势农业进行区域特色农机专业化生产，重点发展设施农业机械、饲草收割加工机械、枸杞采收加工机械、硒砂瓜产业专用机械和马铃薯挖掘机等，支持引进大型农业机械的整机装配和零部件加工，改变宁夏无大型农业机械制造的现状。

汽车制造。鼓励扶持汽车产业的发展，积极发展混合动力电动汽车、纯电动汽车（包括太阳能汽车）等新能源汽车。重点支持引进重型汽车、专用汽车及乘用车的整车生产，填补宁夏无汽车整车制造的空白。支持新建和改建汽车零部件生产企业，形成相应的配套能力，争取在短期内形成一定规模的生产制造能力。

1.3 制定和落实配套政策

为进一步推进《宁夏机械工业“十一五”发展规划》和《宁夏回族自治区装备制造业产业集群发展规划》的贯彻落实，宁夏出台了《推进宁夏回族自治区装备制造业跨越式发展的指导意见》和《宁夏回族自治区发展

汽车产业的若干规定》等文件，在政策措施的制定上更加注重可操作性和可行性。

（1）加大财政扶持力度

对装备制造业发展的重点产品，在技术改造、技术创新、技术中心建设、新产品开发、重大装备国产化、专业化协作配套和信息化等方面，积极争取落实国家有关专项资金支持，地方财政资金要给予重点扶持。

自治区财政每年按上年区内装备制造业年销售收入不少于0.5%的比例设立装备制造业加快发展专项资金，重点用于主机制造企业、重点配套企业、企业技术中心建设以及技术改造、技术创新、新产品研发和人力资源培养等项目的贷款贴息和资金补助。

（2）实行税收优惠政策

积极落实《中华人民共和国增值税暂行条例》（国务院令第538号）等税收政策，制定支持装备制造业加快发展的地方税收优惠政策。地方装备制造企业新建和技改扩能项目新增产能所实现的企业所得税，将地方分成部分的50%留给企业专项用于技术改造、技术创新和新产品研发。允许企业按当年实际发生的技术开发费用的150%，抵扣当年应纳税所得额。对企业技术开发、技术转让和技术咨询服务取得的收入免征营业税。

（3）拓宽融资渠道

支持符合条件的装备制造业重点企业通过上市、发行企业债券（含企业短期融资券）等方式筹集发展资金。自治区财政采取以奖代补方式奖励首次上市企业：融资额在2亿元以上的，奖励200万元；融资额在1亿~2亿元的，奖励150万元；融资额在1亿元以下的，奖励100万元。

鼓励金融机构加大对装备制造业的支持力度，经委、金融办积极协调区内外金融企业参与支持区内装备制造产业集群发展。组建专业担保中心为中小企业提供融资担保，推动银行为自主创新的中小企业做知识产权质押贷款担保；充分利用进出口银行对装备制造行业国际贸易提供相关信贷支持。加大招商引资工作力度，引导区内外机构、个人以兼并重组、入股、直接投资等多种形式加盟宁夏装备制造业，鼓励民营企业积极参与装备制造业的发展。

（4）推进企业技术进步

支持企业进行工艺装备的更新改造，形成门类比较齐全、技术水平处于国内领先地位的关键工艺技术体系，推进工业化和信息化的融合，使装备数控化率和信息化水平明显提高。装备制造企业在研究开发新工艺、新产品、新技术过程中所使用的设备，采取缩短折旧年限方法的，最低折旧年限不得低于规定折旧年限的60%；采取加速折旧方法的，也可以采取双倍余额递减法或者年数总和法。

支持在大学、大企业设立工程研发（技术）中心，进行关键工艺技术、控制技术与关键总成技术和系统集成设计、制造技术的研究和突破，积极鼓励承担国家、自治区、企业的科研项目，推进科技进步和技术创新，鼓励企业参与国内外重大项目投标，推动科技成果转化和产业化进程。

鼓励主机企业、重点配套企业提高研发能力和技术创新能力，建立技术研发机构，按照《自治区企业技术中心管理办法》规定，对新认定的企业技术中心，从自治区工业化发展资金中给予一次性扶持，自治区级的30万元，国家级的累计100万元。

（5）支持骨干企业加快发展

培育和引入服务装备制造业的投资企业，鼓励国有资本进入装备制造业。自治区国资委要重点围绕国有大、中型企业进行战略性投资，市级国资委要以具有一定技术水平的小型配套企业为重点进行投资。

通过招商引资、联合重组、技术改造等手段，在煤矿机械、机床、仪器仪表、轴承、电工电器、风力发电设备、起重机械、化工机械、汽车制造等行业，加快培育年销售收入10亿元以上的龙头企业。对年销售收入1亿元以上的骨干企业（每年向社会公布一次），在整体规划、项目核准、资金支持、铁路运输等方面予以支持。围绕骨干企业和主导产品，积极发展一批专业化协作配套企业。骨干企业要给配套企业信用支持和技术援助。

（6）建设专业化生产中心

从自治区装备制造业实际出发，依托具有比较优势的企业，重点建设五个专业化生产中心，即：铸、锻件生产中心，铸、锻件粗、精加工中心，板焊件及表面覆盖件生产中心，电镀中心和热处理中心，以加强全区装备制造业基础工艺配套能力。

凡为装备制造业骨干企业进行规模化配套的企业，与主机厂享受同等的扶持政策。组建机床、煤矿机械、起重机械等专业化协作配套中心，负责组织区内专业化协作配套和生产基地建设，协调配套工作中出现的问题，使专业化协作配套由各企业独立进行，向集聚、有序方向发展。有条件的工业园区要成立装备制造业创业孵化中心，设立工业房地产公司，建设轻型标准厂房，零租金提供给创业小企业使用。

（7）加强专业人才培养和激励机制

采取持股、技术入股、提高薪酬、科研人员技术参与分配和加大攻关项目奖励等政策措施形成人才激励机制。制定本科及以上科技人员最低工资待遇指导标准。对重大技术装备研制、开发、使用和推广做出突出贡献的人员，对填补国内空白、替代进口、形成发明专利的突出贡献者，各级政府和有关部门要给予表彰和重奖。从行业专家、工程技术人员、技术工人三个层次入手进行人才培养。将宁夏大学机械学院、宁夏化工技师学院等确定为专门的培训基地，享受国家中小企业银河培训计划扶持资金支持，通过加强师资力量和提升基础设施水平，提高培训能力。通过与国内外先进制造企业、高等院校、科研院所加强合作，联合培育一批中青年科技人才、管理人才和高级技工。同时充分发挥学校、企业各自的优势，加强职业技能教育，实行定向招生、定向就业。

（8）加大政府定向采购力度

对由政府出资建设的重要工程所需的机电设备和使用财政性资金采购的机械产品，凡是自治区内能够生产提供的，在质量、价格、服务等方面同等的条件下，应优先采用区内产品。区内企事业单位在基本建设、技术改造项目中，采用本区装备制造企业生产的产品，自治区财政给予采购价款补贴。对企业购置区内首台、首套设备，给予一定的资金补助和支持。

（9）支持汽车产业发展

加快汽车产业发展，是推动宁夏产业结构调整，提高装备制造业整体水平的重要举措。自治区政府设立汽车产业发展基金并制定了发展汽车产业的若干规定，鼓励汽车产业发展。通过招商引资在宁夏建设的汽车制造企业，在土地、电力、燃油和天然气使用等方面给予优先，在财政、税收政策方面给予优惠。鼓励区内企业参与汽车零部件生产，享受与主机厂同等的相关优惠条件和政策。把在自治区内生产的整车，改装、组装汽车纳入政府采购范围，同等条件下优先采购。

2. 在宁夏回族自治区工业中的地位

2.1　主要经济指标及产业地位

2008 年，宁夏装备制造业规模以上 116 家工业企业完成工业总产值 105 亿元，与 2005 年相比，年均增长 26.05%；完成工业增加值 31 亿元，年均增长 27.35%，占全自治区规模以上工业企业完成工业增加值的 6.39%；实现销售收入 100 亿元，年均增长 27.55%；实现利税 10 亿元，年均增长 39.67%；实现利润 7 亿元，年均增长 63.55%。重型矿山设备、铁路牵引变压器、风力发电设备、数控机床等一批重点产品快速增长，保持了良好的发展势头。

表 1　宁夏回族自治区装备制造业主要经济指标　（单位：亿元）

年份	工业总产值	销售收入	工业增加值	利税总额	利润总额	出口交货值	从业人数/万人
2006 年	65.18	62.32	21.03	7.28	4.44	4.63	2.56
2007 年	82.23	79.48	26.15	9.85	6.54	7.29	2.62
2008 年	105	100	31	10	7	9.4	2.6

注：统计口径为规模以上企业。

2.2　三年建设投资情况

2006—2008 年，宁夏装备制造业三年共完成技术改造投资 10.75 亿元，其中：2006 年完成 3.5 亿元，2007 年完成 4.39 亿元，2008 年完成 2.86 亿元。三年来，陆续建成投产的重点项目较多，其中：获国债项目支持的 5 项，其他重点项目 3 项。

2008—2012 年是宁夏装备制造业实施重点项目较多的时期，也将进一步得到国家和自治区的大力支持。

3. 产业结构的调整

3.1　产业结构

宁夏装备制造业的产品结构相对于其他省区来讲，门类不全，品种单一，产业结构不尽合理。通用设备、专用设备和金属制品等产品所占比重较大，而交通运输设备、通信设备、计算机和电子设备等几乎为零。

表2　宁夏回族自治区装备制造业构成　（单位：亿元）

行业名称	2006年		2007年		2008年	
	工业增加值	占比重（%）	工业增加值	占比重（%）	工业增加值	占比重（%）
金属制品业	4.04	19.21	4.42	16.9	4.5	14.52
通用设备制造业	9.55	45.41	9.94	38.01	11.0	35.48
专用设备制造业	3.94	18.74	4.06	15.53	4.7	15.16
交通运输设备制造业	0	0	0.16	0.61	0.9	2.90
电气机械及器材制造业	2.55	12.12	4.54	17.36	6.9	22.26
仪器仪表及文化、办公机械制造业	0.95	4.52	3.03	11.59	3.0	9.68
总计	21.03	100	26.15	100	31	100

注：统计口径为规模以上企业。

针对宁夏装备制造业产业结构的现状，近几年来，自治区在调整产业结构方面做了大量工作。2006年，德国恩德公司、宁夏发电集团、宁夏天净集团风电设备制造项目正式启动，这标志着具有世界先进技术水平的风力发电设备制造业正式落户宁夏，这对调整区内装备制造业的产业结构，促进宁夏风电产业的发展，有着十分重要的意义。2007—2008年，先后有6家汽车和拖拉机制造企业落户宁夏。目前项目正在加紧建设，在今后的两年内这些项目将陆续建成投产。项目的投产，将进一步改变宁夏装备制造业的产业结构，填补区内无制造汽车和大中型拖拉机的空白，同时可带动相关配套中小企业的发展。

3.2　优势和特色产业

宁夏装备制造业整体规模虽小，但个别行业和产品在全国同行业中具有一定的优势和特色，部分产品市场占有率和知名度比较高，并呈现出良好的发展势头。

机床。宁夏新瑞长城机床有限公司生产的全功能数控车床、柔性加工单元（FMC）和柔性加工系统（FMS），产品性能和质量水平在全国同行业中处于前列，部分达到了国际水平；宁夏中卫大河机床有限公司生产的数控珩磨机床代表国内水平；宁夏小巨人机床公司生产的N系列机床采用了电主轴技术、温度补偿技术和中空丝杠技术，达到国际先进水平。

仪器仪表。宁夏银星能源股份有限公司生产的自动化执行机构（调节阀）产品品种覆盖率达85%，市场占有率达30%，位居全国同行业之首，从德国ARCA公司引进的ECOTROL模块化调节阀，配用的智能定位器技术，使调节阀实现了自动化控制，产品的技术水平处于国内领先。吴忠市材料试验机有限公司和青山试验机有限公司生产的高温蠕变试验机、扭转试验机等市场占有率也较高。

轴承。西北轴承股份有限公司和富安捷铁路轴承（宁夏）有限公司生产的石油机械轴承、冶金机械轴承、工程机械轴承、矿山机械轴承、重载汽车轴承、铁路轴承质量稳定，可靠性高，为石油机械主机配套的轴承国内市场占有率达到70%，冶金轧机轴承、矿山机械轴承、重载汽车轴承、石油机械轴承已进入了国际市场，生产能力和技术水平在全国同行业中具有举足轻重的地位。

煤矿机械。宁夏天地奔牛实业集团有限公司和西北煤矿机械有限公司生产的煤矿刮板输送机、转载机、破碎机、皮带输送机等在全国同行业中处于领先水平。刮板输送机技术性能、产品使用寿命基本上达到美国Joy公司的水平，尤其是重型和超重型煤矿运输设备，其技术水平、生产能力和市场占有率等方面均处于国内领先地位。宁夏三一西北骏马煤矿电机制造有限公司生产的矿用隔爆型三相异步电动机，在全国隔爆电机行业中排名第四，在矿用隔爆电机行业中排名第二。产品技术水平在国内同行业中处于领先，达到或接近国外同类产品的技术水平。

起重机械。宁夏天地奔牛银起设备有限公司生产的“银起”牌起重机和“银鹰”牌减速器在用户中享有良好的声誉，冶金桥式起重机具有市场竞争优势。同时，公司还具有较强的减速器生产能力，通过技术改造，将形成年产 2200 台硬齿面、大功率减速器生产能力，将占领一部分矿用、风力发电齿轮箱市场。

电工电器。银川卧龙变压器有限公司，具有年生产 220kVA 及以下电压等级各类电力变压器 600 万 kVA 的能力，其生产的电气化铁路牵引变压器，国内市场占有率 45%，是国内主要制造和供应商。该公司生产的“YNA 联结平衡牵引变压器”获国家重点新产品证书，该公司也成为国家科技部认定的此产品技术依托单位；电气化铁路牵引变压器和 110kVA 电力变压器获宁夏回族自治区名牌产品称号。宁夏力成电气公司是生产高低压成套配电设备的企业，是国家重点高新技术企业，其生产的低压配电成套设备全部通过了中国质量认证中心 3C 认证，产品具有良好的发展前景。

4. 自主创新

4.1 创新投入和技术创新体系建设

2007 年，59 户重点工业企业全年科研经费共投入 24242 万元，占当年销售收入的 4%，较 2005 年提高 1%。

2006—2008 年，全区装备制造企业共有 171 项重点技术创新和新产品试产项目被列入自治区级重点项目，其中：重点技术创新项目 89 个，重点新产品试产项目 82 个。

截至 2008 年末，宁夏装备制造业有 4 家工业企业通过了国家级企业技术中心认定，占全自治区国家级企业技术中心的 57%，分别是西北轴承股份有限公司技术中心、宁夏银星能源股份有限公司技术中心、宁夏天地奔牛实业集团有限公司技术中心和宁夏共享集团有限公司技术中心；有 10 家工业企业通过了自治区级企业技术中心的认定，占全自治区的 30%，这标志着宁夏装备制造企业的技术创新能力进一步增强。

4.2 开发成功的重大装备

2007 年 12 月，宁夏共享铸钢有限公司承担的三峡地下电站水轮机转轮叶片试制项目，通过技术鉴定。该项目已攻克水轮机铸件关键技术，叶片各项技术指标符合三峡地下电站机组技术要求，达到国际同类产品先进水平，形成了具有自主知识产权的专有技术。

2006—2008 年，宁夏装备制造企业共荣获自治区科学技术进步奖 12 项。其中，属于 2005 年度的项目 5 项。由宁夏吴忠仪表股份有限公司研制的“ECOTROL 模块化智能调节阀”项目获一等奖；由西北轴承股份有限公司研制的“12 - P - 160 出口泥浆泵配套轴承”项目获二等奖；由宁夏中卫大河机床有限责任公司研制的“XK50/3 凸轮轴数控铣床”、宁夏三一西北骏马电机制造有限公司研制的“YBSD 系列高压矿用隔爆型双速三相异步电动机”和宁夏长城数控机床有限公司研制的“计算机辅助工程分析示范工程（CAE）”等项目获三等奖。属于 2006 年度的项目 4 项。由西北轴承股份有限公司研制的“1450mm 六辊可逆冷轧机配套轴承”、宁夏天地奔牛实业集团有限公司研制的“SZZ1000/525 中双链刮板转载机”等项目获二等奖；由宁夏长城须崎铸造有限公司研制的“大型涡轮增压器铸件”和宁夏西北煤矿机械制造有限责任公司研制的“1.4m 顺槽带式输送机”等项目获三等奖。属于 2007 年度的项目 3 项。由西北轴承股份有限公司研制的“冶金机械隔膜泵配套轴承”、宁夏新瑞长城机床有限公司的“斜床身中高档数控车床高速化应用技术研究”和宁夏西北煤矿机械制造有限责任公司研制的“3 × 1600kW 上运固定皮带机”项目获三等奖。

5. 产业集聚区建设

根据宁夏装备制造业的现状，在充分发挥企业优势和挖掘企业发展潜力的基础上，按照现代化大生产的要求，依托于行业龙头企业和主导产品，带动相关专业化协作配套的中小企业发展，重点建设六个产业集群，以集群发展促进宁夏装备制造业的跨越式发展。

表3　宁夏回族自治区装备制造业产业集群汇总　（单位：亿元）

产业集群名称	主导产品	龙头企业	2008年主要经济指标		
			销售收入	工业增加值	利税总额
数控机床	中、高档数控机床、数控珩磨机	宁夏小巨人机床公司、新瑞长城机床公司、中卫大河机床公司	11.02	2.63	1.72
煤矿机械	重型超重型刮板输送机	宁夏天地奔牛集团公司	20.86	4.38	2.07
仪器仪表	模块化智能调节阀	宁夏银星能源股份公司	5.96	1.73	0.79
轴承	石油冶金机械轴承、铁路轴承	西北轴承股份有限公司	7.20	1.97	-0.25
电工电器	大型变压器、风电设备	银川卧龙变压器有限公司 恩德（银川）风电设备公司	21.29	4.88	1.43
起重机械	起重机械	宁夏天地奔牛银起设备公司	2.04	0.37	0.16

数控机床产业集群。依托宁夏小巨人机床有限公司、宁夏中卫大河机床有限公司、宁夏银川大河机床有限公司、宁夏新瑞长城机床有限公司、银川西部大森数控技术有限公司，形成数控金属切削机床和数控金属成形机床产品为主干，专业化协作配套企业为卫星支撑的产业集群。发展方向是把宁夏打造成为以立卧式数控加工中心、数控车床、数控珩磨机、大型龙门数控加工中心为主的数控机床产品生产基地，产品产量要占到全国的3%；产品的发展目标要达到世界先进水平和国内领先水平。

重型矿山机械产业集群。依托宁夏天地奔牛实业集团有限公司、宁夏西北煤矿机械制造有限公司、宁夏三一西北骏马电机制造有限公司等企业在煤矿机械制造领域的生产和技术优势，扶持和发展宁夏灵州矿山机器制造有限公司、石嘴山市凝力机械设备公司、西北奔牛链条有限公司、宁夏维尔铸造有限责任公司等一批专业化协作配套企业，形成重型矿山机械产业集群。重点发展在国内领先的重型和超重型及薄煤层刮板输送机、转载机、破碎机、带式输送机等系列产品和隔爆电机、网格式放顶煤迈步支架等系列产品，不断开发新产品，提高成套性，扩大服务领域。围绕优势核心企业，提升配套能力。

仪器仪表产业集群。依托宁夏银星能源股份有限公司在仪器仪表行业的优势，扩大生产工业自动调节阀和执行器，流量仪表、压力仪表、金属材料试验机、非金属材料试验机、电子式电度表、影像冲扩器材等产品，形成以工业自动化仪表为主导，电工仪表、试验机、影像机械及器材等产品同时发展的仪器仪表产业集群。重点发展技术含量高的工业自动化仪表、载波预付费电能表、冲击试验机、杯突试验机、高温蠕变及持久强度试验机等产品。

电工电器产业集群。依托银川卧龙变压器有限公司、宁夏发电集团、宁夏天净电力设备公司、宁夏力成电气集团公司、宁夏隆达电缆有限公司、宁夏鑫瑞特电机制造有限公司等企业，形成以铁路牵引变压器、大型电力变压器、风力发电设备、配电控制设备、电线电缆、系列电动机等为主导产品的电工电器产业集群。继续扩大电气化铁路、高速铁路牵引变压器，输变电用电力变压器及特种变压器等在国内具有先进水平的产品生产，同时要进行大容量、高电压电气化客车高速铁路牵引变压器的研制与生产；加快大型风电设备国产化研究步伐，形成0.75MW、1MW、1.5MW风力发电机关键零部件的设计制造和整机生产能力；加快形成为风力发电设备配套的减速器、发电机、控制系统设计制造能力；同时，要继续扩大高、中、低压成套开关设备，电线电缆，通用电机等通用产品的生产。

轴承产业集群。以西北轴承股份有限公司为龙头企业，带动富安捷铁路轴承（宁夏）公司、宁夏勤昌滚动轴承有限公司、西北轴承机械有限公司、西轴集团平罗轴承公司、西轴集团贺兰轴承公司、银川特种轴承有限公司等生产企业和为轴承行业专业化协作配套企业及轴承销售企业，形成生产石油机械、冶金机械、铁路机车、工程机械、矿山机械、重型汽车等专业轴承，生产农业机械、普通机械通用轴承以及生产钢球、滚子、套圈、保持架等轴承配套零件的企业和销售企业组成的产业集群。进一步扩大目前具有优势的石油机械轴承、冶金机械轴承、矿山机械轴承、铁路机车轴承的产量，提高市场占有率。加快机床主轴轴承、风力发电机轴承、高速机车轴承等高精度、高可靠性、高技术含量产品的研制和批量生产，同时要加快市场需求量大的汽车轮毂轴承、电机轴承的生产和市场开拓，形成高、中档轴承为主的产品结构。

起重机械产业集群。依托宁夏现有 7 家起重机械设备生产企业和一些主要零配件生产企业均在银川的优势，以现有单、双梁桥式、门式起重机主机为主体，以减速器、轴承、电线、钢丝绳、铸件和机械加工企业为配套，组建减速器、联轴器、车轮组、卷筒组、滑轮组等专业化生产基地，形成以银川地区为主的起重机械产业集群。把宁夏打造成为全国知名的起重机械产品生产基地之一，冶金起重机产量要占到全国的 40%。根据区内现有起重机的生产基础，产品发展的方向是 100 ~ 1000t 桥式起重机、100 ~ 500t 门式起重机和 5 ~ 125t 小型化、轻型化、简易化和多样化桥式起重机；产品的品种向多样化方向发展，积极开发低净空、特种材料、高速化起重机。

6. 企业兼并重组

2006 年，北京天地科技股份有限公司以 52% 的股权控股宁夏西北奔牛实业集团有限公司。为适应国家煤炭工业大发展的需要，加速煤机产业的整合重组，两家企业努力融合在技术与产品的关联性与配套性方面具有的互补性和在技术、人才、资源、市场和产业配套等方面的综合优势，实现技术研发和专业制造企业的强强联合，建成在采煤机械化与自动化方面的国内最具影响力的龙头企业。

宁夏长城数控机床有限公司与江苏新瑞机械有限公司重组后设立宁夏新瑞长城机床有限公司。新公司投资 4.5 亿元，形成年产 6000 台数控机床及功能部件、4 万 t 树脂砂铸件的生产能力。

2007 年，北京天地科技股份有限公司以协议收购方式收购了宁夏银起集团公司破产资产，成立宁夏天地奔牛银起设备有限公司。新公司将利用天地科技股份有限公司的资金、市场优势和天地奔牛集团的技术装备、专业制造和营销网络等优势，组建国内研发实力最强、技术装备最先进、管理水平一流的各类专用、通用减速机研发制造基地，并成为天地科技股份有限公司所属企业煤矿综采机械产品的配套厂家。

2008 年，由沈阳三一重型装备有限公司重组宁夏西北骏马煤矿电机制造有限公司，正式成立宁夏三一西北骏马电机制造有限公司。沈阳三一重型装备有限公司通过收购、增资占新公司注册资本的 51%，宁夏西北骏马煤矿电机制造有限公司占 48%，北京中煤信达科贸有限公司占 1%。重组后的宁夏三一西北骏马电机制造有限公司将调整企业发展战略，在做好做大原有产品的同时，大力发展高压、大功率电机和变频调速电机等高效节能环保产品。

第二节　存在问题

1. 产业整体规模小，产品品种不全

宁夏装备制造业整体规模比较小，工业增加值仅占全国机械工业的 1% 左右，占全区规模以上工业的 6% ~ 7%。在机械工业的 13 个分行业中，宁夏仅有 6 个行业的部分产品形成了一定的生产能力，农业机械、内燃机、文化办公设备、食品及包装机械、石化机械、工程机械、汽车制造等几乎是空白。行业中缺乏带动性强的企业集团和龙头企业，产品门类不齐全，产品品种相对较少。

2. 专业化生产和社会化协作配套能力差

宁夏专业化生产和社会化协作配套能力不足，严重影响了企业竞争力的提高。例如机床行业中占 70% 的功能部件、标准件、油漆等需要从区外购入，加工件中的 50% 需要从区外协作配套。2008 年，自治区已制定出台了提高机床、煤矿机械、起重机械、风力发电设备等协作配套能力的实施方案，以促进全区专业协作配套水平的提高。

3. 专业技术人员缺乏，自主创新能力不强

装备制造业是资金、技术、专业技术人员密集型产业，但由于受区域、薪酬等因素的影响，一些工程技术人员外流，新的技术力量补充困难，企业急需的工程技术人才缺乏，大多数企业专业技术人员所占比例达不到要求，年富力强的专业人员流失严重，专业复合型人才严重缺位。由于人才的制约，企业新产品研发速度缓慢，创新能力差。

4. 工艺装备水平低，设备陈旧老化

目前，自治区装备制造企业拥有20世纪70、80年代的国产设备占设备总数的50%，数控机床占设备总数的8%左右，设备新度系数不到60%，整体装备水平较之国内外同行业有一定差距。除宁夏长城须崎铸造有限公司、宁夏小巨人机床公司现有的装备水平基本达到国际先进水平外，其他企业，包括一些重点骨干企业装备水平基本处于国际20世纪80、90年代的水平，一些中小型企业装备水平更低。

第三节　发展展望

2008年下半年以来，国际金融危机导致全球经济增长回落，部分装备工业产品的市场需求萎缩，产业发展速度逐月降低，企业经济效益下滑，宁夏装备制造企业的优势和弱点凸现，一些具有自主知识产权、技术含量高的产品受到的影响和冲击相对较小，而一些竞争力弱的企业，生产经营陷入困境。

为有效应对全球金融危机，根据国家10大重点产业调整和振兴规划，宁夏制定了《宁夏回族自治区装备制造业振兴规划（2009—2011年）》和《宁夏汽车产业发展规划》，明确了振兴目标、主要工作和政策措施。

1. 振兴目标

为应对当前紧迫形势，根据国务院和工信部确定的总体目标，2011年以前宁夏装备制造业的振兴目标是：

（1）防止装备制造业受到国际金融危机和国内外市场需求下滑的严重冲击，确保产业安全，年均发展速度保持在30%以上。

（2）继续提升具有行业优势的煤矿机械、高档铸件、轨道交通牵引变压器、数控机床、工业自动化仪表、冶金起重机等产品的生产能力，同时扩大风力发电设备、汽车、大马力拖拉机等产品的生产能力，扩大和形成区域优势。

（3）产业结构进一步优化升级，形成10家年销售收入超过10亿元的企业集团，50家年销售收入超过1亿元的集团公司，形成数控机床、重型矿山机械、仪器仪表、电工电器、轴承、起重机械产业集群；扶持一大批专、精、特的中小型配套企业，使区内零部件对主机的配套率达到70%以上。

（4）发展方式进一步转变，新产品产值率达到30%以上，现代制造服务业增加值占装备制造业工业增加值比重达到5%以上，单位工业增加值能耗降低15%以上，全员劳动生产率达到20万元/人·年以上。

2. 工作原则

（1）立足解决当前问题，注重谋划企业和行业长远发展。密切跟踪产业运行态势，及时发现问题，按照“出手要快，出拳要重，措施要准，工作要实”的要求，采取措施加以解决，要标本兼治，近期措施有利于解决长期性发展难题，增强产业可持续发展能力。

（2）立足发挥市场机制，注重发挥政府调控作用。尊重市场竞争规律，淘汰落后产能，引导产业有序转移，做到有保有压，扶优扶强，确保重点产品研制和生产，促进优势企业的生存和发展。

（3）立足保障国内市场需求，注重提高整体技术水平。以当前扩大内需形成的现实需求和潜在需求为导向，抓紧组织生产，保障需求。同时要加快自主创新和具有自主知识产权产品的产业化，不断提升产品技术质量水平，促进产业和企业发展。

（4）依托国家重点工程，提高配套水平。以近三年内开工建设的交通、能源、原材料等重点领域的重大工程所需装备产品为对象，扩大配套水平，以重大技术装备自主化带动大型铸件、铁路牵引变压器、数控珩磨机、数控压力机、工业自动化仪表、起重机等产品上档次、增品种。

3. 主要任务

（1）加快产业集群建设，扩大产业规模。根据《宁夏回族自治区装备制造业产业集群发展规划》，宁夏到2012年将形成数控机床、重型矿山机械、仪器仪表、电工电器、轴承、起重机械6个具有一定生产规模、按照现代化生产组织方式和科学的物流方式组成的产业集群。产业集群建设是振兴宁夏装备制造业的重要步骤，要通过提升主机产品生产能力和加快专业化协作配套企业发展来实现集群建设。

（2）招商引资，加快汽车、拖拉机制造能力的形成。扶持汽车产业的发展，通过加大招商引资力度，大力支持引进重型汽车、专用汽车及乘用车的整车生产以及大马力拖拉机制造企业建设，支持零部件生产配套项目建设。争取在短期内形成具有一定规模的生产制造能力和相应的配套能力，使其迅速向企业集群式方向发展。

（3）保障重点领域、重点项目需求，提高宁夏装备制造业产品配套比例和知名度。《国务院关于加快振兴装备制造业的若干意见》（国发［2006］8号）确定的16项重点领域中，宁夏有能力研发生产其中6个领域中的部分产品和配套件，在扩大这部分产品生产的同时，结合当前国家扩大内需和九大重点产业振兴的机遇，组织推动区内装备制造企业积极开发和扩大服务于这一领域产品生产，为我国实现一批重大技术装备自主化做出贡献。

（4）提高基础产品自主创新水平，努力消除产业发展的薄弱环节。①加快提升区内具有一定优势的大型关键铸件生产能力，包括大型核电设备铸件，百万千瓦级超临界、超超临界火电机组铸件，70万千瓦及以上等级大型混流式水轮机组铸件等，缓解市场需求。同时加快区内机床铸件、煤矿机械铸件在建项目建设，迅速形成生产能力，满足区内市场需求。②加快关键零部件开发研制，包括机床功能部件，为风电设备配套的齿轮箱、轴承等，提升宁夏装备制造业配套水平。

（5）加快产业结构调整，切实转变发展方式。①大力推进企业联合兼并重组，培育具有综合实力的企业集团。鼓励装备制造企业强强联合；支持具有较强工程总承包、系统集成、国际贸易、融资等能力的大型企业兼并重组宁夏装备制造企业；通过招商引资，新建产业关联度大的企业。②支持专业化生产和社会化协作，健全产业配套体系。加大对重点零部件企业的技术改造力度，引导民间资本和资金投向基础零部件、元器件、专用工装器具、关键原材料领域，发展一批高起点、大规模、专业化的配套企业。③加强技术创新，加快产品结构调整，充分吸纳信息技术、军工技术，提升产品档次；采用新技术、新工艺、新材料，发展新产品。④改进关键工艺和生产方式，促进节能节材减排。按照产业集聚区域，整合区内铸造、锻造、热处理、表面处理等生产能力，建立专业化生产中心；支持产业集聚区建设钢材、配套件等大宗物资配送中心；大力推广精益化管理、精益化设计制造技术，提高材料利用率和生产效率；改进工艺技术、生产手段，并增加环保设施，降低生产过程的污染物排放。⑤大力发展现代制造服务业，延伸产业价值链。鼓励支持装备制造企业以装备制造为核心业务，发展与之关联的工程承包、设备成套、维修、物流、咨询、贸易、金融等服务产业，逐步由单纯的制造业向现代制造服务企业转变。

第三十章　新疆维吾尔自治区装备制造业发展报告

"十一五"以来，新疆装备制造业以市场为导向，以技术创新为动力，积极加快产业结构调整，不断提升产品的技术水平和市场竞争力，进入了快速发展时期。2006 年和 2007 年，全行业工业总产值分别增长 19.7% 和 62.9%，2008 年 1～11 月份，工业总产值又同比增长 54%，增速位居全国前列。特变电工股份有限公司、金风科技股份有限公司、新疆第三机床厂、新疆机械研究院有限公司等骨干企业在输变电装备、大型风力发电机组、节能型抽油机、农牧收获机械等产品领域开发了一批具有国内领先水平的装备产品，成为各自行业的佼佼者。预计全行业可提前两年实现"十一五"规划制定的各项主要指标，使新疆装备制造业跃上了一个新的台阶。

第一节　三年来新疆维吾尔自治区装备制造业发展评估

1. 建立组织协调机制，制定发展规划和配套政策

1.1　建立组织协调机构和机制

2001 年，原自治区机械电子工业厅改革成为机电行业管理办公室，作为自治区人民政府授权的机电装备工业行业管理部门，隶属于自治区经贸委。

机电行业管理办公室主要负责拟定自治区机电工业发展战略和行业规划；促进行业结构调整与技术进步；研究行业发展中的重大问题，向自治区政府及国家有关部委提出政策建议；掌握分析自治区机电行业生产动态；组织招商引资及经济技术合作与交流等职责。

8 年来，机电行业管理办公室较好地履行了政府赋予的职责，积极做好行业管理和服务工作，搭建了企业与政府之间的联系平台，在国家政策传达、地方机电装备工业发展战略制定、行业情况分析、推动企业技术进步、招商引资等方面做了大量卓有成效的工作，有力地促进了新疆装备制造业的发展。

1.2　制定发展规划

2005 年，按照自治区的要求，机电行业管理办公室编制完成了《新疆机电工业"十一五"发展规划》及电工电器、汽车、石油石化装备、农牧机械、电子信息产业等五个专业规划，提出了新疆机电工业"十一五"期间的发展思路、目标和发展重点。2008 年下半年，根据自治区的统一安排，机电行业管理办公室对《新疆机电工业"十一五"规划》的实施情况进行了科学的评估，总结了三年来行业发展的经验，分析了新形势下新疆装备制造业面临的新问题，有针对性地提出了进一步促进行业发展的一些政策措施建议，同时，结合近三年来新疆机电装备制造业发展的实际情况，对"十一五"规划中的发展目标进行了修改。

（1）发展战略

依托国家西部大开发战略，紧紧围绕自治区新型工业化建设重点发展的五大优势领域，以国内和国外市场为导向，以大企业大集团为龙头，以优势产业和特色产品为重点，大力发展电工电器、石化装备和农牧机械产业；推进引进、联合、合资合作，加大机电行业资源整合力度，促进机电工业结构的优化升级，提高资源节约利用率；培育自主创新能力，提升产业技术水平，支持有优势特色的中小型企业快速成长；加快培育新能源装备、电子新材料基地建设，培植一批具有新疆特色和较强竞争力的大企业大集团；努力扩大向中亚、西亚和东欧等周边国家出口，形成特色突出、以大带小、布局合理和协调发展的机电工业新格局，增强机电工业整体素质和实力。

（2）发展目标

年均增长速度保持 17% 以上，2010 年装备制造业力争实现销售收入 200 亿元，工业增加值 50 亿元，出口创汇 1 亿美元。

（3）发展重点

一是做大、做强电工电器制造业。

二是依托石油天然气和重化工基地建设，发展石化装备及其他专用装备制造业。

三是大力发展新能源装备等高新技术产业。

四是围绕绿色食品生产加工基地建设，积极扩展农牧业及农副产品精深加工装备。

五是调整和优化汽车行业结构，大力发展特色、重型汽车制造和改装业。

六是加速配套和专业化协作，积极引导社会资金投向机电制造基础工艺关键环节。

1.3 制定和落实配套政策

三年来，围绕机电工业的发展，结合《国务院关于加快振兴装备制造业的若干意见》，机电行业管理办公室积极向自治区政府谏言献策，出台了如下政策：

一是 2007 年出台了《关于加快振兴我区装备制造业的实施意见》。意见根据国务院 8 号文件精神，结合规划执行一年多来的情况，更具体地提出了今后一段时期新疆机电装备制造业发展的重点领域，并在组织协调、技术创新、技术改造、资金支持、人才培养、市场开拓等方面提出了一些政策和措施建议。

二是出台了《关于促进我区机电产品出口的指导意见》。意见中提出了未来几年自治区机电工业重点发展向西亚一出口的产品，并就促进机电产品出口出台了一些措施。

上述两个文件均由自治区人民政府转发各地州市及各有关部门，这也是近 20 年来自治区人民政府首次专门下发关于加快装备制造业发展的意见，对促进各地州市重视机电装备制造业、推动新疆机电装备制造业发展起到了积极的作用。

此外，2008 年底由自治区机电行业管理办公室提出的《关于进一步扶持新疆汽车工业发展的建议》已由自治区人民政府同意，并于 2009 年 1 月向全疆各地转发，将对新疆汽车工业的发展起到有力的促进作用。

同时，近年来，机电行业管理办公室积极贯彻落实国家出台的推动技术创新、结构调整、产品出口方面的政策，使区内符合条件的装备制造企业能充分享受政策的支持；并主动与工信部、国家发改委及自治区经贸委、发改委、科技厅等有关部门沟通，推荐机电行业的重点项目享受税收、土地等方面的优惠政策，取得资金支持。

2. 在新疆维吾尔自治区经济中的地位

由于受工业基础、地域条件等限制，新疆的工业经济目前以优势资源开发和加工业为主，包括石油石化、煤炭开采及煤电煤化工、其他矿产开发、特色农业及林果业产品深加工等。机电装备制造业发展 50 年以来，虽然目前总规模不大，但仍然取得了长足的发展，已成为自治区工业领域中不可或缺的组成部分，为自治区的工业经济和社会发展做出了应有的贡献。

2.1 主要经济指标及产业地位

表 1 新疆维吾尔自治区装备制造业主要经济指标 （单位：亿元）

年份	工业总产值	销售收入	工业增加值	利税总额	利润总额	出口交货值
2006 年	70.49	77.81	17.35	9.25	6.48	0.6591
2007 年	115.60	124.10	26.50	13.50	10.76	1.4445
2008 年	165.0	160.0	41.0	16.0	12.0	2.50

注：统计口径为规模以上企业。数据来源为新疆维吾尔自治区机械电子工业行业管理办公室年报，该表数据统计范围与表 2 统计范围有所差别。

2006—2008 年新疆装备制造业主要经济指标年均增长率及主要经济指标占全区工业的比重见表 2 和表 3。

表2　新疆维吾尔自治区主要经济指标年均增长率

工业总产值年均增长率（%）	年销售收入年均增长率（%）	工业增加值年均增长率（%）	利税总额年均增长率（%）	利润总额年均增长率（%）	出口交货值年均增长率（%）
41.8	37.2	39.6	32.6	43.3	62.6

表3　新疆维吾尔自治区装备制造业主要经济指标占整个工业比重

年份	占全区工业总产值的比重（%）	占全区工业增加值的比重（%）
2006年	2.44	1.50
2007年	3.33	1.90
2008年	4	2.28

2.2　三年建设投资情况

三年来，随着新型工业化进程的加快和投资环境的不断改善，新疆发展装备制造业的资源和地域优势日益显现。金风科技、特变电工等本地企业不断加大技术改造投入，提高研发能力，扩大生产规模。内蒙一机、中集集团、中通客车、鸿达重工、徐矿集团、潞安集团等国内大企业纷纷来新疆投资装备制造业，行业固定资产投资额增长迅速。2006—2008年，区内装备制造业固定资产投资额分别达到7亿元、10.5亿元、15亿元左右。

3. 产业结构的调整

3.1　产业结构

表4　新疆维吾尔自治区装备制造业构成　（单位：亿元）

行业名称	2006年		2007年		2008年	
	工业增加值	占比重（%）	工业增加值	占比重（%）	工业增加值	占比重（%）
金属制造业	2.9583	16.33	3.96398	14.47	4.68	12.81
通用设备制造业	2.03734	11.25	2.62995	9.60	2.19	6.00
专业设备制造业	1.54943	8.55	2.04613	7.47	2.44	6.68
交通运输设备制造业	0.67186	3.71	0.86292	3.15	0.99	2.71
电气机械及器材制造业	10.53878	58.19	17.62183	64.34	26.04	71.30
仪器仪表及文化、办公机械制造业	0.35669	1.97	0.26531	0.97	0.18	0.49
总计	18.1124	100	27.3901	100	36.52	100

注：统计口径为规模以上企业。数据来源为2006年、2007年新疆维吾尔自治区统计年鉴。

3.2　优势和特色产业

近年来，新疆装备制造业在新能源装备、输变电装备、农牧收获机械、采油机械等领域开发生产了一批具有特色的装备产品，受到了市场的欢迎。

表5　新疆维吾尔自治区优势特色装备一览表　（单位：亿元）

序号	优势特色装备名称	主要技术指标	制造企业	2007年销售收入	国内市场占有率（%）	出口交货值
1	大型风力发电机组	750kW 1.5MW	金风科技股份有限公司	30.0617	33	—

（续）

序号	优势特色装备名称	主要技术指标	制造企业	2007 年销售收入	国内市场占有率（%）	出口交货值
2	变压器	220kV 110kV	特变电工股份有限公司新疆变压器厂	21. 3875	1. 86	0. 8170
3	抽油机	相比常规抽油机节电超过 30%	新疆第三机床厂	1. 9005	约 10	—
4	玉米收割机	—	新疆波曼机械制造有限责任公司	0. 5470	—	—
5	高压绝缘子	110kV 至 1000kV	新疆天宁电工绝缘材料有限责任公司	0. 4903	约 30	0. 0115

4. 自主创新

4.1 创新投入和技术创新体系建设

近三年来，新疆机电工业企业不断加大科技研发费用投入，提高研发能力和新产品的开发速度，提升核心竞争力。2006 年和 2007 年，全行业研发费用投入 2. 2 亿元和 3. 3 亿元，分别占销售收入的 3. 1% 和 3. 2%，2008 年 1 ~ 10 月，全行业重点企业研发费用投入近 4. 5 亿元，占同期重点企业销售收入的比例为 3. 8%。

2006 年以来，新疆加快建设以企业为中心、以市场为导向、官产学研用相结合的技术创新体系，重点企业基本建立了技术中心。其中，国家级企业技术中心 1 家（特变电工股份有限公司），国家级工程技术研究中心 1 家（金风科技股份有限公司），自治区级企业技术中心 12 家，自治区级工程技术研究中心 1 家。

4.2 开发成功的重大装备

近年来，新疆装备制造企业以市场为导向，积极加强技术创新，开发成功了一批技术水平高的重大装备产品。

表 6 开发成功的重大装备一览表

序号	装备名称	制造企业	主要技术指标	工程应用情况	产业化情况
1	大型风力发电机组	金风科技股份有限公司	目前有 600kW、750kW、1500kW 三种机型	已广泛用于包括北京官厅风电场等全国各地风电工程建设，国内市场占有率排名第一	已形成年产 2000 台的生产能力
2	750kV 电力变压器、电抗器及输电导线	特变电工股份有限公司	—	已应用于官亭至兰州东的我国首条 750kV 输电线路	形成批量生产能力
3	1000kV 及 ±800kV 输电线路用复合材料绝缘子	新疆天宁电工绝缘材料有限责任公司	完全满足特高压输电线路的要求	已在特高压试验线路上挂网运行	形成批量生产能力
4	玉米收获机	新疆机械研究院有限公司、中收农机有限公司	穗茎兼收、秸秆还田等作业可一次完成	已销往东北、内蒙古及新疆等地	已形成年产 500 台的生产能力，2009 年将实施技术改造，形成 1200 台左右的生产能力

（续）

序号	装备名称	制造企业	主要技术指标	工程应用情况	产业化情况
5	采棉机	—	采收性能基本与国外进口机型相当	已在我国最大的产棉区——新疆销售近百台，用户反应良好	已形成年产 100 台的能力
6	沙漠越野车	东风新疆汽车有限公司	开发生产 20 年来，已形成从 1.5t 到 10t 的系列车型，主要性能完全满足沙漠作业需要	已销往东北、西北等各大油田及非洲、中东等地，在撒哈拉沙漠、塔克拉玛干沙漠、帕米尔高原等复杂地形区使用情况良好	已形成年产 1000 台的生产能力
7	液化天然气（LNG）罐式集装箱	新疆化工机械有限公司	可保证 LNG 在 –162℃进行长途运输，装载容积全国最大	已有 200 多台用于新疆至湖南、广东、广西、河南等地的天然气运输	已形成年产 100 台的生产能力
8	节能型抽油机	新疆第三机床厂、新疆石油机械制造总公司	可比普通抽油机节能 30% 以上，其中新疆第三机床厂的调径变矩抽油机荣获国家科技进步二等奖	已在全国各大油田广泛使用，市场占有率全国第一	已形成年产 2500 台抽油机的生产能力
9	管道在线漏磁检测仪	新疆三叶管道技术有限公司	可实现对输油管道在不停输情况下进行在线检测，技术性能达到国内领先	已应用于东北、疆内及乌兰成品油管道的检测	已形成年产 10 台的生产能力

5. 产业集聚区（带）建设

近三年来，自治区机电装备制造业快速发展，在乌鲁木齐、昌吉、石河子、克拉玛依等天山北坡经济带已形成了机电装备企业集聚带。其中主要有两个产业集聚区，见表 7。

表 7　新疆维吾尔自治区装备制造业产业集聚区　（单位：亿元）

产业集聚区名称	产业特色	龙头企业	2007 年主要经济指标		
			销售收入	工业增加值	利税总额
乌鲁木齐经济技术开发区	风电装备产业	金风科技股份有限公司	35	11	7
乌鲁木齐高新技术产业开发区	太阳能发电装备产业、特色载重车和改装汽车产业	新疆新能源股份有限公司、东风新疆汽车有限公司	13	3	0.5

6. 企业走出去

近年来，新疆装备制造企业充分利用独特的地域优势，实施走出去战略，不断加大向西亚出口力度。2008 年，汽车、电工电器、机械基础件、标准件等产品实现向西亚出口 4 亿多美元。与此同时，企业还积极探寻在国外建立研发机构，利用国外智力资源促进企业发展的道路。金风科技股份有限公司于 2008 年收购了国际著名的风力发电装备设计研发机构——德国 VENSYS 能源股份公司。

德国 VENSYS 公司是全球最早研究开发直驱永磁风力发电技术的公司，为世界上少数几个有能力开发该技术的公司之一。目前通过与金风科技股份有限公司的合作，实现了由该技术平台研发的兆瓦级风力发电机组的批量产业化。其研发的主要产品有 62/1.2MW、64/1.2MW、70/1.5MW、77/1.5MW、90/2.5MW、100/2.5MW 风电机组等产品。

本次收购的顺利完成将使金风科技股份有限公司完全具备自主知识产权的风电机组技术，并将进一步加快公司正在研发的其他机组的开发速度。同时在 VENSYS 设计人员的培养和带动下，保证公司国内现有技术人员的快速成长，全面提升自主创新能力。同时本次收购也将加快金风科技股份有限公司的国际化进程，获取在世界风电市场的产品竞争优势。

第二节　存在问题

2006—2008 年是新疆机电装备制造业发展最快的时期，2008 年比 2005 年增长 200% 左右。但是，行业的发展仍然存在着一些问题。

1. 行业总体发展实力还不强

目前由龙头企业带动、中小企业协同发展的产业集群尚未真正形成，大多数企业都处于各自为战的局面。机电工业的快速增长也主要是靠金风科技股份有限公司、特变电工股份有限公司等少数几个企业的发展带动，大多数中小企业的发展能力还较弱。虽然 2007 年规模以上企业的总产值首次突破百亿元，但平均每个企业的产值不足亿元。

2. 科技研发能力还有待进一步提升

行业科研攻关带头人才欠缺，科技人员综合素质不高，许多中小企业的技术投入不足，现有产品已基本老化，企业的核心竞争力较弱。据不完全统计，2007 年规模以上企业的科研开发费用仅有 3.3 亿元，相比 2005 年的 2.83 亿元，虽然有所增长，增长幅度远低于同期销售收入增长速度。由于受各种环境因素影响，机电行业与其他许多行业相比，难以留住科研人才。企业、科研院所多年努力培养出的骨干人才也都流失到了内地或其他行业。人才的缺失已严重制约了行业技术创新能力的提高。

3. 行业协作配套能力不完善

全行业的生产协作、技术协作和产品配套能力较弱，相对完整的产业链和专业化分工协作制造体系尚未建立，围绕着大企业进行协作配套的中小企业群尚未形成，进而无法获得产业内的交易成本优势和外部竞争优势，制约了行业的进一步发展，也制约了招商引资项目在新疆的落户。

4. 政策扶持力度还有待加大

虽然近年来，国家和自治区已先后出台了一系列扶持装备制造业发展的产业政策，但由于缺乏操作性强的具体措施，许多政策还没有落实到位，尤其是许多中小企业难以享受到这些政策带来的好处。

5. 原材料、能源和劳动力成本攀升，企业竞争压力明显加大

近年来钢材、能源等价格的持续升高，严重影响了机械行业企业的发展。2007 年，规模以上企业主营业务成本和营业费用比 2005 年末上升了 95.9% 和 97.6%，相比同期全行业销售收入增长速度分别高 16 和 18 个百分点。2008 年 1～6 月，全行业主营业务成本同比又上涨了 68.8%，高于同期销售收入增长速度 8 个百分点。全区机电工业规模以上企业的劳动力成本也呈逐年上升趋势，2007 年人均工资和福利费用达到 2.76 万元，比 2005 年上升 0.85 万元，为近年来的最高值。

6. 企业融资难度大，影响了正常生产

由于国家采取了大力度的货币紧缩措施，新疆企业融资环境趋冷。这种紧缩措施，给机电行业企业带来的影响尤其明显，机电行业贷款融资难度显著加大，尤其是用于项目建设的固定资产建设贷款。2007 年，反映企业借贷款情况的财务费用指标比 2005 年仅增加了 17%，远远低于同期固定资产投资增速 66% 和总产值增速 88%。而 2008 年 1～11 月，两项指标财务费用和利息支出分别比 2007 年同期微增 3.3% 和 0.3%。

为应对金融危机，保持新疆机电装备制造业健康稳定发展，自治区人民政府及有关部门按照中央扩内需、调结构、保增长的总体要求，积极采取有力措施，出台相关政策，力保装备制造业稳定增长。目前，自治区装备制造业、汽车工业振兴规划实施方案已制定完毕，将很快进入实施阶段。自治区人民政府还针对汽车工业目前在发展阶段遇到的实际问题，专门出台了《关于进一步扶持新疆汽车工业发展的若干意见》，为汽车行业企业的发展创造良好的政策环境。

第三节　发展展望

今后两三年，新疆机电装备制造业将面临非常严峻的形势，但也有许多有利的条件。国家推出4万亿元的投资规划，加大了在基础设施建设、自主创新等方面的投入；自治区的石油石化、煤电煤化工、农业及特色农副产品加工等重点产业的发展，都需要大量的机电装备产品。只要我们紧紧抓住市场，围绕国家和自治区的发展重点，加强技术创新，不断推出技术含量高、受市场欢迎的产品，将会保持平稳健康的发展态势，实现转危为机。

1. 应对全球金融危机的策略与发展思路

1.1　发展思路

今后一段时期，新疆机电装备制造业的总体发展思路是：以邓小平理论和"三个代表"重要思想为指导，全面落实科学发展观，围绕新疆新型工业化建设的总体发展战略，以技术创新为动力，以招商引资为依托，以发展先进装备制造业为目标，培育三大产业集群，发展六大产业，建设八个制造基地，着力打造具有新疆区域特色的机电装备制造体系，努力实现又好又快的发展目标，为新疆新型工业化建设做出重要贡献。

1.2　发展目标

"十一五"末，装备制造业争取实现以下奋斗目标：

经济发展目标："十一五"期间年均增长28%，完成工业总产值200亿元，工业增加值50亿元，利税总额20亿元。在自治区工业增加值中的比重提高到3%以上。

产业发展目标：培育输变电装备、可再生能源装备和农牧机械3个具有特色的产业集群，保持在国内的先进地位。为自治区经济建设提供先进适用机械装备的能力进一步增强，初步形成节约能源资源的产业结构和发展模式。

技术进步发展目标：大中型企业装备水平达到国内先进水平，建设一批重点企业技术中心和工程研究中心，初步建立以市场为导向，以企业为主体，产学研相结合的技术创新体系，为发展装备制造业提供技术支撑。科技研发费用占销售收入比例达到4%以上，新产品产值率达到40%以上，创中国名牌产品6个，创新疆名牌产品15个。

1.3　主要措施

（1）加强规划引导，为振兴装备制造业提供组织保障。认真贯彻落实《新疆维吾尔自治区人民政府办公厅转发自治区经贸委关于加快振兴装备制造业实施意见的通知》精神，积极争取自治区经贸委、发改委、财政厅、税务局、科技厅、海关等有关部门密切配合，研究制定扶持机电工业各行业发展的规划和项目，及时协调解决行业发展出现的问题，共同推进装备制造业快速发展。

（2）加强政策支持，为振兴装备制造业提供政策保障。积极协助企业用足用好国家振兴装备制造业的政策措施，争取国家和自治区对区内重大装备制造项目的支持。认真贯彻财政部、国家税务总局《关于企业技术创新有关企业所得税优惠政策的通知》精神，引导装备制造企业加大技术开发投入。根据《国家产业结构调整目录》，对技术水平低、能耗高、污染重的装备产品，严格限期淘汰。对自治区重点支持的装备制造企业，在银行贷款、企业融资、财政资金补助等各方面争取给予更多的支持。认真落实自治区人民政府《关于"十一五"期间进一步促进自治区机电产品出口的意见》，积极支持区内企业向周边国家出口机电装备产品。

（3）加强组织结构调整，为振兴装备制造业提供体制保障。以工业园区为载体，加大招商引资力度，鼓励和支持国内外具有国际竞争力的大企业集团和有实力的民营企业参与新疆装备制造业的整合，优化资源配置，提高产业集中度，形成一批以优势企业为核心、重点产品为纽带，有较强市场竞争力的大企业集团。发挥优势骨干企业的带动作用，引导中小企业提高协作和配套能力，努力培育产业集群，加快产业结构升级。

（4）加强技术创新，为振兴装备制造业提供能力保障。鼓励装备制造企业加强技术中心建设，加大对技术创新、技术改造的投入，加强产学研合作，加快科技成果的转化速度，增强自主创新能力，大力开发具有自主知识产权的装备产品。积极建设国家级风电装备研发、制造、应用示范基地，进一步提升新疆风电装备的研发制造能力，适应高速发展的风力发电市场的需要。鼓励企业通过参与国家和行业标准的制订、修订工作，占领技术制高点。

（5）加强人才队伍建设，为振兴装备制造业提供智力保障。认真落实国家发改委、财政部等部门《关于企业实行自主创新激励分配制度的办法》。采取提高待遇、完善社会保障措施和提供发展空间等方式，留住现有的人才，特别是有突出贡献的技术带头人和高技能人才。加强对技术人员、技术工人的再培训。企业应按规定提取职工教育经费，用于高技能人才培养，并积极主动承担院校学生实习实训任务。区内具有机电工业相关专业的大专院校、职业技术学院要积极与企业进行联系和沟通，开设新专业、新课程，实行“订单式”培养，探索培养机电工业不同层次人才的新思路、新方法。

2. 今后三年新疆装备制造业自主化展望

根据新疆机电装备制造业发展的情况，今后两三年，将在以下几个方面加大自主创新力度。

2.1 做大做强输变电装备制造业

依托国家“西电东送”工程和自治区电力基础设施建设，重点支持特变电工股份有限公司加快发展500kV及以上超高压、特高压大容量输变电设备，开发研制节能、节材、环保、低噪音和智能化控制的铁路牵引变压器及矿山用变压器等特种变压器、各类新型特种专用电线电缆，支持新华能等重点企业发展高压电控设备，支持新疆天宁电工绝缘材料有限责任公司继续保持在高压绝缘子领域的国内领先水平。

2.2 做大做精可再生能源装备制造业

一是重点发展兆瓦级以上大功率风力发电机组，继续完善1.5MW永磁直驱式风电机组的性能，提高产能；尽快掌握2~5MW陆基及海基风电机组的核心技术，到2011年力争形成年产3000台大型风力发电机组的生产能力。二是继续加快发展太阳能装备制造业，积极开发100kW及以上并网型和500kW及以上离网型太阳能电站及相关配套系统，研究建筑一体化太阳能发电技术及产品。到2011年形成4500t多晶硅、100MW太阳能晶硅电池片、150MW太阳能电池组件的生产能力。

2.3 着力发展石油化工机械装备制造业

依托石油、天然气及化学工业的发展，重点推进勘探开采、管道输送、贮存运输等装备的技术引进及研究开发。重点支持新疆第三机床厂、克拉玛依石油机械制造总公司等骨干企业加快发展。积极扶持石油和天然气勘探开采配套工具、管道输送监控装置、石化工程配套设备及装置的引进制造及本地化生产。

2.4 重点发展先进适用的农牧机械装备制造业

认真贯彻落实《自治区党委、自治区人民政府关于进一步推进农村改革发展的意见》（新党发［2008］17号），围绕自治区建设的棉花、粮食、特色林果业、畜牧业四大基地，大力发展多功能、智能化、经济型现代农业装备设施，重点发展玉米、小麦、水稻、棉花、青贮饲料等系列收获机械以及特色林果机械、畜牧机械、设施栽培机械、节水机械及特色农副产品精深加工等装备。加大技术创新、技术改造投入，加强知识产权保护，积极培育农牧机械研发制造龙头企业，努力提升为新农村建设提供先进适用农机装备的服务能力。

2.5 积极发展矿山机械装备制造业

依托新疆煤炭矿产资源开发和能源基地建设，抓住煤化工等产业发展的重大机遇，引进研发煤炭采掘、提升、洗选和输送设备；积极引进和研制生产先进的矿山开采设备、起重机械、筑路机械、建筑机械等其他工程机械装备，以满足新疆大型工程建设需要，并扩大向西亚出口规模。

2.6 积极发展基础零部件制造业

围绕重点产业的协作配套，加强招商引资，引导民间资本投向基础零部件、元器件、专用工装器具、模具领域，发展一批高起点、专业化的配套企业。加大技术投入，改进关键工艺和生产方式，努力提升铸造、热处理等基础制造工艺的技术水平和生产能力。

第四部分　案例篇

案例一　加快建设具有国际竞争力的现代装备制造基地

上海临港装备产业区

1. 建设的初衷和出发点

开发建设临港产业区是上海面向21世纪发展做出的重大战略决策。临港产业区总体规划面积约218km^2，其中36km^{2}的临港装备产业区作为整个临港产业区首期启动的核心区域，肩负着服务国家振兴装备制造业自主创新战略、优化上海产业布局、提升先进制造业能级的历史使命，是上海“十一五”规划明确重点培育发展的两大产业基地之一。

临港装备产业区于2003年底正式启动，规划面积36km^2，具有“五龙汇聚”的综合区位和交通优势。向北距离浦东国际航空港25km，向南经32km东海大桥可达洋山深水港，两大交通枢纽通过两港大道、A30等快速公路干道衔接。铁路芦潮港集装箱中心站、浦东铁路芦潮港客运站和铁路平安编组站紧邻产业基地，连接全国铁路网和其他集装箱中心站。紧邻产业基地的临港物流园区规划有1.2km^{2}的内河码头，与长三角内河运输网相连，可吞吐1000t专用集装箱驳船。产业基地内拥有7.8km专用岸线，水深达到8.5m，为装备制造企业通过公共泊位和自建码头运输大件提供良好的条件。

临港装备产业区从启动之初，就紧紧把握全球经济一体化、国际产业升级和转移的发展趋势，依托上海产业基础完备、人才资源集聚、配套服务齐全的特点，充分发挥临港产业区综合交通汇聚的区位优势，充分发挥国家级经济技术开发区、国家级保税港区的政策优势，按照联合大集团、引进大项目和建设大基地的思路，选择以大型电站和输配电设备、大型船舶关键装备、海洋工程、新能源和乘用汽车、轨道交通、航空配套、大型工程机械和物流装备等具有良好的发展基础、技术优势和市场前景、事关国家战略和经济发展的关键性产业进行重点突破，在四年时间内逐步建立了六大核心装备产业集群的发展格局。

2. 开发区建设的重点

党的十七大已为我国未来发展指明了方向，特别是党的十七大报告强调：要坚持走中国特色自主创新道路，把增强自主创新能力贯彻到现代化建设各个方面，振兴装备制造业，发展航空、海洋等高新技术产业，鼓励发展具有国际竞争力的大企业集团。2008年，温家宝总理又在调研上海工作时提出，上海要高度重视发展战略性的重大成套装备、高技术及其产业所需要的装备，有所作为；要积极支持先进制造业、高新技术产业和有优势的传统制造业发展，发展壮大船舶、航空、航天、海洋等产业。这些重要的科学论断更加坚定了临港集团发展临港产业区“三体现，三为主，两积极，一致力”的基本方针：体现国家战略，体现上海优势，体现国际竞争力；以装备制造业为主，以自主创新为主，以产业集聚为主；积极引进符合临港产业区发展导向的外资项目；积极推进支撑临港装备制造业发展的服务业项目；致力于把临港产业区建设成为世界一流、全国领先的国家级自主创新型装备工业园区。

临港装备产业区按照《国务院关于加快振兴装备制造业的若干意见》（国发［2006］8号文）的精神，坚定不移地贯彻落实“振兴装备制造业”这一国家战略，同中船集团、中船重工集团、中国商用飞机公司、中航集团、上汽集团、上海电气集团、中集集团、三一重工、华仪电气、开山集团、卡特彼勒、沃尔沃、三井造船、蒂森克虏伯、西门子、科尼、卡尔玛、瓦锡兰、东和恩泰等国内国际著名装备制造企业集团建立战略联盟，积极引进汽车及动力总成、大功率船用柴油机、船用发电机、高速船用发动机、船用曲轴、大型船用配套金属加工、半潜式海洋石油钻井平台、自升式海洋石油钻井平台、超超临界火电机组、核电核岛和常规岛、核岛环形起重机、大型风电设备、重型燃气轮机、超高压输变电设备、商用飞机发动机、大型数控机床、磁悬浮试验线、螺杆空压机、港口机械、物流机械、矿山机械等一大批龙头性、总成式、整机型的先进装备制造项目，大力加以推进和支持，实现上海在若干装备制造业关键领域的重大突破，力求打破发达国家在事关我国未来经济社会发展重要领域的技术垄断和设备垄断。

大力鼓励产业自主创新。从政策配套、规划布局、功能完善、提升服务等方面着手，基地创造有利于重点产业及重要产品原始创新、集成创新、引进消化吸收再创新的优质投资环境，为产业自主创新提供广阔的新空间，支撑重点产业更好更快地发展。对自主创新的重点产业项目，基地在规划选址、土地供应等方面给予重点支持和保障，在统一规划、合理布局的前提下，优先提供支撑装备产业发展的码头岸线、铁路支线等优势资源，降低综合商务成本，加快形成自主创新产业的本土生产能力。

高度重视培育产业集群。经过短短四年的开发，不但龙头项目纷纷落地，由龙头项目带动的产业集群也显现端倪。以船舶关键设备产业集群为例，从船用曲轴到大型低速柴油机及船用辅机形成较为完整的产业链。由上海中船三井造船柴油机有限公司低速柴油主机、瓦锡兰齐耀中速柴油机、沃尔沃遍达（上海）发动机有限公司高速游艇发动机项目组成的涵盖低、中、高速的船用柴油机临港制造基地正式形成；以中船柴油机加工配套项目、沪东中华造船（集团）有限公司船舶配套基地、韩国东和恩泰热交换器、德国汉莎福莱克斯液压有限公司等项目构成的二次配套基地初具规模。目前，临港船舶关键配套件制造基地已经成为国内两大船舶配套基地之一，受到国内外的关注。

此外，临港装备产业基地还始终注重发挥中央企业、地方国企、民营企业等本土企业的作用，搭建起国内装备企业国际化发展的战略平台。目前，地方国企、国内其他企业（央企和国内民企）和跨国企业基本形成三足鼎立的局面。本土企业约占基地所有企业的 2/3 左右，知名跨国企业占1/3。通过产业集群，推动国内外企业的交流和协作，推动国内企业融入全球产业链，同时提升国内企业的技术能级。

3. 目前建设的进展情况

上海临港装备产业基地建设 4 年多来，呈现出“又好又快、和谐发展”的良好势头。截至 2008 年底，上海临港装备产业基地实现连续 4 年新增招商项目投资超百亿元，引进各类招商项目总投资超过 400 亿元。

（1）基础设施配套方面。临港产业区规划的污水处理厂、路网、电力、上水、雨污水、燃气、电信、燃气电厂等建设逐步落地。目前，污水处理厂、主干路网、雨水泵站、1 座 220kV 海洋变电站、3 座 110kV 变电站已经建成。2008 年还开工建设了 160 万 kW 的燃机电厂，2009 年底投产 2 套机组，2012 年再建成投产 2 套机组。清洁的、充沛的电力供应，将彻底解决装备制造业项目在能源需求方面的后顾之忧。

（2）物流配套方面。临港产业区以实现“增强综合增值物流功能，对接洋山港和装备产业基地，实现保税物流基地、非保税物流基地、大型物流企业自营枢纽物流基地联动发展”为目标，依托临港物流园区的区位和政策优势，充分发挥铁路集装箱中心站、重工码头岸线（可建 5000 ~ 10000 吨级码头）、专用铁路等设施功能，加快建设保税和非保税物流仓库，已经引进马士基、中远、中海、中储、中特物流、上海交运、DHL、德国全球货运、川崎汽船、卡特彼勒物流、普洛斯、嘉里 - 塔克、世天威、叶水福、迅通（CWT）、怡亚通、马来西亚综合物流、飞利浦物流等国内外领先的物流运营商和配套供应商，切实增强了装备制造业基地整合国际国内供应链的能力，有效降低了装备制造业的运输和采购成本。下一阶段，还将重点建设物流园区奉贤分区，为发展港口物流、产业物流、区域物流和需要岸线的装备制造业项目提供更广阔的发展空间。

（3）产业配套方面。装备制造业项目离不开铸造、锻压、热处理、模具、油漆、精细切割、光仪电等设备、工艺和流程的基础性及通用性的配套企业。随着汽车、船舶、发电、海洋工程、港口机械等制造基地的发展，共性配套企业将逐步聚集。产业区还依托临港物流服务中心、保税港管理服务中心等功能性设施，大力吸引国内外优秀的专业服务商入驻，实现生产性服务业在空间的集聚，为制造业企业提供从再制造、供应链、知识产权保护、资质认证、建材系统集成供应、银行、保险、租赁、货代、船代、信息、劳动力培训等各类生产性服务和一体化解决方案。

（4）生活配套方面。统筹产业区所在的四个镇的发展，联合组建开发主体，加快建设以动迁安置基地、职工宿舍、城市社区、文化中心、培训中心为主要内容的大型邻里中心，为入区企业提供住宿、娱乐、休闲等生活性服务设施和城市配套功能，创建有利于产业区发展的和谐环境。建筑面积总量超过 200 万 m^2 的泥城、芦潮港、书院等分城区的新镇框架基本形成，正在实施以公交线路、加油站、住宅、商业、餐饮、医疗、教育等多种功能设施为主要内容的商贸开发方案。

4. 取得的成效

临港装备产业基地紧紧抓住国家振兴装备制造业的历史机遇，坚持在服务国家战略中加快自身发展，坚持高起点、高标准、高质量开发，通过联合产业集团、集聚集中开发，目前产业区已形成船舶关键装备、发电及输变电设备、汽车整车及零部件、海洋工程装备和工程机械五大核心产业集群，国家航空产业配套项目也已经启动。截至2008年底，各类产业项目累计总投资超过400亿元。通过一大批龙头性、总成式、整机型的大型专用成套设备制造项目的引进，较好地发挥了全国装备制造业振兴发展的生力军作用。国务院国发［2006］8号文要求我国重点突破的16个装备产业发展领域中，临港装备产业基地已争取到8个领域的产业项目落户。

（1）汽车整车制造基地。上海汽车工业（集团）总公司自主创新和自主品牌整车及发动机基地冲压、车身、油漆、总装、发动机五大车间以及车体分配中心、能源中心等单体已经建成投产，主要生产自主知识产权KV4、KV6系列发动机、自主品牌“荣威550”整车，最终形成30万台各型发动机和22.5万辆整车的生产规模；到2010年形成五个生产平台、30款车型的规模。届时上海形成本地三大汽车整车制造基地（嘉定—上海大众、金桥—上海通用、临港—上海汽车）“三足鼎立”的产业格局。目前，延锋伟士通、延锋江森、联众、幸福等配套企业已经开始集聚。

（2）船舶关键件制造基地。中船三井船用柴油机项目、电气船用曲轴项目、中船重工和瓦锡兰合资的中速柴油机发电机组项目已经投产；中船重件码头已经建成；沪临金属加工配套项目、韩国东和恩泰热交换器项目正在建设中；沃尔沃高速游艇发动机项目、船舶工艺设备配套项目已经开工。

中船三井船用柴油机项目具备年产170万马力柴油机的能力，主要制造汽缸直径600mm以上的大功率低速柴油发动机，同时可制造理论上最大的汽缸直径1080mm的柴油机（现已批量制造世界最大的缸径900mm的柴油机），满足12000箱集装箱船的主机需要；基地二期已经开工，最终形成年产400万马力的生产规模，是全国最大最先进的船用柴油机生产基地。大型船用半组合式曲轴项目年产160根曲轴（已可生产为缸径900mm柴油机配套的曲轴），未来可达360根，打破了日本、韩国、捷克、西班牙等少数国家对该领域的高度垄断。这些项目都有力地改变了我国船舶制造“中国壳、外国心”、“船等机、机等轴”的旧局面。2009年，船用仪表、舵系等船舶配套项目还将落户临港装备产业基地。

（3）发电及输变电设备制造基地。生产百万千瓦等级核电主设备、重型燃气轮机、具有极端（特大、重型、超限）重型装备制造能力的电气重装联合厂房，具有1400t吊装能力、5000t泊位条件的电气重件码头已建成投产，年产核岛常规岛设备2.5套；上海第一机床厂有限公司核电内堆件项目年内将完工，年产核电堆内构件和控制棒驱动机构4.5套（全国唯一具有此生产能力的企业）；核电起重运输项目将于2009年完工，年产核电成套起重运输、重型起重运输等设备4.9万t；这些装备将为我国实现核电设备的基本国产化奠定基础。2008年7月，长21m、最大直径4.4m、重3350t的60万kW核电机组蒸发器已下线并运往秦山核电站，我国成为继美国、法国、日本、韩国之后能制造该设备的少数国家之一。

特高压交流重型输变电设备和直流输电设备项目已经开工，生产包括交流110～1000kV、±500～800kV直流输变电设备在内的各类变压器；上海电气、华仪电气两大兆瓦级风电设备项目都即将开工，其中上海电气风电项目生产2MW风电机组和3.6MW海上风电机组，华仪电气风电项目年产1.5MW机组400台，2MW机组15台，2.5MW机组5台。产业区还将引进机电自控仪表等项目，积极争取中外其他领先风电制造项目。高效、节能、大容量的百万千瓦核电机组、百万千瓦超超临界火电机组、重型燃气轮机组是当前世界电站制造领域的顶级技术。随着上述项目建成，产业区可成为中国最大的高端发电及相关设备制造基地。

（4）海洋工程设备制造基地。中国船舶工业集团已开工建设具有世界一流的大型海洋工程与船舶制造专业配套基地，其中专用产业码头2座，年产海洋工程平台4座，海洋工程生活模块或船用生活模块30个（最多可建造50个）。该海洋工程平台属国际第六代海上深水钻井平台（超深水半潜式平台），配有双井架，完全智能化钻井，最大作业水深为3000m，最大钻井深度12000m，是我国首座深水特大型装备，代表着钻井平台的世界先进水平。

实施该项目不仅将大大增强我国总装造船的配套能力，提高造船总量和速度，达到韩国、日本船厂的生产水平；而且，今后进一步重点发展具有高技术和高附加值特征的自升式钻井平台、半潜式钻井平台等海洋油气装备，将为我国发展新兴的深海油气采掘事业服务，提高我国在全球海洋工程设备制造领域的地位。

（5）工程机械制造基地。该基地目前以港口和物流机械为主，中集集装箱制造及维修、卡尔玛港口机械、科尼（KONECRANES）港口机械、振中桩机等项目已经建成投产并将扩建。随着田中激光机械、阿特拉斯·科普柯空压机、开山空压机、蒂森克房伯工程机械、希尔博装卸机械、大型煤矿液压支架、履带挖掘机等项目的建成和落地，该基地涵盖的领域将更加丰富。

在航空产业配套方面，在 2008 年的珠海航展上，中航工业集团已与市政府签署协议，在临港产业区设立上海航空配套产业基地，吸引国家航空产业配套项目，发展发动机、航电、机电、航控、新材料和航空物流产业。首批启动项目为航空发动机项目，由中航工业集团为主出资组建中国商用飞机发动机公司，注册资本 60 亿元。

此外，还建设了以各类标准厂房为主要内容的临港国际光仪电科技园、分城区都市产业园，大力吸引中小型配套企业进驻，完善相关产业链，为龙头项目提供必要的支撑和服务。

经过 5 年的快速发展，临港装备产业基地已经呈现出“又好又快、和谐发展”的良性持续发展势头，受到了国家领导和各部委的好评。临港产业区将紧紧把握装备产业发展的历史契机，不断提高产业服务能力和水平，为加快建设成为世界一流、全国领先的国家级自主创新型装备制造基地而不断努力。

案例二 聚焦国家战略，提升自主创新能力

上海电气（集团）总公司

上海电气（集团）总公司（以下简称上海电气）是我国最大的综合型装备制造企业集团之一，总资产达1140亿元，拥有7家上市公司，现有职工7.1万人。产业涉及的领域较广，主要有：电站、输配电、重工、轨道交通、环保、电梯、空调压缩机、机床、印刷包装机械、纺织机械、机械基础件、自动化仪表等。当前，上海电气的业务涉及了《国务院关于加快振兴装备制造业的若干意见》（国发〔2006〕8号文件）中确定的16大关键技术装备领域中的13项。

根据国务院8号文件精神，在上海市委市政府领导下，上海电气按照科学发展观要求，紧紧围绕国家和上海市重点产业发展领域和重大专项，紧紧围绕市场需求，不断地提高企业核心竞争力和盈利能力，在一些重点领域取得了重大进展。重点产业的发展，有力地提高了上海电气品牌知名度。“2007年亚洲品牌500强”评比中，23个机械品牌上榜，上海电气获亚洲机械类品牌第5名，中国机械类品牌第一名。重点产业的发展，有力地推动了企业规模持续增长，上海电气名列2008中国企业500强第50位、中国制造业企业500强第20位，蝉联中国机械500强第三名。

上海电气重点产业取得的重大进展如下：

电站设备制造业通过国际合资合作，用15年左右的时间，实现了30万～60万kW亚临界机组从引进技术到产业化的突破；用7年左右的时间，实现了60万～100万kW超临界和超超临界机组从技术引进到产业化的突破，同时CFB洁净煤发电技术、空冷节能发电机组、燃机/联合循环等技术也在本世纪头7年实现了技术突破。

核电产业30年来“从无到有、从小到大”。20世纪80年代初，上海电气承担了我国第一台30万kW核电主设备的制造任务，首开中国核电设备制造先河。作为中国核电设备重要制造基地，上海电气通过自主创新与引进技术有机结合，承担了核岛、常规岛、辅助设备、控制系统等四个领域的研制任务，成为国内核电设备制造业综合能力最强的制造基地。

重工产业通过自主创新，完成了热加工技术改造，联合国内设计单位，成功制造了世界上最大的1.65万t自由锻压力机，目前正在为实现大型钢锭从200吨级到500吨级的跨越，为突破大型锻件的技术瓶颈而努力；上海电气立足自主创新，制造成功了我国第一根船用曲轴，通过一期、二期技术改造，形成了批量生产能力，在满足国内船舶制造业需要的同时，开始批量出口。

电梯产业经过20多年的发展，上海电气控股的上海三菱电梯有限公司已经成为世界上产量最高的单体企业，最近，第20万台电梯出厂，成为国内首家电梯产量突破20万台的企业。通过持续动态引进和转化世界领先的最新技术，电梯技术始终保持国内领先、国际先进水平，2007年自主知识产权的产品占销售总量70%左右。新近进入上海电气的海立集团，经过多年发展，已经成为“国内第一、全球第三”的空调压缩机企业，拥有自主开发能力、自主知识产权、自主品牌，并在国际标准的制定上具有话语权。

振兴装备制造业，建设具有国际竞争力的大型企业集团、培育跨国公司和国际知名品牌，走自主创新道路，是党和国家的意志，是国家战略。上海电气为此制定了“聚焦国家战略，立足自主创新，提升国际竞争力，发展装备制造业”的发展战略。上海电气作为中国装备制造业领先企业，在走中国特色新型工业化道路和自主创新中，为建设具有国际竞争力的大型企业集团和国际知名品牌进行了积极探索和实践。

1. 聚焦国家战略

上海电气的发展与国家振兴装备制造业的战略直接相关。上海电气深知，装备制造业是国家的战略产业，企业的发展要围绕国家战略进行。

国务院 8 号文件提出，到 2010 年发展一批有较强竞争力的大型装备制造企业集团，增强具有自主知识产权重大技术装备的制造能力，基本满足能源、交通、原材料等领域及国防建设的需要。

上海电气是在服务国家战略中发展起来的，承担和参与了一批国家重大技术攻关项目。振兴装备制造业的国家战略给上海电气提供了历史性机遇。上海电气推进产业发展，提高企业竞争力，重点考虑三个重要因素：国家战略、市场需求、竞争优势。

在聚焦国家战略上，上海电气有比较好的基础。新中国第一个发电设备制造基地就建在上海，国家重大项目、科技攻关项目不少安排在上海，科技投入、技改项目不少落实在上海，为上海电气的发展奠定了比较坚实的基础。

在聚焦国家战略上，上海电气有比较好的市场机会。国家工业化、城市化进程加快，为装备制造业的发展提供了历史性机遇；国家加快振兴装备制造业，又为装备制造业的发展提供了战略性机遇。火电、核电、风电、IGCC，还有船用曲轴、轨道交通、大型铸锻件、海水淡化等，这些国家战略重点在上海电气都有依托工程。

上海电气的发展使大家深刻认识到：只有聚焦国家战略、贴近国家战略、依托重大工程、拓展国际视野，才能实现持续发展、科学发展。优势产业要做强做大，发展机遇要紧紧抓住，国际比较优势要充分发挥。上海电气今后的发展，首先要聚焦国家战略，瞄准未来国民经济发展所需的一些战略支撑产业。首先，继续做强做大火电产业；其次，加快发展核电产业；三是实施国家能源战略，积极开发清洁能源，大力发展新能源产业。

2. 立足自主创新

十七大把“提高自主创新能力，建设创新型国家”作为国家发展战略的核心。并提出要加快建立以企业为主体的技术创新体系，引导和支持创新要素向企业集聚，促进科技成果向现实生产力转化。上海电气提出了“瞄准国际先进水平，立足自主创新，依托重大项目，增强创新的优势，在若干重大技术领域率先突破”的创新战略。

在自主创新方面，上海电气着力处理好以下三个问题：

一是处理好与跨国公司的技术合作关系。“以我为主、合作双赢”，善于站在巨人的肩膀上发展自己。在国际技术合作中提高集成创新能力、引进消化再创新的能力、自主创新能力，实现技术跨越。自主创新和国际合作要结合好。

二是推进产学研结合。加快建立以企业为主体、市场为导向、产学研相结合的技术创新体系。集成社会技术资源，大力推进“企业主体尽快到位”、“科技成果向企业主流技术尽快转化”的创新实践。企业要真正成为技术创新体系中的主体，有一个具备成为主体的能力问题。产学研结合关键是结合面要下沉，直接从事技术工作的人员要接上口，科研单位和企业领导的主要作用是推进。

三是提高自主创新能力。形成优先保证自主创新投入、逐年提高技术研发投入的机制。围绕发展重点、突破关键技术。组织力量持续推进技术瓶颈突破；借鉴跨国公司经验，形成具有现代企业特征、适应企业战略发展的技术决策机制和运作模式。

3. 强化战略管控

从 2007 年开始，集团按照国务院 8 号文和国家“十一五”规划的战略导向，组织重点发展产业，编制“531 战略规划”。“531”即“5 年规划管方向，3 年规划管投资，1 年规划进预算”。主要做法是：

思想上高度重视，组织上有效保障。战略规划始终是集团主要领导全年工作的核心内容之一。从集团总部到各产业集团，主要领导和班子都非常重视 531 规划工作。根据集团功能定位，集团总部重点抓战略、投资、预算、干部。这些工作重点具有很高的相关性，战略规划的编制和执行，是贯穿其中的一条主线。531 规划体现了技术与经济的结合，发展与改革的结合，规划与预算的结合。集团学习借鉴跨国公司规划发展的基本做法和成功经验，在进行市场分析、竞争对手分析、国际对标的基础上，做好产品规划，确定技术路线和技术战略，确定投资计划和效益测算，确定人力资源计划。集团 531 规划工作由董事长、总裁亲自指导，成立了集团总部、产业集团两级 531 规划工作小组，总部由分管副总裁负责推进落实，产业集团由总经理负责落实。在 531 规划编制过程中，注重规划编制的沟通与互动，集团分管领导与各产业集团领导分别沟通与梳理规划编制思路和重点；集团各职能部门对规划的具体内容和主要指标进行深入分析；在定稿之前，集团董事长、总裁主持召开专题研讨会。

从实际出发，抓重点产业、抓产业重点。从现状来看，电气集团主业符合国家战略，有一定的技术经济优势，但是，行业跨度大、产业门类多、投资链条长、整合任务重。通过战略规划的编制，明确重点产业和产业重点对于集团的发展至关重要。经过规划编制，突出主业，缩短战线，扩大战果，产业发展重点更加清晰。

远近结合，使规划、投资、预算有机衔接。经过两轮531规划编制实践，“5年规划管方向，3年规划管投资，1年规划进预算”的思想逐步得到了统一和贯彻，规划、投资、预算有机结合，相互协调。过去，部分企业规划、投资、预算之间存在一定的分离现象，通过531规划较好地将战略规划、投资项目、资金预算有机结合起来，使战略导向真正落到实处。从两轮编制工作实践情况看，531规划的编制已成为各主要产业思考产业方向、投资规划、经营计划和改革调整的重要途径，并成为各主要产业贯彻落实集团总部战略意图和目标的重要渠道。

3.1　明晰主要产业战略方向

（1）火电

重点发展高端产品。重点发展百万千瓦级以上的超临界/超超临界、F级燃机、IGCC等高端产品，2008年新产品率占销售总额70%以上。国内已经开标的百万千瓦超超临界火电机组共105台，上海电气中标55台，占52%，已经投运7台，各项经济技术指标均达到国际先进水平。2004—2008年5年间，发电设备销售收入由61.3亿元增长到303亿元，增长近4倍；发电设备产量由577万kW增长到3000万kW，增长近5倍。

重点拓展国际市场。利用现有产能，发展EPC工程，实施“走出去”战略，2008年电站EPC销售收入100亿元左右，发电设备海外工程占上海海外工程的半壁江山。已签订工程项目536亿元。其中，国外19个项目，共计46.25亿美元；国内11个项目，共计176亿元。正在执行的项目60%以上来自印度、印尼、越南、孟加拉、坦桑尼亚等国家。2008年8月，与印度业主达成了一揽子项目约70亿美元的协议。跟踪国外项目10个，约160亿美元。

重点发展生产性服务业：2008年电站集团生产性服务业销售总额的占比已从上年的23%提高到41%，从生产性服务业的构成上来分析，电站工程业务约占85%，电厂服务业务约占15%。2008年电厂服务业务销售收入突破10亿元，比上年增长20%以上。集团正在有效整合资源，加快服务业务发展，为电厂用户提供装机服务、安装调试、机组运行技术咨询、远程监控技术支持、机组检修、备品配件、机组改造、员工培训等全方位、一体化的优质服务，使之成为未来利润增长点。

（2）核电

形成产业架构。2007年上海电气集中核电资源，成立了重工集团，重点发展核电核岛主设备。到目前为止，上海电气已经形成了由核岛、常规岛、控制系统等三大板块构成的核电产业架构。已承接核电任务160亿元，包括蒸发器18台（另已确定意向18台）、堆内构件/控制棒驱动机构22套、压力容器8台合同和意向，正在参与执行12个核电项目。

提高技术能级。集团成立了核电设备设计所，培育核电设备设计能力。2008年，与国家核电公司合资成立了国核自仪系统工程有限公司；与德国KSB合资成立了上海电气凯士比核电泵阀有限公司，外方同意在中方控股前提下转让技术。

建设产业基地。闵行基地开始形成百万千瓦级核电铸锻件生产能力；临港基地2008年初投产，核岛主设备制造重心由中心城区向临港平稳转移。2008年7月，核电设备公司制造的秦山二期扩建项目首台60万kW3B蒸发器完工，4A、4B蒸发器正在制造中。通过产业基地建设，计划在2010年形成4套核电主设备、8~10套核电堆内构件/控制棒驱动机构的制造能力。

根据国家核电产业发展规划新的要求，上海电气正在考虑核电产业二期发展规划。规划重点：提高技术能级，提高装备能级，提高人员素质，走出一条重点产业科学发展的新路。

（3）风电

提升产业能级。上海电气已安装风机100多台，并网发电50台。1.25MW机组有常温型、低温型，正在开发大风轮型（适用于低风速区）、高原型产品；首台2MW机组2008年12月成功下线，正在开发2MW机组87m风轮直径抗台风型、93m风轮直径的大风轮型，2009年2台防盐雾型2MW风电机组下海，正在设计3.6MW风轮直径116m的紧凑型结构海上风机。上海电气坚持以我为主、引进技术，2006年引进德国Dewind公司D6—1.25MW技术，并实现了产业化；2007年与德国Aerodyn公司联合开发适合中国地区台风和低风速特点的2MW机组。2008年引进Aerodyn公司全套风机设计软件（61个），并组织研发团队进行风机设计系统理论培训，独立使用设计软件开发大型海上风机，并通过国外认证。上海电气风电产业将在三年内，通过引进、消化国外先进技术和系统培训，形成一支独立设计陆上和海上风机的研发团队。

扩大制造能力。闵行基地已形成200台风电设备制造能力。2008年12月临港制造基地、试验风场已经开工建设。制造基地面积40000m^2，总投资1.43亿元，新增主要生产设备40台套，最大起重能力为100t。集团计划于2009年形成年生产600台2MW风机的能力，并制造500台兆瓦级风电设备。

（4）工业自动化

以承担的两项国债项目实施为契机，提高上海电气工业自动化产业的水平。上海电气承担了国债项目：适用于600～1000MW火电等重大工程的I&C系统集成及自控系统仪表产业化、大型压水堆核电站全数字化仪控系统及核电调节阀类产业化。

（5）轨道交通设备

现有能力：通过10年发展，已形成年生产、调试300辆城市轨道交通车辆能力；累计承接上海6条轨道交通线路771辆车的订单，已交付480辆，上海地区市场占有率25%。2007年研制成功具有自主知识产权的A型地铁列车，已完成各项调试与型式试验，在上海轨道交通9号线上的运营考核试验计划2009年8月结束。

发展目标：正在争取上海一条新建线路作为自主研制A型地铁列车产业化支撑项目，实现“首台业绩”突破，创造条件进入其他城市轨道交通车辆市场。同时，正在为形成转向架等关键部件的产业化能力作准备。

3.2 突破产业发展瓶颈

（1）大型锻件。总投资14亿元的热加工技术改造项目2008年全面完成。自行设计制造的世界最大的1.65万t压力机制造成功，并投入生产。2008年，30万kW、60万kW汽轮机低压转子锻件试制成功，正在开展100万kW汽轮机低压转子、超超临界高中压转子锻件。为攻克核电汽轮机整体低压转子锻件的难关，正采用电渣熔铸技术，投资1亿元进行技术改造，450t电渣熔铸装置年底建成。计划2009年一季度投料试制AP1000汽轮机低压转子，年内完成试制。

（2）船用曲轴。通过一、二期项目，已形成年产200根曲轴能力，产品规格涵盖世界两大专利公司设计的全部系列半组合曲轴（50根及以上）。2008年生产80根，2009年在手订单150根。2008年8月，第100根曲轴交付用户；中国第1根8K90MC－C大型船用曲轴研制成功；世界上最大的12K98MC－C大型船用曲轴将于2009年交付用户。

（3）精密锻件。无锡透平叶片公司是国内最大的电站叶片专业化企业，大叶片国内市场占有率70%。2008年引进德国西马克公司3.5万吨级螺旋压力机，为当今世界上打击力最大的螺旋压力机，是国家级重点战略装备，为发展核电特大叶片、航空零部件奠定基础。

（4）焊接转子。全球仅ABB、上海电气掌握这门技术，经济技术价值很高。汽轮机厂最近自行焊接试制了第1根西门子技术的联合循环汽轮机中低压转子，质量完全符合西门子标准。2008年10月上海电气与清华大学、上海交大、哈尔滨焊接研究所开展产学研合作，以“百万级核电焊接转子技术开发与应用”为主攻方向，为早日造出全球第1根核电焊接转子，实现产业化而努力。

4. 加强基地建设

在推进产业发展的过程中，改变以往厂点分散、布局分散的状态，积极推进技术集聚、资源集聚、产业集聚，提升闵行基地、建设临港基地、拓展长三角的产业布局。

闵行基地：占地面积约5km^2，建筑面积约390万m^2。经过50年积累，集中了电站设备、重工、轨道交通、输配电设备、电梯等产业。布局规划明确，通过技术改造，闵行基地要提高水平、焕发青春，继续成为代表上海装备制造业水平和能级的产业基地。

临港基地：规划面积10km^2，一期工程基本建成，二期工程开始启动，已经投入资金46.64亿元。目标是建成“国内领先、国际一流、50 年不落后”的装备制造基地，形成百万千瓦超超临界火电、百万千瓦核电设备关键件制造和总装，大型风电、大型燃气轮机、大型船用机电设备的加工生产和总装能力，成为支撑上海装备制造业可持续发展的增长点和产业基地。

长三角基地。运用上海电气品牌效应，集成长三角地区热加工产业资源，发挥上海电气掌握最终用户的市场优势（年需求量约 20 万 t），与 2～3 家具有 6000～8000t 锻造压力机的企业紧密合作，通过技术改造，形成华东地区技术能级最高、规模最大的锻件生产供应中心，锻件生产能力从 12 万 t/年增加到 24 万 t/年。同时，加大技术改造力度，使无锡叶片厂在大叶片制造领域继续保持国内第一，并成为核电特大叶片制造基地、航空零部件优秀制造企业。

5. 高度重视人才

上海电气坚持“以人为本”，认真解决核心产业发展中“人与发展”的关系，切实解决在企业整合中“人与资产”的关系，实现产业快速发展与人的全面发展同步。大力推进职工素质工程建设，提高员工综合素质，形成了“员工满足企业日益提高的技术、管理需求，企业满足员工日益增长的物质、文化需求”的双向互动机制。

三支队伍建设。人才的建设首先是队伍的建设，上海电气在发展过程中，首先重点建设好了三支队伍。一是决策层队伍建设。上海电气正在培养一支能够胜任党委会、董事会、监事会、经营层工作的高端人才。二是操作层队伍建设。上海电气正在培养一支具有敬业精神和专业知识，既有参与决策又有执行决策能力的中层干部和专业骨干队伍。三是基础层队伍建设。当前，装备制造业企业两方面人才尤为紧缺：一是技术高端人才，即能够把握先进技术发展方向的科技领军人物；二是技术工人，即知识加技能的高水平、高技能人才。上海电气的发展，需要一支技术工人队伍，一支管理、营销等专业人员队伍。

激发人的积极性。“给有能力的人以舞台，给有潜质的人以机会，给有困难的人以帮助”，只要是人才，在上海电气就会有用武之地。上海电气通过机制和体制建设，营造用人的良好氛围。一是深化和完善分配机制。分配制度既要让职工共享改革发展成果，又要提高企业竞争力。按照十七大的有关精神，深化和完善分配机制，为人才的发展，打好了坚实基础。二是贯彻劳动合同法，提高用工管理水平。新的劳动法对企业用工管理提出了更高要求，上海电气积极探索提高依法管理的水平，改善企业经营管理，建立起和谐劳动关系。三是不求人才为我所有，但求人才为我所用。

结束语

上海电气将继续按照国家产业导向，聚焦国家战略重点，进一步推进产业转型升级，逐步将上海电气发展成为一个“以清洁能源装备、环保设备、工业自动化为核心业务，国内一流、国际先进，具有国际竞争力的综合装备制造集团”。

案例三　坚持改革创新，做大做强企业

上海振华港机（集团）股份有限公司

上海振华港机（集团）股份有限公司（以下简称振华）成立于 1992 年，是国有控股、AB 股上市公司，以 ZPMC 品牌闻名世界的大型集装箱机械制造商。过去若干年，世界集装箱码头上的集装箱起重机都是美国、德国、日本和韩国的产品；振华后来居上，到今天占据世界集装箱起重机械市场 78% 的份额。ZPMC 品牌的 1600 台岸桥和 3000 台场桥应用在世界 73 个国家和地区的主要港口，产值自 2002 年连续多年以 50% 的速度同比增长，2008 年预计达到 280 亿元。无论是营业收入还是效益，都居中国重型机械行业首位。

振华用 17 年的时间，跨越了世界同行 30 ~ 40 年走过的道路，尤其近几年，用骄人业绩显示了中国人的聪明智慧和勤奋，令世界重机行业颇有名气的对手，如日本三菱、三井、石川岛，德国克虏伯、诺尔，韩国三星、现代，在国际竞争性招标中只有认输。如今，在世界集装箱机械生产领域，ZPMC 品牌已被全世界用户视为质量好、价格公道、最有竞争力、最能准时交货的优质品牌之一，世界上最大、最快、最先进的集装箱起重机都由振华制造。

1. 发展情况

1.1　集装箱机械连续十年世界第一

振华成立 17 年以来，在很多年里集装箱机械是唯一产品。自 1998 年以来，集装箱机械的订单量一直雄居世界第一，在中国，目前还没有哪一家企业的产品在全球份额中占据如此显赫的地位。据行业权威杂志英国 World Cargo News 统计，过去一年全球岸桥销售总量是 389 台，其中上海振华港机 304 台，占总数的 78. 15%。随着节能意识的不断增强，振华推出的市电集装箱轮胎龙门起重机和节能型集装箱轮胎龙门起重机大受欢迎，韩国釜山三个新码头的 109 台集装箱轨道式龙门起重机全部采用了振华的自动化龙门起重机。

1.2　散货机械市场成绩令人瞩目

振华这几年在散货机械市场的开拓上取得了令人瞩目的成绩。最近几年散货机械在产值中的比重基本都在 10% 左右，国内大型的装卸机械，卸船能力在每小时 2000t 以上的卸船机全部由振华包揽，散货机械也像当初的集装箱机械一样，开始走向全球，销往 17 个国家。目前有两个鲜明的亮点：一是正在制造的 5 台连续式卸船机，拓宽了产品线；二是 2008 年 12 月完工的太仓成套散货设备项目是第一次承接系统总集成项目，是又一次飞跃。未来要像在集装箱机械市场一样，争取全球范围内的大型装卸船机等市场，振华将在这个市场上有所作为。

1.3　海上重型装备取得重大突破

海上重型装备是新进入的市场，也是下一步发展的方向。尽管进入这个市场时间不长，但已经取得重大突破。2008 年为中海油生产的 7500t 全回转浮吊成为“世界第一”，韩国三星重工马上订购了一艘 8000t 固定臂浮吊，并准备在更多的海上重型装备项目上与振华进行合作，下一个项目可能就是当前非常热门的 FPSO（浮式生产储存卸货装置）。自升式平台也是下一步的工作重点之一，2009 年，振华的产品第一座自升式平台将开工制造。韩国大宇有望得到澳大利亚一个海上采油、炼油平台项目，已经把上海振华港机确定为这个项目的唯一钢结构制造商。有理由相信，海上重型装备将很快取代集装箱机械产品，成为振华的拳头产品。

1.4　桥梁钢结构等市场大有可为

在桥梁钢结构、龙门吊、门机、备件市场同样大有可为。振华承接的旧金山奥克兰海湾大桥，是世界上难度最高的桥梁钢结构制造项目；龙门吊已经走出国门，下一步是要继续扩大国外市场；还要把门机卖到国外去，为这一传统产品寻找新的市场。此外，世界500强之一的美国福陆公司2008年将英国风力发电塔钢结构制造任务交给了振华，这个项目2.3亿欧元，是振华成立以来最大的项目之一。

2. 视科技创新为企业灵魂

2.1 重视科技人才，特别是领军人物

17年前，成立伊始，振华将科研开发和设计视为企业的龙头。当时经济极困难，但一切分配向科技人才倾斜。现在3000名白领人员中，约2000人是从事机电液设计的工程技术人员，其中高级工程师400余人。在振华文化的熏陶下，他们敬业、勤奋、勇于献身，贡献自己的聪明才智，出产品的同时也出人才，得以实现科技领先。

2.2 重视科技研发投入，使科技成果迅速转化

董事会同意每年将产值的3%用于投入科研。振华对发展科研、开发新产品用钱，一向“极为慷慨”，2007年直接间接投入近6.3亿元。振华重科学实验，首先要求各机电配套件生产厂必须设实验台，不断改进产品的质量和增加技术含量。

2.3 借助全国和上海科研力量，构建产学研平台

上海市拥有60余所高校、80家国家级科研单位、100余个研发中心、153位院士的科研实力。国外出现的新技术，振华很快就在他们的帮助下跟上去，如利用超级电容研制的绿色（RTG）场桥，上海交通大学协助振华做寿命实验，用GPS（全球卫星定位系统）和差分装置做成的场桥高精度直线行走和箱位管理，以及与同济大学、上海海事大学等进行降噪声、防地震研究和结构优化等产学研相结合项目研究。

2.4 采用先进的国际标准，加强专利保护

振华认真学习各种国际标准（著名的美国AWS焊接标准和AISC钢构规范均由振华译出，内部出版），使产品高起点进入国际市场。已申请专利保护100余项，获得国家和市级科技成果奖55项。至今，已在主导产品集装箱机械领域开发了30余个新机型，拥有完全的自主知识产权。

3. 借助资本市场加快发展

振华所涉足的大型集装箱机械制造业，属于技术密集、资金密集、劳动密集相结合的产业。其中资金密集为一大特点，因为产品生产周期高达14~16个月（甚至更长），用户最多在签约后预付款10%（也计入负债），除去利润和税外，全部要靠贷款，但由于股本金小，很快负债率提高，也就无法获得更多资金。上海市有关部门支持振华向资本市场融资：振华1997年B股上市，2000年A股上市，2004年A股增发，2007年A股再次增发，2008年非公开增发收购上海港机厂，均筹集到新的股本金。借助资本市场，振华不断加速发展，面貌日新月异，下表列出振华历次通过股市筹资后加快发展的情况。

表1 振华融资及产值增长情况

年度	向资本市场融资情况	总股本/万股	净资产/万元	产值/万元	产值同比增长（%）
1997年	成功向境外投资者首次发行1亿股B股（IPO），募集资金4113.5万美元，折3.41亿元	33500	73837	84809（1.03亿美元）	26
1998年	实施分红方案：B股“10送1”	33500	79176	108268（1.31亿美元）	28
1999年	—	36850	82661	136507（1.65亿美元）	26
2000年	成功增资发行8800万股A股，募集资金8.38亿元	45650	170510	195686（2.37亿美元）	43
2001年		45650	189663	256546（3.10亿美元）	31
2002年		45650	194234	340292（4.11亿美元）	33

（续）

年度	向资本市场融资情况	总股本/万股	净资产/万元	产值/万元	产值同比增长（%）
2003年	实施分红方案：A股“10送10”	45650	212873	512607（6.20亿美元）	51
2004年	再次增发11428万股A股，募集资金9.67亿元。实施分红方案：A股“10送5”	102728	348706	778491（9.41亿美元）	52
2005年	—	154092	457132	1209910（14.96亿美元）	55
2006年	实施分红方案：A股“10送10	308184	58.66	1800000	50
2007年	公开增发12551.5A股	320735.5	1131200	2100000	17
2008年	定向增发收购上海港机厂16979.468万A股	337714.968	1500000	2800000	33

由表1数据中可以看出，资本市场的持续融资，使公司得到强大资金支持，1997年产值仅为1亿美元，2005年达到15亿美元，2008年将达到40余亿美元，增长了40倍。

4. 高度重视企业文化建设

多年来，振华始终长抓不懈，建设企业文化，无声地激励职工为企业奉献、效力。公司高管以身作则，身先士卒，带动了全体职工。每年评选“振华功臣”，树立榜样，建立正确的价值观，为公司成立伊始就提出的“世界上凡是有集装箱作业的港口，都应有振华港机在作业”的光荣抱负而努力奋斗。

振华招聘每个职工，均认真挑选。要业务技术更要品德，公司内的骨干都是好品德的楷模。振华内认真执行禁烟禁赌，禁酗酒，禁第二职业等规定，从这些小事抓起，令行禁止，风气一新。

振华重文化知识培养，提倡干部全面发展，搞工程的人，也要懂点文史哲，音体美。鼓励买书、藏书、读书，鼓励业余参加文学、艺术、体育活动。公司举办各种业余教育（大专班、硕士班、博士班、技术培训班等）来提高企业职工的整体文化素质。

振华出资每年组织春游、秋游、年终聚餐、观剧，以调节日常紧张工作，了解祖国大好河山，开阔心胸，提高文化素养，培养高尚情操。

振华坚决执行反腐倡廉，领导层应酬性开支和公司内各种经济活动，都是透明的，以便于监督等等。总之，振华非营业性经济活动要作到公正、公开，以取得职工信任，振华严格要求每个干部，模范带头保证企业保持蓬勃朝气，昂扬锐气，浩然正气，去克服困难，完成艰巨光荣任务。

5. 打造对手难以企及的核心竞争力

（1）水边安营扎寨。这是振华迅速成长壮大的一个重要地理优势。振华长兴基地近5000m岸线、江阴基地近900m岸线、南通基地1000m的岸线，使ZPMC得以利用浮吊在驳岸边进行大型钢构件的拼装、作业。因产品外形高大，只有水运才能送达用户，而许多国外对手因未料及岸桥会发展到如此巨大，多在陆上安营，不能利用水边之利，等到发现这个问题时，振华已早早跑到它前端使其望尘莫及了。

（2）拥有大型承重码头。起重机自重高达1500～2000t，必须用重型码头才能安装。长兴基地有承重码头6座，江阴和南通各有承重码头300m，这都是世界同行中没有的。承重码头不只用作安装，还利用它前沿有足够的水深将调试好的起重机，以整机形态装到运输船上驶向世界各地。有自备大型浮吊在岸壁边进行起重机的安装，比对手们用陆上履带吊安装提高效率5～10倍，而且安全。

（3）拥有28艘整机运输巨轮。可以将产品以整机形态运往全世界。迄今为止，在世界同行中，有6万～8万吨级整机运输船的只有振华一家。它可以保证产品跨海越洋运往全世界，准时交货，此举大大增强了国际竞争力。必须强调的是，有越洋整机运输能力是振华挫败国内外对手的一大法宝。

（4）形成高质量的机电配套件体系。发展国产机电配套件，打造按国际标准生产的“中华牌”配套件，是振华成立伊始就确立的方针。它对降低成本，保证短周期交货和作好售后服务以及扶植国内小企业成长均具有重大意义。

（5）建立强有力的指挥体系和质量管理体系。建立“七事一贯制”的指挥体系，将经营、设计、制造、安装、调试、整机运输、售后服务七个环节，由一个指挥部指挥，大大提高工作效率、应变能力、抗风险能力。到2007年ZPMC已建立的质检队伍拥有1000名专业质检人员（质检工程师和质检工），在各施工队内均有专职质检人员，这批人成为ZPMC强有力的质量保证体系的基石，从源头抓质量，做到产品“不欠债”（即完全符合买方要求）离岸。

（6）技术创新和人才培养领先行业。振华具有近百项有自主知识产权的新机型，新配套件等成果，而且居于本行业前列。在世界市场竞争的实践中也锻炼和培育出一批敢于与强争锋的高科技人才。振华有一批热爱事业、勇于献身、能征善战的骨干，出产品出人才。将生产中涌现出的积极分子提拔到各级领导岗位并加以培养。振华提倡在游泳中学会游泳，要求干部们在实践中善于总结，特别总结失误的教训，作到“不二过”，不断提高水平。

（7）管理逐渐步入科学轨道。在实践中摸索出一套符合现代企业制度要求的管理制度，每个合同由签约到设计、生产制造、物资供应、财务核算，以及国内外用户的新要求等等，均建立了责任制，落实到人。在员工管理方面将职工分为蓝领、白领，分别实行不同的管理和激励机制。既抓物质鼓励，又重精神。在振华各基地推行以老板施工队为主体的“单独核算承包制”，凡能量化的任务，均实行承包，大大提高经济效益。

结束语

2002年，胡锦涛主席（时为副主席）访美期间途径旧金山，恰逢振华整机运输船运载着四台起重机通过金门大桥。起重机顶端距桥下只有30cm，为慎重，旧金山市临时关闭了金门大桥，造成旧金山市交通堵塞，胡主席的车队也停下来，使他知道这件事。当晚，旧金山市市长晚宴上致辞：“感谢胡主席为我们送来中国的集装箱起重机。”胡主席非常高兴，特意嘱咐中国杨大使打电话向我们祝贺。在2005年召开的全国科技大会上，胡总书记亲自把国家科技进步一等奖奖状授给振华领奖代表，并亲切地说：“我知道，你们干得不错！”总书记对创新工作的肯定，深深地激励着振华全体员工。

总之，振华经过17年成败得失的锻炼，既出产品，又出人才；既得教训，又长智慧；既有物质实力，又有精神力量。公司每个职工都可以自豪地说：“我们无愧于伟大祖国、伟大人民给予我们的哺育和期待”，全体员工将团结在振兴中华旗帜下，努力实现自己的抱负：世界上凡是有集装箱作业的港口，均应有振华港机在作业。

案例四　我国机床工具行业境外并购取得突破性进展

中国机床工具工业协会

近年来，在国际机床业大举进驻中国投资设厂的同时，我国机床工具企业“国际化”进程也明显加速。我国机床工具行业共有 8 个企业先后并购控股了 11 家境外企业。由于机床工具行业的战略地位，行业企业大规模的境外并购必将对我国机床产业，乃至整个国民经济和国防军工现代化产生重大而深远的影响。

1. 并购基本情况

参与并购的大多数是机床工具行业实力较强的骨干企业，并且在并购过程中得到了国家发改委、商务部、国家外汇管理局和有关省市领导的支持，抓住了有利时机，使境外并购得以顺利实施。

（1）大连机床集团公司于 2002 年、2003 年、2004 年分别并购美国英格索尔生产系统有限公司（100% 股权）、美国英格索尔曲轴制造系统有限公司（100% 股权）、德国兹默曼公司（70% 股权），可以提供专用机床及集成制造系统、柔性制造系统、曲轴加工系统、大型龙门五面铣床、数控床身铣、铣削中心等高档数控机床产品。

（2）沈阳机床集团公司 2004 年 10 月并购德国阿尔道夫 · 瓦德里希科堡机床厂有限两合公司，拥有 100% 股权。希斯公司是一家具有 140 多年历史的著名重型机床制造企业，主要产品包括重型龙门铣车中心、大型立式车铣加工中心、落地铣镗加工中心等。

（3）上海明精机床有限公司 2003 年开始并购德国沃伦贝格公司，拥有 100% 股权，沃伦贝格公司是一家著名的重型数控车床和数控专用机床生产企业。与此同时，还并购了日本池贝公司，拥有 65% 股权，主要生产数控车床、车削中心、加工中心等。

（4）秦川机械发展股份有限公司 2004 年 6 月并购联合美国工业公司，拥有 60% 股权。联合美国工业公司是一家已有 80 多年历史的家族式企业，以先进的四拉合一技术著称（拉床、拉刀磨床、拉刀、拉削工艺）。

（5）哈尔滨量具刃具集团有限公司 2005 年 3 月并购德国凯狮公司，拥有 100% 股权。凯狮公司是德国著名的精密数控刀具和量仪产品制造商，拥有多项专利技术，并在欧美等地拥有完善的市场销售网络。

（6）北京第一机床厂 2005 年 10 月并购德国科堡两合公司，拥有 100% 股权。科堡公司是世界著名企业，其重型、超重型数控龙门镗铣床、数控龙门立车、落地铣镗床、重型卧式加工中心及导轨磨床系列等产品处于世界领先水平。

（7）杭州机床集团有限公司 2006 年 6 月出资收购德国 abaz&b 公司的 60% 股权。德国 abaz&b 磨床有限公司是欧洲四大平面磨床制造企业之一，具有 100 多年专业制造磨床的历史，生产高精度平面、成型、强力数控磨床、有旋转工作台的磨床等。

（8）天水星火机床有限责任公司 2008 年 10 月收购法国 SOMAB（索玛）公司 81% 股权。SOMAB 公司是法国老牌机床制造企业，目前主要产品有五轴、四轴、三轴联动车削中心以及标准型、普通型数控车床、卧式加工中心、轮胎制造专机等，其全资子公司 SOMAB 服务公司在全球有 30 多家代理销售机构。

通过并购，我国机床工具企业了解和学习了很多东西，体会很深。一是近距离地了解发达国家同行业生产企业的实际状况，看到了我们的差距；二是获得了国际知名品牌、核心技术、销售和采购渠道、技工队伍及生产诀窍，赢得了参与国际竞争的平台；三是实现了跨国经营，通过“走出去”，实现了“引进来”，同时也锻炼了队伍，培养了人才；四是推动了企业管理、自主创新和技术研发，进一步明确了发展方向，提高了企业的核心竞争力。

由于拥有或控股境外先进机床工具制造企业，我国机床工具行业初步具备了为国内提供高档机床工具的条件，国内外结合，提升了重大机床设备的自我装备能力。同时，通过建立国外的制造、销售基地，有利于进一步扩大出口，实现国际化经营。

2. 并购的启示

2.1 把握时机，讲究并购艺术

首先，并购企业尤其是国外企业，要经过缜密的调查了解，一旦确认后必须抓住先机，果断出手。其次，对当地的政策、法律等要进行充分的了解和学习，并通过当地的法律服务机构协助完成收购工作。同时还要对我们国家境外投资政策进行充分的了解和学习。

为收购境外企业，我国机床企业一般都经过一定的调查研究，了解所在国的法律法规；利用目前北美、西欧、日本机床制造成本居高不下，机床制造商经营不景气，制造业向中国转移的机遇，选择好对象，抓住机遇（如破产、拍卖、重组等机会），适时出手，进行并购。

2.2 搞好经营，需多方支持

要经营好境外并购的企业，尚存在诸多困难。主要是：一是境外企业对技术和经营管理人才要求很高，我们对国外的经营环境并不十分了解。因此把这些企业起死回生进一步搞活难度较大。二是目前这些企业总体上讲是国外当代领先的技术，但如果没有进一步的开发投入，很快就会落后。三是目前国内企业收购资金大部分是国家的支持，企业赢利能力都比较弱，从长远的观点看，国家支持启动资金可以做到，但从长远的发展还要靠政策和企业的投入来支撑。

并购容易，长期经营难。必须尽快实现双方民族文化和企业文化的融合，要做好市场原有订单的衔接和新订单的获得，以及供应链的重建，尽快在产品、研发、营销等方面开展全方位合作，要特别注重国际化人才的培养和使用。

3. 存在问题和建议

中国机床工具工业协会分别于2006年、2007年召开了机床工具行业境外并购企业座谈会，共同交流、研讨并购情况和存在问题，并提出了有关政策建议和希望得到的支持。

完成并购手续只是走了第一步，如何能“控制得了、经营得好”，才是完成并购的初衷。目前面临的主要问题是：

（1）金融信贷支持不足。企业走出去后，尤其是成为境外企业的控股股东后，企业发展所需的资金、融资问题会成为一个需要时时考虑的问题，流动资金短缺，境外融资困难，急需金融信贷支持。

（2）出国手续复杂。国内现行政策和规定程序复杂，企业高级管理人员、技术人员和维修人员派出手续烦琐，不能和国际接轨，对已走出去的企业发展形成了制约，不能适应境外办企业需要快速决策和反应的要求。

（3）能胜任境外工作的人才短缺。对当地法律不熟悉，文化差异带来的管理不适应，文化融合需要时日，人才缺乏，各企业都急需能胜任境外工作的人才。

（4）掌握国外先进技术需要不断努力。对被并购企业先进技术和技术诀窍的掌握需要较长时间，德国更是都靠熟练技工，而并不在技术文件上体现。消化吸收和转移技术，有些还受到国外法律限制。

建议国家加强对境外并购企业的支持力度：尽快制订有关境外并购的政策法规；优先采购已并购境外企业的产品；支持境外研发；简化出国审批程序；给予金融信贷支持。

案例五 用中国“大脑”装备中国制造装备

武汉华中数控股份有限公司

武汉华中数控股份有限公司（以下简称华中数控）是我国专门从事数控系统及其装备开发、生产的高科技企业。华中数控以华中科技大学和国家数控系统工程技术研究中心为技术依托，拥有强大的科研、开发和产业化实力，是国家确定的“落实科技发展观、建设创新性国家”的创新型企业典型。2008 年，被科技部、国务院国资委、中华全国总工会正式确定为国家首批 91 家国家“创新型企业”，被中国机床工具工业协会评为机床行业“自主创新优秀企业”、“综合经济效益十佳企业”和“精心创品牌十佳企业”。近三年来，华中数控业绩连续保持大幅增长。

按照国家重大高档数控装备的技术要求，通过自主创新，华中数控在我国中、高档数控系统及高档数控机床关键功能部件产品研制方面重点突破了一批数控系统的关键单元技术；攻克了规模化生产工艺和可靠性关键技术，成为系列化、成套化的中、高档数控系统产品产业化基地。华中数控具备较强的系统配套能力，可生产 HNC－18i/19i、HNC－21/22、HNC－210 等普及型、中档、高档数控系统，以及全数字交流伺服主轴系统、全数字交流伺服驱动系统等产品。五轴联动高档数控系统填补国内空白。华中数控建成了先进的质量检测中心，具有电磁兼容性、冲击、振动和环境试验设备，通过了 ISO9001：2000 质量体系的认证。

1. 自主研制高档数控系统，打破国外企业技术封锁和垄断

高档数控系统是数控机床的核心部件，长期以来一直制约着我国数控机床产业发展。国外至今对我国进行封锁限制。

华中数控秉承用“中国大脑装备中国制造装备”的理念，一直坚持“以创新求发展，以产业化为目标，以发展民族数控系统为己任”，多年来攻克了一批高档数控系统关键技术。

（1）华中数控研制的五轴联动高档数控系统拥有完全自主知识产权，填补了国内空白，打破了国外封锁，获得国家科技进步二等奖和湖北省科技进步一等奖。该系统是目前国内唯一获得批量应用的国产高档数控系统。已经在大连机床集团、沈阳机床集团实现批量配套。目前，已经有 80 余台五轴联动华中数控系统在航空、船舶、汽车、电力等行业的重要工业用户中成功应用。2007 年 4 月，南昌某军工企业配有该数控系统的高档数控机床被国防科工委和国家发改委评为军工企业应用国产数控机床优秀合作项目之一。

（2）针对目前国内大型船用螺旋桨数控加工机床少，无法实现车铣复合加工的现状，公司与武汉重型机床集团和镇江推进器厂合作，共同承担国家 863 项目，研制生产可加工 8m、承重 100t 船用螺旋桨的 CKX5680 七轴五联动立式车铣复合加工机床所需的高档数控系统。经过努力，目前，机床已成功用于螺旋浆制造机床具备在线测量等功能，可实现工作台自动精确分度，能一次装卡完成螺旋桨数控五轴联动加工。机床技术达到当代国际先进水平，打破了国外技术封锁，填补了国内空白。

（3）针对我国核电设备制造需求和当前我国大型叶片精加工的现状，华中数控研发的九轴六联动数控系统，运用于北京胜为弘技数控装备有限公司、东方汽轮机公司共同研制的 TX－6 九轴六联动数控砂带磨床上，可用于大型汽轮机叶片、核电叶片磨削抛光、大型燃汽轮机压缩机叶片加工、涡轮风扇发动机风扇叶片加工、机载外挂装置型面磨削抛光以及随型磨削装置可移植磨削风力发电桨叶型面等。该机床采用砂带磨削方式，可作 A、B、C 三个回转轴与 X、Y、Z 六轴联动插补加工。自主创新了大型叶片六轴联动加工工艺、攻克了专用编程与后置处理软件包以及 Y、Z、C 三个坐标轴的双伺服同步驱动技术难题。具有强力型面磨削和随型抛光两种功能，尚属国际首创。经过中国机床工具工业协会组织的专家评审，该机床获得 CCMT2008“春燕奖”。

2. 产学研紧密合作，服务于国家重大技术装备需求

华中数控在自主创新的过程中，坚持产学研紧密合作，先后与大连机床集团、北京第一机床厂、齐重数控股份有限公司等机床企业实施战略合作，开创了国产数控系统发展的新模式。

2006 年，在国家发改委的支持下，公司以产品技术入股与大连机床集团组建了“大连高金数控技术有限公司”。大连高金数控技术有限公司成立后，产学研各方发挥各自优势，不断提高产品的稳定性和对用户要求的快速响应能力，加快数控系统产品化研发进程，研制生产了数控产品 9 种，部分替代了国外系统，打破了数控铣床和加工中心数控系统国外产品一统天下的局面，极大推动了国产数控系统的配套进程，实现了与车削中心、加工中心、五轴联动机床的全面配套。大连机床集团已累计配套华中世纪星数控系统达 4000 多套。此外，大连机床集团还将 30 多台华中数控系统批量应用于机床部件生产线上的关键生产设备。

3. 实施“应用示范工程”，推动国产中高档数控系统应用

为实现用“中国大脑装备中国制造装备”的目的，中华数控大力开拓市场。2007 年以来，在数控机床的典型用户行业（如军工、重大装备制造企业、数控机床生产企业），建立了一批国产中、高档数控系统应用验证示范点，并进行了数控系统的应用验证和可靠性考核工作，扭转了用户对国产中、高档数控系统的偏见，提高了用户选用国产数控系统的积极性，增强了用户的使用信心。

3.1　与鲁南机床有限公司合作实施应用示范工程

2007 年 7 月底，华中数控与鲁南机床有限公司签订协议，分两期实施 69 台机床配套国产数控系统应用示范工程。首批 32 台设备已于 2007 年底投入使用，其中，包括五轴联动加工中心 2 台、大型龙门加工中心 4 台、4 轴联动卧式加工中心 5 台。此外，鲁南机床有限公司还与中国一拖有限公司签订了金额为 970 万元的合同，为其提供配置华中数控系统的 2 台 XH2412 数控龙门铣床、2 台 TH6350 卧式加工中心。

3.2　与贵州航空工业集团公司（以下简称贵航集团）战略合作，树立军工企业应用国产中高档数控系统典范

贵航集团是我国著名的航空工业骨干企业。2004 年以来，华中数控为贵航集团骨干企业贵州云马飞机制造厂改造了近 30 台数控龙门铣、数控仿形铣床等大型关键设备。设备可靠性高，经受住了贵州山区多雷雨恶劣天气考验。与之形成对比的是，同时配置国外数控系统的机床，在雷电天气却经常出现报警和损坏。这增强了贵航集团在军工制造关键设备上选用国产系统的信心。2007 年，贵州云马飞机制造厂 8 台 XK718 立式加工中心招标，指定选配华中数控系统，这在军工企业关键数控设备招标的历史上是绝无仅有的。

2007 年底，贵航集团全资收购东方机床厂，并在西南工具厂建立了数控机床制造基地。贵航集团与华中数控签订战略合作协议，双方为共同提高航空装备的数控化水平，促进在国防装备领域迅速普及国产化数控系统的应用。2008 年，数控机床制造基地生产的 400 台数控机床，全部配置华中数控系统。其规格覆盖全功能数控车床、立式加工中心、五轴联动加工中心。目前，这些机床已经陆续完成安装调试，投入贵航集团下属企业正常使用。

案例六　技术进步引领企业又好又快发展

安徽全柴动力股份有限公司

安徽全柴动力股份有限公司（以下简称全柴）坐落在皖东全椒县，成立于1998 年，是一家集研发、生产、经营、外贸、投资为一体的大型企业集团，安徽省内燃机行业唯一一家上市公司。经过多年来的持续发展，全柴已具有年产 30 万台车用柴油发动机的产销能力，是目前国内最大的小缸径多缸柴油机生产基地之一。

1998 年，全柴动力的成功上市，成为全柴发展新的起点。从上市至 2008 年的 10 年间，全柴依靠积极的科技创新、精良的制造装备以及大力的市场开拓，使企业得到持续健康成长。特别是以 2001 年与北汽福田汽车股份有限公司（以下简称北汽福田）建成战略联盟关系为起点，使企业车用多缸柴油机获得了良好的市场机遇，产销量迅速从 2001 年的 1.6 万台增长至 2008 年的 20.8 万台，位居小缸径多缸柴油机行业的第一位。短短 7 年时间，全柴从参与者、挑战者到行业引领者，已发展成为国内最大的小缸径多缸柴油机生产基地之一，形成了以车用、农业装备用、工程机械用及发电机组等门类齐全的动力配套体系。主导产品广泛用于轻卡、皮卡、低速载货汽车、叉车、大中型农业装备、工程机械、发电机组等，与北汽福田、北京轻汽、江淮汽车、一汽金杯、一汽红塔、唐骏汽车、黑豹汽车、浙江中能、时风、五征、长丰扬子汽车等 20 多家国内知名整车企业建立了稳固的配套关系。

30 年创新发展，特别是在全柴上市后的十年间，经过不断的产品结构升级调整、大力的技术改造和不断的科技创新、积极的多元化发展使全柴实现了跨越式的发展。

1. 依靠技术创新，加快产品结构调整

全柴 1970 年进入柴油机行业，1986 年通过生产适销对路的 R175 单缸柴油机，满足了农村一家一户对小型农机的需求，实现了第一次产品结构调整。1993 年的企业困境促使全柴实施了第二次产品结构调整。20 世纪 90 年代中后期，随着国家建设有中国特色社会主义市场经济的继续推进，大量民营企业进入单缸小柴油机行业，使该行业的竞争日益激烈。激烈的市场竞争使全柴领导深刻地认识到，继续产销品种单一的单缸小柴油机，不利于企业以后的发展壮大。全柴今后要继续的健康快速发展，必须依靠技术创新，加快产品结构的调整升级，发展以车用动力为重点的多缸柴油机产业，努力实现产品结构的战略转移，也正是这次调整，为全柴今后的发展打下了坚实基础。

2. 建立战略联盟，发挥各自优势

2001 年，全柴紧紧抓住中国汽车工业快速发展的机遇，与北汽福田汽车股份有限公司签订了《战略联盟合作合同》，建成了战略联盟关系。双方通过发挥各自优势，以产品为载体、以产权为纽带的形式，进行优势互补，共同发展汽车、发动机产品，提高市场竞争力。通过与北汽福田结成战略联盟，全柴的车用多缸柴油机获得了市场机遇，市场知名度和影响力大大提升。接下来的几年里，多缸柴油机产销量取得了飞速增长，2002 年突破 5 万台、2003 年突破 10 万台、2007 年突破 18 万台、2008 年突破 20 万台，并与 20 多家国内知名整车企业建立了稳固的配套关系。

3. 技术改造，确保十年不落后

随着全柴产品结构调整战略的稳步实施，多缸柴油机成为全柴发展的一种必然趋势，而多缸柴油机生产对制造装备工艺提出了更高的要求。为满足这种要求，保证全柴多缸柴油机的产能和品质，“十五”以来全柴高起点、大投入地进行了技术改造。先后投入近 6 亿元资金，对车用柴油机铸造线、金加工线、装配线、试机线、新产品试验室等进行了全方位的技术改造，建立了具有国内领先水平的车用柴油机加工、装配生产线，其中关键的设备从国外引进，大大提高了工艺水平，保证了产品质量，引进德国进口的卧式加工中心建成的柔性加工线得到行业内外行家的赞许；基于对工程机械柴油机项目的良好预期，2006 年，全柴联合国内 18 家战略投资者，一期投资 2.5 亿元的工程机械用柴油机项目于 2007 年底顺利投产；为适应汽车国Ⅲ标准产品与工程机械六缸机的批量生产，投资 4.2 亿元的全柴铸造中心项目已经启动，该项目通过引进国外铸造生产线，预计年产 10 万 t 高档铸造件，在满足自给同时还可为国内外高水平发动机公司、汽车制造公司配套。

在对产品铸造、加工、装配、新产品开发试验室等进行改造和新建的同时，全柴还努力推动企业信息化建设，先后投资 3000 多万元构建了企业计算机网络平台，实施 ERP 信息管理系统。通过计算机网络平台和 ERP 系统，全柴实现了管理手段的信息化，为企业的经营管理起到了很好的作用。

在“十五”以来的技术改造过程中，全柴始终坚持“确保技术改造项目 10 年不落后”的基本思路，为企业产品结构调整升级和多元化发展打下坚实的基础，提升了以产品为导向的核心制造能力和试验检测能力。通过持续的技术改造和先进设备进口，目前，全柴已拥有柴油机机体气缸盖铸造线、柔性加工线、装配线、出厂试机线等 20 余条，较好地适应了企业的产品结构调整和升级的需要。

4. 科技引领，创新发展

创新是一个企业持续发展的不竭动力，也是一个企业综合竞争力的核心组成部分，作为一个传统制造企业，通过持续的科技创新，为企业注入新的发展动力尤为重要。全柴一直重视科技研发投入，把科技创新作为企业的生命之源，建立创新机制，转变创新观念，培养创新队伍，通过各种形式的对外技术合作和对外技术交流来提高自身的技术创新能力，实现以科技创新驱动企业成长，以企业发展带动技术创新的良性循环。

多年来，全柴通过发挥自身优势，积极主动地与国内外知名内燃机研发机构、科研院校开展各种形式的技术合作和技术交流，提高了自主研发能力和市场适应能力。期间全柴与德国 BOSCH 公司及 ELSBETT 技术咨询公司、上海内燃机研究所、江苏大学、合肥工业大学等国内外知名研究所和大学建立了良好的合作关系。

积极的对外技术合作大大提高了企业的自主创新能力和产品技术升级的速度，有力地配合了企业产品结构调整战略的实施。自全柴实施产品结构由单缸向多缸转型以来，全柴相继完成了 QC480、QC490、QC495、N485、N490、N495、QC2105、QC2110、4102、4105、4112、QC10Z 等一系列满足轻型汽车、收割机、拖拉机和工程机械配套柴油机的研发，形成了较为完备的动力配套体系。

面对 2008 年即将实施的汽车排放标准要求，全柴从 2006 年开始投入巨额资金同德国技术公司合作，采用国际先进的电控、高压共轨、增压中冷等技术，在国内率先成功开发了 4D18E、4D22E、4D25、4D26 系列汽车国Ⅲ标准的柴油发动机，并对系列机型拥有完全自主知识产权。全柴系列汽车国Ⅲ标准的柴油发动机的研制成功，填补了该档机型的国内空白，满足了国内汽车配套动力升级的需求。汽车国Ⅲ系列小缸径车用柴油发动机在国内的率先成功研制，为企业在未来的市场竞争中取得了主动权。2009 年全柴汽车国Ⅲ系列车用柴油机可形成年产 5 万台批量生产能力，预计为企业新增销售收入 10 亿元。为满足 2010 年汽车国Ⅳ标准实施，全柴目前已启动了 QC100E 与 QC25E 国Ⅳ排放柴油机项目。

从农用单缸柴油机到车用、工程机械用多缸柴油机；从 1978 年年产几千台单一品种的单缸柴油机到 2008 年的国内最大的小径车用多缸柴油机生产基地之一；从一个产品单一的地方国有企业、发展到一个多元化、总资产近 50 亿元的大型企业集团。依靠正确的战略指导思想，大力的技术改造和积极的科技创新，全柴实现了 30 年创新发展。

案例七　集成知识，链合创新

北汽福田汽车股份有限公司

北汽福田汽车股份有限公司（以下简称福田汽车）自 1996 年成立，经过短短十年时间，成为中国商用车第一品牌，成为中国最大的商用车生产制造企业。

福田汽车自成立以来，以市场为导向，以发展为主线，以创新为灵魂，坚持走新兴工业化道路，认真落实科学发展观，通过不断提升自主创新能力来增强企业的核心竞争力，通过不断提升自主创新能力来打造中国汽车工业的卓越品牌，走出了一条以自主创新促进企业持续、快速、和谐、健康发展之路。福田汽车在创新实践中，开创了一个全新的发展模式——“集成知识，链合创新”。

“集成知识，链合创新”本质是一种集成创新，是集成创新在企业这个自主创新主体中实现创新发展的有效途径，是集成创新由单一企业向整个产业链延伸扩展的具体体现。

所谓集成知识，就是充分地整合、消化、吸收世界先进的战略、技术、运营、营销等各个方面的知识，形成企业特有的知识资产，并将这种特有的知识资产转化为管理技术，运用到价值链的各个环节，从而形成企业核心竞争力。知识集成和创新在福田汽车有一种相对广义的概念，既包括技术、管理、营销、品牌方面的知识集成，同时与之相关联的全球人才集成、全球资源集成等方面，这些也是福田汽车知识集成和管理的重要组成。

所谓链合创新，就是在集成知识的基础上，打破单一企业相对独立的创新方式扩展到整个产业链上下游企业之间以及相关产业之间，甚至是国际企业之间进行共同合作集成创新。链合企业，通过项目合作、战略联盟等手段和形式，为了同一个战略目标或者是围绕获得有更强竞争力的新产品，而开展共同研发、制造以及品牌推广，并进而在技术、信息、管理、品牌和服务渠道方面实现资源共享，从而联合打造核心竞争力。

福田汽车在集成知识，链合创新中体现“三分技术，七分管理”的思想。

在战略管理方面，集成全球先进的管理技术，构建了“战略管理—运营管理—品牌管理”三维管理模型，业务管理准确选项、科学决策。在组织管理方面，采用集团 + SBU 组织管理模式。

在产品创新管理方面，福田汽车将“集成知识，链合创新”的成效定位在：在最短的周期内和最低的投入下，整合一切可以利用的资源，确保创新的高效率，全面提高产品的市场转化能力，使福田汽车将一款新车型或产品的升级换代周期缩短到 3 ~ 5 年。2003—2005 年三年时间，福田汽车实现了欧曼、欧马可、欧 V、奥铃、时代、风景、传奇、萨普等 8 个品牌全部升级换代。福田汽车每一个产品的升级换代的定位是技术要处于全行业领先。如欧曼 ETX、欧马可都是处于洲际平台的国际一流技术的重型和轻型卡车。福田汽车每一个新产品投放市场后，均受到了良好的市场反馈，如时代轻卡、欧曼重卡、奥领轻卡新产品对福田汽车经济的贡献度达到近 80%。在供应链管理方面，和主要的零部件供应商之间建立由福田汽车工程研究院与福田汽车零部件采购体系内核心供应商共同组成的合作联盟组织，涉及内外饰、灯具、车桥等多个零部件领域。在生产制造方面，和日本中产联合作积极推行 TPS 丰田生产方式，并在此基础上形成 FPS 即福田生产方式。在人力资源建设方面，面向全球，吸纳 2000 多名管理、技术人才加盟福田汽车，其中有 20 多位来自美国、日本、德国、法国的外籍专家和 20 多位“海归”人才。

在科技创新方面，福田汽车已经建立了由汽车工程研究院、海外研发中心、国内外大专院校和科研院所、国外专业汽车研发机构、二级工厂研究所以及供应链同步研发机构等六个层次组成的自主创新体系。

在创新模式上，突破单一企业较为封闭的自主创新形式，坚持以我为主体，通过项目合作、战略联盟等方式和手段，提升企业系统资源整合和集成创新能力，从而提升企业核心竞争力。福田汽车和国内主要供应商之间建立了“同步开发联合体”，如和延锋伟世通、陕齿法斯特、丹东曙光车桥、潍柴动力等企业在内饰、变速箱、车桥和发动机等方面技术开发进行了密切的和作。福田汽车不仅将“集成知识，链合创新”贯穿于产业链国内企业之间，同时也将这种创新扩展到国际企业之间。仅在研发方面就和奥地利 AVL、英国莲花、日本 MIM 设计、德国 BOSCH、美国 Motorola、美国伟斯通、美国伊顿等公司有着广泛的合作。福田汽车与商用车战略合作伙伴——戴克公司的合作在按计划进行中，福田与另一个国际合作伙伴——康明斯公司在轻型柴油发动机方面的合作项目也在顺利推进。

剖析福田汽车“集成知识，链合创新”的自主创新模式，这种模式的提出符合国家自主创新的精神，更好地支持和促进了企业集成创新，是企业落实科学发展观，建设创新型企业的具体表现形式。“集成知识，链合创新”的发展模式有以下几个方面的特点，同时这也是福田汽车在坚持“集成知识，链合创新”模式下取得持续、和谐、快速、健康发展的成功经验。

1.“集成知识，链合创新”将单一企业自主创新扩展到整个产业链的企业和产业之间，是集成创新在产业链的具体表现形式

2006 年 4 月 28 日，福田汽车在北京人民大会堂和中国潍柴动力、德国的 BOSCH 公司、奥地利德 AVL 公司签署了战略联盟协议。战略联盟协议的签署，是福田汽车和联盟企业之间战略导向、价值互补、集成知识，链合创新，提升国际竞争力的重大举措，也是落实科学发展观，发挥企业创新主体作用的具体行动。战略联盟签署后，合作的四方将定期探讨国内重型卡车市场动态，确定各自市场发展战略，共同开发设计领先国际的汽车动力产品。福田汽车与潍柴动力之间，将在北京合作设立基于整车需要的动力系统技术研发中心，同时整合各自在全球的研发机构，整合双方服务网络，同时在市场推广、品牌传播以及联合采购等方面进行合作，有效降低成本，确立更强的核心竞争力。双方共同注册并拥有核心动力品牌“潍柴欧 V 动力”。

2.“集成知识，链合创新”是汽车产业乃至整个现代制造业减低创新成本，提高创新效率，促进创新成果转化的最佳途径和有效手段

福田汽车 10 年来自筹资金 30 亿元用于技术创新，产生专利 152 项，新产品的贡献达到 80% 以上。在链合创新的模式指导下，福田汽车产品设计开发和升级换代的周期缩短到 3 ~5 年，2002—2005 年四年时间，福田汽车实现了欧曼、欧马可、欧 V、奥铃、时代、风景、传奇、萨普等 8 个品牌研制开发和升级换代，带动了中国商用车行业的技术进步和升级。

2006 年 3 月 17 日，备受市场关注的福田汽车欧系卡车品牌欧曼 ETX 与欧马可在北京同步上市。欧曼 ETX 是福田汽车整合欧洲研发机构历经三年时间共同打造的具有欧洲纯正血统的重卡，欧马可是福田公司整合全球最优秀技术资源的集成创新结晶，历经两年时间的研发设计而成。英国莲花公司工程师对欧曼 ETX 与欧马可进行了欧洲标准评测，评测结果显示，福田的两款卡车均超越了欧洲标准，已经达到了世界领先水平。

3.“集成知识，链合创新”有利于创新人才和知识的积累，能够较快速度地促进产业链同步升级和进步，提升企业乃至整个产业的核心竞争力

人才是企业自主创新的核心和主体。福田汽车工程研究院有三个重量级的“海归”人物：邬学斌、叶子青和任起隆。三个人几乎有着相同的工作背景，在美国著名汽车公司工作十几年，成为专家型人才。邬学斌 2003 年 2 月加盟福田汽车，如今已是福田公司总设计师兼任汽车工程研究院院长，成为福田汽车技术和管理专家；叶子青 2005 年 6 月加盟福田汽车，在加盟福田汽车后短短几个月的时间里，他就申请了三项发明专利，其中“乘用车侧面碰撞座椅倾翻装置及带有倾翻装置的乘用车”和“乘用车侧面碰撞侧体变形装置及带有该装置的乘用车”两项专利，代表了国内汽车侧面碰撞领域的最高水平，填补了福田汽车发明专利的历史空白。任起隆 2005 年加盟福田汽车，致力于 NVH 技术的研究，并使福田汽车 NVH 技术达到国内领先水平，汽车噪音一次性通过率达到了 90% 以上，远远超过国内同类企业的仅在 50% 左右平均通过率。

4.“集成知识，链合创新”有利于提升自主品牌、自主知识产权产品的国际影响力，迅速地提升自主品牌价值和品牌竞争力

福田汽车以产品技术创新为核心，实现了卡车、客车全系列发展，产品覆盖 7 个系列、8 个品牌、400 多个品种。截至 2006 年 5 月，企业累计产销具有自主品牌、自主知识产权的汽车超过 150 多万辆，全部是自主创新的结果，全部拥有自主品牌，拥有自主知识产权产品，没有任何产权纠纷。

2005 年 8 月 6 日，由全球领先的战略管理及信息咨询机构、世界五大品牌价值权威评估机构之一的“世界品牌实验室（WBL）”及全球最具影响力的世界经济组织、被誉为经济联合国的“世界经济论坛（WEF）”共同组织评审并发布的“中国 500 最具价值品牌”在北京人民大会堂发布，福田汽车以 119.32 亿元的品牌价值，夺得汽车行业排名第四位，同时，在中国 500 最具价值品牌榜中位居第 43 位。

5. “集成知识，链合创新”促进整个产业链资源共享，较大地拉动产业链上下游企业共同发展，对于建设社会主义和谐社会和建设社会主义新农村起到积极的作用

福田汽车成立 10 年来，通过自主创新研发生产了百万辆商用车，对其上下游相关产业发展起到了巨大的推动作用，给人民群众生活带来了积极的影响。福田汽车累计产销 150 万辆汽车，实现销售收入近 900 亿元，上缴税收超过 30 亿元。按照“汽车制造业与上游产业和下游产业的关联比例约为 0.65∶1∶2.63”来计算，福田汽车对上下游产业形成了近 4000 亿元的拉动效应。

福田汽车的发展为社会就业提供了强大的支持。汽车以盘活国有存量资产为目的，兼并、重组了十几个老国有企业，不但提高了国有资本质量和控制力，而且直接解决 10000 多名老国有企业员工就业问题，为钢铁、橡胶等上下游产业间接提供了 10 万～15 万个就业岗位，这对于社会稳定、人民生活安康具有很大的意义。

福田汽车对建设社会主义新农村，提高群众生活质量产生了积极影响。福田累计产销 150 万辆商用车，面向广大农村和城乡市场，意味着为社会提供了超过 150 万个致富的工具和岗位，让更多的人走向致富的道路，极大地改善人民群众特别是农村消费者生活质量。福田汽车积极支持国家公益事业，抗击非典、支援地震灾区、支持贫困山区经济发展、投资兴建希望中学、提供奖学金、直接捐赠财物达到 3000 多万元。

集成知识，链合创新，福田汽车开创了中国汽车工业集成创新一个新的发展模式。真心希望在知识经济时代，这种创新模式能够为中国更多的企业特别是自主创新的汽车企业所借鉴，能够为中国由汽车工业大国走向汽车工业强国贡献一些力量！

案例八　兼并重组，实现轴承产业跨越发展

浙江天马轴承股份有限公司

从创业之初的民营小企业，发展到市值超150亿元的大型上市公司，浙江天马轴承股份有限公司（以下称简天马股份）走过了20年发展历程。公司紧紧围绕以“振兴传统机械制造业”为核心的高新技术战略，致力于替代进口的高端轴承、重型数控机床的产品制造，迅速壮大实力，实现产业跨越发展。

天马股份目前在杭州、德清、成都、北京、贵州、齐齐哈尔等地拥有六大生产基地，总占地面积170万m^2，总资产近50亿元，员工1万多名，年销售收入30多亿元。从“十五”到“十一五”，天马股份始终伴随着扩张和整合，优化产品结构，构筑起材料、轴承、装备三位一体的产业链。主导产品TMB牌轴承覆盖10大类4000余个品种，被广泛应用于铁路、航空、船舶、汽车、机床、火力发电、矿山冶金、风力发电、农用机械、重型机械、工程机械、港口机械等众多领域，通过遍布全国的15家销售服务网点畅销全国，并远销美国、俄罗斯、德国、法国、意大利、比利时、波兰、韩国、印度、加拿大、巴西等国家及东南亚地区。产品小到内径5mm，大到外径5m，尺寸跨度居全国之最。其中，短圆柱滚子轴承、铁路轴承、轧辊系列轴承、风电偏航及变桨轴承，以及数控立卧式车磨床的国内市场占有率位居国内第一，成为细分市场冠军。

1. 兼并重组，盘活存量资产，实现跨越式发展

近些年来，天马股份通过兼并重组几家国有企业，盘活了存量国有资产，实现了自身的跨越式发展。

2002年初，天马股份收购了原成都轴承集团的有效资产，经过几年不懈努力，成都天马铁路轴承有限公司（以下简称成都天马）现已成为中国铁路轴承生产的排头兵企业，铁路轴承产销排名由刚开始的末位跃升到前列。2007年成都天马在风电轴承领域异军突起，成功开发出1.5MW风力发电机偏航轴承、变桨轴承，以及增速箱轴承；2008年又开发出850kW、900kW、1.25MW、2MW、2.5MW偏航与变桨轴承等新品种，目前，成都天马开始研发风电主轴轴承、轨道交通轴承、高速铁路客车轴承等新产品，有的已小批量生产。

2007年1月，天马股份收购国防科工委定点航空轴承企业贵州虹山轴承厂。经过重组改造，加大科研投入与技术升级，贵州天马现已突破军用发动机轴承、大型船舶涡轮增压器轴承、精密主轴轴承、高速纺丝设备轴承、集成电路钻孔主轴轴承技术难关，完成替代进口，成为国内主轴重要配套客户。

2007年4月，天马股份控股长期专业制造大型轧机轴承的北京时代新人轴承有限公司，经过技术改造和管理机制提升，现在已进入了良性发展的轨道。

公司自成立以来，各项经济指标均以50%左右的增幅递增。2007年3月28日，公司在深圳证券交易所成功上市。“天马股份”以业绩优良和高成长性获得了市场的广泛认同，募集资金总额9.5亿元，开始七大募投项目建设。截至2008年底，募投项目都已基本完成，提前实现了招股说明书所承诺的完成期限，有的项目达到了超预期的效果。上市为天马股份的发展起到了巨大的推动作用。2008年7月天马股份被评为“第二届中国中小板上市公司价值五十强”第五名，并被评为2007年度中国机械行业百强企业之一。

2. 轴承制造业和机床制造业实现完美结合

2007年底，天马股份控股了齐重数控装备股份有限公司（以下简称齐重数控），标志着公司已由生产精密基础零部件向生产整机迈进，在公司总部的统一协调下生产各自的强势产品，形成了一个较为科学的产品结构体系与完整的产业链布局，为企业的核心竞争力带来不可估量的提升作用，也为天马股份下一阶段的发展奠定了扎实的基础。自主开发风电轴承专用设备，立刻被提到该公司决策层的议事日程。

齐重数控的前身是齐齐哈尔第一机床厂，当时是全国机床行业“十八罗汉”之一。齐重数控成立以来，一

直是全国机床行业大型重点骨干企业。通过天马股份的战略重组，齐重数控成为一家混合所有制企业，进一步优化了产权结构，体制与机制的合理转换，使齐重数控的资本结构更加完善，经营管理更加科学、高效，产品加速向高速、高精度方向发展。天马股份与齐重数控的强强联合，进一步延长了轴承制造的产业链，实现良性互动、优势互补、互辅互助。一方面天马股份可以为齐重数控的发展提供资金、管理上的支持和精密轴承产品；另一方面齐重数控能够为天马股份的长远发展提供设备保障。

天马股份通过自主研发，继2007年成为国内少数几家具备生产1.5兆瓦级以上风机的偏航和变桨轴承能力的企业以来，经过不断的技术创新以及工艺改进，产能不断扩大，产品品质和效益都得到了稳步提高，成为国内风电轴承生产增长速度最快的公司。与东方电气集团东方汽轮机有限公司、新疆金风科技股份有限公司、丹麦维斯达斯公司等主机企业建立了良好的合作关系，并成功进入这些大型主机企业的合格采购供方名录，有稳定的目标市场。然而，一面是与日俱增的风电轴承订货需求，另一面则是风电轴承加工设备的严重匮乏，极大地制约了风电轴承项目的进一步发展。现阶段国内风电轴承加工设备的技术水平显然不能满足需要，而国外的设备既昂贵又难求，自主开发风电轴承专用设备，已是迫在眉睫。

2008年初，天马股份决定自主研发风电轴承专用设备，其中重点开发急需的数控立式铣齿机、高精度数控车床、高精度大型数控磨床、高速立式铣钻中心等关键设备。天马股份很快成立了由董事长马兴法为组长、齐重数控和成都天马总经理为副组长的联合攻关小组，成员由杭州本部、成都天马、齐重数控的技术专家组成。

目标既定，马兴法董事长带领齐重数控总经理、成都天马总经理及相关技术专家奔赴各地调研。参照国外同类设备的特点和优势，并根据风电轴承生产的实际情况，联合攻关小组制订了详细的技术设计方案。

在方案的具体执行过程中，分别遇到了机床主轴轴承难以选购和加工过程的控制等问题。为此，公司杭州本部马上成立了主轴轴承攻关小组，在不到三个月的时间内成功攻破主轴轴承的技术难题。杭州本部新开发的主轴轴承达到国外同类产品的技术水平，一举解决了机床主轴的旋转精度问题。与此同时，齐重数控联合华中理工大学攻克了机床控制难关；成都天马则配合齐重数控，提供并解决风电轴承的具体加工工艺和机床控制参数。仅仅用了不到半年时间，一批风电轴承急需的专用加工设备便陆续宣告研制成功。如高精度数控车床、高精度大型数控磨床、高速立式铣钻中心、数控立式铣齿机等新产品，其精度技术参数全部达到甚至超过国外同类机床水平，实现了高效、超精、高柔性和绿色功能。

随后，联合攻关小组趁势而上，又相继研制成功高精度数控单柱定梁立式车床、高精度数控单柱立式车磨床、高效数控单柱定梁立式车铣加工中心、高效深孔钻镗床、高效数控定梁龙门移动钻床、高速高精度数控立式车床、高精度数控滚齿机等一系列风电轴承专用加工设备，年产值约10亿元，成为天马股份又一个新的经济增长点。目前，齐重数控还将继续进行突破性研发，将效率和速度提高到世界顶尖水平，并形成风电加工机床全套全系列体系，为中国风电业高速发展奠定坚实的基础。

自主研发的风电轴承专用加工设备，显著提高了天马股份的风电轴承产能和产品质量，使天马股份迅速跃居中国风电轴承生产厂家前列。目前，天马股份生产的风电偏航和变桨轴承等产品，均达到国际同类产品水平，完全可以替代进口，为解决风电轴承国产化的技术瓶颈问题做出了贡献。上述产品除满足国内风电主机市场的需求外，还出口世界著名的风电主机厂家，如丹麦Vstas、印度Repower、德国西门子、美国通用公司等。天马股份2008年与东方电气集团东方汽轮机有限公司、中船重工（重庆）海装风电设备有限公司、新疆金风科技股份有限公司签订风机轴承合同，总金额逾10亿元，订单饱满。

为了充分把握风电轴承及重型数控机床的发展契机，加快提升企业的资产质量、盈利能力以及未来增长潜力，天马股份从2008年起增资成都天马，实施年产1万套精密风力发电机轴承技术改造项目；增资齐重数控，实施高档重型数控机床产业化基地项目。

2008年4月，在北京“2008中国数控机床展览会”上，齐重数控自主创新研制成功、填补国内空白的三台高精度风力发电设备成套加工数控机床令众多中外客商赞叹不已。中共中央政治局常委李长春、国务院副总理张德江、国务委员刘延东、国家发改委副主任张国宝等对参展的三台产品表现出极大的兴趣。李长春说：“齐重数控近年发生了很大变化，最近依靠自主创新研发了多项国内急需的产品，为中国民族工业做出一定的贡献。目前中国工业就缺少像齐重数控这样有自主创新能力的企业。”张国宝说：“齐重数控了不起，这些产品都是国内关键和急需的设备。为什么中国风电发展不快，主要原因就是缺少这样的关键设备。齐重数控提供的产品为中国风电发展提供了保障。希望齐重数控公司能抓住国家大力发展风电产业的有利契机，加快研发具有自主知识产权的产品，从而推动我国风电能源建设的大发展。”

3. 经验和启示

抓住关键设备自主化和工程应用的成功案例，彰显了浙江民营企业灵活的经营理念和敏锐的市场嗅觉。天马股份开创了民营企业与国有企业强强联合、轴承制造与机床行业互辅互助的崭新模式。成为中小民营企业由小变大、由弱变强的成功案例。天马股份对几家大型国有企业的兼并重组，盘活了存量资产，实现了跨越式发展。同时天马股份对齐重数控跨行业的兼并重组，实现双赢，是大型轴承企业延伸产业链的有益尝试。

案例九　大力整合行业资源，打造工程机械超级企业

中联重工科技发展股份有限公司

2008年，在上级领导的关怀、支持下，中联重工科技发展股份有限公司（以下简称中联重科），克服了严重的自然灾害、原材料价格上涨、国际金融危机、国内经济发展放缓等不利因素影响，保持了稳健发展。尤其是在重组并购、整合行业资源方面迈出了较大的步伐，取得了较好的效果。

1. 健全发展模式，“加法”与“乘法”并重

外延式扩张和内涵式增长是企业发展的两种基本模式。中联重科认为，企业要想做强做大，两种模式不可偏废。尤其是在重组并购中，既要做“加法”，通过并购企业，快速实现专业领域拓展、产品系列增加、企业规模扩大；也要做“乘法”，通过技术、品牌、管理等资源的整合，使各业务单元的效益实现成倍增长。2008年，中联重科营业收入远超200亿元，其中出口和利税较上年均有大幅增长。这种逆市增长的态势很大程度上是由于“加法”和“乘法”的兼修并重。

（1）坚持聚焦主业，加法提升了主业核心竞争力。中联重科的收购，瞄准的都是工程机械行业领域拥有著名品牌和核心技术的企业。2008年，中联重科连续收购了5家企业，“加法”在产品领域扩充、企业规模扩大方面的作用得以空前显现。对湖南车桥厂的收购，有效破解了工程机械车辆用桥的瓶颈制约问题；对陕西新黄工机械有限责任公司、华泰重工制造有限公司的收购，填补了中联重科在土方机械、港口机械领域的空白，使产品结构更加完整合理；对意大利CIFA公司的收购，使中联重科混凝土机械跃居全球第一；对常德信诚液压有限公司的收购，增强了对供应链的控制力。每一次重组并购，中联重科都实现了主业核心竞争力的新提升。目前，中联重科的产品达到13大类，430多个品种，成为全球产品系列最全的工程机械制造企业。

（2）立足提升效益，凸现乘法效应。通过输出技术、品牌、管理等资源，协同发展，收购后的经营单元所产生的效益实现成倍增长。这一效应在2008年得到集中显现。中联重科原来收购的湖南机床厂、中标实业有限公司、湖南省浦沅集团有限公司，通过整合，都成为了中联重科主业不可或缺的组成部分。2008年，湖南机床厂收入、利润分别是并购时的3.7倍、6.6倍；中标实业有限公司收入、利润分别是并购时的4.5倍、5.4倍；湖南省浦沅集团有限公司收入、利润分别是并购时的7.5倍、96.9倍。产业内的整合和融合，尤其是内涵式增长促使了乘法效应的显现，极大提升了主业的发展质量和竞争力。

2. 完善发展战略，“裂变”与“聚变”并重

中联重科的发展战略是以“专业化、股份化、国际化”为方向的“裂变—聚变”战略。“裂变”既包含自身的裂变，形成多个专业化的事业部；也包含通过并购完善裂变，围绕主业，使产品门类齐全。“聚变”是指国内事业部与国外同专业的企业聚合，形成跨国事业部，以达到“借船出海，里应外合”的战略目的。2008年，中联重科在打造国内产业平台的同时，积极探寻国际高端的专业化对接平台，在裂变和聚变两方面都有实质性进展。

（1）裂变与聚变实现了视野的国际化。发展的国际化首先是视野的国际化，战略路径在国际化视野中才会越走越宽。2008年，无论是裂变还是聚变，我们的着眼点都在于国际化。2008年的裂变，其目的在于快速建立开放的专业化的经营平台，形成国际化经营的载体，国内新并购的企业均已开始实施国际化战略；而聚变的目的则在于与国内经营平台形成品牌、技术、市场资源的协同与共享，实现经营的全球化。中联重科已经在新并购的CIFA公司和国内混凝土机械事业部之上成立了国际管理公司，实现国内外协同管理，跨国事业部的构架基本形成。

（2）裂变与聚变有了国际化人才的支撑。国际化人才不仅在推进重组并购中起重要作用，而且要在后续的资源整合过程中起关键作用。2008 年，中联重科自主引进了一批国际化人才，通过跨国并购获得了国际化经营团队，国际团队本土化的步伐也已经迈出。目前，有各种肤色、说各国语言的员工共同服务于中联重科，并在中联重科旗帜下各尽所能。

3. 创新海外并购路径，战略扩张与风险控制并重

中国企业要成功实现国际化，海外并购是一条重要的途径。但由于目前尚未形成中国企业海外并购的成熟路径，因此必须处理好战略扩张与风险控制的关系。2008 年，中联重科收购意大利 CIFA 公司是必须做出的战略扩张决策，中联重科在实际操作中充分注重了风险控制，主要做法是：

（1）杠杆融资，降低并购风险。在并购 CIFA 的项目中，中联重科使用了国际并购通用的"杠杆融资"方法，即：在 CIFA 营业利润、现金流允许的范围内，以中联重科在 CIFA 的股权进行抵押向意大利当地银行融资，并利用 CIFA 的盈利能力进行本金利息的偿还。通过这种方式降低了收购成本，减少了并购的整体风险。

（2）多方借势，汇集资源整合能力。并购 CIFA 的项目，中联重科联合了曼达林基金、弘毅投资、高盛集团等多个共同投资者，这一方面可以凭借多方智慧，运用利益共享、风险共担的有效机制，确保收购的成功完成；另一方面更可以组成既熟悉中国国情，又具有国际视野的团队，并形成"文化缓冲地带"，在融合前期有效地缓冲了文化和理念的冲突，有利于未来的整合发展。

4. 辩证认识危机，"审慎"与"奋进"并重

目前，金融危机对实体经济的影响越来越明显。面对经济运行的低谷，中联重科提出"开放思变、激流奋进"，辩证认识危机，在危机中寻找机会，在危机中谋划发展。

（1）自我调整，寒冬练兵，强化内部管理。连续高速发展往往会掩盖企业基础管理问题，而经济运行的低谷阶段给予中联重科宝贵的调整期。因此，中联重科将在新、压、收、练四个方面全面夯实企业发展基础。

"新"是指开放思变，激流奋进。2009 年，中联重科将在认识规律的基础上创新发展思维、创新发展战略，用一系列超常规的思路和措施，提升经营企业的艺术和能力。

"压"是指压缩开支，降低成本。中联重科将压缩可上可不上的技改项目，压缩库存，压缩运行成本。目前 CIFA 公司已实行技术性减员，管理层已主动减薪。但在国内，我们将对员工负责，与员工同舟共济，不裁员。

"收"是指现金为王，稳健经营。快速处理"次投资"项目，加大经济责任制对销售回款率指标的考核，提高经济运行质量。

"练"是指寒冬练兵，提升能力。2009 年，中联重科将"练"业务流程的顺畅、有力、有效，增强管理的驾驭力；"练"经营团队的管理水平，提高员工队伍素质；"练"精细化管理，全面实施 6S 管理；"练"售后服务体系的完善，进一步赢得客户和市场认同。

（2）全球视野，化危为机，实现从追随者到领导者的转变。本次金融危机是一次大面积、结构性的危机，危机前后的市场格局将截然不同。只要把握住这次机遇，在未来 2～3 年内全球部分工程机械行业的市场领导地位完全有可能从欧美发达国家转移到中国。因此，中联重科的基本思路将是全球化思维，本土化运作，在遵循国际化运作流程和规律的基础上，整合全球资源，实现从追随者到领导者的转变。

在加速国际化进程方面，中联重科将继续推进 CIFA 的整合，加强协同，实现团队、研发、生产、市场的国际化和共享；将进一步整合全球资源的机会，复制整合 CIFA 的模式；同时，将加强产品的国际认证和海外布点工作，促进企业的国际化内涵式增长。

在国内产业平台搭建方面，中联重科将加大再融资力度，为持续发展提供必要的资金支持；同时要积极寻找国内并购对象，整合行业内资源，完善产业链条。

虽然 2009 年的形势面临诸多不可预测因素，但中联重科相信，有国家宏观经济政策的引导，有省委省政府和国资委的指导和支持，增长仍然是 2009 年中联重科的主旋律。中联重科将以积极、谨慎的心态，以逆水行舟、不进则退的毅力和决心，抓住一切机遇谋发展，打造中国工程机械的超级企业，为湖南富民强省的新型工业化建设做出更大贡献！

案例十　加快建设具有国际竞争力的世界级装备制造基地

沈阳铁西经济技术开发区

沈阳铁西经济技术开发区（以下简称沈阳铁西新区），是由铁西工业区、沈阳经济技术开发区（国家级开发区）和沈阳细河经济区组成，人口114万人，总面积484km²。全区现有规模以上工业企业650户。

沈阳铁西工业区是国家在"一五"、"二五"时期重点支持和发展起来的重化工业基地，曾被誉为"共和国的装备部"，是中国工业形象的典型代表，在这里创造了多个中国第一。改革开放初始阶段的1978—1991年，铁西工业区的所有制结构单一，发展速度缓慢。经济结构是"工一色"：工业经济占全区经济的90%以上；所有制结构是"公一色"：国有企业和集体企业占99%。20世纪90年代末期，铁西工业区90%的国有企业处于停产或半停产状态，企业债务负担沉重，职工生活困难，社会保障缺失，铁西工业区被称为"工人度假村"。

1. 铁西工业区改造取得的成绩

2003年10月，国家实施了振兴东北地区等老工业基地的战略决策，为铁西工业区的发展提供了历史机遇，极大地推动了铁西工业区的改造进程。经过7年来的探索实践，铁西工业区的改造振兴取得了显著成果，经济建设全面突围，已经走上跨越式发展的快车道，工业企业重获新生，再次挺起沈阳工业的脊梁。

1.1　装备制造业取得快速发展

通过7年来的努力，截至2008年末铁西工业区装备制造业规模以上企业达到近500户，2008年规模以上装备制造业工业总产值1037亿元，同比增长35.4%，是2002年的9.4倍，占全区规模以上工业总产值的55%，占沈阳市装备制造业产值的50%，占辽宁省装备制造业产值的22%。装备制造业工业增加值271.3亿元，同比增长22%，是2002年的9.5倍。

1.2　自主开发出的重大产品，填补国内空白

主要产品发展到90大类，1000余个系列，近万个品种。在数控机床、输变电、大型工程机械、冶金矿山、石化设备等关系国计民生和国家安全的重大技术装备和重大产品领域的77个主要产品中，有44个产品的国内市场占有率居同行业首位，18种产品列国际前10位。

通过自主研发和引进消化吸收再创新，一批高端产品已经形成。沈阳机床集团自主研发的用于四轴、五轴联动加工中心的"飞阳"牌高档数控系统已开始批量应用于所生产的机床上；特变电工沈变集团研发的世界首台100万伏特高压变压器和±800kV电抗器通过鉴定，技术达到国际领先水平，并在晋东南—南阳—荆门特高压交流试验示范工程投入运行；沈阳鼓风机集团有限公司100万t乙烯压缩机已制造完成，并试车成功；100万kW核Ⅱ级泵样机已研制成功并填补国内空白；北方重工实现59台盾构机订货合同，交付用户使用35台，此外，北方重工研制生产的具有高技术含量的100万kW超超临界电站磨煤机已在火电厂中运行。

2. 主要做法

党的十六大以来，辽宁省委、省政府和沈阳市委、市政府按照党中央、国务院提出的用新思路、新体制、新机制、新方式推进老工业基地改造的要求，从创新体制、机制入手，采取系统性、整体性和协调性的改造新方式，铁西老工业区正在走出一条老工业基地改造振兴的新路。

（1）创新政府管理模式，为工业区改造提供体制保障。沈阳市委、市政府做出了铁西区与沈阳经济技术开发区合署办公，组建沈阳铁西新区的重大决定，两区合署办公，一是打破了铁西区和经济开发区行政区划的体制阻隔，构建了组织领导、规划布局、资源配置一体化的与市场经济接轨的全新管理框架，减少了管理层次和

审批程序，提高了决策和执行效率。二是拓展了经济发展空间，使铁西工业区面积扩张到128km^2。三是为铁西工业区企业筹措改造资金提供了可能。利用西部的开发区和东部铁西老城区两区的土地级差优势，大力实施“东搬西建”战略，为铁西工业区进行系统性、整体性和协调性改造提供了可能。7年多来，共搬迁企业212户，筹措改造资金150亿元。

（2）深化企业改革，对企业实施系统性改造。突破过去“就工业抓工业、就企业抓企业、就改造抓改造”的局限，按照“搬迁、并轨、改造、升级、就业”的10字方针，把企业搬迁与技术改造结合起来，与解决职工内债结合起来，与完善社保体系结合起来，与促进职工再就业结合起来，较好地体现了企业改造的系统性。7年来，通过实施“东搬西建”工程筹集的改革成本，彻底解决了企业的历史遗留问题：企业的债务问题、企业的冗员问题、企业办社会的问题，推进了企业的搬迁改造，推进了重点国有企业的体制创新。

（3）优化资源配置，对工业实施整体性改造。对铁西工业生产要素进行重新规划、整合和配置，实现经济增长方式由粗放型向集约型转变。一是整合中小企业资产向具有代表性的优势企业集中，7年多来，通过强弱重组，盘活了中小企业闲置资产100多亿元。二是整合优势存量资源重新进行优化配置，把沈阳机床集团公司在不同城区的3家企业实施战略重组，投资18亿元建设国内规模最大的数控机床生产基地；沈阳鼓风机集团有限公司重组沈阳市气压机研究所、大连沈水泵业有限公司组建新沈鼓集团；沈重集团与沈矿集团重组，组建北方重工集团。北方交通重工集团对位于沈阳市内四个城区的5个制造厂进行整合。三是整合基础工艺向专业化生产集中，将分散在铁西老城区的污染严重、设备老化、生产成本高的所有装备制造业的热加工车间，搬迁到开发区进行集中整合，建设铸锻工业园。四是提供优良配套的产业发展基础资源，注重打造良好的经济发展环境，吸引国内外企业入驻。

（4）推进产业结构调整，对二、三产业实施协调性改造。在坚持“工业立区”的基础上，确立了“壮二活三”的新思路。通过盘活存量、吸引增量，二产结构更加优化，形成了以装备制造为核心的六大支柱产业，工业经济在保持年均40%以上增长的同时，实现了发展速度与运行质量、效益同步协调显著提高。同时，重点发展为工业生产配套服务的现代物流、汽车贸易、金融保险、中介咨询、审计评估等现代服务业，初步形成了满足工业发展和人民生活需求的现代服务业体系。二、三产业比重由过去的95:5变为现在的70:30。

（5）回报工人阶级，让改造振兴惠及铁西工业区百万人民。2004年投入资金7亿元，在全省初率先建立了完整的社会保障体系，实现了国有及国有控股企业及集体企业养老、失业、医疗“三险”100%参保。大力推进失业人员的就业和再就业工程，由政府出资对3万名下岗职工进行培训并拓宽就业渠道，提供15万个就业岗位，引导并帮助他们重新就业，5年多来，13万名下岗职工基本实现了再就业。

（6）总结铁西工业区改造振兴做法，拓展沈阳工业发展空间。2007年1月，沈阳市委、市政府再次做出重大决定，将沈阳铁西新区与总面积达356km^2的沈阳细河经济开发区整合，使沈阳铁西新区总规划面积达到484km^2，重点发展装备制造业，为铁西装备制造业聚集区拓展更广阔的空间。

3. 具有国际竞争力的世界级装备制造业基地建设情况

2008年6月以来，对如何建设具有国际竞争力的先进装备制造业基地进行了深入思考和重新定位。建设具有国际竞争力的先进装备制造业基地是一项前无古人，后少来者的伟大工程，没有任何经验可供借鉴，必须从自身实际出发，以世界的思维、全球的眼光去研究和认识问题，用实践向世界回答这个问题。

通过深入研究，总结概括出具有国际竞争力的先进装备制造业基地的五个基本特征：一是必须拥有若干个国际装备制造业市场上不可或缺，并影响供需平衡的产业；二是必须拥有一批具有世界影响力，在技术输出能力、资本输出能力和工程成套能力上，位居世界前列的国际化大企业集团；三是必须拥有一批能够引领世界行业技术发展，国际市场份额高，具有自主知识产权的国际知名品牌产品；四是区域经济总量和核心大企业集团单体经济总量，在国际市场必须具有举足轻重的地位；五是必须具备完全与国际接轨的完善的市场环境、法制环境和一流公共服务功能。

为加快装备制造业聚集区建设和发展，2008年完成了《沈阳铁西装备制造业聚集区产业发展规划》的编制。确定了聚集区未来十年“92125”发展格局，下一步将加快实施《铁西装备制造业产业发展规划》，推进具有国际竞争力的世界级装备制造业基地建设。为实现这一目标，沈阳铁西新区用两个五年推进计划，建成具有国际竞争力的先进装备制造业基地。

第一个五年推进计划：从 2008—2012 年，聚集区面积扩大到 $70km^2$，企业达到 1200 户，装备制造业产值实现 3000 亿元，世界级企业达到 10 个，世界级产品达到 50 个，五个公共服务平台基本建成。

第二个五年推进计划：从 2013—2017 年，扩大到 $100km^2$，企业达到 2000 户，装备制造业产值达到 5000 亿元，世界级企业达到 20 个，世界级产品达到 100 个，五个公共服务平台全面高质量运行，达到为区域内企业提供国际一流服务的标准，成为企业快速扩张和发展的各种要素支撑。

92125 发展格局的具体目标：

——重点发展九大主导产业。重点发展数控机床、通用石化装备、重矿机械、输变电装备、工程机械、汽车零部件、新能源装备、农业机械、环保设备等九大优势产业，着力引进和培育城市轨道交通、船舶动力装备、空港装备、军工装备等产业。

——培育 20 个世界级企业。全力培植沈阳机床集团、北方重工集团、沈阳鼓风机集团有限公司、中国远大集团、特变电工沈变集团、北方交通重工集团、三一重装等 15 户已经入区的国内知名装备制造企业成为世界级企业。未来 10 年内还将引进和培育 5 户左右世界级企业，使世界级企业数量达到 20 户。

——打造 100 个世界级产品。围绕国家装备制造业发展 16 大方向，重点发展 100 个世界级产品，使聚集区具备高端技术研发制造、基础产业配套、产品成套和工程成套的能力，主导产品达到国际先进水平，国内外市场份额大，成为世界装备制造业领域有影响力的重要区域之一。

——重点发展 20 个基础产业集群。加速发展仪器仪表、模具及压铸件、铸锻、机泵阀、汽车零部件等 5 个基础产业集群，扩充建设机床功能部件、输变电配套件、轴承及紧固件、液气密元器件等 15 个基础产业集群。到 2012 年，20 个产业集群企业数量达到 1700 户，总产值突破 1000 亿元。

——建设 5 个公共服务平台。加快建设基础制造、公共研发、金融服务、现代物流、人才培养等 5 个公共服务平台，创造优良的发展环境。

——经济效益达到国内先进水平。工业增加值占销售收入的比重达到 30% 以上，从业人员劳动生产率达到 50 万元/人以上，装备制造业产品出口贡献率达 30% 以上。

——节能减排成效显著。不断提高能源利用效率，加快推广清洁生产。到 2012 年，铁西装备制造业万元产值能耗由目前的 0.19t 标准煤下降到 0.13t 标准煤，节约率达 30% 以上。

案例十一　以自主集成创新为抓手，推动冶金装备自主化

宝钢集团有限公司

宝钢集团有限公司（以下简称宝钢）是国内专业生产高技术含量、高附加值的钢铁产品的钢铁企业，在世界钢铁行业的综合竞争力位居前三位。宝钢在成为中国市场主要钢材供应商的同时，产品出口日本、韩国、欧美四十多个国家和地区。宝钢全部装备技术建立在当代钢铁冶炼、冷热加工、液压传感、电子控制、计算机和信息通讯等先进技术的基础上，具有大型化、连续化、自动化的特点，其技术水平居世界领先地位。近年来，宝钢以梅山钢铁1420冷连轧工程项目（以下简称“梅钢冷轧工程”）为依托，以自主集成创新为抓手，积极与装备制造企业协同配合，在推动冶金装备自主化方面取得了显著成效。

1. 梅钢冷轧工程基本情况

2007年，梅钢冷轧工程作为宝钢自主集成创新的载体工程，被国家列入大型冶金装备自主化的示范工程。同年3月底主体工程开工，2009年6月建成投产。新建年产85万t的冷轧带钢厂，包括冷轧机组、带钢处理线、主厂房区域、公辅区域。主要产品有：镀锡板、镀锡基板、热镀锌和热镀铝锌。

在梅钢冷轧工程中，以冶金设备中技术最复杂、难度最大的极薄板冷连轧机组为自主集成的切入点，主要面临的挑战是：第一次集成，无成熟经验、积累少；机组难度高，反应在高速、板薄、产品质量高；完全替代外商，从基本数据到功能考核的全过程责任集成；创新机组多：酸洗、乳化液、热镀锌、热镀铝锌；机组配置不降，但投资要省，需要大量优化设计；科研融入工程，同步实施，同步考核。

经过努力，梅钢冷轧工程充分发挥梅钢完整的前工序优势，在改变现有产品结构、提高产品档次和市场竞争力等方面，取得了显著成效，自主化率（国产化率价值比）得到大幅度提升。在大型冶金装备自主化实施方案中提出，大型薄板冷连轧成套设备自主化率要达到70%。此前，宝钢五冷轧酸轧机组的自主化率为25%，而梅钢冷轧工程酸轧机组自主化率已超过70%，达到75%；宝钢3号热镀锌机组自主化率为45%，梅钢冷轧工程热镀锌机组自主化率更是达到了86.4%。设备重量国产化率由普遍的80%左右，上升到了95.3%，梅钢冷轧工程热镀锌机组由普遍的92%左右上升到了98.1%。初步分析，梅钢冷轧工程酸轧机组自主化率上升了约200%，设备重量国产化率上升了约20%，这其中10倍的差距表明，梅钢冷轧工程解决了主体设备和工艺设计的核心问题，正是这重量比不大的核心装备设计，成为我国重大冶金装备自主化的主要障碍，而梅钢冷轧工程基本突破了我国冷连轧机组建设在核心设计方面需要依靠国外工程公司的局面。

梅钢冷轧工程的自主集成创新，实现了工程（装备）自主化范围突破。其核心装备和生产工艺技术全部实现了国内自主。工程技术全部来源于宝钢或国内相关单位。唯一引进的是来自国际极个别专业厂商生产的专业性很强的单体设备。尤其是对国际工程公司依赖性很强的大型冷轧机组三电控制技术，各种工艺数学模型技术，梅钢冷轧工程立足于宝信软件自主集成，实现了突破。

2. 主要做法

2.1　领导重视、目标高远

梅钢冷轧工程自主建设的顺利推进和建成投产，源于中央、地方各级领导的高度重视，以及高屋建瓴对工程自主集成创新目标的高远定位。2008年1月，刘铁男同志到梅钢冷轧工程现场办公，在听取了宝钢汇报后，提出现代化不是买来的，要靠自主创新来实现，要求大型骨干国有企业要在自主创新和振兴装备制造业中发挥主力军作用，要求梅钢冷轧工程切实发挥依托工程的作用，在“集成范围和三电控制技术”两方面实现突破，要求各方面努力配合，确保项目成功和自主化任务得到落实。

梅钢冷轧工程的建设自始自终得到了宝钢高层领导的高度重视，多次召开专题会议，专门研究和推进梅钢冷轧工程的自主建设问题，从两方面提出了目标要求，一方面要求降低建设投资，建设一个能以合理的成本、稳定持续地生产出高质量的冷轧及涂镀产品、体现当代一流的生产工艺、机组功能和设备配置的最具竞争力的冷轧厂；另一方面要求推进形成国内冷轧工程自主建设的能力，促进我国重大冶金装备的自主化。同时，宝钢专门发文，成了以公司领导挂帅的项目部。在某种意义上，正是在领导的支持和重视下，集中了宝钢全部的资源和优势，梅钢冷轧工程建设才得以顺利推进。

2.2　摸清家底、重点突破

以《创新大纲》的编制为切入点，系统清理宝钢及国内主要设备厂在冷轧方面的积累和能力，对集成工作中所涉及的各类创新点和技术难点进行系统梳理，提出了自主集成创新 4 个方面的内容，37 个创新项目，对 12 项创新风险进行了系统评估。同时，明确各方责任，加以落实。

项目部对梅钢冷轧工程机组工艺装备水平和建设进度、质量以及投资进行综合管理。宝钢研究院负责酸轧机组基本参数计算并牵头梅钢冷轧科研大项目，上海宝信软件股份有限公司（以下简称宝信）负责酸轧三电系统设计集成，宝钢工程负责酸洗机组的设计集成以及酸轧设计总成并承担工程全部工厂设计任务，中国一重负责轧机段的设计集成及装备制造，常州宝菱重工机械有限公司负责卡罗塞尔卷取机的设计和制造，西安重型机械研究所负责轧机出口滚动飞剪的设计制造，广州南高齿机电设备有限公司负责轧机主减速箱的设计与制造，设备部轧二室负责轧机数学模型的设计和编程调试工作，冷轧厂则支撑项目部开展各种方案论证、审查以及设备调试工作。

创新大纲进一步详细研究确定了创新的内容、技术难点和风险点。创新主要围绕四个方面，一是由宝钢自主承担的以设备选型、设备配置、基本参数研究确定为代表的工程技术、工艺方案的自主集成，二是以宝信承担的主要机组的三电控制设计集成，三是围绕酸轧机组和热镀锌机组，完全由 BSEE、中国一重等国内装备企业承担的机械设备设计、制造、成套以及配套件选型，四是完全由宝钢负责的机组调试（包括所内调试以及现场调试）以及机组的工艺产品验证和设备功能考核。

其中轧机机型、结构和技术参数确定、速度匹配、张力分配、轧制规程、板形技术、EMF、三电控制系统、电气传动系统、乳化液系统、调试等等无不构成创新的技术难点，每一个技术难点都需要经过复杂的计算和多阶段的验证。这些技术难点集成到一起，其风险可想而知。机组基本参数（张力、主传动）的正确性和经济性，主传动系统的扭振校核和传动轴的选择，主减速箱的设计水平和实物质量，乳化液循环系统的参数选择、设备配置和实物质量，滚筒剪的设计水平和实物质量，套筒供给装置的最终定型，厚度精度的控制水平，板型精度的控制水平，酸槽和酸洗工艺段循环系统的设计水平和实物质量，配套件和单体采购设备的质量控制，供应商的分工和有效协同，总体进度的协调和把握等等每一方面都关系到工程能否顺利推进，能否按期按目标建成。

2.3　传承发展、管理创新

宝钢 30 年建设积累的系统的管理经验和管理方法，为梅钢冷轧工程有序开展奠定了坚实的基础，在此之上，不断进行管理创新，为完成梅钢冷轧工程自主集成创新目标提供了保障。

一是建立项目部管理模式。宝钢成立了由公司助理兼任部长，由机械专家、三电专家、工艺专家、其他机组技术人员共同组成的梅钢冷轧工程项目部。建立了精干高效的组织结构，层层分解的责任体系，集中掌控的工作流程和虚实结合的柔性团队。以项目部为平台，根据不同时期的需要，调动不同部门最擅长、最合适的专家，发挥临时形成的虚实结合团队的作用。项目部对工程投资、进度、质量负责，分解每个模块的功能和精度指标，确保每个模块的功能和精度达标后，工程综合指标也能达标。每个单位有技术、接口、进度等问题时，向项目部提出。项目部检查每个时间节点上的质量和进度，了解掌握整个工程进展中的问题，并进行综合评估和判断。

二是三方协同的计划管理。整个梅钢冷轧工程的推进，跨越了甲乙方、涵盖了科研，其计划管理范围大、种类多。根据工程特点，梅钢冷轧工程计划管理分成工程建设、研发创新、自主集成三大类。这三类计划以总进度计划为纽带，将建设工作、集成工作、研发工作有机结合在一起，高效协同，加以推进。

三是虚实结合的团队管理。冶金工程复杂程度高，涉及面广，不同的阶段，不同的任务，需要有不同的人才。根据这个特点，梅钢冷轧工程采用了虚实结合的团队管理办法，将团队的形成、职责确定、人员选择、运作方式等四个方面与37个创新课题、创新要求相结合，形成了梅钢冷轧工程创新团队管理机制，促进了人才资源的有效聚集，发挥了各方人才资源的最大作用。这种虚拟的团队运作，成为生产、科研对工程支撑的有效方法之一。

四是形成科研与工程的同步机制。科研是工程创新的支持和保障，工程又是科研的平台和实践。梅钢冷轧工程，从策划开始，就一直对科研工作高度关注，并在实践中形成了一套运行有效的科研与工程同步的运作机制。梅钢冷轧工程发挥工程人员、科研人员与现场生产技术人员的协同优势，将科研课题的策划的与工程项目的策划相结合，科研目标与项目目标相匹配，进而将科研项目界面、内容、进度管理纳入工程管理体系之中，有效融合了研发体系与工程建设体系。科研人员在取得研发成果的同时，直接参与支撑设备设计、现场调整等工作，确保研发成果最终成功应用于工业化生产。

五是形成了生产技术人才的聚集和对工程的支撑机制。由于产品发展的需求，对工艺、装备提出了新的要求，促进现场生产经验和教训的不断积累，即而通过技术改造反馈到生产工艺、装备中，技术改造满足不了要求，再而通过新建工程实现工艺、装备的技术进步。梅钢冷轧工程将工程所需与生产技术积累相结合，在把握生产技术积累现状的基础上，找准承担生产技术支撑业务的骨干人才，通过专业团队、虚拟团队、技术咨询等多种途径，以最优的方式，把宝钢冷轧生产多年来积累的先进技术，转化到了新建的工程之中。

六是“大胆使用、小心求证”的技术应用及风险管理。工程自主集成有太多的第一次，第一次参数的确定、第一次设计、第一次研发成果的应用等等。而工程必须确保可靠，使用的技术和装备一般要求有应用的实绩，这看似成了一对不可调和的矛盾。但总归需要“第一个吃螃蟹的人”。梅钢冷轧工程正确处理了工程应用和创新的关系。建立了严格的审查、验证制度。提出了工程技术应用的“理论计算、专家审查、现场验证”三要素，科研成果和新技术应用到工程，三者必居其二，即大胆使用了新技术，又防范了风险，确保了可靠性。

3. 几点启示

（1）经过钢铁工业的大发展，我国冶金装备制造业，从制造能力制造、装备到制造工艺水平已有相当的积累，缺的是在研发、设计和集成方面。由用户集成，与制造企业密切合作的梅钢冷轧工程，打破了该领域由国外公司垄断的格局，实现了两个突破，一是酸轧机组从产品策划、技术方案选择、设备选型、设计、制造、调试、产品验证全过程的自主集成；二是冷连轧三电传动和多级计算机控制系统的自主集成，标志着我国冷连轧已具备自主设计、制造、建设能力，终结了长期以来依靠外商，“买现代化”的局面。

（2）宝钢充分利用长期以来在钢铁生产中所积累的对工艺技术、装备技术的深刻认识及大量的使用经验和诀窍，通过建立长效的运作机制，自觉发挥这种优势、盘活这种资源，有效调动生产厂部、技术人员的积极性，从根本上解决人才聚集、生产与建设的协同等问题。梅钢冷轧工程的顺利投产，是宝钢自主集成创新道路上的一个里程碑，是国内冶金行业多方力量强强联合，推动装备自主化的成功实践。

（3）对于冶金工程的建设，直接成套买国外设备，既省力又省事还少承担风险；但从长远利益考虑，工程的自主集成创新，能够显著降低成本，提升产品质量，形成自主的知识产权，实现积累和传承，从根本上提高企业综合竞争能力，并能带动相关产业协同发展，推进我国工业实现由大到强的整体升级。实践表明，由钢铁企业牵头，以重大工程为依托，是现阶段推进冶金装备自主化的有效举措，并且只要假以合适的平台、进行有效的组织，就能实现。

案例十二　我国输变电设备产业实现由大向强跨越

中国机械工业联合会重大技术装备办

改革开放 30 年来，我国输变电设备制造行业取得了不菲的成就。从 20 世纪 70 年代末和 80 年代初开始，通过引进、消化吸收国外先进的产品设计和制造技术并进行再创新，缩短了我国与国外的差距，为进一步发展打下了基础。

近年来，在重大装备国产化政策的指引下，随着“西电东送、南北互供、全国联网”发展战略的实施，依靠用户的大力支持和自身的艰苦努力，我国输变电设备制造行业得到了迅速发展及提升。依托三峡水电站送出工程、西北 750kV 交流输变电示范工程、特高压交流试验示范工程及正在实施的特高压 ±800kV 直流输变电示范工程等重点工程的实践。以此全面提升了国内输变电设备的设计、制造和试验能力，推动了行业的技术进步，也使我国输变电设备制造行业跻身世界先进行列，向引领世界输电技术的发展迈进。

目前，已全面掌握 500kV 交直流和 750kV 交流输变电关键成套设备设计制造，并批量生产；1000kV 特高压交流试验示范工程正式投运和 ±800kV 直流输变电成套设备的研制。经过三峡送出、西北 750kV 示范工程等重点工程的实践，500kV 交流设备、 ±500kV 直流主设备与控制保护系统已全面实现国产化，大容量变压器等设备开始参与国际市场竞争，出口美国、德国和澳大利亚等国，取得重大突破。

1. 依托重大工程，提高自主创新能力

1.1　三峡工程建设提升了我国直流输电技术自主创新能力

20 世纪 90 年代，我国尚不不具备成套设计和制造 ±500kV 直流输电工程成套设备的能力。依托三峡工程建设，我国直流输电技术取得了技术引进消化吸收和再创新的成果。采用了三步走的方式。一是争取技术转让。在 1999 年三峡—常州 ±500kV 直流输电设备国际招标时，中国西电集团、沈阳变压器厂、西安电力电子研究所、许继集团公司、南京南端继保电气有限公司分别接受了 ABB 和 SIEMENS 公司的技术转让，主要是引进换流变压器、平波电抗器、换流阀、大功率晶闸管和控制保护的技术，并承担了部分的分包制造任务，整体分包额为 30% 。二是扩大分包额。在 2001 年的三峡—广东直流输电工程中，分包份额进一步扩大，增至 50% ，三是注重能力配套。到 2005 年三峡—上海直流输电工程中，除换流变压器、电抗器、换流阀等主要设备的国产化率达到 70% 以上外，重点是掌握成套设计技术。通过三峡输电工程这一系列技术引进措施，我国直流输变电设备制造企业的设计、制造技术迅速赶超世界先进水平。目前，已成为世界上直流输电工程最多的国家。

另外，针对 500kV 交流输变电设备的薄弱环节，中国西电集团、沈阳高压开关厂、保变电气股份有限公司和沈阳变压器厂分别接受了 ABB 和 SIEMENS 公司的超高压开关设备（GIS）和大型升压变压器技术转让。从三峡左岸分包两台设备组装，到三峡地下电站所需的 500kV（GIS）和大型升压变压器设备全部由国内制造。使我国交流输变电装备制造业的技术实力、工艺水平、生产能力、管理水平有了很大提升。

1.2　750kV 交流输变电成套设备的研制是自主创新的结果

在三峡工程引进消化再创新的基础上，为满足西北电网的需求，国家发改委将公伯峡水电站的送出工程，青海官亭至甘肃兰州东 140. 7km，作为我国第一条 750kV 输变电成套设备国产化示范工程。自主开发研制了大型自偶变压器、全封闭组合电器、电容式电压互感器、控制保护及线路绝缘子等设备，攻克了大量产品设计、工艺及检验技术方面的世界级难题，使产品顺利实现了“一次性制造成功、一次性安装成功、一次性投运成功”的预期目标。于 2005 年 9 月建成了世界海拔最高的 750kV 输变电工程，这是我国输变电技术的一项重大突破，标志着我国输变电制造行业的技术和综合竞争力已达到世界先进水平。750kV 交流输变电关键技术研究和核心设备的研制成果，在后续建设的750kV工程中被广泛应用，并推动输变电技术发展，为我国建设的1000kV特高压交流试验示范工程设备的研制打下了良好的基础。

1.3　发展特高压输电技术是输变电行业培育核心竞争力的重大机遇

遵照国务院《关于加快振兴装备制造业的若干意见》的精神，依托重点工程，研制一批对国民经济发展和产业升级影响大、关联度高的重点领域的重大技术装备，实现核心技术的突破。“开展1000kV特高压交流和±800kV直流输变电成套设备的研制，全面掌握500kV交直流和750kV交流输变电关键设备制造技术”。根据国家发改委［2005］282号《关于开展百万伏级交流、±80万伏级直流输电技术前期研究工作的通知》和国务院国阅［2005］21号《关于发展特高压电网工作汇报的会议纪要》文件要求，为提升我国输变电装备制造业的整体水平和自主创新能力，确定了更加明确的奋斗目标。

国家发改委以发改办能源［2006］1585号《关于晋东南至荆门特高压交流试验示范工程项目核准的批复》、确定晋东南—荆门1000kV特高压交流试验示范工程；云南—广东、向家坝—上海、两条±800kV特高压直流输电示范工程。

特高压输电技术是电网技术的制高点。目前，全世界在运行交流电网的最高电压等级为750kV，直流输电工程的最高电压等级为±600kV，尚无商业化供货的1000kV交流和800kV直流特高压设备。西门子、ABB、日本东芝、三菱、恩翼帕瓦、乌克兰扎布罗热、NGK等国际一流输变电设备制造企业都曾积极介入相应国家的特高压发展计划，进行过特高压设备的开发，但受市场的制约，未能形成绝对的技术优势。

特高压交流试验示范工程于2008年12月30日完成设备安装调试，经过168h的试运行考核，2009年1月6日正式投入商业运行，运行稳定。实际运行结果表明，我国自主研制的百万伏级特高压交流输变电成套设备性能稳定，技术指标先进。

通过试验示范工程的建设，我国特高压交流输变电设备的自主创新取得了重大突破，主要产品的设计、制造和试验达到了世界领先水平，创造了多项世界第一，主要有：在世界上首次研制成功额定电压1000kV、额定容量1000MVA（单柱容量334MVA）的单体式单相变压器、320Mvar的高压并联电抗器、全套数字型控制保护系统、棒形悬式复合绝缘子、复合空心绝缘子及套管，以及用于中等和重污秽地区的特高压支柱绝缘子、电容式电压互感器、接地开关（敞开式）和油纸绝缘瓷套管，性能指标国际领先；成功研制了额定电压1100kV、额定电流6300A、额定开断电流50kA（时间常数120ms）的气体绝缘金属封闭组合电器，代表了世界同类产品的最高水平。

特高压交流设备的研制坚持了立足国内、自主创新的技术路线。通过试验示范工程，实现了自主开发、自主设计、自主制造、自主试验和自主安装调试，全面掌握了特高压设备的核心技术，开发的输变电成套设备拥有自主知识产权，工程设备综合国产化率达到90%。

在国家统一组织下，输变电设备通过上述三个阶段，尤其是特高压交流试验示范工程输变电成套设备的投运，标志着我国输变电设备设计制造水平跃居国际先进行列，已全面掌握了特高压交流设备的核心技术，并具有自主知识产权；工艺装备和综合试验能力达到了国际先进水平，已形成特高压交流设备批量生产能力，为我国输变电技术的发展奠定了良好基础，使我国电网建设获得更坚实的设备保障。我国输变电设备产业实现由大向强跨越，向引领世界发展迈进。

2. 体会

（1）坚持自主创新的方针是设备国产化取得成功的首要保障。国家有关部门从提高我国装备水平的大局出发，对特高压输变电国产化和技术改造等工作政策和资金等方面的强力支持。

（2）落实依托工程是推进设备国产化的首要条件和最有力的保障。国家在电网建设项目审核前，要求中机联提出设备国产化实施方案，在核准工程项目审批时，明确示范工程国产化考核目标及设备采购方案，这一措施保证了设备国产化实施。

（3）用户积极支持设备自主创新功不可没。

（4）官产学研用紧密结合是加快首台套高水平重大装备技术取得突破的成功经验。特高压设备研制是政府主导下，机械、电力行业协作、产学研结合，推进国产化的成功范例，探索出在较短时间内实现重大装备国产化的成功模式。

（5）有关技改项目先行安排，是试验示范工程国产化设备的质量保障。有关部门为承担任务企业给予科研攻关和关键生产、测试条件改造项目的支持，增强了企业的研制能力，满足了试验示范工程国产化设备的要求。

（6）有关地方政府的大力支持为项目的顺利进行提供了助力。

附录
装备制造业取得的重大成就(图片)

1000MW 汽轮发电机组

70 万 kW 水轮机转轮

9FA 型燃气轮机

1.5MW 风电机组

ZZDFPZ－297.5MVA、500kV 换流变压器

±500kV 直接换流站

500kV、533MVA 单相自耦变压器

500MVA、750kV 单相自耦变压器

800kV 气体绝缘金属封闭开关设备(GIS)

840MVA、500kV 升压变压器

4.8 万 Nm^3/h 空分设备

乙烯冷箱

CL605+3MCL356氮压机

为上海石化36万t/年乙烯装置制造的DMCL804+2MCL804+2MCL706裂解气压缩机

165MN 自由锻造油压机

1420mm 冷连轧机组

55m^3 矿用挖掘机

ϕ6.2m×9.5m 球磨机、ϕ8.8m×4.8m 半自磨机

立磨减速机试车

400ft 自升式钻井平台

8530TEU 集装箱船

147000m^3 液化天然气船

CRH2c 型时速 350km 动车组

CRH5 型时速 200～250km 动车组

HXD3 型大功率交流传动电力机车

HXN3 型大功率交流传动内燃机车

宝钢 3 号烧结机 54t 余热锅炉

华能邯峰电厂 2×660MW 机组干法脱硫除尘岛

南昌市象湖污水处理项目

SCRE脱硝反应器

氨制备和供应系统

长沙电厂 2×600M 机组脱硝装置

6.3m 硬质盾构机

6.4m³ 大型装载机

长臂架混凝土输送泵

大连庄河电厂 600MW 超临界机组采用国产 DCS 系统运行控制室

ECS－700 大规模联合控制系统

CKX5680 型七轴五联动数控重型车铣复合加工中心

大型数控曲轴磨床

国内首台 10000kN 重型伺服压力机

数控重型曲轴旋风切削加工中心

龙门式五轴混联机床

180 马力拖拉机

半喂入水稻收割机

甘蔗收割机

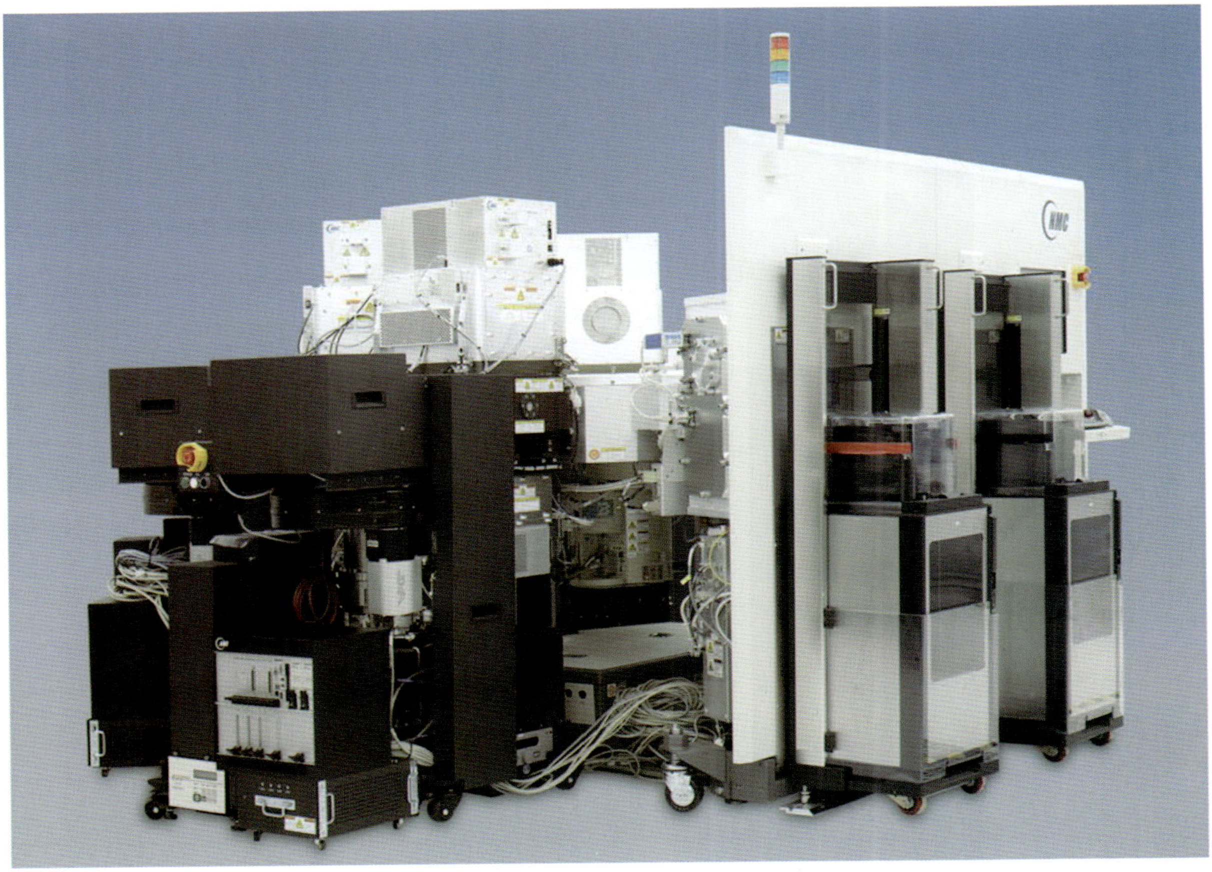

NMC 508A 高密度等离子硅刻蚀机

DSA 血管造影机

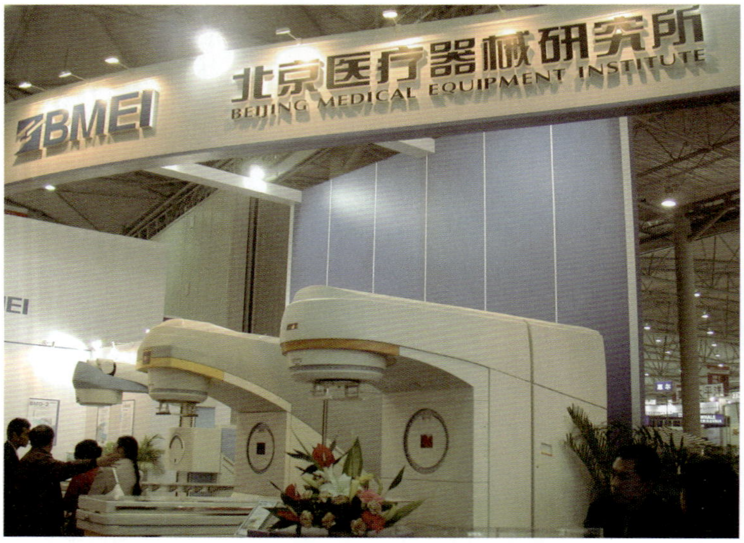

高能加速器

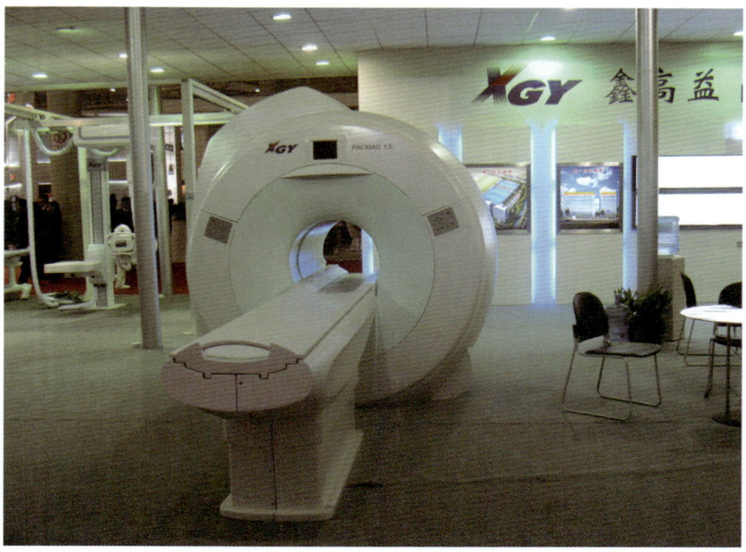

医用磁共振成像设备

新舟 60

ARJ21 新支线飞机

运 8 飞机

纯电动客车

奇瑞混合动力轿车